Agnès Calatayud

Bruno HONGRE
Philippe FOREST
Bernard BARITAUD

GRAND DICTIONNAIRE DE CULTURE GÉNÉRALE

Ce volume regroupe trois titres parus au format de poche :
— *Dictionnaire portatif du futur bachelier* (8041).
— *50 mots clés de la culture générale contemporaine* (8506).
— *50 mots clés de la culture générale classique* (8512).

© **Marabout**, Alleur (Belgique), 1996.

Toute reproduction d'un extrait quelconque de ce livre par quelque procédé que ce soit, et notamment par photocopie ou microfilm, est interdite sans autorisation écrite de l'éditeur.

Introduction générale

La culture passe par le langage. On n'imagine pas une personne cultivée qui ne maîtriserait pas sa langue. Connaître le sens exact des mots est le premier pas vers la sagesse. C'est pourquoi Confucius, quand on lui demanda ce qu'il fallait réformer en premier dans un État, répondit : « *Le dictionnaire.* »

Cet ouvrage s'arrête sur le vocabulaire que doit posséder toute personne cultivée. Une première partie, avec le texte complet du *Dictionnaire portatif du futur bachelier*, ouvrage couronné par l'Académie française, fournit un savoir minimal. Certaines explications sont déjà substantielles, mais elles sont approfondies dans les parties qui suivent, qu'il s'agisse de la culture contemporaine ou de la culture classique. Un index des noms de personnes, qui figure en fin d'ouvrage, permet recoupements et approfondissements.

Ainsi conçu, notre *Grand dictionnaire Marabout de culture générale* accompagnera le lecteur tout au long de ses études et même de sa vie, lui fournissant non seulement des définitions, mais aussi des analyses qui font le point sur les grandes questions d'hier et d'aujourd'hui.

Sommaire

- Dictionnaire portatif
  du futur bachelier 9

- 50 mots clés de la culture
  générale contemporaine 545

- 50 mots clés de la culture
  générale classique 879

DICTIONNAIRE PORTATIF DU FUTUR BACHELIER

AVANT-PROPOS

Cet ouvrage répond à un double objectif :

• **Faire connaître les mots indispensables qu'un élève doit posséder à la fin des études secondaires.** Il s'agit, pour la plupart, de termes abstraits que l'on acquiert de la Seconde à la Terminale, comme *aphorisme, exorciser, macrocosme, paroxysme, transgresser*, qui figurent dans les textes que les candidats doivent résumer ou expliquer. L'expérience montre que leur nombre est d'environ 2 000 ; nous les avons sélectionnés et regroupés ici.

• **Faire comprendre en profondeur un certain nombre de mots-concepts,** qui recouvrent des notions qu'une simple définition ne peut suffire à expliquer. Il s'agit de termes appartenant aux sciences humaines, à la philosophie ou à la religion, à la critique littéraire ou artistique, comme *aliénation, idéologie, surmoi, stoïcisme, dogmatisme, métonymie, utopie*. À ces mots, environ 300, nous consacrons un développement plus substantiel, introduisant aux problèmes qu'ils peuvent poser comme concepts.

Les étymologies étant souvent éclairantes, nous ajoutons à cet ensemble les principales racines gréco-latines, lesquelles permettent de mieux saisir environ 600 mots du vocabulaire général ou scientifique (comme *autobiographie, psychopathologie, spectroscope*, etc.).

Ce dictionnaire, aisément transportable, devrait faciliter le travail de l'étudiant aussi bien au lycée qu'à la bibliothèque ou à la maison.

Qu'il me soit permis, pour finir, d'exprimer ici toute ma reconnaissance à mon ami Jacques Pignault, dont la collaboration patiente, informée, décisive, m'a permis de mener à bien la réalisation de cet outil de culture, au service de tous ceux qui désirent apprendre.

B.H.

ABRÉVIATIONS

adj.	adjectif
adv.	adverbe
ant.	antonyme
av. J-C.	avant Jésus-Christ
cf.	confer
dir.	direct
f.	féminin
ind.	indirect
intr.	intransitif
inv.	invariable
m.	masculin
n.	nom
n. f.	nom féminin
n. m.	nom masculin
plur.	pluriel
pron.	pronominal
réfl.	réfléchi
sing.	singulier
tr.	transitif
v.	verbe
v. intr.	verbe intransitif
v. pron.	verbe pronominal
v. tr.	verbe transitif

A-. Préfixe d'origine latine (*ad,* « vers »), qui signifie la direction, la jonction, le but à atteindre.
Variantes : *ac-, ad-, af-, al-, at-,* etc. Exemples : *abaisser, accourir, adjoindre, allier, assister, attirer.*

A-, AN-. Préfixe d'origine grecque qui exprime la négation ou la privation. Il s'agit précisément du *a-* privatif, dont la reconnaissance permet de retrouver ou deviner le sens de nombreux mots ; *a-* devient *an-* devant une voyelle. Ex. : *amorphe* (étymologiquement : « qui est sans forme »), *anarchie* (« sans gouvernement »), *aphone* (« sans voix »), *athée* (« sans Dieu »).
Ne pas confondre ce préfixe avec le précédent (*avili* par exemple, ne signifie pas le contraire de « vil » !).

ABERRATION. *n. f.* 1° *(sens scientifique)* Écart, déviation (d'un rayon lumineux par exemple). 2° *(sens courant)* Égarement mental, déviation du jugement. *Par quelle aberration peut-il dire que deux et deux font cinq ?* Par extension : pensée erronée ou conduite « aberrante ».

ABJECT. *adj.* Répugnant, vil, ignoble. Se dit aussi bien d'une personne que d'une conduite méritant le plus grand mépris. *Une calomnie abjecte.*

ABJURER. *v. tr.* Renoncer solennellement à une religion qu'on professait. *J.-J. Rousseau abjura son protestantisme pour devenir catholique, puis plus tard, abjura le catholicisme.* Voir **Renégat**.

ABLATION. *n. f.* Action d'ôter. Sens propre : *ablation d'une tumeur, ablation du sein.* Sens figuré : *une éducation autoritaire qui aboutit à l'ablation de toute pensée personnelle.*

ABNÉGATION. *n. f.* Dévouement total, sacrifice de soi au profit d'autrui ou d'une cause supérieure. *Il servait le Parti avec abnégation.*

ABOIS (être aux abois). Sens propre : situation de la biche ou du cerf cernés par la meute de chiens qui *aboient.* Sens figuré (le plus fréquent) : être dans une situation désespérée, poursuivi par une série d'ennuis.

ABORIGÈNE. *adj.* et *n.* Qui est originaire du pays où il habite. Se dit en particulier des populations autochtones de l'Australie. Voir **Autochtone**. Comme adjectif, le mot peut s'appliquer aux végétaux.

ABOULIE. *n. f.* Absence maladive de volonté. Incapacité à décider. *Être atteint d'aboulie. Un individu aboulique.*

ABROGER. *v. tr.* Annuler, abolir, en ce qui concerne une loi, un décret. Ne s'emploie pratiquement que dans le cadre juridique.

ABSOLUTISME. *n. m.* Caractère d'un régime politique dans lequel le chef de l'État détient un pouvoir absolu, tente de concentrer dans ses mains toutes les formes de pouvoir. *L'absolutisme de Pierre le Grand, empereur russe. La monarchie absolue de Louis XIV fut une forme d'absolutisme.* Ne pas confondre avec **Étatisme**.

ABSOUDRE. *v. tr.* Pardonner à quelqu'un ses péchés, ses fautes. *« Mais priez Dieu que tous nous veuille absoudre »* (Villon). Noter la construction transitive directe : *absoudre une personne* (alors qu'on dit *pardonner à*).

ABSTRACTION. *n. f.* (du latin *ab-*, « hors de », et *trahere*, « tirer »). Conformément à l'étymologie, l'abstraction est une idée qu'on *extrait* de la réalité concrète. Mais cette notion complexe exige un approfondissement.

1° L'abstraction est d'abord l'*opération* de l'esprit qui tire, qui isole d'une réalité donnée l'un de ses éléments, ou l'une de ses qualités, en mettant à part ses autres aspects. Par exemple, si je considère un morceau d'étoffe, je peux choisir d'envisager sa couleur, ou sa solidité, ou sa souplesse : dans chaque cas, j'isole un des aspects de la réalité globale que représente le tissu, je le retiens ; du même coup, je laisse de côté les autres aspects. Cette opération double explique les deux sens contraires que peut prendre la notion d'abstraction : « abstraire », c'est à la fois *retenir* un élément et *écarter* les autres. D'où les expressions *faire abstraction de*, « ne pas tenir compte de », et *s'abstraire*, « s'isoler du milieu ambiant ».

2° L'abstraction, c'est aussi le *résultat* de l'opération précédente. La « souplesse » que j'ai isolée est une qualité en soi, une abstraction : par rapport à tous les objets souples, la souplesse est une notion abstraite. De même, par rapport à tous les arbres réels que je connais, le concept d'arbre — le mot lui-même — est une abstraction. De ce point de vue, on peut dire que tous les mots, dans la mesure où ils sont des « concepts » élaborés à partir des réalités qu'ils désignent, sont des abstractions.

3° Plus généralement, les abstractions sont des idées en soi, des notions plus ou moins éloignées de l'expérience sensible. L'idée d'égalité, le concept de beauté idéale, la notion d'espace-temps sont des abstractions sur lesquelles on peut parler, philosopher ou rêver. Cela ne veut pas dire qu'il s'agit de choses irréelles, même si le mot « abstraction » (surtout au pluriel) peut être employé péjorativement : simplement, les abstractions sont alors des *représentations de l'esprit* qui servent, non plus à reproduire, mais à interpréter la réalité. La réflexion abstraite, après s'être éloignée de la réalité concrète, retourne dans un second temps à cette réalité qu'elle a analysée pour mieux la comprendre, ou même la transformer. Voir **Concept, Idée, Système, Théorie.**

ABSTRAIT. *adj.* Qui résulte de l'abstraction (définie ci-dessus). Qui présente un caractère intellectuel, apparemment éloigné de la réalité : *un style abstrait*. Qui se développe indépendamment de l'expérience sensible, de toute référence à la réalité concrète : *une théorie abstraite*, difficile à comprendre. Antonyme : *concret*.

Art abstrait : peinture ou sculpture qui ne cherchent pas à reproduire le réel, mais à produire un univers de formes et de couleurs qui ne représente rien d'autre que lui-même. L'art *abstrait* s'oppose à l'art *figuratif* en ce qu'il n'a pas de «sujet» identifiable. *Une peinture abstraite. Un peintre abstrait.*

ABSURDE. *adj.* Contraire à la raison, insensé, illogique, impossible. *Des propos, des projets absurdes. Des gens absurdes.*

n. m. Ce qui est absurde. *Le sentiment de l'absurde de la condition humaine.* Pour Camus, notamment, l'esprit humain désire que toute chose ait un sens, alors que le monde n'a pas de sens : de cette confrontation naît la conscience de l'absurde, que l'homme doit assumer.

Démonstration par l'absurde : démonstration qui prouve la validité d'une proposition en montrant que la thèse inverse aboutit à des conséquences absurdes.

→ **Pour approfondir, p. 553.**

ABUSER. *v. tr. ind.* User mal ou excessivement de quelque chose : *abuser du tabac, abuser du pouvoir. Un abus de langage* (un usage incorrect).

v. tr. dir. Tromper quelqu'un (en abusant, justement, de sa naïveté). *S'abuser :* se tromper soi-même. Expression fréquente : *Si je ne m'abuse*, si je ne me trompe.

ABUSIF. *adj.* Qui constitue un abus, est la conséquence d'un abus. *L'emploi abusif d'un mot. Des mesures abusives. Des reproches abusifs.* N.B. Cet adjectif ne s'applique pas aux personnes.

ACADÉMISME. *n. m.* Respect rigide des règles établies, en art ou en littérature. Imitation étroite des modèles conventionnels. Terme le plus souvent péjoratif. Voir **Classicisme, Modernisme.**

ACARIÂTRE. *adj.* Se dit d'une personne d'humeur désagréable, souvent agressive, pleine d'aigreur, d'acrimonie. *Dans les contes, la belle-mère est souvent acariâtre.*

ACCALMIE. *n. f.* Période de calme, de paix, après l'agitation. *Une accalmie, entre deux crises.*

ACCENTUATION (poétique). *n. f.* Dans un vers, l'accentuation est la disposition particulière des *accents toniques*, destinée à faire ressortir le rythme de ce vers. Voici par exemple l'accentuation d'un vers de La Fontaine :

Le long d'un clair ruisseau buvait une colombe

Ces quatre accents marquants guident la *diction* du vers : les syllabes fléchées doivent être prononcées plus intensément.

Pour comprendre et repérer l'accentuation d'un vers, il faut savoir que :

1° Le français est une langue accentuée, en prose comme en vers. L'accent tonique porte en général sur la dernière syllabe d'un mot (sur l'avant-dernière s'il se termine par un *e* muet) : il consiste à donner une intensité et une durée plus fortes à cette syllabe. Voici par exemple, en italiques, où se placent les accents des mots suivants : triste*ment*, catas*tro*phe, am*our*, éphé*mère*, plai*sir*, espér*ance*, éterni*té*.

2° Quand les mots sont groupés entre eux (groupe verbal, groupe nominal, courte proposition), l'ensemble porte un *accent de groupe*, toujours sur la dernière syllabe : un clair ruiss*eau*, bienheureux les p*au*vres, ne te verrai-je *plus*, glissant sur l'eau n*oire*. Cela ne supprime pas l'accent propre à chaque mot, mais le fait passer au second plan.

3° Dans le vers, et particulièrement dans l'alexandrin, les accents déterminent ainsi des groupes de mots : ils sont comme les mesures de base qui composent le rythme d'ensemble ; chaque groupe est suivi, après la syllabe accentuée, d'une pause plus ou moins marquée, qu'on appelle *coupe* (voir **Césure**). Bien entendu, le lecteur garde une certaine latitude dans sa diction. Si l'on reprend le vers de La Fontaine cité plus haut, on peut lui donner les deux modulations suivantes :

Le long d'un clair ruisseau / buvait une colombe

Ou bien :

Le long / d'un clair ruisseau / buvait / une colombe

Rythme et accentuation sont ainsi extrêmement liés l'un à l'autre. Naturellement, l'accentuation existe aussi dans les textes en prose. Elle contribue à marquer le rythme de la phrase, ses coupes, son ampleur. Elle mérite un examen attentif dans les discours particulièrement éloquents (étude du *style périodique*) et dans la prose poétique (les *versets* par exemple).

ACCEPTION. *n. f.* Sens particulier d'un mot. L'une de ses significations parmi d'autres. *Dans quelle acception employez-vous ce terme ?*

Ne pas confondre ce mot avec le mot *acceptation* (le fait d'accepter).

ACCESSION. *n. f.* Fait d'accéder, d'arriver à quelque chose : *accession à la propriété ; accession au pouvoir.*

ACCOINTANCES. *n. f.* Relations, connaissances. *Avoir des accointances dans tel ou tel milieu.*

ACCOUTUMANCE. *n. f.* 1° Fait de s'habituer progressivement ; habitude qui en résulte. 2° *(en matière de drogue)* Dépendance physique ou psychique, habitude qu'on ne peut vaincre.

ACCRÉDITER. *v. tr.* 1° *Accréditer quelqu'un :* lui conférer la qualité nécessaire pour remplir une mission, occuper un poste.
   2° *Accréditer quelque chose :* faire croire à sa réalité. Authentifier, propager une nouvelle, une rumeur. Voir **Discréditer.**

ACCULTURATION. *n. f.* Processus par lequel un individu ou un groupe humain assimile les valeurs culturelles d'une civilisation étrangère. Cette adaptation peut être totale (cas d'un immigré qui s'intègre en abandonnant sa culture d'origine) ou partielle (cas d'une population anciennement colonisée qui reprend à son compte une bonne part des valeurs culturelles, des modes de vie ou de pensée du pays colonisateur).
   Le mot « acculturation » n'est pas en soi péjoratif : il décrit un phénomène socio-économique qui peut être jugé positif ou négatif, ou partiellement l'un et l'autre, par les intéressés. Lorsque le phénomène est considéré comme négatif (destruction d'une culture originale, à jamais perdue, par une culture impérialiste), on doit alors employer le mot *« déculturation ».* Voir **Culture (sens n° 2), Aliénation, Idéologie.**

ACERBE. *adj.* Aigre, blessant, mordant, virulent. S'emploie essentiellement pour qualifier des paroles ou des écrits. *Des remarques acerbes, des critiques acerbes.*

ACHOPPER. *v. intr.* Buter sur un obstacle. *Les discussions du GATT ont achoppé sur la question agricole.* À propos de ce type de difficultés, on parle souvent, au sens figuré, de *pierre d'achoppement.*

A CONTRARIO. Locution d'origine latine (invariable) qui signifie littéralement *« à partir du contraire ».* Cette locution s'applique à une forme de raisonnement qui consiste à établir une vérité en montrant ce que produit le cas contraire. Pour prouver que A entraîne B, on montre que le contraire de A entraîne le contraire de B. Par exemple, si je veux montrer que le travail est un bien, je prends le cas contraire — le chômage — et je montre que c'est un mal. En montrant que le manque de travail est un malheur, j'ai « prouvé » que le travail est un bienfait : j'ai fait un raisonnement *a contrario.*

ACQUIESCER. *v. tr. ind.* Donner son accord, consentir à. L'acquiescement peut être signifié par des paroles, mais le plus souvent par des gestes (regard affirmatif, signe de tête). Il peut aussi être tacite.

ACQUIS. 1° *adj.* Se dit de ce qu'acquiert l'individu, par opposition à ce qu'il reçoit de naissance. En biologie, on oppose par exemple les *carac-*

tères *acquis* (obtenus par l'adaptation au milieu) au patrimoine génétique, qui est *inné*. Voir **Inné**.

2° *n. m.* Ce qui est obtenu définitivement : *avoir de l'acquis* (du métier, de l'expérience). *Les acquis sociaux* (conquêtes sociales sur lesquelles on ne saurait revenir).

ACQUIT. *n. m.* Reconnaissance écrite d'un paiement. Au sens figuré, *par acquit de conscience* : pour délivrer sa conscience de tout regret (le regret étant assimilé à une dette morale).

Ne pas confondre avec *acquis*.

ACRIMONIE. *n. f.* Humeur agressive qui se traduit par des propos acerbes. *Il ne sait pas parler sans acrimonie.*

ACTANT. *n. m.* Néologisme employé par les spécialistes de la narratologie (science du récit) pour désigner un personnage ou une réalité agissante dans le déroulement de l'action d'un roman, d'une pièce ou d'un film. Dans *L'Étranger* de Camus, par exemple, le meurtre de l'Arabe résulte du conflit entre deux « actants » : le personnage de Meursault, qui veut fuir, et le soleil hostile, qui le fait agir. Voir **Adjuvant, Opposant**.

ACTE MANQUÉ. En **psychanalyse**, conduite aboutissant à faire autre chose que ce qu'on a voulu réellement faire, sous l'effet d'un désir inconscient qui s'y oppose. Par exemple, envoyer un chèque en oubliant de le signer (en toute bonne foi !) est un acte manqué : au fond de soi, on ne voulait pas payer. Voir **Lapsus**.

ACTUALISER. *v. tr.* 1° Rendre actuel, moderniser.

2° En **économie** : estimer en valeur actuelle des dépenses, des coûts ou des biens relatifs à une autre époque — passée ou future.

3° En **linguistique** : rendre effectif, par l'usage, le potentiel d'une langue. La langue est en effet un ensemble de possibilités au service du locuteur ; chaque emploi de celle-ci, chaque énoncé concrétise certaines de ces possibilités : on dit ainsi que la « *parole* » actualise la « *langue* ». Voir ces mots.

ACUITÉ. *n. f.* Caractère de ce qui est aigu, perçant, intense, aussi bien au sens propre qu'au sens figuré. *Acuité visuelle. Acuité d'une sensation. Acuité d'un esprit.*

AD ÆTERNAM. Locution latine, abréviation de *ad vitam aeternam*, qui signifie couramment : pour toujours, à longueur de temps.

ADAGE. *n. m.* Proverbe ou maxime, à portée morale ou juridique. *L'adage antique « mens sana in corpore sano »* (un esprit sain dans un corps sain). De nombreux mots servent à désigner, avec certaines nuances, les règles de vie : **aphorisme, devise, formule, maxime, précepte, principe, proverbe, sentence.**

ADEPTE. *n. m.* Partisan d'une doctrine ; adhérent d'une école, d'une secte, d'une religion, d'une mode. *Les adeptes du nudisme.*

ADÉQUAT. *adj.* Approprié, convenant parfaitement à son objet. *Un style adéquat. Le lieu adéquat.* Lorsqu'on apprécie la littérature classique, on souligne souvent l'*adéquation* de la «forme» et du «fond».

AD HOC. Locution latine. Tout à fait adapté; particulièrement qualifié. *C'est la personne ad hoc.* Notons que, contrairement au mot précédent, dont le sens est proche, celui-ci s'emploie généralement à propos des personnes.

AD HOMINEM. Locution latine qu'on rencontre essentiellement dans l'expression «*argument ad hominem*», c'est-à-dire: «qui s'en prend à l'homme». Au lieu de discuter le fond de ses idées, on s'attaque bassement à la personne.

ADJURER. *v. tr.* Demander instamment, supplier quelqu'un avec force (souvent au nom de Dieu). Ne pas confondre avec le paronyme **abjurer**. *Je t'adjure de changer de conduite.*

ADJUVANT. *n. m.* 1° Médicament, produit qui vient renforcer un traitement. 2° En *narratologie* (science du récit), personnage, force ou objet qui vient aider le héros. Voir **Actant, Opposant**.

ADMONESTER. *v. tr.* Réprimander sévèrement, avertir. *Admonester un enfant.*

ADULER. *v. tr.* Flatter, encenser, choyer, fêter. *Un artiste adulé par les médias.*

ADVERSITÉ. *n. f.* Situation dans laquelle tous les événements semblent contraires. *Demeurer stoïque dans l'adversité.*

AFFABLE. *adj.* Accueillant, aimable, à qui l'on peut parler, bienveillant. *Un homme affable* (et non pas «à femme», — malentendu observé).

AFFECT. *n. m.* En *psychologie*, état affectif élémentaire, émotion ponctuelle. *Il était traversé d'affects contradictoires.* Voir **Affectivité**.

AFFECTATION. *n. f.* (voir aussi le mot suivant).
1° Destination à un usage déterminé. *Affectation d'une somme à l'achat d'une voiture. Affectation d'un bâtiment à un usage précis.* Dans ce sens, l'antonyme est *désaffectation*.
2° Désignation; action d'affecter quelqu'un à une fonction (ou à un lieu), notamment dans le langage militaire.
Ne pas confondre ce mot avec son homonyme, qui suit.

AFFECTATION. *n. f.* (voir aussi mot précédent). Manière d'être apprêtée, précieuse, recherchée. Antonymes: *naturel, simplicité*. Ne pas confondre ce mot avec son homonyme, qui précède.

AFFECTER. *v. tr.* (voir les mots *affectation* et *affection*).
1° Destiner à; procéder à l'affectation de quelqu'un à quelque chose. *Il a été affecté au service des achats.*

2° Afficher (une manière d'être), prendre une attitude ; poser, manifester de l'affectation. *Il affecta l'indifférence. Un style affecté.*
3° Toucher, faire impression sur ; modifier en mal. *Il a été douloureusement affecté par cette nouvelle.*

AFFECTION. *n. f.* 1° (sens *psychologique* et aussi *médical*). État affectif heureux ou non (mais le plus souvent douloureux). Maladie : *une affection aiguë.* Voir **Affectivité**.
2° Sentiment tendre et «affectueux» envers quelqu'un ; attachement. *Avoir de l'affection pour ses vieux parents.* Antonyme : *désaffection.*

AFFECTIVITÉ. *n. f.* Ensemble des états affectifs de l'être humain. Sensibilité, émotions, sentiments, états d'âme. *Il paraissait indifférent, dénué de toute affectivité.*
Au sens large, l'affectivité peut désigner tout le psychisme humain en tant qu'il est sans cesse traversé d'**affects**, touché, mobile, agissant et réagissant. Dans un *sens plus limité,* on réservera l'emploi du mot *affectivité* aux sentiments et aux émotions, à tout ce qui est de l'ordre du «cœur» (joie, souffrance, tendresse, colère). *C'est un être essentiellement affectif : l'affectivité domine tout son comportement.*

AFFINITÉ. *n. f.* En chimie, propriété qu'ont deux éléments de s'assembler. En général : parenté secrète, correspondance entre des choses ou entre des êtres. Souvent employé au pluriel. *Avoir des affinités avec quelqu'un. Les Affinités électives* (titre d'un roman de Goethe) : sympathies profondes conduisant certains êtres à se choisir mutuellement.

AFFLICTION. *n. f.* Vive et immense douleur. Ce terme littéraire correspond au verbe *affliger* (désoler profondément).

AFFRANCHI. *adj.* et *n.* Rendu libre, en parlant des esclaves. *A Rome, les esclaves affranchis devenaient citoyens romains.* Sens actuel : qui s'est libéré des règles morales ou sociales. *Vivre en affranchi. Une femme affranchie* (de mœurs libres).
→ **Pour approfondir, p. 887.**

AFFRES. *n. m. plur.* Horribles souffrances. *Les affres de l'agonie. Les affres de la jalousie.* S'emploie parfois ironiquement : *j'attendais dans les affres mes résultats au concours.*

A FORTIORI. (locution latine, employée couramment). À plus forte raison. *Un argument a fortiori. Si un gramme d'arsenic suffit à empoisonner un chien, a fortiori un kilo !*
N.B. On ne met pas d'accent sur le *a* de la locution *a fortiori.*

AGAPES. *n. f. pl.* (du grec *agapê,* «amour» au sens de charité). Repas entre amis, festin. *Des agapes fraternelles.* Se dit souvent, de nos jours, sur un ton de plaisanterie, pour désigner des repas copieux et joyeux. *Se livrer à de perpétuelles agapes.*
N.B. Le terme, selon son étymologie, avait chez les premiers chrétiens une connotation de fraternité spirituelle : le repas communautaire avait

un sens religieux. Passé dans la langue profane, il n'a plus du tout la même résonance !

AGGIORNAMENTO. *n. m.* Mise à jour, adaptation de la tradition de l'Église au monde actuel. Mis à la mode au début des années 60, ce terme s'emploie en général pour désigner toute adaptation d'une institution à la réalité contemporaine.

AGNOSTICISME. *n. m.* Doctrine philosophique selon laquelle l'esprit humain ne peut connaître que ce qui est à la portée des sens et de la raison. Le reste — les problèmes métaphysiques, la question de Dieu, l'immortalité de l'âme — échappe donc à la pure intelligence de l'homme, et doit être considéré comme «inconnaissable», que cela soit ou ne soit pas. C'est donc à tort que le mot agnosticisme est parfois employé comme synonyme d'incroyance ou d'athéisme. L'*agnostique* est celui qui refuse de se prononcer sur ces questions, voilà tout. Voir **Athéisme, Déisme, Métaphysique, Scepticisme.**

AGNOSTIQUE. *adj.* et *n.* Qui manifeste de l'agnosticisme (cf. ci-dessus). Notons qu'on peut trouver ce mot dans le sens d'incroyant, d'athée, même s'il s'agit d'une extension abusive de sa signification.

-AGOGIE. -AGOGUE. Éléments issus de la racine grecque -*agog*-, qui signifie «conduire, diriger». On a ainsi les mots *démagogie, démagogue* (littéralement «qui guide le peuple», mais voir le sens précis du mot); *pédagogie, pédagogue, pédagogiquement* (littéralement : «qui guide l'enfant»); *synagogue* (littéralement : «qui conduit ensemble, qui rassemble»).
    N.B. Ces étymologies ne donnent qu'une première approche du mot; il convient d'en vérifier le sens précis.

AGON-. Racine grecque qui signifie «combat, lutte». On la retrouve dans les mots *antagonisme* (littéralement : «combat contre»), *agonie* (lutte contre la mort), *protagoniste* (littéralement : «premier combattant»).

AGORA. *n. f.* Dans la Grèce antique, place publique où se tenait l'assemblée du peuple. Le mot d'origine latine correspondant est le mot **forum.**

AGORAPHOBIE. *n. f.* Construit à partir du mot grec précédent, ce mot désigne la peur panique, la «phobie» des lieux publics et des espaces libres. Antonyme : *claustrophobie* (peur de l'enfermement, hantise des lieux clos).

AGRAIRE. *adj.* (cf. la racine *agri-, agro-*). Relatif aux champs, à la terre, mais dans un sens économique ou juridique. *Réforme agraire. Mesures agraires. Structure agraire.* Voir ci-dessous la différence avec *agreste.*

AGRÉER. *v. tr.* Recevoir favorablement. *Agréer une demande. Agréer quelqu'un. Se faire agréer quelque part. Agréer des sentiments. Veuillez agréer l'expression de mes sentiments respectueux.*

AGRESTE. *adj.* Relatif aux champs, dans un sens littéraire, poétique (comparez avec *agraire*). *Le charme agreste de ces lieux.* Synonymes : *champêtre, pastoral, rustique.*

AGRI-, AGRO-. Racine latine qui signifie «champ», d'où proviennent les mots : *agriculture, agro-alimentaire, agronomie,* etc.

AGUERRIR. *v. tr. (sens propre)* Accoutumer à la guerre, à ses dangers. *(sens figuré)* Habituer à supporter des épreuves difficiles. *S'aguerrir :* s'endurcir, se fortifier dans l'épreuve.

AJOURNER. *v. tr.* Renvoyer à un autre jour ; remettre à une date ultérieure. *Ajourner un candidat :* le renvoyer à une prochaine session.

ALAMBIQUÉ. *adj.* (à partir de l'image de l'alambic) Exagérément compliqué. Biscornu, contourné, entortillé, faussement subtil. *Un esprit alambiqué.*

ALCHIMIE. *n. f.* Au Moyen Age, science secrète dont l'objectif était la transmutation des métaux. L'*alchimiste*, qui était aussi un philosophe mystique, recherchait notamment la «pierre philosophale», substance capable de transformer les métaux en or pur.
Sens figuré : art secret d'analyser et de métamorphoser les choses. *« L'alchimie de la douleur »* (Baudelaire) *« L'alchimie du verbe »* (Rimbaud). Le poète, selon Baudelaire, est capable de transformer en beauté la médiocrité du monde ordinaire ; aussi déclare-t-il à la ville de Paris (et c'est bien une tâche d'alchimiste) : *« Tu m'as donné ta boue et j'en ai fait de l'or ».*

ALÉATOIRE. *adj.* Incertain, hasardeux, qui dépend des divers «aléas» (événements imprévisibles) de la vie. *Des résultats aléatoires.* Qui est le résultat du pur hasard. *Séries aléatoires.*

ALEXANDRIN. *n. m.* Vers français de douze syllabes. Ce terme vient du récit en vers *Le Roman d'Alexandre*, l'un des premiers textes écrits en vers de douze syllabes, au XIIe siècle. Voir **Césure, Hémistiche.**

ALGIE. *n. f.* Douleur vague. Ce mot, issu d'une racine grecque, se retrouve dans de nombreux mots relatifs à la souffrance : *analgésique* (littéralement : «qui supprime la douleur»), *gastralgie* (littéralement : «douleur d'estomac»), *névralgie* («douleur des nerfs»), *nostalgie* («mal du retour», c'est-à-dire : mal du pays, où l'on voudrait retourner).

ALIAS. *adv.* (mot latin) Autrement appelé. *Jean-Baptiste Poquelin alias Molière.* Le terme a parfois une connotation péjorative : on l'emploie pour révéler le pseudonyme de quelqu'un qui se cachait sous un faux nom. *Jacques Collin, alias Vautrin.*

ALIBI. *n. m.* Ce mot signifie en latin : «ailleurs». *Alibi* a d'abord été employé, dans son sens propre, pour signifier que l'auteur présumé d'un méfait, étant *ailleurs* au moment du délit, était innocent : il avait un «alibi». À partir de là, le mot sert à désigner toute excuse, preuve plus ou moins valable, justification avancées pour s'innocenter d'une conduite blâmable. *Les problèmes de ses parents servent d'alibi à son absentéisme.*

ALIÉNATION. *n. f.* Folie. Asservissement. Dépossession (de soi). La signification de ce mot part du double sens du latin *alienus* : « qui appartient à un autre, qui est autre ; qui est éloigné, étranger, hostile ». Le **concept d'aliénation** comprend donc toujours une idée de dépossession, d'appartenance à autrui, d'étrangeté (fût-ce vis-à-vis de soi-même), d'éloignement hostile. D'où la série de sens suivants :

1° **Sens médical.** Folie, aliénation mentale. État d'une personne dont l'esprit est égaré, devenu étranger à lui-même, et comme possédé par un autre esprit. La personne aliénée est *étrangère* à son environnement.

2° **Sens juridique.** Cession d'un bien ou d'un droit à une autre personne, cette dépossession se faisant à titre gratuit ou onéreux. Par extension, perte, abandon involontaire de ce dont on bénéficiait. *S'aliéner quelqu'un* : perdre sa confiance, le rendre hostile. *Cet acteur s'est aliéné la sympathie de la foule.*

3° **Sens marxiste.** Dans son travail, l'ouvrier est *dépossédé* de son activité créatrice au profit du système de production ; il « s'aliène » dans les choses qu'il produit, ne s'appartient plus, devient étranger à sa propre vie. De même, dans sa croyance religieuse, selon Marx, le peuple adhère à une idée de Dieu que la classe dominante (la bourgeoisie, le clergé) lui a mise dans la tête pour mieux le soumettre ici-bas, en le faisant rêver d'un paradis futur *(« La religion est l'opium du peuple »)* : il est « aliéné » par l'idéologie, la vision du monde qu'on lui a inculquée.

4° **Sens sociologique général.** Dans le sillage de Marx (lui-même inspiré de Hegel), le terme d'aliénation a été repris par de nombreux auteurs. Il est devenu synonyme d'asservissement économique, politique, religieux, médiatique, ce qui est sans doute une généralisation abusive. Il faut garder au mot son sens d'origine, appliqué à la conscience individuelle ou collective : *il y a aliénation chaque fois que le sujet, conditionné par des idées venues d'ailleurs, croit penser personnellement alors que c'est « l'autre » qui pense en lui.* De ce point de vue, on a pu établir plusieurs étapes dans le processus d'asservissement d'un peuple ou d'une classe sociale : la **domination**, acte brutal d'un pouvoir qui s'impose par la force ; l'**exploitation**, système économique d'organisation de la servitude (l'individu a besoin d'obéir pour survivre) ; l'**aliénation** proprement dite, système d'assujettissement *idéologique* (l'individu se soumet « librement » en croyant agir dans son propre intérêt).

Voir **Asservissement, Culture, Idéologie, Marxisme.**

ALINÉA. *n. m.* Début en retrait de la première ligne d'un paragraphe. Par extension, le paragraphe lui-même.

ALLÉGATION. *n. f.* Affirmation ; propos que l'on allègue pour se justifier ;

fait qu'on met en avant pour s'excuser. Ce terme a souvent une connotation péjorative : *des allégations mensongères.* Voir **Assertion.**

ALLÉGORIE. *n. f.* 1° Au *sens strict*, l'allégorie est une figure de style consistant à personnifier une idée, une abstraction. Par exemple, la représentation de la Mort sous l'aspect d'une faucheuse, la figuration de l'Amour par un personnage (Cupidon) qui lance des flèches, sont des allégories. Ces deux exemples montrent que l'allégorie est aussi bien présente en peinture et en sculpture qu'en littérature. Dans ce sens premier, c'est l'idée de personnification d'une réalité (qui n'a en soi aucun caractère personnel) qui est décisive : Marianne symbolisant la République est ainsi une allégorie caractéristique.

2° Dans un *sens plus large*, l'allégorie peut être un tableau ou un récit dont les divers éléments renvoient aux différentes significations d'un thème général qu'ils illustrent. Par exemple, la Carte du Tendre de Mlle de Scudéry est une allégorie dont les moindres détails géographiques sont censés symboliser les mille et une nuances de l'Amour. Un récit comme l'histoire d'Adam et Ève, qui n'a rien d'historique, peut être considéré comme une allégorie qui symbolise la chute de l'humanité séduite par le péché (le fruit défendu). De tels tableaux ou récits supposent une interprétation de leurs divers sens, puisqu'il s'agit de représentations symboliques. On parlera donc à ce propos d'interprétation *allégorique*, ce qui est le cas pour de nombreux textes sacrés dont le sens littéral couvre un sens figuré. Voir **Anthropomorphisme, Métaphore, Personnification, Symbole.**

ALLÉGRESSE. *n. f.* Joie intense, qui se traduit par de l'entrain, de l'enthousiasme manifesté devant tous. *L'allégresse était générale.*

ALLEGRO. *adv. et n.* En musique, mouvement rapide (c'est-à-dire qui a un rythme allègre, enjoué). À distinguer du *presto*, beaucoup plus rapide, et de l'*allegretto*, plus lent (et qui peut avoir une tonalité mélancolique, comme l'*Allegretto* de la 7ᵉ symphonie de Beethoven).

ALLERGIE. *n. f. (sens propre, médical)* Réaction excessive de l'organisme à certaines substances «allergènes» (pollen, venin, etc.), qui peut entraîner des désordres assez graves. *(sens figuré)* Incompatibilité ; antipathie, aversion à l'égard de. *Allergie à l'armée. Allergie à la publicité.*

ALLIANCE DE MOTS. Expression qui signifie en réalité «alliance de mots *contradictoires.*» Il s'agit de la figure de style nommée *oxymore*, qui consiste à produire un effet saisissant en associant deux termes de sens opposés : «*l'obscure clarté*» (Corneille), le «*soleil noir*» (Nerval), «*une sublime horreur*» (Balzac), *une paix armée.* Voir **Antithèse, Oxymore.**

ALLITÉRATION. *n. f.* En *poésie* (le plus souvent), répétition de plusieurs consonnes identiques, à intervalles marqués, pour produire un effet expressif (harmonie imitative ; insistance ; jeu sonore). On cite rituellement ce vers de Racine, dont le jeu sur les *s* évoque les sifflements : « Pour qui sont ces serpents qui sifflent sur vos têtes ? »

Mais l'allitération est un procédé stylistique également présent en *prose*, comme dans ce jeu sur la lettre *t* : « Ton thé t'a-t-il ôté ta toux ? ». Ne pas confondre avec **Assonance**.

ALLOCENTRIQUE. *adj.* (du grec *allo-*, « autre »). Qui est centré sur les autres, tourné vers l'extérieur, ouvert, désintéressé. Antonyme : *égocentrique*. Ces mots ne s'emploient qu'à propos d'une personne.

ALLOCUTION. *n. f.* Discours relativement bref, adressé à un public déterminé : assemblée d'amis, foule de militants, public d'auditeurs ou de téléspectateurs. *L'allocution télévisée du Chef de l'État*. Ne pas confondre avec les paronymes *allocation* et *élocution*.

ALLOPATHIE. *n. f.* (du grec *allo-* qui signifie « autre » et *patho-* qui signifie « maladie ») Médecine classique, qui traite le mal par des remèdes contraires au mal (« autres »), à la différence de l'**homéopathie**, qui traite le mal par le mal.

ALTER-. Racine latine signifiant « autre », qu'on trouve aussi sous la forme *-ulter*, assez fréquente en français (voir les mots ci-dessous, et aussi : *alterner, alternance, alternatif, alternateur, adultère, subalterne*).

ALTERCATION. *n. f.* Échange de propos vifs et désobligeants avec quelqu'un, dispute, prise de bec. Ne pas confondre avec *altération* (voir mot suivant, premier sens).

ALTÉRÉ. 1° *Participe passé* (du verbe *altérer*), qui veut dire : « rendu autre », modifié, dénaturé, faussé (à l'inverse de ce qui est *« inaltérable »*).

2° *Adjectif* qui signifie « assoiffé » (antonyme : *désaltéré*), et qui peut être employé au figuré : *altéré de*, avide de. *Altéré de sang*.

ALTER EGO. Expression latine signifiant *« un autre soi-même »*. Ami, personne de confiance par qui l'on se sent capable d'être parfaitement remplacé. L'expression est invariable et s'écrit sans accents.

ALTÉRITÉ. *n. f.* Caractère de ce qui est autre (cf. la racine *alter-*), de ce qu'on ressent comme autre. Fait d'être autre, de se ressentir comme autre. Antonyme : **Identité**.

ALTERNATIVE. *n. f.* Situation qui comporte *deux* possibilités, entre lesquelles il faut choisir. Souvent, aucune n'est satisfaisante, et l'on parle de *cruelle alternative* comme on parle de *cruel dilemme* (voir ce mot).

N.B. L'*alternative* ne doit jamais désigner une seule des options possibles ; mais la méprise est si fréquente qu'il faut faire état de cet usage.

ALTRUISME. *n. m.* Intérêt pour autrui, désir de se dévouer aux autres. Philosophie morale selon laquelle le bien consiste à servir ses semblables, à vivre pour autrui. Antonymes : **Égoïsme, Hédonisme, Individualisme**.

AMBAGES (SANS). Locution qui signifie : sans détours, sans circonlocutions, sans fioritures ; de façon franche et directe. *Expliquez-vous sans ambages.*

AMBIGUÏTÉ. *n. f.* Caractère de ce qui est ambigu, c'est-à-dire qui présente plusieurs sens possibles ; qui est difficile à interpréter ; qui est équivoque, trouble. Manque de clarté, aussi bien d'une phrase que d'une conduite. *Parler sans ambiguïté. L'ambiguïté de son comportement.*

AMBIVALENCE. *n. f.* Étymologiquement : qui a *deux* valeurs. Mais le mot désigne ce qui a deux valeurs *de sens opposé*, que l'on peut mettre en évidence. L'ambivalence peut concerner des mots à double sens (comme par exemple le mot *contre* dans la formule de Sacha Guitry : «*Je suis contre les femmes, tout contre, le plus près possible*») aussi bien que des conduites, des situations ou des sentiments.

En **psychanalyse**, notamment, l'ambivalence est un concept-clé : par exemple, l'être qui donne tout (la mère) peut à la fois être l'objet d'un amour infini (puisqu'elle donne tout) et d'une crainte totale (puisqu'elle a le pouvoir de tout retirer) de la part du petit enfant ; ou encore, le fils peut à la fois admirer le père (modèle idéal) et désirer l'éliminer pour prendre sa place, tellement il veut *devenir* lui. On voit que l'ambivalence se distingue de l'ambiguïté, dans la mesure où elle suppose la coexistence d'aspects contradictoires mais clairement identifiables.

ÂME. *n. f.* (du latin *anima* , « vie », « âme » au sens n° 1).
1° Sens religieux. Principe spirituel de l'homme, considéré comme pouvant se séparer du corps, devenir immortel et être jugé (damné ou sauvé) par Dieu. *Vendre son âme au diable. Dieu ait son âme.*
2° Sens philosophique *(courant).* L'esprit, la pensée, la conscience, par opposition au corps. *Se donner corps et âme.*
3° Sens proprement moral. Conscience du bien et du mal ; principe de la vie morale. *J'ai l'âme en paix. La grandeur d'âme.*
4° Sens psychologique large. Ensemble des états intérieurs ; psychisme, affectivité. *L'état d'âme. J'ai du vague à l'âme.*
5° Être vivant, personne. *Une ville de vingt mille âmes. Venez, mon âme.*
6° Sens figuré. Force ou esprit qui anime une réalité, humaine ou non. *L'âme d'un peuple. Il était l'âme de ce complot. L'âme de la forêt.*

Voir **Animisme, Anthropomorphisme, Dualisme, Spiritualisme.**

AMEN. *adv.* En latin, issu de l'hébreu : «Ainsi soit-il», mot par lequel se terminent les prières chrétiennes. *Dire amen :* acquiescer, approuver.

AMENDER (s'). *v. pron.* S'améliorer, se corriger de ses fautes.

AMÉNITÉ. *n. f.* Fait d'être amène, c'est-à-dire aimable, avenant, gentil. S'emploie surtout dans l'expression **sans aménité** : brutalement, durement.

AMENUISER (S'). *v. pron. réfl.* Devenir plus petit, de plus en plus petit.

AMERTUME. *n. f. (sens propre)* Goût amer d'une substance. *(sens figuré)* Sentiment de tristesse et de déception, rancœur, frustration, à la suite de ce qu'on ressent comme une injustice, un sort contraire.

AMNÉSIE. *n. f.* (du grec *a-* privatif et *-mnèse*, «souvenir»). Perte de mémoire totale ou partielle. Signalons le mot **anamnèse**, de la même famille, qui signifie à l'inverse : effort pour se remémorer le passé, pour garder le souvenir (c'est le cas d'une prière de la messe).

AMORAL. *adj.* Qui est indifférent à la morale, étranger à toute idée de morale. L'être amoral n'a pas la conscience de ce qu'il faut faire ou ne pas faire : on ne peut porter sur lui de jugement moral.
Il faut donc bien distinguer ce mot de l'adjectif **immoral** qui, à l'inverse, qualifie la personne ou la conduite qui viole les règles de la morale en connaissance de cause.

AMORCE. *n. f.* Au *sens figuré* : commencement, début, ébauche. *Cet incident fut l'amorce d'une véritable révolution.*

AMORPHE. *adj.* (*a-* privatif et racine grecque *morph-*, «forme»). *(sens propre)* Qui n'a pas de forme. *(sens figuré)* Inerte, mou, sans énergie, sans réaction. *Il était complètement amorphe.*

AMPHI-. Racine d'origine grecque qui signifie «des deux côtés» ou «autour de». **Amphibie** (qui vit ou va dans l'air comme dans l'eau), **Amphibologie** (expression à double sens, comme *«je veux votre bien»*), **Amphithéâtre** (édifice totalement ou partiellement circulaire).

AMPLIFICATION. *n. f.* 1° **Sens général** : action d'amplifier, de grossir, d'intensifier. *Amplification des sons. Amplification de la rumeur.*
2° **Sens particulier** : en rhétorique, figure de style qui consiste à faire progresser l'idée par une énumération de termes de plus en plus forts, et souvent de longueur croissante. Voir **Anaphore, Gradation**.

AMPOULÉ. *adj.* Se dit d'un style ou d'un discours boursouflé, plein d'emphase, sans simplicité.

AMPUTER. *v. tr.* Au *propre* comme au *figuré* : couper, ôter, retrancher. *Amputer quelqu'un d'un membre. Amputer un film d'une séquence.*

ANA-. Racine grecque qui peut signifier «de bas en haut», «d'avant en arrière», ou «de nouveau». Ne pas confondre avec le préfixe *an-* privatif. Exemples : *anachronisme, anagramme, analyse, analogie, anaphore*. Voir ces mots.

ANACHRONIQUE. *adj.* 1° Qui résulte d'un anachronisme (voir mot suivant). 2° Qui est déplacé à son époque ; qui est d'un autre âge : vieilli, désuet, archaïque, périmé.

ANACHRONISME. *n. m.* (du grec *ana-*, «en arrière», et *chronos*, «temps»). Erreur volontaire ou involontaire qui consiste à placer dans une époque donnée des faits historiques, des réalités sociales, des idées, qui sont d'une autre époque. Faire voyager Louis XIV en hélicoptère, jouer le personnage de Don Juan en «jeans», faire adhérer Socrate au christianisme sont des anachronismes.

N.B. Dans le texte d'un auteur reconnu, l'anachronisme est un trait d'humour ; dans la copie d'un élève, c'est une faute contre l'Histoire.

ANACOLUTHE. *n. f.* Rupture de construction syntaxique. Par exemple, une phrase commence par un sujet et, dans la même proposition, se poursuit avec un autre sujet grammatical que le sujet attendu. C'est le cas de ces vers où Baudelaire, parlant du poète (sujet de la phrase), passe sans explication au sujet «ses ailes» (« *L'Albatros* ») :

> *Exilé sur le sol au milieu des huées*
> *Ses ailes de géant l'empêchent de marcher*

L'anacoluthe peut provenir d'un défaut de rigueur dans l'expression (cas des candidats à l'examen) ou d'une intention stylistique (cas des auteurs recherchant un style elliptique, saisissant).

ANAGRAMME. *n. f.* Mot nouveau obtenu en disposant différemment les lettres d'un mot initial. Ainsi, Ronsard fait remarquer à la jeune fille qu'il aime que «Marie» a pour anagramme «Aimer». Paul Verlaine transforme son nom en «Pauvre Lélian». Généralement, les auteurs aiment composer leurs pseudonymes en utilisant l'anagramme, comme François Rabelais signant le *Pantagruel* du nom d'auteur «Alcofribas Nasier».

ANALOGIE. *n. f.* Relation de ressemblance établie entre des réalités ou des notions qui, en tant que telles, sont de nature différente. Cette relation d'analogie peut être simplement constatée (c'est à partir de similitudes partielles entre des animaux différents que les biologistes peuvent classer les êtres vivants), mais elle est le plus souvent établie par un travail de l'esprit.

Ainsi, si je parle d'une couleur *criarde*, je crée une analogie entre une réalité *visuelle* et le domaine *sonore*, qui sont différents ; pour cela, j'ai dû *comparer* en moi la sensation désagréable de cette couleur (dissonante) et la sensation correspondante d'un son (criard) : c'est à ce niveau *subjectif* que se situe la similitude.

De même, si je dis d'un ami qu'il est un être *profond*, j'emploie un terme dont le sens figuré a été établi par analogie (par correspondance entre la profondeur *spatiale*, bien concrète, et la «profondeur» *spirituelle* de la conscience humaine). On voit ainsi que la plupart des comparaisons, des métaphores, des mots abstraits, au départ, reposent sur des rapports d'analogie, des associations, des parallèles établis entre des réalités différentes.

L'analogie est donc une opération essentielle de l'esprit humain, avec souvent des risques d'erreur (cf. le proverbe *Comparaison n'est pas raison*).

On appelle **raisonnement par analogie** le fait de tirer des conclusions identiques de deux réalités rapprochées par analogie : transférer par exemple les lois des hordes d'animaux sauvages aux sociétés humaines, sous prétexte qu'on trouve des points communs aux unes et aux autres. Voir les mots **Comparaison**, **Métaphore**, **Symbole**.

ANALYSE. *n. f.* 1° Opération intellectuelle qui consiste à décomposer une réalité, une œuvre, un texte, en ses éléments fondamentaux, pour mieux en établir les relations. L'analyse dissèque, réduit le tout à ses parties, cherche à étudier les combinaisons entre les divers éléments, qu'il s'agisse d'objets concrets ou abstraits. L'opération inverse (qui rassemble, unit) s'appelle **synthèse**.

2° Le résultat de l'opération précédente, l'exposé oral ou écrit qui résume et met en lumière l'objet de l'analyse. *Une brillante analyse de la société actuelle.*

3° Psychanalyse, traitement psychanalytique. Voir ce mot.

ANAPHORE. *n. f.* Procédé de rhétorique qui consiste à commencer par le même mot ou la même expression une série de phrases, de vers, ou de membres de phrases. La chanson de J. Brel *Le plat pays* est bâtie sur une grande anaphore (« *Avec la mer... Avec le vent... Avec des cathédrales... Avec un ciel... Avec Frieda la Blonde*, etc. »). Ce procédé de mise en série des termes produit un effet de parallélisme, d'insistance, et d'intensification du discours. Voir **Gradation**.

ANARCHIE. *n. f.* (de *an-* privatif et de la racine grecque *-arkhê*, « pouvoir, commandement »).

1° Au *sens originel*, l'anarchie est un système politique dans lequel il n'y a pas de pouvoir étatique. L'*anarchisme* a ainsi été un courant libertaire du XIXe siècle qui visait la destruction de l'État, considéré comme oppressif et corrupteur. De ce point de vue, l'anarchie représente le rêve d'une société sans pouvoir dominant, où l'individu est le plus libre possible, et n'éprouve pas même le désir de commander à autrui.

2° Au *sens courant*, l'anarchie est synonyme de désordre, d'absence d'autorité aboutissant à une confusion dangereuse (risque de guerre civile ou de tyrannie, l'une succédant à l'autre).

ANATHÈME. *n. m.* Excommunication (c'est-à-dire exclusion définitive) prononcée contre les hérétiques, les ennemis du catholicisme. Par extension : condamnation totale, discours qui maudit une personne. *Un flot d'anathèmes. Jeter l'anathème sur les nouveaux prêtres.*

ANCESTRAL. *adj.* Qui appartient aux ancêtres, qui vient des ancêtres. *Une coutume ancestrale. Le respect ancestral de la nature.*

ANCRÉ. *adj.* Solidement implanté, fixé, enraciné (image de l'ancre). Ne pas confondre avec l'homonyme *encré* (enduit d'encre). Ne pas confondre non plus **ancrage** et **encrage**.

ANDRO-. Racine grecque qui signifie « homme », au sens de sujet *masculin* (la racine correspondante pour « femme » est *gyn-*). Ne pas confondre avec *anthropo-* (l'homme comme être humain en général). Exemples : androgyne, andropause, polyandrie.

ANDROGYNE. *adj.* (voir racine précédente) Qui a les caractères sexuels des deux sexes. *Un homme androgyne. Une femme androgyne. Le rêve androgyne hante l'inconscient de tout être.*

ANESTHÉSIER. *v. tr. (sens propre)* Rendre insensible à la douleur par l'emploi d'une drogue. *(sens figuré)* Endormir, apaiser ; rendre inoffensif. *La bonhomie du chef de l'État a anesthésié l'opinion.*

ANGOISSE EXISTENTIELLE. Expression philosophique décrivant le malaise de l'homme en face de sa condition mortelle. Inquiétude métaphysique, sentiment de l'absurde.

ANIMA/ANIMUS. Mots latins qui signifient tous deux « âme », « esprit », mais avec des nuances que certains philosophes ou psychologues ont grossies pour en faire des *archétypes complémentaires* du psychisme humain.

Déjà, en latin, les mots s'opposent. L'*anima* est l'âme en tant que souffle, la vie qui anime ; elle peut même se séparer du corps (voir sens nº 1 du mot *âme*). L'*animus* se distingue aussi du corps, mais il est surtout l'esprit, l'âme en tant que volonté et siège de la pensée. Bien que ces mots puissent être synonymes, bien qu'ils désignent une même réalité psychique de l'être humain, ils ont pu servir à en opposer deux faces : la face « féminine » en quelque sorte — l'*anima* — plus vive, plus sensible, et la face « masculine » — l'*animus* — plus rationnelle, plus volontaire.

À partir de cette distinction, le psychiatre Jung tenta d'établir que l'inconscient de tout être humain se constitue de deux archétypes complémentaires — l'*anima* et l'*animus* —, aux proportions variables selon le sexe auquel on appartient. Ainsi, l'homme n'est pas seulement constitué d'*animus* (part « masculine »), mais aussi d'une part de sentimentalité, d'irrationnel, d'intuition, de tendresse qui sont l'apanage de l'*anima*. De même, la femme ne se constitue pas seulement d'*anima*, mais aussi d'une part de volonté, de puissance, de rationalité, d'agressivité typiques de l'*animus*. Homme et femme, en dépit du rôle social que la distinction des sexes leur impose, sont donc l'un et l'autre secrètement animés par le principe vital complémentaire, qu'ils ont trop souvent le tort de ne pas vouloir reconnaître au fond d'eux-mêmes. La véritable harmonie de chacun, comme des couples, ne saurait s'accomplir sans cette reconnaissance.

ANIMISME. *n. m.* Croyance spontanée ou système de pensée qui attribue une âme aux choses, aux objets, aux végétaux, aux diverses réalités du monde extérieur. C'est à la fois une attitude d'enfant (qui prête ses sentiments aux choses), une conduite religieuse primitive (la pensée magique peuple le monde d'esprits), et une tendance de la création poétique, qui projette des « états d'âme » sur les paysages, ou recherche des présences spirituelles au cœur du monde des choses, ce qu'exprime Lamartine en disant : « *Objets inanimés, avez-vous donc une âme ?* » Voir **Anthropomorphisme**.

ANIMOSITÉ. *n. f.* Désir de nuire ; agressivité dans la discussion. Ne pas confondre avec *animation*. Antonymes : *bienveillance, cordialité*.

ANKYLOSE. *n. f.* Disparition complète ou partielle des mouvements d'une articulation. Ce mot, et surtout le verbe pronominal correspondant, peuvent être employés au sens figuré. *Son esprit s'ankylose : forcément, il reste béat devant la télévision.*

ANNEXER. *v. tr.* Joindre, attacher. *Annexer une pièce à un dossier.* En particulier : faire passer une province ou un pays sous l'autorité d'un autre. *L'URSS annexa les pays baltes.*

ANNIHILER. *v. tr.* (du latin *nihil*, « rien »). Réduire à rien, anéantir, paralyser. *La rébellion a été annihilée. La drogue annihile la volonté.*

ANODIN. *adj.* Sans grande importance, inoffensif, insignifiant. *Des blessures anodines. Un personnage anodin.*

ANONYME. *adj.* (du grec *an-* privatif et *-onoma*, « nom »). Dont on ne connaît pas le nom. *L'auteur anonyme d'un fabliau.* Qu'on ne peut rapporter à personne, d'origine inconnue. *Une lettre anonyme.* Impersonnel, sans originalité. *Le discours anonyme des médias.*

ANOREXIE. *n. f.* Perte d'appétit. Maladie mentale qui conduit à s'abstenir de nourriture (partiellement ou totalement). Antonyme : *boulimie*.

ANTAGONISME. *n. m.* (du grec *anti*, « contre », et *agon*, « combat »). Rivalité, lutte, opposition entre personnes, partis ou nations justement dits « antagonistes ». *Des antagonismes séculaires. Des forces antagonistes.*

ANTE-. Préfixe d'origine latine signifiant « avant », « devant » : *antécédent, antédiluvien, antépénultième, antérieur*. Ce préfixe prend parfois la forme *anti-* (à ne pas confondre avec le préfixe grec *anti-* qui exprime l'opposition) : *antichambre, antidater*.

ANTÉCÉDENT. 1° *adj.* Qui précède dans le temps.
2° *n. m. (sens grammatical)* Mot initial qui est ensuite repris par un pronom. *(sens courant, au pluriel)* Faits qui appartiennent au passé de quelqu'un. *Avoir de mauvais, de bons antécédents.*

ANTÉDILUVIEN. *adj.* Qui date d'avant le Déluge. Qui remonte à des temps très anciens. Cet adjectif est formé à partir du mot *diluvien*, qui est l'adjectif correspondant au substantif *déluge (des pluies diluviennes)*. À noter que l'on emploie souvent *antédiluvien* dans un sens péjoratif : suranné, archaïque, désuet. *Une voiture antédiluvienne.*

ANTHOLOGIE. *n. f.* Recueil de morceaux choisis d'œuvres littéraires ou musicales. L'anthologie est supposée reprendre les extraits les plus beaux ou les plus caractéristiques d'un ouvrage, d'une œuvre complète ou d'un genre (*anthos* signifie «fleur» en grec). D'où l'expression : *un morceau d'anthologie*, pour qualifier une page brillante, un discours remarquable, une scène mémorable (de théâtre ou de film), voire même un grand moment d'une compétition sportive. Le synonyme **florilège**, d'origine latine, ne s'emploie que pour un recueil de textes.

ANTHROPO-. Racine grecque qui signifie «être humain» en général (à ne pas confondre avec *andro-* qui désigne l'homme par opposition à la femme). Le radical *anthropo-* se retrouve dans de nombreux mots. Outre ceux qui suivent immédiatement, on trouve : *anthropoïde, anthropométrie, anthropophage, anthropopithèque, misanthrope, philanthrope, pithécanthrope*.

ANTHROPOCENTRISME. *n. m.* Tendance naturelle ou conception philosophique qui fait de l'homme le centre de l'univers, le but de la création. Cette conception était dominante chez les Anciens. C'est à partir de Copernic et de Galilée, puis des travaux scientifiques qui ont suivi, que l'homme cessera de se croire le centre de l'univers, et apprendra, non sans résistance, qu'il est le simple habitant d'une petite planète qui tourne, parmi d'autres, au sein du cosmos.

ANTHROPOLOGIE. *n. f.* (du grec *anthrôpos*, «être humain», et *logos*, «parole, discours, étude»; littéralement : «discours sur l'homme»). L'anthropologie, au sens large, est l'ensemble des sciences qui étudient l'être humain dans toutes ses manifestations psychologiques, sociales, culturelles. L'anthropologie cherche à la fois à étudier les diverses civilisations dans leur variété et à saisir les constantes du phénomène humain à travers elles. L'anthropologie englobe les autres sciences humaines, notamment l'**ethnologie** (étude des groupes restreints ou *ethnies*) et la **sociologie** (étude du fonctionnement des sociétés — surtout modernes).

ANTHROPOMORPHISME. *n. m.* (du grec *anthrôpos-*, «être humain», et *morphê* «forme»). Comme l'étymologie permet de le comprendre, l'anthropomorphisme est cette tendance de notre esprit à projeter des formes humaines ou des sentiments humains sur les choses, sur la nature extérieure, sur les animaux, sur les «dieux», etc. Bref, à concevoir ce qui n'est pas humain sur le modèle humain.

• Au départ, l'*anthropomorphisme* désignait seulement la tendance à concevoir la divinité à l'image de l'homme, notamment dans la religion grecque. Mais il n'est pas difficile de constater que cette tendance est de toutes les religions. Elle est inhérente à la pensée magique, elle-même fondée sur l'*animisme* (voir ce mot).

• Mais l'anthropomorphisme est une attitude beaucoup plus large, spontanée chez les enfants, cultivée chez les poètes, fréquente dans de nombreuses réactions d'adultes. L'enfant qui prête un visage au nuage, le poète qui prête une volonté hostile à un astre, une âme à une flamme ou de l'orgueil à une machine, font naturellement de l'anthropomorphisme. Il suffit de dire qu'un paysage est mélancolique pour projeter sur les choses le sentiment même qu'elles nous inspirent. L'anthropomorphisme est d'autant plus répandu que les objets de l'industrie humaine eux-mêmes ont des formes humaines, ou sont valorisés comme tels dans la publicité (un balai, une tartine beurrée ou un flacon de parfum peuvent être personnifiés).

• En poésie, l'anthropomorphisme est une grande loi de l'imaginaire. De nombreuses métaphores, les allégories, les représentations d'une nature humanisée sont à base d'anthropomorphisme. Les dessins animés en abusent. Mais la langue elle-même en est le produit, l'homme partant de son expérience ou de sa nature propre pour désigner les choses qu'il découvre ou invente : l'âme d'un violon, le nez d'un avion, le visage de la guerre.

ANTI-. Préfixe grec signifiant «contre, à l'opposé de». De nombreux mots, noms ou adjectifs, verbes, sont formés à partir de ce préfixe au sens bien connu. On prendra garde toutefois de ne pas le confondre avec la forme *anti-* que prend parfois le préfixe *ante-* («avant»).

ANTICIPATION. *n. f.* 1° Exécution anticipée d'un acte. *L'épreuve anticipée de français* : faite par avance. 2° Imagination de ce qui va se passer, représentation présente d'un événement futur. *Roman d'anticipation.* 3° Dans un récit, élément qui suggère la suite sans la dire vraiment, pour donner à deviner au lecteur ou à l'auditeur. *Mais n'anticipons pas sur la suite de l'histoire.* Ou simplement : *n'anticipons pas.* Noter la double construction du verbe : on peut *anticiper quelque chose* (le faire d'avance) ou *anticiper sur quelque chose* (entamer son exécution).

ANTICLÉRICAL. *adj.* Qui s'oppose à l'intervention du clergé (de l'Église) dans la vie publique. Qui se méfie viscéralement de l'Église.

ANTIDOTE. *n. m.* Contrepoison. Remède à un mal moral ou social. *Il faut trouver un antidote à votre mélancolie, — le travail par exemple.*

ANTIHÉROS. *n. m.* Personnage principal d'un roman ou d'une pièce, mais qui, contrairement à la notion traditionnelle de «héros», n'a absolument rien d'héroïque. En cela, il peut symboliser l'homme ordinaire, quelconque, le «héros» de l'anonymat et de la médiocrité. C'est le cas, par exemple, de Frédéric Moreau dans *L'Éducation sentimentale* (Flaubert). Voir **Héros**.

ANTINOMIE. *n. f.* Contradiction, incompatibilité logique ; conflit entre notions, idées ou thèses. *Il y a antinomie entre le dirigisme et le libéralisme économique. Pour Sartre, la liberté de l'homme et l'existence de Dieu sont antinomiques.*

ANTIPHRASE. *n. f.* Phrase qui signifie le contraire de ce qu'elle énonce. L'antiphrase est une figure de style. Elle consiste à dire le contraire de ce que l'on pense, mais en faisant comprendre (le plus souvent par l'intonation) qu'on pense le contraire de ce que l'on dit. *« C'est du* *propre !* », dit par exemple la mère à son enfant qui a fait pipi au lit. L'antiphrase est le procédé principal dont se sert l'ironie.

ANTIPODE. *n. m. (sens propre)* Lieu de la planète diamétralement opposé à l'endroit dont on parle. S'emploie le plus souvent au pluriel. *La Chine est aux antipodes de l'Atlantique. (sens figuré)* Qui est, très exactement, l'extrême opposé de quelque chose. *Votre pensée est l'antipode de la mienne* ; ou mieux : *aux antipodes de la mienne.*

ANTIQUITÉ. *n. f.* 1° Caractère de ce qui est très ancien. 2° Temps très ancien (« *Cela remonte à la plus haute antiquité* »). 3° L'**Antiquité** (*avec une majuscule*) : les plus anciennes civilisations (l'Antiquité orientale ou l'Antiquité gréco-latine). Quand le mot est précisé par une information historique, on peut l'écrire avec une minuscule : *l'antiquité égyptienne*. 4° Au pluriel, *les antiquités*, les œuvres d'art de l'Antiquité : *les antiquités d'Athènes*.

➜ **Pour approfondir, p. 892 et p. 899.**

ANTIROMAN. *n. m.* Roman qui s'oppose aux règles traditionnelles du roman : absence d'une intrigue cohérente, refus de personnages bien « réels », mise en cause de l'aspect réaliste et documentaire des lieux et des milieux. Comme les notions d'*antihéros* et d'*antithéâtre*, l'appellation d'*antiroman* a été inventée dans les années 1950 pour désigner les formes nouvelles du roman (le « nouveau roman »). Mais la contestation du genre romanesque à l'intérieur du roman se retrouve bien avant, par exemple dans *Jacques le Fataliste* (Diderot).

ANTITHÈSE. *n. f.* (du grec *anti-*, « contre » et *thesis*, « action de poser » ; cette étymologie éclaire assez bien les deux sens principaux du mot).

1° Figure de style qui consiste à traduire l'opposition de deux idées ou réalités contraires par une disposition symétrique des termes qui les expriment. « *L'occident était blanc, l'orient était noir* » (Victor Hugo). En posant en parallèle les mots de sens opposés, on rend leur contraste plus saisissant. *Mieux vaut être riche et bien portant que pauvre et malade.*

Mais l'antithèse ne fait pas que traduire des oppositions entre des réalités naturellement contraires : elle sert aussi à *créer* des oppositions entre des idées ou des réalités simplement différentes. « *Si notre vue s'arrête là, que l'imagination passe outre* » (Pascal). Grâce à de multiples antithèses, certains auteurs donnent dans leur œuvre une vision contrastée du monde, parfois même manichéenne.

2° Point de vue opposé, idée contraire à une thèse précédemment exposée. On parle ainsi de plans de dissertation en trois points : *thèse, antithèse, synthèse*. Il faut préciser que cette trilogie dérive de la dialectique de Hegel, selon lequel la pensée (et même l'histoire) progresse selon un mouvement ininterrompu : une *thèse* se voit opposer une *antithèse*, d'où résulte une *synthèse*, qui à son tour donnera lieu à une antithèse, et ainsi de suite. Voir **Dialectique**.

ANTONYME. *n. m.* Mot de sens opposé à celui d'un autre. « *Ignoble* » *est un antonyme de « noble ».* On peut remarquer que si certains mots sont de parfaits antonymes *(petit/grand, richesse/pauvreté),* d'autres ne le sont qu'approximativement *(gentil,* par exemple, admet comme antonymes *désagréable, dur, égoïste, méchant).*

APANAGE. *n. m.* Avantage exclusif propre à quelqu'un ou à quelque chose ; privilège. *L'éducation des petits enfants ne doit plus être l'apanage des femmes. La mode est l'apanage des jeunes.*

APARTÉ. *n. m.* 1° Au théâtre, réplique qu'un personnage semble dire pour lui-même, à l'insu des autres, mais de façon à être entendu par le public. *Les apartés de Sganarelle dans* Dom Juan.

2° Dans la vie courante, propos que l'on tient *à part,* à l'adresse d'une personne, de manière à ne pas être entendu des autres. *Un aparté à voix basse.* (L'expression *parler à la cantonade* signifie au contraire « parler de façon à être entendu de tout le monde », à voix haute, sans paraître viser quelqu'un de précis).

APATHIQUE. *adj.* (du grec *a-* privatif et *pathos,* « émotion, souffrance »). Insensible, sans réaction, sans ressort ; amorphe, indolent. *L'apathie est parfois une forme de résistance passive. Accoutumée au malheur, la population était devenue apathique.*

APHASIE. *n. f.* Perte partielle ou totale de la capacité de parler, par suite d'une lésion cérébrale (ou d'un traumatisme psychologique). *Baudelaire mourut aphasique.*

APHONE. *adj.* (du grec *a-* privatif et *phônê,* « voix, son »). Qui n'a plus de voix (à la suite d'une extinction en général passagère). Ne pas confondre avec **aphasique** : hors d'état de parler.

APHORISME. *n. m.* Formule ramassée qui exprime une idée ou un principe moral. *« On ne commande à la nature qu'en lui obéissant »* (Francis Bacon, 1561-1626). L'aphorisme tente de donner le maximum de force à une pensée, grâce à sa concision et à des figures de style comme l'antithèse, la métaphore, etc. Voir **Adage, Maxime, Précepte.** Au pluriel, le mot est parfois péjoratif : *« Vous, avec vos éternels aphorismes ! »*

APOCALYPSE. *n. f.* 1° L'**Apocalypse** de Saint Jean est un livre prophétique, le dernier du Nouveau Testament, qui évoque la fin des Temps dans un style visionnaire et symbolique.

2° Dans le langage courant, le mot *apocalypse* désigne la fin du monde, catastrophique, ou ce qui en rappelle dramatiquement l'image. *Une vision d'apocalypse. L'apocalypse n'a pas de futur ! Un tableau apocalyptique de la situation.*

APOCOPE. *n. f.* Suppression à la fin d'un mot d'une ou plusieurs syllabes. On abrège ainsi, par apocope, *vélocipède* en *vélo, cinématographe* en *ciné.* L'opération inverse (chute du début d'un mot) se nomme **aphérèse** *(pitaine* pour *capitaine,* Colas pour *Nicolas).*

APOCRYPHE. *adj.* et *n.* Non authentique ; douteux, suspect (en parlant d'un document). *Les Évangiles apocryphes* (non reconnus par l'Église). *Un testament apocryphe.*

APOGÉE. *n. m.* (du grec *apo*, «loin de», et *gê*, «terre»).
(sens propre) Point le plus éloigné d'un astre ou d'un objet tournant autour de la Terre (l'orbite d'un astre est le plus souvent elliptique).
(sens figuré) Point culminant, sommet que peut atteindre la carrière d'une personne, l'histoire d'une réalité humaine. *L'apogée du règne de Louis XIV. Une civilisation à son apogée. Hugo à l'apogée de son génie.*
N.B. L'antonyme **Périgée** ne s'emploie qu'au sens propre. Noter que les deux mots *apogée* et *périgée* sont bien masculins.

APOLITIQUE. *adj.* Qui est ou qui se veut politiquement neutre. *Une association apolitique. Un syndicat apolitique.* Qui ne se rattache à aucun parti politique, qui refuse toute interprétation politique de ses pensées ou de sa conduite.
Le débat sous-jacent au mot *apolitique* se comprend si l'on se souvient du sens originel du mot *politique*, c'est-à-dire au sens large «tout ce qui a rapport à la vie de la Cité» (*polis*, en grec). Ainsi, quand un individu ou un groupe se dit *apolitique* au sens étroit du terme (refusant tout lien avec un parti politique), on lui rétorque souvent que ses opinions ou ses actions, exerçant une influence sur la vie de la cité, sont malgré tout de nature *politique*. Afficher son *apolitisme*, c'est encore se situer politiquement, en choisissant de laisser faire le jeu politique qu'on abandonne aux autres.

APOLLINIEN. *adj.* Qui, dans le domaine esthétique, est relatif au dieu grec Apollon : c'est-à-dire qui se caractérise par l'ordre, par la mesure, par la maîtrise et l'harmonie. Cet adjectif s'oppose à *dionysiaque*, qui renvoie au contraire à la passion, à la démesure de l'inspiration, à l'ivresse, conformément au culte de Dionysos. Selon Nietzsche, ces deux tendances contradictoires se fondent dans la création artistique, et notamment dans la tragédie grecque.
➜ **Pour approfondir, p. 974.**

APOLOGIE. *n. f.* 1° Texte ou discours tendant à démontrer l'excellence d'un commentaire religieux, des idées d'un penseur religieux, ou d'une religion elle-même. Pascal voulait faire une *Apologie de la religion chrétienne* dont les fragments ont donné les *Pensées*. La partie de la théologie qui traite de l'apologie de la religion chrétienne s'appelle **Apologétique**.
2° Par extension, éloge, justification ou défense d'une personne ou d'une théorie. *L'Apologie de Socrate*, ouvrage de Platon. *Faire l'apologie de la paresse.*

APOLOGUE. *n. m.* Récit en prose ou en vers chargé d'illustrer une leçon morale. On voit la relation avec le mot précédent : il s'agit de défendre un principe, une «moralité», comme dans les *Fables de la Fontaine*. Les apologues sont de petites fables ; mais le mot *fable* a aussi un autre sens, celui d'invention mensongère (cf. le verbe *fabuler*).

APORIE. *n. f.* (du grec *aporia*, «situation sans issue»). Se dit d'un raisonnement logique aboutissant à une contradiction insoluble. Il y a aporie lorsque les deux conclusions (opposées) auxquelles conduit le raisonnement semblent également logiques. Par exemple, il semble logique de penser qu'à l'origine d'une poule, il y a l'œuf dont elle est sortie. Mais à l'origine de l'œuf, il y avait forcément la poule qui l'a pondue. Qu'est-ce donc qui est à l'origine, la poule ou l'œuf?

L'*aporie* n'est parfois qu'un raisonnement provisoire : il faut trouver un élément supplémentaire qui permette de poser la question autrement (par exemple, les principes de l'évolutionnisme résolvent l'aporie de la poule et l'œuf). Mais les philosophes ou les écrivains adorent poser certains problèmes sous forme d'apories, pour stimuler leurs lecteurs et interlocuteurs... ou les embarrasser (ce fut le cas de Socrate).

A POSTERIORI. Locution latine qui signifie «en partant de; postérieurement à». D'où : en partant de l'expérience, en déduisant une vérité (ou une erreur) du constat de ses conséquences. *Un raisonnement a posteriori*. Cette locution prend tout son sens de son opposition à l'expression *a priori* («à première vue», «intuitivement»). Par exemple : *je ne savais pas a priori si l'indépendance des diverses nationalités de l'ex-Yougoslavie était une bonne ou mauvaise chose; mais j'observe a posteriori que cela a été une catastrophe.* Noter que les deux mots *a priori* et *a posteriori* sont invariables, et n'ont pas d'accent sur le *a*.

APOSTOLAT. *n. m.* Mission de l'apôtre. Prédication, propagation de la foi, prosélytisme. Par extension, métier ou tâche qui demande l'énergie et la ferveur d'un apôtre. *Être médecin de campagne est un véritable apostolat.* L'adjectif correspondant est «apostolique». *L'Église catholique, apostolique et romaine.*

APOSTROPHE. *n. f.* Au sens *littéraire*, l'apostrophe est une figure de style qui consiste à s'adresser solennellement à une personne présente ou absente, ou à une réalité qu'on personnifie. *C'est à Toi que je m'adresse, ô Dieu Tout-Puissant.* «*Honte à toi qui la première m'as appris la trahison*» (Musset). «*Sois sage, ô ma Douleur*» (Baudelaire). L'apostrophe a toujours un caractère oratoire, dramatique, qui donne une «présence» intense à ce qu'on interpelle.

Au sens *courant*, l'apostrophe est simplement l'interpellation brusque, impolie, qu'on adresse à une personne réelle. *Un inconnu m'a apostrophé sans raison.*

APOTHÉOSE. *n. f.* (du grec *apo-*, «loin de» et *theos*, «Dieu»). Élévation d'un mortel (un héros, un empereur romain) au rang de Dieu. Par extension, glorification, consécration d'une personne célèbre. Moment suprême, sublime, où s'épanouit un spectacle, une période historique, un genre artistique, ou même une civilisation.

APÔTRE. *n. m.* 1° Disciple de Jésus-Christ, chargé de répandre la «bonne nouvelle», c'est-à-dire l'Évangile. Par extension, toute personne qui propage la foi chrétienne.

2° Personne qui répand ou défend une idée, une doctrine, une philosophie, même si elle n'a rien de religieux. *Il s'est fait l'apôtre de la laïcité.* Voir **Apostolat**.

APPRÉHENDER. *v. tr.* 1° Saisir, arrêter. *Appréhender un voleur.*

2° Saisir par l'esprit, comprendre. *Appréhender une notion difficile.*

3° *(sens courant)* Craindre, redouter ; éprouver de l'appréhension à l'idée de ce qui va arriver ou qu'on va faire. *J'appréhende l'épreuve anticipée de français.*

ÂPRETÉ. *n. f.* Caractère de ce qui est âpre, rugueux, dur, difficile. Au *sens propre* comme au *sens figuré* : *l'âpreté d'un fruit ; l'âpreté d'un combat ; l'âpreté d'un caractère.*

A PRIORI. Locution latine qui signifie «avant toute expérience ; au premier abord». Elle peut s'employer comme adjectif : *un raisonnement a priori* (raisonnement purement abstrait, non fondé sur l'expérience). Cette expression s'emploie aussi comme substantif : *avoir des a priori* (des idées toutes faites, des préjugés). *A priori* s'oppose très exactement à la locution *a posteriori* (voir ce mot).

AQUILON. *n. m.* En poésie classique, vent du Nord, froid et violent. Par extension, le Nord lui-même ou tout vent violent. A l'aquilon s'oppose le *zéphyr* : «*Tout vous est aquilon, tout me semble zéphyr*» («Le Chêne et le Roseau», La Fontaine).

ARBITRAIRE. 1° *adj.* Qui dépend de la seule volonté humaine, du «libre arbitre», et non d'une règle ou d'une loi préexistante ; qui donc n'a pas à être justifié. *Un choix arbitraire. Une valeur arbitraire*, donnée par pure convention.

2° *adj.* Qui dépend du seul bon plaisir d'une personne en position d'autorité (le roi, le ministre, le chef de service). *Une mesure arbitraire. Des décisions totalement arbitraires*, c'est-à-dire le plus souvent *injustes*.

3° *n. m.* Autorité despotique, pouvoir d'un individu ou d'un groupe, qui s'exerce sans frein et sans raison. *L'arbitraire du roi, dans une monarchie absolue.*

ARBITRAGE. *n. m.* Règlement d'un conflit entre des personnes ou des groupes dans divers domaines (sportif, social, politique). *L'arbitrage du Ministre a permis d'aboutir à un compromis.* Décision technique qui permet de trancher entre plusieurs options. *Rendre des arbitrages.*

ARCANES. *n. m. pl.* Mystères, secrets. *Les arcanes du monde politique.* Ce mot, fréquent dans les médias, a une connotation de coulisses, de chemins secrets, de labyrinthe clandestin. «*Les cabinets ministériels lui sont aussi familiers que les arcanes de la communication, puisqu'il servit à l'Élysée comme chef du service de presse*» (*Le Monde* du 8/1/94).

ARCH-, ARCHÉO-. Racines issues du grec *arkhaios*, «ancien». Voir *archaïsme, archétype* (et aussi *archéologie*). Bien prononcer *ark-*.

ARCHAÏSME. *n. m.* (voir racine ci-dessus). Caractère de ce qui est très ancien *(une civilisation archaïque)* ; et donc périmé, désuet. En particulier : mot ancien ou tournure qui a vieilli, choisi par un écrivain qui aime la langue du passé. *Dire «partant» pour «par conséquent» est un archaïsme, mais on peut préférer ce mot.*

ARCHÉTYPE. *n. m.* (voir racine ci-dessus). Modèle originel ; type fondamental et primitif que reproduisent (délibérément ou non) les écrivains ou les artistes dans leurs ouvrages ou dans certains passages de leurs œuvres. *La «Scène du Pauvre», dans* Dom Juan, *repose sur l'archétype de la Tentation au jardin d'Éden. Dans* Œdipe-roi *de Sophocle, Freud a trouvé l'archétype de la relation du fils au père, qu'il a justement nommé «complexe d'Œdipe».*
La notion d'archétype vient de la théorie des *Idées*, chez Platon. Voir **Platonisme**.

ARCHI-. Racine d'origine grecque, elle-même dérivée de *arkhaios* (voir *Arch*). 1° Indique la prééminence, l'excès. *Une salle archicomble. Une copie archinulle. Être archimillionnaire.*
2° Exprime le commandement suprême : *archevêque, archiduc.*

-ARCHIE, -ARQUE. Racine d'origine grecque (*arkhê*, «pouvoir, commandement»), qui entre dans la composition de nombreux mots, en position de suffixe : *anarchie* (littéralement : «absence de pouvoir») ; *dyarchie* (littéralement : «gouvernement à deux pouvoirs») ; *hiérarchie* («ordre du pouvoir sacré») ; *monarchie, monarque* («gouvernement d'un seul») ; *oligarchie* («gouvernement d'un petit groupe») ; *patriarche, patriarcat* («pouvoir des pères»).

ARGUMENT. *n. m.* 1° Fait, idée, preuve, raison qu'on utilise pour établir une proposition, une thèse, ou pour réfuter une théorie adverse. *Il a pour lui un argument irréfutable. Votre argument ne tient pas en face des miens. Pour réussir à l'examen, elle a un argument irrésistible : son sourire.*
2° Résumé rapide du contenu d'un ouvrage, d'un roman, d'une pièce. Exposé sommaire. *Quel est l'argument de votre livre, de votre article ?*
N.B. C'est à partir de ce mot (au sens n° 1) qu'a été défini un type de textes d'idées dits «textes *argumentatifs*», centrés en général sur le désir de convaincre. Mais on notera que les textes argumentatifs cherchent souvent moins à persuader par le contenu des arguments que par l'efficacité du style ou les subtilités de l'énonciation.

ARGUTIE. *n. f.* Raisonnement subtil et souvent spécieux. *Ce n'est pas un argument, ce sont des arguties !*

ARIA. *n. f.* Air de musique classique : mélodie accompagnée d'instruments, jouée par un soliste ou chantée par une cantatrice. L'aria peut être composée en tant que telle, ou bien faire partie d'un opéra. Voir la différence avec **Récitatif**.

ARISTOCRATIE. *n. f.* (du grec *aristo*, « le meilleur » et, *kratos*, « force, puissance »).

1° Système de gouvernement où le pouvoir est exercé par un petit nombre de personnes, souvent une classe héréditaire, constituée de nobles, de patriciens, de « seigneurs ».

2° La classe qui détient ce pouvoir ; ceux qui en font partie. La noblesse, les nobles, les privilégiés (même s'ils ne détiennent qu'un pouvoir partiel).

3° Au *sens figuré*, groupe de personnes qui manifestent une supériorité dans un certain domaine. Une élite, un aréopage. *L'aristocratie des connaisseurs* (ceux que Stendhal appelle les *« happy few »*). Notons que, selon le point de vue de celui qui parle, le mot « aristocratie » et les termes de la même famille peuvent être employés avec des connotations opposées. Selon le contexte, les expressions *manières d'aristocrate* ou *allure aristocratique* seront positives ou négatives. A distinguer de **Oligarchie** et **Ploutocratie**.

ARPÈGE. *n. m.* Exécution successive des notes d'un accord. L'arpège est fréquent à la harpe. *Arpéger* un accord, c'est en égrener les notes. Noter que le mot ne prend pas de *h* au début.

ARRIÈRE-GARDE. *n. f. (sens propre)* Partie d'une armée qui demeure à l'arrière, notamment pour la protéger contre le harcèlement ennemi, en cas de retraite.

(sens figuré) Groupe de personnes en retard sur la modernité (au contraire de *l'avant-garde*). Le mot s'emploie très souvent dans l'expression **Combat d'arrière-garde** : c'est-à-dire combat dépassé, inutile, perdu d'avance. Voir **Avant-garde**.

ARROGER (s'). *v. pron.* S'attribuer des avantages, des pouvoirs auxquels on n'a pas droit. *Certains nobles s'étaient arrogé un « droit de cuissage » parfaitement abusif.* À noter, de la même famille, le mot **arrogance** qui désigne l'orgueil, l'insolence de ceux qui croient avoir tous les droits.

ARSENAL. *n. m. (sens propre)* Lieu où se fabriquaient les armes, et par extension, grande quantité d'armes.

(sens figuré, assez fréquent*)* Ensemble de moyens dont on dispose pour agir, attaquer ou se défendre. *L'arsenal des lois. Un arsenal de mesures dissuasives. Un arsenal d'outils et d'ustensiles.*

ART. *n. m.* Au premier sens, ancien, l'art est le *moyen de faire*, l'*aptitude à réussir* quelque chose. Mais du **savoir-faire** (aspect technique) au **bien faire** (aspect déjà esthétique dans la mesure où l'on peut admirer la réussite), il y a un glissement compréhensible qui éclaire les deux séries de sens du mot.

1° *(sens technique)* L'art est l'aptitude propre à l'**artisan** : le métier, l'habileté, l'adresse. *L'art de faire un feu. L'art de confectionner un habit. L'art et la manière.* Par extension, le mot désigne aussi bien un ensemble de techniques *(les arts ménagers, les arts et métiers)* que des aptitudes sociales ou morales *(l'art de plaire, l'art de persuader, l'art de vivre).* Quand Rousseau écrit son *Discours sur les sciences et les arts,* il songe moins aux arts au sens actuel qu'aux diverses techniques qui ont fait progresser la civilisation.

2° *(sens esthétique)* L'art est l'aptitude propre à l'**artiste**, qui cherche à produire de la beauté dans tel ou tel domaine : littérature, musique, peinture, sculpture, architecture, danse, cinéma (appelé précisément *« le septième art »). Les œuvres d'art, les beaux-arts, l'art pour l'art.* L'art peut devenir alors synonyme de beauté formelle, de réussite purement esthétique, de style propre à tel ou tel artiste *(l'art de Flaubert, l'art du roman, l'art abstrait).*

Quoi qu'il en soit, le mot **art** garde toujours plus ou moins les deux sens que l'on vient d'évoquer, même si l'accent est mis sur l'un ou l'autre. Il y a toujours une forme de beauté dans la recherche artisanale et le savoir-faire, comme il y a toujours une idée de technique, de maîtrise concrète, dans la visée esthétique de l'art, dans le travail artistique.

➜ **Pour approfondir, p. 556 et p. 892.**

ASCENDANT. 1° *adj.* Ce qui monte. *Une course ascendante.*

2° *n. m. (sens propre)* Mouvement ascendant d'un astre, lequel est supposé exercer alors son influence dominante. *(sens figuré)* Autorité, influence morale d'une personne sur une autre.

3° *n. m. (souvent au pluriel)* Parent dont l'on descend, aïeul, ancêtre. Nous retrouvons notre « ascendance » précisément en **remontant** notre ligne généalogique. *En bref, nous descendons de nos ascendants.*

ASCÈSE. *n. f.* Ensemble de pratiques, d'exercices physiques ou moraux qui, par la maîtrise (et souvent le mépris) du corps, tendent à fortifier et libérer l'esprit. L'ascète peut s'imposer une ascèse au nom d'un idéal religieux, pour mener une vie de sainteté, ou simplement par une volonté humaine de perfection morale (cas du philosophe ou de l'artiste qui se retire du monde pour mieux penser, ou mieux créer).

ASCÉTISME. *n. m.* Genre de vie religieuse fondée sur l'ascèse. Vie austère, frugale, centrée sur la maîtrise du corps. Par extension, doctrine ou idéal moral qui mène à pratiquer l'ascèse.

ASEPTISER. *v. tr.* (du grec *a*-privatif et *sêpsis* « putréfaction »). *(sens propre)* Stériliser, désinfecter (pour éviter la « putréfaction »).

(sens figuré, au participe passé seulement, en général péjoratif) Débarrasser de toute impureté, de tout risque ; sans vie, sans intérêt, sans originalité. *Des petites vies aseptisées. Une opinion conformiste, aseptisée par les discours officiels.*

N.B. Sur la même racine, on a **asepsie** (prévention des infections), **antisepsie** (destruction des germes infectieux), et leurs composés.

ASOCIAL. *adj. et n.* Qui n'est pas adapté à la vie sociale. Qui peut s'opposer violemment aux règles de la vie en société. *Le comportement asocial d'un délinquant.*

ASSENER. *v. tr.* Frapper, donner un coup. (*sens figuré*, fréquent). Imposer brutalement (des injures, des répliques, une propagande). *Les slogans publicitaires nous sont assenés soir et matin.*

ASSERTION. *n. f.* Affirmation, propos dont on soutient à tort ou à raison la vérité. Le terme a souvent une connotation péjorative. *Il se répandait en assertions mensongères, voire même contradictoires.* Voir **Allégation**.

ASSERVIR. *v. tr.* (de *a-*, « vers » et *serf*, esclave). Rendre esclave, réduire à la servitude. *Asservir une population.* Maîtriser, dompter. *Asservir les forces de la nature. Être asservi à ses instincts.*

ASSONANCE. *n. f.* 1° Répétition de la même voyelle accentuée à la fin de deux vers, ainsi ; *file/rime ; lobe/pomme ; nu/cru*. Dans ces exemples, où les consonnes sont différentes, les voyelles (et elles seules) ont la même sonorité. Il y a donc simplement *assonance*. Au contraire, pour qu'il y ait **rime**, il faut qu'il y ait au moins répétition de *deux* sonorités successives à la fin des vers (soit voyelle + voyelle : *loué/voué* ; soit voyelle + consonne, ou consonne + voyelle : *faire/taire ; cris/pris*). Quand une rime a trois ou quatre éléments sonores qui se répètent (dans l'ordre), on parle de rime riche (par exemple : *droites/étroites ; sacrifices/artifices*). On voit donc que l'assonance est une «rime» très pauvre, élémentaire, réduite au minimum. Elle était fréquente dans les poèmes du Moyen Age.

2° On nomme aussi *assonance*, au fil d'un vers, une répétition expressive de sons vocaliques, sur deux, trois ou quatre syllabes accentuées. Par exemple, ce vers de Racine :

Tout m'afflige et me nuit, et conspire à me nuire

L'**assonance** à l'intérieur des vers doit absolument être distinguée de l'**allitération**, qui ne concerne que la répétition de *consonnes*. Naturellement, à l'intérieur d'un vers, le poète peut lier des assonances et des allitérations, les mettre en écho avec les rimes elles-mêmes, et produire ainsi des rimes intérieures. Voir **Accentuation, Allitération, Rime**.

ASSOUVIR. *v. tr. (sens propre)* Satisfaire totalement un appétit : la faim, la soif (dans le cas de la soif, il vaut mieux dire *étancher*), ou d'autres instincts primaires.

(sens figuré) Satisfaire complètement, calmer toutes sortes de désirs ou de passions : la curiosité, la haine, l'amour, la vengeance. Mais ce verbe ne s'emploie généralement plus qu'à propos de passions excessives, destructrices : *assouvir sa fureur ; assouvir des pulsions sadiques.*

ASSUMER. *v. tr.* Prendre sur soi, se charger de. *Assumer une responsabilité, une fonction.* Faire face à, accepter en toute conscience (une situation, un problème, des difficultés psychologiques). *S'assumer :* se prendre en charge, librement et volontairement. Noter que le substantif correspondant au verbe est le mot **assomption**, qui signifie «élévation», dans un sens *spirituel*.

ASTRONOMIE. *n. f.* Science des astres, dont l'origine remonte à l'Antiquité. A l'origine, l'astronomie (mesure des mouvements des corps célestes) ne se distinguait pas de l'*astrologie* (art de prédire les événements terrestres et le destin des hommes, supposés liés à l'influence des astres). Seule l'astronomie, de nos jours, est considérée comme scientifique. A noter l'emploi familier de l'adjectif *astronomique* pour signifier «très grand, excessif»: *des prix, des sommes astronomiques.*
➜ **Pour approfondir, p. 905.**

ASYNDÈTE. *n. f.* Absence volontaire d'éléments de liaison entre des mots ou des groupes de mots, là où on attend des particules de coordination ou des articulations logiques. L'asyndète sert à produire des effets d'ellipse, comme on le voit dans ce qu'on appelle souvent le «style télégraphique». *«J'ai reçu un télégramme de l'asile: "Mère décédée. Enterrement demain. Sentiments distingués"»* (Camus, *L'Étranger*). Autre exemple, sur lequel on peut s'exercer à retrouver les éléments manquants: *Coup de fil, rasoir, voiture; je monte; la voici dans mes bras.* Ou encore ce slogan contre l'alcoolisme: *Les parents boivent, les enfants trinquent.*

ATARAXIE. *n. f.* Parfaite tranquillité que recherche le sage; idéal des stoïciens, dont le but était de n'être troublés par rien. Quiétude, sérénité, avec une nuance d'indifférence aux choses.

ATAVISME. *n. m.* Caractère héréditaire, qui réapparaît alors qu'il ne se manifestait plus.
(*sens figuré*) Hérédité de traits psychologiques ou culturels (supposée, à tort, de nature biologique). *Tu tiens cela de ton atavisme paternel. Il était royaliste et catholique par atavisme.*

ATERMOIEMENTS. *n. m.* (le plus souvent employé *au pluriel*). Action de remettre à plus tard, de différer une décision, d'hésiter. *Après bien des atermoiements, le Ministre a fait voter la loi.*

ATHÉE. *n. m.* (de *a-* privatif et du grec *theos*, «Dieu»; littéralement: «sans Dieu») Individu qui ne croit pas en Dieu, qui nie l'existence de toute divinité. Incroyant, irréligieux. À distinguer de l'**agnostique** qui, lui, refuse de se prononcer sur la question de Dieu, et par ailleurs du **déiste**, qui croit en l'existence d'une divinité, mais refuse d'adhérer aux religions «révélées».

Selon les contextes, le mot «athée» peut avoir diverses connotations: il est positif pour certains humanistes (qui défendent un humanisme athée), et négatif, on le comprend, pour les croyants convaincus. En fait, l'**athéisme** est tantôt un athéisme pratique, sans virulence particulière, tantôt un athéisme militant, qui nie l'«illusion» religieuse (cf. le *matéria-*

lisme athée de Marx). Voir **Agnosticisme, Déisme, Matérialisme, Scepticisme.**

ATONE. *adj.* (*sens propre*, médical) Qui manque de ton, de tonicité. *Un intestin atone.* (*sens figuré*) Qui manque de vigueur, de «tonus», de relief; paresseux, éteint, morne, amorphe. *Un visage atone.*

ATROPHIE. *n. f.* (*sens médical*) Défaut de nourriture entraînant une perte de poids ou de volume. *L'atrophie d'un muscle.*
(*sens figuré*) Dépérissement, déchéance, dégradation. *Atrophie intellectuelle. L'atrophie d'une institution.* Antonyme : *hypertrophie.*

ATYPIQUE. *adj.* Qui s'écarte du type commun, dominant; non conforme, sans rapport avec la norme établie. *Un comportement atypique. Un individu atypique.* Antonyme : *typique.*

AUGURE. *n. m.* 1° À Rome, prêtre chargé de prédire l'avenir à partir de certains signes dits présages. *Les augures ne se regardent pas sans rire.*
2° Présage, conjecture, signe annonçant l'avenir. *Être de bon augure* : s'annoncer favorablement. Voir **Auspices.**

AUGURER. *v. tr.* Tirer un bon ou mauvais présage de quelque chose. Prévoir. *Je n'augure pas grand-chose de cette nouvelle politique. Que pouvait-il augurer de ces indices ?*
N.B. Respecter la construction de ce verbe : *augurer quelque chose de quelque chose.*

AUGUSTE. *adj.* Noble, sacré, vénérable. *«L'heure était nuptiale, auguste et solennelle»* (Hugo).

AUNE. *n. f.* Mesure ancienne. Ce mot se retrouve assez souvent, au figuré, dans l'expression **À l'aune de** : d'après, en prenant comme référence, en mesurant selon. *On ne peut juger le succès d'une politique à l'aune de critères exclusivement économiques. Mesurer les autres à son aune* (les juger d'après soi-même).

AURA. *n. f.* Atmosphère immatérielle qui semble envelopper certains êtres. *Une aura de sainteté.* Rayonnement, émanation positive que dégagent moralement certaines personnes.

AUSPICES. *n. m. pl.* Chez les Anciens, présages tirés du comportement des oiseaux (voir **Augure**). Sens figuré : *sous les auspices de*, sous le signe de (signe favorable lorsqu'il n'y a pas d'autre précision). *Sous de bons, de mauvais, d'heureux, de fâcheux auspices* : sous de bons, mauvais signes, etc.

AUSTÉRITÉ. *n. f.* Attitude de sévérité et de rigueur à l'égard de soi-même ou des autres. *L'austérité de la vie monacale, l'austérité des mœurs puritaines.* Vie de privations, d'économies, de frugalité. *Jusqu'à quand le gouvernement nous imposera-t-il cette période d'austérité ?*

Refus des ornements et des facilités dans le domaine artistique. *Un style austère, une architecture austère.*

AUTARCIE. *n. f.* (du grec *autos*, « soi-même » et *arkein*, « suffire » ; littéralement : « qui se suffit à soi-même »).
État d'un pays qui, au plan économique, se suffit à lui-même.
L'autarcie vise aussi bien un petit groupe (une communauté paysanne) qu'un grand pays protectionniste (pratiquant une économie totalement autocentrée). L'autarcie totale est naturellement exceptionnelle, surtout dans le monde actuel. *Vivre en autarcie* (expression qui peut s'appliquer à un particulier aussi bien qu'à une communauté).

AUTEL. *n. m.* Au sens figuré, l'autel symbolise la religion, le pouvoir de l'Église. *L'ancien régime reposait sur le trône et l'autel.* Noter aussi l'expression *Sacrifier* (quelque chose) *sur l'autel de* (quelque chose) : *sacrifier le plein emploi sur l'autel de la rigueur économique.*

AUTISME. *n. m.* (voir racine ci-dessous). Maladie psychique qui se caractérise par un désintérêt total vis-à-vis du monde extérieur et le repli sur soi-même. *Un enfant autiste.*

AUTO-. Racine issue du grec *autos*, « soi-même » ; elle sert, de nos jours encore, à créer de nombreux mots. Outre les cinq mots qui suivent dans ce lexique, on trouve par exemple : *automobile* (qui se meut par soi-même), *autocollant, autocrate* (qui exerce un pouvoir absolu sans contrôle d'autrui), *autocritique* (critique de soi par soi), *autodétermination, autofinancement, autonomie, autosuggestion.* Ne pas confondre avec les mots composés à partir de l'abréviation d'automobile, « auto » *(autocar, autoradio, autoroute).*

AUTOBIOGRAPHIE. *n. f.* Récit de sa propre vie par un auteur. Ce mot illustre remarquablement l'intérêt qu'il y a à connaître les racines grecques fondamentales, puisqu'il en est uniquement composé : *auto-* (« soi-même »), *bio-* (« vie ») et *grapho-* (« écriture »). Les *Confessions* de Rousseau, les *Mémoires d'Outre-Tombe* de Chateaubriand, *Les Mots* de Sartre, sont des autobiographies. Les autobiographies ne sont pas toujours véridiques : il s'agit d'œuvres littéraires dans lesquelles l'auteur se plaît souvent à soigner l'image de sa personne. D'autre part, à travers le récit de sa vie, l'auteur essaie souvent de raconter son époque, tendant alors à faire de son ouvrage des « mémoires » de son temps. Voir **Mémoires.**

AUTOCHTONE. *adj. et n.* Qui est originaire du territoire même où il habite (contrairement aux immigrés). *Un autochtone, une population autochtone.* Noter la différence avec le mot *indigène*, qui au départ avait le même sens, mais qui se rapporte plutôt maintenant aux personnes issues d'une ethnie vivant, avant la colonisation, dans tel ou tel pays.

AUTODIDACTE. *adj. et n.* (du grec *autos*, « soi-même » et *didaskein*, « instruire »). Se dit d'une personne qui s'instruit elle-même, sans professeur. *Le dictionnaire est indispensable à un autodidacte.*

AUTOGESTION. *n. f.* (de *auto-*, voir plus haut, et *gestion*; littéralement: «gestion par soi-même». Ce mot, né dans les années 1960, a eu beaucoup de succès à l'époque, notamment en 1968).

1° **Au sens strict,** technique, l'autogestion est un système d'organisation des entreprises dans lequel l'ensemble du personnel participe aux prises de décision, qu'il s'agisse de la production proprement dite, des conditions de travail, du partage des revenus, etc. *La communauté s'autogère sur le plan économique.*

2° **Au sens plus général,** l'autogestion représente un idéal de vie sociale dans lequel la communauté se prend en charge totalement; les intéressés prennent eux-mêmes les décisions qui les concernent, sur les lieux où se posent les problèmes. Il n'y a pas d'un côté des masses qui obéissent en déléguant aveuglément leur pouvoir, et de l'autre des individus ou des petits groupes détenant le savoir et le pouvoir de décision. Le projet autogestionnaire suppose: la clarté et la libre circulation de l'information, la prise de décision collective en groupes plus ou moins importants (comités de gestion), des mandats donnés à des élus révocables aisément, et naturellement, une grande coordination entre les individus, les groupes, les différents niveaux de prise de décision. Le tout doit conduire à une société plus solidaire, plus conviviale, où la vie publique, dans tous ses aspects, est prise en charge par la communauté, par les citoyens eux-mêmes.

AUTOGRAPHE. *adj. et n. m.* (du grec *autos*, «soi-même», et *graphein*, «écrire»). Qui est écrit de la main même de l'auteur. *Un manuscrit autographe. Des autographes.* Antonymes: *copie, reproduction.*

AUTORITÉ. *n. f.* 1° **Au sens courant,** l'autorité est le droit de commander *(l'autorité du supérieur)*, la capacité de se faire obéir *(ce professeur manque d'autorité)*, l'ascendant ou l'influence que peut avoir quelqu'un sur son entourage *(il s'impose par une sorte d'autorité naturelle)*, la personne elle-même qui exerce l'autorité *(vous devrez en référer aux autorités)*. L'abus d'autorité se nomme *autoritarisme*.

2° **Au sens littéraire ou philosophique,** l'autorité, c'est ce qu'a établi durablement un «auteur» reconnu. Le mot *auteur* en effet, originellement (en latin), signifie: «qui est à l'origine de quelque chose, qui en répond, qui en est le garant». Les grands auteurs ou les grands textes étaient donc considérés comme *faisant autorité*; ils n'étaient pas discutables; il suffisait de les citer pour prouver une proposition (cf. les médecins de Molière et leurs citations latines). On appelait cela *l'argument d'autorité* ou le *principe d'autorité*. Ce principe a été battu en brèche dès le XVIIIe siècle (et même avant) par l'émergence de la raison et de l'examen critique. L'idée d'autorité reste néanmoins vive, notamment dans les sciences, où elle se fonde maintenant sur la connaissance expérimentale et rationnelle: c'est moins la personne du savant qui *«fait autorité»* que la qualité objective de ses travaux.

AVACHISSEMENT. *n. m.* Action de se relâcher, de s'amollir. Au *sens figuré*: perte d'énergie, effondrement lent. *L'avachissement d'un régime.*

AVALISER. *v. tr.* Cautionner, apporter sa garantie, soit au sens propre (cautionner un effet de commerce en lui donnant son «aval», sa signature), soit au sens figuré (se porter garant d'une entreprise, d'une action, d'une décision politique).

AVANT-GARDE. *n. f.* 1° Groupe qui ouvre la marche d'une armée.
2° Par métaphore, ensemble d'artistes ou d'intellectuels qui se veut à la pointe des idées ou des formes d'art nouvelles. *L'avant-garde compte de réels précurseurs et de simples amateurs de mode. Être à l'avant-garde du progrès.* Antonyme : **Arrière-garde.**
➔ **Pour approfondir, p. 564.**

AVATAR. *n. m.* 1° Transformation, métamorphose. *Les avatars du dieu Vishnu dans la religion hindoue* : ses diverses incarnations.
2° Changement, transformation, le plus souvent en mal ; par extension (abusive mais courante), mésaventure, vicissitude. Le terme s'emploie généralement au pluriel. *Les avatars d'une carrière fluctuante. Ce projet de loi, qui a subi divers avatars, est complètement défiguré.*

AVENANT. *n. m.* Acte écrit qui est ajouté à un contrat pour officialiser certaines modifications apportées à celui-ci. Ne pas confondre avec l'adjectif *avenant* (plaisant, gracieux, aimable).

AVERSION. *n. f.* (du latin *avertere*, «détourner»; littéralement : «fait de se détourner».) Répugnance extrême, répulsion, vive antipathie. *Avoir de l'aversion pour quelqu'un.* Sur le plan étymologique, on peut noter que le mot *avertir*, formé sur la même racine *vertere*, signifie à l'inverse «se tourner vers» (pour annoncer, prévenir).

AVILIR. *v. tr.* Rendre vil, corrompre, souiller. *S'avilir :* se dégrader, se déshonorer. *Il s'avilissait en fréquentant des prostituées, des avocats véreux, et des politiciens vendus.*

AXIOME. *n. m.* Vérité d'évidence qui n'a pas à être démontrée, chacun étant censé pouvoir constater par lui-même son caractère indiscutable. Un axiome peut servir de proposition fondamentale à une philosophie, ou à une science (par exemple, l'axiome suivant : *Deux quantités égales à une même troisième sont égales entre elles*).
À noter qu'au sens strict, un axiome a une portée plus large qu'un postulat. Un axiome est en principe une vérité universelle, alors que le postulat est une proposition de base (indémontrée) dans le domaine des mathématiques. Cela dit, dans le vocabulaire courant, les deux termes peuvent avoir la même signification. De même, par extension, un axiome peut désigner une «vérité» morale que certains prennent pour indiscutable alors que d'autres la récusent.
On appelle **axiomatique**, dans une science ou une philosophie, l'ensemble des propositions de base (admises sans démonstration), d'où tout le reste se déduit logiquement.

BACCHANALES. *n. f.* Fêtes antiques célébrées en l'honneur de Bacchus, dieu du vin, assimilé par les Romains au dieu grec Dionysos. Ces fêtes comportaient des jeux, des danses, des «mystères» réservés aux initiés, sous la conduite des Bacchantes, prêtresses de Bacchus. Les bacchanales ayant dégénéré en orgies parfois criminelles, le terme est devenu (dans le langage littéraire) synonyme de débauche bruyante et monstrueuse : il peut s'employer, dans ce sens, au singulier.
➜ **Pour approfondir, p. 974.**

BADINAGE. *n. m.* Action de badiner, c'est-à-dire de plaisanter légèrement, avec enjouement. *Le badinage des personnages de Marivaux.* « *On ne badine pas avec l'amour* » (Musset). *Un ton badin.* Antonymes : *gravité, sérieux* (dans les propos).

BAFOUER. *v. tr.* Mépriser ; se moquer ostensiblement de quelqu'un ou de quelque chose ; offenser gravement. *J'ai été bafoué, humilié en public. Bafouer les autorités, les lois. Honneur bafoué.*

BAILLEUR (de fonds). *n. m.* Celui qui avance ou donne de l'argent pour une entreprise déterminée. Du vieux français *bailler*, «donner» (à ne pas confondre avec *bâiller*).

BALISER. *v. tr.* Jalonner de balises, de signaux, de points de repère qui permettent de se guider. *Baliser un port. Baliser une piste. Baliser un apprentissage. Baliser les étapes d'une lecture.*

BALLADE. *n. f.* 1° Au Moyen Age, poème lyrique à forme fixe (composé de trois strophes et d'un «envoi» en conclusion). « *Ballade des Dames du temps jadis* » (Villon).
2° Poème d'inspiration familière ou légendaire, au XIXe siècle. *Ballades* de V. Hugo, *Ballades* de Schiller.
3° Œuvre musicale (vocale ou instrumentale) composée en général sur le texte des ballades d'inspiration romantique (sens n° 2). *Les ballades* de Chopin.

Ne pas confondre avec le mot familier *balade* (promenade).

BANNIR. *v. tr. (sens propre)* Exiler, condamner quelqu'un à quitter le pays. Exclure d'une société (on dit aussi « *mettre au ban* »).
(sens figuré) Chasser, supprimer, rejeter. *Bannir toute*

cérémonie inutile. Bannir de son esprit telle ou telle pensée. Bannir le sucre de son régime alimentaire.

BAPTÊME. *n. m.* (du grec *baptizein*, «immerger»).

1° Dans la religion chrétienne, sacrement fondamental par lequel le bébé, l'enfant ou le converti devient chrétien. L'eau du baptême, en le lavant du «péché originel»; le fait entrer dans une nouvelle vie (spirituelle). Un nom de baptême lui est donné, qui symbolise ainsi le nouvel être qu'il devient. *Recevoir le baptême. Être baptisé au nom du Père, du Fils et du Saint-Esprit. L'eau baptismale.*

2° Par extension, cérémonie qui consacre la «naissance» d'un objet *(baptiser un navire)*, ou simplement, première expérience d'une réalité nouvelle *(baptême du feu, baptême de l'air)*. À partir de leur sens premier, les mots *baptiser, baptême* ont toujours une connotation de nouveauté, de cérémonie consacrant cette nouveauté, de nomination qui fait «exister pleinement». Baptiser, c'est nommer, c'est consacrer en nommant. Débaptiser, c'est ôter le nom : *une avenue débaptisée.*

N.B. Le fait de verser de l'eau au cours du baptême a pu donner des expressions figurées tout à fait profanes comme *baptiser son vin* (y mettre de l'eau) !

BARBARE. *adj.* et *n.* (du grec *barbaros*, «étranger») 1° Qui n'appartient pas à la civilisation : *le monde barbare, les peuples barbares*. Ce sens est proche du sens étymologique : pour les Grecs, puis pour les Romains, le «barbare» était l'étranger, dont les mœurs, le langage, inintelligibles, ne leur paraissaient pas «civilisés» (voir **Civilisation**). 2° Qui est grossier, incorrect, non conforme au bon goût ou au bon usage. *Un style barbare, des manières barbares*. A ce sens se relie le mot *barbarisme*. 3° Qui est cruel, brutal ; qui commet des atrocités. *Un vrai barbare. La barbarie d'une guerre civile.*

➔ **Pour approfondir, p. 911.**

BARBARISME. *n. m.* Grave incorrection qui consiste à déformer un mot ou à forger un mot inexistant (dans un esprit contraire à la langue). Par exemple, écrire *infligements* pour *dommages, détérioration* pour *détérioration* ou *conformiser* pour *conformer*. Le barbarisme se distingue d'une part de l'*impropriété de termes* (qui consiste à employer un mot à la place d'un autre qui s'imposerait) et d'autre part du *solécisme* (qui consiste en une faute contre la syntaxe).

Notons que lorsqu'un mot nouveau est admis (et consacré par un écrivain reconnu), on l'appelle **néologisme**. La distinction entre barbarisme et néologisme peut paraître parfois bien arbitraire. Le mot *visualité* (caractère de ce qui est bien visuel) par exemple, qui paraît si convenable, pourra être considéré comme un barbarisme jusqu'à ce qu'il entre dans le *Petit Robert*.

BAROQUE. *adj.* et *n. m.* (du portugais *barroco*, «pierre irrégulière»).

1° **Historiquement,** en architecture et en arts plastiques, le baroque est un style qui s'est développé d'environ 1630 à 1750 en Italie d'abord, puis en Europe et, en passant par l'Espagne, jusqu'en Amérique latine. En réaction contre l'austérité protestante, sous l'influence de l'Église catholique désireuse de séduire les croyants par la magnificence du culte, le style baroque se caractérise par la recherche de plans grandioses, le goût du monumental, le jaillissement des formes et des motifs, la surcharge de l'ornementation, l'exubérance du décor, une sculpture mouvementée, une peinture éclatante, etc.

2° **En littérature française,** la période baroque concerne essentiellement la poésie et le théâtre de la fin du XVIe siècle et du début du XVIIe. Elle se traduit par un certain nombre de thèmes de prédilection (l'instabilité des choses, le vertige des apparences, la fascination du mouvement et de la métamorphose, le goût du pathétique grandiose) et des traits d'écriture caractéristiques (liberté et foisonnement des formes, mélange des genres, abondance des métaphores et des hyperboles, recherche des antithèses, exubérance verbale). Cette tendance s'opposera au **Classicisme**, épris de raison et de mesure.

3° **Au sens général,** non historique, l'emploi du mot baroque peut désigner :

— *péjorativement,* des œuvres au style chargé, excentrique, irrégulier, bizarre, où des réussites se mêlent à l'invraisemblance et au mauvais goût ;

— *positivement,* une tendance esthétique permanente s'opposant à la rigueur classique paralysante, et réaffirmant sans cesse la liberté de l'inspiration, la vitalité de formes renouvelées, l'imagination créatrice et les droits de la fantaisie. Dans ce sens, le **Romantisme** serait une résurgence du baroque.

On notera que le terme baroque utilisé par la critique musicale, pour désigner un style mélodique chargé d'ornements, est discuté : son emploi semble avoir un sens plus historique qu'esthétique, ce qui crée une confusion contestable. Il vaut mieux l'éviter dans ce domaine.

BAVURE. *n. f. (sens propre)* Trace d'encre, débordement léger de matière.

(sens figuré) Excès regrettable, abus fâcheux en matière politico-sociale. Le mot a eu beaucoup de succès, dans les années 1960/1970, pour désigner les exactions policières ou les abus du pouvoir politique. *Il n'y a pas de répression sans bavures policières. Exécuter un innocent à la suite d'une confusion de noms, ce n'est plus un crime, c'est une bavure !*

BÉATITUDE. *n. f.* État de bonheur absolu, par l'union à Dieu, auquel accèdent les élus au paradis. Par extension : bonheur parfait, euphorie, félicité. À noter que l'adjectif *béat* a fréquemment une connotation péjorative. *Un optimisme béat.*

BEHAVIORISME. *n. m.* (de l'anglais *behaviour,* « comportement », d'où parfois la forme *behaviourisme*).

1° École de psychologie (début XXe siècle) qui tend à n'étudier les individus qu'à travers leurs réactions au milieu, à travers leurs comportements scientifiquement observables, en refusant de recourir à l'introspection ou aux hypothèses de la psychologie profonde.

2° Dans le sillage du mouvement behavioriste, technique romanesque qui s'efforce de ne décrire les personnages que d'un point de vue extérieur : le romancier behavioriste refuse d'entrer dans le for intérieur de son personnage ; il ne fait qu'enregistrer ses gestes, ses actions et réactions, ses paroles effectivement prononcées. C'est le contraire du roman psychologique.

BELLI-. Racine d'origine latine, qui vient du mot *bellum*, « guerre ». Sur cette racine sont forgés les mots **Bellicisme** (« amour de la guerre »), **Belligérants** (états en guerre), **Belliqueux** (qui aime se battre, qui a l'esprit guerrier). Ce dernier adjectif, notons-le, a un sens figuré : *un tempérament belliqueux, une humeur belliqueuse* (qui aime la querelle, les polémiques). Noter aussi l'expression, **casus belli**, « motif de guerre » (acte qui suffit à déclencher la guerre).

BÉNIN. *adj.* Doux, qui ne fait pas de mal, sans conséquence grave. *Un médicament bénin. Une tumeur bénigne* (par opposition à *tumeur maligne*, qui peut entraîner la mort). Notez bien le féminin *bénigne*.

BÉOTIEN. *n. m.* Personnage inculte, qui n'a ni le sens ni le goût de la culture, des lettres et des arts. *Ce sont des béotiens.*

Au départ, le mot *béotien* désigne simplement les habitants de la Béotie (en Grèce). Mais ceux-ci, dans l'Antiquité, étaient considérés comme grossiers de goût ou d'esprit ; d'où l'extension du mot, devenu injurieux.

BESOIN. *n. m.* Envie physique ou morale ; aspiration naturelle ou sociale dont la satisfaction offre un caractère de nécessité.

La notion de « besoin » ne présente pas de difficulté de compréhension : chacun sait que ce dont il a besoin, c'est ce qui est ou lui paraît indispensable à sa vie. Mais qu'est-ce qui est « indispensable » à notre vie ?

A priori, on croit pouvoir distinguer le *besoin* du *désir*. On parlera de besoins *élémentaires*, surtout physiques (boire, manger, dormir), — tout ce qui doit assurer la survie de l'individu ou de l'espèce. On parlera ensuite de besoins *secondaires*, dont la satisfaction vise non plus notre survie, mais ce qui nous semble une vie « normale », équilibrée : besoin d'un abri, besoin de biens de première nécessité sans doute, mais aussi aspirations humaines à une activité créatrice, à une vie affective harmonieuse, à la reconnaissance sociale, etc. Insensiblement, on glisse de la zone des besoins objectifs au champ beaucoup plus vaste de tout ce que peut désirer l'être humain pour se sentir exister pleinement. *« L'homme est une création du désir, non pas une création du besoin »* (Bachelard).

Il est vrai que, *du point de vue individuel*, le « désir », outrepassant le pur besoin, ne semble pas offrir un caractère de nécessité foncière : on peut renoncer à l'objet du désir, survivre à son manque. Mais, *du point de vue social*, il se trouve qu'un désir partagé par tout le monde (une habitude de consommation devenue « naturelle ») se présente très vite comme un besoin impérieux. L'individu ressent comme une aspiration profondément personnelle des besoins créés de toute pièce par la vie sociale (par la publicité, par exemple). L'économie, la culture, la civilisation nous rendent ainsi nécessaires des objets ou des réalités dont nous pourrions nous passer : la voiture, la télévision, les vacances, le droit à l'instruction ou à l'information, etc. Il suffit que la société reconnaisse des droits comme essentiels pour en faire des « besoins ». On voit ainsi que ce que l'homme nomme « besoin » lui vient bien plus souvent de la **Culture** (sens n° 2) que de la **Nature** (voir ces mots).

BÉVUE. *n. f.* Grossière erreur, méprise due à l'étourderie ou à l'ignorance. *Commettre une bévue.* Bourde, gaffe, impair.

BI-, BIS. Racine d'origine latine signifiant « deux », « deux fois ». Par exemple, **Bicentenaire, Bicéphale** (« qui a deux têtes »), **Bicolore, Bigame, Bilatéral** (voir ce mot), **Bilingue, Binôme, Bissectrice, Bivalent** (« qui a deux valeurs », cf. *ambivalent*).

BIBLE. *n. f.* 1° (du grec *biblio-*, « livre »). La Bible, c'est d'abord *le* Livre sacré qui rassemble l'ensemble des textes où s'exprime la Parole de Dieu pour les Juifs et pour les Chrétiens. La différence est que les Juifs n'admettent que l'Ancien Testament comme constitutif de la Bible, alors que les Chrétiens y joignent le Nouveau Testament (c'est-à-dire les Évangiles, le récit des Actes des Apôtres, les Épîtres et l'Apocalypse).

2° Par extension, ouvrage fondamental qui sert de référence à une philosophie, à une doctrine politique. Le Capital *est la bible des marxistes.* Le Petit Livre rouge *fut la bible des partisans de Mao Tsé Toung.*

BIBLIO-. Racine d'origine grecque qui signifie « livre ». On trouve ainsi **Bibliographie** (liste de textes relatifs à un auteur ou à un sujet), **Bibliophile** (personne qui aime les livres précieux, rares, et les collectionne), **Bibliothèque** et **Bibliothécaire**.

BIENSÉANCE. *n. f.* Littéralement, « ce qui sied bien ». Ce qui est convenable, ce qui est conforme aux bonnes mœurs dans une société donnée.

À l'âge classique (1655-1680 environ), les bienséances — règles de la bonne sociabilité — devaient être également respectées *dans les œuvres littéraires*, en particulier au théâtre. Le langage déplacé, les actions familières (boire ou manger), les écarts de conduite (actes de violence) étaient bannis de la scène. Rien ne devait choquer le bon goût, les convenances, la sensibilité artistique dominante.

BILATÉRAL. *adj.* 1° Qui présente deux côtés, qui a rapport à deux côtés. *Stationnement bilatéral.*

2° Qui engage réciproquement deux personnes, deux parties contractantes, deux États. *Des accords bilatéraux.* Le mot **bilatéral** s'oppose à la fois au mot **unilatéral** *(rupture unilatérale d'un* *traité)* et au mot **multilatéral** (*des accords multilatéraux*, c'est-à-dire entre plusieurs États).

BINAIRE. *adj.* Qui est composé de deux termes ou de deux éléments. *Numération binaire :* système de numération à base *deux*, formé des seuls chiffres 0 et 1, qui est à l'origine du *langage binaire* des ordinateurs. *Rythme binaire :* rythme musical dont la base est deux (mesure de deux ou quatre temps). Cette expression s'emploie aussi en prosodie (étude du rythme, en poésie ou en prose littéraire).

BIO-. Racine d'origine grecque qui signifie «la vie». Elle sert à la composition de nombreux mots : **Biochimie** (chimie des phénomènes vivants), **Bioéthique** (morale du respect de la vie, notamment dans le cas des manipulations génétiques), **Biogenèse** (théorie de la formation progressive de la vie), **Biographie** (récit de la vie d'une personne), **Biologie** (science de la vie), **Biosphère** (ensemble des organismes vivants et de leur zone d'existence sur la Terre), et aussi *amphibie, antibiotique, autobiographie, biodégradable, microbiologie, symbiose,* etc.

BIOGRAPHIE. *n. f.* (des racines *bio-*, «vie» et *grapho-*, «écrire»). Récit de la vie d'un personnage ayant existé. La biographie a d'abord un intérêt historique : faire connaître un personnage (illustre ou obscur) et, à travers lui, son époque ou son milieu. Mais l'auteur et le lecteur d'une biographie ont souvent, en même temps, d'autres intérêts : un intérêt psychologique (éclairer les cohérences ou les ambiguïtés d'une personne), un intérêt romanesque (se plaire à rêver d'aventures réelles — souvent romancées) ou un intérêt moral (méditer sur un destin, en tirer des leçons ou des exemples). Aussi la biographie est-elle un véritable *genre littéraire*. Voir **Autobiographie**.
➔ **Pour approfondir, p. 916.**

BLASPHÈME. *n. m.* Injure, parole outrageante proférée à l'égard de la Divinité ou de la religion. *Maudire Dieu est un blasphème.* Baudelaire est *blasphématoire* lorsqu'il écrit à propos de Dieu :

Comme un tyran gorgé de viande et de vin
Il s'endort au doux bruit de nos affreux blasphèmes

Plus généralement, *blasphémer*, c'est outrager ou insulter tout ce qui est considéré comme sacré ou respectable.

BOHÈME. *n. f.* Genre de vie insoucieuse et libre menée par certains écrivains ou artistes au XIXe siècle. *Mener une vie de bohème.* Par extension, vie d'artiste désordonnée, s'opposant au mode de vie rangé, conforme, du milieu bourgeois.

N.B. Ne pas confondre avec la Bohême, région d'Europe centrale (noter l'accent circonflexe).

BOLCHEVIQUE. *n. et adj.* Se dit de communistes russes partisans du bolchevisme au début du XXe siècle, c'est-à-dire favorables au collectivisme marxiste. Par extension, péjorativement, s'applique aux communistes intransigeants, radicaux. *C'est un bolchevique, un révolutionnaire ; il déteste les réformistes.*

BONHOMIE. *n. f.* Qualité de l'homme bon et simple, affable, bienveillant. *Il avait un air de bonhomie irrésistible, touchant, désarmant.*
N.B. Ne prend qu'un seul *m*.

BORÉAL. *adj.* Qui est au nord du globe terrestre. *Vent boréal, ciel boréal.* Synonymes : *septentrional, nordique.* Antonyme : *austral* (proche du pôle Sud, antarctique).

BOUC ÉMISSAIRE. *n. m.* (à partir du latin *emittere*, « envoyer dehors », qui a donné les mots *emissarius*, « agent, émissaire » et *emissarium*, « déversoir »).

(sens propre) Dans la religion hébraïque, le jour de la fête des Expiations, il était coutume de choisir un bouc que le prêtre chargeait de tous les péchés d'Israël et qu'on chassait dans le désert (où il allait rejoindre les démons).

(sens figuré) Le bouc émissaire, dans un groupe donné, est une personne que l'on charge de tous les torts, de toutes les fautes. La collectivité, consciemment ou inconsciemment, se délivre de sa culpabilité en projetant son péché sur la victime (innocente ou non).

• C'est souvent le rire collectif qui « tue » symboliquement la victime. Ainsi, dans la première scène de *Mada*me Bovary (Flaubert), on voit le professeur tourner en ridicule le jeune Charles Bovary. Celui-ci est coupable de n'être pas comme les autres. Il paye, pour chacun, le péché de singularité. Pour le groupe, il est l'instrument qui sert à façonner l'unanimité. Pour le professeur, il est le moyen d'affirmer son pouvoir sur la classe, soudée dans son rire collectif.

• Le lynchage, comme le montrent de nombreux westerns, se fait toujours dans la passion et l'injustice. La foule s'empresse de sacrifier un coupable qui assume le péché collectif. Les moins vertueux sont souvent les plus ardents dans la chasse au bouc émissaire, pour se délivrer de leur propre culpabilité.

• Le « besoin » de boucs émissaires, dans une société quelle qu'elle soit, est souvent utilisé par les politiques. Machiavel, dans *Le Prince*, donne l'exemple suivant : des troubles éclatent dans une partie du royaume ; le prince y expédie un chef militaire brutal qui rétablit l'ordre par des moyens sanglants ; le prince, une fois la « pacification » opérée, fait traduire en justice et exécuter sur la place publique le capitaine brutal qui a rétabli l'ordre. Celui-ci a assumé la violence et payé pour la violence. Tout le monde est satisfait.

• On peut citer encore la magnifique fable de La Fontaine *Les Animaux malades de la Peste* : le mécanisme d'expulsion de la culpabilité collective sur l'âne sacrifié y est parfaitement décrit. Dans son roman *1984*, Orwell institue « *deux minutes de Haine* » pendant lesquelles la foule en délire est poussée à exécrer un traître fondamental (le type même du bouc émissaire) : elle trouve son unité en orientant sa violence vers un ennemi commun.

• Pour René Girard, auteur de l'essai *La Violence et le Sacré*, la « victime émissaire » draine sur elle toutes les impuretés de la communauté ; sa mort ou son expulsion, rituellement organisées, ont un effet purificateur ; en la sacrifiant, la communauté expulse sa violence interne et se réconcilie avec elle-même. Le sacrifice religieux a ainsi une fonction sociale essentielle : il remplace la violence désordonnée entre les individus (qui menace l'unité du groupe) par une violence ritualisée (qui unifie le groupe tout en lui servant d'exutoire).

Voir **Catharsis, Transfert**.

BOUFFON. 1° *n. m.* Personnage grotesque chargé de divertir le roi ou le prince par des plaisanteries plus ou moins grossières. *Le bouffon du roi* (ou *le fou du roi*). Par extension : personne qui fait rire, qui amuse (pas toujours volontairement) par ses farces, ses pitreries, ses ridicules.

2° *adj.* Caractérise ce qui provoque un rire peu raffiné, burlesque, enlevé, cocasse. *Une scène bouffonne. Des bouffonneries énormes. Une situation bouffonne.* Voir **Opéra-bouffe**.

BOULIMIE. *n. f. (sens propre)* Faim insatiable, continuelle, souvent d'origine pathologique (antonyme : *anorexie*).

(sens figuré) Appétit énorme, passion dévorante. *Une boulimie de lectures. Une boulimie de connaissances.*

BOVARYSME. *n. m.* Trait psychologique qui consiste, à l'instar de *Madame Bovary* (Flaubert), à s'imaginer soi-même et à rêver sa propre vie sur un modèle idéal et romanesque. Cette faculté d'auto-illusion, qui rend impossible l'adaptation à la réalité, aboutit inévitablement à la frustration et à l'échec.

Le mot a été créé par un critique pour désigner le défaut essentiel de l'héroïne de Flaubert, Emma Bovary. Celle-ci, petite bourgeoise sentimentale ayant épousé un médecin médiocre, ne se satisfait pas de son existence platement réaliste. Imprégnée de ses lectures et de rêveries romantiques, elle désire vivre sa vie à la manière d'un grand roman d'amour pathétique. Elle projette ses fantasmes sur le moindre événement de sa vie et, chaque fois qu'elle est déçue, loin de se faire une raison, refuse le réel et reporte ses imaginations sur d'autres situations, sur d'autres êtres, sur d'autres aventures possibles. À force de se mentir à elle-même, trahie par l'affreuse réalité, elle est conduite à l'issue fatale : le suicide.

De cette histoire qui se veut « exemplaire », la critique littéraire a ainsi tiré une tendance psychologique universelle : le bovarysme.

BRAVER. *v. tr.* Affronter courageusement : *braver la mort*. Défier avec fierté ou insolence : *braver l'autorité du roi. Don Juan brave la statue du Commandeur et, par-delà la Statue, le Ciel lui-même.*

BRIGUER. *v. tr.* Tenter d'obtenir, par différents moyens, une position, un titre, un poste, une décoration qu'on mérite ou qu'on ne mérite pas. Ambitionner, rechercher, désirer, convoiter, viser. *Je brigue le seul honneur de servir mon Roi. Il brigue un poste de ministre.*

BRIMER. *v. tr.* Maltraiter, imposer des «brimades», c'est-à-dire des vexations, des humiliations, des frustrations. *Je trouve scandaleux le droit qu'ont les Anciens de brimer les Bizuths. Des enfants brimés par une éducation autoritaire. Les brimades de l'Administration.*

BRISÉES (aller sur les brisées de) *n. f. pl.* Cette expression signifie : entrer en concurrence avec quelqu'un, vouloir empiéter sur son terrain. D'usage littéraire, elle est synonyme de la locution familière : *«marcher sur les plates-bandes de quelqu'un».*

BRUIRE. *v. intr.* Faire entendre un murmure confus. *Le vent bruissait.*

BUCOLIQUE. *adj.* Qui se rapporte à la nature, ou à la poésie qui chante la vie champêtre, les mœurs pastorales. *Une scène bucolique. Un poème bucolique.* Qui aime la vie simple de la campagne. *Un tempérament bucolique.*

BUREAUCRATIE. *n. f.* (de *bureau* et *-cratie*, racine d'origine grecque signifiant «pouvoir, gouvernement»).

• La **bureaucratie**, littéralement, c'est **le pouvoir des hommes de bureau**, c'est-à-dire de l'administration d'un organisme (public ou privé), des fonctionnaires de l'État, etc.

• Le développement des États ou des grandes organisations (entreprises, partis, mouvements) a nécessité la mise en place de services administratifs de plus en plus complexes, destinés à entériner, réglementer, organiser ou exécuter les décisions prises au sommet, par les responsables du pouvoir. Ces organismes, largement fonctionnarisés et hiérarchisés, par leur pesanteur propre, ont donc représenté un certain frein aux décisions politiques qu'ils sont chargés de mettre en œuvre. D'où un *premier sens* du mot bureaucratie : il désigne la lourdeur, la force d'inertie que les services administratifs opposent toujours plus ou moins aux initiatives, aux décisions prises par le Pouvoir.

• Mais bien vite, on le comprend, *une bureaucratie peut devenir un pouvoir à elle seule*. Non contente de tempérer ou paralyser les décisions politiques prises au sommet, elle exerce quotidiennement sur ceux qu'elle administre (les «gouvernés») une fonction d'autorité qui est un pouvoir en soi. C'est le bureaucrate qui sélectionne les demandes, tamponne les cartes, recouvre des amendes, etc. Dès lors, la bureaucratie peut se muer en État dans l'État, en système de pouvoir qui suit sa logique propre (indépendamment des gouvernants officiels et des gouvernés). Elle traduit l'idéologie ou l'égoïsme du groupe social qu'elle constitue, comme ce fut le cas un URSS et dans les pays de l'Est. Elle peut être l'expression de l'appareil d'un parti qui ne consulte pas les militants.

Quelle que soit la nature d'une organisation (étatique ou privée), dès que celle-ci prend de l'importance et se complexifie, elle génère en elle-même le risque d'un système bureaucratique. Elle peut même, du bas en haut, n'être plus que bureaucratie, incapable de se réformer, d'évoluer, — uniquement soucieuse de se perpétuer.

BURLESQUE. *n. m. et adj.* (de *burlesco*, venu de l'italien *burla* qui signifie «plaisanterie», ce mot signifie aussi «moquerie» en espagnol).

1° **Historiquement,** le burlesque est une forme de comique parodique, bouffon, en vogue au milieu du XVIIe siècle. Il grossit et ridiculise les modèles de la littérature épique ou du style précieux, en jouant sur le décalage des tons, en parodiant et en outrant les codes du langage soutenu qu'il mêle à des réalités triviales (cf. *Le Virgile travesti* ou *Le Roman comique* de Scarron).

2° **En général,** on qualifie de burlesque toute situation (réelle ou fictive) dont le comique se fonde sur le ridicule, l'extravagance, la bouffonnerie. *Un épisode burlesque. Une farce burlesque. Une séquence burlesque* (dans un film de Laurel et Hardy, par exemple). Dans ce sens, le mot est proche de *grotesque, loufoque, clownesque.*

BUTTE (être en butte à). Expression figurée qui signifie : être l'objet, la cible, la victime de réalités contrariantes. *Être en butte aux vexations de l'entourage, à l'hostilité des critiques.*

BYZANTIN. *adj.* 1° Propre à la ville antique de Byzance ou à son Empire (l'empire romain d'Orient). Rappelons à ce sujet que Byzance fut baptisée Constantinople (en 330) puis Istanbul (en 1453), qui est son nom actuel. Mais on a conservé l'adjectif byzantin : *l'art byzantin, l'empire byzantin.*

2° Se dit de discussions intellectuelles subtiles ou purement formalistes, par allusion aux théologiens byzantins qui se plaisaient à débattre sans fin de questions oiseuses (par exemple, la question du sexe des anges), alors que les Turcs assiégeaient la ville. *Des querelles byzantines. Le byzantinisme consiste à couper les cheveux en quatre, de préférence dans le sens de la longueur...*

ÇA. *n. m.* Le **Ça** est, selon Freud, l'une des trois instances psychiques qui constituent le fond de l'être humain, avec le **Moi** et le **Surmoi**. Le *ça* est l'ensemble des pulsions enfouies dans l'inconscient. Il est à la fois le réservoir de l'énergie psychique qui anime l'individu (souvent malgré lui) et un chaos de tendances incohérentes, amorales, impersonnelles, qui grouillent au fond de l'être. Il se manifeste souvent par des lapsus, des actes manqués ou des comportements étranges qui surprennent leur auteur, qui dira alors « *Ça m'a échappé, ça a été plus fort que moi* ». Aussi le *moi* et le *surmoi* se constituent-ils, progressivement, en réaction (plus ou moins consciente) contre le *ça*. Le *ça* a besoin d'être discipliné par le sujet qui prétend vivre en société, sans être pour autant écrasé puisqu'il est source d'énergie. Voir **Libido, Moi, Surmoi, Inconscient**.

CABALE. *n. f.* 1° (souvent écrit *kabbale* dans ce sens) Interprétation savante et allégorique de l'Ancien Testament, réservée à des cercles d'initiés, spécialistes de la tradition juive.

2° Par extension, science occulte qui prétend faire communiquer ses adeptes avec les êtres surnaturels.

3° Manœuvres secrètes, complot organisé par un groupe contre une personne. Au XVIIe siècle, Molière eut à souffrir de la *cabale des dévots* qui fit interdire sa pièce *Tartuffe*. Synonymes : *conspiration, faction, intrigue, ligue*.

CABALISTIQUE. *adj.* (à partir des sens 1° et 2° du mot *cabale*) Mystérieux, magique, secret, hermétique. *Des signes cabalistiques :* des signes obscurs, incompréhensibles (sauf pour les initiés). Voir **Ésotérique**.

CABOTIN. *n. m.* et *adj.* Acteur médiocre, imbu de lui-même, qui veut sans cesse épater. On dit aussi *un cabot*. Par extension, personne qui cherche à se faire valoir par un comportement théâtral. *Un enfant cabotin.*

CACHET (lettre de). Lettre fermée par le cachet du roi, donnant ordre d'emprisonner ou d'exiler quelqu'un sans jugement. Les lettres de cachet étaient une manifestation de l'*arbitraire* du roi.

CACIQUE. *n. m.* Grand chef indien. (*sens figuré*) Responsable important dans un parti ou un secteur professionnel donné. *Ce soir-là étaient réunis les caciques du mouvement social-démocrate.* Le mot s'emploie aussi pour désigner, dans le vocabulaire étudiant, le premier reçu au concours d'une grande école.

CACOPHONIE. *n. f.* (à partir des mots grecs *kakos*, « mauvais » et *phonos* « voix, son »). Rencontre de sonorités désagréables, parfois volontaires (pour produire un effet d'humour ; par exemple : *il peut mais peut peu*). Plus généralement, ensemble de sons discordants, peu harmonieux. *Je trouve la musique dodécaphonique vraiment cacophonique : on devrait l'appeler « dodécacophonique »* ! Antonyme : **euphonie**.

CADUC. *adj.* Qui n'a plus cours, démodé, désuet, périmé, vieux. *Un usage caduc, une loi caduque.* À noter le sens botanique du terme : des feuilles *caduques*, qui tombent chaque année, par opposition aux feuilles persistantes.

CALENDES. *n. f. plur.* Premier jour de chaque mois, chez les Romains (jour où venaient à échéance les dettes). Les Grecs n'avaient pas de « calendes », d'où l'expression courante : *renvoyer aux calendes grecques*, c'est-à-dire renvoyer à un jour qui ne viendra jamais, remettre indéfiniment une décision ou une entreprise.
➜ **Pour approfondir, p. 926.**

CALEMBOUR. *n. m.* Jeu de mots qui repose sur une différence de sens entre des termes dont les sonorités sont semblables ou assez proches. Par exemple : *merveilleuse / mère veilleuse* ; *harmonie / arme honnie*. Les paronymes peuvent aider à produire de nombreux calembours. Voir les sketches de Raymond Devos *(Caen)*.

CALICE (boire le calice jusqu'à la lie). Le calice est un vase sacré. Au cours de son agonie, le Christ supplie Dieu d'éloigner de lui les souffrances du sacrifice qui l'attend, en employant le mot calice au sens figuré : *« Père, s'il est possible, que ce calice passe loin de moi ! »*. D'où l'expression **boire le calice jusqu'à la lie** : souffrir mille douleurs, subir malheurs et humiliations jusqu'au bout.

CALVAIRE. *n. m. (sens propre)* Nom de la colline où fut crucifié Jésus-Christ (en grec : Golgotha). Par extension, représentation (picturale ou sculptée) de la scène du Calvaire. Le terme s'applique aussi à des croix, en plein air, qui commémorent la crucifixion du Christ : *les calvaires bretons*.

(sens figuré) Longue et douloureuse suite d'épreuves, de souffrances. *Sa maladie fut un vrai calvaire.* Ce sens imagé s'est usé. *Faire un dictionnaire, quel calvaire !*

CANDIDE. *adj.* (du latin *candidus*, « blanc (éclatant) ». À Rome, ceux qui postulaient à une fonction officielle revêtaient une robe blanche ; d'où leur nom de « candidat »). Crédule, innocent, ingénu, naïf. La candeur est souvent perçue comme une innocence excessive, raison pour laquelle Voltaire nomme *Candide* le héros de son célèbre conte philosophique :

« *Il avait le jugement assez droit, avec l'esprit le plus simple, c'est pour cette raison je crois qu'on le nommait Candide* ». Victor Hugo joue sur l'étymologie du mot en écrivant d'un personnage : « *Vêtu de probité candide et de lin blanc* ».

CANEVAS. *n. m. (sens propre)* Grosse toile sur laquelle s'exécute une tapisserie finie. *(sens figuré)* Ébauche ; schéma d'un ouvrage ou d'un exposé ; scénario, synopsis. *Des comédiens improvisent une pièce à partir d'un simple canevas.*

CANON. *n. m.* 1° Au **sens religieux**, règles établies par l'Église en matière de foi et de culte, notamment au cours des Conciles (le *Droit canon* est le droit ecclésiastique fondé sur ces règles).

2° Au **sens esthétique**, règles ou modèles à imiter pour créer de belles œuvres ; idéal artistique. *Les canons de la beauté.*

3° En **musique**, chant ou composition dans laquelle les voix entonnent la même mélodie à intervalles successifs. *Canon à deux, à plusieurs voix.*

N.B. Le sens n° 1 a donné, par extension, le verbe **canoniser** : admettre *officiellement* au nombre des saints un personnage à la vie édifiante. L'adjectif **canonique** (à partir des sens n° 1 et 2) signifie « qui est conforme aux règles, qui obéit aux normes ».

CANTATE. *n. f.* Composition vocale comprenant une ou plusieurs voix, accompagnée d'un orchestre. *Les cantates de Jean-Sébastien Bach.* La cantate, qui peut avoir des sujets profanes ou religieux, alterne les airs et les récitatifs. Le mot peut être employé au figuré pour désigner des poèmes d'inspiration lyrique noble.

CANTILÈNE. *n. f.* Au Moyen Age, poème chanté sur un sujet épique (un événement célèbre). *La cantilène de sainte Eulalie* (vers 880 : c'est le plus ancien poème en langue française).

Sens courant : chant monotone et mélancolique, complainte, romance.

N.B. Contrairement à la *cantate* et au *cantique*, la cantilène est un chant profane.

CANTIQUE. *n. m.* Chant religieux à la gloire de Dieu. Poème, religieux ou non, d'un lyrisme élevé. *Un cantique de douleur et de mort.*

N.B. Le *Cantique des cantiques*, dans la Bible (attribué à Salomon), est un des plus beaux chants d'amour.

CANTONADE. Voir **Aparté**.

CAPITALISME. *n. m.* Système économique et social fondé sur le « capital », c'est-à-dire sur la propriété privée des moyens de production, et sur l'accumulation des richesses obtenues par la mise en œuvre de ces moyens.

Le capitalisme se caractérise par le libéralisme économique (n'importe qui peut investir, créer son entreprise), l'initiative privée (du petit entrepreneur jusqu'à la stratégie des grands groupes), la recherche du profit (distribué aux actionnaires privés ou réinvesti dans l'entreprise), et la libre concurrence.

Les théoriciens favorables au capitalisme estiment qu'il est le seul système favorisant le développement économique ; son efficacité provient de la concurrence qui le stimule, qui l'oblige à rationaliser la production, à rechercher sans cesse une plus grande productivité. Même si le capitalisme est mû par des intérêts privés, son dynamisme doit rejaillir sur la prospérité générale, et ses fruits être finalement partagés par la collectivité.

Les détracteurs du capitalisme opposent à cet idéal un certain nombre d'objections. La concurrence peut aboutir à l'absorption des petites entreprises par les grandes ; les monopoles de fait qui en résultent, contredisant la notion de libéralisme, font disparaître la concurrence et ses vertus stimulantes ; les grands groupes peuvent alors être paralysés par des dérives bureaucratiques, ou inversement, acquérir mondialement une puissance nocive aux États ou aux citoyens.

Pour les marxistes, le capitalisme est un système pervers en lui-même puisque les détenteurs du «Capital» s'enrichissent au détriment des travailleurs (qui vendent leur force de travail sans participer à la prospérité de l'entreprise). La logique du profit à court terme conduit ce système à ignorer l'intérêt général, à exploiter la main-d'œuvre et à transformer la société en un simple marché où le citoyen est voué à la seule consommation. Le capitalisme aboutirait ainsi à la double déshumanisation d'un citoyen exploité comme travailleur et aliéné comme consommateur. À cette critique s'ajoute, à la fin du XXe siècle, l'argument du chômage, engendré par un système qui, en principe, devait assurer l'emploi du plus grand nombre. Il est même reproché à l'économie capitaliste d'utiliser cyniquement la pression du chômage pour sous-payer ceux qui ont la «chance» de bénéficier d'un emploi.

À tout ceci, les partisans du capitalisme répondent que les autres systèmes économiques (notamment le communisme) ont échoué. Le débat reste donc ouvert.

Voir **Collectivisme, Communisme, Étatisme, Socialisme**.

CAPTATIF. *adj.* Qui cherche à capter, à accaparer quelqu'un ou l'affection de quelqu'un. *Un amour captatif* (contraire d'un *amour oblatif*, désintéressé). Noter que le substantif «captation» ne s'emploie qu'au sens concret, pour désigner les manœuvres par lesquelles on tente d'obtenir frauduleusement les biens d'une personne. *Une captation d'héritage.*

CARACTÉROLOGIE. *n. f.* Branche de la psychologie qui étudie et classe les différents caractères des individus, en tentant d'y repérer des types permanents de structure psychique. Le philosophe Le Senne, par exemple, à partir de trois traits distinctifs de l'individu, le *Retentissement* (primaire ou secondaire), l'*Émotivité* et l'*Activité*, dresse une liste de huit caractères fondamentaux qui sont les suivants : **Passionné** (*Émotif, Actif, Secondaire,* par ex. Napoléon) ; **Sentimental** (*Émotif, non Actif,*

Secondaire, par ex. Vigny); **Colérique** (*E.A. Primaire*, par ex. Danton); **Nerveux** (*E.nA. P.*, par ex. Musset); **Flegmatique** (*nE. A. S.*, par ex. Kant); **Sanguin** (*nE. A. P.*, par ex. Talleyrand); **Amorphe** (*nE.nA.P.*, par ex. Louis XV) et **Apathique** (*nE. nA. S.*, par ex. Louis XVI).

CARCAN. *n. m. (sens propre)* Collier de fer par lequel on attachait les criminels condamnés à être exposés au public.
(sens figuré) Contrainte, entrave, obligation pénible. *Le carcan de la morale puritaine.*

CARCÉRAL. *adj.* Qui se rapporte à la prison. *L'univers carcéral.*

CARENCE. *n. f.* Manque, insuffisance, absence d'élément indispensable. *Carence en vitamines. Carence affective* (manque crucial d'affection). Manquement à des obligations : *les carences du pouvoir, de l'administration.* Voir **Pénurie**.

CARPE DIEM. Maxime du poète latin Horace qui signifie : *« Cueille le jour présent ».* La brièveté de la vie conduit à cultiver l'instant présent, à le saisir dans ce qu'il a de meilleur. Cette devise est souvent citée pour caractériser le mode de vie épicurien. Voir **Épicurisme**.

CARTÉSIEN. *adj.* Qui se rapporte à la philosophie de Descartes, qu'on nomme le *cartésianisme*.
La doctrine de Descartes est fondée sur la raison et sur le doute méthodique. Critiquant le *principe d'autorité*, Descartes commence par faire « table rase » de toutes les connaissances antérieures, parvient à la seule certitude de la pensée qui doute et en arrive à la conclusion fondamentale : « Je pense donc je suis » *(Cogito ergo sum)*. À partir de là, il déduit l'existence de Dieu, puis les exigences de la morale.
Pour fonder sa démarche, Descartes établit les *quatre règles de la méthode* (mise en cause de tout ce qui ne paraît pas clair et évident ; analyse des difficultés ; synthèse des vérités en ordonnant les connaissances des plus élémentaires aux plus générales ; observation et dénombrement aussi exhaustif que possible des éléments d'information). C'est ainsi qu'il établit les bases de l'esprit critique et l'exigence d'une pensée rationnelle.
Dans le sillage de la doctrine de Descartes, on taxera de « cartésianisme » toute philosophie qui s'inspirera de son rationalisme. De même on emploiera l'adjectif « cartésien » pour désigner toute forme de pensée éprise de clarté, toute volonté de faire prévaloir la raison sur les préjugés ou sur les passions. *Un esprit cartésien. Une démarche cartésienne.*

CASANIER. *adj.* Qui aime (un peu trop) rester chez soi. *Un homme casanier.* Qui dénote le goût du logis. *Des habitudes casanières.*

CASTE. *n. f.* En Inde, groupe social héréditaire, dans le cadre d'une stratification à base religieuse. Par exemple, la *caste des brahmanes*, composée des prêtres et enseignants. Dans ce sens, la caste s'oppose à la classe sociale qui (en principe) n'a pas de caractère héréditaire ou sacré (l'individu peut en changer).

Par extension, la caste désigne (péjorativement) un ensemble d'individus dotés des mêmes fonctions ou privilèges, et qui manifestent un esprit d'exclusion envers les autres. *Un esprit de caste. La caste des gens de lettres.* Synonyme : *coterie.*

CASUISTIQUE. *n. f.* Étude des cas de conscience, c'est-à-dire des problèmes que peuvent rencontrer les individus dans la pratique de la morale (chrétienne), notamment lorsque deux règles morales contradictoires s'imposent dans une même situation. Par exemple : 1° Je n'ai pas le droit de tuer. 2° J'ai le devoir de défendre ma patrie. Dois-je faire la guerre et tuer l'ennemi ?

La casuistique a pris un sens péjoratif lors de la querelle des *Provinciales*, quand Pascal, pour défendre ses amis jansénistes, tourna en dérision les accommodements douteux et les relâchements auxquels les *casuistes* jésuites étaient parvenus pour faciliter la pratique de la religion par les Grands de la société.

Depuis, le mot « casuistique » désigne le plus souvent des argumentations subtiles, destinées à masquer la vérité ou à contourner les exigences morales. Cf. **Jésuitisme.**

CASUS BELLI. « Cas de guerre » en latin. Invariable, cette expression désigne tout acte (agressif) susceptible de motiver une guerre.

CATA-. Racine d'origine grecque qui signifie « de haut en bas », « en arrière », « contre » (à l'opposé de). On la retrouve par exemple dans **Cataclysme** (bouleversement de la terre, terrible catastrophe), **Catalepsie** (immobilisation subite), **Catalogue, Catalyse, Catalyseur** (au *sens propre* comme au *sens figuré* : élément qui favorise ou provoque une réaction ; déclencheur), **Catastrophe.**

CATÉGORIQUE. *adj.* 1° *(sens courant)* Indiscutable, absolu, qui ne souffre aucun doute, aucune protestation. *Un propos catégorique. Un personnage catégorique en toute chose.*

2° *(sens philosophique)* Absolu, sans condition. Kant, en particulier, oppose l'**impératif catégorique** (le devoir qui oblige sans discussion, absolument) aux **impératifs hypothétiques** (qui dépendent de conditions particulières, et peuvent varier). L'expression *impératif catégorique* s'emploie parfois dans la langue courante, de façon approximative et souvent ironique. *Le Plaisir est devenu l'impératif catégorique de la philosophie publicitaire.*

CATHARSIS. *n. f.* (du grec *katharsis*, « purification »).

1° **Sens littéraire.** Purgation des passions, selon Aristote, par le moyen de la représentation dramatique. En assistant à un spectacle théâtral, l'être humain se libère de ses pulsions, angoisses ou fantasmes, en les « vivant » à travers les héros, ou les situations imaginaires représentées sous ses yeux. En s'identifiant à des personnages dont les passions coupables sont punies par le Destin, le spectateur de la tragédie se voit ainsi délivré et « purgé » des sentiments inavouables qu'il peut éprouver secrètement. Le théâtre a dès lors, pour les théoriciens du classicisme, une valeur morale, une fonction édifiante.

2° **Sens psychanalytique.** La catharsis, ou méthode cathartique, consiste à faire venir à la conscience des sentiments profondément enfouis dans l'inconscient du sujet ; l'émergence des émotions profondes refoulées (qui causaient des troubles psychiques) libère ainsi le patient, le «purifie» des angoisses ou des sentiments de culpabilité qui l'entravaient à son insu. Il faut noter qu'indépendamment de la méthode psychothérapique qui pratique cette catharsis, il existe un phénomène psychologique spontané de **projection cathartique** (appelée tout simplement «projection») qui consiste, pour l'individu, *sans en avoir bien conscience*, à projeter sur autrui des affects (désirs, pulsions, culpabilités, phobies) qui sont en réalité présents dans son inconscient : il a besoin, pour s'en délivrer, de les rejeter hors de lui-même. Bien des haines, des préjugés sociaux ou des racismes se nourrissent de ce phénomène. Voir **Transfert**.

CATHODIQUE. *adj.* Relatif à la cathode. Mais les téléviseurs étant constitués d'un *tube cathodique*, l'adjectif «cathodique» en est venu à qualifier tout ce qui concerne la télévision. *La vie cathodique. Le pouvoir cathodique.*

CATHOLICISME. *n. m.* Principale religion chrétienne, qui reconnaît l'autorité souveraine du Pape en matière de dogme et de morale, par opposition aux Églises orthodoxes orientales et aux diverses Églises protestantes (issues de la Réforme). L'Église catholique se distingue des autres par sa soumission au Pape, qu'elle estime être le successeur de saint Pierre, lui-même désigné par Jésus-Christ. Le catholicisme se distingue également par l'importance du culte marial (la place de la Vierge Marie et les dogmes qui lui sont consacrés : l'Immaculée conception, l'Assomption) ainsi que par des «sacrements» que ne reconnaissent pas les Églises protestantes (la confirmation, le sacrement de pénitence, l'extrême-onction).

L'Église catholique est souvent dite «apostolique et romaine» (elle a vocation de répandre universellement sa doctrine ; son siège est à Rome).

Noter le sens particulier du mot catholique dans l'expression *Ce n'est pas très catholique, ça n'a pas l'air très catholique* : ce n'est pas très honnête, c'est moralement douteux. Durant les siècles où le catholicisme définissait la morale, il suffisait de «n'être pas catholique» pour être considéré comme immoral... Voir **Christianisme**.

CAUSTIQUE. *adj. (sens propre)* Qui attaque les tissus animaux ou végétaux. Acide, corrosif, décapant. *Soude caustique.*

(sens figuré) Incisif, blessant, mordant, par la raillerie, ou le ton moqueur. *Un esprit caustique, satirique.*

CAUTIONNER. *v. tr.* Apporter sa garantie financière à une entreprise. **Se porter caution**, se porter garant, c'est d'abord s'engager à remplir les obligations d'une personne dans le cas où celle-ci n'y parviendrait pas elle-même, en particulier lorsqu'il s'agit d'un emprunt à rembourser. Par extension, cautionner une action, une idée, une personne, c'est lui apporter son soutien moral. *En démissionnant, ce ministre refuse de cautionner l'engagement de la France dans la guerre du Golfe.* **Être sujet à caution :** avoir besoin de confirmation, et donc, être largement discutable (se dit pour une information).

CÉCITÉ. *n. f.* (*sens propre*, neutre) Privation de la vue, fait de se trouver aveugle. *Il est atteint de cécité.*
(*sens figuré*, péjoratif) Aveuglement, incapacité de voir ce qui est, manque de clairvoyance. *Par quelle cécité des intellectuels de gauche ont-ils pu faire confiance à Staline ?*

CELER. *v. tr.* Cacher, garder secret, taire quelque chose à quelqu'un. *Au second acte, Dorante ne peut plus celer son amour à Silvia.* On peut comparer ce mot avec le verbe **déceler** (découvrir, révéler), qui est resté courant. Ne pas confondre avec **sceller** (apposer un sceau ; fermer hermétiquement).

CÉLÉRITÉ. *n. f.* Grande rapidité, promptitude. *Il a exécuté les ordres avec célérité.*

CÉNACLE. *n. m.* 1° Salle où Jésus-Christ prit son dernier repas, entouré de ses apôtres, la vieille de la Passion (cf. **Cène**).
2° Réunion d'écrivains, d'artistes ou d'intellectuels partageant les mêmes aspirations ou les mêmes idées. Cercle restreint d'amis, club. *Cénacle littéraire. Victor Hugo anima un véritable cénacle d'artistes romantiques.*

CÈNE. *n. f.* La Cène est le dernier repas pris par Jésus-Christ au milieu de ses disciples. Il y institua l'**Eucharistie**. Cet épisode a été souvent représenté par les peintres (*La Cène*, de Léonard de Vinci). Ne pas confondre avec *scène*.

CENSÉ. *adj.* Supposé, considéré comme, présumé. *Il est censé être en voyage. Vous êtes censés savoir le sens du mot « censé ». Nul n'est censé ignorer la loi.* Ne pas confondre avec **sensé**.

CENSURE. *n. f.* **Le mot censure comprend l'idée de blâme, de contrôle et d'interdiction.** Le censeur est celui qui dit ce qui est admis et ce qui ne l'est pas, et qui « censure » ce qui doit être interdit. D'où plusieurs sens du mot, selon les domaines.
1° **En religion,** la censure est la condamnation d'opinions ou de textes jugés non conformes à la doctrine. Elle conduit à « mettre à l'Index » les auteurs ou les livres proscrits (l'*Index* fut la liste des ouvrages interdits par l'Église catholique).
2° **En politique,** la censure est le contrôle exercé par le pouvoir sur les productions intellectuelles et artistiques. Il en résulte des autorisations (qu'il faut demander, par exemple, à une « commission de censure ») ou des interdictions : de films, de livres, de journaux, ou de

passages de ces diverses productions. Le journal paraîtra par exemple avec des « blancs » correspondant aux paragraphes ou aux articles interdits de publication. Pour éviter la censure officielle, les auteurs d'articles pratiquent parfois l'**autocensure**. À noter le sens spécial de l'expression *« motion de censure »*, texte qu'une Assemblée peut voter à l'encontre de la politique d'un gouvernement, et susceptible d'obliger celui-ci à démissionner.

3° **En psychanalyse,** la censure est une sorte d'instance psychique, un instrument de contrôle situé à la limite entre l'Inconscient et le Moi conscient, qui refoule les désirs, les pulsions à l'état brut, que le sujet ne saurait admettre en lui-même. La censure est l'instrument essentiel du **Surmoi** (voir ce mot). Elle épargne à la conscience le trouble ou la honte de se sentir traversée par des désirs socialement ou moralement répréhensibles. Ceux-ci se manifestent néanmoins, notamment dans le rêve, sous une forme que la censure, précisément, oblige à travestir en symboles, à déformer en les déguisant. Ici comme ailleurs, la censure ne supprime jamais les choses, mais seulement leur expression trop claire.

CENTAURE. *n. m.* Animal fabuleux, moitié homme (pour le buste), moitié cheval (pour le corps de quadrupède), issu de la mythologie grecque. Chiron, éducateur d'Achille, est un centaure devenu à sa mort la constellation *le Sagittaire*.

CÉPHAL-. Racine d'origine grecque qui signifie « tête ». On trouve ainsi **Céphalée** (mal de tête), **Céphalopode** (mollusque dont les pieds sont directement issus de la tête, comme la pieuvre), **Bicéphale** (qui a deux têtes), **Encéphale** (ensemble du cerveau et des centres nerveux contenus dans le crâne), et aussi, **Encéphalogramme, Hydrocéphale, Microcéphale,** etc.

CÉRÉBRAL. *adj.* (du latin *cerebrum*, à comparer avec la racine grecque ci-dessus *cephal-*). Qui est relatif au cerveau (biologiquement), à la pensée, à l'intellect. *Les hémisphères cérébraux. Une activité cérébrale. Un individu de type cérébral, qui vit dans l'abstraction.*

CÉSARISME. *n. m.* Système de gouvernement semblable à celui de César, et qui consiste, au nom du peuple ou en prétextant s'appuyer sur lui, à exercer un pouvoir dictatorial. *Le césarisme de Napoléon Bonaparte.*

→ **Pour approfondir, p. 920.**

CÉSURE. *n. f.* On appelle césure, dans l'alexandrin classique, la coupe centrale du vers, qui oblige le lecteur à marquer une pause nette. Elle sépare le vers en deux moitiés égales ou **hémistiches**. Le rythme d'ensemble qui en résulte est dit *binaire*. Voici un exemple (Musset) :

L'homme est un apprenti, / la douleur est son maître,
Et nul ne se connaît / tant qu'il n'a pas souffert

La césure est obligatoire ; mais elle peut parfois être moins nette que des coupes *secondaires*, comme ces vers de La Fontaine :

Perrette là-dessus / saute aussi, // transportée :
Le lait tombe ; // adieu veau, / vache, cochon, couvée.

Le rythme de l'alexandrin peut devenir *ternaire* lorsque le vers se constitue de trois groupes de mots ; c'est le cas du trimètre romantique ; la césure disparaît (à l'oreille) au profit de deux coupes marquées (Baudelaire) :

Chacun plantant, // comme un outil, // son bec impur

Voir **Accentuation, Hémistiche.**

CHAIR. *n. f.* Au **sens figuré**, dans le langage moraliste, la chair représente la nature corporelle de l'homme, par opposition à l'esprit, à l'âme. Dans la philosophie chrétienne de l'incarnation, le mot chair est positif chaque fois que l'esprit est supposé irradier la chair *(« Le Verbe s'est fait chair »).*

Mais le plus souvent la « chair », livrée à elle-même, est dangereuse pour l'âme. Elle est le lieu de l'instinct, du désir sexuel, de la volonté de domination. La luxure, la concupiscence conduisent au *péché de la chair* : *« L'esprit est prompt, la chair est faible »* (Évangile selon saint Matthieu, XXVII, 41). Voir **Corps, Incarnation, Désincarné.**

CHAMP. *n. m.* Au *sens figuré*, qu'il s'agisse d'un domaine d'activité ou d'observation, le *champ* est toujours un espace structuré, un ensemble de réalités ayant des relations entre elles. *Le champ des recherches génétiques.* On peut retenir ici quatre emplois notables de ce terme.

1° Le **champ de la conscience** est l'ensemble des phénomènes ou représentations que l'individu peut percevoir à un moment donné en lui-même (y compris au fond de lui-même, les images du monde extérieur). Il ne s'agit pas d'un simple constat de données conscientes, mais des relations, de l'ordre, que la conscience peut mettre dans cet espace intérieur.

2° Le **champ social** représente l'ensemble des positions et des relations d'éléments sociaux (individus, sous-groupes, institutions, etc.) qui peuvent constituer une société ou une catégorie, y compris leur structure et leur orientation dynamique. Par exemple, on peut étudier en sociologie le *champ social des intellectuels et artistes* au sein de la bourgeoisie, au milieu du XIXe siècle.

3° Le **champ lexical** (ou réseau lexical) est, dans un texte, l'ensemble des mots ou des expressions qui se rapportent au même thème, ou concourent à une même signification. Un champ lexical peut rassembler des termes précis, limités à leur dénotation : on recensera, par exemple, le vocabulaire relatif à telle ou telle sensation (les impressions visuelles, ou auditives). Mais le plus souvent, le champ lexical comporte un ensemble de mots chargés de **connotations** convergentes; par exemple, le champ lexical du froid et de la mort, dans le poème «Chant d'automne» de Baudelaire, se constitue des expressions suivantes : «*froides ténèbres*», «*chocs funèbres*», «*enfer polaire*», «*bloc rouge et glacé*», «*échafaud*», «*tour qui succombe*», «*cercueil (qu'on cloue)*», «*départ*». Le climat est donné !

4° Le **champ sémantique**, à ne pas confondre avec le précédent, couvre l'ensemble des significations que peut prendre un mot dans un contexte ou dans un ensemble de textes donnés. Par exemple, on peut étudier le champ sémantique du mot «socialisme» ou du mot «social» dans les discours politiques de 1870 à 1914. Ou encore le champ sémantique du mot «cœur» chez Pascal, qu'on comparera aux acceptions dominantes de ce mot chez ses contemporains.

CHANTRE. *n. m.* Originellement, chanteur dans les offices religieux. Au *sens figuré*, personne qui glorifie quelqu'un ou quelque chose, qui défend une cause. *Chopin, chantre de la Pologne opprimée.*

CHAOS. *n. m.* (*sens propre*) Grande confusion des éléments, de la matière, et du vide avant la création du monde.

(*sens figuré*) Désordre total, bouleversement général. *Le chaos d'un pays en pleine guerre civile.*

Ne pas confondre avec le mot **cahot** (les adjectifs correspondant à ces mots sont respectivement *chaotique* et *cahoteux*).

CHARABIA. *n. m.* Langage confus, inintelligible, incorrect. *Votre copie, c'est du charabia !*

CHARISME. *n. m.* 1° **Sens religieux.** Don particulier accordé par Dieu à un croyant ou à une communauté. Le don de prophétie, l'aptitude à parler en diverses langues, le rayonnement personnel ou le discernement d'un mystique sont des *charismes. Chacun doit reconnaître et exercer son charisme. Les communautés chrétiennes charismatiques se multiplient.*

2° **Sens général.** Prestige, ascendant personnel qu'exerce une personnalité exceptionnelle (politique, spirituelle). *Le charisme du général de Gaulle. Un chef charismatique.*

N.B. Prononcer «karisme».

CHARITÉ. *n. f.* 1° **Sens religieux.** Amour de Dieu et du prochain au nom de Dieu (selon la parole du Christ : «*Ce que vous faites au plus petit d'entre les miens, c'est à moi que vous le faites*»). La Charité, avec la Foi et l'Espérance, est l'une des trois principales vertus chrétiennes.

2° **Sens général.** Amour d'autrui, volonté de faire le bien, pitié pour les plus pauvres, bienfaisance, bonté, miséricorde. Noter que le mot *charité* est parfois employé dans un sens péjoratif, en raison de la supériorité secrète, de la condescendance, que trahissent ceux qui «font la charité». Mais la vraie charité n'encourt pas ce reproche ; elle s'inspire plutôt de la parole de Grégoire le Grand : «*Si tu possèdes une* *deuxième paire de chaussures et qu'un pauvre va nu-pieds, tu n'as pas à la lui donner, mais à la lui rendre ».*

N.B. Le sens de ce mot est souvent affaibli. *Faites-moi la charité de m'écouter. Un conseil charitable.*

CHARME. *n. m.* (du latin *carmen*, « chant magique »). Dans la *langue classique*, pouvoir magique, enchantement, sortilège qui subjugue celui qui est « charmé », qui est « sous le charme ».

En usant et en abusant de ce mot, dans le langage amoureux, les auteurs l'ont peu à peu affaibli. Il désigne maintenant une forme d'attrait difficile à expliquer, une grâce indéfinissable. On peut ainsi comparer ce vers de Corneille :

> *Un je ne sais quel charme encor vers vous m'emporte*

avec la phrase familière : *il a / elle a du charme.*

CHARNEL. *adj.* Qui se rapporte à la chair, au *sens figuré* du terme (voir ce mot). Le mot *charnel* désigne globalement tout ce qui est tangible, matériel, terrestre, temporel, par opposition à ce qui est immatériel, spirituel, idéal. La richesse, le luxe, le pouvoir sont, par exemple, pour Pascal, des « biens charnels ».

Dans un *sens plus précis*, le mot renvoie à l'amour physique, sensuel, souvent pris en mauvaise part. Le mot charnel devient alors synonyme d'impur, grossier, libidineux, luxurieux, sensuel. On opposera l'*amour charnel* à l'*amour spirituel*, comme le fait, par exemple, Baudelaire dans *Les Fleurs du Mal*, ou encore à l'*amour platonique*.

CHARTE. *n. f.* Règle fondamentale, loi. Ensemble des lois sur lesquelles se fonde un État, une société, un projet politique. La *Déclaration Universelle des Droits de l'Homme*, adoptée par les Nations Unies en 1948, est la charte indiscutable des droits de l'homme.

CHASTETÉ. *n. f.* Au *sens strict* : comportement d'une personne qui s'abstient de tout plaisir sexuel. Les moines font *vœu de chasteté*, s'engageant ainsi à une continence absolue.

Dans un *sens plus général* : qualité d'une personne chaste, c'est-à-dire décente, pudique, honnête, retenue dans l'expression même de l'amour. On parlera ainsi de *fiancés chastes*, de *chaste baiser*, d'*oreilles chastes*. Antonyme : *concupiscence.*

CHÂTIER. *v. tr.* Punir avec sévérité ; corriger (quelqu'un, une conduite) en infligeant des peines physiques ou verbales. *Qui aime bien châtie bien. La comédie châtie les mœurs par le rire* (traduction de la locution latine **Castigat ridendo mores**).

Le mot *châtier* s'emploie aussi au *sens figuré* à propos du style : *châtier son style*, c'est lui donner la plus grande pureté en le « corrigeant » sans cesse. Il va de soi que, dans cet exercice, c'est l'auteur qui se châtie lui-même, à l'image de Flaubert qui s'imposait d'infinies corrections...

CHAUVINISME. *n. m.* (du nom de *Nicolas Chauvin*, personnage patriote et belliqueux, dans une pièce de théâtre du XIXe siècle) Forme de patriotisme agressif et fanatique. Le citoyen chauvin prend parti exclusivement pour son pays, indépendamment de toute considération objective, notamment dans le domaine sportif où ne devraient régner que l'admiration du jeu, la loyauté des partenaires et la qualité des performances. Le chauvinisme débouche souvent sur la violence dans le stade.

CHÈRE. *n. f.* Nourriture. *Faire bonne chère* : bien manger. Ce mot est surtout à ne pas confondre avec son homonyme *chair*. On peut faire bonne chère avec un menu sans viande...

CHEVILLE. *n. f.* En versification, mot ou expression qui ne sert qu'à remplir un vers, pour obtenir un compte de syllabes correct, sans souci de l'élégance poétique ou de la nécessité expressive du style.

CHIASME. *n. m.* (du grec *khiasma*, « croisement » ; prononcer « kiasme »). Figure de rhétorique qui consiste, dans une opposition, à inverser l'ordre des termes qui s'opposent ; l'entrecroisement qui en résulte produit un effet de symétrie A-B-B-A, comme dans l'exemple suivant (Molière) :

Il faut manger pour vivre et non pas vivre pour manger

Les termes mis en vis-à-vis ne sont pas forcément les mêmes : le chiasme peut entrecroiser simplement des mots de même nature grammaticale, comme dans l'exemple suivant *(nom-adj. / adj.-nom)* (Baudelaire) :

Valse mélancolique et langoureux vertige !

ou de nature phonique (consonnes *m/b/t // t/b/m*) (Hugo) :

Une immense bonté tombait du firmament

C'est toujours la disposition **croisée** qui permet de reconnaître un chiasme (le mot est d'ailleurs aussi employé, en sciences naturelles, pour désigner des dispositions de ce type).

CHICANE. *n. f.* Artifice, complication de procédures dans le domaine *juridique*. Les *gens de la chicane* sont les protagonistes des procès qui aiment particulièrement les procédures. L'*esprit de chicane* caractérise ceux qui aiment discuter, chercher querelle, multiplier les procès et les obstacles à des solutions simples. D'où le verbe *chicaner* : discutailler, ergoter, être de mauvaise foi dans la discussion.

Au *sens concret*, les chicanes sont aussi des passages en zigzag obligeant un véhicule à ralentir, ou les skieurs à slalomer...

CHIMÈRE. *n. f.* 1° Animal fantastique de la mythologie, composé d'une tête de lion, d'un ventre de chèvre et d'une queue de dragon. Au *sens*

figuré : assemblage monstrueux. C'est dans ce sens que Pascal écrit : « *Quelle chimère est-ce donc que l'homme ?* ».
2° Chose impossible, rêve irréalisable, imagination vaine, utopie. *Il se complaît dans des chimères. C'est un individu chimérique. Chimères que tout ceci ! Des rêveries chimériques.*

CHŒUR. *n. m.* 1° **Dans le théâtre antique,** ensemble de personnes qui chantent et dansent, en se faisant l'écho de l'action tragique. Le chœur commente ce qui se passe, exprime les sentiments du peuple. On appelle aussi *chœur* le texte récité ou chanté par le chœur (par les *choristes*).
2° **Au sens courant,** ensemble de chanteurs, dans des cérémonies religieuses ou des spectacles musicaux. Chorale. Noter le masculin *un choral* (chant composé par un chœur religieux : *les chorals de Bach*).
3° **Au sens figuré,** groupe de personnes ayant une attitude commune, participant unanimement à des louanges ou des critiques. *Le chœur des critiques. Ils bêlent en chœur.* **Faire chorus :** appuyer bruyamment une position.
4° **Partie d'une église** où se tenaient la chorale et le clergé. Un **enfant de chœur** sert la cérémonie (au *sens figuré*, c'est une personne crédule, naïve).

CHORÉGRAPHIE. *n. f.* Ensemble des pas de danse et des figures qui composent un ballet. Art propre à cette composition, que règle un *chorégraphe*.

CHRISTIANISME. *n. m.* Religion fondée sur la vie, l'enseignement et la personne de Jésus-Christ. Issu du judaïsme, dont le Christ dit qu'il ne vient pas « abolir » la loi mais l'« accomplir », **le christianisme se propose comme une interprétation du monde, une doctrine du salut de l'Humanité et une religion** (avec ses institutions, son culte et sa morale). La place occupée par le christianisme dans la culture occidentale nous conduit à en retracer ici, schématiquement, quelques grandes lignes.

• Il existe un seul Dieu, Créateur du monde, Père Tout-Puissant. Ce Dieu, pourtant unique, se compose de trois personnes : le Père, le Fils et le Saint-Esprit. Dieu est Amour. La nature relationnelle de ce Dieu unique, formé de trois Personnes, est donnée par la religion chrétienne comme un mystère, le mystère de la *Trinité*.

• Dieu le Père crée l'Homme en même temps que l'univers. Il le crée libre, l'appelant à vivre librement au sein de la Création, dans le jardin d'Éden ou paradis terrestre. Mais l'homme, par orgueil, veut devenir son propre dieu. Il mange le « fruit défendu » (symbole du savoir et du pouvoir) et, dans cet acte de rébellion, se coupe de la Divinité. C'est le « péché originel », raconté symboliquement dans la Bible, — l'histoire d'Adam et Ève. Le péché originel produit la chute de l'homme qui, non seulement se sépare de Dieu et brise son harmonie avec la Création, mais encore se divise avec lui-même. Le Mal, le Malheur, la Mort sont donnés comme les conséquences du péché originel.

• Dieu n'abandonne pourtant pas l'homme à lui-même. Il désire le sauver, refaire alliance avec lui, lui envoyer un «Messie» — un libérateur. Ce Sauveur de l'Humanité sera son propre Fils, qui s'incarne en la personne de Jésus-Christ. Du point de vue des chrétiens, la Bible est l'histoire de la venue du Sauveur, de son annonce et de sa promesse. Comment le Fils de Dieu, Dieu lui-même, peut-il à la fois garder sa nature divine et revêtir la nature humaine de cet homme nommé Jésus, c'est là un autre mystère, le mystère de l'*Incarnation* (voir ce mot).

• Le Fils de Dieu ne vient pas sauver les hommes d'un coup de baguette magique. S'il revêt la nature humaine, c'est pour en assumer le mal et le malheur, et délivrer les hommes de leur condition déchue. Il vient prendre sur lui le «mal» et, par sa souffrance, «racheter» l'Humanité en la reliant à Dieu le Père. Il s'agit là du mystère de la *Rédemption*, qui implique que le Christ, pour effacer la faute des hommes, assume une souffrance qui soit à la dimension du «Péché du monde». Ce sacrifice, c'est sa *Passion* et sa *Mort sur la Croix*, épisodes de la fin de sa vie, racontés dans les Évangiles. En assumant le mal, en triomphant de la mort par sa nature divine, le Christ ouvre à l'Humanité la voie de la *Résurrection*.

• Il ne suffit pas que le sacrifice du Christ ait réconcilié Dieu (le Père) et l'Humanité. Chaque homme peut s'associer ou non à la voie ouverte par le Christ. L'homme demeure libre. L'Évangile (qui signifie étymologiquement «la bonne nouvelle», celle du salut de l'humanité) propose à partir de là une morale exigeante, fondée sur la prière et la pratique de la *charité*, sur l'union du chrétien à la personne du Christ. C'est en s'associant au Christ, unique médiateur, en s'ouvrant à son amour, que l'homme est appelé à «aimer», à participer à la nature mystérieuse de Dieu, à devenir «fils de Dieu» à son tour, par-delà la vie et la mort.

• Cette doctrine ne se vit pas «intellectuellement» et isolément. Le Christ a fondé une *religion*, mot qui signifie étymologiquement «ce qui relie, ce qui rassemble». C'est donc à travers la communauté des croyants que Dieu se rend présent aux hommes par son Fils. L'Église est, au sens large, le rassemblement de tous les «hommes de bonne volonté» qui désirent vivre les valeurs enseignées par l'Évangile. Valeurs qui se résument au commandement de l'Amour — «aimer Dieu» et «aimer son prochain» ne faisant qu'un dans la logique du christianisme.

• Dans la pratique de cette morale exigeante, Dieu ne laisse pas l'homme se débrouiller tout seul : il lui envoie une puissance intérieure, la «grâce», puisque l'homme ne saurait se délivrer du mal qui est en lui par ses seuls moyens. La prière, individuelle et collective, le culte centré sur la personne du Christ, les *sacrements* (le Baptême, l'Eucharistie) sont les voies par lesquelles les chrétiens reçoivent cette grâce de Dieu, tentent de «faire le bien» autour d'eux, travaillent à la justice et à la fraternité, et s'acheminent vers la vie éternelle après la mort.

• Il faut savoir enfin que le christianisme a engendré plusieurs formes de religion (catholique, protestante, orthodoxe notamment), dont le fond est commun.

D'un point de vue philosophique, indépendamment de la question de la foi, on peut estimer que le christianisme a marqué la culture occidentale d'un double apport :
— d'une part, il a renforcé la tradition humaniste gréco-latine ; il est intéressant de rapprocher, par exemple, la formule de Térence, *« Je suis homme, et rien de ce qui est humain ne m'est étranger »*, du commandement du Christ *« Aime ton prochain comme toi-même »* (commandement indissociable de l'amour de Dieu) : la tradition antique et la tradition chrétienne ont sans doute convergé pour aboutir à la *Déclaration Universelle des Droits de l'Homme* (1948) ;
— d'autre part, le christianisme, renforçant la notion de messianisme, a fortement développé l'idée que l'Humanité a une Histoire, et que celle-ci doit évoluer dans le sens d'un progrès moral, en vue d'un salut collectif. La foi dans le Progrès est une sorte de laïcisation de l'espérance en un Salut.

Voir **Charité, Grâce, Incarnation, Rédemption, Résurrection**.

CHRONIQUE. *n. f.* (du grec *khrônos*, «temps». Voir aussi le mot suivant).

1° Récit d'événements (historiques ou fictifs) qui suit, en principe, l'ordre dans lequel ils se sont déroulés. *Les Chroniques* de Jean Froissart (XIVe siècle). Comme genre littéraire, la chronique tente d'adopter le style «objectif» d'un récit historique, même s'il s'agit d'une œuvre de fiction (cf. *La Chronique des Pasquier*, de G. Duhamel).

2° Événements d'actualité, nouvelles concernant tel ou tel milieu, ou encore rubrique journalistique qui en rend compte régulièrement *(la chronique sportive, la chronique locale, la chronique gastronomique)*. Noter l'expression *défrayer la chronique*, qui signifie : être le sujet essentiel de l'actualité, de la presse (souvent pour des raisons de scandale : *Le divorce du prince X a défrayé la chronique*).

CHRONIQUE. *adj.* (voir mot précédent) Continuel, qui se perpétue dans le temps. Se dit en particulier de réalités nuisibles : *une maladie chronique* (et non pas *aiguë* ou *occasionnelle*) ; *une inflation chronique* (constante, endémique, et non pas *conjoncturelle*).

CHRONO-. Racine d'origine grecque *khrônos* qui signifie «temps». Outre les mots précédents, on trouve ainsi **Anachronisme, Chronolo-**

gie (ordre des événements dans le temps), **Chronomètre, Synchrone** (qui se produit en même temps), **Synchroniser**.
➜ **Pour approfondir, p. 926.**

CHUTE. *n. f.* En **littérature**, effet de surprise (d'amusement, d'ironie ou d'ouverture poétique) produit par la fin d'un texte particulièrement étudiée. Il peut s'agir de la conclusion (inattendue quoique préparée) d'un texte en prose, mais le plus souvent, la *chute* est le dernier vers d'un sonnet, ou d'une pièce assez courte (épigramme par exemple). Voici une épigramme de Voltaire :

> *L'autre jour au fond d'un vallon,*
> *Un serpent piqua Jean Fréron ;*
> *Que pensez-vous qu'il arriva ?*
> *Ce fut le serpent qui creva !*

La chute ici est ironique. Elle peut aussi être poétique, par exemple dans ces derniers vers du « Soleil couchant » de Heredia :

> *Et le soleil mourant, sur un ciel riche et sombre*
> *Ferme les branches d'or de son rouge éventail.*

-CIDE. Racine d'origine latine *caedere* qui signifie « tuer ». On trouve ainsi **Bactéricide** (qui tue les bactéries), **Ethnocide** (destruction de la culture d'une ethnie ou d'un peuple), **Fratricide** (meurtre du frère), **Génocide** (extermination d'un peuple, d'un groupe humain ou d'une race), **Homicide** (meurtre de l'homme), **Infanticide** (meurtre de l'enfant), **Parricide** (meurtre du père ou de la mère), **Régicide** (meurtre d'un roi), **Suicide** (meurtre de soi-même), **Trucider** (tuer). Notons que *fratricide, infanticide, parricide et régicide* désignent aussi l'auteur du meurtre en question.

CINÉ(MA)T-. Racine d'origine grecque qui signifie « mouvement » (*Kinésis* en grec). D'où les mots **Cinématique** (étude du mouvement en physique), **Cinéma(tographe)** (appareil qui reproduit le mouvement par un défilement d'images), **Cinétique** (qui a rapport au mouvement : *énergie cinétique*), **Kinésithérapeute** (« qui soigne le mouvement »).

CIRCON-, CIRCU-. Racines d'origine latine signifiant « autour de ». **Circoncision, Circonférence, Circonflexe, Circonlocution, Circonscrire, Circonspection, Circonstance, Circonvenir, Circuit, Circulaire, Circuler, Cirque**, etc.

CIRCONLOCUTION. *n. f.* (de *circon*, « autour de » et *locution*). Parole qui fait le tour de la pensée, au lieu de l'exprimer directement. Périphrase. On utilise généralement des circonlocutions quand on se trouve gêné de dire des vérités désagréables, ou de faire des demandes trop directes.

CIRCONSPECTION. *n. f.* (de *circon*, « autour de », et de *spect-*, du latin *specere*, « regarder »). Attitude prudente et réservée de quelqu'un qui observe les choses, qui regarde autour de lui, avant de parler ou d'agir. *Un individu circonspect. Un diplomate doit parler, agir et même marcher avec circonspection...*

CITOYEN. *n. m.* Homme qui appartient à une cité (*civitas* en latin), qui jouit du « droit de cité » (liberté, participation sous diverses formes aux affaires publiques), qui se sent partie prenante du pays, de la république où il vit. À distinguer du mot *citadin*, simple habitant de la ville.

Dans la cité antique (Athènes, Rome), tout le monde n'était pas citoyen : seuls l'étaient les hommes libres. Les autres catégories (femmes, esclaves, étrangers, une partie du peuple lui-même parfois) ne bénéficiaient pas du statut de citoyen.

C'est sous la Révolution française que le mot a pris sa signification actuelle, indissociable de l'idée de démocratie. Les citoyens sont égaux en droit, et leur ensemble constitue le peuple souverain. Chaque individu, en tant qu'il participe au pouvoir du peuple et à la vie de la république, est un citoyen.

On parlera en particulier de citoyen chaque fois qu'on regarde un individu d'un point de vue politique, par opposition aux autres aspects de son comportement. On opposera, par exemple, dans la réflexion sur la société, le citoyen (qui vote) et le consommateur (qui achète), la communauté des citoyens (qui décident et jugent la vie politique) et le public des téléspectateurs (qui se contentent de regarder), etc.

➜ **Pour approfondir, p. 931.**

CIVILISATION. *n. f.* **1°** Fait de civiliser ou de se civiliser, c'est-à-dire d'accéder à un degré d'évolution supérieur. *Les peuples européens ont cru ou fait semblant de croire qu'ils apportaient la civilisation aux peuplades qu'ils colonisaient.*

2° Ensemble des caractères sociaux, culturels, techniques, des sociétés humaines supposées les plus avancées (par opposition aux sociétés « primitives » ou aux peuples « barbares »). Ce second sens repose sur l'idée de progrès ininterrompu de l'humanité, dont les diverses sociétés seraient considérées comme inégalement « civilisées », et pouvant être classées selon leur « degré de civilisation ». À l'encontre de cette idée, qui tient l'Europe et sa civilisation pour les plus évoluées, Valéry n'eut pas de peine à s'écrier, après les hécatombes et la barbarie de la Première Guerre mondiale : *« Nous autres, civilisations, nous savons maintenant que nous sommes mortelles ».*

3° *(sans jugement de valeur)* Ensemble des caractères sociaux, culturels, religieux, techniques définissant une société ou un groupe de sociétés données, durant une époque donnée. Comme le second sens du mot culture, cette définition, qui en est proche, se veut neutre et objective : elle ne hiérarchise pas les civilisations ; elle les considère, quelles qu'elles soient, comme des productions historiques également valables du génie humain. *La civilisation aztèque. La civilisation égyptienne. Les civilisations primitives*, etc.

➜ **Pour approfondir, p. 938.**

CIVILITÉ. *n. f.* Sociabilité. Caractère d'une personne respectueuse des bienséances, extrêmement courtoise, polie, raffinée. *Lors d'un accident automobile, il est préférable de se conduire avec civilité.* Au pluriel : *faire des civilités, présenter ses civilités,* faire des compliments, présenter ses hommages, abonder en salutations.

CLASSES. *n. f. pl.* 1° **Au sens sociologique général,** ensemble de personnes qui, dans une société, ont en commun une même fonction (la classe des fonctionnaires, par exemple), un même genre de vie (la classe des rentiers), une même idéologie ou une conformité d'intérêts, de mœurs, etc. Ce sens est un peu l'équivalent de « catégorie sociale ». Les individus sont répartis en fonction de critères communs, sans qu'il y ait nécessairement d'analyse des rapports de ces « classes » entre elles. *Une classe d'âge.*

2° **Au sens marxiste,** les classes sont définies par la place qu'elles occupent dans la production économique et, à partir de celle-ci, dans la hiérarchie sociale. Cette distinction oppose principalement les capitalistes ou bourgeois (possédants, ou apparentés à la classe possédante), et les prolétaires (ouvriers obligés de « vendre » leur travail, et donc « exploités » par les possédants). Les phénomènes de domination, d'exploitation ou d'aliénation qui relient ces classes entre elles font qu'elles ont des intérêts divergents. Il y a donc objectivement entre elles une lutte (pour le pouvoir d'un côté ; pour la liberté de l'autre), même si les individus qui les composent n'en ont pas forcément conscience. D'où les notions de **« conscience de classe »** (le prolétaire ne peut pas se libérer tant qu'il n'a pas conscience d'appartenir à un ensemble dominé, car c'est collectivement et non individuellement qu'il peut faire cesser l'exploitation) et de **« lutte des classes »**. Cette dernière est à la fois une *constatation* des divergences entre les classes et, chez Marx, un appel au prolétariat pour lutter contre les classes dominantes, dont la violence oppressive est inhérente à leur position de pouvoir (liée à la propriété des moyens de production).

Voir **Capitalisme, Autogestion, Aliénation, Marxisme, Idéologie.**

CLASSICISME. *n. m.* 1° **En littérature française,** le classicisme est le mouvement intellectuel et artistique qui s'est développé sous Louis XIV et dont les auteurs les plus renommés (les « classiques », — ceux qu'on enseigne dans les « classes ») sont La Fontaine, Pascal, Molière, Racine, Boileau, Bossuet, Mme de Lafayette, La Bruyère, etc. L'art *classique,* par opposition au *baroque,* à la *préciosité* et au *burlesque* (puis, plus tard, au *romantisme*) se caractérise par la recherche de l'ordre, de la clarté, de la mesure, du naturel, du « vraisemblable », d'une certaine retenue et maîtrise de l'expression (la « raison » domine le « cœur »). Codifiée après coup par Boileau, l'esthétique classique met l'accent sur plusieurs principes :

— la **fidélité aux Anciens** : les auteurs de l'Antiquité gréco-latine sont admirés pour avoir produit les premières œuvres conformes à la « raison », fidèles à la nature humaine ; ils seront d'ailleurs eux-mêmes nommés classiques (le grec et le latin sont des « langues classiques ») ;

— le **respect de la nature**, du « naturel » considéré comme l'expression mesurée, raisonnable, belle en soi, de tout ce qui est humain : l'auteur classique, dans sa peinture de l'âme humaine, recherche d'ailleurs ce qui est vrai de tout temps, ce qui exprime le plus universellement la nature humaine ; il ne cherche nullement à exprimer sa singularité, son moi personnel ;

— l'**économie de moyens**, l'ajustement constant entre le « fond » et la « forme », la recherche de la concision et de la simplicité (une simplicité savante lorsqu'il s'agit d'atteindre au « sublime », ce qui n'exclut pas la recherche de la grandeur (quand le sujet traité est lui-même l'expression d'une grande vérité) ; les classiques pensent que l'énoncé du vrai est en lui-même beau, et que le style ne touche que lorsqu'il est au service de la pensée ou de l'émotion véritable (ce qui suppose une parfaite maîtrise des figures de style).

— le **travail de l'art** : écrire est un métier. Pour « plaire et se rendre utile », objectif des auteurs classiques, il ne suffit pas d'avoir du talent ou de l'inspiration. Concevoir, ordonner, rédiger, respecter les règles de chaque genre, cela ne s'improvise pas. D'où les conseils de Boileau :

> *Vingt fois sur le métier remettez votre ouvrage,*
> *Polissez-le sans cesse et le repolissez ;*
> *Ajoutez quelquefois, et souvent effacez.*

Notons que le mot **classicisme** est postérieur à l'âge classique. « Nos » classiques ne savaient pas qu'ils étaient des « classiques ».

2° **En général,** et pas seulement en littérature, le classicisme devient une sorte d'idéal artistique de mesure et d'équilibre, par opposition aux tendances nouvelles, modernistes, romantiques, qui se font jour par intervalles. Les détracteurs du classicisme le nomment alors **académisme**, voire archaïsme, alors que les défenseurs de l'art classique en font l'idéal, le modèle esthétique inimitable hors duquel il ne peut y avoir que des ouvrages de seconde valeur. D'où des oppositions sans fin, d'éternelles « querelles des Anciens et des Modernes » : car très vite, les (bons) ouvrages d'une époque donnée, modernes ou décriés comme tels aux yeux des contemporains, deviennent des « classiques » pour l'âge qui suit. Les auteurs romantiques du début du XIXe siècle, opposés en leur temps au classicisme, font maintenant partie de la « littérature classique ». Dans tous les arts, il y a des périodes « classiques ». On parlera des « classiques de la chanson » à propos d'auteurs en vogue il y a seulement deux ou trois décennies (Brel, Brassens, Ferré).

Le classicisme est donc à la fois une forme d'art, une esthétique précise dont la référence est historique (cf. Sens n° 1) et une notion extensible qui recouvre les modèles du passé par opposition aux productions

modernes (comme le montre, par exemple, l'expression de «musique classique»).
➜ **Pour approfondir, p. 942.**

CLAUSE. *n. f.* Disposition précise, particulière, dans un contrat, un traité, une loi, ou tout acte juridique. *Dans un contrat d'assurance, une clause, écrite en petits caractères, stipulait que les dégâts ne seraient pas remboursés en cas de catastrophe naturelle.* Il faut lire toutes les clauses d'un contrat...
Clause de style : clause purement formelle, rituelle, et donc sans importance.

CLAUSTRO-. Racine d'origine grecque qui signifie «lieu clos, cloître». On a ainsi **Claustration** (action d'enfermer ; état de celui qui est longtemps en lieu clos ; isolement), **Claustrer** (enfermer) et surtout **Claustrophobie** (peur maladive des endroits fermés, angoisse dans les lieux clos). Voir, à l'inverse, **Agora**.

CLAUSULE. *n. f.* Dernier membre d'une phrase, particulièrement travaillé, dans une strophe, une période, un texte éloquents. Voici une phrase de Rousseau dont la clausule est visiblement soignée : *«Je veux montrer à mes semblables un homme dans toute la vérité de la nature : et cet homme ce sera moi.» (Les Confessions)*.

CLÉMENCE. *n. f.* Vertu qui consiste, de la part d'une personne qui dispose de l'autorité (un juge, un roi, un père), à pardonner les fautes ou à atténuer les punitions. *La clémence d'Auguste pardonnant à Cinna.* Par extension : douceur, générosité, indulgence, magnanimité, miséricorde.
Noter que, par extension encore, le mot peut s'appliquer au climat. *Un ciel clément. La clémence de la température.*

CLERC. *n. m.* 1° Personne qui a quitté l'état laïque pour l'état ecclésiastique (moine, prêtre). L'ensemble des clercs forme précisément le *clergé.* L'adjectif correspondant est *clérical.* Voir **Anticlérical**.
2° Personne lettrée, savante, instruite (seuls les clercs, au sens n° 1, l'étaient pratiquement au Moyen Age). *Il est grand clerc en la matière.* Sens *moderne* : intellectuel. *La Trahison des clercs* (J. Brenda, 1927).
3° Employé d'un avoué, huissier ou notaire. *Être clerc de notaire.*

CLICHÉ. *n. m.* Au **sens littéraire**, image toute faite, expression usée, et donc devenue banale. *Un parfum exquis, le fond de l'air est frais, un avocat véreux, les yeux sont le miroir de l'âme,* sont des clichés. Voir **Lieu commun, Poncif, Stéréotype**.

CLIENTÈLE. *n. f.* Ensemble de clients, d'acheteurs réels ou potentiels. *(Sens figuré)* Public d'admirateurs fidèles ; électorat politique. **Clientélisme :** attitude qui consiste à augmenter le nombre de ses partisans par toutes sortes de moyens démagogiques.
➜ **Pour approfondir, p. 949.**

CLIVAGES. *n. m.* Au **sens figuré**, souvent *au pluriel*, séparation nette entre groupes, entre niveaux. *Des clivages sociaux. Des clivages entre jeunes et vieux. Dans toutes les cités, des clivages se créent entre quartiers riches et zones périphériques.*

CO-, COL-, COM-, CON-, COR-. Préfixe issu du latin *cum*, qui signifie « avec, ensemble, en même temps ». Cet élément peut prendre la forme *co-* devant une voyelle, *col-* devant un *l*, *com-* devant *b, m, p, cor-* devant *r*, et *con-* dans la plupart des autres cas. De très nombreux mots sont formés ainsi, que cette étymologie éclaire. Par exemple, le mot *compagnon* vient du latin *cum* et *panis* (en passant par le bas latin *companio*), c'est-à-dire : « qui mange le pain avec » ; le mot *copain* a la même étymologie.

COALISER (SE). *v. pron.* Former une alliance, se réunir contre un même ennemi. *Les puissances occidentales se sont coalisées contre l'Irak. Une coalition de critiques contre un auteur dramatique.*

CODE. *n. m.* En **linguistique** et, plus généralement, dans toute théorie de l'information, système rigoureux de signes, de relations entre des signes, qui permet de transmettre des messages. La langue est un code. Tous les systèmes de significations (gestuels, picturaux, vestimentaires, etc.) reposent sur des codes. La transmission de l'information génétique repose aussi sur un code. Voir **Communication, Sémiologie.**

COERCITION. *n. f.* Action de contraindre, emploi de la force pour imposer quelque chose à quelqu'un. *Quand la ruse ou la séduction ne suffisent pas, il faut bien recourir à la coercition. Devrai-je employer des moyens coercitifs pour obtenir le silence ?* Ce qui est *incoercible* est ce qu'on ne peut dominer.

CŒUR. *n. m.* 1° (*sens figuré*, courant) Sensibilité, générosité. Lieu de l'affectivité, de l'amour, de la bonté.
2° (*sens classique*, général) Courage (chez Corneille notamment). *Sens classique particulier*, chez Pascal : conscience spirituelle, intuition supérieure qui, par opposition à la raison, permet de « sentir » les plus hautes vérités, notamment la présence de Dieu. C'est en ce sens que Pascal écrit : *« Le cœur a ses raisons que la raison ne connaît point »* ou encore, *« Dieu sensible au cœur, non à la raison »*.

COEXISTENCE. *n. f.* Existence simultanée de plusieurs phénomènes. Le mot a surtout été mis à l'honneur dans l'expression **Coexistence pacifique**, en 1954, pour désigner la tolérance réciproque entre pays occidentaux et pays de l'Est, nations fondées sur des systèmes politiques opposés. La *coexistence pacifique* fut aussi appelée *guerre froide* et parfois *paix armée*.

COGITO. Mot latin signifiant « je pense », et qui s'est répandu comme *nom* à partir de la célèbre phrase de Descartes : *« Cogito ergo sum »* (« Je pense donc je suis »). Le *Cogito*, c'est la pensée indissociable de la conscience que l'on pense, et que l'on existe comme sujet pensant. Mon *Cogito*, c'est mon *Moi-pensant*. De là viennent les mots familiers **cogiter** et **cogitation**.

COHABITATION. *n. f. (sens propre)* Fait d'habiter ensemble.
(sens politique, depuis 1981, en France). Présence simultanée d'un chef de l'État d'une tendance politique donnée et d'un gouvernement de tendance politique opposée (la majorité ayant changé à l'Assemblée). Ainsi, de 1986 à 1988, il y a eu cohabitation entre le Président François Mitterrand (soutenu par le P.S.) et le Premier Ministre Jacques Chirac (soutenu par le R.P.R.). Cette situation s'est reproduite en 1993.

COHÉRENCE. *n. f.* (du latin *cohaerens*, « qui adhère ensemble »). Logique interne, harmonie entre différentes idées, parties, réalités d'un ensemble. *La cohérence d'une dissertation, d'une pensée, d'une conduite. Il n'est pas cohérent d'aller à la messe le dimanche et de tenir des propos agnostiques le reste de la semaine.*

COHORTE. *n. f.* Chez les Romains, dixième d'une légion.
Sens *actuel*, au pluriel : *des cohortes*, des groupes ; des bandes plus ou moins désordonnées, assez nombreuses.

COLLABORATEUR. *n. m.* (du préfixe *co-*, « avec », et du latin *laborare*, « travailler »). Personne qui travaille avec une autre ; adjoint, associé. Mais nous donnons surtout ce mot ici pour le sens qu'il prit au cours de l'occupation allemande, en 1940-1944, pour désigner les Français qui étaient partisans d'une collaboration totale avec l'envahisseur allemand (contrairement aux héros du récit de Vercors, *Le Silence de la mer*). Abréviation : *un collabo*.

COLLECTIVISME. *n. m.* Régime économique et social qui prône la propriété *collective* des moyens de production. Les théoriciens du socialisme reprochaient au capitalisme d'être fondé sur la propriété *privée* des moyens de production, source d'injustice et d'aliénation des travailleurs. Il était donc logique qu'ils imaginent un système inverse où, collectivement, les travailleurs et citoyens pourraient posséder leurs moyens de production (voir les mots **Autogestion, Capitalisme, Communisme**). Dans la réalité, la collectivisation de l'économie a surtout débouché, en URSS et dans les pays communistes, sur un capitalisme d'État anonyme, et dominé (en même temps que paralysé) par une bureaucratie. Voir **Bureaucratie, Étatisme**.

COLLOQUE. *n. m.* (des racines latines *co-*, « avec », et *loqui*, « parler ») Entretien, discussion entre deux ou plusieurs personnes. *Sens courant :* débat organisé sur un sujet donné, conférence, petit congrès ; on dit parfois « symposium ». *Un colloque de linguistes sur les problèmes de vocabulaire du lycéen moyen.*

COLLUSION. *n. f.* (du latin *co-*, « ensemble » et *ludere*, « jouer »). Entente secrète destinée à tromper quelqu'un. *Le P.C. craignait d'être victime* d'une collusion entre le P.S. et le M.R.G. Ne pas confondre avec *collision*.

COLONIALISME. *n. m.* Doctrine ou attitude d'un État expansionniste qui tente d'annexer des territoires en y installant des colonies, ou d'étendre sa domination économique sur des pays étrangers. Le colonialisme peut aussi être **culturel**. *Certains affirment que la publicité « colonise » les esprits.* Voir **Impérialisme**.
→ **Pour approfondir, p. 954.**

COMÉDIE. *n. f.* 1° (*sens ancien*) Pièce de théâtre, quelle qu'elle soit (tragique ou amusante). On retrouve ce sens dans le mot *comédien* (acteur de rôles aussi bien tragiques que comiques) ; de même, c'est en comparant la société à une vaste pièce de théâtre, fertile en actions dramatiques et en personnages sombres, que Balzac intitule son œuvre romanesque *La Comédie humaine*.

2° Pièce de théâtre dont la fonction est de faire rire, en ridiculisant les travers de la société ou les vices de la nature humaine. On distingue classiquement cinq niveaux de comique : le *comique de gestes* (chutes malencontreuses, gags divers), le *comique de mots* (jeux de mots, répliques spirituelles), le *comique d'intrigue* ou *de situation* (quiproquos, rencontres fâcheuses), le *comique de mœurs* (satire du milieu social, de certaines professions) et le *comique de caractère* (caricature des grands défauts humains, avarice, colère, snobisme, etc.). Selon le philosophe Henri Bergson, nous rions chaque fois qu'on nous fait percevoir *« du mécanique plaqué sur du vivant »* (*Le Rire*, 1900). Voir **Théâtre**.
→ **Pour approfondir, p. 1113.**

COMMÉMORER. *v. tr.* Célébrer la mémoire d'un événement (ou d'une personne) par des cérémonies. *Commémorer la prise de la Bastille, la naissance ou la mort d'un écrivain, l'armistice d'une guerre.*

COMMERCE. *n. m.* (du latin *cum-*, « avec » et *merc-*, « échanger (contre de l'argent) »).

Au *sens littéraire*, relations avec quelqu'un ou avec la société ; fréquentation. *Le commerce des hommes. Être d'un commerce agréable.*

Ce sens dérivé du sens courant du mot *commerce* semble montrer combien l'échange des marchandises a pu favoriser les relations (désintéressées) entre les hommes...

COMMINATOIRE. *adj.* Qui exige en menaçant. *Un ton comminatoire.*

COMMISÉRATION. *n. f.* (du latin *cum-*, « avec » et *miserari*, « avoir pitié ») Sentiment qui fait prendre part à la misère d'autrui. Pitié, compassion. *Éprouver de la commisération pour quelqu'un.*

COMMOTION. *n. f.* Choc, traumatisme. Émotion violente. *Être atteint de commotion cérébrale. La mort de son enfant l'a mise en état de commotion.*

COMMUNICATION. *n. f.* 1° Action de communiquer, d'échanger des informations. Toute communication suppose un code connu par les différents interlocuteurs. Selon les linguistes, à la suite d'un schéma établi par R. Jakobson, toute communication met en œuvre six composantes, dont chacune correspond à une fonction dominante du langage. Voici ce schéma :

```
DESTINATEUR  ──→  CONTEXTE (ou référent)  ──→  DESTINATAIRE
(locuteur, auteur,    MESSAGE                      (interlocuteur, lecteur,
émetteur, etc.)       CODE                         auditeur, spectateur, etc.)
                      CONTACT
```

1. Au **destinateur**, qui envoie le message, correspond la *fonction expressive* (centrée sur celui qui parle, écrit, émet).
2. Au **destinataire**, qui reçoit le message, correspond la *fonction impressive* (centrée sur le récepteur, pour le faire sentir/agir).
3. Au **contexte**, à propos duquel est établi le message, correspond la *fonction référentielle* (centrée sur l'objet du discours).
4. Au **message**, que l'émetteur tente de mettre en valeur, en en soignant la forme, correspond la *fonction poétique*.
5. Au **code**, qu'il faut respecter pour se faire comprendre et qu'il faut «décoder» pour recevoir le message, correspond la *fonction métalinguistique* : dès qu'on parle de la langue, on assume cette fonction.
6. Au **contact**, qui est le moyen physique par lequel le message passe du *destinateur* au *destinataire* (voix directe, écriture, image, radio, téléphone, télévision), correspond la *fonction phatique* (il faut que les interlocuteurs soient «en phase»).

Chacune de ces fonctions participe nécessairement à un acte de communication. Mais les différents discours, littéraires ou non, peuvent être distingués selon les fonctions dominantes qu'ils mettent en œuvre. La poésie verra prédominer en elle les fonctions 1 et 4 ; le discours de propagande ou de publicité la fonction 2 ; un cours de langue, les fonctions 3 et 5.

2° Le mot «communication», aujourd'hui, est souvent utilisé pour définir des actions de promotion (de produits, d'entreprises, de «politiques» gouvernementales) à sens unique. On dira à un homme politique ou à une vedette du petit écran : *«Il faut améliorer votre communication»*. Cet usage doit être compris, évidemment. Mais on peut estimer qu'il y a là un abus de langage. La communication véritable ne se faisant pas à sens unique, il est contestable de confondre ce mot avec ce qui n'est que propagande ou publicité.

COMMUNISME. *n. m.* Doctrine économique et sociale fondée sur la collectivisation des moyens de production, sur la répartition des biens produits dans un esprit d'égalité sociale (*« À chacun selon ses besoins »*), sur la suppression progressive des pouvoirs hiérarchiques, dans le but de parvenir enfin à une « société sans classes ». Tel est, schématiquement résumé, l'idéal marxiste du communisme.

Dans la réalité, on appelle aussi *communisme* les systèmes effectivement mis en place (en Chine, en URSS, dans les pays de l'Est, à Cuba) pour parvenir au communisme idéal. *Les événements des années 1990-1992 ont signé la faillite du communisme.*

Noter que le « communisme », au sens de mise en commun de tous les biens, est un projet ou une utopie déjà présents chez Platon, Thomas More ou Campanella (lequel, dans son utopie *La Cité du soleil*, en 1623, prévoit même le communisme des femmes, — mises à la disposition de la cité pour mieux organiser la fécondité !).

COMMUTATION. *n. f.* 1° Fait de substituer un élément à un autre. Permutation.

2° Action de *commuer* une peine en une autre (commuer la peine de mort en prison à vie).

COMPARAISON. *n. f.* Au *sens littéraire*, figure de style qui consiste à établir (ou à constater) un rapport de ressemblance entre deux termes, deux éléments donnés, deux réalités. Le but est d'éclairer une réalité ou de mieux la faire sentir en lui trouvant une analogie avec une autre. Par exemple, cette image traditionnelle *la vie dissipe les illusions comme le vent chasse les nuages* établit une comparaison entre la « vie » et le « vent », qui ont en commun de « dissiper » des réalités considérées comme également vaporeuses.

La comparaison se compose de trois éléments : le *comparé* (ici, les illusions dissipées par la vie), le *comparant* (les nuages chassés par le vent), et un *terme de comparaison* (ici, *« comme »*, mais qui pourrait être *ainsi que, de même que*, ou encore faire place à une tournure du type *« semblable à, pareil à »*). La différence entre la comparaison et la métaphore tient à ce que cette dernière supprime le terme de comparaison et assimile directement le *comparé* et le *comparant* ; mais le *rapport d'analogie* en demeure le fondement. Voir **Allégorie, Analogie, Métaphore, Symbole.**

COMPASSION. *n. f.* (du latin *cum*, « avec », et *passio*, « souffrance »). Même sens que **commisération** : profonde pitié.

COMPATIBILITÉ. *n. f.* Caractère de ce qui est compatible, de ce qui s'accorde avec autre chose, peut exister simultanément. *Compatibilité d'humeur. Compatibilité entre deux systèmes informatiques. La foi et la raison sont-elles compatibles ?*

COMPÉTENCE. *n. f.* **Sens général :** capacité ; connaissance approfondie dans une matière ; métier ou autorité reconnue qui permet de juger ou d'agir. *La compétence caractérise (en principe) les experts.*

Sens linguistique : ensemble des règles et des connaissances linguistiques mentalement intégrées par un locuteur, qui lui permettent de comprendre ou de produire des phrases, des énoncés jusqu'alors inconnus de lui. La compétence est en quelque sorte la capacité **potentielle** de l'individu ; chaque acte de parole, chaque emploi particulier de la langue est appelé *performance*. La liaison *compétence-performance* est à la base de la créativité linguistique. Elle permet d'interpréter le fonctionnement d'une langue.

COMPLAINTE. *n. f.* (étymologiquement : *plainte avec*) Chant ou poème mélancolique qui raconte, sur un ton plaintif, les malheurs ou l'histoire tragique d'une personne, ou d'un groupe. La *Ballade des Pendus* de Villon ou *La Chanson du Mal-aimé* d'Apollinaire peuvent être considérées comme des complaintes.

COMPLAISANCE. *n. f.* 1° Amabilité, volonté d'être agréable à quelqu'un. 2° Faiblesse coupable envers autrui, ou envers soi-même. *Une éducation trop complaisante. Un certificat de complaisance.*

COMPLEXE. *n. m.* **Sens psychanalytique :** ensemble de tendances affectives et de représentations généralement inconscientes, liées à l'histoire de la petite enfance, et qui produisent des effets puissants sur les fantasmes (les rêves), les émotions et les conduites de la personne, parfois même des troubles psychiques.

Comme le mot l'indique, les complexes sont des enchevêtrements d'affects difficiles à démêler, mais non dénués de cohérence. C'est à tort que, dans le langage courant, on emploie le mot « complexe » pour désigner les petits problèmes de quelqu'un (généralement un sentiment d'infériorité ou une vexation) en l'accusant « d'avoir des complexes ». Les complexes sont en effet présents en chaque personne, sans pour autant entraver sa vie psychique, et souvent même en la stimulant. Il existe même deux complexes-types auxquels, selon Freud, aucun n'être humain n'échappe :
— le *complexe de castration* (peur d'être castré chez le jeune garçon ; sentiment d'avoir été « mutilée » par la nature chez la petite fille, avec désir d'obtenir ce que les garçons paraissent avoir « en plus ») ;
— le *complexe d'Œdipe* (désir de posséder le parent de sexe opposé et donc, d'éliminer le parent de même sexe, devenu un rival gênant ; culpabilité et crainte d'être puni en raison de ce double désir, — l'ensemble étant refoulé dans l'inconscient). Voir **Œdipe**.

COMPLEXION. *n. f.* Constitution physique d'un individu, état de son organisme. S'emploie le plus souvent dans les expressions *être de complexion délicate, faible, robuste, vigoureuse.*

COMPORTEMENTALISME. *n. m.* Voir **Behaviorisme**.

COMPOSITE. *adj.* Composé de styles différents (en architecture). Par extension : disparate, hétérogène, mal ficelé. *Un livre composite.*

N.B. Attention au sens de ce terme, qui semblait au contraire exprimer une idée de composition, d'ordre. Ce mot, sans nuance péjorative, sert à l'inverse dans le langage technique pour désigner des matériaux de *synthèse*, dits *composites*.

COMPROMIS. *n. m.* Accord auquel on parvient en faisant des concessions de part et d'autre (entre adversaires, entre signataires d'un contrat). *Ils ont fini par s'entendre sur un compromis.* Moyen terme entre deux positions ou choses opposées. *Trouver un compromis entre le rêve et la réalité.*

Ce mot est à distinguer du suivant, bien qu'il vienne du même verbe originel : *se compromettre*, c'est s'engager, au risque de renoncer à certaines exigences — ce qui est déjà un « compromis » avec soi-même.

COMPROMISSION. *n. f.* Action de se compromettre ou d'être compromis dans des engagements discutables. *Il est difficile de se faire élire sans promesses démagogiques et sans certaines compromissions.* Liberté que l'on prend avec la morale, en s'arrangeant avec sa propre conscience. *De compromission en compromission, il en est arrivé à mentir et à escroquer.*

Ce mot est à distinguer du précédent, malgré leur parenté d'origine.

CONCEPT. *n. m.* Idée, abstraction ayant une portée générale. *Le concept de bonheur. Le concept d'impératif catégorique chez Kant. Le concept d'espace-temps chez Einstein. Élaborer des concepts opératoires.*

Le concept est une abstraction (comme le mot *abstraction* est lui-même un concept !), mais c'est une *abstraction-clef*, qui permet d'approfondir des notions, de les différencier, classer et organiser entre elles. Le maniement et le bon usage des concepts permettent de déboucher sur de grandes conceptions intellectuelles, artistiques ou scientifiques. Le concept est donc à la fois un fruit et un outil de l'esprit.

Il y a des petits et des grands concepts. Toute abstraction est en quelque sorte un « concept » : chaque mot servant à nommer, non pas telle chose, mais l'idée même de cette chose (non tel arbre, mais l'*idée* d'arbre) est en soi un concept. Dans l'avant-propos de cet ouvrage, nous avons précisément employé l'expression « mot-concept » pour désigner des mots qui, au-delà de simples réalités (concrètes ou abstraites), permettent de saisir des notions-clefs du champ de la culture.

En règle générale, il vaut mieux n'user du mot *concept* que pour des notions d'une certaine ampleur, servant réellement d'outils de la pensée. Le travail des hommes de science, des philosophes, des artistes, consiste souvent à **conceptualiser** leurs intuitions ou leurs expériences, à leur donner une forme claire et rigoureuse, pour les rendre utilisables par d'autres esprits.

Aussi peut-on considérer comme un abus de langage la mode actuelle qui est d'employer le mot concept à tout propos, pour qualifier une idée pratique, un style publicitaire ou la forme d'un produit. Voir **Abstraction, Idée.**

CONCEPTUALISME. *n. m.* Théorie philosophique selon laquelle les concepts sont de purs produits de l'esprit, sans référence à la réalité objective des choses. À rapprocher de l'**idéalisme** platonicien, selon lequel les Idées existent en elles-mêmes (le monde ou l'esprit humain n'en sont que des reflets), ainsi que de la philosophie scolastique des

« universaux » (concepts universels qui expliquent, voire régissent, toute l'organisation du monde).

CONCERTER. *v. tr.* Organiser quelque chose avec une ou plusieurs personnes (*agir de concert* : conjointement). *Concerter un projet* : le préparer en commun. On emploie plus souvent le verbe pronominal *se concerter* : se concerter avec untel et untel pour mener à bien une entreprise. *Ils se sont concertés. Cette machination avait été concertée.*

CONCESSION. *n. f.* **En général :** cession d'un droit, d'un avantage à quelqu'un (un citoyen, un partenaire, un adversaire). *Faire des concessions. Concéder un bien, une terre, un privilège.*

Dans un débat ou un texte argumentatif : figure de rhétorique par laquelle on cède (ou on affecte de céder) à une objection de l'interlocuteur, pour mieux le contredire sur d'autres points. Le balancement de cette figure de rhétorique s'opère en deux temps : *1° Certes, il est vrai que, je te concède ou t'accorde que... 2° Mais en réalité, il n'en reste pas moins que...* La concession « cède » sur un point mineur pour mieux l'emporter sur l'essentiel.

CONCILE. *n. m.* Assemblée des évêques de l'Église catholique.

CONCILIABULE. *n. m.* Entretien secret, conversation à voix basse. *Les conciliabules de jeunes fiancés qui se chuchotent des secrets.*

CONCIS. *adj.* Qui s'exprime ou qui est exprimé en peu de mots. *Un écrivain concis. Une narration concise.* La concision est en général considérée comme une qualité du style (par opposition à la prolixité, la longueur, la lenteur). Les synonymes sont nombreux. *Bref, court, dense, sobre, succinct*, etc. Lorsque la concision est extrême, on parlera de phrase *lapidaire*, de réplique *laconique*, de style *elliptique*.

CONCOMITANT. *adj.* Se dit d'événements ou de phénomènes qui se produisent en même temps, qui sont simultanés. *Des faits concomitants.* Cet adjectif s'emploie en général au pluriel et laisse entendre qu'il peut y avoir une relation entre les deux manifestations qui coïncident. *Les symptômes concomitants d'une maladie.*

CONCRET. *adj.* Sensible, bien réel, palpable, tangible, matériel, positif, pratique. *Des objets concrets. L'expérience concrète. Il faudrait concrétiser votre pensée par des exemples.* Le mot **concret** s'emploie souvent en relation (de complémentarité ou d'opposition) avec le mot **abstrait**. C'est précisément à partir du « concret » que l'abstraction s'opère, et que se développe une pensée abstraite. Voir **Abstraction, Concept**.

CONCUPISCENCE. *n. f.* Convoitise, attirance très vive pour les biens terrestres, en particulier pour les plaisirs de la chair. *« Je vois mon abîme d'orgueil, de curiosité, de concupiscence. »* (Pascal). *L'œil concupiscent d'un voyeur.*

CONDESCENDANT. *adj.* Qui affecte de devoir s'abaisser pour s'adresser à autrui. Hautain et légèrement méprisant. *Il a daigné m'adresser un sourire condescendant. Serrer la main avec condescendance.*

CONDISCIPLE. *n. m.* Compagnon d'études, camarade d'école.

CONDITION. *n. f.* 1° Au **sens littéraire** et classique : rang social, et plus précisément « rang social élevé ». Un *« homme de condition »* est un noble. Les autres sont « des hommes de rien », des « roturiers ».

2° Au **sens philosophique** : situation de l'être dans le monde, à la fois dans la société des hommes et dans l'univers. *La condition humaine. Les contingences de notre condition terrestre.*

CONDITIONNEMENT. *n. m.* En **psychologie**, création de réflexes « conditionnés », c'est-à-dire d'habitudes acquises par des processus répétitifs. Résultat de ce processus. Par extension, ensemble des comportements ou des opinions, des attitudes déterminées chez des individus ou des groupes sociaux par l'éducation, la propagande, la publicité, etc. *Nous sommes conditionnés par le climat familial, la discipline scolaire, la culture dominante, le rythme de nos sociétés. Pouvons-nous nous dire libres, à la suite de tous ces conditionnements ?*

N.B. L'idée de *conditionnement* est sans doute à rapprocher de l'idée de *déterminisme*. Mais les connotations sont sans doute différentes. Alors que le conditionnement intervient en second (il « conditionne » notre comportement, mais celui-ci ne s'y réduit pas complètement), le déterminisme présuppose que le comportement humain est le produit absolu de causes externes : il n'y a donc plus de « liberté ». Voir **Déterminisme.**

CONFÉRER. 1° *v. intr.* S'entretenir de quelque chose avec quelqu'un. Discuter, être en conférence.

2° *v. tr.* Attribuer quelque chose à quelqu'un, en vertu d'une autorité ou d'une capacité particulière. *Conférer la Légion d'honneur. L'expérience confère une certaine sagesse.*

CONFER. Terme d'origine latine, abrégé en *cf.*, qui sert à renvoyer à un passage de livre, à un exemple particulier (prononcer *« confère »* ou, pour l'abréviation, *« cf. »*).

CONFESSION. *n. f.* 1° Chez les catholiques, aveu de ses fautes à un prêtre qui, en tant que représentant de Dieu, a le pouvoir de les pardonner en donnant une « pénitence » (une peine) à celui qui se confesse (qu'on appelle *pénitent*). La confession est un « sacrement », dit « sacrement de Pénitence ». Voir **Sacrement.**

2° Par extension, aveu que l'on fait, plus ou moins publiquement, d'actes répréhensibles ou d'erreurs que l'on a commises. *Les Confessions* de saint Augustin, *Les Confessions* de Rousseau, sont des ouvrages dont les auteurs racontent leur vie dans ce but.

3° Déclaration publique de sa croyance, de sa foi, de sa religion ; ou cette croyance elle-même. *Être de confession catholique, israélite, musulmane*. C'est dans ce sens que le mot *confessionnel* est synonyme de *religieux*. *Une Association ni politique ni confessionnelle*.

CONFIDENT. *n. m.* Personne à qui l'on confie ses secrets, ses états d'âme, notamment dans la tragédie classique où le rôle du confident (ou de la confidente) permet aux héros de se confier indirectement… aux spectateurs.

CONFINER. *v. tr.* Enfermer dans un espace clos *(une atmosphère confinée)*. Au *sens figuré*, reléguer quelqu'un dans un rôle limité, dans une occupation réduite et peu utile. *Se confiner dans son chagrin* : s'y enfermer inutilement.

Noter que le verbe *confiner* signifie aussi *toucher à la limite (aux confins) de*. *Son attitude étrange confine à la paranoïa*.

CONFITEOR. *n. m. inv.* Mot latin qui signifie « je confesse ». Il désigne une prière catholique commençant par ce mot, dite notamment à l'occasion de la confession (sens n° 1). Dans son poème « Le Confiteor de l'Artiste », Baudelaire joue sur les différents sens du mot *confession*.

CONFLAGRATION. *n. f.* Grand bouleversement, en particulier conflit international. Ne pas confondre avec le paronyme **Déflagration** (explosion). Noter que les deux mots ont pour origine étymologique le verbe latin *flagrare*, « flamber » (et donc, éclater aux yeux comme un incendie). Voir aussi **Flagrant**.

CONFONDRE. *v. tr.* Au **sens classique** : anéantir, faire échouer. *Confondre l'ennemi*. D'où, au sens *figuré* : déconcerter *(j'en suis tout confondu)*, décontenancer, ou réduire au silence quelqu'un que l'on démasque *(confondre un menteur)*.

CONFORMISME. *n. m.* Attitude qui consiste à se conformer aux normes sociales, à suivre les modes, à mimer les conduites majoritaires ou à adopter ce qu'on croit être l'opinion de tous. *« La formule de l'homme heureux de demain, ce sera le conformisme »* (J. Cazeneuve). Antonymes : *anticonformisme, non-conformisme, originalité*.

CONFORTER. *v. tr.* Au sens moderne : raffermir, renforcer (quelqu'un ou quelque chose). *Conforter une thèse, un régime. Les sondages ont conforté la position du Premier ministre (ou conforté le Premier ministre dans sa politique)*.

CONGÉNÈRE. *n. m.* Qui appartient au même genre. S'applique au *sens propre* à des animaux, et au *sens figuré*, de façon péjorative ou plaisante, à des humains de même espèce. *Ah, toi et tes congénères !* Cet emploi, appliqué à des étrangers, a parfois des connotations racistes.

CONGRATULER. *v. tr.* Féliciter, complimenter de façon souvent ostentatoire, à l'occasion d'un événement heureux. *Ils se sont joyeusement congratulés*. Il y a souvent une nuance ironique dans l'emploi du mot (au pluriel) **congratulations**.

CONJECTURE. *n. f.* Supposition fondée sur des probabilités ; présomption, hypothèse. *Se livrer à des conjectures sur l'avenir ; en être réduit aux conjectures en ce qui concerne la nomination du prochain Premier ministre. Se perdre en conjectures :* être perplexe.
    N.B. Ce mot, relativement fréquent dans les médias, est surtout célèbre dans les dictionnaires où l'on recommande de ne pas le confondre avec le paronyme **conjoncture** (voir plus loin).

CONJONCTION. *n. f.* (de *con-*, du latin *cum-*, «avec, ensemble» et de *jonction*) Action de joindre ; réunion, rencontre qui en résulte. *La conjonction de deux événements, de deux facteurs.* Noter le sens astronomique (rencontre de deux planètes sur une ligne droite partant de la terre) et aussi le sens grammatical (conjonction de coordination, conjonction de subordination). Antonyme : *disjonction*.

CONJONCTURE. *n. f.* Situation donnée, résultant d'un certain nombre de causes et de circonstances. *Une conjoncture favorable, défavorable.* La conjoncture peut être météorologique, politique, mais le mot est surtout employé dans un sens *économique*. On oppose alors ce qui est de l'ordre de la **conjoncture** (des circonstances économiques variables, provisoires) à ce qui est de l'ordre de la **structure** (les caractères fondamentaux d'une économie). *Le chômage actuel n'est pas seulement conjoncturel, il a des causes structurelles.*
    N.B. Ne pas confondre avec le paronyme **conjecture** (voir ce mot).

CONJURER. *v. tr.* 1° Prier avec instance. *Je vous en prie, je vous en conjure.* 2° Détourner une menace, neutraliser un mauvais sort, écarter un danger par un moyen ou un autre (par des moyens magiques : *conjurer les démons* ; ou par des moyens normaux : *conjurer une crise économique*). Voir **Exorciser**.
    N.B. Au *sens ancien*, «conjurer» signifie comploter, tramer une conjuration. Les *conjurés* sont les protagonistes de la conspiration.

CONNIVENCE. *n. f.* Entente secrète, complicité entre deux ou plusieurs personnes ; accord tacite. *Agir, être de connivence.* Voir **Collusion** (terme dépréciatif, contrairement à *connivence*).

CONNOTATION. *n. f.* Notation annexe, adjacente, qui se greffe autour du sens principal d'un mot. On parle en général de connotations *au pluriel*, pour désigner le halo de significations *secondes*, de nuances particulières (subjectives ou culturelles) prises par un mot en plus de son sens *premier*, appelé *dénotation*. Ainsi, la dénotation du mot *clef* sera son sens usuel, — pièce métallique servant à ouvrir ou fermer une serrure —, mais ses connotations sont immenses :
    — soit en fonction de l'image que chacun se fait de ce mot (les uns y voient surtout l'ouverture, les autres surtout le moyen de fermer) ;
    — soit en fonction de l'imaginaire que la société, la littérature (songeons au conte *Barbe bleue*) ou la culture ont tissé autour du mot (ses sens figurés : la «clef des songes», la «clef des champs», etc.).

Ce simple exemple permet de faire trois remarques utiles :

1° Les connotations d'un mot sont d'abord *individuelles*, subjectives, liées à notre expérience du mot ou des réalités (positives ou négatives) auxquelles il renvoie. Chacun a ainsi *son* image du mot *pierre*, du mot *église*, du mot *mariage*, du mot *discipline*, etc.

2° Les connotations des mots sont aussi, très vite, *collectives* (liées à tel groupe social) ou *culturelles* (figées dans le réseau de significations que reçoit le dictionnaire, à travers les expressions, les sens figurés, les citations). L'emploi de tel ou tel mot pour désigner une même réalité dépendra donc souvent des connotations que la langue lui a données (par exemple, pour désigner mon véhicule à quatre roues, je puis dire : *véhicule, voiture, automobile, bagnole, tire, caisse...* selon l'image que je veux en donner).

3° Les connotations ont beau être « secondes », par rapport au sens premier (la dénotation du mot), *elles ne sont nullement secondaires.* Aux yeux de l'écrivain, elles sont souvent principales. Elles aident à donner un certain climat (réaliste, poétique, symbolique) aux textes. Les grands auteurs sont même des créateurs de connotations par l'emploi qu'ils font de certains mots, par la charge personnelle qu'ils leur donnent. Ainsi, le mot *divertissement* après Pascal, le mot *spleen* après Baudelaire, enrichis des connotations propres à leurs œuvres respectives, n'ont plus le sens réduit, usuel, limité, qu'ils avaient auparavant. Voir **Dénotation**.

CONSCIENCE. *n. f.* Faculté qu'a l'être humain de se connaître, de développer par la réflexion cette connaissance et de porter des jugements sur lui-même. Ces trois aspects sont liés, mais on peut néanmoins les distinguer pour mieux en voir les trois dimensions.

1° Il y a d'abord **la conscience psychologique**. C'est la perception que nous avons de notre existence, la connaissance intuitive et spontanée, plus ou moins claire, de ce que nous sommes : je suis untel, je suis éveillé, je fais telle chose et je sais que je suis en train de la faire. Le contraire de cet état de conscience est précisément l'*inconscience*.

2° Il y a ensuite ce qu'on peut appeler **la conscience philosophique** : la capacité de réfléchir sur soi de façon systématique, d'étudier les caractères ou les dimensions de son être propre, de son être *en tant qu'être humain*, de sa relation au monde extérieur et aux autres. Pouvoir dire non seulement *je suis conscient*, mais mieux encore, *je suis conscience*. Cette dimension de *la conscience de soi*, considérée comme souveraine et fondatrice de la liberté de la personne, a été mise en cause par certains philosophes ou psychologues : K. Marx, par exemple, estime que la conscience « personnelle » est en réalité aliénée par sa situation sociale et l'idéologie qui la forme ; Freud développe l'idée que la conscience apparente du sujet est manipulée par son « inconscient » et qu'elle n'est nullement « maîtresse dans sa propre maison ». Mais cela ne ruine pas l'idée que la conscience de soi existe et peut être développée.

3° Il y a enfin **la conscience morale**, capacité de porter des jugements de valeur sur soi-même, sur sa conduite, sur sa pensée, sur ses désirs. Celle-ci ne peut effectivement avoir de sens que si les deux précédentes formes de conscience sont établies. Cette conscience est en fait la conscience du bien et du mal, l'idée de ce qui doit, aux yeux de chacun, orienter sa conduite. Pour les croyants, elle est en relation avec la présence de Dieu. Rousseau la nomme précisément « instinct divin ».
« *Il est donc au fond des âmes un principe inné de justice et de vertu, sur lequel, malgré nos propres maximes, nous jugeons nos actions et celles d'autrui comme bonnes ou mauvaises, et c'est à ce principe que je donne le nom de conscience.* » (Profession de foi du Vicaire Savoyard).

Voir **Aliénation, Âme, Ça, Inconscient, Moi, Surmoi.**

CONSENSUS. *n. m.* Accord entre personnes, fait de partager (plus ou moins explicitement) la même opinion. Ce terme s'est répandu à partir des années 80 pour désigner le consentement supposé du plus grand nombre des citoyens à la politique du gouvernement. *Les sondages ont montré l'existence d'un réel consensus sur telle ou telle position gouvernementale. Il y a consensus entre le Premier ministre et le Président de la République sur la politique étrangère. Adopter une attitude consensuelle.*

CONSÉQUENT. *adj.* Se dit d'une personne qui met en accord ses actions et ses opinions, ou simplement ses diverses déclarations. *Opposé au meurtre des animaux, il a décidé d'être végétarien : il est conséquent avec lui-même.* Synonymes : *logique, cohérent.* Antonyme : **inconséquent.**

   N.B. Éviter l'emploi familier de ce mot dans le sens « important » (anglicisme).

CONSOMMATION (Société de). Type de société dont la finalité est la consommation. Cette expression est devenue célèbre en 1968, la « société de consommation » étant elle-même la cible privilégiée de la contestation étudiante. La plupart des sociétés du monde occidental « développé » sont des sociétés de consommation. La question qui se pose est de savoir si elles correspondent à un développement naturel et inéluctable de l'être humain *(« homo consumans »)* ou si elles sont le fruit d'un système économique centré sur la production et le profit (voir **Capitalisme**), dont la logique pousse les individus à consommer de plus en plus en leur créant des besoins (notamment par la publicité). Les défenseurs du système capitaliste penchent pour la première hypothèse, ses contempteurs pour la seconde (cf. *La Société de consommation*, de Jean Baudrillard, Gallimard, 1969 ; et *Le Bonheur conforme*, de François Brune, Gallimard, 1985). Voir **Besoin.**
→ **Pour approfondir, p. 572.**

CONSTANCE. *n. f.* Qualité de ce qui dure ou se répète. Persévérance, attitude résolue d'une personne. En particulier, fidélité des sentiments (antonyme : **inconstance**). *Sens ancien :* force morale dans l'épreuve. *Agir, travailler, souffrir, aimer avec constance.*

CONSUMER (Se). *v. pron.* S'épuiser, dépérir. Noter en particulier le *sens figuré* du mot : *se consumer en chagrins, en vaines douleurs*, qui implique l'idée d'une action du sujet sur lui-même. « *Le poète se consacre et se consume à définir et à construire un langage dans le langage.* » (P. Valéry).
    N.B. Le substantif correspondant garde un sens concret (*consomption*, amaigrissement).

CONSUMÉRISME. *n. m.* Dans une « société de consommation » (voir ce mot), mouvement des consommateurs pour défendre leurs droits, s'organiser en associations, etc. *Aux États-Unis, le consumérisme représente un véritable contre-pouvoir.*

CONTEMPLER. *v. tr.* 1° Regarder longuement et attentivement avec, en général, un sentiment d'étonnement ou d'admiration. « *Que l'homme contemple donc la nature dans sa haute et pleine majesté* » (Pascal).
    2° Méditer, s'absorber dans la considération d'une réalité spirituelle, communier à son mystère. Ce deuxième sens convient en particulier aux religieux dits *contemplatifs*. Mais il y a toujours, dans le verbe contempler, une connotation d'étonnement devant le mystère des choses, fût-ce aux yeux d'un être agnostique. *Contempler la nature, contempler la vie humaine.*

CONTEMPTEUR. *n.* Individu qui critique, qui décrie quelqu'un ou quelque chose. *Les contempteurs de la modernité. Une féministe, contemptrice du pouvoir mâle.* Mot de sens voisin : **Détracteur**. Antonymes : *partisan, laudateur.*

CONTENTIEUX. *n. m.* Ensemble des désaccords ou des litiges qui peuvent exister entre deux entreprises, deux partenaires, deux pays. *Il existe un contentieux sur les zones de pêche entre la France et l'Espagne.* **Service du contentieux**, ou **contentieux** : service qui s'occupe des affaires litigieuses dans une entreprise.

CONTESTATION. *n. f.* Fait de discuter quelque chose, de s'opposer plus ou moins violemment (controverse, discussion, litige, mise en cause). Ce mot a été mis à l'honneur en 1968 pour désigner la critique radicale que les étudiants faisaient de la « société de consommation » et de l'idéologie qui y régnait. *Les étudiants contestataires portaient la contestation sur toute chose.*

CONTINENCE. *n. f.* **Sens religieux** : chasteté. Voir **Incontinence**.

CONTINGENCE. *n. f.* **Sens général** : caractère de ce qui se produit par hasard, sans nécessité, à l'occasion de tel ou tel phénomène. Et donc, surtout au pluriel, ensemble des choses sans importance qui accompagnent la vie. *Ne pas se soucier des contingences. Je m'intéresse aux réalités essentielles, non aux faits contingents.*

Sens philosophique : fait de n'être ni nécessaire ni impossible ; d'exister sans raison, de façon imprévisible, gratuite. En particulier, l'existentialisme insiste sur *la contingence de l'être humain*, sur le fait que l'homme semble exister sans nécessité, comme il pourrait ne pas exister, ce qui pose le problème de son sens ou plutôt de son absence de sens (cf. la philosophie de l'**absurde**). On voit ainsi que, paradoxalement, la contingence humaine (le côté dérisoire de l'existence de chacun) devient une notion capitale, *essentielle* de la condition humaine. Il devient nécessaire de *tenir compte de la contingence*, ce qui finit par donner à ce mot une connotation quasi inverse de son sens premier !

CONTRADICTION (Principe de non-). Principe de logique élémentaire selon lequel deux propositions contraires ne peuvent pas être vraies en même temps. Il y a contradiction (antinomie, incompatibilité) entre les deux affirmations : *« Ce dictionnaire existe »* et *« Ce dictionnaire n'existe pas »*. Je ne puis à la fois être et ne pas être, je ne puis à la fois nier et affirmer une même chose : ces termes sont contradictoires. Un tableau blanc ne peut être en même temps un tableau noir, etc.

Ce principe peut sembler évident pour tout esprit logique. Il n'en va peut-être pas de même pour la nature du désir humain, qui, contre toute raison, aimerait bien parfois que des réalités ou des affirmations contradictoires soient compatibles. L'enfant prend son désir pour la réalité, désire que certaines choses à la fois soient et ne soient pas, voudrait pouvoir cumuler le fait d'être courageux et de ne pas faire d'efforts, d'être totalement protégé et totalement autonome, etc. La psychologie profonde de l'être humain est suffisamment *ambivalente* pour que le « principe de non-contradiction » doive être pour chacun une conquête en même temps qu'une évidence. Voir **Principe d'identité**.

CONTRE. 1° Auprès de. 2° Opposé à. Ce mot signifiant *à la fois le contact et l'opposition*, des ambiguïtés peuvent en découler, notamment dans la formation d'autres mots. Pour le contact : *contre-allée, ci-contre, contre-amiral, contremaître, contresigner*. Pour l'opposition : *contre-jour, contre-balancer, contre-poison*, et de nombreux autres exemples. Sacha Guitry a joué sur ce double sens dans sa formule faussement misogyne : *« Je suis contre les femmes, tout contre, le plus près possible. »*

CONTREPOINT. *n. m.* En **musique**, technique de composition qui consiste à superposer plusieurs lignes mélodiques qui alternent, s'entrecroisent, se répondent. Cette technique est utilisée en particulier dans la **fugue**, sommet de l'art *« contrapuntique »*.

Par extension, on parle de contrepoint dans d'autres arts (littérature, cinéma), lorsque des thèmes secondaires se superposent au thème principal de l'œuvre, de la séquence, — le renforçant ou contrastant avec lui.

CONTRITION. *n. f.* Profond et douloureux regret d'une faute. Repentir.

L'*acte de contrition* consiste à regretter ouvertement d'avoir péché contre Dieu, en promettant de ne plus recommencer. Un *air contrit* : un air repentant, embarrassé, qui traduit un regret sincère. Voir **Pénitence**.

CONTROVERSÉ. *adj.* Discuté ; sujet à des contestations. Se dit de positions, d'interprétations, de faits mêmes qui font l'objet d'une *controverse*, d'un débat entre différentes personnes (critiques, historiens, spécialistes, politiciens, moralistes, etc.).

CONVENTION. *n. f.* 1° Accord entre parties ou individus. Une convention peut être *tacite*. Elle a moins de force qu'un contrat ou un traité.

2° Règle établie, qu'il est « convenu » de respecter en tant que telle. *Les conventions du langage, de la politesse. Les modes conventionnels de la représentation picturale* (règles de la perspective, réalisme). Voir **Code**.

3° Nom donné à certaines assemblées nationales (exemple : la « Convention », 1792-1795). Congrès du parti républicain ou du parti démocrate aux États-Unis pour désigner un candidat à la présidence.

CONVIVIALITÉ. *n. f.* Relations chaleureuses et « humaines » entre individus dans la société (et pas seulement à table). Le terme a été répandu à partir du livre d'Ivan Illich *La Convivialité*, qui déplore la froideur et l'indifférence des individus dans la « société de consommation », et recommande de réintroduire de la cordialité, de la responsabilité, de la tolérance, de l'échange, du « plaisir de vivre ensemble » dans tous les domaines de la vie sociale.

CONVOITISE. *n. f.* Désir intense de biens, d'objets, de plaisirs dont on se trouve dépossédé. Envie profonde, avidité. *La convoitise d'une chose augmente lorsqu'on voit autrui en jouir. La convoitise de la chair a un nom : la concupiscence.*

COOPTATION. *n. f.* Dans un groupe, choix et désignation d'un nouveau membre par ceux qui en font déjà partie (et non pas, par exemple, par une élection d'une assemblée externe). *Le bureau de l'association a recruté trois nouveaux membres par cooptation.*

CORNÉLIEN. *adj.* Qui se rapporte au théâtre de Corneille, et notamment aux situations tragiques de ses héros. Un *héros cornélien* est un héros qui fait passer l'honneur et le devoir avant toute autre considération. Une *situation cornélienne*, est un conflit dans lequel le héros doit choisir entre son idéal (devoir patriotique, religieux) et son sentiment (son amour). Par extension, toute situation où l'on est déchiré entre deux impératifs également nobles et nécessaires. *Un dilemme cornélien.*

COROLLAIRE. *n. m.* En **mathématiques**, conséquence immédiate d'un théorème démontré. En **général**, conséquence naturelle, évidente, d'une chose. *Le verglas a surpris tout le monde ; corollaire : des embouteillages monstres.* L'adverbe *corollairement* est assez fréquent.

CORPORATISME. *n. m.* 1° Attitude de défense systématique des intérêts professionnels de catégories de travailleurs ou d'artisans (anciennement nommées « corporations »). *Les corporatismes ignorent l'intérêt général du pays.*

2° Doctrine selon laquelle l'organisation économique et sociale doit se fonder sur l'organisation de corporations et leur représentation auprès des pouvoirs publics. L'idée de fond de cette doctrine est que seuls les intéressés peuvent régler les problèmes économiques liés à leur catégorie professionnelle. La critique de cette doctrine est que les intérêts divergents des corporations ne peuvent aboutir à un développement économique harmonieux.

CORPS. *n. m.* 1° **Objet matériel** qui occupe un volume donné, qui a toutes les propriétés de la réalité physico-chimique. *Les corps solides. Un corps céleste. Corps simple. Corps composé.*
2° **Organisme des êtres doués de vie :** l'homme, l'animal. *Le corps humain.* En particulier, la partie physique, substantielle, matérielle de l'être humain, par opposition à la partie spirituelle, mentale, affective. *Le corps et l'esprit. L'âme et le corps. Suis-je mon corps ou suis-je dans mon corps ?*
3° **Réalité principale, essentielle**, substantielle d'un ensemble donné. *Le corps d'un bâtiment. Le corps d'un ouvrage.*
4° **Ensemble organisé formant un tout**, ayant une cohérence interne, au point de vue moral ou social. *Le corps des fonctionnaires. Le corps diplomatique. Le corps électoral. Les corps constitués. Les grands corps de l'État. L'esprit de corps. Le corps des lois. Un corpus de mots.*

Ces quelques rubriques n'épuisent pas la diversité des nuances du mot « corps ». Il existe toute une problématique liée à la question du corps dans notre civilisation :

• **Le corps et ses métaphores.** Comme le montrent les divers sens du mot, le corps a servi d'image fondamentale pour désigner bien d'autres réalités que lui-même, par extension ou par analogie. En gros, les métaphores du corps sont allées dans deux directions : le corps comme image de la substance, de la matérialité ; le corps comme image d'un ensemble organique. Dans la première direction, s'inscrivent notamment des expressions comme *prendre corps* (se matérialiser), *avoir du corps* (une réalité bien substantielle), et, plus généralement, l'opposition entre le corps (la chair) et l'esprit (l'âme). Dans la seconde direction, on trouve l'ensemble des emplois du mot au sens n° 4, et des expressions comme *faire corps* (adhérer à un tout, ne faire qu'un avec) ou *esprit de corps* (sentiment d'appartenance quasi viscérale à un groupe, notamment à l'armée).

• **Les attitudes vis-à-vis du corps.** Dans la civilisation occidentale, le corps humain a été tantôt décrié, tantôt exalté, tantôt considéré comme l'opposé de l'esprit, tantôt étroitement relié à la vie psychique. Sans faire l'histoire du statut du corps, on peut noter — très sommairement — trois étapes dans la représentation du corps.

1° **Dans l'Antiquité gréco-latine.** Le corps n'est pas coupable, pas «inférieur». Il y a un culte du corps sain, visible aussi bien dans l'art des sculpteurs que dans la fête des Jeux Olympiques, ou encore dans la gaieté naturelle de la poésie érotique. Cette culture du corps ne doit cependant pas être considérée comme unilatérale. Il existe également une *méfiance* vis-à-vis du corps, lieu des passions et des pulsions, susceptible d'engendrer des conduites excessives. Platon oppose les Idées (seules «vraies» réalités) à la nature corporelle qui emprisonne l'âme humaine et peut la vicier. Même chez les philosophes qui font du bonheur l'art de jouir de son corps, comme Épicure, le corps est l'objet d'une maîtrise, et il n'y a pas de bonheur physique réel qui ne suppose une maîtrise psychique. L'idéal antique est bien *« un esprit sain dans un corps sain »*.

2° **Dans la tradition chrétienne.** Chez beaucoup de moralistes, le corps a été présenté comme bas et méprisable; les plaisirs de la «chair» sont souvent coupables. Mais cette tendance (qui a triomphé avec la morale puritaine), n'est pas conforme à la conception de base de la théologie chrétienne. Celle-ci admet en effet la **dualité** esprit-corps. Mais le péché marque aussi bien le corps que l'esprit. Et même, le **péché de chair** (la luxure) est moins grave que le **péché d'esprit** (l'orgueil). Si donc le corps est le lieu de la **concupiscence**, il n'est pas pire que l'esprit, lieu de la volonté de puissance et de la préférence de soi. Le chrétien doit cultiver de pair le corps et l'esprit (il serait chrétiennement irrecevable de prétendre avoir «un esprit sain dans un corps malsain»); il est dit à ceux qui veulent mépriser le corps au nom de la pureté de l'âme: *« Qui veut faire l'ange fait la bête »*. Plus profondément, le christianisme est une religion de l'*Incarnation*. Il distingue le corps *tel qu'il est* (lieu de pulsions, séparé de l'âme) au corps *tel qu'il doit être* (lieu d'une tempérance et d'un équilibre en liaison avec l'âme). Tout ce qui est spirituel doit s'incarner; tout ce qui est corporel doit devenir transparent à l'âme. On trouve même cette formule: *« Le corps est le temple de l'esprit »*.

3° **De nos jours.** La libération des mœurs, les réactions contre le **puritanisme**, les développements de la biologie, le prestige de la médecine (à laquelle on demande le salut d'une jeunesse éternelle), le culte du sport, le souci de la beauté, la glorification du corps publicitaire (qui est à lui-même sa propre fin), ont inversé la hiérarchie esprit-corps.

Le corps triomphe; l'esprit est au service de la forme physique. Pour certains philosophes comme Marcuse, l'homme moderne est devenu «unidimensionnel»: l'âme est oubliée, la morale ambiante met le corps et ses impératifs au-dessus de tout. Les sociétés développées (axées sur le confort, la consommation, la sexualité, un bonheur tout centré sur un corps resté jeune) seraient donc aux antipodes de la morale puritaine: celle-ci sacrifiait le corps à l'esprit pur: la mode actuelle, au contraire, cultive une «idéologie du corps» qui semble éliminer la dimension proprement spirituelle de l'être humain. Bien entendu, il s'agit là d'une tendance. La vie de l'esprit a la capacité de résister. Voir **Âme, Esprit, Dualisme, Chair, Incarnation.**

CORPUS. *n. m.* Ensemble d'éléments recensés et regroupés. Notamment en linguistique. *Un corpus de mots, de documents, de données.*

CORRÉLATION. *n. f.* (du préfixe *cor-*, « avec, ensemble » et de *relation*). Relation qu'on établit ou qu'on observe entre deux phénomènes successifs ou concomitants. Lien logique réciproque, interdépendance. Par exemple, on peut constater, l'hiver, une corrélation entre une nuit étoilée, bien dégagée, et la chute de la température en dessous de zéro. L'explication logique viendra ensuite : en l'absence de nuage, la terre rayonne et sa chaleur se perd dans l'espace. Noter que l'observation d'une « corrélation » entre deux phénomènes ne suffit pas à établir un lien de cause à effet entre eux : ce n'est qu'un constat qu'il faudra interpréter.

CORRESPONDANCES (Théorie des -). Théorie philosophique et poétique selon laquelle des liens mystérieux existent entre le monde visible et le monde invisible, entre l'intérieur de l'être humain et l'univers extérieur, entre les diverses sensations qui renvoient à une même réalité spirituelle.

Cette philosophie, formulée par le suédois Swedenborg (1688-1772), a été reprise dans le célèbre poème de Baudelaire intitulé « Correspondances ». Ce poème fait état de deux types de correspondances :
— les **correspondances « horizontales »**, qui s'établissent d'une sensation à l'autre (« *Les parfums, les couleurs et les sons se répondent / Il est des parfums frais comme des chairs d'enfants / Doux comme les hautbois, verts comme les prairies »)* ;
— les **correspondances « verticales »**, qui s'établissent entre le monde sensible et le monde spirituel, entre les sensations et les idées, entre l'ici-bas et l'au-delà. Ainsi, la moindre sensation intense peut donner le sentiment de l'infini, faire accéder à l'expérience de la Beauté, transporter l'âme vers « les confins des sphères étoilées ». C'est précisément parce que les sensations, apparemment disparates, renvoient toutes à ce même monde spirituel qu'elles correspondent entre elles. La tâche du poète est dès lors de les explorer, et de les relier pour nous au monde de la Beauté, dont elles sont le chemin. Voir **Symbolisme, Synesthésie.**

CORROBORER. *v. tr.* (du préfixe *cor-*, « avec » et du latin *robur*, « force »). Conférer de la force, du poids, de l'authenticité à une thèse, un fait, une opinion. Confirmer, certifier, garantir. *Ce témoignage a corroboré la thèse de l'accusation.* Voir **Roboratif.**

CORROSIF. *adj. (sens propre)* Qui corrode, ronge, détruit, détériore. *Un acide corrosif.*

(sens figuré) Qui attaque, blesse ; qui est virulent,

caustique. *Un esprit corrosif.* Le glissement du sens propre au sens figuré est similaire à celui du mot *caustique.*

COSMO-. Racine d'origine grecque qui signifie « ordre du monde, univers ». De nombreux mots sont formés sur cette racine. Notamment : **Cosmique** (qui est relatif au monde extraterrestre, à l'espace intersidéral), **Cosmogonie** (théorie — ancienne — de la formation de l'univers), **Cosmologie** (étude des grandes lois physiques de l'univers), **Cosmonaute** (voyageur de l'espace), **Cosmos** (univers, espace intersidéral), **Macrocosme** (grand monde ; monde de l'infiniment grand perçu comme un Tout bien ordonné), **Microcosme** (petit monde, monde abrégé — à l'image du macrocosme — mais minuscule ; voir ce mot), et aussi **Cosmopolitisme**, ci-après.

COSMOPOLITISME. *n. m.* (du grec *kosmos*, « univers » et *politês*, « citoyen »).

1° Disposition d'esprit qui consiste à s'ouvrir à toutes les nations et civilisations, et à leurs influences culturelles. Littéralement : attitude de celui qui se sent « citoyen de l'univers ». *Le cosmopolitisme a caractérisé, en France, le siècle des Lumières.*

2° Caractère d'un lieu qui accueille toutes sortes d'étrangers ou d'influences étrangères. *Le cosmopolitisme de New-York. Une cité, un art cosmopolite.*

COULEUR LOCALE. Expression mise à l'honneur par les écrivains romantiques pour désigner tout ce qui, dans une œuvre, doit rappeler l'époque et le lieu où elle se déroule, ou en donner l'impression : langue, coutumes, décor, vêtements, arts (*couleur* a ici le sens figuré d'*aspect caractéristique*).

COURROUX. *n. m.* En **langue classique**, colère véhémente. S'applique en général aux héros tragiques, aux dieux ou aux éléments. *Le céleste courroux. Les flots en courroux.* Synonymes : *véhémence, fureur, ire.*

COURTOIS. *adj. (sens courant)* D'une politesse raffinée, aimable, plein de civilité.

(sens littéraire) Se dit de la poésie raffinée, célébrant le culte de la femme et les exploits chevaleresques accomplis pour obtenir son amour, aux XIe et XIIe siècles. L'idéal *courtois*, l'amour *courtois*, la littérature *courtoise* se sont développés dans les cours seigneuriales (orthographiées *« court »* à l'époque, d'où l'adjectif *« courtois »*).

-CRATIE, -CRATE. Racines issues du grec *kratos*, qui signifient « pouvoir, gouvernement ». En position de suffixe, a servi à la formation de nombreux mots, notamment : **Aristocratie** (« gouvernement des meilleurs », voir ce mot), **Autocratie** (pouvoir personnel tyrannique), **Bureaucratie** (voir ce mot), **Démocratie** (voir ce mot et les mots de la même famille), **Gérontocratie** (« gouvernement des vieillards »), **Phallocratie** (« pouvoir masculin » symbolisé par le « phallus », ou encore « machisme »), **Technocratie** (voir ce mot) et **Théocratie** (« gouvernement de Dieu»; c'est-à-dire gouvernement de religieux qui se disent représentants de la volonté de Dieu).

CREDO. *n. m. inv.* Mot d'origine latine (*credo*, «je crois»), désignant le texte fondamental des articles de foi catholique, appelé aussi «symbole des Apôtres». Le *Credo* est ainsi une prière fondamentale des croyants. *Dire, chanter le Credo.* Voir **Messe.**
Par extension, on appelle *credo* l'ensemble des principes de base, la croyance fondamentale, sur lesquels on fonde sa conduite, son opinion. *Chaque homme politique a son credo; parfois, au cours de sa carrière, il adopte plusieurs credos...* (dans ce sens, le mot est variable).

CRÉDULE. *adj.* Naïf, porté à croire tout ce qu'on lui dit, excessivement confiant. Candide, simple. *Un peuple crédule.* L'antonyme *incrédule* a d'abord eu un sens religieux *(incroyant).*

CRÉNEAU. *n. m.* Au **sens figuré**, assez courant : ouverture, espace disponible (dans un ensemble plus ou moins limité). *Un créneau horaire* (à la radio, à la télévision). *Un créneau commercial* (un segment du marché où l'on parvient à placer un produit). *Un créneau porteur* (une zone de besoins où la clientèle est croissante).

CRESCENDO. *adv.* et *n. m. inv.* En **musique**, augmentation progressive de l'intensité sonore. Au *sens figuré :* amplification; mouvement croissant. Prononcer «crechendo».

CRISE. *n. f.* (du grec *krisis*, «décision, choix»).
1° Phase décisive, subite, d'une maladie (dont l'issue peut être favorable ou non). Accès, accident. *Crise d'appendicite, crise de foie, crise cardiaque.* L'étymologie est ici révélatrice : la crise est une «décision», un moment «critique» dont l'organisme sortira vainqueur ou vaincu.
2° Dans une première extension, manifestation émotive ou psychologique qui surprend l'individu, qu'il s'agisse d'un mouvement soudain *(crise de larmes, de mélancolie)* ou d'une période morale difficile *(crise sentimentale, religieuse, conjugale).* Là encore, l'étymologie nous suggère que l'on sort de la crise par des choix. La crise peut être pénible, aboutir à l'échec, ou au contraire se traduire par un élan nouveau (crise relançant la fécondité d'une artiste par exemple). Dans une tragédie classique, la «crise» est le moment où le conflit atteint son point culminant, d'où sortira le «dénouement».
3° Dans une seconde extension, période difficile que traverse une société (ou un groupe social), soit au plan culturel *(la crise de la famille, la crise des Institutions),* soit au plan économique *(crise de 1929, crise du pétrole, etc.).* Dans ce dernier sens, le mot a pris en quelque sorte une valeur absolue : dire «la crise», depuis quelque vingt ans, c'est pratiquement renvoyer à chaque fois à la situation économique qui a toujours une bonne raison d'être en crise (la spéculation, la politique d'austérité, l'inflation, le chômage, la concurrence étrangère, les délocalisations; tout produit toujours «la crise»!).
4° Dans un sens particulier, la crise est synonyme de manque : *crise*

de main-d'œuvre, crise de logements (le sens global du mot s'est alors déplacé sur l'une des causes du phénomène).
➜ **Pour approfondir, p. 579.**

CRISTALLISATION. *n. f.* **Sens figuré :** Selon Stendhal, phénomène typique de la naissance de l'amour. L'imagination de celui qui aime pare l'objet aimé de toutes les qualités, et transforme tout ce qu'il apprend en raison supplémentaire d'aimer. Comme un rameau d'arbre se couvre de cristaux de sel, dans les mines de Salzbourg, de même l'image initiale de l'objet aimé s'enrichit d'incessantes cristallisations. L'être passionné « cristallise » sur l'objet de sa passion.

Par extension, on appelle *cristallisation* tout amas de sentiments, de fantasmes, de représentations autour d'un objet réel ou imaginaire.

N.B. Stendhal étudie aussi le phénomène inverse, la « décristallisation », mais le terme n'a pas été retenu dans l'usage courant (on peut le regretter).

CRITÈRE. *n. m.* (du grec *kritérion*, « discernement ») Principe qui permet de distinguer, d'établir la réalité ou la valeur de quelque chose. Élément d'appréciation sur lequel se fonde un jugement ou s'opère un choix. *Sur quels critères vous appuyez-vous pour juger de la qualité d'un roman ? Le succès ? Ce n'est pas un critère suffisant.*

CRITIQUE. *n. f.* 1° Jugement négatif, reproche, remarque désobligeante. *Faire des critiques sans fin. Faire son autocritique.*

2° Examen d'une œuvre intellectuelle ou artistique, et jugement (négatif ou positif) qui s'ensuit. *Vous avez eu une bonne critique : votre pièce sera un succès.*

3° Domaine général de l'activité intellectuelle et artistique qui étudie les œuvres de l'esprit. *La critique est devenue un véritable genre littéraire.* La critique peut porter sur la valeur même de la connaissance humaine. Voir **Épistémologie**.

4° Ensemble des personnes (journalistes notamment) dont le métier est de faire la critique (au sens n° 2) des œuvres qui se produisent. *La critique fait et défait les auteurs au gré des modes, en dépit de tout critère esthétique.*

5° *Au masculin :* un « critique » (qu'il s'agisse d'un homme ou d'une femme) est un individu spécialisé dans la critique (sens 3) ou l'examen critique (sens 2) des œuvres.

CRITIQUE. *adj.* 1° Se dit d'une situation cruciale, dont va dépendre l'issue d'une maladie, d'une période mouvementée, d'une émotion. *Le moment critique, le point critique, l'âge critique.* Voir **Crise**.

2° En rapport avec les différents sens de *la critique* (voir mot précédent) :
— qui est critique, sévère, voire malveillant ;
— qui examine les choses posément, avec objectivité et discernement *(une étude critique, un examen critique)*, pour en étudier la valeur ou l'*authenticité* (une *édition critique*) ;

— qui n'admet pas les choses de façon naïve, mais les regarde et les analyse sans complaisance avant d'en décider : c'est le cas de ce qu'on appelle *« l'esprit critique »* (qui refuse le dogmatisme aussi bien que la négativité systématique), qu'on distingue en général de *« l'esprit de critique »* (attitude de ceux qui éprouvent sans cesse le besoin de critiquer, ne sont satisfaits de rien).

CRUCIAL. *adj.* (du latin *crux, crucis*, « croix ») Se dit d'une situation décisive (où il faut faire le choix d'un chemin, comme à un *croisement* de routes), d'un moment important, critique (adjectif au sens n° 1), capital. *La Terminale, année cruciale. L'instant crucial où va se décider enfin la paix en Bosnie.*

CRYPT(O)-. Racine issue du mot grec *kruptos*, « caché ». D'où les mots **Crypte** (caveau ou chapelle souterraine), **Crypter** (brouiller un message ou une émission télévisée), **Décrypter** (décoder un message complexe, déchiffrer un texte obscur), **Crypto-communiste** (partisan occulte du communisme — d'autres mots ont été composés sur ce modèle), **Cryptogame** (champignon dont les spores sont peu apparentes), **Cryptogramme** (message écrit en langage chiffré), et **Cryptographie** (art de rédiger des cryptogrammes).

CUBISME. *n. m.* (de *cube*) École de peinture, illustrée notamment par Picasso et Braque, de 1906 à 1930. Abandonnant les modes conventionnels de représentation (la perspective en particulier), le cubisme traite son objet de façon géométrique, en le décomposant et en juxtaposant sur la toile les éléments obtenus.

CULP(A)-. Racine latine issue du mot *culpa*, « faute, coulpe ». D'où les expressions **Battre sa coulpe** (se repentir, s'avouer coupable), **Faire son mea-culpa** (avouer ses fautes, en demander pardon), et les mots **Coupable, Culpabilité, Culpabiliser, Déculpabiliser, Disculper, Inculper.**

CULTE. *n. m. (sens propre)* Ensemble de pratiques religieuses (rites, cérémonies, prières, assemblées) par lesquelles les croyants célèbrent l'objet de leur foi : Dieu, les Saints, les réalités sacrées. Par extension, pratique d'une religion. *Le culte de la Vierge Marie. Le culte des morts. Le culte musulman.* Dans la religion catholique, **le denier du culte** : argent versé par les fidèles chaque année pour subvenir aux besoins du clergé et du culte.
(sens figuré) Vénération pour quelqu'un, attachement à un objet, à une valeur morale. Sacralisation d'une réalité. *Le culte de la famille. Le culte de l'art. Un film-culte.* En politique, **culte de la personnalité** : idolâtrie du chef de l'État, adoration d'un homme au pouvoir (souvent suscitée ou imposée par celui-ci).
→ **Pour approfondir, p. 961.**

CULTURE. *n. f.* (sens **figuré**, à partir de la culture *agricole*).
1° **Au niveau individuel**, la culture représente à la fois l'ensemble des

connaissances acquises et le développement des facultés intellectuelles et morales liées à cette acquisition. *Avoir de la culture, être un homme cultivé*, ce n'est donc pas seulement accumuler un savoir, c'est exercer et former son esprit (sa raison, son sens critique, sa sensibilité esthétique, etc.). Tel est le sens de la formule fameuse d'E. Herriot : « *La culture, c'est ce qui reste quand on a tout oublié* ». Formule qui implique toutefois que pour « tout oublier », il faut avoir beaucoup appris...

Cette culture individuelle peut être générale (elle implique une connaissance moyenne et une réflexion sur toutes les branches du savoir) ou être plus spécialisée (culture artistique, musicale, philosophique, scientifique).

2° **Au niveau collectif**, la culture représente l'ensemble des pratiques, des mœurs, des savoirs, des valeurs, des arts d'une société ou d'un groupe humain. Ce second sens signifie que la civilisation même d'une société est une production de l'esprit humain : les techniques (et donc le savoir qu'elles supposent), les mœurs (et donc la philosophie, la morale dont elles sont le reflet) et les mentalités dominantes sont donc aussi révélatrices du génie créateur de l'homme que les œuvres d'art, les activités intellectuelles ou littéraires, les sciences et tout ce qui fait partie de la culture au sens n° 1.

Ce sens global du mot « culture », proche du mot **Civilisation**, est notamment utilisé par les ethnologues, anthropologues et sociologues. On parlera de culture à propos des structures sociales, du type de religion, ou du mode de consommation. On parlera de « choc des cultures ». Polygamie, mode musicale (culture-rock) ou boisson moderne seront considérées comme des traits « culturels », au risque de faire perdre au mot « culture » son sens originel d'exercice de la pensée (ce que déplore A. Finkielkraut dans *La Défaite de la pensée*, 1987).

Quoi qu'il en soit, ce qui demeure commun aux deux sens du mot *culture*, c'est l'opposition qu'il forme avec le mot *nature*. La « nature » est ce qui est inné, instinctif, et qui ne semble provenir que du déterminisme biologique en l'homme. La « culture » est le fruit du travail de l'homme sur lui-même, ce qu'il acquiert aussi bien individuellement que collectivement : ses traditions, ses coutumes, sa manière de penser et de vivre, ses croyances, sa science, ses productions artistiques, morales ou intellectuelles. La grande question est de faire la part de l'une et de l'autre dans l'être humain. L'homme est-il surtout « nature » ou surtout « culture » ? On peut renvoyer aux interrogations de Pascal qui, en donnant au mot « coutume » un sens proche de celui qu'on donne au mot « culture », écrit : « *La coutume est une seconde nature, qui détruit la première. Mais qu'est-ce que la nature ? Pourquoi la coutume n'est-elle pas naturelle ? J'ai grand'peur que cette nature ne soit elle-même qu'une première coutume, comme la coutume est une seconde nature.* »
Voir **Acculturation, Inculte, Nature**.

→ **Pour approfondir, p. 585.**

CUPIDE. *adj.* Avide d'argent, assoiffé de richesses. *Un spéculateur cupide.*

CURATIF. *adj.* (du latin *curare*, « prendre soin, soigner ») Qui soigne, qui est relatif aux soins et à la guérison. *Des remèdes curatifs.* On oppose en général ce qui est *curatif* (qui s'attaque au mal) à ce qui est *préventif* (qui prévient le mal, qui l'empêche de se produire) ; cf. le proverbe *Mieux vaut prévenir que guérir.* Voir **Pallier.**

CURRICULUM VITAE. *n. m. inv.* Expression latine invariable qui signifie textuellement *« la carrière, la course de la vie ».* Abrégé en *Curriculum* ou *C.V.*, c'est la présentation chronologique des études, diplômes et principales étapes de la carrière d'une personne postulant un emploi.

CYBERNÉTIQUE. *n. f.* (du grec *kubernân*, « gouverner »). Science des processus de contrôle, de commande et de régulation interne (par échange d'informations) des êtres vivants, des systèmes socio-économiques ou des machines autorégulées.

CYCLOPÉEN. *adj.* Énorme, gigantesque. Relatif aux Cyclopes, qui étaient, dans la mythologie grecque, des géants forgerons et bâtisseurs, n'ayant qu'un seul œil au milieu du front. *Écrire un dictionnaire est une tâche cyclopéenne.*

CYCLOTHYMIQUE. *adj.* Alternativement excité et déprimé. En psychiatrie, caractérise les malades atteints de psychose maniaco-dépressive.

CYNISME. *n. m.* 1° *(sens ancien)* Philosophie antique qui professe une vie libre, animale, simple, individualiste. Les Cyniques dénonçaient les conventions sociales, jugées hypocrites, et les masques de la bienséance.

2° *(sens courant)* Mépris délibéré des principes moraux ; brutalité et impudence dans le mal fait aux autres. *Une conduite cynique. Le cynisme de Don Juan se vantant de tromper son épouse.*

DACTYLO-. Racine d'origine grecque, qui signifie «doigt». D'où les mots **Dactylographe** («qui écrit (en tapant) avec les doigts»), **Dactylographier**, et aussi **Ptérodactyle** (oiseau préhistorique «dont les doigts sont des ailes»).

DAM. *n. m.* (du latin *damnum*, «perte») Préjudice. S'emploie dans l'expression **au grand dam de** : au grand tort, au préjudice de (quelqu'un).

DAMNATION. *n. f.* (voir racine, au mot précédent). Dans la religion chrétienne, fait d'être voué, «condamné» aux peines éternelles de l'enfer. *Les souffrances des damnés. Le péché mortel conduit à la damnation.* Noter le juron *enfer et damnation !*

DANDYSME. *n. m.* Recherche de manières élégantes, raffinées, supposées traduire la supériorité de celui qui les manifeste.
    Le dandy, au XIXe siècle, est un personnage qui règle sa vie selon des principes esthétiques, pour se distinguer de la vulgarité bourgeoise, obsédée d'utilité et de rentabilité. Baudelaire en France, Oscar Wilde en Angleterre, ont cultivé le dandysme littéraire dans cet esprit.

DANTESQUE. *adj.* Qui se rapporte au poète italien Dante Alighieri, en particulier à son œuvre majeure *La Divine comédie*. Au début de son récit, le poète décrit l'Enfer en lui conférant un caractère fantastique et terrifiant. À partir de là, l'adjectif *dantesque* est devenu synonyme d'«infernal», «effroyable et sublime» à la fois. *Une vision dantesque. Une poésie dantesque.*

DARWINISME. *n. m.* Théorie évolutionniste de Charles Darwin (1809-1882), exposée dans son ouvrage majeur *De l'Origine des espèces par voie de sélection naturelle* (1859). Parmi la multitude d'individus que produit une espèce donnée (animale ou végétale), seuls les plus adaptés au milieu survivent et transmettent leurs caractères propres, tandis que les autres sont éliminés : c'est la sélection naturelle. Lorsque le milieu naturel se modifie, il arrive que certaines variétés seulement de l'espèce s'adaptent, ce qui contribue à la modifier quelque peu elle-même ; sur des milliers d'années, d'adaptations en adaptations, ce processus peut conduire l'espèce à une véritable transformation de ce qu'elle était à l'origine. D'où le mot *transformisme*, qui est également donné à la théorie de Darwin. Voir **Lutte pour la vie**.

A l'opposé se situe le *Fixisme* pour lequel les êtres vivants sont aujourd'hui exactement tels qu'ils sont sortis il y a très longtemps de la main de Dieu.

➔ **Pour approfondir, p. 594.**

DÉ-, DÉS-, DES-. Préfixe d'origine latine qui signifie le plus souvent l'éloignement, la séparation ou la privation. Ce préfixe est resté très vivant en français pour indiquer l'inversion du sens d'un mot, ou créer un mot de sens contraire. Outre les exemples qui suivent dans ce dictionnaire, on peut signaler **Décloisonner, Décentraliser, Délocaliser, Dénucléariser, Dépénaliser, Désengager, Dépolitiser, Déqualifier, Déréglementer, Désacraliser, Déstabiliser**. La plupart de ces mots ou de leurs composés se devinent à partir du radical, dont il suffit d'inverser le sens.

N.B. Le préfixe *dé-* a parfois une valeur intensive, à ne pas confondre avec le sens précédent (par exemple dans *déambuler, déchoir, « déconner », déplorer, dessécher*). On restera donc prudent.

DÉBILE. *adj. (sens classique)* Faible, fragile *physiquement.*
    (sens courant) Faible *mentalement.* Le terme est employé familièrement comme insulte (synonyme d'« imbécile ») ; mais il conserve un sens neutre dans son application aux enfants ou adultes mentalement déficients (de quotient intellectuel inférieur à 75). Le sens classique est demeuré dans le verbe *débiliter* : affaiblir, déprimer. *Une atmosphère débilitante.*

DÉBITEUR. *n.* Personne qui doit (de l'argent) à quelqu'un. Un débiteur, une débitrice. *Sens figuré :* individu qui a ou se sent une dette morale à l'égard de quelqu'un d'autre. *Je suis, Monsieur, votre débiteur.* Comme *adjectif*, le mot débiteur s'applique à un compte bancaire : un compte est *débiteur* quand son titulaire est en déficit ; *créditeur* dans le cas inverse.

DÉCA-. Racine d'origine grecque signifiant « dix ». On a ainsi les mots **Décade** (période de dix jours), **Décalogue** (table des dix commandements), **Décamètre** (mesure de dix mètres), **Décathlon** (discipline d'athlétisme comprenant dix épreuves), **Décennie** (période de dix ans), **Décasyllabe** (vers de dix syllabes).

N.B. 1° Ne pas confondre *décade* (dix jours) et *décennie* (dix ans ; une *garantie décennale*).
    2° Ne pas confondre la racine *Déca-* (dix) avec la racine d'origine latine *Déci-* (un dixième), qui a donné les mots *décibel, décigramme, décilitre, décimètre*. Voir aussi le verbe **Décimer**.

DÉCADENCE. *n. f.* Ruine progressive, déclin d'une réalité sociale, morale, politique. *Une période de décadence. La décadence de l'Empire romain. Grandeur et décadence d'un personnage qui fut célèbre.*

Les **décadents** : écrivains et artistes de la fin du XIXᵉ siècle qui se sentaient pris dans une époque de décadence et voulaient en exprimer le désenchantement.
→ **Pour approfondir, p. 599.**

DÉCIMER. *v. tr.* (du latin *decimus*, «dixième») Chez les Romains, mettre à mort une personne sur dix, dans un but répressif. *Sens actuel :* faire périr un grand nombre (de personnes ou d'animaux). *La peste a décimé la population.*

N.B. L'évolution du sens de ce mot est notable, puisqu'on est passé de l'idée d'un meurtre sélectif à l'idée d'une extermination générale.

DÉCLAMATION. *n. f.* Art de déclamer, c'est-à-dire de réciter un texte, des vers, avec une certaine emphase. *Une tirade pompeusement déclamée. Prononcer un discours sur un ton déclamatoire. Trop d'acteurs confondent diction et déclamation.*

DÉCONCERTER. *v. tr.* (de *dé-* privatif et *concerter*, «organiser intentionnellement»). Jeter quelqu'un dans l'incertitude ; le décontenancer, le désorienter. *Son attitude imprévue m'a déconcertée.*

DÉCRÉPITUDE. *n. f.* État de ce qui est décrépit, c'est-à-dire usé, vieux, décadent, dégradé, en pleine déchéance. *Cet hospice, ses bâtiments et ses vieillards, semblaient atteints d'une même décrépitude. La décrépitude d'une civilisation.*

DÉCUPLER. *v. tr.* (du latin *decem*, «dix») Rendre dix fois plus grand. Au sens figuré : grossir, augmenter intensément. *L'espoir décuplait son ardeur.*

DÉDALE. *n. m.* (de Dédale, architecte de la mythologie grecque qui construisit le Labyrinthe). Ensemble compliqué de voies où l'on se perd ; labyrinthe. *Un dédale de chemins et de routes qui ne semblaient mener nulle part.*

(sens figuré) Ensemble embrouillé, inextricable, de réalités abstraites. *Un dédale de pensées, de craintes, de lois, de préceptes.*

DÉDUCTION. *n. f.* En logique, opération de l'esprit par laquelle on tire une conclusion, une conséquence nécessaire, à partir d'une proposition, d'un principe préalablement posé (ou de plusieurs propositions). Par exemple, si je pose que «tous les hommes sont mortels» et que je constate que je suis un homme, j'en déduis que je suis mortel. *Les fameuses déductions de Sherlock Holmes.*

L'**induction**, au contraire, part d'un certain nombre de cas observés pour en tirer une hypothèse générale, une loi (qu'il restera à vérifier). *Raisonner par induction*, c'est aller souvent du particulier vers le général. Par exemple, si je constate que beaucoup d'hommes qui m'entourent finissent par mourir, je peux en *induire* que les hommes sont mortels (ce n'est pas une preuve absolue, mais une loi fort probable).

Dans le raisonnement, les deux opérations s'unissent souvent.

L'*induction* me permet d'esquisser une loi (les hommes sont mortels). La *déduction* me permet de tirer de cette loi des conséquences (je suis mortel). Il restera à l'expérimentation d'établir le bien fondé de ces conclusions. Voir **Inférence, Logique, Syllogisme**.

DE FACTO. Locution d'origine latine qui signifie «de fait». Mais *de fait* s'oppose à *de droit* («de jure» en latin). Par exemple, on peut reconnaître *de facto* l'annexion d'un territoire par un pays (en entretenant des relations diplomatiques avec lui), sans pour autant considérer cette annexion comme légitime (on ne la reconnaît pas *de jure* ; on le rappellera à l'occasion à ce pays).

DÉFALQUER. *v. tr.* Soustraire, retirer. *On a défalqué de votre salaire la cotisation pour la sécurité sociale.* Synonymes : déduire, ôter, retrancher. Noter l'origine de ce mot, qui vient de «falx» (faux), et signifie littéralement : «couper avec la faux».

DÉFECTION. *n. f.* Fait d'être absent, de manquer, d'abandonner ; de «faire défaut» là où l'on est attendu. *La défection d'une partie de ses partisans a conduit l'Empereur à abdiquer. Vous n'étiez pas à l'assemblée : on a regretté votre défection.*

DÉFÉRENCE. *n. f.* Attitude de très grand respect à l'égard de quelqu'un. *Manifester de la déférence. Une attitude pleine de déférence à l'égard des autorités.*

DÉFIANCE. *n. f.* Manque de confiance, méfiance. Attitude de réserve, de prudence défensive, d'incrédulité parfois hostile. *Ce personnage m'inspire une défiance constante. Je me défie de lui et de ses propos flatteurs.*

DÉFICIENCE. *n. f.* Manque, insuffisance (physique ou mentale), faiblesse. *Déficience mentale. Une santé déficiente. Les déficiences d'une copie. Je lui suis fidèle malgré ses déficiences.*

DÉFRAYER. *v. tr.* 1° **Sens propre** : payer les frais de quelqu'un. *J'ai voyagé en T.G.V., mais mon employeur m'a défrayé.*
2° **Sens figuré** : limité aux expressions «*défrayer la conversation, défrayer la chronique*» : être le sujet principal de celles-ci (c'est-à-dire, en quelque sorte, «en faire les frais»). Notons que ces expressions ont souvent une connotation péjorative : c'est *à mes dépens* que je «défraye la chronique».

DÉFROQUÉ. *adj.* Se dit d'un prêtre ou d'un moine qui a quitté la vie religieuse (en abandonnant le «froc», c'est-à-dire l'habit monacal ; «*Jeter le froc aux orties*» signifie familièrement «quitter les ordres»).

DÉGAINE. *n. f.* Allure bizarre, tournure plus ou moins ridicule. *Te voilà avec une belle dégaine !* L'emploi de ce mot est familier.

DÉGÉNÉRER. *v. tr. (sens propre)* Perdre ses qualités originelles, sa «race» naturelle. S'abîmer, s'abâtardir. *Un aristocrate dégénéré.* (sens *figuré*) Se dégrader, perdre sa valeur originelle, se transformer en mal. *Le cinéma dégénère, perverti par l'argent. Le spectacle a dégénéré sous les sifflets du public. Une manifestation pacifique qui dégénère en violents affrontements.*

DÉISME. *n. m.* Attitude philosophique ou « religieuse » de ceux qui croient en l'existence d'un Dieu, mais refusent l'idée de toute **révélation** particulière de ce Dieu à telle ou telle religion.

Le **déisme** s'oppose d'une part à l'**athéisme** (qui nie l'existence d'une divinité) et d'autre part aux **diverses religions** (qui prétendent que la divinité s'est adressée aux hommes par leur intermédiaire).

Le déisme ne croit pas en un Dieu personnel, mais plutôt en un Être suprême, créateur de l'univers et relativement distant des hommes, — position illustrée par Voltaire notamment. Il en résulte que le déisme est une croyance sans culte, une « religion naturelle » réduite au « culte du cœur », selon l'expression de Rousseau. La tentative d'instaurer un « culte de l'Être suprême » a effectivement tourné court, sous la Révolution française.

Pas plus qu'il n'a de culte, le déisme n'a de **dogme**. Le Dieu des déistes est simplement la Cause première qui est à l'origine de l'univers et continue de l'ordonner, le « grand horloger » qui fait fonctionner plus ou moins harmonieusement la grande « horloge » qu'est le cosmos (l'image est de Voltaire).

Le déisme est un thème central de la philosophie des **Lumières** au XVIIIe siècle. Voir **Agnosticisme, Athéisme, Lumières, Religion, Révélation.**

DÉLATION. *n. f.* Dénonciation particulièrement lâche. *Dans la Chine communiste, on encourageait les enfants à pratiquer la délation à l'égard de leurs parents.*

DÉLÉGATION. *n. f.* 1° Action de déléguer (transmettre, confier) des pouvoirs ou des responsabilités à quelqu'un d'autre : un représentant, une autorité, un mandataire. *L'envoyé du Président, bénéficiant d'une délégation de pouvoir, a pu signer le contrat.*

2° Groupe de personnes chargées d'une délégation, d'un mandat. *Le Ministre a bien voulu recevoir une délégation des syndicats. La délégation envoyée par l'Assemblée ne comprenait que cinq représentants.*

DÉLÉTÈRE. *adj.* (*sens propre*) Nocif, toxique (se dit surtout des gaz). (*sens figuré*) Nuisible, corrupteur. *Une influence délétère.*

DÉLIBÉRATION. *n. f.* Discussion orale, dans un groupe, avant de prendre une décision. *La délibération des jurés.* Examen d'une question dont on pèse le pour et le contre. La délibération peut être intérieure à un individu. *« Avant que je délibère, les jeux sont faits »* (Sartre). **Avoir voix délibérative :** dans une assemblée, pouvoir prendre part au vote (contrairement à celui qui a seulement une voix *consultative*).

DÉLIBÉRÉ. *adj.* Qui a été (ou semble avoir été) délibéré, décidé après délibération. Donc : voulu, intentionnel, prémédité. *Une attitude, un air, des propos délibérés. Il a agi délibérément, en pleine connaissance de cause.*

DÉLIQUESCENCE. *n. f.* **Sens figuré :** dégradation, décrépitude, décadence complète. *Un esprit en état de déliquescence. Une société déliquescente :* qui se désagrège.

DÉLITER (SE). *v. pron.* Se désagréger sous l'action des éléments (l'air ou l'eau). *Une pierre qui se délite.* **Sens figuré :** se décomposer, se désagréger, en parlant d'un groupe, d'une institution, d'une structure. *En URSS, l'administration se délitait ; seule l'armée tenait bon.*

DÉMAGOGIE. *n. f.* (des racines grecques *démo-*, « peuple », et *-agog-*, « conduire, diriger ». Littéralement, « action de mener le peuple, de diriger un parti populaire » ; mais le sens est toujours péjoratif).

1° Comportement politique qui consiste à flatter le peuple (ses intérêts, ses passions, ses préjugés) pour le séduire, et ainsi obtenir ou conserver le pouvoir. *Ce gouvernement ne gouverne pas : il fait de la démagogie ! Nous voulons une réelle politique, et non pas un saupoudrage de mesures démagogiques.*

2° En général, action de flatter les gens, les groupes de personnes dont on veut obtenir le soutien, la faveur. *Ce professeur confond pédagogie et démagogie. Quel démagogue !*

Un démagogue se reconnaît en général à deux traits :
— il tente de flatter, séduire, amuser, accroître sa « popularité » ;
— il le fait dans son propre intérêt, dans l'intention d'obtenir le pouvoir ou de soigner son image, et non dans le bien réel de ceux qu'il séduit.

DÉMANTELER. *v. tr. (sens propre)* Détruire, démolir, notamment dans le langage militaire. *Démanteler les lignes ennemies, leurs fortifications.* *(sens figuré)* Abattre, désorganiser, réduire à néant. *Démanteler un réseau clandestin, une mafia locale.* Ce verbe ne signifie pas seulement détruire brutalement, mais détruire *avec ordre et méthode* quelque chose qui en général est bien organisé.

DÉMARQUER. *v. tr.* **Sens figuré :** imiter, reproduire une œuvre, mais en y introduisant quelques modifications pour masquer l'imitation (on ne reconnaîtra pas ainsi la « marque » originelle). *Dans La Bicyclette bleue, R. Deforges a démarqué le roman de M. Mitchell* Autant en emporte le vent. Voir **Plagiat**.

N.B. **Se démarquer** a pratiquement le sens contraire : il s'agit de se différencier, de prendre ses distances d'avec quelqu'un (donc, de faire ressortir sa « marque » personnelle).

DÉMIURGE. *n. m.* (des racines d'origine grecque *dêmos*, « peuple », et *urg-*, de *ergon*, « action, œuvre ». Littéralement, « personne qui travaille pour le peuple »). Chez Platon et les philosophes grecs, créateur, organisateur d'un monde (Dieu est le premier «démiurge»). Au XIXᵉ siècle, par extension, artiste puissant, créateur d'une œuvre immense. *Quel démiurge que Beethoven ! Les utopistes rêvent d'être des démiurges.*

DÉMO-. Racine d'origine grecque signifiant «peuple», ou «territoire occupé par le peuple». Racine présente dans des mots essentiels comme **Démagogie, Démiurge, Démocratie, Démographie, Endémie, Épidémie** (voir ces mots, et leurs composés).

DÉMOCRATIE. *n. f.* (du grec *dêmos*, «peuple», et *kratos*, «pouvoir, gouvernement»). Système politique dans lequel le peuple exerce directement ou indirectement le pouvoir. Et donc, **gouvernement du peuple par lui-même**. On emploie parfois à ce propos l'expression de «peuple souverain», dont tous les citoyens sont membres.

• La notion de démocratie vient de la Grèce antique. Égalité des droits entre citoyens, participation (directe) au pouvoir, en sont les deux éléments déterminants. Il faut savoir cependant que, même dans l'Antiquité, la démocratie athénienne n'était pas parfaite : seuls y participaient les «citoyens», à l'exclusion des femmes, des esclaves et des «métèques» (les étrangers vivant dans la Cité), ce qui en faisait une démocratie très *sélective*.

• Le bon fonctionnement d'une démocratie suppose plusieurs conditions, sur lesquelles se sont penchés les penseurs politiques. Sans évoquer tous les problèmes posés par ce régime, on peut au moins en signaler trois essentiels :

1° **La question de la vertu.** Le danger de la démocratie est, pour le citoyen, dans la tentation de se croire tout permis sous prétexte qu'il détient le pouvoir, de vouloir tout partager, de ne pas supporter la contrainte de la loi qu'il peut avoir lui-même contribué à établir. Platon, Montesquieu, Tocqueville et d'autres ont analysé ce danger. Pour l'éviter, le citoyen doit recevoir une éducation civique, avoir le sens de l'intérêt général, et donc, savoir accepter le sacrifice ou la limitation d'une partie de ses droits. Il faut en effet que ses concitoyens aient les mêmes droits, jouissent d'une même liberté. Cette qualité est nommée par Montesquieu **la vertu**. Sans vertu républicaine, fruit de l'éducation, le peuple ne saurait vivre en démocratie.

2° **La question de l'égalité.** Partager le pouvoir politique ne peut être qu'un leurre si la situation économique ou sociale d'une république est inégalitaire. Le pouvoir de l'argent peut être sans commune mesure avec le pouvoir du vote. Il faut donc un minimum d'égalité entre les citoyens, un minimum de «démocratie économique» (voir **Autogestion**) si l'on désire qu'une démocratie ne soit pas purement formelle.

3° **La question de la représentation.** Quand un groupe est restreint, il peut prendre des décisions en assemblée *directe* (à travers la discussion et le vote). Quand le groupe augmente en nombre, quand le peuple forme une grande nation, la «volonté populaire» ne peut s'exercer qu'à travers des «représentants». La démocratie est *indirecte*. Le peuple ne s'exprime que par hommes politiques interposés. Comme en outre, dans les démocraties modernes, l'évolution technique et économique rend la société très complexe, l'exercice du pouvoir échappe de plus en plus aux citoyens. Les élus, nombreux, les savants experts, les technocrates ou les bureaucrates, chargés de mettre en œuvre la volonté du peuple qu'ils représentent, freinent, déforment ou parfois même dénaturent les désirs profonds des citoyens. Ils disposent souvent en outre de l'influence des médias pour orienter l'opinion publique. La représentativité des gouvernements ou des pouvoirs, dans une démocratie, est donc toujours menacée. Le danger d'abstention, de perte de confiance, de «dépolitisation» des citoyens qui se sentent impuissants, est permanent.

• Tous ces problèmes ne doivent toutefois pas faire oublier la formule de Churchill : «*La démocratie est le pire des régimes, à l'exception de tous les autres*». Voir **Anarchie, Bureaucratie, Démagogie, Égalitarisme, Pouvoir.**
→ **Pour approfondir, p. 605 et p. 968.**

DÉMYSTIFIER. *v. tr.* (de *dé-* privatif et *mystifier*, «tromper, abuser»).
1° Éclairer, détromper quelqu'un ou une collectivité victime d'une mystification. *Cette enquête a démystifié les jeunes trop crédules que tentait l'adhésion à telle secte. Le discours démystificateur d'un philosophe lucide.*
2° (*Emploi critiqué mais fréquent*) Révéler la véritable nature d'une réalité, d'une idéologie ; lui retirer son «mystère», sa séduction trompeuse. *Il faut analyser les publicités pour en démystifier la séduction et l'idéologie.* Voir **Démythifier**, mot suivant, pour éviter la confusion.

DÉMYTHIFIER. *v. tr.* (de *dé-* privatif et *mythifier*, «faire un mythe d'une personne, d'une valeur ou d'une réalité»). Retirer son caractère de mythe à une réalité, une valeur, une personne. *Démythifier la Bourse. Démythifier la famille. Démythifier le général de Gaulle.*
N.B. On peut comprendre la confusion fréquente faite entre *Démystifier* et *Démythifier* : c'est souvent à la suite d'une «mythification» que les gens sont «mystifiés» ; inversement, ce sera par une «démythification» qu'on les démystifiera. **Mystère** et **Mythe** ont des connotations assez proches. En pratique, il faudra néanmoins :
— employer **Démystifier** à propos des *personnes* trompées puis détrompées ;
— employer **Démythifier** à propos des *réalités* trompeuses enfin éclaircies.

DÉNATURER. *v. tr.* **Sens figuré :** changer la nature d'une chose, lui faire perdre sa réalité originelle. *Dénaturer le sens d'une pensée. Dénaturer un fait, des propos.* Altérer, défigurer, déformer.

DÉNÉGATION. *n. f.* **Sens général :** acte par lequel on nie quelque

chose. Démenti, déni, négation. Refus de reconnaître la réalité d'un fait (que ce fait soit vrai ou non). *J'oppose une dénégation formelle à cette accusation. Contrairement à ce qu'on pensait, les dénégations du prisonnier correspondaient à la stricte vérité.*
Sens psychanalytique : négation d'un désir, d'un fantasme, d'un sentiment refoulé que le sujet ne peut pas reconnaître consciemment. *C'est l'intensité même de sa dénégation qui est révélatrice d'un désir refoulé.*

DÉNIER. *v. tr.* Opposer une dénégation à un fait, une parole, une vérité. *Dénier toute responsabilité dans une affaire.* Refuser d'accorder un droit à quelqu'un. *Je vous dénie le droit de juger cette affaire.*
N.B. À partir de ce mot se sont constitués les mots *déni* (en particulier : déni de justice, refus de rendre justice à quelqu'un, injustice flagrante) et *indéniable* (qu'on ne peut nier, irréfutable).

DÉNIGRER. *v. tr.* (du latin *denigrare*, « noircir »). « Salir » la réputation ou l'image de quelqu'un, par des critiques, des calomnies, des méchancetés. Discréditer. *Il ne cesse de me dénigrer auprès de mon patron. Dans Le Misanthrope de Molière, Arsinoé dénigre Célimène auprès de ses amies.*

DÉNOTATION. *n. f.* En **linguistique**, sens premier, usuel, principal, d'un mot. Il s'agit de la signification « objective » du terme par opposition à ses « connotations », qui sont l'élément subjectif (individuel ou collectif) qui se greffe autour de ce mot. Ainsi, la dénotation du mot *arbre* est la désignation précise à laquelle renvoie le mot dans la réalité (définition de *ce qu'est* un arbre), tandis que les connotations du même vocable renvoient à toute la représentation (positive/négative ; imaginaire/symbolique ; subjective/poétique) qu'il évoque dans notre esprit. Voir **Connotation**.

DÉNOUEMENT. *n. m.* Scènes finales, dans une pièce de théâtre, où l'intrigue culmine et se « dénoue », c'est-à-dire trouve sa solution. Celle-ci doit en principe surprendre le spectateur, tout en étant cohérente. *Sens général :* issue d'un événement, heureuse ou non.

DÉONTOLOGIE. *n. f.* Éthique propre à une profession : ensemble des devoirs qui régissent la conduite des membres de cette profession, de leurs rapports avec leurs clients, de leurs rapports entre eux. S'applique en particulier à l'ensemble des professions médicales. *Pratiquer l'euthanasie est contraire à la déontologie médicale.* Mais l'emploi de ce mot se généralise. *L'activité commerciale, la profession de journaliste, les publicitaires devraient se donner et respecter un code déontologique.*
N.B. Il est donc redondant de dire « déontologie professionnelle ».

DÉPENS. *n. m. pl.* Ce que coûte quelque chose, les frais. *Être condamné aux dépens :* devoir payer les frais d'un procès. *Aux dépens* *de* : au détriment de, au préjudice de. *Il se donne aux sports aux dépens de ses études. Ils s'amusent à mes dépens.*

DÉPLORER. *v. tr.* 1° Manifester de la douleur ; pleurer sur, s'affliger à propos d'un événement généralement tragique. *Déplorer les malheurs, la mort de quelqu'un.*
2° Regretter vivement, se désoler de quelque chose. *Je déplore cet accident fâcheux. Les Danois ont voté « non » au référendum, je le déplore.* Noter que, dans ce sens, le verbe peut prendre une connotation morale (correspondant à l'adjectif *déplorable*). *Le professeur déplore ta paresse et tes perpétuelles tricheries.*

DÉPOLITISATION. *n. f.* 1° Action qui consiste à ôter tout caractère politique à une réalité de nature politique. *La dépolitisation du débat l'a dépassionné ; mais en même temps, elle a contribué à dissimuler aux citoyens ses enjeux profonds.*
2° Résultat de cette action. *Écœurés par l'impuissance gouvernementale, les citoyens sont complètement dépolitisés.* Notons que selon les contextes, la « dépolitisation » peut être prise en bonne ou en mauvaise part (soit apaisement d'une querelle, soit perte de la conscience politique).

DÉPOSITAIRE. *n. m. (sens propre)* Personne qui se voit confier quelque chose en dépôt. Dépositaire d'un bien, d'un document, d'une marchandise. En particulier : commerçant (grossiste) qui vend les marchandises d'un producteur ; concessionnaire de telle ou telle marque.
(sens figuré) Personne qui a en charge un bien (immatériel) de valeur. *Être le dépositaire d'un secret, d'un mystère, d'une réalité spirituelle. « L'homme... dépositaire du vrai, cloaque d'incertitude et d'erreur. »* (Pascal).

DÉPRAVÉ. *adj.* 1° Altéré, transformé, modifié dans sa nature. *« L'homme qui médite est un animal dépravé »* (Rousseau).
2° *(péjorativement)* Corrompu, débauché, pervers. *Des mœurs dépravées. Un être dépravé, immoral. Des lieux de dépravation.*

DÉPRÉCIER. *v. tr.* Retirer du prix à, dévaloriser, sous-estimer une chose. Déconsidérer, critiquer, mésestimer quelqu'un ou une œuvre.
Se déprécier, notamment pour une monnaie ; perdre de sa valeur. Pour une personne : ne pas se mettre en valeur, se juger défavorablement.

DÉPRÉDATION. *n. f.* Souvent employé au pluriel : dommages, vol, pillage. *Les manifestants se sont livrés à des déprédations considérables.* Les déprédations sont en quelque sorte des destructions ou exactions commises par des individus « prédateurs ». Dégradations, destructions, dégâts, détériorations.

DÉRÉLICTION. *n. f.* État de la créature abandonnée de Dieu ; sentiment de solitude et de détresse lié à cet état. Par extension, situation de l'être humain qui se sent absolument abandonné de tous, et seul dans un univers hostile. *Un poète en proie à la déréliction. La déréliction d'une âme.*

DÉRISION. *n. f.* Attitude dédaigneuse qui se manifeste par le rire, la moquerie, la raillerie, à l'égard de quelqu'un ou de quelque chose. *La dérision était chez lui une seconde nature, tant les choses lui paraissaient méprisables et risibles. Être l'objet de la dérision. Tourner quelqu'un en dérision* (s'en moquer et pousser les autres à s'en moquer). La dérision consiste soit à trouver quelque chose *dérisoire* (insignifiant, risible), soit à le rendre tel par le sarcasme, l'ironie, la risée, le persiflage.

DÉROGER. *v. t. ind.* On dit *déroger à*. 1° **Sens juridique :** manquer à l'observation d'une loi, d'une règle. Enfreindre, transgresser, contrevenir à. *On ne peut déroger à la loi, sauf bien entendu si l'on a obtenu officiellement une « dérogation ».*
2° **Sens général** *(littéraire) :* manquer à ses principes, ses convictions, son rang. Se montrer indigne de ce que l'on doit être. *Il a dérogé à son honneur, à sa naissance, à sa réputation. Un noble ne pouvait travailler sans déroger.*

DÉSABUSÉ. *adj.* Désillusionné, désenchanté, détrompé. Le verbe *abuser* signifiant « tromper, induire en erreur », le verbe *désabuser* a le sens inverse. Mais l'adjectif a un sens plus large : il se dit de quelqu'un qui, ayant été déçu, est définitivement dégoûté. *Être désabusé, c'est ne plus y croire.* Synonyme : *blasé.*

DÉSAFFECTION. *n. f.* Détachement affectif, perte d'intérêt pour ce qu'on aimait. Ce mot est l'antonyme du mot *affection* (sens n° 2). *La désaffection du public pour la poésie, pour un auteur, pour une vedette.*
Ne pas confondre avec le paronyme **Désaffectation**.

DÉSAGRÉGATION. *n. f.* Décomposition, désintégration, morcellement, écroulement (au *propre* comme au *figuré*). *La désagrégation des lois, d'une couche sociale, d'une institution. La désagrégation d'un esprit, d'une personnalité.*

DÉSALIÉNER. *v. tr.* Libérer quelqu'un de son « aliénation » (mentale ou sociale). La désaliénation est simplement le contraire de l'**aliénation** (voir ce mot). *Les masses enfin désaliénées sauront que leur avenir est entre leurs mains, nulle part ailleurs !*

DÉSARROI. *n. m.* Trouble moral. Égarement intérieur. Confusion, désordre de l'âme, détresse. *Être en plein désarroi. Je ne savais plus où j'en étais : un désarroi sans précédent m'accablait.*

DÉSAVOUER. *v. tr.* Ne pas avouer comme étant sien ; refuser de reconnaître un propos, une œuvre qu'on vous attribue. *À la parution de* Candide, *Voltaire s'est amusé à désavouer son ouvrage.* Refuser de donner son approbation à une conduite, à une personne, à ses déclarations. Désapprouver. *Désavouant les propos racistes de ce leader politique, il* *a quitté son parti.* Il y a toujours une nuance de *proclamation* dans un désaveu : on désavoue *en public*, pour que cela se sache.

DÉSERTIFICATION. *n. f.* Transformation d'une région en désert. *La désertification du Sahel.* Mais ce mot a pris aussi un sens figuré : *la désertification de nos campagnes* (elles sont désertées par les hommes), ou même, *la désertification spirituelle* (la perte des valeurs morales et spirituelles dans un public, ou un groupe de personnes, voire une civilisation).

DÉSHÉRITÉ. *adj. et nom. (sens propre)* Enfant ou individu privé d'héritage. *(sens figuré)* Personne que la nature a privée de biens, matériels ou moraux ; individu qui se sent victime du destin, de l'injustice ou de l'ingratitude du sort. Ainsi, Nerval, s'emparant du mot qui signifie « déshérité » en espagnol, « El desdichado », écrit : *« Je suis le ténébreux, le veuf, l'inconsolé ».* Syn. : *Défavorisé, malchanceux.*

DESIDERATA. Mot latin qui signifie « choses désirées » (souhaits, doléances). *Il m'a fait part de ses desiderata.*

DÉSINCARNÉ. *adj. (sens propre, religieux)* Privé de son corps, dégagé de son enveloppe corporelle. *Les âmes désincarnées.*
(sens courant) Se dit d'une personne ou d'une doctrine morale qui néglige ou méprise le corps, qui tend vers un détachement de toute réalité sensible. *Une religion désincarnée. Un philosophe désincarné.* Voir, à l'opposé, le mot **Incarnation**.

DÉSINFORMATION. *n. f.* Action (politique) qui consiste à tromper le public sur la réalité des faits, soit en les cachant, soit en répandant de fausses « informations » (sur des faits totalement fictifs). *Des réseaux d'espionnage étrangers ont pénétré les milieux journalistiques pour y conduire des opérations de désinformation. Faire courir le bruit que le gouvernement ne fait rien contre le chômage, mais c'est de la désinformation !*

DÉSINTÉRESSEMENT. *n. m.* Absence d'intérêt personnel, qui conduit à se montrer altruiste, soucieux du bien ou de l'utilité de ce qu'on fait. Détachement, générosité. *Un parfait désintéressement dans l'accomplissement de sa tâche.* Ne pas confondre avec le mot suivant, **Désintérêt**.

DÉSINTÉRÊT. *n. m.* Indifférence, manque d'intérêt pour quelqu'un ou quelque chose. *Je déplore le désintérêt des élèves pour le beau langage.*
Ne pas confondre avec le mot **Désintéressement**. La confusion vient, en effet, de ce que l'antonyme de ces deux mots est le même, c'est le mot **intérêt**. Mais ce mot a lui-même deux sens : on peut éprouver de l'intérêt, être intéressé, dans un sens moral et généreux (être intéressé par un cours sur l'art) ; on peut d'autre part avoir des intérêts, « être intéressé », dans un sens matériel et égoïste (être intéressé dans une affaire commerciale). *On agit avec désintéressement. On manifeste du désintérêt.*

DÉSISTER (SE). *v. pron.* Renoncer à, se retirer en faveur de quelqu'un d'autre, — dans le cas d'une élection ou d'une responsabilité à laquelle on prétendait. *Ma candidature ne pouvant obtenir la majorité, je me suis désisté en faveur du concurrent le plus proche de mes projets.*

DESPOTISME. *n. m.* 1° Forme de gouvernement dans lequel l'ensemble des pouvoirs est détenu par un seul homme, sans contrôle institutionnel, sans contre-pouvoirs. Pour les philosophes du XVIIIe siècle, c'est le cas-limite de la monarchie absolue et arbitraire. Pour Montesquieu, cette forme de gouvernement, reposant sur la crainte des sujets, est par elle-même contre nature. Pour d'autres écrivains du XVIIIe siècle, elle peut être tempérée par la qualité du «despote», pour peu que celui-ci soit inspiré par les «lumières» de la philosophie. Ce fut là le rêve du *despotisme éclairé*, cruellement déçu par la réalité.

2° Au **sens courant**, le despotisme est un gouvernement tyrannique. Le despote, non seulement jouit du pouvoir absolu, mais n'en use que pour satisfaire ses intérêts ou ses fantasmes cruels. *Le traditionnel «despotisme» se nomme aujourd'hui «dictature».* *Il existe des patrons autoritaires, quasi despotiques.* Au **sens figuré** : *cet enfant est un vrai despote.* Voir **Dictature, Autocratie, Tyrannie.**

DESSEIN. *n. m.* Projet, ambition secrète ou non, désir que l'on s'apprête à mettre en œuvre. *De cruels desseins. Un grand dessein. C'est à dessein de le tromper que je l'ai flatté.* Ce terme a une connotation littéraire. Ne pas confondre avec *dessin* (malgré l'origine commune).

DESTIN. *n. m.* 1° Fatalité antique, ordre suprême du monde qui, chez les Grecs, était même supérieur aux dieux. *Le destin gouverne la tragédie en faisant agir les personnages malgré eux.* Il s'agit du *«fatum»*, en latin : voir ce mot.

2° Ensemble des événements, indépendants de la volonté, qui s'imposent à l'existence humaine. Destinée, sort, hasard. *Le destin a voulu que je sois là au bon moment. Notre liberté peut-elle modifier le cours du destin ? Quel que soit ton destin, il faut te prendre en mains.* Dans ce second sens, on voit que le destin s'oppose à la liberté sans forcément la nier : il y a des événements contingents ou nécessaires qui s'imposent aux hommes, mais en même temps des possibilités de les modifier, de les fuir ou de les inverser. *« L'art est un anti-destin »* (Malraux). Voir **Déterminisme, Tragique.**

DESTINATAIRE. *n. m.* Personne à qui s'adresse un message (une parole, une lettre) ou qui est l'objet d'une visée, d'une action. Voir **Communication.**

DESTINATEUR. *n. m.* Personne qui adresse un message, un discours, une parole. Voir le mot précédent et le schéma de la **Communication.**

DESTITUTION. *n. f.* Révocation d'une personne que l'on prive de sa fonction, de sa charge, de sa responsabilité, de son grade. Renvoi, déposition, limogeage. *La destitution d'un magistrat. Destituer un commissaire de ses fonctions, en raison de sa vénalité.*

N.B. Logiquement, les mots *destitution/institution* et *destituer/instituer* devraient être de parfaits antonymes. En réalité, la symétrie des significations est ici illusoire. Alors que *destituer* et *destitution* ne s'appliquent qu'à des personnes, pour des actions ponctuelles, les mots *instituer* et *institution* ont un sens beaucoup plus large et concernent surtout des organismes, des établissements, des structures de vie collective, des lois, bref des réalités que caractérise leur durabilité.

DÉSUET. *adj.* Se dit de ce que l'on a perdu depuis longtemps l'habitude d'employer, qu'il s'agisse de vêtements, de mots, de coutumes. Passé de mode, suranné, périmé, vieux, tombé en désuétude. *Un langage désuet. Des manières désuètes, d'un autre âge.*

Cet adjectif, contrairement à ses synonymes, n'a pas *a priori* de connotation négative. Ce qui est *périmé* ne mérite que l'oubli ; ce qui est *désuet* a souvent un certain charme…

DÉTERMINISME. *n. m.* Conception philosophique selon laquelle tous les faits, tous les événements, et même les actions humaines, s'expliquent par des causes, par des lois, par des conditions antérieures qui les ont rigoureusement « déterminés ». Il n'y a pas d'effets sans cause ; tout est « causé » et « causant », la chaîne des phénomènes interdit toute liberté, tout hasard. Cette signification globale du mot déterminisme mérite quelques précisions, selon les domaines dans lesquels on l'envisage.

1° **Au niveau scientifique,** le déterminisme apparaît moins comme une conception en soi philosophique que comme **une attitude de base sans laquelle il ne pourrait pas y avoir de science**, de connaissance sérieuse des lois du monde. Étudier l'univers, la physique, la biologie, c'est mesurer des phénomènes obéissant à des lois stables, c'est étudier des causes qui produisent les mêmes effets dans les mêmes conditions, c'est constater un enchaînement rigoureux des réalités de la matière. La science est donc fondamentalement déterministe. Les « choses » ne sont pas « libres ».

2° **Au niveau humain,** il n'en va pas tout à fait de même. On peut évidemment croire ou ne pas croire à la liberté de l'homme. Mais le problème se pose dès qu'on envisage d'étudier scientifiquement la vie humaine, ce qui est le cas de ce qu'on appelle les *sciences humaines* : psychologie, sociologie, ethnologie, anthropologie, histoire.

La notion de science, la recherche de lois, supposent en effet que les conduites humaines soient dénuées de liberté, de sorte qu'on puisse les connaître objectivement, les expérimenter, les « prédire », — bref les considérer comme un ensemble de causes et d'effets éliminant autant que possible l'intervention de la volonté individuelle.

Pour le psychanalyste, qui fait de la conduite, des sentiments ou des rêves de l'individu des résultantes de conflits inconscients, la « liberté » se réduit vite à une illusion de la conscience — le temps du moins qu'il étudie, (aussi rigoureusement que possible) la chaîne des affects qui interagissent dans la constitution du psychisme humain. *Pour le sociologue*, qui étudie les phénomènes sociaux de masse, leurs logiques, leurs « lois », la liberté de chacun est de même mise entre parenthèses : sa méthode d'approche lui interdit de croire au « hasard » que seraient des volontés individuelles imprévisibles. *De même pour l'ethnologue*, qui étudie l'histoire d'un groupe humain, l'organisation de sa parenté, etc.

Ainsi, dans leur logique méthodologique, les « sciences humaines » sont déterministes. Elles font comme si la liberté humaine n'existait pas. Elles parleront des « déterminismes » divers qui pèsent sur la conduite des individus. Comment les concilier avec la croyance dans la liberté ?

La solution à ce conflit dépend sans doute de l'idée que chacun se fait de l'homme. Toutefois, on peut remarquer que chaque science humaine, en ayant tendance à expliquer tout l'homme par sa méthode propre, en vient à contredire ou à nuancer les données de ses concurrentes. Ainsi, les déterminismes qui pèsent sur l'homme sont sans doute contradictoires ; on peut alors penser que la liberté de chacun consiste à jouer de ces influences qui se contredisent, pour se tracer un chemin autonome. Le débat reste ouvert : c'est une question centrale de la philosophie.

N.B. Ne pas confondre **Déterminisme** et **Fatalisme**. Le fataliste ne croit pas non plus à la liberté humaine, mais il fait de la destinée de chacun un programme d'événements *fixés d'avance* par le Destin ou la volonté d'un Dieu. Voir **Conditionnement, Destin, Fatalisme, Prédestination.**

DÉTRACTEUR. n. m. (du latin *detrahere*, « tirer vers le bas ») Personne qui dénigre, qui rabaisse, qui critique quelqu'un ou quelque chose. *Cette politique a ses partisans, mais aussi beaucoup de détracteurs. Mes détracteurs veulent m'abattre par d'ignobles calomnies.* Voir **Contempteur.**

DÉTRIMENT. n. m. Dommage, préjudice, tort. Ne s'emploie que dans les expressions « au détriment de » ou « à (mon, ton, son) détriment. » *On a augmenté la quantité des biens au détriment de leur qualité. Il a obtenu des avantages à mon détriment.* Synonyme : *aux dépens de*.

DEUS EX MACHINA. Expression latine employée au théâtre pour désigner une personne ou un événement qui intervient de façon invraisemblable, à la fin de la pièce, pour en permettre le dénouement. Ainsi, à la fin de *Tartuffe*, quand tout semble compromis, l'intervention inespérée d'un envoyé du roi vient sauver la situation, à la façon d'un *deus ex machina* (c'est-à-dire d'un dieu qui sortirait de la machinerie du décor). La tragédie classique répugne à ce type de « coup de théâtre » qui ne s'inscrit pas dans la nécessité profonde de l'œuvre.

Noter qu'à partir de la référence théâtrale, cette expression peut s'employer, par exemple, dans la vie politique ou sociale, chaque fois qu'on envisage le dénouement imprévisible d'une situation désespérée. *Tel un deus ex machina, ce personnage providentiel intervint.*

DÉVIANCE. *n. f.* Caractère de ce qui s'écarte des normes. Conduite qui échappe aux règles de la société, des convenances. *L'alcoolisme, la délinquance routières sont des formes de déviance. Le comportement déviant d'un drogué.*

DEVISE. *n. f.* Au **sens littéraire**, formule concise, phrase exprimant une pensée, une règle de vie, un mot d'ordre. *Liberté, Égalité, Fraternité* est la devise de la République française. *Diviser pour régner* est la devise de certains politiciens. Les slogans publicitaires se veulent parfois les «devises» des firmes qui les lancent. *Bien faire et laisser braire* est la devise de ceux qui soignent la perfection de leur ouvrage, en méprisant les âneries des critiques. Voir **Aphorisme, Adage, Maxime, Précepte, Proverbe.**

DÉVOLU (jeter son dévolu sur). Fixer son choix, prétendre à. *Il a jeté son dévolu sur cette jeune fille* (il prétend donc obtenir son accord). *J'ai jeté mon dévolu sur cette ville* (j'ai fixé le choix de mon habitat sur cette localité).

DÉVOT. *adj.* et *n.* Qui s'adonne avec ferveur à la pratique religieuse, c'est-à-dire à la prière, à la fréquentation des lieux saints, à toutes les manifestations extérieures de piété. La dévotion est en général sincère; toutefois, il se créa au XVIIe siècle des groupes de *faux dévots* dont Molière dénonça l'hypocrisie dans *Tartuffe*, et qui montèrent une cabale contre lui. De cette époque date l'emploi parfois péjoratif du mot.

DEXTÉRITÉ. *n. f.* (la *dextre*, en ancien français, est la «main droite»). Habileté manuelle, adresse dans l'exécution d'un ouvrage. *La dextérité d'un bon plâtrier, d'un habile prosateur.* Habileté en général, art, savoir-faire. *La dextérité d'un homme d'affaires, d'un psychologue, d'un diplomate.*

DI-. Racine d'origine grecque qui signifie «deux», par exemple dans **Dièdre, Dioxyde, Diptyque, Dissyllabique.** Ne pas confondre avec la racine latine *dis-* et ses composés (qui peuvent être aussi écrits *di-*); voir plus loin.

DIA-. Racine d'origine grecque qui signifie la distinction, la séparation, que l'on trouve par exemple dans **Dialogue, Diagnostic, Dialectique.** Noter que la même racine, dans quelques mots (plus rares), a aussi le sens de «à travers» *(diagonale, diaphane, diachronie).*

DIABOLISER. *v. tr.* Présenter une personne ou un groupe comme absolument détestable, «diabolique». Ce verbe, récent, s'emploie souvent à propos des débats politiques ou idéologiques. Il renvoie à la tendance manichéenne classique qui consiste à faire d'un adversaire le mal absolu, pour se présenter soi-même comme le bien parfait. *Il est trop facile de diaboliser vos opposants.* Voir **Manichéisme.**

DIACHRONIE. *n. f.* En **linguistique**, ensemble des faits de langue étudiés dans leur évolution historique, par opposition à **Synchronie**, qui est l'étude du système d'une langue tel qu'il fonctionne à un moment donné. On trouve parfois l'emploi de ces mots hors de la linguistique, dès qu'il s'agit d'étudier des phénomènes, soit dans une perspective «diachronique», soit dans une perspective «synchronique». Voir **Chronique** et **Chronos**.

DIALECTIQUE. *n. f.* (du grec *dialektiké*, «art de discuter»).

• **Historiquement, au sens philosophique,** la dialectique a deux significations principales.

1° *Chez Platon et de nombreux philosophes grecs,* la dialectique est l'art de discuter par questions et réponses, de progresser ainsi dans l'exploration des concepts, de s'élever des connaissances *sensibles* aux connaissances *intelligibles*. Voir **Platonisme**.

2° *Chez Hegel, puis chez les marxistes,* la dialectique est le mouvement même de la pensée. Elle progresse par un jeu de contradictions qui engendre des notions nouvelles (thèse, antithèse, synthèse), lesquelles s'opposent à d'autres, et ainsi de suite. La pensée progresse *dialectiquement*, par une série de dépassements continuels d'idées contradictoires. Mais la «dialectique» est aussi, à l'image de la pensée, le processus *suivi par l'histoire* pour avancer : les réalités historiques sont contradictoires ; elles engendrent des situations nouvelles qui dépassent les contradictions antérieures, et ceci sans fin, jusqu'à l'avènement d'une société sans classes (pour Marx).

• **Au sens actuel,** qui a absorbé les différentes acceptions historiques du mot, la dialectique désigne :

1° L'art d'argumenter, de diviser les questions pour mieux les étudier, d'ordonner les raisonnements, d'opposer les idées aux idées pour parvenir à convaincre ou à approfondir. On parlera d'une *dialectique brillante, creuse, convaincante, artificielle, féconde*.

2° Le processus contradictoire, la relation conflictuelle qui peut exister entre des notions, des réalités, des statuts. *La dialectique du maître et de l'esclave* (Hegel), *la dialectique de l'expérience et de la rationalité, la dialectique de la tendresse et de la possession affective*, etc.

Dans de nombreux emplois, il devient impossible de dire si le mot désigne les interactions de la réalité, ou l'argumentation de l'orateur qui les analyse en termes «dialectiques».

DIAPASON. *n. m.* À partir de la fonction technique de l'instrument qui donne le ton, le mot «diapason» désigne l'accord, la disposition harmonieuse qui existe entre plusieurs personnes. *Se mettre, être au diapason :* être en accord, en phase, en harmonie avec.

DIASPORA. *n. f.* **Historiquement,** dispersion du peuple juif à travers le monde. Par extension, dispersion de tout peuple. *La diaspora arménienne*.

DIATRIBE. *n. f.* Texte, discours ou propos violent et injurieux, à l'encontre de personnes, de groupes, de comportements, d'institutions. Pamphlet. *Des diatribes contre la république, les mœurs modernes, les hommes de lettres.*

DICHOTOMIE. *n. f.* (des racines grecques *dikho-*, « en deux », et *tomia*, « coupure »). Division nette entre deux réalités, ou présentation de deux éléments sous la forme d'une nette division. Faire une dichotomie, opérer une dichotomie entre deux choses, deux notions qu'on oppose radicalement l'une à l'autre. *Notre société repose sur une dichotomie discutable entre travail manuel et travail intellectuel. La dichotomie droite/gauche est-elle dépassée en politique ?*

DICTATURE DU PROLÉTARIAT. Dans la théorie marxiste, phase historique transitoire pendant laquelle le prolétariat, pour assurer sa révolution, devra exercer un pouvoir dictatorial pour détruire complètement l'État bourgeois et les restes de son idéologie, préparant ainsi la société sans classes. L'histoire des pays socialistes semble avoir montré que la « dictature du prolétariat » fut plutôt la dictature d'une bureaucratie ou de chefs autocrates. Elle se présenta faussement comme transitoire, illustrant en fait la formule d'Orwell : *« On n'établit pas une dictature pour sauvegarder une révolution, on fait une révolution pour établir une dictature »* (Orwell, *1984*).

DICTION. *n. f.* Art de dire un poème, de prononcer un discours, de bien articuler son texte au théâtre. *Une diction claire, élégante, confuse.*
  N.B. Au sens classique, la « diction » était la manière de parler et d'écrire, le style en quelque sorte. On ne séparait pas l'art de dire de la façon de prononcer.

DIDACTIQUE. *adj.* (à partir du grec *didaskein*, « instruire ») Qui a rapport à l'instruction, à l'enseignement, à la pédagogie. *Un ouvrage didactique* (qui vise à instruire), *la poésie didactique* (genre qui veut enseigner), *un exposé didactique* (qui enseigne avec clarté et méthode), *un style didactique* (qui procède méthodiquement, et parfois lourdement, comme un ouvrage scolaire).
  n. f. La *didactique* étudie l'art et la manière d'enseigner une spécialité donnée. *La didactique des mathématiques, la didactique moderne.* Dans ce sens, le mot est synonyme de théorie pédagogique, tandis que la pédagogie désigne plutôt la *pratique* de l'enseignement. Un *autodidacte* est quelqu'un qui s'instruit par lui-même.

DIDASCALIES. *n. f. pl.* Ensemble des indications scéniques qu'un auteur dramatique porte sur son texte (généralement représentées en italique), pour signifier aux interprètes le ton à prendre, le geste à faire, la place à adopter, au cours de la représentation. Ces indications (qui comprennent tout ce que l'auteur suggère indépendamment du texte même qu'il a écrit) sont plus ou moins abondantes selon les auteurs. Elles ont l'avantage d'informer le metteur en scène des intentions de l'œuvre, mais en même temps, elles peuvent limiter son invention scénique.

DIÉRÈSE. *n. f.* En **versification**, prononciation distincte de deux voyelles qui, normalement, ne forment qu'une seule syllabe. Par exemple, la diphtongue *-io-*, dans *violon*, sera prononcée en dissociant les voyelles, ce qui donnera trois syllabes au mot *(vi-o-lon)* au lieu de deux *(vio-lon)*. On rencontrera de même *purifi-er* pour *purifier*, *vi-o-lence* pour *violence*, *dévoti-on* pour *dévotion*, etc.

La diérèse, propre à la langue poétique, obéit souvent à un effet expressif : souligner un mot, produire une sorte de dissonance, donner une impression d'extension du vers, comme dans cet exemple de Baudelaire *(Le Voyage)* :

Et se réfugi-ant dans l'opi-um immense

Voir, à l'inverse, **Synérèse**.

DIÉTÉTIQUE. *n. f.* et *adj.* Science des régimes alimentaires, axée sur une nourriture équilibrée (ce qui suppose généralement des restrictions). *La diététique a pour effet d'éviter beaucoup de maladies. Un régime diététique. Un aliment diététique* (le beurre allégé par exemple). La *diète* est un régime alimentaire fondé sur l'abstention de certains aliments.

DIFFAMATION. *n. f.* Action de diffamer, c'est-à-dire de porter atteinte à la réputation de quelqu'un en répandant des calomnies, des critiques, des faux bruits. En principe, la diffamation se constitue d'allégations *mensongères. Les médias ont un tel pouvoir qu'il est difficile de les poursuivre devant les tribunaux pour diffamation. Des propos diffamatoires.*

N.B. La racine de ce mot vient du latin *fama*, qui signifie «réputation, opinion publique», et qu'on retrouve dans les mots *fameux, mal famé, infamant, infamie.*

DIFFÉREND. *n. m.* Désaccord, conflit d'intérêts, divergence d'opinions entre des personnes ou des parties. *Ils ont eu un sérieux différend à propos des réparations d'un mur mitoyen. La France a un différend avec les USA au sujet du prix du blé.*

N.B. Ce mot se termine par un *-d*, bien qu'il ait la même origine que l'adjectif *différent*.

DIFFÉRER. *v. tr.* Reporter à plus tard ; remettre une décision, une réalisation à un temps ultérieur. *Le gouvernement a différé le vote, l'application du décret. Une émission diffusée en différé.* Renvoyer, repousser, retarder une opération à une autre date (qu'on peut ne pas préciser). Faire attendre une décision espérée, temporiser.

N.B. Ne pas confondre ce mot avec l'homonyme **Différer** qui signifie «être différent de, avoir des traits différents» *(je diffère de toi ; voilà sur quel point nous différons).*

DIGRESSION. *n. f.* (du latin *digressio*, «éloignement, écart»). Dans un discours, un exposé, un récit, tout développement qui s'écarte du sujet.

Votre devoir souffre de trop de digressions : vous êtes hors sujet. La digression peut être involontaire (auteur qui n'arrive pas à contrôler son propos) ou volontaire (auteur qui désire amener progressivement son lecteur à certaines conclusions). *Les savantes digressions de Charles Péguy.*

N.B. Ce mot, formé sur le radical d'origine latine *gress-* « marche vers », est à rapprocher des mots de la même famille : *agression, progression, régression, transgression* et de leurs composés (cf. aussi *congrès, dégressif*).

DILAPIDER. *v. tr.* Gaspiller, dépenser une fortune ou des biens de façon incontrôlée. *Dilapider un héritage.* Peut s'employer au sens moral : *il dilapide ses dons dans des œuvres faciles.*

DILATOIRE. *adj.* Qui tend à retarder une échéance, à gagner du temps pour éviter de prendre une décision. *Des manœuvres dilatoires. L'augmentation de 1 % n'était qu'une mesure dilatoire.*

N.B. Cet adjectif, généralement péjoratif, est l'adjectif qui correspond étymologiquement au verbe **Différer** (voir plus haut).

DILEMME. *n. m.* Sens courant : situation dans laquelle on est obligé de choisir entre deux possibilités ou deux partis contradictoires, qui présentent tous deux des inconvénients. *Le héros cornélien est souvent placé dans un cruel dilemme : perdre son amour ou son honneur.* Le mot **Alternative** a un sens assez proche : la nuance est cependant que les deux possibilités d'une alternative, si elles sont incompatibles, ne sont pas nécessairement fâcheuses.

N.B. Bien respecter l'orthographe *dilemme* (et non pas « dilemne », par confusion avec « indemne »).

DILETTANTE. *n.* Personne qui exerce une activité librement, en amateur, pour le simple plaisir, notamment en ce qui concerne les arts et les lettres. *Il pratique la musique en dilettante.* À partir de ce sens neutre (et plutôt positif), le mot a pris parfois le sens péjoratif d'amateur superficiel, qui ne fait pas les choses à fond. *Comment voulez-vous qu'il progresse en anglais : c'est un dilettante !* Les deux mots *amateurisme* et *dilettantisme* ont fini par s'employer l'un pour l'autre, de façon péjorative, en opposition à *professionnalisme*.

N.B. Si l'on remonte aux étymologies latines, ce mot a la même origine que les mots *dilection* (amour tendre), *prédilection* et *se délecter*.

DILIGENCE. *n. f.* Rapidité d'exécution, empressement, zèle. Le mot s'emploie surtout aujourd'hui dans l'expression *faire diligence*, « agir vite et efficacement ».

DILUVIEN. *adj.* Qui se rapporte au Déluge. *Époque diluvienne* (donc très ancienne). Mais ce mot s'emploie le plus souvent dans l'expression stéréotypée *pluie diluvienne*, c'est-à-dire très abondante (à l'image du déluge), torrentielle. Voir **Antédiluvien**.

DIONYSIAQUE. *adj.* Qui se rapporte au culte de Dionysos, dieu grec de la végétation et de la vigne. Qui, dans le domaine religieux ou esthétique, symbolise l'ivresse sacrée, l'exubérance de la vie, l'inspiration, le délire, la démesure — par opposition à ce qui est *apollinien*. Voir **Bacchanales**.

➜ **Pour approfondir, p. 974.**

DIRIGISME. *n. m.* Système économique (ou stade d'une économie) dans lequel l'État assume la direction de l'économie. Par exemple, dans un régime économique de nature capitaliste, le gouvernement peut orienter les décisions, agir plus ou moins directement, freinant ainsi la libre expansion du système libéral (dans l'intérêt général, en principe) : il pratique alors le dirigisme. Les pratiques dirigistes sont décriées par les uns, réclamées par les autres. L'adjectif *dirigiste* peut, par extension, s'appliquer à des personnes autoritaires, mais il vaut mieux dire *directif*. Voir **Étatisme, Libéralisme**.

DIS-. Préfixe d'origine latine qui signifie la séparation, le défaut, l'écartement, l'opposition : *disjoindre, disparate, disgrâce,* etc. Il peut prendre aussi, en se combinant avec le radical des mots, la forme **di-** *(digression, dilater, dimension, divertir)* ou **diff-** *(différence, diffamer, difficile, difforme, diffus)*. De nombreux mots sont ainsi composés (voir ceux qui précèdent ou qui suivent). Ne pas confondre avec les racines d'origine grecque **di-** *(deux)* et **dys-** *(mal, mauvais)*.

DISCERNEMENT. *n. m.* (du latin *discernere*, « séparer, distinguer », cf. racine ci-dessus). Opération de l'esprit par laquelle on analyse et distingue les notions, les objets de pensée. Par extension, capacité de jugement clair et critique. Le discernement sépare le vrai du faux, élimine la confusion, perçoit les distinctions profondes, et donc situe les choses les unes par rapport aux autres. C'est à la fois une qualité intellectuelle et morale. *Faire preuve de, manquer de discernement.*

DISCOURS. *n. m.* 1° **Sens courant.** Allocution tenue en public plus ou moins solennellement. *Discours politique. Discours à l'occasion d'un anniversaire.*
2° **Sens classique.** a) Propos oral ou écrit. *Il m'a tenu des discours infamants.* Ce sens se retrouve parfois dans la conversation actuelle. b) Exposé écrit, rigoureux et ample. *Discours de la Méthode* (Descartes).
3° **Sens linguistique.** Énoncé, quel qu'il soit, mettant en œuvre les possibilités de la langue. Acte d'énonciation.
4° **Sens littéraire.** Par opposition au « récit », dans un texte narratif, ensemble des commentaires directs ou indirects que le narrateur introduit (et qui donne un éclairage plus ou moins explicite à ce qui est raconté).
5° **Sens idéologique.** Philosophie d'ensemble que manifeste un individu ou un groupe, à travers ses prises de parole ou ses écrits, sur un sujet donné. *Le discours antisémite chez Céline. Les traits les plus fréquents du discours médiatique.*

N.B. Pour couvrir tous ces sens, on peut tenter la définition suivante :

le discours, c'est à la fois ce qui est dit et l'acte de le dire. Mais cette définition est trop globale. Le sens du mot s'oriente tantôt sur le signifié (contenu), tantôt sur le signifiant (façon de dire, d'énoncer). Il faut donc à chaque fois cerner avec précision l'emploi qui en est fait. Quant à l'adjectif **discursif**, il renvoie à ce qui est de l'ordre de la pensée, du raisonnement, par opposition à ce qui est *intuitif* ou *empirique*. *La connaissance discursive.*

DISCRÉDITER. *v. tr.* Faire perdre à quelqu'un ou à quelque chose la confiance, l'estime, l'influence dont il bénéficiait. Déconsidérer, ruiner la réputation d'une personne. *Les calomnies de ses détracteurs l'ont discrédité.*

Se discréditer : perdre tout crédit, toute estime, à cause de sa conduite.

DISCRÉTIONNAIRE. *adj.* Se dit d'un pouvoir qui est donné à une personne ou à une administration, laquelle peut en user en toute liberté. *Le représentant de l'État avait été doté de pouvoirs discrétionnaires.* Par extension, péjorativement : *abusif, arbitraire, illimité.*

N.B. Cet adjectif est à relier à l'expression **à discrétion** : autant que l'on veut, à volonté.

DISCRIMINATION. *n. f.* **Sens littéraire** *(neutre)* : action de distinguer, d'opérer une distinction entre des notions généralement abstraites.

Sens courant *(péjoratif)* : action de séparer un groupe social d'un autre pour lui appliquer un régime différent (et infériorisant). Ségrégation. *Le régime de Vichy pratiqua à l'égard des Juifs des mesures discriminatoires.* La discrimination est le plus souvent raciale ou sociale.

N.B. Le verbe **discriminer**, littéraire, ne s'emploie quasiment plus. C'est dommage, vu la fréquence des attitudes ou des décisions qui l'illustrent.

DISCULPER. *v. tr.* (du préfixe privatif *dis-* et du mot latin *culpa*, « faute ») Innocenter quelqu'un d'une faute qui lui est injustement reprochée. *Des témoignages probants ont disculpé l'accusé.* Antonyme : **Inculper**. Voir **Culp-**.

N.B. *Disculper* a une connotation juridique, alors que *déculpabiliser* a une valeur psychologique et morale.

DISERT. *adj.* Qui parle avec aisance et élégance. Loquace. *Un amateur d'art disert et séduisant.*

DISJONCTION. *n. f.* Action de disjoindre, de séparer des notions ou des réalités mêlées, pour mieux les examiner. *Lorsqu'on étudie l'égalité entre les hommes, il faut opérer une disjonction entre la question de fait et la question de droit. Dans votre recherche, commencez par disjoindre les idées et les exemples, avant de les articuler.*

DISPARITÉ. *n. f.* Manque de parité, c'est-à-dire d'égalité. Absence d'harmonie entre divers éléments. *La disparité des salaires masculins et féminins. La disparité des chapitres d'un ouvrage. Un mobilier disparate.* Dissemblance, discordance, hétérogénéité. Antonyme : **parité** (fait d'être pair, pareil, égal).

DISPENDIEUX. *adj.* Qui revient cher, coûteux ; qui exige des dépenses ; onéreux. *Des habitudes de consommation dispendieuses. Un train de vie dispendieux.*
    N.B. Ce terme est courant au Canada.

DISPOS. *adj.* En bonne forme. *Être frais et dispos.*
    N.B. À distinguer de **Disposé**, être prêt à. *Être bien ou mal disposé :* être de bonne ou de mauvaise humeur. *Être bien disposé à l'égard de quelqu'un ou de quelque chose :* se montrer favorable à.

DISSENSION. *n. f.* Désaccord, mésentente, opposition, qu'il s'agisse de sentiments ou d'opinions. *De nombreuses dissensions minaient l'équipe dirigeante. Des dissensions au sein d'une famille.*
    N.B. Ce mot est à comparer (étymologiquement) à son antonyme **Consensus**.

DISSIDENT. *n.* et *adj.* Se dit de personnes qui se séparent d'un groupe dominant, s'opposent à un parti ou à un régime. *En URSS, Soljenitsyne fut un dissident célèbre, persécuté par les autorités.* Rebelle, séparatiste, scissionniste.

DISSIPATION. *n. f.* Fait de se dissiper, de se disperser peu à peu. *La dissipation des nuages.* Au **sens figuré** : dispersion mentale, déconcentration *(la dissipation d'un élève turbulent).* Dispersion morale, mauvaise conduite, vie de débauche *(ce libertin vivait dans la dissipation).* Dispersion financière, folle dépense, dilapidation *(la dissipation de l'héritage ne lui prit qu'un seul mois).*

DISSONANCE. *n. f. (sens propre)* Effet produit par la rencontre de sonorités (musicales ou verbales) qui ne « sonnent » pas bien ensemble, sont désagréables à l'oreille. Antonymes : *consonance, harmonie, euphonie.*
    (sens figuré) Désaccord, discordance, dysharmonie entre des réalités liées entre elles. Dissonances dans un tableau dont les couleurs « jurent » entre elles. Dissonances dans les versions que donnent deux témoins d'un même événement. Dissonances dans les goûts d'un couple. *Les dissonances étudiées d'un récit :* des ruptures de ton volontaires.

DISSUADER. *v. tr.* Convaincre de ne pas faire. Amener quelqu'un à renoncer à une entreprise ; détourner d'un projet. *Il m'a dissuadé d'intervenir. Le général réclame des fusées pour dissuader l'ennemi d'attaquer. Contre l'absentéisme des élèves, les châtiments corporels devraient être des arguments dissuasifs.* **Force de dissuasion** : expression par laquelle on a souvent désigné la « force de frappe nucléaire » de l'État français, — l'armement atomique étant censé « dissuader » tout adversaire potentiel d'attaquer ce pays.

DISTANCIATION. *n. f.* 1° **Au théâtre,** la distanciation est d'abord l'attitude de l'acteur qui refuse de s'identifier au personnage qu'il joue, puis l'effet produit sur le spectateur, c'est-à-dire un *recul* critique par rapport à ce personnage (et à ce qu'il représente). La théorie de la distanciation vient de Bertolt Brecht. Il s'agit de détruire l'illusion du spectacle, l'identification spontanée du public, pour obliger celui-ci à une prise de conscience : le théâtre devient ainsi démystification de la société qu'il représente.

2° **En général,** dans le roman, ou dans la langue, la distanciation désigne l'attitude de distance que prend le narrateur ou le locuteur par rapport à ce qui est énoncé. Cette *prise de distance* du romancier a pour but évidemment de *faire prendre distance* au lecteur ou à l'interlocuteur. Par exemple, si le narrateur écrit de son héros : *il était heureux,* le lecteur peut s'identifier ; mais s'il écrit : *il se croyait heureux,* le lecteur est conduit à douter de ce bonheur, à prendre distance du personnage, ce qui détruit l'effet d'identification.

DISTIQUE. *n. m.* Ensemble de deux vers qui offrent un sens complet, qu'ils forment un court poème par eux-mêmes ou soient détachés d'un ensemble. Les distiques énoncent souvent des devises, des sentences, des aphorismes. Ainsi ce distique de Molière, dans *Le Misanthrope* :

La parfaite raison fuit toute extrémité
Et veut que l'on soit sage avec sobriété.

DISTORSION. *n. f. (sens propre, scientifique)* Déformation, altération, écart (par rapport à ce qu'on pourrait attendre).

(sens figuré) Décalage entre deux phénomènes, déséquilibre, discordance, dont il résulte des inadaptations, des tensions diverses. *La distorsion entre ce qu'offre l'école et ce qu'en attendent les familles. Les distorsions entre les lois économiques et les impératifs sociaux. La distorsion entre ce qu'on croit dire et ce qui est réellement entendu.*

DITHYRAMBIQUE. *adj.* Qui se rapporte au dithyrambe, poème antique élogieux et lyrique. Par extension : qui est très élogieux, d'un enthousiasme excessif. *Parler d'une personne en des termes dithyrambiques. Un panégyrique est toujours un éloge dithyrambique.*

DIVERGENT. *adj.* Se dit de ce qui va dans un sens contraire, qui s'écarte ou s'éloigne radicalement. *Des rayons divergents. Des opinions divergentes. Des interprétations divergentes.* Ce mot est beaucoup plus fort que le mot *différent*. Ce qui est différent peut être complémentaire, ce qui est divergent est incompatible. Antonyme : *convergent*.

DIVERSION. *n. f.* (du latin *divertere*, «(se) détourner»). 1° Dans le domaine militaire ou politique : action qui consiste à détourner l'adversaire d'un point essentiel, pour égarer ses forces sur des choses accessoires. *L'intervention du Premier ministre sur la culture a servi de diversion au grave problème du chômage.*

2° Action qui détourne quelqu'un de ses préoccupations. *Le travail est la meilleure des diversions pour un individu hypocondriaque.* Distraction, dérivatif. *Faire diversion :* divertir, détourner l'attention. En ce sens le mot est proche du mot qui suit, **Divertissement**.

DIVERTISSEMENT. *n. m.* 1° **Sens courant :** action de se distraire, de se récréer. Amusement, distraction. *Les divertissements reposent les esprits, changent les idées. Ce que les téléspectateurs attendent d'abord, ce sont des divertissements, du spectacle : l'information vient en second.*

2° **Sens littéraire,** chez Pascal : ensemble des occupations qui détournent l'homme de penser aux problèmes essentiels. Ce sens est proche de l'étymologie latine, du verbe *divertere*, «se détourner». Dans l'esprit de Pascal, l'homme sans Dieu est misérable. Seule la reconnaissance de Dieu, la foi en Jésus-Christ, pourraient le sauver (voir **Christianisme**). Mais pour trouver le chemin du salut, l'homme doit regarder en face sa condition mortelle, s'interroger sur son mystère et sur son sens, et à partir de là, se tourner vers Dieu. Or, l'homme répugne à contempler sa malheureuse condition ; tout lui est bon pour s'en détourner, pour s'en divertir. Le divertissement, ce n'est pas seulement le jeu, la chasse, la fréquentation des salons, c'est aussi l'activité sérieuse, la recherche des responsabilités ou même l'occupation militaire. Tous les engagements humains ne sont ainsi pour Pascal que fuite dans l'activisme, refus de penser à l'essentiel, vaine tentative pour échapper au malheur de notre condition mortelle : *se divertir* devient une forme d'aveuglement qui accroît ce malheur au lieu de le résoudre. L'homme devrait au contraire *se convertir*, ce qui veut dire selon l'étymologie latine du verbe *convertere*, «se tourner vers» (c'est-à-dire : se tourner vers Dieu).

DIVINATION. *n. f.* Art du «devin», qui découvre les choses cachées en interprétant des signes. En particulier, art de prédire l'avenir par des moyens qui ne relèvent pas de la connaissance naturelle (magie, occultisme, chiromancie). Par extension, intuition vive, prescience, sens quasi-prophétique. *Comment a-t-il pu imaginer ce qui allait arriver : c'est de la divination !*

DIVULGUER. *v. tr.* (du latin *divulgare*, forgé à partir du mot *vulgus*, «foule»). Faire connaître à la foule, rendre public ce qui n'était connu que de quelques-uns. *Divulguer une information capitale.* «Divulguer» a souvent une connotation d'indiscrétion : ce qui est révélé aurait dû rester caché.

DOCTE. *adj.* et *n.* (du latin *doctus*, «savant, érudit»). Savant. *Les doctes médecins de Molière. De plus doctes que moi vous le diraient.* Ce mot vieilli s'emploie souvent avec une nuance d'ironie. On en retrouve la racine dans *docteur, doctorat, doctrine,* ainsi que *docile, document.*

DOCTRINAIRE. adj. et n. Se dit d'un individu qui s'attache avec intransigeance et rigidité à une doctrine, à une opinion, à une position (philosophique, religieuse, politique). *C'était un doctrinaire, un partisan de la révolution pure et dure.*

N.B. Le mot *doctrinaire* a un sens le plus souvent péjoratif, tout comme le mot *dogmatique*, qui a un sens voisin, alors que les noms d'origine (*doctrine* et *dogme*) n'ont pas en eux-mêmes cette valeur péjorative. L'adjectif « neutre » correspondant au mot doctrine est *doctrinal*, mais il ne s'applique pas aux personnes.

DOCTRINE. *n. f.* Ensemble d'idées et de croyances élaborées, formant une interprétation du réel, et pouvant servir de fondement à un mouvement philosophique, à une religion, à un parti politique, etc. *Enseigner une doctrine. La doctrine marxiste. Il ne change pas de doctrine.* Voir **Dogme, Théorie, Système**.

DOGMATIQUE. *adj.* et *n.* 1° Qui concerne le dogme, qui est relatif à la doctrine fondamentale d'une religion, d'une philosophie, d'une idéologie.

2° Qui impose ses idées de façon autoritaire, intransigeante et sectaire. Doctrinaire. Voir les mots **Dogme** et **Dogmatisme**.

DOGMATISME. *n. m.* Position catégorique, qui rejette le doute et refuse la critique. Attitude des personnes fermées à toute discussion, qui ne songent qu'à faire taire l'expression des opinions adverses. Voir **Dogme** et **Dogmatique**.

N.B. Dans des textes anciens, au sens philosophique, le mot *dogmatisme* peut simplement désigner une doctrine qui croit l'homme capable d'accéder à la vérité avec certitude. Dans ce sens, le terme n'est pas péjoratif.

DOGME. *n. m.* Vérité de base, point fondamental d'une doctrine religieuse ou philosophique. *Le dogme de la chute originelle dans le christianisme. La notion de lutte des classes est en quelque sorte un dogme du marxisme.*

• Le dogme est au départ un principe incontestable d'une religion donnée. Le croyant ne peut le contester, sous peine de s'exclure et de devenir hérétique. Dans la réalité, il y eut toujours des contestations, certains croyants voulant assouplir tel ou tel point de la doctrine sans la quitter globalement, ou d'autres voulant imposer des « vérités » nouvelles à la foi établie jusqu'alors. Dans ces querelles relatives aux dogmes, les défenseurs les plus intransigeants, les partisans les plus catégoriques de telle ou telle position sont précisément dits **dogmatiques**.

• À partir de l'exemple religieux, les mots *dogme* et *dogmatique* sont employés dans le domaine philosophique ou politique. On parlera de « dogme » à propos d'un « principe sacro-saint » de tel ou tel parti. On qualifiera de « dogmatique » ou de « sectaire » celui qui défend son opinion de façon péremptoire et autoritaire, refusant toute discussion. Voir **Dogmatisme, Hérésie, Intégrisme, Schisme**.

DOMINICAL. *adj.* Qui concerne le dimanche. *Le repos dominical.*

DONNE. *n. f.* Distribution de cartes au cours d'un jeu. *Au sens figuré :* ensemble de forces en présence dans une situation politique ou sociale. *La candidature d'Untel a complètement modifié la donne.*

DOXA. *n. f.* Mot grec signifiant « opinion commune ».

1° **Dans le vocabulaire philosophique** et littéraire, ce mot s'emploie en français pour désigner l'opinion commune, l'opinion courante, par opposition au raisonnement philosophique, à la pensée savante. Plus précisément, on désigne parfois du nom de *doxa* l'idéologie dominante, c'est-à-dire l'ensemble des idées toutes faites, des « valeurs » ou des normes de pensée que la société (notamment à travers les médias) impose comme des évidences à chaque individu. Par exemple, on peut dire que la croyance selon laquelle tout progrès technique est nécessairement un progrès humain fait partie de la *doxa* contemporaine.

2° **Comme racine**, le mot *doxa* entre dans la composition de plusieurs mots, notamment : **Hétérodoxe** (qui s'écarte de la doctrine officielle, qui s'oppose aux idées reçues), **Orthodoxe** (qui est conforme au dogme, qui correspond à ce qu'il faut penser), **Paradoxe** (qui est contraire à l'opinion commune). Les penseurs grecs opposent souvent les *« philosophes »* (ceux qui aiment la vérité, la sagesse) aux *« philodoxes »* (ceux qui aiment les idées toutes faites et s'y conforment par facilité).

DRACONIEN. *adj.* (formé sur le nom du législateur athénien Dracon, qui était d'une grande sévérité). Se dit de lois, de mesures, de décisions qui semblent excessivement rigoureuses et sévères. *Une politique draconienne contre l'inflation. Un régime draconien contre l'obésité.* Voir **Drastique**.

DRAMATIQUE. *adj.* (du grec *drama*, « action »). 1° Qui se rapporte au théâtre, genre littéraire fondé sur une *action* représentée sur scène. *Art dramatique, genre dramatique, auteur dramatique, critique dramatique.* Dans ce sens, cet adjectif a pour synonyme *théâtral*.

2° Qui provoque une émotion intense, souvent pathétique, à l'image de celle que produisent les moments forts d'une pièce de théâtre, mais aussi bien dans d'autres genres littéraires que dans la réalité quotidienne ou historique. *Des événements dramatiques* (tragiques). *Une scène de ménage dramatique* (poignante, douloureuse). *Un match dramatique, ponctué de suspenses* (passionnant, palpitant — mais pas forcément tragique). À ce sens correspond le verbe *dramatiser*, « amplifier la gravité d'une situation », ainsi que son antonyme *dédramatiser*. Voir **Drame, Tragique**.

DRAMATURGIE. *n. f.* Art de composer des pièces de théâtre ; principes régissant cet art ; traités concernant le genre théâtral, ses règles et son esthétique selon les époques. Alors que le mot **Dramaturge** désigne simplement l'auteur de pièces de théâtre, la *dramaturgie* dépasse très largement le rôle propre de l'auteur dramatique. L'auteur d'une pièce n'est pas obligatoirement conscient des *principes dramaturgiques* qui régissent son œuvre.

DRAME. *n. m.* (de *drama*, « action » en grec ; cf. le mot *dramatique*).

1° Au **sens ancien** (le plus général) : théâtre, par opposition à la poésie, à l'épopée ou au roman.

2° Au **sens classique**, à partir du XVIIIe siècle : pièce de théâtre qui n'est ni une comédie ni une tragédie. Il y a notamment le *drame bourgeois* (de Diderot et d'autres auteurs), qui représente avec réalisme, en prose, les situations des milieux bourgeois de l'époque, et le *drame romantique*, au XIXe siècle (Hugo, Musset), qui remplace la tragédie désuète, abandonne la règle des trois unités et mêle les scènes comiques et tragiques. Toutefois, le drame (et son avatar le mélodrame) sera surtout marqué par son caractère grave, pathétique, mouvementé ou tragique, ce qui explique l'extension du mot dans le vocabulaire courant (voir sens suivant).

3° Au **sens moderne** (courant) : événement grave ou tragique, situation terrible dans la réalité (crime, catastrophe, violence). L'évolution du mot « drame » a ainsi été parallèle à celle de l'adjectif *dramatique* (voir ce mot). Voir **Tragique**.

DRASTIQUE. *adj.* Se dit de mesures contraignantes, énergiques, rigoureuses. Ce terme, fréquent dans les médias, est quasi synonyme de **Draconien**.

DROIT. *n. m.* (du latin *directum*, « qui est correct, conforme à la règle, juste »).

1° **Ce qu'il est permis de faire**, ce qu'on a la faculté d'accomplir, selon les règles morales ou sociales. Dans ce premier sens, le mot *droit* donne lieu à deux oppositions classiques :
— *opposition des droits et des devoirs* (ce que l'on *peut* faire / ce que l'on *doit* faire), avec l'idée classique que la jouissance d'un droit suppose qu'on respecte le même droit chez les autres : on ne peut donc séparer les droits et les devoirs d'un citoyen ;
— *opposition du droit et du fait* : ce qui existe n'est pas juste par le simple fait que cela existe. Dans différents débats, on distingue donc la **question de fait** (ce qui se passe, ce qui se fait) de la **question de droit** (ce qui se passe est-il légitime, conforme à la règle morale ou sociale ?).

2° **L'ensemble des règles juridiques** qui, dans une nation, régissent les rapports des citoyens entre eux. Dans le sens précédent, on parle des droits dont chacun dispose. Dans ce sens, on parle du **Droit** auquel chacun est soumis, dans une société, pour pouvoir effectivement profiter de ses droits et respecter ceux des autres. Ce Droit peut naturellement se répartir dans les différents domaines de la vie humaine : *droit commercial, droit civil, droit maritime, droit constitutionnel*, etc.

Dans ce second sens, un débat classique oppose le **« droit naturel »** et le **« droit positif »** : le premier est le droit dont tout homme est censé pouvoir jouir moralement et humainement ; le second désigne le droit effectif (sens n° 2) que les conventions sociales et la législation d'un pays donné ont édicté, et qui semble souvent restrictif par comparaison aux droits naturels de toute personne humaine. Voir ci-dessous **Droits de l'homme**.

3° **Droits de l'Homme.** Ensemble de principes fondamentaux (déclarés « universels » en 1789) qui protègent la personne humaine, sont à la base de son épanouissement privé et du plein exercice de sa citoyenneté, et s'imposent impérativement à toute société démocratique et pluraliste.

Les principales déclarations « des droits de l'homme » ont été celles de 1789 et 1793 sous la Révolution française, largement préparées par la philosophie des **Lumières** (voir ce mot), et la « Déclaration universelle des Droits de l'homme » proclamée par les Nations Unies en 1948.

L'égalité des êtres humains devant la loi, les libertés fondamentales (de pensée, de conscience, d'expression, de circulation), les droits essentiels de tout individu (droit à l'instruction, au travail, à l'insurrection contre l'oppression, à la propriété, à l'assistance, etc.) ont été ainsi affirmés solennellement, de façon de plus en plus précise et de plus en plus complète, du XVIIIe au XXe siècle.

Ces « droits de l'homme » sont simultanément des « devoirs » pour chacun et pour tout État (le mot « devoir » figure expressément dans les déclarations). Ils se présentent comme une sorte *« d'idéal commun que tous les peuples et toutes les nations devront s'efforcer de réaliser »* (Déclaration de 1948). On peut donc affirmer qu'ils représentent l'aboutissement, universellement reconnu (sinon respecté), de l'humanisme fondamental auquel tend l'humanité à travers ses multiples cultures.

La « Convention internationale des droits de l'enfant », votée par les Nations Unies en 1989, a complété la Déclaration universelle des droits de l'homme. Il reste, bien entendu, à la faire appliquer partout.

→ **Pour approfondir, p. 611.**

DUALISME. *n. m.* Doctrine philosophique qui interprète la réalité (globalement ou partiellement) à partir de deux principes fondamentalement opposés. *Le dualisme de l'esprit et de la matière. Le dualisme du Bien et du Mal* (voir **Manichéisme**). Ce mot est à distinguer du mot **Dualité**. D'une part, dans le dualisme, les deux éléments coexistants sont *irréductibles* (et non pas seulement différents). D'autre part, le dualisme fait de cette opposition un *principe d'explication* (non un simple constat). On peut dire par exemple que le « dualisme » va utiliser la « dualité de l'âme et du corps » pour interpréter fondamentalement la nature humaine.

DUALITÉ. *n. f.* (du latin *dualis*, « composé de deux »). Caractère de ce qui est double, composé de deux éléments différents. *Rousseau déplore la dualité de sa nature, où s'allient la vivacité des émotions et la lenteur de la réflexion. La dualité du pouvoir politique, partagée entre l'exécutif et le législatif.* Mot de sens voisin : **Ambivalence**. Ne pas confondre avec **Duplicité**.

DUBITATIF. *adj.* Qui est hésitant, incertain ; qui manifeste le doute. *Il a paru dubitatif à l'annonce de cette nouvelle. Une expression dubitative.*

DUPER. *v. tr.* Tromper, leurrer, berner (quelqu'un). La personne dupée est appelée la dupe. Les synonymes familiers de ce verbe sont nombreux : *feinter, posséder, avoir, rouler, pigeonner,* etc.

DUPLICITÉ. *n. f.* Caractérise un comportement double, le plus souvent volontaire. La « duplicité » se distingue de la « dualité » par *l'intention* qui l'anime : la personne joue double jeu, affecte d'être ce qu'elle n'est pas. Au-delà des individus, on peut parler de *duplicité d'une politique, d'une stratégie.* Ne pas confondre avec **Dualité**.

DYARCHIE. *n. f.* (du latin *duo*, « deux », et du grec *arkhê*, « pouvoir »). Régime politique dont le pouvoir est exercé par deux personnes ou deux groupes. Finit en général par l'élimination de l'un des chefs par l'autre...

DYS-. Racine d'origine grecque qui signifie « mal, mauvais » (ne pas confondre avec *dis-*). De nombreux termes médicaux ou psychologiques sont formés à partir de ce préfixe : **Dysenterie, Dysménorrhée, Dyspepsie, Dyspnée.** Voir aussi, d'un emploi plus courant, **Dysfonctionnement, Dysharmonie, Dyslexie** ou **Dysorthographie**.

É-. Préfixe d'origine latine *(« ex- »)*, qui prend parfois la forme *ef-* (devant *f*) et *es-* (devant *s*). Comme le préfixe *ex-*, ce préfixe fréquent peut signifier :
— l'**éloignement**, la sortie : *éclore, écouler, effusion, égarer, émission, éruption, essor*. Dans ce sens, il s'oppose au préfixe *in-* (au sens n° 1, « dedans, vers l'intérieur ») : *exclure/inclure ; exporter, importer*, etc. ;
— **changement** d'état : *éclaircir, élucider, émonder, ébruiter, édulcorer* (et les noms dérivés), *efféminé, esseulé* ;
— la **privation**, le contraire : *échevelé, égorger, énorme, épouiller, éradiquer, émerger, essouffler*, etc. Dans ce sens, le préfixe est proche des autres préfixes privatifs (*a-, in-* au sens n° 2) ;
— l'**accomplissement** d'une action : *s'écrier, élaborer, émouvoir, étirer, évaser*.

EAU-FORTE. *n. f.* Acide dont se servent les graveurs pour attaquer les plaques de cuivre. Par extension, gravure obtenue par ce procédé.

ÉBRIÉTÉ. *n. f.* (du latin *ebrius*, « ivre ») Ivresse, état d'une personne saoule. *Un conducteur en état d'ébriété*. Ne pas confondre, évidemment, avec *sobriété* !

ECCLÉSIAL. *adj.* (du latin *ecclesia*, « église »). Qui est relatif à l'Église (catholique), comme communauté de fidèles et hiérarchie institutionnelle. *L'autorité ecclésiale, les biens ecclésiaux*.
N.B. À propos des membres du clergé, on emploie le mot *ecclésiastique* (adjectif et nom).

ÉCHAPPATOIRE. *n. f.* Issue *(au sens figuré)* par laquelle on réussit à « s'échapper », c'est-à-dire à se tirer d'une situation embarrassante. L'échappatoire peut être un moyen verbal (une excuse, un argument), une ruse, un subterfuge, etc.

ÉCHELLE DE VALEURS. Ensemble ordonné de principes moraux sur lesquels on règle sa vie (ou dont on se sert, plus ou moins consciemment, pour juger les autres). *Je place avant tout le courage, puis la générosité, puis l'intelligence : telle est mon échelle de valeurs*. Voir **Valeurs**.

ÉCHELONNER. *v. tr.* Disposer des éléments de façon régulière, dans l'espace ou dans le temps. *Échelonner les épreuves d'un rallye. Échelonner les dates de congé au long de l'année.*

ÉCHOIR. *v. intr.* Arriver à échéance, se produire au moment prévu. Ne s'emploie qu'à l'infinitif, à la 3e personne de certains temps ou au participe passé, à propos de dates ou d'obligations stipulées dans un contrat. *La charge qui m'échoit. Le terme est échu.*

ÉCLECTISME. *n. m.* 1° Attitude philosophique qui consiste à prendre des idées ou des notions de diverses doctrines pour se constituer un système personnel.
2° Par extension, variété de goûts, d'intérêts ou de pratiques dans les domaines artistiques ou littéraires. Un individu *éclectique* s'intéresse aux sujets les plus divers, ou dans un domaine particulier, aux formes les plus diverses. *Un artiste éclectique, un homme du monde éclectique, des goûts éclectiques.*
N.B. Ce terme ne comporte pas de nuance péjorative, comme *dilettante.*

ÉCO-. Préfixe tiré du grec *oikos*, « maison, habitat », qui signifie par extension *milieu, environnement*. A servi à constituer les deux mots essentiels que sont **Écologie** (« étude du milieu, science des rapports de l'être vivant avec l'environnement », et donc préoccupations politiques qui s'y rapportent) et **Économie** (« art de bien gérer la maison », puis par extension, science des faits économiques dans une collectivité humaine, et enfin, vie matérielle et économique d'un groupe humain).

ÉCOLE. *n. f.* Au **sens littéraire et artistique**, rassemblement d'écrivains, d'artistes ou d'intellectuels qui partagent les mêmes préoccupations esthétiques, ont les mêmes convictions morales et parfois politiques, tentent éventuellement d'agir ensemble pour faire triompher leurs conceptions. *L'école romantique, l'école naturaliste, l'école de Barbizon*, etc. Le mot « école » ne doit pas être nécessairement pris dans le sens de mouvement cohérent et didactique : si, parfois, des artistes se groupent consciemment et publient même des « manifestes », souvent aussi, ce sont les critiques qui, après coup, inventent le terme d'école à propos de créateurs qui n'ont pas vraiment eu le souci de se concerter et de mettre en commun leurs similitudes (voir **Classicisme** et **Symbolisme** par exemple).

ÉCOLOGIE. *n. f.* (du grec *oikos*, « maison » et *logos*, « science »; littéralement : « science de l'habitat »). 1° Science de l'environnement et des équilibres qui se tissent entre les êtres vivants et leur milieu naturel. 2° Attitude de respect de la nature, souvent liée à une critique des menaces ou des dégâts qu'engendrent l'activité industrielle ou les expériences militaires. L'écologie devient alors *l'écologisme*, débouche sur une attitude politique et peut préconiser un autre modèle de société.
➔ **Pour approfondir, p. 620.**

ÉCRITURE. *n. f.* Manière d'écrire, style. Dans le vocabulaire de la critique philosophique ou littéraire, le mot *écriture* s'oppose d'abord à *parole,* dans la mesure où l'acte d'écriture suppose un travail réfléchi, une volonté d'utiliser les codes littéraires ou de les renouveler. Le mot écriture devient vite, ensuite, un synonyme de *style,* de *manière d'écrire personnelle.* On parlera même, par extension, d'écriture artistique, cinématographique, musicale, etc. **L'Écriture sainte** ou **Les Écritures :** la Bible.

ÉCULÉ. *adj.* (*sens figuré*) Complètement usé, à force d'avoir été répété. Se dit en général d'expressions ou d'idées. *Des jeux de mots éculés. Des promesses éculées.* Synonymes : *rebattu, stéréotypé, archi-banal.*

ÉDEN. *n. m.* Paradis terrestre où, selon la Bible, Adam et Ève furent créés libres et heureux : *le jardin d'Éden.* Par extension, lieu paradisiaque, séjour enchanteur où le bonheur doit être perpétuel. Antonyme (dans les deux sens) : **Enfer.** Noter l'adjectif *édénique : une lumière édénique* (paradisiaque).

ÉDIFIANT. *adj.* Qui est moralement constructif, positif. *Des propos édifiants.* Qui donne un exemple digne d'être imité. *Une conduite édifiante.*
Noter l'emploi ironique : *un livre édifiant, un témoignage édifiant, un film édifiant,* c'est-à-dire particulièrement révélateur (et donc consternant) !

ÉDILE. *n. m.* Magistrat romain. Par extension : responsable municipal. *Nos édiles sont devenus irresponsables* (le mot est souvent employé ironiquement).

ÉDITORIAL. *n. m.* (de l'anglais *editor,* « directeur de journal »). Article de fond, dans la presse, situé en général en première page, et qui reflète la position prise par la rédaction sur un sujet donné.
L'éditorial peut être le fruit d'un travail collectif, ou être rédigé par un journaliste renommé de l'équipe dirigeante, appelé **éditorialiste.**
L'éditorialiste est souvent le rédacteur en chef. Mais il peut y avoir au sein d'une rédaction plusieurs éditorialistes exprimant, avec des sensibilités différentes, la ligne générale du journal.

ÉDUCATION. *n. f.* Ensemble des actions destinées à former et à développer l'être humain, à tous les niveaux : physique, intellectuel, relationnel, social, civique, etc. L'éducation est davantage que l'instruction (qui vise plus particulièrement l'activité de l'esprit et l'acquisition des connaissances) : elle s'attache à l'ensemble du comportement de l'individu. L'éducation ne se réduit pas non plus à une somme d'apprentissages (d'une activité professionnelle, d'une bonne conduite en société, de telle ou telle technique) ; elle dépasse en particulier la notion de « savoir-vivre » à laquelle se réfèrent les expressions *avoir de l'éducation / manquer d'éducation.* La véritable éducation prend en charge la totalité de la personne, notamment sa dimension éthique. L'éducateur doit toujours s'interroger sur le projet humain qui l'anime et se deman-

der quel futur homme, quel futur citoyen il prépare. Voir **Droits de l'homme.**
→ **Pour approfondir, p. 625.**

ÉDULCORER. *v. tr.* (du latin *dulcor*, «douceur»). Au sens propre comme au figuré, adoucir. Ce verbe est en particulier employé à propos des textes dont on atténue la virulence, en adoucissant ou en supprimant certaines expressions choquantes ou blessantes. *La version édulcorée d'un discours, d'un récit, d'un compte-rendu.* Voir **Expurger.**

EFFET. *n. m.* Résultat d'une action ; phénomène produit par une cause ; impression produite sur des personnes. Notons surtout ici le couple **cause/effet,** qui est un des principes fondamentaux de la logique : *il n'y a pas d'effet sans cause.*
Au pluriel, (dans la langue *littéraire*) les effets sont les vêtements et éléments divers constitutifs de l'habillement.

EFFICIENCE. *n. f.* (anglicisme). Efficacité technique ; performance effective. *L'efficience d'une politique économique. Une stratégie terriblement efficiente.*
N.B. • Il est considéré comme abusif d'employer le terme *efficience* à propos d'une personne : il faut alors dire *efficacité.*
• L'adjectif *efficient* a été employé dans la langue philosophique (une *cause efficiente,* qui engendre un effet). Le mot *coefficient* signifie littéralement «qui multiplie l'effet de quelque chose».

EFFIGIE. *n. f.* Portrait, image d'une personne généralement célèbre. En particulier, reproduction du visage d'une personne connue sur les pièces de monnaie.

EFFRÉNÉ. *adj.* Qui est sans frein, donc sans limite, sans retenue. *Une jalousie effrénée. Des goûts, des désirs effrénés.* Immodéré, démesuré.

EFFUSION. *n. f. (sens propre)* Action de répandre, débordement. *Des effusions de sang au cours d'une répression militaire.*
(sens figuré, le plus souvent au pluriel) Manifestation de sentiments, d'affection, de tendresse. *Assez d'effusions, dit le notaire : venons-en au partage de l'héritage.*

ÉGALITARISME. *n. m.* Doctrine (ou attitude politique) qui réclame une égalité absolue entre les hommes en matière politique et sociale.
Le plus souvent, ce terme est employé de manière péjorative. Au départ, en effet, l'égalitarisme part du désir d'obtenir une parfaite égalité *de droits* politiques et sociaux dans la démocratie. Mais souvent, le partisan de l'égalitarisme désire aussi que cette égalité *de droit* devienne une égalité *de fait :* il ne supporte pas qu'un citoyen ait plus de fortune ou de pouvoir qu'un autre, il est traversé, comme le dit Montesquieu par un *« esprit d'égalité extrême ».* Cette attitude conduit à imposer à tous un modèle uniforme de vie, à refuser toute distinction ou initiative individuelle ; elle mène la société à un ordre rigide et à l'impuissance. L'*égalité* devient le contraire de la *liberté.*

Cela dit, l'accusation d'égalitarisme est aussi souvent le fait de citoyens privilégiés à l'égard des démocrates qui mettent en cause légitimement ces privilèges. Voir **Démocratie**.

ÉGÉRIE. *n. f.* Femme qui exerce une influence déterminante sur un homme (une personnalité politique, un artiste) ou sur un groupe de citoyens. *Elle était l'égérie de la bande.* Le terme prend souvent une nuance péjorative lorsqu'il s'agit de groupes clandestins (terroristes, marginaux).

ÉGIDE. *n. f.* L'égide était, dans la mythologie grecque, le bouclier de Zeus (que celui-ci cédait souvent à sa fille Athéna). D'où le sens figuré de *protection accordée par une autorité d'importance*. **Sous l'égide de** : sous la protection notoire, sous le patronage de.

EGO. *n. m.* (du latin *ego*, « moi, je »). L'ego est le *moi*, le sujet en tant que tel, le noyau central de la conscience. Le terme est employé en philosophie, en psychanalyse, et de plus en plus, dans le langage courant.

Par ailleurs, ce mot a servi de racine dans la constitution de plusieurs mots connus : **Égocentrisme** (tendance excessive à se centrer sur soi, dont l'antonyme est le mot **Allocentrisme**), **Égoïsme** (amour excessif de soi et de ses intérêts, dont l'antonyme est le mot **Altruisme**), **Égotisme** (attitude volontaire d'analyse de soi et de culture de son « ego », — mot mis à l'honneur par Stendhal).

ÉLABORÉ. *adj.* Se dit d'un objet, d'une œuvre, d'un produit qui ont été particulièrement travaillés, et portés à un certain degré de finition, de perfection — par opposition à ce qui est mal dégrossi, resté à l'état brut, inachevé. *Un travail particulièrement élaboré. Un système très élaboré.*

ELDORADO. *n. m.* (de l'espagnol *el dorado*, « le pays doré »). Pays légendaire, situé en Amérique du Sud, où la richesse abonde. Ce pays fait l'objet de deux chapitres du roman de Voltaire, *Candide*, et se caractérise par la tolérance de ses habitants, la sagesse de ses gouvernants, le raffinement de ses mœurs, le bonheur de tous. Par extension, le mot *eldorado* symbolise tout pays idéal et riche dont on rêve. *Qui n'a pas imaginé son eldorado ?*

N.B. Le mythe de l'Eldorado continue d'être cultivé au XXe siècle. Un dessin animé proposé aux jeunes, intitulé *La Merveilleuse Cité d'or*, était fondé sur sa quête.

ÉLECTION. Au **sens littéraire** (classique), le mot *élection* signifie *choix*, notamment en ce qui concerne l'amour et l'amitié. À propos de Jésus, Pascal parle par exemple de « l'élection » de ses apôtres (c'est Jésus qui les a choisis). On parle couramment encore de **patrie d'élection** (pays que l'on a choisi). Notez aussi l'expression **les affinités électives,** qui désigne (à la suite d'un roman de Goethe) les sympathies naturelles qui conduisent certaines personnes à se choisir mutuellement comme amies. De même, le **Peuple élu** désigne le peuple *« choisi »* par Dieu (dans la Bible).

ÉLÉGIAQUE. *adj.* Se dit du ton plaintif, mélancolique, qui est propre aux élégies poétiques, et qu'on peut retrouver ailleurs, dans la musique par exemple.

ÉLÉGIE. *n. f.* Dans l'Antiquité, jusqu'au XVIIIᵉ siècle, l'élégie est le plus souvent un poème lyrique qui exprime des sentiments de mélancolie ou de tristesse en rapport avec un deuil ou un amour malheureux. Mais l'amour chanté par l'élégie n'est pas toujours triste et l'élégie a pu jadis chanter d'autres thèmes (louange des princes, sentiments patriotiques).

Au XIXᵉ siècle, l'élégie se spécialise dans la mélancolie, l'expression du «mal du siècle» romantique, la plainte sur la destinée, la tristesse amoureuse. Les *Méditations poétiques* de Lamartine en sont l'exemple le plus caractéristique.

ELLIPSE. *n. f.* En **rhétorique**, l'ellipse est une figure de style qui consiste à omettre, dans un énoncé ou dans un récit, un ou plusieurs éléments en principe nécessaires à la compréhension du texte, pour produire un effet de raccourci, et ainsi, saisir l'attention de l'interlocuteur, en l'obligeant à compléter mentalement ce qui est sous-entendu. Par exemple, dans la première page de *La Condition humaine*, Malraux évoque ainsi le sort du terroriste Tchen : *« Pris ou non, exécuté ou non, peu importait »* ; il abrège de cette manière une phrase qui serait complète dans la forme suivante : *« Qu'il fût pris ou non, qu'il fût exécuté ou non, cela lui importait peu. »* Le **style elliptique** produit ici un effet de rapidité, de bouleversement interne.

Notons que l'ellipse fonctionne à un niveau supérieur à celui de la phrase : des épisodes, des scènes peuvent être évoqués de façon elliptique dans un récit ou un film. À la fin de sa chanson *Mon enfance*, par exemple, Jacques Brel, qui a longuement décrit son enfance et son adolescence, évacue en quelques mots tout le reste de sa vie : *« Et la guerre arriva... Et nous voilà ce soir »* ; il signifie ainsi, de manière saisissante, que l'âge adulte ne compte pour rien à ses yeux. L'ellipse nous oblige toujours à *rétablir mentalement* ce que l'auteur passe sous silence.

ÉLOCUTION. *n. f.* 1° **Sens courant** : manière de s'exprimer oralement, qui comprend le débit, l'articulation, l'intonation et, au sens large, l'art de dire. Selon les contextes, le terme peut ne désigner que la diction, la prononciation des paroles *(une élocution confuse, claire, rapide, lente, saccadée, impérieuse)* ou s'étendre à l'aisance verbale, l'éloquence proprement dite *(une élocution brillante, convaincante)*, qui rappelle le sens ancien du mot. Ne pas confondre avec les paronymes **Allocution** (il s'agit aussi de discours), **Allocation** ou **Électrocution** !

2° **Sens ancien** : l'élocution (*elocutio* en latin) désigne le style même du discours, l'art de façonner des phrases convaincantes. En rhétorique classique, on distinguait chez un orateur **l'actio** (les attitudes, les gestes, l'intonation, bref tout ce qui fait de l'orateur un acteur), **l'inventio** (ou invention : les thèmes, les idées, les arguments, le contenu du discours), la **dispositio** (ou composition : la mise en ordre du texte, ses enchaînements, l'articulation entre idées et exemples) et l'**elocutio**, l'élocution. Dans l'acception que nous venons de préciser, celle-ci est donc l'écriture même du texte ou du discours, son expression, ses figures, sa prosodie, tout ce qu'on appelle plus généralement le style. Voir **Rhétorique**.

ÉLOGE. *n. m.* Discours ordonné par lequel on célèbre une personne, une œuvre, une entité quelconque *(éloge de la démocratie)* ou une valeur. On peut faire l'éloge du Président, d'une pièce de théâtre, du boudin, etc. *Un éloge funèbre. L'éloge de la folie.*

Par extension, les éloges sont des louanges, des jugements flatteurs, des félicitations, des compliments. *Il ne tarit pas d'éloges sur moi.* Voir **Panégyrique, Dithyrambe, Apologie**.

ÉLOQUENCE. *n. f.* Art de persuader, par oral ou par écrit. Facilité verbale, **élocution** (voir ci-dessus les deux sens du mot), rhétorique, chaleur communicative. Art de convaincre par des arguments ou par l'efficacité du discours, du style. Expressivité en général, qui peut aboutir aux excès de l'emphase et de la *grandiloquence*. Par extension, le terme peut s'appliquer à ce qui est convaincant de soi-même (sans le moyen du discours) : c'est ainsi qu'on peut parler d'une *attitude éloquente*, de l'*éloquence des chiffres*, d'un *silence éloquent*. Voir **Discours, Élocution, Rhétorique**.

ÉLUCIDER. *v. tr.* (à partir du latin *lux, lucis*, « lumière »). Rendre clair à l'esprit (une notion, une énigme, un problème). Faire la lumière sur une question abstraite. *Élucider une affaire obscure, élucider un mystère, élucider un comportement.* « *Le roman est à mes yeux un moyen d'expression privilégié du tragique de l'homme, non une élucidation de l'individu.* » (Malraux).

Ne pas confondre avec **Éluder**.

ÉLUCUBRATION. *n. f.* Pensée confuse et laborieuse qui, malgré son apparence savante, n'a pas de sens. *Élucubrer des théories fumeuses. Les élucubrations de son ouvrage, si longtemps médité, ne résistent pas au moindre examen critique.* Ce mot s'emploie le plus souvent au pluriel. Termes de sens voisin : *divagation, aberration, chimère*.

ÉLUDER. *v. tr.* (du latin *e-*, « hors de » et *ludus*, « jeu » : littéralement, « mettre hors jeu »). Écarter adroitement (un obstacle, un argument, une obligation) par une ruse ou un artifice. *Éluder une question.* Éviter, escamoter, se soustraire à.

Ne pas confondre avec **Élucider**.

ÉMANCIPER. *v. tr. (sens juridique)* Affranchir un mineur de la tutelle paternelle. *(sens courant)* Libérer, affranchir une personne ou un groupe qui était en état de servitude ou de dépendance (physique, morale, sociale). *Émanciper un peuple jusqu'alors en esclavage. L'émancipation des colonies, de la femme.*

(v. pron.) **S'émanciper** : s'affranchir de l'autorité morale, ou de contraintes sociales ; prendre des libertés. *Tu sors en boîte, tu as des fréquentations curieuses : tu t'émancipes, dis donc !*

ÉMANER. *v. intr. (sens propre)* Provenir (par exhalaison) de quelque chose, se dégager d'une source quelconque : *la chaleur émane d'un foyer. Il émane une curieuse odeur de cette grotte.*
(sens figuré) Provenir, découler de quelqu'un ou d'une entité morale. *L'autorité du gouvernement émane de la nation. Un rayonnement paisible émanait du bon vieillard.*

EMBARGO. *n. m.* Interdiction faite à des navires de sortir du port. Par extension, interdiction de faire commerce de certaines marchandises (importation/exportation, achats ou ventes). *Décider l'embargo des ventes d'armes à l'égard d'un pays en guerre.*

EMBLÉE (d'). Aussitôt ; d'entrée de jeu. *D'emblée, l'équipe belge marque un but.*

EMBLÈME. *n. m.* Représentation figurée qui symbolise un personnage célèbre (le soleil pour Louis XIV), un pouvoir (l'aigle pour l'empire napoléonien), une collectivité (la femme au bonnet phrygien pour la République française), un métier (le caducée pour la profession médicale), une vertu ou une valeur (la colombe pour la paix). Les emblèmes, parfois accompagnés de devises, nous permettent de connaître les idéaux collectifs ou l'imaginaire (le jeu des symboles) d'une civilisation donnée. Les mots **Symbole, Emblème, Figure emblématique** sont souvent employés comme synonymes les uns des autres. Mais le **symbole** a un sens plus large, alors que l'emblème est toujours une représentation *imagée, concrète,* de ce à quoi il renvoie. *Figure emblématique* se dit d'un personnage célèbre qui incarne ou symbolise un mouvement (culturel, politique, etc.) : *Che Guevara, figure emblématique de la révolution.*

ÉMERGENCE. *n. f. (sens propre)* Fait de sortir d'un milieu où l'on semblait plongé. *L'émergence du soleil au-dessus de l'horizon.*
(sens figuré) Irruption plus ou moins brutale d'une réalité, d'un fait, d'une idée, d'un mouvement collectif. *On assiste à l'émergence de nouvelles relations familiales.*

ÉMÉRITE. *adj.* Qui a de l'expérience et de la pratique dans un domaine donné. Par extension, très habile, très compétent, éminent. *Un médecin émérite.* Se dit aussi (notamment en Belgique) de professeurs d'université qui, ayant cessé leurs fonctions, conservent leurs titres et leurs émoluments.

ÉMINENT. *adj. (sens propre)* Qui est élevé. *Un lieu éminent, supérieur.*
(sens figuré, assez courant) Qui est très au-dessus du niveau moyen ; élevé, remarquable, insigne. *Occuper une place éminente dans la hiérarchie. Rendre d'éminents services. Un personnage éminent des*

milieux artistiques. **Éminence grise** : conseiller qui inspire l'action d'un personnage officiel, parfois en le manipulant.

ÉMOLUMENTS. *n. m. pl.* Rétributions d'un officier ministériel. Par extension, traitement. Synonymes : appointements, cachet, honoraires. *Le montant de vos émoluments est de 15 000 francs.*

ÉMOULU. *adj.* Aiguisé. Ne se rencontre guère que dans l'expression **frais émoulu de** : fraîchement sorti de, récemment diplômé de. *Ce jeune homme, frais émoulu de son école d'architecture, prétendait révolutionner l'urbanisme.*

ÉMOUSSER. *v. tr. (sens propre)* Rendre moins aigu, moins tranchant. *Une arme émoussée. (sens figuré)* Atténuer, affaiblir, rendre moins incisif. *Un goût émoussé. Son esprit s'est émoussé.*

EMPATHIE. *n. f.* (à partir du préfixe *en-*, et du radical grec *pathos*, « émotion, affect, souffrance ». Littéralement, « sentir de l'intérieur »). Disposition à ressentir intérieurement les émotions d'autrui, et donc, à le connaître par identification, en « se mettant à sa place ». Le mot est proche du sens original du mot **sympathie** (« souffrir avec »), avec sans doute une nuance ou une visée didactique : par la sympathie, je *communie* aux sentiments de l'autre ; par l'empathie, je puis *étudier,* en l'intériorisant, la complexité de son état affectif.

EMPHASE. *n. f.* Exagération verbale, enflure, outrance dans l'expression. *Un discours plein d'emphase ; un style emphatique.* Déclamation, grandiloquence (ces deux termes visant plus particulièrement l'expression orale). Par extension, l'emphase peut s'appliquer à la manifestation exagérée des sentiments eux-mêmes, et non pas simplement au langage.

L'emphase caractérise souvent les discours officiels, dont la solennité réclame des tournures grandioses ou hyperboliques. Elle se retrouve aussi dans les excès du style romantique ou baroque, qui visent à frapper le lecteur en produisant de l'effet. À l'opposé du style emphatique *(ampoulé, grandiloquent, pompeux)* se situent les **tournures elliptiques,** la **litote,** la sobriété du vocabulaire, en un mot, l'esthétique de la retenue.

EMPIRIQUE. *adj.* 1° **Sens philosophique** : qui se rapporte à l'empirisme (sens n° 1). *La connaissance empirique. Une recherche empirique.* Fondé sur l'empirisme comme système ou comme attitude. Antonyme : *rationnel.*

2° **Sens courant** : qui procède par tâtonnements, à partir d'expériences particulières, sans présupposé théorique, sans concept préétabli. Dans cet emploi, le mot *empirique* s'applique bien entendu à des personnes ou à des conduites *qui n'ont pas du tout conscience de pratiquer l'empirisme comme philosophie.* Aux procédés empiriques s'opposent, dans ce sens, les méthodes rationnelles, systématiques, et même scientifiques : *la science médicale n'a rien à voir* *avec la médecine empirique des guérisseurs.* Les antonymes (dans ce sens) du mot **empirique** pourront être **rationnel, théorique**, voire même **doctrinaire** (qui fait prévaloir ses a priori sur l'expérience).

EMPIRISME. *n. m.* (voir mot précédent). Système philosophique qui fait de l'expérience la source unique de toute connaissance : il n'existe pas d'idées en soi dans l'esprit humain ; les facultés intellectuelles elles-mêmes se construisent par le contact de nos sens avec le monde extérieur. L'empirisme s'oppose à toutes les formes d'**idéalisme** philosophique. Il a notamment inspiré des philosophes du XVIIIe siècle, les Anglais Hume et Locke en particulier. Aux partisans de cette doctrine correspond l'adjectif **empiriste**.

Par extension, on nomme parfois empirisme une *attitude* qui consiste à se méfier des théories et à ne s'appuyer que sur l'expérience pour trouver des solutions, mettre en œuvre des méthodes, etc. Aux partisans de cette attitude correspond l'adjectif **empirique** (sens n° 2). Voir aussi **Pragmatisme**.

EMPOIGNE (foire d'empoigne). Situation confuse dans laquelle s'affronte des intérêts divergents, où chacun combat les autres pour arracher des avantages indus.

EMPORTE-PIÈCE (À L'). Locution qui signifie : incisif, acéré, mordant, entier. *Une formule à l'emporte-pièce. Un caractère à l'emporte-pièce.*

EMPREINT. *adj.* Imprégné, marqué visiblement. *Le regard empreint de mélancolie.* Orthographe : ne pas confondre avec *emprunt*.

EMPYRÉE. *n. m.* Dans la mythologie antique, partie la plus élevée des cieux, qui était le séjour des dieux. **Sens figuré** *(littéraire)* : ciel, lieu idéal où se rencontrent les grands esprits, les poètes, les sages et les dieux. Ne pas confondre avec le verbe homonyme *empirer*.

ÉMULATION. *n. f.* Sentiment qui pousse à égaler ou à surpasser autrui, dans le travail, le savoir ou toute sorte d'activité où joue le mérite. Effet produit par ce sentiment dans un groupe. *Une saine émulation anime l'équipe de France. L'émulation doit porter les élèves à la réussite.* Contrairement aux mots de sens voisins (concurrence, compétition, rivalité), *émulation* ne s'emploie presque jamais péjorativement. Il est toujours louable d'être l'*émule* de quelqu'un d'autre, qu'on se sente son égal ou qu'on veuille le surpasser.

EN- OU EM-. Racine d'origine latine (*in*, « dans ») qui sert à la composition de nombreux mots (substantifs et surtout verbes). S'écrit *em-* devant les consonnes *b, m, p (embarquer, emmener, s'empresser)*. Le sens se déduit souvent du préfixe et du substantif, mais les significations du mot peuvent avoir évolué.

ENCAN (à l'encan). Livré aux enchères, vendu au plus offrant. *Les biens publics étaient mis à l'encan par des fonctionnaires malhonnêtes.*

ENCLIN. *adj.* Qui incline à, qui est porté à quelque chose par une sorte

de penchant naturel. *Être enclin à la sévérité, à la miséricorde. Être enclin à se révolter, à se résigner.* Hugo dit d'un vieillard :
Il était, quoique riche, à la justice enclin.

ENCYCLIQUE. *n. f.* Lettre solennelle envoyée par le pape à tous les évêques pour faire le point sur un problème de doctrine, à propos de questions actuelles. *L'encyclique Rerum novarum, l'encyclique Pacem in terris.* L'encyclique peut être un document assez long, malgré sa définition de « lettre ». Il s'agit en fait d'une lettre *circulaire,* comme le suggère l'étymologie *(-cycl-),* qui doit faire le tour de tous les responsables du clergé auxquels elle s'adresse. Elle est le plus souvent rédigée en latin.

ENCYCLOPÉDIE. *n. f.* (en grec, étymologiquement : « qui fait le tour du savoir à transmettre » ; voir la racine *ped(o)-, pédie-*). Vaste ouvrage qui traite l'ensemble des connaissances humaines, soit par ordre alphabétique, soit par ordre méthodique (par matières). *L'Encyclopaedia Universalis,* par exemple. La plus célèbre des encyclopédies est tout simplement l'*Encyclopédie,* publiée au XVIIIe siècle de 1751 à 1772 sous la direction de d'Alembert et Diderot.

Par extension, une encyclopédie peut ne concerner que l'ensemble des connaissances d'une seule science. *L'encyclopédie de la médecine.*

L'adjectif correspondant est *encyclopédique.* On parle d'un dictionnaire encyclopédique, d'un savoir encyclopédique, d'un cerveau encyclopédique. *Pic de la Mirandole était plus qu'un esprit encyclopédique : c'était une encyclopédie vivante* (humaniste italien, 1463-1494).

ENDÉMIQUE. *adj.* (à partir de la racine d'origine grecque *-démie,* de *démos,* « peuple, sol »). Se dit d'une maladie ou d'un mal propre à une région donnée *(endémie),* constamment présent. *Un chômage endémique.* On peut comparer avec **épidémie, épidémique** (qui concernent une maladie contagieuse touchant soudain toute une population, mais de façon épisodique, comme la peste) et **pandémie, pandémique** (qui se disent d'une maladie touchant plusieurs continents, comme le Sida). Voir les racines **Epi-** et **Pan-**.

ENDIGUER. *v. tr.* (de *en* et *digue*) Au **sens figuré,** faire obstacle, contenir, canaliser. *Endiguer le flot des manifestants. Endiguer les débordements de la foule. Endiguer les révoltes de la jeunesse.*

ENDOCTRINER. *v. tr.* Faire adopter à quelqu'un des idées religieuses, politiques, philosophiques, etc. On peut endoctriner une personne par la force, par la propagande ou par la persuasion. Voir **doctrine.**

ENFER. *n. m.* 1° *Au singulier.* Dans la religion chrétienne, lieu de supplices où sont envoyés les damnés après la mort. Dans l'imagerie populaire, l'enfer est semblable à un grand bûcher où les méchants sont destinés à brûler éternellement ; ils s'y trouvent en compagnie des démons dont le chef, appelé Satan, Belzébuth, Lucifer ou Méphistophélès, ne cesse de pousser les hommes à faire le mal pour grossir ses troupes de damnés. Antonymes : *Paradis, Ciel.*

Au **sens figuré,** l'enfer désigne les lieux de souffrance extrême, les moments de douleurs continuelles. *Ses derniers jours furent un enfer. Elle subissait une torture morale qui était un véritable enfer.* Le mot s'est affaibli. *Paris à 18 h, c'est l'enfer.*

La pièce de J.-P. Sartre *Huis clos* illustre assez bien le glissement du mot «enfer», du sens propre au sens métaphorique. Les héros, criminels, se retrouvent officiellement après leur mort en enfer, où ils s'attendent à des tortures sans fin. Or, il n'y a pas de torture physique. Leur souffrance consiste simplement à vivre sous le regard les uns des autres, à se supporter mutuellement malgré leurs égoïsmes fonciers. D'où la formule célèbre : *«L'enfer, c'est les Autres»,* qui évoque un enfer... tout à fait terrestre !

2° *Au pluriel.* Dans l'Antiquité, *les enfers* représentent le séjour souterrain des morts, qu'ils y soient heureux ou malheureux. C'est là que les âmes sont jugées, les unes vouées aux châtiments, les autres aux délices. Le mot vient du latin *infernus* (lieu *inférieur,* lieu d'en bas) ; aussi l'adjectif correspondant au mot *enfer* est-il *infernal.*

ENGAGEMENT. *n. m.* En littérature ou dans l'art en général, attitude qui consiste à mettre son œuvre au service d'une cause sociale ou politique.

Le thème de l'engagement de l'écrivain ou de l'artiste s'est développé surtout après la Seconde Guerre mondiale, notamment à la parution de l'essai de J.-P. Sartre *Qu'est-ce que la littérature?* L'idée centrale est que l'artiste ne peut pas se contenter de faire de «l'art pour l'art», en restant à distance des problèmes de son temps et des maux de la société. Il doit s'engager, par son œuvre, dans un sens libérateur pour l'homme, quitte à mettre son art au service de causes immédiates. S'il ne le fait pas et reste dans sa tour d'ivoire, il se rend complice des injustices ou des oppressions du monde (il se trouve — malgré lui? — *engagé,* mais alors, dans une abstention coupable).

Cette thèse a été combattue par les artistes qui pensent que le travail sur les formes, l'écriture même des œuvres, les effets qu'elle produit sur le regard des lecteurs ou spectateurs, sont des formes d'engagement en soi, qui contribuent à libérer les esprits. On a d'ailleurs pu noter que de nombreux créateurs se sont engagés, au cours des siècles, dans le sens premier du terme, sans pour autant négliger d'être des artistes à part entière. Ce débat a donc surtout montré à quel point, engagé ou non dans des causes officielles, tout artiste est responsable : il agit *par les formes d'art* qu'il choisit. Il n'y a pas d'écriture qui ne soit marquée socialement, comme le montre R. Barthes dans *Le Degré zéro de l'écriture,* et qui n'influe, plus ou moins sciemment, par la vision des choses qu'elle transmet.

➜ **Pour approfondir, p. 629.**

ENGEANCE. *n. f.* Ensemble de personnes, espèce d'individus particulièrement méprisables. *Les fanatiques de tous ordres forment une engeance que je ne supporte plus. Gens de lettres, engeance vaniteuse et puérile !*

ENGOUEMENT. *n. m.* Passion soudaine, admiration excessive et passagère pour une personne ou pour une chose. *L'engouement pour un acteur, pour une pratique sportive, pour un style de meubles.* Fait de s'engouer *(s'enticher, s'emballer pour)*. Ne pas confondre avec le paronyme *enjouement* (gaieté, disposition au jeu, badinage).

ÉNIGME. *n. f.* 1° Problème dont il faut deviner la solution à partir d'une formulation ambiguë. *La solution de l'énigme.* L'énigme la plus célèbre est celle que posait le Sphinx, dans la mythologie grecque, et que les voyageurs devaient deviner sous peine d'être dévorés : « *Quel est l'animal qui, le matin, marche à quatre pattes, à midi sur deux pattes, et le soir sur trois pattes ?* » Seul Œdipe trouva la solution, « l'homme » : enfant, il marche à quatre pattes, adulte sur ses deux jambes et, vieillard, à l'aide d'une canne.

2° À partir du genre littéraire qu'est l'énigme, tout problème difficile, toute réalité mystérieuse, tout secret non élucidé peut être appelé « énigme », qu'il s'agisse d'événements romanesques (dans les romans policiers par exemple) ou de réalités effectives (historiques, actuelles, publiques ou privées). *La vie quotidienne est peuplée d'énigmes.* Est *énigmatique* ce qu'on ne peut connaître que par un effort d'interprétation. *Un visage énigmatique, un sourire énigmatique* (celui de la Joconde), *une conduite énigmatique, un personnage énigmatique* doivent être déchiffrés. Mots de sens voisin : *indéchiffrable, étrange, mystérieux, sibyllin.*

ENJAMBEMENT. *n. m.* En versification, l'enjambement est un procédé qui consiste à faire « déborder » une phrase d'un vers sur le vers suivant ; la compréhension du premier vers est impossible sans la lecture de la partie de la phrase rejetée dans le second. C'est le cas de ce début d'une fable de La Fontaine :

> *Un astrologue, un jour, se laissa choir*
> *Au fond d'un puits.*

On confond souvent les mots *enjambement* et *rejet*. Le procédé est effectivement le même. Mais certains auteurs recommandent de distinguer l'**enjambement**, défini comme le *processus d'empiétement* d'un vers sur l'autre, et le **rejet,** défini comme la *partie de la phrase effectivement « rejetée »* dans le second vers. Selon cette logique, ils nomment *contre-rejet* la partie de la phrase qui précède l'enjambement (fin du premier vers).

D'autres auteurs préfèrent opérer la distinction selon l'importance des deux membres de phrase : il y aurait rejet lorsqu'une faible partie est rejetée, et enjambement lorsque l'essentiel de la phrase est dans le second vers. C'est l'exemple de ce quatrain de Baudelaire où l'auteur, décrivant «les Aveugles», use successivement des deux procédés :

> *Leurs yeux, d'où la divine étincelle est partie,*
> *Comme s'ils regardaient au loin, restent levés*
> REJET → **Au ciel** *; on ne les voit jamais vers les pavés*
> ENJAMBEMENT → **Pencher rêveusement leur tête appesantie.**

Dans la pratique, on peut se contenter de cette distinction. L'essentiel est de préciser le sens des termes qu'on emploie et, surtout, d'analyser les *effets produits* par le rejet ou l'enjambement.

ENNUI. *n. m.* Au **sens classique,** tristesse profonde, tourment intérieur, désespoir. C'est en ce sens que Pascal dit que l'homme sans divertissement (au sens n° 2) voit aussitôt sortir *« du fond de son âme l'ennui, la noirceur, la tristesse, le chagrin, le dépit, le désespoir »*. Ce sens classique dure bien au-delà du XVIIe siècle. On le retrouve dans ces vers de «Spleen» de Baudelaire :

> *Quand le ciel bas et lourd pèse comme un couvercle*
> *Sur l'esprit gémissant en proie aux longs ennuis...*

ÉNONCÉ. *n. m.* En **linguistique,** l'énoncé est *ce qui est dit :* la parole prononcée, la phrase écrite, l'ensemble des paroles et des phrases prises dans leur succession, à l'état brut. L'importance de l'énoncé est inséparable de l'opposition **énoncé/énonciation** (voir mot suivant).

ÉNONCIATION. *n. f.* **On appelle énonciation l'acte de produire un énoncé.** L'énonciation se constitue donc de l'ensemble des conditions de production qui confèrent à cet énoncé son importance concrète, sa valeur particulière. Les éléments qui entrent dans l'énonciation et concourent à l'originalité de l'énoncé se déduisent des questions suivantes : qui parle ? à qui ? où ? quand ? comment ? sur quel ton ? Par exemple, l'énoncé le plus banal qui soit — *« il fait beau »* — n'aura pas le même effet ni la même signification selon la personne qui l'énonce (un enfant, un peintre, un paysan), la personne à qui on l'adresse (un ami, un public), le contexte dans lequel il est prononcé (l'hiver, l'été, sous le soleil ou en pleine tempête), le ton sur lequel il est dit (objectif, distrait, volontariste, ironique). Voir à ce propos le mot **communication**, et le schéma qui y est décrit.

Dans un sens plus particulier, l'énonciation est surtout révélatrice du rapport que le locuteur entretient avec son énoncé. Dire «je» ou ne pas dire «je», prendre un ton personnel pour émouvoir ou un ton impersonnel pour sembler objectif, choisir des mots ou des figures de style de préférence à d'autres, s'exprimer sous la forme d'un genre littéraire plutôt que sous une autre forme, tout cela caractérise la personne qui se constitue à travers cet énoncé, plus que le contenu de l'énoncé en tant que tel. Dans ce sens, l'étude de l'énonciation sera surtout, au-delà des indices formels de celle-ci, l'étude de l'énonciateur. L'énonciation devient quasi synonyme de style, au sens classique du terme, celui qui faisait dire à Buffon : *« Le style est l'homme même. »*

Voir **Communication, Connotation, Écriture, Élocution, Rhétorique, Style.**

ENQUÉRIR (s'). *v. pron.* (du latin *inquirere*, « rechercher ») S'informer de quelque chose, chercher à savoir. *S'enquérir d'une adresse, s'enquérir des conditions d'achat, s'enquérir du sort d'un navigateur.* Chercher à connaître.

Notons que sur la même racine sont constitués les mots **Enquête** et surtout **Inquisition.**

ENSERRER. *v. tr.* Serrer étroitement, en entourant ce qu'on serre. Peut s'employer au *sens figuré. Les préjugés qui lui enserrent l'esprit.* Ne pas confondre avec *insérer* (introduire).

EN SOI. Expression philosophique qui désigne *ce qui est en soi,* indépendamment de l'être humain et de la perception qu'il en a. Selon les philosophes, l'*en soi* fait l'objet d'approches différentes :

• Pour Kant, l'*en soi* existe indépendamment de l'esprit et des apparences sensibles par lesquelles l'homme pourrait le percevoir. Kant oppose ainsi les *noumènes* (les choses en soi, qui nous échappent par leur essence même) aux *phénomènes* (les choses telles qu'elles se présentent et se manifestent à nous, et donc que la conscience humaine peut connaître).

• Chez Sartre, l'*en soi* représente les choses en ce qu'elles ne sont pas dotées de conscience de soi. La réalité matérielle du monde, son existence et son opacité, qui sont *déjà là* avant que l'homme les perçoive, constituent la nature massive de l'*en soi.* À l'**en soi** s'oppose le **pour soi,** c'est-à-dire la conscience humaine qui se connaît elle-même, et se constitue dans cet acte de connaissance. Une confrontation incessante s'opère entre le sujet humain qui désire, qui existe comme projet et comme conscience de lui-même, et la réalité massive des choses, qui lui opposent leur *« en soi »* comme un butoir dénué de raison d'être. Dialectique d'autant plus complexe que, pour chaque individu, la donnée biologique est une part de cet *en soi,* préexistant à la conscience.

ENTENDEMENT. *n. m.* Faculté de comprendre et de penser, par opposition à la sensibilité, ou à la volonté. *Cela dépasse l'entendement.* Ce mot, employé couramment dans la langue littéraire classique, s'est vite cantonné dans le vocabulaire philosophique. Voir le mot suivant.

ENTENDRE. *v. tr.* Au **sens classique** ou **philosophique,** comprendre. Dans ce sens, ce verbe est encore employé dans quelques expressions courantes du type : *Je n'entends rien à ce que tu dis. Qu'entends-tu par là ? Il faudrait s'entendre.* Voir le mot précédent.

ENTÉRINER. *v. tr.* (dérivé de *entier*) **Sens juridique :** rendre valide, définitif, complet, un acte décidé par un tribunal, par une assemblée, par

une autorité. *La loi votée par le Parlement a été entérinée par le Conseil constitutionnel.* Homologuer, ratifier, confirmer.
Sens large : approuver ou admettre une action, une décision, un principe, un usage. *Malgré les protestations de quelques-uns, le passage à l'heure d'été semble entériné par la plupart des pays européens.*

ENTHOUSIASME. *n. m.* (du grec *théos*, « dieu ». Littéralement : « dieu en soi »).
Sens classique (dans l'Antiquité) : transport divin qui saisit le prêtre ou le prophète. Par extension, inspiration sacrée qui transporte le poète.
Sens moderne : émotion très forte qui pousse à agir ou à admirer, dans l'allégresse et la passion. *Des débordements d'enthousiasme.*
N.B. C'est surtout pour son étymologie (malgré l'usure du sens) que ce mot est à connaître : il y a toujours du « dieu en soi » dans l'enthousiasme...

ENTICHER (s'). *v. pron.* Se passionner à l'extrême, sans raison apparente, pour quelqu'un ou quelque chose. *S'enticher de meubles anciens. S'enticher d'une femme sans beauté. S'enticher d'un sport, d'un feuilleton,* etc. Noter la construction : s'enticher de (et non pas « pour »).

ENTITÉ. *n. f.* **Sens philosophique :** réalité abstraite, conçue ou simplement perçue par l'esprit, qu'on ne peut saisir que par le concept qui l'exprime (voir **Concept** et **Abstraction**). Par exemple, le Bien (par rapport à l'ensemble des bonnes actions) est une entité. L'idée de Dieu (indépendamment de la personne divine à laquelle les croyants se sentent reliés par la foi) est une entité. La notion d'essence (l'*essence* des choses, l'*essence* du roman) est toujours une entité : les deux mots sont quasi synonymes. On notera que le mot « entité » est parfois utilisé péjorativement, comme synonyme d'invention, d'abstraction fumeuse (par opposition aux réalités palpables ou scientifiquement mesurables).
Sens général : réalité existante mais difficile à saisir, à définir, à cerner, autrement que par un mot-concept. La société est une entité. La République française est une entité. elle existe bien, elle est bien une réalité isolable, concrète quoique complexe, mais on ne peut la cerner que comme une entité, comme cette essence globale qu'on nommera « République française ».

ENTROPIE. *n. f.* En **thermodynamique** (étude des relations entre l'énergie mécanique et la chaleur), l'entropie est une grandeur qui mesure la « dégradation de l'énergie » d'un système donné. Lors d'une transformation d'un système dans un autre, la « variation d'entropie » permet d'établir la part d'énergie « dégradée » en chaleur. Quand celle-ci augmente, on estime que la transformation opérée a accru le « désordre » du système initial, la chaleur étant liée à l'agitation désordonnée des molécules (voir un cours de Physique).

L'intérêt de la notion d'entropie vient sans doute de son extension. Certains physiciens, considérant que l'évolution du monde physique dans son ensemble est irréversible, estiment que l'entropie universelle augmente : la chaleur se dissipe, les systèmes ordonnés se dégradent, l'univers va vers une sorte d'indifférenciation globale liée à l'irréversibilité du Temps.

En extrapolant, d'autres sciences se sont emparé du concept d'entropie. Des anthropologues, par exemple, l'appliquent à la mise en contact de deux cultures : les échanges qui se produisent, le choc qui les transforme l'une par l'autre, aboutissent à un état final indifférencié où chacune a perdu sa spécificité, sa complexité, sa structure initiale. Les théoriciens de la communication posent que dans toute transmission de signaux d'un système à un autre, il y a risque de perte d'information et donc, là encore, dégradation, accroissement d'entropie. Ainsi, l'entropie finit par désigner métaphoriquement, tout ce qui est désordre, désintégration, déstructuration accompagnant la mutation d'une réalité en une autre (la «décomposition» d'un cadavre, par exemple). D'où sa fécondité mais aussi une certaine confusion.

ÉPHÉMÈRE. *adj.* (du grec *epi,* «sur, dans» et *hêmera,* «un jour»). Qui ne dure qu'un jour. Par extension : qui est de très courte durée. *Une mouche éphémère* (on emploie le nom **éphémère** pour désigner l'un de ces insectes). *Un succès, un bonheur, des amours éphémères.* À partir de cet adjectif, notons le sens courant du mot **éphéméride** : calendrier dont on tourne chaque matin la feuille du jour correspondant (qui contient des précisions sur les prénoms dont c'est la fête, des informations sur la position des astres, des rappels d'événements produits antérieurement le même jour).

ÉPI-. Racine d'origine grecque qui signifie «dans», «sur» ou «à la suite de». On a ainsi **Éphémère** (voir ce mot), **Épidémie** (maladie qui se répand à la surface d'une région), **Épiderme** (peau du dessus), **Épilepsie** (attaque nerveuse qui saisit brutalement), **Épisode** (élément circonstanciel qui se produit dans un récit ou dans la vie), **Épithète** (mot qu'on ajoute à un nom, — «adjectif»), et aussi divers mots définis ci-dessous : **Épigone, Épigramme, Épigraphe, Épilogue, Épiphénomène, Épitaphe, Épithalame.** Dans tous ces termes, le préfixe *épi-* suggère l'idée de quelque chose qui s'ajoute, qui vient *se greffer* sur autre chose.

ÉPICURISME. *n. m.* 1° Doctrine du philosophe grec Épicure (341-270 av. J.-C.), selon laquelle, pour être heureux, il faut fuir la douleur et rechercher le plaisir. L'idée profonde d'Épicure est que l'âme ne survit pas à la mort ; l'homme ne doit donc rien craindre ni espérer des dieux (qui sont peut-être une invention humaine). Ces points bien établis, il faut vivre en épargnant au corps la souffrance et à l'âme l'angoisse. Mais cette recherche du bonheur terrestre, du plaisir quotidien (illustrée par la fameuse formule du poète latin Horace : *Carpe diem,* «cueille le jour présent»), ne conduit pas à la débauche ou à la poursuite effrénée des plaisirs matériels. Elle implique à la fois la connaissance et la maîtrise de soi, de sa nature corporelle ; elle suppose également l'amour des plaisirs de l'esprit, plus profonds, partagés entre amis. Elle peut conduire l'homme sage à une vie ascétique, qui débouche sur l'**ataraxie**.

     2° Par extension, philosophie de la vie ou façon de vivre qui se propose avant tout de jouir de toutes les choses de l'existence, le plus tôt possible, et notamment des plus matérielles. C'est dans ce sens que l'adjectif **Épicurien** désigne l'homme amateur de bonne chère, de bons vins et de douces compagnes. Le terme est souvent péjoratif dans la bouche des moralistes puritains. C'est ainsi que Sganarelle traite son maître Don Juan de *« pourceau d'Épicure »*. Il faut donc bien comprendre ce sens, mais en se souvenant qu'il est *une trahison* de la pensée première d'Épicure qui disait : *« Mon corps est saturé de plaisir quand j'ai du pain et de l'eau. »* Voir **Ascétisme, Stoïcisme**.

N.B. La doctrine d'Épicure nous est surtout connue par son disciple Lucrèce, poète latin du Ier siècle av. J.-C., dans son poème *De Rerum Natura* (« De la nature des choses »).
→ **Pour approfondir, p. 979.**

ÉPIGONE. *n. m.* (du grec *epi-*, « sur, à la suite » et *gonos*, « action d'engendrer »). En **littérature** : successeur, imitateur d'un auteur ou d'une école qui précédent. *Les épigones de la tragédie classique, au XVIIIe siècle.* Le terme s'emploie souvent péjorativement pour désigner un disciple sans originalité, esclave des thèmes ou des formes qu'il reproduit.

ÉPIGRAMME. *n. f.* (du grec *epi-*, « sur » et *gramma*, « lettre, écriture »).
 1° Dans l'Antiquité, petit poème court (susceptible d'être gravé sur la pierre, comme le suggère l'étymologie).
 2° Poème court et satirique, qui se termine par une chute ou « pointe » spirituelle. Selon Boileau, l'épigramme *« N'est souvent qu'un bon mot de deux rimes orné »*. Voir le poème cité au mot **Chute**. Par extension, on parle parfois d'épigramme à propos d'un trait satirique ou d'un simple mot piquant. *Je répondis à sa méchante réplique par une épigramme vengeresse.*

ÉPIGRAPHE. *n. f.* (du grec *epi-*, « sur » et *graphein*, « écrire »).
 1° Inscription gravée sur les édifices. L'*épigraphie* est la science des inscriptions.
 2° *(sens courant)* Courte citation placée en tête d'un livre, d'un article ou d'un chapitre d'ouvrage. L'épigraphe donne le ton du texte, éclaire sur son intention et permet souvent de placer l'œuvre sous l'autorité d'un grand écrivain du passé. Voir *Exergue*.

ÉPILOGUE. *n. m.* (du grec *epi-*, « sur, à la suite de » et *logos*, « parole, discours ». Littéralement, « ce qui vient après le discours »).
 1° Dans l'Antiquité, petite pièce en vers qui suit une représentation théâtrale.
 2° En **littérature**, texte qui clôt une œuvre pour en achever l'histoire ou mettre en valeur son sens. L'**épilogue** s'oppose (très symétriquement) au **prologue** (voir ce mot). Il résume le discours ou le poème. Il est

souvent, dans les récits ou pièces de théâtre, un chapitre ou un tableau ajouté à l'histoire principale pour relater ce qui se passe après, et compléter ainsi le message de l'œuvre.

3° Par extension, au **sens figuré**, l'épilogue désigne le dénouement ou la conclusion d'un événement qui a duré un certain temps. Noter le verbe **Épiloguer sur,** qui veut dire *faire des commentaires sur,* en s'étendant longuement.

ÉPIPHANIE. *n. f.* (du grec *epi-*, « sur » et *phaneia*, « qui apparaît »).

Sens religieux : première manifestation de Jésus-Christ comme fils de Dieu, aux yeux des rois mages venus l'adorer à Bethléem. Jour commémorant cet événement, qu'on appelle aussi Fête des Rois (début janvier).

Sens figuré, *en littérature :* moment d'intense révélation qui illumine, de façon souvent imprévue, le poète ou le romancier. Pour Joyce, ces moments privilégiés doivent nourrir l'inspiration de l'écrivain.

ÉPIPHÉNOMÈNE. *n. m.* (du grec *epi-*, « sur » et *phainomenon*, « phénomène »). Phénomène accessoire qui accompagne un événement principal, mais n'influence en rien le cours des choses. Pour certains philosophes, la conscience elle-même n'est qu'un épiphénomène : elle est le produit de notre organisme et des déterminismes qui nous conditionnent, mais est bien incapable d'agir sur ces causes. Dans le langage courant, le mot épiphénomène désigne tout phénomène annexe, superficiel, simple effet accessoire d'une réalité essentielle. L'erreur serait de prendre l'épiphénomène pour la cause ou l'essence d'un événement.

ÉPIQUE. *adj.* 1° Qui se rapporte à l'épopée, ou à des œuvres littéraires qui manifestent les qualités ou le style de l'épopée : dramatisation des faits, héroïcisation des personnages, récit haut en couleur, noblesse des sentiments, ampleur historique des enjeux (qui fait participer les dieux ou le destin au cours des événements). Voir **Épopée.**

2° Qui, en dehors des œuvres littéraires proprement dites, présente des caractères dignes de figurer dans une épopée : *des personnages épiques, un match épique, un débat épique dans une assemblée houleuse.* Noter que le terme peut souvent être employé dans un sens ironique : *un voyage épique, une discussion épique sur un détail budgétaire.*

ÉPISTÉMOLOGIE. *n. f.* (du grec *epistêmê*, « science » et *logos*, « discours, étude »). Partie de la philosophie qui étudie la valeur des sciences comme moyen de connaissance. Cette étude comprend l'histoire des sciences et de la formation de l'esprit scientifique, l'examen critique en particulier de la « scientificité » des sciences humaines. Plus généralement, l'épistémologie est l'étude des processus de la connaissance même, des conditions de sa validité, des rapports du sujet (qui connaît) à l'objet (qui doit être connu), etc. Michel Foucault a désigné du terme d'*épistêmê* la configuration des divers savoirs propres à une société donnée, à une époque donnée, laquelle sert de base (et de limitation) aux manifestations de la pensée humaine dans cette époque.

ÉPISTOLAIRE. *adj.* (du latin *epistola*, «épître, lettre»). Qui se rapporte aux lettres, à la correspondance écrite. *Être en relation épistolaire avec un ami.* En **littérature,** le genre épistolaire désigne d'abord l'ensemble des lettres réellement écrites pour être envoyées et lues, comme celles qu'adressait Madame de Sévigné à sa fille, en sachant que ces lettres circuleraient dans de nombreuses mains. Le souci littéraire était présent puisque l'auteur savait que sa correspondance s'adressait à un public plus large que son destinataire. Les lettres des grands écrivains appartiennent au genre épistolaire, quelles qu'aient été leurs intentions.

Mais le genre épistolaire intègre aussi toute la littérature de fiction qui a adopté *la forme de lettres* comme moyen d'expression. Le *roman par lettres*, constitué uniquement d'une série de lettres qu'échangent entre eux les personnages, est ainsi devenu un genre en soi, dont les chefs-d'œuvre les plus connus sont *La Nouvelle Héloïse* de Rousseau et *Les Liaisons dangereuses* de Choderlos de Laclos, sans parler des *Lettres persanes* de Montesquieu.

ÉPITAPHE. *n. f.* (du grec *epi-*, «sur» et *taphos*, «tombeau»). Inscription gravée sur une tombe, qui désigne, et parfois décrit, la personnalité qui y repose. L'épitaphe commence en général par *Ci-gît* ou *Ici repose*. Souvent, l'épitaphe donne lieu à un court poème que les intéressés se plaisent à écrire d'avance, sur un ton tantôt grave, tantôt satirique. Voici par exemple l'épitaphe de Piron (1689-1773) :

> *Ci-gît Piron qui ne fut rien*
> *Pas même académicien*

Ne pas confondre **Épitaphe, Épigramme** et **Épigraphe.**

ÉPITHALAME. *n. m.* (du grec *epi-*, «sur» et *thalamos* «chambre nuptiale»). Poème célébrant le mariage de deux époux. Chant nuptial pratiqué fréquemment dans l'Antiquité, puis repris en France par la Pléiade. «*Accueillez la voix qui persiste dans son naïf épithalame*» (Verlaine).

ÉPÎTRE. *n. f.* (du latin *epistola*, «lettre, épître»).

1° *(sens ancien)* Lettre. *Les épîtres de saint Paul ou de saint Pierre.* Par extension, moment de la Messe, dans la liturgie catholique, où sont lus des extraits de ces textes.

2° *(sens littéraire)* Lettre en vers, adressée à un personnage important ou au public, sur toutes sortes de sujets. *Les épîtres de Marot ou de Boileau.* Les épîtres peuvent être graves, satiriques, philosophiques ou enjouées.

ÉPOPÉE. *n. f.* Long poème narratif qui se caractérise par des actions héroïques où se mêlent la légende et l'histoire, par la présence du merveilleux et le symbolisme des épisodes, par l'expression de grands sentiments collectifs qui façonnent l'âme d'un peuple (ou d'une communauté). Les grandes épopées sont par exemple **L'Iliade** et **L'Odyssée** du poète grec Homère, **L'Enéide** du poète latin Virgile, **La Chanson de Roland** (chanson de geste anonyme du XIe siècle). Le style épique est souvent hyperbolique : il grossit les faits, simplifie et transfigure le caractère des héros, orchestre puissamment les émotions contrastées que suscitent leurs aventures — joies et douleurs, combats et amours, aspirations et échecs, vie et mort. Les héros sont toujours des symboles incarnant l'histoire d'un peuple, l'idéal collectif.

Par extension, on appelle parfois épopée une grande aventure collective, au cours d'une période historique donnée : l'épopée napoléonienne par exemple, chantée dans certains poèmes de Victor Hugo.

ÉQUI-. Racine d'origine latine qui signifie « égal », qu'on retrouve dans de nombreux mots français comme **Équation, Équidistant, Équilatéral, Équilibre, Équinoxe, Équité, Équivalence, Équivoque,** et aussi **Adéquation, Inadéquat, Équateur,** etc. Dans tous ces mots se retrouve l'idée d'égalité, de partage ou d'harmonie entre des réalités identiques, égales ou symétriques, selon les cas. Ne pas confondre avec le latin *equus* (cheval), qui a donné *équitation, équestre*.

ÉQUITÉ. *n. f.* (de la racine d'origine latine *equi-*, « égal »). Sens de la justice, capacité d'attribuer à chacun ce qui lui est dû, en toute impartialité. L'équité se manifeste d'abord dans le partage des biens, en particulier lorsqu'il s'agit de distribuer des parts *égales* à chacun (à chaque enfant lors d'un héritage, à chaque membre d'un groupe dans la répartition de la nourriture, etc.) : d'où le lien entre ce mot et son étymologie. *Il a le sens de l'équité. Une répartition équitable. Un juge équitable.* Antonymes : **injustice, partialité, iniquité.**

ÉQUIVOQUE. *n. f* et *adj.* (de la racine d'origine latine *equi-*, « égal », et de *vox, vocis*, « voix, parole ». Littéralement, « qui dit deux choses également »). Se dit de ce qui a double sens, c'est-à-dire qui présente deux ou plusieurs interprétations différentes entre lesquelles on ne sait que choisir. *Des propos équivoques, ambigus. Une conduite équivoque, suspecte.* En particulier, au sens péjoratif, dans le domaine sexuel : *des propositions équivoques, une posture équivoque.*

Comme *substantif*, le mot « équivoque » désigne une situation ambiguë, un malentendu. *Exprimez-vous sans équivoque. L'évolution des événements a levé toute équivoque.*

ÉRADIQUER. *v. tr.* (du latin *radix*, « racine ». Littéralement : « déraciner ».) Supprimer radicalement, extirper un mal ou une maladie. *Éradiquer les germes de la maladie. Éradiquer les dernières poches de résistance. L'éradication de toute superstition est un programme ambitieux.*

ERGONOMIE. *n. f.* 1° Au sein des entreprises, étude des relations entre l'homme et son outil de travail, dans le but d'améliorer la productivité et les conditions de travail.

2° Plus généralement, recherche de la meilleure

adaptation d'un matériel à son utilisateur. *L'ergonomie du tableau de bord permet une conduite très fonctionnelle. Un siège ergonomique.*

ÉRIGER. *v. tr.* Dresser, élever, construire. Au **sens propre** : *ériger une statue ; l'érection d'un monument.* Au **sens figuré** : *ériger un tribunal ; ériger la paresse au rang de vertu.* **S'ériger,** *v. pron.* : se donner le caractère de, se dresser contre, s'attribuer le rôle de. *S'ériger en défenseur des pauvres. S'ériger en penseur, en moraliste, en juge.*

EROS. *n. m.* 1° Dieu de l'amour chez les Grecs, souvent représenté sous la forme d'un enfant ailé, qui décoche ses flèches sur ses victimes (chez les Romains, il prendra le nom de Cupidon). Par extension, l'*éros* désigne l'amour sexuel, le désir physique de l'autre. Chez les philosophes grecs, l'**éros**, amour-passion, s'oppose à l'**agapè,** qui désigne l'amour désintéressé, l'amour-charité. Voir le mot **Agapes.**

2° En **psychanalyse,** l'éros devient quasiment l'instinct de vie, le désir au sens large, qui comprend l'instinct sexuel bien sûr, mais aussi l'énergie vitale (la *libido*) qui pousse à agir, à créer, à s'investir dans toutes sortes de relations humaines. Il s'oppose, dans ce sens, à l'instinct de mort, qui pousse l'individu à s'autodétruire, **Thanatos** (du nom du Dieu grec de la mort).

ÉROTIQUE. *adj.* (du grec *éros,* « amour », voir mot précédent).
1° Qui se rapporte à l'amour et à son expression physique. *Poésie érotique.*
2° Qui concerne le désir sexuel proprement dit, et tend à l'exciter ou le satisfaire. *Des jeux érotiques.*

L'adjectif *érotique* oscille entre ces deux sens, le premier plutôt ancien, le second tout à fait courant : on parlera de *roman érotique,* de *film érotique,* de *scènes érotiques.* L'**érotisme** désigne le goût prononcé pour les choses sexuelles et l'art de leur représentation. *L'érotisme* se distingue de la *pornographie* en ce qu'il ne sombre pas dans la vulgarité, le voyeurisme, l'obscénité. Il suggère, mais ne décrit pas. On notera toutefois que la limite est difficile à établir. Tout dépend de ce que le spectateur ou lecteur veut voir ou ne pas voir.

➜ **Pour approfondir, p. 983.**

ERRARE HUMANUM EST. Locution latine qui signifie « il est humain de se tromper ». On l'emploie pour excuser les fautes ou les errements de quelqu'un. Mais on oublie souvent la suite de la formule : **Errare humanum est, perseverare diabolicum.** S'il est humain de se tromper, il est diabolique de persister dans l'erreur ! En d'autres termes, il est des conduites qu'on peut excuser une fois, mais non pas deux.

ERRONÉ. *adj.* Qui contient une erreur : faux, inexact, fautif. *Des informations erronées, des conclusions erronées. Votre raisonnement s'appuie sur des statistiques erronées.*

N.B. Respecter l'orthographe de ce mot, dont le -*n*- ne se redouble pas, contrairement au -*r*-.

ERSATZ. *n. m.* (allemand). Produit de remplacement. Substitut de quelque chose. Voir **succédané**.

ÉRUDIT. *adj.* et *nom*. Savant, personne qui possède des connaissances approfondies dans une matière déterminée. *Un érudit, un savant lettré. Un latiniste érudit. Des connaissances érudites, un savoir érudit. Un pédant étale son érudition, un vrai savant ne la transmet qu'avec modestie.*

ESCAMOTER. *v. tr.* **Sens figuré** *(courant)* : éviter une difficulté, éluder un problème de façon désinvolte. *Escamoter une question, une objection, un devoir.*

ESCHATOLOGIE. *n. f.* Doctrines ou croyances (religieuses) concernant les fins dernières de l'homme et de l'univers. *Une vision eschatologique.*

ESCIENT (À BON). Expression qui signifie : en sachant bien ce que l'on fait, en agissant avec discernement. *Il a répondu aux questions à bon escient. Il a décidé d'agir à bon escient.* L'expression contraire, **à mauvais escient**, est d'un emploi plus rare. Voir le mot **sciemment**.

ESCOMPTER. *v. tr.* En **langage financier**, payer d'avance un effet de commerce, pour en obtenir une réduction appelée « escompte ».
  Sens courant : compter sur quelque chose, s'attendre à un avantage, et se comporter en conséquence. *Escomptant de bonnes notes en matières générales, il néglige les matières professionnelles. Il escompte toujours un avantage de ses promesses apparemment désintéressées.*

ÉSOTÉRISME. *n. m.* Doctrine suivant laquelle les connaissances ne doivent être enseignées qu'à quelques initiés. Par extension, caractère d'un ouvrage hermétique, difficile à comprendre (sauf pour les initiés). *L'ésotérisme d'une philosophie, d'une poésie savante. Des œuvres ésotériques, des discours ésotériques.*
  N.B. Ne pas confondre **ésotérique** avec **érotique** !

ESPRIT. *n. m.* (du latin *spiritus*, « souffle, esprit »)
  1° **Sens religieux.** Souffle de Dieu, « Esprit » qui inspire les êtres de son souffle, de son élan. Par extension, principe immatériel de vie, substance incorporelle qui meut les individus, et peut se détacher du corps (on dit *« rendre l'esprit »* pour *mourir*). À partir de là, l'esprit désigne un être immatériel (ange, démon, revenant, fantôme, âme d'un mort, spectre, fée, elfe, génie, gnome, etc.), qui hante la réalité ou l'imaginaire des hommes (cf. le mot **Animisme**). *Certains croient aux esprits.*
  2° **Sens intellectuel.** Réalité pensante en l'homme. Principe de la pensée en ce qu'elle s'oppose au monde extérieur (le monde de la matière) et en ce qu'elle se distingue fondamentalement du corps (qui est matière). Intelligence réflexive, conscience et capacité de connaissance. *L'esprit humain.* Par extension (qui est plutôt une restriction), ensemble des facultés proprement intellectuelles et artistiques de l'être humain. Dans ce sens, on pourra définir ou juger les différentes formes d'esprit : *un esprit de synthèse, d'analyse ; un esprit faux, un esprit*

d'invention ; un *esprit pénétrant. Une vue de l'esprit* (purement intellectuelle).

3° **Sens psychologique large.** Domaine de la vie psychique (pensée, sentiments, états d'âme) par opposition à la vie physique. L'opposition de l'esprit et du corps, dans ce sens, ne signifie pas que l'esprit soit une réalité indépendante du corps, immatérielle, mais seulement qu'on examine l'individu d'un point de vue psychologique. *Disposition d'esprit ; santé de l'esprit. Un esprit sain dans un corps sain* (proverbe latin). Cette acception englobe la volonté et l'affectivité, qui font partie de la vie de l'esprit : elle rejoint le sens n° 4 du mot **âme**. L'esprit dépasse, dans ce sens, la notion de raison ou de pure cérébralité, mais il reste opposé à l'instinct, aux pulsions vitales, bref à la «chair» au sens classique (voir ce mot).

4° **Sens figuré.** Par métonymie, l'esprit peut désigner une personne considérée du point de vue de ses capacités mentales : *un esprit de valeur, un brillant esprit.* Par extension, l'esprit peut s'appliquer à la philosophie d'un ouvrage ou au sens profond d'une réalité : *l'esprit d'une époque, l'esprit de la loi.* On trouve ainsi des expressions toutes faites comme **Esprit de clocher** (tendance à ne juger les choses que de son petit point de vue, à l'ombre de son clocher) ou **Esprit de l'escalier** (lenteur d'esprit qui fait qu'on ne pense à ce qu'il aurait fallu dire aux gens qu'après les avoir quittés, au bas de l'escalier — à l'inverse de *l'esprit d'à propos*).

5° **Sens littéraire.** Sens de l'ironie, aptitude à faire des «saillies», des mots piquants, des calembours, des pointes verbales. *Avoir de l'esprit, faire de l'esprit. Un mot d'esprit.* Il importe, à ce propos, de distinguer le sens religieux et le sens littéraire de l'adjectif **Spirituel**.

N.B. Ce tour d'horizon n'épuise pas toutes les nuances de sens du mot *esprit.* On aura soin en particulier de noter les similitudes et les différences des mots **Esprit** et **Ame**. On peut se rapporter en particulier à la distinction **Animus/Anima**.

Voir **Ame, Animus/Anima, Animisme, Corps, Dualisme, Spirituel, Spiritualisme.**

ESPRIT FORT. Expression qui désigne, au XVIIe siècle, les esprits libres ou libertins de pensée : personnes qui ne croyaient pas en Dieu et opposaient leur rationalisme à la religiosité, ou aux attitudes superstitieuses de leurs contemporains. Dans *Dom Juan*, Sganarelle accuse son maître d'être un esprit fort, notamment lorsque celui-ci affirme ne croire qu'en l'arithmétique : *« Je crois que deux et deux sont quatre, Sganarelle, et que quatre et quatre sont huit. »*

ESSAI. *n. m.* 1° **Sens courant :** acte d'essayer, de mesurer quelque chose. Expérimentation. Tentative. Expérience.

2° **Sens littéraire :** ouvrage de réflexion en prose, qui

propose, sur un sujet donné, une étude ou une analyse débouchant sur une thèse.

L'ouvrage de base qui a donné son nom à ce genre littéraire est le livre des *Essais* de Montaigne (1533-1592). Le mot *essai* signifie bien *expérience,* et ce que veut transcrire l'auteur, ce sont les expériences de sa vie. Mais en même temps, ce livre est lui-même une *tentative* pour cerner sa pensée, pour interroger les philosophies humaines et le sens de la vie : les *Essais* sont donc aussi une expérience intellectuelle, un «essai» philosophique, à partir des données autobiographiques qui forment le matériau du livre. C'est ce second sens qui donnera son impulsion au genre de l'*essai*.

L'essai est de nos jours un genre concis (beaucoup moins lent et long que l'ouvrage de Montaigne). Mais il en garde le caractère libre, volontiers subjectif, lié au terme «essai» (expérience théorique). L'essayiste défend une thèse avec vigueur, sans se soucier d'être complet, méthodique, ou exhaustif comme dans un traité philosophique. Il se sait partiel, voire partial : il veut montrer un aspect des choses, éclairer une question d'une approche souvent paradoxale, sans prétendre tout dire, tout prouver, — ce qui libère en lui l'allégresse de l'écriture. *Le Mythe de Sisyphe* de Camus, *La Trahison des clercs* de Benda, sont des essais célèbres.

ESSENCE. *n. f.* (à partir du verbe latin *esse,* «être»). Au **sens philosophique,** ce qui constitue la nature profonde, intime, d'une chose ou d'un être, par opposition à ce qui lui arrive, qui est accessoire, et que les philosophes classiques nomment «accident».

L'essence, c'est ce qui fait qu'une réalité est ce qu'elle est : l'ensemble des caractères invariants qui la constituent comme telle, qui définissent sa «nature», sa valeur intrinsèque. Au contraire, les qualités annexes, relatives à certaines circonstances, variables et changeantes, qui s'associent à cette réalité sans en modifier la nature, ne font pas partie de son «essence». La couleur d'un arbre, sa dimension, la forme de ses feuilles, ne l'empêchent pas d'être un arbre *par essence*. La taille d'un homme, sa mobilité, son intelligence plus ou moins développée ne l'empêchent pas d'être ce qu'il est, un homme, un être doué de conscience réflexive et de liberté (la pensée est l'essence de l'homme, selon Descartes).

En philosophie, l'**essence** est souvent opposée à l'**existence,** notamment en ce qui concerne l'être humain. L'essence est la nature humaine, en ce qu'elle a d'invariable et de commun à tout homme. L'existence, c'est le fait d'exister concrètement, à tel endroit particulier, dans telles conditions, comme tel individu de telle époque, de tel sexe, à qui il arrive tels événements dans son unique vie. Cette distinction de deux réalités complémentaires donne lieu à une opposition entre deux tendances philosophiques majeures : l'**essentialisme** et l'**existentialisme.** Voir ces mots ci-dessous.

ESSENTIALISME. *n. m.* Philosophie qui affirme **la primauté de**

l'**essence sur l'existence** dans l'approche de l'homme. À cette conception s'est opposé directement l'**Existentialisme** (défini plus loin), selon la formule célèbre de Sartre : *« L'existence précède l'essence »*.

● Sommairement, on peut dire que les philosophies essentialistes définissent l'homme et les choses avant tout comme des *essences* préétablies, qui ne font que se « réaliser » en passant au stade de l'existence concrète. C'est notamment le cas pour la philosophie de Platon, selon laquelle les **Idées** sont les seules réalités, intemporelles et immuables, dont ce monde n'est qu'un pâle reflet (voir **Platonisme**). Plus généralement, les philosophies spiritualistes ou idéalistes définissent l'homme à partir d'une nature humaine théorique (bonne ou mauvaise, ou les deux à la fois) dont chaque individu n'est qu'une illustration, un exemplaire sorti du moule commun. Ces philosophies minimisent en général la liberté individuelle de l'être humain : l'homme digne de ce nom ne peut souvent que rejoindre son « essence idéale », devenir ce qu'il est.

● Il faut comprendre que, indépendamment de toute philosophie, l'essentialisme est une tendance spontanée de l'esprit : pour connaître le monde, il faut bien en isoler des réalités, les définir et les caractériser en les différenciant. L'erreur se produit quand on *fixe* les différences *apparentes* pour en faire des essences *définitives*. Cette déformation devient pernicieuse quand elle s'associe aux préjugés sociaux et raciaux, qui enferment précisément les êtres humains dans des conditions, des castes, des races considérées comme inégales *par essence*. En figeant les hommes dans des essences (le Paysan, le Noir, la Femme, le Noble, le Juif), la vision « essentialiste » aboutit à cautionner tous les ordres conservateurs. Voir **Existentialisme**.

ESTHÉTIQUE. 1° *n. f.* **Science du beau.** Partie de la philosophie qui étudie la nature du beau, ce qui est constitutif de l'art. Conception que des hommes ou des artistes se font de la beauté *(l'esthétique classique ; l'esthétique réaliste ; l'esthétique impressionniste ; l'esthétique de Corneille).* On oppose parfois l'**Esthétique**, centrée sur la recherche du Beau, à l'**Éthique**, centrée sur la recherche du Bien. Pour certains, les deux recherches coïncident ; pour d'autres, il y a contradiction. Un titre comme *Les Fleurs du Mal*, de Baudelaire, mêle les deux ordres, et laisse entendre qu'il peut y avoir une forme de Beauté dans l'expression (ou la recherche) du Mal, ce qui a pu choquer. Par extension, l'esthétique peut désigner le caractère de beauté qu'on recherche dans telle ou telle réalité. *L'esthétique d'un visage. L'esthétique d'un grille-pain.*
2° *adj.* **Qui se rapporte à la beauté,** au sentiment qu'elle inspire, à l'art qui la produit. *Considérer les choses d'un point de vue esthétique. Une émotion esthétique. Le sens esthétique, les critères esthétiques. Un geste, une attitude esthétique.* Synonymes : *artistique, beau.*

N.B. On distinguera soigneusement les mots **Esthète** (personne raffinée, qui met l'art au-dessus de tout, qui ne regarde le monde que du point de vue de la beauté formelle — d'où l'emploi péjoratif du terme dans certains cas) et **Esthéticien, ienne** (personne qui s'occupe des soins de beauté — le visage, le corps, les rides, etc.).

ESTIVAL. *adj.* Qui a rapport à l'été, qui se produit pendant l'été. *La mode estivale. Une température estivale.* Ne pas confondre avec *festival*, même si celui-ci a souvent lieu pendant la belle saison : *le festival estival d'Avignon. Un estivant* (un vacancier).

ÉTAT. *n. m.* (avec un E majuscule). Autorité souveraine qui s'exerce sur un territoire déterminé et sur un peuple qu'elle représente officiellement. L'État est à la fois une *réalité* politique et humaine (*l'État français*, par exemple, synonyme de « la France ») et une *institution* officielle qui agit au nom de cette réalité (la structure administrative et politique qui personnifie juridiquement la nation). A cette double nature sont liés les oppositions classiques entre l'État et la Nation (conflit entre l'autorité souveraine et le peuple qui ne se reconnaît pas forcément en elle), ou entre l'État et le citoyen (le pouvoir de l'État, qui trouve sa légitimité dans l'incarnation de l'intérêt public, peut entraver la liberté du citoyen, qui poursuit des objectifs privés qui ont aussi leurs justifications). Voir **Démocratie, Droit, Loi, Étatisme, Pouvoir.**
➜ **Pour approfondir, p. 639.**

ÉTAT DE GRÂCE. (voir le mot *grâce*, « aide de Dieu »).
1° Expression qui désigne, chez les chrétiens, l'état du croyant purifié de tout péché et donc favorisé par la « grâce » de Dieu, qui l'aide à demeurer dans le Bien. L'*état de grâce* est un don qui est en principe obtenu par le « sacrement de pénitence », c'est-à-dire par la **confession** (voir ce mot) : lavé de tout péché, le pécheur sent son âme comme régénérée. Bien entendu, cet état ne dure qu'en l'absence de nouvelles fautes — peu de temps en général...
2° Par extension, on appelle « état de grâce », dans la vie courante, une période quasi miraculeuse où tout semble favoriser un individu. Tel joueur de tennis est « en état de grâce » quand il joue comme un ange. Tel Président est en état de grâce, au début de son mandat, quand on ne peut encore rien lui reprocher et que la majorité qui vient de l'élire lui est a priori favorable.

ÉTATISME. *n. m.* Doctrine politique qui préconise un pouvoir quasi total de l'État dans le domaine économique et social. Situation qui en résulte. Voir les mots **Bureaucratie, Collectivisme, Dirigisme, Socialisme.**

ÉTAYER. *v. tr. (sens propre)* Poser des étais (pièce de bois ou de métal) pour soutenir un mur, un plafond, un pont, etc.
(sens figuré) Appuyer (une démonstration), soutenir (une idée), fonder (une thèse). *Il faudrait étayer votre discours par des arguments ou des exemples. De bonnes citations étayent une dissertation.*

ÉTHIQUE. *n. f.* (du grec *êthos*, « mœurs »). Partie de la philosophie qui traite de la morale, de ce qui est bien ou mal, de l'art de se bien conduire. *L'éthique de Kant.* Par extension, ensemble de principes moraux que se donne un individu ou un groupe social ; règles de vie. *L'éthique protestante. L'éthique des affaires est-elle une réalité ou un mythe ? Une éthique s'impose dans la recherche biomédicale.*

Comme **adjectif,** le mot *éthique* est le plus souvent synonyme de *moral,* avec une connotation d'intellectualisme ou de prétention. *Nous avons agi de la sorte pour des raisons éthiques.* Ne pas confondre, bien entendu, avec l'adjectif *étique* (maigre). Voir **Déontologie, Morale.**

ETHNIQUE. *adj.* (du grec *ethnos,* « peuple »). Qui se rapporte à une ethnie, c'est-à-dire à un groupe humain ayant en commun une communauté de langue et de culture. *Des caractères ethniques, des groupes ethniques.*

N.B. Il faut distinguer l'adjectif *ethnique* de l'adjectif *racial.* Alors qu'il n'y a que quelques **races** au sein de l'humanité (notion discutée), chacune de ces races comprend une grande diversité d'**ethnies** et de **cultures** (au sens n° 2 de ce mot). *Des caractères ethniques* (culturels) ne sauraient être des *caractères raciaux* (biologiques).

ETHNO-. Racine grecque qui signifie « peuple, groupe humain », et qu'on retrouve dans un certain nombre de mots : **Ethnique** (voir ci-dessus), **Ethnocide** (destruction d'un peuple ou de sa culture), **Ethnocentrisme** (tendance à survaloriser sa propre culture et à ne juger les autres peuples ou civilisations qu'à partir de ce modèle), **Ethnographie** (étude descriptive des groupes humains et de leurs caractères anthropologiques), **Ethnologie** (science humaine qui étudie les diverses cultures humaines à partir des données de l'ethnographie), **Ethnologue** (savant spécialiste en ethnologie).

N.B. Ne pas confondre *Ethnologie* (qu'on vient de définir) et *Éthologie* (science du comportement des animaux dans leur milieu naturel).

→ **Pour approfondir, p. 645.**

ÉTIOLER (s'). *v. pron.* S'affaiblir, s'atrophier, dépérir. *Un leucémique qui s'étiole.* Ce verbe est souvent employé au *sens figuré :* un esprit, une civilisation, un groupe humain peuvent « s'étioler ».

ÉTIOLOGIE. *n. f.* Étude des causes ou des conditions d'apparition d'une maladie. L'étiologie fait partie de la *pathologie* (étude générale des causes et des symptômes), et prépare la *thérapeutique* (mise au point des remèdes, des traitements appropriés).

ÉTIQUE. *adj.* D'une extrême maigreur : décharné, squelettique. *Un cheval étique.* Ne pas confondre avec **Éthique** (voir ci-dessus) !

ÉTRIQUÉ. *adj. (sens propre)* Trop étroit, qui manque d'aisance et d'ampleur. *Un costume étriqué.*
    (sens figuré) Mesquin ; limité, petit, sans grandeur. *Un esprit étriqué, un art étriqué, une existence étriquée.*

ÉTYMOLOGIE. *n. f.* (du grec *etumos,* « vrai », et *logos,* « discours, science ». Littéralement, « étude du vrai sens des mots »). Deux sens :

1º Étude générale de l'origine et de l'histoire des mots, de la variation de leurs sens et de leurs formes. Cette étude montre par exemple que 80 % environ des mots français sont d'origine latine. Voir **Sémantique.**

2º Origine d'un mot, de sa composition. Étude de l'évolution de son sens à partir de ses racines. Par exemple, le mot **Étymologie** vient du grec *« etumos »* et *« logos »* ; il présuppose que le sens premier d'un mot est son sens vrai, authentique ; cependant, ce n'est là qu'un présupposé, car la signification a évolué. Le sens premier n'est en général qu'une indication utile, parfois enrichissante, parfois surprenante, notamment lorsque le sens du mot s'est inversé (par exemple, *rem,* qui signifie « chose » en latin, a donné « rien » en français...).

EU-. Racine grecque qui signifie « bien, agréable ». Se retrouve dans les mots **Eucharistie, Eugénisme, Euphémisme, Euphonie, Euphorie, Euthanasie,** qui sont expliqués ci-dessous.

EUCHARISTIE. *n. f.* (du grec *eu,* « bien » et *charisme,* « grâce, faveur ». Littéralement, « action de grâce »).

• Sacrement essentiel du christianisme, qui commémore la **Cène** (voir ce mot), épisode au cours duquel le Christ déclare faire le don de sa personne pour le rachat de l'Humanité. La Cène est un repas où Jésus, entouré de ses apôtres, leur offre du pain en disant *« Ceci est mon corps »,* puis du vin en disant *« Ceci est mon sang »,* pour signifier symboliquement le sacrifice qu'il opère de sa personne, et qui aura réellement lieu un peu plus tard, sur la croix. Les apôtres sont invités à *communier* à ce repas (ce partage du corps et du sang de Jésus), raison pour laquelle l'**Eucharistie** est aussi appelée **Communion** : ils reçoivent ainsi en eux « le corps du Christ », c'est-à-dire la présence même de Jésus, et s'unissent à son sacrifice.

• À la demande du Christ, cette Cène est commémorée rituellement par les Chrétiens. Mais sur ce *mystère* de l'Eucharistie, les théologiens ont des points de vue divergents. Les uns n'y voient qu'une commémoration par laquelle la Communauté croyante réopère, pendant la cérémonie, sa communion spirituelle avec Jésus-Christ. D'autres, les catholiques, estiment que chaque Eucharistie renouvelle authentiquement le repas de la Cène : l'hostie consacrée pendant la Messe devient *effectivement* au cours de la cérémonie le corps du Christ ; le vin consacré par le prêtre se change *réellement* en « sang du Christ », tout en gardant son aspect naturel (cette doctrine s'appelle la *Transsubstantiation ;* elle est discutée parmi les catholiques eux-mêmes).

EUGÉNISME. *n. m.* (formé sur le grec *eu-,* « bien » et *genos,* « naissance ») 1º Science qui étudie les moyens d'améliorer les populations humaines du point de vue génétique. 2º Doctrine qui préconise l'amélioration biologique d'une race par l'application des méthodes et connaissances acquises par cette science.

N.B. Si l'**eugénisme** comme science peut susciter l'intérêt, son utilisation comme alibi au service de doctrines ou de politiques racistes est totalement condamnable.

EUPHÉMISME. *n. m.* (du grec *eu-*, « bien, agréable » et *phêmê*, « parole »). Figure de style qui consiste à atténuer la réalité dont on parle, par l'emploi d'une expression indirecte qui l'adoucit. Par exemple, *disparu* pour *mort, petit coin* pour *cabinets, maladie de longue durée* pour *cancer, malentendant* pour *sourd*. L'euphémisme est employé chaque fois qu'on désire feutrer l'évocation d'une réalité choquante, douloureuse, pénible, soit pour soi-même, soit à l'égard d'un interlocuteur qu'on désire ménager. On dit *un euphémisme*.
N.B. L'euphémisme est proche, dans son expression, de la litote dont la forme est également en retrait par rapport à la réalité exprimée (voir ce mot). Mais alors que l'euphémisme atténue pour atténuer (et ne pas choquer l'interlocuteur), la litote sert le plus souvent à *dire le moins pour faire ressortir le plus*. Sur une copie médiocre par exemple, on peut lire : *« il y a des progrès possibles »* (euphémisme) ou bien *« Ce n'est pas génial »* (litote pour « C'est nul »).

EUPHONIE. *n. f.* (du grec *eu-*, « bien, agréable » et *phonos*, « son ») Agréable agencement de sonorités, en musique, en poésie, ou dans la langue. En **littérature,** le principe de l'euphonie est d'éviter les rencontres de sons peu harmonieuses, à l'oral comme à l'écrit. C'est pour cette raison que les classiques proscrivaient le hiatus dans le vers français, et qu'il vaut mieux éviter les phrases du genre *« C'est là la latitude à laquelle elle l'a lâché »* (ah, là là !).
Antonymes : **Cacophonie, Dissonance.**

EUPHORIE. *n. f.* (du grec *eu-*, « bien, agréable » et *pherein*, « porter ».) Sensation de bien-être intense, de plénitude ou de joie intérieure. *Je nageais en pleine euphorie. L'euphorie du succès ne dure que quelques jours. La véritable euphorie ne peut provenir que de l'harmonie intérieure : je me méfie des états euphoriques que produisent les euphorisants. L'euphorie collective.*

EUROPE. *n. f.* L'Europe est à la fois une réalité géographique (de l'Atlantique à l'Oural), une entité historique et culturelle (berceau de la civilisation occidentale) et un projet d'avenir partiellement réalisé, dans la mesure où l'intégration économique actuelle, accélérée par la constitution de l'*Union européenne* en 1992, semble préparer à long terme une unité politique susceptible de s'ouvrir à l'ensemble des pays européens. L'emploi du mot *Europe* renvoyant à la fois à des réalités incontestables et à des aspirations politiques discutées, son interprétation doit faire l'objet d'un examen attentif, notamment dans le discours politique ou médiatique.
➔ **Pour approfondir, p. 649.**

EUTHANASIE. *n. f.* (du grec *eu-*, « bien, agréable » et *thanatos*, « mort ». Littéralement, « mort heureuse »). Ensemble des procédés qui favorisent une mort sans souffrance, chez des êtres atteints d'une maladie incurable et douloureuse. L'euthanasie désigne aussi l'action de provoquer la mort (pour abréger les souffrances). Les législations belge et française ne l'autorisent pas, en raison des abus possibles que cette légalisation pourrait entraîner.

ÉVANGILE. *n. m.* (« bonne nouvelle » en grec). Message du Christ. Chacun des livres qui relate sa vie et son enseignement. L'*Évangile selon Matthieu.* Au **sens figuré** : texte fondamental d'une doctrine. **Parole d'évangile** : à laquelle on peut totalement se fier. Voir **Bible**, **Testament**.

ÉVENTUEL. *adj.* (du latin *eventus*, « événement »). Qui peut se produire ou ne pas se produire. Possible, hypothétique. *Un gain éventuel, un échec éventuel. Il faut parer à toute éventualité. Un candidat éventuel à la présidence. Ce qui est éventuel n'est jamais sûr, mais on doit en tenir compte.*

ÉVERTUER (S'). (de *vertu*, au sens ancien de « courage ». Ce verbe s'emploie exclusivement à la forme pronominale). S'efforcer de, s'ingénier à, se donner de la peine pour. *S'évertuer à plaire, à comprendre, à chanter.* Notons qu'en général, quand on *s'évertue* à faire quelque chose, c'est qu'on n'y parvient pas, ou alors difficilement.

ÉVINCER. *v. tr.* (du latin *e-*, « hors de », et *vincere*, « vaincre »). Écarter quelqu'un d'une place ; le déposséder d'un droit, souvent par intrigue. *Il s'est fait évincer de la première place. Des manœuvres destinées à évincer un candidat trop ambitieux. Elle m'a évincé de son cœur.* Synonymes : *chasser, éliminer, exclure.* Substantif correspondant : *éviction.*

ÉVOLUTIONNISME. *n. m.* Doctrine selon laquelle les plantes et les espèces n'ont pas été créées de toutes pièces telles qu'on les observe actuellement sur terre, mais sont le résultat d'une longue et multiforme évolution du monde vivant depuis des millions d'années. Cette doctrine est encore appelée **transformisme**. Darwin en a été le principal théoricien. Voir **Darwinisme** et **Lutte pour la vie**.

Sous ses différentes formes, l'évolutionnisme a pu choquer les contemporains pour deux raisons : d'une part, il semblait en contradiction avec les données de la Bible, dont la Genèse, prise à la lettre, donne à croire que toutes les espèces ont été créées telles quelles dès la Création ; d'autre part, et plus profondément, il mettait en question la nature même de l'être humain. L'homme n'est-il qu'un animal un peu plus « évolué » que les autres (descendant du singe), ou bien a-t-il une essence spécifique, spirituelle, une âme échappant au déterminisme de la matière et de la biologie ? La question demeure posée.

La doctrine opposée à l'évolutionnisme s'appelle le **Fixisme**.
➜ **Pour approfondir, p. 594.**

EX-. Préfixe d'origine latine qui signifie « hors de » (idée d'éloignement, de séparation, de transformation). Il entre dans la formation de nombreux mots français. Voir sa forme abrégée *e-*, dont les valeurs sont similaires.

N.B. Ce préfixe s'emploie aussi devant des noms, avec trait d'union, pour désigner l'état d'antériorité. *Ex-mari,* par exemple veut dire *ancien mari*. On rencontre sur ce modèle des substantifs d'autant plus nombreux qu'on peut en fabriquer à loisir : ex-professeur, ex-ministre, ex-directeur, ex-paysan, ex-marin, ex-préposé aux PTT, etc.

EX. Particule latine, de même sens que le préfixe ci-dessus, qu'on retrouve dans un certain nombre de locutions latines couramment employées, parmi lesquelles :
- **Ex aequo,** à égalité, sur le même rang *(deux concurrents ex aequo).*
- **Ex cathedra,** du haut de la chaire. Parler ex cathedra, c'est parler d'un ton doctoral, professoral. *Un cours ex cathedra.*
- **Ex nihilo,** à partir de rien. *Le monde a-t-il pu se faire ex nihilo ?*

EXACERBÉ. *adj.* Qui est poussé à son point extrême, à son paroxysme. *Un sentiment exacerbé, un désir exacerbé.* Se dit souvent d'un mal, ou d'un état affectif plutôt négatif. *L'exacerbation des passions politiques* (l'exaspération, le comble de l'irritation).

EXACTION. *n. f. (sens classique)* Action d'exiger le paiement de sommes non dues (par abus de pouvoir, de la part d'un agent de l'État). *(sens courant, au pluriel* — emploi critiqué) Actions violentes (vols, pillage, sévices, massacres), commises en général par des gens de guerre, des miliciens, des policiers. *Les exactions serbes en territoire bosniaque.*

EXALTATION. *n. f.* (du latin *ex-*, « hors de » et *altus,* « haut ». Littéralement : « ce qui est porté au-dessus de ce qui est haut »). **Sens littéraire et religieux :** glorification, élévation au plus haut degré d'un saint, d'un héros, d'une vertu. **Sens courant :** état de surexcitation, d'activité psychique intense, d'euphorie. *Il écrivait en pleine exaltation, presque avec délire.* Ne pas confondre avec le paronyme **Exultation** (Voir le mot **Exulter**).

EXAUCER. *v. tr.* Accorder à quelqu'un ce qu'il demande, satisfaire à l'objet d'une prière. *Le Ciel a exaucé les vœux que je formais. Nous avons été exaucés par les dieux.* Ce verbe s'emploie dans le langage religieux (Dieu exauce une prière) mais aussi dans le langage courant (une autorité peut exaucer un souhait, une demande). L'usage de ce mot implique souvent une connotation de supplication, suivie de reconnaissance (dans le cas favorable).

N.B. Ne pas confondre avec l'homonyme **Exhausser,** qui veut simplement dire surélever, hausser (un mur).

EXCLUSIVE. (comme *n. f.*) Mesure d'exclusion. *Jeter, prononcer l'exclusive contre quelqu'un :* décider d'exclure. Cette mesure peut parfois être officieuse, implicite.

EXÉCRABLE. adj. Détestable, qui mérite le plus grand mépris. *Un comportement exécrable.* Le terme s'emploie aussi à propos de réalités concrètes : *la nourriture de la cantine est exécrable, dégoûtante, infecte.*

EXÉGÈSE. n. f. Science qui consiste à établir, aussi scientifiquement que possible, le sens précis d'un texte. Le mot s'est d'abord appliqué à l'interprétation de la Bible *(exégèse biblique)* et des textes sacrés. Par extension, il désigne l'étude approfondie d'un texte, littéraire ou non, historique ou non, — étude qui s'appuie sur une analyse minutieuse du sens des mots. *Il y a des linguistes qui poussent très loin l'exégèse des discours politiques.*

EXEMPTER. v. tr. Dispenser quelqu'un d'une charge, d'une responsabilité, d'une obligation. *Être exempté du service militaire.* Peut s'employer ironiquement : *je vous exempte de vos remarques déplacées !* **S'exempter** : se dispenser. *Il aurait pu s'exempter de venir.*

EXERGUE. n. m. Inscription gravée sur une pièce de monnaie, sur une médaille. Par extension, toute phrase placée en tête d'un texte pour l'éclairer. Une citation mise *en exergue* se nomme plutôt **Épigraphe**. Mais on notera que l'expression **mettre en exergue** signifie, au sens figuré, mettre en évidence, mettre en valeur.

EXHAUSTIF. adj. Total, complet, qui fait le tour des choses, qui épuise le sujet traité. *Un recensement exhaustif, une étude exhaustive.* Antonymes : *fragmentaire, partiel, incomplet, sélectif.*

EXHORTER. v. tr. Encourager quelqu'un à faire quelque chose, par des paroles insistantes, aussi persuasives que possible. On dit « exhorter à », comme « appeler à » ou « inciter à ». *Exhorter un peuple à se libérer. Exhorter un enfant à prendre patience. Exhorter à la confiance, à la clémence, à la vertu.* Le discours qui exhorte s'appelle **exhortation** : ce mot est fréquent dans le langage religieux.

EXISTENTIALISME. n. m. Philosophie qui affirme **la primauté de l'existence sur l'essence,** dans l'analyse de la condition humaine. Voir à ce propos la définition des mots **Essence** et **Essentialisme**.

• Au fond de la pensée existentialiste, il y a l'idée que « l'essence » de l'homme n'est qu'un concept, une « vue de l'esprit » inventée après coup. La réalité, c'est l'existence concrète, première, immédiate, individuelle, tangible, limitée, que chacun découvre en lui-même et dans les autres. Il n'y a pas d'Homme en soi, il n'y a que des individus, jetés dans la vie. Il n'y a pas de concept immuable de la Mort : il y a le fait qu'un jour *je* meurs. Et ainsi de suite.

• Pour nous en tenir à l'existentialisme sartrien (athée), on peut dire qu'il s'oppose diamétralement à l'**essentialisme**. La formule *« L'existence précède l'essence »* (Sartre) signifie que l'essence de l'être humain ne se situe pas au début de la vie mais à la fin ; l'homme ne se définit pas par un modèle préexistant, mais par ce qu'il fait de lui-même au cours de sa vie. Il se trouve plongé dans l'existence, brutalement, avec ses limitations, ses contingences, ses données, diverses pour chacun ; mais, doté de liberté et de capacité d'agir, il doit construire son être, son « essence », au fil des ans. *« L'homme est une liberté en situation »* : il est ce qu'il se fait ; ses actes seuls le jugent. La prise de conscience de cette situation, dans un monde où les choses ou les autres résistent à sa liberté, la nécessité de se trouver pour soi-même un modèle de vie, une « morale », ne vont pas sans une profonde angoisse (« angoisse existentielle »). Mais tel est l'enjeu : l'homme doit assumer sa liberté, décider de lui-même.

De l'opposition entre **Essentialisme** et **Existentialisme,** on pourra rapprocher les oppositions entre **Nature** et **Culture,** ou encore entre **Fixisme** et **Évolutionnisme.** Dans des ordres différents, on retrouve les mêmes débats de fond, les mêmes approches contradictoires du phénomène humain. Voir **Absurde, Essentialisme, Idée, Culture/Nature, Platonisme.**
➜ **Pour approfondir, p. 654.**

EXIT. Mot latin qui signifie « il sort ». Il s'emploie dans le langage théâtral pour indiquer qu'un personnage doit sortir, et figure généralement dans le texte de la pièce. Cette indication se retrouve parfois dans le style descriptif (en littérature ou dans la presse) pour désigner le départ de quelqu'un. *Après l'exit du petit juge, l'affaire a été reprise sur des bases nouvelles. Exit l'animateur X et son émission littéraire.*

EXODE. *n. m.* Migration massive d'un peuple ou d'une partie de ses habitants. *Exode rural :* départ massif des paysans venant travailler en ville. *Exode estival :* départ collectif des vacanciers pour la plage, ou la campagne, ou la montagne. Par extension, fuite vers l'étranger de personnes ou de choses. *L'exode des cerveaux, l'exode des capitaux.* À distinguer de **Exorde.**
N.B. Ce mot renvoie à deux faits historiques : l'**Exode** des Hébreux fuyant l'Égypte, dans l'Antiquité, et plus récemment, l'**exode** des Français (en 1940) fuyant l'avance des armées allemandes.

EXORBITANT. *adj.* (littéralement, « qui sort de l'orbite »). Qui dépasse la mesure, qui est excessif, exagéré, déraisonnable. *Un prix exorbitant. Des prétentions exorbitantes.*

EXORCISER. *v. tr. (sens propre)* Chasser les démons d'une personne qui en est possédée par des « exorcismes » (pratique religieuse ou magique). *(Sens figuré)* Délivrer quelqu'un du mal (moral) ou des tentations internes qui le menacent. *La littérature exorcise mes angoisses. Dans* Aurélia, *Nerval peint ses hantises pour les exorciser.* Ce sens est très voisin du sens du verbe **Conjurer** (délivrer d'un mal, écarter d'un danger ; neutraliser un mauvais sort).

EXORDE. *n. m.* Début d'un discours organisé (sermon, plaidoirie, discours politique) en rhétorique traditionnelle. L'exorde est une entrée en matière (un préambule, une introduction) qui a pour but de créer le lien avec l'auditeur, de lui annoncer le sujet du discours et d'en exposer le plan. Ne pas confondre avec **Exode**. Antonyme : *péroraison*.

EXOTISME. *n. m.* Caractère de ce qui est étranger à la civilisation à laquelle on appartient, qui se trouve dans les pays lointains ou qui en provient. *Un récit de voyage fascinant par son exotisme. Des fruits exotiques, des mœurs exotiques, des rêves exotiques.* L'exotisme est une notion d'abord propre à l'Occident, qui cherchait dans les pays tropicaux ou les « colonies » l'image d'un *ailleurs* plein de richesses ou de charme. Mais aucune réalité n'est « exotique » en elle-même : pour les pays dits du « tiers monde », aujourd'hui, l'exotisme correspond aux dépaysements ou aux rêves que peuvent leur procurer les pays occidentaux.

EXPECTATIVE. *n. f.* Attitude de prudence, durant laquelle on attend de voir comment les choses tournent pour se décider. *Être dans l'expectative, demeurer dans l'expectative.*

EXPÉDIENT. *n. m.* Procédé sommaire qu'on emploie pour résoudre une difficulté — de façon le plus souvent provisoire. *Avoir recours à des expédients. User d'expédients pour apaiser des créanciers, pour calmer une foule en colère.* **Vivre d'expédients :** vivre en recourant à des moyens illicites ou indélicats. Synonyme : *palliatif*.

EXPÉRIENCE. *n. f.* 1° Fait d'éprouver. *Faire l'expérience de la douleur, de la réalité du monde.*

2° Connaissance partielle tirée d'une expérience « vécue » (sens précédent) ou de la pratique de telle ou telle réalité : *l'expérience de la mer ; l'expérience de la vie ; une vérité d'expérience.*

3° Connaissance acquise en général, capacité élaborée au cours de la vie et de la réflexion sur celle-ci. C'est en ce sens qu'un héros de Malraux se donne pour devise de *« transformer l'expérience en conscience »*. Pour les philosophes empiristes, les connaissances, les idées, proviennent exclusivement des expériences, à commencer par les sensations les plus élémentaires (voir **Empirisme**).

4° Expérimentation que l'on provoque pour vérifier un phénomène, une loi. *Faire une expérience. La méthode expérimentale.*

EXPIER. *v. tr.* Subir une peine, un châtiment, en raison d'une faute commise. Se laver, par cette expiation, de la culpabilité éprouvée. *Expier ses péchés :* au sens religieux, accepter une pénitence (une punition) pour réparer le mal commis et s'en purifier. *Expier une folie, une imprudence :* se sentir puni à juste titre (par la vie et ses souffrances) de la folie commise. *Un crime inexpiable :* qu'aucun acte ne peut effacer ni faire pardonner.

EXPLICITE. *adj.* Qui est clairement dit, formellement énoncé, précisément expliqué. Sans équivoque, sans sous-entendu, sans contestation. *Une déclaration, des paroles explicites. Lisez bien la tirade de Phèdre : l'aveu de sa passion est explicite. Le notaire a explicitement confirmé la proposition du vendeur. Je ne comprends pas votre distinction : pourriez-vous l'expliciter ?* Antonymes : *implicite, tacite, allusif.*

N.B. Le mot **explicite** prend toute son importance lorsqu'on le met en relation avec la notion d'**implicite,** au niveau précis de la langue ou au niveau plus large du discours. Voir ce mot.

EXPOSITION. *n. f.* Au **sens littéraire,** début d'une œuvre où sont nécessairement exposés les éléments indispensables à la compréhension de l'intrigue ou du récit. L'exposition répond aux questions : qui, quoi, où, quand, comment ? Elle est essentielle au théâtre. L'art de l'auteur, toutefois, consiste à distribuer les informations *progressivement,* pour appâter le spectateur en même temps qu'il l'éclaire, sans tout dire tout de suite.

EXPRESSIF. *adj.* 1° Qui est exprimé avec force et suggestion. *Un langage, un discours, un style expressif.* Qui manifeste beaucoup de sensibilité, d'émotion, de mouvement. *Une musique expressive, des mimiques expressives. L'expressivité s'oppose à la monotonie.*

2° En linguistique, on appelle **fonction expressive** l'une des six fonctions dominantes de la communication, celle qui est centrée sur celui qui parle ou émet un message. La fonction expressive (dite encore *émotive*) manifeste dans le discours (directement ou non) toute la présence du «je» du locuteur, son affectivité, sa subjectivité, ses émois. Elle est majeure dans les textes autobiographiques et poétiques, mais reste fréquente dans d'autres formes de discours : dans le discours politique, par exemple, l'orateur joue de l'intonation, des gestes, de tous les modes de l'expressivité personnelle. Voir les mots **Communication, Impressif.**

EXPRESSIONNISME. *n. m.* Tendance artistique et littéraire du début du XXe siècle qui fait de l'œuvre d'art, non pas le moyen de représenter la réalité extérieure (ni même l'impression que celle-ci produit), mais l'expression intense et souvent violente du monde intérieur de l'artiste. Van Gogh (1853-1890) est considéré comme un précurseur de l'expressionnisme en peinture, lequel se développera dans la première moitié du siècle avec des représentants comme Edvard Munch (1863-1944) ou James Ensor (1860-1949). L'expressionnisme s'étendra aux autres arts : littérature, théâtre, cinéma.

• Historiquement, l'expressionnisme se présente comme une réaction contre le mouvement qui le précède, appelé **Impressionnisme** (voir ce mot). Alors que l'artiste impressionniste reproduit les impressions fugitives ou les sensations délicates que certains spectacles (soleil levant, paysage maritime) font sur lui, l'artiste expressionniste inverse la relation et ne se sert plus des éléments du monde extérieur les plus frappants (sélectionnés, modifiés, exacerbés) que pour imposer à la toile *son* univers intérieur.

• Cela dit, il y a tout de même filiation entre l'impressionnisme et l'expressionnisme. Par opposition à la peinture figurative ou réaliste, l'impressionniste faisait déjà le choix de mettre en avant la subjectivité de ses « impressions », en dépassant l'idée d'une objectivité statique du réel. L'expressionnisme ne fera donc que pousser plus loin encore la primauté de l'univers interne de l'artiste, pour aboutir à la peinture abstraite, qui crée délibérément un univers nouveau, sans souci de représenter le réel.

EXPURGER. *v. tr.* Au **sens figuré,** éliminer d'un texte ce qui peut paraître choquant, contraire à la morale, ou intolérable aux yeux du lecteur (compte-tenu de ses idées, de ses préjugés, des convenances ou de sa sensibilité). *Une édition expurgée. Expurger un roman de tous les passages érotiques. Un article expurgé de toutes les allusions politiques.* Voir **Édulcorer.**

EXSANGUE. *adj. (sens propre)* Vidé de son sang. *Un cadavre exsangue. Un visage pâle, exsangue.*
(sens figuré) Épuisé, à bout de forces, sans vigueur. *Un pays exsangue après une guerre civile. Une économie exsangue. Une littérature sans vitalité, décadente, exsangue.*

EXTATIQUE. *adj.* (littéralement, à partir du latin *extasis*, « qui est comme hors de soi »). Qui a le caractère de l'extase mystique, c'est-à-dire du transport intérieur, béat, de quelqu'un qui a la vision d'un être surnaturel. Par extension *(sens courant)*, ravi, enthousiasmé, transporté. *Un air extatique. Une joie extatique. Un état extatique, exalté, émerveillé.* Pour une *personne* dans cet état, on emploie de préférence le participe passé du verbe **s'extasier** (être saisi d'admiration). *Je restais là, muet devant elle, extasié devant sa beauté* (ou *« en extase »*).

EXTENSION. *n. f. (sens propre)* Fait d'étendre ; allongement ou accroissement, expansion, prolongement. *(sens figuré)* Fait d'élargir une notion, de donner une portée générale à une réalité abstraite, de transférer un concept d'un domaine dans un autre. L'exemple le plus simple est celui de la signification des mots : leurs sens évoluent sans cesse, tantôt par restriction, tantôt par extension.

EXTIRPER. *v. tr.* (de *stirps*, « racine » en latin). *(sens propre)* Arracher quelque chose à la racine, enlever totalement. Extirper une tumeur, une dent. *(sens figuré)* Extraire radicalement, non sans mal, une réalité de type social ou moral. *Extirper le racisme et l'intolérance de notre société. Extirper d'un esprit des modes de pensée primitifs.*

EXTORQUER. *v. tr.* Obtenir quelque chose de quelqu'un contre sa volonté, par l'emploi de la force (torture, menaces) ou de la ruse (pression morale, chantage). *Extorquer de l'argent en menaçant de repré-*

sailles (racket). *Extorquer des aveux par la torture. Extorquer une signature par chantage affectif. Une extorsion de fonds.*

EXTRA-. Racine d'origine latine qui signifie *« au-dehors de ; au-delà de »*. Le premier sens (qui s'oppose à *intra-*) donne les mots **Extrapolation, Extravagant, Extraversion** (expliqués ci-dessous). Le second sens (synonyme *d'ultra-*) se trouve dans des mots comme **Extra** *(faire un extra),* **Extraordinaire, Extra-fin, Extra-lucide.**

Notons ici les deux locutions latines de sens opposé **Extra muros** (en dehors des murs, donc de la ville) et **Intra muros** (à l'intérieur de la ville : *habiter intra muros*).

EXTRACTION. *n. f.* 1° Fait d'extraire, d'arracher. *Extraction d'un minerai, d'une dent, d'un gaz.*
2° Origine sociale *(langue littéraire). Il est de basse extraction, il est de souche populaire.* Ne pas confondre avec **Extradition.**

EXTRADITION. *n. f.* Procédure officielle par laquelle un État se fait livrer un individu poursuivi pour diverses raisons (politiques, criminelles) par le pays étranger dans lequel cet individu s'est réfugié. *L'extradition des criminels de guerre nazis réfugiés en Amérique latine.* Ne pas confondre avec **Extraction.**

EXTRAPOLATION. *n. f.* Opération mentale par laquelle, à partir d'un certain nombre de données ou d'éléments vérifiés, on induit la suite des résultats auxquels on peut s'attendre. Par exemple, si l'on observe une progression du chômage de 10 000 personnes le premier mois, de 12 000 le second, de 14 000 le troisième, on estimera *par extrapolation* que le chiffre de chômeurs du dixième mois risque d'atteindre 28 000. C'est une conclusion possible, mais aussi hâtive. D'où le sens parfois péjoratif du mot : généralisation abusive, hypothèse contestable. *28 000 chômeurs, vous extrapolez, mon cher !*

EXTRAVAGANT. *adj.* et *n.* (du latin *ex-*, «hors de» et *vagari*, «errer, vaguer»). Qui sort des limites de la normalité et du bon sens. Déraisonnable, bizarre, excentrique, fantasque. *Des théories extravagantes. Un personnage extravagant. « Moi, je buvais, crispé comme un extravagant »* (Baudelaire).

EXTRAVERSION. *n. f.* (du latin *extra-*, «au dehors», et *vertere*, «être tourné vers»). Tendance à se tourner vers le monde extérieur, à toujours se centrer sur les choses ou sur autrui, d'où une aptitude à établir des contacts et à s'adapter à la réalité externe. Cette attitude s'oppose classiquement à l'**introversion,** tendance inverse, qui conduit l'individu à se centrer sur son «moi», à approfondir ses sentiments et à pratiquer l'**introspection,** mais souvent au détriment de l'adaptation au monde extérieur. Voir ces mots.

N.B. Aucune de ces attitudes n'est bonne ni mauvaise en soi. La plupart des personnes les ont concurremment, avec prédominance de l'une ou de l'autre. Tout est question d'équilibre.

EXTRINSÈQUE. *adj.* Qui vient de l'extérieur, par opposition à ce qui est **intrinsèque** (qui fait partie intégrante d'une réalité). *Les causes extrinsèques* de la chute de l'Empire romain viennent précisément du dehors (les barbares), alors que *ses causes intrinsèques* sont à chercher au-dedans (la décadence du régime). La *valeur extrinsèque* d'une marchandise (conférée par le marché) s'oppose à sa *valeur intrinsèque* (sa qualité en soi).

EXUBÉRANCE. *n. f.* Au *sens propre* comme au *sens figuré*, surabondance, profusion. *L'exubérance de la végétation. Il manifestait ses sentiments avec exubérance. Un style exubérant. Une imagination exubérante.* Exagération, expansivité.

EXULTER. *v. tr.* Déborder d'une joie extrême, jubiler, manifester une allégresse intense. *J'ai fini mon roman, je respire ; j'ai le Prix Goncourt, j'exulte !* Ne pas confondre **Exultation** et **Exaltation**.

EXUTOIRE. *n. m. (sens médical, ancien)* Ulcère artificiel, abcès de fixation provoqué pour servir d'écoulement à diverses suppurations. *(sens courant)* Moyen de se délivrer d'un problème, de se défouler, de se soulager indirectement d'un besoin. *Le sport peut être un bon exutoire pour un individu nerveux. J'écris pour projeter les fantasmes qui m'obsèdent : c'est mon exutoire.* La **Catharsis** (voir ce mot) est une forme d'exutoire psychologique plus ou moins conscient.

N.B. La langue familière dit « défouloir » ; mais ce mot est un barbarisme.

FABLE. *n. f.* 1° Court récit en vers ou en prose chargé d'illustrer une moralité. Le plus souvent, les fables sont des récits allégoriques, mettant en scène par exemple des animaux pour symboliser le monde humain. *Les Fables de La Fontaine, de Florian, d'Anouilh.* Voir **Apologue.**

2° Mensonge, récit inventé de toutes pièces ; histoire que se plaît à raconter un mythomane, c'est-à-dire un personnage qui aime « fabuler » en croyant plus ou moins à ce qu'il imagine. Dans le sillage du mot *fable* (sens n° 2), on trouve les mots **Affabulation** (1° Trame d'un récit imaginaire ; 2° Invention mensongère), **Affabuler** (même sens que **fabuler**), **Affabulateur** (même sens que **fabulateur**), **Fabulation** (imagination, invention mensongère), **Fabuler** (élaborer des fabulations), **Fabulateur** (personnage qui raconte comme vraies des histoires imaginaires), **Fabuleux** (1° Qui appartient à la légende, mythique ; 2° Étonnant, prodigieux) et **Fabuliste** (auteur de fables au sens n° 1).

FABLIAU. *n. m.* Petit conte en vers du Moyen Age, de ton satirique. Le fabliau ne comporte pas nécessairement de moralité : il lui suffit d'amuser le lecteur. Il a surtout été en vogue au XIIIe siècle.

FACÉTIEUX. *adj.* Qui se rapporte à la facétie (c'est-à-dire à la farce, à la plaisanterie). *Un récit facétieux, une cérémonie facétieuse.* Qui a le goût de la facétie. *Un personnage facétieux, farceur. Un auteur facétieux, qui aime les canulars et les ouvrages burlesques.*

FACONDE. *n. f.* Invention verbale, facilité de parole. *La faconde de Cyrano de Bergerac dans la tirade des nez.* L'emploi de ce mot comporte souvent une nuance péjorative : il est rare que l'abondance verbale ne tombe pas dans l'excès, le verbiage.

FAC-SIMILÉ. *n. m.* Reproduction exacte d'un document. D'où l'abréviation américaine « fax » pour *télécopie.*

FACTICE. *adj.* *(sens propre)* Qui est produit artificiellement (sens ancien) et, par extension, qui est faux, artificiel, imité. *Un diamant factice ; la cheminée factice d'un décor théâtral.*

(sens figuré, courant) Qui manque de naturel, qui est faux, forcé,

affecté, « fabriqué ». *Une spontanéité factice, simulée. Une poésie factice, insincère. Un personnage tout en facticité, parfaitement creux.*

N.B. Le mot *facticité* (caractère de ce qui est factice) prend un sens particulier en philosophie, chez Sartre notamment : *caractère de ce qui existe comme fait contingent* (et donc, qui peut être comme n'être pas).

FACTIEUX. *adj.* Qui s'oppose au pouvoir établi, au point d'organiser des **factions** (des complots, des mouvements armés, des séditions). Rebelle, révolutionnaire. *Des militaires factieux. Une ligue factieuse. Un esprit factieux.* Le terme peut s'employer comme nom : *une poignée de factieux, d'agitateurs.*

FACTUEL. *adj.* Qui est de l'ordre des faits purs. *Une information factuelle. Une preuve factuelle.* S'oppose à ce qui est de l'ordre de l'interprétation subjective, ou même de la simple analyse.

FACTUM. *n. m.* Libelle violent, diatribe, pamphlet. *Des factums politiques.* Ne pas confondre avec **factotum** (intendant « qui fait tout » dans une maison).

N.B. On prononce « factomme » (comme d'ailleurs « factotomme »).

FACTURE. *n. f.* (à partir du latin *facere*, « faire ») **Sens littéraire** : manière dont est fabriquée une œuvre d'art, et par extension, qualité technique de celle-ci. *La facture d'un tableau, d'un poème.* On oppose en général la facture (la réalisation, sa manière) à la conception, à l'invention.

N.B. Le mot *facture* désigne directement, dans le domaine musical, la fabrication des instruments de musique. *La facture d'un piano. Un facteur d'orgue.*

FACULTÉ. *n. f.* 1° Capacité, pouvoir, ou droit d'accomplir quelque chose. *Faculté de choisir, de courir, de rêver, de travailler, de ne rien faire.*

2° **Sens philosophique** (traditionnel). *Les facultés de l'âme,* qui sont la pensée, la volonté et la sensibilité.

3° **Sens courant** (souvent au pluriel). Aptitude intellectuelle, capacité mentale. *Jouir de toutes ses facultés. Sentir ses facultés décliner.*

4° Établissement où l'on poursuit des études supérieures, à l'Université. *Faculté de Droit, Faculté des Lettres. Doyen de la Faculté des Sciences.* Dans ce sens, le mot « Faculté » peut aussi désigner le corps professoral universitaire.

N.B. Ces divers sens du mot *faculté* sont évidemment liés. C'est précisément à l'Université qu'on développe (en principe) ses « facultés mentales ». Dans un de ses sketches, Raymond Devos ne manque pas d'évoquer le cas d'un Doyen d'université ayant perdu ses « Facultés ».

FALLACIEUX. *adj.* Trompeur, spécieux. *Des arguments fallacieux, des espérances fallacieuses.* Qui cherche à induire en erreur : *un discours fallacieux, des promesses fallacieuses.*

FALSIFIER. *v. tr.* Fausser intentionnellement quelque chose dans l'intention de tromper. *Falsifier un document, une signature.* Altérer, dénaturer, truquer. *Un vin falsifié. Falsifier la théorie d'un penseur en la résumant. Falsifier la vérité.* La notion de falsification suppose toujours qu'on mêle du faux au vrai.

FAMÉ. (du latin *fama*, qui signifie «renommée»). L'adjectif *famé* ne se trouve que dans les deux expressions *bien famé* (qui a bonne réputation) et surtout *mal famé* (qui a mauvaise réputation). *Un quartier mal famé, une rue mal famée.* «Bien famé» ne s'emploie plus.

N.B. La racine latine *fama* se retrouve dans un certain nombre de mots qu'elle aide à comprendre : **Fameux** (qui a bonne renommée), **Diffamer** (salir la réputation de quelqu'un), **Infâme** (honteux, ignoble) et les mots de la même famille, *fameusement, diffamation, diffamatoire, infamant, infamie.*

FAMÉLIQUE. *adj.* Affamé et amaigri par la faim. *Un renard famélique. Un enfant famélique.* Synonyme : *étique.*

FANATISME. *n. m.* Croyance exacerbée en une idée, une doctrine, une religion ou un homme, qui rend intolérant à l'égard de ceux qui ne partagent pas la même passion (ou ont des convictions opposées). Le *fanatisme religieux* a particulièrement été combattu par les intellectuels et humanistes de l'époque des **Lumières** (XVIIIe siècle).

• Le **fanatique** est souvent d'autant plus dangereux qu'il est sincèrement convaincu de posséder la vérité, d'être en contact avec la divinité ou d'avoir trouvé, dans l'enthousiasme, la certitude qui illumine sa vie. *«Rien n'est plus dangereux que la certitude d'avoir raison»*, déclare F. Jacob. Le zèle qui s'ensuit, surtout s'il donne lieu à des regroupements grégaires entre fanatiques de la même idée, conduit à des attitudes prosélytes, puis dogmatiques, puis sectaires, qui débouchent sur la violence, l'intolérance, l'inquisition.

• Le mot *fanatique* s'est banalisé. On se dit volontiers «fan» ou «fana» de quelqu'un ou de quelque chose (une vedette, un sport). Mais le germe est toujours là, et le risque de débordements collectifs, aveugles et intolérants, demeure. Voir **Dogmatisme, Intégrisme**.

FANGE. *n. f.* Boue épaisse et salissante. (*sens figuré*) Vie de débauche et d'abjection, qui souille moralement. *Se traîner, se vautrer dans la fange* (se jeter, se complaire dans l'ignominie).

FANT-. Racine d'origine grecque, orthographiée originellement *phant-*, issue de *phainein*, «briller, apparaître». Cette racine se retrouve dans de nombreux mots français issus du latin et du grec, qui concernent pour la plupart le domaine de l'imaginaire : **Fantaisie** (imagination créatrice ; originalité, caprice), **Fantasia** (réjouissance un peu folle), **Fantasmagorie** (spectacle fantastique avec effets de merveilleux), **Fantasme** (voir ci-après), **Fantasque** (capricieux, bizarre), **Fantastique** (fabuleux, surnaturel, extraordinaire), et **Fantôme** (vision surnaturelle, spectre, revenant, illusion). Voir aussi **Épiphanie** et **Phénomène**.

FANTASME. *n. m.* (du grec *phantasma*, « apparition »).

1° **Sens courant.** Représentation imaginaire, plus ou moins obsessionnelle, qui hante l'esprit d'une personne. Il peut s'agir de rêves divers (de richesse, d'amour, de bonheur), d'angoisses ou de peurs projetées sur la réalité, dont le sujet a en principe conscience. *Tu as des fantasmes sexuels ? Vivre dans ses fantasmes.* À ce sens correspond le verbe **fantasmer** : se plaire à ses fantasmes ; percevoir les choses à travers les déformations de ses fantasmes.

2° **Sens psychanalytique.** Scénario imaginaire, rêve issu de l'Inconscient, au cours duquel l'individu « satisfait » des désirs irréalisables dans sa vie quotidienne. La cure psychanalytique permet au sujet de prendre conscience de ses fantasmes profonds. Certains fantasmes seraient communs à tous les individus, et liés aux **complexes** mis au jour par Freud (voir ce mot).

N.B. Le mot *fantasme* s'est banalisé en passant du sens psychanalytique au sens courant. Il est donc important de voir dans quel contexte il est employé. Notons que le terme a une portée féconde en critique littéraire et artistique : les fictions, les œuvres d'imagination, les représentations picturales sont en effet comme de grandes rêveries maîtrisées et mises en forme par les artistes, des fantasmes architecturés en objets esthétiques.

FANTASTIQUE. *n. m.* Dans le domaine littéraire et artistique, le *fantastique* est devenu un genre, un mode d'expression à mi-chemin entre le naturel et le surnaturel, entre le réel et l'imaginaire pur. Ce sens est un peu restreint par rapport à celui de l'*adjectif* « fantastique » (merveilleux, surnaturel, incroyable) ; le conte de fées, par exemple, ne fait pas partie du fantastique. Dans les œuvres de ce genre, l'auteur propose sans doute une histoire « fantastique » au sens courant du terme, mais de telle sorte qu'une interprétation rationnelle puisse également être donnée des événements apparemment extraordinaires qui se sont déroulés. Ainsi, dans *Le Horla* de Maupassant, on ne peut décider à la fin de l'histoire s'il s'agit réellement de la prise de possession du narrateur par un esprit étranger ou d'un simple délire psychologique du personnage qui s'autohallucine. Dans la science-fiction, on retrouve d'une certaine manière cette recherche d'une caution rationnelle (fournie par l'élément scientifique) au libre développement d'un imaginaire futuriste.

FANTOCHE. *adj.* Sans consistance. Se dit d'un individu qui se laisse mener comme une marionnette. Dans le *vocabulaire communiste*, cet adjectif a souvent été employé pour qualifier des gouvernements impopulaires supposés à la solde des régimes impérialistes. *Nous renverserons le gouvernement fantoche de Saïgon.*

FARAMINEUX. *adj.* Extraordinaire, fabuleux. *Des prix faramineux.* Cet adjectif est familier, souvent ironique. On le trouve parfois orthographié *pharamineux*.

FARCE. *n. f.* 1° Pièce comique, au Moyen Age, qui fut d'abord intercalée dans les représentations des mystères (d'où le nom de «farce», par analogie avec la substance alimentaire de même nom). Il s'agissait d'un comique bouffon, satirique, fondé sur des procédés assez grossiers (jeux de scène, calembours, quiproquos, etc.). La plus célèbre de ces farces est *La Farce de Maître Pathelin* (XVe siècle). La farce n'a pas été négligée par Molière, qui en reprend certains procédés *(Le Médecin malgré lui)*. Cette forme de comique se retrouve de façon fragmentaire dans le théâtre moderne (*Ubu Roi* de Jarry; les pièces de Ionesco).

2° Par extension, plaisanterie ou tromperie, «bon tour» que l'on joue à quelqu'un. Facétie, mystification, bouffonnerie. Événement (comique) qui rappelle la farce théâtrale, ou semble dérisoire. *La conférence des belligérants sur la paix est une véritable farce.*

FASCISME. *n. m.* 1° Mouvement et doctrine politique ayant abouti à la dictature de Mussolini, en Italie (1922/1945), fondé sur l'exaltation du nationalisme, le parti unique et le corporatisme. 2° Doctrine ou attitude politique préconisant un régime totalitaire de type mussolinien, ou développant certains thèmes de cette doctrine (corporatisme, parti unique, nationalisme).

N.B. À noter que le mot *fascisme* et l'adjectif correspondant *fasciste* sont abondamment utilisés dans la polémique politique et intellectuelle, avec souvent des exagérations ou approximations. On accuse trop vite de «fasciste» quelqu'un qui réclame des mesures autoritaires ou émet des réserves sur la démocratie. Un intellectuel de renom a même déclaré un jour que toute langue est «fasciste», en raison du code que le langage impose toujours à ses utilisateurs. Il y a là un usage pour le moins extensif du terme...

FASTE. *adj.* Se dit d'un jour heureux, d'un moment particulièrement favorable. *Une période faste.* Antonyme : *néfaste* (qui nuit).

nom. Déploiement de luxe, de richesse, de magnificence. *Le faste d'une cérémonie, d'un palais, d'un décor.* À cet emploi du mot *faste* correspond l'adjectif **fastueux.** *Une robe fastueuse.*

FAT. *adj. et n. m.* Personnage vaniteux, d'une prétention ridicule, totalement imbu de lui-même (cf. l'expression *être infatué de soi-même*). Dans *Le Misanthrope*, Molière a mis en scène un petit marquis, Acaste, qui est un véritable fat. Son autoportrait est l'incarnation même de la *fatuité.*

FATAL. *adj.* Qui est marqué, fixé par le destin. *Un jour fatal.* Qui conduit inévitablement à l'échec ou à la mort. *Un coup fatal. Une femme fatale.*

FATALISME. *n. m.* (de *fatal*, qui vient du latin *fatum*, «destin»).

1° Doctrine philosophique selon laquelle les événements et la destinée des êtres sont fixés à l'avance par une volonté surnaturelle (Dieu, la Fatalité ou le Destin). L'homme n'y peut rien. Il n'a pas de liberté. Ne pas confondre avec le **déterminisme**, qui nie aussi la liberté humaine (du moins en partie), en estimant que le monde n'est qu'un enchaînement de causes et d'effets, mais sans intervention d'un principe surnaturel. Voir ce mot.

2° Attitude morale de résignation devant ce qui arrive. Sentiment ou idée qu'on ne peut rien faire à l'encontre de ce qui se produit. *Le fataliste laisse faire, s'abandonne aux événements* (cf. le personnage de Diderot, Jacques le Fataliste, pour qui *« Tout est écrit là haut »*).

FATALITÉ. *n. f.* (du latin *fatalitas,* qui vient de *fatum,* « destin »).

1° Puissance surnaturelle qui régit le cours des événements collectifs et la vie de chaque individu, à laquelle croient certaines philosophies et religions. La fatalité, ou Destin, ou Fatum, est censée fixer à l'avance tout ce qui arrive. Chez les Grecs, elle impose sa volonté aux dieux eux-mêmes. Elle est notamment la force supérieure qui régit le déroulement de la tragédie antique.

2° *(sens courant)* Caractère de ce qui est fatal, qui se produit de façon apparemment inéluctable. *La fatalité d'une guerre, d'une maladie.* Suite de circonstances malheureuses qui semblent « voulues » par le sort. *C'est la fatalité, que voulez-vous ?*

N.B. Alors que le « destin » peut avoir un sens favorable, la « fatalité » est toujours funeste.

FATIDIQUE. *adj.* (du latin *fatum,* « destin »). Qui semble marqué par le destin, qui relève d'une intervention manifeste du destin. *Un jour fatidique ; le moment fatidique.*

FATRAS. *n. m.* Amas confus, ensemble hétéroclite de choses. S'emploie au propre comme au figuré. *Un fatras d'objets sans valeur et de meubles poussiéreux. Un fatras d'idées mal assimilées.*

FATUITÉ. *n. f.* Caractère d'une personne qui se satisfait excessivement d'elle-même, étale son « moi » de façon ridicule et déplaisante. Vanité, suffisance, autosatisfaction. *La fatuité des « petits marquis » dans* Le Misanthrope *de Molière. Un homme fat et prétentieux. La fatuité est une synthèse de sottise et de vanité.*

FATUM. *n. m.* Mot latin qui signifie « Destin ». Il s'emploie dans la langue littéraire. On parle de **Fatum** dans la tragédie classique, ou parfois, à l'occasion de grands événements.

N.B. Ce mot est à l'origine des mots expliqués ci-dessus **Fatalisme, Fatalité, Fatidique.** Voir aussi le mot **Destin.**

FAUX-FUYANT. *n. m.* Détour par lequel on évite de répondre à une question, de prendre une décision. Moyen de se tirer d'embarras en « fuyant » le problème. Échappatoire, dérobade, prétexte. *Il est temps de vous prononcer : ne cherchez pas de faux-fuyant.* Pluriel : *des faux-fuyants.*

FÉBRILITÉ. *n. f. (sens propre)* État d'une personne fiévreuse (tremblement, agitation). *(sens figuré)* Excitation, nervosité. *Il s'affaire avec fébrilité. La fébrilité des préparatifs de la cérémonie.*

FÉCOND. *adj. (sens propre)* Capable de reproduction ; apte à produire et à reproduire. *Un étalon fécond. Une espèce féconde, prolifique. Une terre féconde.* *(sens figuré)* Qui produit beaucoup, qui est fertile, abondant, créateur, fructueux. *Un artiste fécond. Une philosophie féconde. Une époque féconde en événements et en chefs-d'œuvre.*

FÉLICITÉ. *n. f.* (du latin *felix*, « heureux »). Grand bonheur, durable et sans mélange. *Atteindre enfin à la félicité.* Joie suprême, béatitude, notamment au sens religieux. Au **pluriel** : les *félicités* sont des plaisirs intenses, des bonheurs liés aux circonstances. *Une vie comblée de félicités.* L'emploi de ce terme est parfois ironique.

FÉMINISME. *n. m.* Doctrine qui préconise l'égalité des droits entre les femmes et les hommes et, plus globalement, l'extension du rôle des femmes dans la vie sociale, politique, économique, culturelle, artistique. Mouvement qui milite dans ce sens, qui tente de « libérer » la condition féminine du pouvoir masculin.

Ne pas confondre l'adjectif *féministe* et l'adjectif *féminin*. *Un mouvement féminin* est un mouvement de femmes ; *un mouvement féministe* est un mouvement qui milite *en faveur* des femmes et de leurs revendications. Un groupe « féminin » n'est pas forcément « féministe » ; un « *antiféministe* », de même, n'est pas nécessairement *misogyne*.

➙ **Pour approfondir, p. 660.**

FÉODAL. *adj.* Se dit d'un régime fondé sur l'institution du **fief**.

FERMENT. *n. m.* Ce qui fait naître un sentiment, une idée, une passion, ou qui entretient une agitation quelconque. *Un ferment de haine. Un ferment d'indiscipline agitait l'assemblée.* À l'image de la **fermentation**, le mot *ferment* suggère l'idée d'une cause interne qui engendre, secrètement, une forte effervescence.

FÉRU. *adj.* Passionné. *Être féru d'histoire, de sciences, d'astrologie.* Cet adjectif s'emploie avec une connotation d'érudition : celui qui est féru d'une réalité en connaît beaucoup sur celle-ci.

FÉRULE. *n. f.* Baguette de bois ou lanière de cuir avec laquelle on frappait autrefois les écoliers fautifs. D'où l'expression **sous la férule de**, sous l'autorité (ou le pouvoir) de. *Maupassant a appris à écrire sous la férule de Flaubert.*

FERVEUR. *n. f.* Ardeur vive et intérieure, dans l'expression des sentiments religieux. *Prier avec ferveur.* Par extension, enthousiasme et chaleur que l'on met dans une activité, une passion, ou l'expression de sentiments. *Participer à un spectacle avec ferveur ; aimer avec ferveur ; manifester sa reconnaissance avec ferveur.*

Le mot *ferveur* garde de son emploi religieux une connotation d'intériorité, de profondeur d'expression. *« Nathanaël, je t'enseignerai la ferveur ! »* (Gide).

FESTIF. *adj.* Qui a rapport à la fête. *Des occupations festives.*

FÉTICHISME. *n. m.* 1° **Sens propre :** culte des fétiches, c'est-à-dire des objets sacrés auxquels les religions animistes attribuent des pouvoirs magiques.

2° **Sens figuré :** admiration excessive ou attachement exagéré, à l'égard d'une personne, d'un objet ou d'une chose qu'on vénère. *Le fétichisme d'un collectionneur. Selon Marx, la société capitaliste est hantée par le fétichisme de la marchandise, à laquelle elle attribue une valeur mystique. Le sport souffre actuellement d'un véritable fétichisme de la performance.*

3° **Sens psychanalytique :** déviation sexuelle qui conduit le sujet à vouloir satisfaire son désir sur des objets partiels, plus ou moins liés à la personne de l'être aimé (un élément du vêtement, une chaussure, le pied, etc.). *Une fixation fétichiste sur le soutien-gorge. Le fétichisme du genou.*

FICTION. *n. f.* 1° Invention, imagination, chose irréelle. *C'est de la fiction ! La réalité dépasse la fiction. Un personnage fictif, qui n'existe pas.*

2° En **littérature**, ensemble des productions issues de l'imagination créatrice des auteurs (quelle que soit la part de « réalité » et de « fiction » qui s'y trouve). Un roman, même réaliste, même autobiographique, est une fiction. *Les œuvres de fiction* (contes, romans, par opposition aux ouvrages d'histoire, aux essais). La notion de fiction s'étend naturellement au cinéma, aux téléfilms. Elle triomphe dans la *science-fiction*, la *politique-fiction*, etc.

FIDÉISME. *n. m.* (du latin *fides*, « foi »). Dans le **domaine religieux**, doctrine qui fait reposer la croyance exclusivement sur la foi, et non sur la raison. L'esprit, le raisonnement logique, n'ont donc pas lieu de jouer, d'argumenter ou d'examiner : il faut adhérer aux vérités de la foi par un mouvement irrationnel. Les détracteurs du fidéisme jugent cette attitude aveugle et préconisent au contraire, dans la croyance, une alliance de la foi et de la raison. Voir **Révélation**.

Dans le **domaine philosophique**, indépendamment de la question religieuse, le fidéisme est une attitude qui fait reposer l'adhésion à la vérité sur une croyance sentimentale ou intuitive, par opposition au rationalisme.

FIEF. *n. m. (sens propre)* Au Moyen Age, domaine concédé par un seigneur à un vassal, en échange de quoi celui-ci doit servir loyalement son seigneur. Le vassal est donc à la fois maître dans son fief et asservi à son suzerain. L'institution du fief caractérise la société dite *féodale*.

(sens figuré) Zone d'influence, domaine dans lequel quelqu'un jouit d'un pouvoir indiscuté. En particulier, **fief électoral** : zone dans laquelle un notable se fait régulièrement réélire, et qu'il estime être sa « chasse gardée ».

FIELLEUX. *adj.* Plein de fiel, de haine. *Des propos fielleux. Un adversaire fielleux.* Ne pas confondre avec le paronyme *mielleux*.

FIGURATIF. *adj.* Qui figure, qui représente la forme réelle des choses. En particulier, l'**art figuratif** est l'art qui représente les réalités du monde visible de façon clairement identifiable (paysage, objet, animal, personnage), par opposition à l'**art abstrait**, qui ne renvoie qu'à son propre jeu de formes et de couleurs.

FIGURÉ. *adj.* 1° *(ancien)* Se dit de ce qui est représenté avec une certaine richesse d'expression, avec des « figures de style » notamment. *Un style figuré, imagé. La langue figurée des poètes.*

2° *(courant)* Se dit du *sens second* pris par certains mots, à partir d'une analogie découlant du *sens originel*. On oppose ainsi le **sens propre** (originel, concret, usuel) et le **sens figuré** (métaphorique, abstrait, dérivé). Des exemples abondent dans tous les dictionnaires. Pour désigner des réalités non sensibles, le langage doit souvent procéder par analogie, par image, par métaphore. C'est le cas notamment des réalités affectives, morales, sociales : on parle d'un chagrin *profond*, d'une vertu *solide* d'un situation *élevée*. Quand un mot est souvent employé de façon imagée (le mot **carcan** par exemple), le nouveau sens qu'il prend se spécialise et fait partie de la langue usuelle : l'image s'est « lexicalisée », elle est devenue le sens figuré de ce mot, répertorié comme tel dans le dictionnaire. Quand on parle couramment du « bras » d'un fauteuil, par exemple, on a oublié la métaphore originelle.

FIGURE DE STYLE. Procédé d'expression particulier, visant à produire un certain effet. On dit aussi **figure de rhétorique** (mais les figures de rhétorique concernent plus particulièrement l'art du **discours**). *La métaphore, l'antithèse, l'anaphore, la litote sont des « figures de style » extrêmement vivantes.*

• Parler, écrire, c'est toujours employer des façons de dire, des modes d'expression que les structures de la langue et de la grammaire mettent couramment à la disposition de celui qui s'exprime. Chacun peut les utiliser pour transmettre des significations ou des informations. La notion de *figure de style* prend son sens quand le locuteur est animé par une **volonté d'expression** qui *dépasse* le simple désir de transmettre une information : il veut renforcer, intensifier, nuancer, atténuer ; il veut produire un effet, convaincre, rendre sensible, amuser, jouer avec les mots, etc. Il utilise volontairement les fonctions du langage les plus expressives, il recherche des procédés efficaces ou originaux, il tente de travailler son **style**.

• Or, parmi les diverses façons de s'exprimer, un certain nombre d'entre elles obéissent à des formes stylistiques précises, elles-mêmes correspondant à des schémas de pensée qu'on peut assez clairement définir et désigner : ce sont les « figures » de style. Si elles peuvent avoir des formes propres à chaque langue, elles illustrent des opérations de l'esprit qui se retrouvent d'une langue à l'autre. Il est donc utile de savoir les reconnaître et les utiliser. S'il est vrai que certains auteurs ont parfois détaillé à l'infini les « figures de style », d'une façon qu'on peut juger trop subtile, l'homme cultivé n'en doit pas moins connaître les principales d'entre elles : par exemple (pour compléter celles qui sont citées ci-dessus), l'**Allégorie**, l'**Apostrophe**, la **Comparaison**, l'**Ellipse**, l'**Euphémisme**, l'**Hyperbole**, l'**Ironie**, la **Métonymie**, la **Périphrase**, et quelques autres...

FIGURER (SE). *v. pron.* S'imaginer, se représenter les choses par la pensée. *Je me figure déjà la retraite heureuse que je prendrai dans mon chalet du Reposoir. Figurez-vous la félicité d'un tel lieu ! Je n'arrive pas à me figurer comment tu as pu en arriver là.*

FIN. *n. f.* 1° **Terme, achèvement**; moment ou endroit où se termine quelque chose. Cessation définitive. Conclusion *(mot de la fin)*. Dans un *sens classique* : mort (fin de l'existence).

2° **But que l'on poursuit.** Objectif, intention qui anime quelqu'un. *Parvenir à ses fins. La fin ne justifie pas les moyens.* Destination finale d'une chose ou d'un être (en ce cas, le mot *fin* semble fondre ses deux acceptions en une seule). Dans ce sens n° 2, pour fuir toute confusion, on emploie souvent le synonyme **Finalité**.

N.B. Il est essentiel de distinguer les deux sens de ce mot, tout en comprenant leur relation. Le **but** et le **bout** d'une action coïncident en effet souvent. Mais ce serait une erreur de croire que le terme d'une réalité est nécessairement ce vers quoi cette réalité tendait : ce serait tomber dans un **finalisme** grossier (voir ci-après).

FINALISME. *n. m.* Doctrine philosophique selon laquelle le monde dans son ensemble est orienté selon une finalité précise, d'origine supérieure (même si elle demeure mystérieuse). Les philosophes opposent les causes « efficientes », originelles, qui permettent d'expliquer les phénomènes par les différentes forces antérieures qui les produisent, et les **causes finales**, qui expliquent les phénomènes par des buts qu'ils sont censés poursuivre. Le finalisme est la doctrine qui explique donc les choses par leurs causes finales, par une sorte d'intentionnalité qui les conduirait secrètement à être ce qu'elles sont. Au contraire, les esprits scientifiques se contentent de chercher, dans des lois, les causes originelles des phénomènes qui se produisent.

• Il y a plusieurs degrés dans l'attitude finaliste. Le finalisme est en général la philosophie des croyants qui pensent que le monde est créé et ordonné par Dieu selon un certain plan, lequel apparaît évident à leurs yeux : la succession des phénomènes (par exemple la façon dont l'évolution conduit à l'émergence de l'homme) est même pour eux la preuve qu'un Dieu conduit ainsi l'univers.

À l'autre extrême, on trouve un finalisme grossier, à courte vue, qui prête aux faits naturels des explications finalistes sommaires, pour leur donner un sens immédiat, rassurant, en général favorable à l'être humain. Un exemple caricatural fut ainsi avancé à propos du melon; son enveloppe serait intentionnellement striée par la nature pour permettre un découpage facile dans une famille nombreuse!

• Dans le domaine scientifique, par exemple en biologie où les phénomènes d'adaptation sont souvent étonnants, il est parfois difficile de se garder d'une attitude finaliste, tant une visée secrète semble orienter les choses de la vie. Le glissement consiste à passer de l'impression *« tout se passe comme si »* à la conclusion *« c'est donc que »*. Le vrai savant, même s'il a le sentiment d'une finalité de l'univers, se garde bien d'en faire un principe d'explication.

FINALITÉ. *n. f.* 1° But poursuivi, « fin » au sens n° 2. *Quelle est la finalité de cette politique ?* On notera que le mot *finalité* englobe l'ensemble des significations des termes « but », « objectif » ou « fin » : la finalité, c'est cet *ensemble ordonné* qui est orienté vers une fin. Les buts, les objectifs peuvent être précis, à court terme; la finalité est la visée qui les dépasse et les unifie.

2° Au **sens philosophique**, la finalité est le fait d'être organisé selon un dessein, une fonction donnée. *Le corps fonctionne de telle sorte qu'il tend sans cesse vers sa survie : c'est là sa finalité.* La croyance dans un monde gouverné par une finalité supérieure constitue alors le **finalisme**. Voir ce mot.

FINITUDE. *n. f.* Caractère de ce qui est fini, limité dans le temps et dans l'espace. *La finitude de la condition humaine.* Le terme s'emploie en philosophie pour qualifier la nature mortelle de l'homme, que chaque instant dépossède de sa vie.

FIRMAMENT. *n. m.* En *langage littéraire*, voûte céleste. Les poètes évoquent souvent le firmament le soir ou la nuit, quand ont paru les étoiles. *« Je pensai que la terre était sortie de son orbite et qu'elle errait dans le firmament comme un vaisseau démâté. »* (Nerval).

FLAGRANT. *adj.* (du latin *flagrare*, « brûler »; voir **Conflagration**) Qui saute aux yeux, que personne ne peut nier. *Un flagrant délit. Une injustice flagrante.* Évident, incontestable, patent, notoire.

FLEGMATIQUE. *adj.* Se dit d'un individu calme, peu émotif, qui garde son sang-froid et maîtrise ses réactions. Qui a du flegme, c'est-à-dire une humeur fondamentalement tranquille. *L'apparence flegmatique d'un lion.*

FLEXIBILITÉ. *n. f.* Caractère de ce qui est flexible, souple. Ce mot s'est employé, à partir des années 1980, dans un sens socio-économique, pour définir la souplesse d'organisation de certains secteurs. *La flexibi-*

lité de l'emploi. *Une économie qui manque de flexibilité. La flexibilité des prix, des salaires.*

FLORÈS (faire florès). Obtenir un succès éclatant, réussir. *La récente politique en faveur du logement a fait florès.* Cette locution adverbiale, ancienne, jouit d'un regain dans la presse : elle « fait florès » elle-même...

FLORILÈGE. *n. m.* Recueil de textes choisis (poésies, pensées, etc.). Voir **Anthologie**.

FOCALISATION. *n. f.* (à partir de *focal*, du latin *focus*, « foyer »).

1° Concentration en un point donné (foyer). Le mot s'emploie soit dans un sens *concret* (particules, rayons), soit dans un sens *figuré* (*focaliser l'attention*).

2° En **littérature** : lieu d'où le narrateur opère le récit ou la description des faits, dans une œuvre romanesque. La focalisation est en quelque sorte le choix du « foyer » privilégié qu'adopte un auteur pour « faire voir » les événements, les paysages, les personnages. On l'appelle aussi « point de vue » ; mais cette expression peut avoir un sens plus large. On distingue classiquement :
— **la focalisation interne** : le récit est rapporté par un personnage de l'histoire. Le lecteur ne sait rien d'autre que ce que ce narrateur-personnage raconte. On voit tout par lui, on ne voit rien en dehors de ce qu'il transmet. Exemple : *L'Étranger* (Camus).
— **la focalisation externe** : le narrateur rapporte les événements en position de témoin objectif. Il n'entre pas dans le for intérieur des personnages, dont il ne fait que décrire les comportements ou enregistrer les paroles effectivement prononcées. Exemple : les premières lignes de *L'Éducation sentimentale* (Flaubert).
— **la focalisation zéro.** Elle cumule les deux précédentes : le narrateur raconte tout, de loin ou de près, de l'extérieur des personnages ou de l'intérieur. Il se donne le droit de tout savoir, est présent partout où il veut, comme s'il avait le regard même de Dieu pénétrant la totalité de l'univers romanesque. On parle à ce sujet de **narrateur omniscient**.

N.B. Dans une même œuvre, l'auteur peut choisir d'adopter successivement plusieurs types de focalisation.

D'autre part, le mot **point de vue** peut avoir une autre signification. Par exemple, au cours d'une description, le narrateur peut déplacer son regard, montrer les choses selon différents angles, s'approcher ou s'éloigner de l'objet décrit (un paysage, un portrait). À l'intérieur d'une focalisation donnée, le « point de vue » descriptif peut donc lui-même varier.

FOI. *n. f.* (du latin *fides*, « confiance, foi », d'où vient aussi le mot « fidèle »).

1° **Sens classique** : fidélité que l'on promet ; confiance que l'on a en quelqu'un. *Donner sa foi. Avoir foi en.* Il s'agit d'une confiance absolue.

2° **Sens religieux** : croyance très vive et très profonde en Dieu ou dans les vérités d'une religion. Certitude intérieure. *J'ai la foi.* Par extension, ensemble des vérités (doctrine) qui font l'objet de cette foi. *La foi chrétienne.* Voir **Confession, Dogme.**

3° **Sens courant :** forte croyance dans une réalité ou dans une personne. *Avoir foi en l'avenir. Avoir foi en l'école de la République. Avoir foi en son Président.*

N.B. On oppose classiquement la foi et la raison. Même dans le domaine non religieux, la foi est une forme de conviction intuitive, intérieure, qui déborde la pure logique de l'esprit. Poussée à l'extrême (sans le contrôle de la raison), la foi débouche sur le **fidéisme**. Cela dit, bien des croyants estiment pouvoir concilier les adhésions de leur foi et l'exercice de leur raison.

FOISONNANT. *adj.* Qui foisonne, qui se produit « à foison », c'est-à-dire en quantités abondantes et variées. Cet adjectif s'emploie au sens propre comme au sens *figuré*. *Un jardin foisonnant de fleurs. Un livre foisonnant d'idées. Une imagination foisonnante. Un foisonnement d'étoiles envahissait le ciel.*

FOLKLORIQUE. *adj.* 1° Qui est relatif au folklore, c'est-à-dire aux coutumes, arts et fêtes populaires d'un pays. *Des danses folkloriques ; des rites, des croyances, des légendes folkloriques.* D'où : coloré, animé, pittoresque.

2° Qui manque de sérieux, sous une apparence pittoresque et plaisante. Farfelu. *Un personnage folklorique. Une réunion syndicale plutôt folklorique.* Quand le *folklore* devient artificiel, vide de sens, le terme devient péjoratif.

FOMENTER. *v. tr.* Préparer, organiser secrètement, susciter ou entretenir une action néfaste. *Fomenter une révolte, une émeute, un complot, des troubles.*

FONCIER. *adj.* (*sens propre*) Qui se rapporte à la terre, au terrain possédé, bâti ou exploité. *Un propriétaire foncier. L'impôt foncier.*
(*sens figuré*) Qui caractérise le fond même d'un être ; qui renvoie à la réalité fondamentale d'une chose. *Des qualités foncières. Une différence foncière entre deux attitudes. C'était un personnage foncièrement méchant.*

FONDAMENTALISME. *n. m.* Dans le domaine religieux, attitude de ceux qui préconisent un retour à la doctrine fondamentale de leur religion, et sa stricte observation. *Le fondamentalisme musulman.* Voir **Intégrisme**.

FONDEMENT. *n. m.* Élément de base, principe essentiel sur lequel repose une philosophie, une doctrine, une théorie ou une réalité sociale. *Selon Rousseau, un « contrat social » sert de fondement à la société. Les fondements de la morale. Les fondements théoriques d'une science. Les fondements de la République sont inscrits dans sa devise : Liberté, Égalité, Fraternité. Sur quoi fondez-vous votre raisonnement ? Une accusation sans fondement* (sans base réelle).

N.B. En ce qui concerne les édifices, on dit **fondations**.

FORFAITURE. *n. f.* Trahison, déloyauté. Crime ou manquement grave commis par un fonctionnaire dans l'exercice de ses fonctions. *Un policier accusé de forfaiture.*

FOR INTÉRIEUR. (du latin *forum*, «place publique, tribunal»). Expression qui désigne le fond de la conscience, ce lieu intérieur où l'on débat avec soi-même et où l'on se juge. Ne s'emploie pratiquement que sous la forme «*en* (dans) *mon* (ton, son, etc.) *for intérieur*» : au plus profond de moi-même (de toi, de soi). *Il n'en laisse rien paraître, mais en son for intérieur, il regrette sa conduite.*

FORMALISER (SE). *v. pron.* Être choqué par un manquement aux règles formelles de la politesse, aux conventions sociales. *Il ne me salue pas : je pourrais m'en formaliser, mais je passe là-dessus.*

FORMALISME. *n. m.* (à partir de *formel*, voir plus loin).

1° Attitude générale qui consiste à s'attacher scrupuleusement aux formalités, aux aspects officiels des choses. Cette attitude se manifeste dans le domaine juridique par un respect sourcilleux des règles et des conventions. Elle se retrouve aussi dans l'attachement excessif aux formes extérieures de la politesse, de l'étiquette, des usages cérémonieux. Devant tout manquement, la personne «formaliste» se sent choquée, elle «se formalise» (voir ci-dessus).

2° Dans le *domaine littéraire et artistique*, tendance à privilégier avant tout la forme des œuvres, leur aspect purement esthétique, au détriment du contenu, des idées, des thèmes. Tendance qui peut aussi bien concerner les créateurs que les critiques.

En particulier, on donne le nom de Formalisme à une école de critique littéraire russe du début du XXe siècle (Moscou, Leningrad, Prague) qui met l'accent sur les aspects proprement formels de toute œuvre, insiste sur l'autonomie de l'art, et tente d'analyser les lois esthétiques (structurelles, formelles) qui régissent la spécificité des œuvres (par exemple : les structures narratives du conte). Les formalistes réagissent contre la tendance à expliquer les œuvres par des éléments selon eux extra-littéraires (la biographie, le contexte socio-historique, les idées ou intentions de l'auteur). Les théoriciens formalistes seront à l'origine de la linguistique moderne et du structuralisme.

FORME. *n. f.* En littérature, on appelle classiquement «forme» d'un texte la façon dont il se présente (style, composition) par opposition au «fond», qui en est le contenu (sujet, matière, thèmes, message).

Cette distinction, parfois commode pour aborder une œuvre en première approximation (ou pour soi-même composer un texte), est mise en cause par la critique moderne. D'une part, au niveau de l'émotion du lecteur, le fond et la forme sont souvent si bien fondus dans une œuvre réussie qu'il est impossible d'attribuer l'émotion produite à l'un ou l'autre des deux aspects. D'autre part, lorsqu'on regarde avec précision une œuvre, on est vite dans l'embarras : une figure de style est-elle purement formelle ou traduit-elle une manière de penser ? Une structure narrative est-elle «pure forme» ou expression d'une façon de voir le monde, de situer l'événement dans le temps ? La forme n'est jamais pur ornement ; le fond n'est jamais une substance en soi inséparable de son expression. L'œuvre originale crée *en même temps* une pensée et une forme neuves. Le «sens» n'est souvent qu'un effet produit par un agencement de signes, sans qu'on sache ce qui est premier. *Forme et contenu participent consubstantiellement à l'œuvre.*

FORMEL. *adj.* 1° Qui est relatif à la forme, à l'apparence extérieure. *Beauté formelle. Politesse formelle* (hypocrite). Voir **Forme** et **Formalisme.**

2° Qui est parfaitement clair, précis, sans équivoque. *Déclaration formelle. Preuve formelle.* Indiscutable : *ordre formel, catégorique. Ton formel. Il a été formel sur ce point.*

FORNICATION. *n. f.* Au *sens religieux* (classique), péché de la chair. *« Il m'a toujours semblé que nos concitoyens avaient deux fureurs : les idées et la fornication »* (Camus, *La Chute*).

FORTUIT. *adj.* Qui se produit de façon imprévue, par hasard. *Une rencontre fortuite. Un incident fortuit. C'est souvent ce dont on ignore les causes qui nous semble fortuit.* Mots de sens voisin : accidentel, inopiné, occasionnel.

FORTUNE. *n. f.* (du latin *fortuna*, «sort ; hasard bon ou mauvais»).

1° **Sens ancien.** Sort favorable ou défavorable. La **Fortune** était une déesse chez les Anciens : elle décidait à l'aveuglette des hasards favorables ou non, des sorts heureux ou malheureux que l'existence dispensait aux mortels. D'où l'idée, dans la langue classique, d'une puissance qui distribue au hasard le bonheur ou le malheur.

2° **Sens classique.** Ensemble d'événements qui arrivent à quelqu'un. *Il a traversé la vie avec une plus ou moins bonne fortune. Ses livres ont eu des fortunes diverses.* Destinée, chance.

À partir de l'expression *bonne fortune*, le terme a eu peu à peu une connotation positive. Cette bonne fortune étant souvent de nature financière, le mot a pris le sens qui suit.

3° **Sens courant** (actuel). Ensemble de biens ; richesse, argent, patrimoine. *Avoir une petite ou grande fortune.* Par extension, grande richesse. *C'est une fortune ! Faire fortune. Avoir de la fortune, être fortuné.*

→ **Pour approfondir, p. 988.**

FORUM. Mot latin désignant la place publique où s'assemblait le peuple, à Rome ou dans les autres villes de l'Empire romain. Ce mot est utilisé en français pour désigner le lieu symbolique où se déroule le débat politique. *La télévision est devenu l'unique forum où se joue le sort de la démocratie.* On l'emploie aussi pour désigner des réunions ou des colloques qui se tiennent sur divers sujets. *Vous êtes invité au Forum international sur la condition féminine.* Pluriel : *des forums.*

N.B. Au mot latin *forum* correspond le mot grec **Agora**.

→ **Pour approfondir, p. 994.**

FOURVOYER (SE). *v. pron.* (de l'ancien français *fors*, «hors de» et *voie*, «chemin»). **Sens littéraire** : s'égarer, se détourner du bon chemin. *« Un chien qui s'était fourvoyé par mégarde »* (La Fontaine). **Sens figuré** (le seul actuel) : se tromper complètement ; être pleinement dans l'erreur. *À partir d'une expérience fausse, des savants se sont fourvoyés dans une ridicule théorie sur la mémoire de l'eau. Cet idéaliste s'est fourvoyé dans le commerce.*

FOYER. *n. m.* (à partir du latin *focus*, «foyer, feu»).
Au **sens figuré**, lieu central d'où provient quelque chose, par analogie avec le feu de l'âtre qui rayonne chaleur et lumière. Source, origine, cause. *Le foyer de la maladie. Le foyer de la rébellion. Ce foyer d'images et de rêves d'où était issue son inspiration.* Dans l'idée de foyer, il reste toujours une trace de l'image originelle, celle d'un rayonnement intense partant d'un point central.

FRANCHISE. *n. f.* Au **sens juridique**, liberté, avantage ou droit particulier qui est concédé à un bénéficiaire : ce peut être une exonération d'impôts ou de taxes (droit fiscal), le droit d'exploiter un brevet ou une marque (droit commercial), la possibilité pour l'assureur de ne pas rembourser une partie des dommages subis par son client, etc. La notion de «franchise» comporte toujours l'idée d'une liberté un peu exceptionnelle (cf. le verbe *affranchir*).

FRANCOPHONIE. *n. f.* Ensemble de pays ou de populations parlant la langue française, habituellement ou occasionnellement. Dans certains pays, le français peut être la langue officielle, mais les diverses ethnies peuvent pratiquer, dans leur communauté, des langues ou des dialectes qui leur sont propres.

FRANC-MAÇONNERIE. *n. f.* Société secrète à vocation universelle, animée par un idéal humaniste, fraternel et libéral, proche de la philosophie des Lumières. *Mozart fut un franc-maçon fervent.* Les francs-maçons sont réunis en «loges» ; l'entrée dans une loge suppose des rites d'initiation ; un ensemble de loges forme une «obédience».
Les francs-maçons ayant parfois été accusés de trop se soutenir les uns les autres, le terme «franc-maçonnerie» peut se trouver employé péjorativement pour désigner un groupe dont les membres se favorisent mutuellement, pour mieux réussir leurs carrières (un réseau d'anciens élèves d'une grande école, par exemple). Cet emploi dérivé du mot ne correspond évidemment pas à l'idéal originel.

FRAYER. *v. tr.* Ouvrir, tracer un chemin. Frayer une voie, au *propre* comme au *figuré*.
    v. tr. ind. **Frayer avec**, fréquenter quelqu'un, avoir des relations amicales avec une personne ou avec un groupe. *Il frayait peu avec ses collègues de bureau.*

FRELATÉ. *adj. (sens propre)* Se dit d'un produit falsifié, dénaturé par

quelque mélange (en vue de tromper le client). *Un vin frelaté ; des marchandises frelatées.*
(*sens figuré*) **Altéré, dénaturé, corrompu.** *Les mœurs frelatées d'un milieu décadent.* Qui a perdu toute pureté, tout naturel. *Le mode de vie frelaté des grandes agglomérations. Une littérature médiocre, commerciale, frelatée.*

FRÉNÉSIE. *n. f.* État d'exaltation violente, qui se manifeste par un comportement agité, fébrile, ou par une ardeur intense. *Une foule en pleine frénésie. La frénésie d'une passion. Il travaille avec frénésie, avec enthousiasme. Des applaudissements frénétiques ; un rythme frénétique ; un style frénétique, agité, passionné. Une littérature frénétique, qui pousse les sentiments, les thèmes, les scènes jusqu'à leur paroxysme.*

FRUGAL. *adj.* Se dit d'une nourriture d'une alimentation simple et peu abondante. *Un repas frugal.* Par extension, s'applique à un mode de vie austère, sobre, ascétique, tempéré. *Il dépense peu, il consomme peu : il mène une existence frugale.*

FRUSTE. *adj.* Grossier, rude ; mal dégrossi ; sans finesse. *Un marbre fruste. Une personne fruste. Un style fruste.*

FRUSTRER. *v. tr.* Priver quelqu'un d'un avantage (ou d'une satisfaction) qui lui paraissait dû, qui lui semblait naturel. *Frustrer un héritier de sa part d'héritage, d'un bien qui devait lui revenir.* Décevoir, plonger dans l'insatisfaction. *Être frustré dans ses espérances, dans ses désirs, dans ses attentes. La vie m'a continuellement frustré.*
La notion de *frustration* dépasse la notion de *privation*. La privation est un manque auquel on peut se résigner. La frustration est un manque ressenti comme injuste : le **frustré** se sent lésé dans son droit, trompé dans son attente, que sa frustration soit objective ou subjective. La psychanalyse, qui confrère au *désir* une place essentielle dans la psychologie humaine, use abondamment de la notion de frustration. Pour l'**inconscient**, toute limitation est frustration, la sexualité est toujours « frustrée ». D'où l'acception courante du mot « frustré » au sens de « frustration sexuelle ». *Il a des obsessions, des fantasmes : il doit être frustré.*

FUG-. Racine issue du latin *fugere*, « fuir ». Elle entre dans la composition des mots **Fugace** (qui passe et disparaît promptement : *une impression fugace*), **Fugitif** (qui fuit, qui passe — *un bonheur fugitif* ; comme *nom* : individu qui s'enfuit), **Fugue** (escapade, fuite ; voir également ce mot dans son sens musical). Mais aussi, comme suffixe, dans **Calorifuge** (qui empêche la chaleur de fuir), **Centrifuge** (qui fuit le centre, qui s'en éloigne, contrairement à *Centripète*), **Refuge** (lieu où l'on fuit pour se mettre à l'abri), **Subterfuge** (prétexte, moyen par lequel on fuit une situation embarrassante ; faux-fuyant), **Transfuge** (individu qui fuit d'un parti ou d'un groupe pour passer dans le camp opposé).

FUGUE. *n. f.* En musique, composition dans laquelle un premier thème exposé « fuit » devant un second qui le chasse, pour se faire réentendre parallèlement dans une tonalité différente ou à une autre octave. Plusieurs autres thèmes (ou voix) peuvent entrer dans ce développement, selon une complexité croissante. Les diverses potentialités mélodiques des thèmes sont ainsi systématiquement explorées. La **Fugue** se fonde sur l'art du **Contrepoint** (voir ce mot). Elle constitue l'une des formes majeures de ce qu'on a appelé la *polyphonie*, dans la musique classique européenne.

FULMINER. *v. tr.* (du latin *fulminare*, « lancer la foudre »). Faire éclater sa colère en lançant des menaces, des injures, des reproches. *Fulminer contre quelqu'un, contre le gouvernement, contre l'époque. Le « Misanthrope » de Molière fulmine contre les hommes.* Éclater, exploser, tempêter, vitupérer.

FUNÈBRE. *adj.* (du latin *funus, funeris*, « funérailles »). Qui est relatif à la mort, aux funérailles. *Une cérémonie funèbre, les pompes funèbres, une marche funèbre.* Par extension : qui évoque ou exprime des idées de mort, de tristesse mortelle ; qui renvoie à une atmosphère sinistre, sépulcrale. *Un silence funèbre, un visage funèbre, des pensées funèbres ; une scène, une résonance funèbre.* Voir la différence avec le mot suivant, **funeste**.

FUNESTE. *adj.* Qui annonce ou qui cause le malheur, la mort. *Un funeste présage. Des circonstances funestes.* Par extension, qui entraîne de graves conséquences, la désolation. *Une erreur funeste. Un enchaînement funeste de causes et d'effets. Un spectacle funeste.* Fatal, catastrophique. Le sens est parfois affaibli : *une influence funeste* (nuisible). Ne pas confondre avec **funèbre**, bien que les termes (d'étymologie commune) se rejoignent : ce qui est *funeste* aboutit souvent à des situations tragiques, *funèbres*.

FURIBOND. *adj.* Furieux, avec un excès qui tend au ridicule. *Un petit homme furibond. Lancer des regards furibonds.*

FUSTIGER. *v. tr.* (*sens propre*, ancien) Fouetter, battre à coups de bâton.

(*sens figuré*, littéraire) Blâmer, critiquer vertement. *Fustiger les mœurs contemporaines. Fustiger les journalistes, les publicitaires et les politiciens, tous complices. Fustiger l'anarchie.* Dénoncer, condamner, stigmatiser, flétrir.

FUTILE. *adj.* Vain, frivole, insignifiant. *Des choses futiles, des propos futiles, des motifs futiles, des plaisirs futiles.* Qui ne s'occupe que de choses sans importance. *Une femme futile. Des magistrats futiles au plus profond d'eux-mêmes.*

N.B. On oppose souvent, en jouant sur la rime, ce qui est **futile** à ce qui est **utile**. C'est un bel exemple de *paronomase* (voir **Paronyme**).

FUTURISME. *n. m.* 1° Mouvement littéraire et artistique, né en Italie au début du XXe siècle, qui rejette les modèles esthétiques traditionnels et le culte des objets anciens, pour exalter tout ce qui, dans la vie moderne, annonce un futur en rupture totale avec le passé (en particulier la vitesse, la violence de la vie urbaine, la machine).

2° Attitude de ceux qui recherchent, dans tous les domaines, ce qui préfigure le futur. Caractère de ce qui annonce le style de l'avenir. *Le futurisme cinématographique. Une esthétique futuriste. Des inventions futuristes. L'univers futuriste d'un roman de science-fiction.*

FUTUROLOGIE. *n. f.* Ensemble des études et des recherches concernant l'évolution à venir des sociétés humaines, dans tous les domaines (techniques, scientifiques, économiques, sociaux). *La futurologie utilise toutes les méthodes de la prospective.*

Ne pas confondre avec **Futurisme**.

GAGE. *n. m.* (du francique *waddi*) 1° **Sens juridique :** objet, bien ou valeur que l'on dépose à titre de garantie dans le cadre d'une opération commerciale (prêt sur gage, par exemple). L'objet gagé restera entre les mains du créancier si l'emprunteur ne le rembourse pas. Au XIXe siècle, les gens qui avaient un besoin immédiat d'argent déposaient des objets de valeur au mont-de-piété, en échange desquels on leur prêtait la somme dont ils avaient besoin : ces objets servaient précisément de *gage* ; ils n'étaient restitués que lorsque l'argent était rendu. La notion de gage suppose donc toujours un *échange* et l'engagement d'un bien comme caution. Lorsque l'on parle de « gage » dans un jeu de société, l'idée reste la même : pour recouvrer un avantage que l'on a perdu, on donne quelque chose en échange, on s'acquitte par une peine plus au moins symbolique.

2° **Sens figuré :** garantie, assurance, caution morale. *Gage de fidélité. Gage d'amour.* Au *sens figuré*, le gage suppose toujours un échange *symbolique*, auquel on apporte une garantie plus ou moins concrète : un objet de valeur sentimentale, une manifestation de tendresse, un service. On « engage » toujours quelque chose à titre de garantie, même s'il s'agit d'une réalité morale : le verbe *engager* signifie littéralement *mettre en gage*. Lorsqu'il s'agit de *s'engager* dans une entreprise, une action militante ou une décision, c'est *soi-même* que l'on apporte comme gage, comme garantie. Jadis, **gager**, au sens de *parier*, signifiait de même *mettre en gage* son argent ou sa parole : on risquait sa réputation ou sa fortune pour bien montrer son assurance.

3° Au pluriel, **les gages** : salaire d'un domestique (en échange des services qu'il rend). L'idée d'échange demeure, les gages représentant la garantie financière équivalant au service rendu. Idem dans l'expression **Tueur à gages** (le paiement n'est donné qu'à condition que l'assassinat soit dûment effectué).

N.B. Le mot gage est intéressant à connaître en raison de l'éclairage qu'il apporte aux mots de même famille : *gageure, engager, dégager*, etc.

GAGEURE. *n. f.* (à partir du verbe *gager*, « parier ». Prononcer « gajure »). Action quasi irréalisable, projet très risqué ; opinion ou hypothèse hautement improbable. *Se lancer dans la traversée de la mer avec une simple barque, c'est une véritable gageure. Se fier à l'humanité d'un dictateur, quelle gageure!* On retrouve dans ce mot l'idée d'engagement, de risque, de pari aventureux.

GALANT. *nom.* Homme qui aime faire la cour aux femmes. Soupirant, partenaire amoureux.

adj. 1° Relatif à la galanterie. Se dit d'un homme empressé auprès des femmes, ou simplement courtois, poli, attentionné. *Il est galant et délicat.*

2° Qui concerne les relations amoureuses. *Des propos galants. La poésie galante. Une entreprise galante. En galante compagnie. Une femme galante* (de mœurs légères).

3° En **littérature** (et en arts) : qui relève d'un ton raffiné, léger, gracieux. *«Ah! qu'en termes galants ces choses-là sont dites»* (Molière). *Le style galant. L'atmosphère galante des toiles de Watteau.*

GALIMATIAS. *n. m.* Langage embrouillé, écrit inintelligible. *Qu'est-ce que c'est que ce galimatias : vous appelez cela un résumé de texte?* Charabia, style abscons (quasi incompréhensible).

GALLICANISME. *n. m.* (à partir du latin médiéval *gallicanus*, «gaulois») Historiquement, en France, opposition de l'Église catholique à l'autorité excessive du Pape. Cette résistance au pouvoir de Rome avait notamment pour enjeu la nomination des évêques, sur laquelle le pouvoir royal et le pouvoir papal étaient en conflit. Plus globalement, c'est l'indépendance de l'Église de France en matière institutionnelle et liturgique qui était en question au XVIIe siècle. Au **gallicanisme** s'opposait l'**ultramontanisme**, mouvement favorable au pouvoir absolu du Pape dans la gestion politique et administrative de l'Église de France (*ultramontain* veut dire textuellement «au-delà des monts», c'est-à-dire des Alpes). Comme l'a montré la querelle de Port-Royal, le débat ne porte pas seulement sur des problèmes institutionnels, mais sur la forme même de la sensibilité religieuse : les Jansénistes s'inscrivaient dans le mouvement de résistance gallicane à la hiérarchie romaine, alors que les Jésuites étaient des partisans convaincus de l'ultramontanisme.

N.B. Ne pas confondre avec **Gallicisme** (tournure ou expression propre à la langue française, qu'on peut trouver dans une autre langue — comme l'anglais!).

GALLO-ROMAIN. *adj.* Qui se rapporte à la civilisation issue du mélange des Romains et des Gaulois, après la conquête de la Gaule, et jusqu'à la fin du Ve siècle après Jésus-Christ. *La population gallo-romaine.*

→ **Pour approfondir, p. 999.**

GALVAUDER. *v. tr.* Gâter quelque chose de valeur par un mauvais usage, par un emploi dégradant. *Galvauder son talent dans des articles de circonstance. Galvauder son esprit dans des plaisanteries faciles. Galvauder sa réputation en fréquentant des individus peu recomman-*

dables. *Une expression galvaudée* (usée). **Se galvauder :** s'abaisser, se dégrader.

-GAME, -GAMIE. Racines d'origine grecque signifiant «mariage», et parfois «reproduction» (termes botaniques). On trouve ainsi **Bigame** (qui a deux conjoints simultanément) et **Bigamie** ; **Polygame** (qui contracte légitimement plusieurs mariages : homme ayant plusieurs femmes ou femme ayant plusieurs maris) et **Polygamie** ; **Monogame** (qui ne contracte qu'un mariage, n'a qu'un seul conjoint) et **Monogamie**, **Endogame** (qui se marie dans sa propre tribu) et **Exogame** (qui choisit un conjoint à l'extérieur de sa propre tribu) ; et aussi, les termes techniques **Cryptogame, Gamète, Phanérogame** (voir un dictionnaire spécialisé).

N.B. « Game » veut bien dire mariage, et non pas « femme ».

GAMME. *n. f.* (de la lettre grecque *gamma*, qui désignait la première note de la «gamme»). En **musique**, échelle des notes ou des sons. Par analogie, série plus ou moins homogène de toutes sortes de réalités. *Gamme des couleurs* (série naturelle des tons successifs). *Gamme des prix. Gamme d'objets ou de produits. Voiture bas de gamme, voiture haut de gamme. Gamme de sentiments.*

Faire ses gammes : au sens propre, travailler toute la gamme des notes sur le clavier d'un piano ; au sens figuré, faire les premiers exercices, les premiers apprentissages d'une expérience humaine ou d'un métier.

GANGUE. *n. f. (sens propre)* Substance qui entoure un minerai. *Il faut extraire le minerai ou les pierres précieuses de leur gangue.*
(sens figuré) Enveloppe, magma confus qui entoure une réalité abstraite. *Il y a quelques pépites d'esprit dans la gangue de son bavardage. Une gangue de préjugés, une gangue d'inepties.* Au figuré, le mot gangue représente toujours quelque chose d'épais, de négatif, dont il faut extraire la perle, le positif.

GARANT. *nom.* Personne qui répond des actes d'une autre personne, qui est prête à en assumer la responsabilité, en particulier dans le cas d'une dette. *Être le garant de l'emprunt d'un ami :* lui apporter sa caution, sa garantie. L'expression la plus généralement employée est **se porter garant**. Elle s'applique à toutes sortes de réalités sociales ou morales : *se porter garant de l'existence d'un fait, se porter garant de la valeur ou de la vertu d'une personne. Trouver, dans l'estime d'un ami, le garant de sa propre valeur.*

GARGANTUESQUE. *adj.* Digne du héros de Rabelais, Gargantua. C'est-à-dire à la fois énorme et pittoresque. *Un appétit gargantuesque, des exploits gargantuesques.*

GÉMONIES (VOUER AUX). Livrer quelqu'un au mépris public, le couvrir de honte devant tout le monde (et de nos jours, dans les médias). À Rome, les **gémonies** étaient des escaliers où l'on exposait le corps des criminels étranglés, avant de les jeter dans le Tibre. L'expression, par bonheur, n'a plus actuellement qu'un sens figuré.

GEN-, -GÈNE. Racine d'origine grecque qui signifie « naître, engendrer, produire ». Elle entre dans la composition de nombreux mots dont elle éclaire le sens, par exemple : *généalogie, genèse, gène, génétique, génocide, biogenèse, cancérigène, érogène, eugénisme, hallucinogène, hétérogène, homogène, indigène, lacrymogène, pathogène, thermogène,* etc. Cette racine est vivante dans la composition de mots actuels (cf. *anxiogène*, qui date de 1968). On peut noter la proximité de cette racine avec la racine d'origine latine *génér-*, qui a le même sens *(engendrer, générer, génération, progéniture),* et que nous percevons intuitivement comme étant de même origine (au grec *genos* correspond le latin *genus, generis,* « origine, naissance »). Voir **Genre, Sui generis.**

GÉNÉREUX. *adj.* 1° **Sens classique :** noble ; qui a « naturellement » des sentiments élevés et courageux (on retrouve ici la racine *génér-*, « naissance » : l'adjectif *generosus* signifie en latin « de bonne race »). *Un sang généreux. Un combattant généreux.*
  2° **Sens courant :** qui se donne avec cœur et désintéressement. *Une âme ardente et généreuse.* Qui traduit sa générosité d'âme par des dons, des cadeaux, des gestes larges et gratuits. Charitable, bienveillant. *Une personne généreuse, qui aime rendre service. Il donne généreusement. Il parle des autres de façon généreuse, et ne cherche qu'à en dire du bien.*

GENÈSE. *n. f.* (à partir du grec *genos*, « naissance, origine »).
  1° **Sens historique : la Genèse,** création du monde. Nom donné au premier livre de la Bible, qui raconte la création du monde et de l'être humain (Adam et Ève) par Jehovah (Dieu).
  2° **Sens courant :** élaboration progressive d'une œuvre *(la genèse d'un roman)* ; ensemble du processus qui aboutit à la création d'une chose ou à l'apparition d'un événement. *La genèse de l'esprit humain. La genèse du nationalisme allemand. La genèse d'une affaire* (ses causes, son déclenchement).

GÉNIE. *n. m.* (du latin *genius*, « divinité tutélaire — c'est-à-dire protectrice »).
  1° **Sens originel :** esprit protecteur qui préside à la destinée d'une personne, d'une communauté ou d'un lieu. *Un génie tutélaire.* D'où : être surnaturel doté de pouvoirs magiques. *Un bon, un mauvais génie.* Dans ce sens, peut être employé au figuré *(elle est son bon génie).* Le « génie » étant lié à chacun, dès sa naissance, on glisse aisément au sens suivant.
  2° **Sens classique :** caractère inné ; nature (morale) profonde qui fait l'originalité d'un être, d'un peuple, d'une réalité abstraite. *Vautrin ou le génie du mal. Le génie français se manifeste particulièrement dans la diversité de nos fromages et de nos vins.* Dans Le Génie du Christia-

nisme, *Chateaubriand analyse l'essence de la religion catholique. Le génie du roman, c'est avant tout de raconter, de mettre en scène.*

3° **Sens courant :** capacité artistique ou intellectuelle hors du commun. *Il a du génie. Un auteur de génie. Le génie seul est créateur : tout le reste n'est qu'imitation, reproduction, technique. Le génie mathématique, le génie musical, le génie poétique. Le génie militaire de Napoléon.* Dans ce sens, on oppose traditionnellement le talent (qui suppose de bonnes aptitudes, alliées à de la maîtrise) au génie (qui dépasse par son caractère extraordinaire, neuf, inventif, le simple talent).

4° **Sens technique :** art de la construction. *Le génie militaire, le génie civil* (cf. le mot *ingénieur*).

GÉNITAL (STADE). En psychanalyse, le **stade génital** (ou phallique) est le troisième stade que traverse la sexualité infantile au cours de son évolution. Le premier est le **stade oral**, au cours duquel le bébé découvre les plaisirs liés à la succion (la bouche est la première zone érogène : le nourrisson éprouve le besoin de sucer son pouce pour se sentir bien). Le second stade est le **stade anal** (ou sadique anal) : le tout petit enfant découvre les plaisirs liés à la maîtrise de son sphincter (rétention ou relâchement) ; surtout, il prend conscience du pouvoir qu'il a de plaire ou déplaire aux adultes en leur offrant ou non le « cadeau » naturel issu de son transit intestinal. Le troisième stade est le **stade phallique ou génital** : l'enfant découvre la réalité des organes génitaux et éprouve le plaisir de les tripoter. Les pulsions sexuelles « investissent », dit-on, la zone génitale. C'est aussi le point de départ de la prise de conscience, chez les garçons et les filles, des différences anatomiques qui vont les distinguer sexuellement.

GENRE. *n. m.* (du latin *genus, generis*, « race, naissance, origine »).

1° **Sens général :** ensemble d'êtres, d'objets, ou de réalités abstraites qu'on regroupe en vertu de caractères communs. Espèce. L'ensemble des animaux pensants qui offrent les caractères de l'homme s'appellera le *genre humain*. En zoologie, en botanique, plusieurs espèces voisines pourront être regroupées en un genre : la classe des mammifères, le groupe des bipèdes peuvent être considérés comme des genres. Naturellement, selon les traits communs qui servent de critères distinctifs, la notion de genre peut être très large ou assez restreinte. Ainsi, le mot *genre* s'applique parfois à un type de vie *(le genre bohème)*, à une manière de s'habiller ou de se présenter socialement *(bon chic bon genre)*, à une espèce d'individus ayant une conduite peu honorable (« *C'est le genre d'individus à faire ceci ou cela* »).

2° **Sens littéraire et artistique :** catégorie d'œuvres que l'on rassemble à partir de critères divers, qui peuvent être le ton *(genre noble, genre mineur)*, le sujet ou la nature du contenu (genre didactique, lyrique, dramatique, épique), la structure formelle (récit, théâtre, poésie), l'effet recherché (comique, tragique, burlesque). Dans la classification des genres, il est souvent difficile de distinguer les caractères formels de la nature des sujets traités : les « grands genres » portaient souvent, historiquement, sur de « grands sujets », avec un ton relevé (tragédie, épopée, poésie didactique ou lyrique). On peut se demander si des genres établis, comme la poésie, constituent absolument un genre spécifique. La poésie tient-elle à la versification, aux effets d'images et de sonorités (critère forme) ou bien dépend-elle surtout de l'inspiration, de la capacité à faire rêver, de « l'imaginaire » d'un auteur (qu'il s'exprime en vers, en prose, dans le roman ou le théâtre)? Cette problématique donne lieu à d'infinis sujets de dissertation. La question se complique d'ailleurs du fait qu'il y a des genres à l'intérieur des genres : le genre du « sonnet », par exemple, à l'intérieur du genre poésie. Il y a aussi des genres mixtes. La chanson est-elle un genre littéraire ? Oui pour la « chanson à texte », mais encore ?

Retenons de ce débat qu'il y a des aspects, des critères de classification, certes ; il y a aussi quelques pôles ayant une spécificité bien reconnaissable (le genre narratif, le roman ; le théâtre). Mais il ne faut rien figer : la plupart des grandes œuvres sont protéiformes, elles participent de plusieurs genres à la fois.

GÉO-. Racine d'origine grecque qui signifie « terre », et se retrouve à la fin de certains mots sous la forme *-gée*. De nombreux mots concernant la vie de notre planète (— sa surface, sa dimension, sa mesure ou ses différents aspects —) sont construits à partir de ce radical : *Géode, Géodésie, Géographie, Géologie, Géométrie, Géopolitique, Géosphère, Géostationnaire, Géothermie*, et aussi *Apogée, Périgée*.

GÉRONTOCRATIE. *n. f.* (du grec *gerôn*, « vieillard », et *kratos*, « pouvoir, gouvernement »). Gouvernement exercé par des vieillards ; régime politique dans lequel le pouvoir des vieillards est dominant. L'URSS des années 1960-70 était dominée par une gérontocratie.

N.B. La racine *gerôn* se retrouve dans **Gériatrie** (médecine spécialisée dans la vieillesse), **Gérontologie** (étude du vieillissement sous tous ses aspects, physiques, psychologiques et sociaux) ou encore dans le nom de **Géronte**, donné à des vieillards plus ou moins ridicules dans la comédie classique (cf. *Les Fourberies de Scapin*).

GESTE (CHANSON DE). En **littérature**, poème épique du Moyen Age, retraçant les exploits d'un héros légendaire. La Geste est un cycle de chansons que les troubadours et jongleurs « récitaient » (c'est-à-dire déclamaient avec un accompagnement musical), de château en château. Dans la geste consacrée à Charlemagne, on trouve la célèbre *Chanson de Roland*. Voir **Épopée**.

GHETTO. *n. m.* **Sens propre :** quartier traditionnellement réservé aux Juifs dans les villes européennes. *La destruction du ghetto de Varsovie par les nazis, pendant la Seconde guerre mondiale.* Par extension, lieu où une communauté, qu'elle soit ou non d'origine étrangère, vit retranchée du reste de la population. *Le ghetto noir à New York (Harlem).* C'est pour se protéger, et parce qu'ils sont victimes de l'ostracisme de la collectivité, que des communautés particulières forment des ghettos.

Sens figuré : lieu ou milieu refermé sur lui-même. *Le ghetto culturel.* Situation de marginalité. *Les artistes d'avant-garde devraient sortir de leur ghetto, mais la société l'accepterait-elle ?*

GLORIA. *n. m.* Hymne chrétien qui proclame ou chante la gloire de Dieu. Musique composée sur cette prière. *Le Gloria de Vivaldi.* Pluriel : *des gloria.* Voir **Messe**.

GLOS(S). Racine issue du grec *glôtta* ou *glôssa*, qui veut dire « langue ». D'où les mots **Glose** (notation explicative d'un mot et, par extension, commentaire plus ou moins savant d'un texte), **Gloser** (commenter un texte ; mais aussi, péjorativement, discuter à n'en plus finir), **Glossaire** (lexique spécialisé dans une langue ancienne, étrangère ou technique), **Glotte** (orifice du larynx), **Polyglotte** (qui parle plusieurs langues). Dans *Candide*, Voltaire s'amuse à nommer l'un de ses personnages, philosophe et métaphysicien, **Pangloss** (littéralement : celui qui est Tout-langue, qui ne fait que parler partout et toujours, un phraseur impénitent !).

GON(E). Racine d'origine grecque qui signifie « angle », qu'on trouve dans de nombreux mots de la géométrie : *diagonale, heptagone, hexagone, octogone, orthogonal, pentagone, polygone, trigonométrie.*

GOTHIQUE. *adj.* et *n.* 1° Le *style gothique* ou le *gothique* est une forme d'art qui s'est répandue au Moyen Age, du XIIe au XVe siècle. Il se manifeste principalement dans les cathédrales, où on le reconnaît à la forme des voûtes en ogives, qui le différencie de l'**art roman**.

2° L'*écriture gothique* (qui, elle aussi, fait suite à l'*écriture romane*) est une forme d'écriture à caractères droits et légèrement anguleux. *Le titre du journal* Le Monde *est imprimé en lettres gothiques.*

GOUAILLE. *n. f.* Verve populaire, mi-railleuse mi-pittoresque. Façon de parler traditionnelle des faubourgs parisiens, qui peut être illustrée par le ton sur lequel l'actrice Arletty prononce sa fameuse réplique : « *Atmosphère, atmosphère ? Est-ce que j'ai une gueule d'atmosphère ?* » (dans le film *Hôtel du Nord*, de Marcel Carné). *Parler d'un ton gouailleur*, d'un ton de plaisanterie sans délicatesse mais sans méchanceté.

GRÂCE. *n. f.* (du latin *gratia*, « faveur », et en latin médiéval, « aide de Dieu »). Faveur que l'on accorde à autrui ou qu'on reçoit d'autrui. Aide, bienfait, bienveillance, plaisir. Mais ce sens général donne lieu à des significations plus précises dans trois domaines.

1° **Sens religieux** : la grâce est la faveur de Dieu, le don surnaturel que Dieu accorde au croyant qui désire bien se conduire et faire son salut. D'où l'expression *Être en état de grâce* (voir cette expression). Plus généralement, le mot grâce peut désigner tous les bienfaits particuliers (spirituels ou matériels) dont Dieu comble ses bons serviteurs. Ces « grâces » supposant de la reconnaissance, le croyant (chrétien) remercie Dieu à son tour par des offrandes ou des prières : **il rend**

grâce, il fait des **actions de grâces**, et ce sont en quelque sorte des grâces *rendues* en échange des grâces *reçues*.

2° **Sens juridique :** pardon, remise de peine. Un condamné bénéficie dans ce cas d'une *faveur* de la part des autorités : c'est bien une « grâce » dont il s'agit. Plus généralement, au sens *politique*, la grâce est la faveur du roi, du président, de l'homme au pouvoir, — la manifestation de sa clémence. On peut **tomber en disgrâce, rentrer en grâce, demander grâce**. Le roi peut pardonner, **faire grâce**. Le **coup de grâce** est le coup qui donne la mort, que demande *comme faveur* un blessé ou un supplicié qui souffre abominablement. D'où le *sens figuré* de l'expression **coup de grâce** : ce qui achève définitivement (moralement ou physiquement) quelqu'un.

3° **Sens esthétique :** la grâce est le charme, la beauté particulière qui émane de quelqu'un naturellement. C'est comme une faveur de la nature et un agrément (involontaire) que cette personne accorde à ceux qui la côtoient : elle fait « grâce » de sa gracieuse manière d'être... A partir de ce sens, la « grâce » devient une catégorie esthétique s'appliquant aux choses, aux œuvres d'art, à la musique, à la danse, à la littérature, pour désigner une sorte d'élégance indéfinissable, irréductible à l'explication, alliant beauté, délicatesse, douceur et raffinement (qui peut s'opposer au travail, au métier, à la technique artistique).

N.B. *Gracieux* et *gracieusement* s'inscrivent naturellement dans le sens général du mot. **À titre gracieux,** en particulier, signifie « gratuitement », de façon bénévole.

GRADATION. *n. f.* **Sens général :** progression d'éléments par degrés successifs, selon des valeurs croissantes ou décroissantes. *Une gradation d'effets sonores. La gradation des symptômes d'une paralysie.*

Sens littéraire : succession de mots, dans une phrase, dont les effets (ou les significations) ont une intensité croissante (ou décroissante). La gradation est une figure de style qui unit souvent l'effet rythmique et la progression du sens. Exemples : *« Va, cours, vole et nous venge ! »* (Corneille, *Le Cid*) ; *« Je me meurs, je suis mort, je suis enterré »* (Molière, *L'Avare*) ; *« Je le vis, je rougis, je pâlis à sa vue »* (Racine, *Phèdre*).

N.B. La gradation *progresse* toujours, alors que l'*accumulation* se contente d'un effet chaotique produit par une série de termes disparates.

GRAMM(E). Racine issue du grec *gramma*, « lettre, écriture, tracé », que l'on retrouve dans **Épigramme** (voir ce mot), **Grammaire, Gramme** (et ses composés), **Monogramme, Télégramme** ; et aussi **Diagramme, Électrocardiogramme**, etc.

GRANDILOQUENCE. *n. f.* Éloquence pompeuse, constituée de grands mots creux et de tournures emphatiques, avec si possible des tremblements de voix et des gestes factices. *La grandiloquence de certains* orateurs à l'*Assemblée Nationale. Un style grandiloquent et affecté.* Voir **Emphase.**

GRAPHO-. Racine issue du grec *graphein*, « écrire ». Nous la trouvons dans de nombreux mots, comme préfixe : **Graphe** (représentation graphique en mathématiques), **Graphie** (transcription littérale d'un mot), **Graphisme** (lignes, dessin propre à une écriture ou à l'art graphique), **Graphique** (courbe, tracé), **Graphologie** (étude du caractère des individus à partir de leur écriture). Mais comme suffixe, cette racine est encore plus répandue : **Autographe, Bibliographique, Biographie, Calligraphie, Dactylographie, Ethnographie, Filmographie, Géographie, Orthographe, Photographie, Radiographie,** etc. Dans tous ces mots, le terme indique soit le fait d'écrire ou de représenter par des tracés, soit le fait de décrire et d'étudier (de répertorier), — toutes activités qui passent par une représentation graphique de la réalité.

GRATITUDE. *n. f.* (du latin *gratum*, « chose agréable »). Sentiment de reconnaissance envers quelqu'un qui nous a rendu service, offert un cadeau, apporté un réconfort, fait du bien moralement ou physiquement. Expression de cette reconnaissance. *Comment pourrai-je témoigner de ma gratitude envers tous ceux qui m'ont aidé à composer ce dictionnaire ?* Antonyme : *ingratitude* (mot, hélas, beaucoup plus fréquent).

N.B. En langue classique, l'*ingrat* est celui qui ne répond pas à l'amour qu'on lui porte.

GRATUIT. *adj.* 1° Qui ne coûte rien, que l'on obtient sans payer, qui est offert gracieusement. *Un échantillon gratuit. La gratuité des soins à l'hôpital public. Rien de ce qu'il fait n'est vraiment gratuit : il escompte toujours quelque chose en échange.*

2° Qui est sans motif, sans raison, purement arbitraire. *Vous faites là une hypothèse gratuite.* Par extension : qui n'a pas de sens, de motivation apparente. *Un acte gratuit.* Un héros d'André Gide désire commettre un crime sans raison, au hasard, pour le simple caprice de le commettre au hasard : c'est là un *acte gratuit* (*Les Caves du Vatican*, 1914). En fait, cet acte a tout de même comme motif le fait de n'avoir pas de mobile...

GRÉ. *n. m.* (du latin *gratum*, « chose agréable »). Acceptation, convenance. Gratitude, reconnaissance. Ce terme ne s'emploie que dans des expressions comme : **de bon gré, de mauvais gré** (en acceptant bien ou mal) ; **bon gré mal gré** (volontairement ou non) ; **de son plein gré** (avec sa pleine acceptation) ; **savoir gré à quelqu'un de quelque chose** (lui en être reconnaissant). Noter aussi les mots composés : *malgré, agréer, agréable,* etc.

N.B. Ne pas confondre les deux expressions de sens voisin : « Je vous *saurai* gré » et « je vous *serai* reconnaissant ».

GRÉGAIRE. *adj.* (du latin *grex, gregis*, « troupeau »). Se dit des espèces animales qui ont un besoin instinctif de vivre en groupe, comme les moutons. Par extension, cet adjectif qualifie la tendance à se regrouper, à suivre la mode dominante d'un groupe social, à imiter docilement la majorité. *L'instinct grégaire, l'esprit grégaire. Pour susciter des conduites d'achat collectives, la publicité flatte l'instinct grégaire des gens.* Deux exemples classiques d'instinct grégaire nous sont donnés en littérature : l'épisode (symbolique) des moutons de Panurge (dans le *Pantagruel* de Rabelais) et la pièce *Rhinocéros* d'Ionesco, dont tous les personnages (sauf un) veulent devenir « rhinocéros » par mimétisme. L'**instinct grégaire** se nomme encore **grégarisme** ou **moutonisme**.

La même racine latine se retrouve dans *Agrégat, Agrégé, Congrégation, Désagréger* et *Ségrégation*.

GREVER. *v. tr.* (du latin *gravare*, « charger »). Charger, alourdir de charges (financières en général). *Un budget grevé de dépenses militaires. Sous l'Ancien régime, les paysans étaient grevés d'impôts et de servitudes.* Antonyme : *dégrever. Un dégrèvement d'impôts* (un allégement).

GRIBOUILLE (politique de Gribouille). Gribouille est un personnage naïf dont les décisions, irréfléchies, aboutissent toujours au contraire du but recherché : par exemple, s'il vient à pleuvoir, pour éviter d'être mouillé, il se plonge dans l'eau. L'expression **politique de Gribouille** se dit de la politique de certains dirigeants dont l'action réelle produit exactement l'inverse de ce que leurs discours promettaient.

GRIEF. *n. m.* (du latin *gravis*, « pesant, pénible »). Sujet de plainte, reproche que l'on a à formuler contre quelqu'un. *Avoir des griefs. Faire grief de quelque chose à quelqu'un.* Doléance, récrimination.

N.B. L'adverbe *grièvement* (gravement) ne s'emploie qu'avec des verbes tels que *blesser, toucher, handicaper, meurtrir*, etc.

GRIVÈLERIE. *n. f.* Fraude, et, plus précisément, délit qui consiste à consommer sans payer, dans un café, un restaurant, etc. *Comment voulez-vous qu'un homme sans revenus survive sans commettre de grivèlerie ?*

GRIVOIS. *adj.* Se dit de propos lestes, licencieux sans être obscènes, ou encore des personnes qui les tiennent. *Des plaisanteries grivoises* (gentiment paillardes, gauloises). *Un conteur grivois. Des causeurs mondains qui se plaisent dans la grivoiserie.*

GROSSO MODO. (en latin, « d'une manière grosse »). D'une façon globale, approximative. Sans entrer dans les détails.

GROTESQUE. *adj.* et *n.* 1° Se dit de ce qui est risible, énorme, extravagant. *Un personnage grotesque et ridicule. Une scène grotesque. Une opinion grotesque.* Caricatural, burlesque, ridicule. *Je te trouve grotesque.*

2° En **art et littérature**, ce qui relève d'un genre grotesque (au premier sens) : **le grotesque** se caractérise par le goût du bizarre, du bouffon, de l'énorme, qui pousse le comique jusqu'au fantastique. *Chez Victor Hugo, le grotesque s'oppose au sublime ; le personnage de Qua-*

simodo allie les deux caractères. Ce film américain a des scènes d'un grotesque ahurissant : on aime ou on n'aime pas.

GUERRE. *n. f.* Lutte armée et sanglante entre États, ou entre groupe sociaux d'une même nation (guerre civile). La question que pose la guerre, compte tenu de sa permanence dans l'Histoire, est de savoir si elle est un phénomène normal inhérent à une logique fatale des communautés humaines, ou si elle demeure une réalité exceptionnelle que la sagesse politique des hommes devrait pouvoir éviter. La condamnation humaniste ne semble pas suffire ; d'où la naissance d'une nouvelle discipline, la **polémologie**, qui se propose d'étudier *scientifiquement* la sociologie de la guerre (ses causes, ses mécanismes psychologiques, ses manifestations, etc.) pour mieux contribuer à la prévenir.

→ **Pour approfondir, p. 665.**

GUINDÉ. *adj.* Qui affecte une certaine raideur pour paraître digne. *Un maître d'hôtel à l'allure guindée.* Qui est ampoulé, artificiel. *Un style guindé.*

GUTTURAL. *adj.* Se dit d'une voix, d'un ton grave, produits du fond de la gorge. *Il fait le fantôme en prenant une voix gutturale, qui effraye les enfants.*

N.B. On appelle couramment **gutturales** les consonnes K et G (*keu* et *gueu*).

GYNÉCO- OU -GYNE. Racines issues du grec *gunê*, qui signifie «femme». Cette racine se retrouve dans les mots **Gynécée** (appartements réservés aux femmes dans l'Antiquité — on dit *harem* chez les peuples musulmans), **Gynécologie** (partie de la médecine spécialisée dans l'appareil génital de la femme) et aussi **Androgyne** (qui a les caractères sexuels de l'homme et de la femme), **Misogyne** (qui n'aime pas les femmes).

HABILITER. *v. tr.* Donner officiellement à quelqu'un le pouvoir d'accomplir (légalement) un acte, d'exercer une fonction. *Le ministre de l'économie est habilité à signer les accords du GATT. L'ONU a habilité les casques bleus français pour mener les opérations de pacification à Sarajevo.*

N.B. Au sens classique, **habile** signifiait *capable, propre à faire*. On retrouve ce sens dans le verbe **habiliter**. L'autre sens (moderne) du mot **habile** *(adroit, ingénieux)* a donné le mot **habileté**. Il ne faut donc pas confondre *habilité* et *habileté*, malgré l'origine commune des deux termes.

HÂBLEUR. *adj. et n.* (de l'espagnol *hablar*, « parler »). Se dit d'une personne qui parle abondamment, exagère, promet, se vante, etc. Beau parleur. *Méfie-toi de ses beaux discours : c'est un hâbleur. Les mythomanes sont souvent hâbleurs.*

HAGARD. *adj.* Qui a l'air effaré, troublé, bouleversé. *Des yeux hagards. Un visage hagard. Une démarche hagarde.*

HAGIOGRAPHIE. *n. f.* (du grec *hagios*, « saint » et *graphein*, « écrire »). Récit qui relate la vie d'un saint, dans le but d'édifier les lecteurs. Par extension, biographie extrêmement élogieuse d'un personnage dont l'auteur veut faire un héros. *Une hagiographie du général de Gaulle. Ce n'est plus de l'histoire objective, c'est une hagiographie !* Voir **Apologie, Dithyrambe** et **Panégyrique**.

HANTISE. *n. f.* Obsession d'une idée, d'un souvenir, d'une angoisse dont on ne peut se libérer. *La hantise de l'examen. Il était en proie à la hantise du suicide.*

HARANGUE. *n. f.* Discours soutenu prononcé devant une assemblée, une foule ou de hauts personnages, pour convaincre, exhorter ou condamner. *Les anciens aimaient les harangues prononcées sur la place publique ; les révolutionnaires ont largement cultivé ce genre ; de nos jours, les harangues se sont dégradées en allocutions télévisées. Savoir haranguer les foules exige une éloquence vibrante.* Le mot peut naturellement être pris au sens péjoratif : *ce moraliste nous ennuie avec ses harangues perpétuelles.*

HARMONIE IMITATIVE. Effet de style par lequel un texte, en combinant diverses sonorités, tend à reproduire ou à suggérer le son produit par la réalité qu'il décrit. L'harmonie imitative combine les effets du rythme, des allitérations et des assonances (voir ces mots). Dans ces vers de Hugo, par exemple :

> *La respiration de Booz qui dormait*
> *Se mêlait au bruit sourd des ruisseaux sur la mousse*

on peut constater que l'écoulement de l'eau est suggéré par la répétition des sonorités *rui/sour, ruis/seau, sur, ousse,* dont le « glissement » tente de correspondre à ce qui se passe dans la réalité.

Au départ, l'harmonie imitative se veut pure reproduction du réel, comme c'est le cas dans les onomatopées (mots imitant le bruit qu'ils désignent). Mais cette reproduction, en poésie, est surtout une *suggestion,* une forme d'équivalence plutôt qu'une imitation. L'harmonie n'imite plus le bruit réel : elle cherche plutôt à traduire par les sons l'*impression* produite par la réalité. Ainsi, pour rendre une atmosphère chargée de parfums enivrants (ce qui n'est pas un bruit), Hugo se sert d'une allitération en f :

> *Un frais parfum sortait des touffes d'asphodèle*

L'harmonie n'imite plus un son, elle « imite » l'expansion nocturne des parfums. Voir **Allitération, Assonance, Onomatopée, Signe.**

HÉBÉTUDE. *n. f.* État d'abrutissement, d'ahurissement stupide, qui traduit un engourdissement aussi bien physique que psychique. *Au réveil d'une nuit d'ivresse, il était plongé dans une profonde hébétude. Il avait l'air hagard, hébété, abêti.*

HÉCATOMBE. *n. f.* (du grec *hécatombê,* qui signifie « sacrifice de cent bœufs »). Dans l'Antiquité, sacrifice aux dieux d'un grand nombre d'animaux. De nos jours, massacre ou mort violente d'une grande quantité de personnes. *Le week-end de Pâques a été le plus meurtrier de l'année : une véritable hécatombe sur les routes.* **Sens figuré :** élimination d'un grand nombre de candidats à des examens. *Une hécatombe de recalés !* (ironique).

HECTO. Racine issue du grec *hekaton,* « cent ». Se retrouve dans de nombreux termes de mesure : **Hectare, Hectogramme, Hectolitre, Hectomètre, Hectopascal.** Voir aussi **Hécatombe.**

HÉDONISME. *n. m.* (du grec *hêdonê,* « plaisir »). 1° **Philosophie** qui fait du plaisir le principe ou le but de toute existence. *L'épicurisme est un hédonisme* (voir ce mot). Comme l'épicurisme, l'hédonisme, au sens philosophique, n'est pas une attitude de recherche effrénée des plaisirs matériels : c'est une morale fondée sur une gestion saine du plaisir, centrée sur la recherche du bonheur comme équilibre. En ce sens, l'hédonisme est proche de cette autre philosophie qu'on nomme l'**Eudémonisme** (selon lequel le but de toute action est le bonheur, souverain bien).

2° **Au sens courant,** attitude de recherche immédiate du plaisir, de la satisfaction. *L'hédonisme du petit enfant. L'hédonisme publicitaire. La société de consommation repose sur une sorte d'hédonisme économique : consommer serait le bonheur suprême de chaque individu et le moteur de la vie collective.*

HÉGÉMONIE. *n. f.* Suprématie. Pouvoir dominateur d'un État sur un groupe de pays, une zone économique. *L'hégémonie russe sur les pays satellites. Napoléon voulait faire de la France la puissance hégémonique de l'Europe.* Par extension, prépondérance, domination, situation de pouvoir d'un groupe social sur un autre. *L'hégémonie de la bourgeoisie au XIXe siècle.*

HELLÉNISTE. *n.* Spécialiste de la Grèce, de sa culture ou de sa littérature. *Un helléniste distingué.*

N.B. Les Grecs se nommaient eux-mêmes dans l'Antiquité les **Hellènes**. D'où aussi l'adjectif *hellénique : la langue hellénique, la civilisation hellénique.*

HÉMA-, HÉMATO-, HÉMO-. Racines d'origine grecque signifiant «sang». De nombreux termes médicaux en sont issus. **Hématie** (globule rouge), **Hématome** (épanchement interne de sang), **Hémoglobine, Hémophilie, Hémorragie, Hémorroïde.** Orthographiée **-émie**, la même racine a donné **anémie, leucémie, septicémie,** etc.

HÉMI-. Racine grecque qui signifie «demi». **Hémicycle, Hémisphère, Hémiplégie** (paralysie d'une moitié du corps), **Hémistiche** (voir mot suivant). La racine correspondante, en latin, est **semi-**.

HÉMISTICHE. *n. m.* (du grec *hêmi*, «demi», et *stikhos*, «vers»).

1° Moitié d'un vers, délimitée par la **césure** (voir ce mot). Dans le cas de l'alexandrin classique, la césure située au milieu du vers partage celui-ci en deux hémistiches égaux. À partir de l'époque romantique, la césure se déplaçant parfois dans l'alexandrin, les deux parties du vers pourront être inégales. Dans le cas de l'octosyllabe ou du décasyllabe, la césure ayant souvent une place variable dans le vers, les deux «hémistiches» sont fréquemment inégaux; mais il est vrai que dans ces types de vers, la césure est une coupe beaucoup moins marquée que dans l'alexandrin. Voici des vers de Musset dont nous marquons le partage en deux hémistiches :

> *Poète, prends ton luth ; // la nuit sur la pelouse*
> *Balance le zéphyr // dans son voile odorant.*

Voici un vers de Baudelaire dont les deux parties sont inégales :

> *Moi, je buvais, // crispé comme un extravagant*

2° L'hémistiche désigne parfois aussi le *milieu* du vers. Pour un alexandrin partagé en deux moitiés égales, on parle fréquemment de *césure à l'hémistiche*. Cette extension du terme peut prêter à confusion ; il faut néanmoins en reconnaître l'emploi.

HEPTA-. Racine grecque qui signifie « sept ». On peut la reconnaître dans les deux mots **Heptagone** (polygone qui a sept angles, sept côtés) et **Heptasyllabe** (vers de sept syllabes).

HÉRÉSIE. *n. f.* 1° **Sens religieux :** doctrine qui s'écarte partiellement (ou largement) du dogme officiel d'une religion. Le mot fut employé au départ dans le cadre de la religion catholique. Le *protestantisme*, le *calvinisme* furent de grandes hérésies (voir **Schisme**). Les **hérétiques** furent longtemps pourchassés par l'Inquisition, en France, en Italie, et surtout en Espagne.

2° **Sens général :** dans le domaine philosophique ou politique, on appelle hérésie (par analogie avec le domaine religieux) toute opinion ou toute thèse qui s'écarte de la doctrine officielle. Par exemple, les communistes qui contestaient la ligne définie par leur Parti étaient dits *« hérétiques »*. Plus généralement, on peut qualifier d'hérétique un comportement totalement déraisonnable ou des propos qui choquent le bon sens, souvent avec une nuance d'ironie. *Vous croyez encore à la génération spontanée : c'est une hérésie scientifique ! Mettre de l'eau dans son champagne, quelle hérésie !* Antonyme : *orthodoxie*.

HERMÉNEUTIQUE. *adj.* ou *n. f.* Qui se rapporte à l'interprétation des textes, à l'étude de leurs sens. *L'art, la science herméneutique*. En particulier, l'**herméneutique** est la science des textes anciens, et d'abord bibliques.

Par extension, le mot « herméneutique » s'emploie à propos de toute forme d'interprétation fondée sur l'analyse des signes (voir **Sémiologie**). *Une herméneutique de la peinture classique.*

HERMÉTISME. *n. m.* (à partir du nom *Hermès*, dieu grec qui possédait les secrets de l'univers).

1° Doctrine qui contient les enseignements des alchimistes, lesquels sont particulièrement difficiles à interpréter, ésotériques (voir ce mot).

2° Caractérise des textes ou œuvres complexes, particulièrement difficiles à pénétrer ou à comprendre. *L'hermétisme d'une poésie de Mallarmé*. Les ouvrages de style hermétique sont souvent voulus comme tels par les auteurs, pour n'être compris que des seuls initiés. D'où la nuance péjorative du mot, lorsqu'il est employé par ceux que décourage la difficulté de ces ouvrages. Voir les mots **Cabalistique, Ésotérisme**.

N.B. L'adjectif « hermétique », qui signifie également *fermé (un récipient hermétiquement fermé)*, a un sens plus large : il s'applique aux textes bien sûr, mais aussi aux comportements, aux apparences. *Un visage hermétique, impénétrable.*

HÉROS. *n. m.* 1° **Dans la mythologie antique**, demi-dieu, ou homme divinisé en raison de ses exploits. Par exemple, Hercule. Les exploits des héros étaient racontés et chantés dans les épopées, ou dans les poésies de style « héroïque » (voir le mot **épopée**). Les héros étaient souvent, à l'origine, des personnages historiques dont les faits et gestes, magnifiés et idéalisés dans la mémoire des peuples, en faisaient des êtres légendaires. D'où la locution *les temps héroïques* (temps épiques où se construisaient les choses dont on parle).

    2° **Au sens courant,** personnage d'exception, qui s'est distingué par ses actes, son courage, ses vertus. Cet héroïsme peut être *historique* (grands hommes, inventeurs de génie, défenseurs d'un peuple) ou *quotidien* (personnes ordinaires qui manifestent un comportement héroïque au cours d'un fait divers par exemple). Le mot s'est d'ailleurs usé et il peut qualifier quelqu'un dont la situation n'est guère héroïque, tout juste un peu exceptionnelle. *Le héros du jour, le héros de la fête.*

    3° **Sens littéraire ou artistique :** le héros (ou l'héroïne) est le personnage principal d'une œuvre de fiction (roman, théâtre, cinéma, bande dessinée). Historiquement, les œuvres de fiction relataient d'abord les aventures exceptionnelles de personnages sortant de l'ordinaire (épopée, roman, théâtre), ce qui justifiait l'appellation de héros. Le *héros cornélien*, par exemple. Quand les récits se sont mis à raconter l'existence de personnages plus ordinaires, le terme de héros s'est conservé. À vrai dire, même si le personnage central d'une œuvre littéraire n'est pas un être d'exception, le fait même qu'il soit l'objet d'un récit codé, obéissant à une certaine esthétique, valorisé par son statut fictif au sein d'un ouvrage imaginaire, fait de lui *formellement* un être d'exception. C'est pourquoi on a inventé, à propos des personnages, la notion d'**antihéros**. Mais un antihéros reste tout de même, fût-ce de façon inversée, une sorte de héros : le fait de raconter ce qui lui arrive d'ordinaire le sort de l'ordinaire ! Ces remarques éclairent un peu certains sujets d'examen du genre : *« Attendez-vous du personnage principal d'un roman qu'il soit un héros ? »* ou bien *« Un personnage médiocre peut-il être un héros romanesque ? »*

N.B. « Antihéros » n'a pas de féminin.

HÉTÉRO-. (du grec *heteros*, « autre (en parlant de deux) »). Racine d'origine grecque qui signifie « autre, différent », et s'oppose directement à la racine *homo-* (« même », voir plus loin). On trouve ainsi **Hétéroclite** (se dit d'une œuvre, d'un ensemble composé d'éléments différents, disparates : *un monument hétéroclite*), **Hétérodoxe** (qui s'écarte du dogme, qui s'oppose aux idées reçues, contrairement à ce qui est *orthodoxe*; voir **Doxa**), **Hétérogène** (qui est composé d'éléments de nature différente, par opposition à ce qui est *homogène*), **Hétérosexuel** (qui éprouve de l'attirance pour l'autre sexe, par opposition au mot *homosexuel*). Le sens des mots *hétérodoxie, hétérogénéité, hétérosexualité* se déduit aisément.

HEXA-. Racine grecque qui signifie « six ». On la retrouve dans de nombreux termes chimiques, dans **Hexagone** (polygone qui a six angles, six côtés) et dans **Hexasyllabe** (vers de six syllabes).

    N.B. Le mot **Hexagone** désigne parfois la France, à partir de la figure géométrique que forme le pays. Le terme s'est notamment employé à l'époque de la décolonisation, lorsque l'Empire français s'est réduit à sa configuration géographique originelle.

HIATUS. *n. m.* 1° Rencontre de deux voyelles qu'il faut prononcer l'une après l'autre, soit à l'intérieur d'un mot *(ahaner, haïr)*, soit d'un mot à l'autre : *il a eu un os*. Il faut distinguer l'hiatus, dont les deux voyelles doivent être prononcées successivement (il m'a *ri au* nez), du cas de la diphtongue, dont les deux sons se prononcent en une fois (un v*io*lon). L'hiatus étant jugé désagréable à l'oreille, il fut proscrit dans la poésie classique. De même, dans la prose, certains écrivains l'évitent par souci d'**euphonie** (voir ce mot). Cependant, un hiatus peut être volontaire, pour produire un effet amusant *(tu as été à Tahiti)*, ou simplement expressif, comme dans ce vers de La Fontaine :

Après bien du travail le coche arrive au haut

L'effort que nous faisons, pour prononcer cet hiatus, nous fait sentir l'effort du coche pour parvenir *« au haut »*.

2° Au *sens figuré*, un hiatus est une discordance, un décalage, une distorsion entre des éléments, entre deux phénomènes. *Il y a un hiatus entre l'euphorie de la Bourse et la gravité du chômage. Il y a un hiatus entre les déclarations du ministre de l'Éducation et le projet de son collègue de la Culture.*

HIC ET NUNC. Expression latine qui signifie « ici et maintenant ». On l'emploie pour exprimer l'urgence d'une situation, d'un désir, ou le caractère concret, immédiat, que l'on veut attribuer à une réalité. *Il faut agir sur le champ, hic et nunc. Il cherche le sens de sa vie, non pas en général, mais dans chaque situation concrète, hic et nunc.*

HIÉRARCHIE. *n. f.* (du grec *hieros*, « sacré » et *arkhê*, « pouvoir »).

1° **Sens religieux** (originel) : ordre selon lequel est réparti le pouvoir entre les membres officiels d'une Église. *La hiérarchie catholique comprend le Pape (au sommet), les évêques et les simples prêtres.* On dit parfois simplement **la hiérarchie** pour désigner le clergé de l'Église institutionnelle, par opposition à la communauté des fidèles.

2° **Sens politique et social :** organisation d'ensemble des pouvoirs, depuis ceux qui obéissent (la base) jusqu'à ceux qui commandent (le sommet). On peut parler de la hiérarchie en général *(hiérarchie sociale)*, ou de hiérarchies particulières *(hiérarchie militaire)*. Une société suppose toujours l'organisation de pouvoirs sociaux, donc des hiérarchies. Mais elle peut être plus ou moins **hiérarchisée** selon la rigidité plus ou moins grande de ses catégories, de ses « castes », de ses « classes » (voir ces mots). *Un système hiérarchique. Les échelons de la hiérarchie. Les caprices d'un hiérarque.*

3° **Par analogie,** classement d'un ensemble de réalités selon un ordre dégressif ou progressif. *Une hiérarchie de droits, de devoirs. Hiérarchiser les notions par ordre d'importance croissante. La hiérarchie des salaires. Toute morale repose sur une hiérarchie de valeurs ; il faut* *parfois en privilégier certaines.* Mots de sens voisin : *classification, ordre, subordination.*

HIÉRATIQUE. *adj. (du grec hieros,* « sacré »). *(sens originel)* Qui concerne les choses sacrées, en particulier l'art, le rite, l'aspect formel de la liturgie. *(sens courant)* Qui manifeste un style un peu raide et solennel, rappelant le cérémonial d'une liturgie. *Des gestes hiératiques. La pose hiératique d'un personnage. Un visage d'une expression noble et figée, hiératique.*

HIPP(O)-. Racine issue du grec *hippos,* « cheval ». On la retrouve dans les mots **Hippique** (qui se rapporte au cheval, à l'équitation : *concours hippique*), **Hippodrome** (littéralement : « champ réservé aux chevaux », champ de courses), **Hippopotame** (littéralement : « cheval de fleuve » !). Ne pas confondre avec *hypo-* (voir plus loin).

HISTORIOGRAPHE. *n. m.* Écrivain chargé d'écrire l'histoire officielle de son temps ou de son souverain. *Racine, Boileau furent les historiographes de Louis XIV.* Ne pas confondre avec **historien**. Alors que l'historien se veut objectif et libre, l'historiographe ne peut écrire l'histoire que dans un sens favorable au pouvoir qui l'emploie. D'où parfois le sens péjoratif du mot.

HISTORIQUE. *adj.* 1° Qui se rapporte à l'Histoire, à la fois étude et relation du passé. *Des travaux historiques, des recherches historiques.* 2° Qui s'avère parfaitement exact, qui a bien eu lieu, sans contestation possible. *Un événement historique.* 3° Qui a un caractère mémorable, méritant d'être célébré longtemps. *Ce fut un exploit historique.*

Comme substantif, **un historique** est un exposé chronologique des faits.

Ces trois sens du mot sont liés à la complexité de ce qu'on appelle l'Histoire : celle-ci cherche à connaître et à raconter objectivement le passé ; mais le passé a de multiples dimensions et ne laisse pas toujours des documents ou témoignages suffisants ; obligé d'*interpréter*, l'historien est amené à privilégier certains faits au détriment d'autres ; enfin, conduit à *raconter* le passé, il ne peut s'empêcher parfois de faire sentir ce qu'il admire ou qu'il déplore. Voir **Récit**.

➔ **Pour approfondir, p. 675 et 768.**

HISTRION. *n. m.* Comédien qui jouait, anciennement, dans des farces bouffonnes. **Sens actuel** (péjoratif) : personnage bouffon, qui se donne en spectacle ou fanfaronne, notamment dans le domaine politique. *Bokassa, dictateur africain, n'était qu'un histrion. Trop d'histrions gesticulent sur la scène politique.*

HOLO-. Racine issue du grec *holos,* « entier, total ». On la trouve dans **Holographie** (système photographique qui permet de reproduire les objets en relief, c'est-à-dire de façon complète) et **Holocauste** (voir mot suivant).

HOLOCAUSTE. *n. m.* (mot d'origine grecque qui signifie « brûlé en entier », voir la racine *holo-*). 1° **Chez les Hébreux :** sacrifice au cours duquel la victime était entièrement brûlée. 2° **Sens général** : sacrifice total, religieux ou non. *S'offrir en holocauste.* 3° **L'Holocauste**, au sens historique : l'extermination des Juifs par les nazis de 1939 à 1945. On dit aussi *la Shoah*.

HOMÉLIE. *n. f.* **Sens religieux** : au cours de la messe, commentaire du prêtre sur un passage de l'Évangile lu auparavant, sur un point de doctrine ou de morale. Prêche, sermon. *Le célébrant se lança dans une longue homélie.* Par extension, discours moral que l'on tient à quelqu'un pour lui faire la leçon. Dans ce sens, comme les mots « prêche » et « sermon », l'emploi du mot *homélie* est souvent péjoratif, synonyme de leçon longue et ennuyeuse.

HOMÉO-, HOMO-. Racines d'origine grecque qui signifient « semblable, le même ». Voir les mots **Homéopathie, Homologue** et **Homonyme**, définis ci-dessous. On trouve aussi **Homogène** (qui est de même nature, qui s'assemble aisément), **Homogénéiser** (rendre homogène), **Homosexuel** et **Homosexualité** (attirance sexuelle pour une personne de même sexe).

Les préfixes contraires sont **Allo-** *(allopathie)* et **Hétéro-** *(hétérogène, hétérosexuel).*

N.B. Ne pas confondre avec le latin *homo* (homme). Ainsi, le mot *homosexualité* ne signifie pas étymologiquement « amour entre deux hommes », mais bien « amour entre deux personnes de *même* sexe » ; on dit *un homosexuel, une homosexuelle.*

HOMÉOPATHIE. *n. f.* (de *homéo-*, « le même » et *patho-*, « maladie » ; voir ces racines). Littéralement, le mot *homéopathie* signifie qu'on soigne une maladie par la même maladie. Effectivement, cette méthode consiste, pour traiter un malade, à lui administrer des doses infinitésimales (très petites) de substances qui, données en quantités plus fortes, provoqueraient chez un homme sain la maladie qu'on soigne. À partir de là, au sens *figuré*, l'adjectif **homéopathique** désigne assez souvent des mesures très faibles (trop), des remèdes infimes (insuffisants). *Des doses homéopathiques. Pour résoudre la question du chômage, un traitement homéopathique ne suffit pas.* Antonyme : **Allopathie**.

HOMÉRIQUE. *adj.* Qui se rapporte au poète grec Homère, auteur de *L'Iliade* et de *L'Odyssée*. Qui est digne du style de cette épopée, c'est-à-dire grandiose, héroïque, épique (voir le mot **Épopée**). *Un rire homérique :* énorme. *Un combat, un match homériques :* épiques, fabuleux.

HOMOLOGUE. *adj.* et *n.* (du grec *homo-*, « semblable » et *logos*, « discours, étude »). Qui est semblable à, qui correspond à, qui a des structures similaires à. Cet adjectif s'emploie aussi bien au sens courant que dans un sens scientifique précis. Comme **substantif**, le terme désigne un personnage qui a les mêmes fonctions ou la même situation que celui avec lequel il est mis en rapport. *Le ministre allemand des affaires étrangères s'est entretenu avec son homologue belge.*

Noter le verbe **Homologuer**, qui veut dire ratifier, enregistrer comme recevable (une décision, une norme, une performance sportive). Le lien avec l'étymologie se retrouve : on « homologue » ce qui *correspond* à des critères de validité identiques.

HOMONYME. *adj.* et *n. m.* (du grec *homo-*, « même » et *onoma*, « nom »). Se dit des mots de prononciation ou de graphie identiques, mais qui ont des sens différents. On donne classiquement les exemples suivants : *seau, sot, sceau, saut, Sceaux,* ou *saint, sein, ceint.* Voir aussi les deux sens du mot **Affectation**, et bien d'autres exemples, souvent liés aux variations des formes verbales (*couvant*, participe présent et *couvent*, monastère). Ne pas confondre avec les **Paronymes**, mots dont les formes sont seulement voisines mais non similaires, et la prononciation différente.

N.B. Le mot **homonyme** se dit aussi d'une personne qui porte le même nom qu'une autre. *Dupont est l'homonyme de Dupond.*

HONNÊTE HOMME. Expression qui désigne, au XVIIᵉ siècle, une personne cultivée, modérée en toute chose, ayant un sens aigu des convenances sociales et le goût de la vie mondaine de l'époque. L'honnête homme se caractérise par la noblesse de ses sentiments (il s'oppose au « vulgaire »), par sa réserve, par le refus d'être pédant et d'imposer son savoir, et bien sûr aussi, par son honnêteté intellectuelle et morale.

Mais il faut noter que l'adjectif **honnête** signifiait d'abord à cette époque « convenable, modéré » ; ce n'est qu'à la fin du XVIIᵉ siècle qu'il s'est restreint au sens actuel (*financièrement* honnête ; *moralement* vertueux). Ainsi, l'**honnête homme** était sans doute un *homme honnête* (au sens actuel), mais bien plus que cela.

HONORAIRES. *n. m. pl.* Argent versé, pour rétribuer leurs services, aux personnes qui exercent une profession libérale (médecin, avocat, expert-comptable, etc.).

N.B. Du point de vue des connotations, il est intéressant de comparer les différents mots qui désignent l'argent que l'on gagne en exerçant un métier : *salaire, traitement, revenus, droits d'auteur, commission, honoraires, émoluments,* et encore *appointements, solde* (pour les militaires), *cachet* (pour les artistes), *gages* (pour Sganarelle)… !

HORDE. *n. f.* Tribu errante, troupe nomade, chez les Mongols ou peuples d'Asie centrale. **Sens actuel :** groupe d'individus indisciplinés qui commettent des violences et des déprédations. *Une horde d'anarchistes qui sèment la terreur.* Le terme peut aussi s'employer, dans un sens affaibli, pour désigner un groupe de personnes agitées. *Une horde de lycéens sortait du bahut.*

HOSTILITÉ. *n. f.* Au *singulier* : tendance hostile, haine ou inimitié qui peut se traduire en actes. Au *pluriel* : actes de guerre entre des ennemis. *Qui a ouvert les hostilités ?*

HUMANISME. *n. m.* 1° **Sens historique.** Vaste mouvement intellectuel et littéraire du XVIᵉ siècle, qui se caractérise par une vive admiration pour les cultures grecque et latine et par la volonté de contribuer à l'épanouissement de l'homme dans toutes ses dimensions (aussi bien culturelle que politique). L'humanisme est un moment essentiel du développement de la culture européenne. Il a pris naissance dans l'Italie du XVe siècle et, comme mouvement d'idées, fait partie intégrante de la Renaissance. Les **humanistes** étaient animés d'une soif extrême de savoir et, en particulier, passionnés par l'étude des langues anciennes. Après le Moyen Age, qui leur paraissait une époque d'obscurité et de sclérose intellectuelle, ils pensaient fonder la « renaissance » de la pensée sur un retour aux œuvres de l'Antiquité, sur l'étude de leurs textes originaux, et sur les valeurs humaines développées par la civilisation gréco-latine (qu'ils jugeaient compatibles avec celles du christianisme authentique). Cette jonction entre l'étude des textes anciens et le souci de développer la conscience humaine grâce à elle explique que le terme **humanités** (au pluriel) puisse signifier *l'étude de la langue et de la littérature grecques et latines* (on dit en ce sens *Faire ses humanités*). Érasme, Thomas More, Rabelais, Montaigne ont été parmi les plus grands humanistes.

2º **Sens philosophique.** Doctrine philosophique qui a pour but l'épanouissement de la personne humaine. Attitude d'esprit qui fait de l'être humain la valeur suprême, dans la vie personnelle aussi bien que collective.

Dans ce sens, le mot « humanisme » est très large : toute pensée, tout discours centrés sur l'homme peuvent être jugés *humanistes*. D'autre part, la référence à l'humanisme est si fréquente ou si vague que le terme s'est usé. Des penseurs ont notamment reproché à « l'idéologie bourgeoise » de faire de l'humanisme, ou du recours abstrait à la notion d'Homme, le moyen de masquer des intérêts économiques ou des systèmes sociaux inégalitaires. Pour bien préciser le sens dans lequel ce mot a pu être employé, on distinguera donc sommairement :

— l'**humanisme philosophique** en tant que tel, par principe agnostique, qui met l'homme au-dessus de toute chose. Cet humanisme est illustré par l'existentialisme de Sartre (« *L'existentialisme est un humanisme* ») ou par la position de Camus (l'homme se révolte contre l'absurde, donne lui-même sens à son existence, tente de se construire un avenir collectif).

— l'**humanisme chrétien**, qui se refuse à opposer, comme l'humanisme athée, la volonté de Dieu à la liberté de l'homme. Pour les chrétiens modernes, Jésus-Christ se faisant Homme pour sauver et magnifier l'Humanité, la foi en Dieu est inséparable du devoir de « développer tout l'Homme et tous les hommes » (voir **Christianisme**). Le personnalisme de Mounier illustre cette attitude.

— l'**humanisme marxiste**, qui prend la notion d'homme dans un sens essentiellement collectif. L'homme n'est pas un concept abstrait et idéaliste : l'homme, ce sont les hommes concrets tels qu'ils se trouvent historiquement situés. Il s'agit pour eux de se libérer de l'**aliénation** (voir ce mot) et de construire ensemble, en dépassant la **lutte des classes**, une société future fraternelle. Pour les marxistes, la valeur suprême est donc l'homme-Humanité ; l'objectif est de faire progresser l'Histoire pour hâter la venue de la **société sans classes**.

HUMANISTE. adj. et n. 1° Qui se rapporte à l'humanisme comme mouvement du XVIe siècle. *Les ouvrages humanistes. Un humaniste de renom.*

2° Qui a une grande connaissance des littératures grecque et latine, ayant «fait ses humanités». *Un humaniste distingué* (au sens n° 1 de «**Humanisme**»).

3° Qui est partisan de l'humanisme au sens philosophique. *L'œuvre de Romain Rolland est celle d'un humaniste. La philosophie humaniste d'Alain.*

4° Qui manifeste de l'humanisme dans ses attitudes, qui recherche toujours le plus grand bien des hommes. *Ses choix politiques sont ceux d'un humaniste. Martin Luther King était profondément humaniste.* En ce sens, on dit aussi «humain». Voir **Humanisme**.

HUMANITARISME. *n. m.* Attitude de recherche du mieux-être de l'humanité, de l'amélioration concrète de la condition des hommes. L'humanitarisme inspire l'ensemble des conduites **humanitaires**, celles qui viennent directement en aide aux êtres humains (notamment les plus démunis, les victimes des diverses catastrophes). L'humanitarisme est aussi une conception globale d'**amour de l'humanité**, parfois considérée comme utopique.

N.B. On distinguera donc les mots **Humanisme** et **Humanitarisme** (ce dernier est nécessairement une forme d'humanisme, mais il a un sens beaucoup plus restreint), et les mots **Humaniste** et **Humanitaire** *(un ouvrage humaniste ; une organisation humanitaire)*, même si dans certains contextes ces adjectifs peuvent être interchangeables (des sentiments *humains, humanistes* ou *humanitaires*).

HUMANITÉ. *n. f.* 1° Caractère de ce qui est humain. *Le chien m'a regardé avec un air d'humanité indéfinissable.* On oppose parfois **humanité** à **divinité**.

2° Bonté envers les hommes, compassion envers ceux qui souffrent, qualité humaine de compréhension. *Un examinateur plein d'humanité à l'égard des candidats.*

3° Ensemble des hommes ; genre humain pris dans son ensemble, dans son histoire, dans son évolution. *L'humanisme révère l'Humanité.* Dans *Dom Juan* de Molière, au cours de la célèbre «scène du Pauvre», le séducteur finit par donner un louis d'or au mendiant, en lui disant : *«Je te le donne pour l'amour de l'humanité»*, et l'on ne sait s'il prend ce mot au sens n° 2 ou n° 3.

4° *Au pluriel*, les **humanités** : l'étude de la langue et de la littérature grecques et latines (voir le sens n° 1 du mot **humanisme**).

HUMOUR. *n. m.* Forme d'esprit qui consiste souvent, sur le ton le plus sérieux, à faire ressortir l'absurdité, l'aspect plaisant ou insolite de certaines situations (qui peuvent être douloureuses). L'humoriste prend distance, garde son sang-froid, met en valeur des contradictions, ironise parfois sur lui-même. Par rapport à l'ironie, l'humour se caractérise par une moindre agressivité, une plus grande bienveillance à l'égard de cela même dont il prend distance. L'ironie, elle, attaque volontiers les personnes. Quand l'humour prend distance de la souffrance et de la mort, — il s'agit de l'**humour noir** — il apparaît comme une revanche, par le rire, de l'homme sur son malheur.

HYACINTHE. *n. f.* Pierre précieuse de couleur brun-orangé à rouge. Étoffe de cette couleur. *« Sa robe était d'hyacinthe soufrée »* (Nerval).

HYBRIDE. *adj.* Qui est composé d'éléments d'origines différentes, de matériaux disparates. Qui est de nature composite. Cet adjectif peut s'appliquer à des réalités très concrètes *(le mulet est un animal hybride, produit d'un âne et d'une jument)*, artistiques *(une architecture hybride, composée de styles différents)* ou plus abstraites *(Le Neveu de Rameau est une œuvre d'un genre hybride, mêlant le théâtre et le roman)*. Le plus souvent le terme s'applique à quelque chose qui joint anormalement *deux* éléments de genres différents.

HYBRIS (ou HUBRIS). *n. m.* Terme grec qui signifie **démesure**. Ce mot est employé à propos de la tragédie, pour désigner l'attitude des héros qui dépassent les limites, qui outrepassent les interdits des dieux. En dépassant la mesure, ils dérangent l'ordre naturel des choses et sont châtiés par le Destin. En dehors de la tragédie, le mot s'emploie parfois pour désigner les attitudes folles, la pulsion négative portant des hommes ou des foules à des actes insensés qui engendrent des catastrophes.

HYDRO-. Racine issue du grec *hûdor*, « eau ». Les composés sont nombreux : **Hydrate, Hydratant, Hydratation, Hydraulique, Hydrocéphale, Hydrocution, Hydrogène, Hydrophile** (« qui aime l'eau » au point de l'absorber : *coton hydrophile*), **Hydropisie, Hydrothérapie.**
Ne pas confondre avec l'autre racine grecque **Hygro-**, qui signifie « humide » (cf. **Hygrométrie**, mesure de l'humidité).

HYMEN. *n. m.* Dans la langue classique, mariage. On trouve aussi **Hyménée** (toujours masculin), comme dans ce vers de *Bérénice* (Racine) :
Pour elle et pour Titus il n'est plus d'hyménée

HYMNE. *n. m.* 1° Dans l'Antiquité, poème ou chant à la gloire des dieux ou des héros. On trouve de tels poèmes dans *L'Iliade* et *L'Odyssée*.
2° En général, poème lyrique célébrant un personnage, une idée ou une réalité morale *(Hymne à la joie, Hymne à la mort)*, un grand sentiment *(Hymne à l'amour)*, une patrie *(un hymne national*, comme **La Marseillaise**), etc.
N.B. Le mot *hymne*, dans la liturgie catholique, est un cantique en latin qui célèbre Dieu. Dans ce sens, on peut le rencontrer *au féminin*.

HYPALLAGE. *n. f.* Figure de style qui consiste à attribuer à un mot d'une phrase ce qu'il conviendrait normalement d'attribuer à un autre mot de celle-ci. Il y a transfert de qualificatifs. Par exemple, lorsque Baudelaire évoque « une île paresseuse » (dans « Parfum exotique »), il nous suggère que les *habitants* de cette île peuvent vivre paresseusement : il transfère donc sur le mot « île » un qualificatif qui normalement devrait s'appliquer aux habitants de celle-ci. On voit par cet exemple que le transfert n'est pas seulement un transfert de terme (car le mot auquel devrait être accolé l'adjectif peut être absent de la phrase), mais un déplacement des *caractères* d'une réalité donnée sur une *autre réalité évoquée* dans la phrase. Lorsque le même Baudelaire définit les yeux des aveugles en disant *« leurs globes ténébreux »*, le transfert consiste à attribuer au globe oculaire (qui est blanchâtre) une apparence ténébreuse qui concerne en réalité ce que « voient » les aveugles eux-mêmes (leur nuit).

L'hypallage est une figure de style qui appartient à la catégorie générale de la **Métonymie** (voir ce mot).

HYPER-. Racine issue du grec *huper*, « au-dessus, au-delà », qui exprime une forte exagération, l'excès, le degré suprême. Elle correspond à la racine latine « super », et s'oppose au préfixe *hypo-* (voir plus loin). Le préfixe **Hyper-** est très vivant et sert à composer de nombreux mots (*hypermarché, hypernerveux, hypertrophie,* etc.)

HYPERBOLE. *n. f.* (du grec *huper*, « au-dessus », et *bolê*, « action de lancer »). Au sens littéraire, l'hyperbole est une figure de style qui consiste à exagérer fortement l'expression de sa pensée. C'est la figure type de l'excès, très fréquente dans la langue courante *(« j'étais mort de peur », « voir ça, ça me tue »),* et aussi dans la littérature, par exemple lorsque Cyrano dit de son nez :

C'est un roc, c'est un pic, c'est un cap !
Que dis-je, c'est un cap ?... C'est une péninsule !

L'hyperbole, comme l'emphase, est employée chaque fois qu'un auteur veut grossir les faits, pousser à l'extrême une situation, grandir démesurément les qualités d'un personnage. Elle triomphe en particulier dans le style épique.

N.B. Le mot désigne aussi une conique, en géométrie. L'étymologie se retrouve dans ce sens aussi, puisque l'hyperbole est une courbe géométrique qui tend vers l'infini.

HYPERTROPHIE. *n. f.* (voir la racine *hyper-*). Au *sens propre* comme au *sens figuré,* grossissement démesuré. *L'hypertrophie d'un muscle. L'hypertrophie du « moi » dans la poésie romantique. Un effectif hypertrophique.* Antonyme : **Atrophie**.

HYPNOTISER. *v. tr.* (du grec *hupnos*, « sommeil »).
(sens propre) Endormir artificiellement (par hypnose, par suggestion, par magnétisme).
(sens figuré) Fasciner quelqu'un, l'éblouir ou l'obséder. *Ce brillant*

professeur hypnotise son auditoire en expliquant du Malherbe ! Des foules littéralement hypnotisées par un extrémiste. Cet emploi du mot est souvent péjoratif, ou ironique : il est rarement positif de déposséder les gens de leur esprit critique...

HYPO-. Racine issue du grec *hupo*, « sous, au-dessous de », qui exprime l'insuffisance, l'infériorité, la diminution, bref ce qui est en dessous ou en deçà. Cette racine a pour antonyme **Hyper-**, et se rencontre dans bon nombre de mots, notamment dans le domaine scientifique (*hypocalorique, hypoderme, hypoglycémie, hypophyse, hypotension*, etc.). Ne pas confondre avec *hippo-*.

HYPOCONDRIAQUE. *adj.* Mélancolique, neurasthénique. L'**hypocondrie** est un état d'anxiété qui porte notamment à se préoccuper excessivement de sa santé. « *Le raisonnement que vous avez fait est si docte et si beau qu'il est impossible qu'il ne soit pas fou et mélancolique hypocondriaque* » (Molière).

HYPOTHÉQUER. *v. tr.* Hypothéquer un bien, pour un emprunteur, c'est garantir au créancier le droit de faire vendre ce bien pour se rembourser, au cas où l'emprunteur serait incapable de payer sa dette au moment voulu. On peut *hypothéquer une maison* (un appartement, une terre) pour effectuer un emprunt ; dans ce cas, on n'a plus la libre disposition de ce bien : il est dit *grevé (chargé) d'une hypothèque*. D'où le **sens figuré** du terme, en dehors du domaine juridique : engager gravement un bien moral, faire peser des risques sur l'accomplissement de quelque chose. *Hypothéquer l'avenir, hypothéquer son avenir. Hypothéquer la réussite à un examen* (en ne travaillant pas). Inversement, l'expression **lever une hypothèque** signifie généralement : supprimer un handicap, un obstacle qui entravait telle ou telle entreprise.

HYPOTHÈSE. *n. f.* (du grec *hupo*, « en dessous » et *thesis*, « action de poser ». Littéralement : proposition que l'on pose en dessous, à la base).

1º **En mathématiques**, proposition que l'on pose au départ, à partir de laquelle on établira une démonstration, d'où l'on déduira un théorème. Cette définition est fort proche de l'étymologie. L'hypothèse est ici une sorte de **postulat**, une donnée initiale : ce sens est assez éloigné du sens nº 3 (qui met l'accent sur l'incertitude liée à la supposition que l'on fait).

2º **En sciences fondées sur l'expérimentation**, l'hypothèse est une *possibilité d'explication* d'un phénomène donné. On la formule précisément pour la vérifier, au cours d'une expérience. Elle est souvent imaginée par **induction** (voir ce mot), avant de donner lieu à une loi si elle se vérifie. Tant que cette loi n'est pas établie, elle demeure *hypothétique*.

3º **Au sens courant**, l'hypothèse est une supposition, une possibilité d'explication entachée d'incertitude. Voir les mots voisins **Conjecture, Présomption**. *Faisons une hypothèse. Ton hypothèse est purement gratuite. Tout cela est douteux, incertain, hypothétique.*

HYSTÉRIE. *n. f.* (du grec *hustera*, « uterus » ; pour Hippocrate, l'hystérie était la maladie spécifique des femmes privées de vie sexuelle).

1° **Sens psychanalytique :** maladie psychique dont la manifestation donne lieu à des symptômes corporels ou comportementaux exacerbés (crise émotionnelle, théâtralisme, paralysies, phobies diverses). Il y a plusieurs sortes d'hystéries, dont certaines n'ont pas nécessairement des formes agitées. L'idée centrale est que l'hystérie provient de conflits psychiques dont les effets *se déplacent* dans des symptômes qu'il faut déchiffrer. Par des voies indirectes, la névrose *se convertit* en hystérie. Il faut l'interpréter pour la soigner.

2° **Sens courant :** comportement excité, délirant, dramatique, parfois violent. *La guerre éclate, ils applaudissent : c'est de l'hystérie ! Une foule frappée d'hystérie collective. Un grand rire sardonique et hystérique. Un homme s'agitait hystériquement. Un dictateur hystérique.*

IBID. Abréviation de l'adverbe latin *ibidem*, « au même endroit, dans le même passage ». S'utilise quand on fait plusieurs citations d'un même ouvrage ou plusieurs renvois à un même passage. Ne pas confondre avec *idem*.

ICÔNE. *n. f.* (du grec *eikôn*, « image, portrait »).

1° **Dans l'Église orientale,** peinture sur bois du Christ, de la Vierge ou de divers saints. L'icône est révérée, mais ne doit pas en tant que telle faire l'objet d'un culte : elle est une *représentation*, elle renvoie à l'être qu'elle représente. On oppose parfois à l'*icône* cette autre représentation qu'est l'*idole,* qui, elle, est adorée comme si elle était la divinité elle-même qu'elle représente (d'où le mot *« idolâtrie »*). Cette distinction est intéressante en ce qu'elle illustre deux attitudes différentes du croyant vis-à-vis des signes religieux : prendre le signe pour la réalité même, ou le considérer comme un élément intermédiaire qui renvoie à la réalité.

2° **En linguistique ou sémiologie,** on appelle parfois *icône* un signe qui se veut un reflet naturel (voire un équivalent) de la réalité qu'il traduit : c'est le cas par exemple de l'onomatopée. On parle aussi, plus généralement, de *tendance iconique* (dans la langue, dans le dessin). Par exemple, si dans une bande dessinée, le mot « serpent » est reproduit selon une graphie qui ondule (pour évoquer l'animal, comme si le signe était semblable à la chose signifiée), on parlera de tendance iconique de cette reproduction.

N.B. 1° Dans ce second sens, la distinction précédente entre **icône** et **idole** est annulée : le signe semble par nature identique à la chose signifiée. 2° Les dérivés du mot *icône* ne prennent pas d'accent circonflexe.

3° En informatique, l'icône est un simple symbole graphique.

ICONOCLASTE. *adj.* et *n. m.* (étymologiquement : *briseur d'icône*).

1° Se dit, **historiquement,** des chrétiens byzantins qui s'opposaient au culte des icônes, des images saintes. *Certains empereurs byzantins étaient iconoclastes.* Cette attitude se justifiait dans la mesure où, précisément, les *icônes* devenaient pour certains des *idoles* (voir cette distinction au mot **Icône,** sens n° 1).

2° Au **sens courant,** personne qui s'oppose aux traditions, aux images du passé, au culte des idées admises ou des valeurs consacrées. *Dans son pamphlet contre la République, il s'attaque aux idées de liberté et d'égalité avec une rage iconoclaste.*

ICONOGRAPHIE. *n. f.* (du grec *eikôn*, « image » et *« graphein »*, « écrire »).

1° Ensemble des images ou des illustrations d'un livre, d'une époque donnée (sur un thème donné). Cet ensemble de représentations était souvent dans le passé un ensemble de peintures ou de figures *religieuses*, conformément au sens premier du mot **Icône.** Mais l'iconographie désigne maintenant n'importe quel ensemble de représentations figurées. Chez un éditeur, par exemple, une personne peut être spécialisée dans l'iconographie d'un livre.

2° Étude descriptive d'un ensemble d'images (au sens précédent).

IDÉAL. 1° Comme *adjectif :* se dit couramment de tout ce qui est parfait, accompli, dont on rêve ou qu'on voudrait atteindre. *Un type de beauté idéale. La solution idéale.* Plus largement, s'applique à ce qui n'existe pas dans la réalité et qu'on ne peut concevoir que par la pensée. *Une cité idéale, telle que les utopies en imaginent. Les figures idéales sur lesquelles raisonnent les mathématiciens.*

2° Comme *nom masculin :* modèle parfait vers lequel on tend, qu'il s'agisse d'un idéal moral, d'un idéal esthétique, d'un idéal politique, d'un idéal d'existence. *Avoir un idéal. Baudelaire oppose l'Idéal auquel il aspire à la plate réalité qui le plonge dans le Spleen.* Plus généralement, l'idéal représente un ensemble de valeurs (esthétiques et morales) inaccessibles, opposées aux contingences et aux contraintes de la vie réelle, ou à la recherche de satisfactions «matérialistes». *Le poète vit dans l'idéal.* L'**idéaliste,** dans ce sens, s'oppose diamétralement au **réaliste,** soit qu'il veuille «réaliser» un idéal irréalisable, soit qu'il idéalise la réalité au lieu de la voir telle qu'elle est.

N.B. Au pluriel : *un idéal, des idéaux.*

IDÉALISME. *n. m.* (lire d'abord les définitions du mot **Idéal**).

1° **Sens courant :** attitude des personnes qui se donnent un idéal dans la vie, qu'il s'agisse d'un idéal moral personnel, d'un idéal humain en général, d'un idéal social ou politique. L'idéalisme s'oppose au «matérialisme», au réalisme, à l'utilitarisme. Le mot est parfois employé péjorativement pour désigner l'attitude de ceux qui, rêvant d'un idéal utopique, ne parviennent pas à s'adapter au réel, et passent alternativement de l'idéalisation à la déception. *L'idéalisme ne suffit pas ; mais sans idéalisme, l'homme pourrait-il progresser ?*

2° **Sens philosophique :** l'idéalisme est la tendance fondamentale d'un certain nombre de philosophies qui affirment la primauté des *idées* sur les choses, de l'*esprit* sur la matière, de la *pensée* sur la réalité. Pour certaines, l'idéalisme consiste seulement à affirmer l'autonomie des idées et leur suprématie sur les données extérieures du monde. D'autres vont beaucoup plus loin et postulent, comme **l'idéalisme de Platon,** que les **Idées** sont les seules réalités (les choses matérielles, la conscience que nous en avons ne sont que des reflets des **Idées** — voir ce mot). Pour Marx, qui adopte un point de vue critique, l'idéalisme consiste à s'imaginer que l'esprit est le moteur de l'histoire (alors que, pour lui, c'est la «matière», les conflits d'intérêts économiques, les rapports entre les classes qui engendrent l'évolution des sociétés et l'idéologie qui les caractérise ; voir **Matérialisme**). Les croyances religieuses, qui supposent un Esprit (Dieu) à l'origine du monde, sont en ce sens des idéalismes. Voir **Spiritualisme**.

3° **Sens esthétique** : en art, l'idéalisme est une conception selon laquelle le but de l'art n'est pas de reproduire la réalité telle qu'elle est *(réalisme)*, mais d'*incarner la beauté* dans des œuvres. Il peut s'agir d'une tendance platonicienne (le Beau existe à l'état d'idée ; la tâche de l'artiste est de le représenter le plus purement possible). Plus généralement, l'artiste idéaliste cherche à décrypter la part de beauté qui existe dans la nature, pour la recueillir et la styliser dans des œuvres. Au point de vue artistique, le terme idéalisme cumule en quelque sorte les acceptions n° 1 et n° 2 que nous avons définies : l'artiste est mû par un idéal de beauté ; et cet idéal semble lui-même issu d'une vision spiritualiste du monde. Voir **Idéal, Idée, Matérialisme, Réalisme, Spiritualisme**.

IDÉE. *n. f.* 1° **Sens courant** : représentation de l'esprit, concept, abstraction. Pensée élaborée, conception ou interprétation relative aux choses, aux êtres, à ce qui existe ou qui n'existe pas. Inspiration littéraire ou artistique. Aperçu plus ou moins réaliste ; vue de l'esprit plus ou moins juste (cf. *« Tu te fais des idées »*). Au pluriel, ensemble d'opinions, thèses, doctrines (*les idées de Flaubert, l'histoire des idées,* etc.).

2° **Sens philosophique** : essence pure, dont la réalité n'est que la réalisation ou le reflet. Chez Platon, en particulier, le **monde des Idées** existe en soi : il s'agit de réalités éternelles dont les choses sensibles ne sont que des imitations, des reflets. Non seulement les bonnes actions ou les belles apparences ne sont que des reflets de l'**Idée de Bien** ou de l'**Idée de Beau** ; mais encore, un objet triangulaire, un arbre réel, ne sont que des imitations imparfaites des modèles essentiels que sont l'**Idée de triangle**, l'**Idée d'arbre**, etc. Sans aller jusque là, de nombreuses attitudes philosophiques donnent aux idées une sorte de valeur en soi, une autonomie par rapport aux choses réelles dont elles ont été «extraites», ou plus précisément, *abstraites*. Voir **Abstraction, Concept, Essence, Idéalisme** (au sens n° 2).

IDEM. Adverbe latin, qui signifie «de même». On l'emploie pour éviter la répétition d'un nom, d'un acte, d'un mot. *« Age, 19 ans ; taille, 1m70 ; cheveux, blonds ; sourcils, idem »* (Balzac). On l'abrège souvent en *id.* Ne pas confondre avec *Ibidem* (abrégé en *ibid.*) qui veut dire «au même endroit».

IDENTIFICATION ROMANESQUE.
1° **Au sens général, l'identification c'est :**
— le fait de *reconnaître* une chose, de la considérer comme identique à une idée ou à une connaissance préétablie, qui correspond au verbe

identifier : *j'identifie une personne* (c'est bien là ce qui correspond à son identité), *j'identifie un arbre,* etc.
— le fait de *se reconnaître,* dans une réalité ou dans une personne, d'y trouver ou d'y chercher une part de sa propre identité : cet acte correspond au verbe **s'identifier**.

Cette identification est un phénomène complexe, qui suppose un mouvement double : d'une part on se projette dans une autre réalité ou une autre personne, on veut se reconnaître en elle, vivre ce qu'elle vit ; d'autre part, on intériorise cet aspect d'autrui que l'on est « devenu » par identification. On se projette en l'autre pour, en retour, s'enrichir de l'autre, et constituer peu à peu sa personnalité.

2° **En ce qui concerne l'identification dans la littérature,** on peut différencier le cas des auteurs, des romanciers, et le cas des lecteurs (ou spectateurs) :
• L'écrivain peut se projeter dans son personnage : il s'identifie à ses rêves, à l'existence qu'il lui prête ; il vit à travers ces projections ; il en tire un plaisir et un enrichissement de sa personnalité (plus ou moins fictif, mais qui a tout de même la réalité du texte mis en forme). Mais il peut, aussi se projeter dans un paysage, un lieu idéalisé dont il se souvient et qu'il décrit de telle sorte qu'il y retrouve (ou y invente) une image de lui-même. C'est en cela qu'on a pu dire : « *Le paysage est un état d'âme* » ; le poète constitue son *identité* au moyen de cette *identification*.
• Le lecteur ou le spectateur, lui aussi, va pouvoir se projeter, sentir sa personnalité se « révéler » en s'attachant aux personnages qui le fascinent. Le même aller-retour de projection et d'intériorisation (partielle) s'opère du lecteur au héros. Mais il faut noter que cette identification est aussi favorisée par le code romanesque, dont la **focalisation** va servir à centrer l'intérêt du lecteur (qu'il le veuille ou non) sur tel personnage, plutôt que sur tel autre. L'emploi du « je » (récit de type autobiographique) fait vivre le récit *de l'intérieur* du héros : le lecteur est forcé de s'identifier à lui (jusqu'à un certain point). L'identification romanesque n'est donc pas simplement un phénomène de reconnaissance spontanée, mais une loi du genre. Il en est de même au théâtre ou au cinéma. Ce qui fait pendant à cette identification, ce sont les phénomènes de **distanciation**.

IDENTITÉ (PRINCIPE D'). Le principe d'identité est un principe fondamental de la logique. Il consiste à dire qu'une chose est ce qu'elle est, et non pas autre chose que ce qu'elle est. **A est A.** Ce principe s'oppose à toutes les dérives, les approximations de l'analogie : ce qui est *semblable* n'est pas forcément *identique*. Il se complète du **principe de non-contradiction**, qui stipule que deux choses contraires ne peuvent pas être toutes deux vraies en même temps. La rigueur logique, notamment en sciences, s'appuie sur ces deux principes. En revanche, le rêve, les fantasmes, la psychologie profonde, la littérature onirique ne cessent de violer ces deux principes.

IDÉOGRAMME. *n. m.* Signe graphique qui, par son dessin propre, représente ce qu'il signifie. On le trouve dans certaines langues comme le chinois, le japonais ou l'égyptien. Notre alphabet renvoie à des sons, et le groupement des lettres qui forme un mot, pas plus que le son, ne signifie rien en tant que tel. Dans le cas des idéogrammes, au contraire, le **Signifiant** semble lui-même figurer le **Signifié** (voir ces mots).

Cette association entre *signifiant* et *signifié*, qui semble faire de l'idéogramme un équivalent naturel de la chose qu'il représente, s'oppose à la loi de l'**arbitraire du signe** selon Saussure. Elle appartient à ce que les linguistes nomment la **tendance iconique**. Voir **Icône, Signe**.

IDÉOLOGIE. *n. f.* (étymologiquement : « science des idées ». Mais cette étymologie ne correspond pas au sens actuel de ce mot).

1° **Au sens marxiste :** ensemble des idées, des valeurs dominantes, des croyances (plus ou moins illusoires), des façons de percevoir la réalité, qu'une société ou qu'une classe sociale impose à tous ceux qui en font partie. L'idéologie aristocratique de l'Ancien régime a ainsi été supplantée par l'idéologie bourgeoise. Barthes, dans les *Mythologies,* dénonce l'idéologie petite-bourgeoise. Dans le sens marxiste, l'idéologie est l'un des moyens de domination d'une classe sur l'autre : elle favorise l'**aliénation** des dominés (voir ce mot, sens n° 3). Le terme est donc la plupart du temps péjoratif : l'**idéologie dominante** (expression-clé) est critiquable, à la fois comme falsification de la réalité et comme instrument d'oppression, souvent cyniquement mise en œuvre par des manipulateurs.

2° **Au sens sociologique** (qui découle du précédent) : système d'idées et de valeurs, grille d'interprétation du monde qu'élabore une société ou un groupe social. Le mot est ici neutre. Il intègre les mœurs, les conduites, les productions culturelles ou artistiques. L'idéologie fait partie en quelque sorte de la culture au sens n° 2.

3° **Au sens général,** une idéologie est un système d'idées, une philosophie, une vision du monde bien déterminée. Il peut s'agir de la vision d'un auteur : on étudiera l'idéologie de Balzac dans *La Comédie humaine.* Il peut s'agir d'une grande idéologie historique : le libéralisme, le marxisme sont des idéologies. Il peut s'agir des positions d'un leader politique (ses préjugés, les présupposés de sa philosophie l'empêchent de voir le monde tel qu'il est : on le traitera volontiers d'**idéologue**). Il peut s'agir de l'idéologie ambiante que, plus ou moins consciemment, les médias diffusent (ou une certaine presse). L'emploi du mot est souvent critique : ceux qui en usent cherchent surtout à dénoncer (ou à révéler) la nocivité d'une idéologie *sous-jacente,* dont les propagateurs n'ont pas toujours conscience. Voir **Aliénation, Culture, Démythifier, Idéalisme.**

N.B. Ne surtout pas confondre les mots **Idéal** et **Idéologie**.

➜ **Pour approfondir, p. 681.**

IDIOME. *n. m.* (du grec *idios*, « particulier, spécial ») Langue caractéristique d'une communauté. Le mot « idiome » est en fait synonyme de *langue,* mais on peut l'appliquer aussi à un *dialecte* (variété d'une langue dans une région donnée) ou même à un *patois* (langue limitée à un groupe restreint, en général rurale et surtout orale).

En pratique, on emploie le mot idiome chaque fois qu'on veut mettre en valeur l'aspect très particulier, original, propre à une langue. D'où l'adjectif **Idiomatique** (qui insiste sur le caractère spécifique d'une tournure) et le nom **Idiotisme** (qui désigne une locution si particulière à une langue qu'elle est intraduisible *littéralement,* par exemple « il y a »).

IDIOSYNCRASIE. *n. f.* (à partir du grec *idios*, « particulier, spécial »). Tempérament propre à un individu, qui le conduit à avoir des réactions spécifiques, particulières à sa personne.

IDOLÂTRER. *v. tr.* (du grec *eidôlon*, « image »). Vouer un culte à quelqu'un, comme s'il s'agissait d'une idole. D'où, en général : aimer passionnément quelqu'un ou quelque chose, de façon excessive, un peu folle. *Idolâtrer une femme. Idolâtrer une vedette de la chanson* (qui est précisément une « idole »). *Idolâtrer un pays, un peuple.* Noter que le verbe a un sens uniquement figuré, contrairement au nom **Idolâtrie,** qui peut désigner l'adoration effective des idoles (images de la divinité).

IDYLLE. *n. f.* **Sens ancien :** petit poème grec qui évoque le plus souvent, dans un cadre bucolique et pastoral, des scènes amoureuses. On dit aussi *églogue.* **Sens courant :** aventure amoureuse, tendre et naïve, en général heureuse et brève. *Nouer une idylle, rêver d'une idylle, raconter une idylle.* Par extension, on parle parfois d'idylle à propos d'une relation harmonieuse entre des groupes, ou entre un individu et un groupe *(L'idylle entre le premier ministre et sa majorité ne dura guère).*

L'adjectif **idyllique** englobe ces significations. Il s'applique soit à une histoire merveilleuse, soit à un amour tendre, soit au climat parfait ou idéal d'une situation *(un tableau idyllique, une relation idyllique).*

IGNARE. *adj.* Parfaitement ignorant, sans aucune instruction. S'emploie en général péjorativement. *Mais vous êtes ignare, mon pauvre ami !*

IGNOBLE. *adj.* Qui est totalement abject, moralement indigne. *Un comportement ignoble, un ignoble personnage.* Sans connotation morale : qui est d'une laideur repoussante, d'un aspect hideux. *Un taudis ignoble* (immonde).

IGNOMINIEUX. *adj.* Qui engendre l'ignominie, qui outrage profondément. Déshonorant, honteux, infamant. *Une condamnation ignominieuse. Se couvrir d'ignominie. Des ignominies :* des actions ou des paroles infâmes.

ILLICITE. *adj.* Qui n'est pas licite, c'est-à-dire pas permis, pas autorisé. Condamné par la morale ou interdit par la loi. *Une pratique illicite. Des gains illicites.* Antonyme : **licite.** Mot de sens voisin (mais sans connotation morale) : *illégal.*

ILLICO. Mot latin qui signifie : « immédiatement, sur-le-champ ». On entend dire parfois *illico presto* (tout de suite, très vite), mais cette expression est déconseillée, le mot « presto » étant, lui, d'origine italienne.

ILLUMINISME. *n. m.* Doctrine de certains religieux ou philosophes mystiques selon laquelle on ne peut connaître Dieu ou le monde spirituel que par une « illumination », une intuition profonde et intérieure de ce qui se trouve au-delà des apparences, une révélation divine. La réalité est épaisse et obscure : seule une lumière spirituelle peut nous révéler le monde de la vérité ou de l'idéal. Cette philosophie, héritée du suédois Swedenborg (XVIIIe siècle), a influencé de nombreux écrivains, parmi lesquels Balzac, Baudelaire et Nerval.

N.B. Le nom **illuminé** a un sens plus large. Il peut désigner le mystique qui a une vision, le philosophe qui croit à l'illuminisme, mais aussi le plus souvent, de façon péjorative, un esprit hanté par des « vérités » auxquelles il croit follement, dans une sorte de fanatisme aveugle et agité.

IMAGINAIRE. adj. et n. 1° *(adjectif)* Se dit de ce qui n'existe que dans l'esprit, dans l'imagination. Irréel, fictif, fantasmatique. *Des peurs imaginaires.* (non fondées). *Un malade imaginaire* (qui s'invente son propre mal). *Un pays imaginaire.* Dans ce sens, le mot image est perçu surtout négativement, comme *défaut* de réalité.

2° *(substantif)* Ensemble de représentations ou d'images qui soustendent l'univers d'un artiste, la mentalité d'un groupe, ou simplement le psychisme d'un individu. *L'imaginaire de l'œuvre de Racine. L'imaginaire collectif de la société médiévale. La représentation des parents dans l'imaginaire d'un enfant.* Dans ce sens, les images apparaissent comme des productions plutôt positives de l'esprit. L'imaginaire est un ensemble *qui a sa réalité autonome,* et qui contribue à la conscience de soi d'un individu ou d'un groupe.

IMBROGLIO. n. m. Situation très embrouillée, dans laquelle il est très difficile de se retrouver. Le terme s'emploie aussi bien à propos du théâtre, pour désigner une intrigue particulièrement complexe *(l'imbroglio d'une pièce de Feydeau)* que dans la vie courante, pour une situation très confuse, inextricable.

IMBU. adj. Imprégné, pénétré ; littéralement : imbibé. Mais le mot ne s'emploie que pour des réalités psychologiques. *Être imbu de préjugés. Être imbu de soi-même* (être infatué de soi-même, vaniteux à l'extrême). *Être imbu de sa supériorité.*

IMMACULÉ. adj. Qui n'est pas maculé, qui est sans tache, qui est d'une blancheur parfaite. Le mot s'emploie au propre *(une neige immaculée)* comme au figuré *(une âme immaculée,* sans souillure morale). En particulier, dans la religion catholique, l'**Immaculée conception** : privilège, pour la Vierge Marie, d'être née sans la tache du péché originel (« conçue sans péché »). Il s'agit d'un dogme qui a été très discuté. *La Vierge immaculée.*

IMMANENT. adj. (du latin *in-*, « dans », et *manere*, « rester, demeurer ». Littéralement « qui réside à l'intérieur de »). Se dit de ce qui est contenu dans la nature d'une chose ou d'un être, de ce qui trouve en soi-même son origine. Cet adjectif propre à la langue philosophique s'oppose au mot **transcendant** (qui est supérieur à, qui est extérieur à). Ainsi, dans

les croyances religieuses, on peut opposer les doctrines qui considèrent Dieu comme *immanent au monde* (il en fait partie, il est dans toute réalité existante) à celles qui postulent un *Dieu transcendant* (un créateur extérieur à l'univers qu'il a engendré). De même, on oppose traditionnellement la notion de **justice immanente** (selon laquelle la nature même des événements de ce monde finit toujours par punir les coupables et récompenser les justes) et l'idée d'une **justice transcendante** (entité extérieure au monde et à la vie des hommes, qui viendrait par exemple punir et sanctionner les méchants dans un autre monde, après cette vie ; la notion de justice divine suppose un Dieu transcendant). À cette opposition correspond l'opposition **Immanence/Transcendance**.
N.B. Ne pas confondre *immanent, imminent* et *éminent*.

IMMATURE. *adj.* Se dit des personnes qui ne sont pas psychologiquement mûres, qui n'ont pas atteint leur maturité intellectuelle ou affective.
N.B. Le mot « mature » comme antonyme d'immature est un anglicisme assez récent (il s'applique, au sens propre, à un poisson prêt à frayer) : certains le discutent.

IMMÉMORIAL. *adj.* (littéralement : qui dépasse les limites de la mémoire). Qui est si ancien qu'on n'en sait plus la date d'origine. *Un usage immémorial.* Qui remonte à la plus haute antiquité. *Les temps immémoriaux.*

IMMINENT. *adj.* Qui est sur le point de se produire, avec une nuance de menace. *Le départ du train est imminent. Une guerre imminente.* Ne pas confondre avec **Immanent**.

IMMISCER (S'). *v. pron.* S'introduire dans les affaires d'autrui, intervenir dans une entreprise où l'on n'a rien à faire. *Il s'est immiscé dans ma vie privée.* Le substantif correspondant est le mot **Immixtion**.

IMMOLER. *v. tr.* Sacrifier une personne ou un animal en offrande aux dieux. Par extension : faire périr, massacrer des gens (au nom d'une cause qu'on croit juste). **Sens figuré :** sacrifier quelque chose, dans un esprit d'abnégation. *Immoler ses intérêts pour le bien de la patrie.* En particulier, **s'immoler :** se sacrifier (physiquement ou moralement). Ce verbe est d'usage littéraire et plutôt ancien. Cependant, on le trouve parfois dans le langage actuel, au sens figuré : tel responsable politique, qui retire sa candidature, *s'est immolé sur l'autel de l'unité.*

IMMUABLE. *adj.* (littéralement : qui ne peut pas muer). Qui demeure identique à soi-même, qui n'est pas sujet au changement. *Dieu éternel, dont les décrets sont immuables.* Qui est invariable, inaltérable ; qui dure longtemps. *La nature immuable de l'être humain. Un emploi du temps immuable.*

IMMUNITÉ. *n. f.* **En biologie :** capacité de défense de l'organisme contre divers agents pathogènes (microbes, virus, produits toxiques). Le **système immunitaire** est naturel. Dans certains cas, les *défenses immunitaires* naturelles ne sont plus assurées, comme dans la maladie du Sida. **Immuniser** signifie *protéger*. **En matière politique et juridique** : ensemble de prérogatives qui rendent certaines catégories de personnes inattaquables devant la loi. *L'immunité parlementaire, l'immunité diplomatique.* L'immunité ne dispense de certaines obligations que dans l'exercice d'une fonction ou dans un statut particulier. Elle peut être levée, c'est-à-dire retirée à son bénéficiaire.

IMPARTI. (participe passé du verbe **impartir**) Accordé, attribué (officiellement). *Le candidat doit faire son devoir dans le temps qui lui est imparti. Une somme d'argent impartie à la réalisation d'un projet.*

IMPÉNITENT. *adj.* Se dit d'un pécheur qui refuse d'avouer ses fautes et de corriger sa conduite (par opposition au **pénitent,** qui se repent et s'amende). *Don Juan est un pécheur impénitent.* Par extension, qui est incorrigible, qui persiste dans sa conduite. *Un spéculateur impénitent. Un bavard impénitent.* Voir **invétéré.**

IMPÉRATIF CATÉGORIQUE. Voir au mot **Catégorique.**

IMPÉRIALISME. *n. m.* (de *impérial*; au départ, attitude favorable à l'Empire de Napoléon Ier).
Sens politique : doctrine ou attitude d'un État qui veut mettre d'autres États sous sa dépendance (par exemple, l'expansionnisme de l'Angleterre au XIXe siècle, sa politique de conquête coloniale). *Au cours de la guerre froide, l'impérialisme américain et l'impérialisme russe s'opposaient en de nombreux points du globe.*
Sens économique : suprématie financière et économique que des nations ou de grandes entreprises multinationales veulent s'assurer dans une zone donnée (voire sur toute la planète). L'**impérialisme économique** ne se soucie pas de conquérir des États, il lui suffit de conquérir des marchés ou de contrôler le capital des grandes firmes : là est le réel pouvoir.
Sens culturel : l'impérialisme, à ce niveau, est une politique de conquête des esprits par tous les moyens de la propagande, par l'expansion de la production artistique et intellectuelle. Il n'y a pas nécessairement une politique consciente et volontaire décidée par des hommes de pouvoir : *l'impérialisme culturel s'inscrit souvent dans le sillage de l'impérialisme économique.* La culture des États-Unis, par exemple, se répand à travers le monde comme effet et comme moyen de son impérialisme économique.
Sens général : par extension, on qualifie d'**impérialiste** toute volonté de prise de pouvoir, toute influence prépondérante d'un individu, d'une communauté, d'une institution. *L'impérialisme des mathématiques dans l'enseignement français. Une philosophie doctrinaire et impérialiste.*

IMPÉRIEUX. *adj.* (du latin *imperium*, « empire ») Qui commande de façon autoritaire, impérative, sans qu'on puisse s'opposer. *Un homme impérieux. Un ton impérieux.* Qui est irrésistible, pressant. *Une nécessité impérieuse.*

N.B. L'adjectif *impératif* ne s'applique pas aux personnes. *Une règle impérative.*

IMPÉRITIE. *n. f.* (du latin *in-* privatif, et de *peritus*, expérimenté). Incapacité, incompétence. *L'impéritie d'un gouvernant.*

N.B. Méfions-nous des étymologies hâtives : ce mot n'a rien à voir avec la famille du mot «empire», contrairement aux deux précédents!

IMPIE. *adj. et n.* 1° Qui méprise la religion, par ses actions ou par ses paroles. Qui commet des impiétés (la piété est au contraire une attitude fervente, pleine de dévotion). *Un libertin parfaitement impie. Une attitude impie.*

2° Incroyant, athée, et donc, indifférent à la religion. *Il vit en impie.*

N.B. Ces deux sens sont souvent confondus. Il existe toutefois une nuance : un personnage qui croit en Dieu peut commettre des actes impies; inversement, un incroyant peut considérer sans mépris les choses religieuses. *Don Juan est-il simplement impie, ou athée? Sans doute les deux. Molière, lui, était sans doute incroyant, ou du moins déiste, mais non pas impie.*

IMPLICATION. *n. f.* (voir les deux sens du mot *impliquer*) **Au sens général :** ce qui est impliqué par quelque chose, ce que cela entraîne. La notion d'implication suppose une conséquence (non évidente) que l'on va pouvoir déduire. En logique pure, la relation d'implication peut être énoncée sous la forme *« S'il est vrai que... alors on a » :* s'il est vrai que X entraîne Y et que Y entraîne Z, alors (cela implique que) X entraîne Z. Au **pluriel**, le mot *implications* équivaut à *conséquences*.

IMPLICITE. *adj. et n. m.* Qui n'est pas formellement exprimé dans un énoncé, qui n'est pas «dit», qui est sous-entendu; mais qu'on peut néanmoins supposer, ou déduire. *Un aveu implicite. Une condition implicite, qui ressort du texte d'un contrat. Une entente implicite* (qui n'a pas besoin d'être verbalement mise au point). Tacite (que l'on tait).

La **notion d'implicite** se comprend par son opposition à ce qui est *explicite* (voir ce mot). On peut distinguer ici le niveau de la langue proprement dite et celui plus général du discours :

• **Au niveau de la langue,** ce qui n'est pas explicitement dit, ce que l'on juge «implicite» doit tout de même *avoir quelque trace dans l'énoncé* pour qu'on puisse le déduire. Par exemple, la simple phrase *« Hier, je suis allé au lycée »* semble tout à fait claire en première lecture. Si on la relit, on peut remarquer que l'auteur de cette parole, en disant «hier», parle *aujourd'hui ;* cette information était bien dans l'énoncé, mais il a fallu l'expliciter : elle était donc bien implicite. Si l'on interroge encore cette phrase, on s'apercevra qu'elle laisse dans l'ombre bien des informations (qu'un interlocuteur peut connaître) : qui parle? à qui? de quel lycée? Ceci aussi mériterait d'être «explicité»; mais l'énoncé tel quel ne le permet pas. Il ne s'agit alors plus d'implicite *au sens restreint* du terme; mais on peut le juger comme tel *au sens large* de «réalité non formulée». On dira dans ce sens : «le bébé comprend implicitement que », pour signifier : sans recours à l'expression orale.

• **Au niveau du discours,** on constate souvent que les textes reposent sur des idées sous-jacentes, des présupposés, des conceptions idéologiques dont l'auteur peut n'avoir pas conscience lui-même. L'analyse de ces textes, la comparaison avec d'autres textes, la confrontation avec la situation d'énonciation vont alors permettre de dégager ces notions souterraines, cet **implicite** du discours. Elles étaient bien là, dans les replis du texte : il a fallu par l'analyse les tirer au clair, les expliciter. L'*implicite* devient alors une notion essentielle.

Voir **Discours, Énonciation, Explicite, Idéologie, Présupposé.**

IMPLIQUER. *v. tr.* 1° Mettre quelqu'un en cause, compromettre autrui. *Le comptable, impliqué dans une affaire de détournements de fonds, a voulu, par ses déclarations, impliquer le PDG lui-même.* Dans ce sens, le verbe est le plus souvent employé à la forme passive : *on est impliqué dans une affaire.* Noter la forme pronominale, **s'impliquer :** s'engager à fond, se donner à quelque chose.

2° Avoir comme conséquence logique, entraîner telle ou telle conclusion. *L'attitude des Serbes implique, contrairement à leur discours, un refus de la paix. Vouloir réussir ce concours implique que tu travailles douze heures chaque jour.* Ce sens du verbe rejoint le terme **implication** et fait mieux comprendre ce qu'est l'**implicite** (ce qui est *impliqué* par un énoncé).

IMPLOSION. *n. f. (sens propre)* Par opposition à explosion, phénomène physique par lequel un corps creux s'écrase violemment sur lui-même, par suite de la pression externe. *L'implosion d'un téléviseur.*

(sens figuré) Désagrégation d'un système miné de l'intérieur, qui s'effondre sur lui-même. *L'implosion de l'URSS. Soumis à de terribles tensions internes, le parti a implosé.*

IMPONDÉRABLE. *adj.* (de *in-* privatif et du latin *ponderare*, « peser »). Ce qu'on ne peut pas peser, qui n'est pas mesurable. *Des facteurs impondérables. Les éléments impondérables d'une décision.* Le mot s'emploie le plus souvent au **sens figuré** pour désigner des réalités insaisissables, trop fines pour être évaluées ou prévisibles. Comme *substantif*, souvent *au pluriel*, **les impondérables :** des réalités souvent décisives mais qui échappent à l'analyse. *Les impondérables d'un choix politique.* Pour l'étymologie, voir aussi **Pondérer.**

IMPORTUN. *adj.* et *n.* Qui dérange, qui gêne en intervenant au mauvais moment. *Un événement importun. Une proposition importune.* Personne qui a l'art d'ennuyer, d'incommoder autrui : *un importun* (au XVIIe siècle, on disait *un fâcheux*).

N.B. Ne pas confondre avec l'antonyme **Opportun** (qui se produit au bon moment). *Opportun* s'emploie uniquement comme adjectif, pour les choses (et s'oppose lui-même à l'adjectif *inopportun*).

IMPOSTURE. *n. f.* Tromperie qui consiste à se faire passer pour ce que l'on n'est pas. L'**imposteur** se sert du mensonge, du déguisement, de tous les procédés de simulation, pour se donner une identité, un titre ou une qualité qu'il n'a pas. *Tartuffe, ou l'Imposteur* (Molière). Par extension, on emploie le terme d'imposture pour une supercherie quelle qu'elle soit, ou pour des discours mensongers. *Prétendre que... mais c'est une imposture!*

IMPOTENT. *adj.* et *n.* Qui ne peut se mouvoir physiquement, en raison d'un handicap. *Un vieillard impotent. Une jambe impotente. Un impotent.*

N.B. Ce mot a un sens beaucoup plus restreint et spécialisé que le mot *impuissant* (qui s'applique à une incapacité morale aussi bien que physique).

IMPRÉCATION. *n. f.* Discours de malédiction à l'encontre de quelqu'un (ou d'un groupe). L'**imprécateur** prédit ou appelle le malheur, contre ceux qu'il fustige de ses propos. *Lancer des imprécations. Un sermon imprécatoire. Les imprécations de Camille contre Rome dans « Horace »* (Corneille).

IMPRESCRIPTIBLE. *adj.* Voir **prescription**.

IMPRESSIF. *adj.* Qui est de l'ordre de l'impression, qui fait impression sur. En **linguistique,** cet adjectif s'emploie pour désigner la fonction du langage centrée sur celui à qui l'on parle (pour le faire agir ou réagir) : *la fonction impressive.* Voir le mot **Communication**.

IMPRESSIONNISME. *n. m.* 1° **En peinture.** École française de la fin du XIXe siècle, qui se manifesta à travers plusieurs expositions publiques (1874-1886), et marqua une nette rupture avec l'art académique traditionnel. Le nom de ce mouvement vient d'une toile de Monet intitulée *Impression, soleil levant.* Un critique s'en servit pour ironiser sur l'art moderne, en le dénommant « impressionnisme ». L'**impressionnisme** se fonde grosso modo sur deux recherches :
— d'une part, il s'agit de faire *prédominer la perception* de la nature sur ce qui serait *sa reproduction objective :* le peintre ne veut pas rendre l'objet en soi (ni ce qu'il en sait), mais seulement (aussi précisément que possible) les impressions lumineuses que cet objet fait sur lui, la « vision » subjective qu'il en a.
— d'autre part, les effets de la lumière font du monde réel un spectacle toujours changeant : d'où une prédilection des impressionnistes pour saisir les atmosphères fugaces, pour fixer des paysages subtils à des instants privilégiés, pour transfigurer le quotidien par le jeu des touches et la fête des couleurs. Le même sujet pourra ainsi être peint plusieurs fois à des moments différents. Les principaux peintres impressionnistes ont été Monet, Sisley, Pissarro, Seurat, Degas, Renoir, Cézanne. Voir **Expressionnisme**.

2° **En littérature et en musique.** Par analogie, l'**impressionnisme** désigne un style recherchant les notations fugitives, l'évocation de phénomènes subtils et mobiles, les effets d'atmosphère (par opposition aux descriptions réalistes, qui prétendent rendre intégralement le monde tel qu'il est). On parle parfois aussi d'*impressionnisme* à propos de la critique littéraire qui se veut délibérément subjective.

IMPROMPTU. 1° *(n. m.)* Petit poème ou petite pièce de théâtre improvisés par l'auteur. *L'Impromptu de Versailles* de Molière. Naturellement, ce type de texte est parfois écrit d'avance, mais en conservant un caractère bref et improvisé. L'impromptu désigne aussi, en musique, des pièces courtes de nature assez libre : les *Impromptus* de Schubert.
   2° *(adj.)* Qui est préparé sur-le-champ, rapidement. *Un repas impromptu, avec un ami rencontré à l'improviste.*
   3° *(adv.)* Immédiatement, sans préparation, de manière improvisée, au pied levé. *Je suis parti impromptu* (à l'improviste).

IMPRIMATUR. *n. m. inv.* (en latin : « qu'il soit imprimé »). Autorisation d'imprimer donné par les autorités ecclésiastiques, à l'époque où l'Église exerçait une censure. Le livre comprenait les deux mentions « *Nihil obstat* » (rien n'empêche, dans son contenu, la publication) et « *Imprimatur* » (qu'il soit imprimé). *Demander l'imprimatur.* Peut s'employer plaisamment pour approuver quelqu'un : *je te donne mon imprimatur.*

IMPUDENCE. *n. f.* Attitude effrontée et choquante, insolente et indigne. *Après ce qui s'est passé, il a eu l'impudence de vous réclamer de l'argent ?* Parole cynique et injurieuse : *que d'impudences !*
   Ne pas confondre avec **Imprudence** ou **Impudeur**.

IMPULSER. *v. tr.* (anglicisme) Animer une opération, lui donner une impulsion. *Impulser un mouvement, une entreprise.*
   N.B. Proche du mot **impulsion**, cet anglicisme n'est pas vraiment un barbarisme. On peut néanmoins lui préférer des mots plus courants : *lancer, mettre en œuvre, animer, favoriser, pousser.*

IMPUNITÉ. *n. f.* Fait de n'être pas sanctionné, de ne pas risquer d'être puni. S'emploie en général à propos d'une conduite moralement répréhensible, mais socialement inattaquable. *La protection de ses amis politiques lui assure l'impunité. Ils jouent en Bourse au détriment de l'intérêt public, en toute impunité. Trop de notables agissent impunément.*

IMPUTER. *v. tr.* **Sens économique :** porter quelque chose — de l'argent, des frais, des dépenses — au compte de. *Imputer une somme au crédit d'un compte.* **Sens moral :** attribuer à quelqu'un la responsabilité de quelque chose (une faute, un crime, un échec, une erreur). Incriminer. *C'est par erreur qu'on a imputé au gouvernement la détérioration soudaine du commerce extérieur.*

IN-. Préfixe privatif issu du latin *in.* Il inverse le sens du mot auquel il est accolé. Il peut prendre la forme *in-* (inconnu, inimitié, inversion), *il-* (illicite), *ig-* (ignoble), *im-* devant *b*, *m* et *p* (imbattable, immature, impotent), ou *ir-* (irréfutable, irréversible).

N.B. Ne pas le confondre avec le préfixe suivant *in-*, qui signifie « dans » ou « vers ». Voir aussi le *a* privatif.

IN-. Préfixe d'origine latine qui peut signifier « dans » ou « vers ». Comme le précédent préfixe, il peut se trouver sous la forme *il-*, *im-* ou *ir-*, d'où un risque de confusion (illuminé, immigration, irradier). On le trouve aussi parfois sous la forme *en-* (*enflammer* correspond à *inflammable*). Ses antonymes peuvent être *e-* ou *ex-*, *de-* ou *dis-*. Mais le plus net est *ex-* (on a ainsi les oppositions *impression / expression ; inspirer / expirer ; inclusion / exclusion*).

N.B. Voir le préfixe précédent, pour éviter toute confusion.

INADVERTANCE. *n. f.* (du préfixe privatif *in-* et du verbe latin *advertere*, « faire attention »). Inattention ; bévue qui en résulte. Ne s'emploie pratiquement que dans la locution **Par inadvertance :** par mégarde. *Si je vous ai oubliée dans mes invitations, c'est vraiment par inadvertance.*

INANITÉ. *n. f.* Caractère de ce qui est vide, futile, vain. *L'inanité d'une conversation mondaine. L'inanité de ses recherches.*

N.B. Ne pas confondre avec **Inanition :** privation de nourriture (c'est l'estomac qui est vide, dans ce cas) ; et donc grande faiblesse. *Il est midi, je meurs d'inanition.*

INCANTATION. *n. f.* (du latin *incantare*, « enchanter » au sens *magique* du verbe). Emploi de formules magiques, récitées ou chantées, pour opérer un charme surnaturel, un sortilège. On parle d'*incantation* en poésie, tantôt à cause de sa forme répétitive et musicale *(le rythme incantatoire d'une strophe),* tantôt à cause de son effet « magique » (elle « transporte » l'auditeur, le fait rêver), tantôt à cause de son ambition spirituelle (atteindre un autre monde, capter le surnaturel, comme Baudelaire espère y parvenir par la pratique d'une *« sorcellerie évocatoire »*).

INCARNATION. *n. f.* 1° **Sens religieux :** action par laquelle une divinité prend la forme de la nature humaine ou d'un animal, revêt un « corps charnel », « s'incarne ».

Dans la religion chrétienne, le **mystère de l'Incarnation** est un point essentiel de la doctrine : Dieu se fait homme en la personne de Jésus-Christ ; il revêt la nature humaine pour sauver l'homme (voir **Christianisme**). Le thème de l'incarnation alimente largement la philosophie chrétienne : le corps, malgré les déviations des morales puritaines, n'est pas en soi méprisable ; il doit être uni à l'esprit, comme l'esprit doit s'incarner dans le corps. Toute vie spirituelle doit donc s'incarner dans des actes de la vie concrète. L'espérance chrétienne a d'ailleurs foi dans la **résurrection du corps** après la mort : un corps cette fois « glorieux », c'est-à-dire devenu parfaite incarnation, parfaite transfiguration de l'âme.

2° **Sens courant :** représentation concrète d'une réalité abstraite sous la forme d'une personne (image, allégorie). *De*

Gaulle se sentait l'incarnation du pays. Il incarnait la nation, la légitimité nationale. Dans l'œuvre de Balzac, Vautrin est parfois l'incarnation du Mal. Voir **Chair, Corps, Désincarné**.

INCIDENCE. *n. f.* (à partir du latin *incidere*, « survenir, tomber sur »). Influence, répercussion, effet plus ou moins direct sur quelque chose. *L'augmentation des salaires risque d'avoir une incidence sur l'inflation, en accroissant brutalement le pouvoir d'achat.* L'incidence est une conséquence, mais en général une conséquence *annexe* (indirecte) : elle agit *incidemment*. Ne pas confondre avec **Incident** (événement inattendu, limité en soi, mais dont les conséquences peuvent être finalement graves, par opposition à *accident*, toujours grave). *Ce n'est qu'un incident de parcours.*

Noter aussi le mot **Incidente**, proposition incluse dans une phrase, pour y glisser une notation accessoire (voir **Incise**).

INCIPIT. *n. m. inv.* Premiers mots d'un livre. L'incipit sert parfois à désigner ou à répertorier un texte isolé, ou un poème sans titre. On identifie ainsi par son incipit le sonnet de Ronsard « *Quand vous serez bien vieille...* » *(au soir, à la chandelle).*

INCISE. *n. f.* Proposition insérée à l'intérieur d'une phrase, généralement courte, pour ajouter une précision annexe. « La Suisse, *nous le savons*, est un pays envié ». Ou encore : « Si j'ai agi ainsi, *du moins je le crois*, c'est par timidité ». L'*incise* (ou proposition incise) a souvent le même sens que l'*incidente* (proposition incidente), mais elle sert plus particulièrement à indiquer qu'on rapporte les paroles de quelqu'un : « Cet état, *selon lui*, n'était pas grave ; on pouvait s'attendre — *il l'affirmait* — à une rapide amélioration ». Au point de vue typographique, on met les incises entre virgules, ou entre tirets.

INCISIF. *adj.* Aigu, mordant, acerbe, tranchant. *Un discours incisif. Des railleries, une ironie incisives.*

INCLINATION. *n. f. (sens propre)* Action de se pencher (ou de pencher la tête) en signe de salut ou d'approbation. *Une légère inclination du buste. (sens figuré)* Dans les textes classiques : amour, vive affection. *Un mariage d'inclination.* De nos jours : tendance naturelle, disposition, goût, penchant. Fait d'être enclin à. *Avoir de l'inclination pour les mathématiques, pour la vie aventureuse. L'inclination au bien, à la justice, à la paresse.*

N.B. Ne pas confondre avec **Inclinaison** (fait d'être *physiquement* penché, incliné).

INCOGNITO. (mot italien). *Comme adverbe :* sans être connu, secrètement. *Voyager incognito. Comme nom :* état de quelqu'un qui cache son identité. *Garder l'incognito.*

INCOMBER. *v. tr. ind.* (du latin *incumbere*, « peser sur ». Ne s'emploie qu'à la troisième personne). Être à la charge de quelqu'un (en parlant d'une obligation, d'une tâche). *Les responsabilités qui vous incombent.*

Ce verbe s'emploie souvent à la forme impersonnelle. *Il incombe au Premier ministre de mettre en œuvre une politique efficace.*

INCOMMENSURABLE. *adj.* Qu'on ne peut pas mesurer, faute de «commune mesure». Par extension, qui est très vaste : démesuré, immense, voire même infini. *Des espaces incommensurables. L'incommensurable stupidité de la foule en délire.*

INCOMPLÉTUDE. *n. f.* En psychologie, sentiment d'inachèvement, d'insatisfaction de soi, d'irréalisation de son existence. Le sentiment d'incomplétude est fréquent chez les neurasthéniques. Ce mot peut s'employer d'une façon plus générale et philosophique pour désigner les manques, les limites, la *finitude* de l'existence humaine. *L'incomplétude de toute destinée.*

INCOMPRESSIBLE. *adj.* Qu'on ne peut comprimer, qu'on ne peut réduire. S'emploie dans le domaine économique ou financier. *Des charges, des dépenses incompressibles.*

INCONDITIONNEL. *adj.* et *n.* Qui ne souffre aucune condition, aucune restriction ; donc, impératif, absolu. *Une capitulation inconditionnelle. Une admiration inconditionnelle envers un grand homme.* D'où le sens du *nom* **inconditionnel** : partisan convaincu, sans réserve, de quelqu'un ou de quelque chose. *Les inconditionnels du Général de Gaulle s'opposaient aux inconditionnels du Marché commun.*

INCONGRU. *adj.* Inconvenant, contraire aux usages ; parfaitement déplacé. *Un langage incongru. Aller aux obsèques en tenue de sport, quelle incongruité !*

INCONSCIENT. *n. m.* Ensemble des phénomènes de la vie psychique qui échappent à la conscience du sujet, tout en ayant une influence profonde sur son comportement. L'**inconscient** se constitue de tout ce que la **conscience** a refoulé dans une zone obscure de notre être et que, normalement, nous ne pouvons pas saisir par nous-même. La notion d'inconscient, base même de la **psychanalyse,** repose sur quelques données qu'on pourrait retracer sommairement en trois points :

1° **L'inconscient existe, il fait partie de la vie psychique globale :** la preuve en est qu'il se manifeste, chaque fois que notre conscience se relâche. Les principales manifestations sont les **lapsus,** les **actes manqués,** les **rêves,** les **symptômes névrotiques.** Dans chacun de ces exemples, le sujet est étonné par les erreurs qui lui échappent, par les représentations étranges qui le traversent, ou par des conduites qui n'obéissent pas à sa volonté consciente. Tout se passe comme si, en lui, une force habituellement contrôlée réussissait à prendre les commandes.

2° **Si l'inconscient se manifeste épisodiquement, c'est qu'il a une sorte de vouloir qui lui est propre** (et que la conscience ne peut pas ou ne veut pas voir). Qu'y a-t-il donc dans l'inconscient ? Des pulsions et des désirs d'abord (il s'agit du **Ça,** voir ce mot). Mais ces pulsions, ces désirs qui se sont manifestés dès l'enfance n'ont jamais été « satisfaits » totalement : les contraintes de la réalité et de l'éducation ont créé dans le psychisme des frustrations et des interdits, des angoisses plus ou moins bien vécues. L'inconscient se constitue donc, en plus de ses pulsions « spontanées », de tous les souvenirs du vécu infantile : il intègre notamment le système de contraintes qui l'oblige à refouler ses tendances profondes, le **Surmoi** (voir ce mot). Cet ensemble n'est pas statique : les images enregistrées, les désirs rejetés dans l'oubli, le jeu des pulsions et des interdits continuent d'être en mouvement, de susciter des fantasmes, de vouloir se satisfaire, de construire des représentations qui font pression pour parvenir à la conscience et « s'exprimer ».

3° **Il y a opposition et interaction perpétuelle entre l'inconscient et la conscience.** D'un côté, le moi conscient (en fonction des impératifs de la morale et de la raison, par désir aussi de préserver son unité) *repousse* les « informations » venues de l'inconscient (y compris à l'intérieur des rêves eux-mêmes). Il refoule au fond de lui la part insupportable des désirs ou des angoisses. C'est la **Censure** qui opère ce travail (voir ce mot). Ce **refoulement** fait lui-même partie de l'inconscient, il est automatique (si on *savait* ce qu'on refoule, ce ne serait justement plus inconscient !).

De l'autre côté, l'inconscient pousse, cherche à contourner la censure et le refoulement, à satisfaire ses désirs par des voies détournées : car à l'état brut, l'inconscient se moque des lois de la réalité (il ignore le temps, il ignore la raison, il veut en même temps des choses contradictoires). Le résultat de ce conflit pourra être des manifestations névrotiques, mais aussi donner lieu à des conduites normales, axées sur la **sublimation,** et parvenant à l'équilibre entre le **Ça,** le **Moi** et le **Surmoi.**

Naturellement, l'existence de cet inconscient pose le problème de la liberté. Certains psychanalystes la nient totalement, estimant que la conscience n'est qu'une illusion couvrant ou justifiant des conduites déterminées par les seules forces des pulsions internes et des contraintes externes. D'autres, au contraire, font du **Moi** qui s'élabore peu à peu une instance qui prend de plus en plus d'importance et qui, en arbitrant entre le **Ça** et le **Surmoi,** permet à la personne de faire des choix librement.

N.B. Le mot **inconscience** ne doit surtout pas être confondu avec le mot « inconscient » : l'*inconscience* désigne un état de perte de connaissance de soi, ou une sorte d'incapacité mentale à mesurer la portée de ses actes *(ils ont agi en pleine inconscience).*

De même, l'adjectif **inconscient** doit être compris en fonction du contexte où il est employé. S'il s'agit d'un contexte psychanalytique, il correspond à « l'inconscient » que nous avons tenté de définir. S'il s'agit d'autres contextes, il se rapporte aux sens du mot « inconscience ». Voir **Ça, Censure, Conscience, Libido, Moi, Refoulement, Surmoi, Sublimation.**

INCONSCIENT COLLECTIF. 1° *Au sens psychanalytique,* il s'agit de la théorie de Jung selon laquelle il n'y a pas seulement, en chacun, un inconscient personnel, mais plus profondément encore, un **inconscient commun à tous les hommes,** qui est porteur de toute l'expérience de l'humanité, de ses mythes profonds, de sa «sagesse» acquise au cours des millénaires (et intégrée à notre cerveau). Cet inconscient collectif se constitue en particulier des archétypes fondamentaux de l'humanité, que l'on retrouve dans les arts et les religions (voir par exemple la distinction **Animus/Anima**, à la base de tout psychisme humain, selon Jung). Freud a vivement critiqué cette théorie de son «disciple» Jung.

2° *Dans un sens sociologique plus courant,* on emploie l'expression «inconscient collectif» pour désigner, dans une société donnée, des représentations communes de base (culturelles, psychologiques, mythologiques) qui meuvent l'histoire de ces sociétés **sans que les individus aient une conscience claire** de ce qui les fait participer à ce mouvement collectif. On parlera par exemple de «l'inconscient collectif» de l'homme du Moyen Age ou de la France de 1914. Ce sens rejoint un peu celui du mot **Culture** (au sens n° 2, mais limité à tout ce que la culture peut véhiculer *sans que l'individu moyen en ait conscience*), et se rapproche aussi de la notion d'*Épistémé* selon Michel Foucault (voir le mot **Épistémologie**).

INCONTINENCE. *n. f. (sens médical)* Absence de retenue des sphincters (anal ou vésical).

(sens courant) Absence de retenue au niveau de la parole. *L'incontinence verbale.*

N.B. Le sens ancien du mot *incontinence,* comme antonyme du mot **continence** (abstention des plaisirs charnels), ne se trouve que dans des textes littéraires. L'adjectif *incontinent* peut renvoyer aux trois sens du mot.

INCRIMINER. *v. tr.* (littéralement : accuser d'un crime). Rendre quelqu'un responsable d'une faute, d'un acte blâmable. Mettre en cause globalement. *Plusieurs notables ont été incriminés dans l'affaire X : on leur reproche des malversations.*

INCUBATION. *n. f.* Au *sens figuré,* temps que met un événement à se préparer dans l'ombre, avant d'éclater au grand jour (par analogie avec la couvaison qui précède l'éclosion d'un œuf, ou avec le temps que met une maladie à se manifester après la contagion). *La période d'incubation d'une révolte. La longue incubation d'un ouvrage littéraire.*

INCULPER. *v. tr.* (voir la racine **culpa**) Imputer un délit à un individu, et lancer contre lui une procédure d'instruction. *Inculper de meurtre. Innocenter définitivement un inculpé.* Ne pas confondre avec **Inculquer** (qui suit).

INCULQUER. *v. tr.* Faire entrer durablement des notions morales ou intellectuelles dans l'esprit de quelqu'un. *Inculquer de bons principes aux enfants. Les connaissances inculquées à des esprits indociles.*

INCULTE. adj. *(sens propre)* Qui n'est pas cultivé. *Une terre inculte* (en friche). *(sens figuré)* Qui est sans culture (intellectuelle). *Des hommes, des esprits incultes.* Noter que le substantif *inculture* ne s'emploie qu'au sens figuré.

INCURIE. n. f. (du privatif latin *in-* «sans», et de *cura*, «soin»). Manque de soin, négligence, dans l'exercice d'une responsabilité. Manque de conscience professionnelle. *L'incurie d'un gouvernement. L'incurie d'un médecin.*

N.B. Sur la même racine latine, voir les mots *cure, curer, curatif, incurable, curieux, pédicure, procurer,* etc.

INCURSION. n. f. (du latin *incursio*, «course à l'intérieur de»).
(sens propre) Invasion rapide et limitée d'une troupe en territoire ennemi. Par extension, entrée brusque et déplacée dans un lieu, une réunion. *(sens figuré)* Pénétration momentanée dans un domaine (culturel, artistique) qui n'est pas le sien. *Après plusieurs essais philosophiques, il s'est permis une petite incursion dans le genre romanesque.*

N.B. On peut comparer ce mot, étymologiquement, à **excursion** (promenade touristique). Mais *excursion* est rarement pris au sens figuré.

INDÉFECTIBLE. adj. (du latin *in-* privatif et *defectus*, «qui fait défaut»). Qui ne fait pas défaut, qui demeure tel quel; parfaitement fiable. *Une amitié indéfectible. Une mémoire indéfectible.*

INDÉNIABLE. adj. (de *in-* privatif et de *dénier*, «refuser de reconnaître, nier»). Qu'on ne peut nier; qu'on ne peut dénier, réfuter ou discuter. *Des preuves indéniables. Des vérités indéniables. Il est indéniable que.*

INDEX. n. m. (en latin, «qui indique»). **Sens littéraire :** liste alphabétique, en fin d'ouvrage, des sujets traités ou des noms cités, avec les références correspondantes. **Sens religieux :** l'Index fut, de 1559 à 1948, la liste des ouvrages dont la lecture était interdite par l'Église catholique aux croyants. D'où l'expression *mettre à l'index,* «condamner, exclure, interdire».

INDIGENCE. n. f. *(sens propre)* État de manque, de nécessité extrême, de misère. *L'indigence des pauvres du quart monde. Il faut aider les indigents.*

(sens figuré) Grande pauvreté intellectuelle ou morale. *L'indigence des philosophes modernes, malgré leurs beaux discours. L'indigence d'une imagination. Un exposé indigent.*

INDIGÈNE. adj. et n. Voir **Autochtone**.

INDIGO. n. m. Couleur d'un bleu foncé, avec quelques reflets violacés. Le mot s'emploie souvent comme adjectif (invariable). *Un ciel indigo, juste avant l'orage.*

N.B. Voir la différence avec l'adjectif **livide**.

INDIVIDUALISME. n. m. Attitude d'affirmation et de préférence de soi. Caractère d'une société où se manifeste la prééminence de l'individu sur la communauté. Doctrine philosophique ou politique qui prône la primauté de l'individu dans les divers aspects de la vie humaine (sociale, morale, économique).

Ces divers sens du mot *individualisme* sont évidemment liés. Leurs nuances pourtant ne sont pas minces. Schématiquement, on peut isoler trois séries de significations distinctes dans l'emploi du terme.

1° **Au sens moral** (sens courant, souvent *péjoratif*). L'individualisme est l'attitude de celui qui se préfère aux autres, qui choisit délibérément son cas personnel, son intérêt personnel, au détriment du bien commun, de l'intérêt collectif. Il s'agit d'une conduite sociale (ou politique) quasi synonyme d'égocentrisme, qui ignore le civisme ou le respect d'autrui. Cette attitude est souvent décriée par les moralistes ou penseurs pour deux raisons :
— son égoïsme d'abord, qui peut être aussi nocif au réel épanouissement de l'individu que néfaste à la vie civique dans une démocratie ;
— son caractère illusoire souvent : l'**individualiste** se croit une personnalité originale, il revendique une indépendance qui cache souvent des conduites *mimétiques ;* il est l'homme-masse qui proclame « moi je » et qui fait comme les autres en suivant la mode, en adoptant les idées dominantes ; comme l'a montré Tocqueville (1805-1859), l'individualisme peut très bien s'unir au **grégarisme.**

2° **Au sens sociologique** (qui se veut objectif, neutre). L'individualisme est le caractère d'une société dans laquelle l'individu est reconnu, doté d'un statut prioritaire, préférentiel. L'organisation sociale est au service de l'homme individuel, et non l'inverse. Dans ce sens, l'individualisme est l'opposé du **holisme,** système social dans lequel la communauté prime l'individu : non seulement l'individu doit alors « se sacrifier » aux intérêts du groupe, mais il ne peut même pas se considérer comme existant hors du groupe. L'individualisme caractérise les sociétés occidentales ; le holisme se rencontre surtout dans certaines sociétés primitives (ou, par exemple, dans le système de castes traditionnel de la société indienne).

3° **Au sens philosophique ou politique** (sens en principe positif). L'individualisme est une doctrine (une morale, une idéologie) qui fait de l'individu la valeur suprême, le noyau de base qu'il *faut* favoriser dans l'organisation économique ou sociale. Par exemple, au point de vue économique, l'individualisme consistera à développer l'initiative individuelle, la responsabilité des acteurs de la vie économique et politique, par opposition à l'**étatisme** ou au **collectivisme** (voir ces mots). Au point de vue politique ou moral, l'individualisme revendique les droits de la personne contre l'arbitraire des pouvoirs ou l'anonymat des systèmes. Il peut même aller jusqu'à exalter l'individu au détriment de toute organisation (dans les philosophies anarchistes ou libertaires), risquant alors de rejoindre les défauts de l'individualisme au sens n° 1.

Il faut distinguer ces différents sens du mot, selon les contextes. Si l'on entend parler de « l'individualisme » de la *Déclaration des Droits de l'Homme,* on devra comprendre qu'il s'agit du sens n° 3 et non du sens n° 1. Car les Droits de l'Homme fondent une morale dans laquelle le respect de l'individu, supposant des devoirs *réciproques* entre les hommes, implique des valeurs de solidarité et de fraternité. Un philosophe français, Emmanuel Mounier (1905-1950), a proposé une philosophie qui équilibre les droits de la personne (individualisme) et les devoirs envers la communauté : il s'agit du **personnalisme,** qui s'oppose à l'individualisme au sens n° 1 (et aussi aux excès du sens n° 3). Ce terme a l'avantage d'éviter les ambiguïtés soulignées plus haut, puisqu'il met l'accent sur la valeur sacrée de la personne humaine, tout en condamnant les dérives égocentriques de la notion d'individualisme.

➔ **Pour approfondir, p. 690.**

INDUCTION. *n. f.* En logique, opération de l'esprit par laquelle on énonce une proposition générale, ou une loi, à partir d'un certain nombre de faits particuliers ou de données expérimentales. Le **raisonnement par induction** part d'exemples singuliers pour établir une hypothèse générale qui a une certaine vraisemblance, mais n'est pas absolument prouvée : il reste à *vérifier* par d'autres cas, par d'autres expériences, la loi *induite* par ce raisonnement. L'**induction** fait pendant à la **déduction** (voir ce mot).

INDÛMENT. *adv.* De façon indue, c'est-à-dire à tort, illégitimement. *Réclamer indûment un congé supplémentaire. À partir d'un exemple isolé, établir indûment une loi générale.*

INEFFABLE. *adj.* Qui ne peut être traduit par des mots tellement c'est profond, puissant, mystérieux. Indicible, inexprimable. Cet adjectif ne s'emploie qu'à propos de réalités fortement agréables. *Des émotions, un bonheur, un sentiment ineffables. La joie ineffable du premier élan amoureux.*

N.B. Pour une réalité comique, on dira *inénarrable* (qui ne peut être raconté). Pour quelque chose d'abominable, on dira *innommable* (qui ne peut être nommé).

INÉLUCTABLE. *adj.* Qu'on ne peut éluder, qu'on ne peut éviter. *Un destin inéluctable. Une conséquence inéluctable.* Inévitable, irrésistible, irrémédiable. Peut être employé comme nom : **l'inéluctable** est ce qui se produit envers et contre tout. *Le sophisme de l'inéluctable :* argument politique qui présente à tort une décision contestable comme ayant été inévitable.

INEPTIE. *n. f.* Caractère inepte (sot, absurde) d'un comportement ou d'un propos. Parole idiote, sottise. Ouvrage inepte, dépourvu de sens. *L'ineptie d'une conduite :* sa stupidité. *Dire des inepties* (dans une copie). *Ce roman est une ineptie.*

INERTIE. *n. f.* Manque total d'activité, de vie, d'énergie, au sens propre (*l'inertie de la matière*) comme au sens figuré (*l'inertie d'un caractère, l'inertie des mentalités, l'inertie d'un régime politique*). Stagnation, apathie. **Force d'inertie** : résistance qu'oppose la matière au mouvement (sens physique) ou, au *sens figuré*, résistance passive de ceux qui refusent de se soumettre.

IN EXTENSO. Locution d'origine latine qui signifie « intégralement, dans toute son étendue ». *Publier un texte in extenso.* Ne se dit que pour des discours, des écrits, des comptes rendus.

INEXTINGUIBLE. *adj.* (littéralement, « qu'on ne peut éteindre »). Se dit, au *sens figuré*, d'une passion ou d'un besoin qu'on ne peut calmer, apaiser, arrêter. *Une haine inextinguible. Une soif inextinguible.* Expression classique : *un rire inextinguible* (un grand rire, énorme, qu'on ne peut arrêter, comme celui d'un héros épique).

IN EXTREMIS. Locution d'origine latine qui signifie « au tout dernier moment ». *Sauver quelqu'un in extremis. J'ai réussi mon oral in extremis, en obtenant un 16 à la dernière épreuve.*

INFAILLIBILITÉ. *n. f.* 1° Caractère d'une réalité qui ne peut faillir, qui ne peut pas ne pas réussir. *L'infaillibilité d'un procédé, d'une tactique.*
  2° Qualité d'une personne qui ne peut pas se tromper. *L'infaillibilité d'un savant, d'un héros.* Par extension, *l'infaillibilité d'un esprit, d'un jugement.* En particulier, **l'infaillibilité pontificale** : dogme selon lequel, dans l'Église catholique, le Pape est infaillible lorsqu'il se prononce sur certains points de la doctrine.

INFAMIE. *n. f.* Caractère de ce qui est ignoble, honteux, infâme, déshonorant. *L'infamie d'un personnage qui trahit. L'infamie d'un crime, d'un procédé abject.* Parole ou action infâme, déshonorante, calomnieuse. Voir **Diffamation** (et la racine latine *fama*, « renommée »).

N.B. Seul le mot *infâme* porte un accent circonflexe.

INFANTILE. *adj.* 1° Qui se rapporte à la toute première enfance. *Des maladies infantiles.* 2° (plus péjoratif que « *puéril* » ou « *enfantin* ») Qui, chez un adulte, relève du niveau intellectuel ou affectif d'un enfant ; qui manifeste une grande immaturité psychologique. *Des réactions infantiles. Une émission qui infantilise le public.*

INFÉODÉ. *adj.* (de *féodal*, « qui est relatif au fief »). Qui est soumis à quelqu'un comme un vassal à son seigneur. Qui s'est placé dans une dépendance aveugle à l'égard d'un chef, d'un parti. *Inféodé à son parti. Inféodé à un leader charismatique. Il s'est inféodé à cette secte jusqu'à en devenir fanatique.* Voir **Fief**.

INFÉRER. *v. tr.* Conclure, tirer une conséquence de quelque chose. *De ce que deux quantités sont égales à une même troisième, on peut inférer qu'elles sont égales entre elles. Conclure, déduire, induire, sont des inférences.*

INFIRMER. *v. tr.* 1° **Sens juridique.** Annuler ou modifier substantiellement une décision de justice antérieure. *Le jugement a été infirmé.*
2° **Sens courant.** Démentir (des propos), discréditer (une théorie), ruiner ou détruire (la teneur d'un témoignage). *Infirmer la thèse jusqu'à présent admise ; infirmer les premières conclusions de l'enquête.* Antonymes : **confirmer, corroborer.**

INFLATION. *n. f.* (du latin *inflatio,* « enflure »).
1° **Sens économique :** phénomène général de hausse des prix (parfois faible ou «rampante», parfois très forte ou «galopante»), en principe dû à un *gonflement* de la masse monétaire. Mais elle peut aussi être due à l'augmentation du prix de revient des biens produits (par exemple, si le coût du pétrole s'accroît, cela va se répercuter sur tous les produits qui en dérivent). Elle peut également provenir de l'augmentation du pouvoir d'achat des consommateurs (par exemple, si les salaires augmentent, la demande de biens va s'accroître ; si l'offre industrielle ne suit pas, les prix vont s'élever en raison de la loi de l'offre et de la demande). Elle peut enfin être due à l'excès des dépenses publiques (si l'État dépense trop et «règle» ses factures en faisant fonctionner «la planche à billets», la monnaie qu'il injecte dans l'économie est en quelque sorte dévaluée : les commerçants ou industriels augmenteront leurs prix pour compenser). La plupart du temps, ces divers facteurs se conjuguent, chacun réagissant sur les autres (on parle en particulier de la spirale prix-salaires qui s'auto-entretient lorsque le pouvoir d'achat des salariés est garanti).
2° **Sens général :** accroissement, extension excessive d'un phénomène. *Inflation verbale* (enflure du style, abondance et emphase d'un discours). *Une inflation de livres médiocres.* La notion d'inflation comporte toujours, au sens figuré comme au sens propre, à la fois l'idée d'augmentation et de dévalorisation. La quantité dévalue la qualité.

INFRA-. Racine d'origine latine qui signifie «au-dessous de, inférieur» et qu'on trouve notamment dans des termes scientifiques. **Infra** (adverbe signifiant «ci-dessous, ci-après» dans un texte), **Infrarouge** (s'applique au rayonnement invisible qui est en deçà du rouge), **Infrastructure** (voir mot suivant). Les racines contraires sont **supra-** (ou *super,* «au-dessus de») et **ultra-** («au-delà de»).

INFRASTRUCTURE. *n. f.* 1° **Sens propre :** soubassement d'un édifice ; installations de base rendant opérationnelle une réalité technique *(infrastructure routière ; infrastructures militaires) ;* base de toute structure (concrète ou abstraite).
2° **Sens idéologique :** dans le vocabulaire marxiste, l'infrastructure désigne l'ensemble des rapports de production et l'organisation économique d'une société ; elle est censée *déterminer* les relations entre les classes sociales et l'idéologie dominante du système (lesquelles forment la **superstructure**). Voir **Idéologie, Marxisme, Superstructure.**

INFUS. *adj.* Qui se trouve par nature à l'intérieur de. Ne s'emploie plus que dans l'expression **avoir la science infuse :** posséder la connaissance sans avoir eu à étudier. *Quel élève ne rêve d'avoir la science infuse !*
   N.B. Étymologiquement, l'idée de fusion ou d'expansion se retrouve dans de nombreux termes comme **Diffus, Diffusion, Infuser, Infusion, Profus, Profusion, Transfusion, Confus, Confusion,** et d'autres mots de la même famille.

INGÉNU. *adj.* et *n.* Qui est totalement innocent, candide, sincère, prêt à tout croire. *« L'Ingénu » est le titre d'un conte de Voltaire. Une jeune fille ingénue. L'ingénuité des enfants.* Au théâtre, l'**ingénue** est un rôle traditionnel (jeune fille simple et naïve, qui ne manquera pas de découvrir l'amour). L'adjectif s'emploie bien sûr fréquemment au sens ironique.

INGÉRENCE. *n. f.* Action d'intervenir dans une affaire, de s'immiscer dans le domaine d'autrui ou de se mêler d'un problème qui n'est pas le sien. *L'ingérence dans la politique intérieure d'un pays voisin. L'ingérence dans la vie privée d'une vedette.* Le **devoir d'ingérence :** l'obligation morale d'intervenir dans un pays étranger, en dépit de ses dirigeants, pour des raisons humanitaires (aider les victimes d'une guerre civile par exemple).

INGÉRER (S'). *v. tr.* S'introduire indûment dans les affaires d'autrui. S'immiscer (voir ce mot). Le terme a pris fréquemment une connotation politique (voir la notion d'**ingérence**).

INHÉRENT. *adj.* Qui fait partie de quelque chose de façon essentielle, nécessaire. *Le risque mortel inhérent à la Formule I. Les responsabilités inhérentes à la fonction de Président de la République.* Voir les mots **Immanent, Intrinsèque.**

INHIBITION. *n. f.* Blocage, empêchement, frein (interne) qui neutralise ou ralentit la manifestation d'un phénomène. Le terme a un sens physique ou nerveux, mais aussi une signification psychologique : il désigne alors l'état de paralysie (interne ou externe) dans lequel se trouve un sujet en proie à des contradictions, à des «complexes», à des affects qui le perturbent. *L'inhibition d'un candidat timide à l'oral. Entre fuir la situation et l'affronter, je n'arrivais pas à choisir, j'étais complètement inhibé. Un mécanisme inhibiteur.*

INIMITIÉ. *n. f.* Sentiment hostile à l'égard de quelqu'un : hostilité entre deux personnes. Aversion. *S'attirer des inimitiés.* Bien que ce terme s'emploie souvent par euphémisme pour désigner la haine, il a cependant un sens moins fort. Antonyme : *amitié.*

INIQUITÉ. *n. f.* Grave injustice : manque flagrant d'équité. *Un jugement d'une évidente iniquité. Un magistrat inique. Une décision inique.*
   N.B. Au sens ancien, le mot désignait l'état de péché, la conduite corrompue, c'est-à-dire injuste *à l'égard de la loi morale.*

INITIATIQUE. *adj.* Relatif à l'initiation ; qui « initie » quelqu'un à une connaissance, une pratique ou une fonction particulière. *Un rite initiatique, une cérémonie initiatique ; des épreuves initiatiques.*

Dans les religions anciennes, l'**initiation** était l'admission officielle aux « mystères » de tel ou tel culte, à leur connaissance ou à leur pratique. Elle se faisait au cours de cérémonies particulières. Par extension, l'initiation désigne l'introduction à des connaissances secrètes, difficiles, réservées aux « initiés » qui s'y sont préparés. Plus largement encore, on parlera d'initiation à propos de tous les rites de passage d'un statut à un autre, d'accession à un groupe donné. Le permis de conduire (qui vous fait adulte à part entière dans la société mécanisée), le baccalauréat (qui permet d'entamer des études supérieures) sont dans une certaine mesure des épreuves initiatiques. Il en était de même autrefois du service militaire, qui faisait de l'adolescent un « vrai » citoyen, un « homme ».

INJONCTION. *n. f.* Ordre formel d'obéir sur-le-champ. Impératif auquel on ne peut surseoir, sous peine de sanction. *Dire « je vous somme d'exécuter cette mission » est une injonction.* L'adjectif **injonctif** désigne plus largement les discours ou les textes qui ordonnent d'obéir, ou poussent simplement à agir. Ne pas confondre avec *injection*.

INNÉ. *adj.* Que l'on possède dès la naissance ; qui fait partie de la nature originelle d'un être vivant. Les instincts fondamentaux de l'animal et de l'homme (instinct de conservation, instinct de reproduction) sont innés.

En biologie, on oppose traditionnellement l'**inné** et l'**acquis**. L'inné est programmé dès avant la naissance, il provient du patrimoine génétique de l'individu. L'acquis (voir ce mot) se constitue des traits, des caractères que l'individu (animal ou homme) se forge au cours de son existence, pour mieux s'adapter au milieu. Il n'y a pas de « transmission des caractères acquis » par l'individu à sa descendance. L'évolution des espèces se fait par d'autres voies (sélection, mutation, etc.). Voir **Évolutionnisme**.

En philosophie, certains penseurs posent le principe de l'**innéité** des idées : l'être humain naîtrait avec, dans l'esprit, certains principes ou certaines idées innées. Cette doctrine s'appelle l'**innéisme**. Sa discussion suppose qu'on établisse une différence entre ce qui serait des idées préprogrammées et ce qu'on pourrait appeler des structures mentales permettant *potentiellement* à l'être humain d'élaborer ces principes. Voir à ce propos les mots **Essence** et **Essentialisme**.

En général, l'opposition entre l'inné et l'acquis pose la question de la nature humaine. L'homme est-il essentiellement une nature, ou est-il entièrement façonné par la culture (voir le mot **Culture** au sens n° 2) ? Le débat concerne non seulement l'espèce humaine, mais aussi chaque personne : le « caractère » d'un individu est-il une donnée génétique (innée), ou le produit de son éducation, de son histoire et de sa liberté ? La question se pose dès que l'on veut non seulement juger, mais simplement connaître une personne, fût-ce soi-même... Voir **Déterminisme**.

INNOCENCE. *n. f.* (mot d'origine latine composé du *in-* privatif et du verbe *nocere*, «nuire»). Littéralement : ce qui ne nuit pas, ne fait pas le mal). Caractère d'un être qui ne connaît pas le mal, qui ne peut le commettre, qui est naturellement bon. *Peut-on parler d'une innocence de l'enfant?* Par extension, état de quelqu'un qui n'est pas coupable. *L'innocence de l'accusé.* Le mot peut aussi s'appliquer à une chose, surtout de nature morale. *L'innocence d'un discours, l'innocence d'une doctrine. Ce texte n'est pas tout à fait innocent :* sous une apparence honorable, il peut avoir des effets pervers.

N.B. Le mot peut être pris ironiquement et désigner un excès de candeur, d'ingénuité : *pauvre innocent !*

INNOCUITÉ. *n. f.* (même racine que le mot *innocence* : «qui n'est pas nocif»). Caractère d'une chose qui n'est pas nuisible. *L'innocuité d'un médicament. L'innocuité d'une substance, d'un produit.*

N.B. Il faut bien distinguer **Innocuité** et **Innocence**. L'innocuité s'emploie à propos des choses, l'innocence à propos des êtres humains (et de leurs œuvres).

INOPINÉ. *adj.* Qui se produit soudain, fortuitement, sans qu'on y ait pensé. Subit. Inattendu. *Une rencontre inopinée. Une nouvelle inopinée.*

INQUISITION. *n. f.* (du latin *inquisitio*, de *inquirere*, «chercher à découvrir, faire une enquête», cf. le verbe **s'enquérir**).

1° Enquête arbitraire, décidée autoritairement, qui mène ses investigations jusque dans les domaines les plus privés de la vie d'un citoyen (mot voisin, dans ce sens : *perquisition*).

2° **L'Inquisition :** tribunal ecclésiastique institué par la papauté pour réprimer, dans la chrétienté, les diverses formes d'hérésie, les faits de sorcellerie, toutes les déviations possibles par rapport à la doctrine officielle du catholicisme. L'Inquisition procédait par *enquête* (comme le nom l'indique), mais une enquête très spéciale qui s'appuyait sur la délation, l'interrogatoire et la torture pour traquer et châtier les hérétiques. La torture, pratiquée légalement pour obtenir des aveux, s'appelait la **Question**. Ce Tribunal fut dans l'Église comme une sorte d'État dans l'État, du XIIIe au XVIIIe siècle. Les inquisiteurs étaient particulièrement craints. On parle parfois de **procédures inquisitoriales** pour dénoncer les formes d'enquêtes vexatoires et arbitraires qui rappellent les horreurs de l'Inquisition.

N.B. Le même verbe latin **quaerere** (chercher ; chercher à savoir) et son dérivé **inquirere** (rechercher) ont donné de nombreux mots parmi lesquels : *quérir, s'enquérir, question, quête, enquête, requérir, requête, réquisition, perquisition,* sans parler de *conquérir, acquérir* et leurs composés.

INSATIABLE. *adj.* (à partir du latin *satiare*, «rassasier»). Qui ne peut être rassasié, satisfait. *Une faim insatiable. Une curiosité insatiable. Un* *individu insatiable* (avide de plaisirs, de connaissances, etc.) Le *sens figuré* est le plus fréquent. Voir **Satiété**.

INSIDIEUX. *adj.* Qui cherche à tromper (sans en avoir l'air). *Piéger un candidat par des questions insidieuses.* Qui s'insinue sournoisement pour mieux nuire, pour induire en erreur. *Une maladie insidieuse. Un discours insidieux.*

INSIGNE. *adj.* Qui est manifeste, éclatant, digne d'être signalé. *Des mérites insignes. Une faveur insigne.* Peut être employé ironiquement : *une insigne banalité.*
  N.B. Le nom masculin **insigne** (emblème, marque distinctive) a naturellement un sens proche : ce qui signale, ce qui manifeste, met en valeur.

INSINUATION. *n. f.* Au **sens littéraire**, manière subtile de faire deviner quelque chose qu'on ne dit pas ouvertement, qu'on «insinue» dans ses propos. Allusion, sous-entendu. *Procéder par insinuation. Les perfides insinuations d'Arsinoé à l'adresse de Célimène dans* Le Misanthrope. *Qu'insinuez-vous par là ?*

INSIPIDE. *adj.* Qui est sans saveur, sans goût. **Sens figuré** : ennuyeux, plat, sans agrément, sans charme, sans esprit. *Un ouvrage insipide. Un personnage insipide.*

INSOLITE. *adj.* Qui étonne, qui surprend par son caractère inaccoutumé, bizarre, étrange. *Des propos insolites. Un événement insolite. Un art centré sur l'insolite et l'anormal.*

INSOLVABLE. *adj.* Qui ne peut pas payer ses dettes. *Un débiteur insolvable. Une société en état d'insolvabilité.*
  Ne pas confondre avec *insoluble* (qui ne peut pas être dissous, ou, au *sens figuré*, qu'on ne peut pas résoudre).

INSPIRATION. *n. f.* Au sens **littéraire et artistique**, souffle créateur qui anime. On l'oppose traditionnellement au métier, à la technique, à la réflexion esthétique, qui forment l'autre partie de la création d'une œuvre. Le mot «inspiration» a beaucoup perdu de sa force originelle. Pour les Anciens, il s'agissait d'un souffle surnaturel : les dieux inspiraient les prêtres et les prophètes ; les Muses inspiraient les poètes. Cette notion s'est réaffirmée chez les romantiques et les symbolistes, pour qui l'inspiration pouvait venir du cœur (Musset), de l'Esprit (Vigny) ou de forces mystérieuses (l'Idéal, le Surréel). De nos jours, le terme se réduit au «premier élan» (la «source d'inspiration», les thèmes ou les lieux qui «inspirent») qui pousse un écrivain à écrire, un artiste à imaginer : l'œuvre s'est désacralisée.

INSTANCE. *n. f.* **Sens courant** : prière, sollicitation pressante. *Demander avec instance* (avec insistance). Souvent au pluriel : *céder aux instances de ; consentir à quelque chose sur les instances de quelqu'un.*
  Sens juridique : ensemble d'une procédure. *Introduire une instance*

(une requête). Ce sens rejoint le précédent dans la mesure où une procédure juridique répond à une demande expresse. *Tribunal d'instance.* D'où l'expression **en instance (de)** : qui est en cours d'instruction, qui est sur le point de se produire *(en instance de divorce)* ; en attente.

Sens dérivé : par extension du sens juridique, une instance peut désigner une autorité susceptible de prendre une décision. *Les instances supérieures du parti. Les instances politiques d'un pays.*

Sens psychanalytique (par analogie avec les deux significations précédentes) : structure intérieure de l'appareil psychique, susceptible d'agir sur le fonctionnement global. *Le Ça, le Moi, le Surmoi, la Censure, sont des instances psychiques.*

INSTAR. (À l'instar de). Locution qui signifie : à la manière de, à l'exemple de. Se dit en général à propos de personnes. *À l'instar de son frère, il a voulu faire de la musique. À l'instar de De Gaulle, il a écrit ses Mémoires.*

INSTAURER. *v. tr.* Établir pour la première fois, fonder. Se dit en général de réalités institutionnelles. *Instaurer un gouvernement républicain. Instaurer la coutume du changement de l'heure d'été.*

INSTIGATEUR. *n. m. ou f.* Personne qui incite, qui pousse à faire quelque chose. *Inspirateur* d'un mouvement, *meneur* d'une révolte, *fauteur* de troubles, *fomentateur* de complot : tous ces noms peuvent avoir pour synonyme **Instigateur**.

INSTINCT. *n. m.* 1° **Tendance profonde, innée,** qui porte un être vivant à accomplir un certain nombre d'actes liés à sa nature même. *L'instinct de nidification chez les oiseaux.* Dans ce sens, l'instinct est programmé, héréditairement, chez tous les individus d'une même espèce.

2° **Plus largement, tendance irraisonnée,** impulsive, qui oriente certains comportements ou détermine certains actes. *Instinct sexuel. Instinct maternel.* Dans ce sens, la programmation de l'individu par son instinct est moins radicale que dans l'exemple précédent. Il y a pulsion naturelle, mais celle-ci peut être contredite par la volonté ou la raison, ou encore par l'éducation, par les «modèles culturels».

3° **Intuition** : aptitude naturelle à sentir les choses, à réagir par des impulsions adaptées (sans l'aide du raisonnement). *L'instinct des affaires. Se guider selon son instinct. Il juge d'instinct, avec son flair coutumier.*

INSTITUTIONNALISER. *v. tr.* Conférer à une réalité (sociale) le caractère d'une institution officielle, reconnue, durable. *Il faudrait institutionnaliser un droit de réponse des citoyens aux mensonges de la publicité. L'avortement, autrefois illégal, s'est institutionnalisé. Le phénomène de l'institutionnalisation peut être perçu négativement. La télévision a institutionnalisé le droit et le devoir de se vendre.*

INSU. (À l'insu de) Sans que la chose soit sue. *À l'insu d'un ami* : sans qu'il le sache. *À ton insu, à son insu.* Cette ignorance peut être involontaire *(j'ai causé tel préjudice à mon insu :* sans en avoir conscience). Le plus souvent, quand il s'agit d'autrui, elle est sciemment entretenue *(il est sorti à l'insu de ses parents).*

INSULAIRE. *adj.* et *n.* Qui habite une île. Qui est relatif à une île. *En Corse, les insulaires n'apprécient pas toujours les touristes. La mentalité insulaire des Anglais a longtemps freiné la réalisation d'un tunnel sous la Manche.*

INSURGER (S'). *v. pron.* Se soulever; se révolter contre le pouvoir, contre l'autorité, contre un régime. Ce verbe s'emploie assez souvent au sens figuré : *s'insurger contre la désinformation, contre une morale, contre des coutumes répandues.* Le nom correspondant, **Insurrection,** n'a que rarement ce sens figuré.

INTANGIBLE. *adj.* (du latin *in-* privatif et *tangere,* « toucher »). À quoi l'on ne peut toucher; qu'on n'a pas le droit de modifier. Se dit le plus souvent de réalités abstraites : *des principes intangibles* (sacrés). L'adjectif **tangible** n'est donc pas l'antonyme exact de ce mot.

INTÉGRAL. *adj.* (du latin *integer,* « entier »). Qui est complet, entier; à qui il ne manque rien. *Une œuvre intégrale (*on dit aussi directement **l'intégrale,** en particulier pour l'œuvre d'un musicien). *Un remboursement intégral.*

N.B. Malgré la racine commune, ne pas confondre **Intégralité** et **Intégrité.**

INTÈGRE. *adj.* (du latin *integer,* « entier », pris au sens figuré : qui n'est pas *moralement* corrompu : qui est resté intact, pur). Qui est d'une probité totale, qui est incorruptible. *Un juge intègre. Une conduite intègre.* Voir **Intégrité.**

INTÉGRER. *v. tr.* Faire entrer quelque chose dans un ensemble, qui en devient dès lors une partie intégrante. *Intégrer des exemples dans un devoir. Intégrer une personne dans un groupe.* **S'intégrer :** s'assimiler à une communauté.

INTÉGRISME. *n. m.* (même racine que les mots précédents). Attitude religieuse qui exige un strict respect des dogmes et des textes sacrés, dans leur intégrité. L'intégrisme prêche le maintien de la doctrine fondamentale ou le retour aux vérités de base que l'évolution d'une religion (ou d'une doctrine politique) peut avoir oubliées.

On peut comprendre le désir de respecter la tradition et l'**orthodoxie.** Mais il se trouve que les « intégristes » sont le plus souvent en opposition brutale avec la modernité : ils veulent conserver la tradition contre *toute* évolution. Ce fut le cas notamment, dans la religion catholique, au début des années 60 : les « intégristes », conservateurs, s'opposaient aux « progressistes », partisans de l'**aggiornamento.** Depuis, le terme « intégrisme » a pris une nuance péjorative qui l'associe, dans l'esprit de ceux qui l'emploient, aux mots **dogmatisme** et **fanatisme.**

Le mot *intégrisme* s'est aussi diffusé au dehors de la sphère catholique. Il s'emploie dans le domaine politique *(le Parti communiste a ses intégristes)*. Il s'applique aussi au monde musulman *(les intégristes du Front Islamique du Salut)*. Dans le cas de l'islam cependant, c'est le mot **fondamentalisme** qui est le plus fréquemment employé.

INTÉGRITÉ. *n. f.* (du latin *integer*, « entier, pur, intact »). État d'une chose demeurée telle qu'en elle-même, dans sa plénitude et sa pureté originelles. *L'intégrité d'une œuvre, d'une doctrine, d'un organisme.* Qualité d'une personne **intègre** (voir ce mot) : probité morale et intellectuelle, honnêteté. *L'intégrité d'un arbitre, d'un ministre, d'un homme de loi.*
N.B. Ne pas confondre avec **Intégralité,** qui caractérise ce qui est complet *au niveau quantitatif*. En revanche, **Intégrité** a toujours une connotation qualitative.

INTELLECT. *n. m.* (du latin *intellegere*, « comprendre, discerner »). Faculté de connaître et de raisonner, de saisir des concepts ou de les élaborer. Le mot est très proche d'**intelligence,** mais au sens *fonctionnel* de celle-ci (organe qui permet de penser, par opposition au sentiment, à la sensation, à la vie affective de l'individu). *Dans l'ordre de l'intellect, il est insurpassable ; dans la vie quotidienne, il ne fait pas toujours preuve d'intelligence.*

INTELLECTUALISME. *n. m.* **Sens philosophique** : doctrine qui affirme la prééminence de l'intellect sur le sentiment et la volonté, dans la conduite de la vie humaine. **Sens courant** : tendance à sacrifier la vie concrète et affective pour n'exister qu'au niveau des idées ou de l'intelligence. *Il se coupe de la réalité par excès d'intellectualisme.* Par extension, caractère d'une œuvre ou d'un art de nature trop intellectuelle. *Il n'y a pas assez de scènes, d'émotion, de chair dans ce roman intellectualiste.*

INTELLECTUEL. *adj.* et *n.* 1° Qui se rapporte à l'intellect, au travail de l'esprit. *La vie intellectuelle. Un mouvement intellectuel. Métiers manuels contre métiers intellectuels, est-ce que cela a un sens ?*
2° Qui aime les choses de l'esprit, l'activité de l'intelligence pure. *Il est très intellectuel, si intellectuel même que je me demande s'il a gardé du bon sens. C'est un intellectuel, un vrai : rigoureux, précis, convaincant.* Ce sens comporte souvent une nuance péjorative : on accuse l'intellectuel d'**intellectualisme** (sens n° 2).
3° **Les intellectuels.** Comme nom, le mot *intellectuel* est apparu à l'époque de l'affaire Dreyfus pour désigner les écrivains qui s'engageaient aux côtés de Zola, pour condamner l'erreur judiciaire commise. À partir de là, on appelle souvent « intellectuels » des hommes qui mettent à profit le renom qu'ils ont acquis dans le domaine de la culture pour s'engager dans la lutte politique et sociale (voir **Intelligentsia**). *Notre pays va mal, et tout le monde se tait : où sont passés les intellectuels d'hier ?*
➜ **Pour approfondir, p. 698.**

INTELLIGENCE. *n. f.* (voir le mot *intellect*) 1° **Faculté de comprendre,** de saisir par la pensée, soit dans l'ordre des connaissances abstraites (intellectuelles), soit dans le large domaine de la vie (saisir les choses, percevoir plus ou moins intuitivement leurs mécanismes, juger et discerner).

2° **Faculté de s'adapter,** de se conduire habilement en fonction des circonstances, de mettre en œuvre des solutions, des stratégies, des ruses.

3° **Communication entre personnes** qui se comprennent et s'entendent plus ou moins secrètement. *Être d'intelligence avec quelqu'un* (agir de connivence avec). *Vivre en bonne intelligence.* Au pluriel : *avoir des intelligences avec l'ennemi* (entretenir des relations secrètes).

INTELLIGENTSIA. *n. f.* 1° Classe des intellectuels (sens n° 3) sous le régime tsariste en Russie. 2° Ensemble des intellectuels actifs (ou activistes) dans un pays quelconque. Il ne s'agit pas des intellectuels qui se livrent à leurs chères études, mais des intellectuels qui s'engagent dans la vie politique et sociale. D'où le sens souvent péjoratif du mot.

INTELLIGIBLE. *adj.* 1° Qui est facile à comprendre, clair. *Parler à voix haute et intelligible. Votre style est inintelligible.* Synonyme : *compréhensible.* 2° Qui ne peut être saisi, perçu, que par l'intellect (voir ce mot). En philosophie, on oppose ainsi l'**intelligible** (ce qui n'est accessible qu'à l'entendement ; les idées) au **sensible** (ce qui s'éprouve directement par les sens). Certains récusent cette opposition et estiment que l'intelligible se tire progressivement de l'expérience sensible, **par abstraction** (voir ce mot).

INTEMPÉRANCE. *n. f.* Voir **Tempérance.**

INTEMPESTIF. *adj.* Qui se produit hors de propos, à contretemps. *Une démarche intempestive, déplacée, inopportune. Des réactions intempestives.*

INTEMPOREL. *adj.* Qui existe indépendamment du temps et de ses variations. Immuable, invariant. *Une vérité intemporelle.* Ce qui n'est pas temporel, n'appartient pas à ce monde matériel, est d'un autre ordre. *L'âme est intemporelle. Les Idées, selon Platon, sont intemporelles.* Voir **Temporel.**

INTER-. Racine d'origine latine qui signifie « entre » (entre deux) ou bien « au-dedans, au fond » (voir **Intra-**). Dans le premier sens, on trouve l'idée d'espacement *(interligne, interposer, interlude, intermède),* de réciprocité *(interaction, interdépendant, interlocuteur)* ou de liaison *(interministériel).* Dans le deuxième sens, on trouve l'idée d'intériorité *(intérieur, intérioriser, interne, intime, intrinsèque).*

INTERACTION. *n. f.* Action réciproque de deux phénomènes ou de deux personnes. *Dans le phénomène de l'inflation, il y a souvent interaction entre la hausse des salaires et la hausse des prix. Les particules élémentaires de la matière interagissent.*

INTERCÉDER. *v. intr.* Intervenir en faveur de quelqu'un, en usant de son influence personnelle. L'**intercesseur** se place «entre» la personne qu'il défend et celle qui a le pouvoir de décider, de juger. La notion d'**intercession** (entre les hommes et Dieu) est importante en religion (c'est la fonction des Saints, du Christ lui-même).

INTERDIT. 1° **Adjectif.** *a)* Qui n'est pas autorisé, qui fait l'objet d'une interdiction. *Un acte interdit.* Peut s'appliquer aux personnes : *un prêtre interdit* (qui n'a plus le droit d'exercer) ; *un étranger interdit de séjour. b)* Qui est incapable de réagir (comme par une sorte de blocage, d'interdit intérieur) : *demeurer interdit* (décontenancé, déconcerté, ébahi, stupide).

2° **Substantif.** Sentence morale ou religieuse qui prohibe certains actes ou comportements. Tabou, interdiction. Les interdits peuvent être explicites (ne pas manger tel ou tel type d'aliment) ou tacites, plus ou moins inconscients (fruits d'un **Surmoi** collectif ou personnel). *Des interdits culturels. Transgresser un interdit immémorial* (le tabou de l'inceste).

INTÉRIM. (adverbe latin qui signifie «pendant ce temps»). Intervalle de temps pendant lequel une fonction vacante est occupée par un remplaçant. *Assurer l'intérim du Président, pendant son voyage.* D'où l'adjectif *intérimaire* (remplaçant). **Par intérim :** provisoirement, à la place du titulaire *(occuper une fonction par intérim).* Ne pas confondre avec **Par procuration.**

INTÉRIORISER. *v. tr.* Faire entrer dans sa vie psychique, dans sa vie intérieure ou affective, des éléments de nature extérieure (des modèles, des opinions, des règles de vie, des schémas relationnels, etc.). La vie intérieure, l'intériorité d'une personne ne se constitue pas toute seule. Elle dépend bien sûr des désirs, des émotions, des aspirations personnelles. Mais elle s'alimente aussi (ne serait-ce que par l'acquisition de la langue) d'impératifs, d'exemples, de situations, de modèles qui viennent d'ailleurs (voir la structure de la personnalité selon Freud, fondée sur les interactions entre le **Ça**, le **Moi** et le **Surmoi**). L'intériorisation peut être consciente (j'intègre des valeurs morales en connaissance de cause, je m'identifie sciemment à des modèles de vie), mais aussi inconsciente (l'enfant va intérioriser les conflits entre ses parents, ce qui peut avoir pour effet de l'inhiber, plus tard, dans sa vie adulte). Beaucoup de modèles ou d'interdits culturels sont *inconsciemment* intériorisés, selon les sociologues.

INTERLUDE. *n. m.* (du latin *inter-*, «entre» et *ludus*, «jeu»). Petit divertissement (théâtral, musical, cinématographique) entre des actes ou des parties essentielles d'un spectacle. Courte pièce musicale. Voir **Intermède.**

INTERMÈDE. *n. m.* Court divertissement entre les actes d'une pièce de théâtre ou les parties principales d'un spectacle. Petite pièce donnée en lever de rideau, avant la pièce principale. Voir **Interlude.**

Au **sens figuré** : intervalle entre deux événements ; récit pendant lequel les acteurs (d'une aventure réelle) peuvent souffler.

N.B. Souvent, les mots du théâtre en viennent à désigner les choses de la vie.

INTERMITTENT. *adj.* Qui se produit par intervalles, irrégulièrement. Discontinu. *Une pluie intermittente. Des efforts intermittents. Une fièvre intermittente. Des accès de colère intermittents.* **Par intermittence** (par accès imprévisibles). *« Les intermittences du cœur »* (Proust) : l'instabilité des sentiments.

INTERTEXTUALITÉ. *n. f.* **Au sens strict** : conception selon laquelle tout texte est traversé (influencé, constitué) par un certain nombre d'autres textes, que cela soit conscient ou non chez l'auteur. L'explication du texte ne pourra donc pas se limiter à l'étude de ce qu'il est par lui-même (sa « textualité »), mais devra faire intervenir la connaissance de ses sources, de ses emprunts (conscients ou non), tels qu'on peut les déduire du contexte culturel auquel il appartient.

Au sens large : conception selon laquelle un texte ne s'explique pas seulement par ses emprunts objectifs (conscients ou non), mais par l'ensemble des savoirs extra-textuels qu'on peut faire jouer sur lui. La lecture intertextuelle, dans ce cas, pourra faire intervenir la psychanalyse, la sociologie, la connaissance des grands archétypes de l'humanité, bref tout ce qui peut ajouter à un texte donné une cohérence, une logique nouvelle.

N.B. La **lecture intertextuelle**, pour un étudiant, peut être risquée. Il faut bien hiérarchiser les niveaux d'interprétation dans l'approche d'un texte, en distinguant par exemple : 1º Ce que le texte dit « en lui-même » ; 2º Ce que le contexte immédiat (œuvre, auteur) permet d'y retrouver ; 3º Ce que le contexte socioculturel global apporte comme éclairage (mouvement esthétique, époque historique) ; 4º Ce que la civilisation autorise à y lire (influence consciente ou non des œuvres antiques et des traditions millénaires) ; 5º Ce que les sciences humaines conduisent à y analyser, etc.

INTIMER. *v. tr.* Signifier impérativement. *Intimer l'ordre de.*

INTIMISTE. *adj.* Se dit d'une œuvre littéraire qui exprime les sentiments les plus délicats et les plus profonds de la vie intérieure. L'**intimisme** nous fait entrer dans l'intimité de l'auteur, dans ses émotions les plus subtiles. Il adopte un ton de confidence secrète. La poésie, le roman peuvent être intimistes, mais aussi des scènes de théâtre ou des séquences cinématographiques. Se dit aussi de la peinture qui représente des scènes d'intérieur.

INTRA-, INTRO-. Racines d'origine latine, qui signifient « à l'intérieur de », « au dedans, vers le dedans ». On trouve par exemple *intramusculaire, intraveineux, introduire, introspection* (voir ci-dessous), *introversion* (voir ci-dessus). Noter l'expression **intra muros** (à l'intérieur de la ville) qui s'oppose à **extra muros** (voir ces mots). L'antonyme de **Intra-** est bien entendu **Extra-**. La racine grecque équivalente est *endo-*.

INTRANSITIF. *adj.* et *n.* Se dit d'un verbe qui n'a pas de complément d'objet (direct ou indirect), et donc se suffit à lui-même pour exprimer ce qu'il signifie. Par exemple : *je dîne, je dors, je voyage.* A l'inverse, un verbe **transitif** est un verbe dont l'action a besoin, pour être comprise, d'être « complétée » par l'énoncé de « l'objet » sur lequel elle s'exerce : il est *transitif* parce qu'il y a *passage* (transit) du verbe à son complément pour que le sens soit complet. Certains verbes sont par nature transitifs (le complément est nécessaire), d'autres par nature intransitifs *(paraître)*, d'autres enfin peuvent être employés transitivement *(« il boit du lait »)* ou intransitivement *(« il boit »)*. Voir, ci-dessous, l'exemple du verbe **intriguer**.

INTRIGANT. *adj.* et *n.* Qui recourt à des intrigues, à des manœuvres diverses, pour parvenir à ses fins. *Scapin est un intrigant. Une audacieuse intrigante.*

INTRIGUE. *n. f.* 1° **Sens littéraire :** ensemble des faits et des actions qui s'enchaînent pour former la trame d'une pièce de théâtre, le récit d'un roman, le scénario d'un film. Une intrigue peut être plus ou moins complexe ; elle doit maintenir le spectateur en état de curiosité jusqu'au dénouement de l'histoire (d'où les expressions *nouer l'intrigue, comédie d'intrigue, dénouement d'une intrigue*). Mais l'intérêt d'une œuvre dépasse en général son intrigue, son « action » proprement dite.

2° **Sens courant :** machination plus ou moins secrète, ensemble de manœuvres destinées à réussir une affaire ou à nuire à quelqu'un. *Des intrigues politico-commerciales. Un homme intègre victime de la calomnie et de l'intrigue.*

N.B. Noter le sens ancien d'**aventure amoureuse :** *les intrigues de Julien Sorel.*

INTRIGUER. *v. tr.* Rendre perplexe *(cette affaire m'intrigue)*. Susciter l'intérêt ou la curiosité. *Un film bien mené doit sans cesse « intriguer » le spectateur.*

v. intr. Manœuvrer, recourir à des intrigues (au sens n° 2). À ce sens correspond le mot **Intrigant** (voir plus haut).

N.B. Ce verbe est un bon exemple de verbe qui peut s'employer transitivement ou intransitivement, selon le sens.

INTRINSÈQUE. *adj.* Qui appartient en propre à un objet (indépendamment des facteurs externes) ; qui caractérise son essence. *Les qualités intrinsèques d'un tableau n'ont rien à voir avec sa valeur marchande.* Qui est inhérent, essentiel à une personne. *La valeur intrinsèque d'un homme est sans rapport avec sa condition sociale.* Antonyme : **Extrinsèque.**

INTROSPECTION. *n. f.* (du latin *intro-*, « au-dedans » et *specere*, « regarder »). Observation méthodique, par le sujet lui-même, de ce qui se trouve à l'intérieur de sa conscience (ses sentiments, ses traits constants, ses mobiles plus ou moins apparents, la variation de ses humeurs). Le problème de l'introspection est que le fait même de s'observer modifie celui qui s'observe. *La pratique chrétienne de l'examen de conscience a largement développé l'introspection. Le roman psychologique est à base d'introspection.*

INTROVERSION. *n. f.* (du latin *intro-*, « au-dedans » et *vertere*, « être tourné vers »). Tendance de l'individu à se tourner vers son moi, à être attentif à ses émotions et à ses états d'âme, en négligeant le monde extérieur. L'*introverti* est fortement tenté par l'introspection (voir ci-dessus). Ce qu'il gagne en approfondissement de sa vie intérieure, il risque de le perdre en difficulté d'adaptation au milieu ambiant. Voir **Extraversion**.

INTRUS. *n. m.* Personne qui s'introduit dans un groupe, ou en un lieu, sans y avoir droit, sans y être désirée. Se dit aussi d'éléments hétérogènes qui se glissent dans une série (cf. les jeux où il s'agit de *chasser l'intrus*).

INTUITION. *n. f.* Aptitude à saisir immédiatement une vérité, une réalité imperceptible ou imprévisible (par le raisonnement). Pressentiment. *Avoir de l'intuition. Connaître les gens intuitivement. Un esprit intuitif, qui sent les choses.* En *philosophie*, l'**intuition** (directe, immédiate) s'oppose au **raisonnement** (lent, qui « prouve » par une démarche logique). Elle peut désigner une connaissance intellectuelle (une évidence de l'esprit), un sentiment spirituel (l'expérience intérieure de la présence divine) ou une sorte de sympathie supérieure (qui permet de saisir les autres êtres comme de l'intérieur, en coïncidant mentalement avec leur réalité). Le philosophe Bergson (1859-1941), notamment, a développé toute une théorie de l'intuition comme connaissance par « sympathie » avec l'objet que l'on connaît.

INVARIANT. *n. m.* Réalité constante, qui ne varie pas. *Un invariant économique, un invariant biologique, un invariant culturel.* Voir le mot **Inné**.

INVECTIVE. *n. f.* Insulte, injure, attaque verbale. *Proférer des invectives contre quelqu'un. Se répandre en invectives contre la société moderne.*

INVENTORIER. *v. tr.* Faire l'inventaire de quelque chose. Mais il ne s'agit pas nécessairement d'un dénombrement de réalités. On peut inventorier des archives, des titres, des mots, etc. Ne pas confondre avec *inventer*.

INVERSION. *n. f.* En **stylistique,** procédé consistant à renverser ou à modifier l'ordre habituel des éléments d'une phrase. L'inversion peut être normale, codée, comme dans l'interrogation directe *(« Quel temps fait-il ? // Il fait beau temps »).* Elle peut être volontaire, pour produire un effet expressif. *« O triste, triste était mon âme »* (Verlaine).

INVESTIGATION. *n. f.* Recherche méthodique, systématique, suivie, sur une réalité concrète ou abstraite. Enquête approfondie. *Les investigations d'un détective. Les investigations d'un savant.* Ne pas confondre **Investigateur** et **Instigateur**.

INVESTIR. *v. tr.* (du latin *investire*, «revêtir, garnir»). 1° Conférer une charge ou un pouvoir officiellement à quelqu'un (cf. le mot **investiture**).

2° Au *sens militaire*, encercler une place, assiéger : *investir une citadelle*.

3° Au *sens économique* : placer des capitaux, procéder à des «investissements».

4° Au *sens psychologique*, donner de son énergie à quelque chose, soit inconsciemment, soit consciemment (cf. **s'investir**). Voir **Investissement**.

INVESTISSEMENT. *n. m.* Au **sens psychanalytique**, l'investissement représente l'énergie psychique que le sujet attache à un objet, à une activité, à une représentation. Il s'agit là d'un sens figuré du sens militaire (voir *investir*), mais le terme est aussi proche (analogiquement) du sens économique : lorsqu'un entrepreneur ou un financier investit des fonds, c'est qu'il en attend un rendement, des bénéfices, un profit ; de même, lorsqu'un individu «investit» son énergie dans une activité ou un objet, il en attend une gratification, une satisfaction de son désir. Si l'objet ne répond pas à ce qu'il en attend, il *déplace* son attente et son énergie sur d'autres objets. Il faut noter que l'investissement est le plus souvent *inconscient* : mû par ses pulsions, le sujet investit sa «libido» dans des objets et des représentations peu avouables ; c'est seulement par l'analyse, par l'étude de ses rêves ou l'explicitation de ses symptômes, que le sujet peut prendre conscience de ces investissements divers, inattendus.

En **psychologie courante**, chacun connaît ses «investissements» (même s'il ignore pour quelles motivations profondes il s'investit à ce point dans tel ou tel domaine). On *«s'investit à fond»* pour réussir ; mais la réalité ne répond pas toujours à ce qu'on attendait de cet investissement.

INVÉTÉRÉ. *adj.* (du latin *vetus, veteris*, «vieux»). Fortifié, enraciné par le temps. *Des abus invétérés.* Qui a laissé s'endurcir en lui-même un défaut indéracinable. *Un menteur invétéré. Une alcoolique invétérée.* Sur la même racine est formé *vétéran*.

IN VITRO. Locution latine («dans le verre»). Se dit de toute expérience biologique qui se fait en laboratoire (dans des tubes), par opposition à celles qui se font dans l'organisme, c'est-à-dire **in vivo**. Le fameux «bébé-éprouvette» a été fabriqué à la fois *in vitro* (pour la conception) et *in vivo* (pour la gestation).

INVOCATION. *n. f.* (du latin *invocare*, «invoquer, appeler à l'aide, prendre à témoin»).

1° **Sens religieux.** Appel à l'aide, par la prière, d'une puissance divine ou surnaturelle. Par extension, appel à une réalité qui n'est pas nécessairement religieuse (mais le plus souvent sacralisée) : la nature par exemple, ou certains de ses aspects *(« Ô Saisons ! »)*. D'où le sens suivant.

2° **Sens poétique.** Appel plus ou moins solennel, semblable à une prière, à une réalité que l'on prend à témoin. Cet appel se fait souvent au moyen du « ô » vocatif. La réalité interpellée peut être absente ou présente. Hugo s'exclame par exemple, prenant à témoin les vents et les flots :

> *Ô vents ! Ô flots ! Ne suis-je aussi qu'un souffle, hélas !*

Mais souvent, la réalité invoquée est absente. L'invocation sert justement à la *faire exister* dans le for intérieur de celui qui appelle ; ou encore, dans un texte, à donner le sentiment (fictif) de sa présence. Dans son poème intitulé *Barbara*, par exemple, Prévert invoque longuement la jeune fille (absente) : pour faire revivre son souvenir, il feint de s'adresser à elle.

IOTA. Neuvième lettre de l'alphabet grec, la plus petite de toutes (elle correspond à notre *i*). D'où le sens figuré : très petite chose, la plus infime. *Ne changez pas un iota à votre poème :* n'y modifiez pas la moindre chose.

IPSO FACTO. Locution latine signifiant « par le fait même ». S'emploie en français pour dire : par une conséquence immédiate, automatiquement. *En critiquant le gouvernement, vous vous placez ipso facto dans le camp de l'opposition.*

IRASCIBLE. *adj.* Qui se met très vite en colère, s'emporte pour un rien. *Être d'un caractère irascible.* Le mot ancien **Ire** signifie *colère ;* il est bien connu des cruciverbistes. Le verbe *irriter* a la même origine.

IRONIE. *n. f.* (du grec *eironeia*, « interrogation »).

1° **Sens philosophique : l'ironie socratique** consiste à poser diverses questions, en feignant d'ignorer la réponse, pour conduire l'interlocuteur à des conclusions contradictoires, et l'obliger ainsi à approfondir le problème. Cette méthode n'est pas sans rapport avec l'ironie au sens actuel du terme, puisque Socrate feint la naïveté en sachant très bien à quoi il veut en venir (il y a opposition entre son discours apparent et son intention réelle).

2° **Sens littéraire :** figure de style, fondée le plus souvent sur l'**antiphrase,** qui consiste à dire le contraire de ce qu'on pense pour mieux faire comprendre qu'en réalité, on pense le contraire de ce qu'on dit. L'interlocuteur est d'abord interloqué, puis il *saisit* (grâce au ton, grâce aux contradictions internes qu'on glisse dans la phrase). Le fameux texte de Montesquieu sur l'**esclavage des Nègres** est souvent donné comme l'exemple même de l'ironie, puisque l'auteur *feint de défendre* (avec des arguments caricaturaux) la thèse qu'*il combat.*

3° **Sens large :** attitude railleuse ; moquerie qui se manifeste souvent par l'emploi de l'ironie au sens précédent. *Une attitude, un air ironique.* Ce sens donne lieu à des expressions figurées comme *l'ironie du sort* : événement qui semble se moquer d'une personne, souvent par le biais d'un contraste. Henri Barbusse, par exemple, décrit un soldat mort dans les tranchées, tenant encore entre les mains la lettre de sa fiancée qui commence ainsi : *« Mon cher Henri, comme il fait beau pour le jour de ta fête »*... Voir la notion d'**ironie tragique**, à la rubrique **Tragédie**.

IRRATIONNEL. *adj.* 1° Qui n'est pas du domaine de la raison. Dans un *sens positif,* cela peut désigner *ce qui dépasse la raison,* ce qui n'est pas de sa nature (les sentiments, le « cœur », les certitudes religieuses). Dans un *sens négatif,* ce mot peut qualifier des conduites *déraisonnables,* plus ou moins folles, anormales. Le mot peut être employé comme substantif. *Les voies de l'irrationnel.*

2° Qui n'obéit pas à une démarche strictement logique, qui ne répond pas aux critères de la rationalité pure, scientifique. *Une médecine irrationnelle.*

IRRÉFUTABLE. *adj.* Qui ne peut pas être réfuté, c'est-à-dire dont on ne peut absolument pas démontrer la fausseté. Indiscutable, incontestable. *Des arguments irréfutables, des preuves irréfutables :* qu'on ne peut contredire.

N.B. On trouve aussi dans le langage littéraire, le synonyme **irréfragable** (*une autorité irréfragable,* irrécusable).

IRRÉPRESSIBLE. *adj.* Qu'on ne peut réprimer, qu'on ne peut contenir. *Un désespoir irrépressible. Une révolte irrépressible. Un fou rire irrépressible.*

IRRÉVERSIBILITÉ. *n. f.* Caractère de ce qui est irréversible, c'est-à-dire qui ne peut se produire que dans un seul sens, qu'on ne peut inverser. *L'irréversibilité du temps. Un mouvement social irréversible. Le processus de dégradation s'est engagé irréversiblement* (irrémédiablement, inexorablement). Voir **Réversible**.

IRRÉVÉRENCIEUX. *adj.* Qui ne révère pas ce qu'on doit respecter. Impertinent, insolent, impoli, irrespectueux. *Une conduite irrévérencieuse. Un élève irrévérencieux. Un discours irrévérencieux.*

ISLAM. (voir **islamisme**). *n. m.* (de l'arabe *islâm,* « soumission à Dieu, abandon entre les mains de Dieu »). Religion musulmane fondée au VIIe siècle par Mahomet (571-632 ; *Muhammad* en arabe). L'islam est répandu en Asie, en Afrique et en Europe, et compte plus de 800 millions de fidèles. On emploie aussi le mot **Islam** pour désigner l'ensemble du monde musulman et la civilisation globale qui le caractérise (dans ce cas, le mot prend une majuscule).

• **Au point de vue doctrinal,** l'islam se fonde sur le Coran et sur la Tradition. Le Coran est directement révélé à Mahomet, en langue arabe, par l'ange Gabriel : à travers celui-ci, c'est le dieu des juifs et des chrétiens,

Juge du Dernier Jour, qui s'exprime. Le Dieu des musulmans est donc originellement le Dieu d'Abraham. Il est nommé **Allâh**, c'est-à-dire « Le Dieu », car il est unique. Il a envoyé aux hommes trois grands prophètes : Moïse, Jésus, et Mahomet (le plus important, et le dernier). La Bible et l'Évangile précèdent donc le Coran, qui clôt la révélation.

À côté du Coran, dont les 114 chapitres (ou *sourates*) comprennent plus de 6 000 versets, la religion musulmane se fonde sur la Tradition, c'est-à-dire sur l'ensemble des faits et des « propos » de Mahomet, recueillis et commentés par les théologiens. Tous les éléments de la doctrine, les prescriptions morales, la loi islamique (religieuse et politique) sont contenus dans le Coran et la Tradition (ou *Sunna* en arabe).

• **Au point de vue institutionnel,** la religion musulmane n'a ni sacrements ni « prêtres ». Elle a seulement des guides religieux (qui interprètent la loi islamique et veillent à son interprétation). Dans la tendance **sunnite** (largement majoritaire), ces docteurs religieux s'appellent *Oulémas* (ou ulémas). Dans la tendance **chiite** (en Iran notamment), ils sont appelés *Imams* ou *mollahs;* ceux d'entre eux qui ont la plus grande autorité religieuse et politique sont les *ayatollahs.*

• **En ce qui concerne la pratique religieuse,** l'islam repose sur cinq devoirs fondamentaux, dits les « Cinq piliers » de la loi canonique, qui sont :
1° La profession de foi, qui affirme : *« Il n'y a pas d'autre Dieu qu'Allâh, et Mahomet est le prophète d'Allâh ».*
2° Les cinq prières quotidiennes (de l'aube à la nuit), précédées d'ablutions et faites en direction de La Mecque.
3° L'aumône rituelle (don annuel en faveur de la Communauté, de ses pauvres ou de ses œuvres, sorte d'impôt de Dieu sur le revenu).
4° Le jeûne annuel du mois du Ramadân, du matin au soir.
5° Le pèlerinage une fois dans sa vie à La Mecque, pour tout croyant, s'il le peut.
Notons que la fameuse **Djihad**, « guerre sainte » que le musulman devait accomplir pour étendre le domaine de l'islam ou du moins le défendre, est souvent interprétée dans un sens personnel et moral : le mot *jihâd* signifiant « effort », beaucoup de musulmans insistent sur l'effort suprême que doit faire chaque fidèle contre ses propres passions, pour être un homme juste devant Allâh, et mériter, après la mort, d'aller au Paradis, cette oasis éternellement verdoyante...

ISLAMISME. *n. m. (sens ancien)* Synonyme d'islam.
(sens actuel) Mouvement extrémiste, politico-religieux, qui préconise dans divers pays islamiques une « islamisation » complète, obligatoire et radicale, de la vie *politique et sociale* (bien au-delà, donc, du seul domaine religieux) : il s'oppose notamment à toute émancipation de la femme, veut faire taire les intellectuels et les journalistes, et menace de prison ou de mort, au nom d'Allâh, les récalcitrants. Il faut noter que cette radicalisation n'est pas conforme à la religion

musulmane originelle (le Coran ne prescrit pas le port d'un « foulard islamique ») ; bien au contraire, elle la défigure. Comme le dit B. Guetta dans un éditorial : « *Il n'y a pas les musulmans, et les autres ; il y a parmi les musulmans, ceux qui sont fidèles à un islam pacifique, et ceux qui prétendent imposer aux autres leur fanatisme, leur désir de pouvoir masqué en commandement de Dieu* » (France-Inter, 28/9/94).

ISO-. Racine d'origine grecque qui signifie « égal, même ». On a par exemple **Isobare** (de même pression atmosphérique), **Isocèle** (qui a deux côtés égaux), **Isomère** (composés chimiques formés de mêmes éléments), **Isomorphe** (de forme identique), **Isotherme** (de température égale), **Isotope** (corps simple dont le noyau a un nombre identique de protons).

ITEM. *adv.* Mot d'origine latine qui signifie « de même ; en plus ; en outre » (en particulier dans une énumération).

n. m. Petite unité minimale d'un ensemble (lexique ; batterie de tests, etc.) Pluriel : *des items.*

ITÉRATIF. *adj.* Fait, répété, recommencé plusieurs fois. *Un système itératif.* (cf. le verbe **réitérer** : répéter avec insistance). *Une narration itérative. L'imparfait itératif* (qui évoque des faits qui se reproduisaient régulièrement).

JACOBINISME. *n. m.* 1° **Doctrine des Jacobins,** sous la Révolution française. D'abord modéré, le club des Jacobins (dont fit partie Robespierre) préconisa l'instauration d'une démocratie pure et dure, fondée sur l'autorité centralisatrice de l'État, hostile au fédéralisme.

2° **Attitude républicaine radicale** qui préconise, dans une démocratie, le centralisme d'État (ou « centralisme démocratique »). Dans ce sens élargi, le mot « jacobin » ne prend pas de majuscule.

JADIS. *adv.* Autrefois, il y a bien longtemps. Cet adverbe s'oppose à *maintenant*, mais surtout à *naguère* (il y a peu, il n'y a guère de temps).

N.B. Ne pas employer le mot *naguère* dans le sens d'*anciennement*, faute fréquente. Bien opposer **Jadis** et **Naguère**.

JALONNER. *v. tr.* Déterminer une direction, un alignement, en disposant des repères, des marques, des jalons (c'est-à-dire des piquets). *Jalonner un sentier dans une forêt.* Le sujet de ce verbe peut être une personne (exemple précédent) ou une chose : *des poteaux fléchés jalonnaient le parcours.* Cette distinction se retrouve au sens figuré. *Jalonner les étapes d'un travail* (poser des jalons, établir des paliers). *Les épreuves qui jalonnent une vie* (qui la marquent et en font un destin).

JANSÉNISME. *n. m.* Doctrine de Jansénius, nom latin de l'évêque d'Ypres, exposée dans son ouvrage sur saint Augustin, l'*Augustinus*, paru en 1640. Mouvement religieux inspiré de cette doctrine, qui suscita une vive querelle morale et politique en France, dans la seconde moitié du XVIIe siècle.

Au point de vue théologique, le jansénisme met l'accent sur la toute puissance de Dieu et de sa grâce (voir ce mot). Il en résulte que seule la grâce peut sauver l'homme pécheur, mais aussi que Dieu n'est pas « obligé » de sauver automatiquement tout homme qui le désirerait. D'où un glissement vers la thèse de la **prédestination** (la grâce serait accordée aux uns et refusée aux autres *dès la naissance*), ce qui suscita une polémique entre **jansénistes** du couvent de Port-Royal et **jésuites**.

Au point de vue moral, le jansénisme est extrêmement exigeant. Dieu n'étant pas tenu d'accorder sa grâce à tout pécheur, il faut tout faire pour la mériter. La pratique de la vertu, l'austérité de la vie sont nécessaires au salut. À l'inverse, une morale relâchée ou trop commode (celle que les jésuites répandent en pratiquant leur **casuistique**, voir ce mot) est le plus sûr moyen de s'éloigner de Dieu et de courir à la **damnation**.

Au point de vue politique, l'attitude janséniste s'explique par sa résistance au « monde » (c'est-à-dire le monde du pouvoir — les Grands, l'ordre royal, aussi bien que les lieux de la vie mondaine), monde marqué par le péché et la superficialité de l'existence. D'où une attitude d'intransigeance à l'égard du pouvoir (dans la querelle de Port-Royal) et leur radicale opposition aux jésuites, qui désiraient faciliter la pratique de la morale chrétienne en l'adaptant quelque peu à la « modernité » de l'époque. Voir **Gallicanisme**.

Indépendamment de la querelle de Port-Royal, le jansénisme a marqué de son influence religieuse et morale tout un courant de pensée littéraire et artistique. Il a donné lieu à l'éclosion d'un chef-d'œuvre de littérature polémique, *Les Provinciales* de Pascal. Aujourd'hui, on traite volontiers de « janséniste » toute personne qui paraît excessivement rigoureuse dans sa morale ou ses idées, austère, puritaine ou simplement sobre. Voir **Jésuites**.

JARGON. *n. m.* Langage propre à une profession ou à un groupe socioprofessionnel donné : le jargon est une sorte d'*argot de métier. Le jargon médical, le jargon des linguistes.* Péjorativement, langue compliquée, peu compréhensible en dehors du clan qui la pratique, lequel semble faire exprès de s'exprimer ainsi pour n'être pas compris des non-initiés. Plus largement : langage incorrect, inintelligible ; charabia. *Qu'est-ce que ce jargon ?!*

JARNAC (coup de Jarnac). Coup surprenant, très efficace. Jarnac battit en duel son adversaire par un coup d'épée au jarret, imprévu mais loyal. L'expression *coup de Jarnac* est employée parfois un peu péjorativement (avec une nuance de malignité).

JAUGER. *v. tr. (sens propre)* Mesurer avec une jauge, estimer la quantité, la capacité ou le volume de quelque chose.

(sens figuré) Apprécier la valeur de quelqu'un ou de quelque chose ; juger. *Jauger les qualités d'un candidat.* Il semble y avoir, dans l'emploi de ce verbe, une nuance avec le verbe *juger*. **Jauger** exprime plutôt l'action de mesurer, alors que **juger** en exprime le résultat.

JÉRÉMIADES. *n. f. plur.* Plaintes sempiternelles, qui agacent. *Je suis lassé de tes jérémiades.* Jérémie était un prophète juif dont les « Lamentations » annonçaient les malheurs qui devaient fondre sur Jérusalem : d'où le sens dérivé du mot.

JÉSUITES. *n. m.* (« soldats de Jésus »). Membres de la Compagnie de Jésus, fondée en 1534 par Ignace de Loyola et qui, approuvée par le Pape, se mit au service de la Contre-Réforme (lutte de l'Église catholique contre la « Réforme protestante » et pour la restauration de son influence en Europe).

• L'action de cet ordre religieux fut double. D'une part, les jésuites furent très actifs dans l'évangélisation des nouveaux continents (Chine, Amérique). D'autre part, et surtout, ils se spécialisèrent dans l'enseignement (créant de nombreux « collèges ») et s'efforcèrent de mettre à la portée des élites sociales (dont ils éduquaient les enfants) la doctrine catholique et la morale chrétienne officielle, en liaison directe avec la papauté.

• En théologie et en morale, contre l'austérité protestante ou la rigueur janséniste, les jésuites insistent sur la liberté humaine (tout croyant, doté de libre arbitre, peut user ou non de la grâce, et faire par lui-même son salut). Désireux de rendre la pratique des vertus accessible à tous, sous l'inspiration du jésuite Molina, les jésuites inventent la **casuistique** (étude des cas de conscience, voir ce mot), dont les excès seront sévèrement condamnés par Port-Royal et par Pascal dans *Les Provinciales* (voir **Jansénisme**).

• L'attitude morale et la « stratégie » politique des jésuites (volonté d'influer sur les élites sociales pour mieux christianiser la société) susciteront de nombreuses critiques. Le mot **jésuitisme** désigne à la fois les astuces hypocrites de la casuistique et les attitudes ambiguës des jésuites trop soucieux de plaire aux puissants de ce monde. L'adjectif **jésuitique** (ou simplement « jésuite ») est synonyme d'hypocrite, de manœuvrier, d'habilement trompeur.

• Signalons enfin que le **style jésuite** (ou art jésuite) se dit d'une forme d'architecture baroque adoptée par les jésuites à l'époque de la Contre-Réforme (toujours en opposition à l'austérité protestante).

JEUX (*au pluriel*). Dans l'Antiquité, grandes manifestations sportives et artistiques offertes en spectacle au public : les Jeux olympiques chez les Grecs, les Jeux du cirque chez les Romains. A l'origine, les jeux étaient liés aux fêtes religieuses : l'homme y honorait les dieux par son courage sportif. Chez les Romains, ils dégénèrent en purs spectacles, souvent cruels, offerts par un pouvoir soucieux de subjuguer le peuple en flattant ses passions. Voir **Panem et Circenses**.
→ **Pour approfondir, p. 1006.**

JOUG. *n. m.* (*sens propre*) Pièce de bois unique qui servait à atteler une paire de bœufs (en « liant » leurs deux cous).
(*sens figuré*) Réalité pesante que subit quelqu'un (morale ou matérielle), qui entrave sa liberté. *Le joug de la pauvreté, le joug d'un pouvoir tyrannique.*
N.B. Sur la même racine latine *jugum*, on trouve *conjuguer, conjugal, et subjuguer.* Voir **Juguler**.

JOUVENCE. *n. f.* Jeunesse. Ne se trouve que dans les expressions *Bain de jouvence, Fontaine de jouvence, Eau de jouvence,* pour désigner ce qui confère, comme miraculeusement, une nouvelle jeunesse. En *langue* *classique*, un *jouvenceau* est un jeune homme, une *jouvencelle* une jeune fille.

JUBILER. v. intr. Exprimer une joie très vive, exubérante. *Je suis reçu : je jubile.* La jubilation peut aussi rester intérieure. *Untel a échoué, je n'ose le dire, mais je jubile ! Une lecture jubilatoire.*

N.B. Le substantif **Jubilé** a un sens plus précis. Il y est question bien entendu de fête, mais il s'agit d'abord de la *célébration d'un anniversaire* important (originellement : cinquantenaire d'un mariage, d'une fonction, d'un début de règne).

JUDAÏSME. *n. m.* Le **judaïsme** désigne principalement la **religion**, mais aussi la **dimension nationale et culturelle**, du peuple juif.

• Le judaïsme remonte à Abraham (1800 av. J.-C.). Dieu le distingue, selon la Bible, pour *« ordonner à ses fils et à sa maison après lui d'observer la voie de l'Éternel, en pratiquant la vertu et la justice »* (Genèse, 18 :19). La transmission se fait auprès d'Isaac, son fils, et de Jacob, son petit-fils (nommé également Israël) : ceux-ci constituent avec Abraham les Patriarches. Leurs descendants, appelés enfants d'Israël ou Hébreux, quittent le pays de Canaan (approximativement, l'État d'Israël actuel) pour l'Égypte, où ils deviennent esclaves. Ils en sortent sous la conduite de Moïse et retournent vers le pays de Canaan (la « Terre promise »). En chemin, dans le désert du Sinaï (1200 av. J.-C.), ils reçoivent de Dieu (*Yahvé*, « celui qui est ») la révélation des dix commandements (le Décalogue) et d'un ensemble qui constituera l'essentiel de la doctrine, la **Tora**. Le peuple s'installe en Canaan qu'il nomme Israël, où il construit notamment le Temple de Jérusalem. Là, il ne vivra que de courtes périodes de paix, devant subir au cours des siècles les assauts des Assyriens, des Babyloniens, des Grecs puis des Romains (qui donneront au pays le nom de Palestine). Progressivement, le peuple juif sera dispersé (le mot « Juif » signifie « originaire de Judée », région de Jérusalem : ce mot a été forgé par et pour les Hébreux exilés). Cette dispersion s'appelle la **Diaspora**, qui durera plusieurs siècles. Sous le régime de Hitler et de ses alliés, le peuple juif subit la plus grande persécution morale et physique de l'histoire de l'humanité (6 millions de morts, sur un total de 19 millions en 1939-1945, assassinés au seul motif qu'ils étaient Juifs ; voir **Holocauste**). Il est rétabli dans sa terre d'origine, Israël, en mai 1948, par décision de l'ONU, et utilise sa langue traditionnelle, l'hébreu.

• L'écrit fondamental du judaïsme religieux est la **Bible** pour sa partie *Ancien testament* (« testament » signifie « témoignage ») appelée *tanakh* ; elle a été écrite à l'origine en hébreu et comprend 24 livres dont les 5 premiers, le Pentateuque (tora « écrite »), contiennent les fondements de la doctrine. Il s'y ajoute essentiellement le **Talmud**, constitué de la *michna* (tora « orale ») et de commentaires.

- Le judaïsme religieux est **monothéiste**. Dieu unique a créé le monde et l'homme; celui-ci a mission de se perfectionner et de faire en sorte que le monde, resté inachevé, progresse et réussisse. Le Juif, ne ressentant pas le handicap du péché originel, pense avoir les moyens de sa mission. Le judaïsme englobe tous les aspects de la vie : relation avec Dieu, relation avec le prochain, organisation de la société. Les principes et les obligations sont nombreux et contraignants mais la priorité est donnée à la vie : selon une parole juive traditionnelle, le *chabbat* (jour de repos) est fait pour l'homme et non l'homme pour le chabbat. On doit aimer son prochain, juif ou non, comme soi-même (Lévitique 19 :18, 34); cet amour ne doit pas rester pure parole ou sentiment; il doit nécessairement se traduire par l'action, favoriser et préserver la vie, établir une justice durable. Justice et charité sont désignés par le même mot *(tsedaka)* : les déshérités ont un droit au secours qu'on leur porte et ne doivent pas en ressentir un sentiment d'infériorité.

- L'attente d'un Messie fait partie de l'histoire du peuple juif. Voir **Messianisme**. Cependant, le judaïsme ne développe qu'occasionnellement les discours généraux sur Dieu, le messianisme ou les fins dernières de l'homme et de l'univers *(l'eschatologie)*; il est essentiellement tourné vers une action créatrice dans le monde, dont la priorité devance celle de rendre un culte à Dieu. Au jour solennel de *kippour* (jour du pardon), il n'est question que des fautes commises vis-à-vis de Dieu et non vis-à-vis des hommes, auprès desquels les torts doivent être réparés directement avant de s'adresser à Dieu.

- Les éléments fondateurs du judaïsme sont : la sortie d'Égypte, le don de la Tora dans le Sinaï et la promesse de la terre d'Israël. Les fêtes religieuses essentielles sont : *pessah* (pâque), célébration de la sortie d'Égypte; *chavouot* (pentecôte), célébration du don de la tora dans le désert; *roch hachana* (nouvel an); *yom kippour, souccot* (fête des tentes) et le *chabbat* (samedi), célébration de la création du monde.

- Le judaïsme, qui ne pratique pas le prosélytisme, ne récuse pas l'existence et l'importance des autres religions. Le contraire n'a malheureusement pas toujours été vrai : l'histoire du judaïsme est inséparable de controverses et aussi de persécutions liées à sa négation. Les signes d'un changement radical se sont récemment multipliés, au sein notamment de l'Église catholique, comme la fin de l'appel à la conversion et la reconnaissance de l'État d'Israël.

JUGEMENT. *n. m.* 1° Action de juger, au cours d'un procès, devant un tribunal. Résultat de ce procès, sentence prononcée par les juges. À ce premier sens correspond l'adjectif **judiciaire** (qui est relatif à la justice établie). Voir aussi **Juridique**.

2° Avis, appréciation ou opinion que l'on émet sur quelqu'un ou sur quelque chose. Aperçu, point de vue, pensée, sentiment. Le jugement en question peut être purement logique (opération de l'esprit qui pose telle vérité, telle relation entre des concepts). Il peut être une simple considération objective, ou au contraire comporter une appréciation morale : on oppose ainsi **jugement de fait** (Don Juan délaisse ses épouses) à **jugement de valeur** (Don Juan est une crapule infâme).

3° Aptitude à juger et à bien juger (au sens n° 2). Le jugement, dans ce sens, est tantôt considéré comme la faculté de raisonner avec justesse (de façon rationnelle, intelligemment), tantôt assimilé à une sorte d'intuition globale spontanée (bon sens, perspicacité). *Former son jugement. Manquer de jugement. Un homme de jugement.* Dans ce sens, l'adjectif correspondant est **judicieux**. *Un homme de grand jugement a toujours des avis judicieux.*

4° Au *sens religieux*, le **Jugement dernier** : celui que Dieu prononcera à la fin du monde, réglant pour l'éternité le sort de tous les êtres humains, vivants ou morts (ressuscités). Cette scène, annoncée dans la religion chrétienne, a fait l'objet de nombreuses œuvres d'art qui portent ce titre.

JUGULER. *v. tr.* (du latin *jugulare*, «égorger»; *jugulum* signifie «gorge»; les veines *jugulaires* sont les veines latérales du cou).
Sens ancien : égorger, étrangler. *Sens actuel* (figuré) : étouffer à sa naissance, arrêter dans son développement, maîtriser en stoppant. *Juguler l'inflation. Juguler une révolte. Juguler une passion.*

JURER. *v. intr.* (*sens ancien*) Blasphémer (en prononçant des «jurons» offensant Dieu) ; renier sa foi. Le Don Juan de Molière promet par exemple à un Pauvre de lui donner un louis d'or à condition *qu'il jure*».
v. tr. Prononcer un serment solennellement (*je jure de dire la vérité, toute la vérité*). Affirmer avec vigueur la vérité ou la réalité d'une chose (*je jure que je l'ai vu*). S'engager avec force, ouvertement (*il jura qu'on ne l'y prendrait plus*).

JURIDIQUE. *adj.* (du latin *jus, juris*, «le droit, la justice»). Qui se rapporte à la justice, à l'organisation judiciaire, aux tribunaux ou juridictions. *Une action juridique.* Qui relève du droit, ou des lois en général. *Les études juridiques. Le sens juridique du mot « droit ». Dans ce conflit, vous avez moralement raison, mais vous êtes juridiquement en tort.* Un **juriste** est un spécialiste des questions de droit, qui connaît bien le dédale inextricable des lois. Un **juré** est l'un des membres du jury, dans une Cour d'Assises.

JURISPRUDENCE. *n. f.* (du latin *jus. juris*, «droit, justice» et *prudentia*, «savoir, sagacité»). Ensemble des décisions prises par les tribunaux en telle ou telle matière, qui servent ensuite de référence dans l'interprétation des lois. *Faire jurisprudence* : faire autorité.

Lorsqu'un tribunal doit rendre un jugement, il prend sa décision en puisant ses arguments à trois sources classiques :
— la **loi** (le Code civil, le Code pénal, les décrets, etc.) ;

— la **coutume** (ensemble des usages collectifs, traditionnels, qui s'appliquent dans des situations non codifiées par la loi);
— la **jurisprudence** (ensemble des décisions jusqu'alors prises par les tribunaux, et qui font autorité dans l'interprétation de la loi ou de la coutume).

Ce sont les **trois grandes sources du droit**, sur lesquelles les grands juristes fondent leurs commentaires, et développent ce qu'on appelle, en droit, la «doctrine».

➜ **Pour approfondir, p. 1011.**

JUSTICE. *n. f.* 1° Principe moral qui exige que soit rendu à chacun ce qui lui est dû, qui impose le respect du droit et de l'équité entre les hommes.

2° Caractère de ce qui est juste, conforme à l'équité, exactement réparti, impartial. *Il y a toujours une idée de «justesse» dans la «justice».*

3° Vertu qui consiste à pratiquer la justice, à «rendre» justice, à être équitable, à respecter autrui.

4° Pouvoir judiciaire, c'est-à-dire organisation des diverses juridictions chargées d'administrer la «justice» telle qu'elle est codifiée par la loi. Bien entendu, la «justice» comme pouvoir judiciaire n'est «juste» moralement que si la loi elle-même est équitable et que si les gens chargés de la faire respecter sont eux-mêmes moralement intègres. C'est pourquoi on rencontre fréquemment en littérature l'opposition entre la **Justice** (en soi) et le **Droit** (la loi imparfaite) : ce qui est considéré comme «juste» *légalement* (sens n° 4) ne l'est pas forcément aux sens 1°, 2°, 3°.

JUXTA-. Racine d'origine latine qui signifie «à côté, à proximité de». **Juxtalinéaire** (qui suit le texte ligne à ligne), **Juxtaposer** (poser plusieurs choses côte à côte, sans les relier), **Juxtaposition**. Voir aussi l'ancien verbe **jouxter**, «être à côté de, avoisiner» : *la mairie jouxtait l'école.*

KAFKAÏEN. *adj.* Se dit d'une situation ou d'une atmosphère qui rappelle, par son caractère absurde, oppressant, cauchemardesque, l'univers des romans de Kafka (ce qui est une simplification abusive de la nature desdits romans). *Être accusé, sans savoir de quoi, ni devant quel tribunal, et errer dans une ville labyrinthique à la recherche de juges et d'avocats inconnus, est une situation kafkaïenne. Une administration kafkaïenne, qui vous renvoie toujours d'un guichet à un autre.*

KILO-. Racine d'origine grecque qui signifie «mille» : il est dès lors aisé de comprendre ce que veulent dire **Kilocalorie, Kilogramme, Kilomètre, Kilowatt**, et autres composés à partir du même préfixe.

KINÉSI-. Racine d'origine grecque qui signifie «mouvement, action de se mouvoir». On la retrouve dans **Kinescope, Kinésithérapie, Kinesthésie**. Noter que le même radical grec a donné **cinéma** (*kinêma* signifie également «mouvement») et **cinématique** (étude du mouvement).

KITSCH ou **KITCH.** *n. m.* et *adj. inv.* Se dit d'un style artistique combinant des éléments hétéroclites pour produire des œuvres outrancières, heurtant volontairement le goût établi. *Des objets kitsch. Un décor kitsch.* Par extension, s'applique à toutes sortes d'œuvres d'art d'un goût baroque, destinées à la consommation de masse.

KYRIELLE. *n. f.* Longue suite de paroles (à l'image des litanies du *kyrie*, prière de la Messe). Par analogie, série interminable. *Une kyrielle de récriminations. Une kyrielle de chômeurs sortait de l'Agence pour l'emploi.*

LABEL. *n. m.* Marque apposée sur un produit pour en certifier l'origine et la qualité. Le label est le signe concret (étiquette, estampille, poinçon, timbre) apposé sur le produit, tandis que le mot « marque » désigne plus généralement le nom de l'entreprise qui le fabrique ou l'écoule (la marque peut être déposée et juridiquement protégée). Le mot *label* peut néanmoins être employé au sens figuré, comme synonyme de garantie ou « d'image de marque » : *avoir passé tel concours est considéré comme un label d'efficacité ; appartenir à tel mouvement assure à cet homme politique une sorte de label de ferveur écologique.*

LACONIQUE. *adj.* Extrêmement bref, concis, avec une connotation de sécheresse. *Une réponse laconique. Un personnage hautain et laconique.* Lapidaire (mais l'adjectif *lapidaire* ne s'applique qu'aux expressions, alors que *laconique* se dit aussi des personnes très brèves dans leurs propos).

LACUNAIRE. *adj.* Qui présente des lacunes (des vides, des manques, des oublis). *Un manuscrit lacunaire. Une culture lacunaire. Une mémoire lacunaire.*

LAÏCITÉ. *n. f.* 1° Caractère de ce qui est laïque, c'est-à-dire qui n'appartient pas au clergé. Par extension, qui ne relève d'*aucune* confession religieuse.

2° Principe fondamental de l'État républicain, qui se veut absolument neutre vis-à-vis des choses de la religion, et donc sépare les Églises et l'État. L'Église n'a pas à exercer de pouvoir politique, l'État n'exerce pas d'action religieuse. La laïcité, en particulier, exclut tout prosélytisme religieux à l'intérieur des écoles publiques, où seules sont enseignées les valeurs républicaines.

N.B. Le substantif *laïc* au masculin, s'écrit *laïque* au féminin (un laïc, une laïque). En revanche, l'adjectif correspondant s'écrit toujours *laïque* (l'enseignement laïque, l'école laïque).

LANCINANT. *adj.* Se dit, au *propre* comme au *figuré*, d'une douleur ou d'un état d'âme qui fait souffrir, qui obsède, par des élancements répétés. *Un mal lancinant. Un souvenir lancinant.*

LANGAGE. *n. m.* 1° *(sens large)* **Système de signes** qui permet aux hommes de s'exprimer et de communiquer entre eux.
• **Le langage peut être verbal,** constitué de signes vocaux (paroles) ou graphiques (écrits). Il s'agit alors de la *langue*. Mais le mot langage est plus large, car la langue se rapporte à une communauté humaine précise (on dit *la langue anglaise*, et non pas « le langage anglais »).
• **Le langage peut être non verbal :** la langue des signes (langage gestuel), le langage des fleurs, et plus généralement, tous les codes élaborés par les hommes pour transmettre des messages peuvent être désignés par le mot *langage*. Toutefois, on prend soin de distinguer les codes extrêmement rigides, limités à des communications précises et informationnelles (le « Code de la Route » par exemple), des véritables langages qui permettent une expression et une invention riche et nuancée (le langage par signes des sourds, le langage musical). Le *langage machine* par lequel on commande à l'ordinateur devrait être appelé « code » plutôt que « langage ». On peut de même contester l'emploi du mot « langage » à propos des échanges entre animaux : les abeilles communiquent à travers un code précis mais préétabli, elles n'ont pas la capacité d'adaptation et de création caractéristique d'un langage authentique. Mais il est vrai que ces questions sont discutées.

2° *(sens précis)* Toute **forme d'expression**, constituant une sorte de code second, prise par un langage ou par une langue. Le *langage de la peinture* à l'intérieur du langage de l'image, par exemple ; le *langage littéraire* à l'intérieur d'une langue (de même : le *langage populaire*, le *langage administratif*, le *langage des médias*).

Dans ce sens, le mot langage peut s'appliquer au contenu même de ce qu'exprime l'acte de communication : *tenir le langage du cœur, le langage de la raison, le langage de la flatterie*. Voir les **Discours.**

Ces usages précis du mot langage sont dans une certaine mesure en contradiction avec le sens large (n° 1). Ainsi, la langue d'un peuple est un aspect du langage en général ; celui-ci l'englobe. À l'inverse, le langage littéraire, le langage de Rousseau, le langage que le maître tient à son élève, ne sont que des aspects de la langue : celle-ci les englobe à son tour. Dans plusieurs emplois, les mots peuvent se confondre *(langage administratif / langue administrative)*. Il faudra donc bien cerner la nature du mot langage dans ses divers emplois. Voir **Code, Communication, Discours, Langue, Lexique, Parole.**

LANGUE. *n. f. Sens linguistique.* Langage verbal (oral et écrit), constitué de mots, de sons structurés en système, qui permet la communication à l'intérieur d'une communauté donnée (communauté linguistique ; ethnie). Voir au mot **Langage** la distinction *Langue/Langage*.

• À partir de ce sens général, le mot *langue* peut prendre un certain nombre de sens précis : *langue nationale, langue officielle, langue vivante, langue maternelle, langue populaire, langue scientifique, langue pittoresque, langue de tel écrivain*. On appelle en particulier

langue verte l'argot (riche en termes concrets et imagés), et **langue de bois** le langage lourd et stéréotypé de certains discours politiques (voir **Logomachie, Phraséologie**).

• La linguistique oppose classiquement **Langue** à **Parole** : la *langue* est le système linguistique commun à tous les locuteurs d'une même communauté : la *parole* est l'usage effectif, particulier à telle ou telle situation, que le locuteur fait de sa langue lorsqu'il formule un énoncé. On dit que **la parole actualise la langue**. D'une part, la langue n'existerait pas si la parole ne réalisait pas son « potentiel » ; d'autre part, la parole n'existerait pas si la langue, système organisé de signes, ne permettait son expression.

LANGUIR. *v. intr.* Être atteint de langueur, soit au sens physique de ce mot (abattement, fatigue, manque d'énergie, absence de dynamisme), soit au sens moral (mélancolie, tristesse rêveuse, impatience du désir insatisfait). Au sens physique correspond plutôt l'adjectif *languissant (une activité languissante, une conversation qui languit)* ; au sens moral correspond plutôt l'adjectif *langoureux (je languis d'ennui ; « Valse mélancolique et langoureux vertige »* Baudelaire).
Noter que les mots *languir, langueur* et *langoureux* s'emploient souvent dans la littérature amoureuse, pour exprimer à la fois le désir, l'attente, l'impatience, la souffrance, l'insatisfaction et la faiblesse de l'être qui soupire d'amour. Manifester de la langueur peut d'ailleurs être un moyen de séduire *(adresser à l'aimé un regard langoureux)*...

LAPALISSADE. *n. f.* Vérité évidente, truisme. Le terme vient du personnage de La Palice, dont une chanson dit précisément : *« Un quart d'heure avant sa mort, il vivait encore ».*

LAPIDAIRE. *adj.* (du latin *lapis, lapidis*, « pierre »). Se dit, au *sens figuré*, de formules brèves et concises comme les inscriptions latines gravées sur la pierre. *Un style lapidaire. Un aphorisme doit être lapidaire.* Le verbe *lapider* signifiant « tuer à coups de pierre », l'adjectif *lapidaire* a en outre une connotation de violence : la phrase « lapidaire » est *frappante* (comme un jet de pierre). Voir **Concis, Laconique**.

LAPSUS. *n. m.* (du latin *lapsus linguae*, « faux pas de la langue »). Erreur consistant à déformer un mot ou à employer un mot pour un autre, en parlant *(lapsus linguae)* ou en écrivant *(lapsus calami)*. Contrairement au jeu de mots, qui est intentionnel, le lapsus est involontaire. Selon Freud, les lapsus traduisent une pensée inconsciente (peur, désir, obsession latente). Aussi parle-t-on souvent de *lapsus révélateur*. Avec les **actes manqués**, les lapsus sont même des signes irréfutables de l'existence de l'**inconscient** (voir ces mots). Exemples : lorsqu'un député désire renforcer un projet de loi contre la pornographie, et qu'il dit aux auteurs du projet : *« Messieurs, il faudrait durcir votre sexe* (au lieu de *texte*) », il manifeste peut-être bien quelque tendance subconsciente. Lorsqu'un jeune marié écrit à sa belle-mère : *« Vous êtes évitée à* *mon anniversaire* (pour *invitée*)», on peut subodorer là quelque désir inavouable.

LASCIF. *adj.* Très sensuel. Qui incline à la luxure, aux plaisirs amoureux. *Un tempérament lascif. Une danse lascive.*

LATENT. *adj.* Qui demeure caché, secret, en attente, mais bien réel. Ce qui est latent est interne, sous-jacent, apparemment inexistant, mais n'en peut pas moins se manifester à tout moment. *Une maladie latente. Un désir latent.* En **psychanalyse**, l'opposition entre ce qui est latent et ce qui est manifeste est une notion-clé. Est *latent* le contenu inconscient mais actif du psychisme. Est *manifeste* ce qui parvient à la conscience ou qui se traduit dans le comportement (mais pas toujours très clairement). En particulier, dans l'analyse des rêves, on oppose le **contenu latent** (ce qu'ils signifient réellement) au **contenu manifeste** (le scénario rêvé). L'analyse consiste à extraire la signification *profonde* d'un rêve, à partir de ce qu'il manifeste *apparemment*.

LATÉRAL. *adj.* Qui se trouve sur le côté. Qui a rapport au côté. *Porte latérale ; perception latérale.* Sur la racine latine de ce mot ont été formés **Bilatéral, Équilatéral, Multilatéral, Quadrilatère, Unilatéral.** Voir **Bilatéral.**

LATITUDE. *n. f.* (du latin *latitudo*, «largeur»). Au **sens figuré** : faculté d'agir librement, facilité. S'emploie surtout dans l'expression *avoir toute latitude de* (faire quelque chose). Noter la proximité de signification avec le sens *figuré* du mot **largeur** (*largeur d'idées* d'un esprit libre).

LAUDATEUR, TRICE. *n.* Personne qui adresse des louanges, qui fait l'éloge de quelqu'un ou de quelque chose. *Puisse mon livre avoir de nombreux laudateurs !* Antonymes : **Critique, Détracteur.** Synonymes : **Thuriféraire, Encenseur.** Adjectif correspondant, *laudatif. Une critique laudative* (ou élogieuse, ou louangeuse).

LAXISME. *n. m.* 1° En **religion**, doctrine qui autorise à suivre des opinions morales peu strictes, larges, relâchées. 2° Au **sens courant** : tolérance excessive ; absence d'interdits ; relâchement des mœurs en particulier. *Le laxisme d'une éducation trop permissive. Avec le laxisme qui règne actuellement, le sida ne manquera pas de progresser.*

LÉGENDE. *n. f.* (du latin *legenda*, «ce qui doit être lu»).
1° Récit de la vie d'un saint ; recueil de récits de ce type. *La légende de Saint Nicolas.* Les vies de saints étaient souvent embellies par l'imagination populaire, ce qui explique l'extension du mot (sens suivant).

2° Récit de caractère merveilleux dans lequel les faits historiques sont transformés par l'imagination collective ou par l'invention poétique. *Les contes et légendes.* Les légendes, les contes, les fables constituent souvent le folklore populaire, la mythologie d'un peuple ou d'une région. La légende s'oppose à l'histoire (laquelle se veut objective). *La légende transforme l'histoire en mythe.*

3° Explication, inscription jointe à une image, une photographie, un dessin, un plan, pour en préciser le sens ou y ajouter des informations indispensables.

LÉGION. *n. f.* Corps d'armée de base, chez les Romains, regroupant plusieurs milliers d'hommes (fantassins et cavaliers). (*sens figuré*) Grand nombre d'individus, avec une nuance d'excès. *Une légion de vacanciers déferlent sur la côte. Être légion :* être une multitude. *Les donateurs pour le tiers monde ne sont pas légion.*
→ **Pour approfondir, p. 1017.**

LEGS. *n. m.* (ne pas prononcer le *s*) 1° **Sens juridique :** donation d'un bien ou d'un ensemble de biens par testament. Lorsque la totalité des biens d'un héritage est *léguée*, on parle de *legs universel*. Le bénéficiaire d'un legs s'appelle *légataire*.

2° **Sens figuré :** héritage artistique ou culturel qu'une génération transmet à la génération suivante. *Le legs du passé est un patrimoine précieux. Nos ancêtres nous lèguent des œuvres, des mythes, des philosophies, toute une mémoire.*

LEITMOTIV. *n. m.* (terme allemand qui signifie « motif conducteur » ; au pluriel, *des leitmotive*).

1° *Sens musical :* bref thème mélodique qui, associé à un personnage, à un objet, à une situation, à une émotion, réapparaît tout au long de l'œuvre pour rappeler ce personnage (cet objet, cette situation, ce sentiment) qu'il caractérise. Le motif n'est plus de la simple musique, il devient alors **signe**. Les opéras de Wagner sont à l'origine du leitmotiv.

2° *Par extension,* toute image dominante ou tout thème qui se répète dans une œuvre littéraire, dans des discours politiques, dans le déroulement d'un film (dans ce cas, le leitmotiv peut être à la fois musical et narratif : les séquences les plus fortes du film sont marquées par l'association entre le refrain musical et la nature des images, comme c'est le cas dans *Jeux interdits* ou *Le Troisième homme*).

LÉNIFIANT. *adj.* Qui calme, qui apaise, qui adoucit — jusqu'à en devenir ennuyeux. *Un climat lénifiant. Des discours lénifiants.* Antonyme : *irritant, excitant.*

LÉONIN. 1° Qui est relatif au lion, ressemble au lion. 2° Par extension, à partir de l'image du lion dans les Fables, se dit de toutes sortes de partages ou de contrats dans lesquels l'une des parties s'adjuge des avantages abusifs aux dépens des autres. *Un contrat léonin ; un marché léonin ; une clause léonine.* 3° *(rare)* Se dit de rimes très riches ou de vers dont les hémistiches riment ensemble.

LÈSE-MAJESTÉ (crime de). Expression qui désigne toute atteinte directe ou indirecte à la majesté d'un souverain. Il peut s'agir d'un attentat à sa personne, mais aussi d'une mise en cause de son pouvoir, de son autorité, ou de « l'intérêt de l'État » auquel il s'identifie. Par analogie, certains auteurs ont forgé les expressions de « lèse-société » ou de « lèse-humanité ».

LÉSER. *v. tr.* Frustrer quelqu'un de ses droits ; lui causer du tort dans ses intérêts. *Un héritage équitable ne doit léser aucun enfant.* Blesser moralement, désavantager. *C'est injuste, je me sens profondément lésé.*
   N.B. Au sens médical, le verbe peut avoir le sens concret de « causer une lésion ».

LÉSINER. *v. in. tr.* Économiser avec avarice (le mot **lésine** désignait anciennement la ladrerie, l'épargne la plus sordide). *Il lésine sur tout.* Ce verbe s'emploie souvent dans la tournure **ne pas lésiner sur** : ne pas hésiter à employer les moyens nécessaires, à dépenser autant qu'il faut.

LÉTHARGIE. *n. f. (sens propre)* État de sommeil profond et durable ; torpeur continuelle plus ou moins pathologique. *Un malade tombé dans une profonde léthargie. (sens figuré)* Apathie, nonchalance invincible. *Je suis dans une léthargie, ce matin ! Je n'arrive pas à émerger.*

LEURRER. *v. tr.* Tromper intentionnellement par des artifices séduisants ; attirer par des apparences flatteuses. Abuser, mystifier. *Leurrer par des promesses. Se laisser leurrer par de vains espoirs.* Un **leurre** est un appât artificiel, un moyen d'attirer pour tromper. **Se leurrer** : s'illusionner soi-même.

LEXIQUE. *n. m.* 1° *(sens courant)* Dictionnaire restreint, consacré au vocabulaire particulier d'une science ou d'une technique. Ou encore, dictionnaire bilingue abrégé. Les synonymes fréquents sont **glossaire, vocabulaire**. *Le lexique de la philosophie. Lexique des termes musicaux. Petit lexique franco-anglais.*
   2° *(sens linguistique)* Ensemble des mots qui constituent la langue d'une communauté. L'étude de ces mots, leur classement et leur recensement (pour constituer un dictionnaire par exemple) s'appelle la **lexicographie**. L'étude plus précise de la structure de ces mots et de leurs significations est la **lexicologie** (voir le mot **Sémantique**).
   Le second sens du mot « lexique » peut parfois être employé de façon restreinte, pour désigner le vocabulaire d'un groupe d'individus ou l'ensemble des mots utilisés par un auteur *(le lexique de Racine)*.

LIBELLE. *n. m.* Petit écrit satirique attaquant plus ou moins violemment une personne ou une institution. Le libelle est souvent diffamatoire (voir ce mot). On emploie plus couramment aujourd'hui le mot *pamphlet*. Voir **Diatribe, Factum**.

LIBELLÉ. *n. m.* Formulation précise d'un texte, d'un acte officiel. *Le libellé du jugement stipule que vous êtes condamné à payer les frais. À l'examen, il faut étudier attentivement le libellé du sujet pour en déjouer les pièges.*

LIBÉRALISME. *n. m.* Doctrine favorable à la plus grande liberté des individus. Mais cette notion comporte des sens différents selon les domaines ou les contextes dans lesquels on l'emploie.
   1° **En général,** on appelle libéralisme l'attitude des personnes libé-

rales, qui respectent les idées d'autrui, qui sont tolérantes à l'égard des diverses opinions et conduites.

2° **En politique,** le libéralisme est une doctrine qui préconise la liberté la plus grande du citoyen. Contre l'autoritarisme de l'État, il faut donner le plus de garanties possible aux individus. Le libéralisme s'oppose au totalitarisme, à l'arbitraire du pouvoir, à l'absolutisme. Il revendique la liberté de pensée, la liberté d'agir, la liberté de s'associer. Il suppose un régime fondé sur la pluralité des partis et une multiplicité de mouvements. Cela n'exclut pas des conflits entre les droits de l'individu et l'existence de pouvoirs organisés.

3° **En économie,** le libéralisme se fonde sur la liberté d'entreprendre. Tout individu a le droit de fonder une entreprise, d'acheter, de vendre, d'embaucher, de produire. La propriété privée des moyens de production, base du capitalisme, est aussi la règle du libéralisme. Dès lors, c'est la loi de l'offre et de la demande, le dynamisme de la libre concurrence, le jeu du marché qui sont le moteur de l'économie. L'État doit laisser faire : le dirigisme, l'étatisme, l'interventionnisme des pouvoirs publics sont proscrits comme menaçant de perturber l'équilibre naturel auquel est censé aboutir la libération des agents économiques et de leurs initiatives spontanées.

Cette doctrine, poussée à l'extrême, conduit à ce qu'on appelle « la loi de la jungle ». Les acteurs de la vie économique étant de puissance inégale (notamment au plan financier), le libéralisme radical aboutit à « la liberté pour le pot de fer d'écraser le pot de terre ». D'où, dans la plupart des pays industrialisés, le maintien d'un rôle important de l'État et des lois qui réglementent la vie économique, au nom, précisément, de la liberté du citoyen. Le « libéralisme » n'est donc pas synonyme de « liberté » : le succès, dans les années 1990, du mot *déréglementation*, n'a pas manqué d'alarmer plus d'un penseur politique. Voir **Capitalisme, Étatisme, Libre-Échange, Socialisme.**

➜ **Pour approfondir, p. 706.**

LIBERTAIRE. *adj.* et *n.* Qui n'admet aucune limitation de la liberté de l'individu en matière politique et sociale. Le terme est en pratique synonyme d'« anarchiste ». Voir **Anarchie.**

LIBERTÉ. *n. f.* 1° **Liberté externe :** pouvoir d'agir, de n'être pas prisonnier ou entravé par des contraintes. Indépendance au sens large.

2° **Liberté politique ou civique :** ensemble des droits dont jouit un citoyen ; ce qu'il a légalement le droit de faire ; ce qui n'est pas interdit (liberté de pensée, liberté d'association, liberté de réunion, liberté d'entreprendre, bref tout ce qu'on appelle *les libertés* de l'individu).

3° **Liberté psychologique ou morale :** capacité d'agir consciemment, en échappant aux déterminismes par la connaissance et la volonté ; capacité de choisir entre diverses possibilités, d'exercer son **libre arbitre** (voir ce mot). Ce troisième sens du mot liberté pose de nombreux problèmes sur lesquels les hommes, penseurs professionnels ou non, n'ont cessé de philosopher : qu'est-ce qu'être vraiment libre ?

Ne confond-on pas l'illusion d'être libre avec la liberté effective (en étant inconscients de certains déterminismes) ? La vraie liberté est-elle de suivre ses désirs, ses volontés spontanées, ou de leur résister au nom d'une morale supérieure, d'un idéal du moi ? La liberté est-elle une donnée de la condition humaine, ou un état que la conscience doit *conquérir* pour se choisir un sens, en luttant contre les déterminations naturelles ou socio-idéologiques qui conditionnent l'être humain ? « *La liberté n'est pas un droit, mais un devoir* » écrit précisément le philosophe Berdiaev (1874-1948). Cela donne à penser.

LIBERTIN. *adj.* et *n.* 1° Au **sens intellectuel** : se dit au XVIIe siècle des esprits libres ou « esprits forts » qui refusaient de se soumettre aux croyances et aux règles de la religion établie (l'Église catholique). Les libertins, forts de leur raison critique, étaient incrédules ou impies, ou du moins sceptiques à l'égard de l'institution religieuse et de ses dogmes. Cela ne signifiait nullement qu'ils menaient une vie dissolue (voir sens suivant).

2° Au **sens moral** : se dit de personnes qui mènent une vie déréglée, s'adonnant aux plaisirs sans respecter la morale. Débauché. À ce sens correspond le mot **libertinage** (liberté de mœurs). C'est le sens actuel du mot.

N.B. Il y a bien entendu un lien entre le rejet des croyances religieuses, d'une part, et le refus de la morale chrétienne, d'autre part. Mais il faut se garder de confondre les **libertins de pensée** (sens n° 1) et les **libertins de mœurs** (sens n° 2) : les autorités religieuses ont souvent voulu discréditer les arguments des premiers en les accusant de mener la vie des seconds.

LIBIDO. *n. f.* (en latin, « désir » ; mais la libido peut être le désir des plaisirs sensuels aussi bien que le désir de jouir du pouvoir).

1° **Selon Freud** (qui a introduit ce mot) : énergie psychique qui est à la base des pulsions de vie et, fondamentalement, à l'origine des pulsions sexuelles. La *libido* ne se manifeste pas systématiquement sous la forme d'une recherche érotique (comme tendrait à le faire croire le sens vulgarisé de ce terme) : l'énergie en question peut s'investir dans des objets divers, de façon indirecte, et parfois sublimée. Voir **Sublimation**.

2° **Selon Jung :** énergie psychique générale, qui n'est pas nécessairement à base sexuelle, qui peut investir toutes les dimensions de la vie.

N.B. On distinguera l'adjectif **libidineux** (qui recherche sans pudeur le plaisir sexuel) et l'adjectif **libidinal** (qui se rapporte à la libido et à ses investissements).

LIBRE ARBITRE. Faculté de se déterminer ou de choisir par sa seule volonté. La notion de libre arbitre (voir le mot **liberté** au sens n° 3) s'oppose aux philosophies déterministes ou fatalistes : pour celles-ci, l'idée d'une volonté libre, d'une totale liberté intérieure, ne serait qu'une illusion par laquelle la conscience se cacherait ses déterminations idéologiques ou psychiques.

Mais la notion de libre arbitre, *historiquement*, a surtout été opposée à la toute puissance de Dieu. Les calvinistes et les jansénistes qui tendaient à croire à la prédestination, s'appuyant sur le dogme du péché originel, disaient en substance : ou Dieu laisse l'homme corrompu livré à lui-même, et il ne peut que sombrer dans le mal (puisque sa nature est corrompue) ; ou bien Dieu sauve l'homme en lui envoyant sa grâce, et dans ce cas, c'est Dieu qui libère l'homme, et non celui-ci qui se libère lui-même. L'orthodoxie catholique s'oppose à ce dilemme : s'il est vrai que l'homme est porté au mal, il est non moins vrai qu'il a la liberté d'appeler la grâce de Dieu pour être sauvé. Il y a donc un libre arbitre pour les chrétiens, une faculté de choisir entre l'abandon au mal et la volonté du bien. Voir **Jansénisme**.

LIBRE-ÉCHANGE. *n. m.* Système économique dans lequel les barrières douanières entre les États sont supprimées, de façon à totalement libérer les échanges commerciaux. La doctrine du libre-échange étend les principes du libéralisme économique au niveau international (cf. la formule *« Laissez faire, laissez passer »* de certains économistes du XVIIIe siècle). Les libre-échangistes s'opposent absolument au **Protectionnisme**.

LIBRE EXAMEN. Principe en vertu duquel chacun peut examiner librement, en faisant usage de son esprit critique, les diverses questions philosophiques ou religieuses sur lesquelles il veut se prononcer. Le libre examen s'oppose directement au **principe d'autorité** (voir ce mot), qui régnait à l'époque classique aussi bien en matière de religion qu'en matière « scientifique » (en médecine par exemple). Au XVIIIe siècle, siècle des Lumières, le principe de libre examen va triompher. L'individu se met à interpréter les textes religieux par lui-même, refusant d'admettre a priori ce qu'en disent les autorités religieuses. Plus largement, l'esprit d'examen n'accepte comme véritable que ce qu'admet la raison, ou que prouve l'expérience. Voir **Lumières**.

LIBRE PENSÉE. Attitude d'esprit qui consiste, en matière de religion, à ne se fier qu'à la raison et à refuser toute « vérité » dogmatique. Par extension, refus de toute croyance religieuse. Le libre-penseur est un « esprit fort », un « libertin » au sens n° 1.

LICENCE. *n. f.* Au **sens moral** *(ancien)* : liberté excessive qui aboutit à une conduite immorale. *La licence des mœurs* (libertinage, débauche). À ce sens correspond l'adjectif *licencieux* : qui est indécent, leste, libertin. *Un écrivain licencieux, des chansons licencieuses.* N.B. Ne pas confondre **Licencieux** et **Licencié** (titulaire d'une licence ; ou bien, privé de son emploi, « rendu à la liberté » !).

LICITE. *adj.* Qui est permis, admis par la loi (civile), — sans nécessairement être très moral. *Prêter à 15 % me semble abusif ; c'est pourtant licite.* Voir **illicite**.

LIESSE. *n. f.* Joie débordante, le plus souvent collective. *Une foule en liesse.*

LIEU COMMUN. Idée toute faite; propos banal qu'on répète faute de réflexion ou d'imagination. C'est par exemple un *lieu commun* que de dire : *Après la pluie, le beau temps.* On dit encore **Cliché, Poncif, Stéréotype, Truisme.** N.B. Dans la rhétorique ancienne, les lieux communs n'avaient pas ce sens péjoratif : ils représentaient les idées de base, les arguments fondamentaux dont on pouvait se servir pour nourrir un discours et rallier le **sens commun** (ce sur quoi tout le monde est d'accord). L'emploi du lieu commun répond sans doute à un besoin d'établir une communication facile, immédiate, avec autrui (c'est la **fonction phatique** du langage). Voir **Doxa**.

LIMOGER. *v. tr.* Priver un officier de son commandement. Par extension : destituer un personnage haut placé, lui ôter (plus ou moins brutalement) son pouvoir et ses responsabilités, le révoquer. *À peine formé, le nouveau gouvernement s'empressa de limoger les principaux hauts fonctionnaires du régime antérieur. On assista à un limogeage sans précédent.*

LINGUISTIQUE. *n. f.* Étude scientifique de la langue, fondée par Ferdinand de Saussure (1857-1913). La linguistique ne se contente pas de décrire les évolutions ou les transformations des langues, elle tente d'étudier le langage comme un système et de dégager les lois de son fonctionnement. La linguistique ne se propose pas non plus, comme la grammaire traditionnelle, d'édifier les règles du bon usage de la langue : elle n'est pas normative, elle explique ce qui est et non ce qui devrait être. Les différents domaines que recouvre la linguistique sont la phonétique, la morphologie, la sémantique et la syntaxe. Les études linguistiques, les schémas et les modèles élaborés par cette approche nouvelle de la langue, ont profondément influencé d'autres sciences humaines comme la psychanalyse ou l'anthropologie, dans le cadre de ce qu'on a appelé le **structuralisme**.

LITANIE. *n. f. (sens propre*, au pluriel) Prière formée d'une succession d'invocations brèves auxquelles les fidèles répondent par une formule rituelle (récitée ou chantée). Les **litanies des saints**, par exemple, consistent à énumérer les noms des saints, les assistants répondant à chaque fois *« Priez pour nous ! »*

(sens figuré, pluriel ou singulier) Longue énumération monotone de plaintes ou de demandes. *Une litanie de réclamations. Une litanie de reproches.*

LITHO-. Racine d'origine grecque qui signifie « pierre ». **Lithographie** (reproduction obtenue par gravure sur pierre), **Aérolithe** (« pierre surgie de l'air » : météorite), **Mégalithe** (monument préhistorique constitué d'énormes pierres : dolmen, menhir), **Paléolithique** (âge de pierre le plus ancien), **Néolithique** (« le nouvel âge de pierre » : la période la plus récente ou âge de la pierre polie). Noter l'adjectif **monolithique** qui, au sens *figuré*, désigne ce qui est sans nuance, *d'un seul bloc*, rigide. *Un parti monolithique.*

LITIGE. *n. m.* Contestation précise donnant lieu à un procès, à une procédure d'arbitrage. *Quels sont les points en litige?* Par extension, toute espèce de désaccord, de contestation (dispute, querelle, controverse). *Une question litigieuse a opposé deux philosophes.*

LITOTE. *n. f.* Figure de style qui consiste à dire le moins pour, en réalité, faire entendre le plus. On semble atténuer l'expression de sa pensée, mais par cette retenue même, on la fait ressortir. Le plus souvent, la litote procède par la négation du contraire : au lieu de dire « je suis au plus mal », le malade dira « ce n'est pas la grande forme ». L'exemple le plus classique est celui de Chimène déclarant à Rodrigue « Va, je ne te hais point » pour lui signifier « je t'aime ardemment » (Corneille, *Le Cid*). La litote est très répandue, y compris dans le vocabulaire courant, où l'on dit « pas génial » pour « franchement nul », « pas mauvais » pour « très bon », etc. La litote est à l'opposé de l'**hyperbole** qui, elle, *exagère* l'expression de la pensée pour le plaisir d'exagérer.

N.B. Il faut également distinguer la litote de l'**euphémisme** qui, lui, atténue l'expression pour *adoucir* ce qui est exprimé (voir ce mot). La litote n'atténue l'énoncé que pour renforcer l'idée.

LITTÉRAIRE. *adj.* 1° Qui concerne la littérature ; qui est caractéristique de la littérature en général. *Une œuvre littéraire* (et non pas scientifique ou technique). *L'histoire littéraire, la critique littéraire* (qui ont pour objet la littérature en tant que telle). *Des études littéraires.*

2° Ce qui, dans la littérature, est spécifiquement de la « littérature » (on parle parfois de « littérarité ») : ce caractère formel, ce travail sur les mots et sur les procédés du langage, cette mobilisation de thèmes ou de procédés indissociables de l'écriture qui les exalte, qui font dire plus ou moins intuitivement au lecteur « c'est de la littérature ». Dans ce sens, l'adjectif **littéraire** peut aussi bien être employé laudativement (c'est vraiment de la littérature, c'est un texte qui en illustre l'essence) que péjorativement (ce n'est que de la littérature, des mots sans rapport avec la vie, de l'artifice verbal).

N.B. Noter l'emploi substantivé du mot : **un, une littéraire**, une personne qui a du goût et des aptitudes pour les lettres. D'autre part, ne pas confondre avec **littéral** (à la lettre ; au sens propre).

LITURGIE. *n. f.* Ensemble des cérémonies, des rites, des prières qui règlent la pratique du culte, dans une religion donnée. La liturgie a toujours une certaine solennité : elle est ordonnée pour conférer aux actes, aux gestes et aux paroles un caractère sacré. Le mot liturgie peut s'employer dans un sens global *(la liturgie catholique)* ou dans un sens particulier (tel aspect de telle cérémonie : la liturgie de la parole, à la messe).

Par extension, le mot liturgie peut s'appliquer à tout événement ou à tout acte de la vie sociale que l'on célèbre avec une certaine solennité :

commémoration d'un anniversaire, remise d'un trophée à la suite d'une compétition, investiture d'un responsable. Le mot liturgie devient synonyme de cérémonial, quelle que soit la réalité, religieuse ou profane, que l'on fête ou sacralise.

LIVIDE. *adj.* 1° Qui est couleur plombée, bleuâtre. *« Ciel livide où germe l'ouragan »* (Baudelaire). Cet emploi de l'adjectif, en ce sens, est littéraire. 2° Qui est extrêmement pâle, blême, décomposé (en parlant du visage). *Un teint livide, exsangue.*

N.B. Remarquons l'ambiguïté de ce mot qui peut signifier, selon les contextes, le sombre ou le pâle, le plombé ou le décoloré. Voir **Indigo**.

LIVRET. *n. m.* 1° Carnet, petite brochure où sont enregistrés des renseignements ou des indications de nature officielle. *Livret de famille. Livret militaire. Livret scolaire.*

2° **En musique**, texte qui sert de support à un opéra. Le livret comporte les paroles dites ou chantées par les personnages, au fil des actes et des scènes. Le livret peut être écrit par le compositeur lui-même (Wagner) ou par un spécialiste du genre qu'on nomme *librettiste* (ce fut le cas de Da Ponte, librettiste de Mozart, qui fit le texte de *Don Giovanni* et des *Noces de Figaro*). Les livrets sont souvent des adaptations d'œuvres théâtrales antérieures, dont il faut alléger le texte pour l'accorder à sa fonction de support musical.

LOCUTEUR. *n.* (du latin *locutor*, «celui qui parle»). En **linguistique**, sujet qui emploie le langage, produit un énoncé, par opposition à l'auditeur (l'interlocuteur, le récepteur) qui reçoit et décode cet énoncé. On dit aussi plus généralement **Destinateur** (celui qui émet le message, qu'on nommera selon les cas **Émetteur, Énonciateur, Narrateur, Scripteur**). Voir le mot **Communication**.

-LOGIE, -LOGIQUE. Voir Logo-.

LOGIQUE. *n. f.* 1° **Au sens philosophique :** science du raisonnement et de sa validité. Traditionnellement, la philosophie comportait une partie appelée «Logique», qui tentait d'analyser et de classer les divers modes de raisonnement (le **syllogisme** par exemple). On appelle aujourd'hui *logique formelle* l'étude générale des concepts, des raisonnements, des processus cognitifs qui permettent d'établir des connaissances, de développer des propositions avec rigueur, indépendamment même des contenus sur lesquels portent ces opérations intellectuelles. Voir **Déduction, Épistémologie, Induction, Syllogisme**.

2° **Au sens général :** manière de raisonner cohérente, rigoureuse, juste. Suite ordonnée et pertinente de pensées, de propos, ou même de comportements. *Sa façon de voir ne manque pas de logique. La logique de son discours est saisissante. Une suite d'actes incohérents, dépourvus de toute logique.* Par extension, on pourra parler de logique à propos d'un type de cohérence qui n'est pas évidente, qui échappe à des critères rationnels. *La logique des passions. Les peuples primitifs, dans le cadre de la pensée magique, ont leur forme de logique.*

3° **Au sens figuré** (appliqué aux choses, aux événements) : suite apparemment « logique », cohérente, de faits qui ont des relations entre eux. *La logique de la situation veut que, la logique économique veut que.* Cet emploi du mot logique attribue aux choses ou aux phénomènes une sorte de visée rationnelle, ordonnée. *La logique du vivant.* Notons que, dans ce sens, le mot logique peut s'appliquer à des séries de phénomènes tout à fait déraisonnables. *La logique du nazisme fut non seulement meurtrière, mais suicidaire.*

LOGISTIQUE. *n. f.* Ensemble des moyens et des méthodes qui permettent d'organiser le déplacement, le logement et l'approvisionnement d'une armée qui combat. Art de combiner ces moyens pour soutenir efficacement les opérations militaires. *La logistique fut un élément essentiel des victoires napoléoniennes.* Par analogie, le mot logistique s'emploie dans le domaine industriel et commercial. *La conquête d'un marché ne s'improvise pas : l'entreprise doit mettre en œuvre une logistique adaptée à sa stratégie.*

N.B. Le mot logistique s'emploie aussi comme adjectif : *le soutien logistique.*

LOGO-, -LOGIE, -LOGIQUE, -LOGUE. Racines issues du grec *logos*, qui désigne à la fois la connaissance *(la raison, l'étude, la science)* et son expression *(le mot, la parole, le discours).* Ces deux séries de sens se retrouvent dans de nombreux mots. Du côté de la science, on a par exemple **Anthropologie, Anthropologue, Ethnologie, Ethnologue, Géologie, Géologue, Psychologie, Psychologue, Sociologie, Technologie**, etc. (voir aussi les adjectifs en -*logique*). Du côté du discours, les mots ne sont guère moins nombreux, avec par exemple **Logomachie, Logorrhée, Anthologie, Monologue, Dialogue, Prologue, Néologisme, Syllogisme, Nécrologie, Philologie, Trilogie**, et leurs composés. Voir **Logos**. Certaines professions sont désignées par le suffixe -*logiste* : **Biologiste, Radiologiste**.

LOGOMACHIE. *n. f.* (du grec *logos*, « parole » et *makhê*, « combat » : littéralement, « combat de mots »). Au **sens actuel**, assemblage de mots creux dans un discours souvent vide de sens. Verbalisme, usage d'une langue stéréotypée (qu'on appelle aussi « langue de bois »). *La logomachie des politiciens qui n'ont rien à dire.*

LOGORRHÉE. *n. f.* Flot de paroles, besoin pathologique de parler pour parler ; diarrhée verbale.

LOGOS. *n. m.* (du grec *logos*, « raison, parole, discours »).

1° **Dans la philosophie grecque,** incarnation de la raison suprême, censée gouverner le monde. Le **Logos** a un caractère si universel dans sa présence au monde que les Grecs lui prêtent une sorte de divinité. Il est le principe de l'harmonie (rationnelle) du **Cosmos**.

2° **Dans la philosophie chrétienne,** le **Logos** est le « Verbe de Dieu », c'est-à-dire la Parole créatrice par laquelle Dieu engendre le monde. Mais ce verbe éternel, à la fois esprit et action, est lui-même une Personne, le Fils de Dieu. Cette personne divine s'incarne en Jésus-Christ pour sauver les Hommes, d'où la formule essentielle de l'Évangile : *« Le Verbe s'est fait chair »* (voir le mot **Incarnation**).

LOI. *n. f.* Principe, règle qui s'impose nécessairement. Mais cette définition générale prend des sens différents selon l'origine de cette règle. On peut distinguer grosso modo la *loi civile* (ou positive), la *loi morale* (parfois dite divine) et la *loi naturelle* (scientifique).

1° **Loi civile :** règle impérative, promulguée par l'autorité compétente d'une société donnée, dont le respect s'impose à tous les citoyens. *Nul n'est censé ignorer la loi.* L'ensemble des lois constitue le Code. À ce sens du mot loi correspond l'adjectif **légal** : la loi nous dicte nos *obligations légales*. Signalons à ce sujet le proverbe latin *Dura lex, sed lex* : « la loi est dure mais c'est la loi. » Cette maxime a d'ailleurs un sens qui dépasse le cadre juridique et s'étend au second sens (— moral —) du mot loi.

2° **Loi morale :** règle impérative qui s'impose à la conscience humaine et lui dicte ses devoirs. La loi morale, par exemple, interdit l'homicide (« Tu ne tueras point »), le vol, la violence, et recommande l'amour d'autrui, le respect des droits de l'homme, etc. La question centrale de la loi morale est celle de son **fondement**. Selon les doctrines, il peut s'agir de la loi divine (les commandements directement donnés par Dieu aux hommes) ; il peut s'agir de la Nature : soit une nature extérieure à l'être humain et imposant à tous les êtres des conduites favorables à la vie, à l'harmonie, soit la nature même de l'être humain, porteuse d'impératifs naturels (l'*impératif catégorique* de Kant, par exemple ; la *« conscience, instinct divin »* de Rousseau) ; il peut s'agir encore d'une philosophie humaniste par laquelle l'homme édifie sa propre loi morale : la déclaration universelle des **droits** de l'homme, par exemple, se trouve être en même temps une déclaration universelle des **devoirs** de l'homme. La *loi morale* peut se trouver en conflit avec la *loi civile*, lorsque l'une interdit ce que l'autre impose : c'est ainsi que les objecteurs de conscience, par exemple, refusent l'obligation légale du service militaire en vertu de l'impératif fondamental « Tu ne tueras point ». À ce sens moral du mot loi correspond le plus souvent l'adjectif **légitime**.

3° **Loi naturelle ou scientifique :** proposition qui énonce l'existence de rapports nécessaires et constants entre des phénomènes naturels, qu'ils soient matériels, socio-économiques ou psychologiques. Dans ce sens la loi n'est plus une prescription, mais une constatation. La loi ne dit pas ce qu'il faut faire, mais elle décrit, observe, mesure ce qui est. Notons toutefois que la loi, au sens scientifique, n'est pas sans rapport avec les sens précédents du mot, dans la mesure où elle énonce des réalités auxquelles on aurait tort de prétendre échapper. Si l'on veut faire voler un avion, il faut respecter les lois de la pesanteur ; si l'on veut agir sur une société, il faut comprendre et tenir compte des lois de la sociologie, etc. C'est dans cette perspective que Montesquieu étudie ce qu'il appelle *« l'esprit des Lois »* : il désire *comprendre* les lois du fonctionnement des régimes politiques, assimilées aux lois du monde physique (sens n° 3), pour mieux élaborer et *ordonner* entre elles les lois civiles susceptibles de régir la vie sociale (sens n° 1).

LOISIBLE. *adj.* Qui est permis. Ne s'emploie que dans l'expression *Il est loisible de* : il est possible de. *Il m'est loisible de partir en retraite dès cinquante-huit ans.*

N.B. Ce mot est à rapprocher du mot *loisir* (le temps où l'on fait ce qu'on veut), qui a la même origine (le verbe latin *licere*, « être permis, être licite »).

LOQUACE. *adj.* Qui parle beaucoup, ou volontiers. *Il a des ennuis, il n'est pas très loquace ce matin.* Ce terme n'a pas, en général, le sens péjoratif que peuvent avoir les mots *bavard, volubile* ou *verbeux*. Antonyme : *taciturne*.

LOUER. *v. tr.* (du latin *laudare*, « approuver ; faire l'éloge de »). Faire l'éloge de ; vanter, flatter, glorifier, encenser. **Se louer** : se féliciter. *Je ne puis que me louer d'avoir mis mes enfants dans ce lycée. De louables efforts.*

N.B. Ne pas confondre avec l'homonyme, qui suit.

LOUER. *v. tr.* (du latin *locare*, « placer ; donner à loyer ») 1° Donner à loyer, en location, à quelqu'un. 2° Prendre en location, être le locataire.

N.B. Ce verbe est un bon exemple de ce qu'on appelle l'*amphibologie* (double sens d'une expression). *J'ai loué un appartement*, par exemple, peut signifier aussi bien *j'ai pris en location* que *j'ai cédé en location*. Seul le contexte permet de préciser si l'on est le **locataire** ou le **loueur** du bien en question.

LOUVOYER. *v. intr. (sens propre)* Naviguer en zigzag, en se présentant au vent tantôt à gauche tantôt à droite.

(sens figuré) Ruser, aller au but de façon sinueuse. Biaiser, tergiverser. *Il diffère les décisions à prendre, il louvoie adroitement entre les diverses positions des membres du conseil d'administration.*

LUBRIQUE. *adj.* Qui a un vif penchant pour les plaisirs charnels, qui aime le stupre (la débauche honteuse) et la luxure. *Un œil lubrique.* Cet adjectif peut être employé ironiquement. Il a surtout connu son heure de gloire dans la bouche de certains dirigeants communistes traitant leurs opposants (les capitalistes) de *vipères lubriques*.

LUCRATIF. *adj.* Qui rapporte de l'argent. Qui est fructueux en termes financiers. *Une activité lucrative. Une société à but non lucratif.*

N.B. Le substantif **lucre** s'emploie surtout dans l'expression **l'esprit de lucre** (avidité pour les profits plus ou moins honnêtes).

LUDIQUE. *adj.* (de *ludus*, « jeu ») Qui se rapporte au jeu. *Des activités ludiques.* Cet adjectif s'emploie souvent pour évoquer, non pas les jeux au sens superficiel du terme, mais la *dimension de jeu* en ce qu'elle est fondamentale du comportement humain. Ainsi, on peut parler du *carac-*

tère ludique aussi bien de la spéculation en Bourse que de la création poétique.

LUMIÈRE NATURELLE. Expression qui désigne, chez les philosophes croyants, la raison humaine. La lumière *naturelle* éclaire l'esprit humain ; mais elle ne suffit pas : seule la lumière *révélée* (la révélation chrétienne) permet de connaître, selon les théologiens, le vrai Dieu.

LUMIÈRES (philosophie des). Les **Lumières** (*Aufklärung* en allemand) désignent un mouvement intellectuel européen qui a dominé le XVIIIe siècle, se développant sous l'impulsion des « philosophes » aussi bien en France qu'en Allemagne ou en Angleterre. On parle couramment de « siècle des Lumières ». Ses principaux représentants ont été en France Montesquieu, Voltaire, Diderot, les Encyclopédistes et, à sa façon, Rousseau (il ne partageait pas toutes les idées du mouvement).

Les « Lumières » sont à la fois les facultés de l'esprit humain (raison, intelligence) et les idées, les savoirs qui « éclairent » l'humanité (lui permettant de sortir de l'obscurantisme des siècles précédents). La *philosophie des Lumières* se caractérise par :

• **La suprématie de la raison.** *« La raison est à l'égard du philosophe,* dit Diderot, *ce que la grâce est à l'égard du chrétien »*. Cette raison n'est pas la simple raison « raisonnable » des moralistes classiques. Elle est la raison *critique* , la raison *scientifique, rationnelle*, qui s'appuie sur les faits pour en tirer des lois objectives.

• **La foi dans le progrès.** Les progrès scientifiques (fruits de la raison et de l'expérimentation) convainquent le philosophe que le progrès peut s'étendre à toutes les dimensions de la vie humaine : artistique, culturelle, morale, sociale et politique. Cette foi dans le progrès, qui est une foi dans l'avenir, s'accompagne d'une critique systématique de l'**autorité** et de la **tradition**. Chacun est libre d'appliquer sa raison critique aux « vérités » établies par l'autorité des Anciens : le principe de **libre examen** joue en particulier dans le domaine religieux, où il s'oppose au dogmatisme, au fanatisme, et en particulier, au pouvoir de l'Église. La critique de la tradition, de l'ordre politique légué par la tradition, est consubstantielle de la notion de progrès. L'idée que l'on peut progresser aussi dans le domaine des institutions politiques prépare et légitime les aspirations révolutionnaires.

• **Un nouvel humanisme.** L'homme n'est plus seulement une nature individuelle. L'épanouissement humain n'est plus une affaire de salut personnel. Pour le philosophe du XVIIIe siècle, l'homme, ce sont les hommes. C'est-à-dire d'une part la société à laquelle il participe, qu'il cherche à aimer et à servir pour en faire un lieu de justice, de tolérance, et de fraternité : *« La société civile est pour ainsi dire une divinité pour lui sur la terre »* (Diderot) ; mais aussi le monde planétaire auquel il appartient : le philosophe se sait membre de l'Humanité en marche. Il adhère le plus souvent au **cosmopolitisme**. Il connaît la relativité des mœurs et des lois sur la terre, et donc est convaincu que les mœurs et les lois peuvent être partout améliorées. Les valeurs humaines fondamentales (celles des Droits de l'Homme), dégagées de l'héritage chrétien, fondent un humanisme nouveau, laïque, centré sur les réalités terrestres, visant la libération de l'Humanité et la construction de l'Homme.

N.B. Ces remarques générales sur la philosophie des Lumières sont à nuancer dès que l'on s'intéresse à un philosophe en particulier. Les différences sont en effet importantes de l'un à l'autre. Rousseau par exemple, qui ne croyait guère au progrès de la civilisation, a sans doute les positions les plus radicales dans le domaine politique. Les attitudes sont de même très diverses sur le plan religieux : alors que Montesquieu demeure chrétien, Voltaire et Rousseau adhèrent au déisme, tandis que Diderot milite pour l'athéisme.

LUTH. *n. m.* Instrument de musique à cordes pincées, très répandu en Europe aux XVIe et XVIIe siècles, qui servait notamment à accompagner le chant ou la poésie. Aussi symbolise-t-il la poésie lyrique : *« Poète, prends ton luth »* (Musset).

LUTHÉRIEN. *adj.* Qui se rapporte à Luther, moine réformateur religieux (1483-1546). Qui est relatif à la doctrine de Luther (le **luthéranisme**, fondement du protestantisme). Qui concerne les Églises luthériennes (inspirées de la doctrine de Luther). Voir **Protestantisme**.

LUTTE DES CLASSES. Voir **Classes** (sens n° 2) et **Marxisme**.

LUTTE POUR LA VIE. (d'après l'anglais *Struggle for life*). Combat que mène chaque individu pour assurer sa survie. Ce concept a un sens particulier dans la théorie de Darwin (évolutionnisme) : dans la concurrence générale des espèces qui luttent, chacune, pour sa survie, ce sont les plus aptes qui parviennent à s'adapter au milieu et à assurer leur survivance. D'où une **sélection naturelle** des espèces les mieux armées au détriment des autres ; ou encore, dans une espèce donnée, de la sous-catégorie qui bénéficie des qualités les mieux adaptées. L'adaptation au milieu exige le développement de certains caractères de l'espèce, qui deviennent primordiaux et qui, transmis génétiquement, entraînent de proche en proche l'évolution ou la mutation (sur de très longues périodes) des espèces.

N.B. L'expression « lutte pour la vie » est parfois détournée de son sens biologique originel, pour justifier des conduites violentes de défense ou d'affirmation de soi (ou du groupe social auquel on appartient). Elle ne se différencie plus alors de l'expression figurée « loi de la jungle » (loi du plus fort). C'est une grossière erreur de vouloir transposer la théorie de Darwin aux réalités de la vie humaine.

LUXURE. *n. f.* Recherche immodérée des plaisirs sensuels. Pratique du « péché de la chair ». Concupiscence. Débauche. *La tentation de la luxure*.

N.B. Ne pas confondre l'adjectif **Luxurieux** (qui pratique la luxure ou recherche la luxure) et l'adjectif **Luxuriant** (qui pousse, qui se développe avec abondance).

LYRISME. *n. m.* 1° **Sens littéraire.** Expression intense de sentiments personnels, dans un style imagé et rythmé propre à rendre l'émotion communicative.

• À l'origine, dans l'Antiquité, la lyre était un instrument de musique destiné à accompagner la poésie chantée (les odes en particulier). Et ce qu'on *chantait*, naturellement, c'étaient les sentiments, les grandes émotions des hommes, personnelles ou collectives. Cette forme d'expression demeure présente dans le domaine musical : ce qu'on appelle **l'art lyrique** concerne précisément l'ensemble des textes, des poèmes ou des drames mis en musique et destinés à être chantés (opéra, oratorio, opérette, cantate, lied, etc.).

• Aujourd'hui, en littérature, et plus précisément en poésie, le lyrisme se caractérise le plus souvent par deux traits complémentaires :
— **un mode d'expression personnel** dans lequel l'émotion demeure toujours plus ou moins chantée, c'est-à-dire traduite par les moyens d'une expressivité orale, sonore, vocale (même si le texte est écrit) ;
— **la présence de thèmes dits «lyriques»**, c'est-à-dire dont la nature suscite de profonds retentissements chez tout individu : l'amour, l'enfance, la mort, la souffrance, la joie, le pays natal, la Nature, les maux collectifs (la guerre, l'injustice) ou les valeurs sublimes (l'idéal, la liberté, Dieu), avec les divers états d'âme qui leur sont liés (exaltation, plainte, invocation, nostalgie).

• Le lyrisme est fréquent dans les textes poétiques où triomphe l'exaltation du «moi», dans la littérature romantique en particulier. Il ne faudrait pas pour autant en conclure que le lyrisme est fatalement égocentrique : au cœur de tout lyrisme, il y a un désir intense de *faire partager* l'émotion au-delà des phrases. Et l'homme bouleversé, qui cherche l'écho de l'autre, exprime souvent, en raison de la profondeur de son émotion, les sentiments communs à tous. *« Ah ! Insensé qui crois que je ne suis pas toi ! »* s'exclame ainsi Hugo dans la préface des *Contemplations*.

2° **Sens courant.** Par extension du sens littéraire, le lyrisme désigne souvent une manière d'être intense, passionnée, inspirée (dans le sens de l'exaltation ou de la complainte). *Le lyrisme d'un film, d'une musique. Le lyrisme d'un jeune militant idéaliste. Une vie ardente, lyrique, emportée.*

-LYSE. Racine issue du grec *lusis*, « action de délier, de dissoudre ». Elle se retrouve notamment dans les mots **Analyse, Électrolyse, Catalyse, Psychanalyse**, et leurs composés.

MACABRE. *adj.* Qui se rapporte aux cadavres, aux squelettes, aux images de la mort. *Un lieu macabre. Une cérémonie macabre. Des visions macabres.* En particulier, au Moyen Age, *Danse macabre* : représentation allégorique dans laquelle la Mort, entourée de cadavres décharnés, entraîne dans une ronde funèbre des personnages de toutes conditions sociales et de tous âges. La *Danse macabre* est aussi une œuvre symphonique connue du compositeur français Saint-Saëns (1835-1921).

MACHIAVÉLISME. *n. m.* 1° Doctrine de Machiavel (1469-1527), homme politique et philosophe italien, auteur de l'essai célèbre intitulé *Le Prince*. Dans cet ouvrage, l'auteur développe l'idée que l'homme d'État doit conserver le pouvoir en employant « la ruse du renard » et « la force du lion ». Ce réalisme politique est en principe tourné vers le bien de la société. Mais, pour séduire le peuple, pour maintenir l'ordre, le Prince peut être conduit à employer des procédés considérés comme immoraux. Il illustre ainsi le proverbe *La fin justifie les moyens*. Pour Machiavel, on ne fait pas de bonne politique avec de bons sentiments : l'homme d'État doit être capable de « ne pas être bon » quand une nécessité supérieure l'y oblige, ce qui ne veut pas dire évidemment qu'il doive systématiquement enfreindre la morale ; celle-ci peut aussi être politiquement utile. Cette doctrine est aux antipodes de l'idéal social et politique des humanistes contemporains de Machiavel, comme Érasme ou Thomas More.

2° Caractère d'une conduite cynique, tortueuse, froidement calculatrice. *Le machiavélisme de Talleyrand*. Attitude perfide, sans scrupule, de quelqu'un qui cherche à parvenir à ses fins par tous les moyens. *Un individu machiavélique sait toujours trahir au bon moment. Une ruse machiavélique.*

N.B. La doctrine de Machiavel est plus riche et plus nuancée que le laisse croire le second sens du mot, caricature du premier. Notons que l'adjectif qu'on emploie à propos de la *doctrine* de Machiavel est le mot *machiavélien*, tandis que l'adjectif correspondant au sens courant (toujours péjoratif) du machiavélisme est *machiavélique*.

MACHISME. *n. m.* Idéologie selon laquelle le mâle, l'homme, doit socialement dominer la femme. Comportement correspondant, qui consiste à mépriser les femmes et à vouloir être servi par elles, à jouer au « macho » (au mâle). Synonyme : *phallocratie*.

MACRO-. Racine issue du grec *makros*, « grand, long ». On la trouve dans un certain nombre de mots comme **Macrocéphale** (qui a une grosse tête), **Macroéconomie** (étude des phénomènes économiques globaux), **Macromolécule** (longue molécule formée de multiples éléments moléculaires). Cette racine prend toute sa valeur de son opposition à la racine **Micro-** (« petit »), beaucoup plus répandue. On a ainsi les couples **Macrocosme** (l'univers entier, par opposition à l'être humain, considéré comme un monde en raccourci, un microcosme) et **Microcosme** (voir ce mot). De même s'opposent les mots **Macroscopique** (ce qu'on peut voir à l'œil nu) et **Microscopique** (invisible à l'œil).

MADRIGAL. *n. m.* **En littérature,** petit poème galant exprimant de tendres sentiments de façon ingénieuse. *Les madrigaux de Pétrarque, les madrigaux de Voiture.* Par extension, compliment galant. Le mot peut être employé péjorativement pour qualifier un style trop affecté. **En musique,** composition vocale raffinée dont le langage musical cherche à rendre les moindres inflexions des poèmes chantés. *Les madrigaux de Palestrina, de Monteverdi.*

MAESTRIA. *n. f.* (mot italien signifiant « maîtrise », de *maestro*). Grande maîtrise, perfection dans l'exécution d'une œuvre d'art, qu'il s'agisse d'architecture ou de peinture, de musique ou de littérature. *Avec quelle maestria Victor Hugo manie le verbe ! Le champion d'escrime a triomphé de ses rivaux avec maestria.* Synonyme : *brio*.

N.B. « Maestro » — maître — ne s'emploie que pour un musicien.

MAGIQUE. *adj.* 1° Qui a trait à la magie, c'est-à-dire aux diverses pratiques occultes destinées à produire des effets inexplicables, qu'ils soient bénéfiques ou maléfiques. *Des formules magiques.*

2° Qui est irrationnel, qui échappe aux processus de la logique, ou les ignore. La **pensée magique** en particulier, selon certains ethnologues, caractériserait la *mentalité « prélogique »* de certaines peuplades primitives. Les traits de la pensée magique se retrouvent dans l'imaginaire enfantin, dans certaines formes poétiques et aussi dans le langage de l'Inconscient (au cours des rêves notamment). Voir **Anthropomorphisme.**

3° Qui est merveilleux, extraordinaire. Qui transporte le spectateur. *Les effets magiques de l'art cinématographique. Baudelaire rêve de pratiquer une sorte de « sorcellerie évocatoire » : il croit au pouvoir magique du langage.*

MAGISTRAL. *adj.* (du latin *magister*, « maître ») 1° **Sens didactique :** qui est fait par un maître, qui tient du maître. *Un cours magistral. Un ton magistral, imposant, doctoral.* Voir **ex cathedra.**

2° **Sens figuré** (courant) : qui porte la marque de la maîtrise, de l'excellence. *Une démonstration magistrale.* Qui est exécuté de main de maître, de façon souveraine. *Une œuvre magistrale ; une interprétation magistrale.*

MAGISTRAT. *n. m.* (*sens restreint, courant*) Membre de l'appareil judiciaire, ayant pour fonction de rendre la justice et chargé officiellement de faire appliquer la loi : juge, membre de telle ou telle juridiction, avocat général (procureur de la République), etc.

(*sens général, classique*) Toute personne investie légalement d'une part de l'autorité publique, que celle-ci soit juridictionnelle (cas précédent), administrative ou politique. Dans de nombreux textes du XVIIe et du XVIIIe siècle, par exemple, le mot « magistrat » désigne directement les gouvernants, les responsables du pouvoir politique. De nos jours, le Préfet, le Maire sont officiellement des magistrats ; le Président de la République exerce la « magistrature suprême ».

➜ **Pour approfondir, p. 1024.**

MAGNANIME. *adj.* (du latin *magnus*, « grand » et *animus*, « esprit »).

(*sens ancien*) Qui manifeste de la grandeur d'âme, de la noblesse dans ses pensées et ses sentiments. *Un prince magnanime.*

(*sens courant*) Qui est généreux, clément ; qui pardonne les injures, se montre bienveillant. *Un vainqueur se grandit encore en se montrant magnanime à l'égard de ses ennemis.*

MAGNIFIER. *v. tr.* Glorifier, célébrer la grandeur d'un héros, d'un exploit. Grandir, idéaliser quelqu'un ou quelque chose. *Un amour magnifié par le chant du poète.* Ne pas confondre avec **majorer**, qui signifie augmenter ou élever au niveau purement *quantitatif* (on majore un prix, une facture). *Magnificence* garde un sens concret (richesse, luxe éclatant).

MAÏEUTIQUE. *n. f.* (du grec *maieutiké*, « art de faire accoucher »). Méthode employée par Socrate pour conduire ses disciples, par une série de questions habiles (voir le mot **Ironie**), à « accoucher » eux-mêmes les vérités enfouies (à leur insu) dans leur esprit. À l'image de sa mère, qui était sage-femme, Socrate se flattait d'être ainsi un « accoucheur » de pensées. À partir de cet exemple, on nomme « maïeutique » la méthode pédagogique qui consiste à faire penser l'étudiant par lui-même au lieu de lui imposer des idées toutes préparées.

➜ **Pour approfondir, p. 1031.**

MAL DU SIÈCLE. Ensemble d'états d'âme où se mêlent l'inquiétude, l'exaltation et la mélancolie, caractéristiques de la jeunesse romantique, dans les toutes premières décennies du XIXe siècle.

Les bouleversements européens liés à la fin de l'Ancien régime en France, le passage d'un siècle à l'autre, l'épopée napoléonienne avec ses enthousiasmes, ses soubresauts et son échec final, laissent la société française dans un état d'incertitude et de crise. Il s'ensuit un réel désarroi au sein de la jeunesse, qu'expriment les poètes et les écrivains. Ce mal leur semble précisément lié à la période, au « siècle » dans lequel

le destin les a fait naître. Le « mal du siècle » se caractérise en particulier par :
— Une sensibilité extrême, quasi maladive, avide de grandes passions, avec le sentiment que le monde est désenchanté et ne peut satisfaire les espérances qui agitent le cœur des poètes (*« on habite avec un cœur plein un monde vide »*, écrit Chateaubriand en analysant le « vague des passions »).
— Une profonde inquiétude métaphysique portant à la fois sur le sens du monde et le sens de l'existence personnelle ; l'incapacité à décider de sa vie ; la conscience très vive de l'incomplétude de la destinée humaine.
— La mélancolie et le culte des états d'âme mélancoliques, la complaisance dans des rêveries parfois suicidaires, le désir d'épancher sa douleur au sein de la nature. Le culte du « moi », chez l'écrivain romantique, va de pair avec cette complaisance à cultiver en lui-même son propre « mal du siècle », à le contempler avec narcissisme.
   Le « mal du siècle », bien qu'il soit lié à une période historique déterminée, a très vite pris un sens général. On a parlé par exemple d'un « nouveau mal du siècle » à propos de Baudelaire et des poètes qui, à son exemple, ont exprimé leur désespoir (le « spleen »). L'expression « mal du siècle » finit par désigner l'inquiétude propre à n'importe quelle jeunesse vivant dans une société en crise.

MALÉDICTION. *n. f.* 1° Action de maudire ; originellement, paroles par lesquelles on appelle la colère de Dieu pour qu'il frappe de malheur quelqu'un d'indigne. Voir **Anathème, Imprécation.** *Lancer des malédictions. Couvrir quelqu'un de malédictions.*
   2° Malheur qui semble voulu par le destin ou par la puissance divine. *La malédiction est sur moi. La vie de cette famille semble poursuivie par la malédiction.*

MALÉFIQUE. *adj.* Qui produit le mal, qui exerce mystérieusement une action néfaste. *Une influence maléfique. Des circonstances maléfiques. Un personnage maléfique.* Antonyme : **bénéfique.**

MALIGNITÉ. *n. f.* Méchanceté, malveillance d'une personne. *Il est poursuivi par la malignité de ses ennemis.* Nocivité, caractère maléfique d'une chose. *La malignité d'une tumeur cancéreuse.* Exceptionnellement, la malignité peut désigner le caractère malicieux, « malin », d'une personne rusée. Antonymes : **bénignité, bienveillance.**
   N. B. L'adjectif *malin*, à la différence du substantif *malignité*, s'est éloigné de l'origine commune aux deux mots (tendance à faire le « mal »), sauf dans son emploi médical *(tumeur maligne, fièvre maligne)*, et religieuse *(l'esprit malin* ou *le Malin* est le démon).

MALTHUSIANISME. *n. m.* 1° Doctrine de Malthus (1766-1834). Celui-ci estimait notamment que, la croissance de la population étant géométrique (2/4/8/16/32, etc.) alors que la progression de la production alimentaire est seulement arithmétique (2/3/4/5/6/, etc.), il fallait absolument restreindre le nombre des naissances, et donc le droit au mariage, pour permettre à la population de subsister.

2° Politique de limitation des naissances (par des moyens anticonceptionnels). *Certains économistes préconisent le malthusianisme comme solution des problèmes du tiers monde*. Par extension, **malthusianisme économique** : politique de restriction de la production (agricole ou industrielle) pour maintenir le niveau des prix. L'emploi de ce mot est souvent péjoratif.

MALVERSATION. *n. f.* (du latin *male versari*, « se mal conduire »). Dans l'exercice d'une charge (souvent publique), opération financière malhonnête, détournement de fonds. *Un fonctionnaire corrompu, coupable de malversations*. Vendre de faux papiers, puiser dans la caisse de l'État, se livrer à un trafic d'influence, sont des malversations. Ce mot s'emploie généralement au pluriel. Synonymes : *prévarication, concussion*.

MANDATAIRE. *n. m.* Au sens *juridique*, personne qui a reçu un *mandat* (écrit, signé) lui donnant le pouvoir d'agir pour le compte d'une autre. Un *mandataire* peut représenter son *mandant*, voter à sa place, signer des actes d'achat ou de vente.

De façon plus large, un mandataire peut être chargé d'une mission générale, par exemple politique : le mandataire d'une autorité politique peut être délégué pour signer un traité, rechercher les bases d'un compromis. *Les élus sont les mandataires de leurs électeurs, pour la durée de leur mandat*.

En un sens plus général encore, quelqu'un peut se sentir le mandataire d'une mission *morale*, éprouver le besoin de représenter des valeurs comme la liberté, le droit, la justice — sans pour autant avoir été « mandaté » pour ce faire. Le mot devient alors synonyme de *représentant*.

-MANE. -MANIE. Suffixe issu du grec *mainesthai*, qui signifie « être obsédé de, être fou de ». On retrouve ce sens dans la signification originelle du mot **manie** (folie, trouble obsessionnel ; goût excessif) et dans de nombreux mots composés comme **kleptomanie, mégalomanie, mythomanie, nymphomanie, pyromane, toxicomanie**. Ce suffixe se trouve aussi dans des mots qui ne désignent pas un goût pathologique, mais seulement un amour raisonnable de certaines choses, comme **anglomanie**, ou **mélomane** (qui aime la musique).

MANICHÉEN. *adj.* 1° Qui est relatif au *manichéisme* (voir mot suivant), s'en inspire.

2° Qui conçoit les choses selon des oppositions tranchées, binaires ; elles sont totalement bonnes ou totalement mauvaises. *Avoir une vision manichéenne de la politique, où les adversaires sont des salauds et les amis des saints. Des jugements manichéens*.

MANICHÉISME. *n. m.* 1° Religion du philosophe persan Mani (ou Manès, IIIe siècle), selon laquelle le Monde est le lieu d'un combat éternel entre deux principes cosmiques égaux et antagonistes, le Bien et le Mal. L'histoire est le fruit de ce conflit.

2° Toute conception dualiste qui oppose, de manière simpliste, le domaine du Bien (et ceux qui y participent) et le domaine du Mal (et ceux qu'on y rejette). Souvent, le manichéisme, dans ce sens, n'est qu'une tendance. On dira par exemple que, dans l'esprit de certains marxistes, la vision du prolétariat et de la bourgeoisie n'est pas exempte de manichéisme. Voir **Dualisme** et **Manichéen**.

MANIÉRISME. *n. m.* Style excessivement apprêté, manquant de naturel ; affectation, préciosité. On peut employer le mot *maniérisme* à propos de toute production artistique d'un raffinement exagéré (par exemple, le *maniérisme* de Marivaux) ; mais le terme s'applique plus précisément à un style pictural et architectural sophistiqué qui s'est répandu au milieu du XVIe siècle en Italie, dans le sillage de la Renaissance.

MANIFESTE. *adj.* Dont la réalité ou la nature est totalement évidente, indiscutable. Visible, flagrant, patent, notoire. *Une erreur manifeste. Il est manifeste qu'elle l'aime. Le candidat avait manifestement triché.*

N.B. En **psychanalyse**, on oppose en général ce qui est **latent** (le contenu réel, difficile à déchiffrer, de l'inconscient) et ce qui est **manifeste** (le sens apparent, « évident », visible, des conduites ou des rêves). Dans ce cas, *ce qui est manifeste peut être trompeur*, et doit être décrypté. Voir **Latent**.

MANSUÉTUDE. *n. f.* Bonté, indulgence ; disposition à pardonner avec générosité. *Le prêtre qui comprend la vie fait preuve de mansuétude à l'égard des pécheurs qui se repentent. Un juge sévère, dénué de toute mansuétude.*

MANU MILITARI. (en latin « de main militaire »). Par la force (force publique ou force armée). *Ils ont été chassés manu militari.*

MAQUILLER. *v. tr.* Au **sens figuré**, falsifier les choses pour leur donner une apparence trompeuse. *Maquiller les chiffres, maquiller les faits, maquiller la vérité.*

MARASME. *n. m.* Sens *physique* (ancien) : affaiblissement très grave, apathie, avec maigreur extrême. Sens *économique* : stagnation de l'activité industrielle et commerciale. *Rien ne va plus, nous sommes en plein marasme !* Sens *moral* : désarroi, découragement, dépression. *Ses échecs l'ont plongé dans un marasme profond.*

MARGINALITÉ. *n. f.* 1° Caractère de ce qui est marginal. 2° État de *celui* qui est marginal (sens apparu dans les années 1960).

Le double sens de ce mot vient du double sens du mot **marginal** :
— comme **adjectif**, *marginal* signifie « qui est à la marge », qui se trouve à la limite, sur le bord. Donc, qui est accessoire, secondaire. *Un travail marginal, une préoccupation marginale.* Le terme a aussi un

sens économique, par exemple dans des expressions comme *coût marginal* : (coût-limite de production d'une unité supplémentaire) ;
— comme **adjectif** et **nom**, le mot *marginal* désigne celui qui est *en marge de la société*, soit parce qu'il s'y trouve mal intégré, soit parce qu'il refuse les normes dominantes du groupe social. *Les hippies étaient des marginaux. L'accroissement du chômage réduit de plus en plus de jeunes à la marginalité.*

MARIVAUDAGE. *n. m.* 1° Style précieux propre au théâtre de Marivaux. Le marivaudage désigne en particulier le langage nuancé, raffiné et complexe par lequel les personnages jouent avec leurs subtils sentiments amoureux, les cachent ou se les cachent, en raison des convenances sociales.

2° Dans le langage courant, le marivaudage s'applique au badinage amoureux, aux manèges raffinés de l'amour et de la galanterie, au jeu verbal qui en découle. *Le marivaudage reste avant tout de l'ordre du langage.*

MARTIAL. *adj.* (de Mars, dieu de la guerre chez les Romains). Qui est relatif à la guerre. Qui a une allure belliqueuse, guerrière, militaire. Qui se montre disposé à combattre, à lutter pour vaincre. *Un discours martial ; une allure martiale ; un air martial.* **Les arts martiaux** : sports de combats traditionnels d'Extrême-Orient. **Loi martiale** : loi d'exception qui permet de recourir à l'armée pour maintenir l'ordre.

MARTYR. *n.* et *adj.* (du grec *marturos*, « témoin (de Dieu) »). Personne qui souffre la torture et la mort au nom de sa foi en Dieu (notamment chrétienne). Par extension, toute personne qui accepte la souffrance et la mort pour une cause donnée (politique par exemple). *Les martyrs. Une vierge sainte et martyre. Un peuple martyr.* Par extension encore, toute victime de grandes douleurs (physiques ou morales).

Orthographe : le supplice lui-même est appelé « *martyre* », nom masculin qui s'écrit toujours avec un *-e* final. *J'ai souffert le martyre* : j'ai enduré une terrible souffrance (morale ou physique).

MARXISME. *n. m.* Doctrine philosophique, économique et politique élaborée par Karl Marx (1818-1883) et Friedrich Engels (1820-1895). Le marxisme, encore appelé « matérialisme historique » (par Engels), repose sur trois composantes.

• **Au point de vue philosophique,** le marxisme est un *matérialisme*. Il pose que la réalité première du monde est la *matière*, et non pas un Dieu, ou l'esprit, ou l'intelligence. C'est donc la vie matérielle et économique des hommes (les rapports de production, les conflits d'intérêt) qui engendre les structures sociales et politiques ; puis, à partir de celles-ci, les idées des individus ou des groupes. La culture d'une société, les idéologies de ses classes ou de ses membres sont ainsi qualifiées de **superstructure**. Celle-ci est *produite* par la base réelle, l'infrastructure économique. La foi religieuse, l'idéalisme philosophique ne sont que des illusions de la conscience, qui ne veut pas ou ne peut pas voir les conditionnements qui la déterminent.

• **Au point de vue économique,** le marxisme se propose comme une analyse scientifique des modes de production dans les diverses sociétés (antiques, féodales, capitalistes) et des rapports que ces modes de production font naître entre les hommes (entre le maître et l'esclave, entre le prolétaire et le possédant). Il élabore en particulier la *théorie critique de la valeur*, dans le monde de production capitaliste : la valeur d'une marchandise vient de la quantité de travail investie en elle ; or, il y a une différence entre le salaire minime payé à l'ouvrier et le travail fourni qui fait le prix de la marchandise ; cette différence est d'autant plus grande que le profit patronal est élevé ; tout le système capitaliste, son expansion même, repose sur cette *« plus-value »* dérobée aux prolétaires exploités. On comprend dès lors que l'intérêt de la classe ouvrière est de lutter contre cette exploitation. De son côté, la classe possédante a intérêt à en dissimuler la réalité par l'idéologie qu'elle répand. Ainsi naît, **économiquement,** la *lutte des classes,* qui jouera aussi au plan social, culturel et politique (voir les mots **Idéologie** et **Aliénation**).

• **Au point de vue politique,** dans le sillage du socialisme qui l'a précédé, le marxisme se veut une théorie et une pratique de la libération de l'homme, à partir précisément de la lutte des classes observée dans l'histoire. En accélérant le processus de cette lutte, le prolétariat doit venir à bout de la bourgeoisie qui l'exploite et du capitalisme qui l'asservit. Dès le départ, l'objectif du marxisme est révolutionnaire : *« Les philosophes n'ont fait qu'interpréter le monde de diverses manières : il importe maintenant de le transformer ».* Le but du marxisme sera donc d'instaurer le communisme. Cela suppose une phase intermédiaire, la *« dictature du prolétariat »,* destinée à éradiquer toutes les forces contre-révolutionnaires de la bourgeoisie, ainsi que les restes de son idéologie. Après quoi pourra s'ouvrir l'ère de la « société sans classes » où l'État même ne sera plus nécessaire, tous les êtres humains étant réellement devenus les « camarades » les uns des autres.

La radicalité de ses analyses, la lucidité réaliste de ses critiques et surtout la force de ses espérances, qui se voulaient *scientifiquement* fondées, ont expliqué le succès du marxisme au XXe siècle, tant auprès des masses exploitées qu'auprès des intellectuels désireux de participer à leur « libération ». Voir **Aliénation, Capitalisme, Classes, Communisme, Idéologie, Idéalisme, Matérialisme, Socialisme**.

➜ **Pour approfondir, p. 711.**

MASCARADE. *n. f.* (de l'italien *mascarata,* « divertissement masqué »).

1° Divertissement à grand spectacle dans lequel des personnages masqués ou déguisés défilaient dans les rues, ou sur une scène, accompagnés de chanteurs, d'instrumentistes, etc. Il pouvait s'agir d'un carnaval, d'un ballet où des danseurs travestis récitaient des vers galants, ou encore de spectacles allégoriques.

2° Au *sens figuré*, mise en scène trompeuse, manifestation hypocrite ou ridicule. *Qu'est-ce que c'est que cette mascarade ? Vous appelez cela un débat démocratique !* Les procès de dissidents, dans les pays de l'Est, ont souvent été qualifiés de «mascarades» (les accusés étaient condamnés d'avance par le pouvoir).

MASOCHISME. *n. m.* (de Sacher-Masoch, romancier autrichien, 1836-1895).

1° **Sens courant :** comportement d'une personne qui éprouve du plaisir à souffrir, et qui recherche la douleur, les situations humiliantes, les difficultés ou échecs propres à satisfaire cette tendance. Le terme s'est vulgarisé. On accuse facilement de «masochisme» quelqu'un qui se livre à des efforts rigoureux ou entreprend des actions difficiles, ce qui se reconnaît à l'emploi abrégé de l'adjectif *masochiste* : « *Il est maso.* » En réalité, le masochisme est souvent un trait profond, jamais totalement conscient, mais fort répandu.

2° **Sens psychanalytique :** perversion sexuelle dans laquelle le sujet n'éprouve de jouissance qu'en se faisant infliger des sévices divers, qui l'amènent à l'orgasme. Ce sens dérive du roman *La Vénus à la fourrure* (1870), de Sacher-Masoch, dans lequel le héros éprouve le besoin de devenir l'esclave humilié de sa maîtresse. À noter que, dans son sens psychanalytique, le masochisme ne se réduit pas à sa définition de perversion sexuelle. Freud parle de masochisme *moral* (besoin de punition, en raison d'un fort sentiment de culpabilité ; recherche inconsciente de situations d'échec), ce qui rejoint le sens courant du mot. Voir **Sadisme**.

MASSIFICATION. *n. f.* Action de massifier les individus d'un groupe, c'est-à-dire de les réduire à une masse anonyme et impersonnelle, au niveau des besoins économiques, de la consommation culturelle, du mode de vie en général. On oppose souvent la *massification* (qui dépersonnalise les consciences) à la réelle *démocratisation*, qui permettrait à chaque citoyen, dans tous les domaines de la vie, d'exprimer librement sa différence. Des sociologues notent, à l'inverse, que c'est justement l'accès du plus grand nombre à la consommation et la culture qui, dans les démocraties modernes, entraîne la massification. Le mot *massification* est aussi utilisé pour désigner l'uniformisation des produits et des objets de consommation culturelle. Le même mot désigne ainsi le *moyen* qui dépersonnalise les individus (la standardisation de tous les aspects de la vie) et le *résultat* qui en découle (la transformation des sociétés en masses anonymes).

MASS MEDIA. *n. m. plur.* (expression anglaise formée sur le latin *media*, pluriel de *medium*, qui signifie «moyen, intermédiaire»). Ensemble des moyens de communication de masse : presse, radio, télévision, cinéma, affiches publicitaires. Ce qui caractérise ces moyens modernes, c'est d'une part leur ampleur : ils sont massifs, ils s'adressent à la masse des gens ; et, d'autre part, leur unilatéralité : ils diffusent l'information dans le sens émetteur-récepteur sans qu'il y ait de réponse réelle des individus ou des groupes récepteurs. Ils sont donc avant tout des moyens de *diffusion* massive des informations, de la culture ou des idéologies dominantes. En ce sens, ils peuvent contribuer à la massification de la société (voir terme précédent), bien que cette thèse soit discutée.

Notons qu'aux moyens classiques énumérés ci-dessus s'ajoutent maintenant l'édition à gros tirage, la bande dessinée, les disques et cassettes, et tout ce qui, massivement, contribue à diffuser des messages. L'expression *mass media*, d'ailleurs, en une quinzaine d'années, est devenue presque désuète. On dit directement de nos jours (en 1995) *les médias*. Le terme, ainsi francisé, prend un accent sur le *é*, alors que, dans l'expression *mass media* («media» étant déjà un pluriel latin), il était plus correct de ne pas accentuer.

MASTODONTE. *n. m.* Mammifère du quaternaire, voisin de l'éléphant. Ce terme est souvent pris au *sens figuré* pour désigner une réalité gigantesque : une personne très corpulente, un homme de pouvoir, une machine énorme, un élément hors pair *(Ce livre est le mastodonte de la collection)*. Cet emploi au sens figuré rappelle celui du mot *dinosaure*.

MATÉRIALISME. *n. m.* 1° **Sens philosophique :** doctrine selon laquelle la matière est la réalité essentielle de l'univers. La pensée, l'esprit, ne sont que des productions de la matière soumises au *déterminisme*. Le matérialisme s'oppose donc d'abord à l'**idéalisme** (voir ce mot), pour qui c'est l'idée, l'esprit, qui sont à l'origine de tout. Il s'oppose aussi au **dualisme**, qui fait de l'univers le produit à la *fois* de la matière et de l'esprit, et considère l'être humain comme constitué à la fois de corps et d'âme, sous l'impulsion d'un Dieu créateur. On notera le sens particulier du **matérialisme dialectique** de K. Marx : selon lui, la matière est sans doute à l'origine de tout, mais la pensée, la conscience qu'elle produit en l'homme (en société) viennent interagir, *dialectiquement*, avec les processus matériels. Ainsi, chez les marxistes, l'évolution de l'histoire et des sociétés se produit à partir du couple esprit/matière : les nécessités de l'existence matérielle et les modes de production économiques engendrent les classes sociales ainsi que leurs idéologies : l'être *social* de l'homme détermine sa conscience *individuelle*, laquelle pourra réagir à sa situation économique, et ainsi de suite.

2° **Sens courant :** attitude ou état d'esprit qui consiste à rechercher avant tout dans la vie les plaisirs et les biens matériels. On parlera par exemple du matérialisme de la société de consommation, ce qui est sans rapport avec le sens précédent du mot.

N.B. Aux deux sens du mot *matérialisme* correspondent les deux sens de l'adjectif *matérialiste* : 1° qui se rapporte aux doctrines fondées sur le matérialisme ; 2° qui est conduit par un désir exclusif de biens matériels. Attention aux confusions : c'est le contexte (discours philosophique ou conversation courante) qui permettra de faire la différence. Il serait ridicule, par exemple, de qualifier K. Marx de «matérialiste» au sens second du terme !

MAUSSADE. adj. *(pour les personnes)* Qui est d'humeur chagrine, désagréable, renfrognée. *Un personnage éternellement maussade, mal content, pessimiste.*

(pour les choses) Qui inspire de l'ennui, de la tristesse. *Un temps maussade. Des jours maussades.*

MAXIME. n. f. (du latin *« sententia maxima »*, «sentence la plus générale»).

1° **Principe général de conduite;** précepte moral. *Il est essentiel de se donner de bonnes maximes, et de les suivre.* Ce sens est classique, et il est synonyme de précepte, principe, règle morale, axiome, devise, sentence. Notons que, sans nécessairement édicter un impératif moral, une maxime peut être une pensée générale sur les hommes, sur leurs conduites et sur leurs mœurs.

2° **Formule brève et frappante** énonçant une réflexion morale, une maxime au sens n° 1. Le sens du mot maxime est ainsi passé de la *nature* de l'énoncé à la *forme* qui l'énonce. En tant que telle, la maxime devient un genre littéraire au XVIIe siècle, dont l'exemple le plus célèbre est celui des *Maximes* de La Rochefoucauld, qui écrit par exemple : *« Quelque bien qu'on nous dise de nous, on ne nous apprend rien de nouveau ».* L'art de la maxime est dans la concision et dans le maniement efficace de figures de style comme la métaphore, l'antithèse, le chiasme. Voir **Aphorisme.**

MÉCANISTE. adj. Se dit d'une philosophie qui, réduisant tous les phénomènes à des lois de cause à effet, explique toute chose par le mouvement de la matière. C'est le cas de la théorie des «animaux-machines» de Descartes, qui réduit toutes les activités de l'animal à des automatismes mécaniques (l'homme seul étant doué d'une âme). Il existe de même un **matérialisme mécaniste**, qui réduit l'affectivité et la pensée humaine à un simple jeu mécanique de phénomènes matériels, et auquel s'opposera le **matérialisme dialectique** de K. Marx, plus complexe, qui fait intervenir un mouvement dialectique entre l'ordre matériel et économique du monde, et l'élaboration de la conscience humaine.

MÉCÈNE. n. m. (nom d'un chevalier romain qui favorisa les arts et les lettres sous l'empire Auguste, protégeant notamment les poètes Virgile et Horace). Personne généreuse, qui protège les artistes et les écrivains en les aidant financièrement. *Il a été mon mécène. Elle s'est conduite en mécène d'un groupe de poètes.* Une personne morale (société, institution, groupe financier) peut jouer le rôle de mécène de certains artistes, souvent dans un but publicitaire. On déconseille, dans ce cas, l'emploi du mot «sponsor» : mieux vaut dire *commanditaire*. Il est préférable également d'employer *mécénat* ou *parrainage* plutôt que l'anglicisme «sponsoring».

MÉCOMPTE. n. m. *(sens propre,* ancien) Mauvais compte, erreur de calcul. *(sens figuré,* actuel, le plus souvent au pluriel) Espoir déçu, en raison de prévisions erronées. Désillusion. *Ce projet auquel je croyais ne m'a apporté que des mécomptes.*

MÉCRÉANT. *adj.* et *n.* (étymologiquement, « qui croit mal »). *(sens ancien)* Personne qui ne professe pas la bonne croyance ; infidèle. Par extension *(sens actuel)*, qui n'a pas de religion ; incroyant. Le mot est souvent d'un emploi ironique ou familier.

MÉDIA(S). Voir **Mass media**. Le mot *média* s'emploie le plus souvent seul et au pluriel. Il couvre en particulier des moyens de communication de masse qui n'existaient pas à l'époque où s'est répandu l'expression *mass media*, comme les satellites de télécommunication ou d'autres technologies de diffusion d'information récentes. Il renvoie fréquemment, de façon globale, au monde du journalisme et de l'information, de la propagande politique ou de la publicité. Voir **Médiatique**.

MÉDIATION. *n. f.* En ce qui concerne les personnes : fait de s'entremettre, de servir d'intermédiaire pour faciliter un accord. *Proposer sa médiation pour réconcilier des personnes, pour préparer un traité de paix entre des groupes ennemis.* Entremise, arbitrage.

En ce qui concerne les choses : processus qui facilite le passage d'une notion à une autre, d'une réalité à une autre ; ce qui sert d'intermédiaire. *L'homme apprivoise le monde par la médiation des mots.*

MÉDIATIQUE. *adj.* Qui concerne les médias ; qui est relatif aux médias. *Le pouvoir médiatique. Une opération purement médiatique* (qui n'a pas de réalité propre en dehors de la publicité que lui font les médias). *Une personnalité médiatique :* une personne rendue populaire par les médias, ou qui utilise efficacement les médias.

MÉDIÉVAL. *adj.* Relatif à la *période* historique appelée Moyen Âge. *Art médiéval. Des études médiévales. Des costumes médiévaux.*

N.B. L'adjectif *moyenâgeux*, qui évoque plutôt l'*atmosphère* du Moyen Âge, s'emploie souvent de façon péjorative, comme synonyme de suranné, vétuste *(des idées moyenâgeuses).* Un spécialiste de l'histoire du Moyen Âge s'appelle un **médiéviste**.

MÉDISANCE. *n. f.* Action de médire de quelqu'un, dénigrement. Propos de celui qui dit du mal : *des médisances perfides.*

N.B. On oppose généralement les médisances aux calomnies. Les médisances portent en principe sur des faits réels concernant la personne qu'on incrimine, alors que les calomnies sont de pures inventions, des méchancetés mensongères, des actes de diffamation. Mais tout le monde ne fait pas cette différence, qu'il faudrait pourtant conserver.

MÉDITATION. *n. f.* Action de méditer. Le mot a diverses nuances, selon le contexte où on l'emploie. On peut distinguer :
• **Le sens psychologique :** activité de réflexion sur un sujet, sur une décision, sur un projet qu'on prépare. L'esprit s'absorbe dans la méditation et donne précisément à la personne *un air méditatif.*

• **Le sens intellectuel** : travail approfondi sur une question, un sujet de livre, une notion philosophique. Le mot *méditation* désigne à la fois l'acte de penser sur le problème et, par métonymie, les résultats de la réflexion menée. D'où des titres d'ouvrages comme *Méditations métaphysiques* (Descartes) ou *Méditations poétiques* (Lamartine).
• **Le sens religieux** : contemplation centrée sur une pensée religieuse ; recueillement intérieur ; prière approfondie. *Le moine consacre plusieurs heures par jour à la méditation.* Voir le verbe **Contempler** et le mot **Recueillement**.

MÉDUSER. *v. tr.* (du grec *Medousa*, monstre mythologique à la chevelure hérissée de serpents, qui changeait en pierre ceux qui le regardaient). Frapper de stupeur ; pétrifier. *Son cynisme médusa sa victime. Je ne m'attendais pas à une telle insolence : j'en suis encore tout médusé.*

MÉGA-, MÉGALO-. Racine d'origine grecque qui signifie «très grand». Elle entre par exemple dans la composition de **Mégalithe** (grand monument de pierre brute) ; **Mégalomane** (personne atteinte de la «manie» ou folie des grandeurs ; homme excessivement ambitieux, hanté par un désir de gloire effréné) ; **Mégalopole** (agglomération urbaine très vaste) ; **Mégaphone** (porte-voix qui amplifie les sons). En outre, comme préfixe d'unités de mesures, *méga-* signifie «un million de» : *mégahertz, mégajoule, mégatonne.*

MÉLANCOLIE. *n. f.* **Sens ancien** : bile noire, censée engendrer une forte tristesse. **Sens courant** : état d'abattement, de «vague à l'âme», d'inquiétude et de tristesse rêveuse, mis à l'honneur par les poètes romantiques (voir **Mal du siècle**). Nerval parle ainsi du *«soleil noir de la mélancolie»* ; mais La Fontaine chantait déjà le *«sombre plaisir d'un cœur mélancolique».*
Sens psychiatrique : état de dépression pathologique, marqué par une profonde tristesse, un pessimisme systématique. Neurasthénie.
N.B. Par extension, le mot mélancolie peut être attribué à ce qui inspire de la mélancolie. *La mélancolie d'un soleil couchant. Une musique mélancolique.*

MÉLIORATIF. *adj.* et *n.* Se dit d'un terme, ou de l'emploi d'un mot qui présente une idée ou une chose sous son aspect le plus favorable. S'oppose très précisément à **péjoratif**.
N.B. Certains mots sont mélioratifs par eux-mêmes. Pour d'autres, seul le contexte peut en décider. Par exemple, le mot «innocent», en principe très positif, peut parfois prendre un sens péjoratif équivalent de «niais, crédule».

MÉLODIE. *n. f.* (à partir du grec *melos*, qui signifie «chant, musique»). Succession de sons ordonnés de telle sorte qu'ils présentent une forme bien identifiable, un «air» musical ayant un caractère propre, agréable, susceptible d'être mémorisé et reproduit. La science de la composition musicale oppose en général la mélodie (la ligne musicale, son inflexion, son «chant» continu) à l'harmonie (l'art de combiner les sons pour en faire des accords qui soulignent, accompagnent, dramatisent la mélodie). Sur une partition, la mélodie se déroule et se lit horizontalement, alors que l'harmonie occupe la dimension verticale (ce qui n'exclut pas, au contraire, qu'il y ait une cohérence musicale dans la *succession* des harmonies et le rythme qui les ordonne).

Le mot mélodie désigne aussi, en musique, une pièce vocale (chantée) composée sur le texte d'un poème, avec accompagnement (en allemand : *lied*). Par extension, on parlera de mélodie à propos de toute suite de sons produisant un effet expressif : *la mélodie d'un vers ; la mélodie d'une phrase ; l'inflexion mélodique d'une intonation.*

N.B. On distinguera l'adjectif *mélodieux* (qui est agréable, doux à l'oreille) et l'adjectif *mélodique* (qui se rapporte à la mélodie, qui a le caractère d'une mélodie).

MÉLODRAME. *n. m.* (à partir du grec *melos*, qui signifie « chant, musique »). Anciennement : spectacle dramatique entrecoupé de chant et de musique. Au XIXe siècle : drame populaire dont, au début, les moments pathétiques étaient soulignés par un accompagnement musical. Le mélodrame se caractérise par l'invraisemblable complexité de l'intrigue, la simplification des caractères (les bons / les traîtres) et des émotions (violence, amour, mort, reconnaissances, bons sentiments). Le public y recherchait la pitié, l'horreur, le rire truculent, les pleurs à bon marché. Par extension, le mot s'applique parfois à des situations de la vie réelle caricaturalement pathétiques. *Nous sommes en plein mélodrame ! C'est du « mélo » !*

MÉLOPÉE. *n. f.* Dans l'Antiquité, déclamation poétique chantée, avec accompagnement musical. Au XVIIIe siècle, la mélopée devient une sorte de **récitatif** (voir ce mot). De nos jours, la mélopée désigne un chant monotone et lent, souvent plaintif et triste. *Le chant désolé d'une mélopée s'éleva et se poursuivit longuement dans la nuit.*

MÉMENTO. *n. m.* (en latin : « souviens-toi »). Agenda où l'on note ce dont on doit se souvenir. Plus particulièrement : petit livre où est résumé l'essentiel d'une question (lorsque ce texte est résumé par l'étudiant lui-même, celui-ci l'appelle *aide-mémoire*).

Le **Mémento** est aussi une prière de la messe appelant à se souvenir de personnes mortes ou vivantes. Pluriel : *des mémentos.*

MÉMOIRE. *(comme nom masculin)* 1° **Au singulier** (mais susceptible d'être employé au pluriel) : écrit récapitulatif qui fait le point sur une question juridique, financière ou scientifique. Il peut s'agir d'un relevé de faits, d'une synthèse destinée à une communication ou à un exposé, d'un inventaire financier, d'un relevé d'arguments juridiques.

2° **Au pluriel** (avec une majuscule, toujours au masculin), on nomme **Mémoires** le récit d'événements historiques dont l'auteur a été témoin ou auxquels il a participé. Le chroniqueur français Commynes, par exemple, a écrit des *Mémoires* sur les règnes de Louis XI et de Charles VIII. Souvent, ce type d'ouvrage comporte la relation d'épisodes concernant l'auteur lui-même, celui-ci ayant la conviction que son époque et son existence (ou ses réactions aux événements de son temps) s'éclairent mutuellement. Ainsi, dans ses *Mémoires d'Outre-Tombe*, Chateaubriand fait l'histoire de son destin personnel en ce qu'il lui semble révélateur de l'évolution sociale et politique de son temps. Lorsque l'auteur n'a que la prétention de se raconter lui-même, sans éclairer l'histoire, il écrit une **autobiographie** ou des **confessions**.

L'auteur de **Mémoires** s'appelle **mémorialiste**.

MENTAL. *adj.* (du latin *mens, mentis*, « esprit ») 1° Qui a rapport à l'esprit au sens intellectuel du mot (sens n° 2) ; qui se fait uniquement dans l'esprit. *Calcul mental. Restriction mentale. Opération mentale.*

2° Qui se rapporte au psychisme en général : *âge mental ; processus mentaux ; aliénation mentale.*

N.B. Cette signification large se retrouve dans l'emploi médiatique du mot mental *comme nom*. Le mental désigne la disposition psychique au sens large, indépendamment des capacités intellectuelles. Lorsqu'on parle de la *solidité du mental* d'un sportif, par exemple, on songe à une forme d'impassibilité, de résistance à l'émotion, ce qui suppose une relative mise en veilleuse de l'intelligence...

MENTALITÉ. *n. f.* 1° Ensemble des façons de penser et de vivre d'un individu. État d'esprit ; conception morale. S'emploie souvent péjorativement pour désigner par exemple l'étroitesse d'esprit des uns, ou la permissivité excessive des autres : *quelle mentalité !*

2° Au **sens sociologique** (sans jugement de valeur, et souvent au pluriel) : ensemble des croyances, des coutumes, des façons de voir dominantes d'un groupe humain. *Les mentalités sont souvent tributaires de la catégorie sociale. Il est difficile de comprendre de l'intérieur la mentalité des peuplades primitives.* Voir **Culture** (sens n° 2).

MENTOR. *n. m.* (nom d'un héros de *L'Odyssée*, particulièrement sage et avisé). Homme sage et expérimenté dont les conseils guident celui qui manque d'expérience. *Il a été mon mentor. Télémaque est instruit par Mentor.*

MÉPRISE. *n. f.* Erreur sur une personne ou sur une chose. Équivoque, malentendu, quiproquo. *Une cruelle méprise.*

N.B. Ne pas confondre **la méprise** (qui vient du verbe *se méprendre*) avec **le mépris** (qui vient du verbe *mépriser*).

MERCANTILE. *adj. (sens actuel)* Animé par l'appât du gain, la recherche du profit ; qui ne songe qu'à faire du commerce de toute chose. *Un esprit mercantile. Une conception mercantile des rapports humains.*

N.B. Ne pas confondre avec *mercantiliste*, qui se rapporte au **mercantilisme** (voir mot suivant).

MERCANTILISME. *n. m.* 1° Doctrine économique élaborée à la suite de la découverte de l'Amérique et de ses fabuleuses mines d'or et d'argent. Le mercantilisme place l'essentiel de la richesse d'un État dans l'accumulation de métaux précieux, ce qui permet d'accroître les quantités de monnaie en métal. Cette accumulation peut se faire par exploitation directe des mines (cas de l'Espagne au XVIe siècle) ou par une balance commerciale bénéficiaire (qui suppose des mesures protectionnistes, comme ce fut le cas du mercantilisme de Colbert). Le mercantilisme fut combattu en France au XVIIIe siècle par les Physiocrates, qui plaçaient la richesse essentielle dans l'agriculture.

2° Dans un sens littéraire, le mercantilisme désigne, péjorativement, un *état d'esprit mercantile* (voir ce mot) et les comportements qui en découlent. *La publicité du Loto engendre, dans l'esprit des gens, un véritable mercantilisme de l'imaginaire.*

MERCI (SANS). Au sens ancien, le mot merci signifie «faveur, grâce». D'où les expressions : *Dieu merci* (grâce à Dieu). *Être à la merci de* : dépendre de la grâce de quelqu'un ou des effets d'une chose. *Crier merci* : demander grâce. *Sans merci* : sans «grâce», sans pitié. *Un combat sans merci* : un combat sans pitié, acharné.

MERVEILLEUX. *(comme nom masculin)* Le merveilleux caractérise un type d'œuvre dans lequel interviennent des réalités surnaturelles, des éléments féeriques, des opérations magiques, des événements miraculeux propres à enchanter le lecteur. L'exemple même de merveilleux nous est donné par les contes de fées. On oppose en général le merveilleux au *fantastique* ou à la *science-fiction*. Ces deux genres ont en effet à *justifier* l'irruption de l'irrationnel dans le récit (par l'invention scientifique à venir, par la réalité de causes inconnues qui seront dévoilées). Au contraire, dans le cas du merveilleux, les données du monde surnaturel sont acceptées comme allant de soi par le lecteur ou le spectateur. Pour les Anciens, par exemple, l'intervention des dieux (dans l'épopée surtout) était acceptée comme telle *(merveilleux païen)* ; pour les chrétiens, ce seront les anges ou les démons, les saints et leurs dons miraculeux *(merveilleux chrétien)*.

Il est possible de prendre le mot *merveilleux* dans un sens plus large, moins limité esthétiquement : dans ce cas, le merveilleux sera ce qui produit un effet d'émerveillement sur le lecteur. On pourra donc le retrouver dans certains aspects du «fantastique» ou des œuvres de «science-fiction» (*La Nuit des temps* de Barjavel, par exemple), ou même dans des événements réels (l'aspect extraordinaire d'une histoire).

MESSIANISME. *n. m.* 1° Croyance religieuse selon laquelle un envoyé de Dieu, le Messie (*« l'oint du Seigneur »*), viendra libérer les hommes du Mal et établir le royaume de Dieu sur terre. Cette espérance est d'abord celle des juifs : le Messie, descendant de David, est annoncé par les prophètes. Le théologien juif Maimonide (1135-1204) fait de l'attente du Messie l'un des articles de foi du judaïsme. Toutefois, le messianisme juif a pu varier selon les époques et selon les tendances.

C'est le christianisme qui, dans les faits, s'est saisi de la notion de messianisme, et l'a développée.

Pour les chrétiens en effet, le Messie annoncé par les prophètes n'est autre que Jésus-Christ. Il est venu comme libérateur spirituel, comme Sauveur. Il faut maintenant parachever son œuvre, en attendant son retour glorieux à la fin des temps (la parousie). Voir **Judaïsme** et **Christianisme**.

2° Au **sens figuré**, par extension, on appelle « messianisme » toute croyance en la venue d'un libérateur qui mettra fin aux injustices et aux désordres du monde présent, et instaurera un nouvel ordre social faisant le bonheur des hommes. Ce messianisme peut avoir un « messie » précis (Staline, « le père des peuples », a pu jouer ce rôle!), ou simplement reposer sur la foi en une doctrine politique. On parlera ainsi de *messianisme révolutionnaire*, fondé en général sur les idées de Marx et de ses continuateurs. *Le marxisme a été un messianisme.*

MESSE. n. f. 1° Cérémonie centrale de la religion catholique qui, selon des liturgies diverses, reproduit fondamentalement le sacrifice du corps et du sang de Jésus-Christ. Voir **Eucharistie**.

La **messe** peut être ordinaire, solennelle (chantée), célébrée à voix basse *(messe basse)* ou en grande pompe *(grand-messe)*. L'emploi figuré du mot n'est pas rare pour désigner des cérémonies profanes particulièrement solennelles : *la finale de la Coupe du Monde est véritablement la grand-messe du football.* La parodie sacrilège de la messe s'appelle *« messe noire »*.

2° Musique composée sur les principaux textes liturgiques de la messe. *Une messe de Jean-Sébastien Bach.* Les principaux chants de la messe, sur lesquels portent des compositions musicales, sont : le **Kyrie** (*Kyrie eleison*, « Seigneur, aie pitié »), le **Gloria** (*Gloria in excelsis Deo*, « Gloire à Dieu dans les cieux »), le **Credo** (*Credo in unum Deum*, « Je crois en un seul Dieu »), le **Sanctus** (*Sanctus, sanctus, sanctus Dominus*, « Saint, saint, saint est le Seigneur »), et l'**Agnus dei** (« Agneau de Dieu » — expression désignant Jésus-Christ, la victime sans tache). Notons qu'on appelle **Requiem** la musique consacrée à la *Messe des Morts* (*Requiem aeternam dona eis Domine*, « Donne aux morts, Seigneur, le repos éternel »). Le *Requiem* de Mozart est célèbre.

MÉTA-. Racine d'origine grecque qui signifie « après, à la suite de, au-delà de ». D'où l'idée de *succession*, de *dépassement*, de *changement*, au sens *propre* ou au sens *figuré*. Le **Métalangage**, par exemple, est un langage sur le langage (la grammaire, l'analyse linguistique, qui sont un langage parlant de la langue, constituent un métalangage : ils relèvent de la « fonction métalinguistique » de la communication). La **Métamorphose** (morph- désignant la forme) est textuellement un *passage à une autre forme* (à la suite, ou au-delà de la précédente). La **Métempsycose** désigne de même, textuellement, le passage d'une âme *(psycho)* d'un état dans un autre (d'un corps dans un autre) : il s'agit de la théorie de la transmigration des âmes. Voir aussi **Métaphore, Métaphysique** et **Métonymie**.

MÉTAPHORE. *n. f.* (du grec *meta*, voir ci-dessus, et *phoros*, «qui porte». Littéralement, «qui transporte en changeant»). Figure de rhétorique (ou de style) qui consiste à désigner une réalité par un terme qui convient à une autre, en raison d'une analogie entre elles qui autorise cette substitution. Par exemple, j'emploierai le mot *racine* à la place du mot *cause (les racines de la rébellion)*, les deux termes ayant l'*idée d'origine* comme point de ressemblance.

La métaphore établit ainsi un rapport d'analogie entre diverses réalités, entre les différents domaines de la vie, du monde. Mais, contrairement à la comparaison (qui *développe* cette relation de ressemblance), la métaphore n'explicite pas l'analogie qu'elle opère : elle *substitue* directement un terme à un autre. Au lieu de dire «tes yeux sont bleus comme l'azur», la métaphore remplace le terme comparé (le bleu) par le terme comparant (l'azur), ce qui donne : «l'azur de tes yeux». La métaphore est donc une comparaison *implicite*, directe, frappante.

Les métaphores ne sont pas seulement à la base de la poésie (les écrivains peuvent tisser de multiples correspondances entre les choses en jouant sur les mots qui les désignent). Elles sont à la base même du langage : l'être humain, chaque fois qu'il doit désigner des réalités nouvelles, a tendance à les rapprocher de réalités déjà connues. Cette recherche d'analogies aboutit à de nombreuses métaphores entre les réalités matérielles et les réalités spirituelles *(les lumières de l'esprit)*, entre les diverses sensations, entre phénomènes humains et phénomènes naturels, entre le concret et le figuré. Quand une métaphore devient habituelle dans la langue, on dit qu'elle se *lexicalise*. Voir **Analogie, Anthropomorphisme, Correspondance, Figuré**.

On appelle **métaphore filée** une métaphore qui se développe longuement (sur une ou plusieurs phrases) en poursuivant l'analogie sur laquelle elle se fonde, selon une sorte de logique interne à l'image. Par exemple, dans son sonnet «L'Ennemi», Baudelaire ayant identifié sa jeunesse à un *«ténébreux orage»*, se met à «filer» la métaphore du paysage qui symbolise ses états d'âme : il parle de *«jardin»*, de *«fruits vermeils»* maltraités par la pluie, de *«pelle»*, de *«râteaux»*, de *«terres inondées»*, de *«sol lavé»* et de *«fleurs nouvelles»*, tous ces termes renvoyant à l'histoire de sa vie intérieure (et non à un tableau objectif!).

Avec la *métonymie*, la métaphore est l'un des grands procédés verbaux qui constituent le langage. Voir **Métonymie**.

MÉTAPHYSIQUE. *n. f.* (du grec *meta*, «après, au-delà de» et *physica*, «les choses de la nature». Dans les œuvres d'Aristote, il s'agit d'une partie qui suit les questions de pure physique, et dans laquelle il s'interroge notamment sur les réalités divines).

Partie de la philosophie qui étudie les problèmes fondamentaux de l'être en tant qu'être, de la connaissance et de la nature du réel, du sens de notre univers, de l'existence ou non de Dieu, etc. Alors que la physique étudie le monde *tel qu'il est* et le *comment* de son évolution, la métaphysique va au-delà et se pose la question du *pourquoi*. Pourquoi le monde ? Pourquoi l'homme ? Pourquoi le Mal ? Pourquoi la conscience ? L'âme est-elle immortelle ? Y a-t-il une autre vie ?

Ces questions étant sans réponses apparentes, le mot prend sous la plume de certains écrivains une connotation négative. Voltaire considère que les questions de métaphysique sont d'inutiles spéculations, tout juste propres à séparer les hommes. Marx condamne la métaphysique comme inutile et creuse, marquée des illusions propres à toute philosophie idéaliste (il s'agit pour lui non d'interpréter le monde mais de le transformer).

Ces réserves n'enlèvent pas à la métaphysique son prestige. Elle demeure la partie suprême de la philosophie comme elle reste au cœur des interrogations de tout homme.

On appelle aussi « métaphysique » l'ensemble des conceptions métaphysiques d'un auteur. On dira par exemple *la métaphysique de Bergson*.

MÉTONYMIE. *n. f.* (du grec *met(a)-*, « ce qui est au-delà, ce qui succède » et *onoma*, « nom ». Littéralement : transformation, changement de nom). Figure de rhétorique (ou de style) qui consiste à désigner une réalité par un terme qui convient à une autre, en vertu d'une *relation étroite* existant entre ces deux réalités. Par exemple, au lieu de dire *« les habitants de Paris s'endorment »*, on dira *« Paris s'endort »* : ce n'est pas la ville matérielle qui s'endort, mais ses habitants ; cependant, il y a une association étroite entre le *contenu* (les habitants) et le *contenant* (Paris) qui permet la substitution des termes.

• Il est essentiel de distinguer ici la métonymie de la métaphore. Alors que la métaphore repose sur une relation de ressemblance entre les choses assimilées (elles n'ont pas de lien *objectif* entre elles), la métonymie repose sur une relation d'association (il y a un lien nécessaire, objectif, *dans la réalité*, entre les choses dont l'une sert à désigner l'autre).

• La nature de l'association qui, dans la métonymie, permet de nommer une chose par un terme désignant une réalité qui lui est liée, est assez variée. Il peut s'agir d'une relation :
— **de cause à effet** : « boire la mort » pour « boire le poison » (qui doit entraîner cette mort) ;
— **de matière à objet** : « la toile » pour la peinture représentée sur la toile du tableau, ou « le fer » pour l'épée *(ils ont croisé le fer)* ;
— **de lieu d'origine à une chose** : « fumer un havane » (un cigare originaire de La Havane) ;
— **de contenu à contenant** : « boire un verre » (boire le contenu du verre) ; « une décision de l'Élysée » (de l'occupant de l'Élysée, c'est-à-dire le Président) ;
— **de la partie au tout** (ou l'inverse) : Saint-Étienne pour l'équipe de

football de cette ville ; le premier violon de l'orchestre (pour le premier violoniste) ; le trône pour la royauté, l'autel pour l'Église, etc. C'est la plus fréquente des métonymies, qu'on nomme plus précisément **synecdoque** (voir ce mot).

• Cette liste n'est pas limitative. Il faut surtout comprendre que la métonymie repose sur un processus fondamental de la nomination qui, au lieu de désigner directement une réalité, l'évoque indirectement par association à une réalité contiguë. Selon le linguiste Jakobson, l'essor du vocabulaire ne peut se faire qu'à partir de l'analogie ou de l'association, c'est-à-dire par la voie métaphorique ou la voie métonymique. L'écriture et l'invention verbale des écrivains pourraient même permettre de distinguer ceux qui appartiennent au *pôle métaphorique* de ceux qui relèvent du *pôle métonymique*...

MÉTRO-, -MÈTRE, -MÉTRIE. Racines issues du grec *metron*, « mesure ». Entre dans la composition de nombreux mots où se retrouve l'idée de mesure : **Mètre, Métrique** (étude de la versification et de la « mesure » dans les vers), **Métronome** (instrument qui marque le rythme musical), et aussi *altimètre, baromètre, chronomètre, diamètre, géomètre, paramètre, symétrie, thermomètre, trigonométrie*, etc.

N.B. Ne pas confondre avec l'autre préfixe grec venu de *mêter, mêtros*, « mère », moins répandu, et qu'on retrouve en particulier dans les mots **Métropole** (ville-mère, capitale) et **Métropolitain** (qui se rapporte à la métropole, comme *le chemin de fer métropolitain*, familièrement nommé « métro »).

MÉTROLOGIE. *n. f.* Science des mesures : mesures de longueur, de volume, de poids, etc. Chaque peuple se définit par ses codes métrologiques, et cela ne va pas sans poser des difficultés au niveau des échanges (cf. le système de mesures anglais).
➜ **Pour approfondir, p. 1035.**

MIASME. *n. m.* (souvent au pluriel). Émanation nauséabonde de matières putrides et infectieuses. Baudelaire déclare à son esprit : *« Envole-toi bien loin de ces miasmes morbides ».*

MICRO-. Racine issue du grec *mikros*, « petit », qui s'oppose au préfixe *macro-*, « grand » (voir ce mot). Dans la langue française, *micro-* exprime une idée d'extrême petitesse, comme l'indiquent la plupart des mots suivants : *micron* (un millionième de mètre), *microbe, microfilm, microscope, microseconde*, etc. Voir ci-dessous **Microcosme**. Ce préfixe reste par ailleurs très actif dans la formation de mots (cf. *microéconomie, microclimat*).

MICROCOSME. *n. m.* (du grec *mikros*, « petit » et *kosmos*, « ordre du monde, univers »).
1° **Sens ancien :** le corps humain, l'homme, considéré dans certaines philosophies comme un *univers en petit*, une image réduite du grand monde ou **macrocosme** (voir ce mot). Cette conception impliquait des

interactions fondamentales entre le Tout et la Partie qui le résume, entre l'Univers et l'Homme.

2° Réalité structurée qui apparaît comme une **image abrégée d'un plus grand ensemble.** Par exemple, on pourra dire qu'un bon roman est toujours un microcosme reflétant la société qu'il évoque. L'idée reste toujours celle d'une partie liée à un tout, dont elle est la reproduction en miniature, d'où sa cohérence.

3° **Petit monde fermé sur lui-même.** Milieu social considérant son petit univers particulier comme le monde même. Ce sens (péjoratif) a notamment été employé à propos des politiciens professionnels français, vers 1980 : le « microcosme » désignait directement la classe politique dans toute sa petitesse et ses limites.

MIÈVRE. *adj.* Qui est d'une grâce affectée et fade, d'un charme doucereux (sans vigueur, sans grande originalité). *Des paroles, des poésies, des peintures mièvres. Des sentiments mièvres.* La notion de **mièvrerie** s'emploie surtout à propos des œuvres d'art. Synonymes : *mignard* et *mignardise*.

MIGRATOIRE. *adj.* Qui est relatif aux migrations. *Les flux migratoires.* Cet adjectif s'applique en principe aux populations qui émigrent ou se déplacent (provisoirement ou non). Il faut surtout le distinguer de l'adjectif **Migrateur, trice,** qui s'emploie à propos des animaux *(les oiseaux migrateurs).*

MILLÉSIME. *n. m.* Date caractéristique de la production d'un vin, de l'émission d'une monnaie, d'une médaille, d'un timbre-poste. *Un Bordeaux 1969 a pour millésime « 1969 ».* Ce mot est surtout à ne pas confondre avec *millénaire* ou *millième*.

MIMÉSIS. *n. f.* (« imitation » en grec). La théorie de la mimésis a été élaborée par Aristote. Pour lui, la tragédie et l'art en général sont avant tout une représentation du monde réel. La qualité d'une œuvre ne vaut que par son degré d'imitation de la nature. Cette théorie classique est controversée par ceux qui pensent que l'art a une autonomie propre, une logique interne, une dimension irréductible à toute reproduction réaliste des choses.

Le mot *mimésis* demeure, quoi qu'il en soit, un mot-clef, à relier aux termes de la même famille : *mime, mimétisme, mimétique* (voir ci-dessous).

MIMÉTISME. (du grec *mimeisthai*, « imiter »). 1° Capacité qu'ont certaines espèces animales de se confondre avec le milieu environnant, en en imitant les formes ou la couleur. *Le mimétisme du caméléon.*

2° Tendance humaine à reproduire machinalement (ou sciemment) les gestes, les comportements, le langage d'autrui. Le mimétisme conduit en particulier à imiter le groupe, à rejoindre le troupeau, à suivre les modes, à adopter les idées dominantes, à reproduire ce qui se dit ou ce qui se fait de façon irréfléchie, simplement parce que ça se dit et ça se fait. Cette tendance s'oppose au désir de se singulariser, de se distinguer d'autrui, d'être «soi-même». On peut noter que les publicités flattent souvent la tendance mimétique pour créer des comportements d'achat collectifs, non sans procurer aux acheteurs potentiels l'illusion de la distinction en leur promettant des produits «personnalisés».

Sur le *plan philosophique*, on peut renvoyer à la thèse de l'essayiste contemporain René Girard sur la «rivalité mimétique». Celui-ci fait de la tendance mimétique une composante essentielle du désir humain : on désire toujours ce que désire autrui. Par exemple, dans le conflit œdipien, R. Girard met en question l'analyse freudienne : ce n'est parce que le père et le fils désirent le même objet (la femme) qu'ils deviennent rivaux, c'est parce que le fils tend à imiter le père (à entrer en rivalité mimétique) qu'il se prend à désirer le même objet (la mère). Sur la pensée complexe de R. Girard, on peut renvoyer à son ouvrage majeur *La Violence et le Sacré*.

MINUS HABENS. *n. inv.* En latin : «qui a moins». Se dit familièrement d'un individu très peu doté en matière d'intelligence... *C'est un minus habens.* Ou plus simplement : *c'est un minus. On nous traite en minus !*

MIROIR AUX ALOUETTES. *(sens propre)* Piège qui consiste à faire miroiter des morceaux de verre au soleil pour attirer les alouettes.

(sens figuré, très répandu) Réalité fascinante et trompeuse ; espoir illusoire par lequel on se laisse berner, par lequel on se fait «piéger».

MISANTHROPE. *n. m.* et *adj.* (du grec *misein*, «haïr» et *anthrôpos*, «homme»). Personne qui déteste le genre humain. Par extension, qui fuit la société, recherche la solitude, évite le contact avec autrui. Antonyme : **Philanthrope** (qui aime l'humanité).

N.B. Le mot *misanthrope* est en général mis en parallèle avec le mot *misogyne* (qui déteste les femmes). En réalité, ces termes ne sont pas symétriques, le mot *misanthrope* renvoyant à l'*ensemble* des êtres humains (hommes et femmes). Le terme (rare) qui correspond à *misogyne* est le mot **misandre** (qui déteste la partie *masculine* du genre humain). Voir mots suivants.

MISÉRABILISME. *n. m.* Tendance littéraire (ou artistique) à représenter dans les œuvres les aspects les plus miséreux de la condition humaine. *Une séquence misérabiliste.*

MISÉRICORDE. *n. f.* (du latin *misere*, «misère» et *cor, cordis*, «cœur»)
1° *(sens ancien)* Attitude de compassion en vers ceux qui sont dans la misère (pauvreté matérielle, misère morale ou physique).
2° *(sens littéraire ou religieux)* Attitude de pitié et d'indulgence envers ceux qui sont coupables d'une faute (qui sont dans la misère *spirituelle*). *Le condamné en appelle à la miséricorde du Roi. Dieu, dans sa miséricorde infinie, peut pardonner aux pécheurs les plus endurcis.*

A noter que la notion de **miséricorde** s'oppose, d'une certaine manière, à la notion de **justice**. La justice applique la loi, rend à chacun son dû ; la miséricorde va plus loin, elle dépasse la pure justice : le pardon est un don.

MIS(O)-. Préfixe issu du grec *misein*, « haïr ». Il entre dans la composition de **misandre** (qui méprise le sexe masculin), **misanthrope** (qui déteste les êtres humains), **misogyne** (qui déteste ou méprise les femmes), **misonéisme** (haine de tout ce qui est nouveau).

MISOGYNE. *adj. et n.* (du grec *misein*, « haïr » et *gûnê*, « femme »). Personne qui méprise les femmes, qui est hostile au sexe féminin dans son ensemble. *Un, une misogyne.* Ce mot est à rapprocher du mot *phallocrate* (homme qui, se prétendant supérieur aux femmes, les méprise et prétend avoir le droit de les dominer) : un phallocrate est misogyne. Mais la réciproque n'est pas vraie : tout misogyne n'est pas phallocrate. Au fond de la misogynie masculine, il y a souvent une peur des femmes qui n'exclut pas l'attirance envers la femme. D'autre part, seuls des hommes sont susceptibles d'être « phallocrates » (en principe...).

MISSIVE. *n. f.* Lettre expédiée à quelqu'un. Ce mot est une abréviation de l'expression **lettre missive**, qui a gardé un sens juridique (écrit envoyé à quelqu'un par la poste ou par l'intermédiaire d'un particulier). L'emploi de ce mot, de préférence à « lettre », a souvent une connotation d'officialité (ou de plaisanterie).

MITIGÉ. *adj. (sens originel)* Adouci, atténué. Rendu moins strict. *Un zèle mitigé. (sens courant)* Incertain, mêlé, partagé. *Des sentiments mitigés* (nuancés ; mi-favorables, mi-défavorables). *Un accueil mitigé* (peu enthousiaste, mêlé de critiques). Ce deuxième sens, dû à l'influence de la première syllabe (*mi-*, perçue comme signifiant *moitié*) a été critiqué au départ, mais semble passé dans la langue.

MNÉMO-, -MNÈSE, -MNÉSIE. Racines issues du grec *mnêmê*, « mémoire » ou *mnêsis*, « souvenir ». Se trouvent dans **Mnémotechnique** (qui aide à retenir), **Amnésie** (perte de mémoire), **Amnistie** (pardon, « oubli » des infractions), **Anamnèse** (évocation volontaire du passé), **Hypermnésie** (exaltation pathologique, incontrôlée, de faits qu'on pense avoir vécus), **Paramnésie** (impression illusoire d'avoir déjà vu ; localisation erronée de souvenirs).

MOBILE. *n. m.* **Sens psychologique et juridique :** ce qui pousse à agir, ce qui détermine un acte. *Le mobile des actions humaines, pour La Rochefoucauld, est essentiellement l'amour-propre. Un bon détective doit toujours trouver le mobile du crime.* Le mobile se distingue du motif dans la mesure où il désigne *ce qui meut psychologiquement* une personne (→ il est souvent une « motivation » cachée). Au contraire, le motif renvoie à une explication rationnelle, à une justification recevable. Bien entendu, nous trouvons souvent de « bons motifs » pour couvrir des actes dont les causes réelles sont, en réalité, des mobiles beaucoup plus troubles...

MODALISATION. *n. f.* Ensemble de procédés stylistiques par lesquels un énonciateur traduit sa plus ou moins grande adhésion au contenu de son énoncé. La modalisation permet d'atténuer, de fortifier ou de nuancer ce que l'on dit, comme le montre par exemple la comparaison entre ces deux phrases : « *Cet élève n'a pas fait les efforts nécessaires* » / « *Il me semble que cet élève n'a pas fait les efforts qui auraient été nécessaires* ».

• Au **sens strict**, la modalisation se traduit par l'emploi de certains adverbes (*bien sûr, peut-être, probablement, toujours, jamais*, etc.) et de certains verbes (*pouvoir, croire, devoir*) ou modes verbaux (conditionnel, subjonctif). Dans chaque cas, les choix fait par le locuteur manifeste un *jugement* qu'il porte sur ce dont il parle : « *Sans doute peut-on affirmer que* » (et non « j'affirme que ») ; « *j'ai cru devoir faire* » (et non « j'ai dû » ou « j'ai voulu ») ; « *les sondages pronostiqueraient la victoire d'Untel* » (et non pas « pronostiquent »).

• Au **sens large**, la modalisation regroupe tous les moyens plus ou moins explicites par lesquels le locuteur fait sentir sa position personnelle (exclamations, tonalité ironique, emploi de termes appréciatifs ou dépréciatifs) à travers son énoncé ; ou encore, réciproquement, sa volonté d'objectivité. Voir **Énonciation, Implicite, Présupposé**.

MODE. *n. m.* (du latin *modus*, «manière, mesure»). Manière générale dont se produit un phénomène, dont se déroule un processus, dont se présente un fait. Méthode selon laquelle se produit une action habituellement. *Mode de vie. Mode de production. Mode d'expression : le mode lyrique, le mode narratif.*

Le mot mode, *au masculin*, prend un sens particulier en musique (type de gammes et de distribution des tons) et en grammaire (manière dont le verbe exprime l'état ou l'action, et dont le sujet se situe par rapport au verbe). Dans l'un et l'autre cas, le mot renvoie à un système organisé, à un processus fonctionnel.

Cette remarque permet sans doute de préciser **la différence entre les deux mots «mode», le masculin et le féminin**, issus également du terme latin *modus*. Au féminin, *la* mode désigne essentiellement de nos jours des manières de vivre (de sentir, de parler, de «penser») *passagères*, variables, dont l'exemple-type est donné par la mode vestimentaire (appelée directement «la mode») ou encore par la consommation audiovisuelle (les films, les chansons «à la mode»). Au masculin, le mot *mode* désigne des formes plus structurées, des dispositifs plus constants, envisagés sous un angle souvent scientifique, ou du moins méthodique. Étudier *le* mode d'existence d'une catégorie sociale, par exemple, c'est chercher à cerner des processus qui vont bien au-delà des effets de *la* mode. On peut même, comme l'a fait Roland Barthes dans son essai *Système de la mode* tenter d'analyser *le* mode de fonctionnement de *la* mode.

MODÈLE CULTUREL. Manière d'être, de vivre, de penser qui apparaît comme dominante et «normale», exemplaire, dans une société ou une civilisation donnée. La monogamie, par exemple, en Occident, est un modèle culturel. La valorisation du travail et du travailleur est un modèle

culturel au sein de la classe ouvrière. De nouveaux comportements sociaux (le désir de consommer pour consommer, ou la tendance à vivre des loisirs actifs, créatifs) pourront être considérés par les sociologues comme des modèles culturels. Tout **système de valeurs** (voir cette expression) est une forme de modèle culturel. Deux remarques peuvent être faites à propos de ce concept :
— d'une part, le mot culture est ici pris au sens large (sens n° 2), qui intègre les mœurs, les modes de vie, les croyances ou les idéologies dominantes ;
— d'autre part, le mot modèle a dans cette expression un sens *beaucoup plus descriptif que normatif* : il s'agit d'un schéma de comportement, d'un système de vie ou de pensée dont l'observateur s'abstient de dire s'il est recommandable ou non. Notons cependant que la position de l'observateur et celle du citoyen ne sont pas les mêmes à ce sujet. Les « modèles culturels » valent ce qu'ils valent ; mais il faut reconnaître qu'aux yeux de l'individu, ils se présentent comme devant être suivis puisqu'ils sont l'expression de « ce qui se fait », de la « norme » sociale (voir le double sens du mot **norme**). Ainsi, les « modèles culturels », sans être « modèles » (moralement), ont un rôle socialement *normalisateur*, incitant au conformisme.

MODERNE. *adj.* Qui appartient à l'époque récente. Qui caractérise le temps présent. *La littérature moderne. La vie moderne. La ville moderne.* Qui, dans l'époque actuelle, semble spécifiquement contemporain, issu du progrès. *Un style moderne. Un appareil ultramoderne. Des idées modernes.*

• Les ambiguïtés du mot moderne viennent de ce qu'on l'emploie souvent en mêlant le jugement *de fait* (la délimitation dans le temps) et le jugement *de valeur* (la relation au progrès, la modernité comme supériorité). Les deux usages du mot, en outre, l'usage objectif (le moderne *comme fait*) et l'usage subjectif (le moderne *comme valeur*) posent chacun des problèmes :
— **Le moderne comme fait** : où s'arrête ce qu'on appelle l'époque ? À partir de quand faire débuter les temps modernes ? Cette question est épineuse dans la mesure où chaque époque se sent moderne par rapport aux temps qui l'ont précédée. Le mot *moderne* va ainsi s'opposer à l'*ancien*, au *classique*, voire même à l'*antique* (sans jugement de valeur), selon les contextes. *Un mobilier moderne* peut dater de quelques années (par opposition à un style ancien) ; l'*histoire moderne* est censée aller de la fin du Moyen Âge à la Révolution française (après quoi commence l'histoire *contemporaine* !) ; les *lettres modernes* désignent la littérature qui suit la culture gréco-latine... À vrai dire, quand on cherche à caractériser ce qui est moderne (le plus objectivement possible), on ne tarde pas à s'apercevoir que des époques passées répondent aux mêmes critères. En littérature, en peinture, en musique, on reconnaît vite des créateurs classiques qui sont *« criants de modernité »* ou *« étonnamment modernes »* ; on pourra faire remonter les premières formes de

sensibilité «moderne» à 1789, à 1820, à 1857, etc. À l'inverse, on peut enfermer la modernité dans des laps de temps si étroits (1950-1975) qu'on se sentira obligé de parler d'époque *post-moderne* pour les décennies qui suivent!...

— **Le moderne comme valeur.** Si la délimitation de ce qui est moderne et de ce qui ne l'est pas (ou plus) est objectivement si difficile, c'est que l'on associe souvent l'idée de **modernité** à l'idée de nouveauté et de progrès : tout le problème est de savoir si les critères retenus correspondent effectivement à des réalités nouvelles et à des progrès effectifs. Le **modernisme** est cette attitude qui consiste à toujours valoriser ce qui est moderne et à ne juger du passé qu'en fonction de son caractère «moderne», c'est-à-dire à penser que l'essentiel de ce qui est passé est dépassé.

• Les adversaires du modernisme fustigent au contraire le mot moderne en tentant de montrer que ce qu'on croyait un progrès se révèle une catastrophe. Globalement, le mot moderne a une connotation majoritairement positive (opposée à *archaïque*), en raison de l'assimilation que l'on fait entre les progrès techniques (que l'on constate) et le progrès humain (auquel on veut croire). La valorisation du mot moderne fait ainsi partie de l'idéologie courante des sociétés post-industrielles. Il faut y prendre garde.

➜ **Pour approfondir, p. 720.**

MODIQUE. *adj.* De faible valeur, de faible importance. *Une somme modique. Vos notes modiques correspondent à la modicité de vos efforts.*

MODULER. *v. tr.* 1° **En musique :** reproduire une mélodie, des sons variés, en effectuant des «modulations», c'est-à-dire des changements de tons, ou d'intensité. Employé intransitivement, *moduler* signifie changer de tonalité au cours de l'exécution d'un morceau. Plus généralement, c'est l'idée de variation dans l'exécution qui caractérise le fait de moduler.

2° *Par extension,* le verbe *moduler* s'emploie dans divers domaines artistiques ou scientifiques. Un écrivain peut moduler un thème, un peintre peut moduler des couleurs : il s'agit à chaque fois de jouer d'inflexions variées. De même, en radioélectricité, on peut moduler la ou les fréquences d'un courant ou d'une onde : il s'agit toujours de faire varier.

3° *Moduler* signifie aussi adapter (quelque chose), avec souplesse, à différentes circonstances, à divers cas particuliers. Ce sens dérive logiquement du sens précédent : si l'on fait varier quelque chose, c'est pour obtenir divers effets, en fonction de différents objectifs. Moduler, c'est jouer de différents modes, distribuer divers moyens, adapter des méthodes à des objectifs. *Moduler les coefficients des épreuves à un examen. Moduler la répartition des subventions en fonction des besoins. Moduler les éléments d'un ensemble architectural.*

MODUS VIVENDI. Expression latine invariable qui signifie « manière de vivre ». La plupart du temps, il s'agit d'une sorte d'accommodement à une situation à laquelle on s'adapte tant bien que mal : *trouver un modus vivendi* (un compromis, une solution passable). En particulier, dans le cas d'un litige entre deux personnes, un *modus vivendi* représente un accord provisoire avant de régler les problèmes de fond.

MŒURS. *n. f. plur.* 1° **Coutumes, habitudes de vie, usages collectifs** (d'une société, d'un peuple, d'une catégorie sociale). Ce premier sens est neutre : il renvoie aux pratiques dominantes, aux modèles culturels, aux manières de vivre quotidiennes, ou aux façons de régler les grands moments de l'existence (le mariage, les relations entre les gens, la mort, l'organisation politique, etc.). Les mœurs, en ce sens, rejoignent le sens n° 2 du mot culture. Il s'agit pour ainsi dire de la civilisation même.

2° **Pratiques de vie morale d'une société.** Il s'agit ici d'envisager les mœurs (au sens précédent) du point de vue de leur *valeur*. On parlera de *bonnes ou de mauvaises mœurs* (notamment sur le plan de la conduite sexuelle). On hiérarchisera les mœurs barbares, les mœurs sauvages, les mœurs féodales, les mœurs policées, les mœurs austères, les mœurs relâchées, les mœurs simples, les mœurs raffinées, etc. Les mœurs impliquent souvent des conceptions *morales* ; même lorsqu'on en parle de façon descriptive (au sens premier), il est rare qu'on ne laisse pas transparaître son étonnement, son approbation ou sa désapprobation. Aussi faut-il bien discerner, dans les textes, les glissements d'emploi du mot *mœurs*, du sens n° 1 au sens n° 2, et les connotations liées au contexte.

3° **Genre de vie particulier à un individu :** ses comportements habituels, ses coutumes préférées. Il est rare que l'on parle des mœurs d'un individu sans jugement moral positif ou, le plus souvent, négatif.

MOI. (*pron. personnel et nom masculin invariable :* nous nous limitons au nom masculin, le « moi »).

1° **Au sens courant,** le moi est ce qui constitue la personnalité originale, l'individualité d'un sujet, ce qui fait qu'il se distingue des autres (du « toi », du « nous », du « il ») à ses propres yeux (même si, parfois, c'est là une illusion individualiste). Ce sens est le sens habituel, celui qui couvre la plupart des emplois de notre langage courant, chaque fois que nous disons « moi », « je », « moi, ceci, moi cela ».

2° **Au sens moral,** fréquent dans la littérature, le « moi » représente la personne en tant qu'elle s'affirme par *opposition* aux autres, se préfère, s'aime, se considère, se centre sur elle-même. Les moralistes condamnent en général cette part du moi qui n'aime que soi : La Rochefoucauld analyse et dénonce l'amour-propre, Pascal déclare *« Le moi est haïssable »* et la littérature classique recommande à l'honnête homme de ne pas parler de soi. Au contraire, le romantisme rétablit l'importance, la préoccupation et même le culte du « moi ». L'écrivain s'intéresse au sujet essentiel que représente sa propre personne, chante ses sentiments, cultive sa « différence », s'exhibe dans son œuvre, et fait de l'écriture le moyen d'édifier son moi en l'exprimant. Le roman est souvent autobiographique.

3° **En philosophie**, le «moi» désigne le sujet pensant, l'âme en tant que conscience, unique et distincte de tout ce qui est autre. Dire «je pense» suffit à s'affirmer à la fois comme être pensant et comme sujet. Selon les philosophes, cependant, la notion de moi peut être assez variée. On dit aussi l'*ego*. Voir **En soi**.

4° **En psychanalyse**, le **Moi** représente une des trois instances psychiques fondamentales, avec le **Ça** et le **Surmoi**. Il est d'abord une résultante du Ça et du Surmoi : les pulsions diverses du Ça d'une part, les impératifs venus de l'éducation (et qui forment le Sur-moi) d'autre part, entrent en conflit dès le plus jeune âge dans la conscience naissante du sujet. Le Moi se constitue ainsi peu à peu, à partir du Ça, en *intégrant* les influences de la réalité extérieure (les interdits, les modèles positifs, les structures socioculturelles qui le conditionnent): *Là où «ça» est*, dit Freud, *le «moi» doit advenir*. Mais en même temps qu'il se constitue *avec* le Ça et le Surmoi, le Moi se constitue *contre*. La conscience, noyau du moi, prend en principe de plus en plus d'autonomie par rapport aux poussées inconscientes (auxquelles le Moi apprend à résister, selon des mécanismes parfois eux-mêmes inconscients), aux divers déterminismes, aux impératifs moraux ou sociaux : le Moi joue le rôle de médiateur entre les autres instances ; il filtre les influences, il *choisit* entre elles ; il se donne à lui-même peu à peu son propre modèle, l'**Idéal du Moi**, en intériorisant certains modèles, en en refusant d'autres, même si ce processus n'est pas totalement conscient. Ainsi, le Moi reste toujours en interaction avec le Ça et le Surmoi ; il s'en nourrit comme il s'en défend, plus ou moins consciemment ; dans le meilleur des cas, il prend de plus en plus d'autonomie, de maîtrise consciente, de capacité à se construire originalement (→ à se vouloir, à se juger et à se penser, ce qui nous ramène aux sens 2 et 3 du mot). Peut-être faut-il conclure que le moi n'est jamais une donnée, mais une conquête de la personne. Voir **Liberté**.

MOLESTER. *v. tr.* Maltraiter, physiquement, faire subir des violences, malmener. *Les voyageurs ont été molestés par une bande de voyous.*

MONARCHIE. *n. f.* (du grec *monos*, «un seul» et *arkhê*, «pouvoir»). Régime politique dans lequel un seul individu détient le pouvoir (qu'il peut exercer, naturellement, par le biais de délégués). Cette définition, conforme à l'étymologie, est cependant trop large dans la mesure où elle convient aussi pour la dictature ou la tyrannie ; aussi faut-il préciser qu'une monarchie est le plus souvent gouvernée par un roi héréditaire et que, même dans le cas d'une monarchie absolue, divers éléments institutionnels viennent tempérer le pouvoir du roi. Il peut s'agir d'une Constitution originelle qui limite l'autorité du prince, d'un Parlement devant lequel le monarque doit répondre de ses décisions (monarchie parlementaire), ou encore de corps intermédiaires qui, dans le royaume, peuvent faire contrepoids au pouvoir royal. Selon Montesquieu, par exemple, la classe des nobles (animés par le sens de l'honneur et le souci objectif du bien du royaume) est le corps essentiel qui peut faire fonctionner utilement une monarchie en tempérant l'autorité du monarque.

MONDE. *n. m.* Au **sens religieux, classique**, ensemble de la vie terrestre profane, avec ses attachements matériels ou sociaux, ses passions, ses modes, etc. *Se détacher du monde pour se consacrer à Dieu. Le chrétien doit vivre « dans » le monde sans être « du » monde.* Voir **Siècle**.

Ce « monde » dont doit se détacher l'homme religieux est en particulier au XVIIe siècle le monde du pouvoir politique, de la Cour, des Salons : bref, de la société brillante et luxueuse que formaient les classes privilégiées. D'où le sens plus précis de *« beau monde »*, où vivent *« les grands de ce monde »*, et où l'on n'entre pas facilement. Ces deux sens du mot « monde » se retrouvent dans l'adjectif *mondain* à l'époque classique.

MON(O)-. Racine issue du grec *monos-*, « seul, unique » et qui sert de préfixe dans de nombreux mots : **Monarchie** (voir ci-dessus), **Monogamie** (mariage où chacun a un seul conjoint, par opposition à la **polygamie**), **Monologue** (voir ci-dessous), **Monographie** (étude détaillée écrite sur un seul sujet précis), **Monomanie** (obsession, idée fixe), **Monopole** (voir ci-dessous), **Monothéisme** (voir ci-dessous), **Monotone** (qui est sur le même ton — cf. *monocorde* — et donc, qui ennuie par son uniformité). La racine *Mono-* demeure un préfixe très vivant, comme l'attestent les mots récents *monobloc, monochrome, monocoque, monoculture, monocyte, monoparental, monoprix*. L'antonyme, très répandu aussi, est **Poly-** (« plusieurs »).

MONOLOGUE. *n. m.* (du grec *monos*, « seul » et *logos*, « parole »).
1° **Au théâtre**, dans un moment crucial, scène au cours de laquelle le personnage, seul, exprime à voix haute ce qu'il pense et ressent. Le personnage parle comme s'il était seul face à lui-même, mais c'est bien sûr une convention qui permet à l'auteur de faire connaître aux spectateurs les états d'âme, les conflits intérieurs ou les intentions secrètes qui animent le protagoniste. On peut citer comme exemple la méditation de Hamlet, *« To be or not to be, that is the question »*, ou bien, dans le genre comique, le discours fou d'Harpagon dépossédé de sa cassette. Le monologue se distingue de la **tirade** (long discours ininterrompu, mais adressé à des interlocuteurs) et de l'**aparté** (courte réplique que le personnage s'adresse à lui-même sans être entendu de ses partenaires, mais perçu par le public). La plupart des monologues sont particulièrement soignés par les auteurs, constituant ce qu'on appelle des *« morceaux de bravoure »* dans lesquels les comédiens exercent pleinement leur talent.

2° **Dans la vie courante,** on appelle souvent monologue un long discours d'une personne qui ne laisse pas parler ses interlocuteurs (et a tendance à s'écouter parler). Mais le mot s'emploie aussi, de façon conforme à l'étymologie, pour évoquer le comportement de quelqu'un qui se parle à soi-même, qui pense à voix haute (dans la solitude, ou en déambulant sur le trottoir). Voir **Monologue intérieur** et **Soliloque**.

MONOLOGUE INTÉRIEUR. 1° Longue suite de pensées incessantes qui se déroulent comme un monologue, un soliloque intérieur, dans la conscience d'une personne.

2° **Dans la littérature romanesque,** technique par laquelle le romancier, au lieu d'analyser les états successifs de la conscience de son personnage en parlant de lui à la troisième personne (en gardant sa distance de narrateur), nous fait entrer directement dans le flux d'impressions et de pensées qui se déroulent dans la conscience du personnage, avec leur spontanéité et leur désordre apparent de paroles inachevées, dites à la première personne du singulier.

Le fait de faire monologuer le personnage, au cours d'un récit, est ancien. Stendhal y recourt lorsqu'il écrit par exemple : *« Le comte était amoureux. Si la duchesse part, je la suis, se disait-il ; mais voudra-t-elle de moi à sa suite ? Voilà la question ».* Mais la technique du monologue intérieur va plus loin : elle ne fait pas la distinction entre le cours du récit et la subite plongée dans le for intérieur du personnage ; et, d'autre part, elle ne fait pas parler celui-ci en phrases bien léchées et en quelque sorte « écrites » : on a droit au contraire à un flux verbal, au fil des associations d'idées du héros. C'est James Joyce qui a véritablement mis au point ce procédé (*Ulysse*, 1922).

MONOPOLE. *n. m.* (du grec *monos*, « seul » et *pôlein*, « vendre »).

Sens propre : régime de droit ou de fait qui permet à un individu, à une entreprise ou à un organisme public d'être le seul à pouvoir fabriquer et vendre certains biens, ou exploiter certains services. *Avoir le monopole mondial du commerce du diamant. La SNCF a le monopole du voyage par train en France. Le rêve du capitaliste, c'est d'avoir le monopole d'un produit et de devenir maître du marché.*

Sens figuré : privilège exclusif, que l'on a ou que l'on se donne, en général sur des biens moraux. *Le Parti communiste s'attribue le monopole de la défense des travailleurs. « Vous n'avez pas le monopole du cœur, Monsieur Mitterrand ! »* (V.G. d'Estaing, 1974). Le verbe **monopoliser** correspond aux deux sens, concret ou figuré, du mot *monopole*. Il signifie « accaparer ; s'octroyer (quelque chose) ».

MONOTHÉISME. *n. m.* (du grec *monos*, « unique » et *theos*, « Dieu »). Croyance en un Dieu unique. L'Islam, le Judaïsme, le Christianisme sont des monothéismes. Antonyme : **Polythéisme**.

MORALE. *n. f.* 1° **Sens philosophique :** science du bien et du mal. Étude des actions humaines du point de vue de ce qui est bien et de ce qui est mal. Recherche de règles de conduite universellement vraies (ne pas tuer, ne pas mentir, respecter autrui, être juste). Doctrine (morale) qui en résulte : la morale de Platon, la morale stoïcienne, la morale chrétienne. Dans tous ces sens, le mot *morale* est synonyme du mot **Éthique**.

2° **Sens général :** ensemble des règles de conduite et des systèmes de valeurs que respectent un groupe humain, un individu. La morale, dans ce sens, peut découler de conceptions approfondies par les penseurs ou les philosophes (la morale chrétienne est édictée, par exemple, à partir des réflexions des théologiens ou des prêtres) ; mais elle peut aussi regrouper un ensemble de préceptes ou de normes sociales qui s'imposent aux individus d'une société donnée, indépendamment de leur réflexion propre. Tels actes se font ou ne doivent pas se faire, sous peine de réprobation sociale. Les morales, les systèmes d'interdits et d'obligations, peuvent être de nature très différente d'une société à une autre, d'une catégorie sociale à une autre. Voir **Déontologie**.

3° **Sens didactique :** leçon que l'on tire d'une histoire, d'une fable, d'une réflexion sur un événement. La morale, dans ce sens, est une leçon de morale pratique, visant à l'édification de l'individu à qui l'on « fait la morale ». Voir **Moralité** (sens n° 2).

MORALISTE. *n.* Penseur ou écrivain qui étudie les mœurs, réfléchit sur les conduites ou sur la psychologie des hommes, s'interroge sur la nature humaine. Montaigne, Pascal, La Bruyère ou Vauvenargues sont d'importants moralistes. On notera la différence entre les mots **moraliste** et **moralisateur**. Le moralisateur fait la morale, veut édifier ou condamner. Le moraliste, lui, réfléchit en profondeur sur les conduites humaines et sur leurs règles apparentes ou cachées. Cela dit, les moralistes ne se contentent pas d'écrire pour le simple plaisir de frapper des formules : ils ont pour la plupart le désir de conduire leurs lecteurs à une certaine sagesse, à une méditation sur soi-même, à un regard critique sur les « folies » humaines.

MORALITÉ. *n. f.* 1° Caractère moral d'une action, d'une attitude, d'une personne. En particulier, conformité d'une existence aux préceptes de la morale (honnêteté, conscience professionnelle, correction des mœurs). *Un homme d'une moralité au-dessus de tout soupçon. Une conduite d'une moralité suspecte.*

2° Leçon morale que l'on peut tirer d'un récit ou d'un événement. *La moralité d'une fable. Moralité : ne brûlez pas les feux rouges.*

3° Au Moyen Âge, on appelle « moralité » une courte pièce de théâtre destinée à l'édification morale des spectateurs (elle peut s'achever par une moralité au sens n° 2).

MORATOIRE. *n. m.* Délai légal qui est accordé en surplus à un débiteur, pour qu'il puisse s'acquitter plus tard de sa dette. Par extension, délai que l'on se donne (ou que l'on reçoit) avant de poursuivre une activité. *Le moratoire que la France s'accorde avant d'entreprendre une nouvelle campagne de tirs nucléaires.*

MORBIDE. *adj.* 1° Relatif à la maladie, pathologique. *Un état morbide.*

2° Qui dénote des tendances malsaines, ou un certain déséquilibre psychique. *Des goûts, des tendances morbides. La fascination de cet écrivain pour les scènes sadomasochistes a quelque chose de morbide.*
N.B. Bien que la morbidité puisse s'accompagner de fantasmes funèbres, ce mot n'a rien à voir avec le mot «mort».

MORGUE. *n. f.* Au **sens psychologique** : attitude hautaine et méprisante, prétentieuse et arrogante. *Voltaire a souvent ironisé sur la morgue des aristocrates, les grands et les petits.*

MORIBOND. *adj.* et *n.* Qui est près de mourir. Agonisant, mourant. *Le râle d'un moribond. Elle était moribonde.* Le terme peut s'employer métaphoriquement : «*le soleil moribond*» (Baudelaire).

MORIGÉNER. *v. tr.* Réprimander de façon sentencieuse, sermonner. *Morigéner un jeune homme insouciant.*

MORPH(O)-, -MORPHE, -MORPHISME. Racines issues du grec *morphê*, «forme», qui entrent comme préfixe ou suffixe dans la composition de nombreux mots : **Amorphe** (littéralement : «qui n'a pas de forme»), **Anthropomorphisme** (projection de formes humaines, voir ce mot), **Isomorphe** (qui a la même structure), **Métamorphose** (changement de forme), **Morphème** (unité formelle minimale de signification dans la langue), **Morphologie** (voir ci-dessous), **Polymorphe** (qui présente plusieurs formes — au concret comme au figuré), **Zoomorphique** (qui présente la forme d'un animal).

MORPHOLOGIE. *n. f.* (du grec *morphê*, «forme» et *logos*, «discours, étude»).
1° Étude des formes et de la structure externe des êtres vivants. Configuration apparente d'un organisme. *La morphologie animale. La morphologie particulière d'un organe.*
2° Apparence générale du corps humain. *La morphologie d'un athlète.*
3° En **linguistique**, étude de la forme des mots, des «morphèmes» qui les constituent, des variations de leurs désinences (déclinaisons, conjugaisons, etc.). *La morphologie se distingue de la syntaxe.*
N.B. La **géomorphologie** étudie plus précisément la surface de la terre et les évolutions de son relief. La **morphopsychologie** étudie la relation entre les caractères morphologiques d'un individu et sa psychologie ; l'étude des traits du visage y est prépondérante.

MOTIF. *n. m.* 1° Raison que l'on a d'agir, d'entreprendre quelque chose. Le motif se présente en général comme une explication de nature intellectuelle (cause explicite, intention précise, justification morale). En cela, il se distingue du **mobile**, qui renvoie à la réalité psychologique (passions, impulsions, affections) et semble souvent plus trouble (voir ce mot). Il se distingue aussi du mot **motivation**, qui inclut les tendances inconscientes dans l'explication de nos actes (voir ce mot).

2° **Sens juridique** (souvent au pluriel) : ensemble de raisons par lesquelles on justifie une décision. Par extension, les motifs peuvent être les raisons successives sur lesquelles on s'appuie pour établir un raisonnement philosophique, un jugement moral, une décision politique, etc.

3° **Sens esthétique :** sujet ou thème sur lequel porte une œuvre d'art. En peinture, sujet d'un tableau (le type de paysage qu'il reproduit, par exemple). En architecture, ornement particulier, souvent répété pour des raisons décoratives. En musique, élément mélodique ou rythmique, phrase musicale caractéristique qui sera plusieurs fois reprise (voir **Leitmotiv**). Comme synonyme de *thème*, le mot *motif* peut être employé métaphoriquement dans divers autres domaines (roman, film, ouvrage dramatique : le motif pourra être un élément narratif, un type de séquence, une situation obsédante).

MOTIVATION. *n. f.* Ce qui explique une conduite, un acte, une attitude. Selon les emplois de ce mot, l'explication peut être plus ou moins profonde (voir les mots **Mobile** et **Motif** qui, l'un et l'autre, peuvent entrer dans le cadre de ce qu'on appelle **Motivation**). Ainsi, la motivation peut être le motif que l'on donne pour expliquer ou justifier une action. *Quelle est votre motivation ? Pour postuler à ce poste, on me demande une lettre de motivation.*

Mais la motivation peut être aussi le facteur plus profond, impulsif, qui conduit à un acte. Par exemple, dans les « études de motivation », on procède à une analyse de la psychologie du consommateur qui révèle la complexité des raisons qui motivent l'acte d'achat : le client peut croire acheter un produit pour son utilité (tel est le « motif » qu'il se donne), alors qu'il désire l'acquérir pour s'identifier à une image de marque, se donner une « personnalité » valorisée par la publicité (c'est là son « mobile » semi-conscient).

Plus profondément encore, la motivation peut être une force *totalement inconsciente* qui détermine le sujet à agir sans qu'il sache pourquoi. Par exemple, un sentiment de culpabilité inconscient conduit un individu à se placer en situation d'échec ; il protestera officiellement contre le mauvais sort qui le poursuit ; mais en réalité, il a cherché ce qui lui arrive par « besoin de punition ». La motivation devient, dans ce sens, la détermination qui fait agir les gens à leur insu (voir **Déterminisme**).

MULTI-. Racine d'origine latine qui signifie « abondant, nombreux ». Elle entre dans la composition de termes... multiples : **Multicolore, Multidimensionnel** (qui a plusieurs dimensions, au concret comme au figuré), **Multilatéral** (voir le mot **Bilatéral**), **Multinational** (se dit des grandes firmes dont l'activité économique s'étend sur de nombreux pays), **Multiracial** (relatif à plusieurs races). *Multi-* est en concurrence avec *Pluri-* et *Poly-*.

MULTIMÉDIA. *n. m.* Regroupement des grands supports de la communication moderne : l'écrit, l'audiovisuel, l'ordinateur, les réseaux de télécommunication. *Nous sommes à l'ère du multimédia.*

Les progrès de la technologie permettent, de nos jours, de traduire toutes les données de l'information en langage numérique. Il suffit donc de relier un ordinateur (personnel ou non), capable de décrypter ou de produire ce langage, aux multiples moyens de télétransmission modernes (câblés ou non), pour mettre en communication immédiate des êtres humains disséminés sur le globe, ou les connecter à toutes sortes d'organismes susceptibles d'échanger des données. Le *multimédia* désigne à la fois cet ensemble de possibilités et l'appareillage technologique qui permet leur réalisation.

MUSES. *n. f.* 1° *Dans la mythologie grecque,* chacune des neuf déesses, filles de **Zeus** (dieu suprême) et de **Mnémosyne** (déesse de la Mémoire) qui avaient pour tâche de présider aux arts. Les neuf Muses sont **Clio** (l'histoire), **Calliope** (l'éloquence), **Melpomène** (la tragédie), **Thalie** (la comédie), **Euterpe** (la musique), **Terpsichore** (la danse), **Érato** (l'élégie), **Polymnie** (le lyrisme) et **Uranie** (l'astronomie). **Apollon** (dieu de la Beauté, de la Lumière, de la Sérénité) les aidait dans cette tâche.

2° *Par extension,* les Muses ou la Muse représentent l'inspiration poétique. Le poète en appelle aux Muses, il les invoque pour être inspiré. On appelle parfois muse (avec un « m » minuscule) une femme qui inspire particulièrement un poète : *Elsa fut la muse d'Aragon.* Voir **Égérie**. Dans *Les Nuits,* Musset présente ses méditations sur lui-même comme un dialogue entre la Muse et le Poète. C'est elle qui lui déclare *« Poète, prends ton luth, et me donne un baiser »,* et le pousse à transformer sa douleur en poésie : *« Les plus désespérés sont les chants les plus beaux ».*

MUTATIS MUTANDIS. Expression latine qui signifie *« en changeant ce qui doit être changé ».* S'applique à des textes ou à des projets dont le principe ou le contenu est satisfaisant, et dont il y a simplement à modifier des éléments partiels ou des modalités. *Voici la première rédaction du contrat, qui devrait convenir, mutatis mutandis.*

MUTISME. *n. m.* (du latin *mutus,* « muet »). *(sens médical)* Refus ou incapacité pathologique de parler, par suite de troubles psychiques. *Le mutisme d'un enfant autiste.* L'aphasie, elle, vient plutôt de lésions organiques. *(sens courant)* Attitude de quelqu'un qui ne veut pas s'exprimer et garde le silence. *Il s'enferme dans son mutisme. Un mutisme éloquent.*

MYRIADE. *n. f.* (du grec *murias,* « dix mille »). Quantité innombrable, qui comporte des dizaines et des dizaines de mille, indéfiniment. *Des myriades de poissons, d'oiseaux, d'étoiles.*

MYSTÈRE. *n. m.* (à partir du grec *mustêrion,* de *mustês,* « initié »).

1° **Sens religieux :** dans l'*Antiquité,* culte religieux réservé à des initiés, et donc secret, tenu caché au reste des mortels. Les rites *initiatiques* (voir ce mot) permettaient de connaître les « mystères ». Dans la *religion chrétienne,* le mot mystère prend un sens théologique : il s'agit des dogmes révélés, indémontrables par la raison, sur lesquels repose la foi chrétienne. Le mystère garde son sens de réalité secrète, cachée, « mystérieuse » aux yeux des hommes, dans la mesure où sa nature est incompréhensible. Il est incompréhensible par exemple, d'un point de vue logique, que la Trinité soit « un seul Dieu en trois Personnes », que Dieu puisse revêtir la nature humaine tout en gardant sa nature divine (mystère de l'Incarnation) ou qu'il ait fallu le sacrifice d'un Fils de Dieu pour sauver les hommes (mystère de la Rédemption). Pour Pascal, les mystères sont incompréhensibles en eux-mêmes mais permettent de comprendre la condition humaine ; ils aveuglent l'esprit qui les regarde en face, mais rendent lumineuses les réalités qu'ils sont chargés d'éclairer.

2° **Sens courant :** ce qui est caché, secret, difficile à comprendre ou à jamais incompréhensible, obscur, énigmatique. On retrouve toute cette gamme de sens dans l'adjectif **mystérieux**.

3° **Sens littéraire :** au Moyen Âge, le mystère est une représentation dramatique d'inspiration religieuse. Les acteurs y jouaient divers épisodes de la vie du Christ, la Nativité (la naissance), la Passion, la Résurrection, ou encore des scènes tirées de la vie des saints. Ces spectacles mêlaient à l'évocation de thèmes surnaturels ou mystiques des scènes très réalistes ou même comiques, qui plaisaient au public populaire (lequel participait souvent au déroulement de la cérémonie).

N.B. Ce sens du mot mystère n'a pas de point commun avec le sens théologique.

MYSTICISME. *n. m.* (du latin *mysticus*, issu du grec *mustikos*, « relatif au mystère »).

1° Croyance religieuse ou philosophique en la possibilité d'une union intime et directe de l'être humain avec la divinité. Recherche de cette union par la prière, par la méditation ou la souffrance, par l'extase où l'âme fusionne avec Dieu (le mot *extase*, en grec, signifie « être hors de soi »). *Le mysticisme chrétien. Le mysticisme bouddhiste, à la recherche du nirvâna.*

Sans qu'il y ait nécessairement recherche d'extase, on peut parler de mysticisme à propos des croyants dont la foi est intense, intuitive, exigeante, et qui recherchent l'exaltation intérieure. D'où parfois l'emploi péjoratif du mot (synonyme de foi aveugle, irrationnelle, illuminée).

2° Attitude générale, en matière de croyance ou de doctrine philosophique (ou politique), qui se fonde sur une adhésion intuitive, sur le sentiment plutôt que sur la raison. Cette attitude sacralise ce en quoi elle croit, même s'il s'agit d'une aspiration athée. Par exemple, le *mysticisme révolutionnaire* consiste à croire avec exaltation que la révolution assurera immédiatement le bonheur des hommes enfin libérés. On a pu parler, de même, de mysticisme scientifique à propos du scientisme. Voir **Mystique**.

MYSTIFIER. *v. tr.* Tromper quelqu'un, abuser de sa crédulité (en général pour s'amuser à ses dépens). La **mystification** peut concerner des personnes individuelles ou des groupes humains. Le **mystificateur** peut user de différents leurres, stratagèmes, mensonges. Mais la mystification peut être aussi une illusion de nature générale, abstraite, proche du mythe ou de la mythologie. Les verbes *mystifier* et *démystifier* s'emploient également dans ce cas à propos des *personnes* mystifiées. Mais attention de ne pas confondre ici le verbe *mystifier* (qui concerne les personnes abusées) et le verbe *mythifier* (qui concerne les réalités, les valeurs ou les êtres auxquels est conféré le statut de mythes). Voir **Démystifier/Démythifier**.

MYSTIQUE. *adj.* et *n.* (du latin *mysticus*, issu du grec *musticos*, « relatif aux mystères »).

1° *Comme adjectif.* **Qui est relatif aux mystères** (au sens n° 1) : caché, supposant une initiation, ayant un sens secret, allégorique, religieux. *Les sacrements ont un sens mystique. L'Église est le corps mystique du Christ* (elle le symbolise, elle en est l'incarnation spirituelle). Dans ce sens, l'adjectif *mystique* peut s'employer hors de la religion, dans le domaine poétique par exemple, pour évoquer des réalités qui ont un sens symbolique, un sens spirituel caché (emploi fréquent chez Baudelaire). **Qui est relatif au mysticisme** (au sens n° 1). *Les pratiques mystiques. L'intensité mystique de leurs croyances. Des personnes mystiques, ferventes, qui ont l'esprit tourné vers le divin.*

2° *Comme nom.* Personne qui s'adonne au mysticisme, qui est préoccupée par les questions religieuses, qui cherche la présence du divin. *Un mystique, une mystique. Un véritable mystique regarde et interprète les choses de ce monde avec les yeux de la foi. Les saints sont en général des mystiques ; la réciproque n'est pas vraie.* Le mystique est parfois accusé de vivre hors du réel.

3° *Comme nom féminin.* La mystique est l'ensemble des croyances et des pratiques intensément vécues par les mystiques. Par extension, **une mystique** représente une foi intense et absolue dans une réalité ou une idée à laquelle on croit (en dehors du domaine religieux). *La mystique du peuple. La mystique de la fraternité universelle.* Dans ce sens, l'emploi du mot est souvent péjoratif ; il incrimine une attitude de foi aveugle, dogmatique, irrationnelle, refusant toute critique. *La mystique gaulliste en a aveuglé plus d'un.*

MYTHE. *n. m.* (du grec *muthos*, « récit, fable »).

1° Récit imaginaire, d'origine populaire ou littéraire, qui met en scène des personnages extraordinaires, surhumains ou divins, dont les événements fabuleux ou légendaires tantôt retracent « l'histoire » d'une communauté, tantôt symbolisent des aspects de la condition humaine, tantôt traduisent les croyances, les aspirations ou les angoisses de la collectivité pour laquelle ce mythe a un sens. L'ensemble des mythes d'une civilisation forme une mythologie, la *mythologie grecque* par exemple.

Le récit légendaire qu'est un mythe peut venir d'auteurs inconnus, faire partie d'une tradition orale, ou être forgé ou développé par des auteurs précis, dans des œuvres littéraires (poétiques ou théâtrales). Mais dans l'un et l'autre cas, le mythe représente une vision du monde, une interrogation, une nostalgie de *dimension collective*. Le mythe de Prométhée dérobant le feu, le mythe d'Œdipe tuant aveuglément son père et épousant sa mère, le mythe de Faust vendant son âme au diable, sont des histoires symboliques dans lesquelles des sociétés reconnaissent des vérités profondes de leur histoire, de leur philosophie, ou de l'humanité même. L'étude des mythes constitue une branche importante de l'**anthropologie**.

2° **Au sens philosophique,** le mythe est un *récit poétique*, une sorte d'allégorie qu'emploie un auteur pour traduire sa pensée de façon expressive. C'est le cas du mythe de la caverne, élaboré par Platon pour expliquer que notre monde « réel » n'est qu'un reflet du monde des Idées.

3° On peut intégrer à ce sens **le mythe comme rêverie utopique**, comme représentation idéalisée que se font certains écrivains des différents âges de l'Humanité. C'est le cas du mythe de l'*Âge d'or* ou du *Paradis perdu*, qui ne sont pas donnés comme des récits d'une histoire authentique, mais comme des Images idéales d'un monde qu'il faudrait reconstruire ou retrouver.

4° **Au sens actuel,** le mythe désigne une représentation simplifiée et amplifiée de la réalité, qu'il s'agisse de la réalité d'un personnage historique *(le mythe napoléonien)*, d'un événement dont on grossit l'importance *(le mythe de la Résistance française)*, d'un phénomène technique ou social *(le mythe du progrès)*. Le mythe, faisant partie des croyances et de l'idéologie d'une société, peut alors agir sur le comportement des individus. Un homme politique voudra par exemple fonder une campagne électorale sur le mythe de l'Homme providentiel qu'il est censé incarner pour sauver le pays.

Dans son ouvrage, *Mythologies*, Roland Barthes a montré que les mythes ne sont pas des produits du hasard, issus de la nature des choses. Ils représentent souvent *un moyen de mystifier l'imaginaire collectif*, en présentant comme naturelles des conceptions ou des visions du monde qui sont le produit de l'histoire. Le moindre discours social est empreint d'une mythologie qui n'est souvent que de l'idéologie, et qu'il faut « démythifier ».

5° Le mot mythe s'emploie enfin, péjorativement, pour évoquer une pure construction de l'esprit, une idée totalement irréelle, par laquelle on a pu être provisoirement séduit. *Ce n'est qu'un mythe !* Voir **Utopie**.

➜ **Pour approfondir, p. 727.**

MYTHOLOGIE. *n. f.* 1° Ensemble des mythes d'une civilisation donnée, des légendes propres à un peuple. Voir le mot **Mythe** (au sens n° 1).

2° Ensemble mythique caractérisant un objet, une notion, une réalité, un personnage, tels qu'ils peuvent être perçus ou présentés. *La mythologie du steak-frites en France. La mythologie du sport. La mythologie*

du battant. Ce sens correspond assez bien à ce qu'a voulu analyser Roland Barthes dans l'ouvrage cité ci-dessus (sens n° 4 du mot *Mythe*).
  3° Étude critique des mythes, science des mythologies (au sens n° 1).
➜ **Pour approfondir, p. 1038.**

MYTHOMANE. *adj.* et *n.* Personnage qui ne cesse de fabuler, de raconter des histoires où se mêlent le vrai et le faux, qui se crée ainsi un mythe constant de sa propre vie, en en persuadant les autres. La **mythomanie** est en principe pathologique.

NAGUÈRE. adv. (littéralement : « il n'y a guère »). Il y a peu de temps ; il y a quelque temps. Cet adverbe s'oppose à **autrefois** ou à **jadis** (comme l'indique le titre d'un recueil de Verlaine, *Jadis et naguère*). C'est donc à tort qu'on le trouve parfois employé pour faire état d'un passé ancien, comme s'il fallait, au siècle de la vitesse, que le moindre temps passé soit immédiatement ressenti comme définitivement révolu...

NAÏF. adj. (du latin *nativus*, « donné par la naissance, naturel »).

1° (*sens général*) Se dit de ce qui représente les choses telles qu'en leur commencement, c'est-à-dire naturelles, spontanées, sans artifice. Montaigne, par exemple, dans l'avant-propos de ses *Essais*, déclare vouloir se montrer dans sa *« forme naïve »* (sa manière d'être naturelle). Le **style naïf**, genre cultivé par Marot et La Fontaine, cherche à imiter une sorte d'état naissant de la langue, spontané et sans artifice, dans lequel les archaïsmes se veulent des fidélités aux formes originelles du langage. L'**art naïf**, en peinture, au début du XXe siècle, cherche à retrouver la vision naturelle de l'enfance, aux antipodes de l'art savant (qu'il soit académique ou d'avant-garde). Le Douanier Rousseau, autodidacte, est le représentant le plus connu de cet art (1844-1910).

2° (*sens courant*, appliqué aux personnes). Qui est simple, confiant, sincère, crédule, faute d'expérience. Candide, ingénu (voir ces mots). Dans ce sens, le mot peut être employé comme substantif : *un naïf, un grand naïf*.

N.B. Le terme est souvent employé péjorativement, pour marquer une innocence ou une ingénuité excessives. *Dans un siècle sans idéal et sans scrupule, il n'est pas bon d'être naïf*.

NANTI. adj. et n. Qui est bien pourvu, qui ne manque de rien. Le mot désigne souvent les riches, les bourgeois, par opposition aux prolétaires, aux pauvres. Il a été souvent employé, en particulier, pour opposer les pays riches, ou nantis, aux pays en voie de développement.

NARCISSISME. *n. m.* (de Narcisse, personnage de la mythologie grecque : jeune homme de grande beauté, il tomba amoureux de sa propre image, reflétée dans l'eau d'une fontaine. Ne pouvant satisfaire sa passion, il mourut de désespoir, figé dans sa propre contemplation, et fut transformé, sur place, en la fleur qui porte son nom).

Tendance plus ou moins prononcée à la contemplation de soi ; besoin de s'admirer dans les images de soi qu'on donne aux autres. Le narcissisme est souvent physique (on se plaît à se regarder dans les glaces ou dans divers reflets de soi ; on est préoccupé sans cesse de son image) ; mais il est souvent aussi moral (souci de sa réputation ; désir d'éblouir par ses œuvres — littéraires ou non ; amour de soi qui s'infiltre dans la pratique même de la vertu). Voir *L'Erreur de Narcisse* (Lavelle).

La psychanalyse insiste sur le narcissisme comme nécessaire à la constitution naturelle du « moi » (c'est son abus, son excès, qui serait pathologique). Il y aurait deux stades narcissiques. Le narcissisme de l'enfant (narcissisme primaire) consiste en ce qu'il se prend lui-même pour objet d'amour, se connaît ainsi comme être global et unique, ce qui favorise la constitution du « moi » (à travers l'expérience que Lacan appelle « le stade du miroir »). Le narcissisme adulte (ou narcissisme secondaire), serait une structure psychique permanente (mais réactivée par certains événements) équilibrant l'amour des autres. En vulgarisant cette conception, on peut dire qu'il faut s'aimer pour aimer les autres : tout est affaire de balance, de degré. Voir le mot **Moi**.

NARQUOIS. *adj.* Moqueur, malicieux, ironique, avec quelque chose de provocateur. *Un sourire narquois. Un air narquois. Une lueur narquoise au coin de l'œil. Un personnage perpétuellement narquois.*

NARRATEUR. *n. m.* Celui qui prend en charge la narration d'un roman ; celui qui est censé rapporter ce qui est raconté. Il importe ici de distinguer l'*auteur* (du livre) et le *narrateur* (du récit). Trois possibilités :

1° L'auteur et le narrateur peuvent être totalement confondus : c'est le cas des récits autobiographiques dans lesquels l'auteur déclare expressément qu'il raconte *sa* vie, à la première personne du singulier. Il y a même fusion ici entre le personnage principal, l'auteur et le narrateur.

2° L'auteur et le narrateur peuvent à la limite être confondus lorsque le récit est conduit en focalisation externe, et même en focalisation « zéro » (narrateur omniscient : voir le mot **Focalisation**). C'est effectivement l'auteur (Balzac, Stendhal, Zola, Hemingway) qui raconte tout ce qui se passe, prend en charge tous les aspects du récit (y compris lorsqu'il fait parler ou penser ses personnages). Mais, ce faisant, il *joue à tout savoir* ; il *fait comme s'il était un témoin* reconstituant les choses : la fonction de narrateur est un *rôle* que se donne l'auteur *au moment où il écrit,* et qui est distincte de ce que cet auteur se trouve être dans la vie (ou même, dans les autres aspects de ses écrits : Hugo narrateur et Hugo poète sont deux rôles différents de Hugo auteur). Parfois, l'auteur se met en scène explicitement comme narrateur : il *fait semblant* d'avoir été présent à telle époque ou à tel endroit, d'avoir rencontré tel témoin de cette histoire (qu'il invente). Il organise **sciemment** la confusion auteur-narrateur. Il faut donc opérer la distinction, et prendre soin à ce que l'on dit, chaque fois qu'on utilise les mots *auteur* et *narrateur*.

3° L'auteur et le narrateur sont à distinguer *absolument* lorsque le récit, sans être une autobiographie officielle de l'auteur, se trouve mené à la première personne du singulier. L'auteur, dans ce cas, a choisi de faire raconter l'histoire par un personnage qui y participe (comme acteur ou témoin). C'est le cas d'*Adolphe* (Benjamin Constant), de *L'Enfant* (J. Vallès) ou de *L'Étranger* (Camus). L'auteur s'efface ainsi devant la fonction de narrateur (même s'il reste le maître d'œuvre) ; il ne faut donc pas rapporter à la *personne* de l'auteur les éléments du récit qui concernent le *personnage* du narrateur : chose tentante lorsque le personnage en question, par certains de ses traits, peut nous rappeler ce que nous savons de l'auteur. Méfiez-vous donc des romans à *caractère* biographique, dans lesquels l'auteur prête *quelques* aspects de sa personne au personnage du narrateur (cas notamment de Proust, dont le Narrateur raconte même l'histoire de sa vocation artistique dans *A la recherche du temps perdu*).

NARRATOLOGIE. *n. f.* Étude de l'art du récit. Science de la narration, qui comporte sa terminologie spécifique, dont on trouvera quelques éléments aux mots **Actant, Adjuvant, Focalisation, Narrateur, Opposant, Récit.**

NATIONALISME. *n. m.* 1° Vif attachement à la nation à laquelle on se sent appartenir, dont l'exaltation peut conduire à la xénophobie.

2° Doctrine, fondée sur ce sentiment, visant à l'affirmation de la nation, de l'identité nationale, et pouvant déboucher sur une volonté de puissance à l'extérieur : le nazisme, par exemple, s'est défini comme un « national-socialisme ».

Les méfaits historiques du nationalisme font de ce mot un terme souvent péjoratif de nos jours. Il ne faut pourtant pas oublier qu'au départ, le nationalisme a eu un rôle progressiste, voire révolutionnaire : les peuples se sentaient participer librement à une communauté dont le destin était entre leurs mains, et non plus les jouets de pouvoirs monarchiques qui se livraient à des guerres, ou à des partages de territoire, sans souci des habitants. L'idée de nation souveraine a fondé ainsi le patriotisme révolutionnaire.

C'est vers la fin du XIXe siècle que l'idée de nation a été traitée comme une fin en soi, une essence liée au thème de la race ancestrale, à laquelle doit être soumis l'individu, et qui doit manifester sa grandeur collective ou sa supériorité sur les autres peuples. Dès lors, le nationalisme devenait *impérialisme*, s'enfermant dans un système doctrinal offensif/défensif qui devait mener aux deux grandes guerres mondiales.

Le nationalisme est parfois positif comme libérateur ; il est absolument négatif comme oppresseur. Le problème est que la limite est parfois difficile à établir, les mouvements partisans (conservateurs) ayant l'art de le faire basculer du premier aspect dans le second (cf. les événements de l'ex-Yougoslavie).

➔ **Pour approfondir, p. 733 et 737.**

NATURALISME. *n. m.* 1° **Au sens philosophique :** doctrine selon laquelle tout est dans la nature et la nature est tout. Il n'y a donc pas de réalité surnaturelle. La nature est sa propre fin ; son ordre harmonieux dérive de ses propres lois. La sagesse consiste à suivre cette nature, à suivre les instincts qui concourent à l'ordre naturel, à vivre une sorte de morale naturelle fondée sur la santé, la vie. Morale inscrite au cœur de l'homme, par opposition aux morales contraignantes qui obligent à s'imposer des devoirs artificiels.

2° **Au sens littéraire :** école littéraire de la fin du XIXe siècle, principalement animée et illustrée par Zola ; dépassant le réalisme, elle charge le roman de rendre compte de la vie naturelle et sociale de façon scientifique et exhaustive. Le naturalisme se caractérise notamment par :

— **La volonté de réalisme total.** Rien ne doit être tu par le romancier, qui doit peindre les aspects les plus sordides ou grossiers de l'existence humaine. Le respect des bienséances et de la morale bourgeoise ne doit pas retenir l'écrivain naturaliste, qui décrit par exemple la sexualité humaine dans toute son animalité, comme doit le faire un spécialiste des sciences naturelles.

— **La volonté d'étudier en particulier les milieux sociaux, la misère du peuple,** la prolétarisation progressive de la classe ouvrière, sacrifiée à la révolution industrielle. L'écrivain naturaliste peint la fresque des malheurs humains de son époque.

— **La volonté d'analyser et d'observer la réalité humaine et sociale d'un point de vue scientifique.** Lorsque Zola écrit le cycle des « Rougon-Macquart », il la présente comme une *« Histoire naturelle et sociale d'une famille sous le Second Empire »*. À l'instar de Claude Bernard étudiant la biologie, Zola considère le roman comme une sorte de modèle expérimental : le romancier conduit ses personnages selon les lois du milieu dans lequel il les plonge, il en fait varier les composantes (physiques, sociales, économiques), il en illustre les « lois ».

La limite de ce type de littérature est moins dans son refus de la morale que dans son *parti pris déterministe*. Sa qualité, en fait, vient souvent de ce qui dépasse le cadre purement « naturaliste » : la poésie des évocations, le lyrisme du malheur, la lutte épique des hommes contre leur condition miséreuse, bref la *vision* qui permet de dépasser « l'observation ».

NATURE. *n. f.* 1° **Ensemble des êtres et des choses qui constituent l'univers** (la création, pour les croyants). Le mot nature, dans ce sens, présuppose toujours que cet ensemble est plus ou moins organisé. D'autre part, c'est plus que le simple monde physique, puisqu'il comprend des êtres doués d'une réalité *psychique*.

Comme synonyme d'univers extérieur, le mot nature peut intégrer le phénomène humain : *« L'homme n'est qu'un roseau, le plus faible de la nature... »* (Pascal). Mais on peut l'employer aussi par *opposition* à la vie de l'être humain : la nature est alors l'environnement qui entoure l'homme, le monde physique qui obéit à des lois indépendantes de la volonté humaine. Tantôt, celui-ci peut paraître indifférent à l'homme dans sa réalité matérielle ; tantôt il peut lui sembler complice et proche (et faire naître en lui le « sentiment » de la nature).

2° **Ensemble des caractères propres, des propriétés fondamentales qui définissent une réalité (concrète ou abstraite) ou un être.** Ce sens renvoie à celui du mot « essence » : ce qui fait qu'une chose est ce qu'elle est. On parlera aussi bien de la nature du feu, du roman, de l'amour, de la démocratie, du lion, de Dieu ou de l'homme.

L'emploi du mot nature suppose, là encore, qu'on envisage l'être ou la chose dont on parle comme une réalité cohérente, organisée, dotée de caractères constants (sinon immuables), qui permettent de l'identifier comme telle.

Le mot s'applique en particulier aux êtres humains. Soit dans un sens général : la nature humaine (morale ou physique), comme entité fondamentale (d'où la question, au-delà des données biologiques : qu'est-ce que l'homme ?). Soit dans un sens singulier : la nature de tel ou tel individu (les traits constitutifs de sa personnalité physique et morale), qui peuvent entraîner des jugements définitifs (*« il a une nature foncièrement perverse »*) ou des recherches personnelles (*« au fond, ma nature, c'est de ... »*). Voir le mot **Inné**.

3° **Principe général, force mystérieuse qui ordonne et anime le monde,** aussi bien dans sa réalité externe (l'univers) que dans sa dimension intérieure (psychique). Dans ce sens la nature est souvent personnifiée, et dotée d'un *N* majuscule. Ce sens global est fréquent dans la littérature classique, qui postule que le monde et l'homme sont créés par Dieu, ou qui nomme « Dieu » cette Nature qui régit l'univers physique et moral où vivent les créatures.

Ce sens ne s'oppose pas aux deux précédents. Mais, d'une part, il les regroupe : c'est la même « nature » qui se manifeste dans les lois de la matière, qui produit les merveilles de la vie, qui ajuste les instincts des animaux, qui dote l'homme de désirs et de capacités propres à l'épanouissement de son humanité. D'autre part, cette Nature semble avoir tout organisé en vertu d'une finalité positive des choses, d'une harmonie programmée dès le départ. Il faut donc respecter la « nature », il faut suivre ses lois, il faut s'émerveiller de ses réalisations (*« La nature a bien fait les choses »*). Le mot *nature* ne définit donc plus seulement ce qui est, mais ce qui doit être : il n'est plus seulement descriptif mais moral, ce qui conduit à des jugements négatifs sur ce qui est « contre nature » ou « dénaturé ».

Ces trois sens du mot « nature » n'épuisent pas la totalité des nuances que le terme implique. Pour compléter l'approche de ce qu'on appelle nature, on peut commenter quelques oppositions classiques :

• **Nature** et **Artifice.** Au sens superficiel, on oppose ce qui est naturel, spontané, à ce qui est artificiel, factice, affecté (ce qui présuppose une *positivité en soi* de la nature). Mais dans un sens plus profond, l'artifice représente tout ce que l'homme fabrique, crée, obtient par transformation de la nature. De ce point de vue, l'essentiel de ce que produisent et vivent les hommes est «artificiel», ce qui met en question le respect sacro-saint de la «nature».

• **Nature** et **Art.** L'opposition précédente se manifeste notamment dans le domaine esthétique. L'art classique recommande souvent d'imiter la nature. Or, l'art, par définition, est création, fabrication, invention de formes. D'où des débats et des tendances contradictoires (l'idée d'un art qui doit reproduire la nature; l'idée d'un art qui doit compenser ou nier la nature; l'idée d'un art qui doit, au-delà des apparences réalistes, *révéler* la nature profonde et idéale des choses ou de l'homme).

• **Nature** et **Culture.** Ce débat intègre et dépasse les deux oppositions précédentes. L'homme se définissant par ce qu'il est et ce qu'il fait (individuellement et socialement), est-il le produit de la nature ou de la culture (au sens n° 2 du mot)? Se définit-il par ce que la nature a fait de lui, ou par ce qu'il fait de sa nature? Nous avons donné un aperçu de cette question au mot **Culture**. Retenons simplement ici la grande prudence dont on doit faire preuve chaque fois qu'on emploie le mot «nature» : on croit souvent désigner une réalité naturelle alors qu'il s'agit d'une réalité culturelle ou historique. Le seul paysage de la campagne, qu'on appelle «nature», est en fait le produit du travail et de la culture (au sens propre) des hommes.

• **État de nature/État de civilisation.** Cette opposition est chère à Rousseau, dans le *Discours sur l'origine et les fondements de l'inégalité parmi les hommes*. Par *état de nature*, Rousseau imagine un état théorique, qui n'a pas existé, qui serait l'état de l'homme naissant, directement issu de la nature et vivant au sein de la nature. Cette représentation fictive permet à Rousseau d'établir que l'inégalité sociale est en réalité beaucoup moins «naturelle» que «culturelle».

➜ **Pour approfondir, p. 1044.**

NATURE MORTE. Expression qui désigne un tableau représentant des êtres inanimés ou des objets : fruits, fleurs, nourritures, gibier, ustensiles divers. *La Raie,* par exemple, nature morte de Chardin (fin XVIIIe siècle).

NATURISME. *n. m. (sens ancien)* Cultes religieux qui adorent les forces de la nature; doctrine selon laquelle les religions actuelles proviennent de ces cultes. *(sens actuel)* Attitude prônant des médications naturelles, un mode de vie se rapprochant le plus possible (par l'hygiène, par le régime alimentaire) d'une existence naturelle. En particulier, par la pratique du nudisme. Ne pas confondre avec **Naturalisme**.

NÉANTISATION. *n. f.* Dans le vocabulaire de Sartre, capacité qu'a la conscience humaine de «réduire au néant», à l'inexistence, ce qu'elle refuse de considérer comme objet de son attention. N'existe que ce à quoi ma conscience donne sens et présence. Si je cherche vainement ma fiancée dans une Gare, ce lieu n'est plus à mes yeux que *néant* puisqu'elle ne s'y trouve pas ; je « néantise » de même la foule qui ne contient pas celle que je cherche.

NÉBULEUX. *adj.* Au **sens figuré** : confus, vague, flou, obscur comme un ciel encombré de nuages. *Des pensées nébuleuses. Un projet nébuleux.*

NÉCESSITÉ. *n. f. (sens ancien).* Dénuement, état de besoin (des biens nécessaires), pauvreté. « Hélas, Monsieur, je suis dans la plus grande nécessité du monde ! » *(Dom Juan).*
(sens courant) Ce qui est nécessaire, ce dont on a besoin, ce qu'on est obligé de faire. *Je mange par nécessité.*
(sens philosophique) Caractère de ce qui ne peut pas ne pas être, ou ne peut pas ne pas être autrement qu'il n'est. Dans ce sens, le mot s'oppose au mot **Contingence** (il est *contingent* que je décide de voyager ; mais si je prends cette décision, il est *nécessaire* que je me déplace). Enchaînement rigoureux de causes et d'effets ; logique interne d'un processus auquel on ne peut échapper (cf. le livre de J. Monod : *Le Hasard et la Nécessité*).

NEC PLUS ULTRA. Locution latine qui signifie « ce qu'il y a de mieux ». *Le film* Tous en scène *est le nec plus ultra de la comédie musicale.*

NÉCRO-. Racine d'origine grecque *(nekros)* qui signifie « mort ». **Nécrologie** (liste de personnes décédées — rubrique nécrologique — ; notice biographique d'un défunt récent), **Nécromancie** (évocation des morts par occultisme), **Nécrophage** (qui se nourrit de cadavres), **Nécropole** (vaste cimetière antique), **Nécrose** (mort de cellules d'un corps vivant ; gangrène).

NÉFASTE. *adj.* Qui est marqué par le malheur : *un jour néfaste.* Qui entraîne des conséquences plus ou moins désastreuses : *une décision néfaste, une idéologie néfaste.* Qui a une influence nuisible, funeste : *un individu néfaste.* Antonyme : *faste.*

NÉGATION. *n. f.* **Sens courant** : acte de nier une réalité, une idée, une valeur. Acte de s'opposer à quelque chose. Procédé verbal qui sert à *exprimer* cette négation (contraire de l'affirmation).
Sens philosophique : chez Hegel, phase du processus dialectique (voir ce mot). La négation est le moment où une réalité s'oppose à ce qu'elle a été pour devenir quelque chose d'autre. Puis, dans une seconde étape, elle s'opposera à ce qu'elle était déjà devenue par cette négation (négation de la négation). Ainsi se déroule le processus thèse/antithèse/synthèse. En d'autres termes, la négation est toujours une phase positive par laquelle une réalité donnée (naturelle ou sociale) *se pose en s'opposant,* au cours d'un processus qui n'a pas nécessairement de fin.

NÉGRITUDE. *n. f.* 1° Ensemble des caractères, des façons de penser, de vivre, de voir le monde, qui sont propres aux Noirs. Le terme a été forgé par le poète martiniquais Aimé Césaire, pour résister à la négation des cultures nègres (par le regard occidental), et revendiquer les valeurs propres, la spécificité et la dignité du peuple noir.

    2° Par extension, mouvement littéraire (intellectuel et poétique) qui, de 1930 à 1945 environ, a regroupé des écrivains noirs francophones, en particulier Césaire et Senghor.

➔ **Pour approfondir, p. 742.**

NÉO-. Racine issue du grec *neos*, « nouveau ». Cette racine est très utilisée puisque, suivie d'un trait d'union, elle permet de construire de nombreux... *néologismes* (voir ce mot), comme *néo-capitalisme, néo-classicisme, néo-colonialisme, néo-platonisme, néo-positivisme, néo-réalisme,* etc.

NÉOLOGISME. *n. m.* (voir les racines *néo-* et *logo-*). Mot nouveau. Ou sens nouveau attribué à un mot déjà existant. Le mot *quart-monde* est un néologisme (formé à partir de « tiers-monde », lui-même néologisme inventé par Alfred Sauvy). Le progrès technique engendre de nombreux néologismes : *téléviseur, vidéocassette, vidéodisque* sont des néologismes. Peu à peu, ces mots s'intègrent au vocabulaire et font oublier qu'ils ont été des néologismes. Les puristes opposent parfois des résistances justifiées : par exemple, faut-il accepter le sens abusif souvent donné au mot « alternative » comme désignant l'une seule de deux solutions possibles, alors que l'alternative est l'*ensemble* d'une situation comportant *deux* possibilités ?

NÉOPHYTE. *n. m.* (du grec *néos*, « nouveau » et *phuton*, « plante » : littéralement, « nouvellement planté »). *Sens propre :* nouveau converti, dans la religion chrétienne primitive. *Par extension :* nouvel adepte d'une doctrine, d'un système, d'un parti, d'une association. *Le zèle des néophytes ne va pas en général sans un certain aveuglement.* Mots de sens voisin : *novice, prosélyte.*

N.B. « Néophyte » peut être employé comme adjectif : *une ferveur néophyte.*

NÉPOTISME. *n. m.* (de latin *nepos*, « neveu »). Abus qu'un homme en place fait de son influence pour avantager des membres de sa famille, des amis, etc. *Il a obtenu cette situation par népotisme. Dans cette administration règnent le népotisme et le favoritisme.*

NEUR(O)-, NÉVR(O)-. Racines issues du grec *neuron*, « nerf, fibre ». Nous les retrouvons dans les mots **Neurasthénie** (dépression physique et nerveuse ; état d'abattement et de tristesse) ; **Neuroleptique** (médicament qui calme le système nerveux) ; **Neurologie** (branche de la médecine spécialisée dans le système nerveux) ; **Neurone** (unité cellulaire fondamentale du système nerveux) ; **Névralgie** (douleur nerveuse, notamment cérébrale) ; **Névropathe** (qui souffre des nerfs ; névrosé) ; **Névrose** (voir ci-dessous).

NÉVRALGIQUE. *adj. (sens propre)* Qui se rapporte à une névralgie (douleur nerveuse). *(sens figuré)* Particulièrement sensible. Se trouve en particulier dans l'expression **point névralgique** (ou centre névralgique) : point sensible ; lieu où se joue l'intérêt d'un pays ; centre d'un conflit ; cœur d'un problème (individuel ou collectif).

NÉVROSE. *n. f.* (voir la racine *névr(o)* : au XIXe siècle, on parlait de « maladie des nerfs »). Affection psychologique qui se traduit par divers troubles émotionnels et affectifs (angoisses, phobies, obsessions, asthénie). Même lorsqu'elle se traduit par des maux physiques, la névrose a en principe pour origine des causes psychiques. Selon les psychanalystes, elle vient de l'enfance et de conflits internes demeurés inconscients (contradiction entre désirs et mécanismes de défense). Les grands types de névrose sont l'*hystérie* (voir ce mot), la *névrose obsessionnelle* (caractérisée par des idées fixes, des fantasmes récurrents) et la *névrose phobique* (peur et angoisse insurmontable devant certaines situations). L'adjectif correspondant est *névrotique (un comportement névrotique)*.

Dans le cas des **névroses**, le sujet est conscient de son trouble et des difficultés qu'il lui crée ; il conserve ses facultés intellectuelles. D'où la différence essentielle avec les **psychoses**, dans lesquelles le malade mental est enfermé dans son délire et perd le contact avec la réalité (schizophrénie, paranoïa). Le **névrosé** conserve sa personnalité inaltérée. Le **psychotique**, lui, est dément. Donc, ne pas employer les mots *névrose* et *psychose* l'un pour l'autre.

NIHILISME. *n. m.* (du latin *nihil*, « rien »).

1° **Sens philosophique :** doctrine qui, partant du principe qu'il n'existe rien d'absolu, que rien n'a de sens en soi, se donne pour unique objectif la négation de toute valeur — en particulier les valeurs morales sur lesquelles se fonde la société. Le nihilisme est lié, dans l'histoire intellectuelle du XIXe siècle, au progrès de l'athéisme : avec la mort de Dieu, toutes les valeurs s'écroulent. *« Si Dieu n'existe pas, tout est permis »* déclare en substance Ivan Karamazov, dont la pensée est résumée par Camus. Ce dernier tentera au contraire, dans *L'Homme révolté,* de redonner un sens positif à l'existence individuelle et collective de l'homme sans Dieu : *« Il n'y a pas de pensée absolument nihiliste, sinon, peut-être, dans le suicide. »*

2° **Sens politique :** à la suite des nihilistes russes de la fin du XIXe siècle, qui veulent détruire radicalement les bases de la société traditionnelle (l'autorité politique autant que l'institution religieuse), le nihilisme désigne non seulement le refus de toute valeur établie, mais aussi le refus de tout État, de toute autorité. Il sert de justification à l'anarchisme, dans sa version extrémiste et terroriste.

NIMBER. *v. tr.* Au *propre* comme au *figuré*, auréoler. *Un visage nimbé de lumière* (le nimbe est le cercle lumineux qui auréole les portraits de saints).

NIRVÂNA. *n. m.* (en sanscrit, « extinction »). *(sens propre)* Dans le bouddhisme, état suprême où l'être humain parvient à se libérer de la douleur

en se libérant du désir ; il atteint ainsi la sérénité suprême, vécue comme un anéantissement de soi dans l'âme collective. *(sens courant)* Bonheur parfait et permanent, sérénité de l'âme. *J'ai atteint le nirvâna !* (L'emploi est souvent humoristique).
    N.B. Peut s'écrire sans accent circonflexe.

NOBILIAIRE. adj. Propre à la noblesse. *Un titre nobiliaire. Des préjugés nobiliaires.*

NOCIF. adj. (du latin *nocere*, « nuire ») Qui est susceptible de nuire, aussi bien au sens propre qu'au sens figuré. *Un gaz nocif* : nuisible. *Une littérature nocive* : moralement pernicieuse. À la **nocivité** s'oppose l'**innocuité.**

NOISE. *n. f.* En vieux français : querelle. Se trouve encore dans l'expression **Chercher noise,** chercher querelle (familièrement : vouloir la bagarre).

NOMADISME. *n. m.* Vie des nomades. Besoin de se déplacer sans cesse : *le nomadisme vidéotique* (besoin de changer d'images, de « zapper » d'une chaîne à l'autre, de passer de l'écran des jeux électroniques à celui de l'ordinateur, etc.).

NOMBRE D'OR. Proportion esthétique idéale qui, selon certains artistes ou théoriciens, contribuerait fondamentalement à l'harmonie d'œuvres picturales ou architecturales. Dans un ensemble donné qu'on divise en deux parties, la règle du « nombre d'or » veut que le rapport entre la plus grande et la plus petite parties soit égal au rapport entre le tout et la plus grande partie ; par exemple, si l'on divise un segment de droite AC en deux parties AB et BC (AB étant la plus grande), le nombre d'or N sera obtenu si l'on respecte l'égalité suivante : $\frac{AB}{BC} = \frac{AC}{AB} = N$. Le calcul montre que cette proportion est d'environ 1,618. Le respect de ce nombre d'or, du plus petit détail aux éléments majeurs d'une composition, serait à la base de sa beauté.

-NOME, -NOMIE, -NOMIQUE. Racines issues du grec *nemein*, « diriger, administrer, régler ». Figure notamment dans **Agronomie** (textuellement « administration de l'agriculture », en fait : étude scientifique de celle-ci) ; **Anomalie** (irrégularité dans une organisation) ; **Anomie** (absence d'organisation) ; **Astronomie** (étude de la régulation des astres) ; **Autonomie** (administration de soi par soi) ; **Économie** (gestion de l'habitation, voir ce mot) ; **Métronome** (instrument qui dirige la mesure) ; **Téléonomie** (étude des lois de la finalité *-téléo-*). Voir aussi **Antinomie** (opposition radicale).

NOMENCLATURE. *n. m.* (à partir du latin « *nomen*, « nom »). 1° Classement de l'ensemble des termes utilisés dans une science ou un domaine donné. Liste méthodique des éléments d'une série (catalogue d'objets, par exemple).
    2° Ensemble des entrées d'un dictionnaire, d'un lexique. Par

exemple, la nomenclature de ce dictionnaire comprend des mots latins, des racines gréco-latines, des mots usuels, des termes philosophiques.

N.B. On appelle **«nomenklatura»**, en russe, la liste des postes officiels et des personnalités qui les occupent, celles-ci bénéficiant d'avantages abusifs et de prérogatives. Le mot désigne maintenant une classe de responsables particulièrement privilégiés.

NON-LIEU. Expression juridique qui désigne le fait qu'*il n'y a pas lieu de poursuivre un inculpé en justice*. Faute de preuves, celui-ci est considéré comme innocent. *Il bénéficie d'un non-lieu.*

NON-VIOLENCE. *n. f.* Forme d'action politique qui refuse d'utiliser la violence dans le juste combat qu'elle mène. Préconisée et pratiquée avec succès par Gandhi (1869-1948), la non-violence est à la fois un idéal moral (refus de la brutalité sanglante) et une stratégie politique. Elle repose sur l'idée que la justice et la vérité sont si fortes par elles-mêmes qu'elles finiront à la longue par convaincre l'ennemi lorsqu'il apercevra, en face de lui, des combattants si sûrs de leur cause qu'ils refusent de recourir à la force matérielle ou physique. C'est dire que la «non-violence» (expression à laquelle certains préfèrent «force de la vérité») est une attitude bien plus courageuse que la lutte armée.

➜ **Pour approfondir, p. 746.**

NORME. *n. f.* (du latin *norma*, «équerre, règle»).

1° **Sens descriptif.** État conforme à la majorité ou à la moyenne des cas. Dans ce sens, la norme, c'est ce qui est «normal», ce que l'on fait habituellement. *Au niveau technique,* la norme représente ce qui est standard, ce qui se fait couramment (on met les objets à la norme pour des raisons de compatibilité technique ; voir **Standardisation**). *Au niveau social,* c'est ce qui correspond aux usages conformes, majoritaires, normaux. Mais déjà l'expression **normes sociales** présente une double acception : ce qui se fait ; ce qui doit se faire (les convenances, les habitudes ou pratiques dont on ne saurait s'écarter). Il n'est pas conforme à la norme sociale, par exemple, que l'homme porte une jupe ou qu'il suive un enterrement en tenue de sport. De même, *dans le domaine linguistique,* l'idée de norme présente une double acception : ce qui est conforme à l'usage le plus fréquent ; ce que l'on doit respecter si l'on suit le bon usage.

2° **Sens prescriptif.** La norme, dans ce cas, prend une valeur impérative. *Au niveau technique,* des normes de fabrication ou d'installation s'imposent, pour des raisons de sécurité par exemple ; il faut «normaliser» la production. *Au niveau moral,* la norme représente la règle qui s'impose : le *modèle,* le principe, l'idéal. L'adjectif qui correspond à norme n'est plus normal, mais **normatif** : ce qu'il faut faire et respecter. Il en est de même des normes juridiques (la loi) ou même esthétiques (les canons de la beauté, les règles impératives d'un genre littéraire). Le terme *norme* s'applique enfin aux *réalités sociales et politiques ;* il recouvre les impératifs de la conduite en société, voire même l'orthodoxie des opinions politiques dans les régimes totalitaires. Le mot *nor-*

malisation a pu désigner ainsi le processus par lequel les bureaucrates de certains pays communistes imposaient des normes de pensée (athéisme, marxisme ; culte de la personnalité des dirigeants) à la population et en particulier aux intellectuels.

La normalisation des conduites et des esprits n'est pas nécessairement le fait d'un régime dictatorial. En fait, toute société a tendance à imposer à ses membres ce qui se fait majoritairement : d'où le glissement perpétuel du sens descriptif au sens «normatif» (prescriptif) du mot norme. Jouant sur le mimétisme collectif, les discours de propagande ou de publicité essaient souvent de faire passer pour «normales» des opinions ou des conduites qui ne sont justement pas majoritaires, de manière à leur conférer une valeur «normative». Si l'on rencontre dans un texte l'expression «la normalisation publicitaire», il faut comprendre qu'elle ne renvoie pas à la façon dont la profession publicitaire est réglementée, mais bien à la façon dont les publicités tendent, pour mieux discipliner les consommateurs, à inscrire dans leurs esprits des normes de vie et de pensée qui poussent à la surconsommation.

NOTA BENE. Expression latine qui signifie «Notez bien» et qu'on abrège en N.B.

NOTIFIER. *v. tr.* Faire connaître officiellement (ou juridiquement) une information ou une décision. La notification se fait souvent sous forme de «note» : lettre recommandée, avis officiel, note de service. *Notifier son licenciement à quelqu'un. Notifier un arrêt du tribunal, une décision de justice.* Synonymes : **Intimer, Signifier.**

NOTOIRE. *adj.* Connu d'un très grand nombre de personnes, qu'il s'agisse d'un fait ou d'une personne. Manifeste, flagrant, patent, reconnu. *Une inconduite notoire. Il est notoire que les Américains subventionnent indirectement leur agriculture.* Célèbre, considéré comme tel, reconnu de tous. *Un criminel notoire. Un romancier notoirement raciste.*

N.B. Pour les personnes, cet adjectif est souvent employé péjorativement.

NOTORIÉTÉ. *n. f.* 1° Fait d'être notoire. *La notoriété d'un fait, d'une information. Il est de notoriété publique que...*

2° Fait, pour une personne, d'être connue favorablement. Réputation, renommée, célébrité. *Un artiste d'une grande notoriété.*

N.B. Ces deux sens correspondent aux deux acceptions de l'adjectif «notoire». Cependant, en ce qui concerne les personnes, les connotations des deux termes divergent : *notoire* est plutôt péjoratif ; *notoriété* est toujours mélioratif.

NOUVEAU ROMAN. Mouvement littéraire des années 1950/1960 qui remet en question les conventions et les techniques traditionnelles du genre romanesque, en particulier le réalisme (social ou psychologique), la volonté de signification (le «message») et la cohérence d'intrigues

trop rassurantes. Comme beaucoup de mouvements littéraires, le *Nouveau roman* est moins une «école» qu'un rassemblement d'écrivains soucieux de renouveler la pratique de leur art, parmi lesquels Michel Butor, Alain Robbe-Grillet, Robert Pinget, Nathalie Sarraute, Claude Simon (Prix Nobel 1985). Voir **Antiroman**.
➜ **Pour approfondir, p. 746.**

NOUVELLE. *n. f.* Au **sens littéraire,** court récit en prose, généralement centré sur un seul événement, avec des personnages peu nombreux. A la différence du roman, la nouvelle est *courte* (d'une ou deux pages à quelques dizaines), d'une narration ramassée. A la différence du conte, la nouvelle met en scène des personnages vraisemblables (et non pas irréels ou merveilleux comme les ogres ou les fées). Sa forme brève illustre en général un thème précis, ce qui n'exclut pas des messages de portée symbolique. La fin de la nouvelle, souvent tragique, est particulièrement soignée pour surprendre le lecteur et lui donner à penser, à méditer. Mérimée, Maupassant, Edgar Poe, Borges, Buzzati, Marcel Aymé, Stefan Zweig sont des auteurs de nouvelles remarquables, même si leurs récits ne portent pas toujours ce nom, et font parfois intervenir le fantastique. Un auteur de nouvelle s'appelle un **nouvelliste**.

NOUVELLE CRITIQUE. Ensemble d'œuvres qui, dans les années 1960, ont renouvelé l'analyse littéraire en s'inspirant des données ou des méthodes des sciences humaines (psychanalyse, linguistique, sociologie). Elles déclenchèrent, ce faisant, les foudres de la critique universitaire traditionnelle. Roland Barthes fut l'une des figures représentatives de la nouvelle critique (1915-1980).
➜ **Pour approfondir, p. 759.**

NOUVELLE HISTOIRE. Mouvement intellectuel, né en 1929 avec la fondation par deux historiens de la revue *Les Annales*, qui a totalement renouvelé l'étude de l'Histoire, dans ses méthodes comme dans ses contenus. La «nouvelle histoire» refuse en particulier la prépondérance de l'histoire «événementielle» (qui réduit l'histoire à des événements précis et à des hommes illustres), pour s'attacher à l'étude des civilisations et de leur lent devenir, pour mettre en lumière tout ce qui, traditionnellement, restait dans l'ombre : l'économie et la démographie, l'histoire des sciences et des techniques, l'évolution des mentalités, la vie concrète des diverses catégories sociales (paysans, ouvriers, artisans) dans leurs milieux.
➜ **Pour approfondir, p. 768.**

NOVICE. *n.* et *adj. Comme nom,* le mot «novice» désigne d'abord une personne qui vient de prendre l'habit religieux et demeure pendant un certain temps dans cette situation (le *noviciat*), avant de prononcer des vœux définitifs. Par extension, un novice est un débutant, quelqu'un qui aborde une chose, s'initie à un métier, et donc, manque d'expérience.
Comme adjectif, le mot «novice» se dit, de façon toujours un peu péjorative ou légèrement ironique, de celui qui manque d'expérience,

est un peu naïf, maladroit ou malhabile dans une matière nouvelle pour lui. *Un conducteur novice. Il est encore novice en peinture.*

NUMERUS CLAUSUS. (« Nombre fermé »). Expression latine qui désigne une limitation officielle du nombre de personnes admises à certaines fonctions, à certains grades, à certains examens. *La Faculté a instauré un numerus clausus des étudiants en sociologie.*

NUMISMATIQUE. *n. f.* et *adj.* Science des médailles et des monnaies. *Un antiquaire féru de numismatique. Des recherches numismatiques.*
➜ **Pour approfondir, p. 1047.**

NUPTIAL. *adj.* Relatif aux noces, à la célébration du mariage. *Cérémonie nuptiale ; lit nuptial.* Qui a le caractère religieux, spirituel, grandiose d'une cérémonie de mariage. Hugo écrit, par exemple :

L'ombre était nuptiale, auguste et solennelle.

NYMPHE. *n. f.* Dans la mythologie antique, jeune déesse de second rang qui hantait les montagnes, les bois, les eaux. Par extension : jeune fille au corps particulièrement gracieux. Une **nymphette** est une toute jeune fille au physique ravissant et aux manières aguicheuses.

NYMPHOMANE. *adj.* et *n. f.* Femme (ou femelle) atteinte de nymphomanie, c'est-à-dire d'une exacerbation maladive de ses désirs sexuels. *Toutes les nymphes, par bonheur, ne sont pas nymphomanes !*

OBÉDIENCE. *n. f.* Dépendance, soumission. Cet ancien terme religieux ne s'emploie de nos jours que pour exprimer une sorte de dépendance, de subordination intellectuelle ou politique entre une autorité dominante et les individus ou groupes humains qui lui sont liés. *Les pays d'obédience communiste. Les écrivains qui se situent dans l'obédience surréaliste.* L'**obédience franc-maçonne** (un regroupement de loges autour d'une autorité qu'elles se donnent).

OBJECTER. *v. tr.* (du latin *objectare*, « placer devant, opposer »). Formuler une objection (c'est-à-dire un argument, une raison qui s'oppose, un motif de contestation) pour réfuter une opinion ou contrecarrer un projet. *À la philosophie optimiste de Pangloss, Voltaire objecte que tout va mal sur la terre. Pour le dissuader de partir, on lui objecta sa jeunesse et sa pauvreté. L'objecteur de conscience oppose des motifs moraux aux « obligations militaires ».*

OBJECTIF. *adj.* (du latin *objectus*, « qui est placé devant »; voir aussi le mot « objectif » *comme nom*, ci-après).

1° **Qui a rapport à un objet donné, qui est relatif à l'objet.** Dans ce sens, cet adjectif s'applique à toutes les réalités qui existent par elles-mêmes, hors de l'esprit humain, indépendantes de notre pensée, de nos intérêts, de nos préjugés. *Objectif* s'oppose en cela à *subjectif* (ce qui dépend du *sujet* humain, de sa vision propre). Par exemple, notre point de vue subjectif nous fait voir, chaque jour, le soleil « tourner » autour de la terre (du lever au couchant) ; mais la réalité objective, c'est que la terre tourne sur elle-même, et nous avec elle.

2° **Qui a le caractère de l'objectivité,** c'est-à-dire qui respecte la « réalité objective » des choses, ou tente de l'atteindre de la façon la plus rigoureuse possible. Le mot objectif, dans ce sens, peut ainsi s'appliquer :
— *Aux diverses méthodes de connaissance* ou de reproduction de la réalité que l'homme met en œuvre. Une *description littéraire* peut être *objective* (tendre vers le réalisme le plus exact). Les *lois* que la science élabore, dûment vérifiées, sont *objectives* (elles correspondent à la réalité, à la dynamique autonome des choses). Un *jugement* est *objectif* quand il respecte la réalité des faits, *subjectif* s'il fait intervenir les

conceptions personnelles de celui qui l'émet (voir la différence **Jugement de fait/Jugement de valeur**).
— *Aux personnes* qui s'efforcent de prendre un point de vue impartial, objectif, sur la réalité. Une *personne objective* met de côté ses réactions personnelles, ses tendances affectives, sa «subjectivité» en un mot. L'*esprit objectif* écarte toute interprétation individuelle. *Il est difficile d'être objectif quand on parle de soi.*

Comme le montrent les mots suivants, ce sont les couples **Objectif/Subjectif, Objet/Sujet, Objectivité/Subjectivité** qui sont porteurs de signification. Dans de nombreux discours, ces termes sont employés de façon polémique, en général pour mettre en cause la subjectivité (l'illusion d'objectivité) des adversaires. *Vous êtes un allié objectif du pouvoir!* («Vous vous croyez neutre, ou dans l'opposition, mais objectivement, votre politique sert les intérêts du pouvoir en place»).

OBJECTIF. *nom.* (substantivation de l'adjectif qui précède).
1° L'objectif, c'est d'abord, en optique, le système qui permet de voir l'objet tel qu'il est, «objectivement». *«L'œil objectif»* de l'appareil de photo ou de la caméra est ainsi devenu l'**objectif** tout court.
2° L'objectif, c'est ensuite l'objet placé devant soi, que l'on vise. *Au sens concret,* c'est l'objectif militaire, et plus généralement, les buts visés par toute stratégie (commerciale notamment). *Au sens figuré,* c'est ce que l'on veut atteindre en général : le but d'une action, d'une existence, d'une morale, d'une pensée. Voir **Finalité.**

OBJET. *n. m.* (du latin *objectum*, «ce qui est placé devant»).
1° **Sens concret** *(usuel).* Chose, réalité perceptible à l'extérieur, qu'il s'agisse de choses inertes ou animées. C'est en ce sens que Lamartine déclare aux éléments de la nature qui l'environnent : *«Objets inanimés, avez-vous donc une âme?»*
Plus couramment : chose solide, usuelle, fabriquée par l'homme et destinée à un certain usage. Ustensile, outil, instrument, toute réalité matérielle ayant une unité et servant à quelque chose. Les objets de consommation, les objets d'art. Dans *le Système des objets,* le sociologue Jean Baudrillard étudie la façon dont l'homme moderne existe à travers ses collections d'objets, se «signifie» socialement par leur possession. Les expressions «femme-objet» ou «homme-objet» désignent la réduction de la femme ou de l'homme à l'état d'objet ou d'instrument (sexuel par exemple), aussi bien dans des situations de la vie courante que dans le spectacle publicitaire. Dans ce sens, le mot **objet** (matériel, instrumental) s'oppose au mot **sujet** (pensant, libre, autonome).
2° **Sens abstrait** *(courant).* Ce qui se présente à l'esprit humain comme distinct de lui (cf. l'étymologie); ce qui s'offre aux désirs, à l'action, à la volonté humaine. *L'objet de la pensée; l'objet du désir* (qui n'est pas forcément un objet usuel concret); *l'objet d'une démarche* (ce que l'on cherche ou recherche; voir les mots «objectif, but, finalité»); *l'objet d'un litige* (ce sur quoi porte une discussion juridique); *l'objet*

d'un discours (le thème, le «sujet» auquel il s'attache; ce qu'il veut démontrer). *Être ou faire l'objet de :* être visé par; être ce à quoi s'attache la volonté ou l'effort d'autrui; subir une action. Dans toutes ces expressions, nous retrouvons la distinction entre l'être humain comme *sujet* (de pensée, de désir, d'action) et la *réalité* (abstraite, morale, générale) qui lui est extérieure.

3° **Sens littéraire** *(classique).* La personne aimée. Cela ne veut pas dire qu'elle est considérée comme un objet au sens n° 1 (la femme-objet par exemple), mais comme l'objet d'un désir amoureux au sens n° 2. Le mot garde là son sens étymologique : dans le domaine amoureux, «l'objet» est cet être *extérieur* auquel le sujet aimant s'intéresse... Quand Phèdre dit de Thésée *« Volage adorateur de mille objets divers »,* ces «mille objets» représentent toutes les femmes que Thésée a aimées!

4° **Sens psychanalytique.** Objet *libidinal.* L'objet est l'être, la partie de l'être, le fantasme associé à cet être, ou encore un élément matériel auquel se relie ce fantasme, en lesquels le sujet investit son désir. Lorsque le «moi» s'aime lui-même, il s'agit d'un désir «narcissique»; lorsque le «moi» investit son amour *au dehors* de lui-même, il s'agit d'un amour «objectal». Le mot objet reprend ici son sens étymologique (sens n° 2), mais sans se limiter à une personne (sens n° 3). Lorsque le psychologue s'interroge sur la «relation d'objet» de son patient, il va se demander non pas qui il aime, mais ce que celui-ci aime dans l'être aimé — quelle partie de son corps, quel fantasme amoureux, quelle image inconsciente, quel type de situation rêvée. Ce sera cela, «l'objet», pris au sens large, psychanalytiquement.

OBJURGATION. *n. f.* Souvent au pluriel : supplication ou remontrance par lesquelles on veut dissuader quelqu'un d'agir dans un certain sens. *Il a enfin cédé à mes objurgations.* Par extension : prière pressante, adjuration (voir **Adjurer**).

OBLATIF. *adj.* Qui offre; qui s'offre; qui se soucie des autres avant de s'occuper de soi. Le terme est lié au mot *oblation,* qui désigne une offrande à Dieu. *Une dame de charité, oblative dans tous ses actes. Un amour oblatif* (par opposition à *captatif*). Voir **Abnégation**.

OBLIGÉ. *adj.* et *n.* Être l'obligé de quelqu'un, c'est être lié à cette personne par une obligation de réciprocité, à la suite d'un service rendu. L'adjectif obligé signifie «redevable de» : *je vous suis obligé de votre aide si précieuse.* D'où : *je suis votre obligé.* **Obligeamment :** avec l'intention de faire plaisir.

OBLITÉRER. *v. tr.* (*sens ancien,* littéraire). Effacer progressivement. *Le temps peu à peu oblitère nos souvenirs.* (*sens actuel,* courant) Annuler un timbre par l'apposition d'un tampon.

OBNUBILÉ. *adj.* (du latin *obnubilare,* «couvrir de nuages»). Obsédé; hanté par une idée ou une préoccupation (comme si l'on avait l'esprit obscurci). *Il est obnubilé par sa réussite : il fait tout pour « arriver », il ne pense qu'à ça.*

OBOLE. *n. f.* Ancienne pièce de monnaie grecque, de faible valeur. S'emploie de nos jours pour désigner une modeste offrande. *Au dernier téléthon, j'ai versé mon obole. Il ne m'a pas donné la moindre obole !*

OBSCURANTISME. *n. m.* Attitude, volontaire ou non, d'opposition aux « Lumières » (voir ce mot). Ensemble des préjugés, des superstitions, des attitudes fanatiques ou passéistes qui s'opposent à la raison, à l'instruction, au progrès des idées. *C'est à tort qu'on fait parfois du Moyen Âge une longue période d'obscurantisme. L'occultisme, l'astrologie, les sophismes publicitaires : tout concourt à propager l'obscurantisme dans une certaine presse à grand tirage.*

OBSÉQUIEUX. *adj.* Qui exagère les signes extérieurs de la politesse, par hypocrisie ou par servilité. Dont l'empressement excessif finit par ennuyer la personne qui en est l'objet. *Un serviteur obséquieux. Une attitude bassement obséquieuse. Son obséquiosité m'enrageait.*

OBSIDIONAL. *adj.* Qui est relatif aux villes assiégées. *La fièvre obsidionale* : panique pathologique propre aux populations assiégées. *Délire obsidional* : folie de celui qui se croit enfermé, cerné par des forces hostiles, persécuté.

OBSOLÈTE. *adj.* Qui n'est plus en usage, qui est tombé en désuétude. *Une loi, un usage obsolète.* Qui est frappé d'obsolescence, c'est-à-dire périmé. *Un matériel rendu obsolète par l'invention d'une technique ultra-perfectionnée.*

OBTEMPÉRER. *v. tr. ind.* Obéir (sur-le-champ) à un ordre, se soumettre à une injonction officielle. On dit *obtempérer à*, mais le verbe peut s'employer seul. *L'ennemi eut à peine le temps d'obtempérer à la sommation de se rendre. Vous êtes prié de circuler : obtempérez !*

OBTUS. *adj. (sens propre)* Émoussé, élargi ; en particulier en mathématique, *angle obtus* (plus large qu'un angle droit). *(sens figuré)* Qui manque de pénétration d'esprit, de finesse. *Un personnage obtus, une intelligence obtuse.*

OCCIDENT. *n. m.* (du latin *occidens*, « tombant »). 1° Côté de l'horizon où le soleil se couche (cet emploi est surtout poétique). 2° *(avec une majuscule)* Région ouest du continent européen (*L'empire romain d'Occident*), et plus généralement, ensemble des pays de l'Ouest européen et de l'Amérique du Nord. Dans ce sens, le mot Occident ne désigne pas seulement l'ensemble objectif de ces nations, mais il renvoie aussi à la civilisation et à l'économie des pays dits développés ou encore « nantis », comme d'ailleurs l'adjectif « occidental ». *La défense de l'Occident. L'Occident exploite le Tiers monde. La culture occidentale prône les droits de l'homme, mais les démocraties occidentales n'en donnent pas toujours l'exemple.* Voir **Orient**.

OCCULTE. *adj.* Qui est caché, mystérieux ; qui agit secrètement. Soit dans le monde de la nature : *des puissances occultes agissent sur nos âmes.* Soit dans le monde humain : *l'activité occulte d'un certain nombre de spéculateurs a mis à mal les monnaies européennes.* **Sciences occultes :** doctrines centrées sur ce qui est « caché » dans la nature ; pratiques secrètes tendant à cerner et à utiliser les forces inconnues qui échappent à la raison et à la science (alchimie, chiromancie, magie, radiesthésie). Voir **Occultisme**.

OCCULTER. *v. tr.* Au **sens courant :** cacher, dissimuler, passer sous silence. *Le Président a insisté sur nos succès économiques pour mieux occulter les problèmes sociaux. Les vraies raisons de son départ ont été occultées.* L'emploi du verbe « occulter », notamment dans le domaine politique ou idéologique, *signifie davantage que cacher :* l'idée est que, volontairement ou non, le locuteur montre certaines choses pour mieux en dissimuler d'autres. *La mythologie militaire occulte la réalité guerrière.*

OCCULTISME. *n. m.* Croyance dans des réalités « occultes », suprasensibles, qui agiraient dans le monde. Ensemble des « sciences » occultes et des pratiques qui s'y rattachent. Voir **Occulte, Ésotérisme, Illuminisme**.

OCCURRENCE. *n. f.* (du latin *occurrere*. Littéralement, « ce qui se rencontre, ce qui se produit »). 1° Cas, circonstance. *En l'occurrence :* dans ce cas précis. *En pareille occurrence :* dans une telle circonstance. 2° **Sens linguistique :** rencontre d'une unité linguistique ou d'un fait linguistique dans un discours. Par extension, peut s'appliquer à des procédés stylistiques. *La distribution du présent et de l'imparfait, dans ce récit, est la suivante : présent, vingt occurrences ; imparfait : deux occurrences.*

OCTA-, OCTO-. Racines issues du latin *octo*, « huit » (la prononciation du mot latin *octo* devenant *oyto, oyt(e), uit(e)*). On les retrouve dans quelques mots comme **Octave** (huitième jour après une fête religieuse ; en musique, intervalle de huit degrés dans la gamme, ou note située huit degrés plus haut), **Octet** (en informatique, base comportant huit caractère binaires), **Octobre** (huitième mois de l'année romaine, qui commence en mars), **Octogone** (polygone à huit côtés), **Octosyllabe** (vers comportant huit syllabes), **Octogénaire** (personne âgée de 80 ans ou plus).

OCTROYER. *v. tr.* Accorder quelque chose à titre de faveur ; donner avec une certaine condescendance. *Je vous octroie dix minutes de récréation supplémentaires. Le patronat nous octroie une prime ridicule !* L'octroi est une faveur, un don. Mais le fait d'accorder une faveur peut être une façon, pour une autorité, de manifester sa suprématie, de même que cela peut être, pour celui qui la reçoit, l'occasion d'une humiliation. D'où la connotation parfois péjorative du mot.

S'octroyer : se donner à soi-même (sans demander la permission) un avantage quelconque. *Il s'est octroyé une part supplémentaire.*

ODE. *n. f.* (du grec *ôdé,* « chant »). Dans la Grèce antique, poème lyrique destiné à être chanté ou dit avec un accompagnement musical. L'ode célèbre, au départ, des sujets héroïques (Pindare). Puis, chez les Latins, avec Horace, elle s'élargit à des sujets divers, plus légers (amour, plaisirs de la vie, thèmes philosophiques).

De la Pléiade à la poésie romantique (Ronsard, Malherbe, Hugo), l'ode conserve ces deux types d'inspiration. En principe, elle garde un style vigoureux en relation avec des sujets élevés ; mais elle peut aussi désigner des poésies lyriques d'un ton personnel. Nerval écrira des odelettes, qui sont des petites odes fuyant une excessive gravité. Mais au XXe siècle, l'ode demeurera marquée par un ton grandiose (*Cinq grandes Odes* de Claudel), philosophique ou religieux.

ODYSSÉE. *n. f. L'Odyssée* est le poème épique, attribué au poète grec Homère, qui raconte les aventures d'Ulysse tentant de rentrer dans sa patrie (à Ithaque), après la guerre de Troie (Ulysse se dit en grec *Odusseus*). Une *odyssée* est un récit de voyage rempli d'aventures diverses ; ou toute sorte de voyage mouvementé, riche en péripéties. *Notre traversée de l'Europe en 2 CV fut une véritable odyssée.*

➜ **Pour approfondir, p. 1049.**

ŒCUMÉNISME. *n. m.* Mouvement qui, au XXe siècle, préconise le rassemblement et la réunion des Églises chrétiennes. Ce mouvement, favorisé par des structures d'échange et de dialogue, a pris un nouvel essor à partir du Concile de Vatican II, en 1962.

Ce terme religieux est parfois employé hors de sa sphère propre. Deux hommes politiques aux idées différentes, par exemple, peuvent se rassembler sur le terrain humanitaire *« dans un esprit œcuménique »*.

ŒDIPE. *n. m.* 1° **Héros de la mythologie grecque** qui, selon les prédictions d'un oracle, est amené par le destin à tuer son père et à épouser sa mère. C'est sans le savoir qu'Œdipe est conduit à vivre cette aventure. Lorsqu'il connaîtra la nature de ses actes, Œdipe se crèvera les yeux (voir *Œdipe-Roi,* pièce de Sophocle).

2° **Complexe d'Œdipe,** notion clef de la psychanalyse : phase nécessaire de la petite enfance, qui structure la personnalité consciente et inconsciente de tout individu, selon Freud.

L'*Œdipe* ou *« complexe d'Œdipe »* consiste, pour un enfant d'environ trois ans, à tourner ses désirs amoureux vers le parent de sexe opposé et, corrélativement, à éprouver une vive hostilité pour le parent de même sexe, vécu comme un rival. Le petit garçon, par exemple, va désirer avoir sa mère toute à lui et éliminer le gêneur qu'est le père. Cela va s'accompagner d'angoisse et de sentiment de culpabilité, car l'objet désiré est interdit, et celui qui le possède, menaçant. Peu à peu, l'enfant comprendra qu'il doit renoncer à cet objet de désir, déplacer son « amour » sur d'autres « objets », prendre pour modèle le père qui était rival, s'identifier à lui, vouloir « devenir comme papa », et grandir dans cette perspective.

L'évolution est symétrique pour la petite fille, quoique les relations avec la mère soient plus compliquées (la mère a été un premier objet d'amour pour la petite fille). Dans l'un et l'autre cas, l'évolution « normale » de l'enfant suppose la « liquidation » du complexe d'Œdipe (même s'il en reste toujours des traces dans l'inconscient). Notons que, dans la réalité, le « complexe d'Œdipe » est encore plus complexe qu'il n'en a l'air. Chaque parent, selon Freud, est en effet l'objet de **sentiments ambivalents.** En même temps que le petit garçon désire éliminer le père, il l'aime et craint de perdre son amour. En même temps que le petit garçon aime sa mère, il la craint, il peut avoir peur de se perdre en sa toute puissance. Ainsi le schéma *amour de la mère/haine du père* se double du schéma inverse, en filigrane en quelque sorte. Il en est de même symétriquement, dans le cas de la petite fille. Plutôt que de parler de « complexe d'Œdipe », les spécialistes préfèrent parfois parler de *situation œdipienne*, et examiner comment l'enfant se situe dans le triangle *père/mère/enfant*, en tenant compte de l'ambivalence plus ou moins marquée des relations.

Enfin, il faut savoir que la psychanalyse donne une portée universelle à la structure triangulaire du complexe d'Œdipe, bien au-delà du modèle familial de la civilisation occidentale. Le désir du parent de sexe opposé, identifié au désir d'inceste, se heurte dans toute culture à un interdit ; le respect de l'interdit, l'intériorisation de la loi qui prohibe l'inceste et oblige l'individu à porter ailleurs son désir (étapes obligées de la « liquidation de l'œdipe »), se retrouveraient dans toute civilisation. Les œuvres d'art en témoigneraient (comme le montrent par ailleurs les fructueuses études du « complexe d'Œdipe » dans les œuvres littéraires, à commencer par celle qui a pour titre *Œdipe-roi*).

OFFICE. *n. m.* (du latin *officium*, « service, fonction »).

1° Fonction que l'on remplit (plus ou moins « officiellement ») ; charge qu'on occupe ; service qu'on accomplit (avec plus ou moins de serviabilité). D'où des expressions comme : *remplir son office* (bien jouer son rôle) ; *faire office de* (servir à) ; *les bons offices de* (les services proposés, notamment les démarches de conciliation dans le langage diplomatique). Traditionnellement, l'homme chargé d'un office public se nomme *officier* (mot qui s'est spécialisé dans la langue militaire).

2° Service administratif ou organisme chargé d'une mission spéciale. « *Office national* (de ceci ou de cela) ». Lieu où est établi le siège social de cet organisme (agence) : *Allez donc à l'Office national de l'Immigration.*

3° Dans la langue religieuse, « service » rendu à Dieu : toute sorte de cérémonie. *Office funèbre. Office dominical* (la messe). Ensemble des prières d'une cérémonie particulière. *L'office du jour.*

N.B. On oppose en général ce qui est **officiel** (qui émane des autorités établies, qui est publiquement attesté) et ce qui est **officieux** (qui n'est pas officiellement garanti, mais qu'on est autorisé à croire).

OFFUSQUER. *v. tr.* Choquer, déplaire fortement, scandaliser. S'emploie souvent à la tournure passive. *Je suis offusqué par la désinvolture des candidats à l'examen. Il m'a fait des propositions... j'en suis encore toute offusquée!* **S'offusquer :** se froisser, se formaliser. *Les candidats sont désinvoltes, mais pas inconvenants : il n'y a pas de quoi s'offusquer.*

OISEUX. *adj.* Inutile, sans intérêt, superficiel. *Gardez pour vous ces remarques oiseuses. Une copie encombrée de développements oiseux.*

OISIF. *adj.* et *n.* Qui est sans activité : soit sans profession (désœuvré, inactif), soit sans occupation (qui se plaît à ne rien faire). *Une personne oisive, une vie oisive. Un oisif fortuné.* Comme le substantif correspondant, **oisiveté,** ce mot est employé tantôt de façon neutre (désœuvrement), tantôt de façon péjorative (paresse). *On peut déplorer l'oisiveté forcée des chômeurs. L'oisiveté est la mère de tous les vices.*
N.B. Ne pas confondre avec l'adjectif **oiseux,** bien que l'étymologie soit la même (*otium*, en latin «loisir, repos», dont l'antonyme *negotium* signifie «négoce, affaires»!).

OLFACTIF. *adj.* Qui est relatif à l'odorat, parfois appelé *olfaction. Le nerf olfactif. Les sensations olfactives. Alors que les sensations visuelles et auditives permettent de saisir les réalités à distance, les perceptions tactiles et olfactives impliquent une proximité de l'objet perçu.*

OLIGO-. Racine issue du grec *oligos*, «petit, peu nombreux». Elle a donné les mots **Oligarchie** (régime politique où un petit nombre a le pouvoir ; ce groupe restreint lui-même ; peut s'employer hors du domaine politique : *une oligarchie financière ;* le mot a souvent une connotation péjorative : les personnes ou familles régnantes tentent évidemment de sauvegarder leurs privilèges) ; **Oligo-élément** (éléments chimiques absolument indispensables à l'organisme, bien que s'y trouvant en très petite quantité) ; **Oligopole** (marché dans lequel quelques vendeurs ou groupes se partagent le «monopole» de l'offre d'un produit ou d'une matière).
➜ **Pour approfondir, p. 1055.**

OLYMPIADE. *n. f.* Espace de quatre ans qui s'écoulait, dans la Grèce antique, entre deux célébrations successives des jeux Olympiques. Cet intervalle a été repris au XXe siècle lorsque les Jeux ont été restaurés à l'initiative de Pierre de Coubertin (1863-1937). De nos jours, au pluriel, le mot peut désigner les jeux Olympiques eux-mêmes. *Je me prépare pour les Olympiades de l'an 2000* (cet emploi est toutefois critiqué).
➜ **Pour approfondir, p. 1059.**

OMBRAGEUX. *adj.* Qui prend facilement ombrage, s'inquiète ou se froisse de peu de chose. Susceptible, méfiant. *Un caractère ombrageux. Il est devenu inquiet, difficile, ombrageux, irritable.* Ne pas confondre avec *ombragé.*
N.B. L'ombre suscitant l'inquiétude ou la défiance de certains ani-

maux (mules, chevaux), *« prendre ombrage »* a d'abord signifié *avoir peur* pour les bêtes, puis s'est étendu aux hommes.

OMNI-. Racine tirée du latin *omnis*, « tout », qu'on retrouve comme préfixe dans de nombreux mots et qui permet d'en créer de nouveaux : **Omnivore** (qui mange de tout : animal ou végétal), **Omnisport** (qui pratique tous les sports ; où l'on pratique tous les sports) ; **Omnidirectionnel** (se dit de certaines antennes). Et surtout : **Omniprésent** (qui est présent partout : *l'omniprésence de Dieu, l'omniprésence d'un souvenir*) ; **Omnipotent** (qui a toute puissance, qui a un pouvoir absolu : *l'omnipotence d'un pouvoir tyrannique*) ; **Omniscient** (qui sait tout, qui a un savoir universel ; se dit en particulier, en narratologie, du romancier qui connaît tout de ses personnages, adopte une focalisation aussi bien externe qu'interne, joue dans son récit le rôle d'un Dieu omniprésent quoique invisible. On parle de *narrateur omniscient*).

ONANISME. *n. m.* Péché d'Onan, personnage biblique. En d'autres termes, masturbation (masculine).

ONÉREUX. *adj.* Qui coûte cher, qui occasionne des dépenses non négligeables. *Des objets particulièrement onéreux. Un train de vie onéreux.* En droit, **à titre onéreux** : en payant (et non pas gracieusement).
Ne pas confondre avec **Onirique**.

ONIRIQUE. *adj.* Qui est relatif au rêve. *Une image, une vision onirique* (issue d'un rêve). Dans le domaine artistique : qui a le caractère du rêve (nocturne), par son côté fantastique, surréaliste ou merveilleux. *Une atmosphère onirique, un tableau onirique. Le récit de Nerval,* « Aurélia », *étonne et enchante par son inspiration onirique.*

ONOM-, -ONYM. Racines issues du grec *onoma*, « nom, appellation ». Elles donnent notamment les mots suivants : **Onomastique** (science des noms propres, spécialement des noms de personne) ; **Onomatopée** (création d'un mot dont les sonorités sont censées reproduire le bruit qu'il désigne ou évoquer la chose qui produit ce bruit, comme « crac », « teufteuf », « susurrer ») ; **Anonyme** (qui n'a pas de nom), **Homonyme** (qui a le même nom), **Paronyme** (qui a un nom proche), **Patronyme** (nom du père, nom de famille), **Synonyme** (nom de sens voisin), **Toponyme** et **Toponymie** (étude des noms de lieu) ; **Pseudonyme** (nom prétendu — utilisé pour dissimuler son nom réel). Voir ces mots pour leur sens précis.

ONTOLOGIE. *n. f.* En **philosophie** : science de l'être en tant qu'être. L'ontologie est la partie centrale de la métaphysique (voir ce mot). Quelle est l'essence d'un être ? Que pouvons-nous dire de l'être ? En quoi consiste la pensée ? Qu'est-ce qu'un être qui pense ? Qu'est-ce qu'exister ? Quelle est la part de l'essence et de l'existence dans la nature d'un être ? *L'Être et le Néant* (Sartre) est un essai d'ontologie. Celle-ci se confond même avec la métaphysique puisqu'elle s'interroge sur l'être des choses et sur l'essence des êtres.

L'adjectif *ontologique* désigne ce qui se rapporte à l'ontologie (comme étude philosophique), mais aussi tout ce qui se rapporte à la problématique de l'être. *Il avait des préoccupations ontologiques.*
L'argument ontologique. L'une des « preuves » classiques de l'existence de Dieu. En substance : l'idée d'un être parfait suppose que celui-ci ait *toutes* les qualités dont l'une, essentielle, est l'existence. Or, nous avons l'idée d'un être parfait. Donc, l'être parfait existe, il correspond précisément à ce que nous nommons Dieu. À cet argument, qui naturellement a été beaucoup discuté, Descartes ajoute une raison supplémentaire : tout effet contient en lui-même ce qui l'a causé ; on ne pourrait donc pas avoir l'idée de perfection, d'infini, de Dieu, s'il n'existait pas une réalité antérieure susceptible de produire en nous cette idée.

O.P.A. *n. f.* Abréviation pour **Offre Publique d'Achat.** C'est l'opération par laquelle une société annonce publiquement son désir d'acheter un certain nombre d'actions d'une autre société. La société acquéreuse propose un prix intéressant pour inciter les porteurs d'actions à vendre. Il s'agit en général pour elle de prendre le contrôle économique de la firme visée par son O.P.A., ce qui peut faire trembler les milieux boursiers (de peur ou de joie). C'est pourquoi, au *sens figuré*, dans d'autres domaines que le secteur économique, l'expression O.P.A. est synonyme de tentative de prise de pouvoir. *C'est en vain qu'une faction minoritaire a lancé une O.P.A. sur l'ensemble du syndicat.*

OPÉRA. *n. m.* (« œuvre » en italien). Œuvre dramatique mise en musique, chantée et accompagnée par l'orchestre du début jusqu'à la fin. Dans un opéra alternent les récitatifs (dialogue « récité » en chantant), les grands airs et les chœurs. L'**opérette** est un opéra léger. L'**opéra comique,** qui intègre des passages amusants et se termine « bien », contient souvent des scènes uniquement parlées. L'**opéra-bouffe** y ajoute des éléments satiriques ou caricaturaux.
L'**oratorio** est un opéra écrit sur des sujets religieux ; la partie orchestrale y est particulièrement développée et il n'y a pas de mise en scène théâtrale.

OPÉRATIONNEL/OPÉRATOIRE. *adj.* Ces deux termes qualifient ce qui est capable d'agir, d'opérer efficacement. Mais alors que le premier s'emploie à propos de choses, de méthodes ou de *personnes* en état d'agir avec efficacité, le second ne s'emploie qu'à propos de choses (concrètes ou abstraites). *Un engin opérationnel. Une méthode opérationnelle. Un personnel opérationnel. Un bloc opératoire. Un concept opératoire* (qui permet de résoudre certains problèmes).

OPINER. *v. intr.* Émettre une opinion, exprimer un avis en général favorable. *Opiner sur la politique. Opiner à propos d'un programme électoral.* **Opiner à :** adhérer à, approuver. *Il opina volontiers à cette idée.*
Opiner du bonnet, opiner de la tête : acquiescer par simple signe.

OPINIÂTRETÉ. *n. f.* Volonté tenace, persévérance dans l'effort, déter-

mination acharnée (pour venir à bout de quelque chose). *Il travaille à son dictionnaire avec opiniâtreté. Il résiste avec opiniâtreté.*
  N.B. L'adjectif *opiniâtre* a un sens un peu plus large, s'appliquant aux personnes *(un esprit opiniâtre, voire entêté)* aussi bien qu'aux choses *(une lutte opiniâtre ; une toux opiniâtre).*

OPINION. *n. f.* 1° Avis, appréciation sur une question ; jugement ou croyance *(j'ai mes opinions)* ; impression ou sentiment *(opinions toutes faites ; opinion subjective)* ; jugement de valeur porté sur quelqu'un *(avoir mauvaise opinion d'untel, bonne opinion de soi).*
  2° Opinion publique, ou « opinion » : avis de la majorité du corps social sur des questions générales (politiques, morales, esthétiques). *Aller contre l'opinion. Faire des sondages d'opinon.* Attitude d'esprit dominante (ou supposé telle) dans une société ; ensemble des personnes qui partagent cette attitude. *L'opinion n'était pas prête à accepter l'idée d'une Europe fédérale.*
  3° En **philosophie**, l'opinion est souvent opposée à la vraie connaissance, fondée sur le raisonnement discursif. L'opinion est intuitive, commune, reçue d'autrui ; elle peut être vraie comme fausse, puisqu'elle n'est pas démontrée. Elle a valeur de croyance subjective ; elle se rassure sur elle-même en étant commune ; mais elle est totalement étrangère à la démarche philosophique. *« Penser et avoir une opinion, est-ce la même chose ? »* (sujet classique de dissertation philosophique). Voir **Doxa, Paradoxe.**

OPPORTUN. *adj.* (du latin *opportunus*, « qui conduit au port »). Qui vient à propos. *Un courant opportun nous a conduits au port.* Qui est favorable, qui convient. *Une démarche opportune.*
  N.B. Cet adjectif a deux antonymes : *inopportun* (qui a un sens exactement inverse) et *importun* (qui a un sens plus large et peut s'appliquer aux personnes).

OPPORTUNISME. *n. m.* Attitude qui consiste à s'adapter aux circonstances, à en tirer parti au mieux de ses intérêts. *L'opportunisme d'un politicien qui profite de toutes les occasions pour soigner son image, de tous les thèmes d'actualité pour alimenter ses discours.* Le cas échéant, l'**opportuniste** n'hésite pas à sacrifier ses principes moraux pour exploiter pleinement la situation qui s'offre à lui. D'où la connotation fréquemment péjorative de ce mot. *C'est un opportuniste !*

OPPORTUNITÉ. *n. f.* Caractère de ce qui est opportun. *l'opportunité d'une idée, d'une décision, d'un fait nouveau, d'une attitude.* L'emploi du mot « opportunité » dans le sens de « circonstance favorable » est critiqué comme anglicisme (mais assez fréquent dans les médias) : mieux vaut l'éviter, et le remplacer par « occasion propice, possibilité avantageuse ».

OPPOSANT. *n. m.* Au sens **littéraire,** en narratologie, personnage ou réalité qui fait obstacle aux actions et aux projets du héros. Il peut s'agir d'un être réel (adversaire) ou fantastique (mauvaise fée), mais aussi d'un objet, d'un obstacle naturel (l'orage, le soleil) qui joue le rôle d'entité hostile (liée au destin).

OPPRESSER. *v. tr. (sens propre)* Gêner la respiration (de quelqu'un). Il s'agit d'une gêne physique, d'une suffocation. *L'asthmatique se sent oppressé.* *(sens figuré)* Étreindre, accabler (par analogie avec l'oppression physique). *L'angoisse m'oppresse à chaque veille d'examen.*

N.B. Ce verbe est à distinguer absolument du verbe **opprimer**, qui a un sens essentiellement politique : asservir un peuple, écraser ou tyranniser les consciences, étouffer l'opinion. Au passif, en particulier, on ne confondra pas :
— **être oppressé :** subir individuellement un malaise physique et moral.
— **être opprimé :** subir, en général collectivement, une domination politique ou sociale.

OPPRESSION. *n. f.* 1° **Sens politique** (correspondant au verbe *Opprimer*) : domination, asservissement, sujétion, violence imposée à un individu ou à un peuple. *L'éternelle oppression des faibles par les forts. Que les peuples opprimés luttent contre l'oppression !*
2° **Sens psychophysique** (correspondant au verbe *Oppresser*) : état de gêne respiratoire (sensation de poids sur la poitrine), ou malaise psychique (qui se traduit souvent par une impression d'étreinte ou de poids sur le cœur). *Elle ne l'aime plus, elle va le quitter, une oppression infinie lui écrase le cœur.*

OPPROBRE. *n. m.* Honte, déshonneur, qui mérite la réprobation publique. État d'avilissement. *Couvrir quelqu'un d'opprobre, jeter l'opprobre sur* (condamner publiquement). *Vivre dans l'opprobre. Être un sujet d'opprobre pour sa famille* (la déshonorer).

OPTER. *v. intr.* (du latin *optare*, « choisir ») Faire un choix, entre deux ou plusieurs possibilités. Prendre parti entre plusieurs options. *J'ai opté pour la vie à la campagne. Julien Sorel hésite entre opter pour le noir (la carrière ecclésiastique) et le rouge (la carrière militaire).*

OPTIMISER. *v. tr.* Calculer le meilleur rendement possible d'une machine, d'une production, d'une entreprise. Obtenir le résultat optimum ou optimal. Par extension, tirer le meilleur parti possible d'une entreprise (concrète ou abstraite), d'une action. *Optimiser les gains d'un portefeuille boursier. Optimiser les performances d'un sportif de haut niveau.*

OPTIMISME. *n. m.* **Sens philosophique :** doctrine selon laquelle tout est pour le mieux dans le meilleur des mondes possibles. Cette philosophie a été sévèrement critiquée par Voltaire dans son roman *Candide*. **Sens courant :** attitude qui consiste à toujours voir le meilleur côté des choses (voir la vie en rose) ; garder toujours confiance en un avenir favorable (même dans une situation critique).

OPTIMUM. *n. m.* Mot latin, superlatif de « bonus », qui signifie : « le meilleur ». L'optimum est toujours l'état le meilleur qu'on puisse atteindre, la recherche des «conditions optimales», du résultat idéal. Noter la différence avec **Maximum :** la valeur *la plus grande*, qui n'est pas nécessairement la meilleure. Par exemple, la production la plus élevée d'une machine peut coûter si cher qu'il vaudrait mieux produire moins et de façon plus économique (le *maximum* ne correspond donc pas à l'*optimum*). Ou encore, la vitesse *maximale* d'un véhicule ne correspond pas à la consommation d'essence *optimale*. Voir **Optimiser.**

OPULENT. *adj.* 1° *(choses)* particulièrement riche, luxueux, abondant. *Une cité opulente. Une récolte opulente. Un train de vie opulent.* L'**opulence** désigne la grande abondance de biens, la fortune.
2° *(personnes)* Qui a des formes amples, larges. *Une femme à la poitrine opulente.*

OPUS. *n. m.* Mot latin qui signifie «œuvre». S'emploie en abrégé, suivi d'un chiffre, pour désigner un morceau de musique dans l'ensemble de l'œuvre d'un compositeur. Exemple : *le Nocturne de Chopin, op. 9, n° 1* (il y a plusieurs nocturnes dans l'opus 9). On dit aussi *op. cit.* pour renvoyer à un ouvrage déjà cité.

OPUSCULE. *n. m.* (voir mot précédent). Petit livre. Petit texte qu'un auteur publie en le regroupant avec d'autres, en titrant par exemple *Pensées et opuscules.*

ORACLE. *n. m.* Dans l'Antiquité, *parole divine* qui répond aux interrogations des fidèles, dans un lieu sacré. L'oracle peut être aussi *la divinité même* qui fait cette réponse, ou encore *le sanctuaire* où elle est recueillie. Dans la Bible, il s'agit simplement d'une parole ou d'une prophétie de Dieu *(«Oracle du Seigneur Yahvé»).*
Par la suite, *l'oracle* a désigné, dans la langue littéraire, une opinion, un jugement jouissant d'une grande autorité ; puis, la personne même dont les avis ou conseils étaient très écoutés, reçus comme infaillibles. **Rendre des oracles :** parler avec une autorité indiscutée. On dit aussi «parler comme un oracle».
→ **Pour approfondir, p. 1064.**

ORAISON. *n. f.* (du latin *oratio,* «discours») 1° Prière. Il peut s'agir d'une courte prière qui fait partie de la liturgie. Le plus souvent, le mot renvoie à une prière intérieure, longuement méditative. *Il entre en oraison.*
2° Discours, au sens ancien. Ne s'emploie plus que dans l'expression **Oraison funèbre :** sermon prononcé à l'occasion des funérailles d'une personne illustre. *Les* Oraisons funèbres *de Bossuet sont célèbres.*

ORATOIRE. *adj.* (à partir du latin *orare,* «parler, plaider, prier».) Qui concerne l'art de parler en public, l'éloquence des orateurs. *Un style oratoire* (sonore, fait pour être déclamé en public). *L'art oratoire* (l'art du discours). *Une question oratoire :* une interrogation que l'orateur lance au public (ou à lui-même), sans attendre de réponse des auditeurs (il y répond lui-même). *Des précautions oratoires :* des circonlocutions, des façons de parler atténuées, indirectes, ayant pour but de ne froisser personne et de mieux séduire l'auditeur.

N.B. Ne pas confondre avec le *nom* **Oratoire,** qui désigne une pièce destinée à la prière, une petite chapelle.

ORATORIO. *n. m.* Drame lyrique sans mise en scène théâtrale, sur un sujet religieux, comportant des récitatifs, des airs, des chœurs et d'importantes parties orchestrales. *Un oratorio de Bach, de Haendel.*

ORDRE. *n. m.* (du latin *ordo, ordinis,* «rang, classe, succession, bon ordre).

1° **Disposition d'ensemble présentant une structure,** un agencement naturel ou organisé, une cohérence dont l'esprit peut reconnaître ou rechercher le principe d'organisation ou de distribution. L'ordre peut être *spatial* (alignement, rangée, figure géométrique) ou *temporel* (succession dans le temps, ordre «chronologique») ; *naturel* (l'ordre du cosmos, les lois de la physique) ou *social* (l'ordre public, les relations entre catégories de personnes, l'organisation en classes sociales) ; *concret* (le rangement d'une pièce, d'une maison ; la distribution des espèces vivantes) ou *abstrait* (l'ordre alphabétique, l'ordre de la phrase, l'ordre d'un discours, l'ordre d'une pensée, la logique d'une science, la méthode d'une recherche) ; *descriptif* (constatation d'un ordre naturel des choses, dans les divers domaines de la réalité) ou *normatif* (prescription ou recherche d'une organisation idéale, d'un principe d'ordre, d'un *bon* ordre : *ordre social* — centré sur la sécurité, *ordre logique* — centré sur la raison, *ordre esthétique* — centré sur la beauté, *ordre moral* — centré sur le bien). Dans ce premier sens général du mot «ordre», on peut observer le partage entre le domaine de la *Nature* et celui de la *Culture* (voir ces mots) : l'ordre est à la fois ce que l'esprit humain observe dans l'organisation du monde et ce que l'esprit humain produit ou hiérarchise dans les divers aspects de la civilisation.

2° **Catégorie, classe, élément distingué dans la distribution d'ensemble** observée précédemment. Dans ce second sens, ce qu'on appelle l'ordre n'est plus l'ensemble organisé ou «ordonné», mais l'*une des parties* spécifique (liée aux autres) de cet ensemble. Par exemple, dans les distinctions mêmes que nous venons d'opérer dans le paragraphe précédent, nous avons utilisé des notions qui sont elles-mêmes des «ordres» dans ce second sens : l'*ordre spatial* (par opposition à l'*ordre temporel*), l'*ordre concret* (car ce qui est abstrait n'est pas «du même ordre»), l'*ordre esthétique* (par opposition à l'*ordre moral*). Précisons bien ici la distinction, car une expression comme l'*ordre esthétique* joue déjà sur les deux sens du mot ordre : c'est à la fois 1° la recherche du meilleur ordre dans le domaine esthétique 2° le domaine esthétique (l'ordre du beau) par opposition aux autres domaines.

Dans ce second sens du mot ordre (catégorie, classe), on trouvera par exemple les *ordres* de la société française sous l'Ancien régime : la noblesse, le clergé, le tiers état (l'*ordre social,* au sens n° 1, se compose ainsi de *trois ordres,* au sens n° 2) ; les diverses catégories professionnelles comme « l'ordre des avocats », « l'ordre des médecins » ; les différents styles architecturaux que sont « l'ordre ionique, l'ordre dorique et l'ordre corinthien » ; la plupart des « catégories » que l'esprit établit pour connaître ou analyser la réalité, en « ordonnant » le monde en différents domaines. C'est ainsi que Pascal, pour hiérarchiser les différentes dimensions de la vie dans lesquelles l'homme doit progresser, distingue trois ordres fondamentaux : l'**ordre de la chair** (qui regroupe les biens matériels, le luxe, le pouvoir, les apparences sensibles), l'**ordre de l'esprit** (qui est centré sur les réalités intelligibles, la recherche des lumières de la science) et l'**ordre de la charité** ou de l'amour (centré sur la sagesse, la dimension surnaturelle de la vie humaine, en relation avec Dieu).

3° **Impératif, injonction, commandement** (donné par une autorité). L'ordre qu'on donne, dans ce sens, est en particulier illustré par la vie militaire. *À vos ordres, mon capitaine !* Ne nous en étonnons pas : l'ordre au sens d'organisation, l'ordre au sens de distinction entre classes (entre les niveaux hiérarchiques), semblent essentiels à la discipline militaire. Ceci nous fait comprendre le lien qui existe entre les divers sens du mot *ordre :* si l'on donne des « ordres », des « mots d'ordre », c'est pour maintenir l'ordre, c'est par amour de l'ordre. Double sens qu'on retrouve dans le verbe **ordonner**.

ORES. *adj.* La locution « **d'ores et déjà** » signifie *dès maintenant.*

ORGIAQUE. *adj.* Qui est relatif à l'orgie, qui évoque l'ambiance d'une orgie (soit dans le sens antique : culte du dieu Dionysos, soit dans le sens moderne : débauche, ripailles, excès en tous genres).

ORIENT. *n. m.* (du latin *oriens*, « qui se lève ») 1° Côté de l'horizon où le soleil se lève ; levant (emploi surtout poétique, pour évoquer l'est). 2° (*avec une majuscule*) Ensemble de pays situés à l'est de l'Europe occidentale : Asie, nord de l'Égypte, pays d'Europe centrale. Comme le mot *Occident*, le mot *Orient* est chargé de toute une valeur historique et symbolique (origine de grandes religions, richesse et splendeurs des civilisations antiques, mythe de cultures mystérieuses hantant l'imagination des poètes et des voyageurs, etc.).

➜ **Pour approfondir, p. 1068.**

ORIGINEL. *adj.* Qui remonte à l'origine, qui vient de l'origine. *Les causes originelles du conflit. La nature originelle de l'homme. Le péché originel* (voir ce mot).

N.B. Ne pas confondre avec l'adjectif **originaire** (qui se rapporte plutôt au *pays* d'origine) : « originel » a une connotation plus temporelle et même causale. Ne pas confondre non plus avec **original** (même si l'étymologie est la même), dans les différents sens de ce mot : qui provient de l'auteur *(manuscrit original),* qui est absolument nouveau, personnel *(des idées, une personne originale),* au point d'en être bizarre *(un mode de vie, un individu original ; un original).*

ORIPEAUX. *n. m.* (*sens littéraire*, au pluriel) Vieux vêtements usés, qui ont gardé des traces de splendeur (lesquelles font ressortir l'usure). *(sens figuré)* Faux éclat, clinquant. *Les oripeaux d'un style artificiel.*

ORNIÈRE. *n. f. (sens propre)* Trace creusée par la roue d'un véhicule dans un chemin terreux. *(sens figuré)* Sillon tout tracé dont on ne sort pas, routine. *Il faudrait changer tes habitudes et sortir de l'ornière.* On trouve aussi l'expression **sortir de l'ornière** dans le sens « se tirer d'une situation pénible ».

ORTHO-. Préfixe issu du grec *orthos*, « droit ; correct, juste ». Exprime l'idée de conformité, de correction, de respect de la règle : **Orthodoxie** (conformité à la doctrine ; ensemble des propositions ou principes considérés comme fidèles à la vérité, au dogme, ou aux normes d'un domaine déterminé). **Orthogonal** (qui forme un angle « droit »). **Orthographe** (manière correcte d'écrire un mot ; bonne ou mauvaise orthographe ; **dysorthographie** : trouble dans l'acquisition de l'orthographe). **Orthophonie** (traitement visant à rectifier les défauts d'élocution). Ce préfixe vivant permet de composer de nombreux mots savants.

ORTHODOXE. *adj.* (du grec *orthos*, « droit ; correct » et *doxa*, « opinion »).
1° Qui est conforme aux dogmes, à la doctrine d'une religion. *Des interprétations, des textes orthodoxes. Un théologien orthodoxe.* L'adjectif *orthodoxe* s'oppose à l'adjectif *hérétique* ; les deux mots peuvent être employés comme substantifs : *la guerre de religion oppose les hérétiques et les orthodoxes.*
N.B. Le mot **orthodoxe** désigne aussi (sans nuance péjorative ni positive) les Églises chrétiennes d'Orient, séparées de l'Église romaine au XIe siècle. *Église orthodoxe russe, clergé orthodoxe, rite orthodoxe.* Voir les mots **Hérésie, Schisme, Dogme.**
2° Qui est conforme à une doctrine quelconque, à la politique ou aux usages d'un parti ; qui respecte les règles (morales ou sociales). *Un membre parfaitement orthodoxe du parti communiste. Sa conduite, dans cette affaire, ne fut pas très orthodoxe. Des opinions orthodoxes* (tout à fait dans la ligne de ce qu'il faut penser).
N.B. Ce mot, formé sur la racine *doxa*, a pour antonyme exact **hétérodoxe**. Il est par ailleurs à rapprocher du mot **paradoxe** (proposition qui heurte l'opinion commune). Voir **Doxa.**

OSMOSE. *n. f. (sens propre)* En chimie, phénomène de transfert, de diffusion d'un solvant d'une substance dans une autre à travers une membrane séparant deux solutions. *(sens figuré)* Échange réciproque, interpénétration ; fusion progressive de deux réalités. *L'osmose entre la civilisation romaine et la civilisation grecque. L'école favorise l'osmose entre les diverses catégories d'enfants. L'idéologie des médias pénètre les esprits par osmose, par lente imprégnation.*

OSTENSIBLE. *adj.* (à partir du verbe latin *ostendere*, « montrer »). Qui est fait de façon voyante, manifeste, intentionnellement affichée. *Une* *conduite ostensible, une allure ostensible. Un souci des autres un peu trop ostensible.* Elle a ostensiblement refusé de me saluer. Voir **Ostentation**.

OSTENSOIR. *n. m.* (même étymologie que le mot précédent). Pièce d'orfèvrerie au centre de laquelle on expose l'hostie consacrée, dans la liturgie catholique. Cet objet en or ciselé a des rayons en métal, qui figurent les rayons du soleil. D'où cette comparaison de Baudelaire, où la femme divinisée « rayonne » :

Ton souvenir en moi luit comme un ostensoir.

OSTENTATION. *n. f.* (du latin *ostentatio*, « action de montrer »). Mise en valeur excessive, exhibition ; étalage d'une qualité que l'on a, d'un avantage qu'on veut affirmer. *Il a gravi les marches avec ostentation. Elle montrait son collier de perles avec ostentation.* On peut manifester de *l'ostentation dans l'exercice même des vertus les plus humbles.*
L'adjectif correspondant est **ostentatoire**. *Un luxe ostentatoire* (tapageur). *Un deuil éploré, théâtral, ostentatoire. Des dépenses ostentatoires* (destinées à épater le public).

OSTRACISME. *n. m.* 1° **Chez les Grecs,** procédure par laquelle l'assemblée du peuple bannissait (excluait) pour dix ans un homme politique indésirable (souvent par crainte de son ambition).
2° **Sens actuel :** action d'exclure du groupe (ou de tenir à l'écart) l'un des membres de ce groupe. *Être frappé d'ostracisme par la majorité de ses camarades, de ses concitoyens.* Par extension : hostilité générale d'une collectivité à l'égard d'un individu, ou parfois d'un petit groupe.
N.B. Ce terme n'a rien à voir avec le mot *racisme*. Il vient du grec *ostrakon*, qui désigne un morceau de poterie où chaque citoyen inscrivait son vote relatif à la décision d'ostracisme, au sens n° 1.

OUKASE. *n. m.* Décret, en Russie, promulgué par le tsar, ou par les autorités soviétiques. Par extension : décision arbitraire, impérative. *Ce patron prétend nous terroriser avec ses oukases !*

OURDIR. *v. tr.* Au **sens figuré** (littéraire) : combiner, nouer une intrigue (au théâtre ou dans la vie). *Ourdir une conspiration, ourdir la trahison.* Tramer, machiner. *Des complots s'ourdissent dans l'ombre.*

OUTRAGE. *n. m.* Grave offense : affront, injure faite à quelqu'un ou à son honneur. Chez les nobles, le soufflet était un outrage qui conduisait au duel (dans *Le Cid*, le Comte provoque ainsi Don Diègue). Par extension, les atteintes, les dommages subis par quelqu'un *(les outrages du temps)*, ou encore, commis contre des règles *(outrages aux bonnes mœurs, à la pudeur, à la logique élémentaire).*

OUTRANCIER. *adj.* Qui est expressif, outré. Qui passe la mesure. *Des propos outranciers. Un tempérament outrancier dans toutes ses mani-*

festations. L'*outrance* d'une conduite, d'un langage (l'excès, la démesure). L'adverbe *outrageusement* correspond à ce sens.

OUTRE. Mot issu du latin *ultra* (au-delà, en plus de). «Outre» son sens propre (au-delà), il entre dans la composition de plusieurs mots pour signifier l'exagération, le dépassement ou l'éloignement : **outrer** («exagérer», ou «pousser quelqu'un à bout»), **outrage**, *outrager, outrance*, **outrancier, outrecuidance**, *outremer, outrepasser* (dépasser les bornes). Voir certains de ces mots.

OUTRECUIDANCE. *n. f.* (de *outre* et de l'ancien français *cuider*, «avoir confiance»; littéralement : fait de trop croire en soi). Attitude orgueilleuse, présomptueuse, qui conduit souvent à l'insolence ou à l'effronterie à l'égard d'autrui. *L'outrecuidance d'un publicitaire qui croit inventer la communication. L'outrecuidance d'un valet qui se prend pour un maître.*

OUVRAGE. *n. m.* (dérivé de *œuvre*). Action de travailler; quantité de travail ou produit de ce travail *(se mettre à l'ouvrage; il y a de l'ouvrage; bel ouvrage).* **Au sens intellectuel :** texte scientifique, philosophique ou littéraire. *Écrire, publier, diffuser un ouvrage.* Noter la distinction avec le mot *œuvre*, qui a une connotation beaucoup plus artistique. *Un roman est une œuvre; l'étude de ce roman n'est qu'un ouvrage.* «Ouvrage» a aussi un sens moins vaste : l'*œuvre* d'un auteur regroupe l'ensemble de ses *ouvrages.*

N.B. Un jour *ouvrable* est un jour où l'on *travaille*, où l'on *œuvre* (et non pas un jour où l'on ouvre!), par opposition aux jours fériés.

OXYMORE *(*ou **OXYMORON**). *n. m.* (du grec *oxus*, «pointu» et *môros*, «émoussé». Ce mot, qui relie deux termes contraires, est lui-même un oxymore). Alliance de deux mots de significations opposées. On dit aussi «alliance de mots» (antithétiques). Cette figure de style produit un effet saisissant auprès du lecteur (ou de l'auditeur), une sorte de dissonance sémantique, puisqu'elle unit des éléments apparemment incompatibles. Une *paix armée*, une *sublime horreur*, le *soleil noir* sont des expressions frappantes qui alertent l'intelligence. Bien entendu, cette contradiction apparente a du sens. Quand Nerval parle du «*soleil noir* de la mélancolie», il y a contraste au niveau visuel, mais renforcement au niveau de l'idée : la mélancolie règne avec une énergie quasi solaire sur l'âme du poète. Une *sublime horreur* oppose l'excès de la laideur à l'extrême beauté; mais l'expression signifie que, en son genre, cette horreur va au-delà de toute limite. On pourrait faire des analyses identiques des oxymores *une tendre guerre, un illustre inconnu, l'ironie tragique, une implacable charité*. etc. De nombreux titres attirent l'attention en jouant de cette figure de style (*La Messe de l'athée, La Neige en deuil, L'Ingénue libertine*, etc.).

PACTOLE. *n. m.* (d'une rivière de Lydie, en Asie mineure, qui roulait des pépites d'or). Trésor, immense source de richesse. *Il a touché le pactole. Ces gisements d'uranium sont un vrai pactole.*

PAGANISME. *n. m.* Nom que donnaient les chrétiens du IVe siècle à l'ensemble des religions polythéistes de l'époque. Par extension, terme générique appliqué à l'antiquité gréco-romaine (dont les cultes étaient « païens »). Voir **Païen**.

PAÏEN. *adj.* et *n.* (du latin *paganus*, « paysan ». En effet, les paysans de l'empire romain, fidèles à leurs cultes polythéistes, résistèrent longtemps à la christianisation. Cette étymologie a été discutée).

1° Par opposition aux chrétiens, adepte des religions polythéistes, durant l'antiquité gréco-romaine. *Les païens croyaient aux dieux Jupiter, Neptune, aux déesses Vénus, Minerve, etc.* Qui se rapporte au paganisme : *les cultes païens, les rites païens, les populations païennes.* Qui est relatif à l'antiquité païenne. *La culture païenne.*

2° Qui est sans religion, qui mène une vie impie. Péjoratif dans le langage des chrétiens, le terme peut être revendiqué dans le discours des athées. *Je suis un païen, un vrai.* Un livre autobiographique a pour titre *La Foi d'un païen* (J.C. Barreau). Voir **Paganisme**.

N.B. Dans la Bible, les Païens sont appelés les *Gentils* (du latin *gentiles*, « étrangers »).

PAIR. (comme *nom masculin*) Ce qui est égal, ce qui est pareil. *Aller de pair :* être sur le même rang, aller ensemble. *Un collaborateur hors pair :* qui n'a pas son égal. Le mot s'emploie le plus souvent à propos des personnes. Un pair est quelqu'un d'égal dans la société, par la fonction ou par le titre. *Il a été jugé par ses pairs. Les Pairs de Charlemagne. Travail au pair :* travail dans lequel l'échange — les termes égaux — sont le travail d'une part, la nourriture et le logement d'autre part.

PALABRE. *n. f.* (de l'espagnol *palabra*, « parole »). Discussion sans fin ; parole inutile. S'emploie en général au pluriel : *des palabres oiseuses.*
Palabrer : converser interminablement, inutilement.

N.B. En Afrique francophone, *palabre* et *palabrer* n'ont pas de sens péjoratif : ces mots se rapportent à des débats juridiques (droit coutumier) entre hommes d'une même communauté villageoise. *Les palabres* sont longues car les villageois veulent ne prendre de décision qu'à l'unanimité.

PALÉ(O)-. Racine issue du grec *palaios*, « ancien ». Entre surtout dans la composition de termes savants relatifs à l'Antiquité ou à la Préhistoire : **Paléographie** (science des écritures anciennes), **Paléolithique** (âge de la pierre taillée ; ce qui s'y rapporte), **Paléontologie** (science des êtres vivants de la Préhistoire, fondée sur l'étude des fossiles). Antonyme : *Néo-*.

PALIMPSESTE. *n. m.* Manuscrit sur parchemin dont le premier texte a été gratté pour permettre d'en écrire un nouveau. D'où cette image de Baudelaire : *« L'immense et compliqué palimpseste de la mémoire »*.

PALINDROME. *n. m.* (du grec *palin*, « de nouveau » et *dromos*, « course »). Mot ou série de mots dont les lettres, disposées de façon symétrique, permettent de lire la même chose de gauche à droite ou de droite à gauche. Exemples : *Élu par cette crapule ; Noyon ; Laval ; Ésope reste ici et se repose.* Ou encore, ce dialogue en anglais : *« -Madam, I'm Adam. -Sir, I'm Iris »*. Ou ce pronostic discutable : *« La mariée ira mal »*.

PALINODIE. *n. f.* (du grec *palin*, « nouveau » et *odê*, « chant ». Dans l'Antiquité, la palinodie était un poème dans lequel l'auteur rétractait ce qu'il avait écrit auparavant). **Sens actuel,** *au pluriel :* changement brusque d'opinion ou d'engagement. *Les palinodies d'un politicien.* Revirement, retournement, volte-face. De celui qui se livre à une « palinodie », on dit familièrement qu'il a *retourné sa veste*.

PALLIER. *v. tr.* (du latin *palliare*, « couvrir d'un manteau ; cacher »). **Sens actuel :** apporter une solution provisoire à un problème, un remède incomplet à un mal, un moyen momentané de parer à des insuffisances. *Pallier le déficit du budget par un emprunt à long terme. Pallier les insuffisances d'une politique.*

N.B. Ce verbe pose deux problèmes :
1° Son sens est souvent sommairement compris : on croit qu'il s'agit d'apporter une vraie solution au problème en question, et non pas un remède provisoire. Rappelons ici que *pallier*, c'est user d'un *palliatif* (on distingue les *soins préventifs* — qui évitent une maladie ; les *soins curatifs* — qui la soignent ; et les *soins palliatifs* — qui ne font qu'en atténuer les symptômes). Le terme n'équivaut donc *en aucun cas* à « résoudre » ni à « remédier définitivement ».
2° Par analogie avec les verbes proches (remédier à, parer à), le verbe est souvent employé avec la construction indirecte *pallier à*. Cet usage est critiqué, quoique très répandu ; il est sans doute moins fautif que l'erreur sur la signification du mot, mais ce n'est pas une raison pour l'entériner.

PAMPHLET. *n. m.* (mot d'origine anglaise, « brochure »). Écrit satirique en général court et violent, qui peut attaquer une personne connue, une institution, le gouvernement lui-même, une religion, un mouvement intellectuel, etc. *Les grands polémistes sont experts dans l'art de rédiger et de lancer des pamphlets. Voltaire s'est montré un pamphlétaire remarquable, notamment contre les jésuites.* Voir **Diatribe, Libelle, Satire.**

PAN-, PANT(O)-. Racines issues du grec *pan, pantos,* « tout ». Nous les retrouvons en particulier dans **Panacée** (remède universel, au *propre* comme au *figuré* ; éviter le pléonasme « panacée universelle ») ; **Panafricain** (relatif à l'unité de tous les peuples d'Afrique) ; **Panaméricain** (qui concerne les nations du continent américain dans son ensemble) ; **Panarabe** (qui vise à l'union de tous les peuples de civilisation arabe) ; **Pandémie** (vaste épidémie) ; **Pandémonium** (capitale où se retrouvent tous les démons et, par extension, lieu infernal où règnent le désordre, le bruit, la corruption) ; **Panorama** (vaste ensemble que l'on peut contempler, au *propre* comme au *figuré*), **Panoplie** (ensemble d'armes, ou plus généralement, de moyens susceptibles d'être utilisés), **Panthéisme** (voir ci-dessous). Voir aussi le mot **Panégyrique.**

PANACHE. *n. m. (sens propre)* Faisceau de plumes qui sert à orner la coiffure. *(sens figuré)* Éclat ; bravoure spectaculaire destinée à impressionner la foule. *Le panache de Cyrano de Bergerac. Même dans la douleur, le vrai héros garde son panache.*

PANÉGYRIQUE. *n. m.* (du grec *panêguris,* « assemblée de tout un peuple »). Discours public célébrant les louanges d'une personne illustre (un chef militaire, un saint). *Le panégyrique d'un monarque.* Éloge de quelqu'un ou de quelque chose *(panégyrique d'une nation, panégyrique d'une vertu).* Apologie excessive, discours dithyrambique à la gloire de quelqu'un, d'où un emploi qui peut être péjoratif ou ironique. *Comment cet homme politique peut-il prendre au sérieux ce panégyrique inspiré par la flatterie ?* Voir **Dithyrambe.**

PANEM ET CIRCENSES. En latin, « du pain et des jeux de cirque », expression par laquelle Juvénal fustige le peuple romain qui n'a plus que des préoccupations bassement matérielles. Cette expression est reprise par ceux qui adressent le même reproche aux contemporains (par exemple : *« Consommation-télévision, c'est tout ce qui les intéresse ! »*).

PANORAMIQUE. *n. m.* Au *sens cinématographique,* mouvement de caméra qui consiste à effectuer une rotation autour d'un axe (horizontalement ou verticalement). Effet visuel produit dans la séquence d'un film par ce mouvement. *Un lent panoramique sur les visages des condamnés.*

PANTAGRUÉLIQUE. *adj.* Qui évoque le personnage de Rabelais, Pantagruel. *Un repas pantagruélique.* On dit aussi *gargantuesque* (le personnage de Gargantua a également un énorme appétit).

PANTALONNADE. *n. f.* (de *Pantalon,* personnage ridicule de la comédie italienne). 1º Farce burlesque, dont les situations douteuses ou les grosses plaisanteries amusent le public populaire. 2º Aventure grotesque dont les acteurs se montrent ridicules. 3° Démonstration hypocrite de sentiments d'amitié, de loyauté.

PANTHÉISME. *n. m.* (du grec *pan*, « tout » et *theos*, « Dieu »; littéralement : « tout est Dieu »).
1° Doctrine religieuse ou philosophique qui identifie le monde à Dieu (soit dans un *sens idéaliste* : Dieu est la seule réalité, et le monde n'est que l'ensemble de ses manifestations ; soit dans un *sens matérialiste* : Dieu est la somme de tout ce qui existe dans l'univers).
2° Au *sens courant*, le panthéisme est une attitude de divinisation de la nature, sorte de grand être vivant auquel on adresse un culte. *Le panthéisme de l'écrivain Colette se manifeste dans ses évocations exaltées de la nature vivante.*

PANTOMIME. *n. f.* 1° **Jeu du mime :** recours à tous les moyens d'expression gestuels, aux jeux du visage, à l'exclusion de tout recours à la parole. Par extension, emploi de mimiques ou de gestes lorsqu'on lit un texte ou prononce des paroles. 2° **Pièce mimée,** ou forme de théâtre dans lequel la pantomime joue un rôle prépondérant. 3° Au *sens figuré*, péjorativement : comportement excessif, attitude outrée ; manège théâtral auquel quelqu'un se livre. *À quoi voulez-vous en venir avec toutes ces pantomimes ?*

PARA-. Racine issue du grec *para*, qui signifie « à côté de ; contrairement à ». Outre les mots expliqués ci-dessous *(Parabole, Paradoxe, Parallèle, Paramètre, Paranoïa, Paraphrase, Parodie, Paronyme, Paroxysme)*, on a par exemple : *Paralysie, Paraplégie, Parasite*. D'autre part, cette racine demeure un préfixe vivant pour désigner des notions ou des réalités qui se situent *sur la marge* (autour ou à l'encontre) de réalités données : **Paramédical** (qui est autour de la médecine), **Paramilitaire** (qui est organisé sur le modèle d'une armée), **Paranormal** (qui se trouve en marge des phénomènes normaux), **Parapsychologie** (étude des phénomènes psychiques paranormaux), **Parascolaire** (qui gravite autour du monde scolaire), **Paralittérature**.
N.B. Ne pas confondre avec le préfixe français *« para- »* qui vient du verbe *parer* (protéger contre), et qu'on trouve notamment dans *parachute, parapluie, parasol, paratonnerre, paravent*, ou sous la forme directe *pare- (pare-balles, pare-brise, pare-chocs, pare-feu)*.

PARABOLE. *n. f.* (du grec *para-* , « à côté de » et *bolê*, « action de lancer », qui signifie « comparaison ». *Parabola*, en latin, deviendra *parole*).
Sens littéraire (ou **religieux**) : petit récit allégorique qui propose un enseignement moral ou un message religieux. Jésus-Christ par exemple, suivant en cela un mode d'expression répandu à son époque, use souvent de la parabole, dont l'aspect imagé et symbolique frappe l'esprit de son auditoire. **Au premier degré,** la parabole se présente comme une histoire ordinaire : un fils réclame son héritage et part vivre sa vie (parabole de l'enfant prodigue) ; un maître de maison, appelé à voyager, confie son argent à quelques-uns de ses serviteurs (parabole

des talents). Mais le fils ou le serviteur représentent l'homme ; le maître de maison ou le père symbolisent Dieu. La suite de l'histoire est donc à comprendre **au second degré** : le fils prodigue qui se repent met en valeur l'incroyable pouvoir de pardon de Dieu le père ; les serviteurs qui exploitent leurs « talents » (pièces de monnaie) illustrent le devoir qu'a tout homme de faire fructifier les dons de Dieu (les talents, au sens d'aptitudes). Voir **Apologie, Fable**.

PARADIGME. *n. m.* 1° **Sens linguistique :** mot-modèle, mot-type qui sert d'exemple. Le verbe *finir* est ainsi le paradigme de la conjugaison des verbes en *-ir* : il en est l'exemple le plus représentatif.

Par extension, le mot paradigme en vient à désigner, non plus le terme représentatif, mais l'*ensemble* représenté par ce terme. Ainsi, le paradigme de la haine contiendra l'éventail des mots susceptibles d'exprimer ce sentiment, et entre lesquels devra choisir le locuteur qui s'exprime : *antipathie, aversion, détestation, exécration, hostilité, inimitié, répulsion* (notons que le locuteur peut remplacer ces mots par des verbes, utiliser des formes négatives : ne pas aimer, ne pas adorer, etc.).

Ainsi, dans l'acte d'écrire ou de parler, celui qui s'exprime dispose d'une série paradigmatique (ou *axe paradigmatique*) de mots qui peuvent être *substitués* les uns aux autres et entre lesquels le locuteur devra, à chaque fois, faire un choix exclusif. À cet **axe paradigmatique** (série *« verticale »* en quelque sorte des choix possibles) fait pendant l'**axe syntagmatique**, celui de la *combinaison* syntaxique des mots choisis (axe *« horizontal »* de composition et d'agencement des termes d'une phrase).

2° **Sens général :** ensemble de possibilités ; ensemble de données ou de problèmes dont on opère un recensement cohérent, dans le langage des sciences humaines. Ce sens du mot paradigme est une transposition du sens linguistique qui, dans certains textes, apparaît comme approximative et, disons-le, prétentieuse. *Série, ensemble, arsenal, panoplie, classe* sont souvent des synonymes préférables.

PARADOXE. *n. m.* (du grec *para*, « contrairement à » et *doxa*, « opinion commune »).

1° **Opinion (vraie ou fausse) qui va délibérément à l'encontre de l'opinion courante.** En général, celle-ci fait ressortir une part de vérité que l'opinion commune occulte. Le paradoxe est souvent l'arme du philosophe ou de l'écrivain qui veut faire réagir ses interlocuteurs, les conduire à dépasser leurs préjugés, en en prenant le contrepied. Si l'on déclare par exemple *« Il avait le don de paresse et donc d'organisation »*, on peut heurter le bon sens et la morale admise qui ne voient dans la paresse qu'un défaut ; cependant, il est vrai que certains paresseux, pour éviter un surcroît d'efforts, sont conduits à simplifier leur travail en l'organisant mieux : c'est là une vérité *paradoxale*.

2° **Opinion artificielle,** bizarre ou fausse, émise par quelqu'un qui veut systématiquement étonner le public. Le paradoxe peut en effet devenir un genre (littéraire ou non) dans lequel le locuteur *inverse* toutes les propositions admises par simple désir de briller, ou parce qu'il croit qu'il suffit de contredire pour penser.

3° **Réalité surprenante**, qui heurte le bon sens, mais se trouve être totalement avérée. *Depuis que le gouvernement a limité la hausse des loyers, on ne trouve plus à se loger : c'est un paradoxe.* Il faut comprendre : le blocage des loyers a dissuadé les gens fortunés d'investir dans l'immobilier ; la construction s'est donc ralentie ; les appartements à louer se sont alors raréfiés. Cet exemple montre que le paradoxe est souvent moins dans la réalité elle-même que dans la formulation contradictoire, antinomique, de l'énoncé qui la traduit. L'emploi de l'adverbe **paradoxalement** sert souvent à mettre en valeur une contradiction apparente qui, dans les faits, s'explique très logiquement.

4° **Proposition contradictoire**, apparemment sans issue (voir **Aporie**). L'exemple classique est celui du paradoxe du menteur qui déclare : *« Je mens »* ou *« Je mens toujours »* (s'il ment en disant cela, c'est donc faux ; donc il ne ment pas en disant qu'il ment ; mais alors, pourquoi dit-il « je mens », si ce n'est pour nous tromper, donc il est menteur ; mais, etc.).

PARALLÈLE. *comme nom masculin* (du grec *parallêlos*, formé sur *para*, « à côté » et *allos*, « autre » : « chose que l'on met à côté d'une autre »).
Sens littéraire : développement systématique d'une comparaison entre deux réalités, deux notions, deux individus, pour mettre en valeur à la fois ce qui les rapproche et (surtout) ce qui les distingue.
Exemple : le parallèle qu'établit La Bruyère entre *Giton* et *Phédon*, le riche et le pauvre ; ou encore, du même auteur, le célèbre parallèle entre Corneille et Racine.

PARALLÉLISME. *n. m.* (même étymologie que *parallèle*). **Sens littéraire :** procédé stylistique qui consiste à mettre en parallèle (voir ce mot) deux phrases ou deux membres de phrase, pour faire ressortir la similitude de leur sens, ou bien leur opposition, ou bien encore leur complémentarité. Le parallélisme est fréquent dans la littérature orientale ancienne. Mais on le trouve partout, pour souligner des comparaisons ou des antithèses. Par exemple, cette poésie de Bruno Hongre :

> *Une source dans l'herbe*
> *Ruisselle vers le jour ;*
> *Tes yeux sont une gerbe*
> *De fleurs disant l'amour.*

PARALOGISME. *n. m.* Raisonnement qui semble approximativement logique, mais qui en réalité est faux. Voici un exemple de paralogisme : « La France compte environ cinquante millions d'habitants. Il suffirait que chacun donne un franc pour offrir à un Français cinquante millions. Si l'on renouvelle l'opération cinquante millions de fois, tous les Français pourront être riches de cinquante millions. »

Le paralogisme est en général fait *de bonne foi* par son auteur. Il se distingue en cela du sophisme, qui suppose une volonté délibérée de tromper l'auditoire. Voir **Sophisme**.

PARAMÈTRE. *n. m.* (du grec *para*, « à côté » et *metron*, « mesure »). *En mathématiques*, nombre ou élément qu'on établit arbitrairement (un coefficient par exemple) pour résoudre un problème (une équation notamment). On peut faire varier ce nombre pour obtenir divers résultats. Il peut y avoir divers paramètres. Les divers paramètres, sur lesquels on joue, vont permettre ainsi d'étudier la variation des résultats obtenus.

Par extension, dans d'autres domaines ou dans la vie courante, on nomme «paramètre» tout élément, tout facteur, toute variable dont dépend un phénomène. *L'évolution de la natalité dépend de plusieurs paramètres. L'expérience des adultes est-elle utile aux jeunes ? Cette question ne peut être étudiée qu'en faisant intervenir de nombreux paramètres.*

PARANGON. *n. m.* Modèle, type idéal. Ce mot ne se rencontre plus guère, au *sens littéraire*, que dans l'expression *un parangon de vertu,* et dans des phrases négatives : *Il, elle n'était pas un parangon, de vertu, de sagesse, de tempérance, de subtilité.*

PARANOÏA. *n. f.* (du grec *para*, « à côté, à l'encontre de » et *noos*, « pensée, esprit ». Littéralement : esprit délirant, déraison, folie). Psychose caractéristique qui se traduit généralement par un orgueil démesuré, l'extrême méfiance vis-à-vis des autres (perçus comme rivaux, menaçants), une sorte de délire plus ou moins intense qui rend le sujet agressif par sentiment d'être persécuté. Le **paranoïaque** ne perd pas ses capacités mentales ; mais son délire d'interprétation ou de persécution lui fait porter des jugements erronés, et engendre de sa part des comportements sociaux inadaptés. Les chefs d'État autoritaires (tyrans, dictateurs, et quelques autres), que le désir du pouvoir conduit à craindre la perte de ce pouvoir, ont souvent des comportements paranoïaques. Dans la vie courante, toute position de domination ou d'autorité peut engendrer de tels comportements (on dit familièrement : c'est un *parano*). Selon Freud, la paranoïa, avant de se déclarer dans des formes aiguës (en certaines situations), peut être une tendance constitutive de la personnalité, plus ou moins répandue : qui ne s'est jamais senti *persécuté* par les choses, par les êtres, par l'adversité ?

PARAPHRASE. *n. f.* (du grec *para*, « à côté » : littéralement, « phrase à côté » d'un texte).

1° *(sens positif)* Développement qui reproduit les idées d'un texte en les explicitant. Il peut s'agir d'une traduction plus ou moins libre d'un passage d'un texte ancien. Celui qui paraphrase ne veut pas simplement traduire : il veut expliquer, amplifier, donner un équivalent du texte, par souci pédagogique.

2° *(sens péjoratif)* Développement qui répète maladroitement les idées ou les thèmes d'un texte, sans parvenir à l'expliquer vraiment.

Délayage. C'est notamment le cas des mauvaises «explications de texte», dans l'enseignement littéraire, lorsqu'une copie se contente de répéter sans fin *« l'auteur dit que »*, au lieu d'analyser la manière dont l'auteur a su rendre son texte efficace.

N.B. Le mot paraphrase est utilisé parfois en musique pour qualifier des variations sur un thème, sur un air donné. *Liszt aime paraphraser les opéras de Wagner.* Ce sens n'a rien de péjoratif.

PARASITER. *v. tr. (sens propre)* Vivre en parasite, vivre au détriment de quelqu'un. *(sens figuré)* Perturber, encombrer. *Parasiter la société. Avoir l'esprit parasité par des idées chagrines.* Ce mot a repris une certaine vigueur métaphorique par analogie à ce que représentent les «parasites» dans le domaine technique (perturbations radioélectriques, pollutions diverses).

PARCIMONIE. *n. f. (sens propre)* Tendance à épargner beaucoup et à distribuer peu. L'individu parcimonieux économise sur la moindre chose, vit chichement, mesure ce qu'il donne avec mesquinerie. *Des vivres distribués avec parcimonie. Un spectacle calculé au moindre coût, avec parcimonie.*

(sens figuré) **Avec parcimonie :** en mesurant, en réduisant au strict minimum ce qu'on accorde. *Il distribue les compliments, les gentillesses, les paroles même, avec parcimonie.* Antonymes : prodigalité, profusion, générosité.

PARIA. *n. m. (sens propre)* Aux Indes, individu situé au plus bas de l'échelle sociale, dont le contact est considéré comme une souillure; il est *intouchable.*

(sens figuré) Personne repoussée et méprisée par le groupe, et donc réduite à une vie misérable. *Vivre en paria. Être traité en paria.*

PARITÉ. *n. f.* Caractère de ce qui est égal, de ce qui est pareil; égalité parfaite, conformité, par opposition à *disparité* (voir le mot **Pair**). Il faut noter que la parité ne se réduit pas à l'égalité de *deux* choses : la similitude, la conformité peuvent porter sur *plusieurs* réalités. *Une parité d'idées, entre plusieurs philosophes, est une chose quasi inconcevable. La parité des salaires entre hommes et femmes est une réalité dans la profession enseignante.* En **économie**, on nomme «parité de change» ou simplement *parité* l'égalité du taux de change de deux monnaies, dans les deux pays respectifs. **Commission paritaire :** assemblée dans laquelle les représentants respectifs de deux parties (professions, organismes syndicaux) sont en nombre égal.

PARJURE. *n.* et *adj.* 1° Violation d'un serment. *Commettre un parjure. En trahissant ses promesses de fidélité, il a commis un parjure ; il s'est parjuré.*

2° Personne qui a violé un serment. **Traître** (en politique). **Renégat** (en religion). *Il a renié son roi et sa foi : c'est un parjure !*

PARNASSIEN. *adj.* et *n. m.* Poète qui appartient au mouvement littéraire du Parnasse, ou dont l'esthétique s'apparente à l'idéal de ce mouvement ; partisan de « l'Art pour l'Art ». Par exemple, Leconte de Lisle (1818-1894).
Le Parnasse est une montagne grecque qui, consacrée à Apollon et aux Muses, symbolisa la poésie. De 1866 à 1876, plusieurs poètes publièrent leurs œuvres dans une revue qu'ils intitulèrent *Le Parnasse contemporain*. Leur but, en réaction contre la poésie romantique et les excès de son sentimentalisme, était de produire un art d'une pure beauté formelle, plastique et sonore, fondée sur l'impersonnalité de l'inspiration et l'objectivité du travail poétique. Le **mouvement symboliste**, qui en découle, se retournera à son tour contre la poésie parnassienne et son culte de l'art pour l'art.

PARODIE. *n. f.* (du grec *para*, « à côté » et *odê*, « chant ». Littéralement, « chant à côté »). Imitation caricaturale, burlesque, d'une œuvre connue (sérieuse). La parodie a pour objet d'amuser les lecteurs ou spectateurs aux dépens d'une œuvre *trop* célèbre, *trop* unanimement reconnue pour qu'elle ne mérite pas qu'on en dévoile les quelques faiblesses, les tics stylistiques, ou les ridicules. Aussi la parodie est-elle souvent une consécration indirecte de l'œuvre dont elle fait la caricature.
On peut parodier une œuvre précise (le *Virgile travesti* de Scarron parodie l'*Énéide* de Virgile), un genre (*Don Quichotte* est une parodie de l'épopée médiévale et de l'idéal chevaleresque), un texte précis ou même une phrase connue. Par exemple, le célèbre vers de Lamartine,

Un seul être vous manque, et tout est dépeuplé

peut donner lieu à la parodie suivante :

Un seul être vous manque, et tout est repeuplé

À la différence de la parodie, le **pastiche** tente d'imiter une œuvre en s'en approchant *le plus possible*, au point de tromper sur l'origine.
Notons l'extension du mot à la vie en général pour désigner une caricature, une contrefaçon grotesque. *Une parodie de réconciliation. Une parodie d'élection démocratique.*

PAROLE. *n. f.* **Sens linguistique :** manifestation particulière, concrète, individuelle, par laquelle un locuteur formule un énoncé précis. **La parole,** qui est un acte personnel (oral ou écrit), *s'oppose à* **la langue**, système d'ensemble produit par le groupe social, vaste réseau d'énoncés potentiels dans lequel puise le locuteur pour s'exprimer. On dit que *la parole actualise la langue* (la langue n'existe qu'à travers les *actes* de parole, comme la parole n'existe que grâce au système de la langue). Voir **Discours, Énonciation, Langage, Langue.**

PARONYME. *n. m.* (du grec *para*, « à côté » et *onoma*, « nom »). Mot très proche d'un autre par la sonorité, d'où le risque de confusion (surtout quand les significations ne sont pas très éloignées (*anoblir/ennoblir*, par exemple). On doit ainsi distinguer *abjurer/adjurer, collision/collu-*

sion, conjoncture/conjecture, éminent/imminent, perpétrer/perpétuer, sujétion/suggestion, etc. Le paronyme se distingue de l'**homonyme** (mot de sonorité ou de graphie semblable), du **synonyme** (mot de sens très proche, mais de forme différente) et de l'**antonyme** (mot de sens opposé). La **paronomase** est une figure de style qui consiste à rapprocher deux paronymes (*« À bon chat bon rat »*, *« Qui se ressemble s'assemble »*).

PAROXYSME. *n. m.* (du grec *para*, « à côté » et *oxus*, « aigu, pointu »). Point culminant d'un phénomène, au sens propre *(le paroxysme d'une maladie)* comme au sens figuré : *être au paroxysme de la joie. Le paroxysme des combats. Le paroxysme d'une éruption volcanique* (son plus haut degré). L'adjectif correspondant est **paroxystique**. *Rouge de honte, cramoisi de colère, il atteignait un état paroxystique.* Mots de sens voisin : exacerbation ; phase suraiguë.

PARRICIDE. *adj.* et *n.* (du latin *pater, patris*, « père » et *caedere*, « tuer »).
  1° Meurtre du père ou de la mère. Anciennement, meurtre du roi (régicide). Par extension, meurtre d'un ascendant. *L'intrigue des* Frères Karamazov *repose sur un parricide.*
  2° Personne qui a commis ce meurtre. *Un fils parricide. Le parricide, condamné à mort, a été exécuté.*

PARTERRE. *n. m.* **Sens littéraire :** à l'époque classique, au théâtre, le parterre était le rez-de-chaussée de la salle, où le public se tenait debout. Les places y étaient les moins chères : c'est là que se tenait le public populaire, celui qu'il fallait faire rire ou émouvoir. D'où l'emploi du mot « parterre » pour désigner, par métonymie, ce public lui-même : *Molière plaisait avant tout au parterre.* De nos jours, le parterre est occupé différemment : c'est là que sont les fauteuils, et les places y sont très chères.
  Par extension, le mot parterre peut s'appliquer à un auditoire, un public qu'on se donne : *plaire à un parterre de qualité.*

PARTIAL. *adj.* Qui prend parti pour ou contre quelqu'un ou quelque chose sans souci d'équité, en fonction d'intérêts, de préjugés, de passions partisanes. *Un juge partial. Un public partial.* Antonyme : **impartial**.
  N.B. Ne pas confondre avec **partiel** (qui ne concerne qu'une partie : *une éclipse partielle*).

PARTICULARISME. *n. m.* Attitude d'une population (locale, régionale) qui veut garder ses caractères propres, ses libertés, ses particularités culturelles ou linguistiques, dans le cadre d'un État ou d'une fédération. *Il faut respecter les particularismes, sous peine d'engendrer des mouvements séparatistes. L'exacerbation des particularismes peut conduire certaines ethnies d'une même nation à la guerre civile.*

PARTISAN. *adj.* et *n.* 1° Personne qui prend parti pour une doctrine, pour un mouvement, pour une opinion. Adepte de ; favorable à. *Je suis* *partisan du libéralisme. C'est un fidèle partisan du Président. Les partisans et les détracteurs de l'heure d'été.*

2° (*adjectif* seulement) Qui manifeste du parti-pris. *Un esprit partisan, des attitudes partisanes.* Qui montre de la partialité, de l'intolérance.

N.B. Historiquement, les «partisans» ont souvent été des combattants n'appartenant pas à une armée régulière (par exemple, les résistants, durant la Seconde Guerre mondiale).

PARTITA. *n. f.* Pièce musicale pour clavecin ou piano, composée d'une suite de danses et de variations. *Les partitas de Bach.*

PARTITION. *n. f.* 1° En **musique**, ensemble des parties où se trouve transcrite une composition musicale. Par extension, composition musicale. *Il faut être capable de jouer sans partition.*

2° Division, partage. Se dit en particulier du partage d'un territoire. *La partition de l'ex-Yougoslavie.* Cet emploi, repris de l'anglais, n'a pas à être critiqué dans la mesure où il reprend le sens du mot latin *partitio.*

N.B. Ne pas confondre avec le mot «parturition», qui veut dire accouchement, enfantement, et qui est parfois employé au sens figuré *(la parturition d'un ouvrage).*

PASSÉISME. *n. m.* Attachement excessif au passé, aux œuvres du passé (par opposition au *modernisme*), aux rites et aux formes traditionnelles du passé (dans la liturgie religieuse). L'emploi du mot passéisme (considéré comme un excès) est en principe péjoratif. Cela n'empêche pas certains d'accuser de *passéisme* le simple intérêt pour le passé et la sauvegarde du patrimoine culturel, et d'autres de s'affirmer comme passéistes pour mieux défendre tout ce qui vient du passé.

PASSION. *n. f.* (du latin *passio*, «action de supporter; souffrance physique ou morale»).

1° **Sens ancien :** souffrance. C'est dans ce sens que l'on parle de la Passion du Christ (on dit absolument **La Passion**), rapportée par les Évangiles : il s'agit là de la souffrance assumée par le Christ pour sauver les hommes, et non pas du sentiment d'amour qui l'animait envers eux. Plus généralement, les passions représentent ce que l'âme subit (malgré elle), ce qui est considéré comme négatif parce que *passif.* Descartes écrit ainsi un *Traité des Passions de l'âme.*

2° **À partir du XVIe siècle** (souvent au pluriel) : ensemble d'états affectifs puissants qui bouleversent ou dominent la vie intérieure de l'individu. Les passions vont englober les désirs, les émotions, les sentiments. Le sens du mot est encore passif : on subit malgré soi les impulsions soudaines qui ébranlent l'âme (la passion amoureuse, dans le théâtre de Racine, a souvent quelque chose de fatal). Mais l'accent se déplace : la passion fait agir, même si c'est dans la violence et le désordre ; elle meut les hommes. La grande opposition que mettent en valeur les moralistes est celle de la passion et de la raison : la première est injuste, aveugle ; l'autre, sereine.

3° **L'amour-passion :** la passion manifeste surtout les contradictions précédentes lorsque l'amour s'empare de toute la vie psychique d'un être (passivité/activité ; force aveugle / raison impuissante ; caractère obsessionnel que le sujet ne peut maîtriser). Dans ce sens, le mot passion peut désigner l'objet aimé lui-même : *elle a été la grande passion de sa vie.*

4° **À partir du XIXᵉ siècle :** puissance intérieure qui anime, qui fait réaliser de grandes œuvres (artistiques, politiques, sociales). Le fait d'être passionné par quelque chose prend un sens positif. L'œuvre d'art est chargée de traduire l'émotion, la passion, la sensibilité de l'être humain. Le métier qu'on exerce n'est vraiment bien accompli que si l'on a la passion de ce qu'on fait.

5° **De nos jours,** selon les contextes, le mot passion conserve les sens 2, 3 et 4. Il est généralement péjoratif au pluriel (contre les « passions politiques », il faut « dépassionner le débat »), et plutôt positif au singulier (c'est ma « passion » qui donne un sens à mon existence).

PASTICHE. *n. m.* Texte dans lequel on s'efforce d'imiter le style d'un auteur connu. Il s'agit d'écrire « à la manière de ». L'objet du pastiche peut être de tromper les lecteurs, de parodier une œuvre, ou simplement de se livrer à un exercice de style. La **parodie**, à l'inverse, ne vise que la caricature. Proust a écrit délibérément des *Pastiches et Mélanges*. Verlaine s'est amusé à se pasticher lui-même. Voir la distinction avec le mot **Plagiat.**

PASTORAL. *adj.* 1° Qui se rapporte aux pasteurs, aux pâtres, aux bergers. *La vie pastorale.* Par extension, qui a un caractère de simplicité campagnarde ; qui évoque les mœurs villageoises, la vie champêtre (voir **Bucolique**) : *un roman pastoral ; la Symphonie pastorale* (symphonie dans laquelle Beethoven chante la vie aux champs).

2° En **religion**, qui se rapporte aux pasteurs ou aux prêtres dans l'exercice de leur mission. *Une instruction pastorale, l'activité pastorale* (par distinction avec l'activité doctrinale). Ce sens dérive de la grande métaphore chrétienne selon laquelle les âmes des fidèles forment un vaste « troupeau » que doit conduire leur « berger » (le prêtre, le pasteur, le Seigneur).

PASTORALE. *n. f.* 1° Œuvre ou genre littéraire mettant en scène des bergers (ou pseudo-bergers) qui expriment des sentiments raffinés, non sans préciosité (voir l'adjectif *pastoral*, au sens n° 1).

2° En **religion**, organisation de la pratique religieuse, ensemble d'actions destinées à fortifier les communautés dans leur foi, à rendre présent le christianisme dans un monde non chrétien (voir pastoral, sens n° 2).

PATENT. *adj.* Qui est absolument évident, manifeste, notoire, reconnu.

C'est un fait patent que les chambres à gaz ont existé. La rivalité entre les deux ministres était patente.

PATERNALISME. *n. m.* (du latin *pater*, « père »). Conception qui consiste, pour les patrons, à se considérer comme ayant une autorité paternelle sur leurs salariés. Cette attitude, à une certaine époque, a pu être jugée comme un progrès : la bonté du chef d'entreprise, son souci d'octroyer certains avantages sociaux à ses ouvriers, contrastaient en effet avec la manière pure et dure de patrons tyranniques. Mais du même coup, la doctrine paternaliste fondait le progrès social sur le bon vouloir du patron, et non sur les exigences de la justice sociale ou le droit de participation des salariés. Elle devenait ainsi une façon douce de maintenir l'autorité patronale, de lui garantir le droit de décider.

Par extension, le paternalisme désigne toute manière de commander avec une bienveillance autoritaire et condescendante, de conserver le pouvoir sous couvert de protection. *Le paternalisme d'un dirigeant politique, d'un professeur, d'un chef de service.*

PATHÉTIQUE. *adj.* et *n.* (du grec *pathos*, « souffrance, passion »). Qui émeut profondément et douloureusement. *Une scène pathétique. Un discours pathétique. Une actrice pathétique.* Selon les emplois, l'adjectif pathétique peut viser ce qui est simplement touchant, émouvant, ou bien ce qui inspire vraiment terreur, bouleversement, pitié, horreur.

En littérature, on distingue parfois ce qui est **dramatique** (qui a rapport à l'action, notamment au théâtre) et ce qui est **pathétique** (ce qui se rapporte aux sentiments, aux émotions exprimées, en principe communicatives). **Le pathétique :** le caractère pathétique d'une œuvre, d'une situation. L'art avec lequel une œuvre produit des effets pathétiques.

On oppose en général **le pathétique** et **le pathos** : le pathos est du pathétique facile, mélodramatique, exagéré. *Le dernier acte de Cyrano, est-ce du pathos, ou bien du grand pathétique ?*

PATHO-. Racine issue du grec *pathos*, « souffrance, maladie, passion ». Nous la trouvons dans **Pathétique, Pathos** (voir mot précédent), dans **Pathologie** (étude des causes et des symptômes des maladies), **Pathologique** (qui se rapporte à la pathologie ; qui est maladif, morbide, anormal), **Pathogène** (qui engendre des troubles physiques ou mentaux), **Névropathe** (qui souffre de maladie nerveuse), **Psychopathe** (malade mental), **Psychopathologie** (littéralement : étude des troubles de la vie mentale), et encore dans les mots **Antipathie** (sentiment *contre* quelqu'un, aversion), **Apathie** (absence de sentiment, d'émotion), **Sympathie** (fait d'éprouver les mêmes émotions, les mêmes souffrances ; d'où amitié commune), **Télépathie** (littéralement : transmission d'émotions à distance), **Allopathie** et **Homéopathie** (voir ces mots). Voir aussi les dérivés de ces mots, en *-pathique* et *-pathiquement*.

PATIENT. *adj.* et *n.* (du latin *patiens*, « qui supporte, qui sait endurer » ; voir *pâtir*).

1° *(sens classique)* Qui sait supporter les désagréments de la vie, de l'effort, sans se lasser. Constant, courageux, persévérant. *Un caractère patient. Un esprit patient. Le patient triomphe de tout.*
2° *(sens fréquent)* Qui sait supporter en particulier l'attente, la lenteur des choses à venir. *Être patient, voilà le secret de la réussite.*
À ces deux sens s'oppose le mot **impatient** (qui ne supporte pas les contraintes ; qui ne supporte pas d'attendre).
3° Au *sens médical*, le **patient** est celui qui souffre et qui subit un traitement. On retrouve là le sens étymologique. *Les patients d'un médecin doivent prendre leur mal « en patience »* (sens n° 1).

PÂTIR. *v. intr.* (du latin *patior*, « souffrir », endurer ; être victime de »). Souffrir de quelque chose. Subir différents dommages. On dit « pâtir de ». *Pâtir de la misère. Ce ne sont pas les mêmes, hélas, qui font le mal et qui en pâtissent. Ce sont les « patients » qui pâtissent des erreurs médicales.* (voir le mot précédent).

PATR(I)-. Racine issue du latin *pater, patris*, « père ». Elle apparaît dans de nombreux mots, dont plusieurs étaient déjà vivants en latin. **Patrie** (littéralement : « pays du père » — bien que l'on dise *la mère-patrie*), **Patriarcal** (voir mot suivant), **Patriarcat** (littéralement : pouvoir du père), **Patriotisme** (amour de la patrie), **Patrimoine** (voir ce mot), **Patron** (*patronus*, en latin, « protecteur ; ancien maître d'un esclave »), **Patronyme** (littéralement : nom qui vient du père, nom de famille).

PATRIARCAL. *adj.* (de *patriarche*, formé des racines *patri-*, « du père » et *arkhê*, « pouvoir »).
1° Qui est relatif aux patriarches de la Bible. Par extension, qui évoque les mœurs simples, paisibles des anciennes tribus juives, à l'époque de ces patriarches. *Des mœurs patriarcales.* L'adjectif *patriarcal* s'applique aussi à ces autres patriarches qui sont les dignitaires des églises chrétiennes d'Orient *(trône patriarcal).*
Dans le langage courant, le mot **patriarche** évoque un sage vieillard qui exerce un pouvoir tempéré, entouré d'une nombreuse descendance. *Une sagesse patriarcale.*
2° Qui est relatif au *patriarcat*, système social fondé sur la puissance de l'autorité paternelle, dans la famille comme dans la société. *Le pouvoir patriarcal.* Antonyme : **matriarcal** (relatif au *matriarcat*, organisation sociale où la mère a un pouvoir prépondérant).

PATRICIEN. *n.* et *adj.* (du latin *patricius*, « de père noble »). Chez les Romains, citoyen appartenant par sa naissance à la classe aristocratique. Les patriciens jouissaient de nombreux privilèges et se trouvaient souvent en conflit avec les plébéiens, qui formaient la classe populaire. Mais ils pouvaient aussi étendre leur protection sur un groupe d'entre eux, qui constituaient leur « clientèle », en échange de certains services.
Par extension, le mot peut désigner les nobles en général. *Il vit en patricien. Une famille patricienne.*
➔ **Pour approfondir, p. 949.**

PATRIMOINE. *n. m.* (du latin *patrimonium*, « héritage du père »).
1º Ensemble des biens de famille qu'on hérite de ses ascendants. Héritage paternel, propriété, fortune familiale.
2º Par extension, ensemble des biens économiques, culturels, artistiques d'une communauté. *Le patrimoine national. Le patrimoine architectural. Les grandes œuvres qui forment le patrimoine de l'humanité.*
3º En **biologie**, patrimoine génétique : ensemble des caractères héréditaires d'un individu. On dit aussi *génotype*.
N.B. L'adjectif correspondant est **patrimonial**.

PATRONYME. *n. m.* (de *patri-*, voir ci-dessus ; et du grec *onoma*, « nom »). Nom qui vient du père ; nom de famille que l'on porte. L'adjectif correspondant est « patronymique ». Nom patronymique. Ne pas confondre avec *paronyme*.

PAUPÉRISATION. *n. f.* (du latin *pauper*, « pauvre »). Appauvrissement continu d'une classe sociale dont le niveau de vie ou le pouvoir d'achat ne cesse de baisser. *C'est une grande question de savoir si le capitalisme libéral entraîne nécessairement la paupérisation des masses.* On parle parfois de paupérisation à propos de la *qualité* de la vie.

PAVLOVIEN. *adj.* (de Pavlov, auteur d'expériences connues sur les réflexes conditionnés). Qui est relatif aux théories de Pavlov. Qui évoque un type de conditionnement animal similaire à ceux que Pavlov a su mettre en valeur. *Des réflexes pavloviens.*
L'expérience de Pavlov consiste à faire tinter une cloche chaque fois qu'on donne de la nourriture à un chien. Au bout d'un certain nombre de fois, on fait tinter la cloche sans donner la nourriture, et l'on s'aperçoit que des sécrétions gastriques se produisent dans son estomac. Il a été *conditionné*. Il n'est pas difficile de constater que de semblables processus sont présents dans les réflexes physiques et psychiques de l'être humain. Ce qu'on appelle le « conditionnement publicitaire » est à base de réflexes pavloviens : il y a plus d'une image ou d'une sonorité qui nous font « saliver » alors même que l'objet de notre désir est absent.

PÉCHÉ. *n. m.* (du latin *peccatum*, « faute, crime »). **Dans la religion chrétienne,** faute commise contre Dieu, contre autrui ou contre soi-même. Le péché est un acte conscient qui s'oppose à la volonté divine et aboutit au « mal » (mal en soi ; mal dans lequel on se plonge en refusant le Bien ; mal que l'on cause à autrui).

• Au fond de la notion de péché, il y a refus d'amour, manquement à l'amour (qui est central dans le christianisme). Le péché contre les autres leur fait tort, leur cause souffrance ; le péché contre soi (égoïsme, orgueil) rend incapable d'aimer ; le péché contre Dieu coupe l'homme de la source d'amour (l'*état de péché* est antinomique de l'**état de grâce**). Cette idée centrale fait dire à un théologien : *« Aime, et fais ce que tu veux »*, car tel est le fond de la morale chrétienne.

• La tradition a codifié les formes de péché. Il y a le *péché véniel* (de faible gravité) et le *péché mortel* (gravissime : il entraîne la damnation du pécheur qui ne s'est pas repenti). Il y a les **sept péchés capitaux** (avarice, colère, envie, gourmandise, luxure, orgueil, paresse). Ces péchés individuels n'excluent pas les péchés collectifs, sur lesquels insiste la morale actuelle : participation à l'exploitation de l'homme, à l'injustice sociale, etc.

• La notion de péché va très loin, puisque l'on peut pécher *par action* (faire le mal), et *par omission* (ne pas faire le bien : idée que reprend la notion de «non assistance à personne en danger»). On peut aussi pécher *en parole* (injures, calomnies) et *en pensée* (désirer le mal qu'on ne peut pas directement commettre). **Tout chrétien se sait donc et se sent fondamentalement pécheur.** En même temps, la notion de péché est indissociable de la notion de pardon. Le pécheur peut se repentir. S'il est sincère, Dieu pardonne infiniment. Le catholicisme a sans doute trop minimisé cet aspect à certaines périodes de son histoire, culpabilisant les fidèles à outrance.

• Le **Péché originel** est une notion centrale du christianisme. Les divers péchés dont nous avons parlé ci-dessus ne prennent leur sens que par leur relation au Péché *originel*. Celui-ci selon la théologie, est une faute gravissime ayant entraîné l'Humanité entière dans la chute (on dit aussi **Chute originelle**). L'Homme s'est préféré lui-même, il s'est séparé du Dieu-Amour (voir **Christianisme**). Il s'agit là d'un *mystère* : pour les uns, c'est un événement historique rapporté au début de la Bible sous une forme symbolique (le péché d'Adam) ; pour les autres, le péché originel est le «Péché du Monde», préexistant à la naissance de chacun, auquel chaque homme prend part dès qu'il commet le moindre péché individuel. Le *dogme du Péché originel* est inséparable du *mystère de la Rédemption* : l'envoi, par Dieu, de son Fils unique pour sauver les hommes. Tout pécheur peut ainsi être pardonné, puisque le péché originel est en quelque sorte effacé par le sacrifice de Jésus-Christ. L'Amour est plus fort que le Péché.

N.B. Le mot péché au sens de faute morale, erreur volontaire, s'emploie aussi bien sûr dans le vocabulaire profane.

PÉCUNIAIRE. *adj.* Qui a rapport à l'argent. *Situation pécuniaire* (financière). Qui consiste en argent. *Aide, soutien pécuniaire.*

Attention : «pécunier» n'existe pas. C'est un barbarisme ! On dit bien *un problème pécuniaire.*

PÉD-. Racine issue du grec *pais, paidos*, «enfant», ou encore du grec *paideuein*, «instruire, enseigner». Nous la retrouvons dans **Pédagogie** (littéralement : fait de conduire les enfants, éducation ; voir la racine *-agogie*), dans **Pédérastie** (formé de *ped-* et *eros* : amour pour un jeune garçon et, plus largement, homosexualité masculine), dans **Pédophilie** (attraction sexuelle pour les jeunes enfants), **Pédant** (voir ce mot), **Pédiatre** (qui soigne les enfants), **Encyclopédie** (large ensemble de connaissances).

➜ **Pour approfondir, p. 1072.**

PÉDANT. *n.* et *adj.* (du grec *paideuein*, «instruire, éduquer»). Personne qui fait lourdement étalage de ses connaissances, qui prétend toujours instruire tout le monde. *Molière met en scène deux pédants célèbres, Vadius et Trissotin, plus prétentieux et plus vaniteux l'un que l'autre. L'honnête homme, au XVIIe siècle, se garde de tout pédantisme. Vaut-il mieux être pédant qu'ignare ? Un savoir pédantesque.*

PÉJORATIF. *adj.* (du latin *pejor*, «pire»). Qui a un sens défavorable, dépréciatif. Certains termes sont défavorables par eux-mêmes, en particulier des mots terminés par des suffixes péjoratifs comme *-âtre (bellâtre)* ou *-esque (livresque)*. D'autres sont employés tantôt de façon positive, tantôt de façon péjorative, selon le contexte ou l'intention du locuteur, comme *intellectuel* ou *utopie*. Voir l'antonyme **Mélioratif**.

PÉNATES. *n. m. plur.* Dieux domestiques chez les Romains ; statuettes les représentant. D'où, objets-fétiches du foyer et, par extension, la demeure elle-même. *Regagner ses pénates* (sa maison, son pays).
→ **Pour approfondir, p. 1078.**

PÉNITENCE. *n. f.* (du latin *poenitere*, «avoir du regret, se repentir»).
1° **Profond regret d'un acte,** désir de réparer la faute qu'on a commise. Ce mot a tout son sens dans la pratique traditionnelle de la religion chrétienne. *Faire pénitence :* se repentir, demander pardon de ses péchés. *Sacrement de pénitence :* confession ; rite par lequel le pécheur avoue son péché pour se faire absoudre par le prêtre au nom de Dieu.
2° **Peine imposée par le confesseur** au «pénitent», pour que celui-ci mérite l'absolution. Plus généralement, toute punition, toute pratique pénible infligée à celui qui veut expier ses péchés (y compris des châtiments qu'il s'inflige à lui-même). *«Pour votre pénitence, vous apprendrez par cœur la tirade de Cyrano — Mais ce n'est pas une pénitence, c'est un plaisir !»*
Le **pénitent** est celui qui confesse ses fautes et subit, pour les expier, le châtiment mérité. Dans *La Chute*, Camus imagine le curieux métier de *juge-pénitent* : il s'agit d'un personnage qui fait un tel tableau de ses fautes que l'interlocuteur est forcé d'y voir une image des siennes, et se sent aussitôt jugé par le discours pénitent qu'on lui adresse.
Pénitentiaire se dit du régime des détenus : la prison est en effet le lieu où les criminels expient leurs délits, effectuent leur «pénitence». Certaines prisons s'appellent d'ailleurs des **pénitenciers**.

PENSÉE. *n. f.* (du latin *pendere*, «peser ; réfléchir»).
1° **Activité de l'esprit humain dans son sens large.** La pensée comprend tous les phénomènes de la vie psychique consciente.
2° **Activité de l'esprit tournée volontairement vers la réflexion,** vers la connaissance, vers l'étude ou l'intelligence des choses. Dans ce sens, la pensée s'oppose à la fois à l'action (l'esprit est centré sur l'objet de sa réflexion) et à l'affectivité (l'activité cérébrale met de côté les mouvements du cœur ou de l'instinct ; elle élimine le sentiment, la passion, pour ne faire place qu'à la raison pure).

3° **Contenu, système d'idées, concepts généraux** élaborés par l'activité de pensée (au sens précédent). Ce contenu peut rester intérieur (l'être pensant aboutit à telle conception qui sera sa pensée), être communiqué oralement, ou faire l'objet d'ouvrages publiés. *La pensée de Rousseau, dans l'ensemble de son œuvre, c'est que... Les grands courants de la pensée moderne.* « *La pensée d'un homme est avant tout sa nostalgie* » (Camus). Synonymes : *conception, philosophie, doctrine.*

4° **Formule brève,** particulièrement soignée, qui exprime une idée, un point de vue, une réflexion d'un auteur. *Une pensée de Vauvenargues, une pensée de Nietzsche.* Voir **Aphorisme, Adage, Maxime.** Les *Pensées* de Pascal (ce titre n'est pas de Pascal, l'œuvre étant restée inachevée) comprennent à la fois des développements de plusieurs pages, des extraits plus courts et des formules ramassées. Ce titre renvoie ainsi aux sens n° 3 et n° 4 (réflexion d'ensemble ; aphorisme précis). Même si certaines *« pensées »* sont célèbres, la pensée de Pascal va toujours plus loin que les « pensées » qu'on extrait de son ouvrage.

PENSUM. *n. m.* Tâche lourde et ennuyeuse. *Cette dissertation, quel pensum !*

PENTA-. Racine issue du grec *pente,* « cinq ». **Pentagone** (polygone de cinq angles et cinq côtés ; le *Pentagone* est aussi le nom officiel du bâtiment qui abrite l'état-major de l'armée américaine), **Pentamètre** (vers de cinq pieds dans la poésie grecque ou latine), **Pentathlon** (épreuve sportive comportant cinq exercices différents).

PÉNURIE. *n. f.* Manque grave de ce qui est nécessaire dans le domaine économique. *Pénurie de blé, d'énergie, de main-d'œuvre.* Le terme peut s'employer au sens figuré, dans d'autres domaines *(il y a pénurie de talents)* ; mais il vaut mieux lui garder son sens économique, d'autres mots convenant très bien ailleurs pour exprimer l'idée d'insuffisance *(carence, défaut, manque, absence, défaillance).* Antonymes : **surabondance, pléthore.**

PER-. Préfixe d'origine latine qui signifie « à travers, pendant », et souligne aussi parfois une idée d'achèvement (de *par*achèvement). Se trouve dans de nombreux mots, soit d'origine latine, soit de formation française. Par exemple : *perdurer, perméable, percevoir, perspective* (ce que l'on voit à travers), *péréquation, pérégrination, pérennité* (voir ci-dessous), *perfection, perforer, permanence, perpétuer, perquisition, persécuter, persévérer, persister,* etc.

PERCLUS. *adj.* Partiellement ou totalement incapable de se mouvoir, sous l'effet de divers maux physiques. *Être perclus de rhumatismes.* Au *sens figuré* : accablé de difficultés paralysantes. *Être perclus de douleurs, de timidité.* Au féminin : *percluse.*

PÉRÉGRINATION. *n. f. (sens ancien)* Lointain voyage. *(sens actuel,* le plus souvent au pluriel) Déplacements incessants, voyages en de nombreux endroits. *J'ai dû en faire des pérégrinations, avant de trouver le pays idéal.*

N.B. Bien écrire *pérégrination*, et non « péri- ».

PÉREMPTOIRE. *adj.* Se dit d'un argument, d'un ton décisif, à quoi on ne peut répliquer. Catégorique. *Des raisons péremptoires. Il était toujours cassant, catégorique, péremptoire dans le moindre de ses propos. Un jugement péremptoire, à l'emporte-pièce.*

PÉRENNISER. *v. tr.* Faire durer à travers les ans, rendre permanent. *Pérenniser une institution. Pérenniser quelqu'un dans sa fonction.* Le mot **pérennité** s'applique à ce qui dure très longtemps, sinon toujours. *La pérennité d'une tradition, la pérennité d'une coutume — la poignée de main par exemple.*

PERFIDE. *adj.* (du latin *perfidus*, « sans foi ; qui ne respecte pas sa parole ; trompeur »). **Sens classique :** qui trahit celui ou celle qui lui faisait confiance. Infidèle, déloyal, trompeur, en particulier dans les relations amoureuses. *Perfide Manon ! Traître, ta perfidie recevra son juste châtiment.* (La *perfidie* peut être en particulier une parole perfide). Ce sens classique du mot s'est élargi aux choses ou aux discours dont l'apparence est trompeuse et la réalité nuisible. *Une insinuation perfide. Une proposition perfide. Une manœuvre perfide. Des remous perfides.*

PÉRI-. Racine issue du grec *peri*, « autour », dont on retrouve facilement le sens dans de nombreux mots : *périmètre, périnatal, période, périphérie, périphrase, périscolaire, périscope, péritoine.* Voir quelques-uns de ces mots ci-après. Ne pas confondre avec la racine **Per-**.

PÉRICLITER. *v. intr.* (du latin *periculum*, « péril »). Dépérir, décliner peu à peu, aller à sa ruine. *Une affaire qui périclite. Son commerce, en quelques mois, périclita.* Se dit en général d'une réalité humaine *(ses forces périclitèrent).* Pour les objets, les choses, on préférera *se détériorer, se dégrader.*

PÉRIODE. *n. f.* (du grec *periodos*, « circuit, chemin autour »). Au **sens littéraire**, longue phrase complexe, souvent oratoire, dont les propositions sont ordonnées selon un certain rythme, pour produire un effet d'ensemble grandiose et harmonieux. La période se constitue souvent de figures de style classiques comme la comparaison filée, l'antithèse, le parallèle et surtout l'anaphore. L'éloquence religieuse ou politique fait souvent usage d'un style périodique.

Voici l'exemple d'une phrase dans laquelle Mirabeau fustige ceux qui laisseraient la banqueroute s'installer dans le pays, provoquant une catastrophe sociale : « *Contemplateurs stoïques des maux incalculables que cette catastrophe vomira sur la France, impassibles égoïstes qui pensez que ces convulsions du désespoir et de la misère passeront comme tant d'autres, et d'autant plus rapidement qu'elles seront plus violentes, êtes-vous bien sûrs que tant d'hommes sans pain vous laisse-*

ront tranquillement savourer les mets dont vous n'aurez voulu diminuer ni le nombre, ni la délicatesse ? » (*Sur la banqueroute*, 1789).

PÉRIPÉTIE. *n. f.* **Sens littéraire :** au théâtre, événement imprévu qui produit un brusque changement de la situation. Par exemple, dans *Phèdre* (Racine), on apprend la mort de Thésée ; Phèdre, son épouse, déclare alors son amour à son beau-fils, Hippolyte ; mais la mort de Thésée était une fausse nouvelle et voici qu'il revient. Ce « coup de théâtre » est la péripétie centrale de la tragédie : tout se précipite. Il peut y avoir d'autres « péripéties » mineures dans la tragédie classique, mais la règle de l'unité d'action veut qu'elles soient toutes subordonnées à la péripétie centrale.

Par extension, on appelle « péripétie », dans une œuvre de fiction (roman, théâtre, film), tout événement qui vient modifier le cours de l'action.

Sens courant : événement quelconque d'une aventure (réelle ou non). Épisode particulier, incident imprévu et qui, souvent, ne change pas le cours fondamental des choses. *Ce n'est qu'une péripétie !*

N.B. On voit donc que le mot « péripétie », s'il garde le sens d'événement imprévu, change totalement d'importance et de nuance en passant du vocabulaire littéraire au vocabulaire courant : nœud essentiel de l'action dans la tragédie, il n'est plus qu'épisode secondaire dans la réalité d'une aventure.

PÉRIPHRASE. *n. f.* (de *péri*, « autour ». Littéralement, « phrase qui fait le tour de la chose évoquée », au lieu de la nommer directement). Figure de style qui consiste à remplacer un terme usuel par un groupe de mots qui possède un sens équivalent. Dire *« la capitale du royaume »* pour *« Paris »* est une périphrase. À leur façon, les définitions du dictionnaire (qui font le tour de la chose ou de la notion évoquée) sont des périphrases. Voir **Circonlocution**.

Mais la périphrase, comme figure de style, ne se limite pas à cette fonction informative. Elle vise à présenter la notion ou la réa-lité désignée sous un *autre* aspect, soit pour des raisons poétiques (dire *« la messagère du printemps »* pour *l'hirondelle*), soit par euphémisme (dire *« une maladie de longue durée »* pour *cancer*), soit au contraire pour valoriser une réalité (dire *« la Venise du Nord »* au lieu de *Bruges*), soit par ironie (dire *« bascule à raccourcir »* pour *guillotine*). L'adjectif correspondant est **périphrastique**.

PÉRIPLE. *n. m.* (du grec *peri*, « autour »). *(sens propre)* Voyage d'exploration maritime autour du globe, d'un continent, etc. *Le périple de Magellan*. *(sens courant)* Voyage, tournée, boucle, randonnée importante par voie maritime, terrestre, par quelque moyen que ce soit. Cet emploi est critiqué. Cependant, il ne trahit pas l'étymologie qui implique qu'on fasse une grande boucle pour revenir, à la fin, à son point de départ. *Cet été, nous avons fait un périple en Australie.*

PERNICIEUX. *adj.* Qui fait du mal, physiquement ou moralement. Ce sens fut d'abord *concret* : il s'agit de la nocivité pratique, de la malfaisance physique (sens conservé dans le vocabulaire médical à propos de graves maladies dites «pernicieuses»). Le sens courant est *abstrait* : il s'agit de ce qui est nuisible *moralement*, pour l'esprit, pour l'âme, pour la santé psychique. *Une erreur pernicieuse. Une littérature pernicieuse, qui rend pervers et débauché. L'influence pernicieuse de la violence à la télévision. C'était un être perfide, pervers et pernicieux.*

PÉRORAISON. *n. f.* En **rhétorique**, conclusion d'un sermon ou d'un discours. La péroraison résume l'essentiel du discours et s'efforce d'en appeler à la conscience de l'auditeur. Elle est symétrique de l'**Exorde** (début, solennel lui aussi, du discours).
N.B. Tel quel, le mot *péroraison* est neutre : il n'a pas par lui-même les connotations péjoratives du verbe *«pérorer»* (discourir sans fin, prétentieusement).

PERPÉTRER. *v. tr.* Commettre (un crime, un acte criminel). Ne s'emploie guère pour autre chose que l'accomplissement d'un forfait, sauf ironiquement *(Untel a récemment perpétré un sonnet).*
N.B. Ne pas confondre avec le paronyme *perpétuer.*

PERPÉTUER. *v. tr.* Faire durer très longtemps, ou toujours. *Perpétuer le souvenir de la guerre.* Maintenir vivante une réalité. *Perpétuer une tradition* (la rendre perpétuelle). **À perpétuité :** pour toujours (familièrement : *à perpète*). **Se perpétuer :** se conserver, se continuer. *Une espèce qui se perpétue, c'est bien l'espèce humaine, mais jusqu'à quand ?*
N.B. Ne pas confondre avec le paronyme *Perpétrer.*

PERSIFLER. *v. tr.* (de *siffler* ; mais noter l'orthographe de *persifler*) Ridiculiser quelqu'un par des propos ironiques, lancer des plaisanteries moqueuses ; railler. *Persifler une personne. Un ton persifleur.* L'emploi intransitif est fréquent. *Tu persifles ? Tu ne peux décidément pas t'adresser aux autres sans persifler !*

PERSONNAGE. *n. m.* (du latin *persona*, «masque de théâtre; rôle; personnalité»).
1° **Sens littéraire.** Être de fiction dans une œuvre théâtrale, épique, romanesque, et bien sûr, de nos jours, dans les films. Au théâtre, il importe de distinguer l'**acteur** (la personne qui joue le rôle) du **personnage** (le héros, le rôle joué). Le personnage de théâtre tend souvent à devenir un type, un caractère social marqué, qui le rend à la fois représentatif d'une catégorie d'hommes, et irréductible à tout individu particulier.
Dans le roman réaliste, le personnage tend à ressembler le plus possible à un individu existant : l'intention de Balzac est de *«faire concurrence à l'état civil».* Mais il garde tout de même un statut de héros (voir ce mot, au sens n° 3), avec ses caractères propres. Il ne peut donc être

confondu avec une personne réelle, malgré l'objectif central de l'écrivain, qui est d'en donner l'illusion.

2° **Sens courant.** Être humain considéré du point de vue de sa position sociale ou de son comportement dans la vie collective :
— Il peut s'agir, classiquement, d'un personnage important. Une personnalité en vue, un notable, un dignitaire, une « figure » historique pouvait être appelé simplement *personnage* à l'époque classique. On dit encore de certains : *Ça, c'est un personnage.*
— Il peut s'agir, plus couramment, du rôle que chacun joue en société, par analogie avec les rôles joués au théâtre. Ce rôle est parfois spontané *(Quel curieux personnage!)* : l'individu ne connaît guère la différence entre son caractère profond et la réalité de ce qu'il est socialement. Mais ce rôle est le plus souvent conscient, qu'on s'y donne *(« on soigne son personnage »)* ou qu'on le déplore (on sent que la personne que l'on est vaut mieux que l'image que l'on donne de soi).

Ce qu'il faut retenir ici, c'est la connotation sociale, extérieure, liée au « théâtre de la vie », que conserve le mot *personnage* par opposition au mot *personne.*

PERSONNALISME. *n. m.* Philosophie ou courant philosophique du XXe siècle qui fait de la personne humaine la valeur suprême. Le personnalisme est une doctrine à la fois *spiritualiste* (la valeur de la personne est dans sa dimension intérieure, sa conscience, sa liberté, sa maîtrise d'elle-même) et *existentialiste* (la personne est singulière, irréductible à l'anonymat, dotée d'une existence unique à travers laquelle elle se crée elle-même librement).

Le personnalisme, illustré par Renouvier, par E. Mounier, sous ses diverses variantes, s'oppose aux deux excès que sont :
— l'**individualisme**, qui coupe la personne d'autrui et la replie sur un « moi » narcissique et vain, lequel n'exclut pas le conformisme social (voir **Individualisme** au sens n° 1);
— le **collectivisme**, qui asservit la personne aux intérêts du groupe, à l'idéologie dominante, aux mimétismes sociaux, aux doctrines totalitaires.

Contre ces deux déviations, Mounier prône *« une révolution personnaliste et communautaire ».*

PERSONNIFICATION. *n. f.* Procédé stylistique qui consiste à présenter comme un être animé une notion, une abstraction, une chose, ou toute forme de réalité inanimée. Pour qu'il y ait personnification, il faut que l'auteur prête une âme, une réalité de personnage à ce qu'il « personnifie ». C'est le cas de l'*allégorie* (sens n° 1) et des diverses images fortement imprégnées d'*anthropomorphisme* (voir ces mots, et les exemples qui y sont donnés).

N.B. Il ne suffit pas, pour qu'il y ait personnification, que les choses mises en scène soient simplement animées (ou légèrement animalisées). Lorsque J. Brel dit du *Plat pays* « écoutez-le chanter », cela ne suffit pas à en faire un personnage (les oiseaux chantent aussi, d'ailleurs) : il n'y a pas vraiment personnification. En revanche, lorsque Baudelaire écrit *« Sois sage, ô ma Douleur, et tiens-toi plus tranquille »*, il fait vraiment de son émotion une sorte de compagne d'existence. Il est vrai que la limite est parfois difficile à fixer (on parlera s'il le faut de « légère » personnification).

N.B. Ne pas confondre avec **personnalisation** (donner un caractère personnel ; adapter à une personne divers produits industriels ou commerciaux).

PERSPICACE. *adj.* (du latin *per*, « à travers », et *specere*, « regarder ». *Perspicere* signifie « regarder au travers »).

Qui est particulièrement clairvoyant, qui a un esprit pénétrant, capable de *percevoir* ce que les autres ne voient pas. Il s'agit bien sûr ici d'une qualité *intellectuelle* (non pas visuelle). *Un esprit, une personne perspicace. Il n'y a pas de sagesse sans perspicacité. Ce détail n'a pas échappé à votre perspicacité.*

PERTINENT. *adj.* **Sens courant :** qui convient tout à fait, qui est adapté ou approprié à son objectif. *Un discours pertinent. Une interprétation pertinente.* Qui manifeste un esprit judicieux, compétent. *Une personne pertinente, des conseils pertinents.* Noter que l'adjectif **impertinent** (insolent, effronté *à l'égard des personnes*) n'est pas un antonyme « pertinent » du mot *pertinent* ; on devra dire « non pertinent ».

Sens linguistique : se dit d'un élément caractéristique, d'un trait propre à rendre compte du rôle distinctif d'une structure langagière. *Un trait pertinent doit isoler une fonction précise. Par exemple, la nasalité est le caractère pertinent qui permet de distinguer le « b » du « m » : en cas de rhume, ne pouvant plus nasaliser, on dit « je suis enrhubé ».* L'adjectif « pertinent » s'emploie aussi dans les sciences humaines pour désigner une méthode, un concept, un terme qui sont bien adaptés à l'objectif scientifique poursuivi.

PERVERSION. *n. f.* (du latin *pervertere*, littéralement : « faire tourner de travers ; renverser »).

1° **Sens fonctionnel** *(moderne)* : altération ; dénaturation d'une réalité, d'une relation, d'un système politique ou social. *La consommation excessive de télévision conduit l'enfant à voir le monde comme un simple reflet du petit écran : c'est là une perversion de son rapport à la réalité. L'excès des consultations électorales pervertit l'action des gouvernants, qui n'agissent plus qu'en fonction de leur cote dans l'opinion.*

2° **Sens psychologique :** déviation, développement anormal d'une tendance, d'un instinct, en raison de troubles psychiques. Perversions sexuelles en particulier : exhibitionnisme, fétichisme, sadisme, masochisme. À noter que selon Freud, ces tendances perverses existent à l'état latent (« *L'enfant est un pervers polymorphe* », car ses pulsions ne sont pas fixées). Leur manifestation devient perversion lorsqu'elles ne sont pas disciplinées par le sujet (voir *Surmoi*), ce qui est supposé être la normalité.

3° **Sens moral** *(classique)* : conduite immorale, dépravation, corruption. *La perversion des mœurs dans la Rome décadente.* Action de pervertir, par désir de faire le mal ; ou d'être perverti, corrompu. *Ce livre qui fait l'éloge de la perversion est susceptible de pervertir la jeunesse actuelle.* La perversion, dans ce sens, est le résultat de la *perversité* (goût de faire le mal, malignité, perfidie).

PÉTULANT. *adj.* Impétueux, exubérant, plein de vitalité, débordant d'ardeur. *Un jeune homme pétulant et désordonné. La verve pétulante de Cyrano. Une foule joyeuse et pétulante.*

PHAG(O)-. Racine issue du grec *phagein*, « manger ». **Phagocyte** (cellule qui détruit des corps étrangers en les digérant), **Phagocyter** (*au sens figuré :* absorber et détruire, en parasitant un organisme), **Anthropophage** (qui mange de l'homme), **Sarcophage** (cercueil de pierre ; littéralement, « qui mange, détruit les chairs », rôle de la pierre selon certaines croyances antiques), **Xylophage** (qui ronge le bois).

PHALLOCRATE. *n. m.* (de *phallus*, « membre viril en érection » et *-cratie*, « pouvoir »). Partisan de la domination du sexe masculin sur les femmes ; individu dont les paroles ou le comportement traduisent cette attitude. Voir **Macho, Misogyne.**

PHATIQUE. *adj.* (de *phase*). Se dit de la fonction linguistique qui, dans une communication, opère ou maintient le contact entre deux interlocuteurs. Dire *Allô !* au téléphone, prononcer des phrases passe-partout dans lesquelles on ne cherche pas vraiment à échanger des informations *(« Quel temps, hein ! »)*, tousser ou racler le fond de sa gorge pour inciter les auditeurs à faire silence et à écouter, toutes ces manifestations visant simplement à *créer le contact* sont caractéristiques de la fonction phatique. Voir **Communication.**

PHÉNOMÈNE. *n. m.* (à partir du grec *phainein*, « briller, apparaître »).
Sens courant : toute réalité qui se manifeste, qu'il s'agisse de faits extérieurs ou de faits internes que la conscience peut observer. *Phénomènes naturels, phénomènes sociaux, phénomènes psychologiques.* Selon le contexte, le phénomène peut être quelque chose d'ampleur notable (d'où l'adjectif *phénoménal* : qui est surprenant, extraordinaire), ou au contraire se réduire à quelque chose d'accessoire ou d'annexe (voir **Épiphénomène**). Dans le vocabulaire scientifique, le mot prend le sens précis de réalité observable, analysable (par opposition à des faits bruts et globaux) : on tente par exemple d'*isoler un phénomène* pour mieux l'étudier. Dans le vocabulaire courant, le mot peut désigner une personne ou une chose qui sort de l'ordinaire, qui est hors norme. *Ce Raymond Devos, quel phénomène ! Un phénomène supranormal.* Le terme peut alors devenir péjoratif, désigner un individu excentrique, bizarre.
Sens philosophique : manifestation *apparente*, sensible, par opposition à la réalité profonde, la substance essentielle d'une réalité. Kant, notamment, oppose les *phénomènes* (que perçoivent nos sens ou notre conscience) aux *noumènes* (choses en soi, concepts qui échappent à

notre expérience et ne pourraient être saisis que par une intuition de l'intelligence pure). On appelle **phénoménologie** une école philosophique qui se propose de n'atteindre l'essence des choses qu'à travers l'étude de leurs manifestations concrètes, telles qu'elles se trouvent saisies par la conscience humaine. La « phénoménologie » d'une réalité quelconque sera donc l'étude des perceptions et des réactions de la conscience faisant l'expérience de cette réalité (par opposition à une étude théorique et « objective »). La phénoménologie finit ainsi par avoir pour objet essentiel *la façon dont la conscience se saisit du monde* (elle tente une approche objective de la subjectivité).

PHIL-, PHILO-, -PHILE. Racines issues du grec *philein*, « aimer » ou *philos*, « ami ». Présentes dans de nombreux mots parmi lesquels : **Anglophile, Bibliophile** (qui aime les livres), **Francophile, Cinéphile, Hydrophile** (littéralement, « qui aime l'eau » : se dit des matières qui absorbent l'eau), **Pédophile** (qui « aime » les enfants sexuellement), **Philanthrope** (ami du genre humain), **Philologie** (littéralement : « amour des lettres » ; étude de la langue à partir de l'examen critique des textes), **Philosophie** (littéralement : « amour de la sagesse » ; voir ci-dessous). La racine de sens contraire est **Phobe**, de *phobos*, « peur, haine ». Voir aussi **Miso-**.

PHILANTHROPE. (du grec *philos*, « ami » et *anthrôpos*, « homme, genre humain »). Personne qui aime l'humanité. La **philanthropie** s'oppose à la **misanthropie**. *Ce fut un bienfaiteur de l'humanité, un véritable philanthrope.* Par extension, toute personne qui s'efforce d'améliorer le sort des hommes, par des dons, des fondations d'œuvres « philanthropiques ». Le mot s'emploie aussi, couramment, pour qualifier une personne dont la conduite est généreuse et désintéressée. *Les spéculateurs boursiers ne sont pas des philanthropes.*

PHILIPPIQUE. *n. f.* (du nom de Philippe de Macédoine, contre lequel Démosthène prononça trois discours politiques vigoureux intitulés *Philippiques*). Diatribe violente qui s'attaque à une personne ou à une institution. *Le temps n'est plus aux philippiques : l'Opposition est molle et sans projet.*

PHILISTIN. *n. m.* (du nom des Philistins, combattus par Samson, dans la Bible). Personnage à l'esprit vulgaire, fermé aux arts et aux lettres.

PHILOSOPHE. *n. m.* (du grec *philosophos*, « ami de la sagesse »).
1° Personne qui s'adonne à la philosophie, qui prend la philosophie comme objet d'étude ; qui élabore un système philosophique, donne un enseignement philosophique, ou publie des ouvrages philosophiques. *Socrate est le parfait philosophe. C'est une grande question que de savoir si les professeurs de philosophie sont des philosophes.*
2° (sens courant) Homme sage, qui médite et vit selon ses principes. *Vivre en philosophe.* Comme adjectif, le mot philosophe désigne en particulier celui qui, en raison de sa sagesse, supporte avec courage les épreuves qu'il subit. *Il ne se plaint pas, il est philosophe.*

3° Les **Philosophes** (avec un P majuscule) : groupe de penseurs et d'écrivains partisans des **Lumières** au XVIIIe siècle (voir ce mot). Les principaux *Philosophes* étaient Montesquieu, Voltaire, Diderot et Rousseau. Les philosophes de profession (au sens n° 1) contestent parfois l'idée que ces divers écrivains aient tous été d'authentiques « philosophes ». On parle également à leur propos d'*esprit philosophique*.

PHILOSOPHIE. *n. f.* (du grec *philos*, « qui aime » et *sophia*, « sagesse »). Littéralement, l'ami de la sagesse ; l'amour du savoir et de la sagesse).

1° **Ensemble des recherches de l'esprit humain centrées sur les questions fondamentales du monde et de l'homme.** À la question *Qu'est-ce que la philosophie ?*, certains philosophes répondent que *La philosophie consiste à dire « qu'est-ce que »*. Pourquoi le monde ? En quoi consiste la nature des choses ? Pourquoi l'homme ? Quelle est sa relation avec le monde ? Quel sens a l'univers ? Qu'est-ce que la conscience ? Comment la connaissance est-elle possible ? Qu'est-ce que l'être ? Dieu existe-t-il ? L'histoire des hommes a-t-elle un sens ? Qu'est-ce que le Bien, le Mal, la Sagesse, la bonne organisation de la Cité ? Toutes ces questions, et d'autres encore, forment le cœur même de la recherche philosophique. Voir les mots **Épistémologie, Éthique, Logique, Métaphysique, Ontologie.** Historiquement, la philosophie couvrait tous les domaines de la connaissance humaine ; les sciences physiques et les sciences humaines s'en sont détachées ; mais les questions fondamentales demeurent.

2° **Système philosophique élaboré par un penseur :** *la philosophie de Platon, la philosophie de Sartre.* Ensemble cohérent de principes ou d'idées sous-jacentes à un domaine de connaissance *(la philosophie du droit)*, à un mouvement intellectuel ou religieux *(la philosophie du christianisme)*, à une activité humaine *(la philosophie capitaliste)*. Dans ce sens, le mot philosophie désigne le *contenu* auquel a abouti une recherche philosophique, ou même l'idéologie plus ou moins consciente d'un groupe humain, d'une entreprise humaine. Elle devient synonyme de « vision du monde », de conception générale de la vie.

3° Attitude d'élévation d'âme, de sagesse. *Envisager les choses avec philosophie.*

→ **Pour approfondir, p. 1083.**

-PHOB(E). Racine issue du grec *phobos*, « peur », et qui signifie « avoir peur de, détester ». **Phobie** (crainte pathologique de certains objets ou situations ; au *sens courant* : peur ou aversion instinctive), **Agoraphobie** (peur des endroits publics, des espaces libres), **Claustrophobie** (peur des endroits fermés), **Xénophobie** (peur des étrangers, hostilité qui s'ensuit). Cette racine a servi à construire des mots récents comme **Anglophobie, Francophobie, Publiphobie**, etc. Voir la racine contraire *Phil(e)*.

PHON(O)-. Racine issue du grec *phônê*, « voix, son », qui est extrêmement répandue, par exemple dans **Phonème** (unité sonore minimale entrant dans la composition d'un mot : les mots comportent un ou plusieurs phonèmes, qui permettent de les différencier les uns des autres, sauf dans le cas des *homonymes*), **Phonétique** (étude des phonèmes d'une langue : leur nature, leur évolution, leurs combinaisons), et aussi *Aphone, Cacophonie, Euphonie, Polyphonie, Symphonie* (voir ces mots), *Électrophone, Francophone, Téléphone, Vidéophone*.

-PHOR-. Racine issue du grec *phoros*, qui signifie « porter » et se présente parfois sous la forme *-pher-*. On la trouve notamment dans **Amphore, Anaphore, Euphorie, Métaphore** (voir ces mots), et aussi **Phosphore** (littéralement, « qui porte la lumière »), **Sémaphore** (littéralement : « qui porte signe » — poste qui, depuis le littoral, guide les navires par signaux), **Téléphérique** (littéralement, « qui porte au loin »).

PHOT(O)-. Racine issue du grec *phôs, photos*, « lumière », que nous retrouvons dans tous les mots de la famille de *photographie* ou de son abréviation en *photo*. Le **photon**, en particulier, est l'unité énergétique de base dont se constitue la lumière et dont le flux constitue le rayonnement électromagnétique.

PHRASÉ. *n. m.* En **musique**, art ou manière d'interpréter un morceau ou un extrait en faisant ressortir expressivement l'inflexion de la courbe musicale, les séquences successives de la ligne mélodique. L'art de **phraser**, pour un chanteur comme pour un instrumentiste, suppose qu'on sache faire « respirer » un texte musical, en jouant des accents et des pauses. Par extension, on peut parler du *phrasé* d'un acteur. Le mot **phraseur** (faiseur de phrases) est, lui, péjoratif (voir ci-dessous **phraséologie**).

PHRASÉOLOGIE. *n. f.* Emploi de grandes phrases creuses, de mots vides de sens, de formules grandiloquentes et passe-partout, caractéristiques des orateurs politiques qui n'ont rien à dire. Mais on peut trouver de la phraséologie dans toutes sortes de textes. *Un essai encombré de phraséologie. Un débat purement phraséologique.* Voir **Logomachie**.

PHYLACTÈRE. *n. m.* Au *Moyen Age*, petite banderole à extrémités enroulées sur laquelle les artistes inscrivaient les paroles prononcées par les personnages d'un vitrail, d'un tableau, etc.
Actuellement, bulle où sont inscrits les propos ou les pensées des personnages de bande dessinée.

PHYSIO-. Racine issue du grec *phusis*, « nature », que l'on retrouve dans **Physiologie, Physionomie, Physiognomonie** (« science » qui cherche à connaître le caractère d'une personne d'après sa physionomie ; voir **Morphopsychologie**).
N.B. La racine *phusis* se retrouve aussi dans le mot grec *phusikos* (qui a donné *physique*) et *phuton* (plante) qu'on retrouve dans les mots composés du radical *phyto* (**phytothérapie :** soin des maladies par les plantes ; **néophyte**, « nouvelle plante », voir ce mot).

PHYSIOCRATIE. *n. f.* (du grec *phusis*, « nature » et *kratos*, « pouvoir »). Doctrine économique de la fin du XVIIIe siècle qui considérait la terre et l'agriculture comme les sources essentielles de la richesse d'un pays. Les Physiocrates, animés par Quesnay, défendaient la propriété foncière et la libre circulation des biens ; ils s'opposaient au **mercantilisme** (voir ce mot).

PHYSIONOMIE. *n. f.* (du grec *physis*, « nature » et *gnômôn*, « qui connaît »).
1° *(sens propre)* Ensemble des traits du visage, perçus en général dans leur dynamique, dans leur expression. *Une physionomie avenante, sévère, lumineuse, sympathique,* etc.
2° *(sens figuré)* Aspect propre à une chose, caractère qui lui donne sa singularité. *La physionomie d'un quartier. La physionomie d'une élection.*
Être physionomiste : être capable de reconnaître immédiatement un visage déjà rencontré.

PIANO. *adv.* Signifie « doucement », et pas seulement en musique !

PIÉTÉ. *n. f.* Au **sens religieux** : dévotion, attachement sincère aux pratiques religieuses ; amour de Dieu, goût de la prière. La personne qui est animée par la piété est dite **pieuse** *(un homme pieux, fervent, religieux).* La personne qui méprise la religion, ou brave Dieu, est dite **impie** (voir ce mot, à distinguer du mot **athée**).
Par extension, la piété désigne une attitude de respect et d'affection fervente envers des personnes chères *(la piété filiale).* Ne pas confondre **piété** et **pitié**, malgré l'origine commune (*pietas*, en latin, a les deux sens).

PIÈTRE. *adj.* Médiocre, sans valeur, dérisoire, minable. Cet adjectif s'emploie pour les choses comme pour les personnes, et se place devant le nom qu'il qualifie. *Une piètre allure. De bien piètres méditations. Un piètre candidat. Quel piètre président !*

PIEUX, PIEUSE. *adj.* Voir **Piété** et **Impie**.

PIGISTE. *n. m.* Journaliste payé à la « pige », c'est-à-dire au nombre de lignes que comporte son article. Le pigiste vit de ses articles, qu'il peut proposer à divers journaux : il n'a pas la sécurité d'emploi du journaliste salarié.

PIÉTISME. *n. m.* À la fin du XVIIe siècle, mouvement religieux d'inspiration protestante qui mettait l'accent sur le caractère personnel de la vie religieuse, et sur l'intensité, la ferveur de la foi *intérieure* (par opposition à l'aspect doctrinal de la religion).

PILON. *n. m.* **Sens littéraire** : destruction de livres invendus. Mettre un livre au pilon consiste à le broyer pour en refaire de la pâte à papier. L'expérience du pilon est l'une des plus douloureuses souffrances d'un écrivain. De grands auteurs l'ont connue.

PINACLE (porter au pinacle). Le pinacle étant la partie la plus élevée d'un édifice, l'expression **porter au pinacle** signifie, au *sens figuré* : célébrer, couvrir d'honneurs, porter aux nues.

PITTORESQUE. *adj.* et *n. m.* (de l'italien *pittore*, «peintre»).
1° Qui mérite d'être peint, qui frappe la vue. *Un paysage pittoresque. Un personnage pittoresque.*
2° *(hors du domaine pictural)* Qui est riche en images, en couleur, en style vigoureux. Qui est écrit dans une langue originale, pleine de relief, savoureuse. *Des expressions pittoresques. Un tableau pittoresque.* Comme qualité stylistique, **le pittoresque** ne se réduit pas à l'aspect visuel de l'expression : il concerne les cinq sens, l'abondance des traits concrets. *Le pittoresque d'un patois.*

PLACEBO. *n. m.* Médicament sans effet chimique réel. Il s'agit d'une substance neutre qu'on demande à certains patients d'absorber en la faisant passer pour un médicament effectif. Parallèlement, on fait absorber le vrai médicament à d'autres patients. On constate alors les différences. Il se trouve que souvent le placebo a un effet *subjectif*, dû à la conviction qu'a le malade d'avoir absorbé une substance active. On l'appelle **«effet placebo»**. L'expérimentation scientifique doit en tenir compte. *Pour moi, l'homéopathie n'a qu'un effet placebo!* Naturellement, le mot *placebo* peut être utilisé au sens figuré.

PLACIDE. *adj.* Particulièrement calme, paisible, flegmatique. *Un naturel placide. Un homme placide, que rien jamais ne bouleversait.*

PLAGIAT. *n. m.* En **littérature**, action qui consiste à copier une œuvre (ou une partie d'un ouvrage) en la présentant comme sienne. C'est en fait une forme de vol, qu'il s'agisse d'un «emprunt» direct ou d'une traduction dont on feint d'être le créateur. Le plagiat se distingue de l'imitation (avouée comme telle, voir le mot **Pastiche**) et de la réminiscence (souvenir inconscient d'une phrase, d'un élément quelconque dont on croit sincèrement être l'auteur). L'écrivain qui plagie autrui est appelé **plagiaire**. Il peut être traduit en justice par l'auteur victime de ce plagiat. Voir **Parodie**.

PLAIDOYER. *n. m.* **Sens juridique** : discours prononcé au cours d'un procès pour défendre un accusé. On dit aussi *plaidoirie*. Le plaidoyer est prononcé par un *avocat*. Le discours contraire, qui accuse l'inculpé, est prononcé par un *procureur*, qu'on nomme aussi «avocat général» (il est censé défendre la Loi, et donc, tente de faire condamner l'accusé).
Sens large : un plaidoyer est une défense passionnée (orale ou écrite) d'une personne ou d'une cause, d'une idée ou d'un mouvement. *Plaidoyer en faveur du gouvernement. Plaidoyer pour la défense des animaux. Plaidoyer pour l'enseignement du latin. Plaidoyer «pro domo»* («en faveur de sa propre maison», c'est-à-dire de ses propres intérêts).

PLAIN-PIED (DE). Locution adverbiale qui signifie littéralement «au même niveau, au même plan». *Deux pièces de plain-pied.* Au sens figuré, **être, se sentir de plain-pied avec quelqu'un :** être sur un pied d'égalité, se sentir à l'aise en compagnie de.

Noter l'orthographe *plain*, issue du latin *planus* («plat, uni»), qui a aussi donné les mots *plaine, plan, plane.*

PLAISIR (PRINCIPE DE). En **psychanalyse**, loi qui régit l'ensemble des comportements du petit enfant, lequel n'imagine pas que la réalité extérieure puisse contrarier ses pulsions, ses désirs. Bien entendu, l'expérience l'obligera à des compromis. Voir **Principe de réalité.**

PLATITUDE. *n. f.* **Sens littéraire :** banalité ; parole sans relief, idée toute faite, stéréotype, poncif. *Un discours tissé de platitudes. Un roman d'une rare platitude.* Au *sens ancien*, la «platitude» désigne aussi l'absence de dignité, la bassesse morale.

PLATONIQUE. *adj.* 1° Qui se rapporte aux idées de Platon (voir **Platonisme**). Dans ce sens, on dit plutôt *platonicien.*

2° **Amour platonique :** amour qui demeure chaste ; qui reste idéal, sans concrétisation charnelle. Pour Platon, en effet, le véritable amour est l'amour du Beau, qui élève l'âme ; cet amour se tourne naturellement, à son époque, vers les jeunes garçons, fleurs de beauté ; mais cet amour consistant par-dessus tout à aimer la Beauté à travers ceux-ci, les relations sexuelles freineraient l'élévation de l'âme. Ainsi, c'est dans le cadre de l'homosexualité philosophique que Platon recommande aux amants de rester «platoniques».

3° Par extension du sens précédent, est dit platonique tout ce qui reste idéal, virtuel, sans efficacité réelle. *Des vœux, des luttes purement platoniques.*

PLATONISME. *n. m.* Philosophie de Platon (428-347, av. J.-C.) et de ses disciples. Platon, disciple de Socrate, a écrit un certain nombre de livres ; il s'agit de dialogues dans lesquels il met en scène Socrate faisant «accoucher» de la vérité ses disciples (voir **Maïeutique**). De la pensée de Platon, on peut retenir les quelques points suivants :

• **L'idéalisme platonicien.** Le monde des Idées existe. Pour que nous puissions avoir simplement l'idée de l'Homme (s'appliquant à Pierre, Paul ou Jacques), il faut déjà qu'il existe dans un monde suprasensible des modèles immuables, des essences qui nous permettent d'en reconnaître le reflet ou l'apparence dans le monde réel. Ce sont les Idées pures, exemplaires. C'est sur elles que les réalités se modèlent, mais sans parvenir à être autre chose que des ombres. Ce serait un tort de vouloir saisir les apparences, les ombres : la tâche du philosophe est de s'élever à la contemplation des Idées elles-mêmes (voir **Idéalisme, Idée, Mythe**).

• **Les voies de la sagesse.** Les idées que nous avons en nous ne peuvent pas venir des réalités, qui ne sont que des reflets. Elles viennent d'une vie *antérieure*, où notre âme a pu contempler directement les Idées ; elles sont des «réminiscences» de ce temps antérieur, dont nous gardons la nostalgie. L'âme est donc immortelle ; c'est sans doute à la suite d'une sanction mystérieuse qu'elle s'est trouvée unie à un corps. Notre esprit est appelé à opérer une nouvelle progression, l'amenant à la connaissance des Idées. Une ascension dialectique doit le mener de l'opinion primaire (connaissance des seules apparences) à la véritable intelligence (connaissance du monde intelligible). En s'élevant à cette connaissance, l'âme s'affranchit peu à peu de la prison du corps. Elle se met à aimer le Beau en soi, le Vrai en soi, la Justice en soi, le Bien en soi (ou Dieu). La sagesse consistera à faire régner la « justice » à l'intérieur de la nature humaine (justice au niveau des sens, ou *tempérance* ; justice au niveau du cœur, ou *courage* ; justice au niveau de l'esprit, ou *sagesse*).

- **L'organisation de la Cité.** Aux trois parties de la nature humaine correspondent trois classes sociales : les **artisans** (le peuple), dont il faut tempérer les passions ; les **soldats**, qui doivent vivre la vertu de courage ; les **magistrats** (responsables politiques), qui doivent pratiquer la justice, la prudence, la sagesse. La Cité a pour objet de conduire les citoyens à la vertu : il est donc nécessaire que ce soient des *philosophes* (voir ce mot), « amis de la sagesse », qui occupent la classe des magistrats. La hiérarchie sociale se justifie comme seul moyen de faire régner la justice, c'est-à-dire l'*harmonie* de la Cité, laquelle a pour modèle l'âme du sage. Ajoutons à cela que la Cité idéale organisera la mise en commun des enfants, des femmes et des biens, de manière à neutraliser les passions individuelles. Elle exclut aussi les poètes, susceptibles de mettre en cause l'ordre moral et d'exciter les passions de l'âme dans un sens défavorable à la Justice.

La pensée de Platon a influencé toute la pensée occidentale.

PLAUSIBLE. *adj.* Possible, susceptible d'être admis, vraisemblable ; mais pas sûr pour autant. *Une hypothèse plausible. Le caractère plausible d'un fait. Cette information n'est pas confirmée, mais très plausible.*

PLÉBÉIEN, IENNE. *adj.* et *n.* 1° Qui, dans la Rome antique, appartenait à la *plèbe* (par opposition aux *patriciens*). *Une famille plébéienne. Les patriciens et les plébéiens.* 2° Homme ou femme du peuple. Qui manifeste une origine populaire dans son aspect, sa pensée, ses manières. *Des goûts plébéiens. Une méfiance toute plébéienne à l'égard des puissants de ce monde.*

N.B. Comme le mot **plèbe** (bas peuple, au sens moderne), l'adjectif *plébéien* est souvent employé péjorativement. Voir **Patricien**.

PLÉBISCITER. *v. tr.* (de *plébiscite*, qui signifie étymologiquement « décision du *peuple* », voir mot précédent).

1° Voter sous la forme d'un plébiscite l'approbation d'une décision ou la désignation d'un homme à la tête de l'État. Le plébiscite est un vote direct du corps électoral tout entier. Dans le sens actuel, le plébiscite est une procédure de légitimation par lequel un homme qui a pris le pouvoir veut se faire massivement approuver par le peuple. Cette procédure qui personnalise le pouvoir est souvent accusée de démagogie.

2° Par extension, plébisciter, c'est élire quelqu'un ou approuver quelque chose à une majorité écrasante (y compris dans des domaines autres que la vie politique). *Les jeunes ont plébiscité ce film.*
N.B. Voir la différence avec le **référendum** qui, lui, ne porte que sur une *question* soumise au peuple (et non sur une personne).

PLÉIADE. *n. f.* 1° En Astronomie, groupe d'étoiles (sept selon les Anciens) situées dans la constellation du Taureau.

2° Nom que se sont donnés, groupés autour de Ronsard et de Du Bellay, sept poètes de la Renaissance française (en souvenir d'un groupe de poètes qui s'était donné ce nom dans l'Antiquité). Cette «constellation» d'écrivains, à la fois admirateurs de la poésie grecque et latine et illustres défenseurs de la langue française, se fit une très haute conception de la mission du Poète.

3° Par extension, on appelle **pléiade** (avec un *p* minuscule) un groupe de personnes importantes (des artistes de talent). *Une pléiade de jeunes cinéastes. Toute une pléiade de journalistes.*
N.B. Pas de tréma sur le «i».

PLÉONASME. *n. m.* Expression qui consiste à redoubler inutilement la même information. *Monter en haut, sortir dehors, descendre en bas, un ongle incarné dans la chair, prévoir d'avance,* sont des pléonasmes. Cette redondance de la signification est en principe fautive, sauf si elle obéit à une volonté précise (renforcer l'expression, produire un effet humoristique, comme dans *je l'ai vu, de mes yeux vu,* ou bien *applaudir des deux mains* ou encore *écouter de toutes ses oreilles*). Voir **Redondance, Tautologie.** L'adjectif est *pléonastique.*

PLÉTHORE (PLÉTHORIQUE). *n. f.* Surabondance, excès, profusion. *Une pléthore de biens sur le marché. Une récolte de blé pléthorique.* Ces termes s'emploient couramment dans le domaine économique (parfois aussi dans la langue médicale pour désigner l'obésité). L'emploi au sens figuré n'est pas rare : *une pléthore de candidats à un concours ; des effectifs pléthoriques dans une administration.*
Antonymes : *pénurie, rareté, insuffisance, déficit, manque.*

PLEUTRE. *adj.* et *n. m.* Sans courage, poltron, lâche. *Un individu particulièrement pleutre. Sganarelle s'enfuit quand Don Juan est attaqué : c'est un pleutre.*

PLONGÉE. *n. f.* En **langage cinématographique**, fait de filmer de haut en bas, avec une «vue plongeante». L'effet produit. La plongée donne au spectateur l'impression de dominer le sujet filmé ; elle montre celui-ci en position de faiblesse, de petitesse, par opposition à la **contre-plongée**, qui magnifie au contraire ce qu'elle filme.

PLOUTOCRATIE. *n. f.* (du grec *ploutos*, «richesse» et *kratos*, «pouvoir»). Système politique (et économique) dans lequel le pouvoir appartient aux plus fortunés, aux riches en général. Il ne s'agit pas nécessairement d'un gouvernement officiellement détenu par les plus riches. Un régime, un pays peuvent être *formellement* considérés comme monarchie ou démocratie, et être *réellement* dirigés par les financiers ou les puissances d'argent. Sont des ploutocraties *de fait* les nations où le pouvoir économique décide de tout.

POÉSIE. *n. f.* (du grec *poiêsis*, « création »). Art d'exprimer par le travail du langage (son rythme, son harmonie, ses images, ses figures) les émotions, les sentiments, les rêves, les pensées, les visions du monde, — tout ce qui « inspire » l'homme en général. *Poésie lyrique, poésie dramatique, poésie épique, poésie satirique.* La poésie repose sur deux éléments fondamentaux :
• **La nature de l'inspiration,** les thèmes « poétiques » qui ont toujours plus ou moins ému ou bouleversé les hommes en général, et les poètes en particulier. La bonne poésie plonge toujours dans une sorte d'**état poétique** : le poète, qui le ressent le premier, est chargé de le communiquer. *« Le poète est celui qui inspire bien plus que celui qui est inspiré »* dit P. Éluard. Par extension, on appellera « poétique » tout ce qui peut éveiller les états d'âme caractéristiques qu'exprime la poésie : il y a une *poésie des ruines,* on trouvera *poétique tel paysage* ; on se sentira *poète* simplement en éprouvant des humeurs rêveuses ou mélancoliques. *« L'art ne fait que des vers, le cœur seul est poète »* (A. Chénier).
• **Le travail sur le langage,** l'art d'exprimer et de combiner, de suggérer par l'agencement des mots, le choix des figures, les jeux du rythme et des sonorités. Ce second aspect est également essentiel à la poésie, à la qualité propre d'un poète. Dans ce sens, le mot « poésie » recouvre tous les aspects formels, codés, historiquement mis au point et transmis par la tradition, que respectent et que mettent en pratique les poètes quand ils *font* de la poésie. La poésie est, de ce point de vue, une création d'objets verbaux, un langage dans le langage (on parle parfois à ce sujet de *« poésie pure »),* avec ses règles bien précises (la versification), ses écoles diverses, ses genres spécifiques, les styles reconnaissables de tels ou tels poètes. En **linguistique**, on définit précisément la « fonction poétique » du langage comme un travail sur le langage par lequel le locuteur confère la plus grande valeur formelle possible à son message (voir **Communication**).

N.B. Le mot **poème** désigne une poésie *particulière* (le sens du mot poésie est donc beaucoup plus large).
Le mot **poétique**, *comme nom féminin*, peut désigner :
— soit l'ensemble des choix stylistiques et de l'univers personnel d'un poète déterminé *(la poétique de Baudelaire)* ;
— soit l'étude générale des lois de fonctionnement de l'écriture poétique, dans le cadre d'une théorie du discours littéraire.
➜ **Pour approfondir, p. 1088.**

POINDRE. *v. intr. (sens ancien)* Piquer, blesser (cf. *une douleur poignante*). *(sens actuel)* Commencer à paraître (se dit d'une jeune pousse, des premières lueurs du jour, mais aussi de phénomènes moraux ou sociaux). Ce verbe s'emploie surtout à l'infinitif. *Voir poindre des signes prometteurs.*

POINT DE VUE. *(sens littéraire)* Voir **Focalisation**.

POINTE. *n. f.* Au **sens littéraire**, trait d'esprit particulièrement « piquant », ironique, blessant. La pointe sert souvent à clore un discours polémique ou un texte poétique (une épigramme, un sonnet par exemple). Voir **Chute**.

POINTILLEUX. *adj.* Qui se montre d'une minutie extrême dans ses exigences *(un examinateur pointilleux).* Qui se montre d'une susceptibilité constante dans les relations avec autrui. *L'individu pointilleux ne supporte pas le moindre écart par rapport à la règle.* Ne pas confondre avec **ponctuel** ou **pointilliste** (voir mot suivant).

POINTILLISME. *n. m.* Procédé qui consiste à peindre par petites touches colorées que le pinceau juxtapose pour produire un effet d'ensemble. Le pointillisme a été mis à l'honneur par certains peintres néo-impressionnistes (Seurat, Signac). Par extension, le mot s'emploie pour caractériser des ouvrages (littéraires) ou des analyses qui procèdent par touches ponctuelles, sans parvenir à présenter une vision synthétique du sujet abordé. *Une explication de texte trop pointilliste.*

POLÉMIQUE. *adj.* et *n.* (du grec *polemikos*, « relatif à la guerre »). Violent débat politique ou intellectuel. Combat d'idées ; controverse publique sur une question d'intérêt général, esthétique, sociale, politique, philosophique. La polémique peut être verbale (discussions, interventions à la radio ou à la télévision) ou, le plus souvent, écrite (articles, pamphlets, livres). *Ce livre, ce film, cette prise de position a déclenché une véritable polémique. Le débat, d'abord serein, a tourné à la polémique. Un argument polémique, un ton polémique, un style polémique.* L'écrivain ou le journaliste qui aime **polémiquer**, produire des textes polémiques, est un **polémiste** (voir **Pamphlet**). On appelle **polémologie** l'étude scientifique du phénomène de la guerre.

POL(I), -POLE, POLIT-. Racines issues du grec *polis*, « ville, cité », qui a donné aussi *politikos*, « ce qui se rapporte à l'organisation de la cité, aux affaires publiques ». Voir les mots **Cosmopolitisme, Métropole, Nécropole, Policé, Politique**.
 Ne pas confondre avec la racine **Poly-** (plusieurs).

POLICÉ. *adj.* Civilisé ; dont les mœurs sont adoucies par la civilisation. *Une société policée, des mœurs policées, un peuple policé.*
 N.B. Comme le mot **police** (au premier sens : organisation de la cité) et le verbe **policer** (adoucir les mœurs), cet adjectif est à relier au mot grec *polis*, « ville ». La « cité » *(civitas* en latin) a toujours été le lieu de la « civilisation ».

POLITIQUE. *adj.* et *n.* (du grec *politikos*, « qui concerne la cité »).

1° *(nom féminin)* Ensemble de l'organisation de la cité, du gouvernement des affaires publiques, du système législatif qui régit cette organisation et de la répartition des pouvoirs qui font fonctionner cet ordre. La politique est, en ce sens, la chose la plus nécessaire à toute société, qu'elle en organise la vie interne (les relations entre les citoyens) ou qu'elle lui permette d'exister en face des autres collectivités humaines (politique extérieure).

À partir de cette définition d'ensemble, les significations du mot « politique » sont nombreuses : réflexion sur l'art d'organiser la nation ; stratégie élaborée pour mener à bien les affaires publiques, façon de gouverner ; champ des forces nationales et des hommes qui s'affrontent pour la conquête du pouvoir.

Cette diversité de sens est souvent cachée par la réalité, au jour le jour, de la « politique politicienne ». Les significations péjoratives de l'emploi du mot *politique* (qu'il faut absolument dépasser pour en comprendre le sens profond) ont conduit à opposer *la* et *le* politique, d'où le succès du mot **politique** comme *nom masculin*.

2° *(nom masculin) Le* politique, au sens propre, c'est ce qui est politique, ce qui a profondément rapport à l'organisation de la cité. Cette définition se confond donc avec la signification d'ensemble de *la* politique, mais sans les sens dérivés, *sans les connotations péjoratives* qui lui sont parfois associées. On parlera *du* politique par opposition au *social* ou au *juridique*. On parlera *du* politique chaque fois qu'on voudra insister sur les enjeux profonds de l'organisation des affaires publiques, par opposition à l'aspect passionnel ou superficiel des débats dits « politiques ». Un citoyen conscient doit justement percevoir l'importance *du* politique sous les péripéties événementielles de *la* politique. Voir, à ce propos, les deux sens possibles du verbe **Dépolitiser**.

3° *(adjectif)* Le mot politique, comme adjectif, peut se rapporter aussi bien à *la* politique (au sens événementiel) qu'*au* politique (le domaine politique au sens originel du mot). *Pensée politique, ordre politique, passion politique, magouille politique, économie politique, opinion politique, régime politique,* etc. Voir le mot **Apolitique**.

4° Par extension, on peut appeler :
— **Un politique** : un homme qui sait s'occuper de politique, a l'art de mener les hommes. *C'est un fin politique.*
— **Une politique** : toute stratégie, toute tactique concertée en vue d'objectifs déterminés, dans des domaines autres que celui de la vie politique. *Quelle est votre politique commerciale ?*
— **Politique** : qui est habile, qui calcule, qui est intéressé. *Il agit pour des raisons politiques. C'était une manœuvre très politique. Une invitation purement politique.*
— **Un politologue** est un spécialiste des faits politiques (trop souvent centré, il est vrai, sur la « politique politicienne »).

➜ **Pour approfondir, p. 777 et 783.**

POLY-. Racine issue du grec *polus*, « nombreux ». Indique la multiplicité, la pluralité (par opposition à *mono-*). **Polychrome, Polyclinique, Polycopie, Polygame** (qui a plusieurs conjoints), **Polymorphe** (qui se présente sous plusieurs formes), **Polyglotte** (qui parle plusieurs langues), **Polyvalent** (qui a plusieurs fonctions ou activités), etc. Voir aussi les mots suivants. Synonymes : **Multi-, Pluri-**.

POLYPHONIE. *n. f.* (du grec *poly*, « plusieurs », et *phonos*, « son, voix »). Combinaison de plusieurs voix, dans une composition musicale. L'art du contrepoint est à la base de la polyphonie (voir les mots **Fugue** et **Contrepoint**). Par « voix », il faut entendre les voix chantées, mais aussi les divers niveaux de sonorité où se développent les thèmes mélodiques.

POLYSÉMIE. *n. f.* (du grec *poly*, « plusieurs » et *sêma*, « signe, marque, sens »). Propriété d'un terme qui a plusieurs sens (diverses acceptions) selon les contextes. Le verbe *affecter*, par exemple, est polysémique. Le mot *nature* également, et bien d'autres mots dont ce dictionnaire tente de distinguer les significations.

POLYTHÉISME. *n. m.* (du grec *poly*, « plusieurs » et *theos*, « dieu »). Fait de croire en plusieurs dieux (par opposition à **monothéisme**). *Les religions antiques étaient en général polythéistes. Le polythéisme égyptien.*

POMPE. *n. f.* Cérémonie, apparat, déploiement de faste, magnificence. **En grande pompe :** en grande cérémonie, avec beaucoup d'éclat. *Les pompes funèbres :* cérémonie propre aux funérailles ; et, par extension, entreprises qui les organisent.

Le mot *pompes*, surtout au pluriel, a souvent eu une connotation péjorative (vanités du monde ; apparat factice : *renoncer à Satan et à ses pompes*). D'où l'adjectif *pompeux* (d'une solennité ridicule) et, dans le domaine artistique, *pompier* : emphatique, prétentieux *(un style pompier ; un peintre pompier)* — à ne pas confondre avec les « sapeurs-pompiers »...

PONCIF. *n. m.* Banalité ; forme d'expression usée ; thème stéréotypé. Parler de la *tristesse d'un soleil couchant* est un poncif. *Dans Madame Bovary, Flaubert ironise sur les poncifs de la sensibilité romantique.* Voir **Cliché, Lieu commun**.

PONDÉRER. *v. tr.* (latin *ponderare*, de *pondus, ponderis*, « poids », aussi bien physique que moral). 1° Équilibrer quelque chose par autre chose qui l'atténue, qui fait « contre-poids ». En particulier, en matière politique : équilibrer un pouvoir par un autre. *Pondérer le pouvoir exécutif par le pouvoir législatif.* 2° Amener quelqu'un à une certaine pondération (mesure, équilibre). *Un esprit pondéré, un personnage pondéré* (calme, mesuré, équilibré).

En *économie*, le verbe **pondérer** s'emploie à propos de valeurs, de variables que l'on affecte d'un certain coefficient pour leur donner une juste place, une importance proportionnée à leur influence, dans un calcul global. *Pondérer une variable, un indice, une valeur.*

N.B. Noter les deux mots de la même origine : **impondérable** (qui ne peut être pesé, mesuré) et **pondéreux** (qui est très lourd *matériellement*), à ne pas confondre avec **pondéré** (mesuré *moralement*). Voir aussi **Prépondérant**.

POPULISME. *n. m.* Mouvement littéraire du début du XXe siècle qui se propose de peindre les milieux populaires avec réalisme (mais aussi, avec une sympathie de principe qui peut aboutir à une certaine idéalisation de la vie des gens du peuple). E. Dabit et L. Guilloux en sont les représentants les plus marquants. Par extension, le mot peut s'appliquer au cinéma. *Un roman, un film populistes.*

N.B. Plus généralement, en dehors de la sphère littéraire, le populisme peut désigner une attitude ou une idéologie politique réclamant la libération du peuple, ou encore une satisfaction immédiate des revendications populaires. *Un dirigeant populiste est fréquemment démagogue.*

POSITIVISME. *n. m.* (du mot *positif*, dans son sens ancien et philosophique : « qui s'appuie sur les faits, qui est donné par l'expérience »).
1° **Philosophie d'Auguste Comte** (1798-1857). Celui-ci distingue trois étapes dans la progression de l'esprit humain : *l'état théologique* (l'homme explique le monde par des « agents surnaturels » qui interviennent arbitrairement, par des dieux ou par un Dieu), *l'état métaphysique* (l'homme explique le monde par des entités, des idées, des notions abstraites : il interprète au lieu d'observer) et l'*état positif* (renonçant à l'ontologie et à la métaphysique, l'esprit humain étudie uniquement les phénomènes objectifs et en tire des lois scientifiques). Cette dernière étape conduit en particulier à étudier les phénomènes humains, les sociétés, en s'appuyant uniquement sur les faits et sur leur examen par les méthodes de la science. Aussi le positivisme d'Auguste Comte est-il à l'origine de la sociologie moderne.
2° **Toute attitude qui récuse les a priori métaphysiques** et fonde la connaissance sur l'observation des « faits positifs », sur l'expérimentation, sur la science. Cette attitude prévaut en particulier dans les domaines qui, traditionnellement, échappent à la science. Le positivisme débouchera sur le **scientisme**, qui prétend tout expliquer par la science et conduire par elle seule l'humanité au bonheur.

POST-. Préfixe d'origine latine qui signifie « après » (dans le temps : *postdater* ; ou dans l'espace : *postposer*, « placer au-delà »). Noter que ces deux nuances se retrouvent dans un mot comme *postérieur* (1° Qui arrive ensuite ; 2° Qui est placé derrière). Ce préfixe se trouve dans de nombreux mots et sert encore à en composer d'autres, le plus souvent par opposition avec son antonyme *ante-* (voir les doublets *Antéposer/Postposer, Antérieur/Postérieur, Antidater/ Postdater*) ou avec l'antonyme *pré-* (*Préromantisme/Postromantisme ; Prénatal/ Postnatal*, etc.). **Post Scriptum** signifie « écrit après » : il s'agit de ce qu'on ajoute en bas d'une lettre (en « P.S. »). Voir ci-dessous les mots **Postérité, Posthume.** Voir aussi **A posteriori**.

POSTÉRITÉ. *n. f.* (voir le préfixe *post-*). 1° Succession, descendance d'une personne, ou d'une souche familiale. *La postérité d'Abraham.* **Au figuré,** le mot s'élargit : la postérité désigne une lignée spirituelle, un mouvement social ou politique à laquelle une personnalité a donné naissance. *La postérité d'un artiste* (son influence, ses imitateurs, la fécondité de son œuvre).
2° Ensemble des générations futures. *Il travaille pour la postérité. L'espoir de tout écrivain est de passer à la postérité* (demeurer vivant dans la mémoire des hommes).

POSTHUME. *adj.* (du latin *postumus*, « le dernier ». Voir *post-*). Qui naît après la mort du père : *un enfant posthume.* Qui se produit après la mort de son auteur : *une gloire posthume.* En particulier, qui est publié après la mort de quelqu'un : *un ouvrage, des œuvres posthumes.* Qui est attribué à quelqu'un après sa mort : *une décoration posthume,* ou encore, *conférée à titre posthume.*
N.B. Le « *h* » de *posthume* est dû à une confusion étymologique avec *humus* (« terre », en latin).

POSTICHE. *adj.* (voir préfixe *post-*, « après ») Qui est ajouté après coup : *un épisode postiche.* Qui remplace artificiellement un objet naturel : *une moustache postiche.* D'où le **sens figuré** : qui est faux, inauthentique, artificiel. *Des qualités postiches. Un gouvernement postiche* (voir le mot *fantoche*).

POST-MODERNE. *adj.* Se dit de ce qui, dans la culture contemporaine, est radicalement différent de ce qui constituait la « modernité » des années 1950-1975, aux niveaux idéologique ou esthétique. En particulier, l'attitude post-moderne entend dépasser l'opposition entre l'archaïque et le tout moderne, intégrer valeurs de la tradition et valeurs de la modernité, dans un éclectisme qui n'exclut pas une certaine distance ironique.
➜ **Pour approfondir, p. 791.**

POSTULAT. *n. m.* En **mathématiques**, principe de base indémontrable et indémontré qui sert de fondement à une démonstration, à un ensemble de démonstrations. *Le postulat d'Euclide* (« Par un point extérieur à une droite, on ne peut faire passer qu'une seule parallèle à cette droite »).
Le postulat est admis, d'un commun accord avec l'auditeur. À partir de cet accord sur la proposition première, il faut *démontrer.* Ce *point de départ* qu'est un postulat explique les deux nuances opposées que peut prendre le sens du mot dans le langage courant :
— Un postulat est discutable : *ce n'est qu'un postulat !*
— Un postulat est incontestable, quoique indémontrable : *c'est un postulat, ça ne se discute pas.* En ce sens, voir la différence avec **Axiome**.

POSTULER. *v. tr.* 1° Demander, solliciter un poste, un emploi. Dans ce sens, le verbe peut être employé intransitivement. *Le poste, la fonction pour laquelle j'ai postulé.* Être candidat à. *Postuler à un emploi.*

2° Poser une proposition fondamentale, émettre un postulat (voir ce mot). *Je postule que la matière est un concentré d'énergie : dès lors, je peux en déduire que,* etc.

POSTURE. *n. f. (sens propre)* Position particulière que l'on prend, s'agissant du corps. *Curieuse posture, tenez-vous un peu mieux ! (sens figuré)* Position générale dans laquelle on se trouve, notamment dans l'expression **Être en bonne ou mauvaise posture** (en situation favorable ou défavorable). Le terme peut aussi s'employer dans un sens moral. *La posture narcissique est trop égocentrée pour n'être pas stérile.*

POTENTAT. *n. m.* (du latin *potens*, « puissant »). Souverain absolu d'un État puissant. *Les Tsars, empereurs de Russie, étaient des potentats.* Par extension (et souvent péjorativement) : homme qui use d'un pouvoir tyrannique, despote. *Les petits potentats locaux ne doivent pas nous impressionner. Ce patron se comporte en potentat !*

POTENTIEL. *adj.* et *n. m.* (à partir du latin *potens*, « puissant »).
1° Qui existe en puissance, à l'état de possibilité, virtuellement, — par opposition à ce qui existe actuellement, déjà réalisé. *Une réalité potentielle* (qui peut se produire, sans que cela soit sûr). *L'enfant est un adulte potentiel* (en puissance). *L'énergie potentielle* (celle par exemple d'un objet sur un sommet, qui se transformera en force réelle si l'objet est jeté dans le lac en contrebas). *Un marché potentiel* (l'ensemble des acheteurs susceptibles d'acheter le produit, avant que celui-ci soit lancé commercialement).
2° *Le* potentiel : l'ensemble des forces, des capacités, des ressources susceptibles d'être utilisées, dans quelque domaine que ce soit. *Le potentiel militaire d'un pays. Le potentiel d'une personne* (ses dons, ses aptitudes : on dit aussi les **potentialités** d'un individu).

POUPE. *n. f.* Arrière d'un navire. D'où l'expression **Avoir le vent en poupe** : être poussé, porté par une situation favorable. L'opposé de la *poupe* est la *proue* (avant d'un navire). D'où l'expression **Figure de proue,** personnalité qui est à la tête d'un mouvement, d'une école (à l'image des bustes qui ornaient la proue des navires).

POURFENDRE. *v. tr.* Combattre et détruire. *Le Cid pourfend les Mores.* **Sens figuré** (le plus fréquent) : attaquer vigoureusement (les mœurs, des personnes, des institutions). *Pourfendre le cinéma moderne et ses admirateurs béats.* Le *pourfendeur* est souvent une figure un peu ridicule, à l'image de Don Quichotte combattant les moulins à vent.

POURVOYEUR, EUSE. *n.* Personne qui approvisionne, qui fournit. *Un pourvoyeur de vivres, de fonds.*
N.B. Le verbe « pourvoyer » n'existe pas. On dit *pourvoir* (pourvoir quelqu'un de quelque chose ; pourvoir aux besoins de).

POUVOIR. *n. m.* 1° Ce qu'on a la capacité de faire physiquement (force,

énergie physique) ou moralement (volonté, potentiel). *J'ai le pouvoir de courir, chanter, m'attabler au travail, dominer mes émotions.*
2° Ce qu'on a le *droit* de faire, légalement, socialement, moralement. J'ai le «pouvoir» (au sens n° 1) d'assassiner mon voisin, de ne pas assister au cours, de mentir à mon ami, mais je ne *peux* pas le faire et je ne le ferai pas en raison de contraintes extérieures (la peur du gendarme ; la sanction de l'école) ou intérieures (mon éthique personnelle).
3° L'autorité, l'influence ou la domination que quelqu'un exerce sur autrui, que ce pouvoir soit naturel, légitime ou injuste. *Le pouvoir du parent sur l'enfant, du maître sur l'esclave, du chef sur ses soldats, de l'orateur sur la foule, du pasteur sur les fidèles.* Pouvoir de commander, de sanctionner, de récompenser. Pouvoir bénéfique, maléfique. Pouvoir physique, spirituel.
4° **Le pouvoir politique** (ou plus généralement, institutionnel) : pouvoir obtenu par le droit ou par la force ; pouvoir reconnu ; pouvoir d'autorités constituées comme telles dans le cadre de l'organisation sociale, économique ou politique d'une nation. *Lutte pour le pouvoir. Le pouvoir :* le gouvernement en place, qui a en face de lui l'Opposition. *Pouvoir absolu. Pouvoir souverain. Pouvoir du peuple. Abus de pouvoir. Pouvoir et contrepouvoir. Théorie du pouvoir. Légitimation des pouvoirs.* Voir les termes qui définissent les différents régimes politiques, issus des racines grecques -*kratos* (puissance) ou *arkhê* (pouvoir) : **anarchie, monarchie, oligarchie, dyarchie, démocratie, aristocratie, ploutocratie.**

La séparation des pouvoirs. Théorie classique, illustrée par Montesquieu. Il existe dans un régime politique trois pouvoirs : le pouvoir *législatif* (qui fait les lois), le pouvoir *exécutif* (qui fait exécuter les lois, administre la cité) et le pouvoir *judiciaire* (qui veille à la conformité aux lois des décisions politiques, et règle les rapports des citoyens entre eux). La liberté du citoyen est menacée lorsque ces pouvoirs sont confondus (soit deux à deux, soit les trois à la fois) ; il faut que ces pouvoirs se contrebalancent et s'équilibrent pour que le citoyen se sente légalement protégé et respecté. À ces trois pouvoirs, on ajoute parfois le pouvoir technocratique (la puissance que les experts exercent par leurs compétences sur les gouvernants ou les législateurs). On a aussi parlé de «quatrième pouvoir» à propos de l'influence politique déterminante de la presse et des médias.

PRAGMATISME. *n. m.* (du grec *pragma*, «action». Voir aussi *praxis*). *(sens courant)* Attitude qui consiste à régler les problèmes directement, par l'action et l'adaptation aux situations concrètes, et non pas à partir d'idées préconçues ou d'analyses théoriques. *L'individu pragmatique* met la pratique au-dessus de tout ; il cherche ce qui résout immédiatement le problème, en tâtonnant éventuellement, en s'aidant du bon sens. *L'attitude pragmatique* cherche ce qui est opérationnel, utilitaire, efficace, sans se soucier de principes préétablis. Voir **Empirique**.

    N.B. Le pragmatisme est aussi une *doctrine philosophique*, élaborée par W. James (1842-1910), selon laquelle la valeur d'une idée, sa «vérité», dépend uniquement de son efficacité pratique, de son utilité lorsqu'on l'expérimente. N'est vrai que ce qui réussit; n'est valable que ce qui est socialement utile. On voit le rapport avec le sens courant. Mais si l'attitude pragmatique se justifie dans certains cas, le pragmatisme *comme théorie* paraît bien éloigné de toute raison philosophique.

PRAXIS. Terme grec qui signifie «action». Est utilisé parfois comme synonyme d'action, d'engagement pratique, d'activité effective, par opposition aux démarches centrées sur la connaissance, ou inspirées d'une philosophie préétablie. Chez Marx, la *praxis* se constitue globalement de l'activité sociale (individuelle ou collective); elle est à la fois *déterminée* (par l'infrastructure) et *déterminante* (notre «praxis», dans une situation historique précise, engendre notre façon de penser et de croire).

PRÉ-. Préfixe d'origine latine qui signifie «avant, antérieurement, devant». Son sens, à la fois temporel, spatial, moral (il indique parfois la prééminence), s'oppose à celui du préfixe *post-*. On le retrouve dans d'innombrables termes, parmi lesquels une vingtaine de mots ci-dessous.

PRÉAMBULE. *n. m.* (du latin *praeambulare*, textuellement «marcher devant»). **Sens littéraire** (ou juridique) : petit texte introductif, courte préface en avant-propos d'un livre ou d'un discours (ou d'une dissertation). Le préambule indique les intentions préalables, le point de départ du texte, sa raison d'être. Il est souvent la partie préliminaire d'une introduction plus longue.

    Sens large : démarches, paroles, actions ou événements qui annoncent quelque chose d'essentiel, mais n'en sont que l'entrée en matière, une sorte de prélude. *La baisse de la Bourse était le préambule d'une grave crise économique.*

PRÉBENDE. *n. f.* 1° (*sens ancien*) Revenu fixe accordé à des ecclésiastiques titulaires de certaines fonctions (en particulier aux chanoines). 2° (*sens général*) Profit tiré d'une situation lucrative. L'emploi du mot est souvent péjoratif. *Des politiciens attachés à leurs prébendes plus qu'à la défense de leurs électeurs.*

PRÉCARITÉ. *n. f.* Caractère de ce qui est fragile, incertain, instable, éphémère ou passager. *La précarité de l'emploi* (son instabilité). *La précarité d'un cessez-le-feu* (il ne dure pas longtemps). *Une santé précaire* (fragile). *Un bonheur précaire.*

PRÉCEPTE. *n. m.* Formule qui prescrit un devoir, exprime une leçon, recommande un principe (artistique, moral, scientifique, etc.). *Les pré-*

ceptes de la morale fondamentale. Voir les mots **Adage, Devise, Maxime, Prescription.**

PRÉCEPTEUR, TRICE. *n.* Personne chargée de l'éducation d'un enfant à domicile. Éducateur privé. Les précepteurs étaient, autrefois, les professeurs particuliers des enfants de familles nobles ou aisées.
N.B. Malgré une origine étymologique commune (donner un enseignement), un «précepteur» n'est pas quelqu'un qui a pour profession de formuler des «préceptes».

PRÊCHER. *v. tr.* (du latin *praedicare*, «annoncer, publier»).
Sens religieux : enseigner la parole de Dieu, annoncer les vérités de la foi (chrétienne). *Prêcher l'Évangile.* Exhorter à des actions louables, vertueuses. *Prêcher le pardon des injures.*
Sens général (hors de la religion) : recommander avec insistance ; préconiser, prôner ; tenter de convaincre, faire la morale. *Prêcher quelque chose* (prêcher l'amitié entre les peuples). *Prêcher quelqu'un.* En particulier, **prêcher un converti** : s'évertuer à convaincre quelqu'un qui est déjà convaincu.
N.B. *Prêcher* peut être employé intransitivement, au sens de «faire un sermon, un prêche ; tenir un discours moralisateur». *Tu prêches, tu prêches, c'est tout ce que tu sais faire ! Prêcher dans le désert* (sans aucun succès).

PRÉCIEUX. *adj.* **Sens littéraire :** qui est relatif au *courant précieux* du XVIIe siècle (voir **Préciosité**). *Style précieux, salon précieux.* Par extension, qui est affecté, recherché ; parfois avec excès.

PRÉCIOSITÉ. *n. f.* Mouvement littéraire et intellectuel du XVIIe siècle qui se traduit par l'extrême raffinement du langage et des goûts artistiques, par l'importance accordée à la vie mondaine, aux manières recherchées, aux subtilités du bel esprit et aux délicatesses du cœur. La préciosité fut surtout développée dans les salons, cultivée par des femmes de la haute société, tournée vers une conception raffinée de l'amour, s'opposant à toute forme de trivialité. Les *précieuses*, femmes qui animèrent ou illustrèrent ce mouvement, n'étaient pas toutes aussi ridicules que le laisse croire Molière dans *Les Précieuses ridicules* ou *Les Femmes savantes.* Leur «féminisme» en particulier était fort estimable.
Par extension, souvent de manière péjorative, on appelle préciosité toute forme d'artifice stylistique, de raffinement excessif ou d'affectation dans l'expression, même si l'auteur dont on parle n'appartient pas au XVIIe siècle. *La préciosité de la littérature courtoise. Certaines scènes de Marivaux sont écrites dans une langue très précieuse.*

PRÉCONISER. *v. tr.* Recommander vivement. *Préconiser un remède, un changement de politique, un accord de paix.* Voir **Prôner.**

PRÉDATEUR. *n. m.* (du latin *praeda*, «proie»). Se dit d'un animal qui se nourrit des proies qu'il chasse et dévore. Le terme peut s'étendre à des espèces végétales, ou à l'être humain préhistorique.
N.B. L'emploi *figuré* du mot n'est pas rare pour qualifier certains per-

sonnages dévastateurs du monde politique ou de la «jungle» des affaires.

PRÉDESTINATION. *n. f.* 1° **Sens religieux :** décision divine qui, d'avance et de toute éternité, voue un individu à être damné ou à être sauvé, c'est-à-dire le destine à l'enfer ou au paradis. Cette doctrine développée par le **calvinisme** et, dans une moindre mesure par le **jansénisme** (voir ce mot), a été vivement combattue par l'Église, en ce qu'elle niait la part de la liberté humaine et la valeur des mérites personnels de tout croyant.

2° **Sens général :** détermination préalable des événements, comme s'ils étaient fixés d'avance par une fatalité surnaturelle. La prédestination concerne en particulier les événements d'une vie, la «destinée» d'une personne. Dans ce sens, elle peut avoir encore une connotation religieuse : l'être prédestiné n'est pas forcément destiné à l'enfer ou au paradis après la mort, mais voué à tel destin particulier (misérable ou exceptionnel) au cours de sa vie. *Le héros romantique se croit prédestiné à une vie de souffrance. Sa réussite semblait prédestinée* (fixée d'avance).

PRÉDILECTION. *n. f.* (du latin *dilectio*, «amour». Le préfixe *pré-* marque ici la prééminence). Préférence marquée pour quelqu'un ou pour quelque chose. *La prédilection d'un père pour son fils aîné. Mes auteurs de prédilection* (mes auteurs favoris).

PRÉJUDICE. *n. m.* (du latin *praejudicium*, littéralement «jugement a priori», voir *préjugé*). Dommage, acte nuisible aux intérêts de quelqu'un ; tort injustement causé. *Porter préjudice, causer un préjudice à quelqu'un :* causer du tort. *Subir un préjudice moral, matériel.* Se dit aussi de ce qui est nuisible à *quelque chose. Un grave préjudice porté à la cause de la paix.* Ce qui porte préjudice est dit *préjudiciable. Un aliment préjudiciable à la santé.*

PRÉJUGÉ. *n. m.* (littéralement : jugement d'avance, opinion préconçue).
Sens ancien : jugement que l'on se fait a priori, provisoirement. *C'est là un préjugé en votre faveur. Je ne voudrais pas préjuger de cette question.*
Sens courant : idée admise comme allant de soi, venue de l'éducation, du milieu social, de l'époque ou de la tradition. Parti pris. *Des préjugés racistes. Des préjugés petits-bourgeois. Des préjugés tenaces.* Au préjugé s'oppose le **paradoxe**, qui heurte l'opinion commune.

PRÉLUDE. *n. m.* (du latin *praeludere*, «se préparer à jouer». Littéralement, ce qui annonce le jeu).
Sens musical : suite de notes chantées ou jouées, en début de concert, pour se mettre dans le ton. D'où : pièce courte qui sert d'introduction à une œuvre importante. Cette pièce devenant un genre par elle-même, le prélude est devenu un morceau de musique autonome. Les *Préludes et fugues de Bach.* Les *Préludes de Chopin.*
Sens figuré (à partir du sens musical) : ce qui annonce ou constitue le

début d'une œuvre, d'un ensemble d'événements. *Ces escarmouches furent le prélude aux hostilités.* Annonce, préliminaire, prologue. *Son sourire fut le prélude d'une tendre soirée.*
Préluder à : se produire dans l'attente de ce qui va suivre. *Quelques coups de canon préludèrent à un véritable déluge de feu.*

PRÉMÉDITATION. *n. f.* Projet conçu d'avance ; intention réfléchie d'accomplir un acte en général condamnable. La préméditation aggrave le délit commis, puisque l'auteur agit de façon responsable, consciente, délibérée. *Meurtre avec préméditation.*

PRÉMICES. *n. f. plur.* Dans l'Antiquité : premiers fruits de la terre, qu'on offrait aux dieux. *Les prémices de la récolte.*
Sens actuel (littéraire) : premiers commencements ; débuts prometteurs. *Les prémices d'une amitié. Les prémices de son génie.*
N.B. Ne pas confondre avec **Prémisses** (voir ci-dessous).

PRÉMISSE. *n. f.*, souvent au *pluriel* (du latin *praemissa*, « qui est mise en avant »).
Sens logique : l'une des deux premières propositions d'un raisonnement. Par exemple, dans le syllogisme classique. *1° Tous les hommes sont mortels. 2° Or, Socrate, est un homme. 3° Donc Socrate est mortel,* les propositions 1 et 2 sont les prémisses. Voir **Syllogisme.**
Sens courant : fait initial, affirmation de départ (ou de principe), d'où découle une conséquence. *L'élévation subite du prix du pétrole et sa raréfaction sur le marché ont été les prémisses d'une grave crise en Occident.* Ne pas confondre avec **Prémices** (voir ci-dessus).

PRÉMONITOIRE. *adj.* (de *pré-*, « avant » et du latin *monere*, « avertir »). Qui avertit de ce qui va se passer ; qui annonce l'avenir ou une suite d'événements. *Un songe prémonitoire, une visite prémonitoire.* Un **signe prémonitoire** : un signe avant-coureur (d'une maladie, d'un symptôme, d'un événement). Le mot « prémonitoire » garde souvent une connotation de mystère, d'étrangeté, d'avertissement surnaturel.

PRÉMUNIR. *v. tr.* Protéger quelqu'un, le garantir contre quelque chose. *Prémunir les jeunes gens contre les risques du sida.*
Se prémunir : se protéger, s'armer, s'assurer contre quelque chose.

PRÉPONDÉRANT. *adj.* (du latin *praeponderare*, « avoir plus de poids, plus d'importance ». Voir le mot *pondérer*). Qui a un rôle majeur ; qui est dominant, capital, primordial. Qui l'emporte en influence. *Un rôle prépondérant, un action prépondérante. La prépondérance d'une nation, d'une autorité morale,* etc.

PRÉROGATIVE. *n. f.* (du latin *praerogativus*, « qui vote en premier »). Avantage (officiel) lié à certaines fonctions, ou à un certain statut social. *Les prérogatives de la noblesse sous l'Ancien régime. Les prérogatives du corps diplomatique.* Par extension, privilège attaché à des personnes particulières (officieusement), et que celles-ci peuvent revendiquer (à tort ou à raison). *Comme artiste, il estime devoir jouir de certaines prérogatives : vivre sans travailler, par exemple !*

PRÉROMANTIQUE. *adj.* Qui précède la période romantique, est relatif au préromantisme. Le **préromantisme** est le nom que l'on donne, après coup, aux courants littéraires qui, à la fin du XVIIIe siècle, annoncent la sensibilité et les thèmes romantiques. La poésie des ruines (chez Diderot), la rêverie solitaire au sein de la nature (chez Rousseau), l'exaltation de la sensibilité et de la passion (chez Bernardin de Saint Pierre) sont des thèmes préromantiques, et même déjà romantiques.

PRESCRIPTION. *n. f.* (de *prescrire*, « ordonner ; préconiser »).

1° **Sens général :** recommandation ou ordre précis qui est formulé avec toutes les indications utiles. *Prescriptions relatives à une pratique religieuse. Les prescriptions médicales figurent en général sur l'ordonnance.*

2° **Sens juridique :** délai officiel à la fin duquel une obligation s'impose. En particulier, il y a *prescription* pour certains délits lorsque la loi interdit (ou ne permet plus) de les condamner après un certain laps de temps. Dans le cas inverse, on parle de *crimes imprescriptibles* (ineffaçables, les crimes contre l'humanité par exemple).

N.B. Ne pas confondre **Prescription** (ordre, recommandation) et **Proscription** (mesure d'exil ; interdiction), pas plus que les verbes de sens opposés **Prescrire** (ordonner) et **Proscrire** (interdire).

PRÉSOMPTION. *n. f.* (du verbe *présumer*, « supposer, penser à priori »).

1° Opinion que l'on se fait d'avance, à partir de certains indices. Supposition, probabilité, jugement a priori. Le mot s'emploie en particulier dans le langage juridique, au sens d'hypothèse très probable. *De graves présomptions pèsent sur vous. Je présume que vous êtes pour quelque chose dans cette affaire, mais ce n'est là qu'une présomption. Un inculpé est présumé innocent.*

2° Bonne opinion que l'on a de soi-même, prétention, suffisance. *Quelle présomption il manifeste, dans tous les domaines !* Ce sens correspond à l'adjectif *présomptueux* (suffisant, prétentieux) et au verbe *présumer de* (présumer de ses forces, présumer de soi).

PRESSENTIMENT. *n. m.* Sentiment qu'on a (d'avance) de ce qui va se produire. *De vagues pressentiments. Je pressentais son absence* (j'en avais l'intuition). Synonyme : **prémonition** (voir le mot *prémonitoire*). Mais la prémonition est plus précise, plus circonstanciée, alors que le pressentiment est une prescience intuitive beaucoup plus vague. On n'a souvent conscience de ses pressentiments qu'après coup.

PRÉSUMER. *v. tr.* 1° Supposer d'avance, croire a priori d'après certains indices (voir **présomption**). 2° Compter excessivement sur, avoir une trop bonne opinion de. Dans ce sens, le verbe se construit indirectement : *présumer de soi, présumer des qualités de telle personne.*

N.B. Noter l'emploi juridique fréquent du verbe au sens n° 1. *Tout homme qui n'est pas jugé coupable est présumé innocent.*

PRÉSUPPOSÉ. *n. m.* Ce qui est supposé au préalable, ce qui est tenu pour vrai d'avance ; en particulier, ce qu'on laisse entendre sans le formuler expressément (voir le mot **implicite**).
- **Le présupposé peut être relatif à un fait,** à une action. Dire *« Charlemagne conduisit son armée aux frontières de son empire »* suppose que Charlemagne existe, qu'il a un empire (on est donc après l'année 800, où il fut sacré empereur), qu'il a une armée et qu'il en est le chef.
- **Le présupposé peut concerner une démonstration.** Il est la base de départ, plus ou moins explicitée, sur laquelle se fonde celui qui raisonne. Toute la géométrie d'Euclide se fonde sur le «postulat d'Euclide». On le sait au début. Mais lorsqu'on se trouve dans les dernières propositions, on l'a un peu oublié. Le présupposé est devenu implicite. *Un présupposé est donc souvent un postulat implicite* (ou un élément acquis d'une précédente démonstration, qu'on suppose connu et accepté par le lecteur ou l'auditeur).
- **Le présupposé peut enfin concerner l'énoncé d'opinions, de jugements de valeur, de conceptions préétablies.** Consciemment ou non, le locuteur peut conduire son interlocuteur à admettre ces présupposés d'autant plus facilement qu'ils restent implicites. Si je dis par exemple *« Avec 8 000 F par mois, elle gagne bien sa vie, pour une femme »*, je présuppose qu'il est normal que les femmes gagnent moins de 8 000 F, ou en tous cas moins que les hommes ; ainsi, je tends subrepticement à faire partager cette conception. Si je déclare *« Le bonheur ne peut être atteint en ce bas monde »*, mon présupposé est qu'il y a un autre monde, en haut, où le bonheur peut être atteint. Souvent l'énoncé explicite *cache* le présupposé implicite : l'art de l'explication de texte est d'élucider ces sous-entendus dont le locuteur lui-même n'est pas toujours conscient. Voir **Énonciation**.

PRÉTÉRITION. *n. f.* Figure de rhétorique par laquelle on dit qu'on ne va pas dire ce que l'on dit pour mieux le faire savoir. Exemples : *je ne dirai rien du talent exceptionnel que cet auteur manifeste ; un certain personnage de l'opposition que je ne nommerai pas, mais dont tout le monde a le nom à l'esprit ; je n'ai pas besoin de vous dire que je suis scandalisé par votre attitude ; il est inutile de rappeler ici l'acte odieux que tout le monde a en mémoire,* etc.

On voit que la prétérition consiste en trois points : 1° déclarer qu'on ne va pas dire ; 2° attirer de ce fait l'attention de l'auditeur ; 3° dire quand même ce qu'on prétend taire (ce qui en amplifie la portée). C'est assez pervers, évidemment !

PRÉVALOIR. *v. intr.* Avoir valeur supérieure, l'emporter, prédominer. *Ses arguments ont prévalu. Rien ne peut prévaloir contre sa volonté. Dans la casuistique, les actes comptent peu : les intentions prévalent.* **Se prévaloir de** (quelque chose) : en tirer avantage ou vanité. *Ils se sont prévalus de leurs succès.*

PRÉVENIR. *v. tr.* 1° Avertir, informer quelqu'un par avance.

2° Empêcher quelque chose de se produire en prenant d'avance des mesures, des précautions. *Prévenir un mal, prévenir un malheur. Mieux vaut prévenir que guérir.* À ce sens correspondent le substantif **prévention** et l'adjectif **préventif** (voir l'antonyme **curatif**). De façon plus positive, le verbe *prévenir* peut signifier « aller au devant des désirs de quelqu'un », d'où le substantif **prévenance**.

3° *(sens classique)* **Prévenir contre quelqu'un ou en faveur de quelqu'un :** disposer défavorablement ou favorablement à l'égard de. D'où le mot *préventions* (au pluriel), « hostilité a priori ».

PRIMAUTÉ. *n. f.* Caractère de ce qui est premier, de ce qui se tient à la première place, de ce qui mérite la prééminence, ou dispose de la supériorité. Il peut s'agir de hiérarchie sociale ou religieuse : *la primauté du Pape sur les Évêques en matière de foi ; la primauté du Président sur le Gouvernement, en matière de politique extérieure.* Il peut s'agir de hiérarchie entre des notions, des idées, des valeurs. *Dans la jungle, la force prime le droit ; dans une société policée, il y a primauté du droit sur la force. La philosophie personnaliste insiste sur la primauté du spirituel.* En ce qui concerne les notions philosophiques, on emploie aussi le mot primat : *le primat de la raison.*

N.B. Bien distinguer la notion de **Primauté** et la notion de **Priorité**. Cette dernière est centrée sur *le temps* : ce qui est prioritaire est à faire en premier (d'où l'importance *temporelle*), mais n'est pas nécessairement ce qui a le plus de valeur. *La priorité de la survie physique ne doit pas effacer la primauté de l'existence spirituelle.*

PRIMITIVISME. *n. m.* **Sens littéraire :** tendance à valoriser ou à mythifier les mœurs primitives. En littérature, au XVIIIe siècle surtout, le primitivisme donnera notamment naissance au « mythe du bon sauvage », valorisera la vie simple et naturellement morale que l'on prête alors aux primitifs (les indiens d'Amérique).

Sens esthétique : le primitivisme est une tendance consistant à imiter l'art primitif (précédant la Renaissance) ou, plus généralement, à produire un art simple, naïf.

PRIMUM VIVERE. Expression latine qu'on emploie pour rappeler qu'il faut d'abord subsister, assurer le minimum vital, avant de discuter ou de philosopher. La phrase complète est en effet : *primum vivere, deinde philosophari* (« d'abord vivre, ensuite philosopher »). A noter que ce précepte peut être interprété en sens inverse : une fois obtenus les moyens de vivre, empressons-nous de philosopher sur le sens de cette vie !

PRINCIPE. *n. m.* (du latin *principium*, « origine, commencement »).

1° **Cause première ; origine profonde ; nature essentielle.** Ce sens ancien, mais encore actuel, provient de l'idée que ce qui est premier (au sens *temporel*) constitue à la fois la nature centrale d'une réalité et la source de ce qu'elle devient (sens *causal*). *Le principe des choses.* Le

principe constitutif de la matière. Le principe de l'univers. Le principe du moteur à explosion.
   2° **Proposition de base** qui peut être le postulat d'une science, la vérité première d'une philosophie, la loi fondamentale d'une réalité *(le principe d'Archimède).* Dans ce sens, le principe peut être *au départ* de la démarche intellectuelle, ou être *l'aboutissement* auquel le raisonnement parvient. Du principe premier *« Cogito ergo sum »* (je pense donc je suis), Descartes tirera un certain nombre de «principes» qui seront autant de vérités secondes. Une fois élaboré, un principe moral ou intellectuel acquiert la force d'une règle dont on ne s'écarte pas, d'où le troisième sens.
   3° **Règle de vie,** d'action morale, de pensée sur laquelle les hommes fondent leur conduite. *Principes moraux, principes esthétiques. Avoir de bons ou de mauvais principes. Une éducation à principes.* Comparons : *le déterminisme est un des principes fondamentaux des sciences de la nature* (sens n° 2) et *un scientifique ne doit pas faillir au principe d'objectivité* (sens n° 3).

PRIORITÉS. *n. f. (au pluriel)* Objectifs que l'on place en premier. *Quelles sont vos priorités?* Voir **Primauté.**

PRIVAUTÉ. *n. f.* Grande familiarité. *Se permettre des privautés.* Ce mot s'emploie le plus souvent au pluriel et désigne fréquemment les faveurs accordées par une femme : *Frédéric bénéficiait des privautés de Rosanette.*

PROBANT. *adj.* Qui prouve de façon effective. *Un argument probant.* Qui emporte donc la conviction. *Des résultats peu probants. Une observation probante.* Ne pas confondre avec *probatoire.*

PROBATOIRE. *adj.* Qui permet de vérifier qu'une personne a les qualités ou les connaissances requises. *Un examen probatoire. Une période probatoire.* Ne pas confondre avec *probant.*

PROBITÉ. *n. f.* Honnêteté scrupuleuse, au plan intellectuel, moral, social, professionnel. *Exercer son métier de professeur avec rigueur et probité. Le sens civique, le souci de la justice sociale étaient, avec l'honnêteté intellectuelle, les éléments les plus marquants de sa probité. Un ministre probe, intègre.*

PROBLÉMATIQUE. *n. f.* 1° Mise en forme d'un problème donné ; art de poser les problèmes. *Dans le sujet «Pouvoir et Langage», la copie ne doit pas traiter les deux termes séparément, elle doit les relier, les opposer, bref, dégager une problématique.* 2° Ensemble des problèmes que pose une question philosophique, un sujet particulier, une réalité scientifique, etc. *La problématique actuelle du chômage.*
   N.B. Ne pas confondre avec l'*adjectif* «problématique» (incertain, douteux : *un succès problématique*).

PROCÉDURE. *n. f.* Ensemble de règles ou de formalités (juridiques, administratives), qu'il faut suivre pour parvenir à un certain résultat. *Une* *procédure de divorce. Pour être titularisé dans cette fonction, vous n'avez pas suivi la bonne procédure.* Par extension (néologisme récent) : ensemble des procédés à mettre en œuvre, des méthodes à suivre pour parvenir à un résultat. *Cette expérimentation a été conduite selon une procédure rigoureuse.*

N.B. Ce deuxième sens est un *anglicisme* ; mais il s'inscrit tout à fait dans l'étymologie latine du mot (*procedere*, « aller en avant »), qui est aussi celle de *processus* (voir, à ce mot, la différence avec **procédure**).

PROCESSUS. *n. m.* (mot latin signifiant « progression »). Enchaînement de phénomènes aboutissant à un résultat donné. Évolution naturelle ou ordonnée d'une action, d'un mécanisme, d'une réalité sociale ou humaine. *Processus biologique. Processus de développement. Processus d'acquisition du raisonnement logique. Processus de paix.*

N.B. Ne pas confondre avec **procédure**, même si ce mot, au sens actuel, se rapproche de **processus**. Les deux termes ont en commun l'idée de déroulement par étapes. Mais alors que le processus apparaît comme *descriptif* et naturel (même s'il suit une loi), la procédure a quelque chose d'*impératif*, de normatif, et ne s'emploie pas à propos des phénomènes naturels.

PROCRASTINATION. *n. f.* Tendance à tout remettre au lendemain. Baudelaire se plaignait de cette forme d'irrésolution qui pesait sur sa vie.

PROCURATION. *n. f.* Mandat ; pouvoir que l'on donne à quelqu'un d'agir à sa place ; écrit qui confère officiellement ce pouvoir. *Il m'a donné sa procuration pour que je vote en son nom.*

Au *sens figuré*, **Par procuration** : en s'en remettant à autrui pour agir à notre place. *Les fanatiques de la télévision ne vivent plus par eux-mêmes, ils existent à travers feuilletons ou champions de jeux télévisés : ils vivent par procuration.* Ne pas confondre avec **Par intérim** (voir ce mot).

PRODIGUE. *adj.* (sens propre) Qui dépense sans mesure, qui dilapide ses biens, son argent (en se livrant précisément à des **prodigalités**). (sens figuré) Qui distribue généreusement. *Être prodigue de bonnes paroles, de conseils utiles.* On notera que le sens propre est péjoratif, contrairement au second. Les deux acceptions se retrouvent dans le verbe **Prodiguer**. Ne pas confondre avec le paronyme *prodige*.

PRO DOMO. Voir **Plaidoyer**.

PRODROME. *n. m.* Symptôme annonciateur d'une maladie. *les prodromes de la fièvre typhoïde.* Signe précurseur d'un événement. *La rupture des relations diplomatiques, prodrome de la guerre qui allait suivre.*

PROFANE. *adj.* et *n.* (du latin *profanus*, « qui est hors du temple »).

1° Qui est étranger à la religion ; qui ne fait pas partie des choses religieuses. *Le monde profane, les fêtes profanes, une musique profane. Un auteur profane. Le mot « dogme » a un sens religieux ; mais, en se désacralisant, il a pris un sens profane.* Par extension, qui n'est pas sacré. On oppose généralement **le profane** et **le sacré**. Il faut cependant nuancer : le profane est d'abord ce qui est étranger au monde religieux. Ainsi, les institutions politiques, le monde laïque, les valeurs républicaines appartiennent au monde profane. Cependant, la République, sa Justice, ses Lois et ses représentants peuvent être considérés comme sacrés. Ainsi, le monde profane au sens large n'est pas exempt de sacralisations ; le mot « sacré » est lui-même passé du domaine religieux au domaine profane, d'où une distinction seconde entre ce qui est « sacralisé » et ce qui ne l'est pas.

Le verbe **Profaner** s'applique, en revanche, à tout ce qui est « sacré », dans le monde religieux comme dans le monde profane. *Profaner*, c'est violer le caractère sacré d'une religion, de ses rites, de ses objets, aussi bien que dégrader et salir tout ce que l'homme respecte en société.

2° Qui n'est pas initié à un culte, à un art, à une science, à une activité ou à une association. *Je suis profane en musique. En peinture, c'est un profane. Il faut distinguer les connaisseurs des gens du profane.* Ce sens est une extension du précédent : le profane, en religion, est celui qui n'a pas été initié. Tout ce qui peut devenir sacré pour l'être humain (notamment l'art, la science) implique donc que les « non initiés » soient profanes.

Voir **Initiatique, Sacraliser, Sacré.**

PROFÉRER. *v. tr.* (du latin *proferre*, littéralement : « porter en avant »). Prononcer à voix haute. Mais l'usage de ce verbe s'est cantonné dans des paroles injurieuses ou menaçantes. *« Et vous croyez que cela va se passer ainsi ? ! » proféra-t-il, au comble de la fureur. Proférer des malédictions, des sentences vengeresses.*

PROFESSER. *v. tr.* Déclarer avec force, affirmer publiquement. *Professer une opinion. Une profession de foi.*

PROGRESSISME. *n. m.* 1° Doctrine politique qui croit au progrès social, économique et politique, et préconise des réformes hardies pour faire aboutir son idéal de justice et de liberté. Le progressisme s'oppose aux partis conservateurs ou « réactionnaires ». Il est en principe « à gauche ». *Des idées progressistes. Un progressiste dangereux.*

2° Attitude d'adaptation et de rénovation de l'Église catholique dans les années 1960. *Le progressisme chrétien.* Dans ce sens, les « progressistes » s'opposaient aux « intégristes ». Par extension, attitude d'ouverture religieuse et sociale, par opposition aux intégrismes ou aux fondamentalismes.

PROHIBER. *v. tr.* Interdire légalement. Condamner l'usage, la pratique, la consommation de quelque chose. *Prohiber l'alcool dans les stades et le tabac dans les trains. La fameuse prohibition de l'alcool, aux États-Unis, a fait prospérer les gangs. Les essais nucléaires seront-ils prohi-*

bés ? L'adjectif *prohibitif* se dit souvent d'un prix si élevé qu'il décourage l'acheteur éventuel.

PROJET. *n. m.* **Sens philosophique** (chez les existentialistes) : ce que l'homme veut faire de lui-même dans le monde, en dépit des résistances de l'**en soi** (voir ce mot). L'étymologie est ici centrale : l'homme se *jette en avant* de lui-même pour se réaliser. Tous nos projets, au sens courant, sont plus que des « intentions » : ils sont le jet en avant de notre liberté. L'homme est projet ; c'est en cela qu'il construit son « essence ». Voir **Existentialisme**.

PROLEPSE. *n. f.* Figure de rhétorique qui consiste à réfuter d'avance, dans un texte argumentatif, l'objection que pourrait faire un interlocuteur. « *Certes, objectera-t-on, ce n'est là qu'un indice ; à quoi je répondrai que* » ; « *Utopie, dira-t-on ? Mais y a-t-il un autre moyen ?* ». Cette figure peut disqualifier ironiquement la thèse adverse : « *Certains prétendent que l'accumulation de têtes nucléaires est l'unique façon d'empêcher la guerre atomique...* »

PROLÉTAIRE. *n.* Personne qui ne vit qu'en vendant sa force de travail, contre un salaire peu élevé. Dans la terminologie marxiste, le prolétaire s'oppose au capitaliste qui l'exploite. Le prolétariat s'oppose globalement à la bourgeoisie, et ne sera libéré de sa condition aliénée que par la révolution (voir **lutte des classes**). L'emploi de ce mot a donc le plus souvent une connotation politique.

PROLIFÉRER. *v. intr.* Se multiplier, se reproduire, foisonner (*au propre* comme *au figuré*). *Un terrain vague où proliféraient les mauvaises herbes et les idées délinquantes.* Ne pas confondre avec **Proférer** (ci-dessus).

PROLIFIQUE. *adj.* Qui est très fécond (au *sens propre* comme au *sens figuré*) *La souris est un animal prolifique* (elle se multiplie vite). *Un auteur prolifique* (qui produit beaucoup d'œuvres).

PROLIXE. *adj.* Qui délaye ses discours ou ses écrits ; qui est diffus, verbeux. *Un écrivain prolixe.* Qui est abondant en paroles et en phrases. *Un style prolixe. À la prolixité s'oppose la concision.* Ne pas confondre **prolixe** (qui ne concerne qu'une abondance *de mots*) avec **prolifique** (voir ci-dessus).

PROLOGUE. *n. m.* (du grec *pro-* et *logos*, littéralement : ce qui précède le discours).

1° *(dans l'Antiquité)* Partie d'un spectacle théâtral qui précède la pièce proprement dite, dans laquelle, souvent, un personnage vient présenter le sujet avant l'entrée du chœur. Certaines pièces modernes ont repris ce procédé (*Antigone*, d'Anouilh).

2° *(dans les ouvrages modernes)* Texte introductif, préface. En particulier, dans les œuvres narratives (roman, film), première partie assez courte qui relate des événements antérieurs à l'action proprement dite de l'œuvre. Dans ce sens, l'antonyme est **Épilogue**.

3° *(sens figuré)* Période préliminaire, prélude à des événements historiques. *Le mouvement du 22 mars fut une sorte de prologue aux événements de mai 68.*
N.B. Ce sens figuré montre, une fois de plus, combien les mots du vocabulaire théâtral peuvent illustrer, métaphoriquement, les réalités de la vie sociale (cf. *drame, dénouement, protagoniste,* etc.).

PROMÉTHÉEN. *adj.* 1° Relatif à Prométhée et à son histoire légendaire. Héros de la mythologie grecque, Prométhée dérobe le feu et le transmet aux hommes. Pour le punir, Zeus l'enchaîne dans le Caucase, où un aigle lui ronge le foie, qui repousse sans cesse... Le mythe de Prométhée symbolise l'effort de l'homme qui veut s'élever au-dessus de sa condition, et bâtir sa propre Histoire en se délivrant de l'assujettissement aux dieux.
  2° Qui traduit ou manifeste une foi en l'homme et en ses capacités d'action digne du mythe de Prométhée. *L'esprit prométhéen de la civilisation occidentale.*

PROMISCUITÉ. *n. f.* Assemblage d'individus de tous genres et de tous modes de vie, dans la proximité desquels on se trouve obligé de vivre (avec les désagréments ou les influences néfastes que cela entraîne). *Vivre dans la promiscuité. Les intolérables promiscuités du métro.*

PROMPTITUDE. *n. f.* Caractère de ce qui est prompt ou de celui qui est prompt. Rapidité, célérité, instantanéité. *La promptitude d'un changement. La promptitude de l'éclair. La promptitude d'un esprit. la promptitude d'un serviteur.*

PROMULGUER. *v. tr.* Publier une loi, un texte de loi, un décret, pour en rendre l'application obligatoire et officielle. *Le chef de l'État a promulgué la loi votée par le Parlement.* Par extension : publier une vérité, une sentence, un dogme avec une autorité (verbale) qui leur donne moralement force de loi. *Il aimait à promulguer dans ses œuvres des vérités prophétiques.*

PRÔNER. *v. tr.* (de *prône,* ensemble de proclamations impératives faites au cours de la messe, au moment du sermon). Vanter quelque chose ; en recommander l'usage, la pratique, l'adoption en en faisant l'éloge. Préconiser avec insistance. *Prôner l'effort. Prôner la vie saine et l'alimentation naturelle. Prôner le civisme.*

PROPAGANDE. *n. f.* (de *propager,* qui a aussi donné «propagation»).
 1° **Sens religieux** (originel) : institution et ensemble d'actions destinées à la propagation de la foi chrétienne. La propagande, historiquement, est d'abord une volonté et une méthode au service du prosélytisme (désir de convertir). *Propagande catholique, protestante.*
 2° **Sens courant** : ensemble des actions militantes exercées sur l'opinion publique pour faire pénétrer en elle des idées politiques ou sociales, pour obtenir le soutien ou l'engagement du plus grand nombre de personnes possibles au service d'une cause, d'une idée, d'un

homme. *La propagande caractérise les régimes totalitaires. La publicité est l'une des formes de la propagande.*

La littérature d'idées, les ouvrages littéraires, les essais divers peuvent être considérés comme de la propagande au sens large (ils veulent influer sur les conceptions, les convictions ou les conduites des lecteurs). Voir le mot **Engagement**. Mais la propagande concerne surtout les journaux et revues, l'ensemble des campagnes de presse, l'action par médias interposés et la publicité. Le mot est péjoratif pour deux raisons : 1° D'une part, la propagande est souvent massive, intolérable en ce qu'elle veut *forcer* la liberté ou l'esprit critique des gens (aspect quantitatif) ; 2° D'autre part, la propagande *pervertit souvent la communication* : elle fait du texte ou de l'expression le moyen d'agir sur les autres, et non pas de servir la vérité ou la justice (aspect qualitatif). Il faudrait pouvoir distinguer le *discours qui propose* (des idées, des engagements) du *discours qui force* la liberté ou mystifie l'esprit (dans un but intéressé, partisan). La limite n'est pas toujours évidente.

PROPENSION. *n. f.* Tendance, disposition naturelle à faire quelque chose, à éprouver certains sentiments, à rechercher certains états. *Propension à mentir* (ou *au mensonge*). *Propension à la bienveillance. Propension au rêve. Propension à acheter.* Noter la construction *propension à* (et non pas « envers ; pour »).

PROPHÉTIQUE. *adj.* (de *prophète*, qui signifie : 1° Homme inspiré de Dieu, chargé de délivrer un message religieux ; 2° Personne qui annonce des événements futurs. Les prophètes, au sens n° 1, annonçaient souvent les malheurs qui arriveraient au peuple d'Israël si celui-ci n'écoutait pas les appels de Dieu, — d'où le sens n° 2).

1° Qui se rapporte aux prophètes et à leurs discours moraux. *Un ton prophétique, un appel prophétique.*

2° Qui annonce l'avenir, qui comporte des prophéties. *Une vision prophétique. Un signe prophétique.*

N.B. Dans le vocabulaire intellectuel, le mot peut prendre un sens plus large qui renvoie à l'ardeur de la vie spirituelle et morale. C'est ainsi qu'E. Mounier distingue, dans l'action, le pôle *politique* (centré sur l'efficacité des engagements) et le pôle *prophétique* (centré sur l'*impératif de dire* ou de faire certaines choses, par exigence purement morale, quel qu'en soit le résultat effectif).

PROPITIATOIRE. *adj.* Qui a pour but de rendre « propice », de s'attirer la faveur de. *Un sacrifice propitiatoire* (qui veut rendre les dieux favorables). *Une victime propitiatoire. Un rite propitiatoire.* Ce mot du vocabulaire religieux s'emploie parfois dans le domaine profane.

PROPOSITION. *n. f.* **Au sens philosophique :** énoncé verbal d'un jugement, qui peut être vrai ou faux. La proposition posée, il reste à la discuter. Plus généralement, une proposition peut être l'énoncé d'une propriété, d'un postulat, d'un axiome.

Il faut distinguer cette signification intellectuelle (qui porte sur le *contenu* de l'énoncé) du sens *grammatical* (qui porte sur la *forme* verbale, le découpage syntaxique de la phrase).

PROROGER. *v. tr.* Prolonger la durée de validité légale d'une loi, d'une disposition réglementaire, d'une fonction officielle. *Proroger une loi, un délai officiel, une assemblée.* Voir le verbe **Abroger**.

PROSAÏQUE. *adj.* Qui manque de poésie, qui est banal, plat, commun. Le mot peut s'appliquer d'abord à des textes. *Un vers prosaïque, des propos prosaïques.* Mais il est surtout utilisé au sens *figuré* : *une existence prosaïque* (terre-à-terre, vulgaire), *un esprit prosaïque* (sans idéal, sans noblesse), *un individu prosaïque* (qui n'a que des soucis pratiques, des ambitions matérielles).
   N.B. Le mot, issu de *prose* (qui s'oppose à poésie), laisse supposer à tort qu'une prose ne peut pas être poétique ou lyrique... Les poèmes en prose ont montré le contraire !

PROSCRIPTION. *n. f.* (du verbe *proscrire*, « interdire, condamner »).
   Sens propre (ancien) : condamnation politique qui met certaines personnes hors la loi ou les exile. *Les proscrits sont frappés d'ostracisme* (voir ce mot).
   Sens figuré : interdiction d'une chose ; condamnation de son usage. *La proscription de certains anglicismes s'impose. La proscription des publicités de tabac ne suffit pas : c'est le tabac lui-même qu'il faudrait proscrire.*
   N.B. Voir le mot **Prescription**, pour éviter la confusion.

PROSÉLYTISME. *n. m.* (de *prosélyte*, « nouveau converti » d'une religion, ou nouvel adepte d'une doctrine, d'un parti).
   Action ardente, zèle déployé pour répandre la loi, pour convertir, pour faire des « prosélytes ». *Le prosélytisme des premiers chrétiens, des missionnaires.* Par extension, toute action militante et intensive consacrée au recrutement de nouveaux adeptes d'un mouvement, d'une doctrine. *Le prosélytisme des jeunes étudiants communistes. Il n'est pas nécessaire de faire du prosélytisme pour inciter les travailleurs à prendre des congés.*

PROSODIE. *n. f.* Anciennement, règles concernant l'agencement des sons (en particulier les syllabes brèves et longues) dans la versification grecque et latine. Par extension, règles générales de la versification (en poésie française par exemple), de l'organisation rythmique et mélodique des sons. La prosodie, centrée sur la poésie, peut naturellement s'appliquer à l'étude de la prose (rythme, accents, coupes, effets sonores, intonation montante ou déclinante, etc.). La linguistique emploie le mot dans ce sens.

PROSOPOPÉE. *n. f.* Figure de rhétorique par laquelle un orateur ou un écrivain fait parler fictivement un individu mort ou absent, un animal ou une réalité personnifiée. Voir **Apostrophe** et **Personnification**. On peut citer la célèbre prosopopée de Fabricius, dans laquelle Rousseau imagine le discours fictif d'un citoyen romain, ou la prosopopée de la Nature, par laquelle Vigny (dans *La Maison du Berger*) fait déclarer à la Nature son indifférence aux hommes.

PROSPECTIVE. *n. f.* (littéralement, « regard vers l'avant », à opposer au mot *rétrospective*). Science du futur probable ou possible. Étude de l'ensemble des phénomènes techniques, économiques ou sociaux actuels, de leurs causes et de leurs évolutions, dans le but d'en déduire des éléments de prévision de l'avenir. *Faire de la prospective.* Voir **Futurologie**. C'est bien entendu le caractère méthodique et scientifique de la prospective (traitement informatique des données, élaboration de modèles) qui distingue ces études de la prédiction ou de la prophétie. Noter l'emploi parfois ironique du terme : *vous faites de la prospective!* (« c'est de la science-fiction »).

PROTAGONISTE. *n. m.* (du grec *prôtos*, « premier » et *agôn*, « combat » ; comparer au mot *antagoniste*). **Sens littéraire :** acteur qui jouait le rôle principal dans la tragédie grecque. Par extension : personnage principal ou l'un des personnages principaux d'une œuvre de fiction (le mot s'est rapproché du mot « personnage »).

Sens courant : personne qui a un rôle essentiel dans une affaire, un événement, une action. *Les protagonistes du complot ont été emprisonnés.* Peut s'appliquer à une personne morale (une nation, un organisme).

N.B. Éviter le pléonasme « le principal protagoniste ».

PROTÉIFORME. *adj.* Qui se présente sous les formes les plus diverses (à l'image du dieu grec Protée, qui avait le don de changer de forme). *Un personnage protéiforme. Le visage protéiforme d'un rêve unique.*

PROTESTANTISME. *n. m.* Ensemble des doctrines religieuses et des Églises issues du mouvement de la Réforme, au XVIe siècle.

• Le mot « protestant » vient du verbe *protester*, qui signifie étymologiquement « déclarer hautement et publiquement ». Il fut donné aux partisans de la Réforme luthérienne, vers 1530, quand ceux-ci affirmèrent solennellement leur foi nouvelle, s'opposant ainsi à Charles Quint qui voulait les faire revenir au catholicisme.

• Au **point de vue historique**, les instigateurs de la Réforme ont été principalement Luther (1483-1546) et Calvin (1509-1564). Contre les dérives de l'Église romaine (notamment le trafic des indulgences) et l'autoritarisme du Pape, les réformateurs voulurent ramener la religion chrétienne aux sources de sa foi primitive. Leur mouvement s'étendit rapidement en Europe, et gagna plus tard l'Amérique du Nord avec les émigrés européens. Le luthéranisme, le calvinisme et l'anglicanisme ont été les grands piliers du protestantisme.

• Au **point de vue doctrinal**, trois traits définissent le protestantisme :
— *Prééminence de la « foi » sur les « œuvres ».* L'homme pécheur ne peut pas se sauver par le mérite de ses actions : « *C'est par la grâce que vous êtes sauvés, par le moyen de la foi, et cela ne vient pas de vous,*

c'est le don de Dieu» (Saint Paul). Le croyant doit donc avant tout approfondir sa foi, intensifier sa relation à Dieu : les œuvres en découleront.

— *Prééminence des Écritures saintes sur la Tradition.* Les Écritures (la Bible, les Évangiles) contiennent la parole de Dieu ; la «Tradition» est ce que l'Église des premiers siècles a ajouté à la doctrine, en interprétant les Écritures. Les protestants refusent cet apport doctrinal ; ils refusent donc l'autorité de Rome. Il s'agit pour eux de revenir à la parole de Dieu directement, en méditant les Écritures à la lumière de l'Esprit Saint.

— *Prééminence de la conscience individuelle sur l'institution ecclésiale.* L'autorité du Pape, la hiérarchie religieuse, le pouvoir des prêtres sont récusés : les pasteurs seront élus par la communauté des fidèles. Le cérémonial pompeux de l'Église romaine est abandonné, les sacrements limités au nombre de deux (le Baptême et l'Eucharistie), l'idolâtrie des saints et le culte de la Vierge écartés au profit de la relation au Christ.

• Au **point de vue culturel**, le protestantisme a fortement marqué la civilisation anglo-saxonne, notamment par la rigueur de sa morale. Paradoxalement, selon Max Weber (1864-1920), l'essor même du capitalisme aurait été favorisé par certains traits de l'éthique protestante, à savoir : l'éloge du travail qui fait fructifier le monde, le mode de vie austère qui encourage l'épargne et l'investissement, l'idée aussi que la réussite en ce monde est une marque de la faveur divine qu'il faut mériter.

Voir **Catholicisme, Christianisme, Grâce, Jansénisme, Péché, Salut**.

PROT(O)-. Racine issue du grec *prôtos*, «premier». Se retrouve dans **Protohistoire** (période située entre la préhistoire et l'histoire) **Proton** (particule élémentaire dans l'atome), **Prototype** (modèle premier d'une œuvre, d'un engin), **Protozoaire** (être vivant élémentaire, unicellulaire). Voir ci-dessus **Protagoniste**.

PROTOCOLE. *n. m.* 1° **Sens courant :** ensemble des règles qui sont à respecter dans des cérémonies ou des relations officielles. Étiquette, cérémonial. Par extension, respect des formes, règles de bienséance dans la vie en société. *Un respect minimum du protocole s'impose.*

2° **Dans les relations internationales :** registre contenant les décisions d'une assemblée, les points d'accord d'une négociation, le procès-verbal d'une réunion. *Les ministres ont signé le protocole d'accord de paix.* Document de base, précisément mis au point.

3° **En matière scientifique :** énoncé des règles et des conditions selon lesquelles sera conduite une opération, une expérience, le traitement d'un problème. *Un protocole opératoire* (en chirurgie).

PROUE. *n. f.* Voir **Poupe**.

PROUESSE. *n. f.* (de l'adjectif *preux*) Acte héroïque (les prouesses des preux chevaliers). Par extension, exploit remarquable, action d'éclat. *Une prouesse sportive.* L'emploi est souvent ironique. *Il a tenu une heure sans bavarder : quelle prouesse !*

PROVERBE. *n. m.* Énoncé court ou elliptique d'une vérité d'expérience ou d'un conseil de sagesse populaire, dont le contenu est supposé partagé par l'ensemble du groupe social. Un proverbe est très court *(Tout vient à point à qui sait attendre)*, souvent imagé *(Il n'y a pas de fumée sans feu)*, parfois en contradiction avec un autre (cf. *Qui ne risque rien n'a rien* et *La fortune vient en dormant)*. On appelle aussi *proverbes*, par extension, des courtes pièces de théâtre illustrant un proverbe (par exemple : *Il ne faut jurer de rien*, de Musset). Voir **Adage, Aphorisme, Dicton, Sentence, Maxime, Précepte.**

PROVIDENCE. *n. f.* (du latin *providere*, « pouvoir »).
Sens religieux : sagesse suprême de Dieu, qui gouverne et organise tout ce qui se passe et, en particulier, pourvoit aux nécessités des hommes. Dans ce sens, la providence prend parfois un *P* majuscule. Pour le croyant, la Providence est toujours bénéfique, même si parfois elle le met à l'épreuve : c'est après coup qu'il se rend compte que cette épreuve, finalement, s'est transformée en bien. L'idée de Providence pose le problème de la liberté humaine : les situations vécues par le croyant sont pour lui l'effet de la Providence ; il reste néanmoins à sa liberté le soin d'y opérer les meilleurs choix.
Sens courant : événement ou personne qui arrive à point nommé (comme « tombant du ciel ») pour sauver une situation critique. *Il ne pensait qu'aux sports ; il s'est cassé la jambe ; cela l'a obligé à réviser ses examens et à les réussir : quelle providence ! Ce personnage a été ma providence. Un événement providentiel.*

PRUDE. *adj.* Vertueux, austère ; qui réprouve en particulier les mœurs relâchées, se scandalise des propos osés. *Une vieille demoiselle bienveillante mais fort prude.* Il y a souvent de l'excès dans la pruderie, d'où le sens péjoratif fréquent du mot : qui est d'une pudeur hypocrite, affectée, comme *la prude Arsinoë* dans *« Le Misanthrope »*. Au mot *prude* s'oppose, dans ce sens, le mélioratif *pudique*.

PSALMODIER. *v. intr.* Réciter ou chanter des psaumes sur un ton rituel et monotone, quoique musicalement codé. *Les moines psalmodient.* Par extension, parler ou réciter de façon monotone. *Il ne récite pas cette fable de La Fontaine, il la psalmodie.* (Dans cet emploi, le verbe peut être intransitif).

PSAUME. *n. m.* Chant liturgique de la religion juive, passé dans la tradition chrétienne. Les Psaumes, au nombre de cent cinquante, forment un livre de la Bible. Il s'agit de poèmes lyriques exprimant les lamentations, les actions de grâce, les prières, les louanges, les méditations du croyant. Ordonnés sous forme de versets, les psaumes ont souvent fait l'objet de traductions qui les paraphrasent (*psaumes* de Marot), ou de compositions musicales.

PSEUDO-. Racine issue du grec *pseudos*, « mensonge », et qui signifie « faux », « prétendu », « qui cherche à passer pour ce qu'il n'est pas ».

Il a notamment ce sens dans tous les mots composés où *pseudo* est suivi d'un trait d'union : *pseudo-chômeur, pseudo-étudiant, pseudo-science*. Lorsque le préfixe est intégré au mot, le sens peut être particulier comme dans **Pseudopode** (prolongement servant de membre chez certains protozoaires comme les amibes) ou **Pseudonyme** (voir ci-dessous).

PSEUDONYME. *n. m.* (de *pseudo-*, voir ci-dessus, et *onoma*, « nom ») Nom d'emprunt que se donne quelqu'un pour masquer son identité, notamment dans le domaine littéraire. Un auteur peut choisir un pseudonyme pour échapper à des poursuites ou à la censure, pour cacher une activité littéraire dont il a honte (écrire des romans licencieux) ou pour se donner une identité nouvelle correspondant à son « moi écrivain », qu'il distingue de sa personne globale. Molière, Voltaire, Stendhal, Céline sont des pseudonymes.

Prendre un pseudonyme est-il, comme l'étymologie pourrait le laisser penser, un acte mensonger ? D'une part en effet, le lecteur est induit en erreur (même s'il s'agit d'une pratique conventionnelle et admise). Mais, d'autre part, l'acte d'écrire est bien particulier : l'homme qui s'y livre entre dans un réseau de textes, un langage codé, une fonction étrange (voir, au mot **Narrateur**, la distinction avec le mot **Auteur**), dans laquelle il est parfois difficile de démêler la part du « moi » qui s'exprime et la part de la Littérature qui, selon sa logique propre, traverse ce « moi ». Donner un nom spécifique à ce « moi qui devient auteur », pour éviter la confusion avec l'homme global assumant sa vie, est peut-être un procédé fort conforme à la réalité des choses. Quand Jean-Baptiste Poquelin souffre, aime, se dispute ou meurt, il est Jean-Baptiste Poquelin ; quand il écrit ou joue, il est Molière. Ce dernier a bien entendu le droit de puiser les matériaux de son œuvre dans la personne du premier.

PSYCHANALYSE. *n. f.* 1° *(Comme discipline scientifique).* Théorie générale du psychisme humain élaborée par Freud et par ses disciples. L'interprétation psychanalytique ne se contente pas d'élucider un certain nombre de mécanismes psychologiques ou de dresser un tableau de leur pathologie. Elle se propose comme un discours d'ensemble sur la structuration de la personnalité et la dynamique profonde de ses manifestations. Les données primordiales de la petite enfance, le rôle de la **Libido**, l'existence d'un **Inconscient** sans cesse actif et de la **Censure** qui en refoule les pulsions, la place centrale du complexe d'**Œdipe**, les interactions entre les trois grandes instances psychiques que sont le **Ça**, le **Moi**, et le **Surmoi**, — telles sont quelques unes des notions clefs de la théorie psychanalytique. Voir aussi les mots **Interdit, Lapsus, Névrose, Pulsion, Refoulement, Rêve, Sublimation, Transfert**. Le discours psychanalytique ne se limite pas à l'étude de la pathologie individuelle. Il apporte son éclairage à tous les phénomènes humains. L'histoire, la civilisation, la religion, la vie politique, la création artistique ou littéraire, tous lieux où se manifeste le psychisme de l'homme, ont pu être abordés avec fécondité par le discours psychanalytique. En ce sens, la psychanalyse peut être considérée comme une branche de l'anthropologie.

2° *(Comme thérapie).* Méthode thérapeutique mise au point par Freud pour interpréter et traiter un certain nombre de troubles psychiques, en mettant au jour leurs racines inconscientes, et donc, en « analysant » leurs causes profondes. On dit *entreprendre une psychanalyse*, ou simplement *une analyse*. La cure psychanalytique suppose la présence d'un patient, appelé « analysant », et du psychanalyste, ou « analyste » (qui guide l'interprétation). Le principe consiste en une investigation méthodique de l'**inconscient** du sujet, destinée à mettre en évidence les significations inconscientes des symptômes dont il souffre (angoisses, traumatismes venus de la petite enfance, pulsions refoulées, etc.). Dans ce travail d'investigation, le patient est loin d'être inactif : c'est lui qui opère, sous la conduite de l'analyste, sa propre analyse (raison pour laquelle on le nomme « analysant »). En se livrant à des associations libres d'images et d'idées, en cherchant le sens latent de ses rêves et de ses fantasmes, en faisant remonter dans le champ de sa conscience (non sans résistances) les éléments pulsionnels qui étaient inconsciemment à l'œuvre dans ses troubles psychiques, il décompose ses symptômes, il les dénoue, les élucide ; il s'en délivre en parvenant à en formuler les causes. Au cours de la cure psychanalytique, il n'est pas rare que l'analysant revive plus ou moins intensément les affects mal vécus au cours de sa petite enfance, et les projette sur l'analyste qui doit savoir les interpréter : c'est là une phase normale de la cure, appelée **Transfert** ; elle fait partie de cet immense travail de libération par la parole qu'est toute psychanalyse.

N.B. Comme méthode, la psychanalyse ne s'adresse en principe qu'à un individu vivant, qui coopère à sa propre analyse. Le terme, néanmoins, prend parfois le sens large d'*étude psychopathologique*. Il s'agit alors d'un essai fondé sur les concepts de la psychanalyse et pouvant porter sur un auteur classique, une œuvre littéraire, un genre (*« Psychanalyse du conte de fées »*), un thème (*« Psychanalyse du feu »*), une institution sociale, une réalité culturelle. On parle de *psychocritique* notamment, dans le domaine littéraire.

➜ **Pour approfondir, p. 794.**

PSYCH(O)-. Racine issue du grec *psukhê*, « âme, esprit ». Nous la trouvons dans de nombreux mots comme *Psychanalyse, Psychiatrie, Psychisme, Psychodrame, Psychologie, Psychopathe, Psychose, Psychothérapie, Psychosomatique, Métempsycose*, et leurs composés.

PSYCHISME. *n. m.* (du grec *psukhê*, « âme, esprit »). Structure mentale d'ensemble d'un individu ; ensemble des états psychologiques, des phénomènes affectifs, des mouvements de conscience, des processus mentaux qui caractérisent la vie psychique.

Le terme « psychisme » peut être employé dans un sens plus ou moins large :
— **globalement,** on peut opposer la vie *psychique* à la vie *physique*. Le psychisme correspond alors à la vie de l'esprit au sens large (pensée, conscience, esprit ; tout ce qui n'est pas corporel), avec une idée de cohérence personnelle propre à chaque individu. Dans un sens voisin, on emploie parfois le mot **psyché** (ensemble psychologique et mental qui constitue le « moi », la conscience, l'unité personnelle de l'individu).
— **dans un sens plus restrictif,** le *psychisme* peut être opposé à la *pensée* d'un individu : une personne peut souffrir de troubles psychiques tout en conservant une vie intellectuelle intacte ; le psychisme se limite alors à la vie affective, aux états de conscience, aux mouvements du caractère.
— **dans un sens plus large,** le psychisme peut englober toute la vie consciente et *inconsciente* de l'individu ; les réflexes, les conditionnements involontaires, les pulsions (plus ou moins refoulées) font partie du psychisme. Ce psychisme est celui que prend pour objet la psychanalyse. Il se distingue encore du corps mais, dans la mesure où il intègre les effets de pulsions *venues du corps*, le psychisme englobe alors des phénomènes d'ordre **psychosomatique** (voir ce mot).

PSYCHODRAME. *n. m.* Méthode thérapeutique qui consiste à faire jouer par les patients des scènes réelles ou imaginaires qui représentent des situations traumatisantes, des moments conflictuels (de leur passé ou de leur avenir). En jouant théâtralement des rôles où ils « (re)vivent » leurs désirs, leurs répulsions, leurs angoisses, les sujets se libèrent de leurs troubles ou de leurs inhibitions.

Par extension, on appelle psychodrame, *dans la vie courante,* des situations où les personnes expriment leurs conflits de façon spectaculaire, dramatique, excessive. *Avec ce patron parano, la vie de l'entreprise est devenue un psychodrame permanent.*

PSYCHOLOGIE. *n. f.* (du grec *psukhê*, « âme » et *logos*, « science, discours » : littéralement, « science de l'âme (humaine) »).

1° **Étude scientifique des phénomènes psychiques,** c'est-à-dire relatifs à l'affectivité, à la vie mentale, aux états de conscience. Traditionnellement, la psychologie était une branche de la philosophie. Elle s'en est détachée, devenant une science expérimentale, et s'élargissant aussi bien à l'aspect animal qu'à l'aspect social du comportement des êtres. Elle s'est enrichie des concepts psychanalytiques (devenant *psychologie des profondeurs*) et des approches structurales. Voir **Psychisme.**

2° **Connaissance plus ou moins intuitive d'autrui** ; capacité à comprendre ou à prévoir les réactions humaines. *Avoir de la psychologie. Aptitude à analyser les sentiments, les comportements, la nature des êtres. La psychologie de l'amour, dans l'œuvre de Marivaux.*

3° **Ensemble des états d'âme, des caractères dominants,** des manières de penser, de sentir ou d'agir d'une personne ou d'un groupe.

La psychologie des Allemands. La psychologie d'un valet. Un personnage de roman à la psychologie rudimentaire.

PSYCHOSE. *n. f.* **Sens propre.** Grave maladie mentale, qui perturbe en profondeur la personnalité du sujet, altère ses fonctions intellectuelles et lui fait perdre le contact avec la réalité. La psychose se caractérise le plus souvent par un *délire* ; à la différence du **névrosé**, le **psychotique** n'a pas conscience de son trouble ; il croit le monde semblable à la construction délirante qu'il s'en fait. Les deux formes de psychoses classiques sont la schizophrénie et la psychose maniaco-dépressive. Voir aussi **Paranoïa**.

Sens figuré. Obsession généralement collective, qui se traduit par une panique générale (peur d'un événement ; haine d'un individu ou d'un groupe). C'est l'aspect délirant, excessif, du sentiment vécu par la foule, qui permet d'employer le terme de psychose. *Une psychose de guerre.*

N.B. Ne pas confondre avec **Névrose** (voir ce mot).

PSYCHOSOMATIQUE. *adj.* (du grec *psukhê*, « âme » et *soma*, « corps ») Se dit de troubles corporels dont la cause réelle est psychique. La *médecine psychosomatique* s'attache en particulier à un certain nombre d'affections organiques ou fonctionnelles dont l'origine physique n'est pas évidente sans que, par ailleurs, le sujet semble éprouver des symptômes de maladie mentale. Celui-ci, sans le vouloir, a donc traduit des problèmes et des conflits de nature *psychique* par des symptômes spécifiquement *physiques*, selon des voies qui restent à explorer : on dit qu'il a *« somatisé »*. Au-delà de l'aspect proprement médical du mot, l'approche psychosomatique offre l'intérêt de restituer à la nature humaine son unité globale psychocorporelle, de mieux la comprendre dans sa totalité vivante/pensante.

PUBLICISTE. *n. m.* Personne qui publie des articles dans les journaux, comme écrivain politique ou journaliste. *« Je suis Joseph Garcin, publiciste et homme de lettres ».* (Sartre, *Huis clos*).

N.B. C'est à tort qu'on emploie ce mot dans le sens d'agent de publicité. Il est préférable de dire alors *publicitaire*.

PUBLICITAIRE. *adj.* et *n.* 1° Qui est relatif à la publicité. *Un slogan publicitaire. Une campagne publicitaire. L'idéologie publicitaire.*

2° Qui s'occupe de publicité, qui a rapport à la profession publicitaire. *Une agence publicitaire. Un rédacteur publicitaire. Un publicitaire, une publicitaire :* une personne qui travaille dans la publicité.

N.B. Dans ce dernier sens, il est déconseillé de dire *publiciste*.

PUBLICITÉ. *n. f.* **Sens originel :** caractère de ce qui est public, ou de ce qui est rendu public. *La publicité des débats.* Ce premier sens est uniquement informatif, et n'a pas de connotation péjorative.

Sens commercial (courant) : ensemble des moyens utilisés pour faire connaître une marque, pour faire acheter un produit, pour imprégner l'esprit des gens de certaines images les incitant à consommer. Dans ce sens, la publicité est parfois considérée comme l'*art* d'exercer une action psychologique de masse, en flattant subtilement chez le citoyen le désir d'être manipulé... Voir **Conditionnement, Propagande.**

PUDIBOND. *adj.* Qui est d'une pudeur exagérée, quasi ridicule. *Une demoiselle pudibonde.* Voir **Prude** et **Pudique.**

PUDIQUE. *adj.* Qui manifeste de la réserve, de la retenue, aussi bien dans ses manières que dans l'expression de ses sentiments. Par opposition à *prude* et à *pudibond*, l'adjectif *pudique* est positif : il qualifie la personne chaste, d'une pudeur naturelle et simple. Mais il s'emploie plus généralement, au sens figuré, pour désigner toute forme de discrétion : *un lyrisme pudique ; une allusion pudique ; un style pudique.* L'antonyme **impudique** s'est restreint au sens sexuel.

PUÉRIL. *adj.* (du latin *puer*, « enfant ») Qui est relatif à l'enfance. *Des jeux puérils. Une grâce puérile.* Par extension (péjorativement) : qui a un caractère enfantin, peu sérieux, et même infantile. *Un comportement puéril. La puérilité secrète d'un magnat du pétrole.*

PUGILAT. *n. m.* Combat à coups de poings, bagarre. *Le débat houleux entre les députés s'est transformé en véritable pugilat.*

PUGNACITÉ. *n. f.* Combativité, goût de la lutte et de la polémique. Ce mot s'emploie en particulier dans le domaine moral, social, politique. *La pugnacité d'un chef d'État. La pugnacité d'un pamphlétaire.*

PUISSANCE. *n. f.* **Au sens philosophique,** notamment chez Aristote, la *puissance* s'oppose à l'*acte*. La puissance est la possibilité *virtuelle* d'être et d'agir. L'acte en est la réalisation. Celui qui a la connaissance est un savant *en acte*. Celui qui apprend est un savant *en puissance*. Cette opposition se retrouve à peu de choses près dans le couple *potentiel/actuel*.

PULLULER. *v. intr.* Se reproduire, se multiplier ou se manifester en très grand nombre (aussi bien au sens *propre* qu'au sens *figuré*). *Les moustiques pullulent par temps chaud et humide. Les gadgets pullulent et les bons produits se raréfient. Des quartiers où pullulent les trafiquants de drogue et les policiers qui les traquent.*

PULSION. *n. f.* 1° Impulsion (physique ou psychique). 2° **En psychanalyse,** force interne, tendance profonde (plus ou moins consciente) qui oriente l'individu vers certaines actions ou certains comportements. La pulsion, souvent d'origine corporelle (et liée en cela aux instincts fondamentaux) fait naître dans le sujet un état de tension qui ne sera réduit que lorsque l'objet du désir sera obtenu. Les pulsions sont diverses : **pulsions de vie** (libido), **pulsions de mort** (destruction et autodestruction). Elles peuvent donc être contradictoires. Les pulsions ne déterminent pas forcément l'être à agir : il peut les « refouler », il peut les « sublimer » ; mais elles demeurent agissantes, au cœur même des interactions entre le **Moi**, le **Ça** et le **Surmoi**. Elles sont, en tout état de cause, des énergies fondamentales : c'est dans la pulsion même que le sujet trouve l'énergie de maîtriser la pulsion, en réagissant contre elle, en la transformant. Voir **Ça, Moi, Surmoi, Inconscient, Libido, Refoulement, Sublimation.**

PURGATION DES PASSIONS. Voir **Catharsis.**

PURGATOIRE. *n. m.* (du latin *purgare*, « purger ») Dans la religion catholique, lieu où les âmes — après la mort, expient leurs péchés et se purifient, afin d'être dignes d'accéder au paradis. Par extension, au *sens figuré* : lieu ou période d'expiation par laquelle on doit passer avant d'atteindre le statut dont on rêve. *Les dures années de cet homme politique ont été son purgatoire. Le purgatoire d'un écrivain qui attend le retour du succès.*

PURIFICATION. *n. f.* Action de purifier. Ce mot a pris un sens particulièrement déplorable dans l'expression **purification ethnique** : il s'agit, pour un groupe dominant dans un certain pays (ou une simple région), d'éliminer tous les groupes ethniques différents qui vivent sur le même territoire. Ce « travail » se fait par le biais de massacres qui forcent les populations menacées à l'exode et à la fuite. La purification ethnique est un crime contre l'humanité. Synonymes : *épuration ethnique, nettoyage ethnique.*

PURISME. *n. m.* **Dans le domaine du langage,** attitude qui consiste à vouloir conserver à tout prix la pureté de la langue, à figer celle-ci dans les normes strictes qu'elle a prise à une époque donnée, ce qui peut avoir pour conséquence d'empêcher toute forme d'évolution et d'adaptation. Jusqu'à un certain point, le purisme est nécessaire pour garder à la langue sa rigueur, sa cohésion, son élégance. Au-delà, le purisme devient une attitude intolérante qui nuit à la vitalité de la littérature.

Par extension, dans les arts, dans toutes sortes de disciplines, attitude de respect des règles les plus strictes ; volonté de pureté, de conformité parfaite à l'idéal qu'on se fait de l'art ou de la discipline en question. *Toutes les pratiques sociales ont leurs puristes.* Mot de sens voisin : *perfectionnisme.* Antonyme : *laxisme.*

PURITAIN. *adj.* et *n.* 1° Membre d'une communauté de presbytériens très rigoristes, désireux de pratiquer un christianisme extrêmement pur. Persécutés, beaucoup de puritains émigrèrent en Amérique du Nord, au XVIIe siècle. *L'influence puritaine se fait encore sentir aux États-Unis. L'esprit puritain se manifeste en particulier dans l'ordre de la sexualité. L'éducation puritaine inhibe souvent l'individu.*

2° Personne qui manifeste une extrême rigueur morale et un respect sacro-saint des principes. *L'austérité des puritains est parfois pure hypocrisie. Une rigidité puritaine. Le puritanisme produit souvent des individus scrupuleux mais peu charitables.*

PUSILLANIME. *adj.* Qui manque singulièrement d'audace et de courage, qui fuit les responsabilités. *Un individu pusillanime ; un esprit pusillanime. La pusillanimité conduit à la lâcheté.*

PYRRHONISME. *n. m.* Scepticisme absolu, professé par le philosophe grec Pyrrhon. On ne peut rien savoir ; tout change ; tout peut être contredit ; le doute même n'est pas certain ; toute attitude dogmatique, prétendant affirmer une vérité, est une imposture, etc. Montaigne a repris certaines idées de Pyrrhon ; en particulier, comme il lui paraissait trop affirmatif de prendre comme maxime *« Je ne sais pas »*, il se donna comme devise *« Que sais-je ? »*. Pascal, pour sa part, renvoie dos à dos les *pyrrhoniens* et les *dogmatistes*, estimant que leurs arguments, contradictoires, s'annulent mutuellement. Voir **Scepticisme**.

PYRRHUS (victoire à la Pyrrhus). Victoire obtenue avec une telle perte de forces que le vainqueur, considérablement affaibli, peut être sûr de sa défaite prochaine. L'expression *victoire à la Pyrrhus* s'emploie assez souvent dans le compte-rendu de compétitions politiques (ou sportives) ; elle a pour origine deux victoires incontestables, mais sanglantes, du roi Pyrrhus sur les Romains (en 280 avant J.-C.).

QUADR-. Racine issue du latin *quattuor*, « quatre ». On la retrouve aussi sous la forme *quadra-, quadri-, quadru-*. **Quadragénaire** (qui a entre quarante et cinquante ans), **Quadrangulaire** (qui a quatre angles), **Quadrichromie** (procédé d'impression en quatre couleurs), **Quadrumane** (animal qui a quatre mains, comme le singe), etc.

QUADRATURE DU CERCLE. Problème géométrique qui consiste, avec la règle et le compas, à construire un carré ayant la même surface qu'un cercle donné. Ce problème étant impossible à résoudre dans ces conditions, l'expression en est venue à désigner au *sens figuré* un problème insoluble. *Mais c'est la quadrature du cercle !*

QUALITATIF, IVE. *adj*. Qui est relatif à la qualité ; qui est du domaine de la nature des choses ou des êtres, par opposition à ce qui est quantitatif (qui concerne le nombre d'unités ; qui est susceptible d'être mesuré). *Qualitativement :* d'un point de vue qualitatif.

• **L'opposition qualité/quantité, la distinction entre l'ordre qualitatif et l'ordre quantitatif, sont essentielles.** Elles constituent ce qu'on appelle une catégorie fondamentale de la pensée, du jugement. La qualité propre, la manière d'être, la nature originale d'une réalité (physique, morale) ou d'une personne échappent la plupart du temps à une mesure quantitative : on ne « mesure » pas le génie de Victor Hugo, la saveur indéfinissable d'une cerise, le degré de vertu d'un héros, l'intensité d'une souffrance, le charme d'un sentiment amoureux. À l'opposé de l'ordre qualitatif, l'*ordre quantitatif répond à la question : « combien ? »* ; il définit des unités, des façons de dénombrer, des rapports, des valeurs mesurables ; il donne ainsi l'impression d'atteindre à une connaissance exacte, scientifique, « comptable », des réalités qu'il recense ou mesure ; il permet d'agir efficacement sur toutes les réalités matérielles du monde.

• Le problème se pose lorsque l'on veut *mesurer quantitativement ce qui est d'ordre qualitatif*. Le monde moderne, dans un souci tantôt d'objectivité, tantôt de rentabilité, essaie de tout *quantifier*. La psychologie par exemple, avec ses tests, tente de « mesurer » l'intelligence et d'établir le « quotient intellectuel » des gens, opération qui risque de *réduire* les multiples formes d'esprit à une norme rigide, qui uniformise l'activité de pensée. Le monde économique, dont le critère d'évaluation dominant est l'argent, tend logiquement à réduire au *montant* d'un salaire la *qualité* de travail des individus (leur créativité, leur valeur humaine, etc.). Les œuvres d'art tombent également sous la loi du marché : leur valeur propre, leur *qualité* intrinsèque risquent souvent de n'être évaluées que par le *nombre* des ventes, ou le *chiffre* de leur valeur marchande.

Pour éviter la confusion entre des estimations provisoires, qui mesurent faussement les choses, et les jugements de valeur, qui tentent d'en saisir la véritable nature, il importe donc de bien distinguer le qualitatif du quantitatif.

QUANT-À-SOI. *n. m. inv.* Attitude de réserve et de distance. *Il est resté sur son quant-à-soi.*

QUANTITATIF. *adj.* Voir ci-dessus **qualitatif,** pour l'opposition.

QUART MONDE. *n. m.* (forgé sur l'expression «tiers monde» ; le mot *quart* a ici son sens ancien de «quatrième»). Population constituée par les plus pauvres des pays riches. Le quart monde est en quelque sorte le «sous-prolétariat», l'ensemble des personnes qui, quoique vivant dans des pays nantis, sont dans une misère extrême.

Historiquement, dans les années 1950, s'opposaient le monde capitaliste et le monde communiste. Pour désigner le «troisième» monde que représentait l'ensemble des pays sous-développés, l'appellation de «tiers monde» fut alors créée et se répandit rapidement. Dans les années soixante, considérant qu'un grand nombre de personnes vivaient misérablement dans la plupart des pays riches, qui se disaient «développés», on s'est alors mis à parler d'un *quart monde* (quatrième monde) faisant, paradoxalement, partie du monde des pays riches.

N.B. L'expression «quart monde» est aussi employée parfois pour désigner, à l'intérieur du groupe des pays du «tiers monde», ceux qui sont les plus démunis (n'ayant ni source d'énergie, ni matières premières). Il vaut mieux, nous semble-t-il, éviter cet emploi.

QUASI. *adj.* (mot latin qui signifie «comme si, pour ainsi dire»). Ce mot s'emploie parfois isolément pour signifier «presque, pour ainsi dire», de même que *quasiment.* Mais on le rencontre le plus souvent devant un adjectif (sans trait d'union : *je suis quasi seul*) ou devant un substantif avec lequel il forme alors un nom composé (avec trait d'union). *Il est plongé dans une quasi-léthargie. Pour beaucoup d'enfants, la langue de l'école est une langue quasi étrangère. Dans son genre, c'est un quasi-héros.* L'emploi de *quasi* peut naturellement être péjoratif ou ironique.

QU'EN-DIRA-T-ON. *n. m. inv.* Opinion générale des autres ; ce que l'*on* dit de la conduite de quelqu'un. *Se soucier, se moquer du qu'en-dira-t-on.*

QUESTION. *n. f.* (du latin *quaestio,* «recherche, enquête»). Au **sens ancien,** torture infligée aux accusés pour leur arracher des aveux. «*Mon* *petit cœur, n'avez-vous fait donner aujourd'hui la question à personne ?* » (Voltaire ; il s'agit de l'épouse d'un juge s'informant de l'activité de son mari). Voir **Inquisition**.

QUÊTE. *n. f.* (à partir du verbe latin *quaerere*, « chercher »). Action de chercher, de partir à la recherche de quelque chose ou de quelqu'un. Par extension, l'objet de cette recherche. *La quête du héros*. En **narratologie**, la quête représente l'ensemble des actions que le sujet (le héros) est amené à vivre pour parvenir à son but, atteindre son « objet ».

QUIDAM. *n. m.* (« un certain », en latin). Un individu, quelqu'un dont on ignore le nom. *Le quidam est monté dans le bus et a ouvert son journal.*

QUIÉTISME. *n. m.* (du latin *quies, quietis*, « repos, tranquillité »). Doctrine religieuse fondée par le théologien espagnol Molinos au XVIIe siècle, et défendu en France par Mme Guyon et par Fénelon. Cette doctrine vise avant tout la recherche de la paix spirituelle par l'union mystique de l'âme à Dieu. Elle met au second plan la pratique des rites religieux et des préceptes moraux. Cette doctrine fut condamnée par l'Église à la fin du XVIIe siècle, car elle conduisait le chrétien à une indifférence si bienheureuse qu'elle lui faisait oublier les devoirs de la vie concrète et les impératifs de la charité. Le quiétisme fit l'objet d'une querelle mémorable entre Bossuet et Fénelon.

QUIÉTUDE. *n. f.* (du latin *quies, quietis*, « repos, tranquillité »). Tranquillité de l'âme. Calme, repos. **En toute quiétude :** en toute tranquillité. Antonyme : *inquiétude*. Notons que l'adjectif correspondant *quiet, quiète* ne s'emploie plus, contrairement à *inquiet, ète*.

QUINQU-, QUINT-. Racines d'origine latine qui signifient « cinq, cinquième ». On a ainsi **Quinquagénaire** (personne âgée de cinquante à soixante ans), **Quinquennal** (qui dure cinq ans, ou se produit tous les cinq ans), **Quinte** (série de cinq cartes ; en musique, intervalle de cinq notes), **Quintessence** (voir ce mot), **Quintette** (œuvre musicale composée pour cinq instruments ; groupe de cinq musiciens), **Quintil** (strophe de cinq vers), **Quintuple** (cinq fois plus grand), **Quintupler** (multiplier par cinq), **Quintuplés** (cinq enfants d'une même grossesse).

QUINTESSENCE. *n. f.* (du latin *quinta essentia*, « cinquième essence » : en philosophie ancienne, aux quatre éléments que sont l'Air, l'Eau, la Terre et le Feu, s'ajoutait une cinquième « essence » constitutive du ciel, l'Éther, — la plus subtile, la plus pure).
 Sens ancien (notamment, au Moyen Âge, pour les alchimistes) : essence la plus pure, principe essentiel qu'on peut extraire d'une substance, par distillation.
 Sens actuel *(figuré)* : ce qu'il y a de plus pur, d'essentiel, de meilleur dans quelque chose. *La quintessence de l'art. La quintessence d'une philosophie. Voltaire atteint peut-être dans* Candide *la quintessence de l'ironie.*

QUIPROQUO. *n. m.* Malentendu, erreur, méprise qui fait prendre quelqu'un pour quelqu'un d'autre, ou une chose pour une autre. Le quiproquo peut dépendre d'une situation inattendue (comme dans les pièces de Feydeau) ou de paroles à double sens. Il est souvent comique (pour les spectateurs), même s'il est tragique (pour les personnages qui en sont victimes).

QUITUS. *n. m.* Acte par lequel on reconnaît qu'un responsable a bien géré l'affaire qui lui était confiée. On le tient « quitte » de toute responsabilité ; on le libère de toute obligation. *Il a obtenu son quitus.*

QUORUM. *n. m.* Nombre minimal exigé pour qu'une assemblée puisse délibérer et prendre des décisions. *Moins de la moitié des copropriétaires étaient présents : la décision n'a pu être prise, le quorum n'étant pas atteint.*

QUOTA. *n. m.* Pourcentage déterminé ; contingent d'une marchandise ; part fixée d'avance (à atteindre ou à ne pas dépasser). *Des quotas d'importation. Le quota de production laitière a été dépassé.*

QUOTE-PART. *n. f.* Part d'une somme que l'on doit payer, ou que l'on a le droit de recevoir. *Il faudrait songer à payer votre quote-part.* La **quotité** est plus précisément le *montant* de la quote-part.

RABELAISIEN. *adj.* Qui évoque l'œuvre de Rabelais ; qui rappelle sa gaieté, sa liberté d'inspiration, sa verve pittoresque et truculente. *Un personnage rabelaisien. Une fantaisie rabelaisienne.* Voir les adjectifs *gargantuesque* et *pantagruélique*.

RACISME. *n. m.* Doctrine selon laquelle il existe des races supérieures à d'autres, au sein de l'espèce humaine. Attitude d'hostilité, de méfiance et de haine qui en découle à l'égard des populations de race différente, que l'on juge inférieures.
Le racisme se fonde sur une double erreur : d'une part, il est très difficile de cerner la notion de race, car ce concept d'ordre biologique (et strictement biologique) ne se réduit pas aux traits physiques apparents et la diversité des critères génétiques susceptibles d'être pris en compte est telle qu'il est quasi impossible d'établir *biologiquement* des classifications pertinentes ; d'autre part, la plupart des idéologies racistes confondent les notions de race, d'ethnie, de peuple et de culture : elles attribuent à la « nature » de prétendues « races » des traits qui sont souvent des traits culturels, liés à des époques ou à des histoires particulières. Voir **Culture, Nature, Ethnocentrisme**. Enfin, l'attitude raciste trahit souvent de graves complexes de supériorité/infériorité : besoin de mépriser l'autre pour se sentir un pouvoir illusoire ; besoin de projeter sur autrui une « essence » diabolique pour se donner l'illusion d'une identité pure et dure ; projection sur autrui de ce qu'on déteste en soi-même, sans pouvoir se l'avouer. Voir **Catharsis** et **Bouc émissaire**.
➜ **Pour approfondir, p. 805.**

RADICAL. adj. (du latin *radicalis,* de *radix,* « racine »).

1° Qui tient à l'essence même de quelque chose, à son principe fondamental (à son noyau, à sa « racine »). *Une impuissance radicale* (foncière). *Un changement radical* (essentiel, fondamental).

2° Qui vise à agir en profondeur, à saisir les choses dans leurs racines mêmes (pour les modifier, les attaquer, les combattre énergiquement). *Un remède radical. Une méthode radicale, une politique radicale. Il faut agir radicalement.*

3° Qui est partisan du « radicalisme » ou du « radical-socialisme », doctrine des républicains libéraux et laïques sous la IIIe République (qui pensaient faire de leur parti politique un mouvement « radical » au sens n° 2). Dans ce sens, le mot s'emploie souvent comme substantif. *Les radicaux de gauche.* Noter que sous la IVe et sous la Ve République, en France, les radicaux se situant plutôt au « centre » de l'échiquier politique, leur programme n'avait plus grand-chose de « radical ».

RADICALISME. *n. m.* 1° Doctrine et mouvement des républicains libéraux et laïques sous la IIIe République ; ensemble des positions du parti radical ou radical-socialiste en France. Voir le mot *radical* (sens n° 3).

2° Attitude d'esprit, doctrine politique de ceux qui veulent une rupture « radicale » avec le passé institutionnel. *Les réformistes refusent tout radicalisme.*

3° Attitude d'une intransigeance absolue, dans quelque domaine que ce soit. *Le radicalisme s'oppose à toute position modérée.* Le verbe correspondant est **radicaliser.** *Radicaliser une opinion. Le mouvement se radicalise.*

RAISON. *n. f.* (du latin *ratio, rationis,* « calcul ; faculté de calculer, de raisonner »).

1° **Capacité propre à l'être humain de raisonner, de réfléchir selon les lois de la logique,** d'établir des rapports entre les choses, de comprendre les phénomènes de l'univers en usant d'analyse et de synthèse, en distinguant les enchaînements, les causes et les conséquences, en ordonnant les observations et en en déduisant des lois. Il s'agit de l'activité intellectuelle la plus rigoureuse de l'esprit, la faculté de penser et de connaître. Dans ce sens, on peut opposer la raison au sentiment, à l'intuition, à l'imagination. L'adjectif qui correspond à ce sens du mot raison est le mot *rationnel.* La connaissance rationnelle s'oppose aux autres formes de la connaissance — intuitive chez l'artiste, « révélée » chez le croyant —, jugées « irrationnelles ». Voir **Rationalisme.**

2° **Faculté de** *bien* **juger, de distinguer le bien du mal, le beau du laid, l'essentiel de l'accessoire,** etc., et de se conduire selon ce bon jugement. Ce sens du mot raison (appelé aussi *bon sens* ou *jugement* à l'époque classique) n'exclut pas les aptitudes au raisonnement définies précédemment, mais les intègre au service de la vie morale et de la vie sociale : la raison devient une *capacité globale de discernement et de* *maîtrise de soi*, dans laquelle l'intuition, la compréhension au sens large, le sens de l'ensemble et le souci de la mesure viennent compléter la pure rigueur logique du sens n° 1. L'adjectif correspondant à ce second sens du mot raison est le mot *raisonnable* (à prendre au sens fort). C'est de cette raison que parle Molière lorsqu'il fait dire à Philinte : «*La parfaite raison fuit toute extrémité / Et veut que l'on soit sage avec sobriété*»; c'est elle qui s'oppose fondamentalement aux excès de la **passion.**

Ces deux sens du mot raison, la «raison rationnelle» et la «raison raisonnable», sont complémentaires. L'esprit scientifique se constitue évidemment davantage de la «raison rationnelle»; mais l'homme de science sait que celle-ci ne suffit pas à la saisie totale de la vérité, et qu'il y a d'autres voies de la connaissance (ce qui fait écrire à Pascal : «*Le cœur a ses raisons que la raison ne connaît pas*»). L'esprit philosophique (y compris chez les philosophes cartésiens) associe les deux formes de raison. La «sagesse» vers laquelle il tend se fonde d'abord sur la rigueur rationnelle, mais sait la dépasser pour parvenir au discernement, à la connaissance supérieure, à l'art de se conduire avec justice. Voir **Lumières.**

3° **Le *contenu* auquel aboutit l'exercice de la raison.** Un argument que l'on formule *(la raison du plus fort)*, un principe d'explication que l'on donne *(la raison d'un phénomène)*, un but que l'on poursuit *(quelle raison on a d'agir)* : tout ce qui justifie, légitime ou explique une réalité, une conduite, peut être appelé «raison». Il y a naturellement de «bonnes» raisons et de «mauvaises» raisons : la véritable **Raison** (aux sens 1 et 2) doit toujours rester en éveil...

RALLIER. *v. tr.* 1° Rassembler, regrouper (des individus épars ; des personnes centrées sur une cause commune). *Rallier des hommes. Rallier autour d'un objectif. Une idée qui rallie tous les suffrages.*

2° Rejoindre un groupe, un parti. En particulier, **Se rallier :** se regrouper *(«Ralliez-vous à mon panache blanc»)* ; au *sens figuré :* se rendre à l'avis de quelqu'un (après s'y être opposé) ; donner son adhésion. *Je me suis finalement rallié à la décision de la majorité.*
N.B. Ne pas confondre avec **Railler** (tourner en dérision quelqu'un).

RARÉFACTION. *n. f.* Fait de se raréfier, de devenir de plus en plus rare, de moins en moins fréquent. *On assiste à une raréfaction des offres d'emploi. Une raréfaction de leurs échanges épistolaires.*

RATIFIER. *v. tr.* Confirmer, approuver de façon officielle (par un vote, par un acte écrit, etc.). *Ratifier un projet, ratifier un accord.* Entériner, homologuer, valider. *Le Président de la République a ratifié le traité de paix.* Hors du domaine juridique ou politique, ce verbe est parfois employé au sens large de «confirmer publiquement».

RATIOCINER. *v. intr.* Raisonner de façon excessivement subtile, en accumulant les arguments stériles, — souvent parce qu'on refuse d'admettre que l'on n'a pas raison. *Il ratiocine, il ergote sans fin, il* *coupe les cheveux en quatre.* « *Un demandeur d'emploi et quelqu'un qui cherche du travail, ce n'est pas du tout la même chose !* — *Tu ratiocines, ou quoi ?* » La ratiocination est fréquente dans les débats politiques.

RATIONALISATION. *n. f.* 1° **Sens administratif et économique :** action qui consiste à rendre une organisation plus efficace, plus « rationnelle », en calculant scientifiquement les procédés les plus rentables, en mettant en œuvre les techniques et méthodes les plus fonctionnelles. 2° **Sens psychanalytique :** justification consciente et « rationnelle » d'une conduite, déterminée en réalité par des motifs inconscients. On effectue souvent des *« rationalisations a posteriori »* à propos d'actes dont on refuse de s'avouer les véritables mobiles. Par exemple, on prétendra avoir acheté telle voiture parce qu'elle est économique et fiable, alors qu'on l'a choisie parce qu'elle évoquait des fantasmes sexuels sciemment suggérés par la campagne publicitaire. Les « rationalisations » viennent rassurer le « moi », qui se croit libre, alors qu'il obéit à des désirs inconscients.

RATIONALISME. *n. m.* **En philosophie :** doctrine selon laquelle tout ce qui existe dans l'univers est parfaitement intelligible, et donc accessible à la raison humaine (au sens n° 1 de ce mot). Si la raison a cette capacité de connaître, c'est qu'elle possède en elle-même des structures innées, des principes immuables, indépendants de l'expérience. D'où une autre version du rationalisme, qui pose que les idées sont innées : les connaissances viennent des principes contenus dans la raison, et donc, se passent de l'expérience. À ce **rationalisme** s'oppose l'**empirisme** (voir ce mot).

En théologie, doctrine selon laquelle on ne doit accepter, en matière religieuse, que ce qui est conforme à la raison. Cette attitude s'oppose au **fidéisme** et au **traditionalisme** (voir ces mots). Cette conception pose le problème de ce qu'est la foi, puisque la raison semble suffire pour adhérer aux vérités. En réalité, le rationalisme théologique sert surtout de garde-fou contre la superstition : les vérités de la foi ne peuvent pas heurter la raison, mais elles peuvent se situer au-delà de cette raison, sans la contredire. Une telle attitude se trouve d'ailleurs chez un mystique comme Pascal, qui estime que l'ultime démarche de la raison humaine consiste à comprendre qu'il y a des connaissances qui dépassent la raison.

En général, le rationalisme est l'attitude de ceux qui font confiance fondamentalement à la raison (aux deux sens du mot), qui n'acceptent de croire que ce qui est démontré. Cette foi dans la raison caractérise précisément le rationalisme des philosophes du XVIIIe siècle (voir le mot **Lumières**). Le rationalisme est positif chaque fois qu'il pourfend la superstition et l'obscurantisme. Il peut être jugé négatif lorsqu'il devient lui-même dogmatique et pose comme principe qu'il n'y a pas d'autre voie de connaissance que la raison pure (au sens n° 1).

RATIONNEL. *adj.* 1° Qui est conforme à la raison (sens n° 1) ; qui respecte les lois de la logique ; qui est le fruit de raisonnements rigoureux. *Une pensée rationnelle. Une attitude rationnelle* (logique). *Un esprit rationnel. Une science rationnelle* (c'est presque un pléonasme !). Dans ce sens, le mot s'oppose évidemment à *irrationnel ;* il peut aussi être opposé à *empirique ;* il se différencie du mot *raisonnable* (voir **Raison**).
2° Qui est judicieux, parfaitement sensé, mesuré, raisonnable. *Une conduite rationnelle* (mesurée), *et non passionnelle. Une méthode rationnelle* (et non *déraisonnable*).

RAVISER (SE). *v. intr.* Changer d'avis ; revenir sur une décision prise antérieurement. *Il donna l'ordre d'exécuter les opposants puis, se ravisant, leur fit grâce.*

RÉACTIONNAIRE. *adj.* et *n.* Qui est favorable, en politique, à la «réaction», c'est-à-dire qui s'oppose au progrès social, à l'évolution des idées et des institutions. L'esprit réactionnaire est viscéralement conservateur. On oppose classiquement les réactionnaires et les révolutionnaires (ou progressistes). Le mot *réactionnaire* étant péjoratif, il sert souvent à qualifier des idées ou des attitudes qui ne sont pas forcément «conservatrices» ou étroitement passionnelles, pour les disqualifier. Abréviation fréquente : *réac. Il est réac. T'as des idées réac !.*

RÉALISME. *n. m.* (lire au préalable l'article **Réel**).
1° **Sens courant :** aptitude à voir la réalité telle qu'elle est, à en tenir le plus grand compte dans sa conduite. Dans ce sens, le mot s'oppose à l'*idéalisme* (comme *tendance à idéaliser le monde*) et peut parfois prendre une connotation péjorative (le *réalisme politique*, par exemple, confine au cynisme). Si l'on approfondit l'emploi de ce mot, au sens courant, on peut se demander à propos de quelles réalités certains individus sont dits «réalistes» par rapport à d'autres, ce qui renvoie à la question : qu'est-ce que le réel ? C'est en effet souvent parce que nous privilégions *certains* aspects de la réalité que nous taxons les autres d'«irréalisme» (alors qu'ils se situent dans une *autre* dimension du réel, moins utilitaire).
2° **Sens philosophique :** doctrine qui attribue au monde intelligible, aux connaissances ou aux idées une réalité en soi, d'où il résulte que posséder la connaissance est saisir la réalité même. Ce qu'on appelle vulgairement la «réalité sensible» n'est qu'une apparence : la réalité est intelligible *par essence ;* on ne saisit donc vraiment le réel que par la connaissance. Voir **Platonisme**.
3° **Sens esthétique** (art et littérature) : volonté de représenter le réel «tel qu'il est», *le plus exactement possible,* sans déformations dues à la subjectivité de l'auteur (aussi bien dans la dénonciation que dans l'idéalisation de la réalité). Le **réalisme** peut être **descriptif** (désir de peindre la nature en donnant une impression de réalité totale), **psychologique** (volonté d'analyser les mécanismes de l'âme humaine avec une précision d'anatomiste), **social** (représentation des conditions réelles d'exis-

tence du peuple ; peinture de la bourgeoisie et de son « esprit »), et même **fantastique** (description des fantasmes et des peurs, des aspects mystérieux et effrayants du monde).

    Historiquement, le réalisme a surtout été un courant littéraire, né au milieu du XIXe siècle, illustré notamment par l'œuvre de Balzac et celle de Flaubert, et poursuivi par le mouvement naturaliste. Le **réalisme balzacien** tend à reproduire avec vigueur la société de son temps. Le **réalisme flaubertien** est surtout marqué par la volonté de son auteur de ne pas intervenir (subjectivement) dans la conduite de son roman. Le **naturalisme** insistera sur la peinture de la misère humaine (voir ce mot).

    Si la volonté de réalisme est indéniable, si la réalité est en partie retranscrite dans toutes ces œuvres, il faut pourtant observer que l'idéal réaliste est une vue de l'esprit. D'une part, parce que *toute* littérature reproduit, directement ou indirectement, de larges parts de la réalité. D'autre part, parce que le parti pris de réalisme aboutit le plus souvent à des choix eux-mêmes arbitraires (peinture du médiocre, de l'horrible, du misérable) dans lesquels le tempérament personnel de l'artiste se reconnaît aisément. Ainsi, le réalisme n'est qu'un modèle parmi d'autres, *aussi conventionnel que les autres,* de représentation du réel.

RÉALITÉ (PRINCIPE DE). En **psychanalyse,** l'un des deux principes qui régissent le fonctionnement psychique, l'autre étant le *principe de plaisir.* Le petit enfant vit sous le principe de plaisir, il veut satisfaire ses pulsions, il n'imagine pas que la « réalité » puisse s'opposer à son désir. L'expérience lui apprend qu'il n'en est pas ainsi. Pour satisfaire ses désirs, il va devoir différer ses attentes, respecter les contraintes du réel, chercher des détours et des voies indirectes pour obtenir le plaisir. Il apprend ainsi à tenir compte du **« principe de réalité »,** à voir les choses telles qu'elles sont, et non telles qu'il les rêve. Ce n'est que dans les rêves — où l'on prend ses désirs pour des réalités — que le « principe de plaisir » reprend ses droits...

REBATTU. *adj.* Qui a été très souvent répété ; archi-banal, éculé. *Un argument rebattu. Le mari surprend sa femme avec son amant : une situation rebattue du théâtre de boulevard.* **Avoir les oreilles rebattues** (de quelque chose) : lassées d'entendre toujours la même chose.

    N.B. Il faut bien dire *rebattu* et non pas « rabattu ».

REBOURS (À). Locution qui signifie « à rebrousse-poil, en sens inverse de, à l'envers », aussi bien *au propre* qu'*au figuré. Lire un livre à rebours. Aller à rebours. Faire les choses à rebours.* L'expression « compte à rebours », avant le départ d'un engin, s'explique par le fait qu'on compte les chiffres dans l'ordre décroissant (pour aboutir au *zéro* fatidique). *À rebours* est aussi le titre d'un roman important de Huysmans (1884).

RÉCALCITRANT. *adj.* et *n.* Qui résiste avec entêtement ; qui est rebelle aux injonctions. *Un mulet récalcitrant. Un esprit récalcitrant. Les récalcitrants devront payer une amende.*

RÉCAPITULATIF. *adj.* et *n. m.* Se dit d'un chapitre, d'un tableau, d'un document qui résume, qui récapitule l'essentiel d'une question ou d'un ouvrage. *Faire un récapitulatif de la première partie d'une thèse, avant d'aborder la seconde.* Un écrit récapitulatif (un abrégé, un sommaire).

RECENSER. *v. tr.* Dénombrer; faire un compte détaillé d'un ensemble (d'une population; de mesures à prendre; d'une série de faits d'observation, etc.). Inventorier. *Recenser les volontaires d'un mouvement. Recenser les termes d'un champ lexical. Recenser les erreurs d'un dictionnaire.* Ne pas confondre les deux substantifs **recensement** (dénombrement) et **recension** (examen critique d'un texte).

RÉCESSION. *n. f.* En **économie générale,** fléchissement plus ou moins grave de l'activité (ralentissement des échanges; recul des investissements et de la production; accroissement du chômage).
Quand la récession devient sévère, on peut parler de *crise.* Voir **Crise, Marasme.**

RÉCIDIVER. *v. intr. (sens médical)* Réapparaître, se manifester à nouveau (pour une maladie qu'on croyait guérie). *Son cancer a récidivé. (sens courant)* Commettre à nouveau une infraction pour laquelle on a déjà été condamné; retomber dans les mêmes erreurs, les mêmes fautes. *À peine sorti de prison, le violeur a récidivé. Après une cure de désintoxication, comment empêcher les drogués de récidiver? Un dangereux récidiviste.*

RÉCIT. *n. m.* Relation orale ou écrite d'un ensemble d'événements réels ou imaginaires. Histoire, chronique, narration. *Écrire un récit. Faire le récit de. Un récit historique, fantastique.*
Ce sens général peut, dans le domaine littéraire, se spécialiser en fonction de diverses oppositions :
• **Récit et histoire.** L'histoire rapportée par un récit se constitue d'un ensemble d'événements, de faits majeurs ou mineurs. Par rapport à cette histoire, le récit peut résumer ou amplifier les épisodes, déplacer leurs relations, etc. Il peut donc y avoir intérêt à comparer le schéma de base (la chronologie «objective» des événements, l'histoire) à la narration globale qu'en effectue le récit.
• **Récit et chronique.** Une chronique relate en principe une série d'événements *historiques.* Le récit, par opposition à la chronique, se permet de romancer, d'inventer, d'amplifier, de combler les lacunes de l'Histoire. Certains récits, à l'inverse, tentent d'adopter le ton objectif de la chronique. Des romanciers vont même jusqu'à intituler «chronique» la narration purement fictive dont se constitue leur récit (voir **Chronique**).
• **Récit et roman.** Si tout roman comporte un «récit» (une relation de faits), le roman est en général une œuvre narrative beaucoup plus longue, étoffée par la peinture des caractères et des milieux sociaux, dans laquelle l'élément «fiction» (la part de l'imaginaire, de l'aventure «romanesque») tient une place centrale. *Par opposition au roman, le récit se veut moins «romanesque»,* plus près de la chronique objective

des faits (même si ceux-ci sont imaginaires) : c'est ainsi que Camus présente *La Peste* (histoire purement fictive) comme un « récit », alors qu'on peut très bien considérer ce livre comme un roman.
- **Récit et « discours ».** La narration d'un roman ou d'un récit ne comporte pas seulement l'énoncé de faits ou de descriptions : elle fait souvent intervenir, directement ou indirectement, des jugements du narrateur (il peut s'adresser au lecteur ouvertement ; il peut suggérer ce qu'il faut penser : « *Hélas*, le Prince ne savait pas que... » ; il peut prendre la parole et argumenter, dans le cas par exemple d'un récit autobiographique). L'analyse de l'**énonciation** permet de distinguer ainsi ce qui est pur récit de ce qui est « discours » (voir ce mot, au sens n° 4). Notons d'ailleurs qu'un récit particulier peut lui-même être au service d'un « discours » (un « message »), comme c'est le cas de certaines anecdotes, de l'apologue ou de la parabole.

RÉCITATIF. *n. m.* Dans un **opéra** ou un **oratorio,** texte narratif ou dialogué qui est déclamé de façon chantante, avec un accompagnement musical. Les personnages « parlent » en adoptant la ligne mélodique d'une musique qui suit de près les inflexions du langage parlé. Les récitatifs font la transition entre les grands moments dramatiques où sont chantés les « airs ». Voir **Aria, Mélopée, Opéra.**

RECLUS. adj. et *n*. Isolé, renfermé (volontairement ou non). *Déçu par Célimène, Alceste décide de mener une existence recluse. Les ermites, certains religieux décident, pour mieux prier, de vivre en reclus. Les personnes recluses — les condamnés par exemple, ne font pas toujours le choix de leur réclusion.*

RECOUVRER. *v. tr.* Récupérer ; rentrer en possession d'un bien matériel ou moral dont on jouissait. *Recouvrer une créance, une somme due. Recouvrer la santé, recouvrer l'usage de sa jambe. Recouvrer la raison.*
   N.B. Ne pas confondre avec le verbe *recouvrir*. En particulier, au participe passé, on dira « la liberté que j'ai *recouvrée* » (et non pas « recouverte »).

RÉCRIMINATION. *n. f.* Âpre reproche ; plainte amère ; protestation chagrine. Employé au pluriel le plus souvent, le terme doit être distingué du mot « réclamation ». Les récriminations ont souvent quelque chose d'incessant, d'acrimonieux, d'inutilement plaintif, que n'ont pas les réclamations en bonne et due forme. *J'en ai assez de vos perpétuelles récriminations !*

RECRUDESCENCE. *n. f.* Reprise soudaine ou intensification violente d'un phénomène physique, moral ou social. *Recrudescence d'une épidémie. Recrudescence d'une activité volcanique. Recrudescence des combats. La recrudescence d'une colère.*

RECT-. Racine issue du latin *rectus*, « droit, régulier », qui exprime l'idée de droiture, de régularité aussi bien au *sens propre* qu'au *sens figuré*. On la trouve dans les mots **Recta** (ponctuellement, exactement) ; **Rec-**

tangle; **Rectifier** (redresser); **Rectiligne**; **Rectitude**; **Recto** (endroit d'une feuille dont l'envers est le *verso*); **Rectum** (portion finale du gros intestin, qui se trouve être droite). Cette racine entre aussi dans les mots composés **Correct, Correction, Correcteur** (incorrect, incorrection), **Direct, Direction, Directeur, Érection, Érectile.**

RECTITUDE. *n. f.* (du latin *rectus*, « droit, régulier »). Droiture morale et intellectuelle ; justesse, rigueur. *La rectitude d'un jugement. Un homme d'une rectitude exemplaire.*
   N.B. Le mot s'emploie parfois dans un sens concret : *la rectitude d'un sillon, la rectitude d'une silhouette.*

RECUEILLEMENT. *n. m.* **Sens religieux :** action de se recueillir ; état d'une personne qui se recueille, c'est-à-dire qui concentre sa pensée sur sa vie intérieure pour se rendre disponible à la prière, à la méditation, à la présence de Dieu. Contemplation.   **Sens général** (qui conserve une connotation religieuse) : attitude de concentration, de ressaisie intérieure, pour méditer sur soi-même, sur un grave sujet, sur une réalité sacrée. Silence respectueux propice à la contemplation. Le sonnet de Baudelaire intitulé « Recueillement » illustre bien cette attitude contemplative face à soi-même, au temps qui passe et au mystère du monde.

RÉCUPÉRATION. *n. f.* **Au sens politique,** action qui consiste à récupérer (à reprendre), en les détournant de leur sens originel, des idées, des forces sociales, des mouvements d'opinion, des personnes, des projets. Ce terme a souvent été employé dans le vocabulaire de la gauche (ou des gauchistes), pour dénoncer la façon dont le pouvoir, « l'ordre bourgeois », affectait de reprendre à son compte des thèmes ou des propositions venus de la contestation, pour mieux les canaliser ou les désamorcer. Mais le mot récupération et l'ensemble des menées qu'il suppose (le fait de récupérer, ou d'être récupéré) n'a pas tardé à concerner tous les domaines de la vie sociale et politique. *Nommer un écologiste célèbre au gouvernement, c'est une tentative flagrante de récupération de l'électorat écologiste ! Ce conservateur développe des discours féministes dans un pur esprit de récupération. Dans tout cela, qui récupère qui ? On se le demande !*

RÉCURRENCE. *n. f.* Retour fréquent, répétition d'un phénomène. *La récurrence d'une maladie. La récurrence des séismes dans telle région du globe. La récurrence des drames planétaires au journal télévisé.*
   Un phénomène qui revient est dit *récurrent*. Dans l'étude des textes littéraires, on recherche les images récurrentes, les thèmes récurrents, les structures récurrentes. *La satire de la médecine est un thème récurrent des comédies de Molière.*
   Un **raisonnement par récurrence** est une démonstration qui consiste à étendre à une série de termes ce qui est prouvé pour les deux premiers.
   N.B. Ne pas confondre avec *Occurrence,* ni avec *Résurgence.*

RÉCUSER. *v. tr.* Refuser d'admettre ; rejeter comme non valable. On peut *récuser une personne* (la refuser dans une fonction officielle : *récuser un juge, récuser un témoin*). On peut *récuser quelque chose* (un témoignage, un argument dont on met en cause la validité).
    N.B. Bien distinguer *réfuter* et *récuser*. Je peux *réfuter un argument* en démontrant, par l'analyse, qu'il s'agit d'un sophisme ; mais si je *récuse* un argument, cela veut dire que je l'écarte comme non pertinent, que je lui refuse la valeur d'argument (même discutable). Exemple : si un commerçant est accusé de vol, je puis *réfuter* les « preuves » avancées ; mais je *récuserai*, comme inadmissible, l'argument selon lequel il est voleur parce que juif. **Se récuser :** se déclarer incompétent dans une affaire ; refuser une mission (dont on ne se sent pas capable).

RÉDEMPTEUR, TRICE. *adj.* et *n.* Qui rachète, qui sauve. Voir *Rédemption*. **Le Rédempteur :** dans le vocabulaire religieux, le Christ, en tant qu'il a « racheté », sauvé le genre humain par son Sacrifice.

RÉDEMPTION. *n. f.* (du latin *redimere*, « racheter »). Dans la religion chrétienne, le **mystère de la Rédemption :** le rachat du genre humain par le Christ. Par le péché originel, l'homme se coupe de Dieu, porte préjudice à son Créateur. Le Christ, en mourant sur la Croix, vient par son sacrifice « racheter » la dette des hommes envers le Créateur. Il sauve et libère l'Humanité en la réconciliant avec Dieu le Père. Voir **Christianisme** et **Péché**. **Sens courant :** action qui consiste à racheter quelqu'un sur le plan moral ou religieux ; fait de se racheter soi-même par une conduite ou une peine exemplaire. *Les malheurs de ce criminel ont été comme une rédemption de ses fautes.*

RÉDHIBITOIRE. *adj.* Qui annule (un contrat) ; qui constitue un obstacle, un empêchement radical (à la réalisation de quelque chose). *Un vice rédhibitoire dans un contrat de vente* (qui l'annule). *Une faiblesse rédhibitoire en mathématique* (qui empêche absolument le passage en classe scientifique). *C'est rédhibitoire !* (cela interdit radicalement ce qui était envisagé).

REDONDANCE. *n. f.* Fait de donner plusieurs fois la même information, de répéter sous diverses formes la même idée, dans un énoncé ou un discours. *Le pléonasme est une forme caricaturale de redondance.* Un texte est dit *redondant* quand il abonde en ornements, en développements superflus. *Un style redondant* (répétitif, débordant de verbes ou d'adjectifs qui répètent la même idée).
    En **communication** (linguistique ou non), la redondance est le fait de réitérer sous différentes formes une même signification, *pour éviter toute confusion :* l'idée de redondance n'est alors plus péjorative, comme dans le domaine littéraire. Par exemple, la question *« Est-elle venue ? »* est comprise comme une question d'une part à cause de l'inversion syntaxique, d'autre part à cause de l'intonation interrogative : il y a redondance puisqu'il y a *deux* traits signifiants pour *une seule* signi-

fication. La communication audiovisuelle est souvent redondante en ce qu'elle signifie une même chose *à la fois* visuellement et auditivement.

RÉEL. *adj.* et *n.* 1° **Qui existe comme une chose :** qui se produit effectivement ; qui a une « réalité » objective (indépendamment de la perception qu'on en a ou de notre absence de perception). Le réel comprend notamment tous les phénomènes de la nature, tous les faits individuels ou toutes les manifestations collectives du monde humain. Dans ce sens, le réel s'oppose :
— *d'une part,* à ce qui est apparent ou simplement perceptible : la science montre aisément que la majorité des phénomènes échappent à notre perception (à nos cinq sens) et que, souvent, ce que nous croyons percevoir ne correspond pas à la réalité effective des choses (contrairement aux apparences, le soleil ne tourne pas autour de la terre) ;
— *d'autre part,* à ce qui est illusoire (un rêve que l'on caresse), fictif (une histoire qu'on invente) ou imaginaire (une œuvre d'art que l'on projette).

2° **Ce qui est présent *à l'esprit humain*** : qui peut être l'objet d'une réflexion précise, actuelle, mais n'existe pas en soi, de façon autonome, indépendamment de la représentation que s'en fait notre pensée. Ce second sens élargit le domaine du réel à tout ce que peut produire la subjectivité humaine, de façon rationnelle ou non. Une théorie émise par un homme de science est bien une réalité ; elle ne se confond pourtant pas avec *le* réel qu'elle interprète (sens n° 1). Elle est de nature intelligible, non sensible. Pourtant, une fois émise elle fait partie du « réel » que les êtres humains vont pouvoir prendre en considération. Certains philosophes, à ce propos, essaient d'opérer une distinction entre ce qui est « réel » (qui existe en soi) et ce qui est « vrai » (qu'élabore l'esprit humain). Mais le problème se complique car certains estiment que les idées existent *par elles-mêmes* (voir **Platonisme** : l'idéalisme platonicien se veut un réalisme). Le réel, dans ce second sens (comme donnée actuelle présente à l'esprit), s'oppose à la fois à ce qui est possible et à ce qui est idéal (ce qui peut être, ce qui doit être).

Ces deux sens du mot n'épuisent pas la redoutable question de ce qu'on nomme « réel », et qui tient autant à l'ampleur de la réalité qu'à la complexité de l'esprit humain. En effet :
— d'une part, l'homme est un être de désir et d'imagination : ce qu'il croit sentir, ce dont il rêve, ce qu'il désire lui donne souvent une extraordinaire *impression de réalité,* impression qu'il peut *faire partager* par le langage (ainsi, toute la production *imaginaire* des œuvres d'art devient réalité, devient *objet réel*, existant en soi — songeons par exemple à l'invention mélodique en musique) ;
— d'autre part, nous ne connaissons souvent le réel qu'à travers les représentations *mentales*, abstraites que nous nous en donnons (par le langage notamment). La réalité de l'eau, est-ce la sensation que j'en

éprouve, ou bien est-ce la formule H_2O ? Dans la mesure où le « réel » se réduit pour nous à des représentations, il n'a pas plus d'intensité pour nous que des représentations parfaitement formulées qui ne renverraient à aucune réalité ; au niveau de la pure représentation, dans la conscience humaine, les illusions procurent souvent une plus grande impression de réalité que les figurations abstraites (mais justes) des choses telles qu'elles sont.

Dans l'emploi des mots « réel » et « réalité », il faudrait donc à chaque fois préciser de quelle nature sont les réalités dont nous parlons et quel est le « degré de réel » du réel auquel nous nous référons. De même pour l'emploi du mot *réalisme*, quelles que soient ses connotations (voir ce mot).

RÉFECTION. *n. f.* (du latin *reficere*, « refaire »). Action de refaire, de remettre à neuf ; son résultat. *La réfection d'un château en ruines. Des travaux de réfection. Une impeccable réfection.*

N.B. Au « *réfectoire* », on se restaure, on se refait physiquement !

RÉFÉRENDUM. *n. m.* Vote de l'ensemble des citoyens d'un pays sur une question précise posée par les pouvoirs publics, à laquelle il faut répondre par oui ou par non. On ne peut qu'approuver ou rejeter globalement la mesure proposée, sans pouvoir nuancer, discuter ou modifier le projet.

Par extension, consultation générale d'un groupe (par exemple, l'ensemble des automobilistes, les lecteurs d'un journal, etc.)

N.B. Ne pas confondre avec **Plébiscite** (voir ce mot), lequel porte sur une *personne*.

RÉFÉRENT. *n. m.* En linguistique, réalité concrète ou abstraite (un être, un objet, une chose réelle, une entité imaginaire) à laquelle *renvoie* un signe linguistique. Le référent ne fait pas partie du signe, il est *extralinguistique*. Par exemple, le mot *arbre* renvoie à la réalité, extérieure à la langue, qu'est un arbre (cet arbre que je désigne ; cet arbre auquel je pense ; le concept d'arbre que j'ai en tête). Il importe de distinguer le *signe* (l'ensemble *signifiant/signifié*) du *référent* (voir au mot **Signe**). En particulier, il est parfois difficile de faire la distinction entre le signifié et le référent. Si l'on reprend le mot arbre, par exemple, on dira : le mot « arbre » (écrit ou prononcé) est un signe ; ce signe se compose d'un signifiant (le graphisme du mot, sa sonorité verbale) et d'un signifié (le sens du mot arbre dans le dictionnaire) ; le référent sera la *réalité particulière* à laquelle renvoie ce signifié dans un *acte de parole*, c'est-à-dire par exemple cet arbre que je désigne, un arbre auquel je pense ou rêve, ou encore l'arbre en soi dont je parle.

RÉFÉRER. *v. tr. ind.* Faire référence à, renvoyer à, se rapporter à. *Le mot « licorne » réfère à une réalité purement imaginaire.* Ce verbe s'emploie surtout sous les deux formes suivantes :

Se référer à : recourir à l'autorité d'une personne ou d'un texte ;

prendre quelque chose comme référence. *Je me réfère souvent au Petit Robert mais le Larousse a aussi du bon.*

En référer à : en appeler à une autorité supérieure (un chef, un juge), dans une affaire donnée, pour lui laisser le soin de décider. *J'en référerai au Pape s'il le faut ! Je m'en réfère à votre avis.*

RÉFORME. *n. f.* Changement plus ou moins important qu'on apporte à une réalité morale (on peut réformer sa conduite) ou à une institution sociale (religieuse ou politique), en vue d'en améliorer le fonctionnement ou la nature.

• *Dans son premier sens, le mot « réforme » a un sens assez radical.* Il a désigné notamment le retour à une stricte observation de la règle primitive dans un ordre religieux. La **Réforme,** mouvement historique qui a donné naissance au protestantisme, au XVIe siècle, fut une entreprise suffisamment radicale pour provoquer un schisme au sein de l'Église, engendrer les guerres de Religion, et susciter une vaste **Contre-Réforme** de la part des autorités catholiques de Rome.

• *De nos jours, le mot s'est affaibli.* Il vise une amélioration de divers aspects de l'ordre social (la réforme de l'Éducation nationale, par exemple), mais par des changements *modérés*, progressifs. Dans le langage politique, *on oppose souvent la réforme à la révolution*. D'où le mot **réformisme,** qui désigne (souvent péjorativement) l'attitude de ceux qui veulent changer les choses si modérément qu'elles ne risquent guère d'évoluer de façon notable. Mais au sein des partis dogmatiques, le mot *réformisme* déclenche tout de même les foudres des dirigeants.

REFOULEMENT. *n. m.* **Sens psychologique courant :** action qui consiste à empêcher certains désirs de s'exprimer, de s'extérioriser et de se satisfaire, notamment au niveau sexuel. Dans ce sens, le refoulement est le plus souvent conscient. Le mot est fréquemment employé avec des connotations négatives ; l'être qui refoule ses désirs est considéré comme pusillanime, déséquilibré ou hypocrite *(« Tu n'es qu'un refoulé ! »)*, puritain et « coincé ».

Sens psychanalytique : processus fondamental par lequel le sujet rejette ou maintient *dans l'inconscient* des pulsions ou des représentations liées à ces pulsions (pensées, images, souvenirs, fantasmes). Le refoulement se produit parce que la pulsion ou sa représentation (qui en principe doit apporter du plaisir) apparaît si dangereuse que le fait même d'y penser doit être censuré : le refoulement est donc *un mécanisme de défense du Moi*. Le sujet pressent dans la pulsion refoulée un risque de désordre (de déstabilisation) insupportable, et dans sa réalisation éventuelle la perspective d'un châtiment (d'une culpabilité) qui l'angoisse. C'est le **Surmoi** qui, déclenchant le mécanisme de la *censure* (voir ce mot), suscite le refoulement des pensées, des désirs ou des pulsions répréhensibles. *Ce refoulement est le plus souvent inconscient :* le Moi (conscient) est « protégé » par la censure sans s'en rendre compte ; le Surmoi agit au sein même de l'inconscient, barrant la route aux tentatives du Ça. Ainsi, l'activité de refoulement *constitue* l'inconscient (ce vaste système de pulsions instantanément interdites) en même temps qu'il en protège le Moi conscient. Bien entendu, tous les aspects refoulés (désirs, représentations, etc.) demeurent actifs et tentent *par des voies indirectes* de venir à la conscience (lapsus, rêves, symptômes divers de la «psychopathologie quotidienne»). Il s'agit là de la notion de «retour du refoulé».

Au sens psychanalytique, le refoulement n'est pas en soi une activité malsaine, en dépit de la mauvaise réputation du terme dans le vocabulaire courant. Le refoulement est un *processus naturel* qui aide le Moi à se constituer (à se choisir, à hiérarchiser ses désirs et pulsions) et l'être humain à devenir, par l'éducation, un être sociable : il suffit de songer aux atrocités de certaines guerres civiles pour comprendre que le refoulement est chose bien nécessaire. C'est l'excès, l'écrasement de l'être inhibé par de multiples refoulements, qui a des conséquences pathologiques.

Refoulement et sublimation : dans l'activité de refoulement, les pulsions sont maintenues à l'écart de la conscience, plus ou moins maîtrisées, mais non pas anéanties. Une grande part de leur énergie, qui ne peut être employée directement, va se déplacer, s'*investir* dans des objets ou des projets moralement acceptables. La «libido», faisant l'objet d'un investissement à un niveau supérieur (activité sociale, réalisation artistique et culturelle, engagement désintéressé ou humanitaire) est alors dite *sublimée*. On oppose parfois *refoulement* et *sublimation* (le premier serait négatif, la seconde positive). En réalité, il s'agit sans doute de deux phases d'une même constitution de la personnalité : l'une repousse, trie, discipline les forces pulsionnelles ; l'autre les utilise pour agir, créer, aimer. Voir **Inconscient** et tous les termes qui s'y rapportent.

RÉFRACTAIRE. *adj.* Qui résiste, qui refuse de se soumettre, qui est rebelle (à la loi, à l'autorité, aux ordres, aux influences). *Le véritable artiste est toujours réfractaire aux pouvoirs établis.* Par extension : qui est insensible à. *Il est réfractaire à toute émotion musicale.* L'adjectif «réfractaire» a eu deux emplois historiques notables,
— d'une part, sous la Révolution française : les *prêtres réfractaires* refusèrent de prêter serment à la Constitution civile du clergé ;
— d'autre part, pendant l'occupation allemande : les *réfractaires* étaient les citoyens qui refusaient le travail en Allemagne.

Noter l'emploi *concret* du mot : des métaux ou des briques réfractaires sont des métaux qui résistent... à de très hautes températures.

REFRÉNER. *v. tr.* Mettre un frein à, brider, retenir, contenir. Contrairement au verbe *freiner*, ne s'emploie que dans un sens psychologique. *Refréner son envie, sa colère, son impatience.*

RÉFUTER. *v. tr.* Démontrer la fausseté d'un argument, d'une thèse, d'un raisonnement, d'une doctrine. *Réfuter une théorie. Je n'aurai pas de mal à réfuter votre objection.* Quand il s'agit de l'ensemble de la philosophie ou de l'œuvre d'un auteur, on peut dire directement *réfuter un auteur, réfuter tel penseur* (entreprendre la *réfutation* de ses thèses). Voir le mot **récuser** pour la différence entre les deux verbes, ainsi que l'adjectif **irréfutable**.

RÉGÉNÉRER. *v. tr.* Reconstituer, faire renaître quelqu'un ou quelque chose en lui faisant retrouver ses qualités premières. Ce verbe s'emploie dans un sens concret *(régénérer un catalyseur)* mais le plus souvent au niveau moral *(régénérer la société décadente ; régénérer les forces vives d'une personne ; régénérer un mouvement).* **Se régénérer :** se reconstituer, retrouver une vigueur nouvelle. *Je me régénère à la campagne.* Voir **Dégénérer.**

RÉGIR. *v. tr.* 1° Gouverner, commander. *Régir l'activité d'un groupe. Régir l'esprit de quelqu'un.* 2° Fixer l'organisation, le «régime» d'une réalité physique ou sociale, en parlant des lois. *Les règles juridiques qui régissent les relations entre citoyens. Les lois qui régissent l'univers. La morale qui régit notre conduite.*

REGISTRE DE LANGUE. Niveau de langage auquel choisit de s'exprimer un auteur, notamment en adoptant certaines tournures codées ou un type de vocabulaire spécifique. Toutes les nuances sont possibles dans un discours ou un récit, toutes les variations sont autorisées, mais, selon les situations de communication, selon la nature des effets que veut produire un auteur, on distingue classiquement trois registres de langue : le registre *soutenu* (vocabulaire recherché, références littéraires, soin des figures de style, hypercorrection de la langue) ; le registre *familier* (termes et images argotiques ou populaires, syntaxe du langage parlé, néologismes, abondance d'expressions imagées, d'hyperboles énormes) ; le registre *courant* (style correct, langue académique, expressions fonctionnelles : ce registre sert souvent à faire ressortir les deux autres, un bon écrivain utilisant souvent, y compris dans la même œuvre, divers registres).

RÉGRESSION. *n. f.* Recul, retour à un état antérieur ; diminution. Le mot peut être employé dans un sens concret, matériel *(la régression de la production économique ; la régression de la mortalité infantile)* ou dans un sens psychologique ou social *(régression mentale, régression affective ; la régression de la conscience politique au sein de l'opinion).* La première acception du mot est plutôt quantitative ; la seconde qualitative.

RÉGULIER. *adj.* et *n. m.* (du latin *regula*, «règle»). **Sens général :** qui est conforme à la règle ; et donc normal, ou légal, ou habituel ; ordonné, sans à-coups, uniforme, coutumier. Ce sens est connu. **Sens religieux :** le *clergé régulier* désigne l'ensemble des moines, religieux et religieuses qui, dans leurs monastères, vivent conformément à une Règle. Chaque ordre religieux a sa règle, son organisation propre, sa vie spirituelle spécifique. À ce clergé *régulier*, on oppose le clergé *séculier* (c'est-à-dire «qui vit dans le siècle», le *siècle* désignant le monde extérieur, la société humaine profane). Ces termes peuvent être substantivés : **le régulier** est le moine, le religieux ; **le séculier** est le prêtre qui effectue sa mission dans le monde (la paroisse, les mouvements divers, etc.).

RÉHABILITER. *v. tr.* **Sens juridique :** rétablir quelqu'un dans ses droits, dans un statut ou dans des privilèges qu'il avait perdus. En particulier, innocenter une personne qui avait été injustement condamnée. *Le capitaine Dreyfus fut réhabilité, non sans peine.* **Sens général :** faire recouvrer à quelqu'un l'estime publique ; redonner à quelque chose une importance ou une valeur oubliées. *Réhabiliter la mémoire d'un écrivain trop peu connu.* **Se réhabiliter :** recouvrer (par une bonne conduite) l'estime d'autrui, se racheter.
   N.B. Le verbe peut être employé dans un sens très concret, quasi technique, pour signifier « remettre en état ». *Réhabiliter un quartier vétuste. Réhabiliter des logements.*

RÉIFIER. *v. tr.* (à partir du latin *res, rei*, « chose »). En **langage philosophique :** transformer en chose ; donner un caractère statique et matériel à une réalité vivante ou humaine. Chosifier. Le concept de *réification* est en particulier employé dans le marxisme pour signifier que la société capitaliste transforme tout en « chose » : la marchandise, le travail (mesuré quantitativement comme une matière), les travailleurs eux-mêmes (réservoir de main-d'œuvre), etc. Plus généralement, on pourra parler de « réification » à propos de l'image de la femme dans la publicité (qu'elle soit objet sexuel ou instrument ménager), de la conception d'un héros-machine de science-fiction (Goldorak), des productions artistiques ou culturelles (réduites à une évaluation quantitative, conçues comme de purs produits commerciaux).

RÉINCARNATION. *n. f.* Dans certaines religions ou philosophies : incarnation dans un *nouveau corps* (humain ou animal) d'une âme qui avait été précédemment unie à un autre. Cette notion rejoint l'idée de la *métempsycose,* ou « transmigration des âmes » : au cours de vies successives, l'âme tente de se purifier ; la qualité morale de ces vies détermine les réincarnations ultérieures ; le but final est d'atteindre la sérénité suprême en se fondant dans l'âme collective (laquelle est indistincte de la divinité même), bonheur qui a pour nom (dans le bouddhisme) le *nirvâna* (voir ce mot). Au *sens figuré,* le mot signifie « reproduction, réplique vivante de » : *ce formidable truand est comme une réincarnation de Vautrin.*

RÉITÉRER. *v. tr.* Recommencer plusieurs fois. Répéter, renouveler avec insistance. *Des protestations réitérées. Réitérer des demandes, des efforts, des ordres. Malgré sa promesse de ne plus fumer, il a réitéré.*

REJET. *n. m.* En versification, procédé qui consiste à « rejeter » dans le vers suivant la fin d'un membre de phrase absolument nécessaire à la compréhension de celle-ci. Se dit aussi, parfois, du membre de phrase qui a été ainsi rejeté. Pour les exemples de ce procédé, voir au mot **Enjambement** (qui a un sens un peu différent).

RELATIVISME. *n. m.* **Sens philosophique :** doctrine qui pose la relativité de toute connaissance humaine. Ce qui est «relatif» s'oppose littéralement à ce qui est «absolu». Or, nous ne connaissons pas les choses en soi, absolument : nous les connaissons d'une part à travers des phénomènes, des modalités «relatives» à l'expérience que nous en faisons, d'autre part à travers les limites de notre esprit, de notre aptitude à connaître (elle-même relative aux capacités propres à chacun). Rien ne peut donc être affirmé absolument.

Sens moral (relativisme culturel) : doctrine selon laquelle les principes moraux, les valeurs sociales, les cultures elles-mêmes étant susceptibles de varier infiniment selon les époques et les civilisations, il n'est pas possible d'établir de hiérarchie entre elles. Partant de l'idée que rien n'est absolu, le relativisme en infère que *tout se vaut* (— ce qui est une affirmation bien absolue!).

Contre de nombreux dogmatismes, le relativisme est une arme critique inappréciable. Il invite à ne pas prendre pour universels des modes de vie, des systèmes politiques et sociaux, des formes d'art, des modes de pensée, des idéologies, des systèmes de valeurs qui nous sont familiers et qui constituent *notre* culture, mais sont en réalité «relatifs» à notre histoire, à notre époque, à notre civilisation. Contre notre tendance à les imposer à autrui, le relativisme nous conduit à nous ouvrir aux autres cultures, à en reconnaître la dignité et la valeur, à pratiquer la tolérance (notamment religieuse). Le relativisme est un garde-fou contre toutes les déviations (impérialistes) de l'**ethnocentrisme**.

Cependant, le relativisme est lui-même dangereux s'il devient... absolu. Dire «tout est relatif» est un jugement risqué parce que lui-même absolu et dogmatique. Tout n'est pas relatif, tout n'est pas égal en matière de morale humaine et de culture. Prétendre que «tout se vaut» conduirait à admettre les sacrifices humains, l'infanticide ou l'excision, l'esclavage ou la torture. Le relativisme est un bon garde-fou, mais il ne dispense pas l'homme de se construire une éthique, de fonder sur un humanisme minimal le progrès possible de l'Humanité.

➜ **Pour approfondir, p. 808.**

RELAXER. *v. tr. (sens juridique)* Relâcher, remettre en liberté un prisonnier (en détention provisoire). Cette remise en liberté d'un prévenu se nomme officiellement *relaxe* (de préférence à «relaxation»!). *(sens médical)* Relâcher les muscles, mettre en état de décontraction. **Se relaxer :** se détendre, se décontracter (physiquement ou psychiquement). Le mot *relaxation* convient à ce sens.

RELIGION. *n. f.* (du latin *relegere*, «recueillir» ou *religare*, «relier»). Ensemble des croyances et des pratiques, le plus souvent collectives, par lesquelles les hommes manifestent leur relation à une puissance surnaturelle, à une réalité supérieure et sacrée qui peut être un Dieu créateur ou un ensemble de divinités, selon les cas.

- La notion de religion suppose davantage que la simple foi : elle répond chez l'être humain au besoin de croire *ensemble*, selon un rituel ou un culte ordonné qui, dans le même mouvement, relie les hommes à Dieu et les rassemble entre eux.
- Le *fait religieux* est une réalité universelle. Les sciences humaines se sont attachées à l'expliquer par les multiples besoins de la subjectivité humaine : peur de la mort, désir d'éternité, volonté de se concilier les puissances invisibles, nostalgie d'un paradis perdu (celui de l'enfance ou de l'époque prénatale), nécessité de conserver sa vie durant un père idéalisé, ou plus globalement, besoin de certitudes — besoin que l'existence de chacun ou la marche du monde aient un sens supérieur. Ces explications peuvent avoir un caractère réducteur (cf. la formule de Voltaire *« Si Dieu n'existait pas, il faudrait l'inventer »*) ; c'est pourquoi le croyant, qui ne peut nier la présence en lui de ces besoins fondamentaux, ajoute volontiers que si le phénomène religieux est universel, c'est peut-être bien parce que l'homme a toujours senti la réalité objective de l'existence de Dieu et la manifestation de sa présence, tant au sein de l'histoire du monde qu'auprès de chaque être humain pris personnellement.
- Le débat sur la religion est largement nourri d'arguments contradictoires. Les uns insistent sur la dimension spirituelle de la religion, fondement de l'éthique, instrument d'élévation de l'âme et de sublimation des pulsions, qui débouche sur la fraternité et sur la compassion, sans parler de son rôle de ciment culturel, à l'origine des œuvres littéraires, artistiques ou musicales les plus prodigieuses du génie humain. Les autres énumèrent toutes les déviations, tous les abus engendrés par l'intolérance, le fanatisme, le prosélytisme : les guerres (de religion), la négation de l'épanouissement humain (par des morales rigides), le refus des Lumières, etc. À chacun de trancher ce débat. Toute la question est de savoir s'il s'agit là de maux inhérents à la religion même (cela peut dépendre des religions) ou à la perversité des hommes toujours tentés de faire d'elle un instrument de pouvoir. Voir **Culte, Dogmatisme, Fanatisme, Révélation, Sacré,** et aussi **Athéisme, Christianisme, Déisme, Judaïsme, Islam.**

➔ **Pour approfondir, p. 813.**

RELIGIOSITÉ. *n. f.* Attitude religieuse assez sentimentale ; attirance pour les aspects les plus sensibles, les plus suaves de la pratique. La religiosité peut concerner un croyant qui, sans adhérer à aucune religion précise, se sent l'âme portée vers la divinité et désire se complaire dans les émotions propres à la ferveur.

RELIQUAT. *n. m.* (du latin *reliqua*, « les choses qui restent »). Ce qui reste dû ; ce qui reste à payer, ou à percevoir. *Le reliquat d'une somme. Vous me devez le reliquat.*

RELIQUE. *n. f.* (du latin *reliquiae*, « restes »).
Sens propre : fragments du corps d'un saint, restes d'un martyr

(ossements ; objets divers de sa vie conservés pour en vénérer la mémoire). Dans ce sens, le mot est le plus souvent au pluriel. *Les reliques de sainte Thérèse de Lisieux.* On parle aussi de reliques pour des héros ou des personnalités considérées comme sacrées. *Les reliques des rois de France sont conservées dans la cathédrale de Saint-Denis.* Le coffret où l'on conserve des reliques est un *reliquaire.*
Sens figuré : objet que l'on conserve précieusement comme vestige d'un passé dont on vénère la mémoire. *Garder de vieux papiers comme une relique. Un grenier rempli de reliques d'inégale valeur.*

RÉMINISCENCE. *n. f.* (du latin *reminisci*, « se souvenir »).
1° **Souvenir dont on n'a pas conscience qu'il s'agit d'un souvenir.** *Un roman plein de réminiscences littéraires.* Contrairement au plagiat, la réminiscence, chez un créateur, est involontaire. Elle est parfois *à demi* consciente : l'auteur sent qu'il est influencé mais ne sait plus d'où provient la réminiscence.
2° **Souvenir imprécis, incertain.** *De vagues réminiscences du passé.* Dans ce sens, le cœur reconnaît une émotion dont la mémoire n'arrive pas très bien à fixer l'origine. Dans le célèbre épisode de « la madeleine », Proust fait une analyse précise des réminiscences qui remontent peu à peu jusqu'à sa pleine conscience.
3° **Dans la théorie platonicienne :** souvenir de ce que notre âme a vu dans une existence antérieure, qui nous permet d'élaborer des idées. Notre âme a contemplé autrefois les Idées. Lorsque nous observons le monde sensible et croyons en tirer des « idées », nous ne faisons que nous rappeler, sans le savoir, le souvenir des Idées contemplées dans le monde intelligible. Voir **Idées** et **Platonisme.**

RÉMISSION. *n. f.* (du latin *remissio*, « remise de peine, pardon).
Sens religieux : pardon des péchés ; action de « remettre », d'effacer une peine. D'où l'expression **sans rémission :** sans indulgence, implacablement.
Sens médical : accalmie provisoire d'un mal. *Une période de rémission au cours d'une longue et douloureuse maladie.* Le mot s'emploie au *sens figuré,* pour désigner une période de calme, un apaisement momentané. *Une rémission de mes angoisses. Les hostilités n'ont connu qu'une courte rémission.*

RENAISSANCE. *n. f.* Action de renaître, de bénéficier d'une nouvelle naissance, soit physique (théorie de la réincarnation), soit morale (le baptême, dans la religion catholique, est une seconde naissance, spirituelle). *Au figuré :* renouveau, nouvel essor d'une réalité (sociale, institutionnelle, artistique, culturelle). En particulier, **La Renaissance :** vaste mouvement intellectuel et artistique qui commence à la fin du XVe siècle en Italie et s'étend au XVIe siècle à toute l'Europe. C'est à cette époque que seront construits en France les principaux châteaux de la Loire. La Renaissance est marquée par un retour de la vie intellectuelle à la culture gréco-latine. Voir **Humanisme, Pléiade.**
➜ **Pour approfondir, p. 1092.**

RENÉGAT. *n. m.* Personne qui renie sa religion, solennellement ou non (voir le verbe **Abjurer**). Par extension, personne qui trahit ses opinions, ses engagements, son parti, sa patrie, ses amis. Traître. Même si l'on peut être « renégat » par conviction, le mot a le plus souvent une connotation péjorative (traîtrise par intérêt).

RENTABLE. *adj.* Payant, fructueux, aussi bien au sens concret qu'au sens figuré. *Travailler son français, c'est rentable. Le taux de rentabilité d'un dictionnaire est difficile à prévoir à long terme.*

REPENTIR. *n. m.* Vif regret d'une faute commise, avec un sentiment de douleur et de honte. Le véritable repentir s'accompagne du désir de réparer sa faute et de dispositions prises pour ne pas la recommencer. Dans ce sens, le verbe *se repentir* implique une attitude plus large et plus profonde que le simple fait d'*avoir des remords*. Le remords reste un sentiment ; le repentir est déjà une action. Le remords peut conduire au repentir. *Un condamné qui veut vraiment être pardonné doit se repentir.* À noter la nuance de *menace de vengeance* dans l'avertissement : *« Tu t'en repentiras ».*

RÉPRÉHENSIBLE. *adj.* (du bas latin *reprehendere*, « reprendre moralement, blâmer »). Se dit d'actes qui méritent d'être réprimandés, qui sont blâmables, coupables. *Tricher est répréhensible. Escroquer une veuve sans ressources est plus que répréhensible : c'est criminel.* L'adjectif *répréhensible* est moins fort que l'adjectif *condamnable*. Voir **Réprobation**.

REPRÉSENTATION. *n. f.* (du latin *repraesentare*, « rendre présent »). **Sens général :** • *Action de rendre présent,* de rendre sensible aux yeux ou à l'esprit de quelqu'un un objet absent, un concept, une réalité, au moyen d'une image, d'un signe, d'un symbole, etc. Écrire, peindre, parler, c'est représenter. Le fait de *se* représenter un souvenir, de se figurer une scène, de fantasmer, c'est produire une « représentation » pour soi-même. L'étymologie de ce mot (« rendre présent ») est la clef de sa signification.

• *Contenu de ce que l'on représente,* ou de ce que l'on *se* représente. En particulier, le mot représentation désigne, en psychologie, toutes les images, les idées figurées, les fantasmes, les rêves ou les pensées qui traversent le champ de conscience du sujet. On précise parfois représentation *mentale.*

• *Objet qui représente,* production artistique qui rend présents à nos yeux (ou à notre pensée) la réalité ou le phénomène représenté. En ce sens, la représentation peut être un simple signe, un symbole, un schéma, un tableau, une description littéraire, une œuvre (un roman qui se veut la représentation réaliste d'un milieu social, par exemple), et en particulier, un ouvrage dramatique joué sur scène. Si l'on parle de « représentation théâtrale », c'est précisément parce que le jeu dramatique *rend présentes* aux yeux du public les scènes, les émotions, les personnes qui constituent le contenu de la pièce. Notons qu'il y a là deux niveaux de «représentation» : 1° *Cette pièce elle-même représente une certaine image du monde élaborée par l'auteur ;* 2° *Le fait de jouer cette pièce* (qui n'est qu'un texte) représente (au deuxième degré) son contenu sous le regard des spectateurs. C'est dans ce second sens, bien sûr, qu'on parle des diverses *représentations* d'un ouvrage dramatique.

Sens juridique et politique : fait de représenter quelqu'un qui est absent, d'agir à sa place. Ce sens est fidèle à l'étymologie : le représentant d'une personne *rend présentes* sa volonté, ses instructions. Le diplomate qui représente un gouvernement rend *effective* sa politique. Une assemblée qui représente une communauté agit en lieu et place de celle-ci, parce que la communauté entière ne pourrait pas siéger (être présente) pour délibérer : ainsi l'Assemblée nationale est-elle une «représentation» du peuple ; si cette assemblée est véritablement «représentative», elle rend présente au niveau du pouvoir la volonté populaire. Voir **Allégorie, Signe, Symbole.**

RÉPRESSION. *n. f.* Action de réprimer, c'est-à-dire d'empêcher ou de punir les comportements délictueux. *La répression des crimes et de la violence. La répression de l'alcoolisme. La prévention est souvent préférable à la répression.* En particulier, fait d'étouffer violemment un mouvement collectif de révolte ou de protestation. *Dans les années 1968 et suivantes, l'image du pouvoir était liée à la répression.* Par extension, on parle de *répression morale* (le fait d'interdire ou d'obliger). L'autorité peut être jugée «répressive» ou «permissive». Le terme *répression* est employé aussi en psychologie, pour désigner un rejet volontaire de certaines images ou de certains désirs hors du champ de la conscience (à la différence du *refoulement* qui, pour l'essentiel, est involontaire et largement inconscient). Voir **Irrépressible.**

RÉPROBATION. *n. f.* Jugement par lequel on désapprouve ou réprouve explicitement la conduite de quelqu'un. La réprobation est un blâme *sévère* de certaines conduites ou de certaines personnes. *Encourir la réprobation de son chef. Exprimer sa réprobation à l'égard de ce qui se passe dans certains milieux corrompus.* On peut *réprouver* une action, une attitude ou même une personne. Les **réprouvés** sont les *damnés* (au sens religieux), ou encore les personnes mises au ban de la société.

RÉPUBLIQUE. *n. f.* (du latin *res publica,* «chose publique»).
Au sens ancien : la cité, la réalité politique et sociale d'une communauté prise dans son ensemble. Comme l'indique l'étymologie, la république est vraiment l'affaire de tous les citoyens. Cependant, jusqu'au XVIIe siècle, le mot sera synonyme d'organisation politique, d'État, quel que soit le degré de participation des citoyens au pouvoir.
Au XVIIIe siècle (Montesquieu, Rousseau), le mot république désigne une forme de gouvernement dans lequel le pouvoir est détenu par le peuple *(Démocratie)* ou par une partie du peuple *(Aristocratie).* Avec la

Révolution française, la « République » devient inséparable de l'idée de démocratie : il n'y a que dans la démocratie que la république semble pouvoir être l'affaire de tous (« *Liberté, Égalité, Fraternité* »).

Aujourd'hui, le mot république peut désigner soit un État censé vivre sous un régime républicain (plus ou moins démocratique), soit le régime démocratique lui-même (fondé sur la souveraineté populaire, le pluripartisme et le suffrage universel). Noter le *sens figuré* du terme : « *la république des lettres* ».

RÉPUDIER. *v. tr. (sens propre)* Renvoyer légalement son épouse en rompant le mariage, par décision unilatérale (du mari). Certaines civilisations antiques et le droit musulman autorisent la répudiation de la femme selon certaines dispositions. Il va sans dire que cette coutume est vigoureusement dénoncée par les féministes.
(sens figuré) Rejeter, repousser (des idées, des opinions, des engagements, des comportements). Renoncer à quelque chose. *Je répudie les sentiments xénophobes que j'avais dans ma jeunesse. Il a répudié le passé vertueux qui lui faisait honneur.*

REQUÊTE. *n. f.* (de *requérir*, « demander, exiger ; réclamer au nom de la loi »). *(sens juridique)* Demande expresse faite auprès d'une juridiction ou d'un magistrat pour obtenir une décision (une autorisation ; une annulation ; la mise en œuvre d'une procédure).
(sens général) Prière écrite ou verbale, demande instante, supplique adressée à une autorité. *Présenter une requête. J'ai le plaisir de satisfaire à la requête que vous avez formulée.*
N.B. Ne pas confondre avec **Réquisition.** La *requête* est une *demande* adressée à une autorité (légale ou morale), alors que la *réquisition* est un *ordre*, une exigence formelle adressée par l'autorité.

REQUIEM. *n. m. invariable.* Prière de l'Église catholique pour les morts, dont le début est *Requiem aeternam dona eis* (« Donne-leur le repos éternel »). Par extension, œuvre musicale composée sur ce texte. *Le Requiem de Fauré.*

RÉQUISITION. *n. f.* Procédure juridique qui autorise une administration ou les pouvoirs publics à exiger d'un individu la prestation d'un service ou la cession d'un bien. *Les réquisitions militaires.* La réquisition est à la fois l'autorisation légale et l'acte (physique) qui permet de « réquisitionner ».
Au *pluriel*, en droit pénal, on appelle aussi *Réquisitions* les demandes que formule le ministère public (le procureur) au cours de son **réquisitoire.** N.B. Ne pas confondre avec **Requête.**

RÉQUISITOIRE. *n. m.* **Sens juridique :** discours oral par lequel le représentant du ministère public (de l'État), au cours d'un procès, réclame l'application de la loi en développant les chefs d'accusation qui pèsent sur le prévenu. Le réquisitoire est une plaidoirie *accusatrice* prononcée par un « procureur » ou « avocat général », par opposition au *plaidoyer* par lequel l'« avocat » *défend* l'accusé.

Sens général (par extension) : discours écrit ou oral, en principe véhément, par lequel on attaque une personne, une institution, une réalité sociale. *Prononcer un réquisitoire contre les pratiques publicitaires. Dresser un réquisitoire contre le gouvernement.*

RÉSIGNATION. *n. f.* Fait de se résigner. Attitude de quelqu'un qui accepte sans résister les volontés d'un supérieur, les coups du sort. Le mot peut être employé dans un *sens favorable* (aptitude à renoncer courageusement à ce qu'on ne peut obtenir, ou à subir sans mot dire ce qu'on ne peut éviter), ou dans un *sens défavorable* (fatalisme, soumission passive).

N.B. Le sens ancien de ce mot (abandon volontaire d'un droit) ne doit pas entraîner de confusion avec le patronyme *résiliation* (annulation d'un contrat ; voir mot suivant).

RÉSILIER. *v. tr.* Dissoudre un contrat, par l'accord de l'une ou des deux parties qui l'ont signé. *Résilier un bail ; résilier un marché.* Mettre fin à un accord, à une convention, à un engagement.

RÉSONANCE. *n. f.* Au **sens figuré** : effet d'écho, retentissement produit dans le cœur ou dans l'esprit par une image, par un thème, par une expression poétique. *Deux vers de Verlaine suffisent à éveiller en moi des résonances sans fin.* Ce terme ne s'écrit qu'avec un seul *n*. (En revanche, pour le *participe présent* du verbe *résonner,* il faut deux *n*.)

RÉSORBER. *v. tr.* Faire disparaître progressivement, soit dans un sens médical *(résorber un épanchement de synovie),* soit dans un sens général *(résorber le chômage, résorber un déficit, résorber un excès).* Ce qu'il faut résorber est en général une réalité nuisible ou superflue. Noter le sens pronominal **Se résorber** : disparaître de soi-même, selon un processus naturel. Attention à l'orthographe du substantif **résorption** (comme *absorption*).

RESPECTABILITÉ. *n. f.* Qualité d'une personne respectable, qui mérite d'être publiquement respectée. *La respectabilité d'un notaire intègre. Vos calomnies nuisent à ma respectabilité.* Le terme est parfois employé péjorativement pour désigner l'*apparence* d'honorabilité que veulent se donner certaines personnes. *Un notable qui soigne sa respectabilité par ambition politique.*

RESPECTIF. *adj.* Qui concerne chaque personne ou chaque chose, par rapport (ou par différence) aux autres. *Ils ont comparé leurs salaires respectifs. Que chacun conserve sa place respective. Les candidats seront séparés en deux groupes, en fonction de leur première langue respective. Les deux frères, respectivement nommés Pierre et Paul.* Ne pas confondre avec *respectable* ou *respectueux.*

RESSENTIMENT. *n. m.* **Sens ancien** : fait de ressentir encore, ou intensément (le plus souvent négativement). **Sens moderne** : rancune ; souvenir très vif, mêlé de haine, des torts qu'on a subis ; rancœur. *Éprouver* du ressentiment envers quelqu'un. *Il cultivait en lui-même, pour mieux se venger, le ressentiment de l'injure qui lui avait été faite.*

RESSORTIR À. *v. tr. ind.* Relever de, être relatif à, être du ressort de. *L'étude des mythes ressortit autant à l'anthropologie qu'à la critique littéraire.*

N.B. Ne pas confondre avec l'homonyme **Ressortir** (verbe intransitif) qui signifie « sortir à nouveau ; apparaître clairement ; résulter » (*il ressort de sa maison ; les bas-reliefs ressortent bien ; il ressort de ce livre que*).

RESTRICTIF. *adj.* Qui restreint ; qui limite la portée de quelque chose. *Une clause restrictive* (qui limite la portée du contrat). *Une interprétation restrictive* (qui se limite au sens strict). *La négation restrictive :* l'emploi de la négation *« ne... que » ;* celle-ci ne nie pas une réalité, mais elle en restreint le sens positif. Ainsi, la phrase *Il n'est pas venu* nie la venue, tandis que la phrase *Il n'est venu que pour dire adieu* restreint cette venue au seul but de « dire adieu ». Même enfermement sémantique dans les jugements du type *« tu n'es qu'un menteur », « la société n'est qu'hypocrisie »,* etc.

RÉSURRECTION. *n. f.* (du latin *resurgere*, « se relever ») Fait de revenir de la mort à la vie, de « ressusciter ». Au *sens figuré*, reprise de vigueur et d'activité ; réapparition (d'une idée, d'un sentiment). Le **mystère de la Résurrection** : dogme chrétien établissant qu'à la suite du Christ, luimême ressuscité d'entre les morts, tout homme ressuscitera à la fin des temps. Les corps retrouveront la vie. La Résurrection du Christ, la résurrection de la chair (terme canonique), ont suscité de nombreuses représentations dans l'art classique. Voir **Christianisme, Incarnation**.

RÉTICENT. *adj.* (du latin *reticere*, « taire »). Qui manifeste de la réticence, c'est-à-dire qui omet volontairement certaines choses qu'il devrait dire *(sens propre) ;* et donc, qui adopte une attitude de réserve, d'hésitation, voire de résistance *(sens figuré). On le sentait réticent, il ne disait pas tout ce qu'il pensait. Il avait l'air si réticent que je n'ai pas renouvelé ma demande.*

RÉTIF. *adj. (sens propre,* pour un animal). Qui résiste, qui refuse d'avancer. *Une mule particulièrement rétive.*

(sens figuré, pour les personnes). Qui ne se laisse pas faire ; difficile à entraîner, à persuader. Indocile. *Des élèves rétifs devant l'effort. D'abord réticent, pour ne pas dire rétif, il s'est ensuite montré enthousiaste pour mon projet.*

RÉTORQUER. *v. tr.* Répliquer, en retournant contre son interlocuteur les raisons ou les arguments dont il s'est servi. Par extension, objecter, répondre, répliquer vivement. *« Hamlet,* dit la Reine, *vous avez gravement offensé votre père* — Mère, rétorque Hamlet, *vous avez gravement offensé mon père ». Je lui ai rétorqué que c'était moi qui donnais des ordres.* Ne pas confondre avec **Extorquer.**

RÉTORSION. *n. f.* Action de répliquer aux procédés préjudiciables de quelqu'un par des mesures coercitives de même nature. Représailles. *User de rétorsion. Prendre des mesures de rétorsion.* En particulier, des mesures de rétorsion sont souvent prises par un État à l'encontre d'un autre État qui a pris des décisions abusives. Si un pays augmente brutalement les droits de douanes sur vos productions agricoles, vous pouvez répliquer, *par mesure de rétorsion,* en contingentant ses exportations de produits audiovisuels.

RÉTRACTATION. *n. f.* Fait de se rétracter, de désavouer (publiquement) ce qu'on a fait ou dit. Une rétractation peut être jugée favorable (on revient sur une erreur), mais elle a souvent aussi des connotations négatives (on se renie ; on est obligé par les autorités de se rétracter solennellement). *La rétractation à laquelle fut obligé Galilée a longtemps fait honte à l'Église.* Ne pas confondre avec **Rétraction** (fait de se contracter physiquement).

RÉTRO-. Racine latine qui signifie « en arrière ». *Vade retro Satana :* « En arrière, Satan ! ». Cette racine entre dans la composition de nombreux mots comme **Rétroactif** (qui exerce ses effets sur le passé : *une loi rétroactive*), **Rétrocéder** (rendre à quelqu'un ce qu'on a reçu de lui), **Rétrograde** et son abréviation invariable **Rétro** (qui imite le passé, veut rétablir des institutions, des idées ou des modes antérieures), **Rétrospectif** et **Rétrospective** (voir ci-après).

RÉTROSPECTIF, VE. *adj.* (des racines latines *retro,* « en arrière » et *spect-,* « regarder, observer »). Qui regarde en arrière dans le temps, qui remonte vers le passé. *Une étude rétrospective.* Qui concerne le passé mais se manifeste après coup. *Une peur rétrospective* (c'est une peur *actuelle,* mais concernant un événement *passé,* dont on n'avait pas saisi la gravité).

RÉTROSPECTIVE. *n. f.* (des racines latines *retro,* « en arrière » et *spect-,* « regarder, observer »). Exposition qui présente un récapitulatif des œuvres d'un auteur ou d'une école (depuis ses débuts). Une rétrospective peut être aussi un documentaire (écrit, sonore ou visuel) qui fait le bilan chronologique d'une série de faits dans un domaine précis (politique, artistique ; individuel ou collectif, etc.).

RÊVE. *n. m.* 1° **Activité psychique qui a lieu durant le sommeil.** Le rêve se constitue de représentations plus ou moins imagées, plus ou moins incohérentes, dont on conserve une mémoire souvent très partielle au réveil. 2° **Représentation idéale que l'on élabore consciemment** (à l'état de veille), soit passagèrement, soit de façon organisée. Le rêve est une construction de l'esprit qui imagine une situation souvent irréelle, mais parfois réalisable ; il est une cristallisation de nos désirs ou de nos idéaux. Lorsqu'on se laisse aller consciemment à des rêves plus ou moins vagues, où les idées et les images (les fantasmes) s'associent librement, au gré des sensations ou de l'imagination, on parle alors de **rêverie** (ou rêvasserie).

En psychanalyse, le rêve nocturne est considéré comme l'une des manifestations les plus caractéristiques de l'**Inconscient**. Le relâchement de la conscience, des contraintes sociales et du contrôle moral (le **Surmoi**), conduit en effet les désirs inconscients à s'exprimer, à se révéler. Le rêve est pour Freud une réalisation de nos désirs habituellement refoulés. Mais attention : la **Censure,** au cours du rêve, veille encore sévèrement. Il ne faudrait pas que la libération soudaine de désirs interdits (et donc chargés de culpabilité et d'angoisse) vienne réveiller le sujet endormi, qui ne peut supporter de voir en face ses pulsions à l'état brut, le « **Ça** » qui le hante monstrueusement. Le rêve est également en effet le « gardien du sommeil ». Un compromis s'effectue donc entre les désirs et les exigences de la censure, sous les apparences incohérentes du scénario rêvé. D'une part, le désir s'exprime selon les lois de l'inconscient (qui se moque de la chronologie, qui se moque de la logique, qui accepte incohérences et contradictions) ; d'autre part, le désir se masque, prend l'aspect de fantasmes, de représentations (mi-intellectuelles, mi-imagées), d'histoires dont le cours surprenant est cependant tolérable. Freud oppose ainsi le *contenu manifeste* du rêve (le scénario apparent, les images dont on se souvient) et son *contenu latent* (sa signification réelle, inconsciente). L'interprétation consiste à *extraire le sens réel* du contenu manifeste, sachant que l'élaboration du rêve obéit à trois grandes lois qui sont :
* Le **symbolisme** (les éléments du rêve ont souvent des significations sexuelles latentes : les objets allongés, les bâtons, les pics figureront le phallus ; les réceptacles, les vases, les objets creux figureront le corps féminin ; mais le code symbolique peut être particulier à chaque rêveur) ;
* La **condensation** (une scène rêvée, une simple image peut condenser en elle-même divers traits, diverses époques, diverses personnes, diverses significations que l'analyse doit démêler) ;
* Le **déplacement** (la « libido », l'expression du désir inconscient, peut très bien s'investir dans des aspects accessoires et apparemment insignifiants du rêve, alors que les éléments dramatiques dont le rêveur se souvient n'ont qu'une importance secondaire : l'inconscient *déplace* ses affects pour mieux tromper la censure).

Ces quelques traits du rêve s'appliquent aussi, selon Freud, aux mots d'esprit ainsi qu'à beaucoup de manifestations névrotiques, dont le sens profond est caché par l'expression apparente. Avec des précautions et des nuances, certains critiques ont tenté de les retrouver dans les productions artistiques (qui sont de grandes rêveries contrôlées). Il faut toutefois ne pas réduire à des symptômes les plus hautes créations de l'esprit humain.

Voir **Censure, Inconscient, Refoulement, Symbolisme.**

REVÊCHE. *adj.* Se dit d'une personne dont l'abord ou le caractère est

peu accommodant, rude, hargneux, rébarbatif. *Une femme revêche. Une humeur revêche. Une attitude revêche.*
Pour les choses dont le contact est rugueux, on dira *rêche* (terme qui peut s'employer au sens figuré).

RÉVÉLATION. *n. f.* (à partir du latin *revelare,* lui-même issu du mot *velum*, « voile », qui signifie : « lever le voile, découvrir, révéler »). Au **sens religieux :** manifestation surnaturelle par laquelle Dieu fait connaître aux hommes des vérités jusqu'alors cachées. Cette révélation peut être directe (Dieu parle à l'homme, lui apparaît au cours d'une vision), ou indirecte (Dieu envoie des messagers comme les anges, des signes manifestes de sa volonté, ou encore la présence de son esprit dans un être inspiré). La révélation est aussi le *contenu* des vérités ainsi « révélées ». La Bible pour les juifs, la Bible et les Évangiles pour les chrétiens, le Coran pour les musulmans, sont l'expression de la révélation divine. Aussi ces trois religions sont-elles appelées des « religions révélées ».

Au XVIIIe siècle, la philosophie des **Lumières** s'est souvent opposée à l'idée même de révélation. Les philosophes déistes fondaient leur foi sur la raison et s'opposaient au **fidéisme.**

RÉVÉRER. *v. tr.* Honorer une personne, vénérer une réalité sacrée, avec un profond respect où la crainte se mêle à l'adoration. *Révérer Dieu ; révérer un sage ou un saint ; révérer un grand livre.* Ce verbe est quasi-synonyme de *vénérer.* Voir le mot **irrévérencieux.**

RÉVERSIBLE. *adj.* **Sens général :** se dit d'une réalité, d'un phénomène qui peut s'inverser, c'est-à-dire se produire dans un sens comme dans l'autre sens. *Un mouvement réversible.* L'antonyme parfait de cet adjectif, plus répandu, est évidemment *irréversible.*

Sens juridique : se dit d'un bien, d'un bénéfice, d'une rente qui peuvent être « reversés » sur une autre personne que le titulaire (notamment après la mort de celui-ci). *Une pension réversible.*

Ce sens se retrouve, **à un niveau spirituel,** dans le langage religieux : la **réversibilité des mérites** est une conception théologique selon laquelle les mérites moraux acquis par les justes (leurs prières, leurs souffrances, leurs bonnes actions) peuvent être transférés au profit des coupables, des pécheurs, et contribuer ainsi à leur salut. Il s'agit de la « communion des saints ». Cette conception chrétienne donne à la vie morale du croyant une portée altruiste, communautaire : il a la conviction que, même dans la solitude, il peut aider spirituellement les autres. Baudelaire fait allusion à cette conviction dans son poème intitulé « Réversibilité ».

RÉVISER. *v. tr.* 1º Revoir, examiner à nouveau quelque chose pour corriger, pour améliorer ou réparer. *Réviser un manuscrit. Réviser un procès. Réviser ses conceptions.* 2º Repasser ses leçons, revoir ce que l'on a appris pour un contrôle, un examen. *Faire des révisions.*

N.B. Ces deux sens sont assez différents. Réviser pour mieux savoir implique une idée de répétition, alors que réviser pour améliorer suppose une idée de changement («une révision déchirante»). De ce second sens est d'ailleurs issu le terme **révisionnisme**.

RÉVISIONNISME. *n. m.* **Sens général :** position idéologique qui, dans le cadre d'une doctrine politique, préconise la révision (plus ou moins radicale) des dogmes fondateurs de celle-ci. **Sens particuliers :**
• position de certains courants marxistes qui sont pour une révision des thèses révolutionnaires du marxisme, en fonction de l'évolution politique, sociale ou économique (voir **Réformisme**).
• attitude de pseudo-historiens et de mouvements politiques d'extrême-droite qui nient le génocide des Juifs par les nazis, en remettant en cause l'existence des chambres à gaz dans les camps d'extermination.

REVIVISCENCE. *n. f.* Action de reprendre vie et vitalité. *La reviviscence de certains sentiments, de souvenirs anciens.* Ne pas confondre avec *réminiscence* (voir ce mot).

RÉVOLU. *adj.* (du latin *revolvere*, «rouler, dérouler»). Qui a accompli son cycle ; qui a achevé son temps, qui s'est écoulé. *Avoir cinquante ans révolus. Une époque révolue.* Qui a totalement disparu.

RÉVOLUTION. *n. f.* **Au sens politique, social et économique :** changement brusque, radical, et souvent violent, de l'ordre établi, des institutions existantes, du régime. Le mouvement qui s'y oppose se nomme *contre-révolution*. La révolution peut être totale *(la révolution russe)* ou partielle *(la révolution industrielle ; la révolution des mœurs).* À partir de l'exemple politique, le mot révolution a été employé métaphoriquement dans presque tous les domaines de la vie humaine, notamment dans le domaine intellectuel, artistique ou moral. Dans cet emploi, le terme s'est parfois usé : il peut signifier un changement plus ou moins profond, sans qu'il y ait nécessairement coupure totale ou violente avec l'état précédent. Noter l'expression **Révolution culturelle**, qui a été d'abord lancée dans la Chine de Mao-Tsé-Toung (en 1965-1966) et qui désigne, au-delà des idées politiques, un bouleversement radical des valeurs fondamentales d'une société, aussi bien au niveau de la vie proprement culturelle que des mœurs ou des relations entre les personnes.

Au mot **Révolution** peuvent être opposés les mots **Tradition, Évolution** (ou **Réforme**), et enfin **Révolte** : la *révolte* — contre les injustices, contre l'absurdité du monde — est un mouvement de refus intense, passionné, souvent épisodique, tandis que la *révolution* se veut une action d'ensemble, politiquement organisée.

→ **Pour approfondir, p. 821 et p. 826.**

RÉVOQUER. *v. tr.* Destituer une personne d'une fonction, d'une charge qu'on lui avait confiée. *Le fonctionnaire incompétent a été révoqué.* Déclarer nul un contrat ou un acte juridique. *Révoquer un testament. La Révocation de l'Édit de Nantes (1685).*

RHAPSODIE. *n. f.* **Dans l'Antiquité,** suite de morceaux épiques que chantaient ou récitaient les *rhapsodes,* de ville en ville. **En musique,** composition d'inspiration libre où se juxtaposent, dans un mouvement unique, divers thèmes d'origine populaire. Les *Rhapsodies hongroises* de Liszt sont célèbres.

RHÉTORIQUE. *n. f.* Art de bien *dire* et de bien parler ; et donc, ensemble des procédés oratoires employés pour produire un discours convaincant, au niveau de l'invention, de la composition et de l'élocution (voir ce mot, au sens n° 2). La rhétorique est au service de l'éloquence. Elle comprend notamment les **figures de rhétorique,** qui peuvent être de véritables procédés d'argumentation (la concession, par exemple) ou simplement les classiques figures de style. Traditionnellement, la rhétorique était enseignée, raison pour laquelle certaines classes sont appelées « classes de rhétorique ».

Le mot « rhétorique » désigne aussi l'*art d'écrire* d'un auteur particulier : *la rhétorique de Rousseau, son habileté à manier l'anaphore, l'antithèse, le style périodique.* Voir **Figure de style.**

On emploie parfois le mot rhétorique au sens péjoratif de « rhétorique creuse », par opposition à la véritable éloquence, chaleureuse et sincère.

On appelle *rhétoriqueurs* un groupe de poètes français de la fin du XVe siècle, remarquables par leur virtuosité formelle et leur habileté rythmique. Certains leur ont reproché leur trop grand formalisme verbal.

N.B. Bien placer le *h* après le *r* (et non après le *t*).

➜ **Pour approfondir, p. 1096.**

RIGORISME. *n. m.* Attachement rigoureux, souvent excessif, aux règles morales ou religieuses. *Le rigorisme des puritains. Une attitude rigoriste en matière de discipline.* Antonyme : **laxisme.**

RIGUEUR. *n. f.* 1° Sévérité, dureté extrême des êtres ou des choses. *La rigueur d'une autorité, d'un chef. La rigueur d'une répression armée. Une politique économique de rigueur. La rigueur de la morale. La rigueur de l'hiver. Les rigueurs d'une époque difficile.*

2° Inflexibilité logique ; exigence intellectuelle de précision et d'exactitude. *La rigueur d'un raisonnement. Un calcul rigoureux. La rigueur d'une exécution (œuvre picturale, interprétation musicale, etc.). Travailler, agir, écrire avec rigueur, sans à peu près.*

Le point commun entre les deux acceptions du mot *rigueur* est sans doute l'idée de contrainte. La rigueur est toujours le fruit d'une réalité contraignante, qu'elle soit naturelle ou humaine, qu'elle soit imposée ou qu'on se l'impose à soi-même. La logique a ses lois : la rigueur d'une pensée ou d'un raisonnement ne sera obtenue que si l'on se contraint à suivre les lois de la logique ; du même coup, on impose au lecteur ou à l'interlocuteur la rigueur de ce raisonnement à laquelle il ne peut échapper.

L'expression **À la rigueur,** d'un emploi courant, peut étonner. Elle signifie en effet qu'*en cas de nécessité absolue,* on pourra faire telle ou telle chose si la réalité extérieure nous l'impose, ce qui renvoie au *sens* *nº 1 du mot*. Mais cette expression est souvent utilisée dans un esprit de tolérance, pour accepter une exception à la règle, ce qui est contraire à l'idée d'inflexibilité du mot « rigueur » *au sens nº 2*. D'où une surprenante contradiction. *Vous pouvez à la rigueur ne pas faire d'introduction dans votre discours ; mais ce n'est pas très rigoureux...*

RIME. *n. f.* Répétition de sons identiques à la fin de deux ou plusieurs vers. En principe, il faut une succession de deux sonorités (voyelle + voyelle ; voyelle + consonne ; consonne + voyelle) pour que la rime soit suffisante. Dans le cas où une seule voyelle est répétée, on parle de rime *pauvre*, ou encore d'*assonance* (voir ce mot, et les exemples qui y sont donnés). Plus le nombre de sonorités répétées à la rime est grand, plus la rime est riche.

Dans la poésie classique, on alterne les rimes **masculines** et les rimes **féminines ;** sont féminines les rimes dont le dernier mot se termine par un *e* muet, masculines toutes les autres. *Cousine/voisine, fille/brille, émue/remue* sont féminines. *Soleil/pareil, front/rond, peur/rigueur* sont masculines. Lorsqu'un vers se termine par une rime masculine, il ne peut être suivi que par un vers se terminant par une rime féminine (sauf s'il s'agit bien sûr de la *même* rime masculine). Et réciproquement.

Les rimes sont dites *plates* lorsqu'elles adoptent la disposition *aa/bb/cc/* ; *croisées*, dans la disposition *abab* ; et *embrassées*, dans la disposition *abba*.

La rime consistant à jouer sur le son et sur le sens, les poètes aiment y pratiquer la *paronomase* (figure de style qui consiste à rapprocher des mots de sonorités *proches* mais de sens *différents*) :

Comme la vie est lente
Et comme l'Espérance est violente

(Apollinaire)

RITE. *n. m.* **Sens religieux :** ensemble de règles, de pratiques cérémoniales en usage dans une communauté religieuse. Le *rite romain* est le culte pratiqué par l'Église catholique. Plus précisément, **les rites** (au pluriel) : ensemble des pratiques et des règles qui fixent le déroulement d'une cérémonie donnée. *Les rites magiques* (destinés à se concilier des puissances surnaturelles). *Les rites maçonniques* (cérémonie d'initiation destinée, par exemple, à accueillir un nouveau membre). Le code qui contient et fixe l'ensemble de ces rites s'appelle un **rituel.**

Sens sociologique (courant) : manière d'agir habituelle propre à un groupe social, soit au cours de cérémonies particulières (remise d'une décoration), soit dans des pratiques coutumières de la vie courante (rite de la poignée de main ; rites de la politesse). Les rites ont souvent un caractère invariable, qu'ils soient voulus consciemment ou non par la communauté : il est très difficile de modifier ou de contredire ce qui a été *ritualisé* (l'alternance brutale travail/vacances ; la cessation de l'activité économique au mois d'août, en France, par exemple). Notons enfin que les rites peuvent être propres à un tout petit groupe ou à un individu (par exemple, le *rituel* dont s'entourent certains écrivains avant de se livrer à l'acte d'écrire). *Des procédures rituelles.*

ROBORATIF. *adj.* (du latin *robur*, « force, vigueur »). Qui fortifie, qui revigore. *Un ouvrage roboratif. Une boisson roborative.*
N.B. Pour l'étymologie, voir le verbe **Corroborer.**

ROCAMBOLESQUE. *adj.* Se dit d'un récit qui abonde en péripéties spectaculaires, en rebondissements inattendus (et invraisemblables). Peut s'appliquer à des événements réels. *Une aventure rocambolesque.*
N.B. Cet adjectif vient de Rocambole, héros de nombreux romans-feuilletons de Ponson du Terrail (1829-1871).

ROCOCO. *n. m.* et *adj.* Style du XVIIIe siècle, apparenté au baroque italien, qui se caractérise par la profusion de l'ornementation. *Le rococo dans la sculpture est souvent extravagant.* Comme adjectif, le terme est souvent synonyme de *tarabiscoté,* ridiculement compliqué.

ROMAN. *n. m.* Long récit en prose racontant une histoire de caractère fictif, vécue par des personnages imaginaires, que l'auteur veuille ou ne veuille pas nous faire croire à leur vraisemblance.

• À l'origine, le mot *roman* désigne l'ancien français — la langue vulgaire par opposition au latin (langue savante). Par extension, on a appelé *romans* des œuvres littéraires (en vers) qui racontaient des histoires fictives en langue romane (roman de chevalerie ; roman courtois). Le terme s'est spécialisé par la suite pour désigner un *récit en prose* d'aventures *imaginaires,* par opposition aux autres genres littéraires (épopée, chronique, poésie, théâtre, fable, histoire). De nos jours, le roman est devenu un genre attrape-tout qui, tout en s'opposant aux autres genres, en intègre souvent les éléments spécifiques, même si ce n'est que de façon partielle.

• Le roman s'oppose à l'*essai,* mais il peut contenir des développements et des méditations qui valent bien des essais (la théorie du pouvoir dans *1984* d'Orwell). Le roman s'oppose à la *poésie,* mais certaines pages descriptives ou narratives sont d'une incomparable poésie (la « Promenade sur le lac » dans *La Nouvelle Héloïse* de Rousseau). Le roman s'oppose au *théâtre,* mais ses scènes et ses dialogues sont parfois d'une vigueur dramatique dépassant bien des œuvres théâtrales. Le roman s'oppose à l'*épopée,* mais offre parfois des pages épiques brossant formidablement le tableau des conditions sociales et des luttes humaines (Zola, *Germinal*). Le roman s'oppose à l'*histoire* mais il produit parfois des chroniques à la fois exactes et animées qui font magnifiquement revivre le passé (Flaubert, *Salammbô*). Et ainsi de suite.

• On distingue en général le roman du *récit* et de la *nouvelle,* qui sont des œuvres plus courtes (voir ces mots). Mais les auteurs nomment parfois « romans » des récits très courts (*L'Étranger* de Camus). Que conclure, sinon que le roman est un genre protéiforme dont l'aptitude essentielle est de s'enrichir de tous les autres, en les greffant à chaque fois sur le noyau spécifique que demeure le processus narratif. Le roman *raconte*, et à partir de là, il mime l'existence sous toutes ses formes, sous tous les points de vue, en employant tous les procédés de l'écriture littéraire, tous les moyens qui peuvent entraîner le lecteur dans le fantastique, ou le confronter à la représentation du réel.

Voir **Chronique, Conte, Fable, Nouvelle, Récit, Romanesque.**

ROMANCE. *n. f.* (de *romance*, chanson populaire espagnole). Pièce poétique simple et populaire, sur un sujet attendrissant, destinée le plus souvent à être chantée. Musique écrite pour chanter une romance. « *Elle chanta une de ces anciennes romances pleines de mélancolie et d'amour, qui racontent toujours les malheurs d'une princesse enfermée dans sa tour par la volonté d'un père qui la punit d'avoir aimé.* » (Nerval).

ROMANESQUE. *adj.* 1° Qui concerne le roman, son genre, son écriture. *La technique romanesque. Le mode romanesque. Un personnage romanesque.*

2° Qui présente (dans la vie courante) des caractères traditionnellement attribués au roman : aventure extraordinaire, monde irréel ou imaginaire, scènes et passions dramatiques. *Une aventure romanesque. Des amours romanesques.* Se dit en particulier des personnes qui voudraient vivre leur vie comme un roman, et négligent la réalité au profit de l'imaginaire. *Un esprit romanesque, une jeune fille romanesque.*

Madame Bovary, par exemple, est doublement « romanesque » : 1° Elle est un personnage de roman ; 2° Elle voudrait vivre sa vie comme un grand roman d'amour romantique (voir **Bovarysme**).

ROMANTIQUE. *adj.* 1° Qui se rapporte au romantisme comme mouvement littéraire et artistique (voir mot suivant). *La littérature romantique. René, premier héros romantique.*

2° Qui manifeste une sensibilité, un caractère, un esprit proches de ceux qu'exalte le romantisme (exaltation lyrique, goût de la rêverie, idéalisme sentimental, mépris de ce qui est bassement utilitaire). *Un adolescent romantique. Des rêves romantiques.* L'adjectif s'emploie aussi à propos de ce qui *produit* des états d'âme romantiques : *un coucher de soleil romantique ; un adieu romantique.*

ROMANTISME. *n. m.* Mouvement intellectuel et artistique qui se manifeste dès le milieu du XVIIIe siècle en Angleterre et en Allemagne, et atteindra son apogée au XIXe siècle, notamment dans la littérature française avec les poètes Lamartine, Hugo, Musset, Vigny, Nerval et des prosateurs comme Chateaubriand, Stendhal. Il s'agit d'un mouvement européen.

• Comme la plupart des grands mouvements artistiques, le romantisme se définit d'abord par ses réactions aux périodes qui précèdent :
— **Opposition au rationalisme** des Lumières, à son optimisme philo-

sophique comme au culte de la raison, contre lequel les écrivains réhabilitent les droits de la sensibilité, de l'imagination, et l'expression lyrique des grands sentiments ;
— **Opposition à l'idéal classique,** à son esthétique de la mesure et de la retenue personnelle, contre lequel les romantiques prônent l'exaltation du moi et la libération de l'art.

• Ces oppositions s'accompagnent souvent d'une attitude individualiste de *refus de l'ordre social* de l'époque, aussi bien sous sa forme économique (l'utilitarisme bourgeois) que sous ses formes culturelles (académismes divers) : l'année 1830 (Révolution de juillet) est l'année de la bataille d'*Hernani* (Hugo) ; Berlioz compose *La Symphonie fantastique ;* en 1831, Delacroix peint *La Liberté guidant le peuple.* Le culte du moi s'affirme et s'accompagne, dans tous les domaines, d'un désir de liberté et de libération, ce qui ne va pas sans angoisses et sans souffrances, car le monde (sa réalité tant sociale que métaphysique) ne se plie pas d'emblée aux aspirations romantiques.

• Les thèmes que cultivera la littérature romantique, en tentant de renouveler les formes artistiques traditionnelles (le théâtre, la poésie) ou de leur conférer un développement exceptionnel (le roman, lieu privilégié de l'expression de l'individu face à la société), seront donc globalement : la *douleur,* le *mal de vivre* (voir **Mal du siècle**); les *grands sentiments humains* (l'amour, la souffrance, la mort, l'appel de la liberté) et *l'exaltation du « cœur »* («*Ah, frappe-toi le cœur, c'est là qu'est le génie !* », écrit Musset), l'*amour de la nature* (dans laquelle le « moi » se projette et se reflète), l'*appel du rêve* ou de l'esprit (Nerval, Vigny), la *glorification de l'artiste* (poète maudit dans son exception, ou prophète inspiré chargé d'éclairer les hommes). Mieux vaut vivre dans la démesure du sentiment et dans l'échec que de nier sa propre singularité en se fondant dans une société utilitariste (voir la pièce *Chatterton,* de Vigny). Cela dit, l'attitude romantique ne se limite pas à un retrait individualiste du « moi » dans l'exaltation de ses rêveries au sein de la nature : elle peut comporter aussi un engagement social ou politique (Lamartine, Hugo) au nom de la liberté, une volonté de se révolter et de triompher de l'ordre ancien.

• Comme le classicisme, le romantisme est parfois considéré comme une attitude esthétique valable de tous temps et qui peut traverser chaque artiste, comme élan, au même titre que le classicisme, comme exigence. C'est ainsi qu'on a pu relier le surréalisme et le baroque au romantisme, en tant que tendance universelle de l'art. Pour Gide, classicisme et romantisme doivent se fondre : «*L'œuvre classique ne sera forte et belle qu'en raison de son romantisme dompté.* »

RONDEAU. *n. m.* Poème à forme fixe qui fut surtout en vogue au Moyen Âge. Construit sur deux rimes et un refrain, il donne l'impression de « tourner en rond » en raison de ses répétitions.
N.B. Ne pas confondre avec l'homonyme **Rondo,** pièce musicale (au

cours d'une sonate ou d'une symphonie) dans laquelle un refrain alterne avec des variations.

ROTONDITÉ. *n. f.* Caractère de ce qui est rond ou sphérique. *L'homme a mis des siècles à découvrir la rotondité de la terre.* Peut s'appliquer au *pluriel*, de façon plaisante, aux rondeurs d'une personne grasse. *Mais il a pris conscience beaucoup plus vite des rotondités de la femme.*

ROTURIER. *adj.* et *n.* Qui n'est pas noble, qui appartient à la « roture » (classe des paysans, des bourgeois ou des propriétaires non nobles). *C'est un roturier ; il sent sa roture ; il est manifestement d'origine roturière.* Voir **Patricien** et **Plébéien**.

ROUÉ. *adj.* Qui est torturé au moyen du supplice de la roue. Au *figuré* : *être roué de coups* (battu).

n. m. Nom donné, au XVIIIe siècle, à des personnes débauchées, qui eussent mérité le supplice de la roue. *Les roués de la Régence.*

Par extension *(sens actuel)* : personne intéressée, perverse et rusée, qui n'hésite pas sur les moyens pour arriver à ses fins. *Méfie-toi, c'est une rouée : elle ne séduit que pour escroquer. La rouerie est une forme d'habileté sans scrupule.*

ROUSSEAUISME. *n. f.* Attitude de confiance naïve en la bonté de la nature humaine, qui s'accompagne d'une vision idéaliste de l'existence de l'homme primitif, à l'état de nature. *Une conception rousseauiste de l'éducation* considérera que l'enfant est innocent et qu'il suffit de respecter sa nature pour l'éduquer.

Le *rousseauisme* est évidemment une caricature de la pensée de Jean-Jacques Rousseau (complexe et parfois contradictoire). Elle dérive de ses thèses sur l'origine de l'inégalité sociale et sur l'éducation.

RUDIMENTS. *n. m.* Au **pluriel** : premiers éléments d'une réalité (une théorie, une organisation) ; notions élémentaires d'une science ou d'un art. *Des rudiments d'installation électrique. Ils n'ont que des rudiments de grammaire. Vos connaissances en mathématiques sont vraiment rudimentaires.*

RUSTIQUE. *adj.* (du latin *rus, ruris,* « campagne »). Qui se rapporte à la campagne. *La vie rustique.* Qui a le caractère simple, solide, peu raffiné, de ce qui se fait à la campagne. *Des meubles rustiques* (sens mélioratif). *Des manières rustiques* (sens péjoratif). Selon les contextes et les modes, l'adjectif *rustique* et la notion même de *rusticité* sont pris dans un sens favorable ou défavorable.

N.B. Les mots *rural, ruralité* ont la même étymologie. De même l'adjectif **rustaud** (lourdaud, grossier comme est censé l'être un paysan) et le nom **rustre** (homme brutal et grossier), qui sont nettement péjoratifs.

RYTHMIQUE. *(comme nom féminin)* Étude des rythmes de la langue littéraire (versifiée ou non). La rythmique étudie la longueur et la coupe des phrases, la cadence des éléments qui se succèdent (périodes), la place des accents et leurs déplacements éventuels. Voir **Accentuation, Anaphore, Enjambement, Période, Prosodie, Rejet.**

Plus généralement, la *rythmique* peut désigner un ensemble d'éléments hétérogènes rassemblés selon un certain rythme. *Les médias, en sélectionnant et en ordonnant les événements, soumettent l'opinion à une sorte de rythmique dominante dont il est difficile de s'extraire.*

SABBAT. *n. m.* 1° Jour de repos et de prière que les juifs observent le septième jour de la semaine, c'est-à-dire le samedi (le mot «samedi» dérive lui-même du latin *sabbatum*). L'adjectif *sabbatique* qualifie ce septième jour (*repos sabbatique*) et, par extension, l'année de congé (*année sabbatique*) accordée dans certaines professions, pour prendre du recul et parfaire sa formation (en principe tous les sept ans).

2° Rassemblement nocturne et tapageur de sorciers et de sorcières qui, selon une superstition du moyen âge, se tenait le samedi à minuit, présidée par Satan. Par extension, danse frénétique et endiablée. *Une ronde de sabbat.* Ce sens n'est évidemment pas à confondre avec le précédent !

SACERDOCE. *n. m.* 1° Dignité, mission et fonction de prêtre, dans diverses religions. Le sacerdoce confère au prêtre un pouvoir spirituel ; dans ce sens, on dit aussi *prêtrise*. La fonction proprement dite du prêtre (sa mission, l'emploi dont il est chargé) s'appelle *ministère*. Voir aussi le mot **Sacrement**. *L'habit sacerdotal, les vêtements sacerdotaux.*

2° Fonction qui présente un caractère éminemment respectable, quasi religieux, en raison du dévouement, de la ferveur ou de l'abnégation qu'elle exige. *Le métier de professeur est considéré par certains comme un véritable sacerdoce. Pour un poète comme Mallarmé, le culte de l'Art fut un sacerdoce.*

Dans l'Église catholique, le sacerdoce comporte un pouvoir spirituel : il permet en particulier aux prêtres d'opérer des sacrements. Mais c'est là un pouvoir *délégué*. Le véritable sacerdoce (pouvoir d'action surnaturel, pouvoir de faire agir la grâce de Dieu) appartient à Jésus-Christ, fils de Dieu, seul vrai Prêtre (cf. **Christianisme**). Celui-ci associe à son sacerdoce ses apôtres puis, à leur suite, le Pape et les évêques ; l'Évêque à son tour confère le sacerdoce aux prêtres par un sacrement appelé le *sacrement de l'ordre*. Ceci explique que le prêtre n'ait pas de pouvoir spirituel par lui-même : il ne l'a qu'*au nom de* Jésus-Christ ; seul Dieu (ou son Esprit) est censé agir en dernier ressort.

SACRALISER. *v. tr.* Conférer une valeur sacrée, quasi religieuse, à une réalité ou à une personne qui ne l'a pas par elle-même. *Sacraliser les auteurs classiques. Sacraliser la terre des ancêtres. Sacraliser la voi-*

ture, symbole de notre siècle. *La publicité sacralise la jeunesse.* L'antonyme de ce mot, **désacraliser,** est fréquemment employé depuis les années 1970.

SACRÉ. *adj.* et *n.* Le sacré, c'est tout ce qui est considéré comme mystérieux, surnaturel, saint ou divin ; tout ce qui se rapporte aux cérémonies religieuses, aux sacrements, aux objets du culte, à la liturgie ; bref tout ce qui mérite une vénération ou une révérence religieuse. Dans ce premier sens, les mots *religieux* et *sacré* sont voisins et s'opposent au mot *profane.* On parle de respect *sacro-saint* (parfois ironiquement).

Par extension, le **sacré** s'étend à tout ce que, hors de la religion, dans le monde dit *profane,* on considère comme digne d'un respect absolu. *Les droits de l'homme sont sacrés. L'amour sacré de la Patrie.* Dans ce second sens, le mot peut s'affaiblir en prenant trop d'extension : voir le verbe **sacraliser.** *Un certain nombre de désacralisations s'imposent si l'on veut restituer au sacré sa valeur originelle.*

N.B. Noter la valeur injurieuse du terme employé par antiphrase *(« Sacré nom de Dieu ! »).*

SACREMENT. *n. m.* Signe sacré, acte rituel par lequel, au nom de Jésus-Christ, le prêtre (ou l'évêque) opère une action ou une transformation surnaturelle sur celui qui en est l'objet. Le sacrement a toujours pour effet de relier à Dieu, de consacrer à Dieu, de rendre agissante la grâce de Dieu dans les âmes. Il n'est donc pas un simple « signe », un geste apparent : il est considéré comme un acte doté d'une efficacité réelle dans l'ordre spirituel. Les sacrements fondamentaux sont, dans le christianisme, le **baptême** et l'**eucharistie** (voir ces mots). L'Église catholique y ajoute la *confirmation,* l'*extrême-onction* (ou « derniers sacrements » apportés aux mourants), la *pénitence* (ou confession), le *mariage* (qui unit spirituellement, en Dieu, les deux époux) et l'*ordre* (qui confère au futur prêtre le sacerdoce et les fonctions qui lui sont liées). Il va de soi que les sacrements ne prennent sens et effet que dans la mesure où les croyants y adhèrent volontairement et consciemment. Notons aussi qu'ils présupposent, dans l'être humain, l'existence d'une vie spirituelle autonome, l'âme (au sens n° 1).

SACRIFICE. *n. m.* (du latin *sacrificium,* « sacrifice, offrande à Dieu »).

1° **Sens religieux :** offrande rituelle à Dieu, qui suppose l'abandon d'un bien qu'on « sacrifie », le don de sa propre personne (immolation volontaire), ou d'une autre victime (un animal, un être humain). *La notion de sacrifice est ambiguë :* elle apparaît comme un don gratuit, une reconnaissance de la divinité (un remerciement de ses faveurs) ; mais en même temps, elle peut être comme une sorte de moyen d'apaiser sa colère ou de se concilier ses pouvoirs (d'où l'aspect sanglant de ces sacrifices). Ce double aspect explique que le mot puisse être pris tantôt dans un sens très favorable (le « sacrifice du Christ » est avant tout un don de sa personne aux yeux des chrétiens), tantôt dans un sens défavorable (caractère archaïque, barbare, sadomasochiste de cette pratique dans des sociétés antiques).

2° **Sens profane :** privation d'un bien ; renoncement volontaire à quelque chose, en vue d'un bien supérieur qu'on veut atteindre, ou par dévouement (à autrui, à une grande cause qu'on idéalise). Voir **Abnégation**. *Faire le sacrifice de sa vie pour libérer la patrie. Faire des sacrifices pour élever ses enfants.* L'**esprit de sacrifice :** la capacité à renoncer à des avantages personnels, à « prendre sur soi » pour donner aux autres.

SADISME. *n. m.* (du nom du marquis de Sade, dont les ouvrages mettent en action des personnages pervers : leur jouissance sexuelle est liée aux sévices qu'ils font subir à leurs partenaires).

1° Perversion sexuelle dans laquelle le sujet n'éprouve de satisfaction qu'en faisant souffrir (moralement ou physiquement) son partenaire. Le sadisme résulte d'une fusion entre la violence et la sexualité ; il est souvent lié au masochisme, la même « pulsion de mort » pouvant être, dans le comportement sexuel, tournée vers soi ou vers l'autre. D'où le terme **Sadomasochisme.**

2° Par extension, plaisir de voir souffrir ou de faire souffrir les autres (êtres humains ou animaux). Le sadisme se mêle souvent à d'autres sentiments, à la pitié même. Voici par exemple ce que Néron déclare, à propos de Junie qu'il aime et qu'il séquestre (*Britannicus*, Racine) :

J'aimais jusqu'à ses pleurs que je faisais couler

SAGA. *n. f.* Récit héroïque de la littérature scandinave (Islande, Norvège) du Moyen Âge. Ces récits rapportent souvent les aventures légendaires de familles entières. D'où, par extension, l'application du mot *saga* aux longs romans qui racontent, de génération en génération, l'histoire d'une famille.

SAGACITÉ. *n. f.* Pénétration d'esprit, perspicacité. La sagacité est une forme de clairvoyance par laquelle, à l'aide de simples indices, on devine l'essentiel des choses. *La sagacité de son jugement. Une critique sagace.*

SAGESSE. *n. f.* **Sens philosophique (ou religieux) :** idéal supérieur de vie fondé sur la connaissance et la recherche de la Vérité. Voir les mots **Philosophie** (« amour de la sagesse ») et **Platonisme**. La *Sagesse* est aussi la sagesse que donne l'Esprit, dans la tradition judéo-chrétienne. Selon Confucius, la sagesse, profondément vécue par un homme juste, répand l'ordre et la paix autour de lui.

Sens moral (courant) : jugement équilibré et conduite faite de modération. Sens du discernement et mesure qui s'ensuit. Dans le mot sagesse, il y a toujours une association entre la capacité de l'esprit et la maîtrise de soi. *L'enfant atteint la sagesse quand il a « l'âge de raison ».*

La morale traditionnelle distingue le héros, le sage et le saint. Ils sont censés illustrer trois degrés de la vie morale. Le **héros** a le courage, le **sage** a la vérité, le **saint** a l'amour (de Dieu). Certains personnages, dans l'Occident chrétien, illustrent ces trois vertus, le roi saint Louis par exemple. Un héros du récit de Camus, *La Peste,* a pour idéal de devenir un *« saint sans Dieu ».*

SAINTETÉ. *n. f.* 1° Perfection de la vie spirituelle et morale. Dans la religion chrétienne, le Saint est Dieu lui-même, en tant que souverainement pur et parfait, en tant qu'Amour absolu. Les saints vivant de la Sainteté de Dieu, inspirés par sa grâce, mettent en pratique les exigences de l'amour (jusqu'au sacrifice de soi).

2° Ce qui est saint ; ce qui se rapporte aux réalités sacrées de la religion. *La sainteté des vérités chrétiennes. Mourir en odeur de sainteté* (le corps de certains saints, après leur mort, était censé exhaler une douce odeur). On appelle **Sa Sainteté** (ou *Votre Sainteté*) la personne du Pape.

SALUBRE. *adj.* Sain, favorable à la santé. *Un climat salubre.* Le mot **salubrité** a un sens plus large : il comprend les *mesures* prises pour rendre salubre l'environnement humain, et peut s'employer au sens figuré : *votre essai sur le conditionnement médiatique est une œuvre de salubrité publique.*

SALUT. *n. m.* (du latin *salus,* « santé » : le fait de dire « salut » à quelqu'un signifie, étymologiquement, lui souhaiter une bonne santé).

1° **Sens général :** fait d'échapper à un danger, à la mort ou, plus positivement, de trouver l'état idéal qu'on recherchait. Le salut peut être physique (on échappe à la noyade en trouvant une *« planche de salut »* — expression devenue symbolique), ou moral (il peut concerner la société toute entière : on parle de *salut public*).

2° **Sens religieux :** fait d'être sauvé du mal et d'accéder à la félicité éternelle. Il s'agit là du *salut de l'âme,* dont l'idée est commune, sous diverses formes, à plusieurs religions (judaïque, chrétienne, islamique, bouddhique) et à certaines philosophies. L'urgence du salut est vécue tantôt sur le mode de l'angoisse (peur de la damnation éternelle, de l'enfer), tantôt sur le mode de l'impatience de la vie éternelle (la béatitude, le paradis, la contemplation de Dieu). Le christianisme classique a souvent développé l'obsession, imposée à chacun, de *faire son salut ;* le christianisme actuel met plutôt l'accent sur l'exigence d'aimer et d'instaurer la justice parmi les hommes.

Notons les deux adjectifs **salutaire** (qui est relatif au salut *au sens n° 1*) et **salvateur** (qui se rapporte plutôt *au sens n° 2* du mot salut : *un mythe salvateur ; une réforme salvatrice).*

SAPER. *v. tr.* Détruire les fondations ou saper les bases d'une réalité physique ou morale. *Saper les assises d'une construction. Saper les principes fondamentaux de l'éducation. Saper l'autorité du gouvernement, le moral de l'opinion.*

N.B. Rien à voir avec le verbe populaire *se saper* (s'habiller).

SARCASME. *n. m.* Moquerie ironique, trait d'esprit railleur ou insultant. *Il l'accable de sarcasmes. Les sarcasmes d'un pamphlétaire. Un individu perpétuellement sarcastique. Un ton, un rire sarcastiques.*

SATANISME. *n. m.* 1° Culte rendu à Satan (prince des démons, dans la tradition judéo-chrétienne). Il consiste notamment à participer à des « messes noires » (inversion de la messe, célébration de l'Esprit du Mal).
2° Fascination pour tout ce qui est satanique ou pour la figure mythique du Diable. Baudelaire en donne l'exemple dans le poème des *Fleurs du Mal* intitulé « Litanies de Satan ».
N.B. Le champ lexical du satanisme est assez fourni, avec les mots *démoniaque, diabolique, infernal, méphistophélique* et les autres termes de la même famille. Voir **Enfer**.

SATELLITE. *n. m.* Au **sens figuré**, se dit d'un pays qui se trouve dans une étroite dépendance politique ou économique d'une grande puissance. *Les « pays de l'Est » étaient des pays satellites de l'U.R.S.S.* Le terme peut s'employer aussi à propos de personnes qui « gravitent » autour d'autres plus puissantes.

SATIÉTÉ. *n. f.* (du latin *satis*, « assez »). État d'une personne dont la faim ou le désir sont amplement rassasiés. *Boire à satiété* (jusqu'à n'en plus avoir envie). État de lassitude provoqué par la surabondance ou la répétition d'une chose (qu'on ne désire plus). *Il n'en pouvait plus, il avait atteint la satiété. Il répète les mêmes astuces, à satiété.*
N.B. Sur la même racine, on a *insatiable, rassasier, satisfaisant*.

SATIRE. *n. f.* 1° Poème (dans la littérature classique) ou, plus généralement, texte dans lequel un écrivain ou un orateur tourne en ridicule ses contemporains, soit de façon générale (satire des mœurs), soit en s'attaquant à des personnes privées. La satire peut être mordante, sarcastique, violente, comme elle peut être parodique, humoristique, comique. *Les Satires* de Boileau.
2° Critique ou attitude critique qui, sans faire l'objet d'un texte ou d'un pamphlet en due forme, peut caractériser une œuvre en général *(une comédie satirique)*, les paroles d'une personne *(ses plaisanteries sont souvent satiriques)* ou un individu *(il a un don pour la satire)*.
N.B. Ne pas confondre avec **le satyre** (voir ci-dessous).
➜ **Pour approfondir, p. 1101.**

SATURER. *v. tr.* (du latin *saturare*, « rassasier »). Au *propre* comme au *figuré*, remplir à l'excès. *Ce qui est saturé d'une substance ne peut en contenir davantage* (à moins d'en être *sursaturé*). *Un marché saturé* (de tel produit). *Des oreilles saturées* (de telle musique). *Si vous ajoutez encore au programme scolaire, vous risquez de le saturer, — sans parler des élèves.*
N.B. On trouve parfois ce verbe employé intransitivement : *je sature.*

SATYRE. *n. m.* 1° **Divinité mythologique** qui présente un corps humain couvert de poils, avec des cornes et des pieds de bouc, ainsi qu'une queue. Le satyre est souvent représenté en train de jouer de la flûte ou de poursuivre des nymphes.

2° **Par extension, homme lubrique** qui poursuit les femmes de ses désirs obscènes. En particulier, exhibitionniste plus ou moins dangereux. *Le satyre du Bois de Boulogne est recherché par la police.* Ne pas confondre avec **la satire.**

SCABREUX. *adj.* (du latin *scaber*, « rude, raboteux »).
1° Embarrassant, difficile, risqué. *Une situation scabreuse. Se lancer dans une entreprise scabreuse.*
2° Inconvenant, qui choque la décence. *Tenir à une jeune fille des propos scabreux. Une histoire scabreuse.*

SCATOLOGIQUE. *adj.* Se dit de propos, de grossièretés, de textes qui se plaisent à évoquer les excréments. *Des plaisanteries scatologiques.*
N.B. Ne surtout pas confondre avec *eschatologique* !

SCÉNARIO. *n. m.* 1° Canevas ; texte qui présente de façon plus ou moins détaillée l'intrigue d'une pièce de théâtre, ou d'un roman.
2° Document écrit décrivant séquence par séquence, et parfois plan par plan, un film qui doit être tourné (avec dialogues, indications scéniques, mouvements de la caméra, etc.). Le terme peut s'employer pour la bande dessinée. Voir **Synopsis.**
3° Par extension, déroulement programmé d'un événement réel. *Le scénario d'un hold-up. Les négociations se sont déroulées selon un scénario désormais bien connu.*

SCEPTICISME. *n. m.* (du grec *skepticos*, « qui examine, qui observe »).
1° **Sens philosophique :** doctrine selon laquelle l'esprit humain ne peut parvenir à aucune vérité générale ; tout pouvant être mis en doute, il faut s'abstenir de juger. Le scepticisme peut être relatif (ne porter que sur certains sujets, — c'est le cas des agnostiques à propos de l'existence de Dieu ; ou n'être qu'une phase provisoire de la démarche philosophique, — c'est le cas du «doute méthodique» de Descartes par exemple). Mais il est en principe absolu, niant toute possibilité de certitude (voir **Pyrrhonisme**) ; dans ce cas, il peut déboucher sur le nihilisme (en morale comme en politique).
2° **Sens courant :** attitude d'incrédulité et de défiance, soit à l'égard des opinions reçues, des valeurs admises, soit à l'égard d'informations ou d'entreprises précises. *Votre projet me laisse dans un profond scepticisme.*

On emploie l'adjectif et le nom **sceptique** dans des sens identiques. Le sceptique est celui qui professe le scepticisme total ou partiel (sens n° 1) ou celui qui met en doute ce qu'on lui apprend ou qu'on lui propose. Le mot *sceptique* désigne précisément, dans certains cas, l'incroyant en matière religieuse.

N.B. Ne pas confondre avec *septique* (« qui fait pourrir » ; voir le mot *aseptiser* et ses racines).

SCHÉMATIQUE. *adj.* 1° Qui a le caractère d'un schéma (représentation des traits essentiels d'un objet, d'un projet, d'un processus). *Un croquis schématique. Un programme schématique.*
2° Qui est simplifié, et même trop simplifié, sommaire. *Une conception schématique. Un devoir schématique. Un esprit schématique* (excessivement simplificateur).

SCHÈME. *n. m.* Structure d'ensemble d'un processus, d'un objet, d'une action, telle qu'elle est perçue ou imaginée par l'esprit humain. L'emploi du mot *schème* renvoie à l'idée d'une forme encore plus abstraite, plus épurée, que celle qu'exprime le mot *schéma*. *Un schème de pensée. Le schème mental que laisse en nous la perception des choses. Les schèmes dominants d'une représentation artistique.*

SCHISME. *n. m.* (du grec *skhizein*, « fendre, séparer »). Séparation, rupture d'un groupe de croyants d'une religion donnée qui décident d'adopter une doctrine et une organisation différentes, tout en gardant la même foi religieuse de base. Un schisme commence par un mouvement hérétique qui, souvent persécuté par la hiérarchie religieuse, en vient à constituer un groupe autonome. À la suite du « schisme d'Orient », par exemple, l'Église orthodoxe se sépara de l'Église catholique romaine. Au XVIe siècle, la Réforme engendra un nouveau schisme, d'où est issue l'Église réformée et le protestantisme. On peut considérer le christianisme comme étant lui-même une déviation schismatique du judaïsme dont il provient.
Le mot *schisme* est parfois employé, par analogie, dans le domaine politique. Il existe toutefois d'autres mots (*dissidence, scission, division, sécession :* voir ces mots).

SCHIZOPHRÉNIE. *n. f.* (du grec *skhizein*, , « fendre », et *phrên*, « esprit ». Littéralement, « fissure de l'esprit ». Prononcer « ski ».). Grave psychose délirante, chronique, appelée autrefois « démence précoce ». Comme l'étymologie l'indique, elle se caractérise par la *dissociation*. Dissociation entre la pensée (qui peut rester vive) et la vie émotionnelle (désordonnée). Dissociation entre la vision du monde du schizophrène et la réalité extérieure : le sujet mêle ses perceptions réelles et ses hallucinations (auditives notamment), perd le contact avec le réel en s'isolant dans son délire. Dissociation de ses propres pensées et représentations mentales *entre elles*, qui perdent leur logique, leur cohérence. D'où une évolution vers la détérioration intellectuelle et affective, vers la démence proprement dite, le chaos du Moi.
N.B. On retrouve l'idée de dissociation dans l'expression familière « il est un peu fêlé », « il a l'esprit fêlé »... mais la schizophrénie est d'une tout autre gravité !

SCIEMMENT. *adv.* En sachant ce que l'on fait, en parfaite connaissance de cause ; et donc, volontairement. *C'est sciemment qu'il agit. Elle a fait cette allusion sciemment, tout en jouant les étourdies.*

SCIENCE. *n. f.* 1° Savoir, culture ou savoir-faire d'une personne, d'une société. 2° Ensemble organisé de connaissances objectives, établies selon une démarche rationnelle, dans un domaine déterminé (*une science*), ou au niveau le plus général (*la science*).

• Le mot **science**, au sens actuel, renvoie à deux aspects :
— d'une part, au *contenu* de la ou des sciences en question : celui-ci ne doit comporter que des connaissances objectives, exactes, cohérentes, présentant de la réalité concrète ou abstraite des lois stables et vérifiables ;
— d'autre part, à la *démarche* scientifique, fondée sur la raison, sur l'observation, sur l'approche méthodique des faits, sur la rigueur logique de l'interprétation.

• En ce sens, la connaissance scientifique s'oppose aux autres formes du savoir humain : l'expérience individuelle (partielle et subjective), l'intuition artistique (intérieure, invérifiable), la connaissance philosophique (fruit de la réflexion, non quantifiable), la conviction religieuse (issue de l'évidence intérieure, non démontrable par la raison ou l'expérimentation). Une mention spéciale peut être accordée aux « sciences humaines » (psychologie, sociologie, anthropologie, etc.) : bien que celles-ci recourent à des formulations chiffrées et à des données statistiques, leurs lois et leurs théories ne présentent évidemment pas la même fiabilité que celles des « sciences exactes » ; cependant, elles ont bien un caractère scientifique par leurs démarches méthodiques, et par la rigueur avec laquelle elles fondent sur des faits leurs interprétations.
Voir **Déterminisme**, **Épistémologie**, **Système**.
→ **Pour approfondir, p. 831.**

SCIENTISME. *n. m.* Attitude philosophique qui prétend que la science permet de tout connaître et peut donc répondre à la totalité des aspirations humaines. Cette attitude fut notable à la fin du XIXe siècle, à l'époque où le progrès scientifique et technique paraissait si prometteur. Elle a pu être une attitude dogmatique (refusant tout autre moyen d'aller à la vérité que celui des sciences positives). Mais la Seconde Guerre mondiale et les horreurs perpétrées par l'homme au cours du XXe siècle ont porté de rudes coups à l'optimisme scientiste. Voir **Positivisme**.

SCISSION. *n. f.* Action de se scinder, de se diviser plus ou moins brutalement, en parlant d'une assemblée, d'un parti, d'un syndicat, d'une association, etc. *Les désaccords au sein d'un mouvement politique aboutissent souvent à une scission. Les dissidents du parti, faisant scission, ont lancé un mouvement réformateur.*
N.B. Pour une division à l'intérieur d'une religion, le terme approprié est le mot **Schisme**. Pour une séparation au sein d'une collectivité nationale, voir le mot **Sécession**.

SCLÉROSE. *n. f. (sens propre)* Durcissement pathologique d'un tissu ou d'un organe. *La sclérose des artères s'appelle artériosclérose. (sens figuré)* État rigide, incapacité d'évoluer et de s'adapter, manque de souplesse, vieillissement. *La sclérose des institutions. Un parti sclérosé. Un esprit complètement sclérosé.*

SCOLASTIQUE. 1° *(n. f.)* Enseignement philosophique et théologique donné à l'Université au Moyen Âge, qui associait les dogmes chrétiens à la philosophie d'Aristote. La scolastique dégénéra à la fin du Moyen Âge, se figeant dans un discours creux, formaliste et traditionaliste. Le terme devint alors synonyme de philosophie figée et abstraite. *La scolastique marxiste. Toute doctrine qui se fige dégénère en scolastique.* 2° *(adj.)* Qui se rapporte à la scolastique, à la philosophie enseignée par l'École au Moyen Âge. *Abélard fut un brillant représentant de la philosophie scolastique. La logique scolastique.* Qui présente les mêmes défauts que la scolastique décadente (formalisme, discours creux). *Un esprit purement scolastique. Une culture scolastique, totalement déconnectée de la réalité.*

-SCOP-. *(-scope, -scopie)* Racines issues du grec *skopein*, « examiner, observer ». Nous les retrouvons dans de nombreux mots parmi lesquels **Cinémascope, Gyroscope, Horoscope, Kaléidoscope** (appareil qui permet de voir une succession rapide d'images colorées, d'où le *sens figuré :* suite rapide d'impressions changeantes), **Microscope, Périscope, Radioscopie, Télescope,** etc. On peut remarquer que plusieurs de ces mots sont composés de deux racines grecques *(Cinéma-, Horo-, Gyro-, Micro-, Péri-, Radio-, Télé-),* qui en éclairent le sens. La racine -*scope* demeure vivante et permet d'inventer des mots nouveaux. À comparer à la racine latine **spec-**.

SCORIE. *n. f.* Résidu solide d'opérations chimiques ou (au pluriel) de coulées de lave. D'où le **sens figuré** de *déchet,* de sous-produit médiocre d'une œuvre. *Un roman encombré de scories, d'inutiles platitudes. Un esprit où quelques brillantes idées voisinent avec de multiples scories.*

SCRIPT. *n. m.* (anglicisme lui-même dérivé du latin *scriptum,* « écrit »). 1° Scénario détaillé de film ou d'émission, comprenant les dialogues, le découpage technique des séquences, etc. 2° Type d'écriture à la main qui se rapproche des caractères d'imprimerie.

SCRIPTURAIRE. *adj.* 1° Qui est relatif à l'Écriture sainte. *L'exégèse scripturaire.* 2° Qui est relatif à l'écriture : *système scripturaire* (graphique). Dans ce second sens, il est préférable de dire *scriptural* (relatif au code écrit par opposition au code oral). On appelle *monnaie scripturale* les moyens de paiement autres que la monnaie proprement dite, qui permettent d'effectuer des règlements par simple jeu d'écritures, entre banques.

SÉCESSION. *n. f.* Action par laquelle une fraction du peuple d'un État tente de se séparer de la collectivité, de façon violente ou pacifique, pour créer un État distinct (ou se réunir à un autre). *La guerre de Sécession opposa le Nord et le Sud des États-Unis (1861-1865).* **Faire séces-**

sion peut se dire, par analogie, dans d'autres contextes. Voir les mots **Schisme, Scission.**

SECTAIRE. *adj.* et *n.* Se dit, dans un premier sens, de quelqu'un qui adhère à une secte religieuse dans un esprit exalté et intolérant. Par extension, en philosophie ou en politique, personne qui refuse toutes les idées différentes de celles qu'elle défend, par intolérance ou étroitesse d'esprit. *Être sectaire. Avoir une attitude sectaire. Le sectarisme est souvent lié au dogmatisme, mais les hérétiques sont parfois plus sectaires que ceux qui défendent le dogme.*

SÉCULAIRE. *adj.* (du latin *saeculum*, «siècle»). Qui date d'un siècle ou de plusieurs siècles. *Des coutumes séculaires.* Ne pas confondre avec **séculier.**

SÉCULARISATION. *n. f.* (à partir du latin *saecularis*, «séculier», qui appartient au siècle, c'est-à-dire au monde profane). Passage d'une communauté religieuse, ou d'un religieux, de l'état *régulier* (obéissant à une règle monastique) à un état *séculier* (clergé qui vit dans le monde), ou *laïque*. Le terme s'emploie aussi à propos de biens ou de *fonctions* ecclésiastiques : *la sécularisation de l'enseignement (jadis religieux) a abouti à l'enseignement public laïque que nous connaissons aujourd'hui.* Plus généralement, on parle de sécularisation à propos de l'ensemble des tentatives d'ouverture au monde moderne, dans l'Église catholique actuelle. Le fait que des prêtres travaillent dans des professions «laïques», le fait qu'ils portent un habit qui n'a plus de caractère ecclésiastique distinctif, par exemple, sont des indices de sécularisation.

SÉCULIER. *adj.* (du latin *saeculum*, «siècle; monde profane»). Se dit du clergé qui remplit sa fonction ministérielle dans le monde, dans la société humaine profane (prêtres en paroisse, missionnaires, enseignants), par opposition au *clergé régulier*, qui mène une vie monastique soumise à une Règle. Voir **Régulier.** On peut dire *un séculier* (un prêtre séculier).

Le terme s'emploie aussi, par opposition à l'ensemble de l'Église, pour qualifier le pouvoir laïque, les autorités politiques. Le *bras séculier* désigne l'autorité de l'État.

SÉDENTAIRE. *adj.* et *n. m.* Qui n'exige pas de déplacement *(une profession sédentaire).* Qui ne se déplace pas, reste attaché en un lieu *(une population sédentaire ; la sédentarité s'oppose au nomadisme).* Qui n'aime pas bouger, ne sort pas de chez soi. *Je suis sédentaire, j'ai horreur de voyager.* D'où, péjorativement : *casanier.*

SÉDITION. *n. f.* Soulèvement, révolte organisés contre l'autorité établie. *La sédition éclata. Une sédition populaire, militaire.* Insurrection, rébellion. Le mot peut s'employer au figuré. *Un perpétuel esprit de sédition habite cet étudiant, contre la morale, contre la doctrine officielle, contre ses professeurs.*

SÉGRÉGATION. *n. f.* (du latin *segregare*, « séparer du troupeau »). Action de mettre à part, de séparer de façon méthodique et officielle les populations de couleur de la caste des Blancs qui ont le pouvoir. Cette ségrégation raciale (politique de discrimination, apartheid) a notamment été le fait des États-Unis d'Amérique et de l'Afrique du Sud.

Plus généralement, la ségrégation peut porter sur des groupes dont la différence est relative à la religion, à la langue, aux mœurs ou à la culture. Toutes les formes de ségrégation ont été dénoncées, parmi lesquelles la ségrégation entre jeunes et vieux, la ségrégation entre hommes et femmes (sexisme). Même si certains *ségrégationnistes* tentent de légitimer la ségrégation en invoquant le respect des « différences » des catégories mises à part, la notion même de ségrégation est tout à fait contraire à la philosophie des droits de l'homme.

SEM(A). Racine issue du grec *sêma*, qui signifie « signe, sens ». Elle entre surtout dans la composition de mots spécialisés du vocabulaire linguistique et structural. **Monosémie** (caractère des mots qui n'ont qu'un seul sens); **Polysémie** (caractère des mots qui ont plusieurs significations); **Sémantique** (voir ci-dessous); **Sème** (unité minimale de signification; plusieurs sèmes contribuent au sens global d'un mot; par exemple, un fauteuil est 1° un siège 2° avec dossier 3° muni d'accoudoirs : ces trois sèmes sont nécessaires pour constituer la signification du mot); **Sémiologie** (étude générale des systèmes de signes, qu'ils soient linguistiques ou extra-linguistiques); **Sémiotique** (théorie des signes et de leur façon de signifier, dans la pensée humaine). Notons aussi le mot **Sémaphore** (littéralement : « porteur de signe »; voir la racine *-phor*).

SÉMANTIQUE. 1° *(n. f.)* Étude du langage considéré du point de vue du sens. Science du « signifié » des mots, de la façon dont les unités linguistiques produisent du sens en se combinant, de l'évolution des significations du vocabulaire au cours de l'histoire. La sémantique se distingue de la *phonétique,* de la *syntaxe,* de la *morphologie ;* mais elle doit en intégrer les données.

2° *(adj.)* Qui concerne le sens, la signification des mots, des unités linguistiques. On peut distinguer, dans l'étude d'un texte, le niveau sémantique, le niveau phonétique, le niveau syntaxique. Le **champ sémantique** couvre l'ensemble des significations que peut prendre un mot (en soi ou dans un contexte donné). À distinguer absolument du *champ lexical* (ensemble de mots concourant à la même signification globale). Voir les exemples donnés au mot **Champ.**

SEMPITERNEL. *adj.* (formé sur « éternel » à partir du latin *semper*, « toujours »). Qui se répète indéfiniment, au point de lasser. *Des plaintes sempiternelles.*

SÉNATEUR. *n. m.* (à partir du latin *senex*, « vieillard »). Membre d'un sénat. Quel que soit le type de sénat en question (conseil des anciens, chez les Romains ; assemblée élue au suffrage indirect de nos jours, en

France), le sénateur est choisi (ou supposé choisi) pour l'honorabilité et l'expérience que lui confère son âge. D'où une image de sagesse et de modération, mais aussi de lenteur et de placidité. *Aller d'un train de sénateur* : s'avancer lentement et majestueusement.
➜ **Pour approfondir, p. 1105.**

SÉNESCENCE. *n. f.* (à partir du latin *senex, senis*, «vieillard»). Vieillissement, au sens précis (vieillissement organique) ou au sens général (baisse des fonctions, des performances diverses, y compris de l'activité mentale, à partir d'un certain âge).

SÉNILE. *adj.* (du latin *senex, senis*, «vieillard»). Propre à la vieillesse. *Une voix sénile. L'atrophie sénile.* En particulier : qui manifeste une dégradation des facultés intellectuelles (dégradation supposée liée à l'âge). *Une conduite sénile. Un président sénile.* Bien entendu, le mot est souvent employé péjorativement. *Ils n'ont pas vingt ans, et ils ont des réactions séniles !*

SENS. *n. m.* 1° **Faculté d'éprouver des impressions *physiques*.** À cette première façon de sentir correspond le mot **Sensation**. Cette faculté est liée aux cinq sens (goût, odorat, ouïe, toucher, vue). Au pluriel, les sens désignent l'instinct sexuel et la capacité de sentir qui lui est propre *(le plaisir des sens) ;* à cette acception du terme correspond le mot **Sensualité**.
  2° **Faculté de percevoir des réalités *intelligibles*** (et non pas «sensibles» physiquement). *Avoir le sens des choses, le sens moral, le sens commun. Avoir du bon sens.* Dans toutes ces significations, le mot *sens* renvoie à une capacité de jugement (plus ou moins intuitive). Il se rapproche du mot «sentiment» dans son acception ancienne : manière de voir, de juger, de penser (*À mon sens* est synonyme de *Mon sentiment est que*). Celui qui n'a pas de sens est *insensé*.
  3° **Signification ; ensemble d'idées, de notations, de valeurs que présente un signe,** ou que suggère une réalité signifiante. *Le sens d'un mot. Le sens d'un événement. Le sens d'une conduite.* Dans le signe, on peut distinguer le signifiant et le signifié : ce dernier correspond au sens. On peut considérer que cette troisième acception du mot *sens* s'inscrit assez logiquement dans le sillage des deux autres : le «sens» d'un mot, par exemple, c'est globalement l'impression qu'il produit sur notre esprit. Dans le monde de l'intelligible qui est le leur, les signes produisent un «effet» qui est leur «sens» et que notre jugement, notre «bon sens», perçoit immédiatement.
  4° **Direction ; ordre suivi,** par une réalité physique (un objet mobile) ou une réalité abstraite (le sens de l'histoire). À noter que cette quatrième acception, surtout *au niveau figuré*, rejoint la troisième : le «sens de ma vie», c'est à la fois son itinéraire (fléché par tel ou tel objectif que je me donne) et la signification que je lui cherche.

SENSIBILITÉ. *n. f.* Aptitude générale à sentir ou à réagir, *que ce soit au niveau physique ou psychique.* En particulier, **au sens courant,** affecti-

vité, capacité à s'émouvoir facilement. Ce mot est surtout intéressant à comparer avec les autres mots du même champ lexical, pour mieux en comprendre les emplois et pour éviter les confusions dues à sa polysémie. Voir le mot **Sens**. On peut en particulier distinguer :
• **Sensibilité et sensation.** La sensation n'est que l'impression physique, perçue par notre sensibilité corporelle. La sensibilité inclut donc la sensation, mais la dépasse largement (en intégrant les émotions du cœur, les «états» d'âme, etc.). Notons que le mot *sensation* peut être pris au sens figuré pour désigner une vive impression morale (cf. l'expression «faire sensation» et le goût du «sensationnel»).
• **Sensibilité et sentiment.** Qu'il s'agisse d'émotions affectives ou esthétiques, la sensibilité suppose une certaine variabilité, en fonction des objets ou des personnes qui l'émeuvent. Le sentiment, quant à lui, suppose un état affectif durable, une disposition psychique relativement organisée qui peut chercher à s'entretenir elle-même. Ainsi, le sentiment comprend la sensibilité, le cœur, mais il la dépasse et la structure en lui donnant constance.

N.B. La **sensiblerie** est une sensibilité exagérée, ridiculement émotive.

SENSUALISME. *n. m.* Doctrine philosophique qui pose que toutes les connaissances que nous élaborons viennent des sensations que nous éprouvons. Cette doctrine fut développée par les philosophes Locke (1632-1704) et Condillac (1714-1780). Voir le mot **Empirisme** (sens n° 1).

N.B. Ce terme n'a rien à voir avec la «sensualité» (aptitude à goûter les plaisirs que procurent les différents sens). Le sensualisme ne fait donc pas l'apologie de la volupté amoureuse.

SENTENCE. *n. f.* 1° Jugement rendu par un tribunal. Arrêt, Verdict. *La peine capitale est une terrible sentence* (cette formule est un truisme).
2° Pensée ou morale exprimée dans une formule courte et littérairement soignée. *Qui se sert de l'épée périra par l'épée* est une sentence extraite d'un épisode célèbre de l'Évangile (l'arrestation de Jésus). Voir les mots **Adage, Aphorisme, Maxime, Précepte.**

La sentence affirmant la vérité morale de façon souvent dogmatique, l'adjectif *sentencieux* qualifie des propos ou des attitudes marquées d'un caractère grave, solennel, impératif. *Un ton sentencieux. Une diction sentencieuse.*

SENTIMENT. *n. m.* 1° Connaissance plus ou moins intuitive ; sens intellectuel ; jugement sur une question. *Exprimer son sentiment sur une affaire. Avoir le sentiment d'être mal compris.*
2° État d'âme durable éprouvé en tant que tel *(sentiment religieux, sentiment de mélancolie)* ou tourné vers quelqu'un *(le sentiment amoureux ; un sentiment de haine).* Le domaine du sentiment est souvent opposé d'une part à la raison, à la réflexion *(se laisser guider par le sentiment, non par le devoir),* d'autre part à l'action *(l'excès*

de sentiment paralyse la capacité d'agir*. Voir les mots **Sens** et **Sensibilité** pour d'autres nuances.

SÉPULCRAL. *adj.* Qui évoque la mort, la tombe (le sépulcre). *Une clarté sépulcrale. Des sonorités sépulcrales.*

SÉQUENCE. *n. f.* Suite ordonnée d'éléments ou d'opérations. *Une séquence pédagogique.* En **linguistique,** série ordonnée de termes. Au **cinéma,** suite de plans dont l'ensemble constitue une scène ayant son unité (quelles qu'en soient la longueur ou la rapidité). *Une séquence cinématographique.*

SÉRAPHIQUE. *adj.* Qui se rapporte aux séraphins, aux anges. Se dit d'œuvres d'art ou de pages littéraires passablement angéliques et éthérées. *Un amour séraphique.*

SERMON. *n. m.* **Sens religieux :** prédication faite au cours de la messe. Homélie, prône, prêche. *Les oraisons funèbres sont souvent de brillants sermons.* **Sens courant** (péjoratif) : discours moralisateur désagréable et ennuyeux. D'où le verbe **sermonner :** faire des remontrances.

SERPENT DE MER. Grand animal marin à l'existence hypothétique, dont le «mystère» alimente de temps à autre les revues. D'où, au *sens figuré* : sujet rebattu, qui ressort périodiquement quand l'actualité est peu fournie. «*L'abîme entre les générations est un de ces serpents de mer préférés des chroniqueurs en mal de copie*». (G. Matzneff).

SERTIR. *v. tr.* Enchâsser une pierre précieuse dans une monture. Peut s'employer au sens figuré. *Un dialogue serti de brillants mots d'auteur.*

SERVILE. *adj.* (à partir du latin *servus*, «esclave», d'où vient aussi le mot «serf»). Qui est relatif au servage. **Sens figuré :** qui manifeste un esprit de soumission excessif à une autorité ou à un modèle. *Une obéissance servile. Un individu lâche et servile. Une imitation servile. La servilité des uns encourage la domination des autres.*

SERVITUDE. *n. f.* (à partir du latin *servus*, «esclave»). État d'une personne ou d'un peuple totalement asservi à un pouvoir (politique ou social). Soumission, dépendance extrême. *Une population réduite à une servitude infâme.* Dans le *Discours de la servitude volontaire,* Étienne de La Boétie (1530-1563) soutient que si l'homme se trouve dans la servitude, c'est qu'il le veut bien *(«Soyez résolus à ne servir plus, et vous voilà libres »).*

Le mot **servitude** désigne aussi la *nature* de la contrainte, de l'obligation qui place dans cet état de dépendance. *Les servitudes qui pèsent sur ma fonction. Travailler assis, les yeux fixés sur un écran : deux servitudes insupportables.*

SESSION. *n. f.* (du latin *sessio*, «séance»). Temps durant lequel une assemblée siège au cours de l'année. *Session d'automne, session de printemps.* Période pendant laquelle se déroule un examen *(J'ai échoué à la session de juin).*

N.B. Ne pas confondre avec *cession* (fait de céder).

SIBYLLIN. *adj.* (de *Sibylle,* femme inspirée qui prédisait l'avenir, dans l'Antiquité). Relatif aux sibylles : *des oracles sibyllins.* Mais ces oracles étaient souvent formulés de façon énigmatique, d'où le *sens courant :* mystérieux, hermétique. *Des propos sibyllins. Des remarques sibyllines, que seuls les initiés peuvent comprendre.*

SIC. Adverbe latin qui signifie *tel quel, ainsi.* Se met entre parenthèses, pour signifier qu'on vient de rapporter des propos qu'on cite textuellement (si étranges qu'ils soient). *Il m'a même traitée de sangsue (sic).*

SIDÉRAL. *adj.* (de *sidus, sideris,* « astre », en latin). Qui se rapporte aux astres. *Des observations sidérales. Une luminosité sidérale.* L'adjectif *intersidéral* désigne ce qui est *entre* les astres. *Les espaces intersidéraux* (ou encore *interstellaires*). Voir le mot suivant.

SIDÉRER. *v. tr.* (du latin *siderari,* « être sous l'influence néfaste des astres » ; voir le terme *sidéral*). Frapper de stupeur, abasourdir. *Je suis littéralement sidéré par cette annonce.*

SIÈCLE. *n. m.* (du latin *saeculum*). Au **sens religieux** (fréquent dans la langue classique) : monde profane, société humaine (qui change selon les temps), par opposition à la vie religieuse et à ses vérités immuables. *Les agitations du siècle* (les désordres de la vie temporelle dans le monde). *Renonçant au siècle, elle prit le voile* (elle devint religieuse). Ce qui appartient au « siècle » est dit *séculier.* Voir les mots **Régulier, Sécularisation, Séculier, Temporel.**

SIGLE. *n. m.* Lettre initiale ou suite de lettres initiales qui sert d'abréviation, pour désigner une réalité (sociale), un organisme, une marque, etc. La lettre « B », sur une voiture circulant en France, est un sigle qui renvoie au mot *Belgique.* S.N.C.F. est le sigle de la Société Nationale de Chemins de Fer.

SIGNE, SIGNIFIANT, SIGNIFIÉ. *n. m.* En **linguistique**, le *signe* est l'élément fondamental (mot ou groupe de mots) de la *signification ;* il se constitue, indissociablement, d'un *signifiant* et d'un *signifié.*

Le mot « citadelle », par exemple est un signe. Le *signifiant* de ce mot est la réalité matérielle qui nous le rend sensible, c'est-à-dire sa graphie (pour le lecteur) ou la chaîne sonore de sa prononciation (pour l'auditeur). Le *signifié* correspond au concept que représente ce mot dans la langue (définition du dictionnaire ; connotations liées au contexte de son emploi). Dans notre emploi courant de la langue, le signifiant et le signifié d'un signe sont aussi inséparables que le recto et le verso d'une feuille de papier : lorsque nous entendons le mot « citadelle », le signifiant et le signifié ne font qu'un dans notre esprit, instantanément.

• Le signe se distingue de la réalité extralinguistique à laquelle il renvoie, et qu'on appelle *référent.* Le mot citadelle *renvoie à cette* citadelle réelle que je vois, ou que je me représente ; mais il est *distinct* d'elle. Ce n'est que dans un acte de parole particulière que le *signifié* du mot citadelle rejoint la « réalité » citadelle que je désigne. Mais il ne faut pas les confondre. Voir à ce sujet les exemples donnés au mot **Référent**.

Saussure, père de la linguistique (1857-1913), a précisément établi une loi qu'il nomme l'**arbitraire du signe**. Celle-ci constate que le lien entre le signifiant et le signifié est purement *conventionnel* : il n'y a pas de relation « naturelle » entre la *matérialité* d'un signifiant et ce qu'évoque le signifié. C'est bien par une *convention* que j'appelle « poisson » ce que l'Anglais appelle « fish ». De même, le mot *citadelle*, par ses sonorités, peut me paraître d'une beauté qui convient parfaitement à une merveilleuse cité juchée sur une montagne : c'est une illusion subjective, comme peut le montrer la comparaison avec le mot *mortadelle*. C'est notre conditionnement psychique qui associe la réalité évoquée au signe qui l'évoque. Même dans le cas des *onomatopées* (voir ce mot), qui elles-mêmes obéissent à des codes différents selon les langues, il n'y a pas d'équivalence entre le signe et la chose.

• Cela dit, les artistes (et les locuteurs en général) aiment souvent *faire comme si* ce lien naturel existait, dans un souci d'**expressivité**. On prononcera le mot « craquer » en le faisant *craquer* dans sa gorge pour redoubler le signifié par le son du signifiant. Les allitérations recherchent souvent, de la même façon, des effets d'harmonie imitative. Il en est de même du code visuel. On parle à ce propos de *tendance iconique* (voir le mot **Icône**). On dit que le poète « motive » des termes qui ne le sont pas (il feint de croire que la sonorité du mot se déduit de son sens).

• Notons aussi qu'on emploie les termes signifiant et signifié dans un sens large, pour juger de certains effets esthétiques. *Signifiant* devient synonyme de « moyen d'expression » et *signifié* de « chose exprimée ». On dira par exemple que, dans le cas d'une figure de style comme l'*hyperbole*, il y a exagération du signifiant par rapport au signifié (le locuteur amplifie par les mots ce qu'il veut dire). À l'inverse, dans l'*euphémisme*, il y a restriction du signifiant par rapport au signifié (le locuteur minimise la réalité qu'il évoque). D'où un classement des figures de style en « figures d'insistance » et « figures d'atténuation ». L'emploi des mots « signifiant » et « signifié », dans ce sens large, doit toutefois demeurer très prudent.

• Enfin, il va de soi que la distinction *Signe/Signifiant/Signifié* s'applique à d'autres signes que les signes linguistiques. La **sémiologie** (étude des systèmes de signes) les étend aux codes visuels (publicité, mode vestimentaire) et à tous les systèmes de communication.

SIMULACRE. *n. m. (sens ancien)* Représentation figurée d'une réalité, idole, image. *(sens courant)* Manifestation qui n'a que l'apparence de la réalité qu'elle voudrait être ; faux-semblant. *Un simulacre de* *réconciliation. Un simulacre de procès.* Le plus souvent le simulacre est le résultat d'une *simulation* intentionnelle (au sens péjoratif de ce mot).

SIMULATION. *n. f.* **Sens général** (péjoratif) : action de simuler, de feindre (des sentiments, des symptômes), de faire croire par des apparences trompeuses. *Un dangereux simulateur.* **Sens technique :** méthode qui consiste à représenter (au moyen de procédés électroniques) des phénomènes physiques ou économiques que l'on veut étudier. Dans ce sens, le mot « simulation » est neutre, et même positif : il ne s'agit pas de feindre la réalité pour tromper, mais au contraire de l'approcher à l'aide de modèles de plus en plus précis.

SIMULTANÉISME. *n. m.* Technique romanesque qui consiste à présenter sans transition, dans un récit, des événements simultanés qui se déroulent en plusieurs lieux et relèvent d'actions distinctes. Huxley dans le début du *Meilleur des Mondes,* Malraux dans le début de *L'Espoir,* usent de la technique simultanéiste.

SINÉCURE. *n. f.* (du latin *sine,* « sans » et *cura,* « soin, souci »). Emploi où l'on est bien rétribué sans avoir rien (ou presque rien) à faire ; situation confortable et sans souci. *Il croyait que la profession d'enseignant était une sinécure ! Ce n'est pas une sinécure :* ce n'est pas de tout repos.

SINE DIE. Expression latine qui signifie « sans jour (fixé) ». Se dit d'une réunion, d'un débat, d'une affaire, d'une décision qu'on renvoie à plus tard sans fixer de date. *Le projet ministériel est renvoyé sine die* (ce qui équivaut parfois, dans le vocabulaire politique, à un euphémisme signifiant *« pour toujours »*).

SINE QUA NON. Expression latine qui signifie littéralement « sans quoi rien ne peut se faire ». S'emploie presque toujours à propos d'une condition dont dépend la validité d'un acte, d'une décision. *Condition sine qua non. La paix ne sera possible qu'à la condition sine qua non que vous retiriez vos troupes.*

SNOB. *n.* et *adj.* (mot d'origine anglaise, considéré comme l'abréviation de la formule latine *Sine Nobilitate,* « sans titre de noblesse »). Personnage qui se veut distingué, fait étalage des goûts et des modes de la haute société, recherche les relations qui lui donneront l'illusion de l'élévation sociale. Mais en vain : le snob manque trop de discernement pour faire paraître autre chose que sa volonté de paraître...

N.B. Dans les écoles aristocratiques de Grande Bretagne, certains fils de riches étaient exceptionnellement acceptés alors que leur famille n'était pas noble. On inscrivait leur nom sur les listes en le faisant suivre des lettres SNOB., c'est-à-dire « sans titre de noblesse ». Ils étaient naturellement les plus arrogants et les plus prétentieux (cette origine est toutefois discutée).

SOCIALISME. *n. m.* 1° **Historiquement :** ensemble de doctrines économiques, sociales et politiques dont les traits communs sont de *dénon-*

cer *les inégalités sociales,* liées à des systèmes dans lesquels les intérêts particuliers priment l'intérêt général (notamment, au niveau économique, le régime de propriété privée des moyens de production et d'échange), et de *préconiser une organisation sociale plus communautaire,* volontariste, dans laquelle l'intérêt de tous doit prévaloir, assurant aux citoyens justice, liberté et participation égale au pouvoir politique. L'aspiration socialiste est très ancienne : elle est présente dans les «utopies» classiques (Platon, Campanella, More). Mais elle s'est particulièrement épanouie au XIXe siècle, en unissant les idéaux démocratiques à une critique (méthodique, scientifique) de l'économie capitaliste. Le marxisme, par exemple, se présente comme un socialisme scientifique. Le socialisme a connu de nombreuses tendances, plus ou moins réformistes ou révolutionnaires, plus ou moins collectivistes, plus ou moins utopiques, ou plus ou moins «scientifiques».

2° **Actuellement :** les diverses tendances du socialisme, l'usure du mot due à son emploi par des partis ou des régimes dont l'idéologie était radicalement opposée au «vrai» socialisme, les avatars de la vie politique dans les démocraties occidentales, ont à la fois brouillé le sens du mot et considérablement affaibli ses connotations révolutionnaires. Se réclament du socialisme aujourd'hui des partis qui se disent «de gauche» sans être «communistes». Le socialisme est devenu synonyme d'aspiration à la justice et à l'égalité sociale avec, politiquement, un reste d'étatisme et, économiquement, la défense d'un minimum de socialisation (entreprises nationalisées ; services publics centrés sur l'intérêt général, comme l'Éducation nationale). Le socialisme reste, quoi qu'il en soit, opposé au libéralisme (sens n° 3), — du moins si le mot reste fidèle à son sens, et ceux qui l'emploient, respectueux du sens des mots...

SOCIOLOGIE. *n. f.* (mot créé par Auguste Comte). Étude scientifique des phénomènes sociaux, qu'il s'agisse du fonctionnement d'ensemble des sociétés ou de secteurs plus particuliers (*sociologie du travail ; sociologie des religions,* etc.). La sociologie tente d'établir des lois propres aux groupes sociaux, c'est-à-dire se distinguant spécifiquement des lois de la psychologie individuelle, même s'il existe, évidemment, des interactions entre les consciences individuelles et les phénomènes collectifs ; mais l'intérêt de la sociologie est précisément de saisir des logiques sociales ou des représentations collectives qui échappent en partie aux individus qui les vivent ou les animent. Voir **Anthropologie.**

SOLDE. *n. f.* Traitement traditionnellement versé aux «soldats», et par extension, à certains fonctionnaires. *Être à la solde de quelqu'un ;* être payé ou (acheté) par quelqu'un. Ne pas confondre avec le mot *solde* au masculin (ci-dessous).

SOLDE. *n. m.* Reliquat d'un compte. *Solde débiteur* (partie que l'on doit). *Solde créditeur* (somme que l'on possède positivement sur son compte). *Régler le solde d'une facture* (ce qui reste à payer). *Les soldes :* articles mis en vente (à prix réduits) pour épuiser le reste des stocks. Ne pas confondre avec *solde* au féminin.

SOLÉCISME. *n. m.* Faute de syntaxe. Par exemple, *l'homme auquel j'ai épousé sa fille* (pour « l'homme dont j'ai épousé la fille »). On distingue le solécisme du barbarisme (faute de vocabulaire).

SOLILOQUE. *n. m.* (du latin *solus*, « seul » et *loqui*, « parler »). Discours d'une personne qui se parle à elle-même (dans la solitude) : *il poursuivait un soliloque sans fin.* Parfois : discours de quelqu'un qui est seul à parler dans une compagnie, comme s'il ne s'adressait qu'à lui-même. *Sa conversation dégénère en soliloque.* Pour le sens comme pour l'étymologie, comparer avec les mots **colloque** et **monologue**.

SOLLICITER. *v. tr.* (du latin *sollicitare*, « agiter fortement »).

1° **Sens ancien** (littéraire) : inciter, stimuler, entraîner, pousser à. *Solliciter l'attention* (l'éveiller). *Des objets alléchants qui nous sollicitent sans cesse* (qui attisent notre désir). *Des efforts qui sollicitent le corps* (le poussent à agir, parfois excessivement).
Au *figuré*, **solliciter un texte :** lui faire dire abusivement plus qu'il n'exprime.

2° **Sens courant :** prier quelqu'un, de façon à la fois pressante et respectueuse, en vue d'obtenir quelque chose (une démarche, un appui, un emploi, une faveur). La sollicitation est le plus souvent une requête adressée à une autorité, à une personne influente. *Solliciter quelqu'un de faire quelque chose. Solliciter quelque chose de quelqu'un.*

SOLLICITUDE. *n. f.* Attitude attentive et affectueuse envers une personne. *Veiller sur quelqu'un avec sollicitude. La sollicitude maternelle.*
N.B. La sollicitude n'est donc pas le fait de « solliciter », comme on pourrait le croire à première vue. Cependant, l'étymologie est commune aux deux mots : en latin, la *sollicitudo* est le fait d'être inquiet, agité intérieurement par le souci (de celui qu'on aime), ce qui se traduit par une bienveillance active.

SOMMAIRE. *adj.* et *n. m.* 1° Qui est brièvement résumé *(un exposé sommaire).* Qui est réduit à son expression, à sa forme la plus simple *(un examen sommaire, une procédure sommaire.)* D'où, péjorativement : rudimentaire, schématique, superficiel. *Une exécution sommaire :* exécution capitale faite sans jugement préalable.

2° *(comme nom)* Abrégé, résumé ; table des matières ; index des chapitres ou des notions, le plus souvent en début de livre. Par extension, présentation d'un programme : *au sommaire, ce soir, vous aurez...*

SOMMER. *v. tr.* Donner impérativement l'ordre de faire quelque chose. *Je vous somme de me répondre sans délai.* La **sommation** a souvent un caractère juridique ou officiel : assignation à paraître en justice ; injonction de payer une dette ; ordre donné par une sentinelle ou par la force publique de cesser une action *(Halte, ou je tire)*. Au sens courant, sommer, c'est ordonner avec vigueur.

SOMPTUAIRE. *adj.* Se dit généralement de dépenses excessives, faites dans un esprit de luxe et d'apparat, pour impressionner. *Une société qui compromet son équilibre budgétaire par des dépenses somptuaires.*
    N.B. Ne pas confondre avec **somptueux** (luxueux, magnifique); cependant, l'étymologie est la même (*sumptus* signifie «dépense», ce qui fait de l'expression *dépense somptuaire* un pléonasme!).

SONDER. *v. tr.* Au **sens figuré,** chercher à connaître les intentions ou les opinions de quelqu'un. *Sonder quelqu'un. Sonder les intentions de quelqu'un. Sonder l'opinion des Suisses.* Avec la multiplication des sondages d'opinion, le sens figuré de ce verbe devient prédominant.

SONNET. *n. m.* Poème à forme fixe, très répandu dans la littérature française à l'époque de la Renaissance (Du Bellay, Ronsard), et qui a joui d'un regain de faveur dans la seconde moitié du XIXe siècle (Baudelaire, Hérédia, Verlaine).

• Le sonnet se compose de deux quatrains et de deux tercets, soit quatorze vers. La disposition des rimes obéit aux schémas suivants : ABBA / ABBA / CCD / EED ou ABBA / ABBA / CCD / EDE ; il y a parfois des irrégularités. Le mètre des vers est au choix du poète (hexasyllabes, octosyllabes, décasyllabes, alexandrins). L'alexandrin est toutefois le plus répandu (dans *les Fleurs du Mal*, par exemple).

• Les quatrains et les tercets d'un sonnet sont souvent mis en opposition, laquelle débouche sur un effet final appelé «chute» (effet descriptif, apostrophe lyrique, figure de style étudiée). Mais le sonnet peut aussi faire progresser une seule idée jusqu'à l'amplification finale (une métaphore filée, par exemple).

SOPHISME. *n. m.* Raisonnement d'apparence logique mais qui se révèle faux. L'auteur d'un sophisme est parfois dupe du caractère fallacieux de son argument ; mais le plus souvent, il le développe *sciemment,* dans le but de convaincre l'auditoire, au risque de tromper le public (d'où la différence avec le **paralogisme**). On peut naturellement qualifier de «sophisme» un argument trompeur, même si celui qui le reprend ne le fait pas de mauvaise foi. Diderot qualifie ainsi de *sophisme de l'éphémère* l'argument d'une mouche (éphémère) qui, observant que de mémoire de mouche on n'avait jamais vu mourir un homme, en déduisait que les hommes sont immortels...
    Les **sophistes grecs,** contemporains de Socrate et de Platon, particulièrement habiles dans la rhétorique et l'art de parler, soutenaient que le vrai et le faux pouvaient être également démontrés. Il ne restait donc plus à certains d'entre eux qu'à «vendre» leur capacité à tous ceux qui voulaient contrer leurs adversaires, ou séduire les foules, dans des buts intéressés. Les véritables philosophes leur reprochaient de faire de la

parole un simple instrument d'action sur les hommes, au lieu de la mettre au service de la vérité.

SOPHISTIQUÉ. *adj.* 1° Excessivement raffiné, subtil, compliqué, à l'image des raisonnements de certains sophistes. Par extension, artificiel, faux, affecté. *Un style sophistiqué. Une beauté sophistiquée.*
    2° En ce qui concerne des appareils, des objets : très perfectionné. *Un matériel sophistiqué* (sans connotation péjorative).

SOPORIFIQUE. *adj. (sens propre)* Qui plonge dans le sommeil. somnifère. *(sens figuré)* Particulièrement ennuyeux. *Un exposé, une lecture soporifique* (qui conduit à bâiller).

SOUFFRIR. *v. tr.* Au **sens littéraire** (classique) : supporter, admettre, tolérer. *Souffrez, Madame, que l'on vous loue ! Cette règle ne souffre aucune exception. On ne saurait souffrir une telle insolence.*

SOUILLURE. *n. f.* **Vocabulaire moral** (classique) : péché qui tache l'âme ; flétrissure morale, action avilissante et impure. *Pour certains puritains, les moindres actes de vie sont des souillures de l'âme.*

SPARTIATE. *n. et adj.* 1° Citoyen de l'ancienne Sparte (appelée aussi Lacédémone), célèbre cité grecque rivale d'Athènes.
    2° Qui rappelle l'extrême rigueur et la sévérité des coutumes de Sparte. *Il menait une vie spartiate.*

SPÉCIFIQUE. *adj.* Qui appartient en propre à une espèce, à une chose, à un groupe, à une personne. *Un caractère spécifique de l'homme est, selon Rousseau, la faculté de se perfectionner. La spécificité d'un art. Un concept spécifiquement marxiste.*

SPÉCIEUX. *adj.* Qui, sous une belle apparence, est sans valeur ou sans intérêt. Fallacieux, trompeur. *Un raisonnement spécieux. Une argumentation spécieuse. Un motif spécieux.* Ne se dit pas à propos des personnes.

SPEC(T)-. Racine issue du latin *spectare*, « regarder, observer », qu'on trouve dans le mot **Spectacle**, mais aussi en composition dans de nombreux autres termes comme **Aspect** (ce qui s'offre à la vue), **Circonspection, Inspection, Introspection, Perspective, Perspicace, Prospective, Rétrospective Spectre, Spectroscope, Spéculaire** (qui est relatif au miroir), **Spéculer** (en latin : « observer »), **Suspecter** (littéralement : « regarder de bas en haut »).

SPECTRE. *n. m.* (voir la racine *spect-*). Au **sens figuré**, idée effrayante, réalité menaçante. *Le spectre de la famine.* « *Un spectre hante l'Europe : le spectre du communisme* » (Marx).

SPÉCULATION. *n. f.* (du latin *speculari*, « observer »).
    Sens originel : étude abstraite, recherche théorique. *Des spéculations intellectuelles, métaphysiques.* Le mot prend parfois le sens péjoratif de

réflexion inutile, déconnectée du réel. *Ce sont là des spéculations gratuites, des considérations purement spéculatives.*
   Sens économique : opération financière qui consiste à acheter puis revendre pour faire des bénéfices. *Des spéculations boursières. La spéculation a fait monter les prix dans l'immobilier.* Le spéculateur *analyse* les tendances du marché, *observe* l'évolution de l'offre et de la demande, *calcule* les profits qu'il peut en tirer : ceci explique l'analogie entre les deux sens du mot «spéculer». Mais quel glissement dans l'objet de la spéculation!

SPHINX. *n. m.* (de **Sphinx**, le monstre mythologique). Au **sens figuré :** personnage énigmatique, qui tait ses intentions. Voir **Énigme.**

SPIRITUALISME. *n. m.* Philosophie qui considère que l'esprit constitue une réalité en soi, autonome, irréductible, et supérieure.
   Le *spiritualisme* s'oppose radicalement au *matérialisme* (voir ce mot dans son sens *philosophique*). En cela, il est une des formes de l'idéalisme. Mais le spiritualisme est souvent lié, en outre, à la croyance en l'existence de Dieu : l'esprit, l'âme, a donc une vie propre en relation avec Dieu. Cette vie s'appelle *vie spirituelle* ou spiritualité. Voir ci-dessous les divers sens du mot spirituel. Voir aussi **Âme, Idéalisme, Matérialisme.**
   N.B. Ne pas confondre **Spiritualisme** et **Spiritisme** (croyance aux esprits qui font tourner les tables et hantent les vieilles demeures).

SPIRITUEL. *adj.* 1° **Qui concerne la vie de l'esprit,** comme réalité autonome et immatérielle. Ce qui est d'*ordre spirituel* s'oppose à ce qui est d'*ordre matériel* (et parfois, d'ordre social). La *vie spirituelle,* dans ce sens, est synonyme de vie morale. Les recherches de l'esprit, la création artistique font partie de la *dimension spirituelle* de l'être humain, au même titre que les exigences éthiques. Même un penseur athée peut, dans ce sens, considérer l'*activité spirituelle* (la vie de l'esprit) comme ce qui est le plus élevé en l'homme. *L'héritage spirituel d'un penseur.*
   2° **Qui concerne la vie de l'âme dans sa relation à la divinité.** La *vie spirituelle,* dans ce sens, se rapporte à la croyance religieuse (son contenu, sa pratique). Un homme qui a des *préoccupations spirituelles* est un homme en recherche, qui s'interroge sur l'existence de Dieu, la réalité du monde surnaturel, etc. À ce sens correspond le terme *spiritualité* (attachement aux valeurs spirituelles, exercices spirituels comme la prière, intensité de la vie intérieure). On oppose, dans ce sens, les *réalités spirituelles* aux *réalités temporelles,* ou plus directement le *spirituel* au *temporel,* c'est-à-dire :
   • **d'une part,** ce qui a trait à la vie de l'âme, aux réalités (immuables) du monde surnaturel, aux institutions religieuses qui sont censées les exprimer et les manifester ;
   • **d'autre part,** ce qui relève du monde profane, des réalités matérielles de l'espace et du temps, de l'histoire humaine.

En particulier, le *pouvoir spirituel* désigne l'autorité de l'Église, par opposition au *pouvoir temporel* qui désigne l'autorité politique d'un État. *Le « pouvoir temporel » de la Papauté a beaucoup diminué ; son pouvoir spirituel, lui, y a gagné.* 3° **Qui se rapporte au bel esprit** (sens n° 5), à l'art de produire des mots piquants, ironiques ou humoristiques. *Un homme spirituel* (un homme qui fait de l'esprit, et non qui est tourné vers les choses de la religion). *Une réplique spirituelle* (un mot d'esprit, et non pas une maxime sainte !).

SPLEEN. *n. m.* (mot anglais qui signifie « rate », lieu où l'on situait jadis les « humeurs noires »). Mélancolie, vague à l'âme, ennui profond, neurasthénie. *J'ai le spleen.* Avec Baudelaire, qui oppose les élans de l'*Idéal* aux désillusions qu'apporte le *monde réel*, le mot **spleen** prend un sens profond, quasi pathologique, de « mal de vivre », dégoût de tout, désespoir, angoisse atroce.

SPOLIER. *v. tr.* Dépouiller quelqu'un d'un bien qui lui revient, par divers moyens frauduleux (violence, falsification de documents, abus de pouvoir). *Spolier un lointain cousin de sa part d'héritage.* Le mot peut être employé dans le sens global de *déposséder injustement. J'ai été spolié de mes droits légitimes.*

SPORADIQUE. *adj.* Qui existe çà et là, de façon éparse : *une maladie sporadique.* Qui se produit à intervalles irréguliers, de temps à autre. *Des grèves sporadiques. À Sarajevo, on entend encore quelques coups de feu sporadiques.*

STADES. (en **psychanalyse**) Voir au mot **Génital**.

STAGNATION. *n. f. (sens propre)* État d'un liquide qui stagne, ne s'écoule pas. *(sens figuré)* Inertie, immobilité fâcheuse ; inactivité. *Stagnation de l'économie. Stagnation morale, sociale.*
N.B. Prononcer « stag-nation ».

STALINIEN. *adj.* Qui se rapporte à Staline ; qui pratique des méthodes rappelant le stalinisme, c'est-à-dire autoritaires et centralistes (collectivisation forcée, camps de travail sibériens, purges fréquentes pour éliminer les opposants politiques ou idéologiques, culte de la personnalité). *Des méthodes staliniennes. La direction du Parti est restée stalinienne.*

STANCE. *n. f.* Strophe comprenant un groupe régulier de vers qui forment un sens complet, et qui se répète, dans une organisation identique, tout au long d'un poème. La stance se termine souvent par un vers plus court que les autres, qui produit un effet de pause dans l'élan lyrique qui anime l'ensemble. Les stances, au théâtre, suspendent l'action pour laisser libre cours à l'expression lyrique d'un personnage ou du chœur. *Les stances du* Cid *(Acte I, Sc. 6) sont célèbres.*

STANDARDISATION. *n. f.* **Au sens économique :** production de

modèles en série selon des normes fixées à l'avance (le *standard* est précisément le modèle type qu'on reproduit). La standardisation est aussi l'action de standardiser, c'est-à-dire de normaliser une production, un objet courant, des procédures diverses.
Au sens social, par analogie, la standardisation est presque l'équivalent de la normalisation (voir ce mot) : l'emploi du mot, souvent péjoratif, se rapporte à l'uniformisation des modes de vie et de pensée, dans les sociétés modernes, à l'image des produits de consommation de masse.

STATU QUO. Locution latine qui signifie « dans l'état actuel des choses ». L'expression complète est *statu quo ante*, « l'état des choses tel qu'il était auparavant ». Raison pour laquelle on emploie souvent cette expression dans les contextes où il est question de *maintenir le statu quo*, qu'on le déplore ou qu'on s'en réjouisse. *En ce qui concerne les salaires, c'est le statu quo.*

STATUT. *n. m.* (du latin *statuere*, « établir »).
1° **Sens juridique :** ensemble de lois qui fixent l'état de droit d'une personne ou d'un groupe dans une société, notamment les garanties dont ils bénéficient. *Un statut de fonctionnaire. Un statut de réfugié politique. Des garanties statutaires* (liées au statut).
2° Position sociale de fait d'une personne ou d'une catégorie. *Le statut de l'enfant. Le statut social des médecins leur vaut une considération que n'ont plus les professeurs.*
N.B. Au pluriel, **les statuts** sont les actes constitutifs qui fixent les objectifs et le fonctionnement d'une association ou d'une société. *Il faut rédiger très clairement les statuts.*

STÉRÉO-. Racine issue du grec *stereos*, « solide, substantiel ». D'où l'idée de solidité, d'épaisseur, de relief. **Stère** (mètre cube de bois) ; **Stéréographie** (représentation des solides par projection sur un plan) ; **Stéréophonie** (reproduction des sons « en relief ») ; **Stéréoscopie** (technique qui permet de reproduire une image comme en relief) ; **Stéréotype** (voir mot suivant).

STÉRÉOTYPE. *n. m.* (de *stéréo-*, « solide » et *type*, « caractère général »).
Sens technique (ancien) : cliché typographique obtenu en coulant du plomb dans une empreinte.
Sens figuré (le plus fréquent) : idée toute faite, cliché, poncif bien épais. Le stéréotype peut être une opinion générale, par exemple : *« On n'arrête pas le progrès ».* Il peut être aussi une image simpliste du monde : la représentation que certains se font du Français (homme avec béret, portant une baguette de pain, et buvant du vin rouge) est un stéréotype. On parle de *stéréotypes culturels*, de *formules stéréotypées*, de *représentations stéréotypées*. Ne pas confondre avec **Archétype**.

STICHOMYTHIE. *n. f.* Dialogue tragique au cours duquel les personnages se répondent réplique par réplique. Il s'agit souvent de vers très concis, symétriques, traduisant l'intensité des relations ou du débat. On

peut aussi trouver des stichomythies dans un dialogue comique. Voici l'exemple d'un dialogue entre Hamlet et sa mère :
« LA REINE : *Hamlet, tu as gravement offensé ton père.*
HAMLET : *Mère, vous avez gravement offensé mon père.*
LA REINE : *Voyons, vous faites des réponses extravagantes.*
HAMLET : *Allons donc, vous posez des questions scandaleuses.* »

STIGMATISER. *v. tr.* **Sens propre** (ancien) : marquer un criminel au fer rouge, à la fois pour le punir corporellement et graver sur son corps l'empreinte qui rappelle son crime.
Sens figuré (littéraire) : condamner très sévèrement, blâmer publiquement. *Stigmatiser les hypocrites. Stigmatiser l'égoïsme des riches, la lâcheté des juges, la décadence des mœurs. Un discours dans lequel l'auteur stigmatise les violations des droits de l'homme.*
Les **stigmates** sont les marques, les cicatrices durables laissées par des plaies. Au pluriel, l'expression renvoie souvent aux blessures du Christ qui, chez certains mystiques, se reproduisent mystérieusement. Un *stigmatisé*, une *stigmatisée* sont des personnes qui portent les stigmates de Jésus crucifié.

STIPULER. *v. tr.* **Sens juridique :** énoncer une condition précise dans un contrat. *Il faudrait stipuler qu'en cas de maladie grave non déclarée, le contrat d'assurance-vie est nul et non avenu. La clause n° 3 stipule que vous devez fournir un certificat médical.*
Sens général : faire connaître expressément ; spécifier (il s'agit le plus souvent d'une précision de nature impérative). *L'énoncé du sujet stipule que les calculatrices sont interdites. Il est stipulé dans la convocation que vous devez vous présenter à 7h45.*

STOÏCISME. *n. m.* (à partir du grec *stoa*, « portique », lieu où Zénon enseignait la philosophie stoïcienne qu'il fonda).
Sens philosophique : doctrine de Zénon de Citium (340-263), qui influença profondément la culture antique. On en retient surtout l'extrême exigence morale, illustrée par les œuvres de Sénèque, Épictète et Marc-Aurèle. Bien qu'il existe de nombreuses variantes dans la pensée des philosophes stoïciens, on peut dire schématiquement que le stoïcisme repose sur l'idée que la Nature se confond avec Dieu. Vivre conformément à la Nature, vivre conformément à la Raison ne font qu'un, et sont à la base de la morale, de la sagesse, du bonheur. L'idée que développe Épictète est que toute existence se partage entre les choses qui ne dépendent pas de nous et les choses qui dépendent de nous. En ce qui concerne ce qui ne dépend pas de nous, il faut accepter et supporter, puisque rien n'y peut changer quoi que ce soit : « *Veux ce qui arrive comme cela arrive, et tu couleras une vie heureuse* ». En ce qui concerne ce qui dépend de nous, notamment la maîtrise des passions qui troublent l'âme (et peuvent en quelque sorte désordonner notre « nature » intérieure), tout est question de *raison* et de *volonté* : il

faut apprendre à se détacher des désirs ou des douleurs (qui justement nous rendraient dépendants de ce qui ne dépend pas de nous), à placer le bonheur dans la vertu, et finalement, à être profondément en accord avec la Nature, dont l'ordre suprême aboutit en dernier ressort à l'harmonie. D'où la devise stoïcienne : *supporte et abstiens-toi*. Il ne faut pas oublier que la morale stoïcienne, qui suppose des attitudes héroïques en face du malheur, est d'abord une *morale du bonheur*, fondée sur la sagesse. Voir à ce propos **Épicurisme**.

Sens général : attitude de courage devant le mal et les malheurs, voire même d'impassibilité dans la douleur. Vigny l'exalte dans son poème «La Mort du Loup». Cette attitude peut naturellement être adoptée par des personnes qui ne connaissent rien du stoïcisme comme philosophie. *Dans cette épreuve, il s'est conduit avec un admirable stoïcisme. Au cours de sa longue maladie, il s'est montré constamment stoïque.*

N.B. L'adjectif **stoïcien** peut renvoyer aux deux sens du mot. Pour la clarté de l'expression, il nous paraît préférable de dire :
— «*stoïcien*» pour ce qui renvoie à la philosophie ou à la morale développée par le stoïcisme et ses défenseurs ;
— «*stoïque*» pour ce qui renvoie aux attitudes ou aux êtres qui ont un comportement digne de la morale stoïcienne en face du malheur, de la maladie ou de la mort.

➜ **Pour approfondir, p. 1110.**

STRATAGÈME. *n. m.* (étymologie commune au mot *stratège*, qui vient du grec *stratos*, «armée» et *agein*, «conduire»).

(sens ancien) Ruse de guerre. *Le «cheval de Troie» imaginé par Ulysse est un des plus célèbres stratagèmes de l'histoire.*

(sens courant) Ruse extrêmement habile. *Scapin, les valets de comédie en général, sont experts dans l'art du stratagème.*

STRATÉGIE. *n. f.* (voir l'étymologie du mot *stratagème*).

1° **Sens politique et militaire :** art d'ordonner et de coordonner des forces offensives ou défensives, matérielles ou morales, en vue d'obtenir la victoire. La stratégie peut se limiter au terrain où opère une armée, ou s'élargir, comme dans le cas de la Seconde Guerre mondiale, à l'ensemble des opérations et des actions combinées par les belligérants, dans l'ordre économique, dans le domaine de la propagande, etc. On oppose classiquement la **stratégie**, science de l'*ensemble* des manœuvres et de leur coordination en vue d'un certain but, et la **tactique,** qui est aussi un art de la manœuvre, mais sur des *objectifs à court terme,* dans le cadre du plan défini par la stratégie. Cependant, ces deux mots sont souvent employés l'un pour l'autre.

2° **Sens général** (figuré) : art de coordonner un ensemble d'actions et de manœuvres pour atteindre un but général, dans quelque domaine que ce soit. *Une stratégie de conquête amoureuse. Une stratégie commerciale destinée à pénétrer un marché. Pour réussir à l'examen, quelle stratégie faut-il adopter ?*

STRICTO SENSU. Expression latine qui signifie « au sens strict, au sens étroit », par opposition à *lato sensu* (« au sens large »).

STRUCTURALISME. *n. m.* Méthode d'analyse et courant de pensée qui, dans les années 1950-1960, a renouvelé les sciences humaines en leur faisant saisir l'objet de leur étude comme des *ensembles de structures* (et non comme des réalités autonomes), comme des *systèmes d'interrelations* (et non comme de simples catégories de faits), sur le *modèle de la linguistique*.

• L'idée de **structure** suppose qu'un ensemble de phénomènes forme un *système :* chaque élément est relié au tout ; toute modification d'un élément rejaillit sur l'ensemble ; aucune réalité partielle n'a de sens en soi, mais au contraire, ne fait sens que dans sa relation à toutes les autres ; c'est donc la structure en tant que telle qui est réelle, agissante, comme système *englobant* les éléments qui le constituent.

• La linguistique fondée par Saussure est fondamentalement « structuraliste ». Elle décrit en effet la langue comme un ensemble d'unités, en relation de dépendance *réciproque,* qui fonctionne à tout instant selon son organisation propre, indépendamment de son histoire, dans une perspective essentiellement *synchronique*. La *langue,* système organisé de signes, précède la *parole,* usage que le locuteur fait de ce système préétabli, et dont les structures préexistantes déterminent en grande partie son énoncé. L'*arbitraire du signe* est également imposé à l'individu, qui perçoit comme évident le *lien signifiant/signifié,* sans avoir conscience de cette distinction. Ces trois aspects (la *conception synchronique du système,* la *distinction langue/parole,* la *relation signifiant/signifié*) vont se retrouver, *transposés,* dans les autres sciences humaines qui illustrent le structuralisme.

• L'**anthropologie** dite « structurale », par exemple, pose que les structures de la vie sociale sont premières, tout comme le code préétabli de la « langue » ; les individus n'ont pas conscience du système qu'elles régissent ; à l'intérieur de la logique d'ensemble de ce système, les individus ont des relations, adoptent des rôles sociaux, qui sont semblables à des « paroles » particulières *actualisant* la « langue » générale qui les structure. « *Le système de parenté est un langage* », écrit Cl. Lévi-Strauss.

• La **psychanalyse**, selon l'interprétation de Jacques Lacan, pose à son tour que « *l'inconscient est structuré comme un langage* ». Celui-ci parle, se « manifeste » à travers rêves et symptômes, qui sont comme le « signifiant » d'un « signifié latent » (ce que veut obscurément le désir). À travers ses manifestations diverses, le sujet est « parlé » par son inconscient alors même qu'il croit exprimer son « moi conscient ». C'est la structure de l'inconscient, vaste langage aux logiques secrètes, qui s'exprime dans chaque « parole » prétendument consciente. Nous nous croyons la source du discours que nous émettons ; nous ne sommes que l'instrument d'un langage qui nous traverse.

● **L'approche des savoirs et de leur archéologie** par Michel Foucault (qui refuse d'employer le terme de structuralisme) obéit au même esprit. Dans *Les Mots et les Choses,* Foucault tente de reconnaître, dans diverses époques, le terrain philosophique sous-jacent, la configuration des savoirs et des représentations qui servent de base à telle ou telle expression artistique, telle ou telle pensée particulière. Cette *« épistémé »* est comme la langue inconsciente dont les productions culturelles manifestes sont les «paroles» visibles et repérables, — paroles conditionnées par les structures (mentales) dont elles sont l'émanation.

● La **sémiologie** de Barthes et ses essais de critique littéraire ont aussi pour objet d'analyser les *structures signifiantes* que masquent les mythes quotidiens ou les formes littéraires.

● La question que pose le structuralisme, au-delà de son aspect méthodologique, est *philosophique :* puisque toutes ces structures traversent comme des langages les êtres humains qui pensaient agir, parler, penser librement, quelle est donc la *place,* quelle est donc la *liberté* du sujet ? L'homme existe-t-il comme être libre et responsable ? Ou, si l'on préfère : le structuralisme est-il un anti-humanisme ?
Cette question est celle que pose toute attitude déterministe dans le domaine des sciences humaines (voir **Déterminisme**). On pourrait répondre que l'homme au sens large reste le créateur des langages qui déterminent l'individu en particulier ; la conscience de tous les conditionnements qui structurent le sujet est *déjà* une forme de libération de celui-ci ; montrer ce qui *limite* l'expression du sujet n'est pas nier la *possibilité* de l'expression, mais définir le champ de sa liberté.
→ **Pour approfondir, p. 837.**

STYLE. *n. m.* Au **sens littéraire,** manière propre qu'a un écrivain d'écrire ; art original qu'il manifeste dans son expression, et qui permet de le reconnaître entre tous. Le style de Voltaire, le style de Racine, le style de Hugo sont tels que l'amateur est rapidement capable de dire «C'est du Voltaire, du Racine, du Victor Hugo». Bien entendu, si l'on approfondit la question, on comprend vite que le style ne se limite pas à la virtuosité langagière de l'auteur : sa sensibilité, sa vision des choses, son humeur entrent pour beaucoup dans sa façon d'écrire, ce qui a permis à Buffon d'énoncer sa célèbre formule *« Le style est l'homme même »*, et à Proust d'ajouter, de façon très pertinente : *« Le style pour l'écrivain, aussi bien que la couleur pour le peintre, est une question non de technique mais de vision ».*
Dans *Le Degré zéro de l'écriture,* Roland Barthes a introduit une nuance entre le style et l'écriture : le style serait l'expression du moi instinctif, biologique, lié aux profondeurs secrètes et à la mythologie intérieure de l'écrivain, tandis que l'écriture représenterait le choix social qu'il effectuerait d'un certain code littéraire, en fonction de l'idée qu'il se fait de la forme. Le style serait personnel, l'écriture en quelque sorte «politique». Cette distinction a été discutée. Il se trouve que le mot *écriture* est devenu synonyme du mot *style* (lequel intègre la dimension sociale que Barthes donnait à l'écriture).

La notion de style s'est naturellement étendue à toutes les productions artistiques, y compris au *mode d'être* des personnes en société. On parle aussi de style d'une époque, d'une école artistique, du comportement d'une catégorie de personnes (le *style de vie*).

STYLISER. *v. tr.* Représenter une réalité, une forme, un objet, un caractère de façon simplifiée, épurée, de sorte qu'on en dégage l'essence (et rien qu'elle). « Styliser » n'est pas seulement simplifier ou schématiser : c'est tenter par la même occasion de saisir la nature profonde de ce qu'on représente, qu'il s'agisse d'un objet concret (ramené à sa ligne, à son dessin, à son épure idéale) ou d'un objet abstrait (le caractère d'un personnage dans une nouvelle, dans une pièce de théâtre). Un interprète musical peut styliser ; un caricaturiste stylise constamment ; un décorateur fait de même. La volonté de stylisation s'oppose en quelque sorte à la volonté de réalisme : la première recherche la forme essentielle, qui symbolise son objet ; l'autre recherche la forme pleine et substantielle, qui se voudrait un équivalent du réel.

STYLISTIQUE. *n. m.* Étude des procédés d'expression et de style qui permettent à un locuteur d'employer la langue de façon la plus originale (par rapport à des énoncés qui seraient « neutres », sans recherche d'effets). Il existe une *stylistique générale*, étudiée scientifiquement par les linguistes, centrée sur la notion d'*écart* possible des énoncés par rapport à ce qui serait le « degré zéro » de l'expression. Mais le plus souvent, l'emploi du mot stylistique désigne la *stylistique littéraire*, plus proprement tournée vers l'analyse du style des auteurs, qui comprend l'étude des figures de style, de la prosodie, des champs lexicaux, et de tout ce qui se rapporte, globalement, à l'expressivité et à l'**énonciation**.

SUB-. Préfixe d'origine latine qui signifie « sous, en dessous de », soit localement *(submerger, subodorer, subrepticement, substance)*, soit socialement *(subalterne, subordonné, subjuguer)*. Il exprime également l'infériorité qualitative *(subaigu, subdivision, subsidiaire, subsonique)*, la proximité temporelle ou spatiale *(suburbain, succéder, suffixe, subséquent)*. Il prend aussi la forme *suc-* (succéder), *suf-* (suffixe), *sup-* (supporter) ou *sus-* (susciter, suspect, suspendre).

SUBALTERNE. *adj.* et *n.* (du latin *sub*, « sous » et *alter*, « autre ». Littéralement : « l'autre qui est en dessous ». Comparer avec *alter ego*). Qui occupe une position hiérarchiquement inférieure ; qui est subordonné à quelqu'un, qui en dépend. *Un officier subalterne. Un subalterne doit le respect à son supérieur.* Par extension, qui est secondaire, accessoire, quelconque. *Un rôle subalterne. Une position subalterne. Des préoccupations subalternes.*

SUBCONSCIENT. *n. m.* (de *sub*, « en dessous de ; d'un degré plus faible »).

1° *(comme adjectif)* Qui est faiblement conscient, qui se trouve à la limite de la conscience. Ce qui est subconscient peut parvenir à la conscience ou rester dans l'obscurité, mais n'en influe pas moins sur le comportement. *Une représentation subconsciente. Des sentiments, des souvenirs subconscients le troublaient vaguement, sans qu'il pût parvenir à les identifier.*

2° *(comme substantif).* Zone psychique où se déroulent des phénomènes dont le sujet n'a pas une conscience actuelle, mais où il peut accéder par un profond effort d'introspection. En psychanalyse, le terme *subconscient* fut d'abord synonyme d'*inconscient*, puis rejeté par Freud car il ne s'opposait pas assez radicalement à l'idée de conscience. Il faut donc bien rappeler que l'inconscient est inconscient, *inaccessible* à la conscience en raison de la censure. Le subconscient, lui, est mouvant, *prêt à accéder* à la conscience si celle-ci se concentre suffisamment sur les sentiments, fantasmes, souvenirs, idées qui s'agitent à sa périphérie, dans la pénombre...

SUBJECTIF. *adj.* 1° *(sens philosophique)* Qui relève du sujet humain, individu libre et pensant, doté d'une vie intérieure, d'une perception propre, bref d'une subjectivité. Dans ce sens, *subjectif* s'oppose à *objectif* (qui a rapport à l'objet extérieur, qui existe en soi, de façon autonome). *La vie subjective. Des phénomènes intersubjectifs* (se produisant entre deux sujets humains). *Une étude objective des phénomènes subjectifs. Les lois de la subjectivité humaine.*

2° *(sens courant)* Qui est personnel, qui varie selon les individus ; qui donc est discutable (contrairement aux faits «objectifs»). *Un jugement subjectif. Des impressions purement subjectives. Il a une vision très subjective du monde politique.* Se reporter aux mots **Objectif** et **Objet**.

SUBJECTIVISME. *n. m.* **Sens courant :** attitude de ceux qui jugent d'après leurs seules impressions «subjectives» (au sens n° 2), tout à fait «personnellement», sans se soucier des réalités objectives.

Sens philosophique : théorie ou position qui tend à privilégier excessivement le point de vue subjectif (sens n° 1) sur le point de vue objectif, à réduire les phénomènes de l'existence à la perception qu'en a le sujet, à subordonner les jugements de valeurs aux réactions individuelles (au lieu de rechercher des critères d'appréciation morale ou esthétique objectifs). Le subjectivisme poussé à l'extrême débouche sur le *solipsisme* (c'est-à-dire la réduction du monde à la représentation qu'on en a, d'où l'idée que le monde n'est qu'une projection de notre esprit personnel).

SUBJUGUER. *v. tr.* (du latin *sub*, «sous» et *jugum*, «joug»). Exercer un ascendant puissant sur quelqu'un. Séduire, charmer, envoûter. Mettre «sous le joug» (moralement ; voir ce mot). *Subjuguer les esprits, subjuguer un public. Ce brillant professeur n'a pas besoin de contraindre ses élèves : il les subjugue.*

SUBLIMATION. *n. f.* **En physique :** passage direct d'un corps de l'état solide à l'état gazeux. D'où le sens imagé qui suit.

En psychanalyse : processus selon lequel certaines pulsions du **Ça** s'élèvent et se transforment en aspirations à des valeurs morales ou sociales reconnues. Il y a dans la sublimation à la fois une *épuration* des désirs que le **Surmoi** censure et que le **Moi** rejette, et un *transfert* de l'énergie qu'ils contiennent sur des objets socialement valorisés. Les conduites humanitaires, l'engagement politique et social, l'élaboration artistique ou même la vie spirituelle sont, pour Freud, des formes de sublimation. Cela ne veut pas dire qu'elles se *réduisent* aux éléments pulsionnels qui se sont transférés en elles, car l'énergie, les tendances du **Ça** ne suffisent pas à produire de tels effets. Mais cette énergie, ces tendances, au lieu d'être refoulées dans un **Inconscient** qu'elles agitent, sont transformées et captées par l'activité sociale, par l'idéal moral du sujet, avec la « bénédiction » du **Surmoi**. La **sublimation** est à la fois l'opposé et le complément du **refoulement**.

SUBLIME. *adj.* et *n.* (du latin *sublimis*, « qui est très haut dans les airs » ; au sens littéral : qui se trouve *sous les limites* du ciel).

 (en ce qui concerne les personnes) Qui est admirable ; qui fait preuve d'un talent ou d'une vertu exceptionnels. *Il a été sublime, il a eu une attitude sublime. Une âme sublime.*

 (en ce qui concerne les choses de la pensée ou de l'art) Qui est particulièrement noble, élevé, divin, transcendant. *Un vers d'une beauté sublime. Un aphorisme sublime. Une scène sublime. Un adieu, un échange sublimes.*

 Le sublime : ce qu'il y a de plus élevé dans l'art, ce qui bouleverse l'âme et transporte l'esprit. Dans *l'esthétique classique,* le sublime est le comble de l'art et il se rencontre dans les œuvres les plus nobles. Cependant, la noblesse du genre ou du sujet de l'œuvre ne suffit pas : encore faut-il que le passage sublime transporte subitement le spectateur ou le lecteur. C'est le cas, par exemple, du mot du vieil Horace, à qui l'on dit que son fils s'enfuit devant ses trois poursuivants, et qui le regrette amèrement : « *Que vouliez-vous qu'il fît contre trois ? — Qu'il mourût !* » (*Horace*, Corneille.)

 Pour les romantiques, et notamment Victor Hugo, le *sublime* reste aussi le comble de l'art, aux antipodes du *grotesque*. Mais dans le grotesque même il peut y avoir une forme de sublimité (voir le personnage de Quasimodo). Hugo a d'ailleurs forgé l'oxymore *« une sublime laideur »*.

SUBLIMINAL. *adj.* (du latin *sub*, « sous » et *limen, liminis*, « seuil, limite »). Se dit de perceptions ou d'émotions qui se trouvent *au-dessous* du seuil de la conscience. *Une représentation subconsciente est subliminale.* Mais surtout, on parle d'images ou de perceptions subliminales lorsque l'esprit enregistre effectivement un message visuel ou auditif extrêmement bref, sans avoir conscience de le faire. L'exemple classique est celui de la vingt-cinquième image / seconde ajoutée à un film (qui n'en comprend que vingt-quatre à la seconde) : perçue inconsciemment par les spectateurs, elle déclencherait chez eux un réflexe conditionné dont ils ne savent pas l'origine.

SUBODORER. *v. tr.* (du latin *sub*, « sous » et *odorari*, « sentir »). Flairer (au sens *figuré*), deviner, pressentir. *Je subodore là-dessous une perfidie manœuvre. Il subodorait toujours le moindre défaut de son adversaire.*

SUBORDINATION. *n. f.* État de dépendance dans lequel une personne ou une chose est soumise à une autre. Comme l'indique l'étymologie, la subordination place quelqu'un ou quelque chose *sous* quelqu'un ou quelque chose d'autre dans un *ordre* donné. *La subordination du fonctionnaire à son supérieur. La subordination des pulsions à la raison qui les domine. La subordination, dans une phrase, d'une proposition (subordonnée) à la proposition principale.*
N.B. Ne pas confondre le verbe **Subordonner** (placer à un rang inférieur dans un ordre hiérarchique donné) et le verbe **Suborner** (corrompre, détourner du bon chemin), et aussi « séduire une jeune fille »).

SUBREPTICEMENT. *adv.* (du latin *sub*, « par-dessous » et *repere*, *reptum*, « ramper »; cf. aussi le mot *reptile*). D'une manière *subreptice*, c'est-à-dire furtive, dissimulée, opérée souterrainement, à la façon d'un reptile qui glisse entre les herbes... *Il a agi subrepticement. Une manœuvre subreptice. Il allait de librairie en librairie pour placer subrepticement son dernier livre sur la pile des meilleures ventes.* Antonyme : *ostensiblement.*

SUBSIDIAIRE. *adj.* Accessoire, annexe, complémentaire. Se dit en particulier d'une question qui, dans un concours, est donnée en complément de la question principale, pour départager les concurrents. *Méfiez-vous des questions subsidiaires : elles sont parfois plus difficiles que la question principale. À l'appui de sa thèse fondamentale, l'orateur a ajouté quelques considérations subsidiaires.*
N.B. La *question subsidiaire* faisant souvent la décision dans un concours, certaines personnes font l'erreur de croire que *subsidiaire* signifie *essentiel !*

SUBSISTER. *v. intr.* 1° *(pour les choses)* Durer, demeurer encore, continuer d'exister (malgré les épreuves du temps; malgré l'élimination d'autres éléments). *Il ne subsiste rien de cette civilisation. De vagues souvenirs subsistent dans ma mémoire.*
2° *(pour les personnes)* Survivre tant bien que mal. Pourvoir à ses besoins essentiels pour demeurer dans l'existence. *Je subsiste, bien difficilement il est vrai. Il ne pouvait que subsister. Des moyens de subsistance.*

SUBSTANCE. *n. f.* (du latin *sub*, « sous » et *stare*, « se tenir ». Littéralement, « ce qui se tient dessous »).
Sens concret : matière dont se constitue une chose. *La substance s'oppose à l'apparence comme le contenu à la simple surface.*
Sens abstrait : ce qui est essentiel dans un ouvrage, dans une pensée; ce qui constitue sa matière, son contenu. **En substance :** pour l'essentiel. *Votre devoir a un bon plan, mais il manque de substance. La substance d'un ouvrage* (son fond, souvent par opposition à sa forme).

Sens philosophique : ce qui est permanent, ce qui existe par soi-même, et donc ne change pas. On oppose ainsi la *substance* (invariable, liée à l'essence des choses, qu'aucun événement ne peut changer) et l'*accident* (ce qui arrive, qui est contingent ou accessoire, mais ne modifie pas la nature des choses). Il est de l'ordre de la *substance* qu'une craie soit une craie, mais de l'ordre de l'*accident* qu'elle soit bleue, rouge ou blanche. Voir le mot **Essence**.

N.B. Noter que l'opposition grammaticale entre le *substantif* et l'*adjectif* renvoie approximativement à cette opposition. Le *substantif*, le nom, désigne la chose dans sa nature (dans ce qu'elle est en soi), tandis que l'*adjectif*, qui lui est « adjoint », lui ajoute des qualités qui sont variables, dont l'absence ou la présence ne modifie en rien la « nature » de ce que le substantif désigne.

SUBSTITUT. *n. f.* **Sens juridique :** magistrat qui remplace le procureur de la République. **Sens courant :** ce qui sert à remplacer quelque chose, à jouer le même rôle. Ce qui se substitue à. *La margarine est un excellent substitut du beurre. Pour les psychologues, le pouce et la cigarette sont des substituts du sein maternel.* Mot de sens voisin : **Succédané**.

SUBSTRAT. *n. m.* Ce sur quoi repose quelque chose ; ce sans quoi quelque chose ne saurait subsister. Ce terme peut avoir un *sens philosophique* (fondement, essence, support indispensable à une réalité), un *sens concret* (base, infrastructure de quelque chose de matériel, géologique, technique, ou économique), un *sens linguistique* (langue première d'un lieu, qui a laissé des traces dans la langue aujourd'hui dominante).

SUBTERFUGE. *n. m.* (du latin *subterfugere*, « fuir en cachette »). Procédé habile, moyen détourné qu'on utilise pour se tirer d'une situation difficile. Échappatoire. *James Bond trouve toujours un subterfuge au moment critique.* Par extension : ruse, artifice.

SUBTIL. *adj.* (pour les personnes) Qui a de la finesse, de la perspicacité, de l'esprit. *Un personnage subtil. Une intelligence trop subtile pour être totalement convaincante.*

(pour les choses) Qui manifeste de la subtilité, de l'ingéniosité, du raffinement ; et donc, ne peut être saisi que par des esprits subtils. *Une argumentation, une analyse, une opinion subtiles. Une question subtile. Un style subtil.*

SUBVERSIF. *adj.* Qui est de nature à renverser l'ordre établi, qui menace le système social et politique, qui met en cause les valeurs dominantes de la société. *Un comportement subversif. Des opinions, des analyses subversives. Le nouveau roman a tenté de subvertir le code romanesque traditionnel. C'est en vain que de petits groupes gauchistes tentent de répandre la subversion. Sous des allures respectables, la vieille dame indigne tenait des discours subversifs.*

N.B. Comparer l'étymologie de ce mot (*subvertere* signifie « renverser », en latin) avec celle des mots *diversion, divertissement, conversion, extraversion* et *introversion*.

SUCCÉDANÉ. *n. m.* Produit de remplacement. Ersatz. *Un succédané de sucre.* Au **figuré :** ce qui remplace une chose absente, qui supplée à ce qui manque, faute de mieux. *Il lisait des romans-photos, pâles succédanés de films.* Par rapport à *substitut*, le mot *succédané* a une nuance péjorative.

SUCCINCT. *adj.* Qui est dit ou écrit en peu de mots : bref, concis, rapide, sommaire. *Une description succincte. Un récit succinct. Un témoignage succinct.* Par extension : qui s'exprime en peu de mots. *Une personne succincte dans ses propos. Soyez succinct autant que possible.*
 N.B. Respectez l'orthographe de ce mot, bien que le *c* final ne se prononce pas.

SUFFISANT. *adj.* **Pour les choses :** qui suffit, qui est assez abondant, qui satisfait à ce qui était exigé. *Un repas suffisant. Une note suffisante. Des qualités suffisantes pour assumer cette mission.* On oppose classiquement la condition *nécessaire* (indispensable, mais qui ne suffit pas forcément) à la condition *suffisante* (qui permet d'opérer totalement une action, de prouver une hypothèse).
    Pour les personnes : qui se montre totalement satisfait de soi-même, et donc, vaniteux, prétentieux, arrogant. *Un personnage suffisant, qui semble toujours savoir tout sur tout. Un air, un ton suffisants.* La *suffisance* est synonyme de *fatuité, vanité*.

SUFFRAGE. *n. m.* (*sens propre*) Vote (favorable) exprimé par un électeur, spécialement dans le domaine politique. *Un candidat en quête de suffrages. Refuser son suffrage.* Le suffrage désigne aussi la façon dont s'exerce l'élection : *suffrage universel* (tous les citoyens sont appelés à voter), *suffrage direct* (les citoyens désignent directement, sans intermédiaire, leurs élus), *suffrage indirect* (les citoyens désignent, dans un premier temps, un corps électoral qui sera chargé de procéder, à son tour, au choix des élus).
    (*sens figuré*) Accord, approbation (individuelle ou collective). *Ce pianiste, lors de son dernier récital, a rallié tous les suffrages. C'est à Peau d'âne que le Prince accorda son suffrage.*
 N.B. On nomma **suffragettes** (fin XIXe / début XXe) des militantes anglaises qui réclamaient pour les femmes le droit de vote.

SUGGESTIF. *adj.* 1° Qui suggère parfaitement ce qu'il évoque (une réalité, des sentiments, des idées). *Un portrait suggestif* (évocateur). *Une description suggestive. Une mimique suggestive.*
    2° Qui suggère en particulier des idées, des représentations, des fantasmes érotiques. *Une tenue suggestive. Un mouvement des hanches tout à fait suggestif. Une scène amoureuse plus suggestive que descriptive.*

SUI GENERIS. Expression latine qui signifie « de son espèce », c'est-à-dire « bien spécifique, unique en son genre ». *Une saveur sui generis, une saveur qui n'appartient qu'à elle, unique en son genre. Un personnage fascinant, inimitable sui generis* (parfaitement unique en son genre, devant être apprécié comme tel, et non selon les critères de jugement communs).

SUJET. *n. m.* **Sens philosophique.** Être humain en tant qu'être pensant, capable de *connaître*, par opposition à l'objet de la connaissance sur lequel s'exerce sa pensée. La raison, la conscience réflexive caractérisent le « sujet » humain au sens philosophique. Une des difficultés majeures qu'éprouve l'homme de se connaître lui-même, vient de ce qu'il est à la fois le sujet et l'objet de cette connaissance.

• Le sujet humain, siège de la connaissance, est aussi placé au centre d'une existence, en relation avec le monde. Le sens du mot « sujet », dans le vocabulaire de la philosophie et des sciences humaines, s'étend donc à l'*individu dans son ensemble,* tel qu'il se vit, tel qu'il s'assume, tel qu'il se voit, tel qu'il se veut. Le sujet devient alors l'être humain dans toute sa « subjectivité », avec ses conditionnements, sa psychologie, son destin, sa liberté, ses questions.

• Dans ce sens, on peut différencier le « sujet » et le « moi » : le sujet est porteur d'un *moi*, d'un psychisme individuel ; mais il englobe ce *moi* : il peut choisir de le construire, se donner un « idéal du moi ».

• On peut de la même façon différencier le « sujet » et « l'individu ». Le mot *individu* s'applique communément à chaque être humain, considéré à l'état brut, si l'on ose dire, de l'extérieur. Le terme *sujet* indique qu'on parle de cet individu du point de vue de sa qualité propre, de sa subjectivité, de sa conscience d'homme plongé dans l'existence, plus ou moins maître de sa destinée. *Le sujet, c'est l'être conscient animé de désir et en quête de sens.*

• On peut encore différencier le « sujet » et la « personne ». Le mot *personne,* tel que l'idéalise le personnalisme par exemple, désigne alors le sujet devenu maître de sa vie, ayant trouvé les voies de son épanouissement. L'individu ne devient une personne que lorsqu'il est vraiment sujet de sa vie : conscient de son existence et maître de sa liberté. Pris au sens moral, le mot sujet devient alors synonyme de personne reconnue comme telle.

N.B. L'évolution des significations du mot sujet est assez révélatrice puisque le terme conserve actuellement des sens quasi opposés, dus à sa longue histoire.

Au départ, le mot sujet vient du latin *subjectum,* « ce qui est subordonné, ce qui est soumis à ». Il désigne ce qui est soumis à la pensée ou à l'activité de l'esprit *(le sujet d'une réflexion, le sujet d'un livre, le sujet d'une œuvre),* aussi bien que ce qui est soumis à l'autorité politique *(les sujets du souverain, les sujets d'une nation).* Il désigne également le fait d'être le support de certaines actions *(être le sujet d'une expérience médicale)* ou de certaines influences extérieures ou intérieures *(les passions sont subies par le sujet).* Au *sens linguistique,* le « sujet » grammatical est ce à quoi se rapportent les actions, les sentiments, les pensées : le sens du mot n'est plus passif. Au *sens philosophique* défini plus haut, le sujet qui connaît est d'abord livré, *soumis* aux perceptions, expériences, connaissances subjectives qui s'impriment dans son esprit ; mais il est aussi (tant bien que mal) *maître* de cette connaissance qu'il doit approfondir par la pensée et la « réflexion ». Ainsi, très insensiblement, le mot sujet est passé d'un sens passif (être soumis, être qui subit) au sens actif (être qui réfléchit, qui retentit, qui réagit), pour devenir, au niveau moral, synonyme de personne libre et agissante.

SUJÉTION. *n. f.* 1° Fait d'être soumis à un pouvoir politique ou social, de vivre dans la dépendance ou dans l'oppression. *Une fois affranchis, les esclaves noirs continuèrent de vivre dans la sujétion des Blancs.*

2° Assujettissement à une nécessité particulière, à une contrainte. *L'habitude de boire est vite une sujétion. L'emploi du temps hebdomadaire est une pénible sujétion.*

N.B. Ne pas confondre avec **Suggestion.**

SUMMUM. *n. m.* Mot latin qui signifie « le plus haut degré ». *Être au summum de la gloire. Atteindre le summum de la bêtise.* Synonymes : *apogée, comble, faîte, sommet.*

N.B. Bien prononcer « sommom » (et non pas « soummoum » !).

SUPER-. Préfixe d'origine latine qui signifie « au-dessus, par-dessus ». Indique la « supériorité » au niveau spatial, au niveau social, au niveau moral : *superposer, supersonique, supermarché ; supérieur, superstructure, superviser ; superlatif,* etc. De nombreux mots, le plus souvent techniques, peuvent être composés à partir de ce préfixe très vivant. Voir **Hyper-** et **Ultra-.**

N.B. Le préfixe **Supra-,** qui signifie « au-dessus, au-delà de », est beaucoup moins répandu *(suprahumain, suprasensible, supraterrestre, supranational) ;* il a pour antonyme **infra-.** *Supra* et *infra* s'emploient comme synonymes de « ci-dessus » ou « ci-dessous », pour des renvois dans un texte.

SUPERBE. *n. f.* Au **sens classique,** maintien hautain et orgueilleux (concrètement) ; orgueil manifeste (moralement). *La superbe d'un jeune héros.* L'adjectif *superbe* a aussi cette connotation au XVIIe siècle.

SUPERFÉTATOIRE. *adj.* Qui s'ajoute inutilement (à ce qui existe déjà), qui est superflu. *Des précisions superfétatoires. Des démarches superfétatoires. Quand je t'ai dit d'apporter une bouteille d'eau, il m'a semblé superfétatoire d'ajouter « potable ».*

SUPERSTRUCTURE. *n. f.* **Sens concret :** partie supérieure d'une construction (située au-dessus du niveau du sol), par opposition à l'infrastructure.

Sens philosophique (dans le vocabulaire marxiste) : ensemble des institutions (politiques, juridiques, culturelles) et des idéologies (doctrines philosophiques, religions, culture dominante) qui sont, dans une société donnée, déterminées par les structures économiques et les rapports de production (c'est-à-dire l'*infrastructure*). Cette superstructure est *produite* par la réalité économique (dont elle contribue à masquer les rapports de force et les conflits d'intérêts) ; elle n'en jouit pas moins d'une certaine *autonomie* par rapport à l'infrastructure. Les penseurs marxistes centrent leurs analyses sur les interactions entre *infrastructure* et *superstructure*.

SUPPLANTER. *v. tr.* (du latin *supplantare*, « écarter quelqu'un en lui faisant un croche-pied »). Prendre la place de quelqu'un qu'on évince. *Supplanter un rival dans le cœur d'une femme. Une manœuvre habile destinée à supplanter un concurrent.*

Ce verbe peut s'appliquer aux choses, au sens de « remplacer, éliminer ». *La télévision n'a pas complètement supplanté la radio dans le goût du public. La poésie moderne est supplantée par la chanson.*

SUPPLÉER. *v. tr.* Ajouter ce qui manque ; remplacer quelque chose ou quelqu'un qui fait défaut. *Suppléer une lacune. Suppléer un professeur absent.* Cette construction directe s'emploie de moins en moins : on préfère dire *suppléer à*, qui a le même sens global (« remédier à ce qui fait défaut »). *Suppléer au manque d'imagination par la vivacité du style. Suppléer par les gestes à l'incapacité de parler. Suppléer par des auxiliaires au manque de professeurs.*

SUPPUTER. *v. tr.* (du latin *putare*, « calculer »). Évaluer ; calculer à partir de certaines données ce que peut représenter une quantité, une somme, un ensemble de possibilités. Examiner, apprécier plus ou moins empiriquement, plus ou moins intuitivement. *Supputer la somme qu'a pu coûter une fête, la valeur que peut représenter un meuble. Supputer ses chances de succès à l'examen. Supputer le nombre d'exemplaires auquel sera tiré un ouvrage, et les bénéfices qui en découleront.*

SUPRÉMATIE. *n. f.* **Au sens politique :** situation dominante acquise par un pays, économiquement, commercialement ou militairement. Hégémonie. *Dans le domaine de la conquête spatiale, les U.S.A. ont vite recherché la suprématie sur l'U.R.S.S.*

Par extension : position de supériorité, ascendant, prééminence de quelqu'un sur les autres. *Dans les années 1950, J.-P. Sartre jouissait d'une véritable suprématie dans l'empire des lettres.*

SURANNÉ. *adj.* Qui remonte à de lointaines années, qui appartient à une époque révolue. D'où : démodé, archaïque, vieillot. *Des robes surannées* (très anciennes, ayant peut-être le parfum des choses de jadis). *Un esprit suranné* (qui raisonne de façon archaïque, est prisonnier de conceptions passéistes).

SURENCHÈRE. *n. m. (sens propre)* Enchère nettement plus élevée que l'enchère précédente. Dans une vente, l'enchère consiste à proposer d'acheter à un prix supérieur au prix fixé au départ. La surenchère consiste à faire monter le prix plus haut encore, pour dissuader les autres acheteurs. On peut ainsi *surenchérir* sans fin (on dit aussi « faire monter les enchères »).

(sens figuré) Dans le domaine politique (principalement), la surenchère consiste à proposer des exigences ou à faire des promesses qui dépassent largement celles qu'avancent les concurrents ; ceux-ci se sentent alors obligés d'aller eux-mêmes plus loin dans leurs propositions, et ainsi de suite. *La surenchère électorale peut aboutir à la pire démagogie.*

SURMOI. *n. m.* En **psychanalyse**, l'une des trois instances psychiques fondamentales décrites par Freud, avec le **Ça** et le **Moi**. Le **Surmoi** représente consciemment l'ensemble des interdits moraux qui règnent sur l'individu et, inconsciemment, le censeur qui refoule les pulsions du **Ça** cherchant à pénétrer le champ de conscience du **Moi**.

• L'idée de « Sur-moi » vient de la constatation qu'une partie du Moi du sujet s'oppose à l'autre. Le sujet se juge, se critique ; il vit un conflit entre ses désirs et sa « morale » ; il est donc habité par une instance psychique plus ou moins sévère, qui interdit ou permet, condamne ou approuve ; et ceci, pour des raisons confuses, puisque souvent le sentiment de culpabilité éprouvé par le **Moi** n'a pas de motif apparent. Cette instance agit ainsi en grande partie de façon inconsciente. Elle s'est constituée dans la prime enfance.

• Le **Surmoi** est en effet l'intériorisation des interdits parentaux (et de ceux qui ont suivi l'éducation familiale). Le premier de ces interdits naît de la situation œdipienne. Sur le petit « Œdipe » amoureux de sa mère, le père fait peser la menace de son autorité, la puissance de son droit : l'enfant a peur d'un châtiment, mais se sent coupable de ce désir qui brave l'interdit. Plutôt que de vivre dans l'angoisse et la culpabilité, il change alors de camp, rejoint le parent de même sexe auquel il va s'identifier : il « intériorise », il incorpore à son **Moi** l'interdit paternel. L'instance extérieure, l'instance parentale, est devenue partie intégrante de lui-même. Cela le rassure, car le **Surmoi** a aussi une fonction protectrice (contre le désordre de pulsions contradictoires, contre l'angoisse liée aux désirs du **Ça**). L'interdit œdipien n'est naturellement pas le seul : toutes les exigences de l'éducation, qui disciplinent la vie physique et psychique du bébé en brimant sa nature, sont l'objet d'interdits. Ils suscitent sa colère, son angoisse ou son hostilité, jusqu'à ce qu'ils soient acceptés et intériorisés.

• Dès lors, le Surmoi, façonné et renforcé par toutes les intériorisations, tous les interdits, toutes les exigences successives de l'éducation, agit et réagit de façon autonome à l'intérieur du psychisme, tant dans le domaine de la vie consciente (où il devient notre conscience morale, notre idéal éthique, nos principes de vie) que dans le domaine de la vie inconsciente (où il censure, refoule les pulsions qui nous semblent déshonorantes ou coupables, non sans convertir une bonne part d'entre elles en aspirations légitimes : voir **Sublimation**).

• Deux remarques pour finir :
— le Surmoi n'est pas un ennemi du Moi : s'il est trop fort, il écrase et inhibe le sujet qui n'ose plus rien désirer, certes ; mais s'il est trop faible, il ôte au sujet la structure interne dont il a besoin pour grandir, pour se construire lui-même ; il est un peu comme une colonne vertébrale du psychisme : trop rigide, il paralyse ; trop mou, il rend l'individu incapable de se dresser ;
— le Surmoi n'est pas seulement l'intériorisation des exigences parentales : à travers elles, ce sont toutes les valeurs, toute la vision du monde de la civilisation à laquelle il appartient qui *constituent* l'individu. La dimension culturelle du Surmoi est aussi importante que sa dimension purement psychologique.

Voir les mots **Censure, Œdipe, Inconscient, Refoulement, Sublimation**.

SURNATUREL. adj. et n. 1° *(sens général)* Qui est au-delà de la nature, semble échapper à ses lois, ne peut s'expliquer par des connaissances naturelles. *Un pouvoir surnaturel. Un phénomène surnaturel* (supranormal). Par extension, tout ce qui est magique, merveilleux, extraordinaire, fantastique, ou qui semble tel. *Une femme d'une beauté surnaturelle.*
2° *(sens religieux)* Qui est d'ordre divin. Qui se produit sous l'effet d'une intervention divine, par la grâce de Dieu. *Un miracle est d'ordre surnaturel. Hors des apparences du monde sensible, au-delà de la nature, il existe une vie surnaturelle : celle des anges, celle du paradis, celle de l'au-delà où les morts, ressuscités, vivent dans la contemplation du Dieu-Amour.* Dans ce sens, l'adjectif peut être substantivé : on dit **le surnaturel**.

SURRÉALISME. n. m. (mot créé par Apollinaire en 1917). Mouvement littéraire, intellectuel et artistique d'avant-garde qui, animé par André Breton, se proposa à partir des années 1920 de révolutionner la pensée, l'art et la vie. Le *Manifeste du surréalisme* a été publié par André Breton en 1924 et fut suivi en 1929 du *Second manifeste du surréalisme*. À côté de Breton, les principales figures du mouvement ont été Louis Aragon, Philippe Soupault, Paul Éluard, Robert Desnos. Le mouvement lui-même s'effritera avant la Seconde Guerre mondiale, mais son influence libératrice sur la littérature, le cinéma, la peinture du XXe siècle, aura été déterminante.

• L'ambition du surréalisme est d'abord, dans le sillage des découvertes psychanalytiques, de **libérer la pensée** des contraintes de la raison et de la morale établie. La plate raison réaliste cache et empêche le « *fonctionnement réel de la pensée* ». Du même coup, elle empêche l'être humain de connaître et d'éprouver le monde réel, — ses zones mystérieuses, sa profondeur insoupçonnée, la « *vraie vie* ». La « *surréalité* » du monde ne peut être perçue que par des voies irrationnelles, hors du contrôle de la raison réaliste.

- Cette libération de la pensée est aussi **libération de l'art**. En se mettant à l'écoute de l'inconscient, du rêve, des automatismes de l'esprit (par la pratique, précisément, de « *l'écriture automatique* »), le poète surréaliste saisit et transcrit l'authenticité même de la vie créatrice, enfin libérée du contrôle de tous les académismes.

- La révolte surréaliste contre les codes artistiques antérieurs, contre les contraintes de la raison et de la morale admise, s'accompagne d'un **désir de révolution sociale et politique** contre l'ordre bourgeois, qui a produit cette morale contraignante et imposé son rationalisme dans tous les domaines. Ainsi, l'aventure intérieure qu'est la poésie surréaliste se double d'une attitude de violence externe à l'égard de l'ordre établi, même si la tentation d'adhérer au communisme, au début des années 1930, tourne court et provoquera des scissions.

- Le mouvement surréaliste, bien entendu, n'a pas « changé la vie ». Mais il a libéré l'écriture, ouvert la voie à la poésie de l'insolite, donné au rêve humain sa place centrale dans l'œuvre d'art, et permis à la littérature de se faire explosion de langage.

➜ **Pour approfondir, p. 847.**

SURRÉALISTE. *adj.* 1° Qui se rapporte au mouvement évoqué ci-dessus. 2° Qui est bizarre, étrange, délirant, merveilleux ou cauchemardesque. *Une situation surréaliste. Un discours complètement surréaliste.*

SUSCEPTIBLE. *adj.* 1° Capable de, apte à. *Un projet susceptible de révolutionner nos usages.* 2° Qui se vexe facilement. Ombrageux. *Il est trop susceptible.*

SUSPENSE. *n. m.* (de l'anglais *suspense,* issu du français « suspens »). Dans un film, un spectacle, un roman policier, un récit, moment d'attente angoissée de ce qui va se produire (un crime horrible, le sauvetage in extremis du héros, etc.). L'action semble s'être *suspendue,* le temps se fige, tout va basculer dans un sens ou un autre ; le spectateur *suspend* son souffle, ne respire plus. Hitchcock a été le maître incontesté du suspense. Par extension, on parle de suspense à propos de situations angoissantes de la vie réelle, dans l'attente d'un événement décisif.

N.B. Prononcer « suspennss », pour ne pas confondre avec le mot *suspens* (« en suspens » signifie « en attente, en suspension »).

SUSPICION. *n. f.* (des racines latines *sub,* « sous » et *spic-,* « regarder »). Littéralement, « regarder par-dessous (avec défiance) »). Fait de considérer quelqu'un comme suspect ; défiance, attitude soupçonneuse. *Bien que les choses aient été clarifiées, elle continuait de me regarder* avec suspicion. Manifester de la suspicion, avoir de la suspicion à l'égard de quelqu'un.

SUSTENTER (SE). v. pron. Se nourrir (littéralement : « se soutenir en s'alimentant »). *Le jour de l'examen, il ne faut pas négliger de se sustenter.*

N.B. En physique, la *sustentation* est le fait de se tenir en équilibre (en reposant sur des bases stables). La sustentation de la Tour de Pise pose quelques problèmes...

SYBARITE. n. m. Jouisseur qui se plaît dans une atmosphère de luxe et de raffinement. C'était le cas des habitants de Sybaris, ville très prospère dans l'Antiquité.

SYLLOGISME. n. m. En logique, argument qui se compose de trois propositions dont la troisième se déduit parfaitement des deux autres (voir **Déduction**). Les deux premières propositions se nomment prémisses (la première est générale, ou *majeure;* la seconde est particulière, ou *mineure*). La troisième est la conclusion logique des deux premières. L'exemple classique consiste à nous donner la « preuve » que Socrate est mortel :

    Majeure :   Tous les hommes sont mortels ;
    Mineure :   or, Socrate est un homme ;
    Conclusion : donc, Socrate est mortel.

On notera que de nombreux raisonnements sont des syllogismes *implicites*, dans la mesure où toutes les prémisses ne sont pas données. Le fameux *« Je pense, donc je suis »* de Descartes pourrait ainsi s'énoncer : « 1° Ce qui pense existe. 2° Or, je pense. 3° Donc je suis ». Par ailleurs, la forme du syllogisme est souvent trompeuse en ce qu'elle semble énoncer les prémisses comme des vérités, alors qu'elles ne sont elles-mêmes que des *présupposés*. Par exemple, pour affirmer « Tous les hommes sont mortels », il faudrait avoir pu constater que Socrate (s'il s'agit d'un homme) est mortel, ce qui n'est pas le cas au moment où son disciple fait ce raisonnement : la conclusion étant *déjà* contenue dans la majeure, le syllogisme ne prouve rien. C'est ce qui conduit certains auteurs (comme Ionesco) à tourner en ridicule le syllogisme. Un véritable syllogisme devrait toujours s'énoncer sous la forme prudente qui suit :

  1° S'il est vrai que tous les hommes sont mortels,
  2° s'il est vrai que Socrate est un homme (et non un Dieu),
  3° alors, Socrate est mortel.

SYM-, SYN-. Préfixes issus du grec *sun*, « ensemble, avec ». Entrent dans la composition de nombreux mots parmi lesquels **Symbiose** (littéralement, « vie ensemble » ; au *niveau biologique*, association d'animaux ou d'organismes qui vivent l'un par l'autre ; au *sens figuré*, étroite union entre personnes, entre groupes) ; **Sympathie** (littéralement : fait d'éprouver la souffrance d'autrui, de sentir les mêmes choses en même temps); **Symphonie** (ensemble de sons harmonieusement orchestrés); **Synagogue** (assemblée, réunion, au sens étymologique); **Synonyme** (mot ou expression de même sens, ou de sens voisin); **Syntaxe** (littéralement, «ordre d'un ensemble» : organisation de la phrase; règles qui régissent l'ordre des mots; étude de ces règles). Voir aussi les mots suivants : *symbole, synchrone, syncrétisme, synecdoque, synergie, synopsis, synthèse*. La racine **sym-, syn-** indique toujours davantage qu'une simple juxtaposition : elle implique l'idée de lien organique, d'ensemble ordonné.

SYMBOLE. *n. m.* (du grec *sumbolon*, «signe de reconnaissance» : il s'agissait d'un objet partagé en deux moitiés, ce qui permettait aux personnes possédant chacune un morceau de l'ensemble de se reconnaître).

1° **Dans le langage scientifique :** signe conventionnel correspondant à une réalité abstraite, à une opération mentale, à un élément du monde physique, etc. Le signe «+» symbolise l'addition; le signe «*H*» est le symbole de l'hydrogène; la lettre «*x*» symbolise l'inconnue dans une équation. La capacité de symbolisation est liée, chez l'être humain, à la capacité d'abstraction.

2° **Dans le langage littéraire ou esthétique :** représentation concrète (par un objet, une image, un personnage, un récit) d'une réalité morale, invisible, abstraite, conceptuelle, en vertu d'un lien de nature métaphorique ou métonymique entre la chose représentée et le signe concret qui la représente. Ainsi, le drapeau est le symbole de la patrie; la colombe, le symbole de la paix; le serpent, le symbole de la tentation; le récit de *La Peste* (Camus), le symbole du mal collectif et contagieux dans la cité; un squelette tenant une faux, le symbole de la mort.

La genèse des symboles est semblable à la genèse du signe linguistique. Elle peut être purement conventionnelle, même si cette convention peut s'expliquer : le rouge symbolise l'interdiction par exemple (mais c'est peut-être qu'à l'origine, le rouge est la couleur du feu, qui brûle). Le symbole est souvent d'origine *analogique* (c'est-à-dire métaphorique) : c'est parce que la mort «fauche» les âmes qu'elle est représentée comme une faucheuse (cette personnification est une allégorie; le processus d'élaboration est bien métaphorique). Mais le symbole peut aussi être le résultat d'une *association* d'idées ou d'images de nature métonymique : par exemple, le trône symbolise le pouvoir royal, l'autel symbolise le pouvoir de l'Église (un *élément* du tout suffit à désigner la réalité globale). L'emblème est un symbole en général collectif (voir ce mot : tous les emblèmes sont des symboles, mais la réciproque n'est pas vraie). Voir **Métaphore** et **Métonymie**.

Le symbole, quoi qu'il en soit, renvoie toujours à une autre réalité que lui-même : il figure, il représente. C'est ce qui permet d'élargir le sens du mot aux récits, aux scènes, aux évocations concrètes qui, en poésie, au théâtre, dans le roman, dans diverses productions esthétiques, ont une portée qui dépasse la seule lecture réaliste de ce qui est montré ou relaté. « L'Albatros » de Baudelaire, d'abord simple image du poète, prend tout à coup une portée symbolique en ce que l'on n'a plus besoin de la comparaison pour comprendre : l'Albatros *devient* symbole de la condition du poète. Un meurtre, dans un roman, au-delà de la simple élimination d'un homme, peut devenir le symbole d'une « libération » (comme c'est le cas dans *L'Étranger* de Camus) : un certain nombre de textes peuvent ainsi avoir une double portée à la fois réaliste (psychologique) et symbolique (métaphysique). Il faut souvent interpréter, décoder les signes, pour faire ressortir le sens symbolique de l'œuvre.

SYMBOLISME. *n. m.* (de *symbole,* voir ci-dessus).

1° **Sens général :** fait de recourir à un ou à des symboles ; système de symboles *(le symbolisme de la religion chrétienne) ;* sens symbolique d'une œuvre, d'un texte, d'un objet, d'une image *(le symbolisme d'une poésie, d'un récit ; le symbolisme de l'eau).*

2° **Sens précis** (histoire littéraire) : mouvement artistique et littéraire de la fin du XIXe siècle qui s'oppose à la fois au réalisme naturaliste et au formalisme poétique des parnassiens. Le symbolisme s'efforce de traduire une vision spirituelle du monde et d'exprimer les états d'âme poétiques au moyen d'images concrètes, de sonorités suggestives et de rythmes qui sont comme les « symboles » (la correspondance secrète) de l'univers invisible et intérieur évoqué.

• Historiquement, le symbolisme n'est pas une école littéraire structurée. Le mot *symbolisme* est né après coup (en 1886) pour définir un mouvement dont les principaux illustrateurs (Verlaine, Rimbaud, Mallarmé, et aussi Baudelaire) ont écrit ou publié des œuvres symbolistes *avant* qu'on parle de symbolisme. Ce mouvement aura néanmoins l'intérêt de provoquer une prise de conscience et de faciliter ainsi l'influence du symbolisme.

• Le naturalisme prétend représenter la réalité telle qu'elle est, bien pleine et bien visible ; le symbolisme, à la suite de Baudelaire, de Nerval, soutient que l'essentiel est invisible ; que le monde apparent masque des réalités mystérieuses ; que le visible, dans ce qu'il a de meilleur, est toujours « symbole » de l'invisible, de l'au-delà, du spirituel (voir le mot **Correspondances**).

• La poésie parnassienne, soucieuse d'une beauté uniquement formelle, oubliait la mission du poète : décrypter le monde, explorer ce qui dépasse la nature, exprimer les profondeurs de la vie intérieure de l'être humain. Les images, les rythmes, les sonorités des poètes parnassiens étaient produits (et consommés) en tant que tels ; ils ne renvoyaient à rien d'autre.

• *L'originalité des symbolistes sera d'utiliser les moyens esthétiques des parnassiens au service de leur message spiritualiste,* pour explorer et représenter (de façon non réaliste, mais symbolique) les réalités spirituelles, « surréelles » pourrait-on dire, qui constituent à leurs yeux à la fois le monde et l'intériorité humaine. Le symbolisme ne produit pas nécessairement des œuvres « symboliques », en ce qu'elles traduiraient des messages précis dont le symbole serait la clef, mais des œuvres dont l'agencement, les sonorités, les rythmes et les images sont comme un équivalent concret, une représentation énigmatique et suggestive du monde intérieur ou invisible auquel elles renvoient secrètement. Cet art de la suggestion a été nommé par Baudelaire *« sorcellerie évocatoire »*.

SYMPTOMATIQUE. *adj.* 1° *(médicalement)* Qui se rapporte aux symptômes. *Un médicament atténuant les effets symptomatiques d'une fièvre.*
2° *(sens figuré)* Qui est révélateur, caractéristique. *À peine embauché, il songeait à ses vacances : c'est symptomatique. Un événement symptomatique. Une conduite symptomatique.*
N.B. Contrairement au mot *symptôme*, l'adjectif *symptomatique* ne prend pas d'accent circonflexe.

SYNCHRONE. *adj.* (du grec *sun*, « ensemble » et *chronos*, « temps »). Qui se produit en même temps, au même moment, à intervalles égaux, à la même vitesse. Bref, ce qui se trouve « synchronisé ». *Des mouvements synchrones.*

SYNCHRONIQUE. *adj.* Au **sens linguistique,** se dit de l'étude d'une langue *à un moment donné,* envisagée comme un vaste système fonctionnant de façon autonome, par opposition à l'adjectif *diachronique,* qui concerne l'étude d'une langue dans la perspective de son évolution, de l'histoire de ses formes ou de ses mots. La linguistique structurale est synchronique (voir **Structuralisme**).

SYNCRÉTISME. *n. m.* **Sens culturel :** ensemble philosophique ou religieux qui tend à amalgamer des éléments épars, pris dans des doctrines différentes. L'éclectisme combine et fait fusionner des aspects divers, les meilleurs ; le syncrétisme rassemble également mais *parvient mal* à fondre ce qu'il réunit, les éléments étant souvent hétérogènes. *Le syncrétisme est un éclectisme incohérent.*
Sens psychologique : attitude de saisie globale et confuse des divers aspects de la réalité, que la perception n'est pas capable de distinguer les uns des autres. Dans les premières phases de son développement, l'esprit de l'enfant est syncrétique : il ne parvient pas même à percevoir les objets comme distincts les uns des autres, et le monde comme distinct de lui-même.

SYNDROME. *n. m.* Ensemble de symptômes qui caractérisent une maladie ou un traumatisme psychique. Le terme peut s'employer, par analogie, pour désigner un mal de nature collective (le *syndrome afghan* : traumatisme dont souffraient les soldats russes envoyés par l'URSS en Afghanistan) ou même technologique (le *syndrome chinois* : emballement d'un réacteur nucléaire qui, s'enfonçant dans le globe terrestre — depuis la Californie jusqu'aux antipodes — viendrait exploser en Chine, provoquant irrémédiablement la mort de la planète ; mais il ne s'agit là que du scénario d'un film de science-fiction !).

SYNECDOQUE. *n. f.* Figure de style qui consiste à évoquer une réalité par un terme qui a une signification plus limitée *(la partie pour le tout)* ou au contraire plus large *(le tout pour la partie).* Cette figure est un cas particulier de la **métonymie,** dont les exemples sont extrêmement fréquents, aussi bien dans la langue littéraire (la *voile* pour le *navire ; la Russie* pour *le gouvernement russe)* que dans la langue courante (*les Verts* pour *le mouvement écologique, un bordeaux* pour *un vin bordelais).*

On range aussi dans la synecdoque l'emploi du pluriel pour le singulier ou inversement (*les eaux* pour *l'eau),* de la matière pour l'objet (*le fer* pour *l'épée),* de l'espèce pour le genre (le *bipède* pour l'*homme),* du moins pour le plus (ou inversement), etc. Dans tous ces emplois, les termes *métonymie* et *synecdoque* sont quasi interchangeables.

SYNERGIE. *n. f.* (du grec *sun,* «ensemble» et *ergon,* «action, travail»). Convergence de plusieurs organes coopérant à une même fonction *(sens biologique),* ou concours de plusieurs actions centrées sur la recherche d'un effet unique. *Une bonne stratégie implique une synergie des moyens politiques, économiques et militaires.*

SYNÉRÈSE. *n. f.* En **versification,** fusion de deux syllabes vocaliques en une seule (à l'inverse de la diérèse : voir ce mot). Dans ce vers de Baudelaire, par exemple, le mot *féerique* compte pour trois syllabes (fée-ri-que) au lieu de quatre (fé-e-ri-que) :

« Des palais ouvragés dont la féerique pompe »

La synérèse est parfois naturelle dans le langage courant (opposer par exemple la prononciation de *hier* dans «hier» ou «avant-hier»).

SYNESTHÉSIE. *n. f.* (du grec *sunaisthêsis,* «perception simultanée»). Phénomène d'association par lequel des sensations de nature différente s'équivalent, se correspondent. Trouver un son *aigu* (comme si on le voyait ou touchait), une couleur *criarde* (comme si on l'entendait), un parfum *savoureux* (comme si on le mangeait) sont des exemples de synesthésies. On voit que les synesthésies, les correspondances entre sensations, peuvent être à l'origine de nombreuses métaphores. D'où leur emploi en poésie, notamment chez Baudelaire, qui en a fait la «théorie» dans son sonnet «Correspondances» (voir ce mot). Mais les prosateurs en usent aussi : *« Je croyais entendre la clarté de la lune chanter dans les bois »* (Chateaubriand).

SYNOPSIS. *n. m.* (du grec *sunopsis,* «vue d'ensemble»). **Au cinéma :** bref résumé, schéma de scénario. **En général :** tableau d'ensemble sur une question. L'adjectif **Synoptique** qualifie ce qu'on peut embrasser d'un seul coup d'œil. *Un tableau synoptique.* Les *Évangiles synoptiques* sont les trois récits de l'Évangile dont le plan est similaire (ceux de Matthieu, Marc et Luc), et qu'on peut donc comparer d'un seul regard (par opposition à l'Évangile selon saint Jean).

SYNTAGME. *n. m.* En **linguistique,** groupe de mots ayant une unité de sens *(la vie humaine ; s'en prendre à),* que la syntaxe combine à d'autres pour en faire une phrase. Le syntagme est une unité intermédiaire entre le mot isolé et la phrase. L'*axe syntagmatique* associe les syntagmes. Voir **Paradigme**.

SYNTHÈSE. *n. f.* (du grec *sun*, « ensemble » et *thesis*, « action de poser » ; littéralement : « action de poser ensemble, composition »).

1° Opération de l'esprit qui consiste à rassembler des éléments pour les fondre en un ensemble organisé, composé, cohérent. La **synthèse** va des parties au tout, *à l'inverse de* l'**analyse** qui distingue, divise, sépare (pour montrer les liens entre les éléments d'un tout).

2° Résultat de l'opération précédente (qu'il s'agisse de la synthèse d'éléments abstraits, dans un ouvrage par exemple, ou de la synthèse de réalités concrètes ou matérielles, comme en chimie). Exposé d'ensemble. Reconstitution, combinaison. L'adjectif *synthétique* correspond à ces deux premiers sens. *Un esprit synthétique* (capable de synthèse au sens n° 1). *Un document synthétique ; un ouvrage synthétique* (qui a opéré une synthèse au sens n° 2).

3° Dans la dialectique hégélienne ou marxiste : la « synthèse » est une position provisoire à laquelle aboutit la contradiction entre la « thèse » et « l'antithèse », position qui sera à son tour niée pour que la pensée (ou l'histoire) parvienne à un stade ultérieur, et ainsi de suite. Voir les mots **Antithèse** et **Dialectique**.

4° Dans les dissertations : troisième partie traditionnelle d'une discussion ou d'un exposé. Après avoir établi une « thèse », puis procédé à sa critique — « l'antithèse », la dissertation tente de les concilier pour aboutir à un juste milieu, ou encore de les *dépasser* grâce à une troisième thèse.

SYSTÈME. *n. m.* Ensemble ordonné et cohérent d'éléments interdépendants, susceptible de fonctionner de façon autonome. Le mot système est employé aussi bien pour des réalités objectives que pour des représentations de l'esprit. D'où les nuances suivantes :

1° Un système peut être un ensemble naturel, concret, qui semble fonctionner en soi, indépendamment de l'action consciente de l'homme. *Le système solaire. Le système nerveux.* Les sciences de la nature observent de nombreux systèmes de ce genre.

2° Un système peut être un ensemble réel à demi produit par la volonté humaine, à demi issu d'une cohérence interne qui lui est propre. *Le système capitaliste. Le système politique. Le système des médias.* Pour désigner l'ordre établi, dans une société qui semble fonctionner d'elle-même, on dit parfois directement *« le système »*. Dans tous ces exemples, il y a bien intervention humaine pour faire fonctionner, pour analyser, pour parfaire des structures mises en place ; mais en même temps, il y a une sorte de logique interne de la réalité prise dans son ensemble, qui échappe aux volontés individuelles des hommes, qui fonctionne indépendamment des éléments qu'elle intègre. Quand Baudrillard intitule un livre *Le Système des objets,* il ne dit pas que ce « système » est sciemment organisé par les autorités politiques ou le pouvoir populaire, mais que, selon des processus divers, les objets sont vécus par les individus de la «société de consommation» comme une forme de langage par lequel ils se signifient socialement, sans totalement en être conscients. Le système fonctionne, voilà tout. Voir à ce sujet le mot **Structuralisme.**

3° Un système peut enfin être absolument pensé, ordonné, médité par l'esprit humain. C'est le cas des doctrines politiques ou religieuses, des «systèmes» philosophiques, des théories scientifiques. Dans ces exemples, ce qu'élabore la pensée humaine n'est pas sans rapport avec la réalité ; mais rien ne dit que la réalité est elle-même organisée selon le modèle inventé par notre esprit pour en rendre compte de façon cohérente. À la limite, quand il y a excès d'interprétation, développement d'une logique «systématique» qui semble déconnectée du réel, qui s'enferme en elle-même, on parlera d'*esprit de système*.

La question que pose généralement la notion de système, notamment en philosophie et en sciences humaines (mais aussi bien en physique, dans l'interprétation de l'infiniment grand ou de l'infiniment petit), est de savoir si le système existe en soi ou s'il est le fruit de l'invention humaine. L'intelligence humaine, pour saisir le monde, a besoin d'y reconnaître des cohérences, donc de traduire la réalité extérieure en termes de système (cf. le titre *La Logique du vivant*). L'expérimentation, l'approfondissement des connaissances, permettent souvent de confirmer, d'infirmer ou de parachever les systèmes d'interprétation élaborés par l'homme. Il y a donc bien «du système» dans l'ordre des choses ; mais il ne faut pas confondre ce système réel avec les systèmes (provisoires) de représentation par lesquels nous tentons d'en rendre compte : le système solaire existe bien ; mais il est sans doute bien plus complexe que les systèmes théoriques élaborés jusqu'à présent par les astrophysiciens pour en rendre compte.

Il n'en reste pas moins que la notion de système est essentielle pour comprendre les réalités dans leur ensemble, dans leurs interrelations. Les structures du réel objectif et celles de notre cerveau qui connaît, en définitive, sont le produit du même monde, des mêmes lois. Connaître, c'est peut-être repérer et retrouver les isomorphismes naturels qui existent entre nos structures cérébrales et les systèmes de l'univers...

TABOU. *n. m.* (mot d'origine polynésienne). **Sens propre :** chez les Polynésiens primitifs, ce qu'il n'est pas permis de toucher (car *sacré*), et par extension, ce qu'il n'est pas permis de faire, sous peine d'un châtiment surnaturel. Le tabou est à la fois l'interdiction et ce qui fait l'objet de cette interdiction. **Sens courant :** interdit absolu, chose interdite. *Des tabous sexuels. Le tabou de l'inceste.* Se dit en particulier de réalités dont il est recommandé de ne pas parler. *Un sujet tabou.*

TACITE. *adj.* (du latin *tacere*, « se taire »). Qui n'est pas expressément formulé, mais sous-entendu, implicite. *Une reconnaissance tacite* (inexprimée, mais bien réelle). *Un accord tacite* (qui n'a pas été formulé, mais demeure tout à fait valable). *Ils se sont tacitement entendus.* Antonyme : *explicite.*

N.B. L'adjectif *tacite* qualifie des *choses* inexprimées, alors que l'adjectif *taciturne* qualifie la *personne* qui parle peu.

TACITURNE. *adj.* Souvent silencieux. Qui par nature préfère se taire, ou parle peu. *Un personnage taciturne.* « *Ton amour taciturne et toujours menacé* » (Vigny). Par extension : sombre, morose, sévère. *Ton humeur taciturne et toujours menaçante.*

N.B. Ne pas confondre avec *tacite*, malgré l'étymologie commune.

TACT. *n. m.* (du latin *tangere*, « toucher » ; voir le mot *tangible*).

1° Sens du toucher, qui permet à la peau de ressentir le « contact », la pression, etc. Le tact est, par définition, l'organe qui éprouve les sensations « tactiles ».

2° *(sens figuré)* Délicatesse, « doigté » ; sens plus ou moins intuitif de ce qu'il convient de faire ou ne pas faire dans les relations humaines. *Il a du tact, ses propos sont toujours nuancés. Ce n'est pas agir avec tact que de demander à une veuve des nouvelles de son mari.*

TALENT. *n. m.* Voir **Génie.**

TALION (loi du talion). Fait d'infliger comme punition à un coupable le traitement qu'il a fait subir à sa victime : « *œil pour œil, dent pour dent* »

dit le proverbe. Du **point de vue historique**, la loi du talion, instituée par le peuple hébreu, représenta un progrès sur la barbarie qui précédait :
— d'une part, parce que le châtiment était limité à la gravité de l'offense (alors que la vengeance spontanée était souvent disproportionnée) ;
— d'autre part, parce que des *juges* ordonnaient légalement la punition (la victime n'avait plus à se faire justice elle-même, ce qui enrayait l'engrenage de vengeances sans fin, entre des familles par exemple).

TANGIBLE. *adj.* (du latin *tangere*, « toucher »). **Sens propre :** que l'on peut toucher concrètement, qui est tout à fait palpable. *Une réalité tangible, des preuves tangibles* (le poignard de l'assassin, le sang de la victime).
Sens figuré : qui est évident, éclatant, bien réel, sensible (à l'esprit). *Des résultats tangibles* (un chiffre d'affaires). *Que deux et deux fassent quatre, c'est une réalité tangible.*
N.B. « Tangible » désigne la capacité d'être « touché », alors que le *tact* désigne la capacité de toucher. L'étymologie est commune. Voir le mot **Intangible.**

TANTALE *(supplice de Tantale).* Supplice qui consiste à désirer sans fin un objet que l'on vous offre et que l'on vous retire au moment de l'atteindre. Tantale, héros de la mythologie grecque, était condamné à une faim et une soif éternelles : quand il tendait la main vers les fruits, les branches de l'arbre se repliaient hors de sa portée ; quand il se penchait pour boire, l'eau de la source s'enfonçait dans le sol, pour reparaître ensuite...

TARE. *n. f.* 1° Poids qui équivaut au récipient (à l'emballage) de la marchandise qu'on pèse. La tare vient en *déduction* du poids global, elle est comme un « défaut », un manque qui diminue la valeur du produit. D'où le *sens figuré* qui suit.
2° Grave défaut héréditaire, infirmité mentale qui handicape une personne. Par extension : imperfection grave, vice, défaut nuisible à un groupe, à la société, à une institution. *Les tares de la IVe République. L'argent, tare du monde moderne, qui ne vit que pour le gain.*

TARGUER (SE). *v. pron.* Se vanter, se prévaloir avec ostentation d'une capacité ou d'une qualité. *Il se targue d'écrire un roman en trois jours. Je me targue de vous préparer à l'examen efficacement. La modestie est la seule vertu dont je me targue. — Tu te contredis !*

TARTUFFERIE. *n. f.* (de Tartufo, mot italien, et *Tartuffe*, pièce de Molière qui fait la satire d'un faux dévot particulièrement fourbe). Hypocrisie. Action hypocrite. *Il m'a flatté puis trahi : sa tartufferie me répugne. La tartufferie d'un procédé.*

TAUTOLOGIE. *n. f.* (du grec *tautos*, « le même » et *logos*, « discours »). Figure de rhétorique qui consiste à définir une chose par elle-même, soit en répétant le mot, soit en lui substituant des synonymes qui n'éclairent en rien la notion. *Une clef ouvre parce qu'elle a la capacité d'ouvrir.*

Une femme est une femme. Racine, c'est Racine. Un étudiant étudie, c'est-à-dire qu'il fait des études. La tautologie ne se distingue guère en apparence du *truisme*, du *pléonasme* ou de la *lapalissade*. Là où elle devient quelque peu perverse ou mystificatrice c'est, le plus souvent dans les discours de propagande, en ce qu'elle force l'auditeur à acquiescer à une pseudo-explication qui n'explique rien, mais couvre des présupposés obscurs que le locuteur n'explicite pas. Si par exemple je dis « *Une femme est une femme* », j'en appelle au respect de la nature féminine ; si un publicitaire écrit, sous un bijou, « *Parce qu'une femme est une femme* », il sous-entend que, par sa nature, une femme ne peut pas ne pas choisir ce bijou. Sous l'apparence d'un truisme, il force l'adhésion à une « vérité » contestable. La tautologie est souvent la figure privilégiée du discours « essentialiste » (voir le mot **Essentialisme**). La langue politique en abuse.

TAYLORISME. *n. m.* (du nom de Frederick Taylor, économiste américain, 1856-1915). Organisation scientifique du travail industriel, fondée sur une gestion rationnelle du temps et la simplification des gestes de l'ouvrier travaillant à la chaîne. Ne pas confondre avec « l'équivalent » soviétique de recherche du rendement maximum des travailleurs, nommé *stakhanovisme*, qui est centré sur la recherche d'innovations techniques et l'émulation entre « camarades » partageant la foi communiste. Taylorisme et stakhanovisme sont des termes souvent employés péjorativement.

TECHNIQUE. *n. f.* La technique recouvre l'ensemble des procédés, des matériels et des machines qui permettent à l'homme d'agir sur la nature. La technique se fonde de plus en plus sur la connaissance scientifique, dont elle met à profit les découvertes. La grande question que pose la technique moderne est de savoir si le progrès matériel qu'elle facilite est réellement, en même temps, un progrès humain : l'observation des guerres civiles ou internationales du XXe siècle montre en effet que le progrès technique a largement favorisé leur barbarie. Est-ce seulement l'*usage* fait par l'homme de la science et des technologies qu'il faut incriminer ? Ou bien, la technique engendre-t-elle par elle-même une vision technicienne du monde qui, dans tous les domaines, aboutit à la soumission des individus aux impératifs fonctionnels de la machine ?

➜ **Pour approfondir, p. 856.**

TECHNOCRATIE. *n. f.* (à partir de la racine grecque *kratos*, « pouvoir ». Littéralement, « pouvoir des techniciens »).

1° **Système politique** dans lequel les détenteurs de compétences techniques, les experts économiques, les hauts fonctionnaires exercent une influence déterminante sur les responsables politiques légitimement élus, ou officiellement au pouvoir. Le phénomène technocratique provient de la complexité des sociétés modernes : leurs lois économiques, le tissu industriel, les secteurs technologiques de pointe, ne semblent pouvoir être compris et gérés que par des spécialistes d'un savoir que n'ont pas les gouvernants ou les responsables politiques en place. Ceux-ci s'en remettent donc à la compétence des experts et autres « technocrates », dont ils suivent les avis scrupuleusement. Ainsi le pouvoir réel passe-t-il aux mains de ceux qui constituent les dossiers, font des rapports « techniques », préconisent des solutions « obligatoires », ou qui, à la tête de sociétés d'importance internationale, prennent des décisions qui s'imposent aux gouvernements légitimes.

2° **Classe des technocrates** qui, sortis de grandes écoles d'ingénieurs ou munis de diplômes prestigieux dans différents domaines du savoir (technique, politique, économique), sont situés dans les grands corps de l'État, aux rouages essentiels du pouvoir, dont ils déterminent les décisions. *Une technocratie financière décide de la politique économique de l'État.* Dans ce sens, on parle aussi de **technostructure**.

N.B. Les mots *technocratie*, et surtout *technocrate*, sont souvent employés péjorativement. On accuse le technocrate de décider sur dossier, au lieu d'être à l'écoute des réalités et des hommes (contrairement à « l'homme de terrain »), et d'agir *clandestinement* sur la marche de la société, hors de tout contrôle démocratique.

TECHNOLOGIE. *n. f.* 1° Étude scientifique des techniques.

2° Ensemble de techniques appropriées à un domaine industriel, à la production ou à la fabrication d'un matériel donné, d'un type d'énergie, d'objets particuliers, etc. Le mot *technologie*, plus prestigieux que le mot *technique*, est parfois employé comme synonyme de ce dernier. Il y a pourtant une nuance : une technologie regroupe un *ensemble* de techniques : *une technologie de pointe ; la technologie des engins spatiaux.*

TE DEUM. *n. m.* Expression latine qui désigne un chant de louange et d'action de grâces (*Te Deum laudamus*, « Nous te louons, Dieu »). Le *Te Deum* désigne aussi l'ensemble d'une cérémonie d'action de grâces, et par extension, les compositions musicales écrites pour cette cérémonie. Le *Te Deum* de Berlioz.

TÉLÉ-. Préfixe d'origine grecque qui signifie « à distance, au loin ». Il se trouve notamment dans de nombreux mots désignant des *moyens de communication à distance*, dont le sens est bien connu : *télécommande, télégramme, télégraphe, téléguider, téléobjectif, télépathie, téléphone, téléscope, téléscripteur, télévision.* Le mot *télévision*, abrégé en *télé*, a lui-même engendré une autre série de mots composés (*télédiffusion, télé-enseignement, téléfilm, téléspectateur*).

Ne pas confondre avec l'autre préfixe d'origine grecque *téléo-*, qui signifie « but, finalité », et concerne surtout le mot **téléologie** : étude des finalités de l'homme, des rapports entre les fins et les moyens.

TÉMÉRAIRE. *adj.* Excessivement audacieux. *Un jeune homme hardi jusqu'à en être téméraire.* Qui dénote une témérité extrême, une hardiesse imprudente. *Une entreprise téméraire.* En particulier, un *jugement téméraire* : un jugement inconsidéré, sans preuve, souvent émis par quelqu'un de mauvaise foi.

TEMPÉRANCE. *n. f.* Modération en toutes choses, et en particulier dans l'alimentation (vivres et *boissons*). Alors que l'*intempérance* désigne l'abus des plaisirs de la table et surtout des plaisirs sexuels, la *tempérance* vise surtout l'abstention ou la modération de consommation de boissons alcoolisées.
N.B. Traditionnellement, la **Tempérance** est l'une des quatre vertus cardinales (essentielles) du Sage maître de ses passions, avec le **Courage**, la **Justice** et la **Prudence**.

TEMPO. *n. m.* Mouvement plus ou moins rapide dans lequel un morceau de musique doit être exécuté; notation de ce rythme. On distingue, du plus rapide au plus lent, les indications suivantes : *Presto, Allegro, Allegretto, Andante, Andantino, Moderato, Adagio, Lento* (mais il y a de multiples nuances).
Par analogie, on parle du *tempo* d'un récit, d'un roman, d'un film, d'une pièce : le rythme que l'auteur confère à son déroulement.

TEMPOREL. *adj.* 1° Qui se rapporte au temps. On oppose souvent ce qui est *temporel* à ce qui est *spatial*. Dans un début de récit, il est important de relever les *indices spatio-temporels* qui permettent au lecteur d'entrer dans l'atmosphère du livre. L'adjectif *temporel* s'emploie aussi en grammaire : *une subordonnée temporelle.*
2° Qui est de l'ordre du temps par opposition à ce qui est immuable ou éternel. Est *temporel* tout ce qui passe, tout ce qui «n'a qu'un temps». Et donc, tout ce qui est relatif au monde, à l'époque présente, à la société des hommes, aux réalités matérielles (périssables), *par opposition au monde spirituel*, au monde des âmes, au monde de la vie éternelle. **Le temporel** devient alors l'antonyme du **spirituel**. On oppose le «pouvoir temporel» de l'État au «pouvoir spirituel» de l'Église (qui a eu aussi un large pouvoir temporel!). Voir **Siècle, Sécularisation, Séculier, Spirituel.**

TEMPORISER. *v. intr.* Retarder une décision, attendre un moment favorable pour agir, en général dans un but stratégique. *Il refuse de répondre à nos demandes, il temporise.*

TENDANCIEUX. *adj.* Se dit d'un texte, d'un récit, d'une analyse, d'un discours qui, sous une apparence anodine ou objective, tente d'influencer le destinataire dans le sens des idées ou du parti pris de l'auteur. La tendance en question est souvent idéologique ou politique. *Présenter une version écrite ou filmée tendancieuse d'un événement historique. Faire un cours apparemment neutre sur la religion, mais en réalité tendancieux* (tendant à influencer les élèves en pour ou en contre). Un propos peut être partial et s'avouer comme tel; il est «tendancieux» quand il *masque* sa partialité pour circonvenir l'auditoire.
Ne pas confondre avec *tendanciel* (qui indique une certaine tendance d'un phénomène donné, physique ou économique : *un accroissement tendanciel du volume de transactions boursières*).

TERCET. *n. m.* Groupe de trois vers qui présentent une unité de sens et au moins deux rimes semblables. Le tercet est rarement un ensemble isolé, comme le distique. Il appartient en général à un poème qui lui confère son unité de sens et de forme ; c'est le cas des deux tercets qui achèvent un sonnet.

TERGIVERSER. *v. intr.* Hésiter entre plusieurs décisions, ne pas parvenir à s'engager ; et donc, prendre des détours, des faux-fuyants, pour retarder l'heure de la réponse, pour éviter de prendre position, pour masquer son indécision. *Assez tergiversé, il est temps d'agir. En face des revendications salariales, le patron tergiversait. Les tergiversations d'un perpétuel indécis.*

TERMINOLOGIE. *n. f.* 1° Ensemble des termes spécialisés employés par une science, une technique, un art, un domaine (politique, religieux, intellectuel). *L'analyse textuelle, en cours de français, a sa terminologie particulière qui comprend des mots comme « énonciation », « antithèse », « champ lexical », « rythme ternaire », etc.*

2° Étude des dénominations propres à un champ du savoir, à une profession, etc. Il s'agit donc de l'étude systématique de la terminologie au sens n° 1.

TERNAIRE. *adj.* Qui se compose de trois éléments *(un nombre ternaire).* En particulier, **dans le domaine poétique ou musical :** qui se constitue de trois temps successifs. Un *rythme ternaire,* dans une phrase, dans un vers, est un procédé d'insistance qui consiste à faire ressortir trois groupes de mots successifs. C'est le cas par exemple de ces vers de Verlaine :

> *O triste, / triste / était mon âme*
> *A cause, / à cause / d'une femme*

Ou de cette phrase de Chateaubriand : *« Nous aimions / à gravir les coteaux ensemble, / à voguer sur le lac, / à parcourir le bois à la chute des feuilles ».* Ou encore de devises comme *« Liberté, Égalité, Fraternité ».* Naturellement, le rythme ternaire est plus ou moins marqué.

N.B. Ne pas confondre avec *tertiaire* (« troisième ») qui se dit en géologie dans l'expression *« l'ère tertiaire »* et en économie dans l'expression *« secteur tertiaire »* (secteur des activités de service, par opposition au secteur *primaire* — l'agriculture — et au secteur *secondaire* — les industries).

TERROIR. *n. m.* Étendue de terre cultivée, dans une communauté villageoise. S'emploie en particulier pour la culture de la vigne. *Un vin qui a le goût du terroir.* Au *figuré,* désigne une région rurale ou provinciale : *des expressions du terroir ; des coutumes qui sentent leur terroir ; des poètes du terroir.*

TERRORISME. *n. m.* Ensemble d'actes de violence destinés à semer la terreur. Le terrorisme a pu être le fait du pouvoir en place, notamment sous la Révolution française, pendant la période nommée « la Terreur » (en 1793-1794), jusqu'à la chute de Robespierre. Mais le plus souvent, le terrorisme est le fait d'une organisation politique (secrète ou déclarée) qui veut créer un climat d'insécurité et renverser l'ordre établi. Par extension, au *sens figuré*, le mot est employé à propos de toute forme d'intimidation ou de pouvoir autoritaire, dans le domaine culturel par exemple. *Un discours terroriste. Le terrorisme du chef de file d'un mouvement artistique d'avant-garde. L'attitude terroriste des intellectuels de gauche à l'égard de Camus, dans les années 1950.*

TESTAMENT. *n. m.* 1° Acte juridique par lequel une personne organise sa succession après sa mort (partage de ses biens entre les héritiers, choix des légataires, etc.). Par extension, ouvrage écrit ou œuvre d'art par lesquels un homme, un écrivain, un artiste «lègue» à la postérité son message ultime, l'essentiel de sa pensée.

2° Au **sens religieux**, le mot «testament» signifie *alliance*. Il fut donc appliqué aux Écritures dans lesquelles est révélée «l'alliance» de Dieu et des hommes, c'est-à-dire les deux parties de la Bible : l'**Ancien Testament** (expression de l'Ancienne Alliance, celle de Dieu et du peuple juif) et le **Nouveau Testament** (les Évangiles, expression de la Nouvelle Alliance annoncée et établie par Jésus-Christ).

TÉTRA-. Préfixe d'origine grecque qui signifie «quatre». **Tétraèdre** (polyèdre à quatre faces triangulaires ; une pyramide dont la base est un triangle forme un tétraèdre) ; **Tétralogie** (groupe de quatre œuvres ; on appelle notamment *La Tétralogie* un cycle de quatre opéras de Wagner).

THANATOS. *n. m.* Nom du dieu grec de la mort. Par opposition à «Éros» (qui symbolise en psychanalyse les pulsions de vie et d'amour), on a nommé «Thanatos» l'ensemble des pulsions de mort et d'autodestruction. Dans la vision freudienne, le sujet est traversé par de multiples pulsions contradictoires, de nature quasi mythique, *Éros et Thanatos.*

THAUMATURGE. *n. m.* Personne qui fait (ou qui prétend faire) des miracles. *Les promesses du futur président lui conféraient l'image d'un thaumaturge.*

THÉÂTRE. *n. m.* (*sens littéraire*) Genre littéraire qui consiste à faire représenter, sur une scène, un texte dialogué que jouent les acteurs. Le théâtre comprend différents types de pièces : la comédie, le drame, la tragédie, la tragi-comédie, etc. Mais l'œuvre théâtrale ne se réduit jamais au texte (quel que soit l'intérêt qu'on éprouve à le lire) : ce qui la caractérise, c'est la **représentation**. Des personnages vont et viennent sur scène, parlent, désirent, souffrent, agissent, aiment, meurent, s'opposent, s'unissent : mais, quoi qu'il leur arrive, cela nous est manifesté par des gestes, des éclats de voix, des paroles dites devant un public (contrairement à ce qui se passe dans un roman). Or, *représenter*, étymologiquement, cela veut dire «rendre présent». La mise en scène, l'exhibition des acteurs, le grand jeu collectif (le public joue aussi : il joue à y croire !), tout cela caractérise le théâtre, l'art *dramatique.*

La fonction du théâtre est de divertir, d'offrir des émotions à « vivre » ; et puisqu'il s'agit d'un jeu collectif, ce sont souvent les grandes émotions humaines qui y sont représentées (les drames de la destinée, les conflits de pouvoir, l'absolu des passions, les mythes fondamentaux de la condition humaine, le procès éternel des mystifications sociales, etc.). La fonction du théâtre est aussi, classiquement, d'instruire, d'édifier : sans doute parce que l'on peut en tirer certaines « leçons », mais surtout parce qu'il ne cesse de donner à l'homme à méditer sur son mystère, sur les multiples dimensions de son destin. Son origine religieuse lui conserve encore de nos jours une sorte de caractère sacré. Voir **Catharsis, Distanciation, Drame, Représentation, Tragédie.**
➜ **Pour approfondir, p. 1113.**

THÉISME. *n. m.* (du grec *theos*, « Dieu »). Doctrine qui affirme l'existence d'un Dieu unique et personnel, créateur du monde, mais refuse toute idée de révélation. Ce mot est souvent synonyme de *déisme*. Toutefois, le théisme (contrairement à certaines formes de déisme) pose que Dieu *intervient* dans l'évolution du monde ; il s'oppose au *panthéisme*.

THÉMATIQUE. *n. f.* Ensemble plus ou moins organisé de thèmes, dans une œuvre, dans une école artistique, dans un domaine culturel. La thématique d'une œuvre littéraire ou artistique n'est pas toujours totalement consciente chez un auteur. On peut relever des thématiques inconscientes que la critique s'efforce d'étudier et d'interpréter.

THÈME. *n. m.* 1° Ce sur quoi porte un énoncé, un texte, un discours, une œuvre, une réflexion. Sujet, contenu partiel ou principal d'un ouvrage. En linguistique, on distingue le *thème* (ce à propos de quoi est formulé un énoncé) du *prédicat* (ce que l'on déclare, à propos du thème, dans cet énoncé) : dans la phrase *Cette voiture est puissante*, le thème est *« cette voiture »* et le prédicat *« est puissante »*. Cette distinction peut être élargie à tout « discours ». Le **thème** (la liberté, le chômage, la nature, la mort ; le quiproquo dans la comédie de boulevard ; le spleen chez Baudelaire ; l'oiseau dans la poésie) se distingue ainsi du **message** (ce que l'auteur dit sur ces divers sujets) et aussi du **traitement** — de la forme, de la manière — par lequel l'auteur fait œuvre originale à partir de ce thème. Le thème peut être conscient ou inconscient, mineur ou majeur, isolé ou faisant partie d'une « thématique » d'ensemble.

2° A partir de l'exemple littéraire, le mot *thème* s'emploie aussi dans le vocabulaire artistique. Il peut désigner le sujet d'un tableau, un élément décoratif qui revient dans une œuvre picturale ou architecturale, etc. En musique, notamment, le thème est un dessin mélodique (un rythme de base, un leitmotiv, un schème musical fragmentaire) qui va donner lieu à une composition d'ensemble ou à une série de variations.

N.B. Traditionnellement, on distingue l'exercice de la version (qui consiste à traduire une langue étrangère) de l'exercice inverse, le thème, qui consiste à traduire un texte de la langue maternelle dans une langue étrangère. D'où l'expression **fort en thème** : très bon élève, sujet très brillant (avec parfois un emploi péjoratif : individu qui n'existe pas en dehors de sa culture livresque).

THÉO-. Racine issue du grec *theos*, « Dieu ». On trouve ainsi les mots **Théocratie** (système politique dans lequel le pouvoir est exercé par des chefs religieux, ou par un souverain dont l'autorité se présente comme émanant directement de Dieu) ; **Théologie** (dans le christianisme principalement : ensemble des études centrées sur Dieu, sur les textes sacrés, sur la « révélation », sur les dogmes et les traditions religieuses ; conception élaborée par tel ou tel théologien : *la théologie de la libération*) ; **Théosophie** (ensemble de doctrines qui croient possible d'entrer en communication directe avec Dieu par l'approfondissement de la vie intérieure, et d'agir par des moyens surnaturels, sous l'inspiration de l'Esprit qui illumine). Voir **Apothéose, Athéisme, Panthéisme, Monothéisme, Polythéisme, Théisme.**

THÉORIE. *n. f.* 1° Ensemble de connaissances abstraites, de concepts organisés de façon plus ou moins systématique, qui vise à rendre compte de phénomènes existants dans différents domaines. Voir le mot **Système.** Dans ce sens, la théorie est souvent liée à l'expérimentation : elle cherche à établir des lois, elle se remet en question dès que des faits contredisent la représentation qu'elle propose d'une réalité. La théorie peut aussi rester dans le domaine de l'abstraction, comme dans les mathématiques, où des théorèmes se déduisent de façon cohérente à partir de postulats donnés. Mais souvent, ces édifices théoriques débouchent sur des modèles qui pourront rendre compte de la réalité, et mieux agir sur elle.

2° Ensemble de connaissances ou d'idées développées de façon hypothétique ou spéculative, indépendamment des applications, sans souci de réalisme, mais avec méthode, systématiquement. La théorie, dans ce cas, s'oppose à la pratique. Le terme prend souvent des connotations péjoratives *(Tes théories sont dangereuses ; tout cela demeure théorique, donc inapplicable ; en théorie, c'est envisageable, mais en pratique impossible).* Cependant, le travail d'élaboration théorique n'est jamais inutile et peut permettre d'élucider des parts de la réalité, d'aboutir à des éléments de vérité. Les doctrines politiques, les théories philosophiques contribuent toutes au progrès de l'esprit humain, à la connaissance par l'homme de sa condition, aussi discutables puissent-elles paraître dans leur ensemble, en tant que systèmes.

-THÈQUE. Racine issue du grec *thêkê*, « réceptacle, armoire », que l'on retrouve dans les mots **Bibliothèque, Cinémathèque, Discothèque, Photothèque** — tout ce qui permet de ranger et classer des objets culturels.

THÉRAP-. Racine issue du grec *therapeuein*, « soigner », que l'on retrouve dans les mots **Thérapeute** (personne qui soigne les malades) et **Psychothérapeute** (qui soigne les maladies psychiques, en procédant à des *psychothérapies*) ; **Thérapeutique** (qui est relatif aux soins ;

comme *substantif* : science qui étudie les remèdes et les moyens propres à guérir, ou ensemble de soins — *une thérapeutique appropriée*) ; **Thérapie** (ensemble de soins, type de traitement appliqué à certaines maladies ; en particulier, en psychiatrie : *On me recommande une thérapie analytique*). Voir aussi les nombreux mots composés à partir de ceux-ci : *ergothérapie, hydrothérapie, kinésithérapie, kinésithérapeute, radiothérapie, chimiothérapie, thalassothérapie*, etc.
➜ **Pour approfondir, p. 1117.**

THÉSAURISER. *v. intr.* (du latin *thesaurus*, « trésor »). Amasser de l'argent qu'on conserve pour soi, sans le faire « travailler ». *Il n'achète ni ne dépense : il thésaurise.*
N.B. Le mot **Thesaurus**, en français, désigne un répertoire de termes (en documentation).

THÈSE. *n. f.* (du grec *thesis*, « action de poser », qui entre aussi en composition dans les mots *antithèse, hypothèse, parenthèse, synthèse*, et leurs dérivés).
1° À propos d'une réalité donnée, d'un sujet de discussion : position que l'on prend, opinion que l'on soutient, théorie que l'on avance. La thèse peut être une idée simple ou un ensemble conceptuel très étoffé : elle a toujours le caractère d'une affirmation qui peut être discutée (aussi volumineuse que soit l'argumentation qui la défend). *Soutenir une thèse, réfuter une thèse, élaborer une thèse.* Un **roman à thèse**, une **pièce à thèse** : œuvre qui vise à illustrer une position idéologique ou morale, à diffuser un « message » de l'auteur. *La thèse d'un livre, d'un ouvrage. Quelle est la thèse de l'accusation ?*
2° À l'université, ouvrage ou recherche portant sur un sujet donné, et défendant une proposition, une « thèse » au sens n° 1. Le document imprimé ou publié qui en résulte. *Après avoir soutenu sa thèse de doctorat, il l'a publiée.*
3° Dans la **dialectique**, premier moment d'une pensée ou d'une phase historique, à laquelle vient s'opposer l'*antithèse*, d'où il résultera une *synthèse* provisoire. Voir **Antithèse** et **Synthèse**.
4° Premier point d'un exposé ou d'un devoir en trois parties, qui adopte le plan traditionnel *thèse/antithèse/synthèse*.

THURIFÉRAIRE. *n. m. (sens propre)* Dans divers cultes, personnage qui porte l'encensoir. *(sens figuré)* Celui qui flatte, qui loue, qui encense un personnage, une institution. *Les thuriféraires du pouvoir. Une personnalité renommée, entourée de ses thuriféraires.* Le terme a souvent une connotation péjorative : le thuriféraire flatte *avec excès*, par manque de discernement ou par intérêt.

TIERS MONDE. (littéralement, « le troisième monde ». Expression forgée sur le modèle de *« tiers état »*, — cette population majoritaire qui, sous l'Ancien régime, n'appartenant ni à la noblesse, ni au clergé, était tenue pour négligeable dans les affaires du royaume). Ensemble des pays qui, n'appartenant ni au bloc capitaliste (États-Unis, Europe, Japon) ni au

bloc communiste (ex-U.R.S.S. et pays satellites), ne «comptaient» pas dans la marche du monde. La plupart refusaient de s'aligner sur l'un des deux blocs dominants, et souffraient d'un sous-développement économique alarmant, dans les années 1950-1970. Depuis, on préfère dire, à propos du tiers-monde, «pays en voie de développement». D'autre part, certains auteurs, estimant que le mot «tiers monde» ne convenait pas à la diversité des pays en question, ont récusé cette expression faussement unitaire : il y a *des* tiers-mondes. L'expression demeure toutefois pour désigner les pays pauvres de la planète. Le *tiers-mondisme* caractérise l'attitude de ceux qui se préoccupent du tiers monde, se solidarisent avec ses souffrances, désirent favoriser sa libération. *René Dumont est un tiers-mondiste unanimement reconnu et respecté.* Voir **Quart monde.**
→ **Pour approfondir, p. 862.**

TIMORÉ. *adj.* Excessivement craintif. Qui n'ose pas agir, prendre des risques ou des responsabilités. *Une jeune fille timorée. Un caractère timoré. Un comportement timoré. Une politique timorée.*

TIRADE. *n. f.* Au **théâtre**, long discours en prose ou en vers qu'un personnage prononce d'une seule traite. La tirade se distingue du monologue en ce qu'elle s'adresse à des interlocuteurs. Par exemple, la «tirade du nez», dans *Cyrano*. Par extension, s'applique à des développements trop longs, à des discours tenus par des personnes réelles, dans la vie courante. *Les tirades sans fin d'un dictateur à la tribune.*

TITANESQUE. *adj.* Qui rappelle la grandeur ou la force des Titans, divinités primitives dans la mythologie antique. *Un travail titanesque* (gigantesque, démesuré). *Un spectacle titanesque* (colossal, cosmique). *Une entreprise de titan.*

TOGE. *n. f.* Ample vêtement dont se drapait le citoyen romain pour paraître en public ; avant de parvenir à l'âge adulte (17 ans), il portait une toge d'aspect différent appelée «toge prétexte».
De nos jours, le mot désigne la robe que portent, dans des occasions solennelles, certains avocats, magistrats ou professeurs.
→ **Pour approfondir, p. 1123.**

TOISER. *v. tr.* Considérer avec un air de défi, regarder avec mépris. *Rastignac toise Paris et lance à la capitale son cri ambitieux :* «*À nous deux, maintenant !*».
N.B. Une toise est une ancienne mesure. Au *figuré*, toiser, c'est «se mesurer à»...

TOLÉRANCE. *n. f.* (du latin *tolerare*, «supporter»).
1° **Capacité à supporter.** Supporter des désagréments causés par autrui ; des influences nocives de produits toxiques ; des écarts par rapport aux règles sociales, morales ou civiles (de la part d'une autorité instituée), ou à des normes techniques. Ce sens correspond au verbe «tolérer» (admettre à la rigueur), et s'avère plutôt restrictif.

2° **Attitude d'acceptation, de respect,** voire même de sympathie à l'égard des personnes qui ont des opinions ou des conduites, des croyances ou des manières de vivre assez ou très différentes des siennes. La tolérance religieuse en particulier, largement réclamée au XVIIIᵉ siècle, suppose le respect de la liberté de pensée, l'absence de persécutions ou d'attitudes dogmatiques, le droit de pratiquer accordé à chacun selon ses croyances. Cette forme de tolérance se présente comme beaucoup plus positive que la précédente ; elle suppose qu'il y a toujours de la vérité dans les idées d'autrui. Il faut comprendre ou, en tout état de cause, laisser celui qui se trompe venir de lui-même à la vérité, sans la lui imposer.

La problématique de la tolérance est au cœur de la question des droits de l'homme. D'une part en effet, la tolérance deviendrait coupable si elle devenait indifférence à la violence faite à autrui, lâcheté en face de conduites elles-mêmes intolérantes. D'autre part, si l'on peut respecter le droit à l'erreur, peut-on tolérer que des personnes dans l'erreur diffusent et propagent celle-ci, lorsqu'il s'agit de contrevérités manifestes (— par exemple, la thèse « révisionniste » qui nie l'existence des chambres à gaz dans les camps de concentration nazis) ?

Le débat est vaste. La tolérance est une vertu qui ne doit pas être pratiquée sans discernement. Les lois qui défendent la liberté de penser doivent aussi réglementer la liberté de diffuser la pensée, car la bêtise et l'erreur sont parfois virulentes, et il est parfois difficile de combattre l'erreur sans neutraliser (tout en les respectant) ses propagandistes, à une époque où l'influence des médias peut être si grande sur les esprits peu avertis.

TOLLÉ. *n. m.* Puissante protestation collective ; clameur d'une foule indignée, ou mouvement général d'opposition (dans la presse par exemple). *Le recul de l'âge de la retraite a suscité un beau tollé. Le tollé de l'opinion publique fut immédiat.*

-TOME, -TOMIE. Racines issues du grec *tomos, tomia,* qui signifient « couper, découper, diviser ». On les retrouve notamment dans les mots **Atome** (partie *indivisible* de matière), **Anatomie** (dissection du corps, d'où par extension, *étude* des organes par dissection, puis, par extension encore, forme, structure corporelle), **Dichoto-mie** (coupure entre deux réalités qu'on oppose radicalement), **Lobotomie** (section de fibres nerveuses dans le cerveau), **Trachéotomie** (ouverture de la trachée au niveau du cou), **Tome** (une des parties d'un ouvrage divisé ou publié en plusieurs tomes ou volumes).

TOPO-. Racine issue du grec *topos,* « lieu », que l'on trouve dans **Topographie** (étude et représentation des formes d'un terrain ; configuration, relief d'un lieu), **Toponymie** (étude des noms de lieux ; ensemble des noms de lieux d'une contrée déterminée). Noter aussi les mots **Topique** (qui se rapporte à un « lieu commun » ; qui représente, en psychanalyse, une configuration d'instances psychiques), **Isotopes** (éléments atomiques qui ont la même place dans le tableau de Mendéléïev) et **Utopie** (lieu — idéal — qui n'existe nulle part ; voir ce mot).

TOTALITAIRE. *adj.* 1° **Se dit de régimes politiques** qui prétendent organiser et gouverner la *totalité* de la vie des citoyens, aussi bien publique que privée. *Un pays totalitaire. Un État totalitaire.* Il s'ensuit que le pouvoir, détenu en général par un dirigeant unique ou une petite classe de dirigeants, impose aux citoyens un Parti unique, supprime toute opposition, s'empare de tous les moyens de communication de masse, surveille l'orthodoxie politique et idéologique des citoyens, traque les opposants, les emprisonne, et les «rééduque» en pratiquant le «lavage des cerveaux». L'U.R.S.S. sous Staline (réalité historique), la société décrite par Orwell dans son roman *1984*, donnent une idée précise de ce que peut être un pays totalitaire, — beaucoup plus terrifiant que la **tyrannie** (voir ce mot).

2° **Se dit d'une philosophie, d'une religion, d'une doctrine politique** qui, pour de bonnes ou mauvaises raisons, croit détenir la clef idéale de la vie de l'homme en société et, forte de cette conception *intégrale* du salut de l'être humain, recommande ou inspire la création d'un État susceptible de réaliser cet idéal. Une *pensée* totalitaire est souvent à l'origine d'un *régime* totalitaire, même si celui-ci en est la caricature ou la déviation. Le marxisme-léninisme, par exemple, a été une philosophie sans doute exaltante en ce qu'elle prétendait, par la révolution, faire le bonheur total du genre humain; mais sa mise en œuvre, dans la plupart des pays communistes, a engendré un pouvoir totalitaire, dont la réalité était aux antipodes de l'idéal rêvé — ce que trop d'intellectuels, perdant tout esprit critique, refusèrent de voir; il faut dire qu'en élaborant le concept de «dictature du prolétariat», le marxisme prenait quelques risques. Orwell, qui a médité sur la tentation du pouvoir, fait ce diagnostic : *«On n'établit pas une dictature pour sauvegarder une révolution. On fait une révolution pour établir une dictature.»*

TOTALITARISME. *n. m.* 1° Caractère d'un régime totalitaire (voir ci-dessus).

2° Caractère d'une philosophie ou d'une *idéologie* totalitaire (qui prétend expliquer *tout* l'homme et produire une société qui fera le bien total de l'homme). Indépendamment de ses déviations, de son détournement par des pouvoirs qui ne cherchent qu'à cautionner leur absolutisme, le totalitarisme est *en germe* dans la *pensée* de ceux qui rêvent d'une société idéale, comblant intégralement tous les besoins et tous les désirs de l'homme. C'est en ce sens qu'on peut parler du totalitarisme de certaines utopies. L'esprit de système des uns, le besoin de certitudes simplistes des autres, se sont conjugués pour favoriser le totalitarisme. Voir, à l'inverse, le mot **Relativisme**.

➜ **Pour approfondir, p. 869.**

TOTEM. *n. m.* (mot indien). Être mythique (animal, parfois plante) qui, chez les Algonquins, était considéré comme l'ancêtre ou le protecteur du clan. À ce titre, il était l'objet d'un culte particulier et d'un certain nombre de *tabous*. Le totem peut concerner un groupe social plus ou moins élargi, ou même un seul individu. Il est un des éléments de l'organisation sociale ou familiale ; il détermine les relations entre les individus et la classification entre les êtres. Divers anthropologues ou sociologues ont estimé que le **totémisme** était la forme primitive de la religion ; les tabous dont fait l'objet le totem seraient une forme rudimentaire de la morale (cf. la thèse de Freud, *Totem et Tabou*). À partir de là, le mot *totem* est parfois employé au sens figuré (souvent de façon ironique).

TOUR D'IVOIRE. Expression qui désigne, au sens figuré, la position hautaine et solitaire dans laquelle se retranchent certains artistes ou penseurs qui refusent de se mêler au monde. *La tour d'ivoire où s'enferment les poètes. J'ai choisi de me retirer dans ma tour d'ivoire, loin des foules.*

TRADITIONALISME. *n. m.* 1° **Sens religieux.** A. Doctrine selon laquelle l'essentiel de la foi chrétienne est contenu dans la Révélation (les « Écritures ») et dans la Tradition. Celle-ci représente en effet ce que l'Église des premiers siècles, les communautés et certains « Pères » de l'Église, considérés comme inspirés par l'Esprit Saint, ont élaboré ou approfondi dans la pratique et dans la philosophie du christianisme. La Raison ne peut donc plus trouver de vérités nouvelles ; elle ne peut que s'employer à commenter l'héritage doctrinal constitué par la Révélation et la Tradition. Le traditionalisme s'oppose donc souvent aux recherches théologiques, freine toute interprétation nouvelle, se méfie de tout ce qui peut s'écarter de la doctrine.

B. Attachement excessif aux *formes* de la pratique religieuse héritées du passé (liturgie traditionnelle, catéchisme conformiste, messe en latin, etc.) Ce traditionalisme est évidemment beaucoup plus superficiel que le précédent. Il arrive même que les traditionalistes, en se fixant à des pratiques historiquement datées, oublient la « vraie » Tradition ci-dessus évoquée. Voir **Intégrisme**.

2° **Sens courant.** Attachement excessif aux notions, aux techniques, aux manières, aux formes (esthétiques) traditionnelles. Passéisme ; refus de la modernité. Ce sens, répandu, a peut-être l'inconvénient d'identifier « traditionalisme » et « prise en compte de la tradition ». Qu'il s'agisse du domaine religieux ou des autres, la tradition représente un acquis, une expérience, une pensée collective, un héritage culturel qu'il serait irréfléchi de nier en bloc ou d'oublier. Dans le mot *traditionalisme*, c'est le *-isme* final qui est péjoratif, en ce qu'il incrimine un *excès*.

TRAGÉDIE. *n. f.* (*sens courant*) Catastrophe sanglante, qui semble le plus souvent l'aboutissement d'une série d'événements implacables.

(*sens littéraire*) La **tragédie classique** est une œuvre dramatique dont les éléments constitutifs sont les suivants :
— le sujet est noble, grave : il met en scène des personnages illustres, tirés de l'Histoire ou de la Légende, qui vivent des actions hors du commun ;
— l'histoire aboutit toujours à un dénouement douloureux, marqué par

le malheur ou la mort, fruit du Destin, qui conduit fatalement les héros à l'échec, quoi qu'ils puissent entreprendre pour l'éviter ;
— le spectacle met en scène les plus fortes passions humaines (l'amour, la haine, le goût du pouvoir, le désir de défier le destin ou les dieux), de façon à susciter chez le spectateur la compassion pour les victimes, l'horreur devant le crime ou la démesure, l'admiration face aux conduites sublimes (voir le mot *sublime*) ;
— le style est *relevé*, aussi «noble» que les personnages, et ne supporte pas le mélange des genres : aucun élément prosaïque ou comique ne doit ternir la pureté du poème tragique, qui est le plus souvent écrit en vers ;
— l'action, enfin, doit respecter la «*règle des trois unités*», de manière à donner le maximum de force et de vraisemblance à la cérémonie tragique (unité de lieu, unité de temps, unité d'action : voir le mot **Unités**).

Notons que la gravité et la tension de la tragédie n'excluent pas ce qu'on appelle l'**ironie tragique**, qui peut consister en l'attitude méprisante et railleuse que le héros adopte à l'égard du propre destin qui l'écrase, mais aussi prendre la forme d'un Sort cruellement moqueur à l'égard du héros qui en est dupe (pensons au cas d'Œdipe, lorsqu'il promet à son peuple de châtier de façon exemplaire le meurtrier de Laïos, en ignorant qu'il est lui-même le coupable et que Laïos est son propre père!). Voir **Drame, Tragi-comédie, Tragique**.
➜ **Pour approfondir, p. 1127.**

TRAGI-COMÉDIE. *n. f.* Au XVIIe siècle, la tragi-comédie est une pièce de théâtre dont le dénouement est heureux. À la différence de la tragédie, elle n'est donc pas marquée par un caractère de fatalité, de destin conduisant irrémédiablement les héros à une fin tragique. Mais il s'agit tout de même d'une pièce *sérieuse*, comme *Le Cid* de Corneille. Dans l'Antiquité, en revanche, la «tragi-comédie» comportait des éléments comiques. Ce sera aussi le cas du «drame» romantique. L'adjectif *tragi-comique* s'emploie surtout pour caractériser des situations où le rire et le drame se mêlent, dans la vie courante.

TRAGIQUE. *adj.* et *n. m.* 1° **Sens littéraire** (classique) : qui est relatif à la tragédie, à la noblesse de ses héros, à son atmosphère pesante, à son dénouement sanglant (pour le contenu) ; qui se rapporte à l'art de la tragédie, à ses règles propres, à son style soutenu. Le tragique se caractérise essentiellement par le rôle de la fatalité, du destin qui, inexorablement, conduit le héros à l'échec, au malheur et à la mort, en dépit de ses efforts désespérés. Le spectateur sait, dès le départ, que cela se terminera catastrophiquement : il vient contempler la marche du destin, partager les souffrances et les efforts vains du héros, pleurer sur la condition tragique de l'homme, et sans doute, se délivrer à travers cette contemplation des grands sentiments douloureux qui nourrissent ses angoisses conscientes ou inconscientes (voir **Catharsis**).

2° **Sens courant :** qui présente un caractère funeste, effroyable, terriblement douloureux ; qui bouleverse, stupéfie par son horreur. *Une situation tragique, des événements tragiques, une nouvelle tragique.* Dans la langue courante, le mot tragique conserve souvent l'idée de fatalité : c'est malgré les hommes et leur volonté apparente que les choses s'enchaînent tragiquement, que l'histoire se fait « tragédie », que des innocents sont victimes de *circonstances tragiques.*

TRAME. *n. f. (sens propre)* Réseau de fils ingénieusement enchevêtrés, dans un métier à tisser, pour produire étoffes et tissus. Par extension, toute sorte de réseau concret, de quadrillage, de texture. *(sens figuré)* Enchevêtrement de faits réels *(la trame d'une histoire)* ou d'événements fictifs *(la trame d'un roman)* qui constituent le fond sur lequel se déroule une aventure marquante. Le mot désigne aussi, dans la langue classique, une intrigue, un complot, d'où le sens figuré du verbe **tramer** : machiner, ourdir, organiser secrètement (un complot, une conspiration, — ou encore une intrigue dramatique).

TRANS-. Préfixe issu du latin *trans*, qui signifie « par-delà, au-delà de, à travers ». Il marque en général l'idée de passage ou de mutation, comme dans les mots **Transhumance** (déplacement saisonnier d'un troupeau de la plaine vers la montagne, ou inversement), ou **Transmutation** (changement d'une matière en une autre ; changement total de nature). Plus de cent cinquante mots comportent ce préfixe, parmi lesquels la dizaine qui suit.

TRANSCENDANT. *adj.* (du latin *transcendere*, qui combine le préfixe *trans*, « par-delà » et le verbe *ascendere*, « s'élever ». D'où, littéralement : « qui s'élève au-dessus »).

1° **Sens courant.** Supérieur aux autres ; qui surpasse la moyenne : *un esprit transcendant.* Qui est d'une essence supérieure : *des vérités transcendantes.* D'où le verbe **transcender.**

2° **Sens philosophique.** Qui est d'un ordre supérieur, radicalement distinct de la réalité commune. Qui échappe aux lois de la matière ou du monde. Par exemple, l'âme est pour les croyants *transcendante* par rapport au corps soumis aux lois naturelles. À plus forte raison, Dieu est-il *transcendant* au monde. La **transcendance** se définit par deux caractères :
— elle est *supérieure* à la réalité à laquelle on la réfère ;
— elle est *qualitativement* différente, d'un autre ordre.

• Les philosophes opposent ainsi ce qui est *immanent* (qui est *dans* la réalité du monde, au même niveau) à ce qui est *transcendant* (extérieur, infiniment plus élevé, d'un autre ordre). La *justice transcendante* vient du ciel, de Dieu ; la *justice immanente* appartient à l'ordre des choses (elle punit les méchants par une sorte de logique interne à la marche du monde). Voir le mot **Immanent.**

• Les mots *transcendant* et *transcendance* se sont parfois affaiblis dans le vocabulaire philosophique, ne désignant plus qu'une forme de distance d'une réalité (vaguement supérieure) par rapport à une autre (la transcendance du sujet par rapport à son expérience ; la transcendance du monde par rapport à mon existence, etc.).

TRANSFERT. *n. m.* Action de transférer, de déplacer d'un lieu à un autre.
En **psychanalyse**, la notion de transfert est centrale. Elle désigne un déplacement de sentiments inconscients, originaires de la petite enfance, que le sujet revit en les fixant sur son analyste, au moment de la cure. La situation de l'analyse, où le psychanalyste a une position plus ou moins directive (position que le sujet en analyse peut ressentir comme une autorité), favorise en particulier l'émergence de sentiments infantiles : tout à coup, le sujet identifie son analyste à un parent (il en fait une projection de son surmoi, l'image d'un père par exemple) et nourrit à son égard une très vive hostilité (transfert négatif) ou un amour inexplicable (transfert positif), le plus souvent un mélange des deux. Au cours de cette émergence et de ce déplacement d'émotions archaïques, les pulsions refoulées, les angoisses, les fantasmes, tout le matériel enfoui dans l'inconscient revient à la surface, s'extériorise. Cela permet au psychanalyste de mieux comprendre son client, et à l'*analysant* (le sujet en analyse) de progressivement prendre conscience (non sans résistances) de ce qui était au fond de lui. Certains auteurs estiment que *tout* le traitement analytique *est* transfert. Quoi qu'il en soit, le transfert opère une vaste *catharsis* du sujet en analyse.
• Il faut noter que le transfert est un transfert de sentiments *inconscients*. Dans la vie courante, chacun a l'expérience d'avoir transféré *consciemment* certaines humeurs (« le coup de pied » au chien libère de l'agressivité contre le patron). Dans le cas de l'analyse, il s'agit de sentiments profonds qui surprennent brutalement celui qui les éprouve comme celui qui en est l'objet. On parle de *contre-transfert* quand le psychanalyste, ne maîtrisant pas bien la situation, en vient à réagir excessivement, sous l'effet de son propre inconscient.
• Ce transfert est indispensable au traitement du sujet : d'une part parce que les sentiments, en étant extériorisés, « libèrent » le moi qui en souffrait ; d'autre part parce que, en les formulant et en les analysant, le sujet va pouvoir contrôler les émotions, les représentations, les situations ainsi mises au jour.
• Naturellement, la notion de transfert dépasse le cadre de la cure psychanalytique. La vie sociale, les réactions passionnelles qui traversent les individus, les « projections » que chacun peut faire sur chacun, les œuvres artistiques, les grands mouvements collectifs, sont autant de lieux courants où le phénomène de transfert règne en maître, pour le meilleur et pour le pire. Et souvent pour le pire (voir **Racisme, Bouc émissaire, Fanatisme**, etc.).

TRANSFIGURATION. *n. f.* (de *trans-* « au-delà de » et *figure*, « forme ». Littéralement, changement d'apparence, dans un sens d'élévation).
1° **Sens religieux :** phénomène miraculeux au cours duquel un personnage se trouve empli d'une présence surnaturelle qui le rend

radieux, rayonnant, resplendissant. En particulier, la **Transfiguration** : épisode de l'Évangile où le Christ apparaît soudain à ses apôtres dans toute la gloire de sa divinité, sur le mont Thabor *(« Son visage devint brillant comme le soleil et ses vêtements blancs comme la lumière »)* ; fête qui célèbre cet épisode.

2° **Sens courant ou littéraire :** transformation éclatante d'une réalité, d'une personne. *Il m'est apparu transfiguré par la joie. Les jeux de la lumière au soleil couchant opèrent une véritable transfiguration du paysage. Vous étudierez comment l'auteur, au-delà de la pure description, parvient par le biais des images et des effets symboliques, à une véritable transfiguration du réel.*

TRANSFUGE. *n. m.* (littéralement : « qui fuit au-delà »). 1° Soldat qui déserte et passe dans le camp ennemi. 2° Par analogie, personne qui abandonne un groupe, un parti, un mouvement, une doctrine, pour se rallier à un autre. *C'est un transfuge du parti socialiste : il a rejoint le gouvernement pour devenir ministre de l'Environnement.* Alors qu'au sens n° 1 un transfuge est considéré comme un traître, au sens n° 2 il n'est qu'un dissident (l'emploi du terme n'est plus forcément péjoratif).

TRANSGRESSER. *v. tr.* (littéralement : « passer par-dessus, passer outre »). Désobéir à une loi, enfreindre une règle, violer un tabou. *Transgresser un ordre, un interdit moral, une norme sociale.* Le mot *transgression*, dans une certaine littérature (surtout depuis les événements de mai 1968, en France), jouit souvent d'une connotation positive : la transgression fait plaisir à celui qui a l'audace de transgresser ; ce qui est transgressé est le plus souvent décrit comme un ordre oppressif ; en transgressant cet ordre, on se « libère » sans nuire à autrui... Bien entendu, tout dépend du contexte dans lequel le terme est employé.

TRANSIGER. *v. intr.* Conclure un arrangement avec quelqu'un, à la suite de concessions réciproques. Le résultat est une *transaction*, un compromis. **Transiger sur** (quelque chose) : concéder excessivement, laisser faire par faiblesse. *On ne transige pas sur l'honneur. J'ai eu tort de transiger sur ce point de doctrine avec des opposants sans foi ni loi.*

TRANSITION. *n. f.* Passage progressif, graduel, d'un état à un autre. Au **sens littéraire** (dans un discours, un exposé, une dissertation) : manière habile de passer d'une idée à une autre, de lier la conclusion d'une partie à l'introduction de la partie suivante. *Vous ne devez pas passer brutalement, dans votre devoir, du « pour » au « contre » : il faut faire une transition qui explique qu'à votre première série d'arguments s'opposent des objections décisives.*

TRANSITIF. *adj.* Voir le mot **Intransitif**.

TRANSPORT. *n. m.* Au **sens classique** : émotion très vive, bouleversement de l'âme. Le plus souvent au pluriel : *des transports de joie, des transports de colère* (« emportements »). *De vifs transports* (d'admiration). *De doux transports* (amoureux). Baudelaire parle des parfums

« *Qui chantent les transports de l'esprit et des sens* ». Le mot *transport* sera utilisé jusqu'au XXe siècle dans ce sens, en littérature. On dit encore *se transporter* pour « se mettre en colère », et plus fréquemment, « *Ça me transporte* » pour traduire un sentiment d'admiration *(Dans cette exposition de tableaux, il n'y a vraiment rien qui me transporte)*.

TRANSPOSER. *v. tr.* 1° Placer un élément à une place différente de celle qu'il occupe normalement, intervertir. *Transposer un mot* (par exemple, l'épithète *blanc* peut être **antéposée** dans *les blancs moutons*, **postposée** dans *les moutons blancs* : en passant d'une construction à l'autre, j'ai *transposé* le mot *blanc*). *Transposer une sensation d'un registre dans un autre* (par exemple, dire « *une symphonie de couleurs* » : voir à ce sujet les mots **Correspondance** et **Synesthésie**.

    2° Dans le **vocabulaire littéraire ou artistique**, déplacer un ensemble de formes, de thèmes, de structures, de schémas narratifs d'un domaine dans un autre. *Transposer une composition musicale d'une tonalité dans une autre. La métaphore, fondée sur l'analogie, est souvent une transposition d'un ordre de réalités dans un autre. On peut transposer l'histoire d'un livre pour en faire un film original. West Side Story est une transposition moderne des thèmes de Roméo et Juliette.* Une bonne transposition doit toujours être originale et *adapter* les éléments transposés au nouveau genre, au mode spécifique du domaine esthétique dans lequel elle s'effectue. C'est ce qui la distingue du plagiat ou du pastiche.

TRAUMATISME. *n. m.* (du grec *trauma*, « blessure » : le mot « trauma » reste d'ailleurs employé pour désigner un choc physique ou psychique violent).

    1° **Sens physique :** ensemble des troubles qui résultent d'une lésion, d'un choc, etc. *Un traumatisme crânien.*

    2° **Sens psychologique :** ensemble des troubles psychiques conscients et inconscients qui résultent d'un événement brutal de la vie affective du sujet ; en psychanalyse, cet événement se situe dans la prime enfance et bouleverse à ce point la victime que toute l'organisation psychique de celle-ci en est durablement affectée. De là naîtront des névroses ou des psychoses. L'individu est donc littéralement « traumatisé ». Le choc psychologique (Freud dit « *trauma* ») n'est pas forcément « traumatisant » par lui-même : tout dépend de la fragilité du sujet. Un « traumatisme » peut être par exemple pour l'enfant une scène réelle (ou *fantasmée* !) d'agression sexuelle.

TRAVELLING. *n. m.* Mouvement d'une caméra qui se déplace sur un chariot pour filmer un plan, un personnage en action (que l'on suit parallèlement à son action), etc. Effet qui en résulte dans le film. Le travelling peut se faire vers l'avant ou vers l'arrière (effet de « zoom », qu'on peut d'ailleurs obtenir, maintenant, avec une caméra fixe), ou encore latéralement *(travelling latéral)*. Comparer avec **Panoramique**.

TRÉPASSER. *v. intr.* **Sens classique :** décéder (passer définitivement de l'autre côté...). Le *trépas* est la mort. La Fontaine écrit :

> *Le trépas vient tout guérir*
> *Mais ne bougeons d'où nous sommes*
> *Plutôt souffrir que mourir*
> *C'est la devise des hommes*

Notons, en langue provinciale, l'emploi direct du verbe **passer** pour un moribond qui vient de mourir : *« il a passé »*.

TRÉPIDATION. *n. f. (sens propre)* Petit tremblement, agitation continue par petites saccades. *Des trépidations du métro. (sens figuré)* Agitation. *L'incessante trépidation de la vie moderne. Mener une existence trépidante.* (L'*intrépide* est celui qui ne tremble pas !).

TRI-. Préfixe issu du grec *treis* ou du latin *tria*, qui signifie « trois ». *Triangle, tricycle, triple, trisaïeul, trinité.* À retenir les mots **Trilogie** (ensemble de trois pièces de théâtre ou de trois œuvres : *la trilogie de Jules Vallès : L'Enfant, Le Bachelier, L'Insurgé*), **Trimètre** (alexandrin composé de trois groupes de quatre syllabes, ce qui lui donne un rythme ternaire ; voir Césure) et **Triptyque** (œuvre peinte en trois panneaux ; par extension, ouvrage littéraire en trois parties).

TRIBUN. *n. m.* (magistrat romain). Au **sens moderne** (par influence de « tribune »), orateur éloquent qui défend une cause en général populaire. *C'est un redoutable tribun, capable d'entraîner les foules.*

TRIBUTAIRE. *adj.* (du latin *tributarius*, « qui concerne le tribut — l'impôt — dû au souverain », et par extension, désigne la *dépendance* de celui qui est soumis à cet impôt). Qui dépend étroitement de quelqu'un ou de quelque chose. Assujetti à. *Pour son alimentation, le Japon est tributaire de l'étranger. Je ne puis aller et venir à ma guise : je suis tributaire de mon emploi du temps.*

Noter l'expression figurée **payer un lourd tribut à** : faire d'importants sacrifices pour.

TRIVIAL. *adj.* Grossier, vulgaire, sale, choquant. *Des réalités triviales. Un langage trivial. Des plaisanteries triviales. Un personnage trivial.* Le mot anglais **trivial** (banal, insignifiant, sans nuance péjorative) est un faux ami. *Trivial pursuit* signifie littéralement « passe-temps banal » !

TRONQUER. *v. tr.* Ôter, retrancher d'un ouvrage, d'un document, d'un produit culturel, une partie importante ou essentielle. *Une citation tronquée. Ils ont tronqué mon manuscrit, c'est intolérable. Les réalisateurs ont finalement tronqué l'émission, pour en retirer les passages hostiles au gouvernement. Un document peut être tronqué pour des raisons pratiques* (sa longueur). Quand l'opération est motivée par des raisons morales ou idéologiques, on emploie le verbe **Expurger**.

TROPE. *n. m.* Terme classique employé pour désigner les figures de

style ou de rhétorique. Il est repris dans le vocabulaire spécialisé de la linguistique contemporaine.
Issu du grec *tropos*, «tour», ce mot se retrouve *comme suffixe* dans certains termes comme *héliotrope* (qui se tourne vers le soleil) ou *isotrope* (qui a la même configuration ou les mêmes propriétés physiques).

TROPHÉE. *n. m.* Dans l'Antiquité, dépouille d'un ennemi, armes capturées qui témoignent de la victoire. D'où, par extension, tout signe qui témoigne d'une victoire, d'un triomphe (monument, coupe, etc.). *Le vainqueur de Roland-Garros élève son trophée en direction du public qui l'ovationne.*

TROUBADOUR, TROUVÈRE. *n. m.* Poète qui, au Moyen Âge, récitait ses œuvres ou celles d'autrui (poésie, chansons de geste) de château en château. Ces deux mots signifient étymologiquement «trouveur» (celui qui trouve, qui invente). Au Nord de la France, en langue d'oïl, il s'appelait **trouvère** *(troveor)* et pouvait être attaché à un seigneur. Au Sud, en langue d'oc, il s'appelait **troubadour** *(trobador)* et était généralement errant.

TRUCULENT. *adj.* Se dit d'un style ou d'un personnage parfaitement libre dans son expression, qui n'hésite pas devant le mot cru, abonde en expressions pittoresques, séduit par sa vitalité verbale et son réalisme sans frein. On associe souvent l'adjectif *truculent* à la verve de Rabelais.

TRUFFER. *v. tr.* Au **sens figuré** : remplir d'éléments disséminés ; bourrer. *Un ouvrage truffé de mots d'auteur. Une dissertation truffée de barbarismes.* Contrairement au sens propre du verbe (garnir de truffes en principe savoureuses), le sens figuré est souvent péjoratif.

TRUISME. *n. m.* (de l'anglais *truism*, issu de *true*, «vrai»). Vérité si évidente, si banale, qu'il vaut mieux s'abstenir de la formuler. *Un discours politique truffé de truismes.* Voir **Lapalissade**.

TURPITUDE. *n. f.* Honte, bassesse, vilenie d'une action ou d'une personne. *La turpitude de son âme.* Conduite indigne. *Les turpitudes d'une jeunesse dévoyée.* A noter que ce mot ne s'emploie plus guère qu'ironiquement.

TUTÉLAIRE. *adj.* Se dit d'une divinité qui protège. *Un dieu tutélaire. Un ange tutélaire.* Par extension : qui garde, qui protège chaleureusement. *Une amitié tutélaire. Une demeure tutélaire.*
N.B. Cet adjectif correspond au substantif **tutelle**, et peut être employé au sens juridique (l'autorité *«tutélaire»* du «tuteur»).

TYPE. *n. m.* Au **sens littéraire ou artistique** : modèle abstrait qui représente, qui incarne un ensemble de réalités ou de personnes. *Le type même de l'avare est Harpagon ; de l'hypocrite, Tartuffe. Elle représente pour moi le type même de la beauté animée. La littérature classique cherche à décrire des types humains universels, à exprimer des types d'émotions fondamentales.* Voir **Essence, Archétype, Prototype.**

Un ensemble de types, un classement en catégories spécifiques, s'appelle une **Typologie**. *Une typologie des systèmes politiques.*

TYPOGRAPHIE. *n. f. (de tupos*, «caractère» et *graphein*, «écrire»). Ensemble des procédés d'impression et de composition des textes, à l'aide de caractères d'imprimerie dits «caractères typographiques». Présentation typographique d'un texte déterminé. *Là où certains voient des fautes d'orthographe, d'autres estiment n'avoir fait que des erreurs typographiques.*

La composition traditionnelle de la typographie, par assemblage de caractères en relief, a presque disparu devant des procédés modernes informatisés (photocomposition, traitement de textes, etc.).

TYRANNIE. *n. f.* 1° **Sens large.** Pouvoir absolu et arbitraire, fondé sur la force et l'oppression, en général cruel et injuste. D'où, autorité abusive, pouvoir oppressif exercé par un chef, un père, un roi, un président, etc. *La tyrannie du monarque. La tyrannie de Néron. La tyrannie d'un instituteur qui fait trembler les petits.* Par extension, oppression quelle qu'elle soit. *La tyrannie du conformisme ambiant, des modes musicales, du système publicitaire.*

2° **Sens précis** (notamment dans la typologie des gouvernements, selon Montesquieu). Régime politique dans lequel un seul homme concentre tous les pouvoirs : l'exécutif, le législatif, le judiciaire (auxquels il faudrait ajouter, au XXe siècle, le pouvoir de propagande et d'information). Synonymes : *despotisme, dictature, autocratie.* Dans ce sens, la tyrannie se distingue en principe de la monarchie, dans laquelle le pouvoir royal est *équilibré* par d'autres forces dans la nation (un parlement ; une catégorie sociale, la noblesse par exemple).

Malgré leur forme extérieure dictatoriale apparemment identique, la *tyrannie* et le *régime totalitaire* se distinguent radicalement. Le tyran se moque en général de ce que pensent ses sujets *(Oderint dum metuant,* «qu'ils me haïssent pourvu qu'ils me craignent») : il lui suffit de régner en inspirant de la crainte. Le pouvoir totalitaire a une autre dimension. D'une part, parce qu'il est souvent de nature oligarchique (c'est une petite classe d'hommes, érigée en système, qui gouverne). D'autre part, et surtout, parce qu'il veut opprimer l'esprit même des citoyens, *normaliser la pensée collective,* c'est-à-dire jouir de la *totalité* même du pouvoir de l'homme sur l'homme. Orwell illustre formidablement cet aspect dans son roman *1984* : «*Le pouvoir est le pouvoir sur d'autres êtres humains : sur les corps, mais surtout sur les esprits.*»

UBIQUITÉ. *n. f.* (du latin *ubi*, « où » ; *ubique*, « partout »). Faculté d'être présent, au même instant, en plusieurs lieux. *Excusez-moi, mais je n'ai pas le don d'ubiquité. Comment cet homme d'affaires a-t-il pu en une seule journée, signer un contrat à New-York, diriger une réunion à Bonn et assister à la création d'un opéra à Paris ? Il a le don d'ubiquité !*

N.B. L'*ubiquité*, en théologie, est un attribut caractéristique de Dieu. La tradition chrétienne rapporte que certains saints auraient été doués d'ubiquité. Le mot s'est naturellement très vite employé au *sens figuré*, ou bien de façon hyperbolique (à propos par exemple d'un écrivain qui, le même jour, publie dans divers journaux, ou d'un artiste omniprésent dans les médias).

UBUESQUE. *adj.* Qui a un caractère digne du « père Ubu », personnage créé par Alfred Jarry (*Ubu Roi*, 1896), lequel se montre grotesque, énorme, caricaturalement cruel dans l'exercice du pouvoir. *Le régime de « l'empereur » Bokassa Ier était parfaitement ubuesque.*

ULTÉRIEUR. *adj.* (à partir du latin *ultra*, « au-delà »). Qui se produit après, qui succède à autre chose ; qui arrivera dans le futur. *Les événements ultérieurs confirmèrent ses analyses. Des instructions vous seront données ultérieurement.* Synonyme : *postérieur*. Antonyme : *antérieur*.

ULTIMATUM. *n. m.* (à partir du latin *ultimus*, « dernier »). Condition impérative qu'impose un État à un autre, dont le refus est susceptible d'entraîner la guerre. L'ultimatum n'est souvent qu'un prétexte utilisé par un État qui veut la guerre (ou qui désire se la faire déclarer, pour ne pas avoir l'air d'être l'agresseur). Les vrais motifs sont souvent beaucoup plus profonds.

Par extension : sommation précise, qu'il n'est pas possible de discuter ou négocier : on ne peut qu'obéir ou se révolter brutalement (en déclenchant une crise). *Je suis placé devant un ultimatum.* Pluriel : *des ultimatums*.

ULTIME. *adj.* (du latin *ultimus*, « dernier »). Dernier ; qui se produit tout à fait à la fin. *Ses paroles ultimes. Nos ultimes forces* (les toutes dernières). *Ma patience est à bout : voilà mon ultime proposition. Le dernier poème* des *Châtiments* (Hugo), intitulé « Ultima verba », se clôt par le vers *« Et s'il n'en reste qu'un, je serai celui-là »*.

ULTRA. Mot latin qui signifie « au-delà ». Comme adjectif ou substantif, il peut désigner des extrémistes, en particulier des individus *« ultra-réactionnaires »* (ultra-royalistes : *un ultra, des ultras*). Comme préfixe, il indique parfois ce qui est au-delà, au sens propre (*ultra-montain* : qui est au-delà des montagnes, et donc qualifie le pouvoir papal ; voir **Gallicanisme**). Mais le plus souvent, le terme désigne le degré extrême (*ultra-sensible*) ou l'excès (*ultra-moderne*). Voir **Extra-** ou **Hyper-**.

UNI-. Préfixe issu du latin *unus*, « un », qui s'oppose en général à l'idée de multiplicité. Ainsi, *unicellulaire* s'oppose à *pluricellulaire*. Ce préfixe se retrouve dans de nombreux mots dont la compréhension est assez claire : *uniforme, unijambiste, unilingue* (qui s'oppose à bilingue), *unisexe*, etc. Voir, ci-dessous, **Unilatéral** et **Univoque**.

UNICITÉ. *n. m.* Caractère de ce qui est unique. *L'unicité d'une expérience, intransmissible à autrui. L'unicité d'une espèce.* Mot de sens proche : *singularité*. Antonymes : *multiplicité, pluralité*. Ne pas confondre avec *unité*, ni avec *unanimité*.

UNILATÉRAL. *adj.* 1° Qui ne se situe ou ne se fait que d'un seul côté. *Stationnement unilatéral. Engagement unilatéral* (d'une personne envers une ou plusieurs autres).

2° Qui est décidé par une seule partie, lorsque deux ou plusieurs sont en cause. *Décision unilatérale* (de rompre un contrat).

3° Qui ne voit ou ne considère qu'un seul aspect des choses. *Un jugement unilatéral.* Voir les mots **Bilatéral** et **Multilatéral**.

UNITÉS (règle de trois unités). Règle, issue d'Aristote, qui s'est imposée au théâtre classique, au XVIIe siècle. Les trois unités sont :
— l'**unité d'action** : un seul événement central doit nourrir l'intrigue, depuis l'exposition jusqu'au dénouement ; l'unité d'action accroît l'émotion du spectateur en concentrant son intérêt ;
— l'**unité de temps** : tout doit se passer en une seule journée, car il paraîtrait invraisemblable que le spectateur assiste en deux heures à une histoire s'étendant sur plusieurs mois ou plusieurs années : l'idéal est celui d'une action dont la durée (fictive) coïncide avec la durée (réelle) de la représentation ;
— l'**unité de lieu** : l'action devant se passer en un jour, la vraisemblance exige qu'elle se déroule en un seul endroit (une ville à la limite, un palais de préférence et, si possible, une pièce de ce palais, qui puisse coïncider avec la scène où évoluent les personnages) ; cette règle, qui ne vient pas d'Aristote, mais découle logiquement des deux autres, explique que tant d'actions ponctuelles, qui alimentent la trame de l'histoire, soient rapportées par des témoins, au lieu d'être directement mises en scène.

La règle des trois unités sera mise en cause à l'époque romantique, notamment par Victor Hugo dans la *Préface de Cromwell* (1827), qui

retourne contre elle le principe de vraisemblance; «*L'action, encadrée de force dans les vingt-quatre heures, est aussi ridicule qu'encadrée dans le vestibule. Toute action a sa durée propre comme son lieu particulier.*» Voir **Dénouement, Exposition, Intrigue, Péripétie, Tragédie.**
➜ **Pour approfondir, p. 1127.**

UNIVERSALISME. *n. m.* Doctrine religieuse selon laquelle tous les hommes sont appelés au salut et qui, par conséquent, s'adresse à tous sans distinction. *Le christianisme est un universalisme.* Se dit aussi de philosophies à visée «universaliste», considérant la réalité du monde comme une totalité à penser globalement.

UNIVERS CONCENTRATIONNAIRE. Monde qui reproduit les caractères inhumains des camps de concentration : entassement brutal des individus, réduits à des numéros et parqués comme des troupeaux; travail forcé, sous la conduite d'une administration sadique, dans des conditions de vie déplorables (faim, soif, maladies, absence d'hygiène); dépérissement progressif des êtres, voués à une féroce lutte pour la vie, dans la hantise de leur extermination. L'univers concentrationnaire n'organise pas seulement la souffrance et la mort de l'homme : c'est son humanité même qu'il tente délibérément de dégrader. Cette expression vient du livre de David Rousset, *L'Univers concentrationnaire* (19..).

UNIVOQUE. *adj.* (littéralement : «qui a une seule voix»). Se dit d'un mot qui conserve le même sens, bien précis, quels que soient les différents contextes où on l'emploie. Antonyme : *équivoque.*
N.B. Le terme s'emploie aussi en mathématiques pour désigner une relation dans laquelle un terme A entraîne toujours le même corrélatif B. *Une relation univoque n'est pas forcément réciproque* (si elle l'est, on la déclare *bi-univoque*).

URBANITÉ. *n. f.* (littéralement, «ce qui est urbain», c'est-à-dire est spécifique de la ville). Politesse raffinée, extrême civilité dans les relations avec autrui. *Il traitait ses invités avec beaucoup de courtoisie et d'urbanité.* Ne pas confondre avec **urbanisme** (science de l'habitat urbain ; art de le rendre humain).

URBI ET ORBI (littéralement : «*à la ville (Rome) et à l'univers*»). Locution latine qui s'applique à la bénédiction que le Pape adresse, depuis son balcon, à la foule romaine et au monde entier. Par extension, se dit d'une nouvelle adressée à l'ensemble du monde, propagée partout. *Il proclamait son malheur urbi et orbi.*

US. *n. m. plur.* Usages, habitudes. Ne s'emploie pratiquement que dans l'expression **les us et coutumes** : les traditions, les mœurs d'un pays.

USAGE (VALEUR D'). **Au sens général**, le mot usage a un double sens, descriptif et normatif. Au point de vue *descriptif*, l'usage est l'utilisation effective d'un objet, d'une faculté, d'un instrument concret ou abstrait, d'un langage. Au point de vue *normatif*, l'usage est en fait le *bon* usage, la pratique *recommandée*, qu'il s'agisse de conduites sociales (les bienséances, les bonnes manières dont il faut savoir *user*) ou langagières (le bon usage du français). Voir le mot **Norme**.

En économie, on oppose parfois la *valeur d'usage* à la *valeur d'échange*. La valeur d'usage représente l'utilité effective d'un bien, d'un produit : sa faculté de remplir efficacement le besoin qu'il est censé satisfaire. La valeur d'échange représente, sur le marché, ce contre quoi ce produit peut être échangé (sa *valeur monétaire* qui permet, en le vendant, d'acheter d'autres produits) : la valeur d'échange dépend des lois du marché, et en particulier de la loi de l'offre et de la demande, indépendamment donc de la valeur d'usage de ce bien. Ainsi, la valeur d'usage d'une voiture représente son utilité effective comme moyen de transport, fiable et confortable ; sa valeur d'échange, son prix effectif en fonction du marché. À ces deux valeurs, certains économistes ajoutent la *valeur-signe*, c'est-à-dire la valeur symbolique que l'acheteur peut trouver à un produit qu'il acquiert pour manifester aux autres son identité sociale. Ainsi, une voiture d'une marque prestigieuse peut ne plus valoir beaucoup sur le marché d'occasion (comme valeur d'échange), mais combler de vanité celui qui la possède, malgré l'ancienneté du véhicule. Cette triple distinction *(valeur d'usage / valeur d'échange / valeur-signe)* est souvent précieuse pour interpréter le rôle de la marchandise dans notre « société de consommation ».

USUFRUIT. *n. m.* Droit de jouir d'un bien (de profiter de ce qu'il rapporte) dont on n'a pas la propriété. Par exemple, une veuve peut avoir l'usufruit d'un bien qui appartient aux héritiers de son mari : elle loue ce patrimoine, en tire des bénéfices pour vivre, mais n'a pas la faculté de vendre ce bien, qui ne lui appartient pas ; l'usufruit cessera au décès de cette veuve.

USURPATION. *n. f.* Fait d'usurper, c'est-à-dire de ravir par la force ou par la ruse un bien, un titre, un avantage, un pouvoir, une dignité qui, en droit, doit revenir à quelqu'un d'autre. L'usurpation est toujours une forme d'appropriation illégitime. *« Ce chien est à moi, disaient ces pauvres enfants. C'est là ma place au soleil ». Voilà le commencement et l'image de l'usurpation de toute la terre.* (Pascal) *Usurper une réputation* (qu'on ne mérite pas, que d'autres mériteraient mieux).

UTILITARISME. *n. m.* 1° **Doctrine selon laquelle est bien tout ce qui est utile**, à la fois moralement (le but est de produire le plus de plaisirs possible pour le plus grand nombre de personnes) et économiquement (le but de l'économie — libérale — est de satisfaire les besoins, largement quantifiables, des consommateurs). Les deux principaux inspirateurs de l'utilitarisme sont les philosophes anglais J. Bentham (1748-1832) et J. Stuart Mill (1806-1873). L'utilitarisme ne préconise pas un bonheur égoïste et uniquement matériel, mais son influence a contribué à légitimer toutes les conceptions économiques qui *réduisent à un calcul de réalités quantifiables* le bonheur de la société et la « qualité » de la vie. Le productivisme et la société de consommation sont imprégnés d'idéologie utilitariste.

2° **Esprit utilitaire;** attitude des personnes qui, en tous domaines, n'envisagent les choses que dans la mesure de leur utilité immédiate. La pensée philosophique ne rapporte rien : dire *« à quoi ça sert, la philosophie ? »*, c'est ainsi faire preuve d'utilitarisme dans un domaine où celui-ci est déplacé.

UTOPIE. *n. f.* (du grec *u-*, « non » et *topos*, « lieu ». Littéralement : « ce qui n'existe nulle part »).

1° *(avec une majuscule)* Nom donné par Thomas More (1478-1535) à la cité idéale qu'il imagine dans son récit *Utopia* (1516).

2° *(sens littéraire)* À l'instar de l'*Utopie* de More, ouvrage qui décrit une cité imaginaire ; conception politique que se fait l'auteur de cette société idéale. La *République* de Platon, le *Télémaque* de Fénelon, la *Cité du Soleil* de Campanella décrivent des utopies. Dans tous ces livres, les auteurs partent d'une critique de la société contemporaine pour imaginer une cité idéale édifiée sur des principes rigoureux et devant aboutir au plus grand bien des hommes.

On fait souvent aux utopies la critique d'irréalisme ; mais les auteurs savent bien que leurs cités imaginaires sont irréalisables comme telles : ils désirent surtout esquisser des principes, éclairer des projets, et faire la critique de ce qui est en décrivant ce qui devrait être. *« L'utopie d'aujourd'hui est la réalité de demain »* (Gide).

L'autre critique traditionnellement faite aux utopies est qu'elles ignorent la liberté du citoyen : la société imaginée est si parfaite qu'il est impossible d'en transgresser les lois ou d'en modifier les institutions ; le bonheur et la vertu y sont obligatoires. Cette critique est sans doute plus fondée. Elle est à l'origine des « anti-utopies » comme *Le Meilleur des mondes* de Huxley, civilisation si parfaite qu'elle en devient cauchemardesque. Ce sont les capacités soudaines que le progrès a mises aux mains des États qui, au XXe siècle, ont fait soudain craindre la réalisation des utopies totalitaires. On les appelle aussi **dystopies**. Le roman *1984* d'Orwell en est, avec *Le Meilleur des mondes*, l'une des plus célèbres. Ces deux livres sont à méditer par tout citoyen du XXe siècle. Voir **Totalitarisme**.

3° *(sens courant)* L'utopie est une conception politique ou sociale irréaliste *(Votre programme relève de l'utopie !)*. Le terme s'applique par extension à tout projet irréalisable. *L'autogestion est-elle vraiment une utopie ? Des rêveries utopiques. Les chimères d'un utopiste.*

➜ **Pour approfondir, p. 875.**

VACATION. *n. f.* (du latin *vacare*, « être libre »). *(sens ancien)* Accomplissement d'une fonction ; occupation officielle. *« La plupart de nos vacations sont farcesques »* (Montaigne ; la plupart de nos occupations sont pure comédie). *(sens actuel)* Fonction déterminée qu'on accomplit pendant une période limitée ; rémunération de ce temps d'activité. *En plus de mon travail, j'effectue quelques vacations à l'Université, assez bien payées ; ce n'est pas le cas de tous les vacataires.*

N.B. Le même verbe latin, *vacare*, « être libre, inoccupé », a pu donner deux séries de mots de sens contraires. *Vacant, Vacances, Vaquer* (intransitif) ont conservé le sens étymologique (liberté, vide, suspension d'activité). À l'inverse, *Vacation, Vaquer* (transitif indirect, dans *Vaquer à ses affaires*) indiquent l'idée de fonction, d'activité, sans doute en raison du glissement sémantique : être libre, c'est être *libre de s'occuper* à ce qu'on choisit de faire...

VACUITÉ. *n. f.* (du latin *vacuus*, « vide » ; cf. le verbe *évacuer*). Vide, au *sens figuré*. Vide moral, vide intellectuel ou mental. *Se trouver dans un état de complète vacuité intellectuelle. La vacuité d'une œuvre littéraire* (son creux, sa nullité, son absence de valeur). *La vacuité d'une émission télévisée* (son indigence, le vide de son contenu).

N.B. La *viduité* désigne l'état de veuvage : ne pas confondre.

VADE MECUM. *n. m. inv.* (littéralement, en latin, « viens avec moi »). Petit manuel, guide, répertoire ou aide-mémoire qu'on conserve sur soi.

VADE RETRO SATANA. (« *Retire-toi, Satan* »). Parole adressée par le Christ à Satan, qui essaie en vain de le tenter. Cette locution s'emploie pour exprimer le rejet violent, indigné, d'une proposition ou d'une tentation qui scandalise. Elle est utilisée parfois pour caricaturer l'attitude rigide des puritains.

VAILLANCE. *n. f.* Bravoure guerrière. Par extension, courage moral (dans la lutte, dans le travail, dans la souffrance). *La vaillance d'un héros. À cœur vaillant, rien d'impossible.* Ne pas confondre avec *valeur* ou *validité*.

VALEUR. *n. f.* 1° **Sens philosophique** : ce que l'esprit pose comme étant le plus digne d'estime dans les divers domaines de la vie humaine,

en particulier dans l'ordre social, l'ordre esthétique et l'ordre moral. Le Bien, le Beau, le Vrai sont des valeurs fondamentales. Les Idées platoniciennes sont des valeurs en soi, douées d'existence autonome. La Liberté, la Justice sont des valeurs.
• En fonction des valeurs qu'elle reconnaît, la conscience mesure les actes, les opinions, les ouvrages, les événements. Elle évalue, elle juge : il s'agit de *jugements de valeur* par opposition aux *jugements de fait*. Le jugement de valeur porte une appréciation positive ou négative sur les êtres, les conduites, les choses ; le jugement de fait se contente d'établir la réalité objective (ou non) des choses, des faits, des actes sur lesquels portera le « jugement de valeur ».
• Pour établir des jugements, l'être humain se réfère à de nombreuses valeurs entre lesquelles il établit une hiérarchie ou *« échelle de valeurs »*. Par exemple, on peut placer, par ordre décroissant, la Solidarité, la Justice et la Liberté, et en fonction de ces critères, juger de la nature d'une société. Voir les mots **Éthique, Morale.**

2° **Sens social** : les valeurs représentent ce à quoi les groupes, les collectivités croient le plus, ce qui fonde la morale ou les normes collectives, ce à quoi tient fondamentalement la société. Par elles-mêmes, les « valeurs » collectives, les « systèmes de valeurs » d'une société ne sont pas qualitativement différentes de ce qu'il en est pour chaque personne. Toutefois, en ce qui concerne les valeurs sociales, on notera :
• La confusion qui s'opère, dans les valeurs « dominantes » d'une société, entre les normes morales et les normes sociales (voir le mot **Norme**). Les conduites *valorisées* dans une société peuvent même s'opposer aux valeurs morales que cette société affiche par ailleurs. Par exemple, on peut simultanément glorifier l'argent-roi (et ceux qui le gagnent), et conserver une morale de la probité (voir *Topaze*, de Marcel Pagnol) ; on peut exalter l'individualisme, et en même temps déplorer le manque de solidarité, etc.
• Les valeurs sociales sont liées aux **« modèles culturels »** (voir cette expression). Elles s'imposent ainsi aux individus avant même qu'ils aient par eux-mêmes réfléchi à leur morale, établi leur « hiérarchie » des valeurs, et réellement fait la différence entre les valeurs sociales et les valeurs morales. Il y a donc « valeur » et « valeur » : la multiplicité des emplois du mot suppose une attention précise à ses divers sens. Il ne faudrait nommer « valeurs » que celles qui sont l'objet d'une réflexion et d'un choix conscients, délibérés, de la part de chaque personne.

N.B. Pour l'opposition faite, en économie, entre *« valeur d'usage »* et *« valeur d'échange »*, voir le mot **Usage.**

VALIDE. adj. 1° *(pour une personne)* Qui est en bonne santé, tout à fait robuste, et donc capable d'activités physiques précises. *Un jeune homme valide* (propre à faire son service militaire). *Un président valide* (capable *physiquement* d'exercer le pouvoir). Antonyme : *invalide.*

2° *(pour les choses)* Qui satisfait aux conditions requises ; qui produit effectivement et valablement son effet. *Une signature valide, un contrat valide, une opération valide. Un calcul, une proposition valides. La validité d'un test, la validité d'une information, d'une décision. Valider une élection. Valider une opération* (en appuyant par exemple sur la touche « *Val* » d'un appareil ; antonyme : *invalider*).

VALORISER. *v. tr.* Conférer ou donner une plus grande valeur à une personne ou à une chose. *Valoriser une monnaie* (faire prendre de la valeur à). *Valoriser quelqu'un* (en parler positivement ; le mettre en valeur dans une réunion).

Ce verbe est à mettre en rapport avec le sens moral du mot « valeur ». Selon les modes, la société *valorise* souvent des réalités ou des conduites dont on peut mettre en cause, d'un point de vue moral, la réelle « valeur ». Il peut s'agir par exemple, en publicité, de la « valorisation » de certains produits (qu'on associe artificiellement à la santé, à la vie, à la tendresse, etc.), qui aboutit à une sorte de banalisation des « valeurs » ainsi utilisées. Il peut s'agir, plus généralement, de conduites (réussites diverses) ou de personnes dont les médias soignent « l'image », sans rapport avec la réalité. Antonyme : *dévaloriser*.

VANDALISME. *n. m.* (de *Vandales*, peuple germanique qui envahit la Gaule, l'Espagne et l'Afrique du Nord au Ve siècle). Attitude de destruction aveugle et brutale, qui conduit à saccager gratuitement les œuvres d'art, à détériorer les édifices publics, etc. *Commettre des actes de vandalisme. Qu'on cambriole mon appartement, soit ! Mais qu'on lacère les tableaux et qu'on détériore sans raison mon matériel électronique, ça, c'est du vandalisme !*

VANITÉ. *n. f.* (du latin *vanitas*, « état de ce qui est vide, n'a qu'une apparence vaine »). **Sens ancien** *(pour les choses)* : caractère de ce qui est superficiel, futile, illusoire, inconsistant, insignifiant. *La vanité des agitations humaines !* **Sens courant** *(pour les personnes)* : défaut d'une personne suffisante, satisfaite d'elle-même, complaisante et prétentieuse. *La vanité d'un auteur qui croit toujours avoir écrit un chef-d'œuvre. La vanité des snobs.*

On oppose souvent la *vanité* (prétention superficielle et niaise) à l'*orgueil* (qui peut parfois être légitime, relever d'une fierté justifiée).

VATICINER. *v. intr.* (du latin *vaticinari*, « prédire l'avenir, inspiré par les dieux »). **Sens actuel** *(péjoratif)* : prophétiser de façon délirante et confuse, souvent en annonçant des catastrophes imminentes. *Il tient des discours véhéments et extravagants sur l'an 2000, il vaticine.*

VAUDEVILLE. *n. m.* Comédie au rythme rapide, fondée sur l'intrigue, les quiproquos, les rebondissements et les situations cocasses. Labiche et Feydeau, auteurs dramatiques de la fin du XIXe siècle, sont des maîtres du genre. Bergson définit ainsi les situations du vaudeville : « *Est comique tout arrangement d'actes et d'événements qui nous donne,* insérées l'une dans l'autre, l'illusion de la vie et la sensation nette d'un agencement mécanique ».

VÉHÉMENCE. *n. f.* Mouvement violent d'un sentiment ; ardeur impétueuse de son expression. *La véhémence d'une passion. Un discours fougueux, plein de véhémence. Il déambulait sur les trottoirs, dans un état d'agitation et de véhémence qui effrayait les passants.* Synonymes : *flamme, emportement, fougue.*

VELLÉITAIRE. *adj.* et *n.* Qui voudrait bien vouloir, mais n'arrive pas à se décider à agir, malgré ses intentions. Qui demeure hésitant, ne parvient pas à la réalisation. *Un individu trop velléitaire pour faire un bon militaire. Une tentative velléitaire, vite étouffée. Louis XVI, dit-on, était un velléitaire.*

VÉLOCITÉ. *n. f.* Grande rapidité, grande agilité. *Courir avec vélocité, agir avec vélocité. La vélocité (des mains) d'un pianiste virtuose.*
   N.B. On sait que le *vélo*, nom commun de la bicyclette, est une abréviation du mot *vélocipède* (étymologiquement : « pied rapide »).

VÉNAL. *adj.* (à partir du latin *venum*, « vente »). 1° *(choses)* Qui s'échange, s'achète ou se vend contre de l'argent, en particulier certaines charges sous l'Ancien Régime. *Un office vénal. La vénalité des charges. La valeur vénale d'un objet* (par opposition, par exemple, à sa valeur sentimentale).

2° *(personnes)* Qui se laisse acheter, qui se vend au plus offrant. D'où, cupide, intéressé. *Une femme vénale* (qui fait commerce de ses charmes). *Un arbitre vénal* (corruptible).

VÉNÉRER. *v. tr.* **Sens religieux :** considérer avec amour, adoration et crainte des réalités sacrées, des personnes saintes. *Vénérer Dieu, vénérer un saint* (les adorer, leur rendre le culte qui leur est dû). Synonyme : *révérer.*
   Sens général (qui garde une connotation religieuse) : aimer et admirer, avec un grand respect ; révérer. *Vénérer un maître. Vénérer ses grands-parents. Consciente de son génie, elle vénérait son mari. Un vénérable vieillard.*

VÉNIEL. *adj.* (du latin *venia*, « pardon »). **Sens religieux :** qui peut être pardonné, qui est sans gravité. *Un péché véniel* (et non pas *mortel* ; voir **Péché**). Par extension : faute légère, excusable. *Un défaut véniel. Un mensonge véniel.*

VÉRACITÉ. *n. f.* (du latin *verax*, « véridique »). 1° Qualité d'une personne qui rapporte la vérité (ou s'efforce de la dire). *La véracité d'un témoin. Écrire avec un souci de véracité.* 2° Qualité d'un discours, d'une parole, d'un texte, d'un récit qui est conforme à la vérité. *Je ne mets pas en doute la véracité de son témoignage. Le réalisme balzacien est d'une grande véracité.*

N.B. L'adjectif correspondant est **véridique** *(un historien véridique, un discours véridique).*

VERBAL. *adj.* 1° Au sens *grammatical* : qui se rapporte au verbe. *Forme verbale. Phrase verbale.* 2° Qui est dit ou fait de vive voix (par opposition à ce qui est écrit). *Un ordre verbal. Une promesse verbale* (dite oralement, et non pas signée). Dans ce sens, l'adjectif peut être *péjoratif* (conformément au proverbe latin *Verba volant, scripta manent* : «Les paroles s'envolent, les écrits restent»). 3° Qui se rapporte aux mots, à la langue, par opposition aux autres moyens d'expression. *Le langage verbal et le langage visuel. Le flot verbal des tirades de Cyrano. La violence verbale prépare souvent la violence physique.*

N.B. Ne pas confondre avec **Verbeux**, qui caractérise un discours (écrit ou oral) confus et abondant.

VERBALISME. *n. m.* Défaut qui consiste à masquer par l'abondance verbale le manque d'idées. Logomachie. *Le verbalisme d'un discours politique. Il se gargarise de grands mots; c'est du pur verbalisme.* Voir **Verbiage**.

VERBE. *n. m.* (du latin *verbum*, «parole»).

1° *Sens grammatical :* mot qui, dans une proposition exprime l'action ou l'état du «sujet». Ses désinences varient en fonction du sujet, du temps et du mode.

2° Parole, discours, expression écrite ou orale de la pensée. *Le verbe de Victor Hugo. Le verbe poétique. La magie du verbe.* **Avoir le verbe haut** : parler avec force et hauteur. Voir le mot **Verve** (même étymologie).

3° **Le Verbe** : dans la théologie chrétienne, la parole de Dieu (à la fois souffle créateur et message divin) ou **Logos**. Le Verbe fait partie de l'Être de Dieu ; il en est la seconde personne, incarnée en Jésus-Christ, d'où la phrase fondamentale *« Le Verbe s'est fait chair »* (Évangile selon saint Jean).

VERBEUX. *adj.* Qui est particulièrement confus et prolixe en paroles. *Un orateur verbeux, un discours verbeux, une explication verbeuse.*

N.B. Le substantif correspondant est **Verbosité** (proche de *verbalisme*). Ne pas confondre *verbeux* et *verbal* (voir ce mot).

VERBIAGE. *n. m.* Abus de mots, de paroles inutiles. Bavardage, délayage. *Le verbiage d'une médiocre dissertation. Le verbalisme d'un auteur se traduit par le verbiage de son discours ; on juge alors son style verbeux.*

VERGOGNE. *n. f.* Mot ancien qui signifie «honte, discrétion» et ne s'emploie plus que dans l'expression **Sans vergogne** : sans pudeur, sans scrupule. *Un menteur sans vergogne. Il promet et il trompe sans vergogne. Ils s'acharnent sans vergogne sur un président malade et épuisé.* De même racine, le mot *dévergondé* qualifie quelqu'un qui, sans honte, mène une vie scandaleuse.

VÉRISME. *n. m.* Mouvement littéraire italien (fin XIXe siècle) qui, à l'instar du naturalisme français, cherche à représenter très exactement la vérité concrète de la vie quotidienne et de la réalité sociale. Par extension, le terme s'applique à toute œuvre éprise de réalisme social. *Le vérisme dans l'art. Un roman vériste. Le cinéma vériste.*

VERSATILE. *adj.* Qui change facilement ou brusquement d'opinion, de parti, d'attitude. Inconstant. *Une foule versatile. Un individu d'humeur changeante, lunatique, versatile.*

VERSET. *n. m.* 1° Petit paragraphe numéroté d'un texte sacré ou religieux. *Les versets de la Bible* (Ancien ou Nouveau Testament). *Les versets du Coran.* Les versets peuvent se réduire à une phrase. La numérotation facilite les renvois au texte, les citations.

2° Petit paragraphe de prose poétique, tendant à imiter les versets des psaumes bibliques. Constitué d'une ou plusieurs phrases, le verset a surtout été utilisé par Claudel ; sa « respiration » est rythmée, afin de traduire le lyrisme des élans du cœur ou de l'âme.

VERSION. *n. f.* 1° Traduction d'un texte. D'où, par extension, l'un des états qu'un texte peut prendre à la suite de diverses adaptations ou traductions ; variante. *Dans quelle version lisez-vous la Bible ?* Se dit aussi des diverses présentations d'un film *(version originale, version en langue française).*

2° Présentation ou interprétation particulière d'un fait, d'une série d'événements. *Les deux témoins n'ont pas la même version des faits.*

VERSIFICATION. *n. f.* Art d'écrire en vers. Code qui régit cet art, variable selon les époques. Produit de cet art. *La versification ne suffit pas à faire de la poésie. La versification française s'est assouplie du classicisme au romantisme. Vous étudierez la versification de ce poème.* Voir **Alexandrin, Césure, Hémistiche, Rime.**

VERTU. *n. f.* (du latin *virtus*, « qualité qui fait la valeur d'un homme », le mot *vir* désignant l'homme ; « vertu » et « virilité » ont la même origine).

1° **Sens classique :** courage moral, force d'âme. *La vertu du héros cornélien.* « *La naissance n'est rien où la vertu n'est pas* ». Noblesse du cœur.

2° **Sens courant :** qualité morale ; disposition à vouloir et à faire le bien. On peut distinguer *La* vertu (honnêteté générale, conduite de sagesse, absence de méchanceté, courage moral) et *Les* vertus particulières (souvent codifiées par la morale chrétienne : tempérance, justice, courage, charité, humilité, honnêteté, sincérité, etc.). *La vertu d'une femme* (sa chasteté, sa fidélité conjugale). *Les vertus et les vices. Il a de la vertu* (il endure avec courage une situation pénible).

3° *(concernant les choses) :* propriété spécifique, qualité particulière qui rend une chose capable de produire ce qu'on attend d'elle. Principe, faculté, pouvoir. *La vertu curative d'une plante* (sa capacité à soigner). *La vertu apéritive d'une clef* (sa faculté d'ouvrir une serrure). *L'ubiquité*

est la vertu d'être présent en plusieurs endroits simultanément. *En vertu de* (par le pouvoir propre à) : *en vertu de la loi, je vous arrête.*
    N.B. Ce troisième sens existe déjà, par extension, dans le mot latin *virtus* : celui-ci désignant le caractère distinctif *de l'homme*, par glissement, a désigné aussi le caractère distinctif (la capacité propre) *des choses*. D'où les deux évolutions, apparemment divergentes, du terme.
➜ **Pour approfondir, p. 1131.**

VERVE. *n. f.* (du latin *verbum*, « parole »). Inspiration littéraire. Brillante capacité verbale. Vivacité d'esprit liée à la facilité de parole. *La verve d'un orateur, d'un pamphlétaire. La verve de Cyrano de Bergerac.* **Être en verve** : se sentir à l'aise pour parler et briller.

VESTALE. *n. f.* Chez les Romains, prêtresse de Vesta, chargée d'entretenir le feu sacré, en l'honneur de la déesse. Les vestales devaient rester chastes durant les trente années de leur fonction, sous peine de cruels châtiments. Au *sens figuré*, le mot désigne une femme d'une rigoureuse chasteté.
➜ **Pour approfondir, p. 1135.**

VÉTILLE. *n. f.* Chose insignifiante, sans gravité. *Ce n'est qu'une vétille. Ignorer le sens du mot vétille, est-ce vraiment une vétille ?*

VETO. *n. m. inv.* (mot latin, « je m'oppose »). Opposition formelle, refus. Le *droit de veto* est le droit accordé à une autorité de s'opposer absolument aux décisions d'une assemblée, d'un Conseil.

VÉTUSTE. *adj.* Vieux ; abîmé, dégradé, détérioré par le temps. *Un immeuble vétuste.* Cet adjectif s'emploie quasi exclusivement à propos des bâtiments, du mobilier, des installations.

VEULE. *adj.* Qui est sans volonté, sans énergie, sans vigueur. *Une nature veule. Un personnage veule et lâche. Le pouvoir des tyrans s'appuie souvent sur la veulerie des masses.*

VIA. (« voie », en latin). Préposition qui signifie « en passant par ». *Paris-Rome via Milan.* Peut s'employer au figuré dans le sens « par l'intermédiaire de ».

VIATIQUE. *n. m.* (du latin *via*, « voie »). *(sens ancien)* Provisions, argent pour voyager. *(sens religieux)* Eucharistie donnée au mourant, pour son dernier voyage. *(sens littéraire)* Soutien moral, secours indispensable.

VICE. *n. m.* 1° Défaut technique. *Un vice de fabrication. Un vice caché qui annule un contrat* (une maison dont les fondations ne tiennent pas ; ce défaut, caché par le vendeur, annule la vente : c'est un *vice rédhibitoire*).
    2° Grave défaut moral ; mauvais penchant ; disposition à faire le mal. *L'habitude de mentir est un vice. Vivre dans le vice et la débauche. L'alcoolisme est-il un vice ou une maladie ? L'oisiveté est la mère de tous les vices.*

VICE-VERSA. Locution latine qui signifie «réciproquement, inversement». *Il déteste les publicitaires, et vice-versa.*

VICISSITUDES. *n. f.* Ne s'emploie plus qu'au pluriel : changements heureux ou malheureux, succession d'événements positifs ou négatifs, aléas, tribulations. *Les vicissitudes de l'existence. Les vicissitudes d'un long voyage.* Le mot s'emploie de plus en plus pour désigner une suite d'événements malheureux. *Affaibli par les vicissitudes de sa carrière.*

VILIPENDER. *v. tr.* (littéralement, «considérer comme vil»). Dénoncer, traiter par le mépris ; présenter publiquement comme vil quelqu'un ou quelque chose. *Vilipender les mœurs de l'époque. Vilipender un adversaire politique.* Noter que la personne *vilipendée* n'est pas nécessairement *vile* : elle est seulement présentée comme telle. On dit, familièrement, «traîner dans la boue».

VINDICATIF. *adj.* Qui est porté à se venger ; rancunier. *Avoir un caractère vindicatif.* Qui traduit un désir de vengeance. *Un ton, un air vindicatifs.*

VIOLON D'INGRES. Activité secondaire, généralement artistique, à laquelle on se livre avec succès. Ingres, peintre français (1780-1867), pratiquait en effet le violon avec talent. *Quel est votre violon d'Ingres ? Moi, c'est le piano.*

VIRTUEL. *adj.* Qui n'existe qu'en puissance, par opposition à ce qui est réel ou réalisé. Possible, potentiel. *Un projet resté à l'état virtuel. Un talent encore virtuel. Les virtualités d'un enfant* (ses potentialités, qu'il faut aider à se faire jour). Bien que les trois mots soient souvent synonymes, on peut distinguer ce qui est *potentiel* (proche de la réalisation), ce qui est *possible* (réalisable, mais non encore mis en œuvre) et ce qui est *virtuel* (qu'il faut vraiment aider à se réaliser, et donc, peut très bien rester dans l'irréel). *J'étais virtuellement champion ; mais il m'a manqué la persévérance.*

Image virtuelle : image produite artificiellement d'une «réalité» qui n'existe absolument pas. La technique moderne permet de créer des images virtuelles animées, qui semblent «criantes de vérité». D'où leur danger...

VIRTUOSITÉ. *n. f.* Grande maîtrise technique dans la composition ou dans l'exécution d'une œuvre d'art. *La virtuosité d'un écrivain, d'un dramaturge. La virtuosité d'un pianiste* (sa vélocité manuelle). On oppose parfois le brio de la virtuosité à la profondeur de l'art véritable.

VIRULENT. *adj.* **Sens propre :** se dit d'une maladie dont les germes sont très actifs, pathogènes (ils se multiplient rapidement), violemment nocifs. *Une grippe virulente. Un poison virulent.*
Sens figuré : violent, nuisible, corrosif, venimeux. *Une critique virulente. Un propos virulent.* «Dans un monde où la bêtise est virulente, il nous faut rendre l'intelligence contagieuse» (F. Brune).

VISIONNAIRE. *adj.* et *n.* **Sens courant :** qui a des visions, qui se croit détenteur de messages surnaturels. Illuminé. **Sens littéraire :** qui a des vues d'avenir, anticipe sur le futur. *Un artiste visionnaire.* Dont les œuvres témoignent d'une ardente et originale vision des choses.

VITUPÉRER. *v. tr.* ou *intr.* Protester avec véhémence contre quelqu'un ou quelque chose. Proférer des injures, blâmer avec violence. *Vitupérer le gouvernement (ou contre le gouvernement). Vitupérer contre les jeunes, contre la hausse des impôts. Il passe son temps à vitupérer.*

VOCATION. *n. f.* (du latin *vocare*, « appeler »).
Sens religieux : appel de Dieu ou sentiment d'être appelé par Dieu à telle mission, à telle vie, et en particulier au sacerdoce. On dit alors « *la* vocation ». *Il a la vocation.*
Sens général : disposition personnelle à faire telle chose, à exercer tel métier ; penchant pour tel type de vie. *Il a vraiment la vocation de l'enseignement. C'est en allant au théâtre qu'il a vivement senti sa vocation d'acteur.* Par extension, destination naturelle d'un groupe, d'une entité plus ou moins humaine. *La vocation agricole de la France. La vocation de la S.N.C.F. est de transporter les voyageurs au moindre prix.* **Avoir vocation à :** être qualifié pour.
N.B. Certains orateurs jouent parfois habilement des divers sens de ce mot. Ainsi, certains hommes politiques peuvent présenter leur goût du pouvoir sous la forme d'une *vocation naturelle* (un « appel » du pays, ou de Dieu...).

VOCIFÉRER. *v. intr.* Parler d'une voix forte et coléreuse ; hurler (en général contre quelqu'un). *Vociférer contre le représentant du pouvoir. La foule éclata en vociférations.* Le verbe peut être employé transitivement : *vociférer des injures.*

VŒU. *n. m.* 1° Promesse, engagement pris envers Dieu. *Les prêtres font vœu de célibat dans la religion catholique. Le vœu d'obéissance, le vœu de pauvreté.* Par extension, engagement moral pris envers soi-même ou envers quelqu'un d'autre. *Deux époux se font vœu de fidélité l'un envers l'autre. J'ai fait vœu de ne plus passer sous un pont.*
2° Vif souhait ; désir que s'accomplisse quelque chose pour soi ou pour quelqu'un d'autre. *Faire un vœu. Présenter ses vœux.* Souhait ou demande collective. *Le vœu le plus cher de la nation est de retrouver la liberté.* Désir humain en général :
« *Borné dans sa nature, infini dans ses vœux,*
   L'homme est un dieu tombé qui se souvient des cieux » (Lamartine)

VOGUE. *n. f.* Ce qui est présentement en faveur dans le public, ce qui est à la mode. *Les vogues se succèdent et se contredisent. La vogue du yo-yo, la vogue de la mini-jupe. Être en vogue* (avoir du succès). *Un auteur en vogue.*

VOLAGE. *adj.* Qui change souvent de sentiment, d'objet aimé. Inconstant en amour. *Une femme volage.* Dans *Phèdre*, Thésée est présenté comme un :

« *Volage adorateur de mille objets divers* »

VOLONTARISME. *n. m.* **Sens philosophique :** doctrine qui affirme la primauté de la volonté, réalité essentielle, sur les idées ; l'action prime la pensée.
Sens courant : attitude des personnes qui croient au pouvoir de la volonté sur les événements. *Le volontarisme d'un chef d'État. Au lieu de laisser aller les choses, ayons une attitude volontariste.*

VOLUBILE. *adj.* Qui parle beaucoup, avec aisance et rapidité. *Un orateur volubile. Des explications volubiles.*

VOLUPTÉ. *n. f.* Intense plaisir des sens ; et notamment, jouissance sexuelle. *J'ai goûté dans ses bras de douces voluptés.* Vive joie morale ou esthétique. *Exprimer son mépris n'est pas sans volupté.*

-VOR(E). Racine issue du latin *vorus*, de *vorare*, « manger ». On la retrouve dans les mots *vorace* (qui dévore avidement), *carnivore, dévorer, herbivore, insectivore, omnivore.* Voir la racine grecque **Phage** (même sens).

VOUER. *v. t.* 1° Promettre, engager, consacrer (par un vœu). *Vouer un temple à Dieu. Vouer son existence à une grande cause.* **Se vouer :** se consacrer.
2° Destiner irrémédiablement : *être voué au malheur* (être prédestiné, condamné à). *Vouer aux gémonies* (voir ce mot).

VOX POPULI. *n. f.* « Voix du peuple », en latin. Cette expression désigne l'opinion générale des citoyens, la « voix » du plus grand nombre. Elle équivaut approximativement à ce qu'on appelle aujourd'hui l'Opinion (publique), pour peu que celle-ci soit bien la voix du plus grand nombre, et non pas ce que les médias déclarent être l'opinion générale... Notez le proverbe (très discutable) *Vox populi, vox Dei* (la voix du peuple est la voix de Dieu).

VRAI, VRAISEMBLABLE. *adj.* et *n.* 1° Est vrai, d'abord, ce qui est conforme à la réalité objective, dûment observée, attestée ou « vérifiée ». Dans ce sens, le *vrai* s'oppose au faux ou au fictif et se confond avec le *réel* (voir ce mot, et les problèmes qu'il pose).
2° Est vrai ce qui correspond, pour nous, à la vérité, cette vérité pouvant être subjective, intérieure ou de nature générale (conceptuelle). *Le vrai*, dans ce sens, *peut s'opposer au réel.* C'est le cas lorsque Victor Hugo déclare que le théâtre « *n'est pas le pays du réel* » (en raison des aspects conventionnels du décor) mais qu'il est néanmoins « *le pays du vrai* » (en raison des sentiments humains qui s'y expriment). *Le vrai dépasse le réel. Le réel peut masquer le vrai.*

3° Est vrai ce qui est authentique, ce qui correspond profondément à ce qu'on peut en attendre. Un *vrai* roman, un *vrai* homme d'État, un *vrai* pianiste. Le mauvais pianiste n'est pas un «faux» pianiste, mais simplement un pianiste qui n'atteint pas l'essence, l'excellence de son art.

Le **vraisemblable** peut se définir à partir de ces trois significations du mot *vrai*, de ces trois «degrés» de vérité.

1° *Au sens courant,* le vraisemblable est ce qui a l'apparence du vrai, ce qui n'est pas nécessairement vrai, mais probable, très plausible. Le vraisemblable peut être démenti par le réel (par le vrai au sens n° 1) mais s'accorder avec le sens n° 2 (on éprouve un sentiment de vérité en face de quelque chose qui n'est pas forcément certain).

2° *Au sens littéraire,* notamment à l'époque classique, le vraisemblable (ou la vraisemblance) correspond à la vérité générale, profonde, qui nous semble caractériser la nature des choses (ou des êtres). Ce sens du mot associe plus ou moins les deux nuances (n° 2 et n° 3) du «vrai». Lorsque Boileau écrit *« Le vrai peut quelquefois n'être pas vraisemblable »*, il signifie ainsi que des réalités vraies (sens n° 1) peuvent avoir un caractère si particulier, si exceptionnel, qu'elles ne correspondent pas à la vérité générale qui prévaut à ses yeux : il vaut mieux les éliminer de l'œuvre d'art, selon lui, car n'étant pas représentatives, elles ne sont guère crédibles.

Cette distinction est essentielle en littérature et dans le domaine artistique en général. Le lecteur ou le spectateur a en effet besoin de croire à la réalité apparente, à l'illusion de réalisme, à la «vérité» de ce qu'on représente à ses yeux (pour suivre ; pour s'identifier ; pour adhérer au message de l'auteur). Mais en même temps, la phrase de Boileau est réversible : *le vraisemblable n'est pas toujours « vrai »* : le réalisme peut être un piège ; l'art qui s'enferme dans une certaine *convention* du vrai (le «vraisemblable») risque de sombrer dans une forme d'académisme et de faillir à sa mission profonde de révélateur du monde.

Vrai, Réel, Vraisemblable sont donc trois mots en étroite interdépendance, qu'il faut apprécier et différencier avec précision, selon leurs contextes.

VULGAIRE. *adj.* (à partir du latin *vulgus*, «le commun des hommes, la multitude»).

Sens classique : commun, banal, ordinaire. *La langue vulgaire* (la langue de tous, par opposition aux langages spécialisés ou littéraires). Ce sens (devenu rare) n'est pas péjoratif. Voir **Vulgarisation**.

Sens courant : bas, grossier, sans distinction, mal élevé. *Des préoccupations vulgaires* (communes, terre à terre). *Un personnage vulgaire* (qui se caractérise par la vulgarité, la trivialité de ses manières ou de son langage).

Le vulgaire : le commun des hommes. On dit aussi, plus péjorativement, le **Vulgum pecus** : le troupeau des mortels, la multitude ignorante.

VULGARISATION. *n. f.* (à partir du latin *vulgus*, « la multitude »). Fait de répandre dans le public, de rendre accessibles au plus grand nombre, des connaissances, des techniques jusqu'alors détenues par les seuls spécialistes. *Un ouvrage de vulgarisation. La télévision peut beaucoup pour vulgariser les sciences physiques et naturelles.*
N.B. Ne pas confondre avec *vulgarité*, malgré l'origine commune. Noter le verbe *divulguer* (rendre public) qui a la même racine.

VULGATE. *n. f.* Nom de la traduction latine de la Bible due à saint Jérôme (347-419) et adoptée par l'Église. Comme l'étymologie le montre, il s'agissait là d'une forme de *vulgarisation* : la vulgate est la version commune, répandue auprès du public. Par extension, on nomme parfois *vulgate* l'ensemble des textes de référence d'une philosophie ou d'une doctrine donnée. *La vulgate marxiste.*

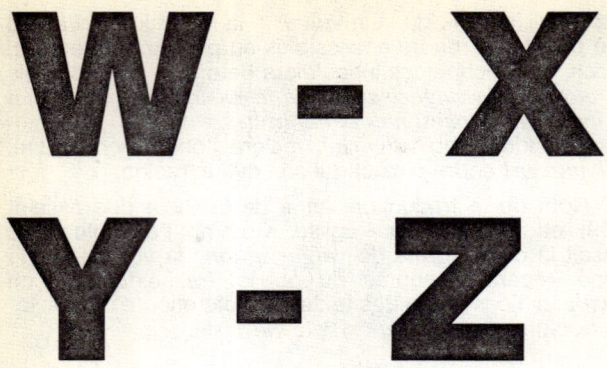

WELTANSCHAUUNG. *n. m.* Mot allemand popularisé par J.-P. Sartre, qui signifie « vision du monde ». Il s'agit à la fois d'une conception métaphysique du monde et de l'attitude que l'on adopte globalement en face de la vie. Le terme peut concerner un individu ou un groupe, voire une culture entière.

XÉNOPHOBIE. *n. f.* (du grec *xenos*, « étranger » et *phobos*, « peur »). Hostilité systématique à l'égard des étrangers, ou de ce qui est étranger. *Les Français sont-ils vraiment un peuple xénophobe ?* À la xénophobie s'oppose la maxime fondamentale de l'humanisme : « Je suis homme, et rien de ce qui est humain ne m'est étranger » *(Homo sum, nihil humani a me alienum puto*, Térence, poète latin, 190-159 avant Jésus-Christ). Antonyme : *xénophilie* (sympathie pour les étrangers).

YANG et **YIN.** *n. m.* Principes fondamentaux de la philosophie traditionnelle chinoise. Le **yang** est le principe universel du mouvement, de l'activité (présent en toute chose et en tout être) ; le **yin**, complémentaire, est le principe général de la passivité (lui aussi omniprésent, — sans nuance péjorative). Du côté du *yang* se trouvent le feu, le soleil ; du côté du *yin* se trouvent l'eau, l'ombre, la lune. C'est l'action négative de l'homme qui peut mettre en cause l'équilibre naturel du yin et du yang. Cette opposition se retrouve un peu (restreinte à la psychologie de l'homme et de la femme) dans la distinction *animus/anima* selon le psychologue Jung.

ZÉLATEUR. *n. m.* Partisan résolu et actif d'une cause, d'une personne, d'une religion, etc. Le zélateur se manifeste précisément par l'ardeur de son zèle, qui le conduit parfois à des interventions intempestives.

N.B. Au départ, comme le mot zèle (ardeur à servir Dieu), le terme a une connotation religieuse, puis il passe dans le domaine profane. Au sens courant, le mot *zèle* signifie ardeur, empressement (cf. *faire du zèle*).

ZÉPHYR. *n. m.* En **langue classique**, nom poétique pour désigner un vent doux et agréable :
> *« Ce n'était qu'un murmure : on eût dit les coups d'aile*
> *D'un zéphyr éloigné glissant sur les roseaux »* (Musset)

ZEUGMA. *n. m.* Figure de style qui consiste, pour éviter de répéter un terme, à lui donner plusieurs compléments de nature différente (et renvoyant à des sens eux-mêmes différents de ce mot). Par exemple, un même adjectif peut être complété par une expression abstraite et une expression concrète :
> *« Vêtu de probité candide et de lin blanc »* (Hugo)

Ou encore :
> *« Pleins de bière et de drames »* (Brel)

L'effet recherché est souvent comique : *« Il sauta la barrière et son repas »* ; *« Je lui ai porté une lettre et un coup de pied »* ; *« Tu adores Dieu et moi les frites »*, etc.

ZIZANIE. *n. f.* Trouble, dispute, mésentente entre deux ou plusieurs membres d'un groupe. *Semer la zizanie.*

ZOMBIE. *n. m.* (mot créole). **Sens propre** : revenant, fantôme invoqué par un sorcier. **Sens figuré** : personnage falot, amorphe, vide de pensée. *« Le face-à-face terrible et dérisoire du fanatique et du zombie »* (A. Finkielkraut).

ZOO-. Racine issue du grec *zôon*, « animal ». On la retrouve dans **Zoologie** (étude des animaux ; le *jardin zoologique* ou *zoo*), **Zoomorphisme** (représentation de formes animales), **Zoophilie** (attachement excessif pour les animaux ; déviation sexuelle qui fait d'un animal l'objet du désir).

ZYGOMATIQUE. *adj.* Se dit de certains muscles du visage, allant de la pommette aux commissures des lèvres, dont la contraction permet notamment à l'être humain de rire. Cet adjectif, popularisé par un sketch de Raymond Devos, n'est pas véritablement un « mot-concept ». Sa présence s'impose toutefois à la fin d'un dictionnaire d'inspiration humaniste : Rabelais ne dit-il pas que *« rire est le propre de l'homme »* ?

50 MOTS CLÉS
DE LA CULTURE GÉNÉRALE CONTEMPORAINE

« Un peu de chaque chose et rien du tout,
à la française... »

Montaigne, *Essais*

Introduction

Que trouvera-t-on dans ce livre ? Cinquante articles qui, dans leur ensemble, composent un panorama éclaté de la culture contemporaine. Chaque article débute par une définition du terme étudié et présente en quelques lignes les axes essentiels autour desquels le problème évoqué sera abordé. Sous le titre de « repères », une rubrique vise à prolonger chaque article en proposant au lecteur une série de pistes bibliographiques. Les questions évoquées sont d'une telle importance qu'il est impossible de les épuiser en quelques pages ; d'où la nécessité de renvoyer à des ouvrages qui compléteront le livre que vous avez entre les mains. Des encadrés permettront enfin d'évoquer ou d'illustrer, dans certains cas, des aspects secondaires mais dignes d'attention.

L'ensemble est disparate — à l'image de la culture elle-même — et lacunaire — à l'image de toute culture. L'accent a été tout particulièrement mis sur la culture de notre temps. Les problèmes évoqués sont ceux qui s'inscrivent dans notre actualité (écologie, droits de l'homme, individualisme...) ; les mouvements intellectuels ou artistiques étudiés sont ceux qui ont fait la culture dans laquelle nous vivons (surréalisme, existentialisme, structuralisme...). Cependant, la compréhension du présent n'étant possible qu'au prix de l'intelligence du passé, il est quelquefois nécessaire de remonter loin en arrière pour saisir la nature des questions qui se posent à notre temps.

Ainsi conçu, cet ouvrage s'adresse aux étudiants et tout particulièrement à ceux qui préparent l'une des épreuves de culture générale au programme de certains concours administratifs. D'une manière plus large, également, il s'adresse à tous ceux qui, se sentant un peu perdus dans le champ d'une culture à la fois vaste et complexe, éprouvent cependant le besoin de s'y aventurer. Ce livre ne leur fournira pas toutes les réponses : il ne cherche pas à être l'impossible manuel de l'honnête homme du XXe siècle, car celui-ci tout simplement n'existe pas. Aucun ouvrage n'enseignera jamais tout ce que vous avez voulu savoir sur la culture sans jamais oser le demander. L'ambition est moindre : il s'agit de mettre en place les repères simples permettant de s'orienter dans le champ de la culture et de décider ainsi du chemin propre que l'on désire y tracer.

Liste des entrées

1. Absurde 553
2. Art moderne 556
3. Avant-garde 564
4. Consommation (société de) 572
5. Crise économique 579
6. Culture 585
7. Darwinisme 594
8. Décadence 599
9. Démocratie 605
10. Droits de l'homme 611
11. Ecologie 620
12. Education 625
13. Engagement 629
14. Etat 639
15. Ethnocentrisme 645
16. Europe 649

17. **Existentialisme** 654
18. **Féminisme** 660
19. **Guerre** 665
20. **Histoire** 675
21. **Idéologie** 681
22. **Individualisme** 690
23. **Intellectuel** 698
24. **Libéralisme** 706
25. **Marxisme** 711
26. **Modernité** 720
27. **Mythe** 727
28. **Nation** 733
29. **Nationalisme** 737
30. **Négritude** 742
31. **Non-violence** 746
32. **Nouveau roman** 750
33. **Nouvelle critique** 759
34. **Nouvelle histoire** 768
35. **Politique** 777
36. **Politique (bipolarisation)** 783
37. **Post-moderne** 791
38. **Psychanalyse** 794
39. **Racisme** 805

40. Relativisme 808
41. Religion 813
42. Révolte 821
43. Révolution 826
44. Science 831
45. Structuralisme 837
46. Surréalisme 847
47. Technique (progrès) 856
48. Tiers monde 862
49. Totalitarisme 869
50. Utopie 875

> Pour les livres conseillés dans la rubrique « Repères », nous donnons l'édition dans laquelle il est le plus facile de se procurer l'ouvrage aujourd'hui et la date de l'édition originale.

Absurde

> Le sentiment de l'absurde est celui d'un non-sens généralisé.
> Défini ainsi, l'absurde est caractéristique d'une sensibilité philosophique propre au XXe siècle et que traduit tout particulièrement l'existentialisme. Sartre le définit dans La Nausée comme la certitude de la «gratuité parfaite» de ce qui est. Dans Le Mythe de Sisyphe, Camus, quant à lui, préfère parler du «silence déraisonnable» qui s'interpose entre l'homme et le monde.

Est absurde ce qui est dépourvu de sens, privé de logique.

Cette définition simple, et semblable à celles que livrent les dictionnaires, serait singulièrement dépourvue d'intérêt si le mot d'absurde n'avait servi, au-delà de lui-même, à traduire, pour nombre d'écrivains et de philosophes, une certaine attitude par rapport au monde, une certaine forme de présence à ce qui est.

Dans cette perspective, l'absurde est ce sentiment qui saisit l'individu lorsque celui-ci réalise que rien — ni le monde, ni l'histoire, ni lui-même — ne se trouve justifié. L'absurde en cela s'oppose à tous les systèmes qui prétendent nous révéler le sens ultime du réel : philosophies ou religions. Il n'y a rien à découvrir au-delà de ce qui est, rien à déchiffrer dans la présence des choses ou les gestes des êtres.

Sartre : la gratuité parfaite

Ce sentiment de l'absurde est au cœur de l'expérience existentialiste — ce mot étant ici entendu au sens large : l'homme découvre qu'aucune valeur divine n'est là pour décider de ce qu'il doit être, du sens qu'il convient de donner au monde. Le réel apparaît alors dans une forme d'inquiétante nudité, de totale gratuité.

Quand bien même Sartre préfère parler de « contingence » plutôt que d'« absurdité », son premier roman *La Nausée* (1939) est dans une large mesure le récit de la découverte de l'absurde. Au cours d'une scène célèbre de ce roman, son personnage, Roquentin, s'absorbe dans la contemplation d'une racine de marronnier et, en une sorte d'illumination, il découvre que toute réalité, à l'image de ce morceau de bois, n'est rien de plus qu'une masse sans signification, et que tout, y compris lui-même, du coup se trouve « en trop » :

> « L'essentiel, c'est la contingence. Je veux dire que, par définition, l'existence n'est pas la nécessité. Exister, c'est *être là*, simplement; les existants apparaissent, se laissent *rencontrer*, mais on ne peut jamais les *déduire*. Il y a des gens, qui ont compris ça. Seulement ils ont essayé de surmonter cette contingence en inventant un être nécessaire et cause de soi. Or, aucun être nécessaire ne peut expliquer l'existence : la contingence n'est pas un faux semblant, une apparence qu'on peut dissiper; c'est l'absolu, par conséquent la gratuité parfaite. Tout est gratuit, ce jardin, cette ville et moi-même. Quand il arrive qu'on s'en rende compte, ça vous tourne le cœur et tout se met à flotter... »

Camus : le silence déraisonnable du monde

L'expérience est très proche que relate Camus dans son roman *L'Etranger* (1942) ou qu'il interroge dans le plus conséquent des essais consacré à l'absurde : *Le Mythe de Sisyphe* (1942).

Cependant, la définition que Camus propose de l'absurde est largement décalée par rapport à celle de Sartre. Pour lui, ce n'est pas le monde qui par lui-même est absurde, mais le précipice infranchissable qui se creuse inévitablement entre lui et l'homme. Il le dit de manière superbe dans ce texte :

> « Je disais que le monde est absurde et j'allais trop vite. Ce monde en lui-même n'est pas raisonnable, c'est tout

ce qu'on peut en dire, mais ce qui est absurde, c'est la confrontation de cet irrationnel et de ce désir éperdu de clarté dont l'appel résonne au plus profond de l'homme. L'absurde dépend autant de l'homme que du monde. Il est pour le moment leur seul lien. »

Ou encore de manière plus ramassée :

« L'absurde naît de cette confrontation entre l'appel humain et le silence déraisonnable du monde. »

Quelle sera dès lors l'issue de ce long et douloureux face-à-face ? Il ne faut pas, déclare Camus, se dérober à l'absurde, que ce soit par le suicide ou par la foi. Il est en effet notre seul bien et c'est à lui que nous nous devons fidèles pour découvrir la forme de notre bonheur. Camus nous invite alors à une forme de stoïcisme moderne par lequel, ayant reconnu en l'absurde la vérité de notre condition et de notre destin, nous adhérons à lui. L'acceptation de l'absurde et la lutte : tel est, nous dit-il, notre lot et le prix de notre félicité. A l'instar de Sisyphe condamné par les dieux à rouler pour l'éternité un rocher, l'homme absurde doit trouver dans son fardeau même la force de soulever celui-ci :

« Je laisse Sisyphe au bas de la montagne ! On retrouve toujours son fardeau. Mais Sisyphe enseigne la fidélité supérieure qui nie les dieux et soulève les rochers. Lui aussi juge que tout est bien. Cet univers désormais sans maître ne lui paraît ni stérile ni futile. Chacun des grains de cette pierre, chaque éclat minéral de cette montagne pleine de nuit, à lui seul forme un monde. La lutte elle-même vers les sommets suffit à remplir un cœur d'homme. Il faut imaginer Sisyphe heureux. »

─────────── REPÈRES ───────────

Albert Camus, *Le Mythe de Sisyphe*, (Folio Essais) Gallimard, 1942; *L'Etranger*, (Folio) Gallimard, 1942.
Jean-Paul Sartre, *La Nausée*, (Folio) Gallimard, 1938.

▶ Existentialisme, Révolte.

Art moderne

L'art moderne peut être défini comme un art de rupture. Il est rupture vis-à-vis des codes esthétiques qui le définissaient mais rupture également vis-à-vis du cadre social dans lequel il s'inscrit. Ayant produit aujourd'hui tous ses effets, cette double rupture semble nous avoir introduit dans une configuration nouvelle du rapport art/société où, pour reprendre le titre de l'un des numéros de la revue Art Press, la mort de l'art semble paradoxalement se conjuguer avec la mode de l'art.

Dans le domaine de l'art moderne, il est particulièrement difficile de s'essayer à une synthèse. Chaque discipline procède de sa propre logique, progresse à son propre rythme : l'art total n'est rien de plus qu'une hypothèse. Du coup, toute transversale, de la peinture à la musique ou de la musique à la littérature, est suspecte. A ne considérer qu'une seule discipline, on ne saisit guère davantage ce qui en ferait l'unité. Au XXe siècle, les courants, les chapelles, les mouvements se sont succédé à une vitesse impressionnante interdisant qu'on les réduise à la rassurante simplicité d'un modèle unique. De plus, chaque œuvre véritable vit d'une vie propre en laquelle se manifeste la singularité de son auteur.

Il n'est donc pas de proposition générale qui ne coure le risque d'être invalidée, pas de définition d'ensemble que ne contredisent une multitude d'exemples. Cependant, à vouloir retenir pour l'art moderne un trait caractéristique, le moins insatisfaisant — car le plus général — est sans doute celui qui consiste à présenter celui-ci comme un art de rupture.

Rupture esthétique

L'art moderne, en effet, se définit d'abord par le refus clairement affirmé de toute continuité artistique.

Sans doute cela n'est-il pas entièrement nouveau. Comme le souligne le dramaturge Ionesco dans *Notes et contre-notes* :

> «...dans l'histoire de l'art et de la pensée, il y a toujours eu, à chaque moment vivant de la culture, une "volonté de renouvellement". Cela ne caractérise pas seulement la dernière décennie. Toute l'histoire n'est qu'une suite de "crises" — de ruptures, de reniements, d'oppositions, de tentatives, de retours aussi à des positions abandonnées (mais avec de nouveaux points de vue, autrement les retours seraient "réactionnaires" ou "conservateurs"). S'il n'y a pas "crise", il y a stagnation, pétrification, mort. Toute pensée, tout art est agressif.»

Jamais cependant, autant que depuis la fin du XIXe siècle, cette «volonté de renouvellement» sur laquelle insiste Ionesco n'avait défini aussi clairement l'activité artistique. A tel point qu'une œuvre, aujourd'hui, ne semble valoir que d'être à la fois recherche du nouveau et rejet de l'ancien.

A cet égard, l'art moderne apparaît bien comme l'exacte antithèse de l'art immobile qui caractérise les sociétés traditionnelles. Dans ces dernières, la valeur d'une œuvre d'art est jugée en fonction de sa perfection technique, de sa conformité au regard de normes immuables que l'artiste n'a ni vocation à changer ni latitude pour le faire. A l'inverse, dans les sociétés modernes, l'œuvre doit, pour être reconnue, être le lieu d'un équilibre entre conformité et innovation, le second élément de cet équilibre étant d'ailleurs celui sur lequel l'accent est mis sans ambiguïté.

Pour rendre compte d'une telle conception, on a quelquefois introduit le terme de «darwinisme esthétique». Par lui, on cherche à traduire l'idée que le progrès existe en art et que, comme les formes biologiques se succèdent, doivent se succéder les formes artistiques. Le rôle de l'artiste ne doit donc plus être de se conformer à une tradition qui est condamnée par le sens même de l'histoire mais d'inventer des formes nouvelles, adaptées à son époque et destinées à périmer les formes artistiques précédentes.

Peu de mouvements ont été aussi loin dans cette volonté d'en finir avec l'art du passé que le futurisme. On lit à cet égard dans le *Manifeste* de 1909 :

> « Nous sommes sur le promontoire des siècles !... A quoi bon regarder derrière nous, du moment qu'il nous faut défoncer les vantaux mystérieux de l'impossible ? Nous voulons démolir les musées, les bibliothèques. »

L'exaltation de la modernité artistique passe par le désir violent de repousser en bloc l'héritage du passé. Le temps n'est pas loin, où, par dérision, l'on agrémentera de moustaches le portrait de la Joconde.

Concrètement, cette volonté de rupture passe par la destruction systématique des codes artistiques sur lesquels reposait l'art traditionnel. Au tournant du siècle, un nouveau langage s'invente. Dans le domaine de la poésie, le recours au vers libre, avec Rimbaud puis Apollinaire et Cendrars, fait comme éclater la structure traditionnelle du discours poétique sur laquelle, depuis la Renaissance, avait vécu la littérature française. En musique, l'école de Vienne, avec Schönberg, Berg et Webern, rompt avec le langage même de la composition musicale afin d'ouvrir à celle-ci de nouvelles voies où se donnent à entendre de déroutantes et fascinantes sonorités.

Mais la métamorphose la plus spectaculaire est celle qui se réalise dans le champ de la peinture. Puisant aux sources les plus diverses — celles-là même qui, comme l'art nègre ou la peinture japonaise, étaient étrangères à la tradition occidentale — les artistes rompent, par étapes, avec l'ambition figurative qui, de tout temps, avait défini leur discipline. Le peintre découvre qu'il ne s'agit plus pour lui de représenter avec le maximum de fidélité un spectacle qui soit celui du monde. Il lui faut arranger sur la toile des combinaisons de formes et de couleurs qui, sans forcément rompre tout lien avec le réel, tirent d'elles-mêmes le principe de leur beauté. Les formes, du coup, avec Monet, s'estompent dans le jeu répété des nuances et des couleurs. Elles éclatent, de Cézanne au cubisme, obligeant le modèle ou l'objet à l'exposition simultanée et impossible de tous ses profils. Elles s'affirment enfin libres de toute attache à un sujet désormais introuvable, lorsque, à la suite de Kandinsky, la peinture se résout à devenir abstraite.

Rupture sociale

A rompre ainsi avec son propre passé pour s'aventurer sur des voies jusqu'alors inexplorées, les artistes modernes ont souvent pris le risque de trancher tous les liens qui les arrimaient au monde environnant et à la société à laquelle, pourtant, ils appartenaient.

De manière très nette, à la fin du XIXe siècle, l'art le plus novateur s'est tout d'abord soustrait aux contraintes du goût majoritaire. On a assisté à une dissociation entre l'esthétique que cherchaient à produire les artistes et celle qu'était prêt à consommer le public de leur temps. L'art va délibérément à contre-courant de l'idéologie et du goût dominant. Manet et Wagner font scandale, Van Gogh sombre dans l'indifférence. Mallarmé ne tire des lecteurs qu'un sourire de commisération. Baudelaire et Flaubert sont traînés la même année devant les tribunaux bourgeois qui montrent là un grand sens littéraire d'avoir su saisir, dans la production de 1857, les deux grandes œuvres qui, l'une dans le domaine de la poésie — *Les Fleurs du Mal* — l'autre dans le domaine du roman — *Madame Bovary* — révèlent l'envers véritable de la société bourgeoise.

Baudelaire écrit alors dans ses *Journaux intimes* :

> « **Tous les imbéciles de la Bourgeoisie qui prononcent sans cesse les mots : "immoral, immoralité, moralité dans l'art" et autres bêtises, me font penser à Louise Villedieu, putain à cinq francs, qui m'accompagnant une fois au Louvre, où elle n'était jamais allée, se mit à rougir, à se couvrir le visage, et me tirant à chaque instant par la manche, me demandait devant les statues et les tableaux immortels, comment on pouvait étaler publiquement de pareilles indécences.** »

Le procès de l'artiste est ouvert. On le calomnie pour son immoralité ou pour l'imposture qui inévitablement se dissimulerait derrière ses audaces. Rappelons que le temps n'est pas très loin où le plus grand artiste du XXe siècle — Pablo Picasso — était communément tenu pour un barbouilleur doublé d'un escroc.

La mort de l'art

Quel a été le résultat de ce processus de rupture dans lequel l'art moderne s'est engagé ? On a pu présenter notre temps comme celui de la mort de l'art. Non content de rompre avec tout ce qui l'avait fondé, l'art se serait défini par le projet d'en finir avec lui-même. Que faut-il entendre exactement par là ?

La mort de l'art a d'abord été l'un des mots d'ordre de l'art du XXe siècle. L'origine de celui-ci est sans doute à chercher dans le dadaïsme qui, fondé à Zurich pendant la Première Guerre mondiale, se proposait comme horizon la négation de toute valeur et de toute réalité, y compris l'art et le dadaïsme eux-mêmes. L'art devait donc participer de cette négation iconoclaste, de cette dérision totale que traduit à la perfection le geste de Marcel Duchamp envoyant, en 1917, au Salon des Indépendants de New York, un urinoir pour y être exposé sous le titre de « Fontaine ».

Cette volonté de négation sans appel fut reprise dans les années 1950-1960 par une série d'artistes qui cherchèrent à abolir l'art en abolissant toute distinction entre l'art et la réalité. D'où des œuvres stimulantes et déroutantes mais qui n'ont d'autre valeur que celle de la surprise qu'elles produisent, de la provocation à laquelle elles aspirent.

Simple jeu ? Peut-être, mais Picasso invitait à se méfier des gens qui prétendent en finir avec l'art car, disait-il, il n'est pas exclu que ce soit là leur but véritable.

Il ne s'agit pas ici de reprendre le lassant refrain selon lequel, décadente, notre époque serait impuissante à sécréter un art digne de ce nom, mais de constater que l'art moderne, dans ses percées les plus audacieuses et les plus intéressantes, s'est voulu réflexion constante sur lui-même et jeu perpétuel sur la possibilité de sa propre disparition. La poésie de Mallarmé est miroir d'elle-même ne reflétant que le vide d'un texte qui prend pour objet sa propre impossibilité à naître. A refuser toute trace de figurativité, peinture et sculpture vont vers un dépouillement et une ascèse au terme de laquelle l'œuvre elle-même semble s'effacer et disparaître. De négation en négation, l'art moderne s'engage dans une périlleuse escalade qui débouche sur la raréfaction de lui-même. Pas de meilleure image de ce point final sans doute que le célèbre « carré blanc sur fond blanc » de Malevitch : la toile vide est la plus radicale mais aussi la dernière possible des ruptures.

La mode de l'art

Ce point atteint, les artistes n'ont plus d'autre solution que l'invention d'une voie nouvelle qui, à l'heure actuelle, se cherche. A défaut de pouvoir rendre compte de ce qui n'est encore qu'ébauche difficile à saisir et plus encore à apprécier, on voudrait pour finir souligner la place particulière que l'art occupe aujourd'hui dans la société.

Place d'une certaine manière si importante qu'on serait fondé à parler d'une véritable mode de l'art. Les milliardaires japonais s'arrachent ces mêmes grandes toiles du passé que des visiteurs, par millions, s'empressent d'admirer dans les musées.

Il faut faire la part, bien entendu, de ce que peut avoir d'artificiel un tel engouement. L'art est devenu un signe que la bourgeoisie, passant du philistinisme au snobisme, consomme au même titre qu'un autre pour façonner son image dans le grand jeu d'apparences qu'organise la société de consommation. Le mécénat d'entreprise est la bonne conscience d'un patronat qui trouve plus prestigieux — et aussi moins onéreux — d'agrémenter d'une sculpture moderne la cour d'une usine que de procéder à une urgente revalorisation des salaires. La jouissance esthétique est vécue moins comme une forme de dépense que comme une sorte d'investissement. En courant les musées, on thésaurise les images dont on compose son « bagage » culturel, passant d'un éphémère engouement pour la peinture viennoise à un engouement tout aussi éphémère pour tel artiste subitement jeté sur le devant de la scène par la rétrospective consacrée à son œuvre.

L'art comme réponse à un double besoin

Au-delà, cependant, de ces formes de « détournement », on peut poser que l'art est perçu aujourd'hui comme pouvant répondre à un double besoin.

Il est d'abord référence dans un monde à la recherche de son identité. Dans le miroir de l'art du passé, les sociétés cherchent à se découvrir une généalogie collective; dans celui du présent, elles se mettent en quête d'une définition d'elles-mêmes. D'où une « réconciliation » récente avec l'art moderne qui prend des formes diverses et significatives : découverte par le grand public des figures principales de la peinture moderne, succès des institutions chargées de la promotion de l'art contemporain, développement du marché de l'art.

L'art est également perçu comme le lieu possible d'une transcendance dans un monde à la recherche d'une signification pour lui-même. Les instances productrices de sens — religions, idéologies... — avec lesquelles l'art avait toujours été engagé dans un rapport complexe ont en effet disparu. De par ses origines et sa fonction, l'art reste comme le réceptacle d'une transcendance devenue orpheline. La Beauté est la dernière forme d'absolu avec laquelle il nous soit possible de communiquer à l'intérieur de ces musées dans lesquels Malraux voyait à juste titre les cathédrales de notre temps.

La question du sens n'est donc plus posée au prêtre, au politique, au philosophe mais à l'artiste. Cependant l'art étant moins une réponse à la crise de la transcendance que l'un des symptômes de celle-ci, nous n'obtenons pas de réponse. L'œuvre d'art se contente de nous renvoyer le reflet de la question que nous lui posons.

———————— REPÈRES ————————

Elie Faure, *L'Esprit des formes,* (Folio Essais) Gallimard, 1933.
Art Press n° 100, Février 1986, « De la mort de l'art à la mode de l'art et comment s'en sortir ».

▶ **Avant-garde, Culture, Modernité, Post-moderne.**

Avant-garde

On nomme « avant-garde » toute élite artistique qui, rompant avec l'esthétique traditionnelle, se veut en avance sur son temps.

Empruntée au vocabulaire militaire, l'expression d'avant-garde est en soi des plus discutables : elle n'a de sens en effet que si l'on admet la thèse peu convaincante d'un Progrès en Art. C'est pourquoi il est préférable de définir l'avant-garde par la triple volonté révolutionnaire qui la caractérise : esthétique, théorique et politique. Tel est en effet le dénominateur commun qui permet de rendre compte de l'aventure des avant-gardes principales du XXe siècle et de la crise que celles-ci traversent à l'heure actuelle.

Une métaphore militaire

L'expression « avant-garde » en elle-même — sinon la réalité artistique à laquelle elle renvoie — est des plus anciennes. On trouve son existence attestée dès le Moyen Age où elle appartenait tout d'abord au vocabulaire militaire, au lexique guerrier. L'avant-garde désignait alors cette fraction d'elle-même qu'une armée envoie devant elle pour reconnaître le terrain et s'engager dans les premiers combats avec les troupes adverses. Le mot changea de sens à la fin du XVIIIe siècle ou plutôt il se mit, alors, à renvoyer à une réalité nouvelle : élite en avance sur son temps, aussi bien dans le domaine de la politique que dans le domaine de l'art. C'est en ce sens que, tout au long du XIXe siècle, le mot sera employé et aussi bien par Chateaubriand que par Hugo, par Balzac que par Michelet.

Un mot du vocabulaire militaire transplanté dans le domaine politique et littéraire : telle est donc, résumée sommairement, l'histoire de ce terme d'« avant-garde ». On peut s'étonner bien entendu du rapprochement auquel nous oblige l'évolution de ce mot : rapprochement entre le domaine militaire et le domaine littéraire, entre les soldats et les écrivains; domaines assez éloignés a priori et dont on peut trouver étonnant que la langue les ait ainsi réunis. Telle était en tout cas la réaction de Baudelaire qui, dans *Mon Cœur mis à nu* écrivait :

> « A ajouter aux métaphores militaires :
> Les poètes de combat.
> Les littérateurs d'avant-garde.
> Ces habitudes de métaphores militaires dénotent des esprits, non pas militants, mais faits pour la discipline, c'est-à-dire pour la conformité, des esprits nés domestiques, des esprits belges, qui ne peuvent penser qu'en société. »

Appliquer le vocabulaire militaire à la littérature, c'était, pour l'auteur des *Fleurs du Mal*, démontrer qu'on ne comprenait rien à l'art, c'était « être belge » — étant entendu que pour Baudelaire, la Belgique n'était si haïssable que d'être semblable à une France perdue par les valeurs et les goûts de la bourgeoisie.

Des artistes en avance sur leur temps

On peut trouver plus ou moins heureuse la métaphore militaire par laquelle le mot d'avant-garde a pris son sens moderne. L'essentiel est cependant ailleurs : comprendre la signification particulière de ce terme.

On a esquissé plus haut, en s'autorisant des dictionnaires, une première définition. L'avant-garde se présenterait comme « une élite en avance sur son temps dans le domaine politique ou artistique ». La formule en soi est assez curieuse et l'on peut l'interpréter ainsi : il s'agirait en quelque sorte, pour les individus concernés, de précéder ou de produire les évolutions inévitables et positives qui marqueront le futur, d'anticiper l'histoire.

Il est évident qu'une telle conception de l'avant-garde n'a de sens que si l'on accepte l'idée que l'Histoire elle-même a un sens, qu'elle est le lieu d'un progrès, d'un cours convenu. Cheminement donné que l'Avant-Garde vise à précéder, accompagner, à accélérer ou à favoriser.

En politique, soit. C'est en ce sens que dans la perspective de la révolution finale, on a pu définir le parti communiste comme l'avant-garde du prolétariat. Mais en art et en littérature ? L'idée de progrès devient ici des plus suspectes. Victor Hugo l'a bien montré dans son livre consacré à Shakespeare : ce qui distingue l'art de la science c'est que, par nature, la science est le lieu d'un progrès constant et non l'art. Chaque scientifique va plus loin que ceux qui l'ont précédé en prenant appui sur leurs travaux, en intégrant leurs théories dans une théorie plus puissante qui reprend leurs résultats en les haussant jusqu'à un niveau supérieur d'explication du réel. En art, il en va tout autrement : en aucun cas, on ne saurait affirmer que Dante va plus loin qu'Homère ou Hugo plus loin que Dante. C'est un autre espace que définit la création littéraire où le temps, perpétuellement retrouvé, n'a plus cours, le temps linéaire, en tout cas, celui du progrès.

C'est pourquoi le terme d'avant-garde est des plus ambigus. En tête de quelle improbable armée les artistes défilent-ils ? Et en vue de quelle terre promise, encore plus improbable, guideraient-ils l'humanité en lui désignant, dans le présent, le visage imaginé de son futur ?

Une triple ambition révolutionnaire

C'est une autre définition qu'il convient de proposer pour rendre compte des mouvements littéraires et artistiques qui, au XXe siècle, se sont eux-mêmes présentés comme d'avant-garde — définition qui ne prétend pas poser un cadre dans lequel chaque mouvement automatiquement rentrerait, mais qui permet de mieux approcher la dynamique et la nature véritables de l'avant-garde.

On pourra parler d'avant-garde chaque fois que l'on sera confronté à un groupe d'artistes et d'écrivains dont l'ambition est de s'engager sur la voie d'une triple révolution : poétique, théorique et politique.
Reprenons un à un les différents éléments de cette définition.
Le mot de « groupe » est tout d'abord à souligner. L'avant-garde, en effet, se définit en principe par une dimension collective obligée, comme le laissait bien entendre d'ailleurs l'origine même du mot. Rien n'interdit, bien entendu, de présenter de grands artistes solitaires tels Joyce, Proust ou Céline comme des artistes d'avant-garde dans la mesure où leur œuvre manifeste quelque chose de radicalement neuf. Cependant, on réservera d'ordinaire le terme à des groupes — surréalisme, formalisme, futurisme... — dont la dimension collective, bien entendu, peut être plus ou moins marquée, allant d'une simple et vague sensibilité commune à une structure quelquefois très rigidement organisée.
Le terme clé de la définition qui précède est bien entendu celui de « révolution » : ce qui caractérise d'abord une avant-garde, en effet, c'est une volonté systématique de rupture, de rejet, de refus de l'ordre ancien. On détruit ce qui est, au nom d'une réalité nouvelle que l'on voudrait voir naître. Et c'est ici que l'on retrouve ce qui a été notre définition de départ : élite accompagnant ou favorisant les évolutions positives.
Eugène Ionesco le souligne dans ses *Notes et contre-notes* (1966) :

> « L'homme d'avant-garde est comme un ennemi à l'intérieur même de la cité qu'il s'acharne à disloquer, contre laquelle il s'insurge, car, tout comme un régime, une forme d'expression établie est aussi une forme d'oppression. L'homme d'avant-garde est l'opposant vis-à-vis du système existant. Il est un critique de ce qui est, le critique du présent... »

Rupture, donc. Mais ce qu'il faut souligner, c'est le triple champ dans lequel se déploie cette ambition révolutionnaire qui définit l'avant-garde.

Elle est d'abord poétique — au sens large du terme — c'est-à-dire littéraire, formelle ou artistique. L'avant-garde se définit d'abord comme un mouvement esthétique et ce que, du coup, elle remet en question, c'est la tradition artistique, l'académisme littéraire; elle se veut rejet d'un langage usé et invention d'une nouvelle pratique littéraire. Sa position se résume pratiquement en ce mot que Joyce, à la fin de *A Portrait of the Artist as a Young Man (Dedalus)*, prête à son héros Stephen Dedalus : « *Je désire presser dans mes bras la beauté qui n'a pas encore paru au monde.* » Faire advenir cette beauté nouvelle : tel est l'objectif premier de l'avant-garde.

Mais, pour comprendre véritablement l'ambition qui a été celle des mouvements d'avant-garde, il est nécessaire de ne pas s'en tenir là. On ne saurait en effet toucher à la pratique esthétique sans toucher en même temps à l'image que nous nous faisons du monde dans lequel nous vivons, sans toucher aussi à l'idée que nous nous faisons de ce que doit être notre place dans la société. Autrement dit, la révolution poétique ne saurait aller sans révolution théorique et révolution politique. Changer la littérature ou l'art nous mène obligatoirement à changer le savoir dont nous disposons et à changer la société dans laquelle nous vivons.

L'aventure des avant-gardes du XXe siècle

C'est sur ce triple front que se livre la révolution au service de laquelle s'engagent les avant-gardes. Quelques exemples empruntés à l'histoire artistique du XXe siècle permettront de s'en convaincre.

Le plus explicite est sans doute celui du mouvement surréaliste. On y retrouve tous les éléments de définition présentés dans les lignes qui précèdent. La dimension collective, tout d'abord, puisque, au cœur de cette vaste et incertaine nébuleuse que constitua le mouvement surréaliste, existait une structure très organisée autour de la personnalité d'André Breton, avec ses réunions, ses dogmes, ses exclusions. La volonté de renouveler le langage poétique, également, qui constitue bien entendu le trait essentiel du surréalisme et qui passa par des techniques comme celle de l'écriture automatique. L'ambition théorique, ensuite, dont témoignent d'abord les deux *Manifestes du surréalisme* mais aussi l'intérêt précoce et déterminant porté par Breton à la psychanalyse et aux travaux de Freud. La dimension politique enfin, qui consista en la volonté assumée de renverser l'ordre social et de mettre le surréalisme au service de la révolution, en s'engageant aux côtés du marxisme. Volonté que traduit parfaitement cette déclaration célèbre de Breton : « *Transformer le monde, a dit Marx, changer la vie, a dit Rimbaud, ces deux mots d'ordre pour nous n'en sont qu'un.* »

Dimension collective, triple ambition d'une pratique révolutionnaire dans le champ de l'art, de la théorie et de la politique : c'est donc de la conjonction de ces éléments que le surréalisme se définit explicitement comme une avant-garde. Mais une démonstration largement similaire aurait pu être menée également pour les principales des avant-gardes européennes du XXe siècle. Ainsi des futuristes italiens qui prônaient la destruction systématique de toutes les valeurs artistiques du passé, le culte d'une modernité qu'ils confondirent avec le visage qu'en offrait le fascisme mussolinien. De même les formalistes russes, fascinés pour certains par la révolution bolchevique, et travaillant à la fois dans le champ de la théorie linguistique et dans celui de la pratique poétique. Ou plus près de nous, le groupe *Tel Quel* qui, dans la proximité avec le post-structuralisme, poussa plus loin le travail de mise en question des formes littéraires amorcé par le nouveau roman et s'engagea aux côtés des mouvements maoïstes français au début des années 70.

La crise de l'avant-garde

Défini par cette triple ambition, l'avant-gardisme est aujourd'hui en crise. La volonté de rupture systématique des formes artistiques a débouché sur une sorte d'académisme négatif et répétitif, voire sur la stérilité absolue. La surenchère du discours théorique et son incapacité à rendre compte véritablement de la création artistique ont étouffé, bien souvent, toute production véritable dans le champ de l'art ou de la peinture : le discours sur l'art se substituant à l'art lui-même. Le rêve révolutionnaire par lequel s'étaient laissé séduire les surréalistes s'est largement dissipé avec la révélation de la nature véritable des régimes communistes.

Si bien qu'au total c'est le triple socle sur lequel reposait l'avant-gardisme qui, dans le courant des années 70, s'est effondré. D'où la situation actuelle qui, dans le champ de l'art, se caractérise, dans le pire des cas, par la régression pure et simple vers les théories de l'art pour l'art ou une forme de néo-classicisme épuisé ou, dans le meilleur des cas, par la recherche d'une forme d'expression artistique qui saurait intégrer à elle-même les acquis de l'avant-garde tout en évitant les impasses et les illusions dans lesquelles s'était enfermé ce type de pratique.

Tel Quel : l'avant-garde littéraire des années 70

Dans le champ de la littérature française, le groupe organisé autour de la revue *Tel Quel* constitua sans doute la dernière des avant-gardes.

Fondée en 1960 aux Editions du Seuil par de jeunes écrivains — au nombre desquels Philippe Sollers — la revue se proposait tout d'abord de participer à une rénovation en profondeur de la création littéraire. Elle apporta son soutien au poète Ponge comme aux nouveaux romanciers. Elle contribua à la redécouverte et à la lecture de ces deux grands marginaux du surréalisme que furent Artaud et Bataille.

Dès le milieu des années 60, *Tel Quel*, cependant, s'engagea dans un travail à la fois plus théorique et plus politique. Proches de Barthes et de Derrida, de Lacan et d'Althusser, les membres de *Tel Quel* — avec notamment Julia Kristeva — firent de leur revue un des hauts lieux de ce que l'on a coutume de nommer le structuralisme. Dans le même temps, suivant en cela la trace ouverte par les surréalistes, ils découvrirent que la révolution poétique à laquelle ils travaillaient ne pouvait aller sans la participation active à la révolution politique. *Tel Quel* se rangea donc aux côtés du Parti communiste français en 1968, avant que d'apporter son soutien aux mouvements maoïstes au début des années 1970.

Le « telquelisme » vivait bien entendu sur une contradiction qui allait vite devenir intenable. Les romans de Sollers, les essais de Kristeva ou encore les poèmes de Marcelin Pleynet et Denis Roche étaient d'une telle complexité que seuls des lecteurs rompus aux textes les plus difficiles de la littérature contemporaine étaient en mesure de les apprécier. Un fossé gigantesque séparait donc sans retour les écrivains et les « masses », les auteurs de la révolution poétique et les acteurs potentiels de la révolution politique.

Le « telquelisme » fut incontestablement fécond dans le champ de la littérature et de la théorie. Des romans comme *Nombres* (1968) de Sollers ou le plus tardif *Paradis* (1981) comptent parmi les plus importants de la littérature contemporaine. De même, certains essais de Kristeva, comme *La Révolution du langage poétique,* ont bouleversé notre approche du texte littéraire. Cependant, en ce qui concerne le champ de la politique, il faut bien entendu conclure à un échec qu'a rendu encore plus évident la révélation du caractère totalitaire des systèmes communistes.

A l'occasion d'une conférence donnée en décembre 1977 à Beaubourg, Sollers pouvait affirmer que la notion d'avant-garde était désormais à dépasser. La triple crise du marxisme, de la psychanalyse et d'une tradition artistique fondée sur la recherche systématique du nouveau, lui ôtait toute signification. Une autre forme de littérature restait, cependant, à expérimenter, qui procéderait non pas de la régression en deçà de l'avant-gardisme ainsi défini, mais au contraire du dépassement de celui-ci.

———————— REPÈRES ————————

Eugène Ionesco, « Discours sur l'avant-garde », « Toujours sur l'avant-garde », *Notes et contre-notes*, (Idées) Gallimard, 1966.

▶ Art moderne, Engagement, Modernité, Postmoderne, Surréalisme.

Consommation (société de)

La société de consommation est celle qui s'assigne comme objectif essentiel l'augmentation du niveau de vie des individus qui la composent.

Définie ainsi, la société de consommation a été l'objet de critiques nombreuses et convergentes. Jean Baudrillard en a démonté les mécanismes. Les mouvements contestataires de la fin des années 60 en ont dénoncé le caractère aliénant. Malgré cela et en dépit de la crise économique, la société de consommation demeure aujourd'hui, en Occident, le modèle dominant, exclusif.

De l'ordre du culturel à l'ordre de l'économique

Dans son ouvrage, *La Consommation, culture du quotidien* (1983), Victor Scardigli met en évidence trois logiques du social, trois ordres qui, dans l'histoire de l'humanité, se seraient succédé : l'*ordre culturel*, caractéristique des sociétés pré-industrielles visant à perpétuer, de manière statique, la culture qui les fonde ; l'*ordre politique*, ensuite, défini par la poursuite d'un projet de société meilleure ; l'*ordre économique*, enfin, dans lequel s'inscrivent nos sociétés industrielles et dont l'objectif ultime consiste dans le bonheur de l'individu par le progrès matériel.

Au sein de cet ordre économique, Scardigli distingue à nouveau trois étapes qui correspondent à la réalisation progressive de ce modèle : les sociétés duelles où coexistent encore archaïsme et modernité ; les sociétés industrielles ou de production qui ont déjà basculé à l'intérieur de l'ordre économique sans que tous les liens soient cependant coupés avec l'ordre culturel ; les sociétés post-industrielles ou de consommation, enfin, définitivement ancrées dans l'ordre économique et où l'ordre culturel ne subsiste plus qu'à l'état de vestige.

Grâce à la grande transversale historique qu'il dessine, le schéma de Scardigli nous permet de mieux comprendre la spécificité de la civilisation qui est la nôtre et la nature de ce que nous nommons une société de consommation. Bien entendu, la dimension économique est l'une des dimensions obligées de toute collectivité qui se doit d'assurer la subsistance de ses membres. Mais jamais jusqu'à aujourd'hui cette dimension économique n'avait occupé ce rôle central qui fait d'elle l'alpha et l'oméga de tout le discours que la société tient sur elle-même, l'alpha et l'oméga d'un projet collectif qui propose comme seule perspective d'avenir le bonheur par le progrès matériel, le « salut » par l'augmentation du bien-être. Telle est cette société de consommation dans laquelle nous vivons et qu'il est peut-être possible de définir comme celle à l'intérieur de laquelle l'objectif — à la fois de la collectivité et de chaque individu qui la compose — est l'augmentation de la consommation, et qui mobilise donc à cette fin toutes les énergies et toutes les ressources.

Un apologue sur la société de consommation

On ne peut cependant se contenter d'une telle définition. Plus qu'une réalité strictement économique, la société de consommation est en effet d'ordre idéologique. Son lieu véritable est moins le tissu industriel et le réseau de diffusion commercial d'une nation que l'esprit même de ceux par qui elle vit et prospère. Par elle, en effet, se dessine une certaine conception du monde et de l'individu; par elle s'imposent à nous — et quelquefois à notre insu — les valeurs qui déterminent notre existence la plus quotidienne et façonnent ainsi le visage que nous donnons à notre vie.

Nul mieux que Jean Baudrillard dans son livre *La Société de consommation*, n'a décrit ce phénomène caractéristique du monde dans lequel nous évoluons. En une brève fable, il nous amène à saisir la logique véritable de la consommation :

« Les indigènes mélanésiens étaient ravis par les avions qui passaient dans le ciel. Mais jamais ces objets ne

> descendaient vers eux. Les Blancs, eux, réussissaient à les capter. Et cela, parce qu'ils disposaient au sol, sur certains espaces, d'objets semblables qui attiraient les avions volants. Sur quoi les indigènes se mirent à construire un simulacre d'avion avec des branches et des lianes, délimitèrent un terrain qu'ils éclairaient soigneusement la nuit et se mirent à attendre patiemment que les vrais avions s'y posent. »

Nous sommes semblables à ces indigènes, poursuit Baudrillard. Nous disposons autour de nous, dans notre appartement, les signes d'un bonheur stéréotypé, faits d'objets luxueux et inutiles, et nous attendons que, comme par magie, le bonheur docilement se pose sur nous. En ceci, la mentalité consommatrice relève d'une pensée magique :

> « ... c'est une *pensée magique* qui régit la consommation, c'est une mentalité miraculeuse qui régit la vie quotidienne, c'est une mentalité de primitifs, au sens où on l'a définie comme fondée sur la croyance en la toute-puissance des pensées : ici, c'est la croyance en la toute-puissance des signes. L'opulence, l'"affluence" n'est en effet que l'accumulation des *signes* du bonheur. »

Ainsi s'explique l'espèce de course effrénée à la consommation qui définit l'existence dans les sociétés développées. Nous croyons consommer des objets pour la satisfaction que ceux-ci nous procurent : ainsi nous accumulons les produits les plus sophistiqués de la technique la plus avancée ou les gadgets les plus inutiles car le bonheur, pour nous, ne peut être synonyme que d'aisance et de confort. En réalité, nous consommons des signes : les signes d'une réussite sociale qui est perçue désormais comme la seule forme de l'accomplissement personnel. Et au bout de cette course, le bonheur est bien entendu tout aussi improbable que l'arrivée de cet avion qu'essayaient d'attirer à eux les indigènes mélanésiens. L'individu est bien le jouet d'un discours mystificateur — qu'amplifie, caricature et diffuse la publicité — qui lui assure qu'il n'est pas d'autre salut possible que celui qui passe par la consommation outrancière et vide de sens des produits dont l'écoulement est nécessaire au dynamisme de l'économie et à la vitalité du système.

On ne tombe pas amoureux d'une courbe de croissance

C'est contre cette vacuité par quoi se solde toute existence qui se perd dans les pièges de la mentalité consommatrice, que réagit largement la jeunesse de la fin des années 60. La société de consommation devint alors la cible de toutes les dénonciations. A travers elle, on s'en prenait au système social dans son ensemble, accusé de sombrer dans un matérialisme médiocre et monotone.

Mai 68 fut sans doute le moment où, avec le plus de verve et le plus de force, s'exprima cette remise en question de la société de consommation. L'événement est complexe et les interprétations en ont été nombreuses. Cependant, derrière la phraséologie révolutionnaire, on peut avancer que c'est d'abord un massif refus d'une société vouée exclusivement au développement économique et à l'enrichissement qui se fait entendre. Les slogans des situationnistes et les graffitis des étudiants le proclamaient : « *On ne tombe pas amoureux d'une courbe de croissance* » ou encore : « *Nous ne voulons pas d'un monde où la garantie de ne pas mourir de faim s'échange contre le risque de mourir d'ennui* ». La société tout entière réclamait ce que, quelques années plus tard, Jacques Chaban-Delmas, alors Premier ministre, allait nommer « *un supplément d'âme* ».

Cependant, Mai 68 ne fut jamais que l'angle le plus saillant et le plus visible d'un mouvement beaucoup plus large qui visa à la dénonciation de la société de consommation. Une contre-culture véritablement se met en place aux Etats-Unis comme en Europe, avec les hippies, prône la fraternité, le dépouillement, la paix, et se refuse à jouer le jeu qu'on attend d'elle. Les intellectuels ne sont pas en reste — et ceci quelles que soient leur nationalité ou leurs convictions. Que l'on se reporte, en effet, aux ouvrages de Bertrand de Jouvenel, de John Kenneth Galbraith ou de Jacques Attali publiés à l'époque, c'est d'une même voix pratiquement que se trouve condamnée une civilisation qui fait du rythme de la croissance et du volume de la consommation les critères exclusifs qui permettent d'apprécier sa réussite.

Autour de l'année 73, deux rapports officiels sont publiés par les experts du Club de Rome sous le titre de *L'Humanité au tournant* et *Les Limites de la croissance*. Ils constituent comme un plaidoyer pour l'arrêt de la croissance économique : étant donné le caractère limité des ressources naturelles, la dynamique démographique de l'humanité et les menaces liées au système industriel, le monde court à sa perte s'il ne réussit pas à contrôler le processus de développement dans lequel il s'est engagé. Dans le langage sec des modèles et des théories économiques, un tableau apocalyptique de l'avenir de l'humanité est tracé, qui prévoit une sorte d'asphyxie planétaire pour une humanité qui, insouciante de son environnement, a tout sacrifié au progrès de son bien-être. La conclusion est claire : il faut en finir avec la société de consommation et de croissance. La seule solution est celle d'une croissance zéro pour l'économie mondiale.

Un modèle en crise ?

Dans les années 70-80, la croissance zéro est devenue notre horizon obligé. La faute en est moins aux avertissements solennels des experts qu'au marasme économique dans lequel l'Occident, et à sa suite le monde tout entier, s'est enfoncé. Du même coup, les préoccupations et les priorités du tout au tout ont changé. Le procès de la société de consommation s'est achevé sans bruit : quand les pays d'Afrique ou d'Asie croulent sous le poids d'une dette extérieure qu'ils ne sont plus en mesure d'assumer et que disparaît tout espoir de régler le problème du sous-développement, quand dans les pays occidentaux émerge une nouvelle classe de marginaux, contraints à la misère par le chômage de longue durée, c'est la pauvreté et non plus la richesse qui redevient objet de scandale.

Dans ce nouveau contexte économique et social, le terme même de « *société de consommation* » fait presque figure d'anachronisme et les procès intentés hier encore apparaissent des plus désuets. Est-ce à dire que les analyses et les critiques formulées à la fin des années 60 ont désormais perdu toute pertinence ? Rien ne serait plus erroné que de le croire.

Dans les bastions préservés de l'Occident, la société de consommation ne s'est en fait jamais mieux portée qu'aujourd'hui. Il suffit pour s'en convaincre d'observer les statistiques. Le ralentissement de la croissance n'a en rien remis fondamentalement en cause le modèle économique et social qui, depuis la fin des années 60, n'a cessé de se développer selon sa propre logique. Ce modèle semble totalement échapper à la crise, les habitudes de consommation restant inchangées. Dans certains domaines, tels les loisirs et la santé, c'est même à une accélération que l'on assiste depuis quelques années. L'engrenage ne s'est en rien enrayé.

Mieux encore, à observer l'invraisemblable légitimité pseudo-artistique qu'a fini par acquérir le langage pauvre, répétitif et aliénant de la publicité, à voir comment la presse exalte le succès des chefs d'entreprises, à constater l'envahissement de la télévision par les programmes de jeu, à mesurer la « marchandisation » générale des loisirs, de la culture, voire du corps, à laquelle on assiste aujourd'hui, on serait tenté de conclure que l'âge d'or de la société de consommation est encore à venir.

Perec : « les prisons de l'abondance »

Cette illusion sur la base de laquelle fonctionne la société de consommation, le romancier Georges Perec en a démonté les mécanismes dans un bref récit intitulé *Les Choses*. Il y met en scène un jeune couple qui, pas à pas, va se laisser prendre aux pièges que dresse devant lui la mentalité consommatrice. Pièges d'autant plus pernicieux qu'ils sont d'apparence anodine et qu'ils semblent n'offrir rien d'autre qu'une première approximation du bonheur. La révolte est de ce fait pratiquement impossible :

> « Ils voulaient se battre, et vaincre. Ils voulaient lutter, conquérir leur bonheur. Mais comment lutter ? Contre qui ? Contre quoi ? Ils vivaient dans un monde étrange et chatoyant, l'univers miroitant de la civilisation mercantile, les prisons de l'abondance, les pièges fascinants du bonheur.
> Où étaient les dangers ? Où étaient les menaces ? Des millions d'hommes, jadis, se sont battus, et même se battent encore, pour du pain. Jérôme et Sylvie ne croyaient guère que l'on pût se battre pour des divans Chesterfield. Mais c'eut été pourtant le mot d'ordre qui les aurait le plus facilement mobilisés. »

D'acquisition en achat, de crédit en déménagement, se fait donc l'existence des héros de Perec. Jusqu'à cette conclusion :

> « Quelque chose qui ressemblait à une tragédie tranquille, très douce, s'installait au cœur de leur vie ralentie. Ils étaient perdus dans les décombres d'un très vieux rêve, dans des débris sans forme.
> Il ne restait rien. Ils étaient à bout de course, au terme de cette trajectoire ambiguë qui avait été leur vie pendant six ans, au terme de cette quête indécise qui ne les avait menés nulle part, qui ne leur avait rien appris. »

───── REPÈRES ─────

Jean Baudrillard, *La Société de consommation*, (Folio Essais) Gallimard, 1970.

François Brune, *Le Bonheur conforme, essai sur la normalisation publicitaire*, Gallimard, 1985.

Victor Scardigli, *La Consommation, culture du quotidien*, PUF, 1983.

Edgar Morin, *L'Esprit du temps*, (Biblio/Essais) Le Livre de Poche, 1976.

Georges Perec, *Les Choses*, (10/18) U.G.E., 1965.

▶ **Crise économique, Individualisme.**

Crise économique

On nomme « crise » une période où l'activité économique d'un pays ou d'un ensemble de pays, d'un secteur ou d'une région traverse une phase de dépression.
Les deux grandes crises du XXe siècle — celle de 1929 et celle de 1973 — ont eu ceci en commun de remettre en question les principales théories économiques alors en vigueur. Ni les schémas classiques ni les modèles keynésiens ne sont véritablement en mesure de rendre compte de la phase de dépression que traversent actuellement les économies développées. En ceci, il y a moins une théorie de la crise qu'une crise de la théorie.

Cycles et crises

L'histoire économique tout entière — au moins depuis la première révolution industrielle — est faite d'une succession de cycles d'amplitude et de nature variables par lesquels alternent des phases d'expansion et des phases de dépression. Définie au sens strict, la crise est le moment exact du basculement, du retournement: celui où le mouvement de l'économie s'inverse dans le passage de la phase ascendante à la phase descendante. Mais d'une manière moins exacte, on utilisera le terme de crise pour désigner la phase de dépression elle-même et toute période néfaste à l'activité économique.

Par leur périodicité et leur importance, ces crises et ces cycles rythment de manière décisive l'histoire des sociétés modernes. A ce titre, ils ont attiré l'attention des théoriciens et des analystes qui ont cherché à rendre compte des fluctuations d'amplitude diverse qui définissaient le mouvement d'ensemble des économies développées. Tout autant qu'objets d'analyse, les crises ont été enjeux politiques. Dans une société qui se donne comme valeur essentielle le développement du niveau de vie et du bien-être, un gouvernement est jugé avant tout sur les performances économiques du pays dont, à tort ou à raison, l'opinion publique, c'est-à-dire l'électorat, le tient pour responsable. Avec plus ou moins d'habileté, les gouvernements se sont donc essayés à atténuer les effets des crises en agissant sur les leviers économiques à leur disposition. En relançant de manière artificielle l'activité, à la veille des élections, pour appuyer brutalement sur le frein dès la victoire acquise, il est nécessaire d'ajouter qu'ils ont également contribué aux fluctuations qu'ils prétendaient combattre.

1929-1973
Théories de la crise, crise des théories

Deux grandes crises ont marqué l'histoire du XXe siècle : celle de 1929 qui se prolongera jusqu'à la Seconde Guerre mondiale et celle de 1973 qui dure encore aujourd'hui. Par leur nature, leurs causes et leur amplitude, elles sont loin d'être similaires. Cependant, si l'on considère l'histoire économique avec assez de recul, elles constituent comme les deux lieux d'un retournement considérable de l'activité économique : arrêt ou ralentissement de la croissance, écroulement ou difficultés très graves du système financier, développement surtout du chômage.

Encore une fois, les différences sont considérables entre les deux événements : la crise actuelle est beaucoup moins spectaculaire et dramatique que celle de 1929. Le système économique international a gagné en stabilité et en résistance et se trouve mieux capable de gérer les difficultés qu'il rencontre ; et surtout, le développement de l'Etat-Providence a permis d'atténuer pour les individus le choc du chômage, de manière il est vrai encore insuffisante.

Il existe cependant au moins un point commun entre la crise de 1929 et celle que traverse aujourd'hui l'économie mondiale : chacune d'elles a été l'occasion d'une remise en cause totale des concepts, des théories économiques et des solutions politiques qui les accompagnaient.

Dans les années 1930, la persistance d'un chômage considérable a obligé les économistes à abandonner les schémas classiques selon lesquels ils vivaient depuis les origines de leur discipline. Ils ont dû perdre la confiance aveugle qu'ils portaient à un marché qui devait assurer par son seul fonctionnement l'équilibre général de l'économie. Face à cette carence, cette insuffisance de la grille de lecture classique, un Britannique, Keynes, est venu reformuler totalement la théorie économique et apporter une solution neuve au problème du chômage, et cela en donnant une interprétation inédite de la crise économique. Du coup, le keynésianisme est devenu le dogme central sur lequel se fondèrent théories et politiques économiques.

La crise de 1973 est venue ébranler l'hégémonie du keynésianisme tout comme la crise de 1929 avait ébranlé celle du classicisme. Il a fallu en effet se rendre à l'évidence : les recettes préconisées par les keynésiens étaient dans l'impossibilité de faire sortir les économies occidentales de la crise. Pour élaborer de nouvelles politiques économiques, il aurait fallu avancer de nouvelles explications théoriques, se mettre en quête d'une nouvelle synthèse. Celle-ci demeurant introuvable, par un prévisible retour du balancier, on a souvent abandonné les théories keynésiennes pour revenir au classicisme, sans pour autant trouver une solution à la crise.

Classiques et keynésiens :
deux interprétations de la crise

Quelles sont les deux théories de la crise en présence ?

Le modèle classique propose une interprétation de l'équilibre économique général. Le point central est le suivant : l'équilibre économique est automatique; il va se créer spontanément. Pour peu qu'on laisse fonctionner librement le marché, on atteindra un état de stabilité correspondant au fonctionnement optimal de l'économie. Il faut s'en remettre au libre jeu des mécanismes économiques pour que l'équilibre se réalise par le phénomène simple de la hausse et de la baisse des prix, de l'offre et de la demande. Pour ne prendre que l'exemple simple et central du chômage, les classiques affirment que l'équilibre spontané de l'économie produit automatiquement le plein emploi. Il ne peut donc pas y avoir de chômage. Sauf si des rigidités ou des interventions néfastes de l'Etat viennent perturber le bon fonctionnement du marché de l'emploi. Poussé à l'extrême, le raisonnement classique consiste à dire que la cause véritable du chômage est l'aide apportée aux chômeurs et la fixation d'un salaire minimum par l'Etat. De telles règles empêcheraient la libre confrontation de l'offre et de la demande sur le marché du travail. Il faut donc rendre au marché sa liberté pour que cesse la crise et qu'on revienne à l'équilibre.

La crise de 1929 et les analyses que Keynes en proposera vont remettre en cause cette foi dans l'équilibre qu'avaient les économistes classiques. La démonstration de Keynes est assez complexe mais on peut la résumer de manière simple : l'économie, pour lui, peut fonctionner — c'est-à-dire être en équilibre — avec un niveau insuffisant d'emploi, si offre et demande s'ajustent ainsi. Ce qui implique que les explications du chômage proposées par les classiques et les keynésiens sont complètement opposées. Pour les classiques, comme on vient de le voir, le chômage est dû au mauvais fonctionnement du marché du travail, aux rigidités de ce marché. A l'inverse, pour les keynésiens, le niveau de l'emploi est déterminé par le niveau de la demande finale. S'il y a chômage, c'est donc que la demande finale est insuffisante.

De ces analyses divergentes découlent des politiques divergentes. Pour les classiques, l'Etat doit intervenir le moins possible de manière à laisser jouer le marché. Pour Keynes, à l'inverse, l'Etat doit intervenir, agir sur la demande globale en relançant l'économie de manière à réduire le chômage.

L'apport keynésien à l'intelligence de la crise est donc double. Keynes a compris que le plein-emploi n'était pas automatiquement réalisé par le fonctionnement de l'économie et qu'il ne pouvait être atteint que par l'augmentation de la demande finale qui, elle-même, ne pouvait être réalisée que par l'intervention des pouvoirs publics.

Vers un nouveau cycle ?

Le keynésianisme repose donc sur une analyse nouvelle de l'équilibre économique et sur une conception nouvelle du rôle de l'Etat. Double base sur laquelle économistes et gouvernants ont vécu jusqu'au début des années 1970.

Aujourd'hui, cependant, le modèle keynésien connaît une remise en question égale au moins à celle qu'a connue le modèle classique dans les années 30. La relance systématique de l'économie que préconisaient les keynésiens n'a pas permis la résorption du chômage et n'a souvent eu pour conséquence que le redémarrage de l'inflation et l'augmentation du déficit extérieur. Témoin la malheureuse expérience de relance menée par les socialistes en France au début des années 1980 et qui a dû être rapidement abandonnée.

Commence ainsi une période d'incertitude et d'effervescence intellectuelle dans laquelle nous nous situons encore à la recherche d'une réponse cohérente aux défis économiques auxquels les sociétés modernes se trouvent confrontées.

Souvent séduisantes, rarement totalement convaincantes, les nouvelles constructions théoriques n'ont pas manqué. On se contentera de quelques exemples. Sous la présidence de Ronald Reagan, avec Laffer, l'« économie de l'offre » a connu son heure de gloire. Le président américain croyait avoir trouvé la solution miracle : sorte de nouveau Robin des Bois qui, lui, aurait volé les pauvres pour donner aux riches, il misait sur une diminution du taux d'imposition qui, en redonnant courage et motivation aux entrepreneurs, aurait permis la relance de l'économie et, à terme, l'augmentation des recettes fiscales. Assez marginal, Serge-Christophe Kolm élabora une stratégie keynésienne qui, combinée à une politique adaptée du taux de change, aurait permis une relance sans déficit extérieur.

Mais la plus répandue des convictions est sans doute celle qui s'inspire des travaux de Kondratiev (1925-1979) et de leur interprétation par Schumpeter. Le premier de ces deux économistes mit en évidence — ou crut mettre en évidence selon certains — des cycles de longue durée qui détermineraient le mouvement d'ensemble de l'économie. Ainsi, depuis la fin du XVIIIe siècle, quatre cycles se seraient succédé, avec leur phase ascendante et leur phase descendante. Schumpeter élabora la thèse selon laquelle chacun de ces cycles serait lié à une innovation technologique majeure : l'industrie textile pour le cycle 1780-1843, les chemins de fer pour le cycle 1843-1896, l'industrie électrique et chimique pour le cycle 1896-1940. Nous serions nous-mêmes dans la phase descendante d'un quatrième cycle qui, ayant débuté en 1940, devrait en principe s'achever aux alentours de l'an 2000 lorsqu'une nouvelle vague d'innovations se diffusant dans le tissu économique insufflera à celui-ci le dynamisme nécessaire pour que débute un nouveau cycle. L'analyse est passionnante sans doute, mais elle ne nous invite guère à autre chose qu'à une très longue patience. Pour le court terme, nous restons dans la plus totale des incertitudes.

L'impossibilité de bâtir une théorie de la crise a ouvert pour les économistes une véritable crise des théories.

——————— REPÈRES ———————

André Grjebine (Dir), *Théories de la crise et politiques économiques,* (Points Economie) Seuil, 1986.

▶ Etat, Technique (progrès).

Culture

La culture est l'ensemble des connaissances que maîtrise une société ou un individu.
Contre les stéréotypes que véhicule le discours dominant, il faut affirmer que la culture contemporaine est moins le lieu d'un déclin que le théâtre d'une métamorphose. Elle n'est plus unitaire mais éclatée. Elle cesse d'être sûre d'elle-même et se découvre en procès. Au terme de cette remise en question d'elle-même, elle n'en demeure pas moins, selon les mots mêmes d'Artaud, ce « moyen raffiné de comprendre et d'exercer la vie ».

Crise de la culture

Régulièrement, revues, quotidiens, essais, éditoriaux annoncent la même et imminente catastrophe : la culture serait en crise, moribonde ; jamais le niveau de l'enseignement n'aurait été aussi bas, jamais plus exsangue et dénuée d'inspiration véritable la littérature nationale. Avec délectation ou désolation, c'est le même constat de décès qui périodiquement se trouve dressé, ici ou là.

Il n'y a sans doute pas de débat plus vain et plus répétitif, pourtant, que celui qui porte sur le thème d'un éventuel déclin culturel. La culture d'une nation ne se mesure pas comme son Produit National Brut et, en ce domaine, les données corrigées des variations saisonnières ne sont ni disponibles ni même envisageables. Comment, en effet, évaluer objectivement ce qui relève du non-quantifiable, ce qui n'est rien d'autre que l'affirmation répétée de l'irréductible singularité d'un artiste, d'un écrivain ou d'un philosophe ? Qui, par exemple, dans le Paris des années 20, aurait pu tracer le bilan véritable de l'activité culturelle alors que les grands noms de la littérature officielle étaient ceux de Paul Bourget ou de Pierre Benoit et que personne encore ne prenait au sérieux Proust ou Joyce, ces deux romanciers dont Jdanov allait faire le signe le plus indéniable de la décadence culturelle occidentale ? Ce que rappelle de manière très salutaire Philippe Sollers dans *Théorie des exceptions,* c'est que toute culture authentique ne se produit que par l'effraction, le refus de la loi du groupe : en marge, irrécupérable.

De même en ce qui concerne ce qu'on peut nommer du terme largement impropre de « consommation culturelle ». On peut bien entendu multiplier les statistiques et les truismes pour enfoncer quelques portes ouvertes et se désoler de ce que les gens lisent ou plutôt ne lisent pas, pour se lamenter de l'obscurité dans laquelle le goût public cantonne les plus exigeantes des figures intellectuelles de notre temps pour leur préférer les éphémères et souvent dérisoires vedettes du star-system. Sans doute tout cela est-il vrai — quand bien même d'importantes nuances seraient à formuler.

L'essentiel, cependant, n'est pas là, car, à considérer de façon honnête la situation, force est de reconnaître qu'il convient de parler non de crise de la culture mais bien plutôt de démocratisation de celle-ci. Sur un siècle, les progrès de la scolarisation — qui reste bien entendu la voie d'accès minimale et privilégiée à la culture — mais aussi le dynamisme d'un marché culturel qui, du fait de sa propre logique, a intérêt à une augmentation continue de la gamme de ses produits et de sa clientèle potentielle, se sont conjugués pour parvenir à une situation dans laquelle, par le livre de poche ou le disque compact, les œuvres les plus importantes de la culture ont cessé d'être le privilège d'une élite sociale et deviennent disponibles pour le plus large public. Les effets pervers, certes, existent et se multiplient, qui tendent à faire de la culture un objet de consommation. Cependant, l'essentiel est bien là : à chaque nouveau livre lu ou écrit s'abolit la crise d'une culture dont rien ne nous permet de mesurer en toute objectivité la croissance ou le déclin.

Renonçons donc à dresser, pour notre satisfaction ou notre mortification, des palmarès illusoires. Reconnaissons plutôt dans le discours alarmiste de ceux qui dénoncent un quelconque « déclin culturel », l'évidente et laborieuse manœuvre de ceux qui ne se désolent de l'« abêtissement » de la « masse » que pour tenter lourdement de souligner l'« immensité » de leur propre culture personnelle.

La culture échappe donc aux jugements de valeur trop sommaires qui, ces dernières années, se sont développés. Mais nier la réalité d'un déclin culturel qui est, avant tout, de l'ordre du phantasme, ne saurait revenir à affirmer l'immutabilité, la permanence des formes culturelles. Force est de constater, en effet, que la culture a été l'objet d'une profonde transformation : transformation à la fois du contenu qui la définit et des objectifs qu'elle s'assigne.

Une définition problématique

Le mot de culture, tout d'abord, ne recouvre plus aujourd'hui les mêmes réalités que celles qu'il désignait hier. En simplifiant, disons qu'on est passé d'une conception unitaire et cohérente à une conception fragmentaire et plurielle de la culture : le terme a perdu en cohérence ce qu'il a gagné en extension.

Pour reprendre le mot du philosophe Brice Parain que Godard met en scène dans *Vivre sa vie* et que A. Finkielkraut reprend au tout début de son ouvrage, *La Défaite de la pensée :* la culture, c'était « la vie avec la pensée ». A ceci près que l'image de la vie et de la pensée qui était retenue était assez étroite. La pensée tout d'abord, ne pouvait être que la pensée occidentale — les cultures autres étant considérées comme négligeables, elles pouvaient être acceptées comme des curiosités ethnologiques ou des témoignages sur notre propre et lointain passé; en aucun cas, une dignité véritable ne leur était reconnue. De plus, la pensée, estimait-on, ne pouvait s'exprimer véritablement que dans les plus hautes réalisations de l'esprit humain — art, littérature, philosophie ou science : tout ce qui ne relevait pas de ce champ étroit ne méritait pas non plus le nom de culture. Dès lors, la culture — qu'elle soit d'ailleurs celle fermée et étriquée du «pédant» ou, dans une certaine mesure, celle, ouverte et large, de l'«honnête homme» — se confondait avec l'étude des grandes œuvres et demeurait l'apanage d'une élite qui tirait de celle-ci les armes de sa supériorité sociale.

En rupture avec cette conception, la modernité a pris conscience de ce qu'il n'y avait pas une culture — se limitant au domaine exigu que définissaient les classiques — mais des cultures d'une amplitude beaucoup plus vaste mais aussi d'une cohérence beaucoup plus problématique. Tout le mouvement de la culture moderne a donc été d'intégrer des faits et des domaines auxquels n'était pas reconnue, dans le passé, une véritable dignité : le domaine des cultures extra-européennes, celui des arts populaires nés de la conjugaison de la technique et de la société de consommation (cinéma, bande dessinée, chanson...), celui de la créativité quotidienne (mode, design...).

Au total, une considérable extension donc, un formidable enrichissement mais aussi une fondamentale incertitude car si tout peut devenir culturel, il n'est rien qui ne le soit en puissance, et de cette culture fragmentaire et omniprésente dans laquelle nous évoluons tous, il devient pratiquement impossible de définir les limites et de cerner le statut. C'est contre cet état de fait qu'Alain Finkielkraut, dans son livre, s'élevait, dénonçant cet amalgame généralisé dans lequel le meilleur se trouve ravalé au rang du pire ou plutôt le pire artificiellement haussé au rang du meilleur :

> «Le terme de culture, en effet, a aujourd'hui deux significations. La première affirme l'éminence de la vie avec la pensée; la seconde la récuse : des gestes élémentaires aux grandes créations de l'esprit, tout n'est-il pas culturel? Pourquoi alors privilégier celles-ci au détriment de ceux-là, et la vie avec la pensée plutôt que l'art du tricot, la mastication du bétel ou l'habitude ancestrale de tremper une tartine grassement beurrée dans le café au lait du matin?»

Dans son *Eloge des intellectuels,* Bernard-Henry Lévy renchérit :

> « ...la même étrange notion de « signal culturel » sert à penser ensemble, sans nul moyen de les distinguer, un emballage de Saint-Gobain et une page de Saint-John-Perse. »

Poser que tout est culture, c'est effectivement courir le risque d'un nivellement généralisé, d'une sorte de nihilisme esthétique ou philosophique clandestin.

Hors de toute ambition polémique, il convient de reconnaître au moins le caractère éclaté de la culture contemporaine. Les cultures, les discours, en chacun de nous, comme le montre très bien Edgar Morin dans *L'Esprit du temps,* se conjuguent, se contrarient, se multiplient en dehors de la cohérence unique qui viendrait leur donner signification :

> « Les sociétés modernes sont polyculturelles. Des foyers culturels de natures différentes sont en activité : la (ou les) religion(s), l'Etat national, la tradition des humanités affrontent ou conjuguent leurs morales, leurs mythes, leurs modèles au sein de l'école et hors de l'école. A ces différentes cultures, il faut joindre la culture de masse. Le même individu peut être chrétien à la messe du matin, français devant le monument aux morts, avant d'aller voir *Le Cid* au TNP et de lire *France-Soir* et *Paris-Match*. »

Chaque culture — personnelle ou nationale — éclate ainsi en une mosaïque de cultures différenciées.

La culture en procès

Cette transformation de la culture s'est accompagnée d'une remise en cause des objectifs qu'elle s'assignait. Conçue traditionnellement comme un élément de libération et d'épanouissement personnel, la culture — avec l'école qui en assure la transmission — a été accusée d'être avant tout un instrument d'aliénation et de mystification.

Certes, la critique de la culture est aussi ancienne que la culture elle-même : qu'on pense ici à la condamnation des sophistes par Socrate ou à celle des « sorbonnagres » par Rabelais. Montaigne, dans le célèbre chapitre de ses *Essais* consacré au pédantisme, tournait déjà en ridicule ces philosophes qui oublient la vie à trop se perdre dans les sophismes que contiennent leurs livres : avant de répondre à la moindre de vos questions, il faut qu'ils commencent par disserter et décider, définissant les termes de votre énoncé, de ce qu'est l'homme et s'il est ou non un être doué de raison. C'est une critique de la culture bien proche dans son esprit que propose le romancier J.M.G. Le Clézio lorsque, dans *L'Extase matérielle,* il écrit :

> « La culture n'est rien ; c'est l'homme qui est tout. Dans sa vérité contradictoire, dans sa vérité multiforme et changeante. Ceux qui se croient cultivés parce qu'ils connaissent la mythologie grecque, la botanique, ou la poésie portugaise se dupent eux-mêmes. Méconnaissant le domaine infini de la culture, ils ne savent pas ce qu'ils portent de vraiment grand en eux : la vie. »

Opposer la culture à la vie pour dévaloriser le premier de ces termes : le geste est donc, à travers l'histoire, constant — ce qui d'ailleurs ne l'empêche pas d'être des plus ambigus et des plus discutables. Cependant, avec la modernité, cette critique de la culture a pris un visage social et politique : la culture a été dénoncée, comme un instrument inégalitaire de sélection sociale visant, avant tout, à mesurer la manière dont les invidus intériorisent les normes et acceptent de se plier à elles. Il semble en effet légitime d'affirmer, détournant une formule marxiste, que la culture dominante n'est rien d'autre que la culture de la classe dominante, celle par laquelle cette classe, diffusant ses valeurs dans l'ensemble de la société, assure sa domination sur celle-ci. Louis Althusser l'a clairement démontré : par le biais des *Appareils Idéologiques d'Etat* — et notamment de l'école — les valeurs bourgeoises sont présentées comme *les* valeurs de la culture.

D'où les réactions de rejet que, de Mai 68 à la révolution culturelle chinoise, notre époque a enregistrées : la culture y est dénoncée comme une mystification qui doit céder devant la réalité concrète, devant la véritable activité utile, celle du peuple opprimé. Les nihilistes russes se sont rendus célèbres par le jusqu'auboutisme apparent de leur rejet de la culture. Ainsi Nekrassov, qui déclarait préférer un morceau de fromage à tout Pouchkine ou Pisarev, qui affirmait : *« J'aimerais mieux être un cordonnier russe qu'un Raphaël russe »* ou encore : *« Une paire de bottes est plus utile que tout Shakespeare »*. L'idée est simple : la culture nous détourne de l'essentiel ; lire Shakespeare est un crime quand des hommes, de par le monde, vont nu-pieds ; se plaire aux drames inventés de *Macbeth* ou de *Hamlet* est ignoble et irresponsable quand le drame le plus terrible est celui qui se déroule sur la scène d'un monde que dominent le crime et l'injustice.

Simple, l'idée est pourtant des plus contestables, qui passe tout simplement sous silence le rôle considérable qui peut être celui de la culture dans la lutte contre l'injustice sociale et politique. Condamnation vaine et trop rapide de la culture que cet affrontement entre Shakespeare et le cordonnier. Camus, d'ailleurs, le faisait remarquer dans *L'Homme révolté* :

> « Le procès de l'art est engagé définitivement et se poursuit aujourd'hui avec la complicité embarrassée d'artistes voués à la calomnie de leur art et de leur intelligence. On remarquera en effet que dans cette lutte entre Shakespeare et le cordonnier, ce n'est pas le cordonnier qui maudit Shakespeare ou la beauté mais au contraire celui qui continue de lire Shakespeare et ne choisit pas de faire les bottes, qu'il ne pourrait jamais faire au demeurant. »

La culture pour vivre

Dans ce procès ainsi intenté à son égard, la culture, cependant, ne manque pas d'arguments à faire valoir en sa faveur. Elle ne saurait en effet se réduire à l'image négative que ses détracteurs ont proposée d'elle. Elle n'est pas seulement la maîtrise d'un répertoire de références sophistiquées et exotiques destinées à impressionner dans le monde : à quoi servent, comme le montrait déjà Montaigne, ces références si elles ne viennent pas informer notre vie et la bouleverser ? Elle n'est pas davantage ce patrimoine, gage et signe de réussite sociale, qu'il faudrait faire prospérer et ceci même si, trop souvent, aujourd'hui on thésaurise la culture comme au XIXe siècle on amassait sa fortune : contresens total car la culture n'a de valeur que si elle est expérience et dépense.

Au-delà de ces images réductrices, la culture n'a de sens que si, conçue comme la possibilité d'un regard critique, elle se révèle absolument indispensable à la liberté de chacun. Ainsi que le déclarait Antonin Artaud dans la préface de *Le Théâtre et son double,* la culture véritable est protestation :

> « **Protestation contre le rétrécissement insensé que l'on impose à l'idée de culture en la réduisant à une sorte d'inconcevable Panthéon; ce qui donne une idolâtrie de la culture, comme les religions idolâtres mettent des dieux dans leur Panthéon.**
>
> **Protestation contre l'idée séparée que l'on se fait de la culture, comme s'il y avait la culture d'un côté et la vie de l'autre; et comme si la vraie culture n'était pas un moyen raffiné de comprendre et d'*exercer* la vie.** »

Etre cultivé, c'est donc d'abord se refuser à une image trop étroite de la culture et, du coup, prendre appui sur la réflexion et l'expérience d'autrui pour mener à bien sa propre réflexion et ses propres expériences, et se dissocier ainsi des impostures ou des illusions du discours dominant; c'est être en mesure de s'affirmer et de se découvrir dans l'intelligence de la complexité du monde. Ainsi de la culture littéraire : la littérature n'a de valeur que si, loin de nous distraire, elle nous ramène invariablement à ce que nous sommes : lire Proust doit être moins plonger dans le monde clos d'une haute société révolue que découvrir, dans le plaisir du texte, la vérité enfouie de notre propre désir.

Définie ainsi, la culture devrait permettre à la société de ne pas sombrer dans ces deux périls symétriques que sont le fanatisme et l'indifférence, c'est-à-dire le trop-plein du sens ou l'absence de celui-ci. Face au fanatisme, la culture, dans la tradition de la philosophie et de l'humanisme, peut affirmer la vertu du doute et de la tolérance. Mais face à l'indifférence, elle peut, de manière inverse, poser l'existence de valeurs là où la société actuelle trop souvent n'affirme que la confusion ou la disparition des valeurs. Elle doit être, en somme, pour reprendre une formule de Jacques Rigaud, *« un langage commun pour nous préserver d'un retour à la barbarie »* : en réponse aux divisions inévitables d'une société, elle est un terrain de rencontre possible; devant la crise du sens que nous traversons, elle est le lieu d'un sens possible.

──────────── REPÈRES ────────────

Montaigne, « Du pédantisme », *Les Essais,* 1580-1595, GF.
Antonin Artaud, *Le Théâtre et son double,* Gallimard, 1938.
JMG. Le Clézio, *L'Extase matérielle,* (Idées) Gallimard, 1967.
Jacques Rigaud, *La Culture pour vivre,* (Idées) Gallimard, 1975.
Alain Finkielkraut, *La Défaite de la pensée,* Gallimard. 1987.

▶ **Education.**

Darwinisme

Le darwinisme est la théorie élaborée par le naturaliste anglais Charles Darwin et selon laquelle les espèces évoluent et dérivent les unes des autres sous l'effet de la sélection naturelle.

Théorie scientifique qui a bouleversé notre conception du vivant et de la place que l'homme occupe en son sein, le darwinisme a été l'objet d'une appropriation idéologique des plus suspectes : sous le nom de « darwinisme social » ou plus récemment de « sociobiologie », on a tenté d'expliquer la société humaine à partir de la description, proposée par Darwin, du monde animal. Cette relecture du darwinisme va pourtant à l'encontre de la lettre même du texte de Darwin : privée de fondement scientifique, elle ne vise en fait qu'à justifier une idéologie inégalitaire et raciste.

Darwin et *L'Origine des espèces*

L'œuvre de Darwin est considérable tant par son volume — elle est loin en effet de se limiter à cet ouvrage central qu'est *L'Origine des espèces* — que par son importance. Elle nous a amenés en effet à reconsidérer l'image que nous nous faisions de l'humanité et tout particulièrement de la place que celle-ci occupe au milieu des autres espèces vivantes. Cette œuvre si décisive, on serait tenté d'avancer qu'elle procède tout entière d'un événement dont Darwin lui-même confessait, dans son autobiographie, qu'il avait été le plus important de toute son existence.

En 1831, Darwin, en effet, obtient un poste de naturaliste sur la *Beagle*, un navire en partance vers les mers du Sud et qui, pendant cinq ans, sillonnera celles-ci. C'est l'occasion pour lui, ainsi qu'il le rapportera dans l'un de ses ouvrages les plus lus, *Le Voyage de la Beagle*, de découvrir l'Amérique du Sud, l'Australie, la Nouvelle-Zélande, bien d'autres terres encore et surtout, de collecter des spécimens minéraux, végétaux ou

animaux d'espèces jusqu'alors inconnues de la science.
Au terme de ce voyage, avec l'acquis de toutes ces connaissances nouvelles accumulées, Darwin est pourtant loin encore d'avoir clairement à l'esprit ce qui deviendra son apport théorique essentiel. Il est seulement frappé par l'extraordinaire adaptation des espèces à leur environnement, qu'il a pu constater au long de son voyage. Revenant sur ces faits, laissant les idées mûrir en lui, retardé également par une perpétuelle maladie, Darwin ne publiera son œuvre majeure, *L'Origine des espèces*, qu'en 1859.

Quel est le contenu de ce texte décisif? Darwin montre que les représentants d'une même espèce sont tous soumis à des variations qui leur sont soit favorables soit défavorables. La sélection artificielle telle que l'homme la pratique consiste d'ailleurs à encourager la diffusion des variations favorables de manière à améliorer la qualité d'une race. On choisit les meilleurs animaux pour la reproduction, on écarte les autres. Or, continue Darwin, dans la nature, de manière spontanée, un mécanisme similaire est à l'œuvre. En effet, dans la lutte pour l'existence qui oppose les animaux entre eux, l'individu porteur d'une variation avantageuse l'emportera sur celui affligé d'une variation désavantageuse : le premier éliminera donc le second et, à terme, sa progéniture survivra seule. Tel est le mécanisme de la sélection naturelle qui explique l'évolution et la divergence des espèces.

Du darwinisme au darwinisme social

La tentation était grande, sans doute, d'étendre par analogie la théorie darwinienne du monde animal à la société humaine.

Dans cette lutte pour la vie où seul survit le plus fort et que Darwin avait décrite, ne fallait-il pas lire en fait le plus juste des tableaux du monde moderne où les individus, pour s'imposer, n'ont pas d'autre alternative que la mise à mort de leur rival ? Marx en faisait d'ailleurs la remarque dans une lettre adressée à Engels en 1862 :

> « Il est remarquable de voir comment Darwin reconnaît chez les animaux et les plantes sa propre société anglaise, avec sa division du travail, sa concurrence, ses ouvertures de nouveaux marchés, ses inventions et sa malthusienne lutte pour la vie. »

Considéré dans cette perspective, plus fort que Esope ou La Fontaine, Darwin apparaîtrait comme le plus noir et le plus grand des fabulistes.

La lecture de Marx visait à découvrir dans le texte de Darwin l'homme derrière l'animal. Le darwinisme social et la sociobiologie se proposent à l'inverse de retrouver l'animal derrière l'homme. Il s'agit de montrer, pour Spencer hier ou de manière légèrement différente pour Wilson aujourd'hui, que les mécanismes qui régissent la nature sont les mêmes que ceux qui régissent la société. Reprenant à Darwin l'idée que l'homme appartient au règne animal, les tenants du « darwinisme social » affirment en effet que la lutte pour la vie et l'élimination des plus faibles par les plus forts sont la règle unique et universelle qui s'impose tout le long de l'échelle du vivant. Le raisonnement, on le voit, est on ne peut plus simple, qui vise à présenter comme juste pour la société humaine ce qui est naturel dans le monde animal. La théorie de l'évolution élaborée par Darwin est donc présentée comme l'irréfutable garantie scientifique qui vient fonder une conception violente, inégalitaire, voire raciste de l'humanité. C'est la nature même qui veut que les individus soient inégaux et que, pour le salut de l'espèce, les plus forts écrasent les plus faibles !

L'effet réversif :
anthropologie darwinienne contre darwinisme social

Qu'une telle conception soit inacceptable politiquement et moralement est — ou devrait être — une évidence. Mais ce qui importe tout autant, c'est qu'il s'agit d'une imposture scientifique. En aucun cas, en effet, l'idéologie inégalitaire du darwinisme social n'est en droit de se prévaloir de la scientificité de la découverte darwinienne.

Darwin, en effet, n'a jamais prétendu que les lois de la sélection naturelle s'appliquent à l'être humain et à la civilisation. Il a même affirmé exactement et en toutes lettres le contraire dans un ouvrage de 1871 intitulé *La Descendance de l'homme*. On y lit notamment :

> « A mesure que l'homme avance en civilisation et que les petites tribus se réunissent en communautés plus nombreuses, la simple raison indique à chaque individu qu'il doit étendre ses instincts sociaux et sa sympathie à tous les membres de la même nation, bien qu'ils ne lui soient pas personnellement connus. Ce point atteint, une barrière artificielle seule peut empêcher ses sympathies de s'étendre à tous les hommes de toutes les nations et de toutes les races. »

Avec ce texte de Darwin qui exalte la solidarité et la fraternité entre les hommes, on est aux antipodes exactes des caricatures habituelles du darwinisme qui visent à présenter celui-ci comme un éloge de la violence et de la lutte.

On doit au philosophe Patrick Tort d'avoir mis à jour tout ce versant occulté de l'œuvre darwinienne et d'en avoir proposé une analyse qui ruine toute tentative de faire servir celle-ci à un projet idéologique inégalitaire. Dans *La Pensée hiérarchique et l'évolution* et dans *Misère de la sociobiologie*, Tort insiste sur ce qu'il nomme l'« effet réversif ». Celui-ci, décrit par Darwin dans *La Descendance de l'homme*, consiste en une inversion du processus de la sélection naturelle qui accompagne le développement de l'espèce humaine et l'accès de celle-ci à la civilisation. Tort explique ainsi le phénomène :

> « ...la civilisation apparaît naturellement comme l'état au sein duquel la sélection démontre qu'elle s'est, sans avoir cessé un instant d'agir sélectivement, renversée

> progressivement en elle-même, pour favoriser, au lieu de l'extermination des faibles, des comportements d'aide et d'assistance envers les moins aptes, au lieu du dépérissement des moins armés pour la lutte, leur réhabilitation par des technologies compensatoires (médecine, hygiène, sport, etc.), au lieu de l'éternisation des hiérarchies naturelles, l'assimilation sympathique, et, au lieu de l'égoïsme, la solidarité. Cet effet de retournement interne et continu de la sélection naturelle — la sélection naturelle sélectionne la civilisation, qui s'oppose à la sélection naturelle —, c'est ce que j'ai nommé l'*effet réversif* de l'évolution. »

Contre la menace que constitue le darwinisme social, le retour à l'anthropologie darwinienne elle-même apparaît donc comme le meilleur des recours. Ainsi que le souligne Tort :

> « ...aucune sociologie inégalitaire ou sélectionniste, aucune politique d'oppression raciale, aucune idéologie discriminatoire ou exterminatoire, aucun *organicisme* enfin ne peuvent être légitimement déduits du darwinisme. »

──────── REPÈRES ────────

Patrick Tort, *La Pensée hiérarchique et l'évolution*, Aubier, 1983.

Patrick Tort (Sous la direction de), *Misère de la sociobiologie*, PUF, 1985.

▶ Science.

Décadence

On nomme « décadence » le long et complexe processus de décomposition historique qui mène à l'abaissement puis à la disparition des sociétés les mieux établies, des nations les plus puissantes.
Malgré l'inévitable référence à la chute de l'Empire romain dont elle se nourrit, l'idée de décadence est une idée moderne. Elle vise à asseoir la certitude que les civilisations, au même titre que les individus, naissent, croissent et meurent : leur disparition serait donc inéluctable. La décadence pourtant n'est qu'un mythe qui, s'il resurgit périodiquement, est privé de tout fondement historique.

La référence romaine

Il n'est pas de réflexion possible sur le phénomène de la décadence qui ne commence par un retour sur cet épisode déterminant de l'Histoire : le déclin et la chute de l'Empire romain. La cité latine, qui avait imposé sa domination à l'ensemble du monde connu, s'effondre au terme d'un long et complexe processus de décomposition. Celui-ci, malgré l'éphémère retour à l'ordre et à la grandeur qui fut l'œuvre de Constantin, débute avec la mort de l'empereur Commode en 192 et s'achève avec la prise de Rome par les Huns en 410. Miné à l'intérieur par les rivalités et les conflits, l'Empire est menacé sur ses frontières et jusque dans ses provinces par le déferlement des Barbares. Incapable de résister davantage, il s'écroule et l'une des pages les plus importantes de l'Histoire de l'humanité se trouve du même coup tournée : l'Europe est livrée à un désordre dont jailliront les structures nouvelles du monde médiéval.

Telle est la décadence romaine que relatent les manuels d'histoire. Et dans cette réalité historique s'origine la hantise de la décadence qui habite des sociétés modernes se croyant promises à un avenir similaire.

Et pourtant, alors même que la référence romaine est inévitable, l'idée de décadence est tout sauf une idée antique. Le mot même de décadence n'existait pas en latin et les contemporains de la chute de Rome ignoraient tout de cette façon de concevoir leur sort. L'historien Henri Irénée Marrou, qui a contribué de manière décisive à détruire les mythes que le destin de la Rome finissante avait suscités, écrit :

> « L'attitude des contemporains de l'écroulement de l'Empire romain peut se résumer en un seul mot : ils n'en ont pas eu conscience. Le problème du déclin et de la chute du monde antique est un problème moderne. »

Un cadeau de la modernité

Dans son livre, *Histoire et décadence*, Pierre Chaunu renchérit : *« La décadence est un cadeau de la modernité. »*

Il est impossible de dire avec précision où débute cette modernité. Cependant, on peut affirmer qu'à partir du XVIIIe siècle, les historiens se mettent à penser l'histoire de Rome en termes de décadence. Montesquieu publie, en 1734, *Considérations sur les causes de la grandeur des Romains et de leur décadence*. L'année 1776 voit la publication du premier volume de l'œuvre monumentale de l'historien anglais Edward Gibbon : *Le Déclin et la chute de l'Empire romain*. L'intérêt porté par ces deux grandes figures de la culture européenne à la décadence romaine est loin d'être anecdotique. Il traduit peut-être le fait que, pour la conscience occidentale, le destin de Rome apparaît à la fois comme une réfutation et une mise en garde : réfutation de l'optimisme des Lumières qui engageait à croire possible la perspective d'une humanité s'avançant sur la voie d'un progrès irréversible et continu ; mise en garde également, car si le plus puissant des Empires a fini par s'écrouler, alors n'en ira-t-il pas de même de toute civilisation ? Méditant sur Rome, l'Europe pressent que toutes les civilisations sont mortelles.

Les civilisations sont mortelles

Car tel est bien le sens de cette obsession de la décadence qui saisit l'Occident et ne le lâchera plus désormais. Les empires et les sociétés ont la même fragilité que les êtres. Il leur faut passer par les mêmes épreuves : après le temps de la jeunesse et de la vitalité, celui de la vieillesse et de la mort. Une fatalité quasi biologique pèse sur les sociétés, à laquelle il est vain de vouloir se dérober. Mieux que nul autre, Valéry a exprimé cette idée dans le célèbre texte intitulé « La crise de l'esprit » et publié au lendemain de la Première Guerre mondiale :

> « Nous autres, civilisations, nous savons maintenant que nous sommes mortelles.
> Nous avions entendu parler des mondes disparus tout entiers, d'empires coulés à pic avec tous leurs hommes et tous leurs engins; descendus au fond inexplorable des siècles avec leurs dieux et leurs lois, leurs académies et leurs sciences pures et appliquées, avec leurs grammaires, leurs dictionnaires, leurs classiques, leurs romantiques et leurs symbolistes, leurs critiques et les critiques de leurs critiques. Nous savions bien que toute la terre apparente est faite de cendres, que la cendre signifie quelque chose. Nous apercevions à travers l'épaisseur de l'histoire, les fantômes d'immenses navires qui furent chargés de richesse et d'esprit. Nous ne pouvions pas les compter. Mais ces naufrages, après tout, n'étaient pas notre affaire. »

Mais, continue Valéry, tout est peut-être sur le point de changer :

> « *Elam, Ninive, Babylone* étaient de beaux noms vagues, et la ruine totale de ces mondes avait aussi peu de signification pour nous que leur existence même. Mais *France, Angleterre, Russie...* ce seraient aussi de beaux

noms. *Lusitania* aussi est un beau nom. Et nous voyons maintenant que l'abîme de l'histoire est assez grand pour tout le monde. Nous sentons qu'une civilisation a la même fragilité qu'une vie. »

Chaque traumatisme historique est susceptible de susciter une angoisse identique à celle qu'exprimait Valéry. C'est pourquoi, de guerre en crise, l'Occident ne cesse de considérer avec une fascination quasi morbide la perspective sinistre de sa propre disparition.

Le mythe de la décadence

La décadence, pourtant, n'est rien d'autre qu'un mythe. Pour saisir ce qu'elle est, il convient de se placer plus dans le domaine des représentations collectives que dans celui des réalités historiques. Ou plutôt, parler de décadence revient inéluctablement à se situer au lieu même où se nouent de manière indissociable la réalité historique et le mythe qui, à partir d'elle, se développe.

Il est en effet impossible de dresser pour une société donnée, un constat objectif de décadence. La première preuve en est qu'il n'est pas une seule époque qui, au cours de ses derniers siècles, ne se soit présentée elle-même comme une époque de décadence : charnière définitive autour de laquelle avec fracas allait basculer l'histoire tout entière de l'humanité. Or, si la décadence est de toutes les époques, il est bien évident qu'elle n'est plus d'aucune. Parler de décadence n'est plus que le signe de cette répétitive nostalgie par laquelle les peuples idéalisent leur passé pour déprécier leur présent.

L'argument essentiel est cependant ailleurs. Il est possible, certes, d'apprécier objectivement un certain nombre des éléments quantitatifs qui définissent une société : c'est pourquoi il est raisonnable, sur la base de statistiques contrôlées, de parler de déclin démographique ou économique. Mais comment, à partir de là, fonder un jugement global de décadence sur l'état d'une société ? Comment en effet situer l'apogée d'une civilisation du fait de la multiplicité des critères disponibles et de la diversité des dimensions à étudier ? Pierre Chaunu le concède d'ailleurs dans l'avant-propos de son livre *Histoire et décadence* :

> « Je ne crois pas au cycle des civilisations. Ayant consacré une partie de ma carrière scientifique à l'étude des fluctuations, je sais quel effort requiert la constitution d'une seule série homogène, on ne peut mesurer que ce qui est mesurable, quand vous vous rappelez que l'on ne peut utiliser un indice des prix, sans le modifier au XXe siècle sur plus de quinze/vingt ans parce que la gamme des produits offerts a été bouleversée, vous comprendrez que la mise en parallèle de Mycène, des Sumériens, de la Chine des Mings et de l'Amérique, hier, du président Carter me laisse quelque peu sceptique. Je ne hais rien de plus que la fausse science, que tout l'à-peu-près qui se glisse sous une défroque de rigueur. »

Lorsqu'il n'est pas le fait des poètes et des artistes, le discours de la décadence ne peut être que celui de la fausse science, de l'idéologie : morne et monotone complainte qui, sans que cela ne doive rien au hasard, fut celle de tous les mouvements d'extrême-droite. Ceux qui, hier comme aujourd'hui, ne se lamentent de l'abaissement de l'Occident que pour préparer l'avènement d'un ordre nouveau.

Fin de siècle

Le terme de décadence a servi également à désigner un mouvement littéraire et artistique de la fin du XIXe siècle. Dans un passionnant ouvrage intitulé *Les Décadents*, Séverine Jouve en retrace l'histoire et en évoque quelques-unes des principales figures.

Le livre le plus représentatif de la sensibilité décadente est paradoxalement le fait d'un romancier qui a pris toutes ses distances par rapport à elle : Joris-Karl Huysmans. Celui-ci, transfuge du naturalisme, évoque dans *A rebours* (1884) un fin de race, des Esseintes, qui, lassé du monde et de son temps, se retire dans une demeure d'où il méprise ses contemporains et se consacre entièrement à la culture de ses sens et de ses plaisirs.

> Le personnage de Huysmans est le modèle accompli de l'esthète fin de siècle qui, membre à part d'une société en pleine décadence, se livre à toutes les perversions les plus subtiles, à toutes les corruptions les plus rares.
> Des Esseintes est sans doute un cas limite et c'est bien là ce qui fait son exemplarité. Cependant, on retrouverait chez les plus prestigieux des écrivains de la seconde moitié du XIXe siècle — ainsi Baudelaire ou Mallarmé — des convictions bien proches de celles qu'exprime le personnage de Huysmans. Pour eux, le temps qu'ils vivent est celui d'une plate et médiocre fin de l'histoire dans laquelle règnent les valeurs d'une bourgeoisie à l'écart de laquelle le véritable artiste se doit de se tenir.
> Les œuvres décadentes sont d'une qualité très inégale. Chez les épigones, le décadentisme n'est rien de plus qu'une pose rapidement fastidieuse. Le mérite du mouvement, cependant, est ailleurs : la décadence est en effet la face d'ombre qui rappelle à sa vérité le mythe véritable du XIXe siècle : le Progrès. Sur l'optimisme et l'étroitesse bourgeoise de leur temps, les décadents, parfois jusqu'à l'excès, posent la lucidité d'un regard distancié et critique.

―――――― REPÈRES ――――――

Pierre Chaunu, *Histoire et décadence*, Perrin, 1981.
Joris-Karl Huysmans, *A rebours*, GF, 1884.
Séverine Jouve, *Les Décadents*, Plon, 1989.
Montesquieu, *Considérations sur les causes de la grandeur des Romains et de leur décadence*, GF, 1734.
Paul Valéry, « La crise de l'esprit », *Variétés*, 1919.

▶ **Europe, Modernité.**

Démocratie

La démocratie est le système politique dans lequel le pouvoir émane du peuple.
Née en Grèce, la démocratie antique était à la fois limitée dans le nombre des citoyens qui y participaient et directe dans les modalités de cette participation. Tout à l'inverse, la démocratie moderne se veut à la fois universelle et indirecte : par l'instauration du suffrage universel, elle n'exclut personne de son fonctionnement; de ce fait, elle rend obligatoire la mise en place d'un système représentatif. D'où des risques considérables de dérapage qui, cependant, ne remettent pas en cause la légitimité du modèle démocratique.

Le terme de « démocratie » nous vient du grec. Il désigne tout système politique dans lequel le pouvoir émane du peuple. Mais à cette condition unique peuvent satisfaire de nombreux régimes fort différents par leur nature.

Démocratie antique

Historiquement, le premier de ceux-ci fut la démocratie antique. Tel était en effet le régime politique d'un certain nombre de cités grecques, dont la principale, Athènes, aux Ve et IVe siècles avant J.-C. En regard de nos conceptions modernes, la démocratie antique peut apparaître à la fois comme le plus parfait et le plus inacceptable des régimes.

Le plus inacceptable, tout d'abord, dans la mesure où le statut de citoyen n'était réservé qu'à une très faible partie de la population : se voyaient écartés du pouvoir et les femmes et les métèques et les esclaves. En un sens, et en faisant la part de l'inévitable anachronisme qu'il y a à juger le passé à l'aune des valeurs du présent, la situation n'était pas radicalement différente de celle qui existe aujourd'hui encore au sein de l'Etat sud-africain qui prive les Noirs de leurs droits politiques.

Mais simultanément, la démocratie grecque peut légitimement apparaître comme le plus parfait des systèmes. En effet, le pouvoir y appartenait véritablement au peuple et ceci sans nul intermédiaire. Les citoyens se réunissaient au sein de l'« ekklesia » pour délibérer et décider du destin de leur communauté. Les fonctions essentielles, telle celle de magistrat, leur appartenaient, pour lesquelles ils étaient désignés par tirage au sort. La brièveté des mandats interdisait que ne se constitue, au sein de la Cité, une classe politique autonome et distincte qui aurait pu confisquer à son avantage le pouvoir. En un mot, la démocratie athénienne constituait la forme la plus pure de la démocratie : la démocratie directe.

Ainsi définie, la démocratie antique était pourtant loin de faire l'unanimité parmi les Grecs, comme le montre Jacqueline de Romilly dans son ouvrage, *Problèmes de la démocratie grecque*. De grands philosophes comme Aristote et surtout Platon ne l'épargnèrent pas de leurs critiques. Démocratie ne pouvait en effet être synonyme à leurs yeux que de démagogie et d'anarchie. Confié à une masse aveugle et incapable de comprendre où était son bien véritable, le pouvoir de tous ne pouvait que dégénérer pour devenir le pouvoir du plus habile ou le chaos. En aucun cas, le meilleur système politique possible ne pouvait être la démocratie : il fallait lui substituer le règne des philosophes (Platon) ou un régime mixte dans lequel s'équilibreraient défauts et avantages de chaque régime (Aristote).

Démocratie moderne

Ainsi stigmatisée par les fondateurs mêmes de la pensée politique, la démocratie antique n'en constitua pas moins un modèle tout au long de l'histoire occidentale. C'est pourtant largement à rebours de ce modèle — tout autant qu'en référence à lui — que se constitua la démocratie moderne. En effet, alors que, comme on vient de le voir, la démocratie antique se voulait à la fois limitée — dans le nombre des citoyens qui étaient en droit d'y participer — et directe — dans les modalités mêmes de cette participation —, la démocratie moderne, elle, aura comme caractéristique d'être illimitée mais indirecte. On peut donc bien parler d'une véritable inversion du modèle antique.

Celle-ci ne se fit pas en une fois. On ne passa que lentement du modèle élitiste, qui réservait à quelques-uns l'exercice des droits politiques, à la conception qui préside à l'heure actuelle à notre vision de la démocratie. Les révolutionnaires de 1789 proclamèrent bien l'égalité de tous devant la loi mais réservèrent aux plus fortunés le droit de voter, faisant ainsi des bourgeois les plus favorisés les citoyens exclusifs du nouveau système qu'ils étaient en train de fonder. Par le principe du suffrage censitaire était donc créée une nouvelle élite qui s'arrogeait le monopole du pouvoir. Entre « citoyens actifs » et « citoyens passifs », une frontière était tracée. Seul le suffrage universel allait faire de chacun un citoyen à part entière et donner au mot de démocratie son sens véritable. Si l'on se rappelle qu'en France le droit de vote ne fut accordé aux femmes qu'au lendemain de la Seconde Guerre mondiale et qu'aujourd'hui n'en bénéficient toujours pas ces nouveaux « métèques » que sont les travailleurs immigrés, on conçoit ce que la démocratie peut avoir de tardif voire d'inachevé.

Dans le même temps, l'extension des droits politiques à l'ensemble de la population rendait inconcevable le maintien des procédures en vigueur dans la démocratie antique. La démocratie directe ne peut en effet fonctionner que dans des communautés réduites et pour des problèmes relativement simples. Seul le caractère limité de la démocratie athénienne permettait que tous les citoyens y participent à l'exercice effectif du pouvoir. Par leur taille et la complexité des questions à traiter, les nations modernes interdisent ce type de pratique. C'est pourquoi les démocraties modernes, inévitablement, consistent en des systèmes représentatifs : les citoyens n'y ont d'autre fonction que d'élire des représentants qui exercent, en leur nom ou plus précisément au nom de la nation tout entière, les responsabilités politiques. Le système n'est pas sans inconvénient : dans la pratique, l'individu se démet en effet entièrement du pouvoir qu'il devrait détenir. Une caste se constitue — la classe politique — qui, sous prétexte de servir le pays, dispose en fait, dans les bornes de la légalité, de tout pouvoir. Le risque est gros d'une dérive de la démocratie à l'oligarchie, voire, étant donné la concentration actuelle du pouvoir au profit de l'exécutif, de la démocratie à la monarchie déguisée. Par glissements successifs, on passe du pouvoir de tous au pouvoir d'un seul. La démocratie n'est plus alors qu'une apparence, une fiction.

C'est pourquoi la démocratie se définit sans doute moins comme un système dans lequel le pouvoir appartient effectivement au peuple — car cela n'est jamais le cas — que comme le régime dans lequel, par le pluralisme politique, le suffrage universel, l'éducation civique, la séparation des pouvoirs, la soumission au droit, le détenteur du pouvoir est soumis à un certain nombre de contrôles et de contraintes. Ceux-ci lui interdisent d'abuser de son autorité et l'obligent à exercer celle-ci dans le respect relatif du mandat que les électeurs lui ont confié. Barrière fragile contre l'arbitraire du pouvoir mais qui fait cependant de la démocratie, pour reprendre le célèbre mot de Winston Churchill, *« le pire des régimes à l'exception de tous les autres »*.

La marche vers le suffrage universel en France

1791 : la première constitution française n'accorde le droit de vote qu'aux citoyens actifs qui payent une contribution égale à la valeur de trois journées de travail. Le suffrage censitaire est donc préféré au suffrage universel par les révolutionnaires. Les électeurs sont au nombre de 4 300 000.

1793 : le principe du suffrage universel — limité aux hommes cependant — est posé. Le droit de vote est même accordé — sous certaines conditions — aux étrangers ayant vécu en France plus d'une année.

1795 : retour au suffrage censitaire. Seuls sont citoyens ceux qui payent l'impôt.

1798 : Bonaparte rétablit le principe du suffrage universel mais lui ôte toute substance du fait d'un système électoral d'une grande complexité imaginé au départ par Sieyès et dans lequel les citoyens ont plus un pouvoir de proposition que de désignation véritable.

1802 : Bonaparte décide que seules les assemblées cantonales seront élues au suffrage universel. Pour la désignation des collèges électoraux dont émanent les candidats aux Assemblées, le système censitaire est rétabli.

1814 : Louis XVIII maintient le système mis en place par Bonaparte et le restreint encore davantage. Le cens est si élevé que, pour la désignation des députés, le nombre des électeurs n'est que de 100 000 pour toute la France.

1830 : Louis-Philippe qui succède à Charles X maintient le principe du suffrage censitaire.

1848 : au terme de l'article 24 de la constitution du 4 novembre 1848, la Seconde République instaure le suffrage universel. Le 10 décembre de la même année, Louis-Napoléon Bonaparte est le premier président de la république élu au suffrage universel.
Avec la Seconde République, le principe du suffrage universel est acquis.

1944 : par l'ordonnance du 21 avril 1944, le droit de vote est donné aux femmes. Le suffrage est enfin universel !

1974 : par la loi du 5 juillet 1974, la majorité électorale est fixée à 18 ans.

───────────── REPÈRES ─────────────

Raymond Aron, *Démocratie et totalitarisme*, (Folio Essais) Gallimard, 1965.
Philippe Bénéton, *Introduction à la politique moderne*, (Pluriel) Hachette, 1987.
Jacqueline de Romilly, *Problème de la démocratie grecque*, (Agora) Hermann, 1975.
Alexis de Tocqueville, *De la démocratie en Amérique*, (Folio Histoire) Gallimard, 1835.

▶ **Droits de l'Homme, Libéralisme, Politique, Politique (bipolarisation).**

Droits de l'homme

Les droits de l'homme sont les droits fondamentaux dont dispose tout individu de par sa seule qualité d'homme.
Ils furent proclamés en 1789 par les révolutionnaires français et restent aujourd'hui l'un des éléments essentiels de l'ordre juridique national et international. Les droits de l'homme, cependant, ne sont pas à l'abri de toute critique : les philosophes de la contre-Révolution notamment ont mis en évidence le caractère discutable de leur fondement théorique. La question essentielle qui, sans leur ôter leur valeur, se pose aujourd'hui, est celle de leur adaptation au monde qui est le nôtre.

Proclamés en France en 1789, les droits de l'homme et du citoyen ont constitué sans doute la plus prestigieuse des tentatives pour concilier l'exigence de liberté que tout individu porte en lui et l'impératif d'ordre et de cohésion qui s'impose à toute société. Recherche d'un équilibre sans cesse précaire et cependant toujours nécessaire entre l'intérêt du groupe et l'intérêt de ceux qui le constituent.

Aujourd'hui, c'est-à-dire plus de deux siècles après que l'Assemblée constituante française en a proposé la formulation, les droits de l'homme constituent un incontestable et irréfutable point de repère philosophique et politique par rapport auquel se situent, et souvent avec courage, ceux qui de par le monde luttent pour le respect de la dignité humaine et contre l'arbitraire sanglant du pouvoir.

Une telle permanence historique mérite qu'on en interroge les causes : les droits de l'homme constitueraient-ils aujourd'hui encore la plus neuve des idées, le plus urgent des idéaux ?

La Déclaration des droits de l'homme et du citoyen

La réponse à une telle question ne peut aller sans l'étude de la formulation première de ces droits de l'homme. Celle-ci est à chercher dans le texte de la *Déclaration des droits de l'homme et du citoyen* du 26 août 1789.

Non pas que la notion de *« droits de l'homme »* naisse véritablement avec la Révolution française. Le mythe d'Antigone est là pour nous montrer que, dès l'Antiquité, se fait jour, de manière incertaine il est vrai, l'idée que face aux droits de la Cité existent les droits de chaque individu. Plus près de nous, il faut reconnaître que les Anglais avec le *« Bill of rights »* et, surtout, les Américains, avec leur *Déclaration d'indépendance*, ont quelques droits — qu'ils ne manquent pas d'ailleurs de faire valoir — à la paternité de la notion.

Il est légitime, cependant, d'affirmer que par la perfection de sa rédaction et le retentissement lié à son adoption, c'est avec le texte français que les droits de l'homme trouvent leur première et leur plus importante formulation. Adoptée par l'Assemblée constituante le 26 août 1789, la Déclaration a été placée en tête de la Constitution de 1791. Il en est de nombreuses lectures qui, selon le parti pris qu'on choisit, en soulignent soit les audaces, soit les timidités, soit l'ambition universelle qui l'animait, soit l'influence décisive que le contexte historique a pu exercer sur elle.

Le texte débute ainsi :

> « Les représentants du peuple français, constitués en Assemblée nationale, considérant que l'ignorance, l'oubli ou le mépris des droits de l'homme sont les seules causes des malheurs publics et de la corruption des gouvernements, ont résolu d'exposer, dans une déclaration solennelle, les droits naturels, inaliénables et sacrés de l'homme, afin que cette déclaration, constamment présente à tous les membres du corps social, leur rappelle sans cesse leurs droits et leurs devoirs; afin que les actes du pouvoir législatif et ceux du pouvoir exécutif,

pouvant être à chaque instant comparés avec le but de toute institution politique, en soient plus respectés; afin que les réclamations des citoyens, fondées désormais sur des principes simples et incontestables, tournent toujours au maintien de la Constitution et au bonheur de tous.»

Suivent dix-sept articles qui mériteraient chacun de longues analyses et qui s'attachent à abolir les fondements de l'ordre ancien pour mettre en place ceux du système nouveau : l'égalité des citoyens devant la loi est reconnue, sont proclamées la liberté d'opinion, de religion, d'expression. On retrouve dans ces quelques lignes comme la synthèse des principes essentiels que s'était attaché à définir tout au long du XVIIIe siècle la philosophie des Lumières : la séparation des pouvoirs avec Montesquieu (art. 16), la lutte contre le fanatisme et l'intolérance avec Voltaire (art. 10), la foi en la loi avec Rousseau (art. 6).

Au total, la Déclaration de 1789 affirme que, compatible avec l'ordre et le bon fonctionnement de la société, il existe pour chaque individu comme une sphère d'autonomie et de liberté irréductible à toute intervention extérieure, que celle-ci soit le fait d'un autre individu ou surtout de l'Etat.

Un élément essentiel de l'ordre juridique national et international

Décisive par sa formulation et son contenu, la Déclaration de 1789 constitue un élément essentiel de l'ordre juridique national et international. En ce sens, sa portée n'est pas purement symbolique, mais également essentiellement pratique.

En effet, en ce qui concerne le système juridique français, la Déclaration de 1789 pose des principes auxquels le législateur et l'Etat sont aujourd'hui encore tenus de se soumettre. La Constitution de la Ve République déclare en effet dans son préambule :

«Le Peuple français proclame solennellement son attachement aux droits de l'homme et aux principes de la

> souveraineté nationale tels qu'ils ont été définis par la Déclaration de 1789, confirmée et complétée par le préambule de la Constitution de 1946. »

Ces simples lignes donnent toute sa force juridique au texte de 1789. Ce qui signifie concrètement — et en simplifiant énormément une situation autrement complexe dans la pratique — qu'aucune loi ne peut être en principe promulguée, ou aucune décision administrative prise, qui irait à l'encontre d'un des dix-sept articles votés il y a maintenant plus de deux siècles. Si le législateur ou l'administration se laissait aller à enfreindre la Déclaration des droits de l'homme, le Conseil constitutionnel dans le premier cas, les tribunaux administratifs et le Conseil d'Etat dans le second, seraient en droit de s'y opposer comme ils l'ont fait et continuent à le faire à de nombreuses reprises. La Déclaration de 1789 n'est donc pas lettre morte pour les Français mais elle constitue, de manière quotidienne pour les citoyens, un élément essentiel à la défense de leurs droits.

Dans une moindre mesure, il en va de même au plan international. En effet, de nombreux pays ou groupements de pays ont éprouvé la nécessité de se lier eux-mêmes par une déclaration de droits calquée sur le modèle français : c'est le cas par exemple de la Convention américaine des droits de l'homme (1969), de la Charte africaine des droits de l'homme (1981), de la Convention européenne des droits de l'homme (1950) et surtout de la Déclaration universelle des droits de l'homme (1948). L'efficacité concrète de ces différents textes est des plus variables dans la mesure où il n'existe aucun moyen, en droit international, pour obliger par la force un Etat à respecter ses engagements, notamment dans le domaine des droits de l'homme. Cependant, la multiplication des textes inspirés de celui de 1789 montre assez l'importance au moins symbolique qu'a pu revêtir la *Déclaration des droits de l'homme et du citoyen* qui constitue aujourd'hui une référence proprement universelle.

La critique philosophique des droits de l'homme

Référence universelle, la Déclaration des droits de l'homme n'est cependant pas à l'abri de toutes les critiques. Les plus pertinentes sont celles qui portent sur l'abstraction et l'universalité de ces deux concepts que réunit la formule « droits de l'homme ». De quel « homme » en effet parle-t-on et de quels « droits » ?

Le philosophe savoyard, Joseph de Maistre, l'avait souligné dès le début. La notion d'homme telle qu'elle est au centre de la Déclaration de 1789 et des constructions constitutionnelles des révolutionnaires, pourrait bien n'être qu'une fiction, qu'une coquille vide. En une formule devenue célèbre, il résumait son objection majeure dans ses *Considérations sur la France* :

> «... il n'y a point d'homme dans le monde. J'ai vu dans ma vie des Français, des Italiens, des Russes, etc.; je sais même, grâce à Montesquieu, qu'on peut être Persan; mais quant à l'homme, je déclare ne l'avoir rencontré de ma vie; s'il existe, c'est bien à mon insu.»

De manière plaisante et percutante, Joseph de Maistre affirme que ce qui existe dans la réalité, ce n'est pas l'homme — abstrait et universel — mais la pluralité des individus réels qui ne se définissent que par une culture, une langue, une tradition propres. Dès lors, l'ambition universaliste de la Déclaration de 1789, qui prétendait poser des principes valables pour toutes les époques et sous toutes les latitudes, ne peut être que l'œuvre de la bêtise ou de la prétention françaises. Il faut renoncer à légiférer dans l'abstrait au nom de l'homme et pour lui, et se résoudre à n'agir que pour la collectivité à laquelle on appartient et pour le temps qui est le sien.

Le débat peut sembler un peu secondaire, il est pourtant essentiel. Il s'agit en effet de savoir si l'être humain a des droits qui sont les mêmes quelle que soit la communauté historique à laquelle il appartient : y a-t-il, au-delà des lois de l'Etat, des lois plus hautes auxquelles les premières doivent se soumettre ? C'est seulement si l'on répond à cette question par l'affirmative que la notion de droits de l'homme conserve un sens.

L'objection est donc de taille, qui mine déjà en partie la notion de « droits de l'homme ». Une autre vient s'y ajouter, plus décisive sans doute et qui porte sur le premier des deux termes conjugués dans l'expression : celui de « droits ». Quel sens y a-t-il, en effet, à proclamer — dans l'abstrait là encore — des droits? La position serait tout à fait soutenable, qui consisterait à affirmer qu'il n'est pas de droit sans la contrepartie d'un devoir et, surtout, qu'un droit n'est rien sans la garantie concrète de la possibilité d'exercice de celui-ci. Telle était, par exemple, la position du Britannique Edmund Burke qui, dans ses *Réflexions sur la Révolution de France,* écrivait :

> « A quoi bon discuter du droit abstrait d'un homme à la nourriture ou à la santé? La véritable question est celle des moyens de les lui procurer. Dans ce débat, je recommanderai de s'adresser au fermier ou au médecin plutôt qu'au professeur de métaphysique. »

Sous une forme plus brutale, les marxistes ont repris au XXe siècle un peu de ces critiques en demandant de manière abrupte quels étaient les droits véritables d'un chômeur noir américain.

Considérés sous cet angle, les droits de l'homme apparaissent au mieux comme une naïveté, au pire comme une imposture : on proclame en effet les droits les plus ambitieux, alors que l'état réel de la société interdit véritablement qu'on puisse exercer ceux-ci. Le décalage entre le texte de 1789 et la réalité politique et sociale des systèmes qui s'en inspirent se donne à lire ici dans toute son amplitude. Les droits de l'homme semblent ne nous proposer que l'image d'un individu théorique, détaché de tout contexte et de toute réalité, fantôme abstrait et universel.

Moderniser les droits de l'homme?

La solution la plus raisonnable, une fois évalué ce gouffre entre le texte de 1789 et la réalité à laquelle il renvoie, consisterait sans doute dans un travail d'adaptation, de modernisation des principes exposés en 1789. C'est dans cette voie effectivement que les gouvernements se sont engagés au XXe siècle. Ainsi les Constituants de 1946 qui, en France, s'attachèrent à formuler toute une série de nouveaux principes censés correspondre plus directement à la réalité contemporaine; de même, les rédacteurs de la Déclaration universelle de 1948.

On distingue de ce fait plusieurs générations de droits de l'homme. La première est celle de 1789 : elle consacre les droits politiques et civils que l'Etat, par son abstention, garantit aux individus. La seconde génération est celle de l'après-guerre et se traduit essentiellement dans les deux textes cités au paragraphe précédent. Il s'agit d'ajouter aux principes de 1789 tous les droits rendus nécessaires par l'entrée du monde dans l'âge de la révolution industrielle : droit de grève, droit à la santé, liberté syndicale, droit au travail, égalité entre les hommes et les femmes.

On parle quelquefois aujourd'hui de la nécessité d'une troisième génération de droits de l'homme. Ceux-ci constitueraient comme la nécessaire réponse à l'évolution scientifique et technique foudroyante dont le XXe siècle a été le lieu. Il est vrai que, avec le développement de l'informatique ou de la biologie, de nouvelles menaces pèsent sur notre liberté et notre dignité, qui auraient relevé, pour les Constituants de 1789, de la science-fiction. De Maistre déclarait ignorer ce qu'est l'homme. Que dire alors aujourd'hui, quand la maîtrise croissante de la fécondation et la prolongation de la vie humaine, l'exploration des marges de l'existence, nous interdisent de savoir avec certitude quand commence l'être humain et où il finit ? La nécessité de nouveaux textes se fait sentir, qui devraient proclamer le droit à la maîtrise de son propre organisme — menacé autant que protégé par les progrès de la médecine —, de son environnement — face à la pollution —, de son intimité — face aux médias et à l'informatique.

Les années qui viennent nous apporteront peut-être cette nouvelle et moderne déclaration des droits de l'homme. Au sujet de son opportunité, les opinions sont cependant loin d'être unanimes. Les nouvelles questions du monde moderne appellent certes de nouvelles réponses, mais il n'est pas évident que la déclaration des droits de l'homme soit le meilleur cadre pour formuler celles-ci. A trop vouloir multiplier les droits de l'homme, on risque en effet de banaliser ceux-ci et de diluer la signification symbolique et politique qui est d'abord la leur. Ajouter à la liberté d'expression le droit aux vacances, n'est-ce pas finalement confronter l'incomparable et courir le risque d'un nivellement généralisé ? A l'occasion de la célébration de la Déclaration de 1948, le philosophe Claude Lefort s'exprimait ainsi :

> « La formulation de ces nouveaux droits constitue un danger dans la mesure où ils tendent à faire perdre la signification originaire de la notion de droits de l'homme. A la limite, tout ce qui n'est qu'intérêt d'une catégorie ou bien désir de l'individu tend à se travestir en droit. »

On ne saurait conclure cet aperçu sans souligner que malgré — ou à cause de — leur ambiguïté et la distance historique qui nous en sépare, les droits de l'homme constituent aujourd'hui une référence essentielle dans le combat multiple qui se mène pour la défense de la liberté. Comme le déclarait Andreï Sakharov à l'occasion du transfert des cendres de René Cassin au Panthéon :

> « Aujourd'hui, l'idée de la défense des droits de l'homme est la base sur laquelle s'unissent dans le monde entier les gens de convictions, de foi et de nationalités diverses. »

──────── REPÈRES ────────

Edmund Burke, *Réflexions sur la Révolution de France* (Pluriel) Hachette, 1790.

Joseph de Maistre, *Considérations sur la France,* Complexe, 1796.

La Déclaration des droits de l'homme et du citoyen, présentée par Stéphane Rials, (Pluriel) Hachette, 1988.

▶ **Démocratie, Etat, Révolution.**

Écologie

Science de l'environnement, l'écologie est aussi prise de conscience des menaces nouvelles qui pèsent sur celui-ci.

En cela, l'écologie est d'abord dénonciation légitime des méfaits de la société industrielle; de manière plus discutable, elle se constitue également en projet politique visant à remédier de manière globale à ceux-ci.

L'homme et la nature

Formé en 1866 à partir de deux racines grecques, le terme «écologie» est l'œuvre du biologiste allemand Ernst Haeckel (1834-1919). Il signifie «science de l'habitat».

L'écologie est donc d'abord une science. Elle se propose d'étudier le milieu dans lequel évoluent les espèces vivantes et les relations qui s'établissent entre les êtres et leur milieu. A cette fin, elle met en place la notion d'«écosystème» affirmant que, dans la nature, tout se tient et que, du coup, seule une approche globale des phénomènes permet de rendre compte de la complexité du monde dans lequel nous vivons. Chaque espèce, à sa manière, participe de l'équilibre d'ensemble dont, en retour, elle profite.

La question se pose, dès lors, de la place que l'homme occupe dans cet ensemble, du rôle qu'il joue dans cet équilibre. Etre de culture, en effet, plus que de nature, il dispose de cette capacité unique de s'opposer à ce qui est et de transformer le monde dans lequel il vit. Cette capacité est synonyme de progrès mais tout autant de déséquilibre.

Une protestation contre les méfaits du monde industriel

Or, un constat, aujourd'hui, s'impose : le progrès se paye au prix d'un déséquilibre chaque jour de plus en plus insupportable si bien que la notion même de progrès devient du coup des plus suspecte. Les capacités techniques dont nous disposons aujourd'hui sont telles que l'exploitation des ressources naturelles tourne à leur gaspillage pur et simple, que la transformation positive du monde ne se distingue plus très clairement de sa totale destruction.

L'écologie — non plus en tant que science, mais en tant que philosophie — vise moins à étudier cette situation qu'à dénoncer celle-ci. Elle se constitue en un discours militant qui attire l'attention de l'opinion publique sur toutes les formes de déprédation dont notre environnement est victime : pollution, gaspillage, disparition des espèces animales menacées... Telle est par exemple l'action du mouvement Greenpeace qui œuvre de par le monde pour la protection des baleines ou l'arrêt des expérimentations nucléaires.

Mais allant au bout de leur logique, les écologistes affirment qu'il n'est pas suffisant de «réparer», de résoudre au coup par coup les problèmes que pose le système industriel contemporain. La situation est d'une telle gravité que le salut n'est possible qu'au prix d'une remise en question globale du modèle de développement qui est le nôtre. C'est pourquoi, mettant au jour les impasses dans lesquelles la société industrielle s'est engagée, l'écologie invite à transformer radicalement les structures d'ensemble de notre civilisation.

Telle est par exemple la position qu'expose Ivan Illich en 1973 dans un ouvrage intitulé *La Convivialité* :

> «Au stade avancé de la production de masse, une société produit sa propre destruction. La nature est dénaturée. L'homme déraciné, castré dans sa créativité, est verrouillé dans sa capsule individuelle. La collectivité est régie par le jeu combiné d'une polarisation exacerbée et d'une spécialisation à outrance... Le monopole

du mode industriel de production fait des hommes la matière première que travaille l'outil. Et cela n'est plus supportable. Peu importe qu'il s'agisse d'un monopole privé ou public : la dégradation de la nature, la destruction des liens sociaux, la désintégration de l'homme ne pourront jamais servir le peuple. »

Une force politique

Telle est la logique écologiste. On voit qu'elle s'articule en deux temps. Elle est d'abord dénonciation des atteintes à l'environnement dont se rend coupable la société industrielle. Elle est ensuite proposition d'un système alternatif qui permettrait de rétablir l'équilibre rompu entre l'homme et la nature. Il ne s'agit pas, pour les écologistes, de refuser le progrès mais de rechercher une autre forme de développement qui permettrait à la Nature de survivre et à l'individu de s'épanouir.

En cela, l'écologie est bien une utopie mais au sens le plus noble du terme. Elle est le rêve d'une société nouvelle qui, dans le respect de l'environnement et de l'homme, par l'autogestion, la décentralisation, saurait nous tirer du terne cauchemar dans lequel la civilisation industrielle nous a quelquefois contraints de vivre.

Aussi bien dans les critiques qu'elle formule que dans les propositions qu'elle énonce, l'écologie est donc bien indissociable d'un projet politique. Et dans une large mesure, les années récentes ont bien vu l'émergence de la question écologique sur la scène politique.

D'un côté, les institutions internationales et les partis nationaux, sous la pression de l'opinion publique et de l'électorat, ont manifesté un intérêt nouveau pour les problèmes de l'environnement. Les résultats sont encore loin d'être convaincants et les intentions véritablement transparentes. Les intérêts économiques et stratégiques en jeu sont tels que les politiques se contentent bien souvent d'une sorte de bricolage électoraliste de leur programme, destiné à drainer les voix écologistes à la veille d'un scrutin. L'ampleur du programme nucléaire et l'attentat mené par les services secrets français contre le navire du mouvement Greenpeace, le *Rainbow Warrior*, suffisent malheureusement à démontrer ce que peut avoir de superficiel, voire d'hypocrite, la conversion à l'écologie de l'essentiel de la classe politique.

Devant la carence des formations classiques, les écologistes se sont constitués en mouvements politiques. Et en Allemagne au moins, le Parti des Verts joue maintenant un rôle appréciable dans la vie institutionnelle. L'alternative, malheureusement, est loin d'être convaincante. L'idéologie écologiste charrie en effet le pire et le meilleur. Elle a repris à son compte, de manière souvent légitime, l'héritage intellectuel des mouvements de protestation de 68. Mais il faut bien reconnaître qu'elle sert souvent de refuge aux convictions les plus délirantes, les moins rigoureuses, voire les plus archaïques. Les écologistes d'aujourd'hui font bien souvent penser aux socialistes utopiques du XIXe siècle : conscients avant tout le monde des véritables enjeux de demain, ils sont incapables de se constituer en alternative crédible et de contribuer à résoudre les problèmes qui, dès aujourd'hui, se posent.

Catastrophes écologiques

Celles qui ont eu lieu

— **1953 : Minamata (Japon)**
Intoxication de pêcheurs japonais par le méthylmercure rejeté en mer par des usines d'engrais : 111 victimes dont 46 morts. La maladie de Minamata se traduit par des troubles mentaux d'une très grande gravité et la naissance d'enfants malformés.

— **Juillet 76 : Seveso (Italie)**
Un nuage de dioxine menace la ville de Seveso (banlieue de Milan) dont la population doit être évacuée.

— **Mars 78 : Bretagne (France)**
Le pétrolier *Amoco-Cadiz* fait naufrage et provoque une gigantesque marée noire sur les côtes de la Bretagne : 220 000 tonnes de brut sur 200 km de côtes.

— **Mars 79 : Three Mile Island (Etats-Unis)**
L'accident d'une centrale nucléaire aux Etats-Unis attire l'attention de l'opinion publique internationale sur les risques liés à cette forme d'énergie.

— **Avril 86 : Tchernobyl (U.R.S.S.)**
Le plus grave accident nucléaire à ce jour : des dizaines de morts, un nombre incalculable de personnes atteintes, des centaines de kilomètres carrés contaminés pour des siècles.

— **Février 91 : golfe Persique**
L'Irak déclenche une gigantesque marée noire dans le Golfe en riposte à l'offensive alliée pour la libération du Koweit.

Celles qui se préparent

— **La menace nucléaire**
Le nombre croissant de centrales et surtout le vieillissement du parc nucléaire rendent possible la multiplication des accidents de type « Tchernobyl ».

— **L'empoisonnement de la planète**
L'industrialisation et l'urbanisation se soldent par la production d'un volume gigantesque d'ordures et de déchets dont l'élimination est de moins en moins possible : d'où tous les problèmes de pollution de l'eau, des terres et de l'atmosphère qui, à terme, peuvent rendre la planète inhabitable.

──────────── REPÈRES ────────────

René Dumont, *L'Utopie ou la mort,* (Points) Seuil, 1974
Ivan Illich, *La Convivialité,* (Points) Seuil, 1973
E.F. Schumacher, *Small is beautiful,* (Points) Seuil, 1978
Dominique Simonnet, *L'Ecologisme,* (Que sais-je ?) PUF, 1979.

▶ **Modernité, Technique (progrès), Utopie.**

Education

L'éducation est ce nécessaire processus d'apprentissage qui donne à l'individu les moyens de son épanouissement personnel et de son intégration sociale.

Avec Rousseau et Condorcet, le XVIIIe siècle est le lieu d'une véritable révolution pédagogique qui va donner à l'éducation son visage moderne. Le premier affirme que l'éducation doit respecter la nature spécifique de l'enfant. Le second prône la démocratisation de l'instruction. Tels sont les objectifs — inchangés mais difficiles encore à atteindre — qui définissent aujourd'hui le projet éducatif.

Une double fonction

Par la mise en œuvre de moyens pédagogiques appropriés, l'éducation vise à la réalisation d'un double objectif : tournée vers l'individu, elle se propose de donner à celui-ci les connaissances, les outils culturels qui faciliteront son épanouissement personnel; tournée vers la société dans son ensemble, elle a pour mission de permettre l'insertion harmonieuse et productive de l'individu dans la collectivité, et ceci aussi bien au plan économique que moral et politique.

Quel lieu d'équilibre trouver, dès lors, entre ces deux exigences qui peuvent s'avérer autant discordantes que concordantes? Faut-il ne donner à l'éducation d'autre objectif que de plier l'individu aux contraintes du groupe, l'astreindre à un dressage social en lui faisant intérioriser les valeurs sur lesquelles repose la collectivité? Faut-il à l'inverse concevoir l'éducation comme un apprentissage de la liberté, une découverte de soi-même?

Il est rare que l'alternative se présente en des termes aussi clairs. La soumission à l'ordre social peut être en effet une forme d'épanouissement personnel; de même, l'épanouissement personnel peut difficilement aller sans une forme d'intégration dans le groupe. Cependant, la contradiction demeure et oblige chaque société, comme chaque enseignant, à définir et redéfinir sans cesse le système éducatif optimal.

Révolution pédagogique, révolution politique

Si l'on veut chercher ce que fut et reste dans une large mesure la réponse occidentale à la question du meilleur système éducatif, sans doute convient-il de remonter au moins jusqu'au XVIIIe siècle. A cette époque se produit, en effet, ce que l'on pourrait nommer, dans le champ de l'éducation, une révolution à la fois pédagogique et politique, dont l'effet reste déterminant en ce qui concerne le jugement que nous portons encore aujourd'hui sur le système éducatif.

Cette révolution est l'œuvre tout d'abord de Jean-Jacques Rousseau. Celui-ci trace dans l'*Emile,* en 1762, un véritable programme éducatif en rupture avec toutes les pratiques antérieures. Il affirme qu'on ne peut enseigner un enfant qu'à condition de respecter sa spécificité et de reconnaître qu'il diffère radicalement de l'adulte. Il faut donc que le pédagogue se plie à la nature enfantine au lieu de s'acharner à vainement la contrarier. Il lui faudra donc calquer le rythme de son enseignement sur les étapes obligées du développement de la personnalité. Avec Rousseau, se trouve donc condamnée l'idée que l'éducation se limite au pur apprentissage livresque des connaissances dont l'adulte devra disposer. L'école doit nous apprendre à vivre et elle doit nous faire découvrir la vie et le monde dans leur richesse et leur diversité. De cette idée simple naît l'essentiel de la psychologie moderne.

Pour Rousseau, la révolution pédagogique ne pouvait aller sans une révolution politique. Changer l'homme par l'éducation, c'était du même coup changer la société, et à cet égard, il est particulièrement significatif que l'*Emile* paraisse la même année que *Du Contrat social.* Cependant, le livre de Rousseau se limite à une sorte d'expérience de laboratoire. L'éducation d'un seul était envisagée et, de plus, dans les conditions les plus favorables dont un pédagogue puisse rêver. Il appartenait aux révolutionnaires d'affirmer que la question de l'éducation devrait se poser désormais en termes collectifs.

C'est ce que fit tout particulièrement Condorcet. Révolutionnaire et philosophe, celui-ci définit le nouveau système scolaire qui, seul, pourrait permettre à la démocratie de ne pas être une chimère. Le pouvoir, en effet, ne peut être donné à tous que si chacun est en mesure de l'exercer. Cela suppose le principe d'une «instruction de masse» qui, en prodiguant à chacun la culture minimale dont il a besoin, permettra à la société de tendre vers la liberté et l'égalité. Là encore, la révolution politique est au prix de la révolution pédagogique.

L'éducation aujourd'hui

Respect de l'enfant et démocratisation de l'enseignement : tels sont les deux principes qui, aujourd'hui encore, définissent largement sinon la réalité de notre système éducatif du moins les objectifs inchangés qu'il s'assigne.

Des objectifs à la réalité, il y a cependant une distance que l'on peut juger excessive. Malgré la mise en place d'une éducation obligatoire, gratuite et laïque, l'égalité devant l'instruction est loin d'être la règle. L'école est impuissante, en effet, à réduire les inégalités culturelles qui ne sont en fait rien d'autre que le reflet des inégalités sociales. Pire encore, il arrive souvent que le système scolaire, du fait de son éclatement et de son manque d'homogénéité, renforce ces inégalités. A côté d'établissements prestigieux destinés à une élite qui se reproduit elle-même, un véritable ghetto scolaire se constitue, d'où il est pratiquement impossible de sortir.

Dans de telles conditions, il n'est pas rare de voir conclure à un échec global du système éducatif. Le chemin parcouru est cependant immense et les acquis indéniables.

L'inquiétude se justifie dans la mesure où la question éducative est l'une des plus décisives qui soient pour l'avenir d'une société. Il y va de la capacité d'une nation à répondre aux défis économiques de demain, en formant une main-d'œuvre qualifiée et flexible. Plus encore, il y va de la cohésion même du groupe. Dans une société de plus en plus éclatée, seule l'école, en effet, peut permettre de retrouver, dans le respect des diversités, le sens d'une identité commune.

―――――――――――― REPÈRES ――――――――――――

Condorcet, *Esquisse d'un tableau historique des progrès de l'esprit humain*, GF, 1795.
Roger Gall, *Histoire de l'éducation,* (Que sais-je?) PUF, 1948.
Ivan Illich, *Une société sans école*, (Points) Seuil, 1971.
Jean-Jacques Rousseau, *Emile ou De l'éducation*, GF, 1762.

▶ **Culture.**

Engagement

L'engagement est la volonté, pour un écrivain ou un artiste, d'agir par son œuvre dans les conflits politiques de son temps.

Si elle est de toutes les époques, la question de l'engagement s'est posée avec une force particulière à l'occasion de la Seconde Guerre mondiale. Tirant la leçon des événements récents, Jean-Paul Sartre, en 1945, se livra à un véritable plaidoyer pour la littérature engagée. Le débat était ainsi ouvert, qui dominerait jusqu'aux années 70 la scène littéraire.

1940-45 : Honneur et déshonneur des lettres

La littérature engagée ne naît pas au sortir de la Seconde Guerre mondiale. Avec assez de talent, de culture et de conviction, on pourrait même soutenir — un peu à la manière de Sartre — qu'il n'est de littérature qu'engagée. Un écrivain — qu'il le veuille ou non, qu'il le reconnaisse ou qu'il se le dissimule — appartient à son temps et ne peut empêcher que son œuvre soit, d'une manière ou d'une autre, prise de position sur les grands combats de son époque.

Sans pousser la démonstration aussi loin et agrandir indéfiniment, du coup, le champ de la littérature engagée, il suffit de considérer l'histoire des siècles passés pour constater que les grands écrivains d'hier n'ont pas hésité à prendre parti dans les conflits de leur temps. Au siècle des guerres de Religion, poètes catholiques (Ronsard) et poètes protestants (Agrippa d'Aubigné) mirent leur génie au service des camps opposés dont la lutte déchirait la France. Les « philosophes » du XVIIIe siècle — et tout particulièrement Voltaire — firent très clairement de leurs œuvres des armes dans la lutte que les Lumières livraient contre l'obscurantisme. Avec le Romantisme, les poètes se voulurent investis d'un pouvoir presque sacré, qui leur faisait un devoir de se ranger aux côtés du peuple, pour permettre à l'humanité de s'engager toujours plus avant sur la voie du Progrès et de la Liberté. Que l'on cite l'affaire Calas, la participation de Lamartine au gouvernement de la Seconde République ou la dénonciation du Second Empire par Hugo, et l'on verra assez que la littérature engagée n'est en rien un monopole de notre temps.

Cependant, dans la perspective qui est la nôtre, il est légitime de saisir la question de l'engagement au moment où s'achève la Seconde Guerre mondiale.

Avec beaucoup d'urgence, la question s'était en effet posée, pour les écrivains vivant dans les pays occupés, de savoir quelle attitude adopter. Fallait-il se taire ou au contraire continuer à écrire ? L'ampleur de la catastrophe historique imposait-elle le silence ou, à l'inverse, était-il du devoir des écrivains de prendre la parole avec plus de force encore ? Les mots suffisaient-ils ou fallait-il passer aux actes ? Et, si les mots en eux-mêmes pouvaient être des actes, quel camp devait-on servir ?

Certains se rangèrent aux côtés de l'occupant, pensant que la collaboration dans laquelle Pétain avait décidé d'engager la France devait mobiliser également les écrivains. Ce furent les Drieu La Rochelle, Brasillach, Céline. D'autres, à l'inverse, passèrent dans la Résistance ; ils y firent, pour certains de la figuration tandis que d'autres y jouèrent un rôle de premier plan mettant leur vie en danger. Ce furent les Camus, Char, Eluard.

L'enjeu était politique bien entendu, mais également — et c'est le point qui, ici, nous intéresse — littéraire. La littérature, en effet, reste-t-elle la littérature lorsqu'elle décide de se mettre au service d'une cause politique, aussi légitime soit-elle ? Il y avait là matière à un véritable cas de conscience et tout particulièrement pour les plus iconoclastes et les plus libres des écrivains de l'avant-guerre, jetés malgré eux dans une guerre où il leur fallait bien prendre parti : les surréalistes.

Ceux-ci étaient résolument hostiles à toute théorie de

l'Art pour l'Art : le surréalisme devait à leurs yeux participer à une révolution qui permettrait la libération de l'individu. Cependant, cette participation ne devait en aucun cas se traduire par une perte d'autonomie pour les artistes. Breton avait écrit :

> « L'ignoble mot d'engagement [...] sue une servilité dont la poésie et l'art ont horreur. »

Pouvait-on s'en tenir à une telle position lorsque l'enjeu était la liberté de tout un peuple ? Certains surréalistes — plus proches, d'ailleurs, du communisme, que Breton — affirmèrent que non. A l'initiative de Paul Eluard, ils publièrent clandestinement des textes de combat rassemblés en un recueil intitulé *L'Honneur des poètes*. La poésie, et bien souvent la poésie surréaliste, se rangeait du coup sous la bannière de la Résistance. Elle se donnait pour fonction de chanter la France et d'en appeler lyriquement à sa libération.

S'agissait-il là d'un acte estimable d'engagement dans l'histoire, ou d'une trahison de l'essence véritable de la poésie ? Benjamin Péret, un autre surréaliste, répondit aux écrivains résistants dans un pamphlet significativement intitulé : *Le Déshonneur des poètes*. Il y affirmait notamment :

> « L'expulsion de l'oppresseur et la propagande en ce sens sont du ressort de l'action politique, sociale ou militaire, selon qu'on envisage cette expulsion d'une manière ou d'une autre. En tout cas, la poésie n'a pas à intervenir dans le débat autrement que par son action propre, par sa signification culturelle même, quitte aux poètes à participer en tant que révolutionnaires à la déroute de l'adversaire nazi par des méhodes révolutionnaires, sans jamais oublier que cette oppression correspondait au vœu, avoué ou non, de tous les ennemis — nationaux d'abord, étrangers ensuite — de la poésie comprise comme libération totale de l'esprit humain car, pour paraphraser Marx, la poésie n'a pas de patrie puisqu'elle est de tous les temps et de tous les lieux. »

Honneur ou déshonneur ? La littérature s'était-elle reniée elle-même en se jetant dans la mêlée de l'histoire? Toujours est-il qu'avec la Seconde Guerre mondiale, la question de l'engagement s'installe sur le devant de la scène culturelle.

Pour une littérature engagée

Agitée déjà pendant la guerre, la question de l'engagement des écrivains se pose avec toute sa force à l'issue de celle-ci. D'un côté, par l'épuration, les écrivains qui ont pris parti pour l'occupant sont exécutés ou emprisonnés; de l'autre, grâce à la Libération, les écrivains résistants retrouvent le droit de s'exprimer à voie haute. La responsabilité des uns et des autres se trouve donc *de facto* reconnue.

Jean-Paul Sartre va faire de la question de l'engagement son cheval de bataille. Romancier, philosophe, dramaturge, critique, il bénéficie au sortir de la guerre d'un prestige inouï, nouveau maître à penser de la jeunesse. Or, pour Sartre, ainsi qu'il s'en est expliqué dans *L'Etre et le Néant* ou *L'Existentialisme est un humanisme,* l'homme, «condamné à être libre», est entièrement responsable de ses actes; bien plus, c'est par ses actes qu'il se fait lui-même en tant qu'individu. L'écrivain n'échappe pas à la règle : ce qu'il écrit l'engage car, par ses textes, il manifeste sa liberté et agit sur le monde qui l'entoure. La littérature ne peut donc qu'être engagée. Il faut que les écrivains prennent conscience qu'ils sont de toute manière partie prenante dans les conflits politiques de leur temps et que c'est toujours au présent que la littérature se fait.

Le premier numéro des *Temps modernes*, en octobre 1945, est pour Sartre l'occasion d'un véritable texte-manifeste dans lequel, sur un ton sans réplique, il dresse le réquisitoire des écrivains du passé qui ont cru pouvoir refuser l'engagement et qui, du coup, sont devenus les complices des atrocités de leur temps :

« L'écrivain est *en situation* dans son époque : chaque parole a des retentissements. Chaque silence aussi. Je tiens Flaubert et Goncourt pour responsables de la répression qui suivit la Commune parce qu'ils n'ont pas écrit une ligne pour l'empêcher. Ce n'était pas leur affaire, dira-t-on. Mais le procès de Calas, était-ce l'affaire de Voltaire ? La condamnation de Dreyfus, était-ce l'affaire de Zola ? L'administration du Congo, était-ce l'affaire de Gide ? Chacun de ces auteurs, en une circonstance particulière de sa vie a mesuré sa responsabilité d'écrivain. L'Occupation nous a appris la nôtre. Puisque nous agissons sur notre temps par notre existence même, nous décidons que cette action sera volontaire. »

C'est un véritable programme qui, dans ce texte, se trouve tracé avec fermeté. Sartre justifie sa propre pratique romanesque et dramatique; il dessine les lignes essentielles de ce que sera sa trajectoire intellectuelle. Mais plus que cela, il expose une véritable théorie de l'écriture, dans laquelle la valeur d'une œuvre se trouve mesurée essentiellement à l'aune de son impact historique. Il faut renoncer à l'illusion qui consiste à penser que la littérature ne tend que vers un Beau et un Vrai désincarnés. Il faut repousser la mystification qui présente la littérature comme n'ayant pas d'autre but qu'elle-même. L'histoire est un combat, et dans ce combat, l'œuvre littéraire est une arme dont l'écrivain doit apprendre à se servir pour transformer l'époque à laquelle il appartient et la société à laquelle il se doit.

Témoignage et engagement

La leçon, que sur un ton assez dogmatique dispensait Sartre, ne fut pas du goût de tous ses contemporains. Parmi toutes les objections que souleva sa thèse, les plus intéressantes furent sans doute celles que formula Gide. Dans le jeu de massacre auquel Sartre s'était livré, il était l'un des rares écrivains à être sorti indemne. Sartre rendait hommage à l'homme qui avait su dénoncer les méfaits du colonialisme. Gide fut, cependant, moins flatté qu'irrité par la démonstration de Sartre — et par tout le tapage journalistique qui l'entoura. Il s'en explique dans son *Journal* à la date du 19 janvier 1948. Il commence par y affirmer que la prestigieuse génération littéraire qui était la sienne avait hérité de Mallarmé la conviction que l'art — différent en cela de l'universel reportage — devait tendre à l'éternel :

> « Valéry, Proust, Claudel et moi-même, si différents que nous fussions l'un de l'autre, si je cherche par quoi l'on nous reconnaîtra pourtant du même âge, et j'allais dire de la même équipe, je crois que c'est le grand mépris où nous tenions l'actualité. Et c'est en quoi se marquait en nous l'influence plus ou moins secrète de Mallarmé. Oui, même Proust dans sa peinture de ce que nous appelions « les contingences », et Fargue, qui, ces derniers temps, écrivait pour vivre, dans les journaux, encore était-ce avec le sentiment très net que l'art opère dans l'éternel et s'avilit en cherchant à servir, fût-ce les plus nobles causes. J'écrivais : "J'appelle journalisme tout ce qui intéressera demain moins qu'aujourd'hui." »

Sur la base d'une telle conception de l'art, Gide ne peut que réfuter la conception sartrienne d'une littérature engagée :

> « Aussi rien ne me paraît plus absurde à la fois et plus justifié que ce reproche que l'on me fait aujourd'hui de n'avoir jamais su m'engager. Parbleu ! Et c'est bien par où diffèrent le plus de nous les leaders de la nouvelle génération, qui jaugent une œuvre selon son efficacité immédiate. C'est aussi bien à un succès immédiat qu'ils prétendent ; tandis que nous trouvions tout naturel de demeurer inconnus, inappréciés et dédaignés jusqu'à passé quarante-cinq ans. Nous misions sur la durée, préoccupés uniquement de former une œuvre durable, comme celles que nous admirions, sur lesquelles le temps n'a que peu de prise et qui aspirent à paraître aussi émouvantes et actuelles demain qu'aujourd'hui.
> Toutefois, lorsque besoin était de témoigner, je n'avais nullement craint de m'engager ; et Sartre le

reconnaissait avec une bonne foi parfaite. Mais les *Souvenirs de cour d'assises*, **non plus que la** *Campagne contre les Grandes Compagnies concessionnaires du Congo* **ou que le** *Retour de l'URSS* **n'ont presque aucun rapport avec la littérature.** »

Très clairement et de manière convaincante, Gide s'oppose dans ce bref passage de son *Journal* à la thèse sartrienne. La littérature, à ses yeux, ne peut se définir par les objectifs à court terme que Sartre lui assigne. Elle ne se distinguerait plus alors du journalisme et manquerait cette «*sortie hors du temps*» qui est sa raison d'être. Pire encore, l'art pourrait se confondre avec la propagande, se reniant ainsi lui-même.

Est-ce à dire que, pour Gide, l'artiste se doit de regagner bien sagement la «tour d'ivoire» à laquelle le tumulte de la guerre l'avait arraché? Nullement. Gide a toujours manifesté une très grande attention et une très grande présence aux problèmes de son temps : ainsi qu'il le rappelle, il a dénoncé le système judiciaire dans ses excès, tout comme le colonialisme, le fascisme ou le communisme. Cependant, pour lui, toute cette part de son œuvre ne relève pas de la littérature mais de ce qu'il préfère nommer le témoignage. A la thèse monolithique de Sartre, Gide préfère opposer une définition double de l'écrivain et de sa situation dans le monde : en tant qu'artiste, celui-ci doit, dans ses œuvres littéraires, se refuser à la tentation nuisible et éphémère de l'engagement; mais, en tant qu'intellectuel, il doit, par son témoignage, se ranger aux côtés de la justice et de la vérité chaque fois qu'il peut le faire. Ainsi se trouvent conjurés ces deux périls symétriques qui sont ceux de l'art militant, asservi aux mots d'ordre d'un parti, et du repli frileux et égoïste hors de son temps.

Le seul engagement possible, pour l'écrivain, c'est la littérature

Est-ce par un prévisible retour du balancier ? Toujours est-il que, renouant paradoxalement avec Gide par-dessus la tête de Sartre, la jeune génération du nouveau roman va, dans les années 50, plaider pour un désengagement de la littérature.

Prenant acte, notamment, de la catastrophe du réalisme socialiste, Alain Robbe-Grillet, dans *Pour un nouveau roman,* compte l'engagement au nombre de ces notions périmées avec lesquelles il s'agit désormais d'en finir. L'idée, certes, est séduisante d'une alliance positive entre l'Art et la Révolution, mais l'expérience nous enseigne que cette union est, en réalité, impossible. Si la littérature s'engage, elle sombre dans le didactisme, dans la lourdeur démonstrative. Elle abandonne toute ambition novatrice et se contente de se mettre au service d'une cause qui, quoi qu'on fasse, lui demeure extérieure. Il faut, affirme Robbe-Grillet, éviter ce piège : la littérature se doit de rester elle-même, c'est-à-dire cette recherche perpétuelle qui déborde toutes les certitudes et toutes les convictions. La réalité d'une œuvre réside non pas dans son sens, dans son message, mais dans sa forme même, dans sa construction. Le texte ne doit donc pas se réduire à un mot d'ordre qu'il serait possible d'en extraire. Il doit demeurer cette aventure de l'écriture dans laquelle s'engagent et l'auteur et le lecteur. A cette condition seulement il pourra, à terme, transformer le regard que nous portons sur le monde :

> « Il n'est pas raisonnable […] de prétendre dans nos romans servir une cause politique, même une cause qui nous paraît juste, même si dans notre vie politique nous militons pour son triomphe. La vie politique nous oblige sans cesse à supposer des significations connues : significations sociales, significations historiques, significations morales. L'art est plus modeste — ou plus ambitieux : pour lui, rien n'est jamais connu d'avance.
>
> Avant l'œuvre, il n'y a rien, pas de certitude, pas de thèse, pas de message. Croire que le romancier a « quel-

que chose à dire », et qu'il cherche ensuite comment le dire, représente le plus grave des contresens. Car c'est précisément ce « comment », cette manière de dire, qui constitue son projet d'écrivain, projet obscur entre tous, et qui sera plus tard le contenu douteux de son livre. C'est peut-être, en fin de compte, ce contenu douteux d'un obscur projet de forme qui servira le mieux la cause de la liberté. Mais à quelle échéance ? »

Plus encore qu'au début des années 60, cette échéance nous semble aujourd'hui lointaine. Dans la fièvre révolutionnaire qui saisit le monde autour de 1968, on crut quelquefois que le moment était venu où révolution poétique et révolution politique allaient enfin définitivement se rejoindre et conjuguer leurs efforts pour renverser et la société bourgeoise et le langage que celle-ci parlait. Telle était, par exemple, la position des membres du groupe *Tel Quel* qui cherchèrent, dans la ligne ouverte par le surréalisme, à trouver une voie comme au-delà de Sartre et de Robbe-Grillet. Se refuser à l'académisme littéraire de Sartre tout en conservant sa volonté de faire servir la littérature à la révolution; pousser plus loin l'entreprise de déconstruction et de rénovation du langage romanesque initiée par Robbe-Grillet tout en repoussant sa théorie d'un art qui n'aurait pas d'autre fin que lui-même.

Cette fièvre révolutionnaire dissipée, l'engagement apparaît aujourd'hui plus que jamais comme une notion périmée. La cause en est d'ailleurs moins littéraire qu'historique. Dans la mesure où, avec la crise des grandes idéologies, plus aucun mot d'ordre n'est susceptible de mobiliser les écrivains, ceux-ci ne découvrent plus d'autre cause à servir que celle de la littérature.

──────────────── REPÈRES ────────────────

André Gide, *Littérature engagée,* Gallimard, 1950.
Alain Robbe-Grillet, *Pour un nouveau roman,* Minuit, 1963.
Claude Roy, *Défense de la littérature,* (Idées) Gallimard, 1968.
Jean-Paul Sartre, *Situations II,* Gallimard, 1948.
Situations X, Gallimard, 1976.

▶ **Avant-garde, Existentialisme, Intellectuel, Nouveau roman, Surréalisme.**

Etat

L'Etat est la structure politique et administrative dont l'autorité s'exerce sur un peuple et un territoire.

Considéré par les philosophes soit comme la condition de notre liberté soit, au contraire, comme une limite à celle-ci, l'Etat a vu son importance au sein de la société croître de manière spectaculaire. D'où une actuelle remise en cause d'un rôle qui devra être redéfini.

La place de l'Etat : le débat philosophique

Quelle doit être la place de l'Etat au sein de la société ? La question a été au cœur de l'un des débats les plus importants et les plus durables de l'histoire de la philosophie politique.

Quelles que soient les différences considérables qui existent entre eux, la plupart des théoriciens s'accordent sur le rôle positif de l'Etat et sur l'importance qui, du coup, doit être la sienne. L'anglais Hobbes voit dans l'Etat-Léviathan la seule issue possible à cette « guerre de tous contre tous » qui caractérise l'état de nature. Jean-Jacques Rousseau montre dans *Du Contrat social* comment les hommes, en s'assemblant, échangent leur liberté naturelle contre une liberté sociale.

L'apologie la plus claire de l'Etat est cependant celle du philosophe allemand Hegel — à tel point d'ailleurs qu'on a voulu quelquefois présenter celui-ci comme le « théoricien » de l'Etat et de l'Etat tout-puissant, niant ou oubliant ainsi l'ambition globale et la largeur décisive de son système philosophique. Pour Hegel, en effet, l'Etat est la structure dans laquelle s'unissent et se retrouvent l'universel et le particulier. Il ne saurait de ce fait y avoir, comme on le croit trop souvent, contradiction entre l'individu et l'Etat et donc oppression de l'individu par l'Etat. L'Etat ne doit pas nier ou réprimer l'intérêt particulier que, de manière légitime, manifeste l'individu, il doit l'intégrer et lui permettre de véritablement se réaliser.

Loin d'être la limite de notre liberté et de notre satisfaction, l'Etat en est donc la condition véritable. L'individu, comme le rappelle Hegel, est en effet à la fois sujet et citoyen et si, en tant que sujet, il se doit à l'Etat par les devoirs qui lui incombent, en tant que citoyen, il trouve dans l'Etat la condition de sa propre réalisation.

Au total, on voit bien que, pour Hegel, c'est de se reconnaître pleinement membre du tout constitué par l'Etat que l'individu atteint la satisfaction véritable. Le philosophe allemand l'affirme très clairement dans de nombreux passages de son œuvre et tout particulièrement dans cet extrait de *La Raison dans l'histoire* :

> « Ainsi l'Etat est le lieu de convergence de tous les autres côtés concrets de la vie : art, droit, mœurs, commodités de l'existence. Dans l'Etat, la liberté devient objective et se réalise pleinement [...]. Tout ce que l'homme est, il le doit à l'Etat : c'est là que réside son être. Toute sa valeur, toute sa réalité spirituelle, il ne les a que par l'Etat. »

Il est essentiel cependant de rappeler que l'Etat que décrit Hegel est l'Etat rationnel, aboutissement de l'Histoire parvenue en sa perfection — et que le philosophe ait cru voir cet Etat réalisé ou sur le point de l'être ne change rien au jugement que nous pouvons porter. De cet Etat rationnel, les Etats empiriques, dont la réalité nous montre l'image, peuvent s'éloigner. Il faut donc se garder de justifier ce qui est au nom de ce qui devrait être ou de ce qui, éventuellement, sera.

Or, que l'Etat réel s'éloigne du modèle hégélien, et alors, loin d'être la condition de notre liberté, il en devient la limite essentielle. Rousseau en avait déjà évoqué la possibilité et Nietzsche, dans un célèbre passage de *Ainsi parlait Zarathoustra,* décrivait l'Etat comme « le plus froid des monstres froids ». Dès ses *Considérations inactuelles* en 1873, prenant le contrepied délibéré de Hegel et de toute la philosophie allemande, il avait traité par l'ironie les grandioses justifications philosophiques de la toute-puissance étatique :

> « Toute philosophie qui croit qu'un événement politique peut déplacer ou même résoudre les problèmes de l'existence est une philosophie de plaisanteries, une philosophie de mauvais aloi. Depuis que le monde existe on a souvent fondé des Etats; c'est là une vieille histoire ! Comment une innovation politique devrait-elle suffire pour faire, une fois pour toutes, des hommes de joyeux habitants de la terre ? Si quelqu'un croit, cependant, de tout son cœur que cela est possible, qu'il se présente, car il mérite vraiment d'être nommé professeur de philosophie à une université allemande... »

L'Etat n'est pas, pour Nietzsche, la solution de nos problèmes. Il y a une forme d'illusion, voire de mystification, dans la facilité avec laquelle nous reportons sur lui tous nos espoirs. Ce n'est pas en lui que nous trouverons la clé de ce que nous sommes. L'idée est ici présentée de manière ironique mais elle traverse avec violence toute l'œuvre de Nietzsche. L'Etat y est dénoncé comme cette nouvelle idole dont il faut hâter le crépuscule : « monstre froid », Léviathan sinistre qui nivelle et détruit tout sous lui.

La montée en puissance de l'Etat

Condition première de notre liberté ou, à l'inverse, obstacle insurmontable pour celle-ci, l'Etat a vu en tout cas son importance, au sein des sociétés modernes, croître de manière spectaculaire.

Le phénomène, cependant, est loin d'être neuf et tout particulièrement en France où l'Etat, de constitution très ancienne, a toujours joué un rôle de premier plan. Dès le XVIIe siècle, au moins, la monarchie absolue avait doté le pays d'un Etat puissant, interventionniste et centralisateur. La Révolution française puis l'Empire napoléonien allaient encore accentuer cette centralisation au point d'en faire l'une des caractéristiques essentielles du système politique, économique, social et culturel de la France.

Tout va s'accélérer à partir du XIXe siècle. Pour gérer une société de plus en plus complexe, l'Etat va devoir prendre en charge un nombre croissant d'activités. Ne se contentant plus d'assurer ces fonctions traditionnelles et obligées que sont la police, la défense, la justice, la diplomatie, il va procéder à des incursions de plus en plus conséquentes dans le domaine de l'économie, de la culture, de la protection sociale, de l'éducation. La grande crise économique de 1929 et les nécessités de l'économie de guerre seront les étapes essentielles de cet inexorable processus de montée en puissance de l'Etat.

La crise de l'Etat-Providence

Celui-ci n'ira pas sans dérive ni sans dérapages. Le plus tragique de ces dérapages est la constitution des Etats totalitaires qui sont comme l'hypertrophie monstrueuse des Etats traditionnels et qui écrasent de tout leur poids la société qu'ils devraient, en principe, servir. Le bilan est moins sombre dans les sociétés démocratiques. D'un côté, la croissance de l'Etat s'est indéniablement avérée positive pour les sociétés développées. L'intervention économique a joué un rôle considérable dans le règlement des crises et dans la croissance soutenue de l'après-guerre. La mise en place de l'Etat-Providence, surtout par la redistribution partielle des richesses au sein de la société et l'aide apportée aux plus défavorisés, s'est traduite par un véritable progrès en termes de justice sociale. Cependant, la croissance étatique s'est également accompagnée d'un certain nombre d'effets pervers dont le caractère inacceptable est apparu tout particulièrement dans les années 80 : développement de la bureaucratie, rigidités dans le fonctionnement de l'économie, perte de dynamisme pour les entreprises... A tout vouloir contrôler, l'Etat a menacé de tout étouffer.

D'où une remise en cause du rôle de l'Etat qui est allée de pair avec le renouveau du libéralisme. Pour les gouvernements de droite, comme d'ailleurs dans une large mesure pour ceux de gauche, la solution à la crise a semblé tout à coup passer par un massif désengagement de l'Etat. Curieuse unanimité par laquelle Ronald Reagan comme Karl Marx communient en une même foi dans le dépérissement de l'Etat. La différence étant cependant que les disciples du philosophe allemand ont eu l'intelligence de n'envisager cette éventualité qu'à l'horizon d'une problématique fin de l'histoire, tandis que les hommes du président américain ont compris dès à présent l'imprudence de s'engager dans cette voie périlleuse.

La solution, en effet, ne saurait consister en un démantèlement pur et simple de l'Etat que, d'ailleurs, personne ne prendrait le risque de prôner véritablement. Ainsi que l'explique Pierre Rosanvallon dans *La Crise de l'Etat-Providence,* la situation actuelle est certes des plus préoccupantes. L'Etat traverse une crise qui est à la fois crise financière et crise de légitimité. Mais la seule issue à celle-ci passe par l'invention d'une nouvelle manière de concevoir le rôle de l'Etat et non dans la suppression ou le retrait aveugle de celui-ci.

Un siècle de croissance étatique en France	
Part des dépenses publiques en % du Produit Intérieur Brut (PIB)	
1872	11,2
1912	12,6
1920	33,3
1938	24,6
1960	38,6
1970	40,1
1980	48,3

REPÈRES

Blandine Barret-Kriegel (dir.), *L'Etat et la démocratie*, La Documentation française, 1986.
Bertrand de Jouvenel, *Du Pouvoir*, Hachette, 1945.
Pierre Rosanvallon, *La Crise de l'Etat-Providence*, (Points) Seuil, 1981.

▶ **Crise économique, Libéralisme, Politique, Totalitarisme.**

Ethnocentrisme

L'ethnocentrisme consiste à considérer comme seules légitimes les valeurs qui ont cours dans sa propre société.
Comme l'affirmait l'historien grec Hérodote et ainsi que le confirme l'ethnologue Lévi-Strauss, l'ethnocentrisme est la plus répandue et la plus spontanée des attitudes. Elle n'en est pas pour autant légitime : la découverte d'autrui est nécessaire à l'équilibre et à l'enrichissement de chaque communauté humaine.

Chacun juge ses propres coutumes supérieures à toutes les autres

On nomme « ethnocentrisme » l'attitude qui consiste à ériger les valeurs de la société à laquelle on appartient en valeurs universelles et donc applicables à l'ensemble de l'espèce humaine. L'ethnocentrisme est donc la négation de la différence culturelle et la croyance naïve en la supériorité de sa propre civilisation.

Une telle attitude est bien entendu condamnable. Elle est synonyme d'appauvrissement et de fermeture. Il n'y a, en effet, de connaissance possible de soi-même que dans la confrontation avec l'autre. La règle vaut pour les individus mais tout autant pour les collectivités. C'est dans le miroir que lui tend autrui qu'une société découvre les traits constituant son propre visage et qui, auparavant, lui étaient demeurés invisibles. La découverte de soi-même est donc au prix de la découverte d'autrui.

Mais — et c'est ce qui fonde l'ethnocentrisme — cette découverte d'autrui autant que découverte de soi-même est remise en cause radicale de tout ce que nous sommes. Tout ce que nous tenions pour vrai et juste cesse d'aller de soi. Nous découvrons, sous d'autres latitudes, dans d'autres climats, des mœurs, des lois, des religions, des cultures qui constituent là-bas la norme mais qui, à nos yeux, sont d'incompréhensibles pratiques.

L'historien grec Hérodote, en une anecdote savoureuse rapportée dans son *Enquête*, notait déjà le scandale monstrueux que constitue pour nous autrui lorsqu'il ose se comporter différemment de nous :

> « Que l'on propose à tous les hommes de choisir, entre les coutumes qui existent celles qui sont les plus belles et chacun désignera celles de son pays — tant chacun juge ses propres coutumes supérieures à toutes les autres. Il n'est donc pas normal, pour tout autre qu'un fou du moins, de tourner en dérision les choses de ce genre. Tous les hommes sont convaincus de l'excellence de leurs coutumes, en voici une preuve entre bien d'autres : au temps où Darius régnait, il fit un jour venir les Grecs qui se trouvaient dans son palais et leur demanda à quel prix ils consentiraient à manger, à sa mort, le corps de leur père : ils répondirent tous qu'ils ne le feraient jamais, à aucun prix. Darius fit ensuite venir les Indiens qu'on appelle Calaties, qui, eux, mangent leurs parents ; devant les Grecs (qui suivaient l'entretien grâce à un interprète), il leur demanda à quel prix ils se résoudraient à brûler sur un bûcher le corps de leur père : les Indiens poussèrent les hauts cris et le prièrent instamment de ne pas tenir de propos sacrilèges. Voilà bien la force de la coutume, et Pindare a raison, à mon avis, de la nommer dans ses vers *la reine du monde*. »

Ethnologie et ethnocentrisme

A partir de l'anecdote, Hérodote, on le voit, formule une loi d'application générale selon laquelle, spontanément, chaque société et chaque individu seraient ethnocentristes. La démonstration est reprise en des termes bien similaires par l'anthropologue Claude Lévi-Strauss dans un célèbre chapitre de son livre, *Race et histoire* (1952). Il y montre que l'ethnocentrisme est bien la plus ancestrale et la plus universelle des attitudes. Chaque peuple tend en effet à se considérer comme le plus digne, voire le seul véritable représentant de la race humaine, les autres hommes se voyant ravalés au rang de « barbares » ou d'êtres inférieurs :

« L'attitude la plus ancienne, et qui repose sans doute sur des fondements psychologiques solides puisqu'elle tend à réapparaître chez chacun de nous quand nous sommes placés dans une situation inattendue, consiste à répudier purement et simplement les formes culturelles : morales, religieuses, sociales, esthétiques, qui sont les plus éloignées de celles auxquelles nous nous identifions. « Habitudes de sauvages », « cela n'est pas de chez nous », « on ne devrait pas permettre cela », etc., autant de réactions grossières qui traduisent ce même frisson, cette même répulsion, en présence de manières de vivre, de croire ou de penser qui nous sont étrangères. »

Que l'ethnocentrisme soit la plus spontanée des attitudes ne signifie pas cependant qu'elle soit la plus légitime. Tout au contraire. On a déjà souligné plus haut qu'à refuser la diversité culturelle, une société courait le risque de l'enfermement et de l'appauvrissement. L'histoire, de plus, est riche d'exemples qui montrent que l'ethnocentrisme débouche régulièrement sur la mise à mort ou sur l'asservissement d'autrui. De la conquête de l'Amérique par les Espagnols jusqu'au colonialisme sous toutes ses formes, la certitude européenne de posséder la vérité et d'incarner pleinement les valeurs de l'humanité tout entière a été féconde en crimes et en massacres.

L'attitude juste consiste donc, non pas à se laisser aller à l'ethnocentrisme spontané qui vit en nous, mais tout au contraire à nous déprendre de celui-ci en nous arrachant à nos préjugés. Telle est la tâche que s'assigne l'ethnologie moderne. En nous enseignant à connaître et à comprendre les civilisations différentes, elle nous amène à découvrir la part d'arbitraire que contiennent nos propres valeurs et la légitimité éventuelle des valeurs qui règlent la vie des hommes sur d'autres continents.

Montesquieu contre l'ethnocentrisme

Le livre qui, mieux que tout autre, nous révèle les ridicules et les dangers de l'ethnocentrisme est vieux de plus de deux siècles. Publié en 1721 sous le titre des *Lettres persanes,* il est l'œuvre de Montesquieu. Celui-ci y met en scène des Persans imaginaires qui découvrent, au hasard d'un voyage, l'Europe et la France. Par ce stratagème littéraire, l'auteur nous oblige à voir notre propre culture à travers les yeux d'autrui et tout, du coup, nous semble neuf et étrange. L'arbitraire de nos coutumes est exposé au grand jour et nous comprenons que, comme le confie le Persan de Montesquieu à son ami, les hommes n'adorent jamais qu'eux-mêmes sous le masque de leurs dieux :

> « Il me semble, Usbeck, que nous ne jugeons jamais des choses que par un retour secret que nous faisons sur nous-mêmes. Je ne suis pas surpris que les Nègres peignent le diable d'une blancheur éblouissante et leurs dieux noirs comme du charbon; que la Vénus de certains peuples ait des mamelles qui lui pendent jusques aux cuisses; et qu'enfin tous les idolâtres aient représenté leurs dieux avec une figure humaine et leur aient fait part de toutes leurs inclinations. On a dit fort bien que, si les triangles faisaient un dieu, ils lui donneraient trois côtés.
>
> Mon cher Usbeck, quand je vois des hommes qui rampent sur un atome, c'est-à-dire la Terre, qui n'est qu'un point de l'Univers, se proposer directement pour modèles de la Providence, je ne sais comment accorder tant d'extravagance avec tant de petitesse. »

REPÈRES

Michel Leiris, *Cinq études d'ethnologie,* (Tel) Gallimard, 1969.

Claude Lévi-Strauss, *Race et histoire,* (Folio Essais) Gallimard, 1952.

Bernard Mouralis, *Montaigne et le mythe du bon sauvage,* (Littérature vivante) Pierre Bordas et fils, 1989.

Tsvetan Todorov, *Nous et les autres : la réflexion française sur la diversité humaine,* Seuil, 1989.

▶ **Négritude, Racisme, Relativisme.**

Europe

> Réalité géographique, l'Europe est aussi, mais de manière plus complexe, réalité culturelle.
> Non sans ethnocentrisme, Paul Valéry définit l'Europe comme le cœur véritable du monde, le lieu de son unité et de son dynamisme. Il s'interroge également sur la perspective d'un déclin que seule peut conjurer cette unité politique dont Victor Hugo, il y a plus d'un siècle, avait rêvé.

L'Europe, « perle de la sphère » ?

Au sortir de la Première Guerre mondiale, Paul Valéry, en un texte retentissant — « La crise de l'esprit » — s'interrogeait sur l'identité européenne et sur l'avenir éventuel qui attendait cette partie du monde. Abordant cette question, il écrivait :

> « Une première pensée apparaît. L'idée de culture, d'intelligence, d'œuvres magistrales est pour nous dans une relation très ancienne — tellement ancienne que nous remontons rarement jusqu'à elle — avec l'idée d'Europe.
> Les autres parties du monde ont eu des civilisations admirables, des poètes du premier ordre, des constructeurs et même des savants. Mais aucune partie du monde n'a possédé cette singulière propriété *physique* : le plus intense pouvoir *émissif* uni au plus intense pouvoir *absorbant*.

Ceci posé, Paul Valéry évoque le destin incertain de l'Europe :

> Or, l'heure actuelle comporte cette question capitale : l'Europe deviendra-t-elle *ce qu'elle est en réalité*, c'est-à-dire : un petit cap du continent asiatique ?

Ou bien l'Europe restera-t-elle *ce qu'elle paraît*, c'est-à-dire : la partie précieuse de l'univers terrestre, la perle de la sphère, le cerveau d'un vaste corps ? »

Bien sûr, il convient de faire la part de ce que peut contenir d'ethnocentrisme insupportable un texte dans lequel, en toute bonne conscience, un Européen fait l'éloge exclusif de sa propre terre et de sa propre culture. Cependant, il convient également de reconnaître que rarement, sinon en l'espace de ces quelques paragraphes, on aura dit sur l'Europe autant en si peu de mots.

L'essentiel, en effet, est posé dans ce texte qui nous livre l'une des plus synthétiques définitions de l'Europe qui soient et nous introduit de la manière la plus directe à la question du destin européen.

Qu'est-ce que l'Europe ?

Qu'est-ce que l'Europe ? A cette question, la réponse de Valéry peut sembler énigmatique, qui affirme qu'elle est « le plus intense pouvoir *émissif* uni au plus intense pouvoir *absorbant* ». Saisie dans cette perspective, l'Europe aurait été cette seule partie du monde à avoir su opérer, à son avantage, la synthèse de tous les acquis techniques et culturels réalisés au hasard de la planète : elle aurait su attirer et assimiler la technique chinoise au même titre que la mathématique arabe, la peinture japonaise comme la statuaire nègre. L'Europe, ainsi, serait ce creuset singulier où viendraient se mêler, se fondre les richesses les plus lointaines et les plus diverses pour produire le plus neuf et le plus complexe des alliages.

Mais, à en croire Valéry, le mouvement serait double et en cela s'inverserait. L'Europe aurait également cette particularité d'avoir diffusé ce qu'elle est sur l'ensemble de la planète. Par la force qu'elle était militairement en mesure d'utiliser ou par la séduction qu'elle était intellectuellement capable d'exercer, l'Europe aurait conquis le monde et répandu ses valeurs, ses goûts et ses mythes sur la surface entière du globe.

«*Tout est venu à l'Europe et tout en est venu*», écrit encore Valéry. L'image n'est explicite nulle part dans le texte, mais elle l'habite tout entier. L'Europe, semble nous dire Valéry, est, plus que le cerveau, comme le cœur battant du monde. Au terme d'un double mouvement — systole, diastole —, il irrigue et anime le corps tout entier.

La définition de Valéry peut séduire par le charme de sa formulation et tout autant choquer par le sentiment de supériorité à peine nuancé qu'elle exprime. Elle nous permet cependant de saisir la nature complexe de l'identité européenne. Celle-ci ne se laisse ramener à aucune formule trop simple. L'histoire européenne est faite de conflits et de contradictions, et ce n'est que très tardivement que l'idée d'une unité européenne a pu émerger. Tout aussi hétérogène se révèle une culture européenne qui, puisant aux sources les plus diverses — Rome, Athènes et Jérusalem, dit-on quelquefois au prix d'une excessive simplification — ne peut être saisie à partir d'aucune caractéristique dominante.

Dans ces conditions, comment définir l'Europe, sinon au prix d'une tautologie qui consisterait à fournir la liste des pays qui la composent? La seule réponse possible à cette question ressemble fort à une dérobade telle celle d'Edgar Morin qui, dans *Penser l'Europe*, définit l'Europe comme un «*bouillonnement dialogique permanent*»: complexe bouillon de culture ou tourbillon intellectuel contradictoire. L'Europe n'aurait nulle autre unité que celle de l'impossibilité à lui en assigner aucune.

L'utopie européenne

Mais ce qui, à vrai dire, nous intéresse surtout dans l'Europe est moins la question de son hypothétique définition que celle de son avenir historique. Valéry la formulait encore lorsque, au sortir d'une guerre qui en avait ébranlé les assises, il mesurait l'immense décalage qui existait entre l'étroitesse géographique du continent et son importance politique. En 1919, l'alternative était simple pour l'Europe : deux voies s'ouvraient à elle, celle de la décadence, celle de la renaissance.

Aujourd'hui, les termes de l'alternative n'ont guère changé. La Seconde Guerre mondiale a contribué encore à l'abaissement des nations européennes sur la scène internationale. Mais du même coup, l'Europe, détruite et divisée, a compris qu'elle n'avait pas d'autre issue pour conjurer le spectre du déclin que l'unité politique. Elle s'est engagée lentement sur cette voie où les progrès se sont faits pas à pas. L'écroulement du bloc de l'Est en 1989 a ouvert à l'Europe des perspectives plus larges que la simple gestion commune d'un espace de prospérité à l'abri de l'histoire, de ses incertitudes et de ses défis.

Toutes les conditions sont donc désormais réunies pour que l'Europe soit plus qu'une simple communauté économique et pour que, de manière pacifique, elle joue à l'avenir un rôle à la mesure de son passé. Victor Hugo en avait rêvé, au siècle dernier, en un texte intitulé « L'Avenir » :

> « Au vingtième siècle, il y aura une nation extraordinaire. Cette nation sera grande, ce qui ne l'empêchera pas d'être libre. Elle sera illustre, riche, pensante, pacifique, cordiale au reste de l'humanité. Elle aura la gravité douce d'une aînée... Cette nation aura pour capitale Paris, et ne s'appellera point la France : elle s'appellera l'Europe. Elle s'appellera l'Europe au vingtième siècle, et, aux siècles suivants, plus transfigurée encore, elle s'appellera l'Humanité. L'Humanité, nation définitive, et dès à présent entrevue par les penseurs, ces contemplateurs des pénombres... »

Aujourd'hui, sont peut-être enfin réunies les conditions pour que, au moins en sa première partie, le rêve de Hugo soit plus qu'un rêve.

La construction européenne

— Mars 1948 : création de l'Union de l'Europe occidentale (organisation de défense) et de l'Organisation européenne de coopération économique.

— Avril 1951 : création, par le Traité de Paris, de la Communauté européenne du charbon et de l'acier (CECA). Sont membres : la Belgique, la France, l'Italie, le Luxembourg, les Pays-Bas et la RFA.

— Mars 1957 : création, par le Traité de Rome, de la Communauté économique européenne (CEE) et la Communauté européenne de l'énergie atomique (EURATOM). Sont membres, les pays déjà signataires de la CECA.

— Juillet 1968 : suppression de tous les droits de douane entre les six membres de la CEE.

— Janvier 1972 : la Grande-Bretagne, l'Irlande et le Danemark adhèrent à la CEE.

— Décembre 1978 : création du Système monétaire européen (SME).

— Juin 1979 : élection de la première Assemblée parlementaire européenne au suffrage universel direct.

— Janvier 1981 : entrée de la Grèce dans la Communauté.

— Janvier 1986 : l'Espagne et le Portugal entrent dans la communauté.

— Février 1986 : signé à Luxembourg, l'Acte Unique européen décide de la création d'un marché intérieur pour la fin de l'année 1992.

— Décembre 1991 : accord de Maastricht en vue d'une monnaie unique, d'une dépense commune et d'une union politique.

— Janvier 1995 : élargissement de l'Europe à 15 (adjonction de l'Autriche, la Suède, la Finlande et refus de la Norvège).

REPÈRES

Yves Léonard (dir.), *Les Cahiers français*, n° 244, janvier-février 1990, « La France et l'Europe », *La Documentation française.*

Jean-Claude Masclet, *L'Union politique de l'Europe*, (Que sais-je ? n° 1527) PUF, 1973.

Edgar Morin, *Penser l'Europe*, Gallimard, 1987.

▶ **Nationalisme.**

Existentialisme

L'existentialisme est un mouvement philosophique aux frontières imprécises et dont Jean-Paul Sartre fut le plus célèbre représentant.

Philosophie de la mort de Dieu, l'existentialisme affirme la liberté sans limite de l'homme : il appartient à l'individu de définir lui-même par ses actes ce qu'il entend être. Telle est la conviction qui est au cœur de toute l'entreprise sartrienne, quelles qu'aient pu être les positions successives du philosophe français.

L'arbre existentialiste et la forêt sartrienne

On associe en général l'existentialisme au nom de Jean-Paul Sartre. C'est justice dans la mesure où l'œuvre du philosophe français est sans doute celle qui présente l'image la plus fidèle de cette sensibilité philosophique. Cependant, dans une large mesure, l'existentialisme précède et déborde l'image qui en a été fixée par l'auteur de *L'Etre et le Néant*.

Dans son *Introduction aux existentialismes*, Emmanuel Mounier l'a clairement montré, qui avait eu la sagesse de n'utiliser le mot que dans sa forme plurielle. Il y a moins en effet *un* existentialisme que *des* existentialismes et moins qu'*un* existentialisme, il y aurait davantage *de* l'existentialisme, disséminé dans l'histoire globale de la pensée philosophique :

« A la rigueur, il n'est pas de philosophie qui ne soit existentialiste. La science arrange les apparences. L'industrie s'occupe des utilités. On se demande ce que ferait une philosophie si elle n'explorait l'existence et les existants.

Cependant, on attache plus volontiers le nom d'existentialisme à un courant précis de la pensée moderne. En termes très généraux, on pourrait caractériser cette pensée *comme une réaction de la philosophie de l'homme contre l'excès de la philosophie des idées et de la philosophie des choses.* **Pour elle, non pas tant l'existence dans toute son extension, mais l'existence de l'homme est le problème premier de la philosophie. Elle reproche à la philosophie traditionnelle de l'avoir trop souvent méconnu au profit de la philosophie du monde ou des produits de l'esprit. »**

Considéré dans cette perspective, l'existentialisme n'est rien d'autre que le courant dans lequel s'inscrivirent au cours de l'histoire tous ceux qui, à un titre ou à un autre, réagirent contre les excès d'une pensée qui délaissait ce qui aurait dû rester son objet essentiel : l'existence de l'individu.

Tel est l'axe autour duquel se développe ce que Mounier nomme l'« arbre existentialiste ». Il plonge ses racines dans la pensée de Socrate comme dans celle des Stoïciens, dans le christianisme de saint Bernard comme dans celui de saint Augustin. Son tronc s'arrache au sol avec l'œuvre de Blaise Pascal et compte le plus solide et le plus essentiel de ses nœuds avec le philosophe danois Kierkegaard. Arrivé à son sommet, il se ramifie en une série de pousses d'inégale vigueur et de directions opposées : d'un côté, l'existentialisme chrétien avec Mounier lui-même et Gabriel Marcel, de l'autre, l'existentialisme athée avec Heidegger et, enfin, Sartre.

L'ensemble, on le voit, malgré la synthèse qu'en propose Mounier, reste assez disparate. C'est pourquoi il est très malaisé de parler de l'existentialisme dans son ensemble et qu'on ne retient d'ordinaire de l'arbre que son dernier bourgeon : l'existentialisme sartrien. Mais ce bourgeon à lui seul est une forêt qui a fini, par sa densité, sa richesse, son exubérance, à cacher l'arbre dont il était né : philosophie essentielle à l'intelligence de la culture contemporaine et à laquelle les analyses qui suivent vont être consacrées.

L'existence précède l'essence

« *L'existence précède l'essence.* » C'est sans doute à partir de cette célèbre formule que l'on a le plus de chances de saisir ce que fut l'existentialisme sartrien.

Celui-ci se définit d'abord comme étant une philosophie de la « mort de Dieu ». La bonne et terrible nouvelle qu'annonçait au siècle passé le Zarathoustra de Nietzsche est l'un des points de départ — dont *Les Mots* nous livreront les clés biographiques — de la pensée sartrienne.

Or, si Dieu n'existe pas, alors, du même coup, cessent d'exister toutes les valeurs divines qui viendraient contraindre notre liberté : il n'y a plus de volonté éternelle, de plan global ou même de nature humaine immuable auxquels chaque « existant » doit se conformer. Tel est le sens de la formule « l'existence précède l'essence » : l'on est et l'on naît avant d'être quelque chose. Il n'y a plus de valeurs supérieures pour orienter le choix des êtres humains, libres et livrés entièrement à eux-mêmes. C'est à chacun de définir, dans la solitude et la responsabilité, doté de l'existence, son essence propre, c'est-à-dire ce qu'il entend être. Chaque homme doit choisir le sens qu'il entend donner à son existence : il détermine son essence.

Sartre s'en est expliqué dans une célèbre conférence de l'après-guerre publiée sous le titre : *L'Existentialisme est un humanisme* :

> « Si, en effet, l'existence précède l'essence, on ne pourra jamais expliquer par référence à une nature humaine donnée et figée ; autrement dit, il n'y a pas de déterminisme, l'homme est libre, l'homme est liberté. Si, d'autre part, Dieu n'existe pas, nous ne trouvons pas en face de nous des valeurs ou des ordres qui légitimeront notre conduite. Ainsi, nous n'avons ni derrière nous, ni devant nous, dans le domaine lumineux des valeurs, des justifications ou des excuses. Nous sommes seuls, sans excuses. C'est ce que j'exprimerai en disant que l'homme est condamné à être libre. Condamné, parce qu'il ne s'est pas créé lui-même, et par ailleurs cependant libre, parce qu'une fois jeté dans le monde, il est responsable de tout ce qu'il fait. »

L'existentialisme sartrien, bien entendu, ne se réduit pas aux quelques lignes qui précèdent. Cependant, c'est bien dans celles-ci que se donne à lire son cœur véritable. L'existentialisme est une philosophie de la liberté qui révèle aux hommes qu'ils ne seront jamais que ce qu'ils feront d'eux-mêmes et les oblige du coup à assumer le fardeau exaltant de leur propre liberté.

Les chemins de la liberté

A présenter ainsi l'existentialisme, on risque cependant de donner l'idée que celui-ci constitue un système philosophique bien défini et bouclé sur lui-même en une série de propositions qui, impeccablement, s'articulent les unes aux autres. Or, il n'en est rien. Si Sartre est bien resté toute sa vie durant fidèle aux valeurs de liberté qu'il avait posées au principe de sa réflexion, son œuvre n'a cessé d'évoluer, de la phénoménologie au marxisme, de la philosophie à la littérature, refusant de se laisser enfermer dans un cadre quelconque, acceptant toujours de courir le risque d'une pensée nouvelle, d'un défi inédit.

En ceci, il faut reconnaître que l'œuvre de Sartre est à la fois incohérente et incomplète. Incohérente — si on la considère comme un tout — dans la mesure où l'évolution intellectuelle de Sartre a été telle que ruptures et retournements y sont plus fréquents que chez aucun autre intellectuel français peut-être. Incomplète, car la plupart des projets qui la constituent sont restés inachevés : ainsi le projet d'un ouvrage de morale qui devait faire suite à *L'Etre et le Néant,* le cycle romanesque des *Chemins de la liberté* ou la biographie consacrée à Flaubert.

Mais en cela également, l'œuvre de Sartre peut aussi être présentée comme l'une des dernières œuvres totales à avoir embrassé son siècle. Sartre a su ne pas être seulement philosophe ou plutôt, dans la grande tradition de ce Voltaire à qui le comparait de Gaulle, il a su qu'être philosophe relevait d'une plus haute exigence que le seul et étroit travail philosophique. C'est pourquoi Sartre a été autant romancier, dramaturge, critique, journaliste, militant que philosophe. C'est pourquoi, également, il ne s'est refusé à aucun des grands combats de son siècle, non sans erreurs il est vrai, mais toujours sans aucune autre ambition que de se mettre au service de ce qu'il tenait pour juste : de la Résistance à la décolonisation, de l'engagement marxiste à la lutte pour les droits de l'homme.

Des caves de Saint-Germain-des-Prés au cimetière de Montparnasse

L'existentialisme a été la cible de nombreuses critiques. Au sortir de la Seconde Guerre mondiale, la jeunesse s'est reconnue dans son pessimisme et son aspiration à la liberté. L'existentialisme fut alors moins une philosophie qu'une manière de vivre : être existentialiste signifiait alors vivre à Saint-Germain-des-Prés, y sortir le soir, y aimer le jazz et refuser toutes les contraintes de l'âge adulte. L'existentialisme fut alors dénoncé comme une vulgaire mode et Sartre fut accusé, comme Socrate autrefois mais avec des conséquences moins graves il est vrai, de corrompre la jeunesse.

Les critiques se déplacèrent sur le terrain littéraire. Jacques Laurent, dès les années 50, dans un pamphlet intitulé *Paul et Jean-Paul*, s'amusait à un parallèle inattendu entre Sartre et Bourget : deux romanciers que perdait leur trop grand souci de démontrer à tout prix. La décennie suivante vit Sartre remis en question par les nouveaux romanciers qui reprochaient aux *Chemins de la liberté* leur trop grand académisme et à l'auteur sa théorie de l'engagement littéraire.

Mais, c'est dans le domaine politique que les critiques se firent les plus sévères. A tel point qu'on a pu soutenir que Sartre avait été l'intellectuel le plus détesté par la bourgeoisie française. On ne lui pardonna jamais d'avoir défini le marxisme comme « l'horizon indépassable de notre temps» et surtout d'avoir inlassablement apporté son soutien à toutes les causes révolutionnaires de son temps, payant de sa personne et apportant le prestige de son nom à tout ce qui mettait en danger les intérêts de ces bourgeois que, dès son premier roman, Sartre avait choisi de nommer les «salauds».

Dès la fin des années 50, au zénith des modes philosophiques se met à pâlir l'étoile de l'existentialisme. Une nouvelle génération intellectuelle se profile, qui ne pourra trouver que bien désuètes les constructions romanesques de Sartre et bien suspect son humanisme existentialiste en un temps où il s'agit seulement d'en finir avec la notion d'«homme». La place est libre pour le structuralisme et pour ces nouveaux maîtres à penser que seront Althusser, Foucault ou Lacan.

Cependant, si l'existentialisme disparaît de la scène idéologique et sociale, Sartre, lui, demeure qui, malgré la cécité, continuera à écrire et surtout à agir avec la même inlassable volonté. Il aura fini, et même pour ceux qui n'avaient jamais ouvert un de ses livres, par incarner la figure moderne de cet intellectuel au service des valeurs de justice et de vérité qu'avant lui Voltaire, Hugo ou Zola avaient été. C'est à cette image-là et à l'homme qui l'avait forgée que rendirent sans doute hommage les milliers de personnes qui, le 19 avril 1980, accompagnèrent le cercueil de Sartre jusqu'au cimetière Montparnasse. Avec ce cadavre, c'est également celui du dernier grand intellectuel français qu'on enterrait.

———————— REPÈRES ————————

Annie Cohen-Solal, *Sartre*, (Folio Essais) Gallimard, 1985.
Jean-Paul Sartre, *L'Existentialisme est un humanisme*, Nagel, 1946.
Emmanuel Mounier, *Introduction aux existentialismes*, Denoël, 1947.

▶ **Absurde, Engagement.**

Féminisme

Le féminisme est l'idéologie ou l'attitude qui vise à sortir la femme de la situation d'infériorité où la maintiendrait une société patriarcale.

Prise de conscience de la position subalterne à laquelle le « deuxième sexe » est assigné, le féminisme est appel à l'émancipation et à la construction d'une société fondée sur l'égalité des hommes et des femmes. Cause on ne peut plus légitime, il se constitue souvent en une idéologie des plus contestables qui ramène à des schémas trop simples la situation de la femme dans l'histoire.

Le deuxième sexe

En 1949, Simone de Beauvoir, dans *Le Deuxième Sexe* — un ouvrage appelé à devenir le classique absolu du féminisme —, analyse la place faite à la femme dans la société et la culture. Elle écrit notamment :

> « ... la femme a toujours été, sinon l'esclave de l'homme, du moins sa vassale; les deux sexes ne se sont jamais partagé le monde à égalité; et aujourd'hui encore, bien que sa condition soit en train d'évoluer, la femme est lourdement handicapée. En presque aucun pays son statut légal n'est identique à celui de l'homme et souvent il la désavantage considérablement. Même lorsque des droits lui sont abstraitement reconnus, une longue habitude empêche qu'ils ne trouvent dans les mœurs leur expression concrète. »

Le constat est simple, clair et à bien des égards irréfutable. Quel que soit le domaine dans lequel on se situe, l'avantage appartient toujours aux hommes :

> « Economiquement hommes et femmes constituent presque deux castes : toutes choses égales, les premiers ont des situations plus avantageuses, des salaires plus élevés, plus de chances que leurs concurrentes de fraîche date; ils occupent dans l'industrie, la politique, etc., un beaucoup plus grand nombre de places et ce sont eux

qui détiennent les postes les plus importants. Outre les pouvoirs concrets qu'ils possèdent, ils sont revêtus d'un prestige dont toute l'éducation de l'enfant maintient la tradition : le présent enveloppe le passé, et dans le passé toute l'histoire a été faite par les mâles. Au moment où les femmes commencent à prendre part à l'élaboration du monde, ce monde est encore un monde qui appartient aux hommes : ils n'en doutent pas, elles en doutent à peine. »

Ou plutôt, elles n'en doutent plus désormais et là est sans doute la victoire de Simone de Beauvoir et, d'une manière plus large, de toutes les féministes qui ont travaillé à ébranler, au XXe siècle, les trop solides certitudes masculines.

La publication du *Deuxième sexe* reste à cet égard une date fondamentale. Dans cet ouvrage, en effet, Simone de Beauvoir ne se contente pas de dresser le constat irréfutable que présentaient les lignes qui viennent d'être citées. Elle s'engage sur la voie d'une analyse véritable du fait féminin — analyse qui, sur de nombreux points, a été contestée et même au sein du mouvement féministe mais qui, au total, aura souvent constitué le socle théorique de la lutte des femmes pour leur émancipation. Simone de Beauvoir démontre que la femme a été constituée par l'homme en *Autre* absolu. Il lui a fallu jouer ce rôle que les hommes avaient écrit pour elle et intérioriser ainsi des valeurs qui, loin d'être fondées en nature, ne sont que le produit d'une culture dominée par les angoisses et les désirs masculins. La libération féminine passe donc d'abord par la prise de conscience de cette situation truquée et la volonté, pour les femmes, d'en finir avec elle : ne plus être ce « deuxième sexe » qui ne se définit et n'existe que par l'opposition inégale au premier.

L'idéologie féministe

Loin de la solide et complexe argumentation de certaines œuvres théoriques, loin également de la brute et indéniable réalité de certains faits, il convient cependant de faire la part de ce que peut avoir de simplificateur un certain discours féministe qui tend aujourd'hui — et surtout dans les pays anglo-saxons — à présenter le destin des femmes comme une radieuse émancipation qui permettra à l'humanité de résoudre tous ses problèmes, qui ne sont nés en fait que de la perversité patriarcale : guerres, violence, injustice, destruction de la nature, refus de la différence, etc. Le féminisme s'est souvent constitué en idéologie, voire en utopie et, du coup, s'est dissocié de la cause féminine : à ce titre, il mérite qu'on prenne quelque distance avec lui.

Dans cette perspective, l'une des plus intéressantes réflexions est sans doute celle qu'a formulée Jean Baudrillard dans son livre *De la séduction*. Il y montre ce que peut avoir de caricatural et surtout de méprisant l'image convenue de la « libération féminine » qui prévaut aujourd'hui. Les femmes d'autrefois étaient-elles donc si stupides ou si serviles pour que le XXe siècle puisse être comme par magie le lieu de leur rédemption, le temps de leur avènement ?

> « Ce sont les bonnes âmes qui voient rétrospectivement la femme de tout temps aliénée, puis libérée dans son désir. Et il y a un profond mépris dans cette vision, la même qu'envers les masses dites « aliénées » qu'on suppose n'avoir jamais été capables d'être autre chose qu'un cheptel mystifié.
>
> Il est facile de dresser un tableau de la femme aliénée à travers les âges et de lui ouvrir aujourd'hui, sous les auspices de la révolution et de la psychanalyse, les portes du désir. Tout cela est tellement simple, tellement obscène dans sa simplicité — pire : c'est l'expression même du sexisme et du racisme : la commisération. »

La stratégie du féminin est plus subtile, et plus complexe le jeu qui l'oppose et l'unit au masculin, pour que tout puisse se résoudre en un schéma aussi simple que celui qu'exploite aujourd'hui un certain discours féministe.

Les grandes dates du féminisme en France

1834 : Flora Tristan, souvent présentée comme la première des féministes françaises, publie *Union ouvrière*, un ouvrage dans lequel elle associe la cause des femmes à celle du prolétariat.

1848 : Premier quotidien féministe : *La voix des femmes.*

1850 : L'éducation primaire est étendue aux filles.

1880 : L'éducation secondaire est étendue aux filles par la loi Camille Sée.

1880-81 : Deux écoles normales supérieures (formation des professeurs) sont créées pour les femmes à Fontenay-aux-Roses et à Sèvres.

1907 : Les femmes mariées obtiennent le droit de disposer de leur propre salaire.

1938 : Les femmes mariées obtiennent la majorité légale.

1944 : Le droit de vote est accordé aux femmes.

1946 : La Constitution reconnaît l'égalité des hommes et des femmes.

1949 : Simone de Beauvoir publie *Le Deuxième sexe.*

1967 : La loi Neuwirth autorise la vente des contraceptifs.

1970 : Le sigle M.L.F. (Mouvement de Libération de la Femme) est adopté pour désigner le mouvement féministe.

1971 : Par le « manifeste des 343 », certaines femmes prennent ouvertement position pour l'avortement.

1974 : L'avortement cesse d'être hors-la-loi grâce à la loi Simone Veil.
Création d'un Secrétariat d'Etat à la condition féminine avec, à sa tête, Françoise Giroud.

Quand les femmes ont-elles obtenu le droit de vote ?

- **1863 :** En Suède, mais seulement pour l'élection du conseil municipal.
- **1869 :** Aux Etats-Unis, mais seulement d'abord dans l'Etat du Wyoming.
- **1893 :** Nouvelle-Zélande.
- **1906-07 :** Finlande et Norvège.
- **1915 :** Danemark.
- **1918 :** Pologne, Canada et U.R.S.S. Grande-Bretagne, mais seulement à partir de 30 ans.
- **1919 :** Allemagne et Pays-Bas.
- **1920 :** Autriche et Etats-Unis.
- **1921 :** Tchécoslovaquie.
- **1925 :** Hongrie.
- **1931 :** Espagne et Portugal.
- **1935 :** Roumanie.
- **1944 :** France.
- **1945 :** Italie.
- **1947 :** Yougoslavie.
- **1949 :** Bulgarie et Belgique.
- **1971 :** Suisse, mais pas pour la totalité des cantons.

REPÈRES

Jean Baudrillard, *De la séduction*, (Folio Essais) Gallimard, 1979.

Simone de Beauvoir, *Le Deuxième sexe*, (Folio Essais) Gallimard, 1949.

Gisèle Halimi, *La Cause des femmes*, Grasset, 1973.

Virginia Woolf, *Une chambre à soi*, Denoël, 1929.

Guerre

La guerre est cet acte de violence par lequel une nation cherche à imposer à une autre sa volonté.

Donnée permanente de l'histoire humaine, la guerre présente aujourd'hui cette double caractéristique d'être à la fois guerre idéologique et guerre technologique. Sous la bannière d'une cause ou d'un principe, elle mobilise toutes les ressources humaines et techniques. Devant cette menace sans limites, l'humanité n'a plus d'autre alternative que de penser la guerre pour maîtriser celle-ci.

L'état habituel du genre humain

Dans ses *Considérations sur la France* (1796), le philosophe français Joseph de Maistre écrit :

> « L'histoire prouve malheureusement que la guerre est l'état habituel du genre humain dans un certain sens; c'est-à-dire que le sang humain doit couler sans interruption sur le globe, ici ou là; et que la paix pour chaque nation, n'est qu'un répit. »

Un bref regard sur l'histoire contemporaine suffit pour confirmer le constat posé il y a près de deux siècles par Joseph de Maistre. Depuis 1796, le sang n'a cessé de couler sur la surface de la planète. La guerre est bien *« l'état habituel du genre humain »*.

Permanente, la guerre n'est cependant pas immuable. A chaque époque, elle se définit par des traits qui lui sont propres et qui interdisent, dans la plupart des cas, qu'on confonde les conflits d'hier et ceux d'aujourd'hui.

Ainsi, s'il fallait définir la guerre moderne en deux mots, obligatoirement trop sommaires, c'est peut-être la conjonction inédite de l'idéologique et du technologique qu'il conviendrait de souligner.

Guerre idéologique

Idéologiques, les guerres de Religion, les Croisades, à leur manière déjà, l'étaient certainement. En ce sens, on ne saurait poser que d'être idéologique, la guerre moderne innove radicalement sur les conflits qui l'ont précédée. Cependant, quelque chose avec la Révolution française, indubitablement, bascule, par quoi le visage de la guerre sans retour se transforme.

De manière schématique, on pourrait en effet poser que, avant la rupture révolutionnaire, les guerres se voulaient limitées dans leurs objectifs : comme l'écrit Clausewitz, le grand ancêtre de ce que l'on appellera plus tard, la « polémologie », il s'agissait, d'imposer sa volonté à l'adversaire, non de le détruire encore moins de le convertir. Au XVIIIe siècle, les puissances qui s'affrontaient partageaient sensiblement les mêmes valeurs, celles de la monarchie. Il n'était nullement question de faire de la guerre autre chose qu'un affrontement en champ clos dans lequel ne se décidait rien de plus que le sort d'une province.

Avec la Révolution, tout change : ce ne sont plus des puissances qui s'affrontent mais des systèmes antagonistes qui non seulement refusent les valeurs de l'autre mais encore entendent lui imposer leurs propres valeurs : celles de la Révolution ou de la Contre-Révolution. Le peuple cesse alors d'être spectateur pour devenir acteur d'un conflit dans lequel se joue son sort et non plus la seule fortune des Princes.

A cet égard, la date du 20 septembre 1792 peut constituer pour nous comme un point de repère. Sur le champ de bataille de Valmy — lieu de naissance, aux dires de Goethe, d'une ère nouvelle dans l'histoire de l'humanité — s'affrontaient en effet les armées d'hier et celles de demain : d'un côté, les professionnels du combat, organisés, disciplinés, compétents; de l'autre, les soldats de la Révolution, forts de leur enthousiasme et de leur foi.

Sans doute faut-il faire la part de ce qui, dans cette image, relève de la pure propagande républicaine; la réalité historique est toujours plus complexe que ce qu'en retiennent les historiens et, à plus forte raison, les idéologues. Toujours est-il que l'hypothèse se défend, qui consiste à poser qu'avec les guerres révolutionnaires, le conflit armé entre nations devient le vecteur de la lutte idéologique.

Idéologique, en effet, la Seconde Guerre mondiale qui, plus que des nations, voit aux prises des systèmes — démocratie, fascisme, communisme — engagés dans une lutte dont l'enjeu est l'hégémonie planétaire. Idéologiques également, dans une mesure plus ou moins discernable, tous les grands conflits qui, de la guerre franco-prussienne de 1870 aux guerres de libération contemporaines, ont ensanglanté le globe.

Et ceci, à tel point que les conflits non idéologiques qui, inévitablement, subsistent, nous paraissent aujourd'hui absurdes — comme si étaient plus raisonnables, dans 99 % des cas, les guerres idéologiques. Seuls les idées et les principes semblent mériter qu'on meure encore pour eux. Quand bien même celui-ci ne signifie rien, il faut absolument brandir un étendard idéologique pour partir au combat, la fleur au fusil.

Guerre technologique

La guerre moderne doit donc d'abord cesser d'être limitée dans ses objectifs : la conquête ne doit plus être seulement territoriale, elle doit être aussi mentale.

Mais, illimitée dans ses objectifs, la guerre moderne l'est également dans ses moyens car, guerre idéologique, elle est également guerre technologique.

Longtemps, le progrès, en matière de technique militaire, avait été lent. De l'Antiquité au Moyen Age, en ce domaine, on n'enregistra pas de rupture décisive ni même de changement majeur. C'est seulement au XVe et au XVIe siècle que la popularisation des armes à feu modifia les données du combat. Mais, même à cette date, les facteurs techniques étaient loin de jouer un rôle décisif dans l'issue des conflits.

Il faut, en fait, attendre la révolution industrielle pour que les facteurs techniques acquièrent ce rôle déterminant qu'ils possèdent dans les guerres actuelles. En ce sens, l'on peut avancer que la guerre moderne naît avec la guerre de Sécession peut-être, avec la guerre de 14-18 indiscutablement. Dans l'un et l'autre cas, on assiste en effet à la mobilisation de toutes les ressources humaines, économiques et industrielles de la nation, en vue de la destruction de l'adversaire.

Pour analyser ce phénomène inédit et décisif, Raymond Aron a introduit le concept de guerre hyperbolique ou totale qui est analysé dans deux de ses ouvrages : *Les Guerres en chaîne* et *Paix et guerre entre les nations*. R. Aron y montre que les belligérants, comme malgré eux, se sont laissé entraîner par leur propre potentiel technique dans une sorte de dynamique, de spirale de la destruction que rien ne légitimait et que rien ne laissait prévoir. La seule logique de la guerre devient une logique de la destruction absolue, sans qu'on s'interroge encore sur le sens et la valeur de cette destruction absolue. Comme il l'écrit : « *...la première guerre du siècle illustre le glissement vers la forme absolue d'une guerre dont les belligérants sont incapables de préciser l'enjeu.* »

Or, le moteur de ce glissement, de ce passage, progressif et brutal, à une logique de la destruction absolue, n'est rien d'autre que la capacité technique de mener à bien cette destruction absolue. R. Aron pose la question suivante :

> « Les peuples se sont-ils battus jusqu'à la mort parce qu'ils se détestaient ou se sont-ils détestés parce qu'ils se battaient furieusement ? Les belligérants se proposaient-ils dès le premier jour des objectifs illimités, ou se sont-ils proposé de tels objectifs au fur et à mesure que la violence s'amplifiait ? »

La réponse du philosophe français est la suivante : c'est la démesure technique qui est responsable de cette spirale de la destruction :

> « C'est elle qui a imposé l'organisation de l'enthousiasme, elle qui a condamné à l'échec les tentatives de

conciliation, elle qui a exclu la vieille sagesse diplomatique et contribué à répandre l'esprit de croisade. »

Autrement dit, la guerre moderne — ou guerre hyperbolique — qui entraîne les peuples jusqu'à la destruction finale, n'a d'autre cause que la capacité économique et technique dont la modernité industrielle nous a dotés. Disposant des armes de leur annihilation, les nations du XXe siècle n'ont pas su s'interdire d'avoir recours à celles-ci : elles ont plongé avec vertige et inconscience dans le gouffre sans fond de la guerre totale, laissant par deux fois l'Europe à l'état de sinistre champ de ruines.

La démesure guerrière naît donc de la démesure technique — ou du moins de la perte de son contrôle. Démesure technique qui atteint son apogée avec la maîtrise de l'énergie nucléaire. Avec celle-ci, les enjeux, au moins, sont clairs et terrifiants. Albert Camus le notait dans un article particulièrement juste, au lendemain de l'explosion d'Hiroshima :

> « La civilisation mécanique vient de parvenir à son dernier degré de sauvagerie. Il va falloir choisir, dans un avenir plus ou moins proche, entre le suicide collectif ou l'utilisation intelligente des conquêtes scientifiques. »

Depuis Hiroshima, la menace nucléaire s'est étendue et s'est diversifiée. Etendue, car six pays, aujourd'hui, disposent, officiellement, de l'arme nucléaire : aux Etats-Unis se sont ajoutés l'URSS depuis 1949, la Grande-Bretagne depuis 1952, la France depuis 1960, la Chine depuis 1964 et l'Inde depuis 1974 — ceci sans compter les pays, nombreux peut-être qui, par discrétion, par obligation ou par calcul préfèrent garder secret leur arsenal nucléaire. Diversifiée, car le terme d'arme nucléaire est un terme générique derrière lequel se dissimule toute une panoplie d'armes d'une extrême variété : missiles de toutes portées et de toutes puissances dont la multiplication laisse ouverte, aux états-majors des deux camps, une gamme inouïe de possibilités qui vont de la destruction mutuelle assurée jusqu'à la guerre nucléaire limitée en passant par le Blitzkrieg atomique.

À ces nuances près, la situation qu'énonçait Camus le 8 août 1945, n'est en rien changée : Hiroshima symbolise la perspective d'une disparition possible de la race humaine. Avec le nucléaire, la guerre moderne est en mesure d'aller jusqu'au bout de son potentiel de destruction.

Maîtriser la guerre

Maîtriser la guerre ne peut aller sans en accepter la réalité pour en conjurer la menace.

En accepter la réalité ? En effet, il ne suffit pas de nier la guerre pour que celle-ci, comme un mauvais cauchemar, se dissipe au matin. L'attitude serait aussi absurde que celle qui consisterait à nier la part de violence que l'espèce humaine porte en elle et à tomber de ce fait dans le panneau d'une société internationale réconciliée avec elle-même. Il ne sert à rien de se scandaliser des désordres guerriers si l'on ne se donne pas les moyens véritables d'apporter une solution aux désordres plus profonds qui en sont les causes véritables.

À cet égard, le cynisme d'un de Maistre est sans doute préférable à la naïveté de ceux qui croient possible d'accéder d'un coup à une ère de fraternité définitive entre les hommes :

> « **Tonnons cependant contre la guerre, et tâchons d'en dégoûter les Souverains** : mais ne donnons pas dans les rêves de Condorcet, de ce philosophe si cher à la révolution, qui employa sa vie à préparer le malheur de la génération présente, léguant bénignement la perfection à nos neveux. **Il n'y a qu'un moyen de comprimer le fléau de la guerre**, c'est de comprimer les désordres qui amènent cette terrible purification. »

Il convient ici de réfuter les raisonnements trop simples d'un pacifisme aveugle qui relève davantage d'une pensée magique que d'une pensée logique : ce n'est pas en supprimant les signes de la guerre, qu'on supprimera la guerre. La guerre n'a pas pour seule cause la stupidité des gouvernants ou l'avidité des marchands de canons. Jeter à la casse, d'un coup, toutes les armes en stock sur la planète — quand bien même cela serait possible — ne suffirait pas à ouvrir, pour l'humanité, une ère d'amitié où s'aboliraient les frontières et les différends. Resterait encore à régler tous les problèmes — pauvreté, injustice, soif de violence, volonté de domination, fanatisme — dont la guerre n'est que la spectaculaire traduction historique. Ou pour donner ce simple exemple : la cause de la Seconde Guerre mondiale est bien entendu moins à chercher dans le réarmement de l'Allemagne à partir de 1933 que dans les conditions politiques, économiques, sociales et idéologiques qui ont permis la prise du pouvoir par les nazis.

Ne pas fermer les yeux sur la logique véritable de la guerre, assumer cette réalité sans se laisser prendre au piège des trop beaux sentiments : tels sont donc les premières exigences qui peuvent nous permettre de conjurer cette menace.

Cependant, s'il faut être conscient de ce que les relations internationales ne sont rien d'autre qu'un rapport de puissances, un jeu où le plus fort gagne, encore faut-il savoir que ce jeu est également ce que les polémologues nomment dans leur jargon un *« jeu à somme non nulle »*, c'est-à-dire un jeu dans lequel les deux adversaires peuvent gagner simultanément.

Ainsi, les Etats-Unis et l'URSS ont, certes des intérêts divergents et opposés en ce qui concerne le domaine des relations internationales, mais ils ont aussi des intérêts convergents : pas de destruction, pas de course aux armements trop rapides, la possibilité d'une certaine coopération économique... Sur la base de ces intérêts convergents peuvent être mises en place des politiques communes visant à conjurer la menace de guerre. Ce qui revient à dire que, si chaque pays cherche avant tout à satisfaire ses intérêts propres, une telle stratégie n'exclut nullement la possibilité d'une paix qui, dans une situation d'équilibre des forces en présence, est de l'intérêt de tous.

Dans ces conditions se profile la possibilité d'une paix au moins relative. Celle-ci n'est pas, sans doute, la paix perpétuelle et totale dont avaient ambitieusement rêvé les philosophes du passé et à laquelle travaillait hier la Société des Nations et aujourd'hui l'Organisation des Nations Unies. Elle est bien davantage la paix toujours négociée et toujours recommencée qui ne naît que de l'équilibre toujours en devenir des forces en présence et du calcul modifié des intérêts en jeu. Paix précaire sans doute mais par laquelle l'Europe, depuis 1945, se trouve épargnée par le plus terrible des fléaux historiques.

Toutefois, et c'est sur ce point qu'il convient de conclure, il faut se garder de l'illusion qui consisterait, du fond de notre abri européen, à penser que la guerre a purement et simplement disparu. Mise en échec en Occident par le jeu de la dissuasion nucléaire, la guerre a bien davantage émigré et évolué. Emigré car le reste du monde est aujourd'hui autant qu'hier le théâtre de conflits répétitifs dont certains semblent, comme au Liban, sans autre solution que la destruction sans appel d'une nation. Evolué car, par le terrorisme ou le jeu des forces économiques, d'autres formes de violence internationale, de manière clandestine, se manifestent déjà aujourd'hui, qui composent peut-être de manière encore fragmentaire le visage de la guerre de demain.

Penser la guerre

Il n'est pas d'autre alternative pour l'humanité que de penser la guerre — d'en prendre intellectuellement la mesure — pour éviter que l'humanité ne se laisse prendre une nouvelle et dernière fois dans la spirale hyperbolique de la destruction.

Le projet est plus neuf que l'on pourrait le penser. Certes, avec la modernité, la guerre ne surgit pas de nulle part dans le champ des préoccupations humaines. Cependant, exaltée par les épopées antiques *(L'Iliade)* qui trouvaient en elle le prétexte de leur chant, stipendiée par les épopées modernes *(Voyage au bout de la nuit)* qui dénoncent en elle une barbare « croisade apocalyptique », la guerre avait rarement été l'objet d'une réflexion véritable sur sa nature et sur sa logique.

C'est pourquoi l'œuvre majeure de Clausewitz constitue en ce domaine un tournant véritable à partir duquel, pour reprendre le titre du monumental ouvrage que lui a consacré Raymond Aron, il devient possible de « penser la guerre ». Officier prussien malheureux tout au long des campagnes napoléoniennes, Clausewitz est en effet celui qui, dans son livre *De la Guerre,* s'arrache aux discours incertains de son temps et de son milieu. Prenant l'exacte mesure du bouleversement dont il a été le contemporain et qui, dans le champ de la lutte armée, porte le nom de Napoléon, il met en place les conditions d'une analyse rigoureuse de la guerre et de sa logique, à laquelle seront redevables aussi bien les grands états-majors du XXe siècle que de considérables figures historiques comme Lénine ou Jaurès. Avec Clausewitz se trouve fondée une théorie véritable dont l'objet est la maîtrise rationnelle du phénomène guerrier :

> **« La fin du développement de l'art de la guerre consiste exclusivement en ceci : soumettre de plus en plus les données (généralement les actions des forces) à la conduite d'une volonté raisonnable, les rendre de plus en plus indépendantes du hasard. »**

Saisir la raison de ce qui, à bon droit, peut sembler le moins rationnel des soubresauts qui agitent l'espèce humaine : tel est l'objectif qu'à la suite de Clausewitz se sont assigné certains philosophes français au nombre desquels Raymond Aron *(Paix et guerre entre les Nations)* et André Glucksmann *(Le Discours de la guerre).* Tel est également la raison d'être de cette nouvelle science de la guerre qui vise à l'étude et à l'intelligence des conflits et qui porte le nom de « polémologie ». Sa devise pourrait s'énoncer ainsi : *« Si tu veux la paix, comprends la guerre ».*

Gaston Bouthoul qui reste le principal des représentants de la polémologie, a souligné l'importance de celle-ci dans un ouvrage qui, rédigé au plus fort de la Seconde Guerre mondiale, fut publié au sortir de celle-ci. Il écrit dans *Cent millions de morts* (1946) :

> **« On peut se montrer sceptique sur les projets de paix perpétuelle, sur les Hautes Cours internationales, sur les pactes, les traités, les ligues et les Sociétés des Nations qui nous ont tant de fois déçus. Mais on ne peut être sceptique quant à l'urgence d'instituer une étude objective des comportements belliqueux de l'espèce humaine, de leurs aspects, de ce qui les précède et de ce qui les suit. C'est alors seulement que nous pourrons nous bercer de l'espoir d'atténuer les guerres. Car un instinct n'est aveugle que s'il est inconscient. Un phénomène n'est inéluctable que s'il est inconnu. Elucider c'est exorciser. »**

REPÈRES

Raymond Aron, *Paix et guerre entre les Nations,* Calmann-Lévy, 1962.

Sur Clausewitz, Complexe, 1987.

Gaston Bouthoul, *Essais de polémologie,* (Médiations) Denoël, 1976.

André Glucksmann, *Le Discours de la guerre,* (Biblio Essais) Le Livre de Poche, 1967.

La Force du vertige, (Biblio Essais) Le Livre de Poche, 1983.

Histoire

Le mot « histoire » sert à désigner à la fois le passé dans son ensemble et le discours qui, relatant celui-ci, vient lui donner forme et signification.
De ce fait, l'histoire est moins la simple retranscription du passé que sa reconstruction obligée. En ce sens, elle est au pire ce mensonge que dénoncent Huysmans et Valéry, au mieux ce « roman vrai » que décrit Paul Veyne. Quoi qu'il en soit, le discours historique doit être l'objet de la plus grande attention : la maîtrise du présent est en effet au prix de l'intelligence du passé.

Les deux sens du mot « histoire »

En français, comme dans d'autres langues d'ailleurs, le mot « histoire » possède une double signification. Il sert d'abord à désigner le passé d'un individu, d'un peuple, d'une nation, voire de l'humanité considérée dans son ensemble. Mais, par le même terme, on désigne également le discours, le récit par lequel on raconte ce passé en lui donnant, inévitablement, forme et signification. C'est pourquoi l'on parlera aussi bien de l'histoire de Michelet que de l'histoire de France. Dans un cas comme dans l'autre, seul le contexte permettra de lever l'ambiguïté et de savoir s'il est question du destin d'un individu ou d'un peuple, ou de l'œuvre écrite qui s'attache à leur redonner vie.

Cette remarque de vocabulaire est loin d'être gratuite. Elle nous introduit d'emblée à une question essentielle : celle du statut de la connaissance historique. Si le même mot désigne la réalité historique et le discours qui prend celle-ci comme objet, n'est-ce pas parce que nous n'avons nulle autre voie d'accès à notre passé que par la discipline historique, prisme déformant mais inévitable par lequel nous essayons d'ajuster les fragments d'un passé qui, inexorablement, nous échappe, se dérobe et se refuse ?

La question de l'objectivité du discours historique se trouve ainsi posée. Question aussi ancienne que l'histoire elle-même et de ce fait rebattue, mais essentielle en ceci que l'intelligence du passé, hier comme aujourd'hui, demeure l'une des clés de la maîtrise du présent.

Le plus solennel des mensonges, le plus enfantin des leurres

Peut-on écrire l'histoire en toute objectivité ? Est-il possible de rendre compte de ce qui a véritablement été, sans qu'intervienne et qu'interfère la personnalité même de celui qui ne cherche qu'à disparaître derrière les événements qu'il consigne, les analyses qu'il aligne ?

Telle était l'ambition des historiens positivistes du XIXe siècle. Ceux-ci cherchèrent à faire de l'histoire, selon le mot célèbre de Renan, *« une science exacte des choses de l'esprit. »* Ils affirmaient que, par l'érudition et la rigueur, il était possible de rendre compte des événements tels que ceux-ci s'étaient véritablement déroulés : il suffisait pour cela, à l'image du chimiste ou du physicien, de faire abstraction de soi-même et de tendre vers le plus grand sérieux en se dotant d'une méthode. Il fallait prendre garde à ne pas laisser parler ses propres convictions dans le cadre de son travail, contrôler les documents, les vérifier, les articuler enfin selon la logique objective et irréfutable de la chronologie.

L'apport de ces historiens fut décisif : il permit à l'histoire de s'arracher définitivement à l'impressionnisme, à l'à-peu-près qui, jusque-là, avaient prévalu. Cependant, il n'était que trop évident que leur rêve d'objectivité était dans une large mesure illusoire. En effet, comme le déclarait en 1950 Fernand Braudel :

> « **L'esprit historique est critique à sa base. Mais il est aussi, au-delà de prudences qui vont de soi, reconstruction...** »

Or cette reconstruction, il n'est aucune règle objective qui puisse la définir. La subjectivité, inévitablement, fait retour ici.

Le romancier Joris-Karl Huysmans l'avait parfaitement saisi qui, dans son livre, *Là-Bas* (1891), rendait le plus ambigu des hommages à l'histoire par le biais de son personnage Durtal :

> « Pour Durtal, l'histoire était donc le plus solennel des mensonges, le plus enfantin des leurres... La vérité, c'est que l'exactitude est impossible, se disait-il; comment pénétrer dans les événements du Moyen Age, alors que personne n'est seulement à même d'expliquer les épisodes les plus récents, les dessous de la Révolution, les pilotis de la Commune, par exemple? Il ne reste donc qu'à se fabriquer sa vision, s'imaginer avec soi-même les créatures d'un autre temps, s'incarner en elles, endosser, si l'on peut, l'apparence de leur défroque, se forger enfin, avec des détails adroitement triés, de fallacieux ensembles. »

En somme, aux yeux de Huysmans, la grandeur de l'histoire ne naît que de cette incapacité à dire le vrai, qui l'apparente à la poésie. L'objectivité historique est un mythe puéril et la grandeur d'un historien ne tient pas à l'impossible rigueur de sa méthode, mais au souffle épique qui passe dans son œuvre.

L'histoire est un roman vrai

Est-ce à dire que l'histoire n'est qu'un rêve n'ayant d'autre existence que dans l'esprit de celui qui l'énonce ? On saisit bien le danger d'une telle position qui confinerait au solipsisme. L'historien serait libre d'affirmer ce que bon lui semble, défaisant et refaisant le passé au gré de sa fantaisie.

Entre l'ordre fallacieux de l'objectivité et le désordre fantaisiste de la subjectivité, il convient de trouver une position médiane. Il faut sans doute, pour ce faire, adopter la définition de l'histoire que nous propose Paul Veyne dans *Comment on écrit l'histoire*. Pour lui, « *l'histoire est un roman vrai* ».

Vraie, l'histoire doit l'être par sa volonté de ne se fonder que sur l'étude d'événements, de documents, de témoignages dont la véracité sera contrôlée avec toute la rigueur possible. Il y a, quelle que soit la subjectivité de l'historien, une vérité des faits et celle-ci constitue le nécessaire et objectif socle du discours historique. Il y a sans doute des centaines d'histoires possibles de la Révolution française et, du même coup, des centaines d'interprétations possibles de l'exécution de Louis XVI, de ses causes et de ses conséquences. Mais, sauf à basculer dans le délire, il est au moins un point sur lequel se rencontreront ces histoires opposées : le fait que Louis XVI a bien été guillotiné le 21 janvier 1793. Il faut rester intransigeant sur ce principe. On en saisit l'importance à l'heure où, de plus en plus nombreux, de pseudo-historiens, arguant de la liberté de la recherche, en viennent à nier l'existence des chambres à gaz et des camps de concentration hitlériens. Les faits existent, il est possible d'en établir l'exactitude ou l'inexactitude.

Cependant, se faisant à partir de ces matériaux vrais que sont les faits, l'histoire n'en cesse pas moins d'être un « roman ». L'historien opère en effet dans un champ événementiel que, dans une large mesure, il constitue lui-même par les questions qu'il se pose et qui se présente à lui comme quasi infini et cependant lacunaire : quasi infini, car la quantité des documents dont nous pouvons disposer est étourdissante; lacunaire, car aussi nombreux que soient ces documents, ils ne disent qu'une part extrêmement réduite de la réalité. Si bien que c'est à l'historien, tel un romancier, d'organiser, de découper et de reconstruire, dans le champ de l'histoire, des parcours qui seront autant d'intrigues, autant d'histoires, mais qui se refuseront à être cette Histoire avec majuscule, dont le XIXe siècle avait rêvé et qui, tout simplement, n'existe pas.

Intelligence du passé et maîtrise du présent

On aurait tort de croire que les questions qui précèdent et les éléments de réponse qui ont été avancés ne concernent que les gens dont le métier est l'histoire. La question de l'histoire est en effet autant une question politique qu'une question épistémologique.

L'intelligence du passé est l'une des armes essentielles pour la maîtrise du présent. George Orwell nous avait mis en garde dans son *1984*. Il y décrivait une société totalitaire dans laquelle le pouvoir — sous l'égide de l'omniprésent Big Brother — manipulait en permanence les archives de manière à asseoir sa légitimité : l'histoire n'avait alors plus d'autre fonction que de participer à la propagande du régime et à la manipulation des masses. Milan Kundera, dans les premières pages de son *Livre du rire et de l'oubli,* nous rappellera que derrière la fiction d'Orwell, il convient de lire la réalité politique des régimes communistes : l'histoire de la Révolution russe, par exemple, a été totalement réécrite de manière à servir l'orthodoxie stalinienne et à minimiser la part des autres révolutionnaires, tout en effaçant les souvenirs des épisodes trop barbares de l'histoire soviétique. Lorsque l'histoire sert non plus à se souvenir du passé mais à en effacer toute trace, alors, comme l'écrit Kundera, « *la lutte de l'homme contre le pouvoir est la lutte de la mémoire contre l'oubli* ».

Il serait trop facile, cependant, de feindre de croire que la manipulation de l'histoire est le monopole des régimes totalitaires. Dans la mesure où l'histoire est, pour un peuple, le creuset de son identité, le mythe qui en assure la cohérence, il n'est aucun pouvoir qui puisse se permettre de s'en désintéresser. C'est, en effet, par l'histoire que les individus prennent conscience d'appartenir à un groupe, de participer à une aventure collective qui dépasse leur destin personnel. Autrement dit, sans histoire, il n'est pas de Nation possible. Les fondateurs de la IIIe République l'avaient très bien saisi, qui ont fait de l'enseignement de l'histoire l'une des pierres angulaires de leur programme scolaire. Dans une France de la fin du XIXe siècle, qui était loin de former encore un tout cohérent, l'histoire permettait de convaincre les petits Bretons comme les petits Auvergnats qu'ils s'inscrivaient dans une même lignée — celle des Vercingétorix, des Clovis, des Jeanne d'Arc —, qu'ils prenaient place dans une même épopée — celle dont le prochain épisode ne saurait être que la glorieuse revanche contre l'ignoble envahisseur prussien. L'histoire n'était pas à proprement parler tronquée, elle était simplement magnifiée : elle se constituait en un mythe aux implications très clairement politiques.

Ce mythe, on peut avancer qu'il est nécessaire aux peuples, que c'est par lui qu'ils trouvent leur véritable grandeur. Cependant, c'est moins de mythe nationaliste que de mémoire nationale que notre temps, sans doute, a besoin : non plus l'exaltation d'une supériorité, mais la conscience d'une singularité. Et ce mythe, si l'histoire a un sens, c'est, non de le servir, mais tout au contraire de nous apprendre à nous en défaire.

──────── REPÈRES ────────

Jacques Le Goff, *Histoire et mémoire,* (Folio Histoire) Gallimard, 1988.
Henri-Irénée Marrou, *De la connaissance historique,* Points (Seuil), 1954.
Paul Veyne, *Comment on écrit l'histoire,* (Points) Seuil, 1971.
Marc Ferro, *Comment on raconte l'histoire aux enfants à travers le monde entier,* Payot, 1981.

▶ **Nouvelle histoire.**

Idéologie

L'idéologie est le système d'idées et de valeurs caractéristiques d'un groupe social donné.
Inventé par Destutt de Tracy, le terme n'a fait véritablement son entrée dans le vocabulaire philosophique qu'avec Karl Marx. Celui-ci définit l'idéologie comme le discours de l'illusion, par lequel une classe impose sa domination à l'ensemble de la société. A en croire nombre d'analystes et de théoriciens, les idéologies seraient aujourd'hui mortes ou moribondes : c'est peut-être en finir, cependant, un peu vite avec ce qui reste l'une des dimensions obligées de toute société.

Forgé à la toute fin du XVIIIe siècle par un philosophe aujourd'hui bien oublié — Antoine-Louis-Claude Destutt de Tracy — le mot « idéologie » a connu des fortunes si diverses qu'il est aujourd'hui bien difficile d'en proposer une définition claire et cohérente. Dans l'esprit de son créateur, il devait désigner une nouvelle « science des idées », qui, dans le droit fil du rationalisme des Lumières, pourrait permettre de comprendre et de transformer la société. « Science qui traite de la formation des idées », c'est encore la définition qu'au XIXe siècle le dictionnaire Littré propose de l'idéologie. On est loin de la conception qui est aujourd'hui la nôtre.

Par un premier glissement de sens, ce mot, qui à l'origine devait donc désigner une science, a fini par signifier l'objet même que cette science s'assignait : les idées elles-mêmes. Mais de quelles idées s'agit-il ? Là encore, les interprétations sont multiples, et multiples donc les nouvelles définitions possibles de l'idéologie.

L'idéologie selon Marx

A cette question, Marx a apporté une réponse particulièrement importante en ceci qu'elle a largement contribué à fixer l'un des sens modernes du mot idéologie. De manière, il faut le reconnaître, aussi décisive que complexe.

Sa définition essentielle se donne à lire dans *L'Idéologie allemande,* cette «œuvre de la coupure» où Althusser reconnaissait la charnière véritable autour de laquelle bascule tout entier le travail de Marx. C'est une conception critique de l'idéologie qui avec beaucoup de virulence, se trouve développée dans cet ouvrage. L'idéologie y est dénoncée comme une illusion idéaliste que seule peut dissiper la démarche matérialiste dont Marx et Engels formulent les éléments essentiels.

Pour Marx et Engels, conformément aux présupposés matérialistes qu'ils adoptent, ce sont les «infrastructures» — c'est-à-dire le socle matériel et économique — qui, dans une société donnée, déterminent les «superstructures» — idéologie, institutions, religion — et non l'inverse. Les idéalistes ont tort d'affirmer que ce sont les idées qui dominent et mènent le monde, alors que les idées ne sont jamais que le produit d'une situation historique donnée, caractérisée elle-même par un certain état des rapports de production:

> «La production des idées, des représentations et de la conscience est d'abord directement et intimement mêlée à l'activité matérielle et au commerce matériel des hommes, elle est le langage de la vie réelle. Les représentations, la pensée, le commerce intellectuel des hommes apparaissent ici encore comme l'émanation directe de leur comportement matériel. Il en va de même de la production intellectuelle telle qu'elle se présente dans la langue de la politique, celle des lois, de la morale, de la religion, de la métaphysique, etc., de tout un peuple. Ce sont les hommes qui sont les producteurs de leurs représentations, de leurs idées, etc., mais les hommes réels, agissants, tels qu'ils sont conditionnés par un développement déterminé de leurs forces productives et du mode de relations qui y correspond, y compris les formes les plus larges que celles-ci peuvent prendre.»

Cela étant posé, on voit que pour Marx l'idéologie ne saurait avoir d'histoire propre, d'autonomie der-

nière puisqu'elle n'est que le « reflet » d'une configuration dans laquelle ce sont les infrastructures qui déterminent les superstructures.
La démonstration, cependant, ne s'arrête pas là. Dans une société caractérisée par l'exploitation du prolétariat par la bourgeoisie, l'idéologie ne pourra être que la traduction et la justification — en termes de discours — de cette réalité de base. Ce qui amène Marx et Engels à définir, dans un passage célèbre, l'idéologie comme l'expression de la domination qu'exerce dans la société une classe sur l'autre :

> « Les pensées de la classe dominante sont aussi, à toutes les époques les pensées dominantes, autrement dit la classe qui est la puissance *matérielle* dominante de la société est aussi la puissance dominante *spirituelle*. La classe qui dispose des moyens de la production matérielle dispose, du même coup, des moyens de la production intellectuelle, si bien que, l'un dans l'autre, les pensées de ceux à qui sont refusés les moyens de production intellectuelle sont soumises du même coup à cette classe dominante. Les pensées dominantes ne sont pas autre chose que l'expression idéale des rapports matériels dominants, elles sont ces rapports matériels dominants saisis sous forme d'idées, donc l'expression des rapports qui font d'une classe la classe dominante; autrement dit, ce sont les idées de sa domination. »

Autrement dit et pour résumer les analyses qui précèdent : appartenant à ces « superstructures » que détermine « en dernière instance » l'« infrastructure » de la base économique, l'idéologie est présentée comme le discours mystificateur à l'aide duquel la classe dominante assure sa domination sur l'ensemble de la société.

Telle est, présentée de manière très schématique, la théorie marxiste de l'idéologie. Théorie qui pose d'ailleurs toute une série de questions sur la nature du phénomène ainsi décrit.

Et tout d'abord, cette illusion que constitue l'idéologie, quelle en est la nature véritable ? Consiste-t-elle en une manœuvre machiavélique de la classe dominante pour imposer ses valeurs à l'ensemble de la société, en s'assurant le contrôle de tous les canaux de diffusion du savoir et des valeurs : école, Eglise, littérature ? Est-elle à l'inverse une sorte d'« illusion généralisée » que partagent, en toute bonne foi, en toute sincérité, aussi bien ceux qui sont les victimes de cette mystification que ceux qui en sont les bénéficiaires et sont convaincus de tenir un discours de vérité là où ils ne défendent en fait, et à leur insu, que les valeurs de leur classe ? La réponse est sans doute double, tant le texte de Marx hésite entre ces deux images, et Patrick Tort a bien montré dans *Marx et le problème de l'idéologie* qu'il y avait, chez Marx, non pas une théorie de l'idéologie mais deux théories en conflit.

Autre question plus décisive encore : de quelle manière exacte les infrastructures agissent-elles sur les superstructures ? S'agit-il d'une détermination entière et mécanique ? Ou bien existe-t-il la possibilité d'une action en retour de l'idéologie sur le socle matériel qui constitue la société ? Soulevée par Mao Zedong dans *De la contradiction,* comme par Althusser dans *Pour Marx,* la question est d'importance car de la réponse qu'on lui apporte dépend toute la stratégie révolutionnaire qui devra être adoptée.

On le voit, la théorie marxiste de l'idéologie est loin d'être bouclée sur elle-même en une série rigoureuse de certitudes. Elle laisse place à l'interprétation et à l'interrogation.

D'autres définitions...

La définition marxiste de l'idéologie, on vient de le voir, était essentiellement critique : elle présentait avant tout l'idéologie comme le discours — pervers ou innocent — de l'illusion.

Mais, dans cette définition critique est loin de s'épuiser le problème total de l'idéologie et de ses sens multiples. On peut chercher à saisir ce qu'est le phénomène idéologique indépendamment de tout jugement de valeur ou de toute ambition polémique. Dans cette perspective, on peut proposer d'autres définitions de l'idéologie qui, si elles sont moins prestigieuses que celle de Marx, sont peut-être plus opératoires dans la perspective d'une appréhension large du phénomène.

Ainsi, avec l'anthropologue Louis Dumont *(Essais sur l'individualisme)*, on pourra considérer, de manière très claire et très simple, que l'idéologie est « le système d'idées et de valeurs qui a cours dans un milieu social donné ». Le sociologue Jean Baechler, dans *Qu'est-ce que l'idéologie?*, préfère, lui, parler d'« un discours lié à l'action politique » ou encore d'« une formation discursive polémique, grâce à laquelle une passion cherche à réaliser une valeur par l'exercice du pouvoir dans une société ». L'intérêt pratique de cette définition est d'affirmer qu'il ne peut y avoir d'idéologie que dans la conjonction de deux domaines souvent disjoints, celui du discours et celui du politique, celui des ambitions intellectuelles et des réalisations pratiques. Ainsi, conformément à cette définition, ni une construction philosophique sophistiquée mais sans impact dans le champ du politique, ni une pratique politique sans aucune dimension théorique pour venir l'orienter, ne peuvent mériter le nom d'idéologie.

On pourrait multiplier les définitions. Conservons pour la suite de notre présentation l'idée que l'idéologie est un système cohérent et organisé d'idées et de valeurs, caractéristique d'un groupe social donné dont il assure la cohésion. Si l'on se situe dans une perspective plus strictement marxiste, l'on ajoutera que l'idéologie permet également l'exploitation des autres groupes qui constituent la société. De manière particulièrement retorse d'ailleurs, puisque l'emprise de l'idéologie dominante sur les classes dominées (aujourd'hui surtout, grâce à la sophistication des technologies de l'influence), peut aboutir à ce que les dominés *désirent* leur propre condition, et la justifient à travers des discours empruntés à cette même idéologie dominante.

Tout cela étant posé en gardant à l'esprit que, dans les lignes qui précèdent, on a moins cherché à proposer

« la » définition ultime de l'idéologie qu'à faire sentir toute la difficulté du problème. L'idéologie n'est pas une notion cohérente, c'est une notion fragmentaire particulièrement difficile à saisir. Sans doute, d'ailleurs, parce qu'il n'y a pas de définition non idéologique possible de l'idéologie.

La crise des idéologies

Le sentiment quasi général aujourd'hui est qu'on serait enfin rentré dans ce qu'il est convenu de nommer une crise idéologique ou un âge sans idéologie. En 1955, dans *L'Opium des Intellectuels,* Raymond Aron en prédisait la venue avec un certain goût pour le paradoxe et la provocation.

Il y aurait beaucoup à corriger de la prophétie de Raymond Aron. Cependant, à ne considérer que l'Occident, les années 70 semblent avoir donné raison au « spectateur engagé » qu'il s'était voulu. Avec la parution en France de *L'Archipel du Goulag,* on prit tout à coup conscience de ce que, pour reprendre le titre d'un ouvrage de Jean-Marie Benoist, Marx était mort et les « nouveaux philosophes » s'attachèrent à liquider son héritage. Le dernier grand messianisme historique s'écroulait au moment même où se défaisait la dernière des grandes synthèses intellectuelles de l'après-guerre, celle du structuralisme. « L'ère du vide » s'ouvrait, nous découvrant les incertitudes du scepticisme politique et les plaisirs du narcissisme post-moderne.

Comme souvent, le paradoxe d'hier est devenu le préjugé d'aujourd'hui : l'idée que nous vivrions le temps de la mort des idéologies est devenu le plus répétitif des lieux communs.

De ce décès, certains se désolent, se demandant quel peut être l'avenir d'un monde dans lequel les grandes causes et les grandes idées n'ont plus droit de cité. L'essoufflement des mots en -isme nous condamnerait à une monotone et interminable fin de l'histoire où plus rien ne nous resterait que la gestion d'un terne quotidien infiniment identique à lui-même.

La plupart des commentateurs se réjouissent plutôt de la disparition des idéologies, partant de l'hypothèse que celles-ci ne sont que l'autre nom du Mal. Les discours idéologiques sont assimilés à de machiavéliques systèmes intellectuels qui enivrent les cœurs et troublent les esprits, nous faisant abandonner le contact avec la claire réalité pour nous mettre en quête de fantômes historiques. L'âge de la fin des idéologies serait, dans cette perspective, celui de la lucidité retrouvée. Dissipés les cauchemars du marxisme et de tous les autres messianismes historiques, repoussées au loin les savantes et inutiles constructions idéologiques, chacun se retrouverait «rendu au sol, avec un devoir à chercher, et la réalité rugueuse à étreindre». Nous entrerions dans la maturité de l'histoire.

« La plus belle des ruses du Diable, c'est de vous faire croire qu'il n'existe pas... »

Pour le meilleur ou pour le pire, le problème idéologique serait donc réglé. Les idéologies appartiendraient à notre passé.

Il y aurait, en fait, une grande naïveté à le croire. S'il existe indubitablement une «idéologie de la fin des idéologies», une quelconque fin des idéologies relève indiscutablement de l'ordre de l'utopique. Comment imaginer une société qui saurait faire l'économie de tout discours sur elle-même et de tout projet? Comme l'affirme le philosophe marxiste Louis Althusser, il ne peut y avoir de pratique que par et sous une idéologie :

> «L'idéologie fait donc organiquement partie, comme telle, de toute totalité sociale. Tout se passe comme si les sociétés humaines ne pouvaient subsister sans ces formations spécifiques, ces systèmes de représentations (de niveau divers) que sont les idéologies. Les sociétés humaines sécrètent l'idéologie comme l'élément et l'atmosphère même indispensables à leur respiration, à leur

> vie historique. Seule une conception idéologique du monde a pu imaginer des sociétés sans idéologies, et admettre l'idée utopique d'un monde où l'idéologie (et non telle de ses formes historiques) disparaîtrait sans laisser de trace, pour être remplacée par la science...
> L'idéologie n'est donc pas une aberration ou une excroissance contingente de l'Histoire : elle est une structure essentielle à la vie historique des sociétés. Seules, d'ailleurs, l'existence et la reconnaissance de sa nécessité peuvent permettre d'agir sur l'idéologie et de transformer l'idéologie en instrument d'action réfléchi sur l'Histoire. »

La mise au point d'Althusser est impeccable et particulièrement nécessaire à notre temps. Rêver d'une société sans idéologie, n'est rien d'autre que retomber dans le plus vieux et le plus idéologique des rêves : celui d'une société entièrement réconciliée avec elle-même, livrée à la pure contemplation d'elle-même dans la paix perpétuelle d'une harmonie sans conflits.

Aujourd'hui, certes, s'exténuent et se défont certains des discours qui avaient occupé le devant de la scène idéologique. D'autres, cependant, plus pervers car plus discrets, les remplacent qui refusent souvent le nom d'idéologie pour mieux en assumer la fonction. L'idéologie demeure, par laquelle persiste la société en imposant clandestinement ses valeurs aux individus qui la constituent. Elle est cette « doxa » contre laquelle Barthes n'a cessé de lutter dans ses textes : d'autant plus omniprésente qu'elle est presque invisible, commandant d'autant plus étroitement nos gestes qu'elle feint de ne pas exister. Elle est comme ce diable contre lequel nous mettait en garde ce subtil prêcheur que cite Baudelaire et dont la plus belle des ruses est de nous faire croire qu'il n'existe pas.

──────────── REPÈRES ────────────

Karl Marx, Friedrich Engels, *L'Idéologie allemande*, Messidor, Ed. Sociales, 1845-1846.
Jean Baechler, *Qu'est-ce que l'idéologie?*, (Idées) Gallimard, 1976.
Louis Althusser, *Pour Marx*, Maspero, 1965.
Positions, Ed. Sociales, 1976.
Régis Debray, *Critique de la raison politique ou l'inconscient religieux,* (Tel) Gallimard, 1981.
Patrick Tort, *Marx et le problème de l'idéologie,* P.U.F., 1988.

▶ **Culture, Education, Marxisme.**

Individualisme

L'individualisme est l'idéologie ou l'attitude qui accorde à l'individu une valeur supérieure à celle de la collectivité considérée dans son ensemble.
Opposant holisme et individualisme, Louis Dumont découvre dans cette seconde idéologie celle qui façonne et caractérise notre modernité. Avec Benjamin Constant, en effet, notre époque affirme que « la liberté, c'est le triomphe de l'individualité ». Tout autant qu'une chance et un aboutissement, l'individualisme est pourtant, pour les sociétés modernes, un leurre et une menace.

Holisme et individualisme

Qu'est-ce que l'individualisme? A cette question, l'une des plus importantes réponses théoriques contemporaines est celle que formule l'anthropologue Louis Dumont.

Ses *Essais sur l'individualisme* se présentent d'abord comme une enquête sur l'idéologie moderne, c'est-à-dire, pour reprendre la définition qu'en propose l'auteur, « le système d'idées et de valeurs caractéristiques des sociétés modernes ». L'ambition n'est pas nouvelle de proposer pour notre société une définition de l'idéologie qui lui donne sa cohérence et son visage. Mais ce qui confère toute sa valeur à la démarche de Louis Dumont et aux conclusions sur lesquelles il débouche, c'est la perspective dans laquelle il inscrit son travail: cette perspective, il la définit lui-même comme anthropologique ou comparative. Pour éviter de rester comme enfermé à l'intérieur de l'idéologie qu'il prétend circonscrire, L. Dumont s'attache à confronter entre elles les idéologies et les sociétés. Spécialiste du système de castes indien, il fait de celui-ci un miroir qui, par la distance même qui nous en sépare, nous renvoie la plus exacte des images : le retour sur nous-mêmes est au prix du détour indien.

Fort de cette méthode, Dumont en arrive à la conclusion suivante : deux modèles idéologiques essentiels s'opposent, définissant deux types principaux de sociétés qu'il nomme les sociétés holistes et les sociétés individualistes. Il les présente ainsi :

> « Là où l'individu est la valeur suprême, je parle d'*individualisme;* dans le cas opposé, où la valeur se trouve dans la société comme un tout, je parle de *holisme*. »

Or, poursuit Louis Dumont, l'individualisme est l'idéologie moderne. Ce qui signifie qu'en dehors de la sphère occidentale, l'individu est impensable, introuvable.

La proposition, en un sens, pourrait sembler absurde si Dumont ne la complétait par une définition double du mot « individu ». Il convient en effet de distinguer comme il nous y invite le « sujet empirique » — c'est-à-dire l'être humain au sens presque biologique du terme — de l'« être moral » — c'est-à-dire précisément l'individu en tant qu'il se vit comme entité indépendante, autonome vis-à-vis de l'ensemble social auquel il appartient. Il va de soi que, au premier sens du mot, l'individu est une réalité universelle qui se confond avec celle de l'espèce humaine. Mais, et c'est le cœur de la démonstration de Dumont, au second sens du terme, l'individu est une construction spécifiquement moderne et occidentale.

A partir de là, Louis Dumont peut, comme on l'a indiqué plus haut, mettre en place une typologie d'ensemble des sociétés et des idéologies selon qu'elles connaissent ou ignorent ce second sens du mot « individu ».

L'individualisme sera l'idéologie qui valorise l'individu et néglige ou subordonne la totalité sociale. Ainsi l'idéologie moderne occidentale qui voit dans la société comme une collection d'éléments autonomes, véritables atomes sociaux dotés d'une volonté, d'une liberté et d'une personnalité propres : les individus.

A l'inverse, le holisme sera l'idéologie qui valorise la totalité sociale et néglige ou subordonne l'individu humain. Ainsi le système des castes en Inde, où l'être humain n'existe que parce qu'il s'inscrit dans l'ensemble en une place que l'hérédité lui commande et qui le définit tout entier.

Holisme, individualisme : c'est entre ces deux pôles extrêmes que, pour Dumont, se situe inévitablement toute réalité sociale, selon donc qu'elle met l'accent sur la collectivité au détriment de l'individu ou sur l'individu au détriment de la collectivité. Tout l'effort des *Essais sur l'individualisme* est de montrer comment la notion d'individu a pu émerger dans le cadre de la civilisation occidentale, menant notre société sur le chemin de ce qui est aujourd'hui son idéologie.

A suivre avec Louis Dumont cette genèse de la notion d'individu, on cernerait le rôle décisif qui fut celui du christianisme dans son émergence. On saisirait également que, quand bien même notre civilisation peut être dite individualiste, le holisme ne cesse d'y être présent comme une tentation qui peut s'avérer tragique, comme ce fut le cas avec le nazisme. Tel est le contenu des *Essais sur l'individualisme* : passionnant cheminement à travers l'histoire qui nous montre comment s'est constitué le fond de ce que, au plus profond de nous-mêmes, nous sommes.

La liberté, c'est le triomphe de l'individualité

Si maintenant nous faisons nôtres les conclusions de Louis Dumont, quelle est, de manière plus précise, la nature de cet individualisme qui donne son visage à l'idéologie moderne ? Pour certains, l'individualisme ne peut être que synonyme de libération. Tel était d'ailleurs le projet de ceux que l'on peut nommer, de manière sans doute impropre, les « fondateurs de l'individualisme politique ». Héritiers des Lumières et défenseurs des droits de l'homme, ils voulaient soustraire l'individu au carcan de la société ancienne pour, en proclamant l'égalité de tous devant la loi et la suppression des privilèges, lui ouvrir l'espace de liberté dans lequel il se réaliserait pleinement.

Dans son célèbre ouvrage, *De la liberté des Anciens comparée à celle des Modernes* (1819), Benjamin Constant montre bien en quoi et selon lui la liberté ne peut qu'aller de pair avec ce que l'on ne nommera l'individualisme que quelques années plus tard et de manière péjorative. Dans les cités antiques et dans la république romaine, en effet, la liberté consistait dans la participation des individus à un pouvoir qui, en retour, pouvait tout exiger d'eux et ne leur reconnaissait de ce fait aucun droit véritable, aucune autonomie réelle : « ... l'individu s'était en quelque sorte perdu dans la nation, le citoyen dans la cité. » A l'inverse, pour les Modernes, la liberté ne consiste plus que dans l'autonomie par rapport à un pouvoir auquel il leur est impossible de participer :

> « Le but des Anciens était le partage du pouvoir social entre tous les citoyens d'une même patrie. C'était là ce qu'ils nommaient liberté. Le but des Modernes est la sécurité dans les jouissances privées; et ils nomment liberté les garanties accordées par les institutions à ces jouissances. »

Fort de ce raisonnement, Benjamin Constant peut donc définir la liberté comme « le triomphe de l'individualité ». La liberté, du coup, se définit presque par la négative : elle est cet espace d'indépendance dans lequel chaque individu laissé à lui-même, à l'abri du pouvoir, peut s'accomplir et jouir véritablement de la vie.

Au terme d'une longue et complexe histoire qu'Alain Laurent retrace dans *L'Individu et ses ennemis,* cette conception de l'individualisme comme forme ultime de la liberté a fait retour sur le devant de la scène intellectuelle occidentale dans le courant des années 70. A tel point qu'on peut avancer que notre époque assiste largement à ce que l'on pourrait nommer le triomphe de l'individualisme.

Telle est du moins la thèse que développe Gilles Lipovetsky dans son ouvrage publié en 1983 : *L'Ere du vide*. Nous serions en train de vivre une mutation décisive dont la logique nouvelle serait celle du « procès de personnalisation ». Lipovetsky le définit ainsi :

> « Négativement, le procès de personnalisation renvoie à la fracture de la socialisation disciplinaire; positivement, il correspond à l'agencement d'une société flexible fondée sur l'information et la stimulation des besoins, le sexe et la prise en compte des « facteurs humains », le culte du naturel, de la cordialité et de l'humour. Ainsi opère le procès de personnalisation, nouvelle façon pour la société de s'organiser et de s'orienter, nouvelle façon de gérer les comportements, non plus par la tyrannie des détails, mais avec le moins de contrainte et le plus de choix privés possible, avec le moins d'austérité et le plus de désir possible, avec le moins de coercition et le plus de compréhension possible. »

Tel serait ce nouvel individualisme auquel seraient promises désormais les sociétés contemporaines. Le temps de la discipline, de l'encadrement, de l'embrigadement serait révolu. Les règles contraignantes par lesquelles le groupe s'assujettissait chaque membre de la société auraient éclaté, laissant l'individu libre enfin d'être lui-même.

Une foule innombrable d'hommes semblables...

Le nouvel individualisme serait donc comme l'accomplissement du processus démocratique : apothéose de la liberté, plage perpétuelle et radieuse du devenir historique enfin atteinte et se prolongeant d'elle-même à l'infini.

L'analyse, cependant, n'est pas entièrement convaincante, qui consiste à présenter comme le règne de la liberté et de l'individualité une société de consommation où les êtres ne se donnent plus d'autre objectif que celui de la satisfaction standardisée. Et plus d'autre guide que celui — répétitif et collectif au possible — de la mode.

Autant qu'une bénédiction, l'individualisme peut constituer pour les sociétés démocratiques une menace lorsqu'il se confond avec la perspective d'une société atomisée, dans laquelle le retrait de chacun en lui-même laisse toute place libre à ce « nouveau despotisme » qu'en une vision superbe Alexis de Tocqueville décrit dans *De la démocratie en Amérique* :

> «... je vois une foule innombrable d'hommes semblables et égaux qui tournent sans repos sur eux-mêmes pour se procurer de petits et vulgaires plaisirs, dont ils emplissent leur âme. Chacun d'eux, retiré à l'écart, est comme étranger à la destinée de tous les autres : ses enfants et ses amis particuliers forment pour lui toute l'espèce humaine; quant au demeurant de ses concitoyens, il est à côté d'eux, mais il ne les voit pas; il les touche et ne les sent point; il n'existe qu'en lui-même et pour lui seul, et, s'il lui reste encore une famille, on peut dire du moins qu'il n'a plus de patrie. »

Telle est, aux yeux de Tocqueville, la société individualiste, celle vers laquelle risque de dériver toute nation démocratique. Sans souscrire aux thèses difficilement défendables et assez dangereuses de tous ceux qui affirment que l'individualisme est le fléau absolu, dans la mesure où il défait les collectivités naturelles — familles, régions, classes, etc. — par lesquelles seules se définit l'être humain, Tocqueville nous met en garde contre l'espèce d'éclatement social qui nous menace.

L'individualisme, en effet, peut être l'exacte négation de cette « vertu » dont Montesquieu affirme qu'elle est le principe de toute république. Si chacun se met à faire passer son intérêt propre avant celui de la collectivité, il n'est plus de société possible. Favorisé par le système démocratique dont il est l'une des conséquences, et par l'égalisation des conditions qui en résulte, l'individualisme débouche sur un désintérêt total pour la chose publique, sur le conformisme et la passivité, bref, sur ce que nous nommerions aujourd'hui la dépolitisation. Chacun ne cherche plus dès lors qu'à se satisfaire lui-même et, se retirant de la vie publique, favorise l'émergence d'« un pouvoir immense et **tutélaire** » qui prend en charge l'existence de chacun.

Les hommes creux

Loin d'être synonyme de liberté, on le voit, le triomphe de l'individualisme est, pour Tocqueville, l'une de ces perversions de la démocratie par lesquelles s'impose à l'humanité un « nouveau despotisme ». Nous sommes aux antipodes de l'utopie individualiste. Et, dans une large mesure, on peut affirmer que l'individualisme moderne se trouve comme en équilibre instable entre ces deux images opposées de lui-même. D'un côté, notre époque chante le triomphe de la civilisation du Moi : débarrassé de tous les carcans collectifs et sociaux, chacun serait enfin libre de devenir lui-même. Mais de l'autre côté, le soupçon nous vient de ce que l'individu, pour reprendre les mots de Jean Baudrillard, ne serait rien de plus qu'« une sorte de spectre, de fantôme, qui hante encore l'espace après la mort du sujet et qui revient hanter l'espace vide » : enveloppe illusoire et creuse qui ne croit en sa toute-puissance et en sa liberté qu'au prix de la plus terrible des méprises, de la plus vaine des illusions.

Serions-nous ces « hommes creux » dont, dans un poème de 1925, T.S. Eliot écrivait :

> **« Shape without form, shade without colour**
> **Paralysed force, gesture without motion; »**

> **« Silhouette sans forme, ombre décolorée,**
> **Geste sans mouvement, force paralysée; »**

─── REPÈRES ───

Louis Dumont, *Essais sur l'individualisme : une perspective anthropologique sur l'idéologie moderne,* Seuil, 1983.
Alain Laurent, *L'Individu et ses ennemis,* (Pluriel) Hachette, 1987.
Gilles Lipovetsky, *L'Ere du vide : essais sur l'individualisme contemporain,* (Folio Essais) Gallimard, 1983.
Alexis de Tocqueville, *De la démocratie en Amérique,* (Folio Histoire) Gallimard, 1835.

▶ **Consommation (société de), Droits de l'homme, Libéralisme.**

Intellectuel

L'intellectuel est, selon la définition de Ory et Sirinelli, « un homme du culturel mis en situation d'homme du politique ».

Née au moment de l'affaire Dreyfus, la notion d'« intellectuel » est donc indissociable de celle d'« engagement ». Du fait de l'épuisement des grands messianismes historiques, elle traverse aujourd'hui une crise qui oblige à s'interroger sur sa signification véritable.

Celui qui se mêle de ce qui ne le regarde pas

Dans leur *Histoire des Intellectuels de l'affaire Dreyfus jusqu'à nos jours*, déjà devenu en ce domaine l'ouvrage de référence, Pascal Ory et Jean-François Sirinelli proposent de l'intellectuel la définition suivante : « L'intellectuel sera un homme du culturel, créateur ou médiateur, mis en situation d'homme du politique, producteur ou consommateur d'idéologie. Ni une simple catégorie socio-professionnelle, ni un simple personnage, irréductible. Il s'agira d'un statut, comme dans la définition sociologique, mais transcendé par une volonté individuelle, comme dans la définition éthique et tourné vers un usage collectif. »

« *Un homme du culturel mis en situation d'homme du politique* » : on n'est, on le voit, pas très éloigné de la définition qu'à la suite de Jean Baechler nous proposions dans l'article « Idéologie ». C'était de se situer à la conjonction de ces deux domaines a priori disjoints — celui de la réflexion et celui de l'action, celui des idées et celui de la politique — que l'idéologie se faisait idéologie. C'est de se placer en cette même et exacte intersection que l'intellectuel se définit : être un homme du culturel — savant, artiste, philosophe... — mais ne pas être seulement cela, fonder dans cette légitimité culturelle le projet d'une action politique — le mot ne pouvant être entendu ici qu'au sens le plus large possible.

En une formule célèbre et laconique, Jean-Paul Sartre dans son *Plaidoyer pour les intellectuels* avait proposé une définition exactement semblable : « *L'intellectuel est celui qui se mêle de ce qui ne le regarde pas* ». Sortant du champ strict de sa compétence, il pose sur la société un jugement global. C'est par cette seule et fondamentale décision que l'homme du culturel se choisit intellectuel.

Ainsi, le physicien nucléaire. Tant que son activité consistera à poser et résoudre des équations, on dira de lui qu'il est un scientifique mais non un intellectuel. Il ne deviendra, aux yeux de la société, un intellectuel qu'au moment exact où il se posera la question de l'utilisation éventuelle de ces équations, de leur impact possible sur la réalité, où, au nom de sa morale personnelle, il prendra publiquement position en faveur ou non de l'arme nucléaire qu'il a rendue possible. Einstein, ainsi, est un intellectuel au même titre qu'Oppenheimer. C'est pourquoi, pour proposer un autre exemple simple, pour désigner des écrivains comme Sartre ou Camus, on pourra employer presque indifféremment — selon l'activité sur laquelle on cherche à faire porter l'accent — le mot de romancier ou celui d'intellectuel. A l'inverse, il ne conviendrait pas d'utiliser ce mot d'« intellectuel » pour l'appliquer à Flaubert ou à Joyce tant pour eux leur conception de l'écriture était totalement distincte de toute volonté de prise de position politique directe au sein de la Cité.

En résumé, si la compétence dans un des domaines du savoir est la condition première de l'intellectuel, elle ne saurait suffire à le définir. C'est par l'engagement que l'intellectuel naît à lui-même.

L'affaire Dreyfus : le baptême de l'intellectuel

Si l'analyse de Sartre faisait défaut, il suffirait, pour se convaincre du bien-fondé de cette définition, de se reporter à l'origine même de la notion d'intellectuel. Les faits sont connus — et exposés dans l'ouvrage de P. Ory et de J.F. Sirinelli — mais rappelons-en l'essentiel.

Le mot d'intellectuel apparaît véritablement à la faveur de l'affaire Dreyfus. Zola, on s'en souvient, publie dans *L'Aurore* du 13 janvier 1898 une « Lettre à Monsieur Félix Faure, président de la République » — mieux connue sous le titre de « J'accuse » — par laquelle, dénonçant les membres de l'Etat-major français qui ont fait condamner injustement Dreyfus pour trahison, il se place délibérément hors-la-loi. Afin de manifester avec l'auteur de *Germinal* leur solidarité, un certain nombre d'écrivains — au nombre desquels Anatole France, Marcel Proust, André Gide — s'associent en une pétition de soutien à Zola. C'est pour désigner les courageux signataires de cette pétition que, dans un article de la *Revue blanche* publié le 23 janvier, Georges Clemenceau utilise pour la première fois de manière significative le terme d'« intellectuel ». Devenu quasi-synonyme d'« écrivain dreyfusard », le mot d'« intellectuel », à la faveur de la polémique, passe ainsi en l'espace de quelques jours dans la langue française.

Le mot naît donc à la toute fin du XIXe siècle, mais avec lui ce qu'également il désigne. Il s'agit en effet de bien autre chose que d'une simple question de vocabulaire. Zola n'est certes pas le premier écrivain à intervenir dans la vie publique pour lutter de toute sa force contre l'injustice : la liste serait trop longue à dérouler qui nous obligerait à citer notamment et Voltaire et Lamartine et Hugo. Cependant, c'est avec l'affaire Dreyfus, peut-être, que pour la première fois ceux que l'on commence à nommer les intellectuels agissent en groupe et de manière organisée. Ils le font au nom d'une légitimité qu'ils ne tirent que du prestige de leur culture ou de leur talent, incarnant, de ce fait, la possibilité d'une autorité nouvelle et plus digne que celle de l'institution. En une situation de crise, l'intellectuel se présente comme le porteur véritable des valeurs essentielles.

Cette image de l'intellectuel, on s'en doute, est pourtant loin de faire l'unanimité lors de l'Affaire. En une formule aussi brillante que cinglante, Brunetière définira les intellectuels comme de *« pauvres hommes qui ne font que déraisonner avec autorité sur des choses de leur incompétence ».* Dans l'ineffable style de l'époque, Barrès, quant à lui, écrira : « *En résumé, les juifs et les protestants mis à part, la liste dite des intellectuels est faite d'une majorité de nigauds et puis d'étrangers — et enfin de quelques bons Français.* »

La figure de l'intellectuel, cependant, est née qui dominera de toute sa stature contestée la vie culturelle et littéraire du XXe siècle.

Le silence des intellectuels

Qu'en est-il aujourd'hui de cet intellectuel né il y a presque un siècle ? Dans *Le Bruissement de la langue,* Roland Barthes faisait remarquer qu'un procès perpétuel lui était fait par la société qui trouve en lui le bouc émissaire idéal. Si cela est juste, encore faut-il préciser que, ces dernières années, le sens de ce procès s'est complètement inversé : ce qui fait question aujourd'hui ce n'est plus l'engagement des intellectuels mais, à l'inverse, ce que l'on a pu nommer leur « désertion », leur silence en tout cas.

L'ère de l'intellectuel engagé semble en effet, pour l'essentiel, révolue. Les foules qui, en 1980, ont accompagné jusqu'au cimetière Montparnasse la dépouille de Jean-Paul Sartre ont, à leur insu, sans doute assisté du même coup au décès — définitif, peut-être — de cet intellectuel engagé qu'il incarnait totalement. Quelles explications apporter de ce phénomène ? Sans doute la disparition massive et presque simultanée, au début des années 80, de la plupart des grands noms de la pensée contemporaine — Sartre, Barthes, Lacan, Foucault, Aron — a-t-elle joué un rôle. Mais surtout, l'écroulement des grands discours idéologiques au nom desquels se mobilisaient les intellectuels a fait rentrer la notion d'engagement dans l'« ère du soupçon ». D'où le désengagement massif des écrivains, auquel nous assistons aujourd'hui. Tirant la leçon des nombreuses erreurs et errances des maîtres à penser d'hier — Céline basculant dans le délire antisémite, Sartre ou Aragon cautionnant le communisme, Barthes et le groupe Tel Quel faisant le pèlerinage jusqu'à La Mecque du maoïsme, Foucault se déclarant favorable à la révolution iranienne —, les intellectuels d'aujourd'hui se refusent le plus souvent à céder à la séduction du politique et se replient qui dans le champ étroit de leur science, qui dans la confortable tour d'ivoire de leur art.

A l'engagement des intellectuels semble donc succéder leur désertion massive : on leur reprochait hier de prendre la parole, c'est leur silence qui fait aujourd'hui qu'on les accuse; on les critiquait pour leur présence, c'est pour leur absence que, maintenant, on les condamne.

Crise au total tellement évidente qu'elle a amené Bernard-Henri Lévy dans son *Eloge des Intellectuels* à s'interroger sur l'éventuelle disparition des intellectuels : « *Faudra-t-il écrire dans les dictionnaires de l'an 2000 : Intellectuel, nom masculin, catégorie sociale et culturelle née à Paris au moment de l'affaire Dreyfus, morte à la fin du XXe siècle, n'a apparemment pas survécu au déclin de l'universel ?* »

« Que deviendrait une société qui renoncerait à se distancer ? »

Encore faut-il s'entendre sur le sens de ce décès ? En aucun cas, il ne convient en effet de se replier sur le lassant refrain qui consiste à dire que s'il n'y a plus d'intellectuels, c'est qu'il n'y a plus ni philosophes, ni écrivains, ni artistes dignes de ce nom et que notre époque se caractérise, dans le domaine de la culture, par une perte totale de vitalité et de créativité. Il n'en est rien. La disparition des intellectuels signifie simplement que plus aucun des philosophes ou écrivains d'envergure n'est résolu à assumer le rôle trouble et exigeant du « maître-à-penser » qui, du haut de son autorité morale et de son génie, indique à toute une génération la voie philosophique, politique et morale dans laquelle s'engager sinon se fourvoyer. C'est ce type de constat que dressait, par exemple, Lévi-Strauss lors d'un entretien accordé au *Figaro littéraire* :

> « Il y a eu des périodes sans maîtres à penser. Peut-être entrons-nous dans une période sans maître à penser : ce qui ne veut pas dire qu'il n'en sortira pas d'autres dans deux ans, dans cinq ans, dans dix ans. J'ai l'impression que, en général, le rôle du maître à penser a été plutôt néfaste. Ce qui ne veut pas dire qu'une société où il n'aurait pas existé s'en serait peut-être encore plus mal tirée. Je n'en sais rien. Je pense que les maîtres à penser, à commencer par Rousseau, pour qui j'ai une immense admiration, ce sont des gens qui ont fait des bourdes monstrueuses, qui ont entraîné leurs contemporains dans de grosses erreurs. »

Le bilan, au total, serait donc négatif et s'expliquerait ainsi le réflexe de repli, de retrait, par lequel écrivains et philosophes se refuseraient aujourd'hui au rôle de l'intellectuel tel que Sartre, par exemple, l'a illustré.

D'où la nécessité éprouvée aujourd'hui et que manifeste par exemple B.-H. Lévy dans son *Eloge des Intellectuels,* de se mettre à la recherche d'un nouveau mode de présence au monde, d'une nouvelle manière de vivre son insertion dans la Cité, qui permettrait à l'intellectuel de ne pas sombrer dans les erreurs d'hier sans pour autant se condamner au silence sur l'essentiel.

L'enjeu est d'importance car si, comme l'affirmait Lévi-Strauss, un maître à penser est rarement, pour une collectivité, une bénédiction, il n'est pas de société qui puisse faire l'économie de l'intellectuel. Etant entendu que celui-ci ne doit pas être le philosophe militant, qui prend en marche le train de l'histoire sans se soucier de la direction dans laquelle celui-ci l'entraîne, mais qu'il se définit comme celui qui, par la pensée, pose la possibilité, au moins esquissée, de se soustraire au mensonge idéologique de son temps. Vivant en lui-même les contradictions de la société dans laquelle il s'inscrit, il donne à celle-ci la chance de prendre vis-à-vis d'elle-même la distance salutaire d'un regard critique. Ainsi, en tout cas, Barthes définissait-il en 1974 la fonction de l'intellectuel :

> « La situation historique de l'intellectuel n'est pas confortable : non à cause des procès dérisoires qu'on lui fait, mais parce que c'est une situation dialectique : la fonction de l'intellectuel est de critiquer le langage bourgeois sous le règne même de la bourgeoisie ; il doit être à la fois un analyste et un utopiste, figurer en même temps les difficultés et les désirs fous du monde : il veut être un contemporain historique et philosophique du présent : que vaudrait et que deviendrait une société qui renoncerait à se distancer ? Et comment se regarder autrement qu'en se parlant ? »

Julien Benda :
La Trahison des clercs

La plupart des livres consacrés à la question du rôle des intellectuels ne sont rien de plus que des ouvrages de circonstance. Avec plus ou moins de talent, un écrivain s'attache à défendre la conception qu'il se fait de son art et de sa mission, à justifier son propre itinéraire intellectuel. Rares sont les textes qui parviennent à atteindre une portée plus générale.

Tel est le cas pourtant du livre de Julien Benda (1867-1956) publié en 1927 : *La Trahison des clercs.*

Benda nomme « clercs » *« tous ceux dont l'activité, par essence, ne poursuit pas de fins pratiques, mais qui demandant leur joie à l'exercice de l'art ou de la science ou de la spéculation métaphysique, bref à la possession d'un bien non temporel, disent en quelque manière : Mon royaume n'est pas de ce monde ».*

Ces clercs — artistes, philosophes, intellectuels — sont aux yeux de Benda le contrepoids nécessaire aux passions politiques qui menacent la société. Hors du monde, en quelque sorte, ils tempèrent de leur sagesse et de leur raison la folie et la déraison du monde.

Or, continue Benda, ces clercs ont trahi. Loin de combattre les passions politiques comme ils l'avaient toujours fait, ils les ont épousées et les encouragent de toute leur intelligence et de tout leur prestige. Philosophes et artistes se sont mis ainsi au service d'un nationalisme belliqueux dont la Première Guerre mondiale a été la conséquence logique.

La conclusion de Benda est-elle que le clerc doit se retirer totalement de l'arène politique, se désintéresser des conflits qui déchirent son temps? Nullement. Benda développe en fait une théorie de l'engagement qui, singulièrement, semble aujourd'hui la plus adaptée à notre époque revenue, dans une large mesure, des séductions de l'idéologie et du politique.

Il s'en explique dans *La Fin de l'éternel* (1928), un livre dans lequel il revient sur les principales thèses de *La Trahison des clercs* :

> « Je déclare donc que le clerc ne manque nullement à sa fonction en paraissant sur la place publique, s'il y paraît pour y prêcher la religion du juste et du vrai et s'il les prêche ouvertement comme des valeurs non pratiques, j'entends dénuées de toute attention aux intérêts de l'égoïsme, soit de la nation, soit de la classe; en d'autres termes, s'il y paraît pour protester, au nom d'un idéal, contre les passions réalistes qui, ainsi que je l'ai montré, sont la substance de la vie proprement politique. »

Il est donc du devoir du clerc de s'engager. Cependant, Benda éprouve aussitôt la nécessité de préciser la forme supérieure que cet engagement doit revêtir :

> « Toutefois — et c'est là, évidemment, ce qui a pu faire croire que je condamnais le clerc militant — je prétends que ce rôle de protestataire, le clerc peut l'exercer autrement qu'en se mêlant aux laïcs et s'élevant contre leurs passions; je soutiens qu'il l'exerce, d'une manière non seulement plus belle mais plus féconde, en demeurant loin de toute lutte et donnant aux laïcs le spectacle d'une ardeur uniquement consacrée à l'embrassement des choses éternelles, totalement indifférente aux biens concrets pour la conquête desquels ils s'entre-tuent... »

REPÈRES

Raymond Aron, *L'Opium des Intellectuels,* Agora, 1955.

Julien Benda, *La Trahison des clercs,* Grasset, 1927.

Pascal Ory, Jean-François Sirinelli, *Les Intellectuels en France de l'Affaire Dreyfus jusqu'à nos jours,* Armand Colin, 1986.

Bernard-Henri Lévy, *Eloge des Intellectuels,* Grasset, 1987.

Jean-Paul Sartre, *Plaidoyer pour les intellectuels,* in *Situations philosophiques,* (Tel) Gallimard, 1972.

▶ **Engagement.**

Libéralisme

Le libéralisme est une idéologie politique qui a fortement imprégné la tradition occidentale et qui fait de la liberté individuelle la valeur essentielle.

Dans le domaine politique, sans se confondre avec lui, le libéralisme est pratiquement indissociable de l'idéal démocratique. Dans le domaine économique, il se traduit par la volonté de limiter les interventions de l'Etat pour laisser le champ libre aux individus et aux entreprises. Ainsi défini et à la faveur de la crise économique, le libéralisme a connu un véritable renouveau qui ne suffit pas cependant à en masquer toutes les faiblesses.

En aucun cas, l'idéologie libérale ne se présente comme un corps de doctrine homogène. Elle ne se résume en aucune construction théorique en laquelle elle se laisserait saisir tout entière. Elle ne tire son origine d'aucun penseur hors du cerveau duquel elle serait sortie tout armée. Dans la réalité politique, elle n'existe que rarement à l'état pur.

Le libéralisme ne serait-il donc nulle part ? Il est bien davantage partout. Son histoire se confond en effet largement avec celle de la pensée et de la pratique politiques en Occident. Non pas qu'à lui tout se ramène, mais il imprègne profondément notre conception de la société et il a largement façonné notre histoire et nos institutions.

Le libéralisme se définit essentiellement par la volonté de faire de la liberté individuelle — au plan politique comme au plan économique — la valeur essentielle.

Libéralisme politique

Dans le champ politique, la doctrine libérale vise avant tout à maintenir l'autonomie du citoyen contre toutes les menaces que pourrait faire planer sur lui un éventuel pouvoir collectif, tel celui de l'Etat. Elle se propose de mettre en place un système politique dans lequel, par le respect du droit, par la séparation des pouvoirs, par le pluralisme politique, des frontières seront tracées à l'intérieur desquelles l'autorité étatique sera cantonnée.

Doctrine de la limitation de l'Etat — mais non de sa destruction —, le libéralisme se propose de laisser les individus être les véritables acteurs de la vie politique et sociale. Confiant dans la nature humaine et dans ses ressources, convaincu de ce que *histoire* est synonyme de *progrès,* il affirme que telle est la condition d'une société vivante, dynamique et harmonieuse : la liberté de chacun est la condition du bonheur de tous.

Libéralisme et démocratie ne sont pas des termes synonymes. Il y a eu, au XVIIIe et au XIXe siècle, un libéralisme aristocratique dont Montesquieu, et de manière plus complexe Tocqueville, ont été les plus célèbres figures. Inversement, les démocraties populaires se définissent très clairement par le refus du libéralisme. Cependant, l'histoire du libéralisme et celle de la démocratie sont si intimement liées que, en Occident tout au moins, idéal libéral et idéal démocratique ont fini, à tort ou à raison, par apparaître comme identiques, car participant d'une même ambition politique, d'une même vision idéologique.

Libéralisme économique

Parallèle au libéralisme politique existe un libéralisme économique.

Celui-ci se définit de manière très semblable par l'affirmation que la liberté totale des acteurs économiques est nécessaire à la prospérité générale. Le libre jeu des forces du marché, la liberté d'entreprendre, l'absence de contraintes, la concurrence véritable sont les seules règles du jeu qui doivent prévaloir. Ainsi que l'explique le philosophe écossais Adam Smith — le principal des théoriciens du libéralisme économique — il existe « une main invisible » qui fait servir les efforts individuels des agents économiques — aussi désordonnés et contradictoires qu'ils puissent sembler — à une seule et même grande cause qui est l'enrichissement de la collectivité. Chacun travaille par souci de sa propre fortune, mais, ce faisant, il participe sans le savoir au progrès de l'ensemble de la société.

Dans de telles conditions, la seule politique économique possible est celle qui passe par l'abstention totale et le retrait de l'Etat. Le marché, en effet, laissé à lui seul tend à l'équilibre optimal; spontanément, il assure la gestion la plus intelligente et la plus parfaite des ressources. Confrontant en permanence l'offre et la demande, il met en place les conditions d'une croissance saine et durable. Toute intervention ne pourrait que perturber ce mécanisme impeccable. La seule attitude de l'Etat doit se résumer en la célèbre formule de « *Laissez faire, laissez passer* ».

Le triomphe libéral ?

Si l'on voulait tracer à gros traits l'histoire du libéralisme en Occident, peut-être pourrait-on avancer que le XVIIIe siècle fut le siècle de sa naissance, le XIXe celui de son essor, et le XXe, enfin, celui de sa mise en question.

Perceptibles sans doute dès le départ, les limites du libéralisme apparurent véritablement dans la première moitié de notre siècle. Avec la Première Guerre mondiale et la crise économique de 1929, il devint évident que l'Etat moderne ne pouvait se cantonner dans la politique de non-intervention quasi absolue qu'avaient dessinée pour lui les théoriciens libéraux. Pour relancer une économie au bord de l'écroulement, pour régler les problèmes politiques et sociaux qui, par leur ampleur, ne pouvaient être abandonnés aux seuls individus, pour corriger les déséquilibres sociaux que tendait à produire le pur jeu du marché, l'Etat s'avérait nécessaire. Laissée à elle-même, la société risquait de devenir une jungle où seule compterait la loi du plus fort et où la seule liberté véritable serait, pour reprendre une formule célèbre, « *la liberté du renard dans le poulailler* ». Les Etats occidentaux s'engagèrent donc dans une politique d'intervention économique et sociale qui, passant par la mise en place de l'Etat-Providence, se fit à rebours d'idéaux libéraux jugés désormais dépassés.

Est-ce pur et mécanique retour du balancier ? Toujours est-il que l'on a beaucoup parlé à la fin des années 70 et tout au long des années 80 d'un retour au libéralisme. Celui-ci fut d'abord économique : la crise de 1973 révéla en effet l'incapacité de l'Etat à relancer l'économie selon les méthodes utilisées jusque-là; davantage, le poids de l'Etat fut souvent perçu comme un frein par les entreprises et les individus. Le procès de l'Etat-Providence était engagé. Dans le champ politique, un véritable raz-de-marée électoral porta un peu partout en Occident des gouvernements se réclamant d'un libéralisme parfois sauvage (Ronald Reagan aux Etats-Unis, Margaret Thatcher en Grande-Bretagne). La seule exception fut française et confirma largement la règle. Portés au pouvoir pour appliquer une politique de gauche, les socialistes en effet se convertirent au libéralisme. A la bourse des valeurs intellectuelles enfin, Tocqueville et Aron remplacèrent Marx et Engels.

S'agit-il là d'un triomphe du libéralisme ? En partie sans doute : de manière légitime, le libéralisme vient mettre un terme à une croissance étatique devenue quelquefois insupportable et nous rappeler qu'il n'est pas de valeur plus haute dans une société que la liberté des individus qui la composent. Tels sont les principes que réaffirme avec justesse le libéralisme aujourd'hui. Mais ces principes, quelquefois, peuvent servir de masque à une réalité beaucoup moins légitime. On se contentera à cet égard d'ajouter que s'il se confond avec la politique anti-sociale qui prévaut trop souvent aux Etats-Unis ou en Grande-Bretagne, ce triomphe du libéralisme a un goût des plus amers et vaut toutes les défaites.

> **Mandeville : la fable des abeilles**
>
> Bernard Mandeville (1670-1733), médecin hollandais établi à Londres, est resté célèbre pour un seul ouvrage : *La Fable des abeilles : ou vices privés, vertus collectives* (1714).
> Il y relate l'histoire édifiante d'abeilles qui obtiennent par leurs prières que tous les vices disparaissent de leur ruche. L'effet obtenu est l'inverse de celui espéré. La prospérité disparaît, la misère s'installe. La morale de l'histoire est assez claire : les vices privés sont en fait des vertus collectives, car ce sont eux qui contribuent à la prospérité et au dynamisme de la société. Le bien suprême n'est plus dans cette perspective la perfection morale de l'individu, mais la richesse de la collectivité.
> Au prix d'une certaine déformation, d'ailleurs, du message de Mandeville, la fable dont il est l'auteur est souvent présentée comme l'illustration des thèses du libéralisme économique : il faudrait renoncer à toute intervention qui viserait à améliorer la société et laisser librement jouer les intérêts privés dont seuls peut naître la prospérité.

REPÈRES

Georges Burdeau, *Le Libéralisme*, (Points Politique) Seuil, 1979.
Pierre Manent, *Histoire intellectuelle du libéralisme*, (Pluriel) Hachette, 1987.
Adam Smith, *Recherches sur la nature et les causes de la richesse des nations*, (Idées) Gallimard, 1776.

▶ **Démocratie, Etat, Individualisme.**

Marxisme

Le marxisme est la riche et décisive philosophie dérivée des œuvres de Karl Marx.
D'après Lénine, le marxisme peut être présenté comme la synthèse et le dépassement des plus importants courants de pensée du XIXe siècle : philosophie classique allemande, économie politique classique anglaise, socialisme français. Plus qu'une simple construction théorique, le marxisme se veut surtout une arme politique dans la lutte révolutionnaire. A ce titre, il a inspiré la plupart des grandes révolutions du XXe siècle et a constitué l'un des espoirs majeurs de notre temps. Largement discrédité aujourd'hui par la dérive totalitaire des régimes communistes, il conserve cependant l'essentiel de sa valeur comme outil théorique.

Rien ne serait plus inexact que de croire que le marxisme se présente comme une vision d'ensemble cohérente et totalisatrice de la réalité, un système figé en une orthodoxie rigoureuse et rationnelle. Ce que l'on désigne sous ce nom se présente bien davantage comme une nébuleuse aux contours imprécis, aux secteurs divers et contradictoires où se côtoient textes et réalités historiques, mythes, images et analyses philosophiques. Et c'est sans doute à la fois la force et la faiblesse du marxisme que de s'offrir à l'analyse sous une forme si éclatée.

Le marxisme de Marx

Au sens le plus strict du terme, le marxisme peut être défini comme l'ensemble des thèses exposées par le philosophe allemand Marx (1818-1883) lui-même, mais également par son ami Friedrich Engels (1820-1895), dans une série d'ouvrages essentiels couvrant un vaste champ intellectuel allant de la philosophie à l'histoire, de la politique à l'économie. Le volume de l'œuvre de Marx et sa densité sont si considérables qu'il est de nombreuses manières de présenter les thèses principales qui y sont exposées. De manière particulièrement claire et didactique, Lénine a, en 1914, défini ainsi ce qui constituait à ses yeux l'apport essentiel de l'œuvre de Marx. Il écrivait :

> « Le *marxisme* est le système des idées et de la doctrine de Marx. Marx a prolongé et génialement achevé l'œuvre des trois principaux courants d'idées du XIXe siècle, qui appartiennent aux trois pays les plus avancés de l'humanité : la philosophie classique allemande, l'économie politique classique anglaise et le socialisme français, lié aux doctrines révolutionnaires françaises en général. »

Reprenons, élément par élément, la définition du marxisme proposée par Lénine.

A la philosophie allemande, Marx aurait d'abord emprunté sa conception du matérialisme dialectique en conjuguant le *« matérialisme »* de Feuerbach et la *« conception dialectique de l'histoire »* de Hegel. Sur les modalités de cet emprunt et sur la nature véritable de celui-ci, les débats ont été nombreux et complexes, qui visaient notamment à montrer l'autonomie de la vision de Marx par rapport à celle de ses illustres devanciers. Disons, pour nous contenter ici de points de repères simples, que le marxisme est un matérialisme d'abord en ceci qu'il refuse le dualisme esprit/matière, ensuite en ce qu'il postule le *primat* de la vie matérielle sur la *conscience* et ses manifestations. Ce qui signifie, en ce qui concerne la vision marxiste de la société, que celle-ci se trouve, selon une formule classique, *« déterminée en dernière instance »* par sa dimension matérielle, économique. Il s'agit donc pour Marx, par le matérialisme, de retourner toutes les philosophies idéalistes qui feignent d'ignorer le socle matériel du réel pour ne voir partout à l'œuvre que la conscience, que l'esprit. Cette conscience, affirme Marx, est très étroitement déterminée par les conditions matérielles dans lesquelles elle se développe. Présenté ainsi cependant, le marxisme risquerait vite de s'enliser dans une conception mécaniste, statique et réductrice de la réalité. C'est pourquoi, avec le matérialisme, Marx a combiné la dialectique dont il a trouvé la forme chez le philosophe allemand Hegel. Il s'agit d'affirmer que le réel est le lieu d'un devenir continuel, par lequel les phénomènes se transforment, s'affrontent dans un processus de négation et de dépassement, selon la loi de ce que Hegel nomme l'« Aufhebung » : par la négation puis par la négation de la négation, l'Histoire est mue par une force de négativité qui l'oblige à progresser d'étape en étape.

A l'économie politique classique anglaise, Marx emprunte ses premiers éléments d'analyse du système capitaliste. Eléments qu'il va développer et surtout remettre en question en montrant dans *Le Capital* que, dans la société marchande, derrière les échanges entre biens existent en réalité des rapports entre les hommes, rapports fondés sur l'inégalité radicale qui sépare ceux qui possèdent le capital de ceux qui sont contraints de vendre aux premiers leur force de travail. Les analyses de Marx s'articulent autour du concept-clé de *plus-value* : celle-ci étant la richesse dégagée par le travailleur et qui, au lieu de lui revenir, est en quelque sorte confisquée par le capitaliste. Les analyses économiques de Marx débouchent donc sur la mise en évidence du caractère radicalement injuste du système capitaliste par lequel le prolétariat se trouve soumis à une forme d'exploitation proche, en somme, de l'esclavage.

Au socialisme français, enfin, Marx a emprunté la conviction que le progrès social et politique passait par la rupture avec l'ordre ancien, par la destruction du système capitaliste. Ce qui, cependant, faisait défaut à ces mouvements que les marxistes regroupent sous la dénomination péjorative de *« socialisme utopique »*, ce sont les moyens d'une analyse véritable de la situation et des forces susceptibles de la transformer. Le marxisme se propose d'être ce système explicatif qui, en révélant que l'histoire est le lieu de la lutte des classes et que la seule classe désormais révolutionnaire est le prolétariat, permettra d'agir de manière efficace sur le système capitaliste pour en précipiter l'écroulement.

Philosophie matérialiste, analyse critique du système capitaliste, arme essentielle dans la lutte révolutionnaire : tel est donc le marxisme de Marx que Lénine nous présente à la fois comme la synthèse et le dépassement de tout ce que la pensée du XIXe siècle a produit de plus fécond, et comme le levier nécessaire à l'avènement d'un monde nouveau. Philosophie de combat, donc, puisque, pour reprendre la célèbre onzième thèse sur Feuerbach, la tâche des philosophes ne doit plus être désormais d'interpréter le monde, mais de le transformer.

Marx après Marx

Quel que soit le jugement qu'on porte sur l'exactitude de certaines de ses analyses ou sur la vision d'ensemble dont elle témoigne, nul ne peut contester l'impressionnante grandeur de l'œuvre de Marx. Dans un superbe texte de son livre, *Pour Marx,* Louis Althusser a montré par quel mouvement presque impensable Marx a réussi à s'arracher aux illusions de son temps pour parvenir à la vérité dont son œuvre témoigne, utilisant le langage de son époque pour lui faire dire ce qu'il n'avait encore jamais dit, se soumettant de ce fait à cette *« condition paradoxale d'avoir à apprendre l'art de dire ce qu'il va découvrir dans cela même qu'il doit oublier ».*

La grandeur de cette œuvre étant reconnue, peut-on découvrir en elle un système véritable avec ce que le mot suggère d'exhaustif, de totalisant, de fermé sur soi-même ? Dans une boutade célèbre, Marx aurait déclaré à Engels qu'il n'était en rien marxiste. C'est assez souligner que le marxisme fut l'invention des successeurs de Marx, et cela au prix de quelles relectures, de quelles trahisons ou de quelles améliorations éventuelles ? En ce sens, l'histoire du marxisme est celle de ses interprétations philosophiques successives et de ses avatars historiques, jusqu'à aujourd'hui toujours tragiques.

La principale de ces relectures, le plus décisif de ces avatars fut sans doute celui qui reste lié au nom de Lénine (1870-1924) et au choc de la révolution russe. Le marxisme-léninisme se présente comme le développement scientifique du marxisme. Il se définit comme une stratégie de la prise du pouvoir révolutionnaire par l'intermédiaire du parti communiste et se propose d'étendre à la situation internationale une analyse de type marxiste par laquelle serait dénoncé l'impérialisme. Avec la victoire des bolchéviques, le léninisme est devenu l'idéologie officielle de l'Union soviétique. Arme de contestation du système capitaliste, le marxisme est passé dans le camp de ceux qui détiennent le pouvoir et ont pour charge de l'exercer.

S'agit-il là, pour le marxisme, d'une première forme de réalisation historique ou d'une définitive compromission? Force est de constater que de l'URSS à la Chine en passant par Cuba, le pouvoir se réclamant du marxisme a toujours débouché sur la mise en place de systèmes totalitaires. De cette dérive ou de ce devenir totalitaire du marxisme, les interprétations sont nombreuses et contradictoires, qui visent soit à innocenter le marxisme des crimes qui ont été commis en son nom — en invoquant des facteurs historiques, locaux ou circonstanciels — soit, au contraire, à démontrer que les analyses de Marx contenaient en germe le danger du goulag ou celui du camp de rééducation.

D'un côté, le philosophe marxiste Patrick Tort, par exemple, s'insurge contre le sophisme qui consiste à associer, pour mieux les confondre, les concepts de marxisme et de stalinisme. Dans «Le communisme irréel» (*Critique communiste* n° 98, Eté 1990), il écrit fort justement:

> «Le "communisme réel" (qui n'existe pas, mais dont on dit qu'il existe et qu'il est *cela*) est systématiquement exhibé comme le produit direct du marxisme (qui existe, mais dont on voudrait compromettre l'existence en le rendant solidaire d'un produit qui n'est pas le sien). Cela, bien entendu, repose sur un sophisme simple, courant et toujours efficace, qui consiste à lier la

valeur essentielle d'une idée à l'accident de sa mise en œuvre, sans s'être préalablement demandé si l'échec de la mise en œuvre ne tenait pas d'abord au fait qu'elle *n'était pas* la mise en œuvre de *cette* idée. Cette erreur, qui est de toute évidence une erreur *tactique* de l'idéologie intéressée à contaminer durablement le concept à travers la condamnation de dévoiements historiques présentés comme ses conséquences homogènes, est pourtant aussi énorme que celle qui consisterait à induire, du constat d'une pollution adventice localisée sur le cours avancé d'un fleuve, la contamination nécessaire de sa source. »

A l'inverse, les principaux représentants de la « nouvelle philosophie » ont, dans leur ensemble, insisté sur une sorte de complicité fondamentale entre le marxisme — et d'une manière plus générale d'ailleurs la philosophie allemande — et les systèmes totalitaires modernes.

Quoi qu'il en soit, totalement discrédité ou seulement rendu suspect par son incarnation historique, le marxisme a du mal à se dissocier des caricatures sanglantes de lui-même que composèrent le stalinisme ou la révolution culturelle chinoise.

« L'horizon indépassable de notre temps »

La prise de conscience, cependant, que retracent les lignes qui précèdent, fut des plus longues à prendre forme dans la conscience des intellectuels européens et tout particulièrement français. Le temps n'est pas si lointain où Sartre, au sortir de la Seconde Guerre mondiale, pouvait définir le marxisme comme *« l'horizon indépassable de notre temps »*. Grandi par la résistance tardive mais héroïque de l'URSS au nazisme et par l'engagement des communistes dans la Résistance, le marxisme pouvait, dans les années 50, passer pour l'espoir unique de mettre en place une société meilleure et plus juste. D'où la fascination tyrannique et aveugle qu'il exerça, même sur les plus lucides des intellectuels français. Rares étaient à l'époque les grandes figures de la pensée qui osaient se soustraire à la vulgate marxiste : Raymond Aron qui, retournant une célèbre formule marxiste, dénonçait le rêve révolutionnaire comme étant l'«opium des intellectuels»; Albert Camus, surtout, s'attaquant au messianisme communiste dans *L'Homme révolté*. Mais la marginalisation même de ces deux intellectuels suite à leur prise de position anti-communiste suffit à montrer que, dans le paysage philosophique français des années 50, ils constituaient comme l'exception qui confirme la règle.

Pourtant, à cette date, l'essentiel était connu de la vérité du système soviétique. Depuis les années 30, les intellectuels français, de Gide à Céline, n'en finissaient pas d'en revenir — d'URSS — pour dire leurs doutes ou faire leur « mea culpa ». Tout se passait cependant comme si cette vérité, ils se refusaient pour la plupart à véritablement l'enregistrer pour ne *«pas désespérer Billancourt»* — c'est-à-dire pour ne pas démobiliser les forces potentiellement contestatrices du pays en leur révélant une vérité bien peu révolutionnaire. De plus, malgré cette désillusion majeure que constituait l'échec de l'expérience soviétique, l'espoir dans le marxisme pouvait subsister en se reportant sur une autre de ses incarnations historiques. On ne rejetait alors le léninisme ou le stalinisme que pour adhérer avec plus de force encore au trotskysme ou au maoïsme. On ne condamnait l'URSS que pour faire encore plus haut l'éloge de la Chine, de Cuba ou du Viêt-nam. Si bien qu'au total, ce qu'on peut nommer l'*«illusion marxiste»* pouvait se perpétuer, voire se développer, dans le contexte d'une société assoupie dans son abondance bourgeoise et rêvant d'une rupture utopique avec l'histoire.

Marx est mort

Il fallut attendre le début des années 70 pour que commence à se dissiper cette illusion dans la conscience des intellectuels français. « Marx est mort », annonçait alors, dans le titre de l'un de ses ouvrages, le philosophe Jean-Marie Benoist.

Cette mort, il faut le souligner, ne fut en rien le fait d'une remise en question théorique du marxisme. Celle-ci eut lieu, certes, mais l'essentiel se jouait ailleurs : dans la prise de conscience enfin réalisée du caractère totalement oppressif des systèmes politiques qui, sur la planète, se réclamaient du marxisme. Et dans cette prise de conscience, le rôle de catalyseur fut incontestablement joué par la lecture du témoignage porté par l'écrivain russe Soljenitsyne sur le système pénitentiaire soviétique — *L'Archipel du Goulag* — qui fut publié en France au début des années 70. C'est dans la brèche ainsi ouverte que s'engouffrèrent, quelques années plus tard, les « nouveaux philosophes » qui, dénonçant la « barbarie à visage humain », refaisaient en quelque sorte le chemin effectué avant eux par Albert Camus et Arthur Koestler, à la recherche d'une morale nouvelle et provisoire de l'engagement, de la justice et du respect humain.

La crise du marxisme est aujourd'hui une évidence qu'il est à peine besoin de souligner. Crise historique d'abord : l'effondrement des régimes de l'Est en témoigne assez. Crise théorique également, dans la mesure où il est peu d'intellectuels aujourd'hui qui osent se réclamer d'un système si universellement décrié. Il faut le reconnaître : la critique du marxisme est devenue aujourd'hui la « tarte à la crème » de la réflexion philosophico-politique, le lieu commun intellectuel le plus répandu et le moins questionné. On terminera simplement en soulignant ce qu'une telle unanimité peut avoir quelquefois de suspect : dénoncer Staline n'est bien souvent qu'un tour de passe-passe un peu gros et facile pour effacer Marx. Or, l'œuvre de Marx a une valeur autre que purement archéologique : témoignage critique sur les travers d'un capitalisme naissant que les sociétés modernes auraient réussi désormais à corriger. Lire Marx, c'est aujourd'hui encore découvrir une pensée d'une vitalité indéniable qui nous amène à regarder en face le caractère conflictuel de la société dans laquelle nous vivons, à nous arracher aux faux-semblants idéologiques qui visent à nous faire accepter le monde tel qu'il est au lieu de nous attacher à le transformer.

« *On a raison de se révolter* » : tel est en somme, et pour reprendre le mot célèbre de Mao Zedong, le plus juste et le plus actuel des messages qu'aujourd'hui encore nous adresse l'œuvre de Marx.

──────────── REPÈRES ────────────

Louis Althusser, *Pour Marx,* Maspero, 1965.
Lénine, « Les trois sources et les trois parties constitutives du marxisme » (1913), « Karl Marx » (1915), in *Textes philosophiques,* Editions sociales, 1978.
Karl Marx, Friedrich Engels, *Le Manifeste du Parti communiste,* Le Livre de Poche classique, 1848.
Henri Lefebvre, *Lukacs 1955,* Patrick Tort, *Etre marxiste aujourd'hui,* Aubier-Montaigne, 1986.

▶ **Idéologie, Révolution, Totalitarisme.**

Modernité

Plus qu'une époque, la modernité est l'attitude qui consiste à concevoir le temps comme le lieu d'un progrès perpétuel par lequel le nouveau vient remplacer un ancien qu'il périme et dépasse.

Proclamé il y a plus d'un siècle par Rimbaud, l'impératif moderne est véritablement devenu le mot d'ordre des sociétés contemporaines et cela dans tous les domaines : culture, comportements individuels, art, politique ou économie.

« Etre absolument moderne »

« *Il faut être absolument moderne* » : sur cette énigmatique injonction s'achève pratiquement l'un des plus grands textes de la littérature française : *Une Saison en enfer*. Rimbaud, dans ce qu'il est possible de décrire comme un impitoyable bilan de son existence, une lyrique autobiographie de l'échec, y revient sur les quelques années antérieures de sa trajectoire poétique. Pas d'autre bilan possible pour lui que celui que répétera en d'autres termes le « Solde » des *Illuminations* : échec, l'entreprise du Voyant, cette tension vers une langue et une vision neuves ; échec, l'aventure avec Verlaine, cette formidable échappée loin des conventions sociales qui se perd dans le fait divers. De tout cela, il ne reste rien sinon le retour au « *sol, avec un devoir à chercher, et la réalité rugueuse à étreindre !* »

Telle est cette modernité qui, pour Rimbaud, semble la seule issue à son enfer, le seul moyen de mettre un terme à la trop longue saison qu'il y a passée. Pas d'autre alternative que de se faire moderne, que de répudier les illusions et les mensonges d'hier pour épouser la réalité et l'existence qui désormais l'attendent :

« **Oui, l'heure nouvelle est au moins très sévère. Car je puis dire que la victoire m'est acquise : les grincements**

de dents, les sifflements de feu, les soupirs empestés se modèrent. Tous les souvenirs immondes s'effacent. Mes derniers regrets détalent, — des jalousies pour les mendiants, les brigands, les amis de la mort, les arriérés de toutes sortes. — Damnés, si je me vengeais !
Il faut être absolument moderne.
Point de cantiques : tenir le pas gagné. »

La formule de Rimbaud, convenons-en, reste largement énigmatique. Même rapportée à son contexte, elle ne se laisse que difficilement saisir et semble ne s'éclairer que de s'inscrire dans la trajectoire poétique de celui-ci, sans possibilité de véritablement lui attribuer une portée plus générale.

Question du moderne, modernité d'une question

Cependant, par la force même de sa formulation, le mot de Rimbaud méritait de constituer ici notre point de départ. Proclamé il y a plus d'un siècle, l'impératif moderne énoncé par Rimbaud s'inscrit plus que jamais peut-être dans notre présent. Non que la modernité soit le monopole de notre époque : la question du moderne, on le verra, en un sens est de tous les temps puisqu'elle n'est rien d'autre que la question même du temps. Cependant, il est indubitable que cette question du moderne est aussi une question très moderne au sens de très actuelle.

D'un côté, en effet, à l'approche du nouveau millénaire, le temps semble s'accélérer, nous propulsant dans le monde futuriste des techniques et des sciences. De l'autre en cette nouvelle fin de siècle qui est la nôtre, le passé ne cesse de venir nous visiter en un temps où la mémoire, l'histoire et la nostalgie ressuscitent sans fin un monde qu'on croyait révolu. Si bien que c'est le statut même du présent qui devient problématique, coincé entre un futur qui se précipite vers nous et un passé qui se refuse à s'éclipser.

Ce statut problématique du présent, ligne de démarcation qui se déplace avec nous, c'est sans doute en apportant une réponse à la question du moderne que nous avons le plus de chance de le cerner.

Une définition dynamique

Encore faut-il à cette fin commencer par proposer une définition de la modernité. Entreprise plus difficile qu'il n'y paraît car, d'être de tous les temps, le moderne n'est proprement d'aucun : ce qui signifie qu'il est impossible de confondre le temps présent — quelles que soient les limites qu'on lui assigne — avec la modernité. Il ne saurait y avoir de définition de celle-ci que dynamique.

Quels que soient, en effet, les critères que l'on adopte, l'entreprise qui consisterait à découper dans l'histoire une plage chronologique que l'on nommerait la modernité est vouée à l'échec. Se fiera-t-on à l'étymologie ? Ce sera pour découvrir que le mot « modernus » apparaît au Ve siècle après J.-C. pour permettre de distinguer le présent chrétien du passé romain : définition peu satisfaisante en ceci qu'elle nous obligerait à englober dans la modernité jusqu'au Moyen Age. Demandera-t-on, alors, aux historiens de dessiner pour nous les frontières chronologiques des temps modernes ? Ce sera pour découvrir que ceux-ci s'achèvent avec la Révolution française pour laisser place à l'époque contemporaine : la modernité disparaîtrait donc au moment même où nous aurions tendance à la faire naître. Faudra-t-il alors interroger les artistes et les écrivains pour découvrir la vraie genèse du moderne ? L'entreprise est encore plus hasardeuse. On parle communément d'art, de peinture ou de littérature modernes mais personne ne s'accorde véritablement sur ce que recouvrent précisément ces termes. Non seulement les arts ne fonctionnent pas les uns avec les autres en synchronie (ils marchent à des rythmes différents) mais de plus, à l'intérieur de chaque discipline, la frontière entre l'Ancien et le Moderne est des plus arbitraire. Dira-t-on que la peinture moderne naît avec Turner, Cézanne, Picasso ou Mondrian ? Dans le domaine littéraire, retiendra-t-on la définition de la modernité que formule Baudelaire, ou bien celle d'Apollinaire voire de T.S. Eliot ou d'Ezra Pound ?

Il faut en fait renoncer à toutes ces définitions statiques de la modernité qui visent à isoler une période donnée dans l'histoire. La modernité, en effet, n'est pas une plage de temps, une époque, mais une certaine conception dynamique du temps, c'est-à-dire de la manière dont se succèdent ces différentes plages temporelles, de la logique selon laquelle s'ordonnent ces différentes époques. Dans cette perspective, la modernité n'est rien d'autre que *la croyance en une dynamique positive du temps*. Elle est cette conviction que le temps a un sens et que ce sens n'est pas celui de l'incessante répétition de l'identique mais celui de la perpétuelle promotion du différent, du nouveau à travers un continuel processus de transformation. Grâce à celle-ci, le nouveau vient prendre la place d'un ancien que, définitivement, il périme et efface. Si bien que l'on pourra parler de dynamique du moderne chaque fois que se manifestera la foi en une évolution orientée dans le sens de cette valeur suprême que, dans la conscience moderne, devient le « nouveau ». Ou encore, être moderne consiste à croire et à agir dans le sens d'un irréversible progrès — politique, social et esthétique — de l'histoire.

Le mot d'ordre moderne

Défini ainsi, on peut avancer que le moderne a été le véritable mot d'ordre des sociétés contemporaines. Non sans quelques réactions de rejet il est vrai, l'ancien a été de manière générale assimilé à l'envers négatif de l'histoire et le nouveau à son côté positif. Fort de l'optimisme des Lumières, puisant de nouvelles certitudes dans les grandes philosophies de l'Histoire héritées du XIXe siècle, enivré par l'étourdissant progrès des techniques, l'homme contemporain a acquis la conviction que le seul chemin ouvert devant lui était celui qui consistait à s'émanciper des ténèbres du passé pour s'engager sans hésitation sur la voie radieuse de l'avenir. La valeur suprême est devenue celle du moderne, voire celle de la mode. Ainsi que le déclarait en 1977 Roland Barthes au Colloque de Cerisy :

> « ... depuis le XVIIIe siècle, nous sommes dans une civilisation du nouveau, nous sommes dans ce que Valéry appelait la néomanie, la manie du nouveau. »

Les manifestations de cette « néomanie » sont nombreuses. Elles vont du culte du dernier gadget au suréquipement informatique — dans un cas comme dans l'autre, on fait l'acquisition de l'objet moins pour sa valeur d'usage que pour sa valeur symbolique. De même, le terme d'« archaïque » est devenu en politique comme en économie la plus terrible des insultes. L'art moderne s'est défini quant à lui par une série de ruptures avec les conventions esthétiques du passé par une sorte de processus de surenchères, d'escalades, dont la seule issue a souvent été le silence, la toile blanche, la « mort de l'art » : la qualité d'une œuvre n'était plus mesurée qu'à l'audace avec laquelle elle brisait avec les codes du passé. D'une manière plus générale et moins anecdotique, on pourrait avancer que, dans une large mesure, le progrès reste la dernière valeur d'une société sans valeurs. Pour le chef d'entreprise, le ministre, l'artiste ou simplement l'individu pris dans les filets de la mode, *« être absolument moderne »* est la seule attitude qui, dans *« la civilisation du nouveau »* qui est la nôtre, ne soit pas suicidaire.

Les impasses de la modernité

Il est possible cependant qu'aujourd'hui l'essentiel des remarques qui précèdent soit déjà à conjuguer au passé. En effet, notre siècle, quoiqu'il soit trop tôt encore pour l'affirmer, aura peut-être été celui de l'apothéose du moderne et de sa remise en cause. Si bien qu'il devient légitime de se demander si la fin de siècle que nous vivons n'est pas le lieu d'une crise du mot d'ordre moderne qui nous en révèle les impasses et en ébauche pour nous les possibles postérités.

En effet, suivre, comme nous l'avons fait brièvement, la dynamique du moderne, revient inévitablement à reconnaître les fiascos plus ou moins tragiques sur lesquels celle-ci a débouché. Le culte sans limite du progrès, la foi inébranlable dans les vertus du nouveau, le refus systématique de l'ancien, l'optimisme historique, en un mot, trouvent ici leurs limites.

La rupture délibérée avec le socle du passé a cessé en effet d'apparaître, dans de nombreux domaines, comme l'unique chemin à emprunter. Ainsi, dans le domaine idéologique, la faillite des grands messianismes historiques a largement ébranlé la foi dans le sens de l'histoire : l'idée révolutionnaire est en Occident moribonde, elle qui, comme le montre Gilles Lipovetsky, est l'autre nom de la modernité politique — refus des formes institutionnelles héritées du passé, rêve d'une Cité nouvelle. L'optimisme scientifique, lui aussi, n'est plus cette Idole incontestée que le XIXe siècle avait érigée : la conscience écologiste souligne ce que peut avoir de traumatisant voire de suicidaire le rêve prométhéen d'une Nature entièrement dominée et exploitée par l'homme : nous sommes entrés dans l'ère des « désillusions du progrès ». Enfin, les artistes ont bien souvent découvert que la destruction ne peut être la seule ambition de leur travail. La remise en cause générale des codes artistiques ne débouche en effet que sur la négation même de l'art : le refus du langage pictural mène à la toile blanche, le refus du langage musical à la partition vierge, le refus du langage littéraire à la page muette.

Sous des formes extrêmement différentes, notre temps assiste donc bien à une sorte de crise de la conscience moderne qui en annonce peut-être la postérité.

Reste à savoir de quelle nature elle sera. Pure régression vers un passé idéalisé ou invention d'une nouvelle forme de modernité qui saura conjuguer la volonté du neuf avec le respect de l'ancien ?

———————— REPÈRES ————————

Jacques Le Goff, *Histoire et mémoire,* (Folio Histoire) Gallimard, 1988.
Gilles Lipovetski, *L'Ere du vide,* (Folio Essais) Gallimard, 1983.
Alvin Toffler, *Le Choc du futur,* (Folio Essais) Gallimard, 1970.

▶ **Post-moderne, Technique (progrès).**

Mythe

Le mythe est un récit fabuleux, une histoire légendaire appartenant à l'imaginaire collectif d'une société.
Rompant avec l'attitude de mépris qui jusqu'alors prévalait, la culture moderne s'est penchée sur le mythe, cherchant à découvrir la fonction et le sens de celui-ci. L'historien des religions, Mircea Eliade, a notamment montré que, dans les sociétés primitives, le mythe constituait un langage qui permettait à l'homme de parler le monde et de lui attribuer une signification. S'attachant au monde moderne, Roland Barthes a, pour sa part, défini le mythe comme le véhicule mystificateur d'une idéologie aliénante.

La réhabilitation du mythe

Longtemps le mythe a été déprécié, tenu pour une fable sans fondement, un récit irrationnel, un discours qui ne saurait être porteur d'aucune vérité ou même d'aucun sens. On ne voulait voir en lui qu'un témoignage lointain sur l'enfance pré-logique de l'humanité. Le monde moderne devait en finir avec lui pour ouvrir une ère de rationalité où règnerait la science. Le temps était révolu où les hommes pouvaient se satisfaire d'épopées surnaturelles dont les héros étaient d'improbables guerriers ou d'impossibles dieux.

Pourtant, le XXe siècle aura été celui de la réhabilitation du mythe.

La science a déçu et, du coup, elle est apparue, elle-même comme un mythe tout aussi fragile et discutable que ceux des peuples primitifs. Ne délivrant aucune connaissance ultime, n'ouvrant à aucun paradis, elle n'avait même pas pour elle la force poétique des récits antiques. E.M. Cioran l'explique dans son *Précis de décomposition* (1949).

« Le Savoir — en ce qu'il a de profond — ne change jamais : seul son décor varie. L'amour continue sans

> Vénus, la guerre sans Mars, et, si les dieux n'interviennent plus dans les événements, ces événements ne sont ni plus explicables ni moins déroutants : un attirail de formules remplace seulement la pompe des anciennes légendes, sans que les constantes de la vie humaine s'en trouvent modifiées, la science ne les appréhendant guère plus intimement que les récits poétiques. »

L'intérêt porté au mythe s'est manifesté de manières extrêmement diverses dans la culture contemporaine.

Certains des plus grands écrivains du XXe siècle ont redonné vie aux légendes les plus lointaines en en faisant le thème de leurs fictions. Le plus grand reste sans doute l'Irlandais Joyce réécrivant sur le mode parodique *L'Odyssée* d'Homère dans *Ulysse*. Paradoxalement, avec ce roman, on peut avancer que la littérature moderne est née d'une sorte de retour aux sources les plus anciennes d'elle-même. Une *« méthode mythique »* — pour reprendre les mots de T.S. Eliot — était trouvée que sauraient exploiter, de manière il est vrai très différente, aussi bien l'Argentin Borges que le Français Robbe-Grillet, pour se contenter de ces deux exemples.

Quelle que soit l'importance du tournant que constitue *Ulysse,* la méthode cependant n'était pas neuve pour les écrivains qui consistait à adapter des mythes du passé. C'est dans un autre champ que la véritable mutation de notre rapport au mythe se produisit : celui de l'ethnologie.

Là encore les démarches adoptées ont été diverses, voire divergentes. B. Malinowski, au début du siècle, s'attacha à montrer que les mythes avaient pour fonction d'exprimer les codes qu'une société se donnait à elle-même pour assurer sa cohérence, garantir son fonctionnement. Ceux-ci cessaient donc du coup d'être des récits gratuits et absurdes. Une autre logique se manifestait en eux : celle de l'ordre social. Dans un texte de 1926, Malinowski résumait ainsi sa conception du mythe :

> « Dans les civilisations primitives, le mythe remplit une fonction indispensable : il exprime, rehausse et codifie

les croyances; il sauvegarde les principes moraux et les impose; il garantit l'efficacité des cérémonies rituelles et offre des règles pratiques à l'usage de l'homme. Le mythe est donc un élément essentiel de la civilisation humaine; loin d'être une vaine affabulation, il est au contraire une réalité vivante, à laquelle on ne cesse de recourir. »

Initiée par Georges Dumézil et Claude Lévi-Strauss, l'approche structurale du mythe sera différente. Elle vise à confronter les mythes pour dégager un certain nombre de constantes qui ne sont pas réductibles forcément à une organisation sociale dont elles seraient le reflet mécanique. Etudié en lui-même, le mythe est un langage dont il s'agit de mettre au jour les règles pour saisir, au-delà d'elles, les règles mêmes et les structures de l'esprit humain.

Différente encore est l'approche de René Girard qui nous invite à lire dans les mythes le récit, offert et refusé, de la crise violente qui est à l'origine de toute société.

Au-delà de toutes ces différences, on voit bien cependant que la pensée contemporaine, loin de se détourner du mythe, découvre en lui le lieu d'une vérité qu'il s'agit de sonder. Pour saisir ce que nous sommes, il n'est pas d'autre alternative que de se mettre à l'écoute du mythe.

Le mythe primitif : la définition de Mircea Eliade

Telle fut l'attitude du grand historien des religions, Mircea Eliade. De toutes les définitions du mythe, nous retiendrons la sienne qu'il expose notamment dans un ouvrage introductif intitulé *Aspects du mythe* (1963).

Fondant son analyse sur l'étude des sociétés primitives dans lesquelles, loin d'être figé et déformé dans un texte écrit, le mythe reste « vivant », Eliade en propose la définition suivante :

« ...le mythe raconte une histoire sacrée; il relate un événement qui a eu lieu dans le temps primordial, le temps fabuleux des « commencements ». Autrement dit, le mythe raconte comment, grâce aux exploits des Etres Surnaturels, une réalité est venue à l'existence, que ce soit la réalité totale, le Cosmos, ou seulement un fragment : une île, une espèce végétale, un comportement humain, une institution. »

Par les êtres qu'il met en scène, par le temps où il se déroule, le mythe est donc un écrit fabuleux. Cependant, poursuit Eliade, il est perçu comme racontant une histoire vraie dans les sociétés primitives : il relate, et donc explique et fonde à la fois, une pratique ou une réalité. En cela, le mythe éclaire le monde. Il est le langage dans lequel la réalité se présente à l'homme, de manière chiffrée certes mais intelligible. Connaître le mythe revient dès lors à connaître le monde et à pouvoir agir sur lui tout en renouant avec le temps des origines et les êtres qui alors y vivaient.

Quelle est alors la fonction du mythe ? Eliade répond ainsi :

« Sa fonction est de révéler des modèles, et de fournir ainsi une signification au Monde et à l'existence humaine. Aussi son rôle dans la constitution de l'homme est-il immense... Grâce au mythe, le Monde se laisse saisir en tant que Cosmos parfaitement articulé, intelligible et significatif. »

En racontant ce qui a été, le mythe permet à l'homme primitif de donner sens à ce qui est.

Le mythe moderne : la définition de Barthes

Les mythes sont-ils le monopole de la pensée primitive ? Mircea Eliade répond par la négative à cette question en montrant comment ceux-ci survivent aujourd'hui. Cependant, l'analyse, ici la plus intéressante, est celle que Barthes introduit dans son ouvrage, *Mythologies* (1957).

Le livre se compose d'une série d'articles brefs dans lesquels l'auteur s'interroge sur le sens véritable des images qui, tirées de la publicité, du cinéma, de la presse, constituent notre horizon quotidien. Tels sont, affirme Barthes, les nouveaux mythes qui sont les nôtres.

De ces mythes, il propose une étude théorique d'ensemble dans la seconde partie de son ouvrage. Le mythe y est défini comme « *un système sémiologique second* ». En simplifiant la démonstration d'ordre linguistique à laquelle Barthes se livre, cela revient à dire que, dans le langage du mythe, chaque signe devient le signe d'autre chose : derrière le sens apparent des images et des mots se dit un autre sens, moins apparent mais plus décisif.

De manière simple, Barthes illustre sa théorie par l'exemple suivant :

> « ...je suis chez le coiffeur, on me tend un numéro de *Paris-Match*. Sur la couverture, un jeune nègre vêtu d'un uniforme français fait le salut militaire, les yeux levés, fixés sans doute sur un pli du drapeau tricolore. Cela, c'est le *sens* de l'image. Mais, naïf ou pas, je vois bien ce qu'elle me signifie : que la France est un grand Empire, que tous ses fils, sans distinction de couleur, servent fidèlement sous son drapeau, et qu'il n'est de meilleure réponse aux détracteurs d'un colonialisme prétendu, que le zèle de ce noir à servir ses prétendus oppresseurs. »

A travers cet exemple, l'essentiel de la thèse de Barthes se laisse saisir. Nous vivons dans un univers de langage mais ce langage est tout sauf innocent. Il véhicule avec lui une vision du monde, une idéologie, une *doxa* — pour utiliser un terme cher à Barthes — dont il me faut me désolidariser. Le mythe est cette parole perverse par laquelle on me présente comme naturel ce qui ne l'est pas, le but étant de m'amener à souscrire spontanément à une vérité factice. Il participe donc d'une rhétorique aussi efficace que dangereuse. Si, pour reprendre l'exemple avancé par Barthes, *Paris-Match* s'était contenté d'un éditorial vantant l'Empire français, conscient de la thèse développée dans l'article, j'aurais pu condamner celle-ci. Mais, plus redoutable en cela, le mythe fait moins et plus qu'un texte politique :

> « Le mythe ne nie pas les choses, sa fonction est au contraire d'en parler : simplement, il les purifie, les innocente, les fonde en nature et en éternité, il leur donne une clarté qui n'est pas celle de l'explication, mais celle du constat, si je *constate* l'impérialité française sans l'expliquer, il s'en faut de bien peu que je ne la trouve naturelle, *allant de soi*... »

La force inacceptable du mythe est de nous amener à adopter comme malgré nous la thèse que nous ne partageons pourtant pas. Il convient donc de nous déprendre du mythe : démythifier en somme pour démystifier.

On comprend mieux maintenant où se situe la différence entre le mythe primitif et le mythe moderne — tels du moins que les définissent Eliade et Barthes. L'un comme l'autre cherchent à conférer une signification au monde. Mais dans le premier cas, cette signification est perçue comme positive car elle permet à l'individu de s'arracher au non-sens qui le menace : le mythe fonde et la société et l'homme qui le parlent. A l'inverse, le mythe moderne est présenté comme une signification truquée qui dépossède l'homme de lui-même et le soumet à ce que Marx nommait l'idéologie. Le salut passe alors par une pratique autre du langage qui permet à l'individu de se soustraire à la parole aliénante du mythe.

──────── REPÈRES ────────

Roland Barthes, *Mythologies,* (Points) Seuil, 1957.
Pierre Brunel, *Dictionnaire des mythes littéraires,* Editions du Rocher, 1988.
Mircea Eliade, *Aspects du mythe,* (Folio Essais) Gallimard, 1963.
Roger Caillois, *Le Mythe et l'homme,* (Folio Essais) Gallimard, 1938.

▶ Religion.

Nation

Une nation est une unité humaine et politique partageant un même territoire et soumise à une même autorité. Deux conceptions essentielles de la nation s'affrontent, qui visent à définir celle-ci soit comme la libre réunion des individus qui la composent, soit comme une entité organique résultant de facteurs géographiques, raciaux, linguistiques ou culturels. Formulée à l'occasion du différend franco-allemand sur la question de l'Alsace-Lorraine mais valide encore aujourd'hui, la plus juste des définitions de la nation est sans doute celle que livra Ernest Renan. Pour lui, l'unité nationale repose à la fois sur un passé commun et sur une volonté manifestée au présent de vivre ensemble.

Théorie ethnique, théorie élective

Risquer une définition de la nation revient déjà largement à prendre position dans un long et complexe débat philosophique dont les enjeux historiques et politiques sont considérables.

Deux conceptions de la nation, en effet, se sont affrontées de la fin du XVIIIe siècle à nos jours, qu'ont illustrées deux traditions philosophiques européennes.

Du côté des philosophes allemands comme Herder et, de manière plus complexe, Fichte, la nation fait l'individu : elle est cette communauté première dont l'esprit — le « Volksgeist » — façonne par la langue, l'histoire, la race ou la culture chacun des membres de la collectivité. Nous sommes ici dans le cadre de ce que l'on nomme quelquefois la *« théorie ethnique des nationalités »*.

Pour les philosophes français comme Renan ou Fustel de Coulanges, à l'inverse, c'est l'individu qui fait la nation : celle-ci est le produit de la volonté de sujets qui décident de s'associer en son sein. Nous sommes cette fois dans le cadre de la « théorie élective des nationalités ».

Qu'est-ce qu'une nation ?

Quitte à ne retenir qu'une définition de la nation, la plus juste et la plus convaincante est sans doute celle que l'on doit au philosophe Ernest Renan et qu'il formula en une célèbre conférence prononcée le 11 mars 1882 à la Sorbonne, sous le titre de : *Qu'est-ce qu'une nation ?*

Renan y cherche à définir ce qui constitue une nation. Pour ce faire, il commence par réfuter les critères traditionnels qui, à son époque, prévalaient. La nation, affirme Renan, n'est le produit ni de la race, ni de la langue, ni de la religion, ni de la communauté des intérêts ni même de l'unité géographique.

Dès lors, qu'est-ce qu'une nation ? Renan répond :

> **« Une nation est une âme, un principe spirituel. Deux choses qui, à vrai dire, n'en font qu'une, constituent cette âme, ce principe spirituel. L'une est dans le passé, l'autre dans le présent. L'une est la possession en commun d'un riche legs de souvenirs ; l'autre est le consentement actuel, le désir de vivre ensemble, la volonté de continuer à faire valoir l'héritage qu'on a reçu indivis. »**

Quelques lignes plus loin, la définition est ainsi reprise :

> **« Une nation est donc une grande solidarité, constituée par le sentiment des sacrifices qu'on a faits et de ceux qu'on est disposé à faire encore. Elle suppose un passé ; elle se résume pourtant dans le présent par un fait tangible : le consentement, le désir clairement exprimé de continuer la vie commune. L'existence d'une nation est (pardonnez-moi cette métaphore) un plébiscite de tous les jours, comme l'existence de l'individu est une affirmation perpétuelle de vie. »**

A lire ces quelques lignes, on voit ce qui fait la force de la définition de Renan. Se gardant bien de tomber dans les excès d'une philosophie française qui a quelquefois présenté la nation comme une construction purement artificielle et abstraite, Renan ne nie pas la nécessité d'un socle historique commun dans lequel s'enracine l'identité collective. Cependant, se refusant à tout déterminisme historique, culturel ou racial, Renan affirme d'un même mouvement que ce socle n'est pas tout, qu'il ne saurait fonder une nation s'il ne se doublait pas de ce qui est l'élément essentiel : la volonté des individus de vivre ensemble et de travailler ensemble au sein d'une collectivité nationale.

Les enjeux politiques et historiques

Le débat est loin d'être aussi théorique qu'il pourrait le sembler.

La thèse de Renan, en effet, ne prend tout son sens qu'à être inscrite dans le contexte historique qui est le sien. Avec l'annexion de l'Alsace-Lorraine au terme de la guerre franco-prussienne de 1870-1871, la question s'était bien entendu posée, de manière très violente, de la légitimité d'un tel acte. Se rallier à la « théorie ethnique » revenait, en arguant du passé lointain de l'Alsace-Lorraine, de la langue et de la culture, à justifier l'annexion : par le pur déterminisme de la nationalité, Alsaciens et Lorrains étaient, bon gré mal gré, des Allemands et devaient donc rentrer dans le giron de l'Empire. A l'inverse, se rallier à la « théorie élective » consistait à affirmer la liberté des Alsaciens et des Lorrains à choisir l'ensemble national dans lequel ils souhaitaient s'inscrire. La nationalité cessait d'être le produit d'un déterminisme pour devenir l'effet d'une volonté. Renan se range dans ce second camp, prenant position contre l'annexion de l'Alsace-Lorraine et du même coup fondant une théorie de la nation qui dépasse largement l'occasion historique qui en fut le prétexte.

D'actualité, la thèse de Renan l'était donc au siècle dernier ; elle le reste encore largement aujourd'hui. Entre théorie ethnique et théorie élective, le dilemme est en effet encore largement inchangé. Sous une forme ou sous une autre, c'est à lui toujours que l'on revient, que ce soit pour s'interroger sur les critères d'attribution de la nationalité française aux populations immigrées, pour condamner l'annexion du Koweït par l'Irak, ou pour décider de la légitimité des mouvements indépendantistes québécois, corse ou écossais. La question reste identique : au nom de quels principes décider de l'ensemble national juste dans lequel un individu ou une collectivité doivent venir prendre place ? Et la réponse est identique tout autant, qui consiste à rappeler la liberté des peuples et des individus à se déterminer eux-mêmes.

―――――――――― REPÈRES ――――――――――

Louis Dumont, « Une variante nationale », *Essais sur l'individualisme*, Seuil, 1983.
Raoul Girardet, *Le Nationalisme français, 1871-1914*, (Points Histoire) Seuil, 1966.
Ernest Renan, « Qu'est-ce qu'une Nation ? », 1882, *Œuvres complètes*, tome I, Calmann-Lévy.

▶ **Nationalisme.**

> ## *Nationalisme*
>
> Le nationalisme est l'exaltation — légitime ou excessive selon les cas — du sentiment d'appartenance à une collectivité nationale donnée.
> Né avec la Révolution française, le nationalisme affirme tout d'abord le droit de chaque peuple à se constituer en une unité politique autonome qui ne tire que d'elle-même le principe de sa propre souveraineté. A ce nationalisme premier va succéder au long du XIXe siècle un nationalisme hégémoniste qui affirmera le devoir d'un peuple à dominer tous les autres et dont les deux conflits mondiaux du XXe siècle seront dans une large mesure le produit. Fortement discrédité de ce fait, le nationalisme est loin cependant d'être mort aujourd'hui : il trouve dans le tiers monde et en Europe de l'Est un champ nouveau où se développer de manière légitime ou dangereuse selon les pays concernés.

Ainsi que le rapporte Raoul Girardet dans *Le Nationalisme français*, le terme de « nationalisme » apparaît dans notre langue pour la première fois en 1798 et ceci dans un texte de l'abbé Baruel intitulé *Mémoires pour servir à l'histoire du jacobinisme*. Le mot restera cependant peu utilisé jusqu'à la fin du XIXe siècle où il commencera véritablement à se diffuser dans la langue.

Est-ce à dire que le nationalisme ne serait vieux aujourd'hui que d'à peine un siècle ? En matière d'idéologies, les généalogies sont toujours difficiles et souvent trompeuses. Tout dépend en fait de la définition du nationalisme que l'on retient. On ne peut en effet se contenter de présenter celui-ci comme le sentiment d'appartenance pour un individu donné à une collectivité nationale et comme la valorisation — légitime ou excessive — de ce sentiment. Non que cette définition soit inexacte mais elle confond, par sa généralité même, des réalités très éloignées.

Il y a en effet moins un nationalisme que des nationalismes qui historiquement se sont succédé et politiquement se sont affrontés. C'est pourquoi la compréhension du nationalisme ne peut aller sans une brève approche historique des formes différentes et contradictoires qu'il a empruntées.

De la reconnaissance à l'hégémonie

Historiquement, on peut avancer que le nationalisme naît avec la Révolution française. Pour reprendre la définition que Sieyès formule dans *Qu'est-ce que le Tiers-Etat?,* la nation est « un corps d'associés vivant sous une loi *commune* et représentés par la même *législature* ». Le roi cesse d'être l'unique et seul légitime détenteur de la souveraineté. Celle-ci passe entre les mains de la nation définie comme l'ensemble des citoyens qui la composent. On voit donc que le nationalisme originel est un nationalisme révolutionnaire. Il n'oppose pas les nations entre elles mais oppose la nation dans son ensemble au pouvoir monarchique. Il ne vise pas à dresser des collectivités organisées les unes contre les autres mais tend à affirmer, contre les principes de l'Ancien Régime, que toute collectivité a le droit de s'organiser politiquement de manière autonome en ne tirant le principe de sa souveraineté que d'elle-même.

Tel est le nationalisme qui naît avec la Révolution française et qui va jouer un rôle si considérable dans l'histoire du XIXe siècle. En son nom, la France va mettre en place un système politique nouveau et défendre celui-ci contre la menace militaire que constituent les armées dépêchées contre la République par les puissances monarchiques européennes. En son nom également vont se développer et s'affirmer, partout en Europe, les revendications par lesquelles s'affirmera progressivement la volonté des peuples italiens, allemands, belges ou polonais de se constituer en nations souveraines en brisant l'ordre monarchique instauré en 1815.

Cependant, derrière ce nationalisme généreux et positif qui affirme le droit à l'autonomie et à la liberté des peuples, s'en profile un autre qui va progressivement le supplanter et qui, à la volonté libératrice, substituera l'ambition hégémonique. L'ambivalence nationaliste était déjà perceptible avec la Révolution française et l'Empire napoléonien. Les généreuses guerres menées pour libérer les nations européennes du joug monarchiste se révéleront rapidement de pures et simples conquêtes territoriales. Le cas du nationalisme allemand est encore plus significatif. Il est d'abord revendication légitime d'unité pour un peuple éclaté et dominé, mais très rapidement il se transforme pour devenir exaltation quasi mystique de la supériorité de la race allemande chargée par les philosophes de dominer le monde et de clore l'histoire.

De l'hégémonie à la mise en question

Du nationalisme démocratique, qui affirme le droit de chaque peuple à se constituer en unité politique, au nationalisme hégémoniste, qui exalte le devoir d'un peuple à dominer tous les autres, l'histoire du XIXe siècle est largement l'histoire de ce glissement pervers qui va produire l'engrenage fatal des deux conflits mondiaux.

A l'issue de la Seconde Guerre mondiale, identifié avec le délire racial et destructeur du nazisme, le nationalisme est largement discrédité. L'horizon historique semble dès lors celui du dépassement du cadre national. Les nations européennes, oubliant leurs conflits, s'engagent sur la voie de l'unité économique et politique. Au plan mondial, une culture planétaire se met en place qui diffuse les mêmes valeurs standardisées du Japon aux Etats-Unis, de l'Europe à l'Union soviétique.

Est-ce à dire que le nationalisme aura à peine vécu plus d'un siècle et qu'il appartiendrait désormais au passé de l'humanité? Rien ne serait plus risqué que d'affirmer une telle chose.

En effet, hors d'Europe, le nationalisme a découvert un nouvel horizon où s'épanouir et souvent de la manière la plus légitime qui soit. Les peuples colonisés ont trouvé en lui un discours théorique par lequel ils ont affirmé leur droit à l'autonomie et peuvent encore contester le découpage géographique souvent absurde dont ils ont hérité. De plus, combiné de manière extrêmement dangereuse avec l'intégrisme religieux, le nationalisme apparaît maintenant dans de nombreuses régions du globe comme une arme des plus puissantes dirigées contre l'Occident et ses valeurs. A l'échelle du globe, la dérive perverse du nationalisme, dont l'Europe avait été le lieu au XIXe siècle, semble aujourd'hui se reproduire. On passe d'un nationalisme libérateur à un nationalisme hégémonique.

En Europe même, et ceci quand bien même la perspective de l'unité n'est pas remise en question, l'écroulement du bloc communiste, en 1989, a révélé la permanence d'un sentiment nationaliste qui, en Allemagne notamment, apparaît à la fois légitime et inquiétant. Conclure à la mort du nationalisme, comme on aurait eu tendance à le faire il y a encore quelques années, serait donc des plus inexact.

Nationalisme ouvert, nationalisme fermé

Michel Winock, dans *Nationalisme, antisémitisme et fascisme en France*, a très clairement montré comment, depuis la fin du siècle dernier, s'opposent dans la conscience politique française deux formes de nationalisme qu'il choisit de nommer « *nationalisme ouvert* » et « *nationalisme fermé* ». Il les définit ainsi :

> « **Nationalisme ouvert : celui d'une nation, pénétrée d'une mission civilisatrice, s'auto-admirant pour ses vertus et ses héros, oubliant volontiers ses défauts, mais généreuse, hospitalière, solidaire des autres nations en formation, défenseur des opprimés, hissant le drapeau de la liberté et de l'indépendance pour tous les peuples du monde.** »

Ce nationalisme ouvert est celui de la Révolution, de la colonisation et de l'Empire même — à condition toutefois de ne retenir de ces aventures que la volonté de diffuser les principes universalistes de la République; il est le nationalisme de Michelet ou de Hugo.

Mais poursuit M. Winock :

> « **Un autre nationalisme (celui de « la France aux Français ») resurgit périodiquement, au moment des grandes crises : crise économique, crise des institutions, crise intellectuelle et morale...** Un nationalisme clos, apeuré, exclusif, définissant la nation par l'élimination des intrus : Juifs, immigrés, révolutionnaires ; une paranoïa collective, nourrie des obsessions de la décadence et du complot. »

A l'inverse du précédent, ce nationalisme fermé est celui du boulangisme et de l'antisémitisme, de Barrès et de Maurras, pour ne citer que ses représentants les plus respectables et ne rien dire de ses modernes avatars politiques.

―――――――― REPÈRES ――――――――

Maurice Barrès, *Les Déracinés*, (10/18) UGE, 1897.

Jean-Luc Chabot, *Le Nationalisme*, (Que sais-je ?) PUF, 1986.

Raoul Girardet, *Le Nationalisme français, 1871-1914*, (Points Histoire) Seuil, 1966.

Michel Winock, *Nationalisme, antisémitisme et fascisme en France*, (Points Histoire) Seuil, 1990.

▶ **Nation.**

Négritude

Le terme de « négritude » a été inventé dans les années 1930 par de jeunes intellectuels noirs pour désigner et revendiquer la spécificité d'une culture noire déniée ou méprisée par la culture occidentale.

Se refusant à l'asservissement comme à l'assimilation, ceux-ci proclamèrent la dignité propre du peuple noir et la nécessité de son émancipation. Poètes, ils firent de la négritude la source de leur inspiration; militants, ils en firent une des armes de leur combat politique contre le racisme et la colonisation.

Du mépris imposé à la dignité revendiquée

Le regard porté par l'Occident sur le continent noir a été longtemps — et reste encore sans doute dans une large mesure — un regard de condescendance, voire de mépris. L'esclavage a été la forme la plus claire et la plus directe de ce mépris. Feignant d'adhérer aux thèses qu'il combattait, Montesquieu traduisait l'opinion majoritaire de son temps en s'étonnant, en un passage célèbre de *L'Esprit des Lois,* de ce que Dieu ait pu mettre une âme dans un corps noir. Au siècle suivant, Hegel ne pouvait concevoir l'Afrique qu'en dehors de la marche glorieuse et rationnelle de l'Histoire qu'il dessinait pour l'humanité tout entière. En toute bonne conscience, quelques années plus tard, Renan pouvait affirmer que le Noir était fait par nature pour servir le Blanc. Parallèles aux discours, procédant de la même conviction, les actes des Occidentaux traduisaient, par la colonisation, la même attitude vis-à-vis d'un continent dont le destin ne pouvait être qu'asservissement et exploitation.

La négritude est rejet de ce mépris; elle est prise de conscience de la dignité propre du peuple noir, de sa spécificité aussi.

Cette prise de conscience — qui est aussi une prise de parole —, on le doit — pour simplifier une histoire complexe — à quelques jeunes poètes, Léon-Gontran Damas, Aimé Césaire et Léopold-Sédar Senghor qui, en 1934, lancèrent à Paris un journal intitulé *L'Étudiant Noir*. Une tribune était trouvée qui permettrait à ces intellectuels de parler au nom du peuple noir, d'en chanter l'âme et surtout d'en appeler à la libération de celui-ci. Le projet est clair qu'exprime Senghor :

> « L'histoire des Nègres est un drame en trois épisodes. Les Nègres furent d'abord asservis (des idiots et des brutes, disait-on)... Puis on tourna vers eux un regard plus indulgent. On s'est dit : ils valent mieux que leur réputation. Et on a essayé de les former. On les a assimilés. Ils furent à l'école des Maîtres « de grands enfants », disait-on, car seul l'enfant est perpétuellement à l'école des Maîtres.
> Les jeunes Nègres d'aujourd'hui ne veulent ni asservissement ni « assimilation ». Ils veulent l'émancipement. Des hommes, dira-t-on, car seul l'homme marche sans précepteur sur les grands chemins de la Pensée... Asservissement et Assimilation se ressemblent : ce sont deux formes de passivité. »

L'asservissement est négation brute du Noir. L'assimilation, négation plus subtile en ceci qu'elle l'amène à se trahir lui-même pour ressembler à ce qu'il n'est pas. Or, il doit s'agir pour les Noirs non pas de se nier mais de s'affirmer enfin, en assumant ce qu'ils sont eux-mêmes.

Inspiration poétique, revendication politique

Cette identité, le terme de « négritude » cherche à la traduire. Les définitions en sont nombreuses, mais les plus fortes sont sans doute poétiques. Ainsi, le superbe *Cahier d'un retour au pays natal* où le Martiniquais, Césaire, évoque :

*« Ceux qui n'ont inventé ni la poudre ni la boussole
ceux qui n'ont jamais su dompter la vapeur ni l'électricité*

> ceux qui n'ont exploré ni les mers ni le ciel
> mais ils savent en ses moindres recoins
>   le pays de souffrance
> ceux qui n'ont connu de voyages que de déracinements
> ceux qui se sont assouplis aux agenouillements
> ceux qu'on domestiqua et christianisa
> ceux qu'on inocula d'abâtardissement »

Et il poursuit en définissant, à la première personne, ce qu'est sa négritude :

> « ma négritude n'est pas une pierre, sa surdité ruée
>   contre la clameur du jour
> ma négritude n'est pas une taie d'eau morte sur l'œil
>   mort de la terre
> ma négritude n'est ni une tour ni une cathédrale
>
> elle plonge dans la chair rouge du sol
> elle plonge dans la chair ardente du ciel
> elle troue l'accablement opaque de sa droite patience. »

C'est aux sources de cet être-nègre que plonge dans ses meilleurs moments la poésie des pionniers de la négritude. Dans son « Orphée noir », préfaçant *L'Anthologie de la nouvelle poésie nègre et malgache* de Senghor, Sartre l'a bien montré qui exprime la force de ce cri qui sort des bouches sur lesquelles un bâillon d'indifférence ou de mépris était jusque-là posé.

Mais la négritude est plus qu'un terme littéraire. Autour de lui, certes, se sont retrouvés des poètes qui ont refusé de parler le langage d'autrui et ont eu le courage d'aller chercher leur inspiration dans la culture bafouée qui était la leur. Cependant, le projet de ces hommes était loin d'être purement esthétique : il s'agissait d'affirmer la dignité de tout un peuple, de lui rendre la certitude de sa valeur, et de lui donner le courage de sa liberté. En ceci, et quelles qu'aient pu être les critiques et les objections qui ont été par la suite formulées, la négritude reste une étape décisive dans l'histoire du peuple noir.

––––––– REPÈRES –––––––

Aimé Césaire, *Cahier d'un retour au pays natal,* Présence Africaine, 1947.

Jacques Chevrier, *Littérature nègre,* Armand Colin, 1974 (édition régulièrement mise à jour).

Franz Fanon, *Peau noire, masques blancs,* (Points) Seuil, 1952.

Léopold-Sédar Senghor, *Anthologie de la nouvelle poésie nègre et malgache de langue française,* PUF, 1948.

Jean-Paul Sartre, « Orphée nègre », *Situations III,* Gallimard, 1949.

> ## *Non-violence*
>
> La non-violence est l'attitude qui consiste à combattre l'injustice tout en se refusant à avoir recours à la force.
> D'inspiration religieuse, la non-violence se veut également stratégie politique. Gandhi en a formulé les principes essentiels démontrant que, loin d'être synonyme de démission et de défaite, la non-violence est la seule voie qui permet de concilier intégrité morale et efficacité politique.

Morale religieuse et efficacité politique

Le refus de la violence caractérise sinon toutes les religions, du moins les plus significatives et les plus importantes d'entre elles. Lorsque le Christ, en une formule célèbre, nous invite à « *tendre l'autre joue* » après avoir été frappé, il affirme que la véritable force n'est pas celle de la brutalité mais celle de la charité et de l'amour.

La non-violence, cependant, est plus que ce simple refus de la violence qu'ont prêché de par le monde les religions les plus différentes. Bien qu'elle puise indéniablement l'essentiel de son inspiration aux sources d'une sensibilité religieuse, la non-violence se veut discours politique et stratégie véritable. Elle ne se résout pas à la beauté de l'échec, à la grandeur du martyr mais se présente paradoxalement comme une arme authentique qu'il peut être efficace d'utiliser dans les luttes de son temps. Entre religion et politique, la non-violence serait donc l'un des seuls lieux d'une possible harmonie où se concilieraient le respect de la morale et le souci de l'efficacité.

Gandhi

Cette double dimension — à la fois religieuse et politique — on la retrouve indubitablement dans la personnalité de celui qui reste la plus prestigieuse des figures de l'action non violente ainsi que son principal théoricien : Gandhi (1869-1948).

Situé à la confluence de deux traditions millénaires, l'hindouisme et le christianisme, admirateur de la *Bhagavad Gita* comme du Sermon sur la montagne, lecteur assidu des *Uphanishads* tout comme des œuvres de Tolstoï, celui-ci est sans conteste un penseur religieux. Mais ce serait une profonde erreur que de ne voir en lui qu'un penseur religieux. Le rôle décisif qu'il joua dans l'indépendance de l'Inde témoigne assez de l'importance de son engagement politique. Seul exemple contemporain, Gandhi fut à la fois un saint parmi les politiques et un politique parmi les saints. Et c'est sous ce double éclairage qu'il convient de considérer la voie politique profondément originale (car « il n'y a de nouveau que ce qui a été oublié ») que Gandhi, au-delà de l'expérience indienne, propose au monde contemporain.

Quelle est la nature de cette voie ? En fait, toute la politique gandhienne repose sur un enchaînement d'idées simples qui s'alimentent aux sources de la religiosité. La base originelle en est la certitude de l'existence d'un Dieu d'amour — et c'est bien sûr ce qui fait la faiblesse de ce raisonnement qui pose comme primat une vérité indémontrable. L'homme étant une créature de Dieu, il recèle en lui une part d'amour et de justice. Gandhi veut s'adresser à cette composante divine pour résoudre les conflits politiques. Refusant l'engrenage infernal où une fin toujours incertaine justifie des moyens certainement toujours plus horribles, Gandhi s'oppose à l'usage de la violence. Loin de vouloir éliminer son adversaire, il se propose de le convertir par la seule force de son amour et le seul exemple de sa foi.

Il convient de préciser, ici, la notion de non-violence qui n'est pas, comme on l'entend souvent, synonyme de faiblesse et de démission du plus faible devant le plus fort. Le non-violent interrompt l'enchaînement implacable par lequel la violence appelle la violence. Dans un conflit, il substitue la force du sacrifice et de l'amour à la brutalité. Il accepte de souffrir mais refuse de faire souffrir. Par son endurance, sa patience, sa foi, il entend montrer à son adversaire son erreur et le convertir à la vérité. Gandhi s'en est d'ailleurs lui-même expliqué dans de nombreux textes :

> « La non-violence ne consiste pas à s'abstenir de tout combat réel, face à la méchanceté. Au contraire, je vois dans la non-violence une forme de lutte plus énergique et plus authentique que la simple loi du talion qui aboutit à multiplier par deux la méchanceté. Contre tout ce qui est immoral, j'envisage de recourir à des armes morales et spirituelles. Je ne cherche pas à émousser le tranchant de l'arme que m'oppose le tyran en employant une lame encore plus aiguisée que la sienne. Je m'emploie à désamorcer le ressort du conflit en n'offrant aucune résistance d'ordre physique. Mon adversaire doit être tenu en respect par la force de l'âme. Tout d'abord, il sera décontenancé, puis il lui faudra bien admettre que cette résistance spirituelle est invincible. S'il en convient, loin d'être humilié, il ressort de ce combat plus noble qu'avant. »

La théorie gandhienne est loin d'être à l'abri de toute critique. Elle repose tout entière sur la conviction que l'adversaire, quel que soit le mal qu'il commet, est susceptible de se convertir au bien. Mais bien peu de serviteurs du pouvoir romain ont, à l'instar de Paul, connu leur chemin de Damas et moins encore de membres de la Gestapo ou de la Wehrmacht ! L'embrigadement idéologique ou la pure et simple perversité peuvent enrayer de manière tragique le processus de désescalade de la violence que vise à favoriser l'attitude gandhienne.

Ce fragile édifice théorique, qui pourrait à bon droit passer pour utopique, a cependant trouvé dans les faits un commencement de justification. Cette conversion de l'adversaire, Gandhi l'a en effet obtenue, au moins en partie, par la technique de la non-violence pratiquée à l'égard des Anglais lors de la lutte pour l'indépendance de l'Inde. Cette technique a pris des formes diverses : désobéissance civique, grèves de la faim, manifestations, jeûnes et prières. Et si, en 1947, l'Inde, non sans verser il est vrai dans la violence, obtient son indépendance, c'est au moins en partie grâce, à l'œuvre et à l'action de Gandhi.

La non-violence aujourd'hui

Quelles peuvent être, aujourd'hui, la portée et la signification de l'action non violente ? S'agit-il d'un phénomène propre à l'Inde, pays à vocation spirituelle, du moins selon l'image que s'en font les Occidentaux ? Ou bien est-ce que cette nouvelle manière de penser la politique ne dépasse pas ce cadre historique et culturel limité ?

Il y a en fait toute une postérité gandhienne qui démontre assez la force maintenue de l'idée non violente. Il suffirait pour s'en convaincre de citer le nom de Martin Luther King qui, par des actions très proches de celles de Gandhi, œuvra de manière décisive pour la reconnaissance de l'égalité entre les Noirs et les Blancs aux Etats-Unis. Au-delà de cet exemple célèbre, en France, des philosophes, tels Roger Garaudy et surtout Lanza del Vasto (1901-1981), continuent à mettre leur espoir dans la non-violence, seule alternative affirment-ils à la destruction pure et simple de l'humanité.

Grâce au témoignage d'un Lanza del Vasto et à l'action constante des militants de cette cause, la non-violence garde toutes ses chances d'apparaître, dans un futur il est vrai encore très hypothétique, comme autre chose qu'une dangereuse utopie ou une inacceptable démission.

———————————— REPÈRES ————————————

Lanza del Vasto, *Technique de la non-violence,* (Médiations) Denoël, 1971.
Gandhi, *Tous les hommes sont frères,* (Idées) Gallimard, 1969.
Roger Garaudy, *Appel aux vivants,* (Points Actuels) Seuil, 1979.
Jean-Marie Muller, *Stratégie de l'action non violente,* (Points Politique) Seuil, 1972

Nouveau Roman

Le Nouveau Roman est un mouvement littéraire qui, essentiellement dans les années 1950-1960, s'est attaché à mettre en question les techniques principales qui définissaient le genre romanesque.

Se refusant à un réalisme de convention hérité de Balzac, puisant son inspiration dans les grandes œuvres de la littérature étrangère, le Nouveau Roman se définit essentiellement comme un anti-roman. En apparence, il ne propose rien d'autre qu'un roman sans intrigue, sans personnages, sans contenu. En réalité, il cherche à rendre l'image d'une réalité intérieure éclatée, comme à la recherche d'elle-même. Au prix d'une nouvelle radicalisation, le Nouveau Roman ne se donne plus d'autre objet que lui-même. Mettant à nu les mécanismes par lesquels il s'engendre, le roman raconte le récit de sa propre création. Ce faisant, il n'évacue pas, cependant, tout lien au réel, comme le démontrent assez les œuvres les plus récentes dans lesquelles se donne à lire, de manière il est vrai ambiguë, le visage même de l'auteur.

Qu'est-ce que le Nouveau Roman ?

Qu'est-ce que le Nouveau Roman ? A cette question, les réponses ont été nombreuses. Certains critiques persistent, encore aujourd'hui, à ne tenir celui-ci que pour un néfaste et éphémère phénomène de mode, voire un dangereux complot destiné à saborder le roman français en détournant de lui tous ses lecteurs. Il s'agirait alors de l'une de ces vaines expériences d'avant-garde, comme l'histoire de la littérature française en a tellement connues, expérience vide de toute créativité authentique qui, sitôt refermée, se transformerait en un nouvel académisme mort et sans intérêt.

C'est bien entendu une autre définition et une autre approche que l'on voudrait risquer ici. On présentera donc le Nouveau Roman comme l'aventure à la fois collective et individuelle de quelques écrivains français qui, par la mise en œuvre d'un certain nombre de techniques et en s'appuyant sur l'expérience-limite de certains textes, ont entrepris une remise en cause profonde et une transformation totale du genre romanesque.

Qui sont tout d'abord les écrivains du « Nouveau Roman » ? On dispose, pour ceux-ci, d'une liste quasi officielle établie à l'occasion des colloques organisés en 1971 sur le Nouveau Roman. Cette liste porte les noms de sept écrivains : Michel Butor, Alain Robbe-Grillet, Claude Ollier, Robert Pinget, Jean Ricardou, Nathalie Sarraute et Claude Simon. A ces écrivains — présents au colloque — il convient d'ajouter un certain nombre d'autres noms : ceux de romanciers qui, comme Jean-Pierre Faye, Philippe Sollers ou surtout Samuel Beckett et Marguerite Duras, sans faire partie véritablement du Nouveau Roman, en sont ou en ont été, par bien des aspects de leur écriture, extrêmement proches.

Qu'y a-t-il de commun entre ces écrivains outre le fait que, édités pour la plupart aux Editions de Minuit, ils se sont rapidement regroupés autour de Robbe-Grillet pour former une sorte de front uni face au traitement très sévère que leur réservait la critique littéraire traditionnelle ?

Le premier dénominateur commun du Nouveau Roman réside sans doute dans la volonté de ses représentants de s'inventer une tradition littéraire autre que celle qui définit, pour l'essentiel, le roman français. Celui-ci en effet était et, il faut le reconnaître, reste à 99 % d'inspiration réaliste ou naturaliste. Faire du Zola ou du Balzac, c'est-à-dire raconter une histoire, faire vivre des personnages, décrire un milieu : tel semblait l'unique voie possible pour le romancier. Or les nouveaux romanciers, justement, se caractérisent d'abord par leur refus de s'inscrire docilement dans cette tradition. Leur modèle n'est pas Balzac, leurs passions les portent vers d'autres écrivains qui, appartenant à d'autres littératures que la française, vont faire souffler un vent inédit sur celle-ci : James Joyce pour Butor, William Faulkner pour Simon, Franz Kafka pour Robbe-Grillet, Virginia Woolf pour Sarraute. Et le premier mérite du Nouveau Roman aura sans doute été d'ouvrir le roman français à d'autres horizons que celui, étroit, d'un réalisme national de convention.

Le Nouveau Roman comme anti-roman

Là, pourtant, n'est pas l'essentiel car, si la référence à Joyce ou à Faulkner est bien capitale pour qui étudie le Nouveau Roman, celui-ci, en aucun cas, ne se résume à l'importation pure et simple, dans la littérature française, de techniques empruntées à des œuvres étrangères. Le Nouveau Roman est doté d'une existence autonome que l'on se donne le plus de chance de saisir à définir celui-ci comme un « anti-roman ».

En effet, le Nouveau Roman se définit, s'affirme et s'élabore en opposition à une conception traditionnelle du roman. Il se bâtit de refuser et de retourner toutes les conventions sur lesquelles celui-ci était fondé. Robbe-Grillet, qui — à l'instar de Breton pour le surréalisme — fut un peu le théoricien et le « leader » du groupe, l'a très clairement expliqué dans les articles qui composent son essai, *Pour un nouveau roman*. Il y explique que le roman traditionnel — disons le roman balzacien, puisque Balzac est le repoussoir qu'il s'est choisi — repose sur toute une série de notions qui sont aujourd'hui des notions périmées et que le Nouveau Roman se propose précisément de remettre en question.

Quelle est cette conception du roman que Robbe-Grillet réfute ? Celle qui voudrait que celui-ci serve à traduire une histoire en mettant en scène des personnages. Le roman, affirme Robbe-Grillet, n'est pas, comme pouvait le prétendre Stendhal en une formule célèbre, *« un miroir que l'on promène le long d'un chemin »*. Il n'a pas pour fonction de nous proposer une image du monde extérieur sur la fidélité, la beauté et la vérité de laquelle nous devrions le juger. Il est une construction formelle par laquelle l'écriture cesse d'être un instrument pour devenir une fin en soi. L'imaginaire y affirme ses droits. Il n'est donc plus question de raconter une histoire par laquelle on tenterait, avec plus ou moins d'adresse, de copier la vie telle qu'elle est — si tant est que cela soit possible : « *Raconter,* affirme Robbe-Grillet, *est devenu proprement impossible.* » De même, mettre en scène des personnages devient dérisoire.

Ainsi, le Nouveau Roman se présente comme une pure création imaginaire de l'écriture, un roman sans intrigue et sans personnage. Mais pourquoi ? C'est que le monde depuis le temps de Balzac a perdu sa totale stabilité, l'ordre qui le définissait. Notre époque, argumente Robbe-Grillet, est celle du vacillement de la vérité, de l'éclatement du sens, de l'érosion de l'individu. C'est dans cette configuration nouvelle que doit s'inscrire, pour prendre la mesure de son temps, le roman contemporain. A quoi bon écrire des romans balzaciens dans un monde qui ne l'est plus, dont le sens nous échappe, et dans lesquels les individus ne vivent plus de la même présence au monde ? Le roman doit se faire fragmentaire, éclater en morceaux que l'écriture juxtapose en un puzzle qui ne se résoudra jamais à composer une image unique et simple, mais qui, par son existence même, sera déjà comme une réponse au désordre du réel :

> « Les significations du monde, autour de nous, ne sont plus que partielles, provisoires, contradictoires même, et toujours contestées. Comment l'œuvre d'art pourrait-elle prétendre illustrer une signification connue d'avance, quelle qu'elle soit ? [...]
> Pourquoi voir là un pessimisme ? En tout cas, c'est le contraire d'un abandon. Nous ne croyons plus aux significations figées, toutes faites, que livrait à l'homme l'ancien ordre divin, et à sa suite l'ordre rationaliste du XIXe siècle, mais nous reportons sur l'homme tout notre espoir : ce sont les formes qu'il crée qui peuvent apporter des significations au monde. »

Dire le désordre du monde et tenter de lui donner forme par l'écriture sans se contenter de s'en remettre à un pseudo-réalisme. Tel est peut-être le projet d'un Nouveau Roman qui ne cesse de mettre en scène des individus anonymes et déchirés qui, aux prises avec la mémoire, l'histoire, la mort ou l'obsession, tentent de recoller les morceaux épars de leur conscience, en s'accrochant aux certitudes précaires du monde matériel qui les entoure et qu'ils s'attachent à fixer par l'écriture ou la pensée.

Ainsi dans *La Jalousie* de Robbe-Grillet, ce roman qui, au gré de l'interminable description d'une demeure coloniale, de ses objets, de ses habitants et de leurs gestes anodins donne à lire la conscience éclatée d'un mari tourmenté par l'infidélité de sa femme et retournant sans fin dans son esprit les images — lourdes ou vides de signification — du monde qui les entoure. Aucune histoire cohérente et véritable qui se développerait de manière logique et chronologique, aucun portrait psychologique dans ce texte. Rien d'autre que le monotone ressassement des mêmes formes, l'obsédante répétition des mêmes actes pour dire le mécanisme obsessionnel du soupçon et du doute.

Du Nouveau Roman au Nouveau Nouveau Roman

Roman fragmentaire dans lequel toute intrigue éclate en morceaux, à l'image d'un monde intérieur qui lui-même se défait. Ainsi se présente donc le Nouveau Roman. Telle est du moins l'image qui, grâce aux talents de vulgarisateur de Robbe-Grillet, s'est rapidement imposée et figure désormais dans de nombreux manuels de littérature. Cependant, la réalité est beaucoup plus complexe.

D'abord parce que, comme l'écrivait Roland Barthes, « il n'y a pas d'école Robbe-Grillet » : les théories énoncées plus haut ne sont que celles de Robbe-Grillet et à ce titre ne s'appliquent qu'imparfaitement aux œuvres des autres nouveaux romanciers. Bien plus, elles sont souvent comme un rideau de fumée que Robbe-Grillet, avec beaucoup d'astuce, a disposé devant ses propres romans pour orienter ses lecteurs dans un dédale d'interprétations erronées.

Ensuite, parce que le Nouveau Roman tel qu'il a été défini plus haut est uniquement le Nouveau Roman des années 50. Or, à partir du début des années 60, sous l'influence notamment d'écrivains plus jeunes tels Jean Ricardou, le Nouveau Roman connaît une transformation radicale. Celle-ci qui, souvent d'ailleurs, n'est pas estimée à sa juste mesure, amena certains critiques à formuler l'idée que, à partir de cette date-charnière, le Nouveau Roman aurait donné naissance à un Nouveau Nouveau Roman.

Quelle est la nature de ce qui sépare le Nouveau Roman du Nouveau Nouveau Roman ? Disons que, même si le Nouveau Roman se refusait avec emphase au réalisme balzacien, il se proposait encore dans une large mesure de traduire une certaine réalité : réalité intérieure, fragmentaire certes, éclatée, contradictoire, mais qui trouvait cependant le lieu de son unité dans la subjectivité d'un personnage central. Ainsi, pour reprendre l'exemple de *La Jalousie*, le roman, certes, ne présente au lecteur aucune intrigue linéaire articulée autour de véritables portraits psychologiques. Cependant, derrière la régulière répétition des mêmes descriptions, l'auteur nous invite bien à déchiffrer une histoire, d'amour en l'occurrence, et à découvrir au sein de celle-ci comme un personnage caché — le narrateur absent. Il en va de même, et quoi qu'aient cru pouvoir démontrer certains exégètes, de tous les Nouveaux Romans de la première génération. S'ils refusent le réalisme balzacien, c'est au nom d'une autre forme de réalisme qu'à la suite de Robbe-Grillet on pourrait qualifier de subjectif.

Tout change avec le Nouveau Nouveau Roman. Déjà dans *Histoire* (1967) de Claude Simon ou *Dans le labyrinthe* (1959) de Robbe-Grillet, il devient impossible de rendre compte des différents épisodes du roman à partir d'une hypothèse aussi simple. Les morceaux du puzzle narratif cessent de s'ajuster et aucune intrigue univoque n'est désormais à reconstituer dans le texte. C'est que, avec le Nouveau Nouveau Roman, le roman se met à proliférer selon une logique qui abandonne tout lien avec le vraisemblable, le réel. Les fragments de texte se multiplient en fonction de procédures extrêmement complexes et subtiles et cessent de composer, dans leur réunion, une histoire cohérente et non contradictoire. Une image appelle une autre image, une scène une autre scène, un mot un autre mot et l'ensemble est organisé à la manière d'une immense charade, d'un complexe rébus, d'un jeu de combinaisons, de déplacements et de substitutions. Il en va ainsi dans *Projet pour une révolution à New York* de Robbe-Grillet, où une invraisemblable et contradictoire histoire de terrorisme et de sexualité est construite progressivement à partir des différentes scènes qui sont générées par le motif de la couleur rouge. De même dans *Leçon de choses* de Claude Simon, où le roman semble par moments surgir des pages mêmes d'un vieux manuel scolaire dont les images s'animent.

Pourquoi une telle manière d'écrire ? C'est que, avec le Nouveau Nouveau Roman, le texte se prend lui-même comme objet. Le roman ne raconte rien d'autre que le roman lui-même et le processus de sa fabrication. Il cesse donc de se rattacher à une réalité qu'il désignait pour mettre à nu les mécanismes de son propre fonctionnement. Il cesse d'être le lieu d'une représentation univoque et manifeste ouvertement son caractère pluriel. Selon la célèbre formule de Jean Ricardou, on passe de l'écriture d'une aventure à l'aventure d'une écriture. Du coup, le texte se refuse à être le lieu d'aucune Vérité, mais devient le lieu où se déconstruit tout discours de Vérité.

Le miroir qui revient

Telle était au début des années 70, l'orthodoxie du Nouveau Nouveau Roman. Celle-ci semble aujourd'hui assez oubliée dans la mesure où la littérature française, dans son ensemble, a abandonné son goût de l'expérimentation romanesque et de l'avant-gardisme.

Pour le Nouveau Roman, les années 80 ont d'abord été celles de la consécration. Largement contesté, voire violemment critiqué il y a encore une quinzaine d'années, le Nouveau Roman est désormais reconnu comme l'un des principaux mouvements littéraires français du XXe siècle. Les livres de Robbe-Grillet sont étudiés dans les universités américaines et les lycées français. Claude Simon a été couronné par l'une des plus conservatrices institutions littéraires du monde : le jury du Prix Nobel. Même les lecteurs ont cessé de bouder les ouvrages de ces auteurs qui étaient jugés rébarbatifs : ils firent de *L'Amant* de Marguerite Duras un best-seller.

Cette consécration a coïncidé avec un important virage littéraire pour le Nouveau Roman. Au tout début des années 80, certains de ses plus célèbres représentants passèrent quasi simultanément à une littérature d'abord moins difficile et d'inspiration plus directement autobiographique : Robbe-Grillet avec *Le Miroir qui revient,* Duras avec *L'Amant,* Sarraute avec *Enfance,* Simon avec *Les Géorgiques* et surtout *L'Acacia.*

On parla, et surtout dans le cas de Robbe-Grillet, de reniement. Le pape du Nouveau Roman, celui qui avait condamné avec véhémence le moi, le réalisme, avait prôné une littérature déshumanisée et combinatoire, finissait par nous livrer comme tout un chacun ses souvenirs d'enfance et de jeunesse ! Il va de soi que les choses étaient plus complexes que ne le laissa entendre la malveillance de certains chroniqueurs littéraires. Certes, avec ces derniers livres, *« le miroir revient »,* le moi de l'auteur se livre sur la page. Robbe-Grillet ou Claude Simon semblent dire plus directement ce qu'ils sont ou ce qu'ils ont été, et ceci sans passer par les savantes constructions auxquelles ils nous avaient accoutumés.

Cependant, et comme le soulignait d'entrée Robbe-Grillet, les nouveaux romanciers n'avaient jamais cessé de parler d'eux-mêmes. Le matériau même dont étaient construits — et de manière si claire — leurs mécaniques romanesques, était emprunté à leur vie ou à leurs rêves : perversions sexuelles chez Robbe-Grillet, saga familiale ou souvenir traumatique de la guerre chez Claude Simon. En ce sens, *Le Miroir qui revient* ou *L'Acacia* ne faisaient que manifester plus clairement ce que laissaient déjà entrevoir *Le Voyeur* ou *La Route des Flandres*.

Le masque théoriciste serait donc tombé ? Sans doute, mais ce n'est pas pour se laisser refléter dans le miroir revenu autre chose qu'un nouveau masque, peut-être plus trompeur encore que le précédent. En effet, dans les derniers livres de Robbe-Grillet se mêlent personnages réels et personnages inventés en un texte hybride par lequel s'estompent les frontières entre le roman et l'autobiographie. Si bien qu'au total, le livre finit par constituer pour le lecteur un piège plus retors que celui que composaient les ouvrages plus anciens de Robbe-Grillet. Avec *Le Miroir qui revient*, le Nouveau Roman ne se renie donc pas dans le genre autobiographique. Tout au contraire, c'est l'autobiographie qui, désormais labyrinthique et truquée, se métamorphose à l'image du Nouveau Roman.

―――――――― REPÈRES ――――――――

Nathalie Sarraute, *L'Ere du soupçon*, (Folio Essais) Gallimard, 1956.
Alain Robbe-Grillet, *Pour un nouveau roman*, Minuit, 1963, *Le Miroir qui revient*, Minuit, 1984.
Jean Ricardou, *Le Nouveau Roman*, Seuil, 1973.
Claude Simon, *Discours de Stockholm*, Minuit, 1986.

Nouvelle critique

Par « nouvelle critique », on entend un certain nombre d'œuvres qui, dans les années 1960, ont contribué au renouvellement de l'analyse littéraire telle que celle-ci était à l'époque pratiquée à l'université.

La nouvelle critique se caractérise d'abord par sa volonté de lire le texte à la lumière de ces nouveaux langages que sont le marxisme, la psychanalyse ou la linguistique. Particulièrement représentatif de cette ouverture, le Sur Racine de Roland Barthes a été au cœur d'une importante polémique intellectuelle. La nouvelle critique y était dénoncée par Raymond Picard, professeur à la Sorbonne, comme une « nouvelle imposture ». Deux approches incompatibles du texte s'opposaient en fait en une sorte de face-à-face aujourd'hui largement dépassé.

Ce qu'on nomma la nouvelle critique n'eut sans doute pas d'autre existence que polémique. Le mot servit au milieu des années 1960 à désigner toute une série d'écrivains qui, opérant souvent en dehors des structures universitaires, cherchaient à approcher les grandes œuvres littéraires du passé. Leur volonté était d'explorer de nouvelles voies, en appliquant aux textes sur lesquels ils se penchaient de nouveaux langages et de nouveaux instruments d'investigation : marxisme, psychanalyse, linguistique, existentialisme...

Pourtant, entre ces écrivains, on aurait été bien en peine de mettre en évidence le dénominateur commun d'une doctrine unique, d'une esthétique cohérente. Roland Barthes, Jean-Pierre Richard, Charles Mauron, Jean-Paul Weber et Jean Starobinski — puisque ce sont eux que d'ordinaire on range dans le camp de la nouvelle critique — avaient en effet peu de choses en commun, si ce n'est le refus de mettre leur pas dans les sentiers battus de l'histoire littéraire traditionnelle. Héritiers de Bachelard plus que de Freud, de Sartre plus que de Marx, ils prêtaient attention à ce qui restait le plus souvent invisible ou interdit au discours académique sur la littérature : le retour constant des mêmes obsessions, des mêmes thèmes ou des mêmes figures, par lequel un sens second se donne à lire dans une œuvre, l'inscription d'un texte dans les conflits de son temps et l'engagement inévitable de celui-ci.

Empruntant aux sciences humaines certains de leurs modèles et de leurs concepts pour les confronter à cet objet-limite qu'est le texte, la nouvelle critique, en somme, enregistrait dans le champ de l'analyse littéraire le grand bouleversement théorique dont la scène intellectuelle française des années 50-60, sous le nom de structuralisme, se faisait le théâtre.

Sur Racine, de Barthes

La nouvelle critique, cependant, est née moins de la convergence de travaux théoriques que d'une polémique intellectuelle qui, en 1965, éclata autour d'un ouvrage du plus en vue des représentants de la nouvelle critique : *Sur Racine,* de Roland Barthes.

Professeur depuis 1960 à l'Ecole Pratique des Hautes Etudes, Roland Barthes jouissait à l'époque d'une relative notoriété — sans commune mesure cependant avec celle qui sera la sienne au cours des années 70 — pour des ouvrages tels que *Le Degré zéro de l'écriture* (1953) et surtout *Mythologies* (1957). Fortement marqué, encore, par l'empreinte de Bachelard et par celle de Sartre, admirateur de Brecht, analyste attentif du « nouveau roman » et tout particulièrement de l'œuvre de Robbe-Grillet, Barthes semblait on ne peut plus éloigné de l'auteur de *Phèdre.*

Racine, il l'avouera lui-même, n'était pour lui en fait rien de plus qu'un prétexte. Prétexte à écrire une série de variations sur le thème du désir, dans lesquelles on peut rétrospectivement lire comme l'ébauche de *Fragments d'un discours amoureux* (1977). Prétexte surtout à essayer, non sans provocation, sur la plus classique et la plus française des œuvres, les armes les plus neuves de la critique.

Ce projet est explicite que Barthes énonce dans un « Avant-Propos » qui est à lire également comme une des plus séduisantes définitions de la littérature qui soit. Pour Barthes, l'œuvre véritable se définit d'être à la fois sens et silence; elle ne nous propose pas une signification ultime qu'il s'agirait de décoder et en laquelle elle s'épuiserait. Elle est tout au contraire cette absence de réponse que chaque lecture vient solliciter de ses questions.

Ce qui consiste à dire que se confronter à l'œuvre de Racine ne revient pas, pour le critique, à en établir *le* sens, à en extraire *le* message. Pas d'autre voie que de proposer *sa* lecture qui sera comme la réponse éphémère de notre temps au silence éternel du texte. Chaque œuvre est ainsi à relire pour toujours et il faut à chaque critique courir le risque de sa propre interprétation.

Telles sont les coordonnées théoriques et méthodologiques dans lesquelles se situe d'entrée le livre de Barthes. Et sur les conséquences d'une telle option critique, Barthes, au terme de son ouvrage, revient après avoir rendu compte des figures essentielles et des textes principaux du théâtre de Racine. Celui-ci se prête à une série ouverte de langages critiques — « psychanalytique, existentiel, tragique, psychologique » — auxquels Barthes a emprunté les éléments de son analyse. Mais aucun de ceux-ci n'est la clé ultime à partir de laquelle l'œuvre rencontrerait enfin son sens. Et cela car, tout simplement, il faut *« reconnaître cette impuissance à dire vrai sur Racine »*, à laquelle le statut même de la littérature condamne le critique.

Nouvelle critique ou nouvelle imposture

Réunissant des textes plus anciens, *Sur Racine* paraît en 1963. Il faudra attendre 1965 cependant pour qu'éclate véritablement ce que l'on nomme la *« querelle de la nouvelle critique »*.

Réagissant à la virulence et à la désinvolture avec laquelle Barthes traitait, dans son livre, certains des spécialistes de Racine et s'en prenait, d'une manière plus large, à ce qu'il nommait la critique universitaire, Raymond Picard déclencha les hostilités. Professeur à la Sorbonne et auteur d'une thèse monumentale sur la carrière de Jean Racine, celui-ci, prolongeant un article publié en 1964 dans *Le Monde,* fit paraître l'année suivante un pamphlet intitulé *Nouvelle critique ou nouvelle imposture,* dans lequel Barthes était directement visé.

Ce livre est bien souvent agaçant par l'assurance avec laquelle Picard en remontre à Barthes sur des points de détail, comme s'il notait et corrigeait en marge la copie trop imprudente d'un étudiant fantasque. Cependant, sur le fond, il faut reconnaître que Picard touche souvent juste et que son court essai, loin de sombrer dans les attaques *ad hominem,* ouvre un débat de fond sur la nature du discours critique.

Quelles sont les objections principales que formule Picard ?

Passons rapidement sur son refus — son horreur même — d'une psychanalyse qui, appliquée à l'œuvre de Racine, défigure totalement celle-ci : on en viendrait presque à la confondre avec les romans de D.H. Lawrence. Picard ne reconnaît plus les chastes et nobles figures du théâtre classique dans les portraits qu'en trace un Barthes qui, sous la plume de son adversaire, prend pratiquement le visage d'un obsédé sexuel.

Au-delà de la psychanalyse, ce sont en fait toutes les sciences humaines dont Picard refuse de voir la contribution qui peut être la leur pour l'intelligence des textes littéraires. Avoir recours à celles-ci ne peut être, pour lui, que sombrer dans l'esprit de système. Avec une foi aveugle dans les lois de la psychanalyse ou du marxisme, Barthes extrapolerait de manière hasardeuse, forçant le texte de Racine à l'aide de clés théoriques totalement inadaptées.

L'essentiel, cependant, n'est pas là. L'hérésie critique contre laquelle Picard s'élève avec le plus de violence est celle qui consiste à affirmer qu'il est impossible de « *dire vrai* » sur un auteur. La certitude, aux yeux de Barthes, serait interdite au critique littéraire. Rien de plus faux selon Picard :

> « Il y a une vérité de Racine, sur laquelle tout le monde peut arriver à se mettre d'accord. En s'appuyant en particulier sur les certitudes du langage, sur les implications de la cohérence psychologique, sur les impératifs de la structure du genre, le chercheur patient et modeste parvient à dégager des évidences qui déterminent en quelque sorte des zones d'objectivité : c'est à partir de là qu'il peut — très prudemment — tenter des interprétations. »

Au total, on peut avancer qu'aux yeux de Picard, la « nouvelle critique » telle que l'incarne Barthes est coupable d'un double crime : procédant d'un hybride et monstrueux « *impressionnisme dogmatique* », elle constitue un continuel anachronisme par lequel les œuvres du passé sont étudiées à partir de concepts critiques qui ne valent qu'appliqués à l'anti-littérature contemporaine.

Barthes donnerait ainsi libre cours à sa propre subjectivité dans le cadre de ses analyses, mais il présenterait sa lecture de Racine avec une telle arrogance intellectuelle que celle-ci, immanquablement, prendrait le visage d'une vérité ultime et unique. De plus, il plaquerait des catégories modernes — telles celles issues de l'investigation psychanalytique — sur des œuvres qui ont vu le jour dans un contexte culturel totalement différent. Au total, en donnant à Racine un visage moderne, il défigurerait totalement celui-ci.

Critique et vérité

La plupart de ces objections, Barthes, il convient de le reconnaître, les avait anticipées dans le cours même de son ouvrage. Dans une large mesure, *Sur Racine* n'avait même pas d'autre sens que de démontrer le discours traditionnel sur la littérature dont Picard, dans son pamphlet, allait se faire le plus clair des défenseurs.

Rien n'y fit, cependant. Dans la polémique qui s'engagea, la majeure partie de l'opinion et de la presse prit le parti de Raymond Picard. Barthes se retrouva du coup marginalisé. Quelques années seulement après les violents débats sur le nouveau roman, la critique se retrouvait du coup sur la sellette, engagée dans une sorte de nouvelle *« querelle des Anciens et des Modernes »*.

La réponse de Barthes aux attaques dont il avait été l'objet prit la forme d'un petit ouvrage publié en 1966 : *Critique et vérité*. Analysant avec un talent égal à celui qu'il avait déployé dans *Mythologies* les reproches qui lui avaient été adressés, Barthes s'attachait à montrer que si la démarche de la « nouvelle critique » avait choqué, c'est que celle-ci se refusait à se soumettre à un *« vraisemblable critique »* qui n'est en fait que l'autre nom de cette doxa, de cette idéologie, de cette opinion commune dont Barthes a fait son plus constant adversaire. Autrement dit, le seul crime de la « nouvelle critique » était de se refuser à parler le langage bien particulier d'une « critique universitaire » qui, en toute naïveté, était présenté comme le seul langage critique possible.

Les partisans de Picard reprochaient à la nouvelle critique de ne respecter ni les règles de l'objectivité, ni celles du goût, ni celles, enfin, de la clarté. Mais, répliquait Barthes, l'objectivité n'est rien d'autre que le nom dont la critique affuble ses propres partis pris de lecture. Le goût, quant à lui, est l'alibi commode d'une censure qui s'exerce sur la vérité sexuelle dont un texte est le lieu. Quant à la clarté, enfin — attribut par excellence du mythique *« bien écrire »* français — elle n'est qu'un code rhétorique parmi les autres : celui de la bourgeoisie.

Se soumettre aux pseudo-impératifs de cette triade éthique que sont l'objectivité, le goût et la clarté revient donc en fait à interdire à la critique d'explorer d'autre voie que celle extrêmement pauvre et limitée qui consiste à ne pas s'autoriser d'autre lecture qu'exclusivement littérale des textes. Or, tout le pari de la « nouvelle critique » est justement de se refuser à cette sorte d'enfermement et d'intimidation pour ouvrir l'œuvre littéraire à la multiplicité de ses significations potentielles.

Ce pari de la « nouvelle critique », Barthes s'attache à l'expliciter dans la seconde partie de son texte. Il écrit que, de la crise du commentaire qui se manifeste à l'époque, doit émerger une nouvelle manière de concevoir le discours critique :

> « ... **le critique devient à son tour écrivain [...]. Si la critique nouvelle a quelque réalité, elle est là : non dans l'unité de ses méthodes, encore moins dans le snobisme qui, dit-on commodément, la soutient, mais dans la solitude de l'acte critique, affirmé désormais, loin des alibis de la science ou des institutions, comme un acte de pleine écriture. Autrefois séparés par le mythe usé du *superbe créateur et de l'humble serviteur, tous deux nécessaires, chacun à leur place, etc.",* l'écrivain et le critique se rejoignent dans la même condition difficile, face au même objet : le langage.** »

Le critique se découvre donc écrivain. Ni simple lecteur ni détenteur d'une hypothétique science du texte, il produit à son tour du sens, prolonge et propage en quelque sorte l'œuvre, donnant de ce fait naissance à une œuvre nouvelle.

Au terme de *Critique et vérité*, Barthes confirme donc ses positions de *Sur Racine*. Ni lui, ni Picard, comme l'on pouvait s'y attendre, n'ont changé d'avis. Nouvelle et ancienne critique restent face à face.

Après la « nouvelle critique »

Depuis la querelle du *Sur Racine,* beaucoup d'eau a coulé sous les ponts de la critique littéraire. Et selon la loi énoncée autrefois par Proust, les paradoxes d'hier sont devenus les préjugés d'aujourd'hui. Ou plus exactement, les paradoxes d'avant-hier ont été les préjugés d'hier.

En effet, les années 1970 ont, dans une large mesure, consacré la victoire de la « nouvelle critique ». Ses représentants ont souvent connu une incontestable consécration universitaire. Il a fallu à tous reconnaître l'indéniable dimension intellectuelle de ces grands ouvrages que sont, par exemple, *L'Univers imaginaire de Mallarmé* de Jean-Pierre Richard, ou encore *Jean-Jacques Rousseau : la Transparence et l'Obstacle* de Jean Starobinski. Quant à Roland Barthes, son nom s'est rapidement inscrit au zénith de la pensée française contemporaine. A tel point d'ailleurs, qu'aujourd'hui, dans les universités britanniques et plus encore sur les campus américains, son œuvre est davantage étudiée que le théâtre de Racine lui-même.

Le triomphe, en un sens, a été entier et a permis à l'université de ne pas s'enliser dans un langage devenu périmé et inopératoire. A cette médaille, il y eut cependant un revers : la « nouvelle critique » a perdu souvent toute la force qu'elle tirait de sa marginalité même. Une nouvelle vulgate s'est quelquefois mise en place, tout aussi répétitive que l'ancienne, où les hypothèses de la psychanalyse ou le jargon de la poétique ponctuent les textes de manière aussi rébarbative et convenue qu'autrefois les mises au point biographiques ou les pures paraphrases littérales.

Les représentants de la « nouvelle critique » ont été les premiers à percevoir le risque qu'ils couraient et à s'engager, quand le besoin s'en faisait sentir, dans d'autres voies. Ainsi, Barthes qui, peu de temps après sa polémique avec Picard, délaissait progressivement son rêve d'une science de la littérature pour s'abandonner au *plaisir du texte* et s'engager dans une voie plus personnelle, celle qui le mènera à deux de ses meilleurs livres : *Roland Barthes par Roland Barthes* et *Fragments d'un discours amoureux*.

Plus significative encore est la trajectoire de deux écrivains qui appartiennent à ce que l'on pourrait nommer la seconde génération de la « nouvelle critique » : Julia Kristeva et Tzvetan Todorov. Les années 60 et 70 avaient été pour eux le temps des ambitieuses constructions théoriques d'inspiration structuraliste : *La Révolution du langage poétique* ou *Poétique de la prose*. Le tournant des années 80 — si important à tous égards pour la pensée française — les a vu abandonner le rêve d'un système pour s'engager dans l'écriture de textes plus fragmentaires dans leur objet et moins totalisateurs dans leurs ambitions : ainsi *Soleil noir* de Julia Kristeva ou *Nous et les autres* de Todorov. Il ne s'agit pas de régression, mais bien plutôt de nouveau départ, de recommencement dans ces textes qui, de manière passionnante et éclatée, composent peut-être un peu du visage de la *« nouvelle nouvelle critique »* à venir.

---- REPÈRES ----

Pierre Brunel, Daniel Madelénat, Jean-Michel Glicksohn, Daniel Couty, *La Critique littéraire*, (Que sais-je ?) PUF, 1984.

Jean-Yves Tadié, *La Critique littéraire au XXe siècle*, Belfond, 1987.

Roland Barthes, *Sur Racine*, (Points) Seuil, 1963.
   Critique et vérité, Seuil, 1966.

Raymond Picard, *Nouvelle critique ou nouvelle imposture*, Pauvert, 1965.

Tzvetan Todorov, *Critique de la critique : un roman d'apprentissage*, Seuil, 1984.

Nouvelle histoire

La nouvelle histoire est un mouvement intellectuel propre à la discipline historique et qui visait au renouvellement total des méthodes utilisées par celle-ci.

Née en 1929 de la fondation, par Marc Bloch et Lucien Febvre, de la revue Les Annales, la nouvelle histoire consiste essentiellement dans le refus de la stricte histoire événementielle. Rejetant la « fallacieuse illusion » des faits, elle cherche avec Braudel à saisir le temps de l'histoire dans toute sa complexité et toute son amplitude. Ouvrant de nouveaux territoires pour l'historien, elle a obligé la discipline historique à une métamorphose certes discutée mais au total positive.

L'Ecole des Annales

En janvier 1929, deux historiens, le médiéviste Marc Bloch et le moderniste Lucien Febvre fondaient à Strasbourg la revue *Les Annales d'histoire économique et sociale*. Leur volonté, telle qu'ils l'exprimaient d'entrée, n'était pas simplement d'ajouter un titre à la longue liste des publications historiques. Il s'agissait, à partir des *Annales,* de forcer la discipline historique à un renouvellement total de ses méthodes. Il s'agissait de l'ouvrir à la diversité du savoir et du monde, en un mot, de la faire sortir du cercle confortable et fastidieux dans lequel elle avait tendance à s'assoupir. L'accent était tout particulièrement mis sur la nécessité d'une interdisciplinarité qui permettrait un dialogue nouveau et fécond entre historiens et représentants des sciences humaines. Lucien Febvre, à ce propos, déclarait :

> « Tandis qu'aux documents du passé les historiens appliquent leurs bonnes vieilles méthodes éprouvées, des hommes de plus en plus nombreux consacrent, non sans fièvre parfois, leur activité à l'étude des sociétés et des

économies contemporaines... Rien de mieux, bien entendu, si chacun, pratiquant une spécialisation légitime, cultivant laborieusement son jardin, s'efforçait néanmoins de suivre l'œuvre du voisin. Mais les murs sont si hauts que bien souvent ils bouchent la vue. Que de suggestions précieuses, cependant, sur la méthode et sur l'interprétation des faits, quels gains de culture, quel progrès dans l'intuition naîtraient entre ces divers groupes, d'échanges intellectuels plus fréquents ! L'avenir de l'histoire... est à ce prix, et aussi la juste intelligence des faits qui demain seront l'histoire. »

Ainsi naquit, l'école des *Annales* que l'on ne nommerait que quelques années plus tard — pour sacrifier à ce que Valéry nommait la « néomanie » de notre temps ? — la « *nouvelle histoire* ». Son objet était donc, dès l'origine, de favoriser, par l'interdisciplinarité notamment, le renouvellement et le développement de la discipline historique. Une impulsion décisive était ainsi donnée par Febvre et Bloch, initiant par là-même un des plus importants mouvements de la culture contemporaine.

La fallacieuse illusion des faits : le refus de l'histoire événementielle

Comment définir celui-ci ?

La « nouvelle histoire » se caractérise d'abord par une méfiance inédite à l'égard de ce que Fernand Braudel — le principal héritier de Bloch et surtout de Febvre — nommera la *« fallacieuse illusion »* des faits.

La proposition peut surprendre. Les faits ne sont-ils pas le matériau obligé de l'historien ? A l'origine même — et tout particulièrement chez les chroniqueurs médiévaux ou les mémorialistes du XVIIe siècle — l'histoire ne se donnait pas d'autre ambition que la pure collection des faits. Il fallut attendre le XVIIIe siècle avec notamment Montesquieu, Voltaire ou Gibbon pour que, prenant avec les faits purs une certaine distance, les historiens s'aventurent à expliquer le cours des événements, à tracer des cadres plus généraux dans lesquels l'histoire humaine semblait presque dotée d'un sens général. Au XIXe siècle, les philosophes — avec Hegel et Marx au premier rang d'entre eux — s'engagèrent plus loin sur cette voie, découvrant derrière le désordre des actes humains l'ordre inflexible d'un devenir. Cependant, la discipline historique en tant que telle, au XXe siècle, se caractérisait encore largement par la volonté de rendre compte, de la manière la plus objective et la plus scientifique, des faits dont était tissé le passé des sociétés humaines. Envisagée dans cette perspective, l'histoire se réduisait à une succession d'événements célèbres — batailles, traités, révolutions..., à un défilé de figures prestigieuses — monarques, militaires, hommes politiques...

Contre cette manière de rendre compte du passé, la « nouvelle histoire » réagit. Pourquoi ce refus de l'événementiel? Fernand Braudel s'en explique dans sa leçon inaugurale au Collège de France en 1950 :

> « La vie, l'histoire du monde, toutes les histoires particulières se présentent à nous sous la forme d'une série d'événements : entendez d'actes toujours dramatiques et brefs. Une bataille, une rencontre d'hommes d'Etat, un discours important, une lettre capitale, sont des instantanés d'histoire. J'ai gardé le souvenir, une nuit, près de Bahia, d'avoir été enveloppé par un feu d'artifices de lucioles phosphorescentes; leurs lumières pâles éclataient, s'éteignaient, brillaient à nouveau, sans trouer la nuit de vraies clartés. Ainsi les événements : au-delà de leur lueur, l'obscurité reste victorieuse... »

Et l'histoire événementielle en elle-même, poursuit Braudel, est déjà une interprétation mais qui ne se présente pas comme telle :

> « Des lueurs, mais sans clarté; des faits, mais sans humanité. Notez que cette histoire-récit a toujours la prétention de dire "les choses comme elles se sont réellement passées"... En réalité, elle se présente comme une interprétation, à sa manière sournoise, comme une authentique philosophie de l'histoire. Pour elle, la vie des hommes est dominée par des accidents dramatiques;

par le jeu des êtres exceptionnels qui y surgissent, maîtres souvent de leur destin et plus encore du nôtre. Et, lorsqu'elle parle d'"histoire générale", c'est finalement à l'entrecroisement de ces destins exceptionnels qu'elle pense, car il faut bien que chaque héros compte avec un autre héros. Fallacieuse illusion, nous le savons tous.»

Il faut, affirme Braudel et avec lui toute la nouvelle histoire, se garder de céder à la trompeuse fascination du «feu d'artifice» de l'événementiel. Sans doute, c'est sous ce visage que l'histoire, pour nous séduire, se présente. Mais l'anecdote n'est pas l'histoire, elle n'en est que l'étincelle éphémère et visible. Prétendre réduire l'histoire à sa face événementielle revient à gravement mutiler celle-ci, à n'en proposer qu'une infime partie qu'indûment on présente comme étant le tout.

Les temps étagés de la nouvelle histoire

Mais, si l'événement n'est pas l'histoire, ou du moins n'est pas toute l'histoire, quels sont les nouveaux territoires dont l'historien doit faire le champ de ses investigations?

C'est à Fernand Braudel, là encore, qu'on empruntera la réponse à cette question, et plus précisément à la préface de son premier grand livre: *La Méditerranée et le monde méditerranéen à l'époque de Philippe II* (1949). Le modèle qui s'y trouve présenté n'engage bien entendu nul autre historien que son auteur. Cependant, mieux qu'aucun autre peut-être, il permet d'éclairer le bouleversement méthodologique radical dont la nouvelle histoire fut le lieu.

La thèse de Braudel est simple et irréfutable: le temps de l'histoire n'est pas un, il est multiple. Braudel le réaffirmera en 1950, déclarant de l'histoire:

«...ce sont des mouvements qui n'ont ni la même durée, ni la même direction, les uns qui s'intègrent dans le temps des hommes, celui de notre vie brève et fugitive,

> les autres dans ce temps des sociétés pour qui une journée, une année ne signifient pas grand-chose, pour qui, parfois, un siècle entier n'est qu'un instant de la durée. Entendons-nous : il n'y a pas un temps social d'une seule et simple coulée, mais un temps social à mille vitesses, à mille lenteurs qui n'ont presque rien à voir avec le temps journalistique de la chronique et de l'histoire traditionnelle. Je crois ainsi à la réalité d'une histoire particulièrement lente des civilisations, dans leurs traits structuraux et géographiques. »

Telle est la vision du temps qui présida à la conception de la thèse consacrée par Braudel à la Méditerranée à l'époque de Philippe II. Pour saisir véritablement son objet, l'historien doit se situer sur chacun des plans superposés du temps qui, dans leur réunion, composent l'histoire. Ces plans superposés, Braudel les présente comme étant au nombre de trois : le « temps géographique », le « temps social » et le « temps individuel ».

D'abord, le « plan » le plus profond est celui du « temps géographique » : il constitue une « histoire quasi immobile », *« celle de l'homme dans ses rapports avec le milieu qui l'entoure; une histoire lente à couler et à se transformer, faite bien souvent de retours insistants, de cycles sans fin recommencés ».*

Ensuite, on découvre le niveau intermédiaire : il est celui d'*« une histoire lentement rythmée, on dirait volontiers, si l'expression n'avait été détournée de son sens plein, une histoire sociale, celle des groupes et des groupements ».*

Enfin, superposée aux deux précédentes, se situe « l'histoire traditionnelle », « l'histoire événementielle » : *« une agitation de surface, les vagues que les marées soulèvent sur leur puissant mouvement. Une histoire à oscillations brèves, rapides, nerveuses. Ultra-sensible par définition ».*

Telle est l'histoire étagée que s'attache à décrire Braudel. Et pour reprendre une métaphore qui traverse tous ses textes, on pourrait la présenter comme une sorte de profond et complexe océan où, aux fonds immobiles et obscurs, s'ajouteraient de moins inaccessibles courants maritimes et enfin la surface même avec ses remous et ses vagues. L'entreprise de Braudel et celle de la nouvelle histoire, si on voulait les définir à partir de cette métaphore, consisterait en une plongée en deçà de la surface de l'histoire événementielle pour s'engager dans l'exploration des profondeurs mêmes du temps. Non pas d'ailleurs par simple goût de ce qui est dissimulé, mais aussi parce que l'on ne se donne une chance de comprendre la surface miroitante et changeante du flot qu'en étudiant les courants plus complexes qui, en profondeur, la commandent.

De nouveaux territoires pour l'historien

Concrètement, sur quoi le modèle braudelien débouche-t-il dans l'ordre du travail historique ?

Puisque le temps de l'histoire n'est pas un mais multiple, la tâche de l'historien doit être de tourner ses regards vers ses dimensions jusqu'alors inexplorées. L'historien doit cesser de consacrer exclusivement ses travaux à la surface du temps. Il doit aller vers un refus, non des événements de l'histoire mais d'une histoire qui ne serait que l'histoire des événement. Délaissant un instant la relation du politique, le goût du spectaculaire, il doit s'intéresser à tout ce que l'histoire antérieure négligeait et laissait dans l'ombre : l'économie, la démographie, l'histoire des sciences et des techniques, l'évolution des mentalités, l'histoire des rapports avec le milieu naturel, l'histoire également de tous les hommes qui — paysans, ouvriers... — n'avaient jamais laissé de nom dans l'histoire. C'est pourquoi l'historien n'a plus d'autre choix que de se faire géographe, économiste, sociologue, historien de l'art. Pour saisir le temps dans sa profondeur, pour embrasser le passé dans sa totalité, il lui faut faire sauter les cloisons qui lui interdisaient l'accès aux autres disciplines du savoir. Doté de ce bagage intellectuel nouveau et plus large, il lui sera possible de construire une histoire qui ne sera plus seulement l'histoire des batailles, des guerres et des traités.

Un bilan

Tel était donc le programme que la nouvelle histoire s'était tracé. Et s'il fallait aujourd'hui dresser un bilan, celui-ci ne pourrait être que largement positif.

Grâce à la véritable libération qu'a signifié la nouvelle histoire, notre culture historique s'est, au cours de ces dernières années, considérablement agrandie. La liste serait trop longue à dérouler des ouvrages de Georges Duby, Emmanuel Le Roy Ladurie, Philippe Ariès ou Jacques Le Goff qui nous ont découvert des pans entiers d'un passé perdu.

Marginale, dissidente à ses débuts, la nouvelle histoire s'est aujourd'hui imposée à un point tel qu'on en est arrivé à quelquefois critiquer son ambition hégémonique. L'Université, en France, et souvent à l'étranger, s'est ralliée à ses méthodes — et ceci à tel point que l'école française constitue aujourd'hui pour nombre d'historiens anglais ou américains un prestigieux et incontestable modèle. L'enseignement même de l'histoire à l'école s'est trouvé modifié par les apports de Braudel — qui est l'auteur d'un manuel scolaire — et de ses disciples : on abandonna progressivement un enseignement qui ne consistait qu'à aligner des images d'Epinal — le baptême de Clovis, le martyr de Jeanne d'Arc, le pont d'Arcole... — pour amener les jeunes élèves à comprendre le devenir véritable des civilisations en portant plus d'attention au sort des paysans du Moyen Age ou des ouvriers du XIXe siècle.

La nouvelle histoire, certes, a été critiquée. Certains intellectuels lui ont reproché sa volonté d'annexer à son profit toutes les sciences de l'homme : poussée jusqu'à ses plus extrêmes conclusions, la volonté d'interdisciplinarité manifestée dès le départ par Febvre et Bloch aurait pu aboutir à une sorte de synthèse totalitaire du savoir. Tout est histoire, l'histoire est le tout. Tel pourrait bien être le dernier discours idéologique de notre temps, nous met en garde Michel Serres dans *Le Passage du Nord-Ouest*.

Sur un tout autre terrain, on a souligné le danger qu'il pouvait y avoir à modifier de manière excessive l'enseignement de l'histoire à l'école. Certes, l'histoire événementielle n'est pas toute l'histoire, mais les enfants aiment les faits et ils ont besoin de récits. Les programmes inspirés des méthodes de la nouvelle histoire, en confrontant les élèves avec les problèmes de la « longue durée », leur ont souvent fait perdre de vue les éléments les plus simples de la chronologie. On n'ignore plus rien de la vie des paysans au Moyen Age mais on ignore tout le reste et, à la limite — c'est du moins la thèse catastrophiste que colportent certains — on finit par se demander si, dans l'histoire de France, Napoléon vient avant ou après la Révolution.

Enfin, on peut se demander si, positif hier, le refus de l'événementiel ne risque pas de devenir un obstacle aujourd'hui au développement de la culture historique quand elle devient un dogme. L'événement fait partie intégrante de l'histoire et, maintenant qu'il a perdu la place excessive qu'il occupait hier, il convient de le réintégrer dans le champ de la recherche historique. Telle est d'ailleurs la voie dans laquelle se sont engagés aujourd'hui les plus grands des nouveaux historiens qui, après une plongée nécessaire dans les profondeurs de l'histoire, remontent au soleil de l'histoire événementielle riches d'une intelligence plus grande des éléments denses et complexes qui la commandent.

Braudel : l'histoire en 1950

Lors de sa leçon inaugurale au Collège de France faite le 1er décembre 1950, Fernand Braudel dresse un bilan de l'histoire au lendemain du choc de la Seconde Guerre mondiale. Le texte figure en tête des *Écrits pour l'histoire* :

« L'histoire se trouve, aujourd'hui, devant des responsabilités redoutables, mais aussi exaltantes. Sans doute parce qu'elle n'a jamais cessé, dans son être et dans ses changements, de dépendre de conditions sociales concrètes. "L'histoire est fille de son temps." Son inquiétude est donc l'inquiétude même qui pèse sur nos cœurs et nos esprits. Et si ses méthodes, ses programmes, ses réponses les plus serrées et

> les plus sûres hier, si ses concepts craquent tous à la fois, c'est sous le poids de nos réflexions, de notre travail et, plus encore, de nos expériences vécues. Or ces expériences, durant ces quarante dernières années, ont été particulièrement cruelles pour tous les hommes ; elles nous ont rejetés, avec violence, vers le plus profond de nous-mêmes et, par-delà, vers le destin d'ensemble des hommes, c'est-à-dire vers les problèmes cruciaux de l'histoire. Occasion de nous apitoyer, de souffrir, de penser, de remettre forcément tout en question. D'ailleurs, pourquoi l'art fragile d'écrire l'histoire échapperait-il à la crise générale de notre époque ? Nous abandonnons un monde sans avoir toujours eu le temps de connaître ou même d'apprécier ses bienfaits, ses erreurs, ses certitudes et ses rêves — dirons-nous le monde du premier XXe siècle ? Nous le quittons, ou, plutôt, il se dérobe, inexorablement, devant nous. »

―――――――――― REPÈRES ――――――――――

Fernand Braudel, *Ecrits sur l'histoire*, (Champs) Flammarion, 1969.

Faire de l'histoire (sous la direction de Jacques Le Goff et Pierre Nora), (Folio Histoire) Gallimard, 1974

François Dosse, *L'Histoire en miettes, des « Annales » à la « Nouvelle histoire »*, La Découverte, 1987

▶ Histoire.

Politique

La politique — du grec politeia *— est, selon la définition de Julien Freund,* « l'activité sociale qui se propose d'assurer par la force, généralement fondée sur le droit, la sécurité extérieure et la concorde intérieure d'une unité politique particulière en garantissant l'ordre au milieu de luttes qui naissent de la diversité et de la divergence des opinions et des intérêts ».

Au-delà de cette définition globale, philosophie et sociologie politiques ont cherché à mettre en place une grille d'analyse qui permettrait de rendre compte de la diversité des systèmes politiques. On retiendra ici les typologies élaborées par Aristote, Montesquieu et Raymond Aron.

Histoire d'un mot

Le terme « politique » nous vient du grec *politeia*. Dans son ouvrage *Droit naturel et histoire*, Léo Strauss s'interroge longuement sur la signification de ce mot qui est au cœur de toute la réflexion classique sur la meilleure organisation possible de la société. Il refuse les traductions trop juridiques de ce terme qui feraient de celui-ci un simple synonyme de « lois » ou de « constitution ». Il faut entendre, selon lui, le mot « politeia » dans un sens plus large :

> « La *politeia* est plutôt le genre de vie d'une société que sa constitution. Pourtant ce n'est pas par hasard que la traduction inexacte de "constitution" est en général préférée à celle de "façon de vivre". Parler de constitution revient à discuter du gouvernement; or on n'y vient pas nécessairement lorsqu'on parle des façons de vivre d'une communauté. Par *politeia* les classiques entendaient la façon de vivre d'une communauté pour autant qu'elle est déterminée par sa "forme de gouvernement". Nous traduirons donc *politeia* par "régime", en prenant ce mot au sens large comme dans l'expression "Ancien Régime". »

Comme très souvent l'étymologie nous mène droit à l'essentiel. Le mot de « politique » peut, dans les langues modernes, renvoyer à des significations bien diverses mais ce qui compte en lui et que nous rappelle son origine grecque est qu'il désigne les règles que s'impose à elle-même une collectivité et qui déterminent l'existence des individus qui y vivent. On rejoint la définition que formule Raymond Aron au tout début de *Démocratie et totalitarisme* :

> « La politique, c'est d'abord la traduction du terme grec *politeia*. La politique, c'est par essence ce que les Grecs appelaient le régime de la cité, c'est-à-dire le **mode d'organisation du commandement considéré comme caractéristique du mode d'organisation de la collectivité tout entière.** »

Définition d'un mot

Pour saisir véritablement la nature de la politique, il est nécessaire d'aller plus loin que cette seule et rapide enquête étymologique. Le philosophe Julien Freund peut nous y aider qui, dans son ouvrage *Qu'est-ce que la politique ?*, définit le terme ainsi :

> « **La (politique) est [...] l'activité sociale qui se propose d'assurer par la force, généralement fondée sur le droit, la sécurité extérieure et la concorde intérieure d'une unité politique particulière en garantissant l'ordre au milieu de luttes qui naissent de la diversité et de la divergence des opinions et des intérêts.** »

En cette définition dense, rigoureuse et synthétique, l'essentiel est dit.

Par la force obligatoirement, par le droit éventuellement, le but avoué du politique est d'abord présenté comme la sauvegarde de la collectivité qui peut être menacée de l'intérieur comme de l'extérieur. De l'intérieur, par le jeu des intérêts contradictoires qui, s'il n'était pas encadré et régulé, risquerait de dégénérer en guerre civile et de mener à l'éclatement de la société. De l'extérieur, à cause de la menace que fait inévitablement planer sur toute collectivité l'existence de voisins dont les visées peuvent être hégémoniques. On retrouve ici l'une des thèses les plus classiques de la philosophie politique. Elle fut notamment illustrée par l'anglais Hobbes qui, dans *Le Léviathan,* montre que c'est par goût de la sécurité et pour échapper à la « guerre perpétuelle » que les hommes s'assemblent en société. Tel est donc le but essentiel qui définit la politique.

Celui-ci peut s'accompagner de visées plus ambitieuses. A leurs risques et périls, les politiques peuvent rêver d'offrir aux hommes, en plus de la sécurité, le bonheur, en sus de la paix, la félicité. Cependant, ce faisant, ils sortent du champ strict qui définit la politique car, comme le déclare Leibniz que cite Freund :

> « Ma définition de l'Etat ou de ce que chez les Latins on appelle *Respublica* est : que c'est une grande société dont le but est la sûreté commune. Il serait à souhaiter qu'on pût procurer aux hommes quelque chose de plus que la sûreté, à savoir le bonheur, et l'on doit s'y appliquer, mais du moins la sûreté est essentielle, et sans cela le bien cesse. »

Les différents régimes politiques

Par sa puissance, sa généralité, la définition de Julien Freund englobe tous les régimes politiques. Il ne saurait cependant être question d'en conclure qu'ils sont tous identiques. S'ils se proposent tous en principe de parvenir aux mêmes fins, les chemins qu'ils empruntent sont tellement divergents qu'il rendent obligatoire une typologie des régimes politiques qui mette en évidence ce qui les distingue sans retour.

Philosophie et sociologie politiques, dans des perspectives différentes, se sont toujours attachées à mettre en place une telle typologie qui permettrait de mettre un peu d'ordre dans la diversité des systèmes politiques.

La plus ancienne et la plus célèbre de ces tentatives est celle du philosophe grec Aristote. Retenant comme critère essentiel de classification le nombre des détenteurs du pouvoir, il distingue la royauté où un seul règne, l'aristocratie où le pouvoir appartient à un groupe limité au sein de la société, la république enfin où le pouvoir est celui de tous. Mais pour rendre compte véritablement de la nature de ces différents systèmes, il est nécessaire aux yeux d'Aristote, d'aller encore plus loin.

Chaque régime, en effet, est susceptible de fonctionner de manière saine et corrompue : la monarchie peut dégénérer en tyrannie, l'aristocratie en oligarchie, la république enfin en démocratie étant entendu que la démocratie est pour Aristote un système dangereux. Au total, et ainsi qu'il s'en explique dans le chapitre IX de *La Politique*, Aristote distingue donc six formes de régimes en combinant deux critères de classification : le nombre des détenteurs du pouvoir et le caractère juste ou injuste du gouvernement :

> « Le gouvernement est l'exercice du pouvoir suprême dans l'Etat. Ce pouvoir ne saurait être qu'entre les mains soit d'un seul, soit du moindre nombre, soit du plus grand nombre de personnes. Quand le monarque, le petit nombre ou le plus grand ne cherchent, les uns ou les autres, que le bonheur général, le gouvernement est nécessairement juste. Mais s'il vise à l'intérêt particulier du prince ou des autres chefs, c'est une déviation. L'intérêt doit être commun à tous ou, s'il ne l'est pas, ce ne sont plus des citoyens. »

La classification que propose au XVIIIe siècle Montesquieu est à la fois plus simple et plus complexe. Plus simple en cela qu'elle distingue trois et non plus six régimes différents : la république, la monarchie et le despotisme. Montesquieu s'en explique au chapitre Ier du Livre II de *L'Esprit des lois* :

> « Il y a trois espèces de gouvernements; le REPUBLICAIN, le MONARCHIQUE, et le DESPOTIQUE. Pour en découvrir la nature, il suffit de l'idée qu'en ont les

> hommes les moins instruits. Je suppose trois définitions, ou plutôt trois faits : l'un, que *le gouvernement républicain est celui où le peuple en corps, ou seulement une partie du peuple, a la souveraine puissance; le monarchique, celui où un seul gouverne, mais par des lois fixes et établies; au lieu que, dans le despotique, un seul, sans loi et sans règle, entraîne tout par sa volonté et par ses caprices.* »

Proche en cela d'Aristote, Montesquieu combine donc pour les appliquer aux régimes de son temps des critères très similaires de classification. Mais — et c'est en cela que la typologie de Montesquieu est plus complexe également — il associe à chaque régime un principe qu'il définit comme « *ce qui le fait agir* » : le principe de la république est la « vertu (le sens civique) », celui de la monarchie l'honneur, celui de la tyrannie enfin la crainte. Nécessaires au bon fonctionnement de chacun de ces régimes, ces principes sont les sentiments qui doivent prévaloir en eux.

Plus près de nous, Raymond Aron, dans *Démocratie et totalitarisme*, s'est essayé à mettre en place une classification qui, inspirée de ces prestigieux modèles, vaudrait pour le monde moderne. Il retient comme caractéristique essentielle des régimes politiques d'aujourd'hui « *la modalité d'organisation de la lutte partisane* » et plus précisément « *l'unité ou la pluralité des partis* ». Du coup, il en vient à opposer « *les régimes pluralistes* », dans lesquels s'affrontent pour le pouvoir des partis multiples, aux « *régimes de parti monopolistique* » où règne sans partage un parti unique. Cherchant à mettre en évidence, à l'image de Montesquieu, les principes propres à chaque régime, il retient pour le système pluraliste « *le respect de la légalité* » et « *le sens du compromis* » et pour le système monopolistique « *la foi* » et « *la peur* ».

On constatera sans difficulté que, dans chacune de ces classifications, le jugement de fait ne se distingue pas clairement du jugement de valeur; les auteurs décrivent les systèmes de leur temps mais ils les jugent également, distinguant — et même dans le cas de

Rayond Aron — les régimes justes des régimes condamnables : soulignant les dérives néfastes de chaque régime, Aristote plaide en fait pour un système tempéré qui serait celui du juste milieu ; mettant en accusation le despotisme, Montesquieu critique de manière détournée la monarchie absolue française ; quant à Raymond Aron, s'il entend faire œuvre de sociologue, il ne fait aucun doute que son analyse est à la fois éloge de la démocratie et dénonciation du totalitarisme. Toute description du politique est aussi prise de position politique.

REPÈRES

Aristote, *La Politique*, (Médiations) Denoël.
Raymond Aron, *Démocratie et totalitarisme*, (Folio Essais) Gallimard, 1965.
Philippe Bénéton, *Introduction à la politique moderne*, (Pluriel) Hachette, 1987.
Julien Freund, *Qu'est-ce que la politique?*, (Points Politique) Seuil, 1965.
Léo Strauss, *Droit naturel et histoire*, (Champs) Flammarion, 1953.

▶ **Démocratie, Etat, Libéralisme, Totalitarisme.**

Politique (bipolarisation)

La bipolarisation est la tendance que manifestent les forces politiques à se regrouper autour de deux pôles opposés : la droite et la gauche.

Nées en France lors de la Révolution française, les notions de droite et de gauche ont acquis une valeur quasi universelle. Pourtant, elles restent des notions floues et contestées. Personne ne semble en mesure d'en proposer une véritable définition et nombreux sont ceux qui contestent l'existence même d'un tel clivage. Force est cependant de constater que la vie politique s'articule encore largement autour de cette opposition droite-gauche dont on ira chercher chez le romancier Roger Vailland l'une des formulations possibles.

Droite et gauche

En France comme à l'étranger, on a coutume d'aborder le paysage politique national et international en distribuant ses acteurs sur un éventail qui se déploie de droite à gauche. Entre ces deux pôles symboliques se laisseraient inscrire, dans le domaine du politique, tous les débats, tous les individus, tous les partis, toutes les convictions. Droite ou gauche ? Telle serait en somme l'alternative unique et répétitive à laquelle devraient se ramener et se réduire tous les conflits politiques aussi complexes et variés qu'ils puissent sembler en apparence. Ainsi que le déclare René Rémond dans son ouvrage *Les droites en France* :

« Droite..., gauche... La pulsation de ces deux termes, indissolublement liés par leur opposition, *rythme* de son temps toute l'histoire politique de la France contemporaine. [...] L'obsédant martèlement de ces deux vocables jumeaux scande 150 années de luttes politiques. [...] La division traditionnelle de l'esprit public en deux grandes tendances contraires reste aujourd'hui la clé qui ouvre l'intelligence de notre histoire récente; elle égare, cette histoire sombre, dans l'incohérence arbitraire d'un désordre fortuit. »

Cette opposition, ainsi que le laissait entendre dans la citation qui précède René Rémond, ne date pas d'hier. L'origine serait à en chercher dans les débats qui présidèrent à l'établissement de la première constitution française, celle de septembre 1791. La question se posait pour les révolutionnaires français de savoir s'il convenait, dans le nouveau système politique, de laisser ou non au monarque le droit de veto illimité sur les lois qui seraient votées. A l'issue de la séance du 28 août 1789, ainsi que le relatent Philippe Buchez et l'abbé Pierre Roux-Lavergne dans leur *Histoire parlementaire de la Révolution française*, les partisans du droit de veto et les adversaires de celui-ci se séparèrent en deux camps, les premiers — favorables au roi — se rangèrent à droite du président de l'assemblée constituante et les seconds — hostiles au pouvoir monarchique — à la gauche de celui-ci.

Les notions de droite et de gauche, ainsi, étaient nées qui, en France mais aussi bien à travers le monde entier, à quelques variations locales près, allaient permettre aux hommes politiques et aux citoyens de se définir, de se désigner et de se reconnaître.

Le succès de ces deux termes mérite qu'on s'interroge un instant à leur sujet : la droite et la gauche ne constituent-elles qu'un acccident de l'histoire révolutionnaire française qui aurait, par miracle ou par hasard, imprégné de manière universelle notre vision du politique ? A l'inverse, faudrait-il lire derrière ces deux termes comme deux tendances fondamentales de la nature humaine qui se retrouveraient et s'affronteraient à toutes les époques et dans tous les pays ?

Des notions floues

Il faut commencer par reconnaître que, ainsi que le démontre avec brio Guy Rossi-Landi dans *Le Chassé-croisé*, rien n'est plus difficile que de prétendre définir ces deux termes. Pour essayer, en effet, de s'y retrouver dans ce paysage politique pourtant simple en apparence, il n'est possible de se fier ni aux savantes analyses de la science politique, ni aux ambitieuses synthèses des idéologues, ni même aux discours des politiciens eux-mêmes.

La première raison de ce brouillage généralisé est à chercher dans le fait que les notions de droite et de gauche avant d'être susceptibles d'une analyse neutre et objective, sont d'abord polémiques. Dans la lutte politique, elles fonctionnent moins comme des étiquettes que comme des étendards. Ainsi, se dire de droite ou se proclamer de gauche consiste moins à se placer calmement sur l'échiquier politique qu'à essayer de s'approprier une forme de légitimité politique en s'inscrivant dans une sorte de continuité historique.

Et la distance peut être énorme entre le discours que l'on tient sur soi-même et la réalité de ses positions. Pendant longtemps par exemple, il ne s'est pas trouvé un seul homme politique de droite pour revendiquer cette appellation jugée alors péjorative : *« modéré »*, *« libéral »*, *« gaulliste »* : tels étaient quelques-uns des euphémismes qui évitaient alors de se classer à droite. Il aura fallu attendre Jean-Marie Le Pen pour trouver enfin un homme politique qui ose se proclamer de droite et ceci sans doute pour dissimuler qu'il était en réalité d'une droite plus extrême que celle à laquelle il prétendait appartenir.

A défaut de pouvoir s'en remettre avec confiance aux discours des acteurs politiques eux-mêmes, peut-on espérer distinguer la droite et la gauche sur la base de critères sociologiques simples ? La réponse ici est encore largement négative. L'image classique qui consiste à opposer une France de droite — celle des riches, des bourgeois, des catholiques et des personnes âgées — à une France de gauche — celle des pauvres, des ouvriers, des athées et des jeunes — est largement une caricature. Ce que nous démontre la science politique par l'étude fine des résultats électoraux, c'est que le vote — à droite ou à gauche — des électeurs est loin d'être déterminé de manière mécanique par des critères de type sociologique. A bien des égards, par exemple, le mouvement gaulliste repose sur une base électorale plus populaire que le Parti socialiste qui attire à lui les scrutins des cadres supérieurs. De même, la classe ouvrière en France se rallie aussi bien au Front National qu'au Parti communiste. Il faut, de ce fait, reconnaître qu'il est impossible d'établir un lien simple entre convictions politiques et classe sociale qui nous permettrait de poser comme une définition scientifique et objective des notions de droite et de gauche.

Est-il davantage possible d'opposer de manière claire une idéologie de droite à une idéologie de gauche ? Là encore, on voit rapidement les deux images caricaturales qu'il serait facile de dresser l'une contre l'autre. La droite se définirait d'être conservatrice, capitaliste, libérale, nationaliste, élitiste... La gauche, elle, se définirait du retournement mécanique de chacun de ces adjectifs : elle se voudrait progressiste, collectiviste, dirigiste, internationaliste, égalitariste... On ne peut évidemment s'en tenir à de tels lieux communs. Plutôt que d'opposer de manière statique des idées de droite à des idées de gauche, il faut reconnaître que droite et gauche se définissent bien davantage par le fait de puiser alternativement dans un vivier commun de convictions politiques pour constituer, à partir de celles-ci, leurs programmes opposés.

Ainsi, pour s'en tenir à deux exemples simples, il est totalement inexact historiquement de définir la droite, par opposition à la gauche, comme nationaliste et libérale. Le nationalisme, en effet, est à l'origine une idée de gauche qui naît et s'affirme avec la Révolution française et qui, en France, ne passe véritablement à droite qu'à la fin du XIXe siècle. Et encore la situation est-elle loin d'être claire aujourd'hui dans la mesure où, sur la question de l'unité européenne, on voit bien par exemple que communistes et gaullistes ont longtemps témoigné d'une même méfiance à l'égard de tout ce qui pouvait constituer une limitation de la souveraineté nationale. En ce qui concerne le libéralisme économique, il est loin de constituer comme on l'affirme l'apanage d'une droite qui, par son souci de la libre-entreprise et du capitalisme, s'opposerait au dirigisme et au collectivisme de la gauche. De Napoléon III à de Gaulle, on pourrait sans paradoxe affirmer que la droite a été en France beaucoup plus interventionniste que la gauche et que c'est elle qui a amené l'Etat à mettre en place, sous le Second Empire comme sous la Ve République, certaines des structures de l'économie nationale.

Nationalisme, libéralisme : on pourrait dans cet esprit multiplier les exemples qui nous mèneraient à cette conclusion unique : il existe moins des idées de droite et des idées de gauche que des idées qui passent de la droite à la gauche en fonction des nécessités du temps, des effets de mode, des stratégies électorales.

Des notions contestées

Est-ce à dire que les notions de droite et de gauche sont totalement vides de sens ? Certains l'ont prétendu qui visaient à proposer une sorte de dépassement de ce clivage droite-gauche qu'ils jugeaient vide, stérile et générateur de conflits politiques sans signification ?

Tel est par exemple le discours des partis centristes qui se présentent comme n'étant ni de droite ni de gauche mais situés en un lieu où il devient peut-être possible de réaliser comme une synthèse féconde entre droite et gauche. A cet égard, la position des écologistes est bien proche de celle-ci et significative de la difficulté qu'il y a à placer les partis et les individus de manière claire sur l'échiquier politique. *« Droite ne puis, gauche ne daigne, écologiste suis »* déclaraient il y a quelques années les Verts qui, tout en prétendant se situer en dehors de l'opposition droite/gauche, mobilisent un électorat de gauche au service d'idées originellement à droite.

Rejettent également l'opposition droite/gauche ceux qui bénéficient — ou croient bénéficier — d'une compétence particulière ou d'une situation privilégiée qui leur permet de se situer au-dessus des partis, de prendre de la distance, de l'altitude, vis-à-vis du monde politicien et des querelles partisanes. Technocrates convaincus de ce que la compétence n'est ni de droite ni de gauche puisqu'elle leur appartient, ou hommes politiques qui, de de Gaulle à Barre, pensent qu'en vertu de leur lucidité exceptionnelle ou de leur charisme inégalé, il leur est possible là encore de se situer au-dessus de la mêlée.

Se situer *« entre deux »* (le centre), *« en dehors »* (les écologistes) ou *« au-dessus »* (de Gaulle) : trois manières en somme de réfuter le traditionnel clivage droite/gauche et de prendre ses distances par rapport à lui comme le font d'ailleurs ces citoyens de plus en plus nombreux qui, de sondage en sondage, se refusent à se laisser classer dans les catégories traditionnelles que leur proposent les politologues.

Une incontestable réalité politique

Force est de reconnaître, cependant, que, introuvable selon les critères de l'analyse sociologique, difficile à saisir sur le plan idéologique, contesté de toutes parts, c'est bien le clivage droite/gauche qui structure la vie politique française caractérisée par l'opposition entre ces deux blocs fondamentaux que constituent partis de droite et partis de gauche.

Cette opposition, les politologues lui donnent le nom de *« bipolarisation »* et la définissent comme le regroupement des forces politiques françaises autour de deux pôles, en deux blocs, deux alliances opposées. Alors que sous la IVe République, le paysage politique se définissait par le nombre important de partis que ne liait aucun système d'alliance stable, le nouveau régime mis en place en 1958 déboucha progressivement, du fait de l'adoption du scrutin majoritaire et de l'élection du président au suffrage universel, sur la constitution de deux blocs politiques. Forces de droite et forces de gauche, réunies autour de programmes politiques clairs, s'opposaient ainsi à chaque scrutin, se disputant les votes des électeurs, et constituant ainsi un système bipolaire qui connut sans doute son apogée à la fin des années 70. Depuis lors, les cartes ont été quelque peu brouillées par l'affaiblissement du Parti communiste, l'émergence du Front National et la tentative de constitution d'une force centriste autonome. Cependant, dans une large mesure et sous réserve de développements ultérieurs, on peut soutenir que c'est bien l'opposition entre la droite et la gauche qui constitue l'axe inchangé de la vie politique française.

Homme de droite, homme de gauche

Comment rendre compte du paradoxe apparent auquel les analyses qui précèdent ont abouti ? Des notions impossibles à enfermer dans une définition précise et qui cependant régissent de manière inflexible l'affrontement des partis.

C'est peut-être que le jeu politique, pour fonctionner, a besoin de deux adversaires qui rentrent en compétition dans la course au pouvoir et que, quand bien même aucune idéologie permanente ne définit ceux-ci, nous les nommons par commodité ou par habitude droite et gauche. Termes qui sont comme les traces de conflits politiques et de traditions historiques passés dans un présent qui est celui de l'affaissement politicien et de l'aplatissement technocratique.

C'est peut-être aussi que, malgré tout, au-delà des métamorphoses, des compromis et des compromissions, persistent deux tendances fondamentales, deux visions complémentaires ou opposées de la société et du rôle que chacun doit y jouer. Telle était la thèse en tout cas que mettait en scène, de manière assez partisane il est vrai, l'écrivain communiste Roger Vailland dans son roman, *« Drôle de jeu »* :

> « L'antagonisme foncier, irréductible des deux attitudes se manifeste dans tous les domaines.
>
> L'homme de gauche croit au chemin de fer, à l'avion, à la T.S.F., au vaccin qui jugulera la maladie inguérissable, à la greffe qui rendra la jeunesse, à l'égalité de la

femme et de l'homme, à l'entente internationale qui empêchera les guerres. L'hommes de gauche croit à l'homme et ne conçoit pas de limites *à priori* au pouvoir de l'homme.

L'homme de droite croit en Dieu, à la fatalité des lois économiques, à l'enfer, à la syphilis inguérissable, à l'éternel féminin, à la malédiction qui pèse sur le peuple juif, à la guerre inévitable, qu'il y aura toujours "des riches et des pauvres"... »

Il faut bien entendu faire la part de la propagande pro-communiste qu'un tel texte contient — et que Vailland lui-même d'ailleurs nuance dans le cours de son roman. Cependant, l'image de l'homme de droite et celle de l'homme de gauche est, peut-être au total, loin d'être inexacte. L'homme de gauche ou celui qui, face aux événements tragiques de l'histoire, porte en lui une foi dans l'homme et dans l'avenir radieux de l'humanité, qui peut s'avérer aussi positive que dangereuse, aussi utopique que nécessaire. L'homme de droite ou celui qui, préférant au rêve la réalité, se refuse à tout bouleversement qui, par sa brutalité, ne pourrait être que préjudiciable à l'ordre social, au risque bien sûr de sombrer dans le conservatisme le plus néfaste. Images bien entendu sommaires là encore, et discutables, mais qui, exposées dans le cours d'un roman, portent en elles peut-être autant de vérité que les plus subtiles des analyses de la science politique.

———————————— REPÈRES ————————————

Alain Duhamel, *Le Complexe d'Astérix*, Gallimard, 1985.
René Rémond, *Les Droites en France,* Aubier-Montaigne, 1982.
Guy Rossi-Landi, *Le Chassé-croisé. La droite et la gauche de 1789 à nos jours*, J.C. Lattès, 1978.
Roger Vailland, *Drôle de jeu,* Buchet-Chastel, 1945.

▶ **Démocratie.**

Post-moderne

L'attitude post-moderne — esthétique plus qu'idéologique — consiste non pas à refuser la tradition au nom de la modernité mais à intégrer la tradition dans la modernité. En cela — et quand bien même les définitions en sont nombreuses et contradictoires —, on peut découvrir dans le post-moderne, avec Umberto Eco, une esthétique de la distance, de la citation, de l'ironie, qui constitue comme une sortie hors de l'impasse avant-gardiste.

Postérité du moderne

Introduit en 1975 dans le vocabulaire de l'architecture par le critique anglais Charles Jenck, le mot de « post-moderne » fait aujourd'hui partie du lexique obligatoire des années 90. Sortant du champ dans lequel son « inventeur » l'avait assigné, il a fini, en quelques années à peine, par s'appliquer à tous les arts et même par définir une sorte d'attitude culturelle générale, de vision du monde, d'idéologie presque.

Cette diffusion n'a sans doute été possible que parce que le terme change radicalement de sens selon le discours dans lequel il s'intègre. Il n'y a pas en effet de définition unique d'un post-moderne par lequel ne se marque souvent que le refus du moderne ou l'acharnement à l'être encore davantage.

Pour Jean-François Lyotard (*La Condition post-moderne*), qui a été l'un des premiers à faire pénétrer le terme dans la langue française, la post-modernité se confond avec ce qu'il nomme « la fin des grands récits » c'est-à-dire la désillusion vis-à-vis des idéologies qui ont défini la modernité.

Pour Alain Finkielkraut (*La Défaite de la pensée*), le post-modernisme n'est rien d'autre qu'une sorte de fourre-tout idéologique qui fait d'un écletisme de pacotille la seule valeur. Il est ce qui permet à l'individu de

« *marier à sa guise les engouements les plus disparates, les inspirations les plus contradictoires* », de « *pouvoir passer sans obstacles d'un restaurant chinois à un club antillais, du couscous au cassoulet, du jogging à la religion, ou de la littérature au delta-plane* ».

Une esthétique de la distance et de l'ironie

Pour risquer une définition moins polémique, disons que, alors que le moderne refusait et condamnait sans appel l'ancien auquel il prétendait substituer le nouveau, le post-moderne entend réhabiliter l'ancien et le combiner au nouveau dans une sorte d'éclectisme généralisé à l'intérieur duquel se concilieraient toutes les époques et tous les styles. De ce fait, l'art post-moderne est un art du composite et de la citation dans lequel les traditions, au lieu d'être purement et simplement repoussées, sont réutilisées avec distance et ironie. L'attitude post-moderne permet de ce fait de concilier le goût de l'ancien et la soif du nouveau, la mémoire de ce qui a été et le désir de ce qui sera. Ce que Umberto Eco dans son *Apostille au Nom de la Rose* présentait ainsi :

> « **La réponse post-moderne au moderne consiste à reconnaître** que le passé, étant donné qu'il ne peut être détruit parce que sa destruction conduit au silence, doit être revisité : avec ironie, d'une façon non innocente. Je pense à l'attitude de celui qui aimerait une femme très cultivée et qui saurait qu'il ne peut lui dire : "Je t'aime désespérément" parce qu'il sait qu'elle sait (et elle sait qu'il sait) que ces phrases, Barbara Cartland les a déjà écrites. Pourtant, il y a une solution. Il pourra dire : "Comme dirait Barbara Cartland, je t'aime désespérément." Alors, en ayant évité la fausse innocence, en ayant dit clairement que l'on ne peut parler de façon innocente, celui-ci aura pourtant dit à cette femme ce qu'il voulait lui dire : qu'il l'aime et qu'il l'aime à une époque d'innocence perdue. Si la femme joue le jeu, elle aura reçu une déclaration d'amour. Aucun des deux interlocuteurs ne se sentira innocent, tous deux auront

accepté le défi du passé, du déjà dit que l'on ne peut éliminer, tous deux joueront consciemment et avec plaisir au jeu de l'ironie... Mais tous deux auront réussi encore à parler d'amour. »

──────── REPÈRES ────────

Laurent Dispot, *Manifeste archaïque,* Grasset, 1986.
Umberto Eco, *Apostille au nom de la rose,* (Biblio/Essais) Le Livre de Poche, 1987.
Jean-François Lyotard, *La Condition post-moderne,* Minuit, 1979.
Le Post-moderne expliqué aux enfants, Galilée, 1986.
Guy Scarpetta, *L'Impureté,* Grasset, 1985.
Félix Torrès, *Déjà-vu,* Ramsay, 1986.

▶ **Modernité.**

Psychanalyse

Fondée par Sigmund Freud, la psychanalyse est à la fois un discours théorique visant à rendre compte du fonctionnement de notre esprit et une méthode thérapeutique visant à guérir les troubles psychiques.

Remise en cause radicale de l'image que nous nous faisons de nous-mêmes, la psychanalyse démontre que, selon le mot célèbre de Freud, « le moi n'est pas seulement maître dans sa propre demeure » : une partie de ce que nous sommes — l'Inconscient — se dérobe et commande à l'ensemble. La cure analytique vise à résoudre les troubles qui naissent de cette situation. Cependant, au-delà de cette vocation thérapeutique, la psychanalyse est aussi discours théorique qui met à nu les mécanismes mêmes qui déterminent l'individu et la société. Définie ainsi, la psychanalyse, du vivant même de Freud, a été l'objet de toutes les relectures et de toutes les interprétations au point qu'il est impossible aujourd'hui d'en saisir une image unitaire.

Copernic, Darwin et Freud

Les dictionnaires définissent d'ordinaire la psychanalyse comme une méthode d'exploration des phénomènes psychiques. A ne retenir cependant qu'une image aussi brève et aussi sèche, on aurait de grandes difficultés à saisir l'impact prodigieux et durable qui fut celui de la psychanalyse dans le champ de la culture contemporaine.

Moins par prétention que par lucidité, Sigmund Freud — qui fut l'inventeur de la psychanalyse et en reste aujourd'hui le plus grand théoricien — avait, lui, entièrement conscience de la révolution formidable que constituait l'inédite et souvent vertigineuse plongée dans les profondeurs de l'esprit à laquelle invitait la psychanalyse. Par elle, c'est l'image même de ce que nous sommes, dans la plus secrète intimité, qui se trouvait renversée. C'est le socle même de notre conscience, le bastion de notre moi, qui découvrait les fondations friables et complexes sur lesquelles il se tenait comme en équilibre instable.

En un passage très célèbre de son *Introduction à la psychanalyse,* Freud comparait sa propre découverte à celles de Copernic et de Darwin qui obligèrent, en leur temps, l'humanité à reconsidérer la place qu'elle s'arrogeait au sein de la création et l'image factice d'elle-même dans laquelle elle se complaisait :

> « Dans le cours des siècles, la science a infligé à l'égoïsme naïf de l'humanité deux graves démentis. La première fois, ce fut lorsqu'elle a montré que la terre, loin d'être le centre de l'univers, ne forme qu'une parcelle insignifiante du système cosmique dont nous pouvons à peine nous représenter la grandeur. Cette première démonstration se rattache pour nous au nom de Copernic, bien que la science alexandrine ait déjà annoncé quelque chose de semblable. Le second démenti fut infligé à l'humanité par la recherche biologique, lorsqu'elle a réduit à rien les prétentions de l'homme à une place privilégiée dans l'ordre de la création, en établissant sa descendance du règne animal et en montrant l'indestructibilité de sa nature animale. Cette dernière révolution s'est accomplie de nos jours, à la suite des travaux de Ch. Darwin, de Wallace et de leurs prédécesseurs, travaux qui ont provoqué la résistance la plus acharnée des contemporains. »

Freud poursuit en affirmant que, pour l'humanité, les découvertes de la psychanalyse sont en passe de produire un traumatisme équivalent :

> « Un troisième démenti sera infligé à la mégalomanie humaine par la recherche psychologique de nos jours qui se propose de montrer au *moi* qu'il n'est seulement pas maître dans sa propre maison, qu'il en est réduit à se contenter de renseignements rares et fragmentaires sur ce qui se passe, en dehors de sa conscience, dans sa vie psychique. »

Démontrer au moi qu'il n'est pas maître dans sa propre demeure : telle serait donc la nature de cette nouvelle révolution scientifique qu'est la psychanalyse.

Le moi n'est pas seulement maître dans sa propre demeure

La formule est assez énigmatique pour qu'on s'attache à l'éclaircir. Elle ne s'explique que si l'on pose, à la suite de Freud, que le psychique ne se limite pas au conscient. Notre esprit n'est pas cet espace transparent dont rien ne nous échappe et sur lequel nous régnons entièrement. Quelque chose en lui se dérobe, sur quoi nous n'avons pas de prise et dont nous ignorons même l'existence : cette zone d'ombre est ce que la psychanalyse nomme l'« *Inconscient* ». Les définitions et les descriptions en ont été diverses et changeantes, et cela pour Freud lui-même qui a été amené à remanier à plusieurs reprises ses théories.

Une analyse plus fine nous obligerait ici à opposer ce qu'on nomme la première topique à la seconde. Cependant, et pour en rester ici à des considérations simples, il est possible d'affirmer que pour Freud l'Inconscient est le lieu de tout ce qui, tout en se dérobant à notre conscience, agit, à notre insu, sur notre conduite. Ainsi les souvenirs traumatiques ou les désirs inavouables qui, toujours de nature sexuelle, menacent, par leur violence et la souffrance qu'ils génèrent, notre équilibre psychique. Notre esprit n'a pas d'autre alternative que de les refouler dans cette partie de nous-mêmes qui nous échappe, il les repousse dans l'ombre profonde de l'Inconscient.

Cependant, du plus profond de cette ombre, ceux-ci continuent à exercer leur influence sur nous. Ils font retour dans notre vie, s'expriment à mi-voix dans nos rêves et nos cauchemars, se glissent subrepticement dans notre discours pour en déformer le sens, se marquent quelquefois dans notre corps par toute une série de symptômes qui peuvent mener jusqu'à la maladie mentale.

Ce sont tous ces signes — rapidement énumérés dans les lignes qui précèdent — qui témoignent de l'existence de l'Inconscient et qui permirent à Freud de remonter jusqu'à lui. Seule l'hypothèse, au sens scientifique du terme, de l'Inconscient permet d'expliquer ce qui auparavant passait pour une énigme.

Ainsi en ce qui concerne les lapsus. Comment expliquer que tout à coup notre langue fourche ? Que sans raison apparente, dans notre discours, un mot vienne prendre la place d'un autre ? Distraction ou fatigue, sans doute. Mais Freud démontre — et tout particulièrement dans *Psychopathologie de la vie quotidienne* — qu'il y a une logique du lapsus, qui est celle de l'Inconscient. Dans ces occasions où notre parole trébuche, un sens nouveau et en apparence aberrant vient se superposer au sens originel que nous voulions donner à notre phrase. Et dans ce sens, ce qui se donne à lire n'est rien d'autre que le discours caché de notre Inconscient. Le lapsus révèle ce que nous sommes mais que nous ignorons être.

De même, en ce qui concerne les rêves. Leur caractère énigmatique a, de tout temps, suscité la curiosité voire l'angoisse. On a voulu voir en eux des messages surnaturels par lesquels, en termes voilés, des puissances supérieures s'adresseraient à nous pour nous conseiller, nous mettre en garde et nous annoncer ce que serait notre destin. L'hypothèse de l'Inconscient permet à Freud de rompre définitivement avec ces pseudo-explications et de déchiffrer enfin le secret du rêve. Celui-ci n'est en effet rien d'autre que *« la réalisation déguisée de désirs refoulés »*. Tout ce que le moi, pour se défendre, a refoulé dans l'Inconscient fait retour dans le sommeil mais de manière chiffrée et c'est la psychanalyse qui, comme pour le lapsus, se découvre en mesure de trouver la clé qui lui permettra de lire le sens de ce rébus complexe que compose le rêve.

L'essentiel n'est pourtant ni dans le décryptage du lapsus ni dans celui du rêve, mais dans celui du symptôme. La psychanalyse naît en effet de la volonté de soigner, et plus précisément de soigner ces troubles mentaux que l'approche traditionnelle de l'esprit humain était incapable de traiter, étant impuissante à en saisir la logique. Là encore, la clé est celle de l'Inconscient. A la suite du Français Charcot et plus encore de l'Autrichien Breuer, Freud étudie l'hystérie. Pour lui, celle-ci trouve sa cause dans un événement traumatique inscrit profondément dans le passé de la malade. Celle-ci n'en garde en apparence aucun souvenir mais le choc qui est associé à l'événement en question persiste à la troubler, depuis l'Inconscient où il est relégué : telle est la souffrance dont seule la psychanalyse permet de saisir la cause et de comprendre la logique. Au-delà du cas de l'hystérie, et au même titre que le lapsus et le rêve, le symptôme est donc l'inscription violente et énigmatique de l'Inconscient et des désirs qui y sont refoulés dans la vie d'un individu.

On comprend mieux maintenant en quoi, et pour reprendre le mot de Freud, le moi n'est pas maître dans sa demeure. Il règne, certes, dans la partie consciente de notre esprit mais son règne est des plus fragiles car l'essentiel de ce que nous sommes lui échappe.

Objectif thérapeutique ou ambition idéologique ?

Telle est, ramenée à son expression la plus simple, l'idée-clé dont procède la pyschanalyse. Définie ainsi, on voit que la psychanalyse indissociablement se présente comme une pratique thérapeutique et comme un discours théorique.

Dans son versant thérapeutique, la psychanalyse, forte de ses découvertes, rend compte des troubles mentaux, de leurs causes et de leur logique. Elle se propose également de guérir ceux-ci. Puisque les symptômes sont en réalité le signe d'un traumatisme passé, la guérison ne peut passer que par une remontée jusqu'au lieu du déséquilibre premier. Tel est l'objectif de la cure analytique. Le patient parle devant le psychanalyste qui l'écoute, attentif aux résistances qu'il lui oppose, aux glissements de sens, bref à tous ces signes qui trahissent l'Inconscient de celui qui s'exprime. Curieuse entreprise où, comme le disait Freud, il s'agit d'apprendre du malade quelque chose qu'on ne sait pas et que lui-même ignore ! Cependant, remontant la chaîne du sens et du souvenir, la cure psychanalytique doit permettre de revenir jusqu'au lieu où s'enracine le symptôme. Ainsi, seulement, le malade pourra s'en libérer.

Pratique analytique, la psychanalyse est également discours théorique et c'est à ce titre que plus particulièrement elle nous intéresse ici. Par elle, en effet, s'est trouvée révolutionnée l'image que nous nous faisions de nous-même. Et c'est non sans résistances que le message de Freud a finalement été reçu.

Que nous découvre, en effet, la psychanalyse ? D'abord que le rapport que nous entretenons avec nous-mêmes est un rapport non de connaissance mais de méconnaissance. L'essentiel de ce que nous sommes, les motivations les plus profondes de nos gestes nous échappent. En cela, c'est notre vision trop simple et trop naïve du moi qui, avec les travaux de Freud, se défait.

Ensuite, la psychanalyse nous révèle la part déterminante qui est celle de la sexualité dans nos existences. Des premiers temps de l'enfance jusqu'à l'âge adulte, l'essentiel des forces qui nous animent sont d'ordre sexuel et cela même lorsque leur objet semble tout autre que sexuel. Derrière chacun de nos gestes — affectifs mais aussi professionnels, sociaux ou créatifs — se dissimule cette réalité première qu'il est impossible d'évacuer.

Autant que notre vision de l'individu, la psychanalyse s'attache à remettre en question nos certitudes quant à la réalité politique et sociale. C'est en ce sens que la psychanalyse mérite presque le nom d'idéologie. S'appuyant sur sa théorie de l'esprit humain, Freud s'est en effet aventuré à expliquer en fonction de celle-ci quelques-unes des grandes questions qui se posaient à l'humanité de son temps; il s'est engagé sur la voie d'analyses d'ordre philosophique ou anthropologique. Il l'a fait notamment dans les grandes œuvres de sa maturité comme *Totem et tabou*, *Malaise dans la civilisation* ou encore *L'Avenir d'une illusion*. Il s'y attache à montrer que la société n'est possible qu'au prix d'une « *sublimation* » par l'individu des pulsions sexuelles qu'il porte en lui. Celles-ci sont détournées de leur objectif premier et réinvesties dans le champ de l'art, de la morale, du travail ou de la politique. Elles servent la collectivité tout entière. Renouant avec les théoriciens du contrat comme Hobbes mais sur d'autres bases théoriques, Freud affirme :

> **« L'homme civilisé a fait l'échange d'une part de bonheur possible contre une part de sécurité. »**

A la lumière des thèses freudiennes, nous posons un autre regard sur la société à laquelle nous appartenons. Nous découvrons que celle-ci est agie en profondeur par des forces qui s'enracinent dans l'économie de notre propre Inconscient et qui de ce fait nous échappent.

La diaspora psychanalytique

Il reste à préciser que la psychanalyse est loin d'avoir la simple et solide homogénéité doctrinale que, dans leur simplicité et leur rapidité, s'attachaient à mettre en évidence les quelques remarques qui précèdent.

La première raison en est que, comme cela est souvent le cas, il y a moins un freudisme que des freudismes et cela dans la mesure où le fondateur de la psychanalyse a sans cesse remis en jeu sa propre vision théorique du fonctionnement de l'esprit humain. Selon donc la date des textes de Freud auxquels on se reporte, on est susceptible de rencontrer des analyses largement différentes, de trouver sous des mots inchangés des définitions très éloignées. A partir des années 1920, Freud se voit notamment contraint, sous le poids de ses observations cliniques, de modifier radicalement sa théorie. Il lui faut constater que ce qui se dit de manière répétitive sur les divans n'est pas cette sage recherche du plaisir et de la satisfaction qu'il avait cru déceler au principe de toute conduite humaine. Plus fort se laisse entendre cet élan par lequel les individus se précipitent à la poursuite de leur propre destruction, s'acharnant à répéter tout au long de leur vie les mêmes et douloureux échecs. Telle est la pulsion de mort qui constituera l'horizon dernier et pathétique d'un Freud vieillissant qui s'engagera dans une théorisation nécessaire mais inachevée.

Au-delà des révisions opérées par Freud lui-même, il est une seconde raison qui rend caduque toute présentation unitaire de la doctrine psychanalytique. Celle-ci, en aucun cas, ne se limite au discours freudien. Si le docteur viennois a bien été l'initiateur du mouvement et s'il en reste le principal théoricien, il est loin d'en être l'unique représentant. Si bien que la psychanalyse, au même titre que le marxisme, se présente comme un discours largement éclaté en une série de théories inconciliables et contradictoires.

Du vivant même de Freud, certains de ses disciples se sont démarqués de lui pour développer leur propre conception de la psychanalyse. Le plus célèbre de ces « dissidents » est Carl Gustav Jung qui s'oppose à l'interprétation exclusivement sexuelle des phénomènes de Freud. Il développa une théorie propre de l'Inconscient collectif par laquelle il lui devint possible de rendre compte des principales traditions mythologiques et folkloriques. Au prix de telles révisions, le jungisme peut-il encore être considéré comme une forme de psychanalyse? Avec humour, Freud déclarait à ce propos :

> « ... la psychanalyse de Jung ressemble au fameux couteau de Lichtenberg : après avoir changé le manche et remplacé la lame, il veut nous faire croire qu'il possède le même instrument, parce qu'il porte la même marque que l'ancien. »

Après la mort de Freud en 1939, l'éclatement de la psychanalyse se fit plus évident encore et ceci à tel point qu'il est pratiquement impossible d'en dresser un tableau général aujourd'hui. Les œuvres nouvelles incontestablement existent qui prolongent le travail freudien : ainsi celles de Melanie Klein ou de Donald Woods Winnicott. Mais, victime en quelque sorte de son propre succès, la psychanalyse a emprunté les chemins les plus divergents. Ramenée à quelques principes trop simples, soumise à toutes les reformulations théoriques envisageables, apparentée aux doctrines les plus hétérogènes, la psychanalyse est susceptible de servir toutes les causes et c'est ce qu'elle a fait, pour le meilleur ou pour le pire.

D'un côté, avec Herbert Marcuse ou avec Wilhelm Reich, la psychanalyse s'est faite révolutionnaire, s'engageant dans la voie d'une impossible synthèse avec le marxisme qui aura été largement l'horizon culturel de la fin des années 60. La société est rendue responsable d'une néfaste répression des instincts sexuels que la révolution permettra de lever. On se trouve on ne peut plus loin des thèses freudiennes mais c'est, en partie au moins au nom de Freud, que s'opèrent ces passionnantes transformations de son œuvre.

Le projet du psychanalyste français Jacques Lacan était en apparence moins ambitieux. Il fut sans doute dans la réalité plus décisif : il s'agissait simplement de relire Freud, de revenir à son texte. Mais la relecture entreprise se fit à la lumière du modèle linguistique et de ce que l'on nomme le structuralisme. Le résultat fut une œuvre déroutante et séduisante à la fois qui exerça une influence déterminante sur la culture française des années 60. S'en dégageait une image tragique du désir et du sujet pris dans la chaîne d'un langage qui le parle lui-même :

> « ...l'homme est pris, dès avant sa naissance et au-delà de sa mort, pris dans la chaîne symbolique, laquelle a fondé le lignage avant que s'y brode l'histoire, — [...] c'est dans son être même, dans sa personnalité totale comme on s'exprime comiquement, qu'il est en effet pris comme un tout, mais à la façon d'un pion, dans le jeu du signifiant, et ce dès avant que les règles lui en soient transmises, pour autant qu'il finisse par les surprendre... »

Malheureusement, l'image que la psychanalyse propose d'elle-même à la société est souvent moins séduisante que celle que, dans son génie baroque, Lacan dessinait. Largement diffusé, le message psychanalytique s'est inévitablement dilué. Ne subsistent bien souvent de lui que quelques concepts-clés — tels castration, Œdipe, refoulement... — qui, repris jusque dans la presse féminine, peuvent servir toutes les démonstrations. Utilisés en dehors du cadre rigoureux de la pratique analytique, les mots du vocabulaire freudien peuvent même être récupérés pour construire une nouvelle et souvent très fade vision normative de l'être humain. La psychanalyse devient alors idéologie, vulgate, instrument d'une sorte de contrôle social généralisé.

Devant une telle situation, les critiques adressées à la psychanalyse n'ont pas manqué. Les féministes s'en sont prises à un Freud qui, selon elles, serait resté totalement aveugle à une spécificité féminine que, aveuglé par ses préjugés patriarcaux, il aurait été incapable de comprendre. Sur un autre terrain, on s'est attaché à démontrer que la psychanalyse n'était en rien cette science qu'avait voulu fonder Freud. Elle ne relevait que de l'idéologie ou de la mythologie.

La vérité est sans doute autre que formulait ainsi André Breton en tête de ses *Prolégomènes à un troisième manifeste du surréalisme ou non* :

> «...toute grande idée est sujette à gravement s'altérer de l'instant où elle entre en contact avec la masse humaine, où elle est amenée à se composer avec des esprits d'une tout autre mesure que celui dont elle est issue. En témoignent assez, dans les temps modernes, l'impudence avec laquelle les plus insignes charlatans et faussaires se sont volontiers réclamés des principes de Robespierre et de Saint-Just, l'écartèlement de la doctrine hégélienne entre ses zélateurs de droite et de gauche, les dissidences monumentales à l'intérieur du marxisme, la confiance stupéfiante avec laquelle catholiques et réactionnaires travaillent à mettre Rimbaud dans leur jeu. Plus près de nous, la mort de Freud suffit à rendre incertain l'avenir des idées psychanalytiques et, une fois de plus, d'un instrument exemplaire de libération menace de faire un instrument d'oppression.»

REPÈRES

Sigmund Freud, *Introduction à la psychanalyse*, (Petite bibliothèque) Payot, 1915-17.
Cinq leçons sur la psychanalyse, (Petite bibliothèque) Payot, 1908.
Jacques Lacan, *Ecrits,* (Points) Seuil, 1966.
Pierre Daco, *Les triomphes de la psychanalyse,* Marabout (MS 15), 1973.

Racisme

Le racisme est l'attitude qui consiste à hiérarchiser entre elles les différentes races constituant l'espèce humaine. Il se traduit par l'affirmation de la supériorité d'une race sur toutes les autres et le mépris ou l'hostilité pour quiconque n'appartient par à celle-ci.

Unanimement condamné, le racisme est le plus souvent aujourd'hui un discours hors-la-loi. Cependant, de manière subtile ou grossière, il persiste en tant qu'attitude et, dans un contexte de crise économique et culturelle, menace l'équilibre et la paix des sociétés pluriraciales.

Le racisme hors-la-loi

Le racisme est une réalité multiforme et c'est en cela qu'il est difficile à définir. Il se présente parfois sous la forme d'un discours sophistiqué à prétentions scientifiques ou philosophiques. Plus souvent, il se vit au quotidien dans le rejet de celui qui, dans son apparence physique, dans son appartenance ethnique, se révèle différent.

Quel que soit le visage qu'il présente, le racisme est aujourd'hui — sauf chez quelques individus qui relèvent de la médecine mentale — un discours clandestin. En effet, après le délire raciste et antisémite de l'Allemagne nazie, le racisme a montré au monde son véritable visage, celui monstrueux des camps de concentration et d'extermination. Si bien qu'aujourd'hui, plus personne ne peut ouvertement se déclarer raciste sans se voir automatiquement discrédité et faire même — dans certains pays — l'objet de poursuites judiciaires. Le racisme est hors-la-loi.

Il faut savoir qu'il n'en a pas toujours été ainsi. Les mêmes révolutionnaires de 1789 qui proclamèrent solennellement, dans la Déclaration des droits de l'homme et du citoyen, l'égalité de tous, omirent d'abolir l'esclavage des Noirs. Tout au long du XIXᵉ siècle, le racisme — quand bien même il fut dénoncé par certains — constitua une opinion philosophique honorable. Sans crainte de se discréditer, le philosophe français Ernest Renan pouvait ainsi écrire, en 1876, dans sa « Préface aux *dialogues et fragments philosophiques* » :

> « **La meilleure base de la bonté, c'est l'admission d'un ordre providentiel, où tout a sa place et son rang, son utilité, sa nécessité même. Les hommes ne sont pas égaux, les races ne sont pas égales. Le nègre, par exemple, est fait pour servir aux grandes choses voulues et conçues par le Blanc.** »

Sauf dans la bouche d'un néo-nazi égaré, un tel discours serait aujourd'hui impensable. En ce sens, la cause de l'antiracisme a bien vaincu. En tant qu'idéologie politique, le racisme est unanimement condamné : refusant à certains et la liberté et l'égalité, il est l'atteinte par excellence aux droits de l'homme. En tant que discours théorique, le racisme a perdu toute crédibilité. La biologie a démontré que la notion de race — et plus encore celle d'inégalité entre les races — étaient dépourvues de tout fondement scientifique et relevaient davantage du délire que de la théorie.

Une réalité bien présente

Il y aurait bien entendu une grande naïveté à croire que, puisque le discours théorique et politique qui l'accompagne est introuvable, le racisme du même coup aurait disparu.

Malgré les propos alarmistes que tiennent certains, il est incontestable que, si l'on compare la situation actuelle à celle qui prévalait dans les années 1930, le racisme et plus encore l'antisémitisme sont en très net recul. Cependant, dans un contexte de crise économique et quelquefois de misère, il est certain que tout autant, dans les grandes villes modernes, les tensions entre les communautés raciales s'exacerbent. Aujourd'hui comme hier, pour une collectivité à la recherche d'elle-même, l'étranger reste le plus évident et le plus vulnérable des boucs émissaires. D'où l'incontestable regain d'un racisme quotidien qui pourrait, si rien n'était fait, déboucher dans les années à venir sur un terrible et inextricable engrenage de violence.

Les partis d'extrême-droite ont particulièrement bien su profiter de la situation. En eux perdure un discours raciste qui, tout en ne se présentant plus ouvertement comme tel, vise aux mêmes objectifs de rejet et de négation d'autrui. Le discours raciste, en effet, a moins disparu qu'il n'a changé de forme. Son avatar le plus subtil est sans doute celui qui consiste à prétexter le respect de la différence culturelle pour refuser l'intégration des communautés étrangères. Affirmant, au nom d'un louable refus de l'ethnocentrisme, que les civilisations sont égales mais différentes et doivent conserver chacune leur spécificité, les nouveaux théoriciens de l'extrême-droite s'opposent à tout métissage qui pour eux ne peut être que préjudiciable aux deux cultures en présence. Le relativisme généreux d'un Montaigne ou d'un Lévi-Strauss devient alors l'alibi intellectuel de la xénophobie. On feint de ne plus mépriser autrui pour sa race mais de se refuser à tout échange avec lui par respect de sa civilisation. Le résultat, pourtant, est identique qui consiste dans le triste et inquiétant refus de l'autre.

―――――――――――― REPÈRES ――――――――――――

Julia Kristeva, *Etrangers à nous-mêmes*, Fayard, 1988.
Michel Leiris, *Cinq études d'ethnologie*, (Tel) Gallimard, 1969.
Claude Lévi-Strauss, *Race et histoire*, (Folio Essais) Gallimard, 1952.
Albert Memmi, *Le Racisme*, (Idées) Galimard, 1982.

▶ **Ethnocentrisme, Négritude, Relativisme.**

Relativisme

> Le relativisme est la conception selon laquelle toutes les convictions se valent quels que soient le lieu ou l'époque où elles ont été exprimées.
>
> Défini ainsi, le relativisme pourrait apparaître comme le recours le plus efficace contre tous les dogmatismes. Jetant le doute sur toutes les certitudes, il enseignerait la vertu de la tolérance. Cependant, le relativisme n'est en rien une solution : il s'agit philosophiquement d'une position intenable et, moralement, d'une attitude dangereuse.

Relativisme historique, relativisme ethnologique

Le relativisme est l'attitude philosophique qui consiste à affirmer qu'il n'existe aucune valeur qui vaille pour toutes les époques ou pour toutes les sociétés. Toutes nos conceptions — que ce soit dans le domaine de la morale, du droit, de la politique, de la religion, de l'art... — sont du coup relatives et varient de pays en pays, d'époque en époque.

Le relativisme s'oppose donc à toute doctrine ou à toute religion qui se définit par la croyance en des principes éternels et immuables tels que le Vrai, le Juste, le Bien ou le Beau. Plus encore, il s'oppose à l'ethnocentrisme par lequel, en toute naïveté, une culture présente ses propres valeurs comme étant les valeurs absolues au nom desquelles l'humanité tout entière doit agir.

Sur la base de la définition qui précède, on peut distinguer deux formes de relativisme selon que l'on considère la différence des valeurs dans l'histoire ou dans l'espace.

Dans le premier cas, on parlera d'*historicisme* plutôt que de relativisme historique. Il s'agira ici de nier l'existence de valeurs éternelles et de poser que la vérité évolue forcément avec l'histoire. Comme le déclare le philosophe allemand Hegel en une formule célèbre — à laquelle on ne doit pas, sous peine de contresens, résumer sa conception des rapports entre l'histoire et la vérité —, «*chacun est le fils de son temps*».

L'historicisme pose donc que chaque époque se définit par un système de valeur qui lui est propre. Du coup, juger les civilisations d'hier à l'aune des valeurs d'aujourd'hui relève tout simplement de l'anachronisme. Il faut se résoudre à ce que chaque vérité ne soit jamais que provisoire; il faut savoir que chaque valeur n'est jamais qu'éphémère.

La seconde forme du relativisme nous retiendra ici davantage. On peut la nommer du nom de relativisme ethnologique. Elle consiste en l'affirmation que les valeurs, loin d'être universelles, varient dans l'espace. Juger de ce fait une société autre en fonction des normes qui prévalent dans sa propre culture est donc absurde. Cela revient tout simplement à faire preuve d'ethnocentrisme. Conscient de ce qu'il n'existe pas d'échelle universelle à laquelle pourraient être rapportées toutes les valeurs et les coutumes que les peuples à travers le monde se donnent, la seule solution consiste à respecter autrui. Il faut se résoudre en somme à ce que toute vérité ne soit jamais que locale.

Un recours contre le dogmatisme

Par l'esprit d'ouverture qu'il manifeste pour les époques révolues et les civilisations lointaines, le relativisme peut apparaître comme étant le recours par excellence contre tous les dogmatismes. A tous ceux qui prêchent une vérité à laquelle ils sont prêts à convertir par la force ceux qui ne la partagent pas, le relativisme rappelle les vertus de la tolérance. Il démontre qu'il n'est pas de principe qui soit assez solidement établi pour qu'on se croie autorisé à tuer en son nom. Jetant le doute sur toute religion et sur toute philosophie, il nous prémunit du coup contre leurs excès éventuels.

Tel est par exemple le projet de Montaigne dans ses *Essais*. Contemporain du massacre des Indiens d'Amérique par les Espagnols, le philosophe français s'attache à remettre en cause les certitudes au nom desquelles l'Europe s'apprête à asservir le reste du monde. Sommes-nous bien sûrs en effet de détenir la vraie et unique civilisation et de n'avoir en face de nous que des sauvages méritant le traitement que nous leur infligeons ? Rien n'est moins certain :

> « ... il n'y a rien de barbare et de sauvage en cette nation, à ce qu'on m'en a rapporté, sinon que chacun appelle barbarie ce qui n'est pas son usage. Comme de vrai, il semble que nous n'avons d'autre mire de la vérité et de la raison que l'exemple et idée des opinions et des usances du pays où nous sommes. Là est toujours la parfaite religion, la parfaite police, parfait et accompli usage de toutes choses. »

La barbarie n'est donc nulle part sinon dans le regard de celui qui contemple autrui sans vouloir le comprendre. Telle serait la leçon du relativisme que formulerait Montaigne.

Une position intenable

Malheureusement, le relativisme ne saurait être l'arme ultime contre le dogmatisme et la négation d'autrui, il s'agit en effet d'une position intenable et cela aussi bien philosophiquement que politiquement.

La raison en est d'abord que la logique relativiste repose sur une contradiction interne. Affirmer, en effet, que tout est relatif, c'est déjà poser une affirmation absolue qui échappe à la règle que l'on vient juste de formuler. Prêcher la tolérance en arguant du fait que toutes les civilisations et toutes les cultures sont également respectables, c'est déjà placer la tolérance au-dessus de toutes les autres valeurs. Du fait de cette logique tronquée, le relativisme sape donc lui-même les fondements sur lesquels il s'établit. Nous sommes en plein cœur d'une contradiction insurmontable.

De plus, le relativisme apparaît largement comme une arme à double tranchant. Utilisé hier pour défendre la dignité humaine, il peut servir aujourd'hui à absoudre avec désinvolture les crimes les plus inacceptables. En effet, si l'on admet que chaque société est entièrement libre des valeurs qu'elle se donne et qu'il est coupable de prétendre juger autrui en fonction de nos propres normes, il devient impossible de condamner quelque acte ou quelque attitude que ce soit dès lors que ceux-ci s'inscrivent dans une tradition culturelle qui nous est étrangère : il nous faut renvoyer dos à dos, par exemple, et la libération de la femme en Occident et le statut subalterne qui est le sien dans les pays musulmans ; il nous faut considérer comme aussi légitimes le port de la mini-jupe que celui du tchador. De même, il nous faudra accepter l'excision au même titre que la circoncision. L'unité de l'espèce humaine, dès lors, éclate totalement. Plus rien ne me lie à autrui et plus rien ne m'autorise à m'élever contre une pratique criminelle. Il ne me reste plus qu'à tolérer et le cannibalisme et l'esclavagisme.

La solution est donc ailleurs, mais elle est des plus complexes. Entre ethnocentrisme et relativisme, il convient de trouver une voie médiane par laquelle serait affirmée l'existence de valeurs universelles qui seraient autre chose que le simple masque de nos préjugés.

Léo Strauss : une réfutation du relativisme

Le philosophe Léo Strauss, dans son ouvrage *Droit naturel et histoire* (Champs, 1954), s'en prend au relativisme et plus particulièrement à l'historicisme. Ce faisant, il prend position dans l'un des plus vieux débats de l'histoire juridique et philosophique, celui qui oppose les partisans du droit naturel aux tenants du droit positif. Alors que pour les premiers le droit dépend d'une conception du juste et de l'injuste qui est naturelle, les seconds soutiennent qu'une telle conception n'est inscrite que dans les textes législatifs que les différents pays se donnnent à eux-mêmes. Aux yeux de Léo Strauss, une telle théorie est scandaleuse et criminelle car elle vise à faire accepter comme juste une loi quel qu'en soit le caractère moral. Léo Strauss plaide donc pour un retour au droit naturel qui seul peut nous prémunir contre le nihilisme et le fanatisme :

> « Rejeter le droit naturel revient à dire que tout droit est positif, autrement dit que le droit est déterminé exclusivement par les législateurs et les tribunaux des différents pays. Or il est évident qu'il est parfaitement sensé et parfois nécessaire de parler de lois ou de décisions injustes. En passant de tels jugements, nous impliquons qu'il y a un étalon du juste et de l'injuste qui est indépendant du droit positif et lui est supérieur : un étalon grâce auquel nous sommes capables de juger le droit positif. Bien des gens considèrent que l'étalon en question n'est tout au plus que l'idéal adopté par notre société ou notre "civilisation" tel qu'il a pris corps dans ses façons de vivre ou ses institutions. Mais, d'après cette même opinion, toutes les sociétés ont leur idéal, les sociétés cannibales pas moins que les sociétés policées. Si les principes tirent une justification suffisante du fait qu'ils sont reçus dans une société, les principes du cannibale sont aussi défendables et aussi sains que ceux de l'homme policé. De ce point de vue, les premiers ne peuvent être rejetés comme mauvais purement et simplement. Et puisque tout le monde est d'accord pour reconnaître que l'idéal de notre société est changeant, seule une triste et morne habitude nous empêcherait d'accepter en toute tranquillité une évolution vers l'état cannibale. »

REPÈRES

Alain Finkielkraut, *La Défaite de la pensée,* (Folios Essais) Gallimard, 1987.

Claude Lévi-Strauss, *Race et histoire,* (Folio Essais) Gallimard, 1952.

Le Regard éloigné, Plon, 1983.

Tsvetan Todorov, *Nous et les autres : la réflexion française sur la diversité humaine,* Seuil, 1989.

Léo Strauss, *Droit naturel et histoire,* (Champs) Flammarion, 1953.

▶ **Droits de l'homme, Ethnocentrisme.**

Religion

Une religion est un ensemble de croyances et de rites en lequel communient des individus qui y découvrent un sens surnaturel aux questions que pose l'existence.

Condamnées par la modernité comme aliénantes et néfastes aussi bien pour l'individu que pour la société, les religions, loin de disparaître, s'affirment aujourd'hui avec une vigueur renouvelée. De manière dangereuse à travers le phénomène de l'intégrisme ou de manière légitime avec un retour à la spiritualité qui prend les formes les plus diverses dans la culture et la société contemporaines.

Une étymologie incertaine

L'étymologie du mot religion est des plus incertaines. La plus séduisante, sinon la plus probable des hypothèses, voudrait que le terme « *religio* » dérive du verbe « *religare* » qui signifie en latin : « relier ».

A partir de là, on peut s'essayer à mettre en place les éléments d'une définition. La religion serait à la fois ce qui relie les hommes entre eux et ce qui les relie à un principe supérieur.

En sa première fonction, la religion ne se distingue que partiellement de l'idéologie. Elle participe de ce ciment social sans lequel nulle collectivité n'est possible. Croyant aux mêmes dieux, adorant les mêmes idoles, les hommes se soumettent au même code moral et se reconnaissent comme appartenant à un même groupe.

En sa seconde fonction la religion met en contact chaque individu avec une réalité d'ordre surnaturel dont il s'agit de faire l'expérience par le rituel, la prière ou la fusion mystique. Cette réalité peut être extrêmement diverse en sa forme — dieu unique, panthéon foisonnant, principe immatériel, cosmos... — mais son existence donne son sens ultime à l'expérience religieuse.

Au total, on voit que la religion vise, selon des modalités diverses, à inscrire l'homme dans un double réseau de solidarités : horizontales ou sociales, verticales ou mystiques. Telle est sa fonction et son sens.

Dieu est mort

Définie ainsi la religion a été l'objet d'une profonde remise en question qui aurait dû déboucher, à terme, sur sa disparition.

Dans sa fonction sociale, la religion a été dénoncée comme participant irrémédiablement d'un ordre politique archaïque et aliénant. Invitant les Français à faire encore un effort pour être vraiment républicains, le marquis de Sade dans son livre, *La Philosophie dans le boudoir,* affirme avec violence qu'à ses yeux le catholicisme est complice de la monarchie :

> « Français, je vous le répète, l'Europe attend de vous d'être à la fois délivrée du *sceptre* et de l'*encensoir*. Songez qu'il vous est impossible de l'affranchir de la tyrannie royale sans lui faire briser en même temps les freins de la superstition religieuse : les liens de l'une sont trop intimement unis à l'autre pour qu'en laissant subsister un des deux vous ne retombiez pas bientôt sous l'empire de celui que vous aurez négligé de dissoudre. »

La seule véritable révolution sera donc à la fois politique et spirituelle : pour renverser la monarchie, elle devra d'abord éliminer le christianisme.

Le programme est ainsi énoncé de ce qui sera au XIXe siècle la lutte du pouvoir laïc contre les institutions religieuses. La religion — « opium du peuple », selon la célèbre formule de Marx — entrave la marche de l'humanité vers la liberté. Elle est solidaire d'un ordre ancien qu'il s'agit d'abattre.

Saisie non plus dans sa dimension sociale mais dans ce qu'elle signifie pour chaque individu, la religion ne sera pas davantage épargnée par les grands penseurs de la modernité. Pour Freud, elle n'est rien de plus qu'une illusion sur laquelle, tout en lui reconnaissant une certaine valeur, il pose un jugement sévère comme dans ce bref passage de *Malaise dans la civilisation* :

> « Sa technique consiste à rabaisser la valeur de la vie et à déformer de façon délirante l'image du monde réel, démarches qui ont pour postulat l'intimidation de l'intelligence. A ce prix, en fixant de force ses adeptes à un infantilisme psychique et en leur faisant partager un délire collectif, la religion réussit à épargner à quantité d'êtres humains une névrose individuelle, mais c'est à peu près tout. »

Nietzsche, quant à lui, est encore plus définitif dans sa condamnation. Dénonçant le « monotono-théisme », il écrit dans l'*Antéchrist* :

> « Quiconque a du sang de théologien dans les veines, ne peut, *a priori*, qu'être de mauvaise foi, et en porte-à-faux devant les choses. Le trouble qui en résulte se donne le nom de *foi* : fermer une fois pour toutes les yeux pour ne pas voir, pour ne pas souffrir au spectacle d'une incurable fausseté. »

Loin d'être l'apanage de quelques audacieux penseurs, la dénonciation de la religion, au XXe siècle, gagne en Occident l'ensemble de la population. Les églises sont désertées, les vocations se font rares, la religion imprègne de moins en moins les conduites et cesse de constituer, dans une société laïcisée, la référence essentielle. Dieu semble aussi définitivement mort que l'avait annoncé l'« insensé » que met en scène *Le Gai savoir* nietzschéen.

La montée de l'intégrisme

A rebours de toutes les prophéties, les années 80 ont cependant été celles d'une réaffirmation du religieux dans le monde.

Celle-ci a pris d'abord la forme d'un réveil politique dont la spiritualité, souvent, aura été le moteur véritable et quelquefois seulement le masque. L'intégrisme, car c'est de lui qu'il s'agit, se définit comme la volonté d'un retour aux sources mêmes de la religion et comme le refus corrélatif du monde moderne jugé incompatible voire contraire aux exigences spirituelles. Peu de religions auront été épargnées par ce phénomène qui a d'ores et déjà imprimé sa marque à notre fin de siècle. Il y a en effet un intégrisme juif comme un intégrisme chrétien et plus encore un intégrisme musulman. Tous trois se traduisent par la même intolérance, la volonté d'avoir recours si nécessaire à la violence pour imposer le respect de la religion par tous.

De ces trois intégrismes, seul le dernier, cependant représente une menace véritable pour l'équilibre du monde. Aussi inacceptable qu'il soit, en effet l'intégrisme juif, de par le refus du prosélytisme qui caractérise le judaïsme, n'a pas vocation à s'exercer en dehors des limites de la communauté juive. Il reste en quelque sorte une affaire interne. En ce qui concerne l'intégrisme chrétien, il n'est guère plus, en l'état actuel des choses, qu'un combat d'arrière-garde. La « majorité morale » aux Etats-Unis exerce certes une influence appréciable sur le pouvoir américain, mais en Europe occidentale les sociétés sont laïcisées sans retour. Les intégristes catholiques peuvent séduire, par leurs discours réactionnaires, les personnes âgées qui retrouvent avec la messe en latin la foi de leur enfance ou les très jeunes gens qui réunissent en une même et très suspecte dévotion Monseigneur Lefèvre et Jean-Marie Le Pen. Tout cela reste voué à la marginalité. En effet, le christianisme des années 1980 avec le pontificat de Jean-Paul II et la lutte de Lech Walesa en Pologne, quelle que soit la critique de la modernité à laquelle il se livre, a très clairement choisi son camp : celui des droits de l'homme.

Il en va différemment avec l'intégrisme musulman. Non pas parce que l'islam en soi serait une religion plus intolérante qu'une autre. Il n'en est rien et, autrefois, le christianisme a connu et les Croisades et l'Inquisition. Il se trouve simplement que les circonstances historiques ont fait de l'islam le véhicule d'un message moins spirituel qu'idéologique. Pour un tiers monde abaissé, divisé, dominé, il a constitué le discours privilégié par lequel justifier son refus de l'Occident, affirmer son irréductible différence, et travailler à une possible unité. En Orient, en Afrique ou dans les communautés immigrées d'Europe, l'islam devient le moyen légitime de proclamer sa propre dignité, mais aussi celui inacceptable de dire sa violence et sa haine de l'Occident et de ses valeurs. Tel est l'islam qui fut au principe de la révolution iranienne en 1979, qui s'acharne à justifier le terrorisme et qui menace aujourd'hui l'ensemble des nations arabes.

Le retour du religieux

Le retour actuel du religieux ne se limite pas cependant à cette résurgence archaïque et violente qu'est l'intégrisme. Il prend des formes extrêmement diverses et souvent légitimes.

Il est d'abord — et c'est là sans doute l'essentiel — renouveau de la foi. Dans un monde qui se veut celui de la rationalité et de la science, le besoin en effet se fait sentir d'exprimer une autre dimension de la nature humaine — celle de la spiritualité — qui ne soit pas réductible à la pure raison. Après avoir cru pouvoir substituer la science à la religion, notre époque découvre que, selon le mot de Paul Feyerabend, « *le rationnel ne peut pas être universel; et l'irrationnel ne peut pas être exclu* ». La science étant incapable de nous livrer l'intelligence entière du monde, la technique étant impuissante à nous assurer sans dangers la maîtrise du réel, la soif de croire resurgit et fait figure d'alternative possible aux yeux de nombre d'individus : pour le meilleur ou pour le pire.

D'un côté, savants et philosophes redécouvrent la dignité d'un discours religieux dans lequel, au

XIXᵉ siècle, ils avaient vu leur principal adversaire. Dans *A tort et à raison*, le biologiste Henri Atlan présente la logique mythique et la logique scientifique comme deux formes de rationalités distinctes mais tout aussi légitimes l'une que l'autre à condition de ne pas chercher à les déployer en dehors de leurs champs spécifiques. Dans *Le Testament de Dieu*, le philosophe Bernard-Henri Lévy va chercher du côté du texte biblique le seul fondement possible d'une politique des droits de l'homme qui est notre dernière garantie contre la montée du totalitarisme. René Girard, enfin, au terme d'une des plus singulières et des plus importantes œuvres contemporaines, affirme que seul le christianisme est susceptible d'empêcher l'humanité de périr de sa propre violence. Au-delà de ces trois exemples, c'est l'ensemble de la culture contemporaine qui, bien souvent, réhabilite une religion vers laquelle les individus désormais se tournent à nouveau.

La médaille cependant a son revers. La soif de croire souvent dégénère et va se satisfaire dans les succédanés les plus suspects de la religion : idéologies ou sectes. La « *boue noire de l'occultisme* », contre laquelle Freud si justement avais mis en garde Jung, déferle sur notre fin de siècle qui redécouvre toutes les formes de la superstition : des plus innocentes — astrologie — aux plus menaçantes — sectes.

Au total, on voit bien que l'on aurait tort de conclure à la disparition prochaine du religieux comme on aurait encore été tenté de le faire il y a seulement une quinzaine d'années. Les formes religieuses évoluent mais la fonction religieuse reste, pour l'homme comme pour la société, une dimension permanente de sa condition. Mircea Eliade, le grand historien des religions, s'en expliquait en 1980 :

> « ...je ne crois pas à l'effacement total du religieux. A Santa-Barbara (Californie), j'ai eu des hippies comme étudiants. Ils rejetaient Dieu, la morale, le mariage. Mais, pour eux, la nudité, le fait de faire l'amour dans la nature, relevaient presque d'un rituel. Ils ne le reconnaissaient pas explicitement, mais ils étaient en train de

redécouvrir la religiosité cosmique, la condition paradisiaque de l'homme avant la Chute. On pourrait donc très bien demain, assister à une resacralisation de certaines dimensions de l'existence humaine. »

Dieu est donc loin d'être mort. Ou, pour reprendre une boutade du psychanalyste Jacques Lacan, s'il est mort, il ne le sait pas. Sa présence clandestine ou apparente reste l'une des données essentielles de la modernité.

Dans *Le Gai savoir*, prévoyant d'autres luttes à venir, Nietzsche en tirait la leçon suivante :

« Après que le Bouddha fut mort, on montra encore des siècles durant son ombre dans une caverne — ombre formidable et effrayante. Dieu est mort : mais telle est la nature des hommes que des millénaires durant peut-être, il y aura des cavernes où l'on montrera encore son ombre. Et quant à nous autres — il nous faut vaincre son ombre aussi. »

Les religions dans le monde

Effectifs en millions pour l'année 1980

Chrétiens		998
dont :		
	Catholiques	580
	Orthodoxes	79
	Protestants	338
Juifs		14
Musulmans		587
Shintoïstes		57
Taoïstes		31
Confucianistes		158
Bouddhistes		254
Hindouistes		475

REPÈRES

Sigmund Freud, *L'Avenir d'une illusion,* PUF, 1948.
René Girard, *Des choses cachées depuis la fondation du monde,* Biblio Essais, Livre de Poche, 1978.
Friedrich Nietzsche, *L'Antéchrist,* (Idées) Gallimard, 1888.
Entretiens avec Le Monde, 4. Civilisations, La découverte/Le Monde, 1984.

▶ **Idéologie, Mythe.**

Révolte

> La révolte est ce refus — individuel ou collectif — par lequel les hommes s'opposent à l'injustice qui leur est faite et se dressent contre l'autorité qu'on leur impose.
> Dans son essai, *L'Homme révolté*, Albert Camus s'attache à distinguer révolte et révolution. Alors que la première est ce « non » légitime que l'homme oppose à ce qui l'écrase, la seconde est une vaine « croisade métaphysique » qui aliène l'individu encore davantage.

Révolte et révolution

Entre révolte et révolution, la frontière, souvent, est des plus incertaines qu'Albert Camus s'est attaché à tracer dans son essai *L'Homme révolté* (1951).

La révolte se définit tout entière d'être du côté du « non » que l'individu oppose à l'injustice dont il est l'objet. Elle est ce mouvement par lequel il se dresse dans l'instant contre ce qui l'écrase et ceci au nom d'une valeur dont son geste, tout à coup, témoigne. Elle est donc à la fois négation et affirmation. Lorsque l'esclave, en effet, se refuse à servir davantage, il dit « non » certes, mais dans ce « non » résonne un « oui » plus haut, celui par lequel il affirme l'existence d'un principe qui fonde et justifie sa rébellion. Et dans la mesure où l'esclave est prêt à sacrifier sa vie au nom de ce principe, il reconnaît du coup en celui-ci quelque chose qui le dépasse et qui, au-delà de lui-même, vaut pour chaque homme. Dans le geste individuel de la révolte, se donne à lire la solidarité des hommes engagés dans un même combat pour la défense de leur dignité commune. Tel est le sens du célèbre « *Je me révolte, donc nous sommes* » qu'énonce Camus.

La révolution, elle, est à la fois plus et moins que cela. Elle prolonge certes la révolte : par elle, le geste de refus résonne au-delà de lui-même et engendre un bouleversement politique par lequel l'ordre ancien se trouve renversé. Mais ce bouleversement à son tour génère un ordre historique nouveau qui se révèle tout autant aliénant et négateur que le précédent. En ceci la révolution est trahison de l'esprit de révolte. Véritable « croisade métaphysique », elle entend modeler le monde selon les principes qu'elle s'est donné à elle-même et faire advenir dans un futur souvent très hypothétique le règne de la justice et de la liberté. Mais au nom de ce rêve, elle est prête à tous les crimes et à toutes les injustices.

De révolte en révolution

Alors que le révolté, par son geste, en appelait à l'unité au milieu du désordre et du chaos de l'injustice, le révolutionnaire travaille, lui, à mettre en place un monde qui serait celui de la totalité enfin maîtrisée. Mais de la totalité au totalitarisme, il n'y a qu'un faible et quelquefois imperceptible glissement qui, affirme Camus, aura été celui de toutes les révolutions :

> **« La revendication de la révolte est l'unité, la revendication de la révolution historique la totalité. La première part du non appuyé sur un oui, la seconde part de la négation absolue et se condamne à toutes les servitudes pour fabriquer un oui rejeté à l'extrémité des temps. L'une est créatrice, l'autre nihiliste. La première est vouée à créer pour être de plus en plus, la seconde forcée de produire pour nier de mieux en mieux. »**

On voit que, pour Camus, entre révolte et révolution, la différence est loin d'être une secondaire question de vocabulaire, un simple problème de terminologie. Alors que la révolte est la force positive par laquelle l'homme se dresse contre sa condition, la révolution est la perversion historique de cette force, celle par laquelle l'humanité semble s'engager sans retour sur la voie du crime et de l'esclavage.

Toute l'histoire de l'Occident, telle que Camus la rapporte dans son livre, n'est rien d'autre que l'histoire de ce glissement de l'esprit de révolte au projet révolutionnaire. Des régicides de 1793 aux révolutionnaires de 1917, la tragédie est la même qui sans cesse se répète : l'aspiration à la liberté ne débouche sur rien d'autre que la servitude. Rêver de refaire le monde est en effet le meilleur moyen de le défaire comme l'affirmera Camus lors de sa réception du Prix Nobel. Tel est le constat que dresse *L'Homme révolté* et qui, au-delà de l'exemple soviétique, s'applique pour lui à toute révolution :

> « **La totalité n'est pas l'unité. L'état de siège, même étendu aux limites du monde, n'est pas la réconciliation. La revendication de la cité universelle ne se maintient dans cette révolution qu'en rejetant les deux tiers du monde et l'héritage prodigieux des siècles, en niant, au profit de l'histoire, la nature et la beauté, en retranchant de l'homme sa force de passion, de doute, de bonheur, d'invention singulière, sa grandeur en un mot.** »

La pensée de midi

Dès lors, que faire ? La solution ne peut consister que dans la volonté de rester coûte que coûte fidèle au principe même de la révolte qui est à la fois négation et affirmation. Il faut donc se refuser aux « *ivrogneries de l'âme* » qui, au nom d'une incertaine fin, justifient les moyens certainement les plus injustifiables. La voie juste, semble nous dire Camus, est la voie intermédiaire, celle de la mesure, en laquelle se concilient la volonté d'agir sur le monde et le souci de respecter ce qui en fait la valeur. La pensée de la révolte ne peut être qu'une pensée de la mesure renouant du coup avec cette antique « pensée de midi » qui est l'origine même de notre civilisation :

> **Quoi que nous fassions, la démesure gardera toujours sa place dans le cœur de l'homme, à l'endroit de la**

solitude. **Nous portons tous en nous nos bagnes, nos crimes et nos ravages. Mais notre tâche n'est pas de les déchaîner à travers le monde; elle est de les combattre en nous-mêmes et dans les autres. La révolte, la séculaire volonté de ne pas subir dont parlait Barrès, aujourd'hui encore, est au principe de ce combat. Mère des formes, source de vraie vie, elle nous tient toujours debout dans le mouvement informe et furieux de l'histoire.** »

Autour de L'Homme révolté : purgatoire et postérité d'Albert Camus

L'Homme révolté fut à l'origine de l'une des plus violentes polémiques intellectuelles de l'après-guerre. L'objet en était essentiellement le jugement critique que formulait Camus sur la révolution russe et le système soviétique. A une époque où, dans un contexte de guerre froide, l'immense majorité des intellectuels français cédait à la fascination marxiste, le livre de Camus ne pouvait avoir l'effet que d'un pavé dans la mare. Sartre, et autour de lui toute l'équipe des Temps modernes, s'en prit très violemment à L'Homme révolté, et de manière plus perfide à son auteur. Avec beaucoup de mépris et de condescendance, celui-ci était présenté comme un vulgaire amateur en philosophie, un penseur court et superficiel.

Camus ne se releva jamais totalement de ces attaques et son dernier roman, La Chute (1956), en témoigne. Dans une large mesure, et alors même que sur le fond il avait indiscutablement tort, Sartre l'avait emporté sur un Camus, ravalé au rang de « philosophe pour classe terminale ».

Peut-être, le purgatoire que l'œuvre de Camus connaît encore aujourd'hui s'explique-t-il ainsi. Purgatoire doré, il est vrai. De par le monde, on étudie et on lit L'Etranger, roman à la langue si simple et au contenu si complexe. Mais Camus semble largement confiné dans ce « ghetto » scolaire où l'on ne semble l'étudier que pour mieux le méconnaître. Dans le champ de la culture contemporaine, toute référence à Camus semble introuvable.

Camus a cependant connu comme une revanche posthume sur ceux qui l'ont méprisé. Mais cette revanche est largement clandestine et invisible. Les principales idées de L'Homme révolté triomphent en effet aujourd'hui sur la scène philosophique, mais ceci sans que le nom de Camus soit jamais prononcé. Ainsi, lorsque les « nouveaux philosophes », tels Bernard-Henri Lévy, condamnent tous les messianismes modernes et partent à la recherche d'une nouvelle morale politique qui saurait préserver les droits de l'individu, très largement ils mettent leur pas dans la voie ouverte par *L'Homme révolté*. De même, lorsque Alain Finkielkraut, dans *La Défaite de la pensée*, dénonce un nihilisme moderne pour lequel « *Une paire de bottes est égale à Shakespeare* », il retrouve pratiquement les mots mêmes de Camus. Si bien que, au total, on pourrait presque affirmer que dans le champ de la morale et de la politique, la pensée la plus actuelle n'apparaît nouvelle qu'au prix de l'oubli de Camus.

──────────── REPÈRES ────────────

Albert Camus, *L'Homme révolté,* (Folio Essais) Gallimard, 1951.
Albert Camus, *Les Justes*, (Folio) Gallimard, 1950.

▶ **Révolution**

Révolution

Passé du vocabulaire astronomique au vocabulaire politique, le mot de « révolution » désigne un bouleversement historique d'envergure par lequel un ordre nouveau succède à l'ordre ancien.

Définie par cette volonté de fonder un système nouveau, l'aventure révolutionnaire débute au XVIIIe siècle aux Etats-Unis, mais plus encore en France. Là naît véritablement un idéal qui va imprimer sa marque à toute l'histoire moderne, avant de perdre aujourd'hui l'essentiel de sa force sous le coup de désillusions politiques successives.

Vocabulaire astronomique, vocabulaire politique

Le mot de « révolution » est de ceux qui ont tout gagné à changer totalement de signification. Cantonné à l'origine dans le vocabulaire de l'astronomie, il désignait le mouvement cyclique et récurrent des astres par lequel, au terme d'une longue boucle, chaque chose retrouve sa place. Ainsi que le souligne Hannah Arendt dans son *Essai sur la révolution,* envisagé dans cette perspective, le mot, dans le champ politique, ne devrait pas avoir de synonyme plus exact que « restauration ».

On sait que, bien entendu, il n'en est rien et que, tout à l'inverse, dans le vocabulaire politique comme dans la réalité historique, les termes de « restauration » et de « révolution » ont une signification exactement inverse. La restauration est retour à l'ordre ancien; la révolution, elle, est ce mouvement radical et, en principe, définitif, qui met à bas l'ordre ancien et jette les bases d'un ordre neuf par lequel l'histoire semble comme débuter à nouveau sur des fondements plus solides et plus justes.

Et c'est en cela d'ailleurs que la révolution se distingue de tous les autres désordres sanglants dont l'histoire a toujours été le théâtre : guerres, révoltes, jacqueries, coups de force de toute nature... Elle est certes à la fois violence et changement mais, comme l'explique Hannah Arendt, elle est plus que cela :

> «... la violence ne suffit pas plus à la description du phénomène révolutionnaire que le changement; ce n'est que là où le changement se produit dans le sens du nouveau commencement, là où la violence intervient en vue de la formation d'un corps politique nouveau, là où la libération vise au moins à établir la liberté, qu'on pourra parler de révolution. Et le fait est que même si l'histoire a toujours connu ceux qui, tel Alcibiade, voulaient le pouvoir pour eux-mêmes, ou ceux qui, comme Catilina, étaient *rerum novarum cupidi,* cupides de choses nouvelles, l'esprit révolutionnaire des derniers siècles, c'est-à-dire l'élan de la libération *et* de la construction d'une maison nouvelle où la liberté puisse s'établir, est sans précédent et sans équivalent dans toute histoire jusque-là. »

Le bon grain de 1789 et l'ivraie de 1793

Défini ainsi, l'esprit révolutionnaire naît au XVIIIe siècle, rendu pensable par le surgissement d'une nouvelle conception de l'homme, du droit et surtout de l'histoire. La révolution américaine et plus encore, par son retentissement, la française, en sont les premières traductions politiques.

Même lorsqu'on le considère avec le confortable recul de l'histoire, cet événement reste dans une large mesure inouï. En l'espace de quelques brèves années, le cours des choses semble s'accélérer, menant toute une nation à franchir la distance incroyable séparant la France qui, au moment de la réunion des Etats Généraux, rêve nostalgiquement d'un retour à une bonne et paternelle monarchie qui n'a jamais été, de celle qui met en place la première des républiques modernes. Tout aussi infranchissable et impensable semble la distance qui sépare la France de 1789 qui, généreuse, proclame les droits de l'homme et l'abolition des privilèges de celle qui, sanguinaire, s'enfonce en 1793 dans le cauchemar de la Terreur.

Pour rendre compte de ce glissement criminel, toutes les théories ont été échafaudées. Certaines visent à distinguer le bon grain de 1789 de l'ivraie de 1793 et à opposer ainsi une révolution libérale à une révolution totalitaire. C'est oublier cependant que, souvent, les hommes de 1793 étaient déjà ceux de 1789 et que, associant le nécessaire impératif d'égalité au légitime désir de liberté, le temps de Robespierre et de Saint-Just fut, à bien des égards, celui de l'accomplissement des idéaux de la Révolution et non celui de leur reniement. Pour cette raison, d'autres historiens préfèrent affirmer avec Clemenceau que *« la révolution est un bloc »*, que ce soit d'ailleurs pour en faire l'éloge complet ou pour la rejeter entièrement. Mais cette position inverse n'est guère plus satisfaisante, car elle tait l'hallucinante et imprévisible escalade dont ces années ont été le théâtre. Si bien qu'au total, l'événement, largement, nous échappe.

La révolution : du futur au passé

Or, la question est plus que de simple curiosité historique. La Révolution française, comme l'a si bien montré François Furet, est le lieu où se forge notre modernité politique. En ceci, elle détermine encore largement ce que nous sommes. De plus, elle a constitué un modèle dont se sont inspirés les principaux mouvements du XIXe et du XXe siècle : les révolutions de 1830, de 1848 comme celle de 1917 en constituent largement l'écho. Si bien que l'on serait presque tenté de dire avec Proudhon qu'*« il n'existe pas plusieurs révolutions, qu'il n'en est qu'une seule et unique, toujours la même, perpétuelle »*.

La question devient dès lors de savoir quelle attitude adopter devant cette perpétuelle révolution ? Dans une large mesure, le rêve du XXe siècle aura été de se mettre au service de celle-ci, de travailler à sa victoire définitive. Le marxisme devait relayer le jacobinisme et l'humanité, au terme d'un dernier choc, pénétrer dans le paradis de la société sans classes par lequel se terminerait l'histoire. Ce rêve est aujourd'hui révolu. La révolution a changé de visage. Elle nous apparaît telle que Camus la décrivait dans *L'Homme révolté* : néfaste « croisade métaphysique » qui ne met à bas l'ordre ancien que pour lui substituer un ordre plus terrible encore.

L'idée révolutionnaire est donc morte aujourd'hui en Occident. Il n'en est sans doute d'ailleurs pas de meilleur signe que les tristes et dérisoires célébrations qui ont accompagné en France le bicentenaire de 1789. Vidée de sa véritable substance, l'image même de la révolution s'y perdait dans une sorte de dédale de signes vides et grotesques, l'ensemble se ramenant à ce qui est apparemment le dernier langage collectif de notre temps : celui du clip publicitaire. Dans l'espèce de monotone Thermidor auquel nous sommes condamnés, il n'y avait peut-être pas, paradoxalement, de meilleur moyen de nous faire, par le contraste, cruellement éprouver la grandeur passée de l'idéal révolutionnaire.

Les grandes révolutions de l'Histoire

1640-1659 : première révolution d'Angleterre
Dans un royaume divisé par les querelles religieuses et nationales, le Parlement s'oppose à Charles Ier. A la faveur de la guerre civile, Cromwell, à la tête des puritains, prend le pouvoir et, le roi exécuté, s'institue lord-protecteur de la République anglaise. Cromwell mort, la monarchie est restaurée.

1688-1689 : seconde révolution d'Angleterre
Pour éviter que ne se mette en place une dynastie catholique, les Anglais font appel à Guillaume d'Orange qui met sur le trône la maison de Hanovre. A la faveur de ce changement, les Anglais obtiennent la « Déclaration des droits ».

1775-1783 : guerre d'Indépendance américaine
Les Américains obtiennent par la lutte leur indépendance de la Grande-Bretagne. La Déclaration d'indépendance du 4 juillet 1776 proclame les principes sur lesquels les Etats-Unis seront fondés.

1789-1799 : révolution française
La réunion des Etats Généraux initie un processus politique qui va aboutir à la mise en place d'une monarchie constitutionnelle (1791) puis à l'abolition de la royauté (1792). La Terreur prend fin avec la chute de Robespierre (juillet 1794). La révolution elle-même s'achève avec la prise du pouvoir par Bonaparte (novembre 1799).

1830 : révolution de Juillet et révolution belge
En France, au terme des « trois glorieuses » (27-28-29 juillet), un monarque plus libéral, Louis-Philippe, remplace Charles X. En Belgique, au terme d'une insurrection, l'indépendance est proclamée.

1848 : révolutions nationales en Europe
En France, la Seconde République est proclamée. En Autriche, en Italie, en Allemagne, se produisent des soulèvements nationaux par lesquels l'ordre hérité du Congrès de Vienne (1815), de manière éphémère, est remis en question.

1871 : la Commune de Paris
Sous l'effet de la guerre avec la Prusse, un pouvoir insurrectionnel se met en place à Paris qui sera écrasé avec une très grande violence.

1905 : première révolution en Russie
Les Russes se révoltent contre l'autocratie du tsar. Un régime constitutionnel est mis en place de manière très éphémère avant le retour à la réaction.

1917 : révolution russe
Sous l'effet de la Première Guerre mondiale et du mécontentement général, la monarchie s'écroule. Les bolcheviks (avec Lénine et Trotski) triomphent des autres opposants. En 1922 naît l'URSS.

REPÈRES

Hannah Arendt, *Essai sur la révolution*, (Tel) Gallimard, 1963.

Albert Camus, *L'Homme révolté*, (Folio Essais) Gallimard, 1951.

François Furet, *Penser la Révolution française*, (Folio Histoire) Gallimard, 1978.

Joseph de Maistre, *Considérations sur la France*, Complexe, 1796.

Saint-Just, *Discours et rapports*, Messidor-Ed. Sociales, 1792-1794.

▶ **Marxisme, Révolte.**

Science

La science est le discours qui, soumis à des règles propres qui en garantissent l'objectivité, vise à la connaissance et à la compréhension du réel par la mise en évidence de lois vérifiables.

L'histoire des rapports entre la science et la culture est celle d'un long et spectaculaire divorce qui se solde aujourd'hui par une véritable fracture dans le domaine de la connaissance. Et pourtant, quand bien même elle se distingue par une indéniable spécificité, la science participe à la culture de l'époque qui est la sienne. Loin d'être le discours sans appel et sans attache de la vérité, elle est le lieu d'un pouvoir autant que d'un savoir et à ce titre doit faire l'objet de la plus grande vigilance critique.

Science et culture

La science moderne, lorsqu'elle naît au XVIe ou au XVIIe siècle, s'émancipant de la religion à laquelle elle était subordonnée, ne se distingue pas de la culture. Elle en est partie intégrante. Le savoir n'est qu'un seul et vaste ensemble dont l'homme cultivé doit pouvoir maîtriser la totalité.

Traçant le portrait de l'individu idéal que, dans une large mesure, il est lui-même, Blaise Pascal écrit dans ses *Pensées* : « *Il faut qu'on n'en puisse dire, ni : "Il est mathématicien", ni "prédicateur", ni "éloquent", mais : "Il est honnête homme". Cette qualité universelle me plaît seule.* » Il faut n'être homme ni de science, ni de parole, ni de foi, car il faut être tout cela à la fois. A l'inverse du pédant, qui est l'homme d'un seul savoir, l'honnête homme maîtrise la totalité du connu, refusant de se laisser enfermer dans le champ d'aucune spécialité : Descartes ou Pascal sont autant philosophes que scientifiques, écrivains que physiciens.

Entre science et culture surgit, au siècle des Lumières, l'indice d'un premier fossé. Cependant, communiant dans la même foi pour le Progrès, savants et philosophes continuent à envisager leurs travaux comme participant d'une même entreprise de libération de l'homme. Voltaire, dans ses *Lettres philosophiques,* témoigne de tout l'intérêt qu'il porte à Newton et s'attache avec beaucoup de sérieux et de rigueur à rendre compte à l'attention de son public des découvertes de celui-ci. Distinctes déjà, science et culture se rêvent encore solidaires.

L'histoire ultérieure va être celle d'une séparation sans retour. Devant une science triomphante et sûre de ses réussites comme de sa légitimité, les philosophes quelquefois, les artistes presque toujours, se refusèrent à un dialogue auquel ils n'étaient d'ailleurs pas invités par les savants. Paul Valéry décrit ainsi la situation dans ses « Propos sur le Progrès » :

> « Les Romantiques, tout contemporains qu'ils étaient des Ampère et des Faraday, ignoraient aisément les sciences, ou les dédaignaient; ou ne retenaient que ce qui s'y trouve de fantastique. Leurs esprits se cherchaient un asile dans un Moyen Age qu'ils se forgeaient; fuyaient le chimiste dans l'alchimiste. Ils ne se plaisaient que dans la Légende ou dans l'Histoire, — c'est-à-dire aux antipodes de la Physique. Ils se sauvaient de l'existence organisée dans la passion et les émotions, dont ils instituèrent une culture (et même une comédie). »

Scientifiques et littéraires

La situation n'a guère changé aujourd'hui. Dès l'école, on impose aux enfants de se définir eux-mêmes comme « scientifiques » ou « littéraires », et une fois le choix effectué, il devient pratiquement impossible de bifurquer. Deux visions du monde s'affrontent ainsi, de l'école à l'entreprise, entre lesquelles la société tout entière est sommée, à chaque instant, de choisir.

Dans un texte célèbre de son *Passage du Nord-Ouest,* Michel Serres rend compte ainsi du conflit :

> « Deux cultures se juxtaposent, deux groupes, deux collectivités parlent deux familles de langues. Ceux qui furent formés aux sciences dès leur enfance ont coutume d'exclure de leur pensée, de leur vie, de leurs actions communes, ce qui peut ressembler à l'histoire et aux arts, aux œuvres de langues, aux œuvres de temps. Instruits incultes, ils sont formés à oublier les hommes, leurs rapports, leurs douleurs, la mortalité. Ceux qui furent formés aux lettres dès leur enfance sont jetés dans ce qu'on est convenu de nommer les sciences humaines, où ils perdent à jamais le monde : œuvres sans arbre ni mer, sans nuage ni terre, sauf dans les rêves ou les dictionnaires. Cultivés ignorants, ils se consacrent aux chamailles sans objet, ils n'ont jamais connu que des enjeux, des fétiches ou des marchandises. »

Faut-il se résoudre à cet immobile face-à-face entre *« instruits incultes »* — formés aux sciences et fermés aux lettres — et *« cultivés ignorants »* — formés aux lettres et fermés aux sciences ? Nous avons pris l'habitude d'une telle fracture dans le domaine du savoir et celle-ci, du coup, nous semble naturelle. La science se présente à nous comme un champ clos qui, soumis à ses propres règles, fonctionne selon une logique de rigueur inaccessible du fait de sa complexité. Bien souvent, la science passe pour le discours de la vérité, de l'objectivité, de la neutralité et de l'efficacité. Au sein de la culture, elle jouit de ce fait d'une sorte de privilège d'extra-territorialité. Au-dessus des critiques, telle autrefois la religion, elle constitue de ce fait la forme moderne du sacré — c'est-à-dire, étymologiquement, de ce qui est interdit au profane.

Or, il est nécessaire de réagir contre une telle conception de la science car celle-ci est à la fois inexacte et dangereuse.

La science fait partie de la culture

Un des principaux acquis de l'épistémologie — philosophie des sciences — moderne a été de montrer que la science appartenait, malgré tout, à la culture. Ce qui signifie qu'elle n'est pas le pur discours de la vérité mais qu'elle s'inscrit dans une réalité qui est à la fois politique, économique et sociale. Pour reprendre l'excellente formule qui constitue le titre d'un des ouvrages de Pierre Thuillier : les savoirs sont « ventriloques »; ils prétendent nous livrer le monde dans son objectivité, nous mettre directement en contact avec la matérialité de celui-ci, mais en réalité, une autre voix parle en eux, celle de l'époque, avec ses enjeux, ses doutes, ses angoisses et ses préjugés :

> «...la science fait partie de la culture. Idée banale si l'on veut; mais sans cesse méconnue. Elle signifie tout simplement que la science est une construction humaine, une institution progressivement élaborée, historiquement conditionnée et inséparable des autres institutions ou activités humaines. A des degrés divers et sous des modalités non moins diverses, les activités dites « scientifiques » sont tributaires d'une inépuisable série de facteurs philosophiques, religieux, politiques, économiques, esthétiques, etc. »

Il convient ici de ne pas se méprendre. Il ne s'agit pas du tout de nier la spécificité du discours scientifique et d'affirmer que toutes les formes de savoir ou de discours — philosophiques, religieux, politiques voire artistiques — se valent et s'équivalent. L'objectif est simplement de mettre en évidence les facteurs extra-scientifiques qui pèsent sur la science : il s'agit de montrer les ramifications souterraines et masquées qui relient une théorie scientifique à la culture d'ensemble dont elle est, au moins en partie, le produit.

L'intérêt de ce type d'approche est de nous montrer que la science est loin d'être ce discours de rigueur, d'objectivité et de méthode qu'elle prétend être. En un ouvrage iconoclaste significativement intitulé *Contre la méthode,* l'épistémologue Paul Feyerabend s'est attaché à montrer que l'anarchie et le désordre étaient les véritables facteurs du progrès scientifique : les savants ne produisent du nouveau qu'à se refuser aux règles trop étroites de la recherche. Faisant feu de tout bois, n'hésitant pas à tricher et à aller chercher son inspiration dans les domaines les plus incongrus et les plus surprenants, le génie scientifique est celui qui ose bousculer toutes les certitudes et tous les préjugés. On est ici aux antipodes de l'image traditionnelle de la démarche scientifique. Remettant en cause nos idées toutes faites, Paul Feyerabend nous amène à prendre nos distances avec les prétentions du discours scientifique. Il conclut son ouvrage en écrivant :

> « ...la science est beaucoup plus proche du mythe qu'une philosophie scientifique n'est prête à l'admettre. C'est l'une des nombreuses formes de pensée qui ont été développées par l'homme, mais pas forcément la meilleure. La science est indiscrète, bruyante, insolente ; elle n'est essentiellement supérieure qu'aux yeux de ceux qui ont opté pour une certaine idéologie, ou qui l'ont acceptée sans jamais avoir étudié ses avantages et ses limites. »

Le savoir est le pouvoir

Or la question est d'importance car elle est autant politique qu'épistémologique.

Fascinée par les prouesses de la technique et le confort sans précédent que ses bienfaits nous assurent, la société moderne manifeste souvent une foi aveugle dans le discours scientifique. On remet quelquefois en question les applications de celui-ci mais jamais on ne fait porter la critique plus en amont. A tort, nous tenons la science pour le discours sans appel de la vérité. La science — ou plutôt le scientisme qui en est la caricature — est de ce fait devenue la plus intouchable et la plus assurée des idéologies modernes.

Or, savoir et pouvoir forment un couple indissociable. Le savoir fonde le pouvoir qui, à son tour, use du savoir. Platon, dans *La République,* avait rêvé d'une société où savoir et pouvoir seraient réunis entre les mêmes mains : sous le règne des rois-philosophes, la Justice triompherait enfin car les décisions politiques appartiendraient aux plus rationnels des êtres. Mais le rêve platonicien peut se faire cauchemar : la science en effet en soi n'est obligatoirement, ni neutre, ni objective, ni désintéressée, ni positive dans ses effets : loin d'être le guide d'un pouvoir éclairé, elle peut donc devenir l'arme d'un système tyrannique.

Rappeler à sa vérité et à ses limites l'image idéale de la science que nous nous faisons constitue donc un geste politique nécessaire ainsi que ne cesse de le marquer, dans ses différents ouvrages, Jean-Marc Lévy-Lebond. A cette condition seulement pourra être évitée la dérive d'où naîtrait un pouvoir totalitaire qui fonderait son pouvoir ultime sur le prestige d'une vérité garantie par le discours scientifique.

───────── REPÈRES ─────────

Paul Feyerabend, *Contre la méthode,* (Points) Seuil, 1975.
Jean-Marc Lévy-Leblond, *L'Esprit de sel,* (Points) Seuil, 1984.
Michel Serres, *Le Passage du Nord-Ouest,* Minuit, 1980.
Alexandre Koyré, *Du monde clos à l'univers infini,* (Tel) Gallimard, 1957.

▶ Idéologie, Technique (progrès).

Structuralisme

Le structuralisme est le terme d'ensemble par lequel on désigne les « sciences du signe » qui se sont développées dans le champ de la culture française au cours des années 1950-1960.

L'impulsion première a été conférée par les travaux du linguiste Ferdinand de Saussure qui, au début du siècle, ont bouleversé l'approche traditionnelle du langage. Le structuralisme, largement, consiste en l'importation du modèle linguistique dans le champ plus large de la culture : anthropologie, psychanalyse, critique littéraire ou philosophie. Mettant ainsi l'accent sur le langage qui nous parle et nous constitue, le structuralisme est un anti-humanisme : non pas en ceci qu'il nierait entièrement et sans retour l'individu, mais parce qu'il nous amène à nous défaire de la conception classique du sujet qui jusqu'à lui largement prévalait.

Structuralisme : sciences du signe

On regroupe d'ordinaire sous le nom de « structuralisme » un ensemble large d'œuvres qui, chacune dans leur champ spécifique, ont marqué la culture française des années 1950-1960. Ces œuvres sont celles de l'ethnologue Claude Lévi-Strauss, du critique Roland Barthes, du psychanalyste Jacques Lacan, et des philosophes Louis Althusser, Michel Foucault et Jacques Derrida.

Existe-t-il pour ces travaux — et ceux qui en procèdent — un quelconque dénominateur commun? Le structuralisme est-il quelque chose de plus solide que l'un de ces apparentements commodes et factices par lesquels les historiens de la philosophie et de la culture regroupent des penseurs qui n'ont d'autre point commun que d'appartenir sensiblement à la même génération intellectuelle?

Il faut commencer par reconnaître que c'est avec beaucoup de réticence que certains des théoriciens dont les noms précèdent ont accepté quelquefois de se ranger sous la bannière du structuralisme.

Aussi imprécises qu'en soient les limites, aussi vague qu'en soit la nature, il existe cependant quelque chose qui fut nommé le structuralisme, qui domina la scène intellectuelle française après que se soit dissipée la séduction de l'existentialisme et qu'il est possible de définir, au moins de manière approximative.

Posons donc que le structuralisme se présente comme le renouvellement spectaculaire et décisif du savoir qui, à partir des années 50, se produisit dans le champ des sciences humaines et de la philosophie grâce à l'introduction dans ces domaines d'un modèle emprunté aux sciences du langage.

La définition rapide esquissée ici rejoint celle que François Wahl expose au début de son *Qu'est-ce que le structuralisme ?* Il écrit :

> « Nous dirons — et c'est la seule façon de ne pas tomber dans la confusion — que *sous le nom de structuralisme se regroupent les sciences du signe, des systèmes de signes.* »

Le modèle linguistique

C'est donc dans le champ de la linguistique que s'origine ce que l'on a quelquefois nommé la « révolution structurale ». C'est pourquoi l'on ne peut comprendre le structuralisme qu'à remonter en amont de celui-ci jusqu'au bouleversement qui, dans le champ des sciences du langage, fut initié par les travaux de Ferdinand de Saussure.

Ce bouleversement consiste d'abord dans l'abandon de la perspective historique dans laquelle s'inscrivaient les travaux linguistiques du XIXe siècle. Pour les représentants de la grammaire comparée comme pour les néo-grammairiens qui leur succédèrent, étudier la langue revenait en fait à étudier son évolution : depuis le lointain tronc commun de l'hypothétique indo-européen jusqu'aux transformations historiques plus directement attestées. La logique d'une langue n'était rien d'autre que celle de sa genèse, de son épanouissement puis de son déclin.

Dans ses *Cours de linguistique générale* professés à Genève entre 1906 et 1911, Saussure brise avec cette conception de la linguistique : il combine à l'approche diachronique de la langue une étude synchronique de celle-ci. Ce qui signifie qu'au lieu de saisir la langue uniquement dans son évolution, la linguistique se proposera désormais de cerner chaque état de la langue en considérant celui-ci comme autonome par rapport à l'état précédent. La langue est maintenant envisagée comme un système, une structure dotée d'une organisation propre que la linguistique a pour charge de mettre au jour en saisissant la nature des relations qui s'établissent entre chaque élément et l'ensemble.

L'apport de Saussure est bien entendu plus large et plus complexe que ce que laissent entendre les lignes qui précèdent. Il passe notamment par la mise au point de toute une terminologie qui va ultérieurement jouer un rôle décisif (ainsi l'opposition signifiant/signifié; langue/parole). L'essentiel cependant est bien là : dans un changement total de perspective qui amène à décrire la réalité linguistique comme un système dans lequel les éléments ne trouvent leur valeur qu'à être rapportés au système dans son ensemble.

De la linguistique aux sciences humaines

C'est de l'irruption de cette théorie du langage dans le champ des sciences humaines que va naître le structuralisme. Les artisans essentiels de celle-ci seront le linguiste Roman Jakobson et l'ethnologue Claude Lévi-Strauss. Dans *Les Structures élémentaires de la parenté*, ce dernier s'applique à rendre compte des règles matrimoniales extrêmement complexes des peuples primitifs à l'aide d'un modèle emprunté à la linguistique qui se révèle d'une très grande force explicative. L'idée est qu'il existe une logique d'ensemble — le système de parenté — dont les mariages réels, et les relations familiales observables sont comme la traduction visible, l'actualisation. Entre ce système et la réalité qu'il engendre, les relations sont du même ordre que celles que Saussure découvrait entre la langue — là encore, le système d'ensemble — et la parole — le discours qui peut être produit à partir de ce système. Comme le précisera *Anthropologie structurale,* « le système de parenté est un langage ». D'où la pertinence du recours à la linguistique pour étudier celui-ci.

Avec Lévi-Strauss, un premier pont est donc jeté entre la linguistique et le domaine des sciences humaines. Ce qui se trouve affirmé ici de décisif, c'est que dans la mesure où une réalité sociale peut être appréhendée comme une forme particulière de langage, celle-ci devient justiciable de l'application du modèle linguistique avec ses méthodes et son vocabulaire.

Dans cette brèche ainsi ouverte, tout ce qui deviendra le structuralisme va s'engouffrer.

Du côté de l'analyse littéraire, le structuralisme s'attachera à mettre en place une théorie qui rendrait compte de la multiplicité des récits. Dans son « Introduction à l'analyse structurale des récits », Roland Barthes explique que, dans le mesure où *« la linguistique s'arrête à la phrase »,* il devient nécessaire d'inventer une autre linguistique dont l'objet serait le discours :

> « ... il est évident que le discours lui-même (comme ensemble de phrases) est organisé et que par cette organisation il apparaît comme le message d'une autre langue, supérieure à la langue des linguistes : le discours a ses unités, ses règles, sa « grammaire » : au-delà de la phrase et quoique composé uniquement de phrases, le discours doit être naturellement l'objet d'une seconde linguistique. »

L'hypothèse de départ de cette nouvelle linguistique est qu'il existe une homologie entre la structure de la phrase telle que l'étudie la linguistique et la structure du discours telle qu'elle reste à étudier. De ce fait, il devient légitime d'appliquer aux récits tels que la littérature nous en propose, les outils méthodologiques de la linguistique. Dans le cas de la littérature, la démarche, on le voit, est la même que dans le cas de l'ethnologie. Le récit, au même titre que le système de parenté, devient langage pour celui qui l'analyse.

Même démarche encore si on s'intéresse maintenant à la psychanalyse de Jacques Lacan. En une formule devenue célèbre, celui-ci affirme que *« l'inconscient est structuré comme un langage »*. Par une nouvelle homologie, le modèle linguistique se trouve importé dans le champ de la psychanalyse. Au regard de l'œuvre de Freud, ce geste théorique est loin d'être illégitime et il se révélera extraordinairement fécond. Déroutante et fascinante, l'œuvre de Lacan nous amène à saisir que le langage tout entier nous constitue : nous croyons parler mais en fait c'est nous qui sommes parlés car en nous, et par le symptôme, le lapsus ou le rêve, se parle sans cesse le langage de l'inconscient. Pour ne retenir que l'une des formules nombreuses dont l'enchaînement énigmatique a fini par constituer tout le discours de Lacan, il y a moins, chez l'homme, de l'être que du « parlêtre », c'est-à-dire à la fois du parler et du paraître. Lacan l'a déclaré :

> **« Le langage est la condition de l'inconscient [...]. L'inconscient est l'implication logique du langage : pas d'inconscient en effet sans langage. »**

C'est en cela donc que la psychanalyse lacanienne peut être dite structuraliste. Affirmant la primauté du langage sur le sujet, elle cherche à analyser la logique de ce langage qu'elle s'est donné comme objet.

Dans le domaine de la philosophie, enfin — et pour ne retenir que le seul exemple de Michel Foucault —, le geste est sinon identique du moins en partie parallèle. Il consiste à découvrir derrière les discours d'une époque la « grammaire » du savoir qui en rend possible la formulation. Telle est l'entreprise de son ouvrage, *Les Mots et les choses* que, dans sa préface, Foucault présente ainsi :

> « ...c'est une étude qui s'efforce de retrouver à partir de quoi connaissances et théories ont été possibles; selon quel espace d'ordre s'est constitué le savoir; sur fond de quel *a priori* historique et dans l'élément de quelle positivité des idées ont pu apparaître, des sciences se constituer, des expériences se réfléchir dans des philosophies, des rationalités se former, pour, peut-être, se dénouer et s'évanouir bientôt... »

Il y aurait quelque abus à rabattre le projet de Foucault sur les éléments de définition du structuralisme qui ont été jusqu'ici introduits. Foucault, dans *L'Archéologie du savoir*, s'est explicitement opposé à ce type d'amalgame et il faut reconnaître avec lui qu'en aucun texte il n'utilise les outils de la linguistique et qu'à aucun moment il ne prononce le mot de « structure ». Cependant, on voit bien pourquoi le nom de Foucault est constamment associé à ceux des structuralistes. Pour lui comme pour eux, il s'agit de rendre compte de la multiplicité des discours en découvrant une sorte de socle ou de modèle qui, au-delà de la diversité des apparences, leur soit commun.

En ceci, le structuralisme se présente bien comme un discours sur le signe : il est la tentative de notre temps pour mettre à jour la régularité d'un ordre, la trame d'un langage derrière la foisonnante multiplicité des discours échangés.

Un anti-humanisme ?

Si le structuralisme n'avait été que révolution méthodologique, si son seul apport avait été sa contribution à l'intelligence des structures parentales primitives qu'analyse Lévi-Strauss ou à celle des savoirs révolus qu'étudie Foucault, on comprendrait mal le très large prestige intellectuel qui, dans les années 60, a été le sien. Au-delà d'eux-mêmes et peut-être à rebours d'eux-mêmes, ces travaux théoriques d'une très grande difficulté ont diffusé comme une idéologie ou du moins une vision du monde.

On ramène d'ordinaire celle-ci — et souvent de manière polémique — à cette image de la « mort de l'Homme » qui, de manière superbe et énigmatique, habite les dernières lignes de *Les Mots et les choses*. On lit en effet à la dernière page de ce livre :

> « L'homme est une invention dont l'archéologie de notre pensée montre aisément la date récente. Et peut-être la fin prochaine.
>
> Si ces dispositions venaient à disparaître comme elles sont apparues, si par quelque événement dont nous pouvons tout au plus pressentir la possibilité, mais dont nous ne connaissons pour l'instant encore ni la forme ni la promesse, elles basculaient, comme le fit au tournant du XVIIIe siècle le sol de la pensée classique, — alors on peut bien parier que l'homme s'effacerait, comme à la limite de la mer un visage de sable. »

Au-delà de ce texte de conclusion à la signification très complexe, en quoi le structuralisme serait-il un anti-humanisme ? En ceci qu'il congédierait définitivement la vision naïve et inexacte d'un sujet autonome, transparent à lui-même sur laquelle l'essentiel de la tradition occidentale est fondée. Ce que nous découvrirait le structuralisme ne serait rien d'autre que le poids insoupçonné sur nous des systèmes qui s'imposent aux individus sans même que ceux-ci en aient conscience. Pour reprendre la célèbre formule lacanienne déjà citée, nous croyons parler — nous croyons tenir un discours dont nous détenons nous-mêmes le sens — mais en réalité, quelque chose parle en nous et par notre voix qui peut être le langage de l'inconscient, l'ordre du discours ou celui du système social auquel nous appartenons. Tout est langage et, aux règles de ce langage qui nous précède et nous enserre dans le filet qu'il constitue, nous sommes soumis sans possibilité de nous enfuir. Envisagé dans cette perspective, le structuralisme se présenterait donc comme une sorte de rigide et impitoyable déterminisme qui viderait de toute substance les notions de liberté et d'individu.

Telle est en tout cas l'interprétation du structuralisme qui souvent prévaut. Elle est au cœur, par exemple, du pamphlet de Luc Ferry et Alain Renaut intitulé *La pensée 68*. Pour eux, la cause est entendue :

> « ... la philosophie française des années 68, elle, a résolument choisi le parti de l'anti-humanisme.
>
> De la proclamation foucaldienne de "la mort de l'homme" telle qu'elle intervient pour clore *Les Mots et les choses*, à l'affirmation lacanienne du caractère radicalement anti-humaniste de la psychanalyse après "la découverte de Freud" selon laquelle "le centre véritable de l'être humain n'est désormais plus au même endroit que lui assignait toute une tradition humaniste", c'est la même conviction qui s'affirme : l'autonomie du sujet est une illusion... »

Alors, le structuralisme est-il un anti-humanisme ? La question est des plus complexes. A la thèse de ses adversaires, on pourra cependant opposer quelques objections.

D'abord, il y a quelque mauvaise foi à amalgamer le refus de l'humanisme avec l'affirmation que l'autonomie du sujet est une entière illusion. On peut tout à fait affirmer qu'une certaine conception de l'individu disparaît ou parler de « décentrement du sujet » sans pour autant sombrer dans une sorte de déterminisme ou de nihilisme : il s'agit simplement de promouvoir une vision nouvelle et moins confortable de ce que nous sommes. Ensuite, à définir le structuralisme comme négation entière de la liberté et de l'individu, on aurait du mal à expliquer ce double paradoxe : comment les théoriciens du structuralisme auraient-ils réussi eux-mêmes à échapper au poids des structures qui pèsent sur eux pour en énoncer la logique ? Pourquoi le structuralisme a-t-il débouché, et ceci aussi bien chez Foucault que chez les post-structuralistes comme Kristeva, sur une véritable volonté d'engagement souvent révolutionnaire ?

On peut bien entendu résoudre le paradoxe en arguant d'une contradiction interne au structuralisme ou d'un reniement de leurs propres thèses par ses théoriciens. La démonstration n'est cependant qu'à moitié satisfaisante. La vérité est sans doute ailleurs. Si le structuralisme est bien description d'une langue qui nous donne les mots mêmes avec lesquels nous parlons notre vie, il pose aussi pour l'individu la possibilité d'une forme d'accomplissement.

Lacan l'a dit de manière superbe. Certes, toute notre vie, nous sommes pris dans les rets du langage :

> « Les symboles enveloppent en effet la vie de l'homme d'un réseau si total qu'ils conjoignent avant qu'il vienne au monde ceux qui vont l'engendrer "par l'os et par la chair", qu'ils apportent à sa naissance avec les dons des astres, sinon avec les dons des fées, le dessin de sa destinée, qu'ils donnent les mots qui le feront fidèle ou renégat, la loi des actes qui le suivront jusque-là même où il n'est pas encore et au-delà de sa mort même, et que par eux sa fin trouve son sens dans le jugement dernier où le verbe absout son être ou le condamne... »

Mais, poursuit Lacan, dans cette servitude ne s'anéantit pas cependant le vivant car le désir préserve sa part « dans les interférences et les battements que font converger sur lui les cycles du langage ». Et faire advenir ce désir — et avec lui le sujet — est justement l'objectif difficile mais non interdit de la psychanalyse et, au-delà, de toute expérience humaine.

---------- REPÈRES ----------

Roland Barthes, « L'activité structuraliste », *Essais critiques*, (Points) Seuil, 1964.

« Introduction à l'analyse structurale du récit », *L'analyse structurale du récit*, (Points) Seuil, 1966.

Michel Foucault, *L'Archéologie du savoir*, Gallimard, 1969.

Claude Lévi-Strauss, *Anthropologie structurale*, (Agora), 1958.

Ferdinand de Saussure, *Cours de linguistique générale*, Payot, 1916.

François Wahl, *Qu'est-ce que le structuralisme? 5. Philosophie*, (Points) Seuil, 1973.

Surréalisme

Le surréalisme est un mouvement artistique et littéraire qui s'est développé essentiellement entre les deux guerres.

Plus que cela, il a voulu être à l'origine d'une véritable crise de civilisation : « évangile du désordre », il a exprimé, au lendemain de la Grande Guerre, la révolte de toute une génération contre le carcan social; « expérience intérieure », il a débouché sur la plus fascinante des explorations poétiques de l'esprit humain; mouvement révolutionnaire, il a pris parti dans les grands conflits historiques de notre siècle.

Deux définitions

Les définitions du surréalisme sont nombreuses qui ont été l'œuvre de poètes, de critiques, d'historiens de la littérature. Parmi celles-ci, on en retiendra deux qui furent composées par André Breton, l'âme véritable du mouvement et le plus significatif de ses représentants. Elles figurent dans les deux *Manifestes* dont il fut l'auteur et qui, plus que de simples textes théoriques, prennent place parmi les grands ouvrages de la littérature française du XXe siècle.

Parodiant les sèches notices des dictionnaires, Breton dans le *Manifeste du surréalisme* (1924), après s'être autorisé de références à Apollinaire et à Nerval, introduit « une fois pour toutes » la définition du surréalisme :

**«SURREALISME, n.m. Automatisme psychique pur par lequel on se propose d'exprimer, soit verbalement, soit par écrit, soit de toute autre manière, le fonctionnement réel de la pensée. Dictée de la pensée, en l'absence de tout contrôle exercé par la raison, en dehors de toute préoccupation esthétique ou morale.
ENCYCL.** *Philos.* **Le surréalisme repose sur la**

> croyance à la réalité supérieure de certaines forme d'associations négligées jusqu'à lui, à la toute-puissance du rêve, au jeu désintéressé de la pensée. Il tend à ruiner définitivement tous les autres mécanismes psychiques et à se substituer à eux dans la résolution des principaux problèmes de la vie. Ont fait acte de SURRÉALISME ABSOLU MM. Aragon, Baron, Boiffard, Breton, Carrive, Crevel, Delteil, Desnos, Eluard, Gérard, Limbour, Malkine, Morise, Naville, Noll, Péret, Picon, Soupault, Vitrac. »

En un *Second Manifeste du surréalisme* qui, à cinq ans d'intervalle, fait écho au premier, Breton propose une nouvelle définition du surréalisme :

> « Tout porte à croire qu'il existe un certain point de l'esprit d'où la vie et la mort, le réel et l'imaginaire, le passé et le futur, le communicable et l'incommunicable, le haut et le bas cessent d'être perçus contradictoirement. Or, c'est en vain qu'on chercherait à l'activité surréaliste un autre mobile que l'espoir de détermination de ce point. »

Les deux définitions qui précèdent sont certes loin de se superposer exactement. Elles présentent comme deux formulations distinctes de l'entreprise surréaliste. Cependant, dans un cas comme dans l'autre, on voit que le surréalisme est défini comme tout sauf un mouvement esthétique et littéraire — ce qui peut, à juste titre, surprendre dans la mesure où c'est à ce titre qu'il figure aujourd'hui dans l'histoire de la culture occidentale.

L'ambition du surréalisme, telle qu'elle s'exprime dans la bouche de Breton, est plus haute et moins spécifique. Elle se présente comme philosophique et morale plus qu'artistique. Il s'agit — par le biais d'un certain nombre de techniques — d'atteindre au *« fonctionnement réel de la pensée »*, de parvenir à ce *« point suprême »* où s'abolissent toutes les contradictions. L'objectif ultime est de permettre à l'homme, divisé à l'intérieur de lui-même par les cloisons et les limites qui lui sont imposées, de se réapproprier sa propre pensée, dans toute sa profondeur et toute sa richesse. A terme, le surréalisme ne vise donc à rien de moins qu'à un homme enfin réunifié avec lui-même.

« Evangile du désordre »

Tel est donc le programme que le surréalisme, par la voix de son principal représentant, s'impose à lui-même. Cependant, on ne saisirait rien à ce qu'a véritablement été le surréalisme si on s'en tenait à des déclarations de principe si générales. La compréhension du surréalisme est au prix d'un examen de son histoire et des œuvres dans lesquelles celle-ci se donne à lire.

Le surréalisme, « évangile du désordre », l'expression est d'Albert Camus dans *L'Homme révolté*. Elle permet de saisir la force de refus qui est à l'origine du mouvement et qui ne s'explique que par les circonstances historiques dans lesquelles, au tout début des années 1920, naît le surréalisme.

A un titre ou à un autre, les principaux acteurs du surréalisme peuvent être tenus comme les enfants de la Première Guerre mondiale : ils ont été les témoins du plus absurde des grands massacres de l'histoire. Reprenant contact au sortir de la guerre avec un monde sur lequel ils ne peuvent porter qu'un jugement sévère et désabusé, ils vont s'engager dans la voie d'une révolte absolue.

Sur cette voie, Breton, Aragon, Soupault avaient été précédés par Dada, mouvement fondé en 1916 à Zurich par Tristan Tzara et dont l'ambition se réduisait à une destruction systématique et désinvolte de toutes les valeurs, à un nihilisme aussi bien esthétique que politique et moral. Il s'agissait de nier tous les principes par la plus violente des dérisions. Le surréalisme ne naît pas, comme on l'affirme quelquefois, de Dada : l'année précédant l'arrivée de Tzara à Paris (1920), Breton, Aragon et Soupault — rapidement rejoints par Eluard — avaient fondé la revue *Littérature* et étaient déjà parus *Les Champs magnétiques,* œuvre poétique essentielle du surréalisme. Cependant, dans la genèse du mouvement, Dada joue bien un rôle considérable dans la mesure où jusqu'en 1922 au moins, c'est dans la proximité avec la fièvre iconoclaste de Dada — aussi bien d'ailleurs qu'en réaction contre elle — que va se développer l'esprit surréaliste.

La révolte absolue des surréalistes ne se contente pas de la seule soif de destruction qui animait Dada. Cependant, et tout spécialement au début des années 20, elle se marque d'abord par une violence intellectuelle et verbale qui confine parfois au nihilisme ou à la provocation gratuite. Les textes — comme le superbe et inégalé *Traité du Style* de Louis Aragon en 1928 — sont animés d'une verve qui ne laisse rien intact des figures solennelles de la pensée et de la société. Les surréalistes, pour faire bouger un monde littéraire enlisé dans ses conventions et ses habitudes, se font une spécialité de l'agitation et du scandale, traînant dans la boue au lendemain de sa mort le très officiel romancier Anatole France, ou encore, semant la panique au cours du banquet organisé en l'honneur du poète Saint-Pol-Roux.

L'aventure intérieure

L'opinion publique et le monde littéraire ne retiennent à l'époque du surréalisme que cette image scandaleuse. Cependant, l'essentiel est bien entendu ailleurs – quoique aucune frontière véritable ne soit à tracer par ici entre la vie et les œuvres. L'essentiel réside dans l'aventure intérieure dans laquelle se sont engagés tous les surréalistes et qui, comme on l'a signalé plus haut, n'a nulle autre ambition que l'exploration des profondeurs véritables de l'esprit.

Cette exploration n'est possible, affirme les surréalistes, que pour celui qui court le risque de sortir des sentiers battus de la rationalité. Il s'agit de se soustraire aux contraintes que font peser sur nous les règles de la morale, de la logique et du goût. A cette fin, les surréalistes ont recours à toute une série de techniques permettant de tourner les censures qui s'exercent sur notre esprit. L'écriture automatique, principalement, qui oblige la main à écrire sous la dictée directe de l'inconscient, sans souci de l'absurdité apparente du texte ainsi produit. Mais aussi les récits de rêves, les sommeils hypnotiques ou encore les jeux — comme le célèbre «cadavres exquis». Quel que soit le moyen utilisé, l'objectif est le même qui consiste à laisser surgir et s'inscrire dans le texte ou dans la vie les espaces profonds de notre esprit, ceux de l'inconscient, de l'irrationnel. D'où cet absurde et cet hétéroclite qui signalent une œuvre surréaliste et qui se marquent bien par exemple dans cette image empruntée à l'œuvre de Breton : «*La rosée à tête de chatte*», ou encore dans le célèbre : «*La terre est bleue comme une orange*» de Paul Eluard.

Plongée volontaire et risquée dans les profondeurs de l'esprit, le surréalisme ne resta pas indifférent à l'entreprise parallèle que, sous le nom de psychanalyse, était en train de mener Sigmund Freud. Breton vint rendre visite au docteur viennois dès 1921 et quel qu'ait pu être le caractère décevant de cette rencontre, il ne manqua jamais de témoigner à Freud la plus grande admiration. Les malentendus, certes, étaient nombreux et considérables : les surréalistes visaient à exalter les désordres de l'esprit alors que la psychanalyse s'attachait à réduire ceux-ci. Il n'est pas exagéré, cependant, d'affirmer que c'est le surréalisme qui contribua à la diffusion, en France, des éléments essentiels de la doctrine freudienne. A cet égard est particulièrement significative l'appartenance au groupe surréaliste du psychanaliste Jacques Lacan que l'on considère, en France au moins, comme le plus important des continuateurs de l'œuvre de Freud.

La Révolution surréaliste

L'aventure intérieure, cependant, n'est que l'un des versants de l'entreprise surréaliste. Celle-ci se double d'une volonté d'agir sur le monde extérieur pour parvenir à la transformation de celui-ci. L'homme réunifié que s'est donné comme fin le surréalisme ne sera possible qu'au prix d'une véritable révolution. En ce sens, aventure intérieure et révolution politique, morale et sociale définissent conjointement le surréalisme. Comme l'a marqué en une formule célèbre André Breton, il s'agissait de ne faire plus qu'un mot d'ordre de la volonté de Marx de « transformer le monde » et de celle de Rimbaud de « changer la vie ».

Forts de cette conviction et soucieux de ne pas s'enfermer, comme Dada, dans le cercle stérile d'une révolte vaine, les surréalistes se rapprochèrent de la seule force politique qui, dans les années 20, pouvait passer pour authentiquement révolutionnaire : le Parti communiste, auquel en 1927, adhérèrent simultanément Aragon, Breton, Eluard, Péret et Unik.

Les relations entre le surréalisme et le communisme étaient cependant lourdes d'autant de malentendus que celles entre le surréalisme et la psychanalyse. Il n'était en aucun cas question, pour Breton par exemple, de se plier totalement aux directives du Parti et de renoncer de ce fait à toute autonomie et à toute liberté pour l'artiste. De plus l'adhésion pouvait difficilement être entière à un Parti dont l'histoire montrait de plus en plus clairement de quelle puissance totalitaire il était l'allié.

Difficile, la question de l'engagement politique et des relations avec le P.C. fut l'une des principales lignes de fracture du surréalisme, l'un des lieux principaux de son éclatement. Certains, comme Artaud et Soupault, refusèrent d'entrée l'orientation militante du surréalisme et furent de ce fait exclus du mouvement. D'autres, comme Breton, ne prirent que plus tardivement leur distance avec le P.C. : lucide sur l'évolution du stalinisme et indigné par les procès de Moscou, l'auteur de *Nadja* se rapprocha de Trotski, puis rompit totalement avec le communisme. D'autres, enfin, au prix quelquefois d'un oubli de ce qu'avaient été leurs positions de départ, se rallièrent entièrement et définitivement au communisme. C'est le cas tout particulièrement de Louis Aragon qui, alors qu'il dénonçait en 1924 « Moscou la gâteuse » devint en quelque sorte l'écrivain officiel et orthodoxe du P.C.F. et ceci jusqu'à la fin de ses jours.

Quelles qu'aient été les options politiques des principales figures du mouvement, on peut affirmer que l'engagement resta l'un des horizons essentiels du surréalisme. En témoigne notamment — quoique de manière là encore souvent curieuse — la participation de nombreux surréalistes à la Résistance sous l'Occupation et la mobilisation — souvent poétiquement discutable autant que politiquement irréprochable — d'un Aragon ou d'un Eluard. En cela, le surréalisme s'est voulu fidèle jusqu'au bout à sa volonté d'agir pour libérer l'homme de toutes ses chaînes.

« ... Le paysage de l'adolescence ne s'est pas ensablé dans l'âge mûr... »

Dès la fin de la Seconde Guerre mondiale, historiens de la littérature et critiques se sont empressés de dresser le constat de décès du surréalisme. Force est de constater que les œuvres essentielles du surréalisme sont à chercher surtout dans les premières années de son existence, à l'époque où il était encore plein de tous ses possibles et riche de toute sa nouveauté et de son audace. Il sera difficile de trouver dans les textes plus tardif une force équivalente à celle qui, inouïe, éclate dans *Le Paysan de Paris* d'Aragon ou le *Manifeste du surréalisme* de Breton.

C'est peut-être de sa victoire même qu'est mort le surréalisme — si tant est que puisse véritablement mourir ce que Breton définissait comme une des dimensions éternelles de l'esprit humain. Diffusées, acceptées, parodiées, imitées, les découvertes du surréalisme ont perdu chez les épigones du mouvement le caractère de nouveauté qui faisait la force des tout premiers textes. Le surréalisme s'est figé souvent en une nouvelle préciosité, un académisme de l'anticonformisme dont le naufrage personnel et artistique de Dali renvoie de la manière la plus sûre l'image.

L'acquis cependant est énorme, et inentamables la séduction et la fascination que peuvent exercer aujourd'hui encore les témoignages les plus nobles de l'aventure surréaliste. Nul n'était plus qualifié qu'André Breton, au terme presque de son irréprochable trajectoire, pour dresser le bilan de sa propre entreprise et de celle du surréalisme :

> « ... j'ai le sentiment de ne pas avoir déchu des aspirations de ma jeunesse et c'est déjà beaucoup, à mes yeux. Ma vie aura été vouée à ce que je tenais pour beau et pour juste. Tout compte fait, j'ai vécu jusqu'à ce jour comme j'avais rêvé de vivre [...]. Et la partie a bien été gagnée dans une large mesure. Je ne veux y mettre aucune vanité mais il est assez généralement reconnu aujourd'hui que le surréalisme a contribué pour une grande part à modeler la sensibilité moderne. En outre, il a réussi, sinon tout à fait à imposer, du moins à faire prendre en considération son échelle de valeurs. Si l'on se reporte à un titre de revue comme *La Révolution surréaliste* qui pouvait passer à l'époque pour hyperbolique, il n'est pas excessif de soutenir qu'une telle révolution s'est accomplie dans les esprits. »

Et, dans cette certitude d'une totale fidélité à soi-même, il y a, continue Breton, quelque chose qui n'usurpe pas le nom de bonheur :

> « ... il y a quelque chose de véritablement heureux à s'assurer que le paysage de l'adolescence ne s'est pas ensablé dans l'âge mûr, que les mêmes étendues imprescriptibles se découvrent chaque fois que le vent ramène les accents des poètes et de quelques autres, qui ont été les grandes sources d'exaltation, autrefois. »

──────────────── REPÈRES ────────────────

Louis Aragon, *Traité du style,* (L'Imaginaire), Gallimard, 1928.
André Breton, *Manifeste du surréalisme,* (Idées), Gallimard, 1929.
  Entretiens : 1913-1952 (Idées), Gallimard, 1952.
Henri Béhar et Michel Carassou, *Le Surréalisme, textes et débats,* Le Livre de Poche, 1984.
Alain Lewi, *Le Surréalisme,* (Littérature vivante) Pierre Bordas et fils, 1990.

▶ **Avant-garde, Engagement.**

Technique (progrès)

La technique est l'ensemble des procédés qui, fondés sur la connaissance scientifique, permettent à l'homme d'agir sur la nature.

Elle doit nous rendre, selon le mot célèbre de Descartes, « maîtres et possesseurs de la nature ». Tel est le rêve prométhéen qui définit largement la civilisation occidentale et a façonné le monde dans lequel nous vivons. Non sans poser toutefois un nombre croissant de problèmes que seule la soumission de la technique à l'éthique permettra de véritablement résoudre.

Maîtres et possesseurs de la nature

En un passage célèbre de son *Discours de la méthode*, Descartes, plaidant pour lui-même et pour son ouvrage, affirme qu'il est une science qui, loin de nous éloigner du monde, nous permet de saisir celui-ci, d'agir sur lui et de nous rendre, selon une formule célèbre, « *maîtres et possesseurs de la nature* ». Il écrit à la sixième partie de son ouvrage :

> « ... sitôt que j'ai eu acquis quelques notions générales touchant la physique, et que, commençant à les éprouver en diverses difficultés particulières, j'ai remarqué jusques où elles peuvent conduire et combien elles diffèrent des principes dont on s'est servi jusqu'à présent, j'ai cru que je ne pouvais les tenir cachées sans pécher grandement contre la loi qui nous oblige à procurer autant qu'il est en nous le bien général de tous les hommes. Car elles m'ont fait voir qu'il est possible de parvenir à des connaissances qui soient fort utiles à la vie; et qu'au lieu de cette philosophie spéculative qu'on enseigne dans les écoles, on en peut trouver une pratique, par laquelle, connaissant la force et les actions du feu, de l'eau, de l'air, des astres, des cieux et de tous les autres corps qui nous environnent, aussi distinctement

que nous connaissons les divers métiers de nos artisans, nous les pourrions employer en même façon à tous les usages auxquels ils sont propres, et ainsi nous rendre comme maîtres et possesseurs de la nature. »

Ainsi que le faisait remarquer Etienne Gilson dans son commentaire de 1925 du *Discours de la méthode* :

« Notre époque, marquée par le triomphe de l'ingénieur, serait chère au cœur de Descartes et rien ne l'y passionnerait davantage que le nombre sans cesse accru des « automates » dont les hommes se servent aujourd'hui. »

Avec ce texte de Descartes — qui traduit la conviction de bien d'autres théoriciens de son temps —, le ton, en effet, est donné. La science, loin de s'enfermer en elle-même en des spéculations toujours plus éloignées du réel, doit participer à la lutte de l'homme pour l'amélioration de son bien-être et la maîtrise de son environnement. Le progrès scientifique doit aller de pair avec le progrès technique.

Tel est le projet prométhéen qui largement définit la civilisation occidentale. Il s'agit de voler le feu de la connaissance pour alimenter à sa flamme les fourneaux de l'industrie.

La révolution industrielle et technique du XIXe siècle donnera un commencement de réalité à ce qui, du temps de Descartes, ne pouvait être encore qu'un rêve ou un projet. Avec le développement des connaissances, du savoir-faire et des structures économiques, la perspective semble désormais ouverte d'une humanité avançant sans fin sur la voie du progrès des techniques et de l'amélioration corrélative des conditions de vie.

Telle est, par exemple, au tout début du XIXe siècle, la conviction du comte de Saint-Simon dont la pensée traduit de manière significative le scientisme et l'optimisme de son temps. Scientifiques et industriels doivent marcher la main dans la main, car c'est à eux qu'appartient l'avenir radieux de l'humanité. A condition que soient mises en place les structures sociales justes et appropriées, l'homme, par la technique, pourra dominer la nature :

> « Jusqu'à présent, les hommes n'ont exercé, pour ainsi dire, sur la nature que des efforts purement individuels et isolés... Il est certain, néanmoins, que, malgré cette énorme perte de forces, l'espèce humaine est parvenue, dans les pays les plus civilisés, à un degré assez remarquable d'aisance et de prospérité. Qu'on juge, d'après cela, à quel point elle atteindrait s'il n'y avait presque aucune force perdue, si les hommes, cessant de se commander les uns aux autres, s'organisaient pour exercer sur la nature des efforts combinés, et si les nations suivaient entre elles le même système. »

Le grand espoir du XXe siècle

L'évolution moderne n'a fait que confirmer les espoirs que le XIXe siècle avait placés dans le progrès technique. Tout individu vivant aujourd'hui dans un pays développé peut, par sa seule mémoire, mesurer les bouleversements considérables qui ont été apportés au monde dans lequel il vit et à son existence la plus quotidienne. Rappelons, pour nous contenter de quelques évidences, qu'un homme né avec le siècle a vu l'invention de la télévision et de l'ordinateur, de l'avion et de la fusée. Comme l'écrit Louis Aragon :

> « Nos yeux furent premiers à voir
> Les nuages plus bas que nous »

Pour reprendre une expression de l'économiste Jean Fourastié, le progrès technique a bien été *« le grand espoir du XXe siècle »*. Par les gains de productivité à l'origine desquels il a été, il a permis le développement global de la production et une redistribution massive des activités et des emplois des secteurs primaire et secondaire au secteur tertiaire. En travaillant de moins en moins, on réussit à produire de plus en plus, à satisfaire ainsi de nouveaux besoins et à dégager du temps libre pour d'autres activités.

Les désillusions du progrès

La médaille, bien sûr, a son revers qu'il ne conviendrait pas de taire. Très tôt, philosophes et écrivains ont dénoncé une société technique qui, arrachant l'homme à ses racines, détruisant le monde dans lequel il vit, le soumettant à un rythme pour lequel il n'est pas fait, lui créant des besoins artificiels, le privait en fait de toute identité, l'aliénait.

Ainsi Henri Bergson, dans *Les Deux sources de la morale et de la religion,* pouvait-il écrire :

> **« Sans contester les services qu'il (le machinisme) a rendus aux hommes en développant largement les moyens de satisfaire des besoins réels, nous lui reprocherons d'en avoir trop encouragé d'artificiels, d'avoir poussé au luxe, d'avoir favorisé les villes au détriment des campagnes, enfin d'avoir élargi la distance et transformé les rapports entre le patron et l'ouvrier, entre le capital et le travail. Tous ces effets pourraient d'ailleurs se corriger; la machine ne serait plus alors que la grande bienfaitrice. Il faudrait que l'humanité entreprît de simplifier son existence avec autant de frénésie qu'elle en mit à la compliquer. L'initiative ne peut venir que d'elle, car c'est elle, et non pas la prétendue force des choses, encore moins une fatalité inhérente à la machine, qui a lancé sur une certaine piste l'esprit d'invention. »**

La leçon, en somme, est la même que celle qu'énonçait, après bien d'autres, Rabelais : *« Science sans conscience n'est que ruine de l'âme. »*

Et pourtant, les enjeux ont changé du tout au tout. Et ceci à tel point que même la thèse de Bergson, aussi moralement juste qu'elle puisse être, ne peut manquer de nous sembler aujourd'hui, sur bien des points, un peu désuète. La question n'est plus en effet, aujourd'hui, seulement celle du déracinement ou des conditions de travail. La science et la technique ont donné à l'homme un tel pouvoir que toutes les dérives et toutes les catastrophes sont désormais possibles. Se nourrissant en effet de lui-même, le progrès technique, suivant en cela la pente de sa propre logique, étend chaque jour le champ du possible sans soulever jamais la question du souhaitable et encore moins celle du juste. Dans certains domaines, la technique, enivrée de ses propres possibilités et laissée à elle-même, ne semble plus se donner d'autres limites que celles, provisoires et toujours repoussées, de sa propre capacité à créer du nouveau.

Mais tout ce qui est techniquement possible est-il éthiquement fondé ? A voir les techniques nouvelles de contrôle social que rend possible le développement de l'informatique, à découvrir l'impensable remise en question de l'identité humaine et de la structure familiale que permettent les techniques dérivées des sciences du vivant, on peut en douter. Dans de telles conditions, il devient urgent de cerner les limites indispensables à assigner au rêve prométhéen. Au « *Science sans conscience n'est que ruine de l'âme* » de Rabelais, notre époque semble n'avoir pas d'autre alternative que de conjuguer cette seconde et nouvelle maxime : « *Technique sans éthique n'est que ruine de l'homme.* »

Bio-éthique

La bio-éthique — ou éthique médicale — est sans doute le champ dans lequel se posent les problèmes les plus spectaculaires. Grâce au progrès technique, ce qui relevait hier de la plus délirante des sciences-fictions est aujourd'hui du domaine de la science la plus quotidienne.

Certaines manipulations génétiques sont désormais possibles qui, si elles permettront peut-être de guérir des maladies jusqu'alors incurables, entraînent l'espèce humaine sur la voie périlleuse d'une redéfinition possible d'elle-même.

La procréation médicalement assistée bouleverse de son côté toutes les règles en matière de reproduction de l'espèce humaine. Insémination artificielle, don de sperme, banque d'embryons congelés, mères porteuses, bébés-éprouvettes, insémination post-mortem : autant de techniques qui sont justifiées en ceci qu'elles ont pour vocation de mettre fin à la stérilité d'un couple, mais qui soulèvent autant de questions qu'elles résolvent de problèmes. Toutes les combinaisons parentales deviennent possibles, qui priveront un enfant de parents ou au contraire lui donneront deux mères et deux pères : la structure familiale se décompose et se recompose, obligeant peut-être les générations futures à inventer un autre socle pour leur propre identité. Que deviendra dans ces nouvelles conditions l'universel complexe d'Œdipe ? Et à être ainsi saisi par la technique, stocké, échangé, manipulé, l'embryon ne risque-t-il pas d'être assimilé à un « pur produit » diffusé sur le plus nouveau, mais aussi le plus inquiétant des marchés ?

Joël de Rosnay, dans un article de *L'Expansion* du 21 septembre 1984, relate un cas célèbre qui en dit plus que bien des démonstrations :

> « Un couple d'Américains stérile s'est rendu en 1981 en Australie pour tenter d'avoir un enfant. Les médecins ont prélevé trois ovules, qui ont été fécondés. Un premier œuf, réimplanté, a conduit à une fausse couche. Après avoir fait congeler les deux autres œufs, le couple rentre aux Etats-Unis et trouve la mort en 1983 dans un accident d'avion, laissant une fortune de 7 millions de dollars. Que faire des embryons ? Un tribunal australien vient de se prononcer pour leur destruction, sous réserve d'un avis contraire de l'opinion publique. Déjà les médecins australiens ont reçu de nombreuses demandes de femmes désirant se faire implanter ces embryons, susceptibles de conduire à des enfants riches dès leur naissance. Cependant, le sperme n'étant pas du mari mais d'un donneur volontaire, quels seront les droits des héritiers ? »

Congelés, les embryons peuvent, paraît-il, se conserver pour l'éternité. Voilà donc des êtres qui sans être nés sont appelés à ne jamais mourir. La théologie avait inventé pour les enfants morts avant le baptême un espace à part, à l'intérieur des enfers : les limbes. Ce sont des limbes cryogènes que, pour sa part, la technique moderne a mises en place : plus inquiétantes encore et tout aussi injustes pour ceux qui s'y trouvent confinés *ad vitam aeternam*.

REPÈRES

Jean Fourastié, *Le Grand espoir du XXᵉ siècle*, (Idées) Gallimard, 1963.

Alfred Sauvy, *La Machine et le chômage*, (Pluriel) Hachette, 1980.

 Science.

Tiers monde

Le tiers monde est l'ensemble des pays qui, n'appartenant ni au bloc occidental ni au bloc soviétique, composent pour l'essentiel cette partie de la planète qui est exploitée comme l'était le tiers état sous l'Ancien Régime.

A rebours de tous les espoirs qui étaient placés en lui, le tiers monde semble incapable aujourd'hui de jouer sur la scène internationale un rôle à la mesure de son importance démographique et humaine. Il s'enlise le plus souvent dans un sous-développement dramatique que la crise économique n'a fait que rendre plus intolérable. Du fait de sa diversité, il est incapable de se constituer en force politique autonome face aux pays riches.

Tiers état, tiers monde

L'expression de « tiers monde » a été forgée sur celle de « tiers état » par l'économiste français Alfred Sauvy. Qu'était le tiers état ?

A la veille de la Révolution française, ceux qui, n'appartenant ni à la noblesse ni au clergé, n'étaient rien, aspiraient, selon le mot célèbre de Sieyès, à devenir quelque chose. Le tiers état constituait l'essentiel de la population mais un ordre social inégalitaire lui interdisait de jouer un rôle politique à la mesure de son importance. Il fallut la Révolution française pour que les exclus d'hier fassent leur entrée véritable sur la scène de l'histoire.

Une minorité accaparant tout pouvoir et toute richesse, une majorité comme laissée à l'écart de sa propre histoire. Au lendemain de la Seconde Guerre mondiale, la situation n'était guère différente à cela près que les inégalités et les enjeux s'étaient désormais planétarisés. Le conflit avait laissé face à face deux grands blocs : l'Ouest et l'Est. Les années à venir semblaient ne devoir être que celles de leur rivalité. Et pourtant, l'essentiel de la population se trouvait dans une situation tout autre : les trois quarts de l'humanité vivaient dans des pays sous-développés. A l'échelle du globe, la question principale aurait donc dû être celle du développement. Il faudrait une seconde révolution sans doute pour faire advenir un nouvel ordre mondial dans lequel le tiers monde occuperait enfin la place qui devrait lui revenir.

Tiers monde et tiers-mondisme

Telle était en tout cas la conviction du tiers-mondisme qui fut sans doute l'une des dernières grandes utopies occidentales. On peut définir celui-ci comme l'idéologie qui privilégie une zone géographique — le tiers monde en l'occurrence — pour en faire le lieu et l'enjeu de l'avenir tout entier de l'humanité. Floue dans son contenu, incertaine dans ses convictions, elle compte obtenir l'émancipation véritable des peuples les plus défavorisés de la planète. A plus court terme, elle vise à se traduire dans les faits par une aide des pays riches aux pays pauvres.

L'ambition est on ne peut plus légitime. Cependant, idéologie, le tiers-mondisme est surtout une utopie. Ses défenseurs ont souvent tendance à considérer le tiers monde comme les marxistes considèrent le prolétariat, c'est-à-dire comme une sorte de Christ collectif dont la résurrection entraînera la régénération de toute l'espèce humaine.

Or, pas plus que le prolétariat, le tiers monde n'existe. Il s'agit en effet d'une notion occidentale imposée de force à une réalité beaucoup plus complexe et diverse. Il n'y a pas, en fait, d'unité possible pour des peuples que tout sépare : culture, situation géographique, régime politique, et même niveau de développement. Quoi de commun par exemple entre le Mexique et l'Ethiopie ou entre le Brésil et le Bangladesh ? Quoi de commun entre des nations engagées sur la voie d'une industrialisation rapide et sauvage et des pays s'enfonçant chaque jour davantage dans un marasme économique et humain dont rien ne semble pouvoir les tirer ?

De plus, pas plus que le prolétariat introuvable des nations occidentales, le tiers monde semble n'être sur la voie de la révolution. Les tiers-mondistes espéraient que le tiers monde allait acquérir, dans la foulée de la décolonisation, son indépendance économique et politique. Or, sur aucun de ces deux plans, la révolution n'a eu lieu. Il faut conclure à l'échec économique autant que politique.

La question du développement économique

Les théories économiques du sous-développement sont nombreuses et diverses mais, en général, elles se ramènent à deux thèses opposées.

Selon la première, la situation du tiers monde serait à interpréter comme un simple retard par rapport aux nations industrialisées. Dans cette perspective, le développement consisterait en un cheminement obligé dont il s'agirait de suivre l'une après l'autre les étapes imposées. Il faudrait donc, pour les pays du tiers monde, s'engager, après l'Occident, sur la voie de l'industrialisation et, forts de leurs ressources encore inexploitées, combler progressivement leur retard.

A cette première thèse s'opposent les économistes qui définissent le sous-développement non pas comme un simple retard mais comme une conséquence néfaste du développement lui-même. La juxtaposition d'économies extrêmement avancées et d'autres, des plus archaïques, aurait produit au sein de ces dernières toute une série de déséquilibres qui expliqueraient la situation catastrophique qui est aujourd'hui la leur. Les structures traditionnelles auraient éclaté sans pour autant que des structures modernes soient mises en place. Les secteurs produisant pour l'exportation se développeraient à part d'une économie d'ensemble qui, elle, resterait inexorablement en rade.

Le sous-développement apparaît donc moins comme l'antithèse du développement que comme sa face d'ombre, le revers de la médaille, en quelque sorte.

Quelle est la situation économique actuelle du tiers monde ? Il est difficile de dresser un constat global tant les situations sont différentes qui ont obligé les analystes à distinguer, les uns des autres, les pays. Certains en effet tels que l'Arabie Saoudite, forts de leur richesses naturelles, connaissent une situation florissante. D'autres, les Nouveaux Pays Industrialisés — Corée du Sud, Taïwan... — sont engagés dans un processus de croissance très rapide qui fait d'eux de sérieux concurrents pour les pays développés. Les derniers, enfin, — pudiquement ou hypocritement nommés les Pays les Moins Avancés — sont sur la voie moins du développement que d'un sous-développement chaque jour plus dramatique.

D'une manière globale, cependant, et mises à part quelques exceptions brillantes, il faut conclure à une véritable catastrophe économique et humaine. Les causes, là encore, en sont multiples. La principale est sans doute à chercher dans la continuelle croissance démographique qui, plus rapide que la croissance économique, tire vers le bas le niveau de vie des individus, et ceci tout particulièrement en Afrique noire. A cela vient s'ajouter la dégradation des termes de l'échange qui entraîne une baisse du pouvoir d'achat des produits exportés par le tiers monde par rapport aux produits manufacturés des pays occidentaux. Il faut savoir en effet qu'au cours de la décennie 80 les cours des matières premières produites dans les pays sous-développés n'ont cessé de baisser et quelquefois de manière importante. Le problème le plus spectaculaire reste cependant celui de la dette contractée par les nations du tiers monde qui ont emprunté aux pays riches et sont maintenant dans l'impossibilité de rembourser ou même de payer les intérêts. Du coup, depuis 1983, les pays du tiers monde versent plus d'argent aux pays développés qu'ils n'en reçoivent d'eux.

Une spirale néfaste s'est mise en place, dont on saisit mal à l'heure actuelle comment il serait possible de sortir.

Le tiers monde sur la scène internationale

Pas plus qu'au plan économique, le tiers monde n'a réussi au plan politique à acquérir une place sur la scène internationale en rapport avec son poids démographique et géographique.

Pourtant, là aussi, les espoirs avaient été grands, les ambitions considérables. On peut les faire remonter, au moins, à l'historique conférence de Bandoung qui, en avril 1955, réunit en Indonésie les représentants de 29 nations du tiers monde qui, d'une seule voix, dénoncèrent le colonialisme. Là s'est ébauché le rêve du non-alignement. Il s'agissait d'expérimenter une manière de faire de la politique qui romprait simultanément avec la logique de chacune des super-puissances, de chacun des blocs, et qui permettrait aux anciennes nations opprimées, enfin unifiées, de faire rentrer l'humanité tout entière dans un âge d'équité, de paix et de progrès.

Les rivalités entre les principaux leaders du mouvement, les tensions et les divergences idéologiques, les réalités géopolitiques enfin, vont vite se charger de faire voler en éclats cette utopie. Déchiré entre le souci de neutralité de certains et la volonté manifestée par d'autres de s'en servir comme d'une arme dans la lutte contre l'impérialisme américain, le non-alignement est devenu sa propre parodie. Mouvement divisé, reflet d'un tiers monde impuissant.

Charité et fanatisme

L'échec politique rejoint donc l'échec économique. Cependant, la question « tiers monde » demeure. Et les réponses que le monde moderne semble prêt à y apporter apparaissent soit comme inadaptées soit comme particulièrement dangereuses.

En Occident, le tiers-mondisme renaît sous une forme des plus discutables. Ayant changé de nature, il n'est plus l'espoir de l'avènement d'une société plus juste mais le sentiment de l'urgence qu'il y a à apporter une aide aux pays les plus menacés. Intellectuels, industriels, vedettes de la chanson ou du cinéma rivalisent de générosité pour mobiliser des fonds en faveur de l'Ethiopie ou d'une autre nation en péril. La charité a succédé à la révolution comme le rock a succédé au marxisme. A l'image de ces bourgeois du XIXe siècle qui portaient secours aux miséreux et aux prolétaires, les Occidentaux, se refusant à apporter une vraie solution politique au problème de la pauvreté, se donnent bonne conscience comme ils le peuvent.

Quant aux pays du tiers monde eux-mêmes, ils cherchent bien souvent dans le fanatisme religieux, non pas la solution, mais l'oubli de leurs problèmes.

Le tiers monde en quelques chiffres

Produit national brut par habitant (en 1988)
  Etats-Unis : 19 780 $
  Brésil : 2 280 $
  Kénya : 360 $
  Bangladesh : 140 $

Consommation d'énergie par habitant en kilogrammes d'équivalent charbon (en 1987)
  Etats-Unis : 9 542
  Brésil : 767
  Kénya : 102
  Bangladesh : 64

Taux d'alphabétisation des adultes (en 1982)
  Etats-Unis : 99 %
  Brésil : 75 %
  Kénya : 47 %
  Bangladesh : 25 %

Taux de mortalité infantile (en 1982)
  Etats-Unis : 1,1 %
  Brésil : 7,3 %
  Kénya : 7,7 %
  Bangladesh : 13,3 %

REPÈRES

Collectif, *Pauvreté, progrès et développement*, L'Harmattan/Unesco, 1990.

E. Jouve (sous la direction de), *Pour un nouvel ordre mondial*, Berger-Levrault, 1985.

Edem Kodjo, *L'Occident, du déclin au défi*, Stock, 1985.

Willy Brandt (sous la direction de), *Nord-Sud: un programme de survie*, (Idées), Gallimard, 1981.

Totalitarisme

On qualifie de « totalitaire » tout système politique qui impose à la société dans son ensemble et aux individus qui la composent la toute-puissance d'un Etat et d'une idéologie.

Le totalitarisme est sans conteste le phénomène politique majeur du XXe siècle : avec l'Allemagne nazie et la Russie stalinienne, il a donné son visage effrayant à notre temps. Il convient cependant de manier avec prudence un terme au contenu quelquefois incertain et dont le langage politique abuse aujourd'hui : par lui, et au prix des amalgames les plus discutables, l'Occident s'invente souvent un commode et facile repoussoir.

L'Empire du Mal

Le mot de « totalitarisme » est de ceux qui ne connaissent pas d'autre définition que péjorative. Apparu dans les années 30, il servit, pour les défenseurs du libéralisme, à désigner d'abord le système fasciste en Italie, puis l'Allemagne nazie et enfin l'Union soviétique de Staline. Ces trois régimes étaient présentés par les analystes comme partageant les mêmes traits caractéristiques : purs produits du XXe siècle, ils constituaient la forme moderne d'un despotisme qui, par la propagande, l'idéologie, l'embrigadement et la terreur, soumettait la société dans son ensemble à la loi d'un parti unique. « *Tout dans l'Etat, rien contre l'Etat, rien en dehors de l'Etat* », déclarait, en une formule célèbre, Mussolini. L'individu se doit d'être soumis au groupe, car il ne tire sa valeur que de la participation à celui-ci. Toutes les forces nationales — politiques, économiques, professionnelles ou culturelles — se retrouvent du coup au service d'un Etat en lequel elles se perdent.

Le terme est cependant susceptible moins d'une définition scientifique que d'une utilisation polémique. Dans le vocabulaire politique moderne, il sert à désigner le Mal absolu, celui à rebours duquel les systèmes démocratiques eux-mêmes cherchent à se définir. Pour les intellectuels, il est ce concept obligé par lequel, pour dire notre temps, la science politique se doit d'oublier son habituelle prudence pour consentir aux jugements de valeur qui ont été l'ambition de toute la pensée politique classique. Pour les hommes politiques occidentaux, il est ce terme commode par lequel, en jetant l'opprobre sur les systèmes adverses, on redore à bon compte le blason de la démocratie. Ainsi Ronald Reagan qui, confondant la réalité avec quelque film de science-fiction, qualifiait avant le temps de la perestroïka l'Union soviétique d'« Empire du Mal », croyant peut-être du coup que l'opinion internationale allait d'elle-même associer les Etats-Unis aux forces du Bien.

Nazisme et stalinisme

Quelles que soient les utilisations polémiques discutables auxquelles il prête, le terme de « totalitarisme » a cependant ce mérite énorme de désigner ce qui fut sans doute la réalité historique essentielle de notre temps. Des camps de concentration hitlériens aux goulags staliniens, un nouveau système de servitude s'est imposé à notre monde. Ce seul constat doit être à la base de toute réflexion authentique sur la réalité historique dont nous sommes les contemporains.

Nécessaire, ce constat est cependant loin d'être suffisant à l'intelligence véritable de ce phénomène complexe qu'est le totalitarisme. Evidence historique, le totalitarisme reste largement une énigme théorique.

La raison en est d'abord que personne n'est en mesure véritablement d'en dessiner les limites. Chacun s'accordera, certes, à définir l'Allemagne nazie comme un système totalitaire : le fanatisme absolu d'un peuple, sa quasi-unanimité dans le crime, la soumission aveugle à un chef charismatique, l'encadrement de la société tout entière suffisent à justifier une hypothèse dont la validité n'est que trop flagrante pour quiconque a le courage de se mesurer au spectacle du génocide juif.

La plupart des analystes accepteront de faire un pas supplémentaire en définissant également comme totalitaire le régime soviétique. Et il est vrai qu'avec ses purges, ses procès et ses déportations, le stalinisme fait au nazisme une redoutable concurrence dans l'ordre de l'horreur. Cela est-il suffisant pour poser la simple et définitive équation nazisme = communisme ? Aux yeux de la plupart des théoriciens libéraux, la réponse à cette question est positive. Dans son célèbre ouvrage, *Le Système totalitaire,* Hannah Arendt, constatant le recours commun en Allemagne comme dans la Russie stalinienne à la terreur de masse, définit ces deux systèmes — et eux exclusivement — comme totalitaires. Plus mesurée, la thèse que développe Raymond Aron dans *Démocratie et totalitarisme* est également plus convaincante. Le philosophe français n'hésite pas un instant à définir comme totalitaire le système soviétique. Il découvre, en effet, à l'œuvre en lui un parti qui, jouissant du monopole de l'activité politique, s'arroge, au nom d'une idéologie, le monopole des moyens de force et celui des moyens de persuasion, prenant sous son contrôle l'ensemble des activités économiques et professionnelles et imposant la terreur policière à la société tout entière. Raymond Aron se refuse cependant à confondre purement et simplement nazisme et communisme. Il s'en explique ainsi :

> « ... entre ces deux phénomènes, la différence est essentielle, quelles que soient les similitudes. La différence est essentielle à cause de l'idée qui anime l'une et l'autre entreprise ; dans un cas, l'aboutissement est le camp de travail, dans l'autre, la chambre à gaz. Dans un cas est à l'œuvre une volonté de construire un régime nouveau et peut-être un autre homme, par n'importe quels moyens ; dans l'autre cas, une volonté proprement démoniaque de destruction d'une pseudo-race.

> Si j'avais à résumer le sens de chacune de ces deux entreprises, voici, je crois, les formules que je suggérerais : à propos de l'entreprise soviétique, je rappellerais la formule banale : « qui veut faire l'ange fait la bête » ; à propos de l'entreprise hitlérienne, je dirais : l'homme aurait tort de se donner pour but de ressembler à une bête de proie, il y réussit trop bien. »

La pratique de l'amalgame

Moins prudents ou moins honnêtes, certains théoriciens du libéralisme n'auront souvent aucun scrupule à pratiquer l'amalgame et à agiter, derrière toute critique des limites du système occidental actuel, le spectre des camps de concentration et de la police politique. Le totalitarisme devient alors un concept aussi incertain que pratique pour la bonne conscience occidentale. On peut en faire surgir partout la menace et en découvrir le germe aussi bien dans *La République* de Platon que dans *Du Contrat social* de Jean-Jacques Rousseau. On peut s'amuser à exhumer toutes les filiations secrètes et à démontrer que la Révolution française, par exemple, est le lieu de naissance de tous les totalitarismes. Toute volonté de transformer en profondeur la société se trouve du coup condamnée. Une équation aussi impressionnante que peu convaincante est mise en place, qui vise à nous faire tenir pour équivalents ou du moins complices et Rousseau et Marx, et Robespierre et Staline, et Hitler et Lénine. La grande chaîne de la tyrannie est ainsi déroulée, selon laquelle : nazisme = stalinisme = communisme = jacobinisme. Outre que chacune de ces égalités est en soi discutable, rien ne prouve qu'en histoire les propriétés de la transitivité soient respectées. Si Staline, en effet, est en germe dans Lénine et Lénine dans Robespierre, si 1917 ne s'explique que par 1793 et 1793 par 1789, faut-il voir dans la Déclaration des droits de l'homme la première pierre posée de l'édifice du goulag ? On frise l'absurde.

Et Jean-Pierre Faye a raison d'écrire dans son *Dictionnaire politique portatif en cinq mots* :

> « Il est maintenant de mode, à Paris, dans ce qui a été abusivement désigné comme la "nouvelle" philosophie, d'assurer que l'idéologie nazie découle de la Révolution française... Cette assurance péremptoire nous vient de ceux qui ont pratiqué, juste avant, la redondance "révolutionnaire", au nom de ce qu'ils nommaient, de façon également acritique, le marxisme-léninisme. Mais si le fascisme mussolinien se proclame "révolution fasciste" et si l'hitlérisme après lui se désigne comme "révolution national-socialiste", c'est en ne retenant de la Révolution française que la Terreur — et en excluant ce qui en fait précisément une révolution. »

Etendu jusqu'aux extrêmes limites de lui-même, désignant tout projet politique d'envergure, le concept de totalitarisme se trouve du coup vidé de toute signification. Il n'a plus d'autre utilité que de servir les plus discutables des amalgames.

Alexandre Zinoviev : la réalité du communisme

Mathématicien, philosophe et romancier, Alexandre Zinoviev, non sans provocation, se situe délibérément à rebours de toutes les interprétations habituelles du communisme et du totalitarisme.

« *L'idée dominante,* écrit-il, *que l'on se fait du communisme à travers le monde est celle d'une invention de malfaiteurs (ou de génies), introduite de l'extérieur et imposée par le mensonge et la force.* » Les soviétologues occidentaux, dans le confort de leurs bibliothèques et de leurs universités, considèrent le communisme comme une gigantesque erreur qui ne saurait être que passagère et prédisent, de manière aussi vaine que répétitive, l'écroulement prochain du système : asservi, le peuple russe va secouer ses chaînes et renverser un pouvoir qui ne se maintient que par le mensonge idéologique et la répression policière; colosse fragile, le communisme est condamné à disparaître et de ses ruines, naîtra une humanité réconciliée dans le respect de la démocratie.

Rien de plus naïf et de plus criminel que cette conception simpliste du communisme, affirme Zinoviev : et rien, pas même la perestroïka, ne justifie que l'on s'y rallie. Le communisme n'est pas l'exception aberrante d'un système sain dont la règle serait la liberté et la démocratie. Malgré tous les discours lénifiants de la bonne conscience occidentale, c'est l'inverse qui est vrai :

c'est la liberté qui est l'exception fragile dans un système dont la règle rigide est celle de la servitude :

> « Le communisme n'est pas une invention de malfaiteurs, un défi au bon sens et à la nature de l'homme, comme le supposent ses adversaires, il est au contraire un phénomène naturel dans l'histoire de l'humanité et découle pleinement de la nature de l'homme dont il est le reflet. Né de cet irrésistible appétit de survie qui habite dans chacune de ces créatures bipèdes appelée homme, de son désir d'adaptation parmi la foule de ses semblables et de son besoin de sécurité, il est le fruit de ce que j'appellerai l'*esprit communautaire*. Ce sont justement les moyens mis en place pour faire écran à cet esprit communautaire (autrement dit la civilisation), tels que le droit, la morale, la publicité, la religion, l'humanisme et tous les moyens qui, dans une certaine mesure, visent à protéger l'homme de ses voisins et à le défendre contre le pouvoir du groupe, qui font figure d'inventions et de fables. »

Le communisme n'est donc pas un accident de l'histoire mais la traduction la plus stable, la plus profonde, mais aussi la plus néfaste des composantes de la nature humaine : ce que Zinoviev nomme le « communautarisme » et qui n'est rien d'autre que cette force d'inertie qui pousse les individus et les groupes à rechercher la satisfaction la plus immédiate au prix du moindre effort, à instaurer dans chaque cellule sociale des relations de servitude, de dépendance, d'incurie et de violence.

Il est donc vain d'espérer la fin du communisme car il est le régime le plus « naturel » qui soit, celui qui, enserrant l'individu dans la collectivité, lui permet de traduire dans la vie sociale ses instincts les plus vils mais aussi les mieux enracinés en lui. Ainsi, l'avertissement que Zinoviev, avec urgence, nous adresse est le suivant. Le communautarisme n'est rien d'autre que la pente la plus profonde de notre nature et, déboulant à leur tour cette pente, les pays occidentaux pourraient bien en être les prochaines victimes.

REPÈRES

Hannah Arendt, *Le Système totalitaire*, (Points Politique) Seuil, 1951.

Raymond Aron, *Démocratie et totalitarisme*, (Folio Essais) Gallimard, 1965.

Jean-Pierre Faye, *Dictionnaire politique portatif en cinq mots*, (Idées) Gallimard, 1982.

Alexandre Zinoviev, *Le Communisme comme réalité*, (Biblio), Livre de Poche, 1981.

▶ **Etat, Politique.**

Utopie

L'Utopie *est un texte littéraire dans lequel l'auteur construit de toutes pièces un monde imaginaire dans lequel régnerait la perfection et la félicité.*

La fonction de l'utopie est double : elle est à la fois formulation d'un idéal et expression d'une critique : en décrivant ce qui devrait être, on dénonce ce qui est. Quant à l'histoire de l'utopie, elle peut être largement décrite comme passage de la fonction normative de l'utopie à la fonction critique de celle-ci.

L'Utopie de Thomas More

Le terme d'«utopie» a été forgé par l'humaniste anglais Thomas More (1478-1535) pour servir de titre à son principal ouvrage publié en 1516. L'étymologie même de ce néologisme constitue la plus parfaite des définitions de celui-ci. Forgé par More à partir du grec *ou* = «non», le mot de forme latine *utopia* signifie en effet «nulle part». Et c'est bien dans un pays de nulle part, une contrée impossible que More nous entraîne dans son livre : société qui, miraculeusement préservée du temps, à l'abri dans un espace hors de l'espace ordinaire, aurait su résoudre tous les problèmes qui se posent à l'humanité, inaugurant un règne de bonheur, de paix et de justice pour tous ses membres.

Derrière la fiction, et ainsi que l'indique le sous-titre de l'ouvrage, More nous invite en fait à découvrir un «traité de la meilleure forme de gouvernement». En cela, et quelles que soient les différences qui le séparent de son presigieux modèle, More met clairement ses pas dans ceux de Platon qui, dans *La République*, mettait en place le plan d'une communauté où, sous le règne des philosophes, triompherait enfin la Justice. Sur la nature exacte du modèle que bâtit More, les commentateurs sont loin de s'accorder. Certains, soulignant la dimension communautaire de l'Utopie de More, veulent faire de lui, au prix d'un anachronisme évident, l'un des plus lointains précurseurs de la pensée socialiste. D'autres dénoncent encore dans sa Cité idéale l'une des premières formes de totalitarisme ou, à l'inverse, présentent son texte comme étant exclusivement une critique, à peine masquée, du régime anglais dont il était le contemporain.

Toujours est-il que, quelle que soit la signification de son œuvre, More a inventé avec *L'Utopie* un genre littéraire des plus séduisants et dont la postérité sera riche et abondante.

La fonction de l'utopie

De Platon aux modernes en passant par More, la fonction de l'utopie est double : elle est à la fois formulation d'un idéal et expression d'une critique.

La première de ces fonctions est la principale et la plus apparente : c'est par elle que l'utopie véritablement se définit. Se laissant aller au gré de sa fantaisie ou tout au contraire s'imposant la plus grande rigueur à lui-même, l'utopiste invente un monde à part à travers lequel il exprime sa propre conception de l'idéal politique, moral, religieux ou social. L'utopie, du coup, est un monde clos et en dehors du temps : dans l'espace préservé d'une île, d'une ville ou d'une demeure règne pour toujours l'ordre de la perfection. Selon les époques et les sensibilités, le visage de cette perfection peut varier : l'ordre désiré sera celui de la hiérarchie ou de l'égalité, de la discipline ou de la liberté, de la frugalité ou de l'abondance. Mais toujours l'utopie se voudra synonyme d'idéal.

L'utopie, cependant — et c'est là sa seconde fonction — est porteuse d'un autre message, plus secret mais tout aussi important. On ne rêve de l'ailleurs que pour être déçu de l'endroit où l'on est. L'utopie — de manière chiffrée — est donc dénonciation et critique de la réalité et très souvent on peut lire en elle, comme en creux, le refus, qu'y manifeste l'auteur, du monde dans lequel il vit : chacune des vertus de l'utopie est comme le reflet inversé des vices de la société. Cela était déjà vrai pour l'œuvre de More et le restera pour celles de ses principaux successeurs. L'utopie n'est pas un simple rêve à l'improbable réalisation : elle est l'arme par laquelle, sous le masque de l'invention gratuite, un homme dénonce les travers de son temps.

L'utopie : de l'eu-topie à la dys-topie

Chaque utopie se trouve donc en équilibre entre ces deux pôles : la formulation d'un idéal; l'expression d'une critique. Mais le lieu de cet équilibre est tellement variable qu'il est légitime de distinguer deux formes presque opposées de l'utopie.

Lorsque la dimension normative et positive l'emporte largement sur la dimension critique, on parlera d'eu-topie (le préfixe « eu- » signifiant en grec « bien »). L'utopie est alors essentiellement le rêve d'un nouvel âge d'or et c'est seulement de manière seconde qu'on peut interpréter celui-ci comme la dénonciation d'une réalité existante.

Lorsque, à l'inverse, l'ailleurs que l'on invente n'a d'autre fonction que de révéler avec violence les vices du temps présent, on parlera de dys-topie, empruntant à la langue grecque le préfixe inverse. Le rêve alors se fait cauchemar : l'univers créé accuse en lui les traits les plus négatifs de notre propre monde comme pour nous obliger à en prendre conscience.

Dans une large mesure, et au prix d'une inévitable simplification, si l'on devait résumer l'histoire de l'utopie, sans doute faudrait-il envisager celle-ci comme le passage de l'eu-topie à la dys-topie. Eu-topies, en effet, les utopies d'hier : celles de More, de Campanella, de Fourier ou d'Owen. Dys-topies à l'inverse, les utopies du XXe siècle telles *Le Meilleur des mondes* d'Aldous Huxley ou *1984* de George Orwell. Empruntant le langage de la science-fiction, les auteurs y décrivent une société monstrueuse où, sous le règne de la technique et de l'idéologie, l'individualité se trouve purement et simplement niée.

Au XXe siècle, l'utopie ne se situe pas dans un ailleurs inaccessible mais dans un futur si proche qu'il semble presque déjà notre présent. Elle n'est plus l'expression de nos désirs mais celle de nos angoisses.

―――――――――― REPÈRES ――――――――――

E.M. Cioran, *Histoire et utopie,* (Idées) Gallimard, 1960.
Gilles Lapouge, *Utopie et civilisations,* (Champs) Flammmarion, 1978.
Thomas More, *L'Utopie,* G.F., 1516.

50 MOTS CLÉS
DE LA CULTURE GÉNÉRALE
CLASSIQUE

INTRODUCTION

Pourquoi ces cinquante mots clés ? Quels critères ont présidé à leur choix, au reste embarrassant ?

Je suis, justement, parti de la notion de « mot clé ». J'ai donc retenu des mots qui me paraissaient susceptibles d'ouvrir des portes : dans notre passé, sur l'univers gréco-latin, mais aussi dans la perspective, plus moderne, de nous faire mieux comprendre le monde dans lequel nous vivons aujourd'hui, d'orienter notre réflexion.

Ainsi, le but de cet ouvrage se veut double : d'abord, donner une information claire, simple, précise, tenant compte des travaux scientifiques importants comme des ouvrages de vulgarisation récents, sur la civilisation des Grecs et sur celle des Romains; ensuite, montrer comment ces mêmes civilisations s'articulent à la culture occidentale et, plus particulièrement, à la culture générale classique de langue française, comment elles la conditionnent, et comment elles l'expliquent souvent. La règle des trois unités — de temps, de lieu et d'action — dans la tragédie classique au XVIIe siècle, par exemple, ne peut se concevoir que par référence à la pensée d'Aristote. Il est peut-être plat d'avancer qu'il n'est pas de modernes sans anciens. Mais des uns comme des autres, à la fois différents et reliés par d'innombrables passerelles, procède notre culture. J'espère qu'il sera ainsi plus aisé de prendre conscience que nous appartenons, en cette fin du XXe siècle si chaotique et dans le même temps si exaltante, à un univers culturel cohérent, aux racines très profondes, et qu'il n'est pas déraisonnable d'en attendre, aujourd'hui encore, connaissances, sagesse et équilibre.

Des encadrés complètent l'information sur l'Antiquité donnée dans les articles, quand cela paraît nécessaire. Les aspects essentiels des civilisations grecque et romaine pourront être retrouvés à l'aide d'un index thématique.

Ainsi conçu et présenté, *50 Mots clés de la culture générale classique* devrait aussi bien s'adresser aux jeunes gens poursuivant des études secondaires ou de premier cycle universitaire qu'à ceux qui cherchent une information précise, ou désirent acquérir une connaissance générale du sujet, parce qu'ils préparent un concours administratif, font des mots croisés, tentent leur chance à un jeu télévisé ou s'intéressent, tout simplement, à l'antiquité classique. Mais les pistes de lecture suggérées, la réflexion parfois suscitée devraient permettre à ceux qui le souhaitent d'aller plus loin. La culture générale classique, longtemps considérée comme un moyen de promotion sociale — ce n'était pas toujours justifié — puis tout aussi injustement tombée en désuétude, nous concerne tous. Elle appartient à tous. A chacun de faire l'usage qui lui convient du patrimoine commun.

LISTE DES ENTRÉES

1. **Affranchi** 887
2. **Antiques** 892
3. **Antiquité** 899
4. **Astronomie** 905
5. **Barbare** 911
6. **Biographie** 916
7. **Césarisme** 920
8. **Chronologie** 926
9. **Cité** 931
10. **Civilisation** 938
11. **Classicisme** 942
12. **Clientèle** 949
13. **Colonie** 954
14. **Culte** 961
15. **Démocratie** 968
16. **Dionysiaque** 974
17. **Epicurisme** 979
18. **Erotisme** 983
19. **Fortune** 988

20.	Forum	994
21.	Gallo-romain	999
22.	Jeux	1006
23.	Jurisprudence	1011
24.	Légion	1017
25.	Magistrat	1024
26.	Maïeutique	1031
27.	Métrologie	1035
28.	Mythologie	1038
29.	Nature	1044
30.	Numismatique	1047
31.	Odyssée	1049
32.	Oligarchie	1055
33.	Olympiade	1059
34.	Oracle	1064
35.	Orient	1068
36.	Pédagogue	1072
37.	Pénates	1078
38.	Philosophie	1083
39.	Poétique	1088
40.	Renaissance	1092
41.	Rhétorique	1096
42.	Satire	1101
43.	Sénat	1105
44.	Stoïcisme	1110
45.	Théâtre	1113
46.	Thérapeutique	1117

47. Toge	1123
48. Tragédie	1127
49. Vertu	1131
50. Vestale	1135

Pour les livres conseillés dans la rubrique « Repères », nous donnons l'édition dans laquelle il est le plus facile de se procurer l'ouvrage aujourd'hui et la date de l'édition originale.

AFFRANCHI

Un affranchi était, dans l'Antiquité, un esclave à qui l'on accordait sa liberté. Les sociétés antiques étaient, du fait même de leurs origines et de leurs structures, inégalitaires : elles comprenaient des classes distinctes. Au bas de l'échelle sociale, partout, se trouvaient les esclaves.

On naissait souvent esclave. Mais on pouvait aussi le devenir. La condition des esclaves était injuste et cruelle, avec des variantes toutefois, selon les époques et les cités. Ils avaient la possibilité de s'en libérer par l'affranchissement.

Origine et conditions des esclaves

A Athènes comme à Rome étaient esclaves les enfants des esclaves, qui appartenaient aux maîtres de leurs parents, les prisonniers de guerre mis en vente après la victoire, les enfants « exposés » à leur naissance, c'est-à-dire abandonnés, et qui appartenaient à celui qui les recueillait (voir à *Pédagogue*), les enfants volés par les pirates. Exceptionnellement, à Athènes, il arrivait que devinssent esclaves des hommes ayant vendu eux-mêmes leur liberté, ou ayant été condamnés par les tribunaux à la perdre.

L'esclave était un objet que l'on achetait et que l'on vendait, donc propriété de son maître. Il n'avait aucun droit et il ne pouvait recourir aux tribunaux. Dans les faits, le traitement qui lui était réservé pouvait être fort divers. Il n'était pas rare que les esclaves des particuliers connussent une certaine liberté. D'ailleurs, ils partageaient quelquefois la vie de la famille du maître, et il n'y avait guère de différence, à Athènes, entre la mère de famille et les esclaves qu'elle employait.

Le maître permettait fréquemment à ses esclaves de vivre avec leur famille, de gagner de l'argent pour eux-mêmes et de garder un pécule. A Rome, certains esclaves s'achetaient même des esclaves avec l'argent ainsi épargné. Ils en étaient propriétaires et ils avaient le droit de les affranchir.

Quand le maître était pauvre, les esclaves, peu nombreux, s'occupaient des soins du ménage. Les maîtres riches, qui possédaient plusieurs centaines d'individus, les employaient aux fonctions les plus diverses : comme domestiques, comme ouvriers agricoles ou comme artisans. Un esclave lettré — ce qui était souvent le cas des esclaves grecs à Rome, par exemple — était secrétaire, bibliothécaire, pédagogue ou médecin.

L'Etat employait également des esclaves dans ses ateliers, dans les mines, comme geôliers, comme rameurs de la flotte, à des travaux d'écriture ou de comptabilité.

S'il y avait des maîtres bons pour leurs esclaves, d'autres les châtiaient durement et ils pouvaient le faire en toute légalité. Sous la république, à Rome, il était possible de les torturer, même de les crucifier, sans avoir de comptes à rendre. Cela contribue à expliquer les révoltes d'esclaves, dont la plus célèbre fut celle de Spartacus, qui tint l'armée romaine en échec pendant deux ans, avant d'être vaincu et tué en 71 avant J.-C.

L'affranchissement

On pourrait comparer la condition des esclaves dans l'Antiquité à celle des bagnards que l'on envoyait en Guyane française entre 1852 et 1947 : certains menaient une vie abominable, d'autres, employés à des tâches domestiques auprès des familles des fonctionnaires de Cayenne, connaissaient un état de semi-liberté. De semblable façon, il y avait inégalité dans l'esclavage. Les esclaves qui étaient bien traités, donc en bons termes avec leurs maîtres, avaient, en outre, une raison d'espérer : c'était la perspective de l'affranchissement.

Celui-ci pouvait intervenir, à Athènes, de trois façons : par une déclaration du maître, de son vivant, devant les tribunaux et le peuple réunis, ou par testament du maître; par une décision de l'Etat (qui, sans doute, indemnisait le maître) en récompense de services rendus, ou pour avoir un soldat de plus en cas de danger; du fait de l'esclave lui-même, enfin, qui achetait sa liberté sur ses économies, quand son maître l'avait autorisé à en faire. L'esclave affranchi ne devenait pas citoyen, mais il avait les mêmes droits que les étrangers, ou métèques. Dans d'autres cités grecques, l'affranchissement pouvait prendre la forme d'une vente fictive à une divinité : les prêtres du dieu payaient au maître le prix de l'esclave, que celui-ci leur avait au préalable remis. Le contrat était gravé sur un mur du temple. Cette procédure s'expliquait par le fait que l'esclave n'avait pas le droit de passer un contrat.

A Rome, il y avait également trois façons d'affranchir un esclave : par la vindicte, procès fictif dans lequel un tiers revendiquait l'esclave comme libre devant un magistrat (le maître ne contestant pas cette démarche, le magistrat touchait l'esclave avec une verge et le proclamait libre); par inscription sur le registre du cens, c'est-à-dire sur la liste des citoyens qui étaient ainsi dénombrés tous les cinq ans (recensement); par testament, en déclarant sur celui-ci l'esclave libre, ou en demandant aux héritiers de l'affranchir. L'esclave affranchi devenait citoyen romain.

De quelques aspects de l'esclavage

S'il y a bien eu des sociétés esclavagistes à Athènes et dans d'autres cités grecques, ce fut, somme toute, en des lieux et en des temps limités : principalement aux époques classique et hellénistique. On estime à 400 000 environ le nombre des esclaves, à Athènes, à la fin du IVe siècle avant J.-C.

L'esclavage est une constante de l'histoire romaine, mais il a évolué. Si le traitement des esclaves dépend beaucoup, au début, de la bonté de leurs maîtres, leur sort s'humanise, sous l'influence du stoïcisme et du christianisme, dans la Rome impériale. Sous les empereurs Hadrien et Antonin, des châtiments sont prévus contre le maître ayant tué son esclave. D'autre part, la présence des esclaves dans la société romaine était à ce point massive qu'il y avait, pour la survie de l'Etat, nécessité de leur intégration. C'est ce qui explique la multiplication des affranchissements et la simplification de leur procédure : il était, à la fin, possible d'affranchir en appelant simplement l'esclave son fils, en le dotant, voire en lui mettant sur la tête le « pileus » ou bonnet de la liberté. Cela correspond, du reste, à une perte de valeur de la qualité de citoyen romain. Au Bas-Empire, il n'y aura pratiquement plus de différence entre les esclaves affranchis par la fuite et les pauvres libres qui constitueront, ensemble, des bandes de brigands entre le IIIe et le Ve siècle après J.-C.

Pendant longtemps, toutefois, les affranchis, très nombreux, ne jouirent pas de la même considération que ceux qui étaient nés libres : ils se trouvaient écartés des affaires publiques, étaient tenus à des devoirs de reconnaissance envers leur ancien maître, ne pouvaient se marier hors de leur groupe social. Mais, alors que les hommes nés libres considéraient le travail comme une déchéance, les affranchis pratiquaient le commerce, l'industrie ou les arts. Ainsi, sous l'empire, devinrent-ils parfois très riches et puissants : ils furent alors préfets ou sénateurs.

Rappelons, à titre de comparaison, que dans les colonies françaises, les maîtres pouvaient affranchir leurs esclaves par testament ou par acte entre vifs. Un esclave que son maître avait désigné comme son légataire universel, ou comme le tuteur de ses enfants, était affranchi de plein droit. Etait encore affranchi tout esclave quittant la colonie et venant dans la métropole.

Ces problèmes paraissent, aujourd'hui, bien loin de nous... Ils ne doivent cependant pas être rangés trop hâtivement au rayon des vieilles lunes : l'esclavage n'a pas été rayé de la surface de la terre lorsque Victor Schoelcher le fit abolir dans les colonies françaises par le décret du 27 avril 1848. Au XXe siècle, l'esclavage a été encore largement et durablement pratiqué dans plusieurs parties du monde.

―――――――――― REPÈRES ――――――――――

Jean Christian Dumont, *Servus. Rome et l'esclavage sous la République,* Collection de l'Ecole française de Rome, Ecole française, Rome, 1989.
Yvon Garlan, *Les Esclaves en Grèce ancienne,* François Maspéro, Textes à l'appui, 1982.
Joël Schmidt, *Vie et mort des esclaves dans la Rome antique,* Albin Michel, 1973.
Henri Wallon, *Histoire de l'esclavage dans l'Antiquité,* Robert Laffont, collection Bouquins, 1847.

▶ **Démocratie, Clientèle.**

ANTIQUES

Au masculin pluriel, le mot « antiques » désigne l'ensemble des productions artistiques des anciens. Ainsi, le Dictionnaire des Antiquités grecques et romaines, de Daremberg et Saglio, est illustré de « 3 000 figures d'après l'antique dessinées par P. Sellier et gravées par M. Rapine ». Antique, nom féminin, désigne un objet d'art antique, grec ou romain (vase, statue, etc.). Il est, du reste, souvent employé au pluriel : Montherlant, qui possédait des antiques, a évoqué, entre autres, une figurine grecque en marbre, représentant Eros avec des ailes, qui faisait partie de son décor familier.

Le goût des antiques a pris naissance en Italie au XVe siècle, et il s'est répandu en France, en Allemagne, en Angleterre. Parallèlement, l'influence exercée par les anciens sur les artistes européens a été grande, et durable : non seulement aux XVIe et XVIIe siècles, mais au XIXe siècle où ils inspireront encore le néo-classicisme.

Si la sculpture vient immédiatement à l'esprit quand on évoque l'art des Grecs et des Latins, ceux-ci ont également produit une peinture qui fut souvent de grande qualité, et ils ont excellé dans des arts dits mineurs : le travail de l'argent, celui du bronze, ou la mosaïque...

Tout art évolue avec la société dont il est l'expression. L'art grec est ainsi passé d'une conception collective (honorer les dieux et embellir la cité), à une conception individuelle, au IVe siècle av. J.-C. (décorer sa demeure, faire faire son portrait ou son buste, pratiquer, en un mot, le mécénat). Les centres artistiques où se sont parfois développées de véritables écoles, telle l'école attique, se sont ainsi déplacés : tour à tour la Crète, patrie du sculpteur Dédale, Athènes, plus tard Alexandrie ou Rhodes ont été des foyers de rayonnement. Et des influences, liées aux déplacements des artistes et au commerce de leurs œuvres, se sont exercées. Ainsi, à partir de la fin du Ier siècle avant J.-C., c'est à Rome que s'exprime le plus harmonieusement l'idéal hellénique. *« La Grèce conquise a conquis son farouche vainqueur et porté les arts dans le rustique Latium »,* commente Horace dans ses *Epîtres.*

D'abord influencés par les Etrusques, puis par les Grecs, à l'époque d'Auguste — en raison du goût de l'empereur et parce que de nombreux sculpteurs grecs s'étaient installés à Rome — les Romains subiront encore l'influence de l'Orient. Mais, au long des siècles, la sculpture, parfois monumentale, comme la peinture tiendront chez eux une place qui ne sera jamais négligeable. La culture de Rome agira, à son tour, plus profondément chez les peuples de l'Europe occidentale et en Afrique du Nord qu'en Egypte ou en Orient.

La sculpture

A la différence des arts de la Méditerranée préhellénique (Crète, Syrie, Palestine,...), l'art grec nous est connu parce que des textes révèlent les artistes et leur production. Si ses caractères se sont fixés bien avant — esprit anthropomorphique, goût pour l'anatomie, tentative de saisir le mouvement — c'est au Ve siècle avant J.-C. que l'art classique atteint sa plénitude. Les centres en furent d'abord Athènes, Olympie, la Grande Grèce et la Sicile. Phidias, qui commença par être peintre et à qui l'on doit l'Athéna du Parthénon, dont il dirigea les travaux, Myron (auteur du Discobole), Polyclète, ont été parmi les grands artistes du premier classicisme (450-400 avant J.-C.).

Au IVe siècle, l'art est encore classique, mais aux frontons et aux frises des sanctuaires, qui s'ornaient de la représentation des mythes religieux ou des exploits des héros, se substitue de plus en plus l'expression d'un individualisme dans le choix des sujets comme dans la manière de les traiter : à la commande des princes (souvent étrangers) ou des marchands, les sculpteurs reproduisent les visages des rois, des hommes illustres, voire de simples négociants. Un certain Lykiskos, marchand d'esclaves, ne trouva-t-il pas un artiste (Léocharès) pour fixer ses traits dans le marbre ? De cette période, dominée par la personnalité de Praxitèle, on retiendra que les artistes ont tendu à exprimer leur propre sensibilité à travers leurs modèles.

On voit un signe de l'influence de la perfection grecque sur les sculpteurs romains dans les nombreuses effigies d'Auguste, qui révèlent une tendance à l'idéalisation. Mais le naturalisme demeure, en général, un trait dominant des artistes de Rome, dont les bustes sont d'une vérité parfois saisissante.

La peinture

Il y a eu, bien avant l'art classique, une production importante de vases peints en Grèce. Mais c'est surtout aux Ve et IVe siècles avant J.-C. que la mode se répand de faire peindre, à la fresque, par des artistes renommés, les murs des riches habitations. Puis le tableau de chevalet supplante la fresque : scènes de batailles, figuration des dieux ainsi humanisés, mais aussi, comme en sculpture, portraits souvent payés fort cher, seront les thèmes d'inspiration.

Durant la période de l'art hellénistique (c'est-à-dire la période de la civilisation grecque qui va de la conquête d'Alexandre à la conquête romaine), des tons nouveaux apparaissent sur la palette des artistes. Mais aucune œuvre d'Apelle, qui fut le peintre officiel, et fameux, d'Alexandre le Grand, ne nous est parvenue.

Probablement inspirée à l'origine par la peinture funéraire des Etrusques, la peinture romaine nous est mieux connue : à Pompéi, à Herculanum, mais aussi à Rome ou à Ostie, les anciens aimaient orner leurs murs d'un décor peint mêlé de motifs en stuc. Les sujets étaient empruntés à l'histoire, à la vie quotidienne ou à la mythologie. Les tableaux de chevalet étaient également à l'honneur et, du IIe siècle avant J.-C. jusqu'à la fin du règne de Néron, les historiens de l'art distinguent, par ordre chronologique, quatre styles : premier style, second style, etc. La villa des Mystères, à Pompéi, appartient, par exemple, au second style (Ier siècle avant J.-C.).

Quelques arts mineurs

La sculpture, comme la peinture — et comme l'architecture, évidemment — étaient étroitement associées à la vie quotidienne des anciens. D'où la notion d'arts mineurs appliquée par les historiens aux objets d'un usage courant ou à l'environnement immédiat.

Ainsi la céramique, dont le décor sert à qualifier la période dite géométrique — du XIIe au VIIIe siècle avant J.-C. — sera ensuite influencée par les échanges entre la Grèce et l'Asie : motifs animaux, végétaux ou mythologiques orneront les vases sortant des ateliers de Samos et de Corinthe, puis ceux produits en Attique. La numismatique, les terres cuites, les bronzes furent également très liés à la vie courante des Grecs.

A Rome, le bronze fut aussi largement et artistiquement employé pour les lampes et pour le mobilier. Les riches Romains aimaient la vaisselle d'argent et les portraits sur verre. Mais le plus important des arts mineurs fut sans doute chez eux la mosaïque : en noir et blanc ou en couleur, illustrant les mêmes thèmes que la peinture, elle fut une composante originale et essentielle des habitations comme des lieux publics (par exemple les thermes de Caracalla, à Rome).

Valeur de référence

Très longtemps, principalement en sculpture, les antiques demeurèrent un modèle pour les artistes européens : ceux-ci considéraient qu'ils devaient se rapprocher le plus possible de la perfection des anciens, et ils empruntèrent volontiers leurs sujets à la mythologie. L'Académie de France à Rome fut, significativement, instituée par Colbert en 1666, pour permettre aux jeunes peintres, sculpteurs, graveurs ou architectes de se

Les « ordres » ou « modes » de l'architecture

- **Architecture grecque : trois ordres**

1) **L'ordre dorique** (le plus ancien) Caractères : simplicité, sévérité, puissance.	2) **L'ordre ionique** Caractères : grâce, liberté de l'ornementation.	3) **L'ordre corinthien** Caractère : richesse.
Toit ↑	Toit ↑	Toit ↑
Entablement, formé de – la corniche, faisant saillie au-dessus de la frise ; – la frise, composée de triglyphes (triples rainures) et de métopes (sculptures) ; – l'architrave, pierre horizontale posée directement sur le chapiteau.	Entablement, formé de – la corniche ; – la frise, sans triglyphes ni métopes, portant une sculpture continue ; – l'architrave, divisée en trois faces.	Entablement : – la corniche ; – la frise ; – l'architrave.
↑	↑	↑
Chapiteau, formé – d'une plaque rectangulaire, – d'un coussinet.	Chapiteau à volutes : orné de spirales retombant de chaque côté.	Chapiteau orné de trois rangées de feuilles d'acanthe.
↑	↑	↑
Colonne : simple fût – 10 modules de hauteur ; – 16 à 20 cannelures aux arêtes vives.	Colonne élancée – fût : 18 modules ; – cannelures adoucies aux angles.	Colonne encore plus élancée : – fût : 20 modules
↑	↑	↑
Pas de base.	Le fût repose sur une base ronde.	

Notes :
1) Module : unité servant à régler les proportions de l'édifice ; égale au rayon (demi-diamètre) de la colonne, mesurée à sa base.
2) Quelquefois, les colonnes sont remplacées par des cariatides (des statues) ; c'est le cas de l'Erechthéion, temple de style ionique, sur l'Acropole d'Athènes.

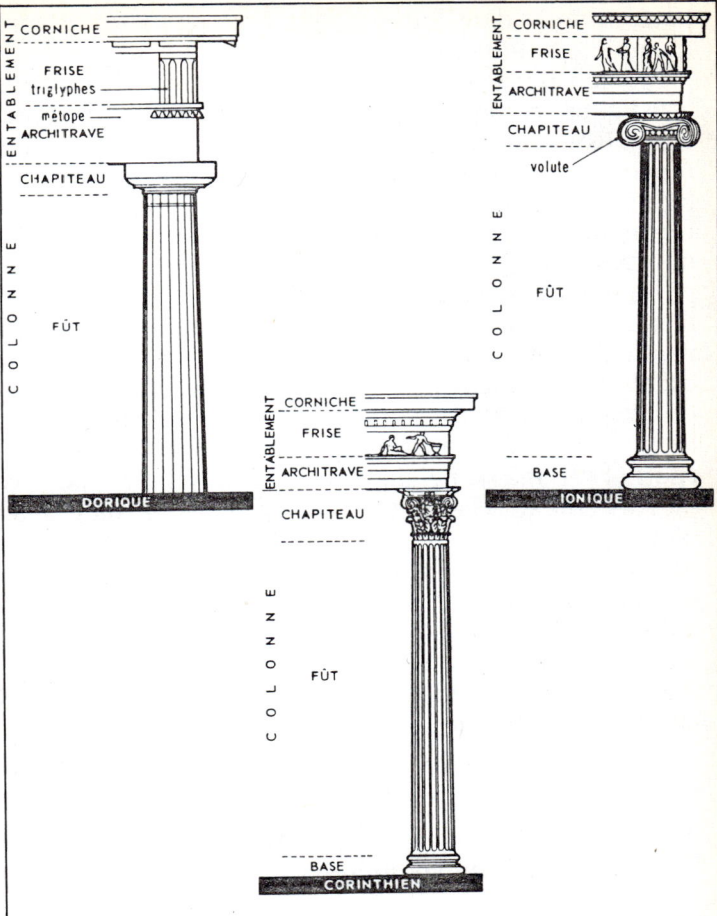

● **Architecture romaine : deux ordres**

Les Romains ont construit des colonnes doriques, ioniques et corinthiennes, avec une préférence pour l'ordre corinthien.
Ils ont ajouté aux trois ordres grecs :
- *l'ordre toscan :* presque semblable à l'ordre dorique, mais plus élancé;
sa frise n'a pas de triglyphes; il a une base;
- *l'ordre composite :* le chapiteau est orné des feuilles d'acanthe de l'ordre corinthien, mais elles sont surmontées des volutes de l'ordre ionique.

perfectionner dans leur art, aux frais de l'Etat, d'après le modèle antique.

Même s'il y avait eu, entre-temps, d'autres tendances artistiques (comme le baroque), l'esthétique des Grecs et des Romains était encore considérée comme une référence indiscutable à la fin du XVIIIe et au début du XIXe siècle. Un archéologue allemand, Winckelmann, recommande alors aux sculpteurs d'apprendre leur art non pas dans la nature, mais en étudiant les antiques, puisque l'influence de l'art grec a été prédominante sur la formation du goût et de l'idéal classiques. Winckelmann est considéré comme un théoricien de l'art néo-classique : ce courant, inspiré de l'Antiquité et prônant un retour au classicisme, a été illustré, notamment, par le sculpteur Canova et par le peintre David. Un Géricault (1791-1824), peignant ses chevaux sur le motif ou se rendant au Havre pour contempler la mer avant d'entreprendre son tableau « Le Radeau de la Méduse », sera isolé parmi les artistes de son temps. A la fin du siècle, les impressionnistes (Monet, Pissarro, Sisley...), faisant de la lumière l'élément essentiel de leur peinture, se donneront pour règle de travailler en plein air : ils seront indifférents à la recherche d'un beau idéal comme aux canons classiques.

―――――――――― REPÈRES ――――――――――

Alix Barbet, *La Peinture murale romaine,* Picard, 1985.
Pierre Lavedan, *Histoire de l'Art I, Antiquité* (Clio X, 1), P.U.F., 1949
Jean-Joachim Winckelmann, *Réflexions sur l'imitation des œuvres grecques en peinture et en sculpture,* Aubier-Montaigne, 1755.

▶ **Classicisme, Numismatique, Antiquité.**

Antiquité

L'Antiquité est le nom donné à la période de l'histoire correspondant aux plus anciennes civilisations. C'est un concept assez vague.

Sur le plan chronologique, et pour les pays liés à la Méditerranée, on considère que l'Antiquité précède le Moyen Age, les Temps modernes (de la fin du XVe siècle à 1789), et l'Epoque contemporaine (de 1789 à nos jours).

Mais on distingue plusieurs antiquités : l'antiquité préhistorique, ou préhistoire, l'antiquité orientale, et l'antiquité classique (gréco-romaine) qui est à la source de notre culture classique et qui nous concerne directement. C'est sur cette dernière période que s'arrête ce livre.

Repères chronologiques et géographiques

Les origines de l'Antiquité se confondent, évidemment, avec les origines de l'homme. On parle, ainsi, de Haute Antiquité, pour désigner le paléolithique (époque du silex taillé, jusqu'à 8 000 environ avant Jésus-Christ) et le néolithique (époque récente de la pierre). A compter de la fin de l'ère glaciaire, l'homme invente l'agriculture, la céramique, le travail des métaux. Il apprend à organiser la société humaine, du village au royaume, découvre le dessin, puis l'écriture.

En ce qui concerne l'antiquité classique, la Grèce archaïque (VIIe et VIe siècles avant J.-C.) succède aux siècles obscurs du monde hellénique (du XIIe au VIIIe siècle avant J.-C.). Puis la Grèce deviendra la référence du monde occidental, du milieu du VIe à la fin du IIIe siècle avant J.-C. Il existe, parallèlement, de grands empires en Perse, en Chine ou en Egypte.

De la fin du IIIe siècle avant J.-C. à la fin du IVe siècle après J.-C., c'est Rome qui va assurer l'unité du monde antique, de la Syrie aux Colonnes d'Hercule (les Romains appellent alors ainsi les monts Calpé [Europe] et Abyla [Afrique], situés de chaque côté du détroit de Gibraltar). L'empire impose la « Paix romaine » à ce qui est alors, pour les Européens, le monde civilisé, et le seul, en tout cas, dont la plupart aient entendu parler pendant les deux premiers siècles de notre ère.

L'antiquité classique, issue naturellement, et obscurément, des origines humaines, connaît donc successivement une dominante grecque, puis une dominante romaine. Quant à son rayonnement, il excédait, bien entendu, de beaucoup les limites géographiques de la Grèce et de l'Italie d'aujourd'hui. D'ailleurs, si du globe terrestre, les Grecs et les Romains savaient surtout, par expérience, ce que leurs voyages leur avaient révélé, ils en eurent tout de même tôt une vue d'ensemble assez précise. Astronome et mathématicien, Eratosthène de Cyrène, qui dirigeait la bibliothèque d'Alexandrie au IIIe siècle avant J.-C., mesura la circonférence terrestre, publia une *Géographie* (le mot est grec et signifie description écrite ou carte de la terre), dressa une carte du monde habité qui allait, en gros, de l'Espagne à la pointe de l'Inde et à Ceylan (l'île de Taprobane, pour les anciens).

Les historiens situent diversement la fin de l'antiquité classique : elle s'achève entre 395 (mort de Théodose et partage définitif de l'Empire romain en empire d'Orient [capitale Constantinople] et en empire d'Occident [capitale Rome]) et 476 (déposition de Romulus Augustule, dernier empereur d'Occident).

Antiquité et antiquité

Quand il est employé absolument, c'est-à-dire quand on dit « l'Antiquité » pour signifier « l'antiquité gréco-latine », le mot « antiquité » prend une majuscule à l'initiale.

Quand le mot est précisé par des informations complémentaires, il prend une minuscule : « l'antiquité égyptienne », « l'antiquité gréco-latine ».

On peut écrire « les Anciens » avec une majuscule, mais ce n'est pas une obligation. Nous suivons l'usage le plus courant en écrivant « les anciens » pour parler des hommes ayant vécu durant l'Antiquité.

Un univers cohérent

On notera qu'il n'y a jamais eu de coupure brutale : de même que l'antiquité classique s'est affirmée à partir de la Grèce archaïque, la progression se fait naturellement, ensuite, vers le Moyen Age, puis les Temps modernes.

Continuité, certes, mais encore parallélismes et interférences. Le monde gréco-romain a été celui des Grecs (et il faut marquer la différence entre Athènes et la Grèce, faire sa place à Sparte), puis celui des Romains. Mais si la civilisation romaine s'impose, pour finir, au monde méditerranéen, Rome a été conquise par l'hellénisme. Et le monde hellénique, même, emprunte beaucoup à l'Orient, à la suite des conquêtes d'Alexandre. Les traditions se mêlent. Il y a donc eu, constamment, interpénétration des cultures.

Aussi, lorsque l'Empire romain se fractionne (un siècle après la Chine, qui avait connu une nouvelle unité sous la dynastie des Tsin), cela correspond au déclin du bilinguisme, donc d'une forme d'harmonie : les deux langues officielles, le latin (langue de l'administration) et le grec (langue de la culture et du commerce). L'unité perdue signe la fin d'un monde et son ouverture aux barbares.

Mythes fondateurs

On connaît la légende de la fondation de Rome : deux nouveau-nés, deux jumeaux, Romulus et Rémus, fils du dieu de la guerre, Mars, et de la princesse Rhea Sylvia dont le père, Numitor, roi d'Albe, venait d'être détrôné par son frère, furent abandonnés dans une corbeille sur le Tibre. Leur mère espérait ainsi les sauver de la violence du nouveau prince. Echoués dans les roseaux au pied du mont Palatin, les enfants furent allaités par une louve, puis recueillis par un berger. Plus tard, ils tuèrent l'usurpateur, redonnèrent sa couronne à leur grand-père Numitor et surtout décidèrent de fonder une ville sur le lieu de leur enfance. C'est Romulus qui, ayant aperçu douze vautours alors que son frère n'en avait vu que six (ils prirent ainsi les auspices ou présages que l'on tirait du vol des oiseaux), fut considéré comme l'élu des dieux et fonda la ville, en 753 avant J.-C.

La légende a eu sans doute pour effet de magnifier les débuts obscurs de ce qui ne fut, au commencement, qu'un bourg rural rendu aisément défendable par sa position sur une colline. Mais elle permet de mesurer que deux notions sont indispensables pour comprendre l'antiquité classique : la famille, noyau initial de la future cité, et la religion.

Les Grecs ont commencé par honorer les forces naturelles auxquelles ils se trouvaient confrontés. Puis ils ont peuplé l'univers de dieux incarnant ces forces naturelles, ils leur ont donné des noms et ils leur ont imaginé une histoire. Ansi, les anciens ont fait les dieux à l'image des hommes et l'on ne saurait comprendre l'Antiquité sans tenir compte de l'extrême importance qu'y revêtait la croyance religieuse — et ceci depuis la Haute Antiquité — associée à une très grande liberté d'imagination.

On notera d'ailleurs que ces croyances se modifièrent : dans l'antiquité classique (où l'influence des cultes orientaux se fit sentir), l'avènement du judaïsme traduisit une évolution de la pensée qu'avait préparée la philosophie, tout comme dans l'antiquité orientale le bouddhisme et le confucianisme sont sortis des crises qui secouèrent l'Inde et la Chine au VIe siècle avant J.-C.

Valeur de référence et sources de la culture occidentale

Que les dieux et les déesses des Grecs et des Latins aient offert si longtemps leurs sujets aux peintres et aux sculpteurs européens indique à quel point l'antiquité classique a influencé l'art occidental. On peut faire la même remarque, évidemment, pour la littérature. Non seulement nous avons emprunté aux anciens leurs thèmes, leurs « histoires », mais encore nos canons esthétiques, notre manière de voir, de penser, de sentir, d'écrire, de sculpter ou de peindre ont été durablement marqués par la culture gréco-latine : elle est restée longtemps la référence majeure des Européens.

Il y a eu, du reste, relais permanent : les sociétés hellénistique, puis romaine, ont pris comme référence la Grèce classique des Ve et IVe siècles avant J.-C. Rome ensuite, puis la Grèce et Rome, à des degrés divers, ont été nos modèles et nos sources d'inspiration. Il s'agit là de composantes fondamentales de notre civilisation.

Bien entendu, l'intérêt pour la culture classique s'est parfois relâché. Il a connu, aussi, des regains de faveur dans l'opinion. C'est le cas en cette fin du XXe siècle où l'on peut noter divers indices d'un retour à l'antiquité classique : la place qui lui est faite dans la presse littéraire, la réédition, destinée au grand public, d'auteurs grecs et latins, dans des traductions nouvelles (Cicéron, Juvénal, Plutarque, Sénèque...), l'organisation, par le journal *Le Monde*, d'un colloque, au Mans, en 1990, sur le thème « Les Grecs, les Romains et nous ». L'Antiquité est-elle moderne ? demandait-on aux intervenants. La diversité de leurs contributions, en tout cas, indique qu'elle continue d'interpeller nombre d'entre nous.

Le regain d'intérêt de nos contemporains pour la culture classique est certainement une preuve de leur curiosité intellectuelle. Mais il traduit peut-être moins le besoin de comprendre d'où l'on vient que l'appréhension de deviner où nous nous dirigeons.

————————— REPÈRES —————————

Germaine Aujac, *La Géographie dans le monde antique*, P.U.F., Que sais-je ?, 1975.

Jean Delorme, *Les grandes dates de l'Antiquité*, P.U.F., Que sais-je ?, 1962.

Charles Daremberg, Edouard Saglio, sous la direction de,

Dictionnaire des Antiquités grecques et romaines, d'après les textes et les monuments, contenant l'explication des termes qui se rapportent... à la vie publique et privée des anciens, 8 volumes, Academische Drück- u. Verlagsanstalt, Graz, Autriche, 1877-1919.

Roger-Pol Droit, *Les Grecs, les Romains et nous,* Forum *Le Monde* - Le Mans 1990, Le Monde-Editions, 1991.

▶ **Civilisation, Classicisme, Renaissance.**

Quelques points de repère historiques

- **Civilisations crétoise et mycénienne** (Mycènes) : XXe-Xe siècles avant J.-C.

- **Grèce archaïque :** X^e-Ve siècles avant J.-C.
  Xe siècle : fondation de Sparte et d'Athènes.
  La royauté à Rome : 753-509 avant J.-C.
  753 : fondation de Rome.
  VIe siècle : expansion des Grecs en Méditerranée.

- **Grèce classique :** V^e-IVe siècles avant J.-C.
  Guerres Médiques (492-449) : les Grecs battent les Perses.
  Domination d'Athènes (449-431) : gouvernement de Périclès (444-428).
  Guerre du Péloponnèse (431-404) : Sparte l'emporte sur Athènes.
  Domination de Sparte (404-371).
  Domination de Thèbes (371-362).
  Domination de la Macédoine (361-323) : Philippe, puis Alexandre.
  La république à Rome : 509-27 avant J.-C.
  509-264 : conquête progressive de l'Italie.
  264-146 : guerres Puniques. Rome élimine Carthage.

146 : **La Grèce devient province romaine.**
  112-63 : Marius contre Sylla qui l'emporte finalement.
  69-44 : Pompée contre César qui l'emporte.
  44-27 : Antoine contre Octave qui l'emporte.
  L'empire romain : 27 avant J.-C. - 476 après J.-C.
  27-96 : les Césars.
  96-192 : les Antonins.
  192-476 : le Bas-Empire.
  395 : partage de l'Empire romain en empire d'Orient et empire d'Occident.
  476 : **prise de Rome par Odoacre, roi des Hérules.**
  1453 : prise de Constantinople par les Turcs Ottomans et fin de l'empire d'Orient.

Astronomie

L'astronomie est la science visant à connaître, et à faire connaître, les astres, leur constitution, leurs positions relatives, les lois réglant leurs mouvements.

Les anciens avaient fait de la muse Uranie (nom qui signifie « la céleste ») la personnification de l'astronomie. Pour attributs, elle avait une sphère, une couronne d'étoiles, des instruments de mesure.

L'astronomie a été étudiée très tôt par les Grecs. Les Romains ont bénéficié de leur savoir, mais ils ne l'ont pas fait progresser. Il en a été de même pour les mathématiques et pour la physique. La connaissance des sciences exactes est venue aux Romains des Grecs mais, tout en maintenant à l'honneur ces disciplines, ils se sont limités à en développer les applications pratiques.

L'étude du ciel

A l'origine, l'astronomie désignait tous les phénomènes s'accomplissant au-dessus de la tête des hommes. Il n'y avait qu'un mot pour l'astronomie proprement dite et pour la météorologie. Et ces sciences de la nature ont suscité la curiosité des plus anciens philosophes grecs. De même, on a assimilé longtemps l'astronomie et l'astrologie (l'art tendant à déterminer l'influence des astres sur les événements terrestres et à s'en servir pour prédire l'avenir). Ce n'est qu'au commencement de notre ère que l'astrologie, venue de Chaldée (actuellement une partie de l'Irak) et d'Egypte en Grèce, puis à Rome, après l'expédition d'Alexandre, se différenciera nettement de l'astronomie.

Car les Grecs ont élaboré, tôt, une astronomie positive et savante. Au Ve siècle avant J.-C., Méton, puis Callipe d'Athènes et Eudoxe de Cnide au siècle suivant, étudient la sphère étoilée, découvrent la mesure de l'année solaire et du mois lunaire. Il y aura, par la suite, un grand nombre d'astronomes en Grèce, mais le plus fameux demeure sans doute Hipparque, de Nicée en Bithynie, qui s'est fixé à Rhodes au IIe siècle avant J.-C., et qui a créé, entre autres, la trigonométrie rectiligne et sphérique. Il a laissé une *Description des constellations ou catalogue des étoiles fixes,* œuvre dans laquelle les positions des étoiles sont marquées en longitude et en latitude céleste. Plus tard, Claude Ptolémée, établi à Alexandrie au IIe siècle après J.-C., a réduit en système, dans sa *Grande Composition mathématique* en 14 livres, les découvertes de l'astronomie grecque et il les a transmises aux Arabes comme à l'Occident. Sa *Géographie* a fait autorité jusqu'à la fin du Moyen Age.

Les Romains n'ont pratiquement pris aucune part aux progrès de l'astronomie : ils ont tout appris des Grecs, y compris la construction des cadrans solaires. Et lorsque César voudra réformer le calendrier romain, il ne fera pas appel à Varron (116-27 avant J.-C.) qui passait pour un esprit universel et fort savant, mais à un Grec, Sosigène.

Cicéron, Pline, Vitruve, Macrobe ont traité, à l'occasion, de questions astronomiques, mais sans originalité si l'on considère la science grecque. Lucrèce se demandait si la lune que l'on voit, un soir, et celle que l'on a vue la veille sont bien la même. Tout le monde admettait que le Soleil tournait autour de la Terre, alors qu'Aristarque de Samos, au IIe siècle avant J.-C., avait émis l'hypothèse que le Soleil se trouvait au centre du système planétaire et que la Terre tournait autour de lui comme sur elle-même.

Il existait tout de même une astronomie populaire : les anciens Romains connaissaient les principales constellations. Ils appelaient la Grande Ourse « les sept bœufs », la comparant à sept bœufs tournant en cercle dans une aire à battre le blé. Ils se réglaient sur le ciel pour les travaux des champs.

De leurs observations étaient tout naturellement résultés des dictons populaires sur le temps que l'on pouvait prévoir. La météorologie, du reste, ne constituait pas une science distincte, comme cela a été dit : de l'expérience des campagnards ou de l'étude des astres, naissaient les « pronostics », ou prévisions météorologiques. Quant à l'astrologie, que pratiquaient à Rome beaucoup d'astronomes, elle connut une grande vogue chez les Latins (et « astrologia » continua à désigner souvent l'astronomie, dans les textes de Cicéron par exemple).

Il y eut, enfin, quelques essais de cartographie, science qui fait appel à la connaissance de l'astronomie parce qu'il faut connaître les longitudes et les latitudes des lieux indiqués. Outre la carte d'Eratosthène (voir à *Antiquité*), une carte des voies de l'Empire romain fut réalisée au IVe siècle après J.-C. On la connaît sous le nom de Table de Peutinger, du nom de Konrad Peutinger (1465-1547). Ce savant allemand en publia en effet une copie qui se trouve aujourd'hui à Vienne.

L'étude des mathématiques

Au milieu du Ve siècle avant J.-C., Hippocrate de Chios enseignait à Athènes la géométrie, et en vivait. Les connaissances des Grecs, dans ce domaine, étaient déjà avancées.

Des origines de la géométrie existent plusieurs versions : Hérodote raconte que les Egyptiens l'inventèrent pour mesurer les lots de terre modifiés par les crues du Nil. D'autres en attribuent la paternité à Pythagore (VIe siècle avant J.-C.). Sa découverte est en tout cas fort ancienne et les Grecs s'y intéressèrent avec continuité : Platon en recommandait l'étude, estimant sa connaissance indispensable au philosophe. On notera, d'ailleurs, que la notion de spécialisation, au sens où nous l'entendons, n'existait guère dans l'Antiquité : on pouvait fort bien être tout à la fois philosophe, astronome et mathématicien. Et, de fait, l'étude des *Eléments* d'Euclide faisait partie de l'éducation traditionnelle des jeunes gens.

L'astronome Eudoxe de Cnide est considéré comme le grand mathématicien du IVe siècle. Athènes fut d'abord le centre à la fois de l'enseignement philosophique et des études mathématiques. Puis Alexandrie attira les géomètres (au sens de spécialistes de la géométrie). Euclide, notamment, au IIIe siècle avant J.-C., Apollonios de Perga (vers 262 — vers 180 avant J.-C.), auteur des *Coniques,* et surtout Archimède (287-212 avant J.-C.) ont été des savants considérables. Ensuite, le dynamisme créateur s'est interrompu. Les Romains apprirent par cœur les définitions et les énoncés de propositions, mais ils ne virent, dans la géométrie, que son côté pratique : l'arpentage, la construction des charpentes (ils faisaient, semble-t-il, des épures), ou celle des cadrans solaires.

Quant à l'arithmétique, ce mot désignait, chez les anciens, la théorie des nombres : le calcul proprement dit — l'arithmétique pratique — s'appelait la « logistique ». Pythagore, qui considérait que les nombres sont le principe et la source de toutes choses, passe pour l'inventeur des règles de l'arithmétique.

Si les Romains avaient, en général, les mêmes méthodes de calcul que les Grecs, la numération — la façon d'écrire les nombres — était différente pour les uns et pour les autres. Les Grecs procédaient par mesure quaternaire : leurs unités étaient la dizaine, la centaine, le millier, les dix mille ou « myriade ». Au-delà, ils comptaient en myriades : par dizaines de myriades, centaines de myriades, milliers de myriades, myriades de myriades (cent millions). Dix myriades de myriades correspondaient à un milliard. Ils exprimaient les unités par des lettres de l'alphabet, chacune correspondant à un nombre : la première, alpha (α) correspondait à 1, la seconde, bêta (β) à 2, puis lambda (équivalent du *l* français) à 20 et ainsi pour 100, 200, etc. suivant une convention établie.

Les Romains recouraient, eux, à une mesure ternaire : la nomenclature des unités était la dizaine, la centaine, les mille, qu'ils reprenaient indéfiniment. Mille devenait alors l'unité d'une nouvelle série comprenant mille, dix mille, cent mille. Leur numération écrite comportait des signes correspondant aux diverses positions des doigts : I (1), V (5), X (10). Venaient ensuite

L (50), C (100), I) (500) devenu D, C I) (1000) ou M. Nous utilisons toujours les chiffres romains, mais dans les usages les plus courants, ils ont été supplantés par les chiffres arabes, connus en France à partir du Xe siècle.

Les Grecs, puis les Romains, usèrent de « l'abaque » : table à calcul qui pouvait être plus ou moins compliquée, plus ou moins volumineuse. Dans sa forme la plus simple c'était une planchette sur laquelle des divisions, tracées à l'avance, séparaient les ordres d'unité. En y déplaçant des cailloux ou des jetons, on pouvait effectuer aisément des comptes complexes. Sous une forme plus importante, l'abaque était une table munie

---

Les 9 Muses et les 3 Grâces

Apollon, dieu de la beauté, des arts, de la musique et de la vérité, conduisait le chœur des Muses sur les monts Parnasse, Hélicon et Piéros (on les appelait aussi, pour cela, les Piérides). Elles étaient neuf jeunes et belles divinités, filles de Zeus et de Mnémosyne (la Mémoire). Déesses des arts nobles, elles passaient pour inspirer les poètes : ceux-ci, au début, ne possédant pas de livres écrits, ne pouvaient que faire appel à leur mémoire. C'est pourquoi les Muses étaient filles de Mnémosyne. Chacune avait une fonction :

Clio (« célébrée » : « la renommée »), Muse de l'Histoire ;
Euterpe (« gaieté »), Muse de la Musique ;
Thalie (« abondance » : « la florissante »), Muse de la Comédie ;
Melpomène (« chant » : « la chantante »), Muse de la Tragédie ;
Terpsichore (« joie de la danse »), Muse de la Danse ;
Erato (« aimable »), Muse de la Poésie lyrique et de la Poésie amoureuse ;
Polymnie (« plusieurs chants » : « aux nombreux hymnes »), Muse de la Rhétorique ;
Uranie (« la céleste ») : Muse de l'Astronomie ;
Calliope (« à la voix harmonieuse ») : Muse de l'Eloquence et de la Poésie épique.

Thalie était à la fois l'une des neuf Muses et l'une des trois Grâces (en grec, les Charites), divinités de la beauté, personnifiant aussi la douceur et l'amitié, filles de Zeus. Les deux autres étaient Aglaé (« la brillante ») et Euphrosyne (« la Joie intérieure »).

de lignes et de tringles, sur laquelle on faisait circuler des boules. Pour les fractions, les Romains employaient un système duodécimal compliqué.

Dans le domaine de la physique, ils ont assimilé les théories des Grecs et ils ont perfectionné les applications pratiques de la science, mais ils n'ont pas fait progresser la science elle-même. Ils ont également appris des Grecs, d'ailleurs, les procédés que ceux-ci avaient inventés ou ceux qu'ils avaient reçus des Egyptiens en chimie : notamment la formation et la combinaison des alliages. Dans toutes les sciences exactes, le réalisme et le sens de l'efficacité romains ont tiré le meilleur parti des connaissances auxquelles était rapidement parvenu le génie grec.

———————————— REPÈRES ————————————

André Le Bœuffle, *Le Ciel des Romains,* de Boccard, 1989.

Geoffrey E. R. Lloyd, *Les Débuts de la science grecque, de Thalès à Aristote,* François Maspéro, collection Textes à l'appui, traduit de l'anglais, 1974.

Arnold Reymond, *Histoire des Sciences exactes et naturelles dans l'antiquité gréco-romaine. Exposé sommaire des Ecoles et des Principes,* avec une préface de L. Brunschvicg, P.U.F., 1924.

▶ **Chronologie, Métrologie.**

Barbare

Pour les anciens, le barbare était celui qui ne parlait pas leur langue. Il s'agissait donc d'un étranger avec lequel les contacts étaient difficiles, et qu'il était plus sûr de tenir à distance. On le considérait le plus souvent comme non civilisé ou, en tout cas, comme de civilisation inférieure.

Les contacts des Grecs, puis des Romains, avec le monde barbare se sont évidemment développés et ils ont été marqués à la fois par une certaine attirance — le mot « barbare » n'était pas toujours péjoratif et d'ailleurs il désignait les peuples les plus divers — et par le sentiment d'une menace : le barbare était l'envahisseur potentiel.

Ces deux attitudes se sont perpétuées en Occident au cours des siècles, sous la double forme d'une curiosité alternant — et souvent coexistant — avec une réaction de rejet. Le barbare c'est l'autre, tantôt aimable, tantôt méprisable, selon notre humeur, notre degré de prospérité, donc notre capacité d'accueil, et l'idéologie dominante.

C'est la différence de langage et d'habitudes qui, au départ, fait le barbare. Les Grecs appellent barbares tous les hommes, toutes les cités hors de la famille hellénique. L'origine du mot « barbare » pourrait être liée, selon Lévi-Strauss, à l'inarticulation du chant des oiseaux, par opposition au langage humain, liée donc à ce que l'on ne comprend pas. Ensuite, la barbarie tend à devenir un état inférieur auquel manquent culture et liberté. Le barbare, grossier, inculte et sauvage le plus souvent, est ainsi voué à la servitude.

Les Romains, eux aussi, eurent tendance à identifier la civilisation avec la culture gréco-latine. Le monde barbare était donc multiple et peu précis : c'était tous les autres. Mais si les Romains étaient environnés de barbares, ils ne ressentaient la barbarie comme menaçante ni en Asie, ni en Afrique. Par contre, ils se défiaient, non sans raison, des barbares de Germanie, de Scandinavie, de Finlande et de Russie.

Ils leur réservaient donc une condition très inférieure, par rapport aux sujets provinciaux et aux étrangers alliés, les « peregrini ». Ils veillaient à les contenir à l'extérieur de leurs frontières et considéraient que s'il leur arrivait de franchir celles-ci sans sauf-conduit, même en temps de paix, on pouvait s'emparer de leurs personnes et de leurs biens. Et les barbares ainsi capturés devenaient automatiquement esclaves. Les contrôles étaient du reste fréquents : par exemple, un traité de paix interdisant aux barbares d'entretenir des barques sur le Danube, des flottilles romaines assuraient une sévère police fluviale. En 70 de notre ère, les Germains ne pouvaient entrer que désarmés et sous escorte, moyennant péage, sur le territoire romain. Les commerçants romains, par contre, se rendaient librement en territoire barbare, à leurs risques et périls, pour acheter de l'ambre en Germanie ou de la soie en Inde.

La politique de Rome se durcit durant le Bas-Empire : interdiction fut faite de vendre aux Barbares du vin, de l'huile, des armes... On interdit aussi, à Rome, le port des vêtements barbares qui étaient devenus à la mode.

Malgré cela, Odoacre, roi des Hérules, un peuple germanique, s'emparait de Rome en 476 après J.-C. Il n'y avait pas eu, au demeurant, de programme d'invasion. Les barbares sont arrivés en Italie poussés par la nécessité et par le destin. Quelques tribus avaient été admises d'abord à s'installer à l'intérieur de l'empire, près des frontières. Puis l'armée romaine engagea comme auxiliaires des barbares qu'elle avait vaincus. Certains furent intégrés dans les légions. Au Bas-Empire, ils étaient nombreux. Ensuite des tribus entières obtinrent l'autorisation de s'installer : les Wisigoths en Aquitaine, par exemple. Les Huns, population nomade de haute Asie, pillent l'Empire romain au Ve siècle et précipitent les invasions barbares : Alamans, Burgondes, Francs, Saxons... La fin de l'empire, en 476 après J.-C., marque aussi le morcellement de l'Italie, qui durera jusqu'au XIXe siècle.

Nous associerons, volontiers et durablement, dans l'imaginaire collectif, la barbarie avec l'invasion, l'inculture et la férocité.

Signification et relativité de la barbarie

« *Il est certainement plus facile d'obliger des peuples barbares, qui ont toujours refusé de se soumettre, à nous obéir, que de maîtriser nos propres passions pour disposer d'une âme pacifiée* », écrivait Sénèque. Les barbares ont permis aux Romains de se mieux connaître et de justifier leurs comportements. Grâce au concept de barbarie, les Romains ont reconnu leurs valeurs et ils ont donné à celles-ci une portée universelle : il fallait affronter et vaincre le mal, donner un ordre, une structure à ce qui n'en avait pas. La mission de Rome devenait la recréation et la perfection de la nature. Les Romains se sont sentis portés à civiliser le monde par une vocation presque religieuse. Yves-Albert Dauge exprime très bien ce concept quand il remarque que l'antithèse entre romanité et barbarie est une « *structure inhérente à la conscience même du Romain, une structure fondamentale et permanente qui a servi à édifier une vision du monde, une élite, une civilisation, un empire et un ordre universel* ».

Seulement, après l'achèvement de la création, par les méthodes et selon les valeurs romaines, vient la menace. Les limites de la barbarie reculent indéfiniment. Indéfiniment, la barbarie demeure menaçante. La première réaction du « civilisé » sera donc celle du repli sur soi, de la défense et du rejet. Il rejette même l'idée que l'autre, le barbare, puisse l'approcher ; à plus forte raison qu'il s'empare de ce qui lui appartient. C'est une réaction très ancienne et très humaine. Déjà, Agamemnon, dans *Iphigénie à Aulis*, d'Euripide, s'écrie : « *Il ne faut pas que des barbares ravissent leurs femmes à des Grecs !* » Le barbare, en l'occurrence le Troyen, c'est Pâris qui, ayant enlevé la femme du roi de Sparte, Hélène, a provoqué la guerre de Troie.

La notion de barbarie est donc complexe : il y a l'affirmation de sa propre identité, la part de la rumeur (la crainte obscure du barbare, l'appréhension des envahisseurs), celle des idées reçues (le barbare, inculte, ne peut apporter que la destruction et le malheur), la tentation barbare en chacun, aussi, qui est tentation bestiale : rien de plus facile à libérer que les instincts de barbarie qui s'exerceront, en cas de conflit armé, sur le territoire de l'adversaire...

Mais, également, une réflexion sur la barbarie est l'occasion de cerner deux notions qui n'ont cessé de s'opposer depuis l'Antiquité, dans l'histoire des idées, et qui continuent à cohabiter — chacune supplantant l'autre à tour de rôle — dans le cœur des hommes. A l'ethnocentrisme, c'est-à-dire l'attitude consistant à considérer et à affirmer que sa propre culture représente la forme la plus accomplie de civilisation, et donc que les autres cultures sont « barbares » et inférieures, s'oppose le relativisme culturel : chaque culture a sa valeur propre, aucune ne l'emporte sur les autres, et nous devons être attentifs et ouverts au comportement et aux critères de ceux qui sont différents. Si l'ethnocentrisme est souvent une réaction viscérale, le relativisme culturel, traduisant un effort de la raison et de l'intelligence sur l'instinct, a heureusement une tradition ancienne : l'historien grec Hérodote, notant que, pour les Egyptiens, étaient des barbares ceux qui ne parlaient pas leur langue, Montaigne réfléchissant à la fragilité de la coutume (« *chacun appelle barbarie ce qui n'est pas de son usage* »), Montesquieu nous présentant des Persans (*Lettres persanes*) et Voltaire un Huron (*L'Ingénu*), tous fort sensés et critiques à l'égard de la société française du XVIIIe siècle, mènent à Claude Lévi-Strauss, recommandant une attitude de compréhension des différences (*Race et histoire*) qui n'est pas incompatible avec la préservation de l'identité culturelle de chacun (*Le Regard éloigné*). Nous en retiendrons une leçon de modestie : aussi cultivés et civilisés que nous croyions être, chacun de nous n'en est pas moins, toujours, le barbare de quelqu'un.

──────── REPÈRES ────────

Yves-Albert Dauge, *Le Barbare, Recherches sur la conception romaine de la barbarie et de la civilisation*, Latomus, Bruxelles, 1981.

▶ **Civilisation, Colonies, Gallo-romain.**

Biographie

La biographie est l'histoire de la vie d'un personnage, comme l'étymologie du mot l'indique (en grec, « grafein » signifie « écrire » et « bios », « vie »). Une biographie est donc le récit de la vie de quelqu'un. La biographie peut être également entendue comme le genre biographique : il a pour but de satisfaire la curiosité que l'écrivain et ses lecteurs éprouvent pour un homme ou pour une femme qui ont attiré l'attention de leurs contemporains, ou qui ont provoqué celle des générations suivantes. Les biographes sont des historiens, puisqu'ils contribuent certainement à écrire l'histoire, mais ils ne sont pas que des historiens : recréant la vie dans ce qu'elle peut avoir parfois d'inexplicable au regard de la stricte logique, ils piquent chez leurs lecteurs la curiosité que l'on porte aux romans.

On assiste en France, en cette fin du XXe siècle, à une inflation du genre biographique qui correspond peut-être à une baisse de l'intérêt du public pour le roman, sans doute aussi à un besoin de nos contemporains de se voir proposer des modèles qui les rassurent. En outre, une variante de la biographie, l'autobiographie (la vie d'une personne écrite par elle-même) a été récemment beaucoup étudiée par la critique universitaire. Cette actualité de la question invite à un retour aux sources : les Grecs ont été les inventeurs de la biographie mais l'ambiguïté des rapports du genre avec l'histoire apparaît tôt. Les Romains développeront notablement les études historiques, pour lesquelles ils auront un goût particulier ; mais l'un des textes fondateurs du genre autobiographique sera écrit en latin.

L'âge attique (V^e et IVe siècles avant J.-C.) est marqué en Grèce par trois historiens. Hérodote (vers 480 – vers 425) pratique la chronique historique ou logographie. Il a écrit une *Enquête* divisée en neuf livres dont chacun porte le nom d'une Muse : il décrit ainsi l'Empire perse, puis les guerres Médiques (entre les Grecs et les Perses). Hérodote rapporte ce qu'il a vu, entendu ou lu, et il fait leur place, quand il le croit bon, aux légendes. Thucydide (471 – vers 395), lui, est véritablement un historien au sens où nous l'entendons aujourd'hui : son *Histoire de la guerre du Péloponnèse,* demeurée inachevée, est un ouvrage précis, soucieux d'objectivité, d'une grande concision de style. Xénophon (vers 430 – vers 355) a laissé avec *L'Anabase,* le récit de l'expédition de Cyrus le jeune, roi de Perse, contre son frère Artaxerxès II. Mais il est également l'auteur du premier roman biographique, *La Cyropédie,* récit de la vie romancée de Cyrus II le Grand. Il a enfin mis en scène Socrate dans des mémoires ou dialogues (*Apologie de Socrate*). Il n'est pas inintéressant de le mentionner, car il semble bien que par ailleurs *L'Apologie de Socrate,* de Platon, ait offert pour modèle aux biographes le récit d'une vie au quotidien, la formation d'une personnalité, le recours à l'anecdote. Il y a donc eu, sans doute, influence platonicienne sur la formation du genre biographique. Il est vraisemblable qu'à l'époque de Thucydide de nombreux récits ont été consacrés à la vie de héros de la mythologie ou à celle de personnages historiques.

A la période hellénistique, après la mort d'Alexandre, s'il y a des historiens — Polybe (IIe siècle avant J.-C.), Arrien, Appien, Dion Cassius (Ier siècle avant J.-C.) — de nombreuses biographies (des « Vies », du mot grec au pluriel « bioi ») mêlent aussi érudition et imagination. On connaît surtout les *Vies parallèles* ou *Vies des hommes illustres* de Plutarque (vers 45 – vers 122 après J.-C.), biographies consacrées aux grands hommes de la Grèce et de Rome, groupés deux par deux (par exemple : Alexandre et César). Le livre, traduit par Amyot au XVIe siècle, sera alors et au siècle suivant très lu en France. Mais des textes autobiographiques furent encore composés ou inspirés par les politiciens du monde hellénistique pour justifier leur action et il y eut un genre biographique plus familial et privé sous la forme de courts récits attachés aux arbres généalogiques.

La Grèce a donc vu se développer parallèlement le genre historique et la biographie, avec des points de rencontre entre l'un et l'autre toutefois, chez Xénophon ou chez Plutarque par exemple.

Les Romains avaient le respect du passé et le sens de la grandeur de Rome, et ils disposaient d'archives sérieuses. Ils ont donc été naturellement portés vers l'histoire, mais à peu près uniquement et de façon trop souvent peu objective, vers l'histoire romaine à laquelle ils ont fait servir, à l'occasion, la biographie. Les premiers classiques du genre, sous la république, sont Cornélius Népos, César et Salluste. Cornélius Népos (vers 99 – vers 24 avant J.-C.) est un vulgarisateur dont les *Vies des grands capitaines des nations étrangères,* partiellement conservées, ou la *Vie de Caton l'Ancien,* ont eu pour mérite d'introduire à Rome la biographie. César (100-44 avant J.-C.) s'est fait historien pour influencer l'opinion publique : ses *Commentaires* (7 livres sur la guerre des Gaules, 3 sur la guerre civile jusqu'à la mort de Pompée), sont bien documentés et peu objectifs. Salluste a été lui aussi un homme politique et un partisan; pourtant, les cinq livres de ses *Histoires* révèlent, à la différence de César, un historien impartial. Doué pour les portraits, il se situe dans la ligne de Thucydide par son sens psychologique, par sa tentative d'expliquer les faits, par son souci moral. En tant qu'écrivains, César et Salluste ont été des puristes et leur art sobre s'est inscrit en réaction contre l'idéal cicéronien, plus oratoire.

Sous l'empire, Tite-Live (59 avant J.-C. – 17 après J.-C.), au contraire, adopte un style périodique pour donner de Rome une image majestueuse (*Histoire de Rome*). Après lui, Quinte-Curce qui, exceptionnellement chez les Romains, ne traite pas, prudemment, de l'histoire nationale (on le suppose contemporain de l'empereur Claude), donne une biographie presque romancée du roi de Macédoine dans son *Histoire d'Alexandre*; Suétone (vers 75 – vers 160 après J.-C.) réunit douze monographies, qui sont surtout de la « petite histoire », dans *Vies des douze Césars*; Tacite (vers 55 – vers 120 après J.-C.) écrit *La Vie d'Agricola* (qui était son beau-père), mais surtout les *Histoires* et les

Annales, consacrées à l'histoire romaine, dont nous n'avons pas l'intégralité. Racine voyait en lui «*le plus grand peintre de l'Antiquité*». Il est un témoin pessimiste, bien documenté et impartial, animé d'un souci moral, mais surtout capable d'une extrême pénétration psychologique : il sait animer ses tableaux de cette connaissance des individus et des foules. Tacite est un grand artiste parce que, selon l'expression d'Henry Bardon, «*génial buriniste des cœurs*».

Il y aura encore des historiens — mais de moindre envergure — au Bas-Empire : Eutrope, Aurelius Victor, Sulpice-Sévère qui raconta dans un but édifiant la vie de saint Martin (*Vie,* 397 après J.-C.). On retiendra surtout pour finir, de la littérature latine chrétienne, les *Confessions* ou le *Roman d'une Ame* de saint Augustin. Composées en 397-398 de notre ère, elles racontent dans leur première partie l'histoire intérieure de l'auteur jusqu'à sa conversion. Œuvre à la gloire de Dieu, réflexion métaphysique certainement, les *Confessions* apparaissent aussi comme un des tout premiers textes annonçant ce que l'on considère aujourd'hui comme un genre à part entière : l'autobiographie.

───────────── REPÈRES ─────────────

Arnaldo Momigliano, *Les Origines de la biographie en Grèce ancienne,* Circé, Strasbourg, 1991.

Césarisme

Le terme « césarisme » fut employé pour la première fois par François Auguste Romieu dans L'Ere des Césars, en 1850. Il désigne un système de gouvernement comparable à celui qui fut instauré par César : le pouvoir d'origine démocratique est exercé sans partage par un homme. Il diffère donc de la monarchie française en ce qu'il a son fondement non point dans le droit divin, mais dans une désignation populaire.

Le concept a été utilisé par Mommsen dans son Histoire romaine et, au XIXe comme au XXe siècle, par ceux qui entendaient disqualifier un pouvoir qu'ils réputaient trop personnel. Ainsi, le reproche de césarisme a été souvent adressé au premier et au second Empire français. Le mot évoque évidemment d'abord Jules César, qui d'ailleurs fut dictateur sous la république, et tous ceux qui lui succédèrent après un intervalle d'une quinzaine d'années, mais il porte aussi à réfléchir sur la notion plus ancienne et plus générale de tyrannie, et d'abord sur le type de royauté que connut l'antiquité gréco-romaine.

La royauté

La royauté primitive avait, en Grèce comme en Italie, un caractère sacerdotal. Les premiers rois ne s'imposèrent point par la force, mais leur autorité était liée à l'origine de la cité. Dans La Cité antique, Fustel de Coulanges constate : « L'autorité découla, ainsi que le dit formellement Aristote, du culte du foyer. La religion fit le roi dans la cité comme elle avait fait le chef de famille dans la maison. La croyance, l'indiscutable et impérieuse croyance, disait que le prêtre héréditaire du foyer était le dépositaire des choses saintes et le gardien des dieux. Comment hésiter à obéir à un tel homme ? »

On voyait dans le roi un intercesseur auprès des dieux et, la religion prescrivant que le fils succédait au père pour entretenir le foyer — dans une famille comme dans une cité — la royauté fut naturellement héréditaire.

Puis les croyances sur lesquelles ce système politique était basé s'affaiblirent. Les hommes qui se trouvaient exclus du système devinrent de plus en plus nombreux. Les rois furent renversés successivement, dans les diverses cités grecques, entre la fin du VIIIe et le Ve siècle. Les familles royales d'ailleurs, quand elles subsistèrent, demeurèrent honorées en raison de leur caractère sacré.

On fera mention particulière de Sparte : deux rois appartenant à des familles différentes (les Agides et les Euripontides), prétendant chacune descendre d'Héraclès, y régnaient en même temps. Leur pouvoir héréditaire passait au fils né après l'avènement du père ou, à défaut, au plus proche parent de la branche masculine. Réunissant au début tous les pouvoirs (religieux, militaire et judiciaire), les rois de Sparte ne conservèrent par la suite que des attributions honorifiques (la constitution de la cité, élaborée, pense-t-on, par Lycurgue au IXe siècle avant J.-C., demeura à peu près inchangée jusqu'à la domination romaine).

L'époque de la royauté à Rome (753-509 avant J.-C.) demeure mal connue : l'histoire a été souvent déformée par les grandes familles romaines dans le souci de rehausser l'éclat de leurs origines. Après Romulus, le fondateur, Rome connut six rois : le dernier, Tarquin le Superbe, fut chassé par le peuple et la république fut proclamée.

Le roi n'était pas héréditaire mais proposé par le sénat après consultation des dieux et élu par les comices (voir à *Forum*). Il était le chef de l'armée et de la diplomatie, pouvait présenter des projets de lois, condamner, sans recours possible, à la prison ou à l'amende, et il faisait les sacrifices les plus solennels. Il circulait en char, portait toge de pourpre, couronne d'or et sceptre. Les autres insignes de son pouvoir étaient la chaise curule, sorte de pliant démontable en ivoire, et les faisceaux — verges liées autour d'une hache, symbolisant son droit de vie et de mort sur ses sujets — portés par douze licteurs ou appariteurs (le mot « fascisme » provient de ces faisceaux romains).

La tyrannie

Dans les cités grecques, après la disparition des rois, il arrivait fréquemment qu'un groupe limité de citoyens riches et puissants contrôle le pouvoir et en abuse. Alors, pour s'en défaire, le peuple se donnait un chef que l'on appelait tyran : c'était un monarque qui tenait son autorité non d'une fonction religieuse, mais de l'élection ou de la force. L'apparition des tyrans dans la vie politique grecque illustre un principe nouveau : des hommes obéissent à un autre homme sans que le pouvoir de celui-ci soit lié à l'exercice d'un culte. Il y avait certainement des raisons économiques à la tyrannie. Claude Mossé retient la crise agraire comme un facteur de déséquilibre dans le monde grec du VIIe siècle avant J.-C. : la situation dégradée des petits paysans, les bouleversements économiques et structurels résultant du développement de la production marchande expliquent souvent le recours aux tyrans. Ceux-ci se posent en défenseurs du peuple, mais aussi, ils se conduisent en despotes. Un tyran de Corinthe ayant demandé un jour des conseils sur le gouvernement à un tyran de Milet, celui-ci coupa les épis de blé qui dépassaient les autres dans un champ : ce geste signifiait qu'il fallait frapper les têtes s'élevant au-dessus du lot, l'aristocratie. Le peuple détestait souvent la société aristocratique, fondée sur les liens du sang et dont il était exclu : pour cela, il mettait en place une tyrannie qu'en général il n'aimait guère et qu'il ne conservait pas longtemps.

« *Le tyran,* dit Aristote, *n'a pour mission que de protéger le peuple contre les riches; il a toujours commencé par être un démagogue et il est de l'essence de la tyrannie de combattre l'aristocratie.* »

Le tyran était donc l'ennemi des riches, mais contraint, pour se maintenir au pouvoir, de toujours donner aux pauvres, il se trouvait immanquablement porté à gouverner avec violence et cruauté. Il était un homme seul, vivant dans une petite cité, au milieu de ses sujets, sans intermédiaires, et exerçant directement et personnellement tous les pouvoirs. Pratiquement, toutes les cités grecques connurent la tyrannie à un moment de leur histoire. Il y eut toutefois quelques tyrans bienveillants : Pisistrate, par exemple, qui régna à Athènes de 561 à 527 avant J.-C., protégea les arts, fut aimé du peuple et à qui son fils succéda.

L'empire

Comme les tyrans grecs, Caïus Julius César (100-44 avant J.-C.) ne voulait pas que le monde appartînt à trois cents familles patriciennes. Animé par une puissante ambition (à Cadix, il pleura devant la statue d'Alexandre le Grand : *« A mon âge, il avait conquis le monde, et je n'ai encore rien fait »*), doué de multiples talents — chef de guerre et homme politique, mais aussi orateur, historien (voir à *Biographie*) — il sut s'appuyer sur le peuple pour gouverner en souverain absolu, mais sans entreprendre une restauration monarchique et en demeurant dans le cadre des institutions républicaines. Il illustre ainsi la définition que donne Zvi Yavetz du césarisme : *« une forme de gouvernement qui, sous l'apparence d'une monarchie légitime, est en fait fondé sur l'épée. Les vieilles institutions restent inchangées. Les magistratures conservent leurs anciennes dénominations. La réalité se cache derrière une façade d'astucieuses fictions légales »*.

C'est après l'assassinat de César (à la suite d'une conspiration fomentée par un groupe de sénateurs désireux de ramener au gouvernement l'aristocratie républicaine), et après plusieurs années de lutte pour le pouvoir, que celui qu'il avait adopté comme son fils dans son testament, Octave, deviendra de fait le premier empereur, en 27 avant J.-C., sous le nom d'Auguste : Tacite rapporte qu'il avait *« séduit le soldat par ses dons, le peuple par ses distributions de blé, tout le monde par les douceurs de la paix »*.

L'Empire romain durera de 27 avant J.-C. à 476 après J.-C. Les douze Césars — c'est-à-dire Jules César et ses onze premiers successeurs, regroupés ainsi en raison du livre de Suétone, *Vies des douze Césars,* mais de manière factice car les six derniers sont étrangers à la famille — seront suivis des Antonins puis de nombreux autres jusqu'à Romulus Augustule, le dernier, qui régnera en 475 et 476 de notre ère.

A Rome, l'empereur doit légalement être choisi par le sénat. En fait, la plupart des successeurs d'Auguste seront désignés par leurs prédécesseurs ou imposés par leurs troupes. Les pouvoirs de l'empereur — théoriquement exerçant une magistrature — se sont peu à peu accrus et généralisés. Chef du culte, il nomme les prêtres; chef suprême des soldats, il a droit de paix et de guerre; il nomme les sénateurs et il a le droit de voter le premier au sénat; il peut annuler les lois et les décisions autres que les siennes. Enfin, il a une fortune personnelle considérable et il n'établit pas toujours de distinction entre celle-ci et le trésor public. Son effigie figure sur les monnaies.

Le nom personnel de l'empereur est encadré par les titres «Imp(erator) Caesar» et «Aug(ustus)». Il est couronné de lauriers et il s'assied sur la chaise curule. L'impératrice a droit au titre d'Augusta. Mais le principat n'est pas héréditaire.

Si d'anciennes magistratures ont été maintenues sous l'empire, de nouvelles ont été créées, qui ont pris de l'importance: le préfet du prétoire, chef de la garde prétorienne (la garde personnelle de l'empereur), le préfet de la ville, chargé d'administrer Rome, ou le préfet des vigiles, qui veille à la sécurité de la capitale, tous nommés directement par le Prince (voir à *Magistrats*). En fait, les empereurs romains ont poursuivi une œuvre de centralisation efficace, tout en concentrant progressivement tous les pouvoirs entre leurs mains.

Aussi, au Bas-Empire, le sénat n'existait-il plus que de façon formelle. La personne de l'empereur, en revanche, était devenue sacrée. C'est sous la pression d'une situation devenue de plus en plus difficile à contrôler que les empereurs renoncèrent à certaines prérogatives et réalisèrent une répartition territoriale: Théodose, qui était chrétien, partagea en 395 l'empire entre ses deux fils, Arcadius qui eut l'Orient, et Honorius qui eut l'Occident.

REPÈRES

Claude Mossé, *La tyrannie dans la Grèce antique*, P.U.F., collection Hier, 1969.
Gérard Walter, *César*, Albin Michel, 1947.
Zvi Yavetz, *César et son image. Des limites du charisme en politique*, traduit de l'anglais, Les Belles Lettres, collection Histoire, 1990.

▶ **Démocratie, Forum, Magistrat, Oligarchie, Sénat.**

Les rois et les césars

• Les sept rois de Rome
Romulus (753-716)
Numa Pompilius (715-672)
Tullus Hostilius (672-640)
Ancus Martius (640-616)
Tarquin l'Ancien (616-578)
Servius Tullius (578-534)
Tarquin le Superbe (534-509)

• Les « douze césars »
Jules César, dictateur (48-44)
Auguste
 (27 av. J.-C., 14 ap. J.-C.)
Tibère (14-37)
Caligula (37-41)
Claude (41-54)
Néron (54-68)
Galba (68-69)
Othon (15/01-14/04/69)
Vitellius (15/04-20/12/69)
Vespasien (69-79)
Titus (79-81)
Domitien (81-96)

La République romaine fut proclamée en 509 avant J.-C., lorsque Tarquin le Superbe fut chassé et elle dura jusqu'à 27 avant J.-C., année où le sénat décerna à Octave le titre d'Auguste. Auparavant, César avait exercé sous la république un pouvoir presque absolu (la dictature était une magistrature extraordinaire, décidée par le sénat). L'Empire romain a succédé à la république sans modification apparente des structures de l'Etat.

Chronologie

La chronologie est la connaissance de l'ordre des temps. Ce peut être, plus précisément, la succession, dans le temps, de certains événements historiques (l'ordre chronologique).

A l'origine est le mot grec « chronos », qui signifie « le temps ». Il ne faut pas, semble-t-il, l'associer, comme on le fait parfois, au nom du dieu Cronos, fils fort méchant du Ciel et de la Terre qui dévorait ses enfants (à l'exception de Zeus qui lui échappa parce que sa mère, Rhéa, substitua au bébé une grosse pierre enveloppée de langes que le père avala à sa place). Les Latins associèrent Cronos à Saturne, qui comptait à l'origine parmi les « numina » et, dieu bénéfique, patronnait les semeurs et les semences.

Quant à la chronologie, les anciens mirent au point un système permettant de compter les jours, les mois, les années, et de dater les événements historiques.

Le jour

Longtemps, les Grecs n'éprouvèrent pas la nécessité de préciser le moment exact de la journée : ils se contentaient de points de repères indéterminés : l'aurore, le matin, le soir... Le jour était compté d'un coucher de soleil à l'autre. Anaximène introduisit, vers 515 avant J.-C., la division en heures. Chaque heure était la douzième partie du jour et variait de longueur avec les époques de l'année. On se repéra d'abord par le cadran solaire, puis par l'horloge à eau, qu'il ne faut pas confondre avec la clepsydre (vase percé d'où l'eau s'écoule en un temps donné et qui permettait de mesurer le temps de parole des orateurs).

Les Romains adoptèrent la même division en heures, mais ils comptaient les jours de minuit à minuit. Le décompte des heures se faisait du matin au soir (la première heure se situait de 6 à 7 heures le matin, en moyenne, la seconde de 7 à 8, etc.). Les militaires divisaient la nuit en quatre veilles, chacune équivalant à peu près à une période de trois heures actuelles. Les cadrans solaires, puis les horloges à eau — quelques-unes, perfectionnées, avec une sonnerie — furent nombreuses sous l'empire.

Les Romains eurent le souci de l'heure exacte, beaucoup plus que les Grecs. On remarquera que les Anglais ont conservé l'usage des lettres a.m. et p.m. («ante meridiem» et «post meridiem» qui signifient «avant midi» et «après midi»), et ils écrivent «2 p.m.» pour «14 h».

Le mois

Les Grecs considéraient que la lune tourne autour de la terre en vingt-neuf jours et demi environ (le mois lunaire est exactement de vingt-neuf jours, douze heures et quarante-quatre minutes). Ils comptèrent donc alternativement des mois pleins de trente jours et des mois creux de vingt-neuf jours. Chaque mois plein comportait trois décades : le commencement, le milieu et la fin du mois. Chaque mois creux comportait deux décades et une ennéade (les neuf derniers jours, «ennea» voulant dire «neuf»). Le premier jour s'appelait «nouvelle lune». Puis on comptait : «deuxième jour du commencement du mois» (le 2), «troisième jour du commencement du mois» (le 3) jusqu'au 10. Le 11 était le «premier jour du milieu du mois», et ainsi de suite pour la deuxième décade. Pour la fin du mois, on comptait à rebours : le 20 était le «dixième jour (ou le neuvième pour un mois creux) d'avant la fin du mois», le 21 le «neuvième jour (ou le huitième) d'avant la fin du mois», et ainsi jusqu'au 30 ou au 29. Quand le calendrier ne correspondait plus aux révolutions de la lune (qui n'étaient pas exactement mesurées), on ajoutait de temps en temps un jour de plus.

Les Romains adoptèrent le même principe de l'année lunaire, mais ils comptèrent les jours différemment : ils se repérèrent sur le jour de la nouvelle lune ou «ca-

Les noms des mois dans l'Antiquité

Grèce	Rome	
Gamélion (30 jours)	Januarius (31 jours)	Janvier
Anthestérion (29 jours)	Februarius (28 ou 29 jours)	Février
Elaphébolion (30 jours)	Martius (31 jours)	Mars
Manychion (29 jours)	Aprilis (30 jours)	Avril
Thargélion (30 jours)	Maius (31 jours)	Mai
Scirophorion (29 jours)	Junius (30 jours)	Juin
Hécatombaïon (30 jours)	Quintilis, puis Julius, en 44 avant J.-C., en l'honneur de César (31 jours)	Juillet
Métageitnion (29 jours)	Sextilis, puis Augustus, en 8 av. J.-C., en l'honneur d'Auguste (31 jours)	Août
Boédromion (30 jours)	September (30 jours)	Septembre
Pyanepsion (30 jours)	October (31 jours)	Octobre
Maimactérion (29 jours)	November (30 jours)	Novembre
Poséidéon (29 jours)	December (31 jours)	Décembre

La correspondance indiquée avec nos propres mois reste approximative. L'année commençait à Athènes vers le solstice d'été, au premier jour d'Hécatombaïon. A Rome, jusqu'en 153 avant J.-C., l'année commençait le 15 mars, d'où les noms ordinaux des mois à partir de « quintilis » (cinquième mois, sixième mois, etc.)

lende », sur le jour du premier quartier ou « none » et sur le jour de la pleine lune ou « ide ». Ils comptaient les autres jours par rapport à ceux-là, en se référant à la date qui suivait : ainsi, le 2 mai était le sixième jour avant les nones (qui tombaient le 7) et le 26 mars était le septième jour avant les calendes d'avril. Notons, au passage, que l'expression *« renvoyer une démarche aux calendes grecques »* signifie la remettre indéfiniment, puisque le mot « calende » était latin, et qu'il n'y avait pas de calendes grecques.

L'année

L'année des Grecs comptait 354 jours et équivalait à peu près à douze mois lunaires. Comme évidemment le calendrier ne correspondait pas, au bout de quelques temps, à la révolution de la lune (en raison de sa mesure approximative), on ajoutait à certaines années un mois intercalaire de trente jours qui rétablissait l'équilibre. Placé après « poséideôn », il s'appelait « poséidéôn deuxième ». Les Romains adoptèrent d'abord le même système, afin de rattraper le retard sur l'année solaire. C'est Jules César qui, en 46 avant J.-C., réforma le calendrier : il institua, en qualité de Grand Pontife, l'année de 365 jours, avec des mois alternativement de 30 et de 31 jours, et un jour supplémentaire tous les quatre ans (année bissextile). Ce système, légèrement modifié, est toujours le nôtre.

Enfin, on désignait les années de façon différente selon les villes grecques : à Athènes, on leur donnait le nom de l'archonte éponyme ou, à Sparte, celui du premier éphore (voir à *Magistrats*). On datait parfois en référence à un événement historique (le commencement d'une guerre) ou naturel (une éclipse). Puis on prit pour référence les olympiades (voir encadré *L'ère des olympiades*). Les Romains se référèrent eux aussi aux noms des magistrats (les consuls) ou à des événements connus. Mais le système qui prévalut consista à situer un événement à partir de la date de la fondation de Rome, généralement estimée à 753 avant J.-C. On peut aisément établir les correspondances. Ainsi, un événement survenu en 400 après la fondation de Rome peut être daté en retranchant 400 de 754 (première année de l'ère chrétienne), soit 354 avant J.-C. Un événement survenu en 800 après la fondation de Rome sera situé dans notre chronologie en retranchant 753 de 800, soit en 47 après J.-C.

———————————— REPÈRES ————————————

R. Chevallier (sous la direction de), *Aiôn, Le Temps chez les Romains,* Picard, 1976.

▶ **Astronomie, Métrologie, Culte.**

Cité

« Cité » peut être pris aujourd'hui dans le sens de « ville ». Le mot ajoute toutefois à l'idée d'agglomération relativement importante : il sous-entend la ville comme personne politique, ayant des droits, des devoirs, des fonctions.

C'est que, autrefois, le mot « cité » désignait un territoire dont les habitants se gouvernaient par leurs propres lois : l'unité politique constituée par la ville et par ses environs. Nous sommes ainsi renvoyés aux premières organisations de la vie citadine que les anciens voulurent harmonieuse et exemplaire. Dans son Histoire de Rome, Tite-Live écrit du successeur de Romulus, le fondateur de la ville : « Devenu roi d'une ville naissante, fondée par la force des armes, Numa se met en devoir de l'établir sur des fondements nouveaux : le droit, la loi, les bonnes mœurs. » Déjà, les cités grecques avaient été les creusets de la vie sociale et politique, et elles demeurent, aux yeux des historiens, de véritables modèles pour la qualité de leurs institutions et, souvent, pour la démocratie de leurs mœurs.

Les cités antiques

Les premiers habitants de la Grèce, ceux qu'on appelle les Achéens, étaient des pasteurs à demi nomades. Chaque groupe constituait un clan patriarcal ou « génos » dont les membres descendaient du même aïeul et adoraient le même dieu. Ces clans s'associèrent en fraternités ou phratries lorsqu'ils eurent à faire des expéditions guerrières. Quand l'entreprise était d'envergure, les phratries elles-mêmes se groupaient en tribus, chaque tribu reconnaissant l'autorité d'un même chef, le basileus. Puis les clans se sédentarisèrent.

Aristote distingue donc, dans sa *Politique*, trois stades : d'abord la famille, première communauté naturelle (mari et femme; maître et esclave), groupée autour du même autel; puis le village, dirigé par un roi qui a les attributs de l'aïeul dans la famille; enfin l'Etat, la « polis », constituée par l'association de plusieurs villages, qui se suffit à elle-même. L'homme évolue au sein de sa famille et l'aboutissement naturel de cette évolution est la polis : il est un être « politique » et la cité est un phénomène naturel.

Les cités (les polis) s'implantèrent puis se développèrent, évidemment en fonction du milieu, de la position géographique, des circonstances historiques. Elles rassemblèrent, furent des lieux de rencontres et d'échanges. « *Dans presque toutes les cités,* dit encore Aristote, *il y a nécessité de vendre ou d'acheter pour la satisfaction de mutuels besoins, et c'est pour elles le moyen le plus expéditif de se suffire, objet qui semble avoir déterminé les hommes à s'unir en communauté.* »

Autonome, autosuffisante, lien symbolique autant que réel, par ses édifices et par ses institutions, entre le passé, le présent et l'avenir de ses habitants, la cité est tout cela, mais son développement reste étroitement associé au sentiment religieux. La patrie, c'est avant tout ce qui unit les hommes ayant un ancêtre commun, un même père. Le culte des morts est donc la base de la cohésion et de la continuité de la famille. Et la croyance commune dans les mêmes dieux protecteurs, les mêmes pratiques religieuses, a été le ciment de la cité, après avoir été celui du noyau familial. Ainsi n'y a-t-il pas eu de progrès social sans une progression correspondante de la pensée et de la pratique religieuses. Les anciens aimaient leur patrie parce qu'ils aimaient les dieux qui la protégeaient avant de l'apprécier pour ses lois et pour ses institutions.

On en déduira que l'isolement était la règle : chacun avait ses dieux. Toute tentative de fédération, à plus forte raison d'union des cités entre elles, impliquait que l'on y renonçât, et signifiait un abandon de souveraineté. Des bornes sacrées déterminaient le territoire : lois, monnaies, poids et mesures, le système entier était cohérent, mais autonome. Par contre, hors de sa cité, le Grec se trouvait aussitôt en pays étranger. Aussi les rivalités entre Etats étaient-elles brutales et cruelles : on ne faisait pas seulement la guerre aux hommes, mais à leurs dieux et il n'y avait pas de merci. Le fort particularisme des cités grecques ne céda finalement que devant une unité imposée de l'extérieur, par la Macédoine, puis par Rome.

Il ne faut pas, au demeurant, s'exagérer l'importance matérielle des cités antiques. Si l'on excepte Athènes et Sparte, dont le territoire était assez vaste, il s'agissait de tout petits Etats dont la population excédait rarement dix mille personnes. Et même, Rome distinguera entre les territoires conquis (ager publicus) et le noyau initial du territoire romain (ager romanus) qui demeurera fixé aux limites que ses rois avaient tracées.

Il apparaît bien que la cité antique jouissait, à l'intérieur de ses limites, d'une liberté collective qui était une condition même de son autonomie. Sur la liberté des citoyens dans ce cadre collectif, les opinions divergent. Dans *50 Mots clés de la culture générale contemporaine,* Ph. Forest cite, à l'entrée *Individualisme,* l'ouvrage de Benjamin Constant, *De la Liberté des Anciens comparée à celle des Modernes* (1819) : « *Le but des Anciens était le partage du pouvoir social entre tous les citoyens d'une même patrie. C'était là ce qu'ils nommaient liberté.* »

Fustel de Coulanges, lui aussi, souligne en 1864 que la cité antique exclut la notion de liberté individuelle. Et il voit, au nombre des raisons de sa dissolution, l'action conjuguée du christianisme et de la philosophie grecque faisant prévaloir une conception de la valeur et des buts individuels distincte de la notion d'Etat : comme le stoïcisme avait fondé la liberté de l'individu, le christianisme harmonise les croyances et « *sépare la religion du gouvernement. La religion, n'étant plus terrestre, ne se mêle plus que le moins qu'elle peut aux choses de la terre* ». Alors que la religion, le droit et le gouvernement avaient été si longtemps indissociables, Dieu désormais se distingue de l'Etat.

Mais, au XXe siècle, Gustave Glotz, tout en rendant hommage à son illustre devancier, ne partage pas le sentiment de Fustel de Coulanges : pour lui, la cité grecque et la liberté individuelle ont progressé de concert. Il n'y a pas eu antinomie entre liberté collective et liberté du citoyen : le génos, indispensable au développement de la cité, n'a cessé, paradoxalement, de s'éroder au fur et à mesure de ce même développement. La liberté du citoyen s'est lentement imposée, parallèlement à la disparition des servitudes patriarcales.

Par-delà les divergences d'écoles et de convictions, on retiendra que les habitants de la cité antique étaient inégalement concernés par cet aspect des choses.

Les citoyens

Si la polis (la cité) est un fait naturel et l'homme un « animal politique » pour Aristote, l'humanité ne se divise pas moins, à ses yeux, en deux catégories : ceux qui vivent dans les cités, destinés à se doter d'institutions exemplaires, et les autres, composant partout ailleurs les peuplades non civilisées et souvent vouées à l'esclavage. Le noyau familial uni par une religion commune, qui est à l'origine de l'Etat, exclut évidemment les étrangers : le culte initial du foyer est limitatif. Et Fustel de Coulanges verra dans l'existence et dans l'accroissement en nombre des étrangers, dans l'opposition de ces classes inférieures aux rentes de situations et dans leur désir de revanche, une autre raison de l'affaiblissement de la cité antique. Ce fut le cas à Athènes comme à Rome. Lorsque Cicéron s'exclame dans *De la République* : « *Qu'est-ce donc qu'une cité sinon une société de citoyens ayant même droit ?* », il n'envisage que les citoyens et laisse de côté les esclaves.

Or, il est significatif que le mot « civitas » ait désigné en latin, tantôt la qualité de citoyen avec ses prérogatives, tantôt l'ensemble des citoyens d'une ville, tantôt la cité elle-même, considérée comme personne morale. Il y avait assimilation de la cité et du citoyen. Et il existait à Rome un droit de cité qui désignait l'ensemble des droits publics et privés qu'avaient les citoyens selon la cité ou l'Etat auquel ils appartenaient, à la condition d'être libres ou affranchis.

Les droits publics étaient trois : le droit de vote, le droit d'être magistrat et le droit d'en appeler au peuple contre une sentence, estimée inique, des magistrats. Ce droit, que l'on pouvait exercer en s'écriant : « *Je suis citoyen romain* », était précieux dans les provinces, lorsque l'on avait affaire à des magistrats peu scrupuleux. Les droits privés étaient le droit de posséder des immeubles, donc le droit de tester, léguer des biens par testament et le droit au mariage légal.

Le droit de cité était acquis par naissance, il pouvait également être accordé par une loi, ou par les empereurs. A l'origine, seuls les patriciens — c'est-à-dire la classe privilégiée, dès le temps de Romulus — le possédaient. Les plébéiens (le peuple) en bénéficièrent par la suite. Les étrangers, et à plus forte raison les esclaves, ne pouvaient évidemment y prétendre. On perdait entièrement le droit de cité quand on était prisonnier de guerre, et partiellement lorsque l'on s'exilait.

Ainsi, dans la cité grecque comme dans la cité romaine, cohabitaient différentes populations qui n'avaient pas les mêmes droits.

Le décor de la ville

La famille, le noyau initial, ou plutôt les descendants du « génos », répugnaient en effet, comme il est habituel, sinon à faire de la place aux autres, du moins à partager leurs avantages. C'est cette première structure, familiale, villageoise, religieuse, qui permet de comprendre la disposition de la cité antique. Les temples, les palais, les statues ont sans doute la fonction symbolique de fixer la vie, éphémère, dans un rêve de pierre : ainsi, l'homme oublie la précarité de l'habitat primitif et il éprouve un sentiment de pérennité qui le rapproche de ses dieux. Mais encore, il attend de la cité qu'elle le protège et qu'elle favorise ses activités économiques, comme l'expression de sa pensée et sa communication avec autrui. La fonction de défense est ainsi dévolue à la ville haute, ou acropole, sorte de citadelle. Le foyer commun — héritage de l'autel du foyer domestique — où sont célébrés les sacrifices devant appeler la protection céleste sur les habitants, a été longtemps le palais du roi, grand prêtre de la cité. Il devient ensuite le centre du prytanée, édifice public, et symbole de la cité. Non loin s'élève le siège du conseil et est disposée la place publique, ou agora, servant à la fois de marché et de lieu de rencontre pour les citoyens jouissant des droits politiques.

La banlieue assurait la communication avec la campagne environnante et, plus généralement, avec le monde extérieur par l'intermédiaire du port, quand la cité était au bord de la mer. La transformation du village archaïque en cité est évidemment tributaire des circonstances, mais elle reflète aussi l'aspiration des hommes à une vie meilleure. En fait, les cités grecques conservèrent longtemps les caractères d'un habitat villageois assez fruste : des rues étroites, point d'installations sanitaires, les détritus accumulés aux abords des habitations... C'est au VIIe siècle avant J.-C. qu'apparaissent les temples doriques. Les deux siècles suivants verront la construction de nombreux édifices religieux (parfois monumentaux, en Grande-Grèce et en Sicile), d'aqueducs (par l'architecte Eupalinos de Mégare, notamment), et de fontaines. On sait que, sous l'autorité de Périclès, Athènes devint un vaste chantier dont le Parthénon, construit en marbre, est le chef-d'œuvre.

Les Romains s'inspireront plus tard de l'architecture grecque, mais en conservant les qualités de leur art primitif, qui était massif et puissant. Une caractéristique de leur architecture (qu'ignorent les Grecs), est la voûte, empruntée aux Etrusques, qui évoluera au Moyen Age en style roman.

Avant de recourir au marbre, ils utilisaient la pierre et la brique. Outre les temples et les constructions militaires, les Romains multiplièrent les travaux d'utilité publique : canaux, aqueducs, ports, routes offrant un intérêt à la fois stratégique et commercial... Ils élevèrent également des constructions de prestige ou de commodité souvent imposantes : arcs de triomphe, basiliques (lieux de réunion créés pour rendre la justice), portiques ornés d'œuvres d'art qui étaient, comme en Grèce, des galeries à colonnes permettant de s'abriter du soleil et de la pluie...

―――――――― REPÈRES ――――――――

Numa Denis Fustel de Coulanges, *La Cité antique,* Flammarion, 1864.
Gustave Glotz, *La Cité grecque, Le Développement des institutions,* Albin Michel, coll. L'Evolution de l'Humanité, 1928.
Lewis Mumford, *La Cité à travers l'Histoire,* Le Seuil, coll. Esprit «La cité prochaine», traduit de l'américain, 1961.

▶ **Démocratie, Oligarchie, Théâtre.**

Civilisation

Le mot « civilisation » ne figure dans le dictionnaire de l'Académie française que depuis 1835 : il a été employé à partir du moment où l'histoire s'est affirmée en tant que science et où l'opinion a pris conscience de son aspect évolutif.

Dans un sens large, « civilisation » désigne un ensemble complexe : les idées et les habitudes de l'homme vivant en société. Il y a civilisation quand les individus sont en relation les uns avec les autres. Et il y a bien entendu des civilisations, ensembles de caractères propres à la vie d'un pays ou d'une société, aux degrés de développement très divers.

Car « civilisation » contient également l'idée de progrès et désigne un état des moeurs avancé, résultant d'une certaine maîtrise des arts et des techniques. La notion s'oppose à l'idée de barbarie et plus encore à celle de sauvagerie.

Le mot « civilisation » vient du latin « civis » : citoyen. Il implique donc d'appartenir à une cité, ce qui fait écrire à l'auteur de *L'Homme et le Sacré* (1939), Roger Caillois, que la civilisation commence avec la construction de la première cabane et qu'elle est le contraire du nomadisme : *« Gengis Khan, qui hait la civilisation et qui, avant Rousseau, l'accuse de tous les maux, se montre conséquent avec lui-même quand il donne pour consigne à ses hordes la destruction des villes, afin de rendre par force l'humanité à ce vagabondage ancestral qui seul, selon lui, la maintient saine et vigoureuse. Les cités furent les plus fortes. »*

La civilisation se définit volontiers, pour les Grecs et pour les Romains, par son contraire : l'errance et la barbarie. Inversement, lorsqu'il s'agit de la contester, on lui oppose un état de nature idyllique, comme le fait Rousseau, cité par Caillois, avec sa théorie du « bon sauvage ». On notera d'ailleurs qu'au XVIIIe siècle, les encyclopédistes sont confiants dans la notion de civilisation, impliquant les progrès de l'intelligence et l'amélioration des techniques, pour faire le bonheur de l'homme, alors que Rousseau affirme l'inverse. La contradiction n'est qu'apparente : l'homme, pensent les Philosophes, a été détourné par le fanatisme et par le despotisme de la nature et de la raison. Ses préjugés, ses besoins artificiels font son malheur. On organisera donc la société à partir d'une connaissance exacte de la nature humaine pour que celle-ci ne soit pas contrainte et pour que le progrès s'opère naturellement, dans le sens qui lui convient.

Qu'elle soit à améliorer ou à repenser, la civilisation est généralement considérée comme irréversible : un peuple ne saurait revenir en arrière, estime-t-on. Ce n'est pas si évident, et de nombreux exemples historiques témoignent du contraire. Paul Valéry, méditant sur la Première Guerre mondiale, évoque Ninive, capitale de l'Assyrie, détruite en 612 avant J.-C., et Babylone : *« Nous sentons qu'une civilisation a la même fragilité qu'une vie. » (Variété)*.

Cela nous permet de formuler quelques réflexions : de même qu'un individu, vulnérable et mortel, a besoin, pour se rassurer, de se rattacher à un lignage, à une tradition ou à une culture, un peuple ou un ensemble de peuples peuvent avoir besoin de justifier la civilisation qui est la leur par des références supérieures. Culturellement, le monde gréco-latin constitue évidemment la référence privilégiée des Occidentaux. Ils voient dans une tradition qu'ils acceptent — même si elle s'est enrichie de nombreux autres apports — et qu'ils revendiquent, même en période de crise (c'est le cas actuellement, semble-t-il), une justification de ce qu'ils sont, mais aussi une hypothèse, souhaitée rassurante, sur l'avenir.

L'antiquité classique est à la fois un reflet délibérément choisi, un modèle, et une indication pour le futur. Et sans doute, on retiendra que les anciens ont été confrontés à des problèmes qui se posent de façon cruciale en Europe à la fin du XXe siècle : celui de l'intégration culturelle de fortes minorités étrangères, par exemple.

Parlons-nous encore latin ?

Ad hoc : locution composée de mots latins signifiant « pour cela ». Qui convient au sujet. Une commission *ad hoc* est une commission spécialisée.

Ad hominem (« vers un homme ») : s'adressant à une personne précise. Une attaque *ad hominem* vise la personne même de l'adversaire, et non les idées ou la politique qu'il défend.

Ex abrupto (du latin « abruptus », abrupt) : brusquement, brutalement, sans préparation. On peut par exemple poser une question *ex abrupto* pour décontenancer son interlocuteur.

Ex-libris (mots latins signifiant « d'entre les livres »). Ce nom masculin invariable désigne une petite gravure que les bibliophiles (les amateurs de beaux ouvrages) collent au revers des reliures de leurs livres, qui porte le nom et la devise du propriétaire et indique que le volume fait partie de sa bibliothèque. L'ex-libris le plus simple peut être manuscrit et indiquer, seulement, le nom du possesseur du livre.

Gratis (mot latin) : sans qu'il en coûte rien. L'expression « gratis pro Deo » signifie « gratuitement, pour l'amour de Dieu ». Travailler *gratis pro Deo* veut dire travailler pour rien. On dit en plaisantant : « demain, on rase gratis », pour indiquer qu'une promesse, en apparence généreuse, ne sera pas tenue (au moment des élections, par exemple).

Minus habens (qui a le moins) : individu stupide.

Nec plus ultra (rien au-delà) : quelqu'un ou quelque chose de très grande qualité. *C'est le nec plus ultra* veut dire qu'il n'existe rien de meilleur.

Sine die : sans fixer de jour. Ajourner une réunion *sine die* veut dire qu'on la renvoie, sans prévoir une nouvelle date à laquelle on pourrait à nouveau la convoquer.

Sine qua non (sans laquelle on ne peut rien faire) : une condition *sine qua non* est une condition indispensable.

Note : d'autres expressions latines d'usage courant figurent dans *Cent expressions latines usuelles expliquées* de Raymond Jacquenod (Marabout).

Nous retiendrons encore de la visite de l'Acropole d'Athènes et de celle du Forum, à Rome, une leçon de modestie. L'historien Jacques Pirenne remarque dans la Préface de *Civilisations antiques* : « *Les sentiments profonds qui font agir les hommes n'ont pas changé; l'histoire évolue autant dans l'Antiquité qu'aux autres époques, et son évolution, différente de peuple à peuple, ne suit pas une ligne continue, mais tantôt conduit à des périodes d'apogée, tantôt mène à de profondes décadences.* »

Et cet héritage dont les Occidentaux sont justement fiers réside, plus encore que dans d'admirables vestiges de pierre ou de marbre, dans l'origine d'une pensée. La culture intellectuelle est part très importante dans le développement et dans l'évolution d'une civilisation. La culture morale aussi, qui lui est liée. Georges Duhamel remarque avec raison, à la fin de *Civilisation, 1914-1917* (1918), que la civilisation n'est, finalement, nulle part ailleurs que dans le cœur de l'homme. Certes, mais elle s'y trouve parce qu'on l'y a logée et parce que l'on a su créer des conditions favorables pour qu'elle s'y développe.

───────── REPÈRES ─────────

Jacques Pirenne, *Civilisations antiques*, Albin Michel, 1951.

▶ **Barbare, Cité, Gallo-Romain, Orient, Renaissance.**

Classicisme

Le classicisme est une doctrine littéraire et artistique fondée sur le respect du modèle classique : en littérature, elle est formée d'un ensemble de principes élaborés à partir d'une réflexion suscitée par l'antiquité classique. Les écrivains classiques respectent les anciens et conviennent de la nécessité, sinon de les imiter, au moins de s'en inspirer. *Les auteurs du XVIIe siècle et principalement ceux qui écrivent entre 1660 et 1680 — La Fontaine, Racine, Molière, Boileau, Bossuet — sont des classiques.* Leur art vise, en observant les principes de la doctrine classique, à créer une œuvre aussi parfaite que possible. Belle, l'œuvre sera également morale : l'art des classiques a donc pour but le plaisir, mais surtout l'épanouissement de l'homme.

Dans le domaine des beaux-arts, Raphaël, Le Titien, l'architecte Palladio, en Italie, sont des classiques. En France, le classicisme s'épanouit, en architecture, en peinture et en sculpture, dans la seconde moitié du XVIIe siècle.

Genèse et prolongements de la doctrine classique

Le prestige de la pensée d'Aristote, grand jusqu'au début du XVIIIe siècle, explique l'intérêt que l'on a porté à ses réflexions sur la création littéraire. Sa *Poétique,* traduite en latin en 1498, éditée en grec en 1503, a suscité très tôt, en Italie, de nombreux commentaires : ce sont les commentateurs italiens du philosophe — notamment Vida, Scaliger et Castelvetro — qui serviront de relais à la diffusion de sa pensée esthétique en France.

La doctrine classique naîtra donc de la réflexion des Français sur les commentateurs italiens du philosophe grec, pendant une trentaine d'années, entre 1630 et 1660, environ. Exemplairement, Chapelain, médiocre poète mais critique avisé, recommande : « *Respect de la règle, culte des anciens et de la raison, conception utili-*

taire de la poésie, principe de la vraisemblance, règle des unités. »

Les grands écrivains du XVIIe siècle français réaliseront leurs œuvres selon les principes du classicisme. Mais il n'y aura pas unanimité sur ce qui fait le fondement de la doctrine. Déjà, un Pascal considère que les anciens étaient nouveaux pour leur temps. Il y aura donc, dès le début du siècle, face à la tradition représentée par le classicisme, une réticence due à l'esprit moderne et à la notion de progrès artistique, découlant de la notion de progrès scientifique.

A la fin du XVIIe et au début du XVIIIe siècle, la « Querelle des anciens et des modernes » illustrera la divergence des points de vue. Aux partisans des « anciens » (La Fontaine, Boileau) qui prônent le culte de l'Antiquité, les tenants des « modernes » (Perrault, Fontenelle) opposent, notamment, l'idée de progrès et la critique du principe d'autorité.

Sans entrer dans les détails de cette polémique, on notera comme ses phases les plus anodines reflètent l'importance prépondérante qu'avait alors, dans les deux camps, la culture classique. Ainsi en 1683, un érudit, Charpentier, ayant composé en français — et non en latin — des légendes pour des tableaux à Versailles est pris à partie et se justifie en plaidant pour les qualités de la langue française. En 1699, une helléniste, Madame Dacier, publie une traduction en prose de l'*Iliade*. Houdart de La Motte l'adapte en vers, sans se référer au texte grec, en 1713. D'où protestation de Madame Dacier et justification de l'adaptateur. Ces prétextes peuvent aujourd'hui paraître minces : ils n'en sont pas moins révélateurs de la passion animant les intellectuels de l'époque et de l'ampleur de leur débat sur la culture classique.

Mais au fond, comme le montrent les positions conciliantes adoptées pour clore la « querelle » par Saint-Evremond (*Sur les Poèmes des Anciens,* 1685) et par Fénelon (*Lettre à l'Académie,* 1714), nul ne contestait les bienfaits de la culture classique, ni l'admiration due aux anciens. Ceux-ci demeuraient les grands initiateurs.

La question était de savoir s'il fallait conserver à leurs œuvres valeur de référence absolue ou s'il était permis de proposer aux créations littéraires des ambitions nouvelles, à partir des indiscutables acquis de l'Antiquité.

Les principes de la doctrine classique

Le premier de ces principes est évidemment l'imitation des anciens, une imitation non pas aveugle mais justifiée au nom de la raison : ainsi, le but de l'art étant d'imiter la nature et celle-ci ayant parfaitement et judicieusement inspiré les auteurs anciens, on la rejoint plus sûrement en les imitant. Et dans le vaste champ de la nature, l'homme, avec ses passions, sa psychologie, sera le plus intéressant. Mais il ne faudra point le peindre avec un réalisme trop choquant. Il faudra respecter un principe de convenance, c'est-à-dire d'harmonie, à la fois entre les composantes de l'œuvre, qui sera construite et équilibrée, et entre l'œuvre et le public à qui elle sera destinée.

Car, à Aristote, les classiques emprunteront encore la théorie du vraisemblable, qui n'est pas le réel ni le possible, mais qui est une conception fluctuante parce que liée à la sensibilité des lecteurs. L'œuvre, du reste, s'adressera à tous et l'imagination, la curiosité, l'intérêt de chacun seront sollicités par le « merveilleux ». Chapelain précise que *« la nature du sujet produit le merveilleux lorsque par un enchaînement de causes non forcées ni appelées du dehors, on voit résulter des événements ou contre l'attente ou contre l'ordinaire »*.

Pour plaire, l'œuvre doit donc être vraisemblable, respectueuse des bienséances, universelle dans sa portée comme dans les sujets traités et elle devra susciter l'intérêt du lecteur. Ajoutons la règle des trois unités : l'unité d'action et l'unité de temps sont dans Aristote; le théoricien italien Maggi a déduit l'unité de lieu de l'unité de temps, au XVIe siècle. Enfin, la doctrine classique impose la distinction des genres.

En tempérant par la raison les excès de la sensibilité et de l'imagination, on pourra créer une œuvre d'excellence, visant à la fois la perfection esthétique et l'élévation morale.

Ambiguïtés, contradictions et fortune du classicisme

La notion de classicisme n'est pas exempte d'ambiguïtés. D'abord, il y a celle de la raison. Les modernes s'en réclament pour introduire leurs réserves à l'égard des anciens, mais les tenants de la tradition également : ils lui donnent même un rôle prépondérant. La raison est chargée, de leur point de vue, de régulariser l'imagination. Elle introduit le bon sens de l'honnête homme. C'est un principe alors relativement nouveau (que l'on songe aux héros individualistes de Corneille, par exemple !) et qui, par la faculté critique qu'il suppose, contredit le respect systématique de la tradition. La raison, finalement, deviendra, on le sait, valeur majeure pour les philosophes du XVIIIe siècle.

La doctrine classique correspondait également à une nécessité du moment quant à la formation de la langue française. Il est significatif qu'elle s'élabore à l'époque où Richelieu fonde l'Académie française (1635). Il s'agit pour le cardinal de doter la France d'une culture et d'une langue dignes d'un grand Etat moderne. Les principes du classicisme y contribueront et l'on verra d'abord la poésie, puis la prose, atteindre leur degré d'excellence.

Ainsi sont associés à la genèse et à l'épanouissement du classicisme la réflexion des critiques, l'art des créateurs et la détermination du pouvoir politique. Le goût de l'ordre, le souci raisonnable du beau, le désir d'harmonie et de grandeur correspondaient à la vision politique de Richelieu, puis à celle de Louis XIV. On notera d'ailleurs que l'excès de purisme a pu déboucher sur le ridicule de la préciosité. C'est une autre contradiction du classicisme.

L'adéquation avec l'ordre monarchique d'une doctrine que les Académies royales et Colbert officialisent à partir de 1660, est encore plus sensible au plan artistique : la colonnade du Louvre, due à Claude Perrault en 1667, passe pour exemplaire. Surtout, le classicisme est illustré par Mansard à Versailles, dont les jardins, dessinés par Le Nôtre, sont peuplés des statues de Girardon. Le classicisme architectural français débordera du reste largement le XVIIe siècle : la place de la Concorde (alors place Louis XV) a été réalisée par J.A. Gabriel en 1750.

On dit encore aujourd'hui...

Un cheval de Troie, pour désigner un moyen de s'introduire dans un système que l'on veut investir. La guerre de Troie s'acheva par la destruction de la ville par les Grecs dont un détachement s'y introduisit par ruse, caché à l'intérieur d'un immense cheval de bois que leurs compagnons avaient abandonné sur la plage et que les Troyens firent entrer dans leur cité.

La Pax americana, que les Etats-Unis imposeraient dans certaines régions du monde, par référence à la Pax romana que l'Empire romain fit durablement régner, notamment en Gaule.

Un sophisme, pour désigner un raisonnement correct en apparence, dans sa logique, mais conçu avec l'intention d'induire en erreur, tel que le pratiquaient les habiles sophistes.

Un talon d'Achille, pour désigner le point vulnérable, la faiblesse de quelqu'un. Achille passait pour être invulnérable parce que sa mère, la nymphe Thétis, l'avait immunisé en le plongeant, bébé, dans le fleuve des Enfers. Mais elle le tenait par un talon qui demeura, lui, vulnérable. Et Achille mourut d'une flèche au talon.

Les Transalpins, pour désigner ceux qui sont au-delà des Alpes. Pour les Français, ce sont les Italiens. Mais pour les Italiens, ce sont évidemment les Français, habitant ce qui fut pour les Romains la Gaule transalpine.

La ville aux sept collines, pour désigner Rome, construite sur sept collines, à l'est du Tibre. On a comparé ces collines à une main ouverte : le Palatin, le Capitole et l'Aventin en étant la paume, le Quirinal, le Viminal, l'Esquilin et le Caelius faisant songer à quatre doigts étendus.

Il ne faut pas en effet s'abuser sur les dates. Ainsi, celui qui passe pour le théoricien du classicisme littéraire parce qu'il en a excellemment formulé les principes dans son *Art poétique,* n'en est que le vulgarisateur : Boileau a su dire mieux qu'eux ce que Chapelain ou Scudéry avaient déjà emprunté à Aristote. De même, on déterminera a posteriori le classicisme par rapport à d'autres doctrines littéraires, le romantisme notamment, au XIXe siècle. L'influence classique se prolongera du reste à cette époque, et elle servira parfois de justification au conservatisme le moins éclairé : Shakespeare, qui choquait, était sifflé à Paris en 1822, et Victor Hugo dut se présenter quatre fois à l'Académie française avant d'y être élu. En Grande-Bretagne comme en Allemagne et en France fleurissait alors l'art néoclassique (voir à *Antiques*).

C'est du reste à partir du XIXe siècle que, pour les distinguer des romantiques, on a pris l'habitude d'appeler classiques les auteurs célèbres de la deuxième moitié du XVIIe siècle. « Classique » a également une connotation pédagogique : est classique l'auteur digne d'être enseigné aux jeunes gens. D'où l'extension du sens : Gide ou Claudel sont des « classiques du XXe siècle ». Et, plus généralement, est classique tout ce qui se réfère à une idée d'excellence, certes, mais selon une conception traditionnelle de l'œuvre d'art : ainsi, dans les années cinquante, aux livres témoignant d'un esprit de recherche des « nouveaux romanciers » (Butor, Robbe-Grillet, Claude Simon...), la critique oppose les « néoclassiques » (Déon, Laurent, Nimier...) dont les romans sont de facture conventionnelle.

La notion de classicisme est devenue l'un des éléments de la confrontation permanente entre tradition et modernité. Mais la référence au XVIIe siècle et au modèle antique lui est toujours sous-jacente.

REPÈRES

René Bray, *La Formation de la doctrine classique en France,* Nizet, 1927.

Alain Viala, « Classicisme », art. dans Jean-Pierre de Beaumarchais, Daniel Couty, Alain Rey, *Dictionnaire des Littératures de Langue Française,* tome 1, A-D, Bordas, 1987.

▶ **Dionisyaque, Poétique.**

Clientèle

A Rome, la clientèle désignait l'ensemble des clients placés sous le patronage d'un patricien, c'est-à-dire d'un citoyen romain appartenant à la classe privilégiée. Ces clients étaient le plus souvent des plébéiens, citoyens romains eux aussi (en tout cas à partir de la république), mais de condition sociale inférieure. La clientèle constituait une institution établissant un rapport de dépendance — mais aussi de solidarité — entre les citoyens de Rome, dans une société inégalitaire.

La notion de client a du reste évolué de la Rome royale au Bas-Empire. Quant aux classes sociales, elles devinrent avec le temps très perméables : il était tout à fait concevable d'en changer et de s'élever dans la société. Au départ toutefois, la structure même des cités antiques, nées d'un foyer et formées autour d'un noyau familial et religieux, impliquait avec leur développement l'exclusion des étrangers. Aussi les peuples d'Athènes et de Sparte se trouvèrent-ils, naturellement, divisés en catégories strictement hiérarchisées.

Une structure de dépendance assez souple

A Rome, une « gens » était un groupe composé de plusieurs familles de même nom : elles se rattachaient à un ancêtre commun. Les membres de la gens, ou « gentiles », étaient à l'origine unis par des liens très forts : ils allaient au combat ensemble, étaient tenus de poursuivre le meurtrier de l'un d'entre eux, de racheter ceux qui avaient été faits prisonniers... Ils avaient aussi des droits : ainsi, les terres étaient, dans les débuts, en copropriété et la gens — c'est-à-dire tous — héritait de ceux de ses membres qui n'avaient pas de descendants. Une gens comprenait la famille, au sens large, et les clients. Au Ve siècle avant J.-C., la gens Fabia, par exemple, était composée de cinq mille personnes.

Dans le cadre de la gens, les clients devaient au patron le respect, des redevances dans certains cas, leurs suffrages dans les comices (voir à *Forum*). Ils ne devaient pas l'attaquer en justice. Quand ils mouraient sans héritier, leurs biens allaient au patron. Celui-ci, pour sa part, aidait son client de ses conseils et de son argent. Il le défendait devant les tribunaux et ne témoignait pas contre lui.

Le système évolua, comme il est naturel, avec les siècles. A l'époque royale, les hommes libres sont soit des patriciens (une caste privilégiée de gros éleveurs, à l'origine), soit des non-privilégiés, plébéiens ou affranchis. Les plébéiens, s'ils sont libres, n'ont alors que fort peu de droits : ils sont paysans ou, dans les villes, clients, c'est-à-dire oisifs, vivant aux dépens d'un membre d'une gens auquel ils sont juridiquement liés. Les premiers clients sont, croit-on, souvent des étrangers qui s'intègrent ainsi à la société romaine. Puis la clientèle se généralise : en vivent les petits propriétaires ruinés et, d'une façon générale, la classe moyenne qui se constitue entre une noblesse peu nombreuse, mais riche, et une masse souvent démunie. Les clients de la fin de la république et de l'empire ne sont plus rattachés à leur patron par aucun lien juridique. Ils sont proprement ses assistés et ils lui rendent en contrepartie des services : en période électorale par exemple, ils lui apportent un soutien parfois musclé. Puis tout le monde devient le client de quelqu'un : seul l'empereur n'a pas de patron, qui accorde mensuellement et leur vie durant, une aide alimentaire à cent cinquante mille clients.

On peut considérer qu'il y a eu avec le passage du temps, à la fois extension et affaiblissement du rapport de clientèle. Au fur et à mesure qu'il se généralisait, les relations d'assistance mutuelle existant à l'origine se relâchaient. Cela est dû sans doute en partie aux conquêtes sociales de la plèbe. Au début, seuls les patriciens possédaient le droit de cité (voir à *Cité*). Ils se prétendaient les descendants des cent familles, toutes plus ou moins divinisées, qui s'étaient installées les premières à Rome. Leurs privilèges reposaient donc sur les droits de la naissance et de la religion. Puis le droit de cité s'élargit et une hiérarchie en cinq classes de fortune, servant de base à l'impôt direct et au service militaire, fut établie entre les citoyens. Auguste créa, en prenant encore la richesse pour référence, un système d'« ordres » hiérarchiques : se trouvait au sommet la famille impériale, puis venaient d'abord l'ordre sénatorial, ensuite l'ordre équestre, chacun avec sa hiérarchie interne. Le sénat avait déjà intégré, sous la république, ce que l'on appelait alors la « noblesse » (différente des patriciens), c'est-à-dire les Romains dont un ancêtre avait exercé une magistrature. L'ordre équestre était composé des descendants des chevaliers (ayant effectué leur service militaire à cheval sous la république). Il devait jouer un rôle économique important, puis constituer une sorte de noblesse et ses membres faire carrière dans les charges impériales. Enfin venaient les petites gens.

En fait, la distinction entre citoyens et non-citoyens s'est progressivement estompée dans la mesure où il était de plus en plus facile de devenir citoyen romain : tout homme libre qui habitait l'empire finissait par l'être (afin que l'Etat perçoive l'impôt sur toutes les successions) et l'on considère qu'au IIe siècle après J.-C., 80 % des citoyens étaient des descendants d'esclaves.

Cette romanisation dictée par les circonstances (voir à *Affranchi*), aboutit à une société formidablement mêlée, bien éloignée des stricts clivages que l'on rencontrait à l'origine dans les cités grecques.

Les classes sociales des Grecs

Tous les habitants d'Athènes et de l'Attique n'étaient pas citoyens. La population était répartie en quatre classes : les citoyens, les métèques, les isotèles et les esclaves.

Les citoyens étaient Athéniens de naissance et avaient vingt ans révolus, ou ils avaient exceptionnellement obtenu droit de cité athénienne pour services rendus. Ils formaient eux-mêmes quatre classes, selon les revenus de leurs terres : les « Pentacosiomédimnes » possédaient un revenu de 500 médimnes (voir à *Métrologie*) de blé; les chevaliers ayant un revenu de 300 médimnes et servaient dans la cavalerie; les « Zeugites » possédaient un attelage et avaient un revenu de 200 médimnes; les « Thètes » avaient moins de 200 médimnes. Tous étaient groupés en dix « tribus ». Chaque tribu était divisée en trois « trittyes », chaque trittye en « dèmes », sortes de communes (il y en avait 140 dans l'Attique). Chaque dème comprenait plusieurs « phratries » ou associations de familles. Tribus, dèmes et phratries délibéraient sur l'administration des biens communs.

Les métèques étaient des étrangers qui ne participaient pas à l'administration de la cité, mais qui avaient leur part de ses charges et qui payaient un impôt supplémentaire, le « métoïcion »; ils ne pouvaient posséder de terre en Attique et devaient avoir comme patron un citoyen répondant d'eux devant l'Etat. Ceux qui, pour services rendus, étaient dispensés d'avoir ce patron et de payer le métoïcion, étaient les isotèles.

La population de Sparte était divisée en trois classes : les citoyens, les périèques et les hilotes. Les citoyens avaient seuls part au gouvernement. Les périèques, étant libres, pouvaient pratiquer le commerce, l'agriculture et l'industrie, ce qui était interdit aux Spartiates, payaient l'impôt et servaient dans l'armée; mais ils n'avaient pas de droits civiques. Ils descendaient des premiers habitants de la région. Les hilotes étaient des esclaves publics appartenant à l'Etat qui seul pouvait les affranchir (ils devenaient alors « néodamodes », condition proche de celle des périèques). Ils cultivaient les terres des propriétaires spartiates à qui ils payaient une redevance et ils servaient à la guerre comme valets d'armée ou comme rameurs de la flotte.

Les sociétés antiques étaient organisées dans un souci manifeste d'ordre et de pérennité. Mais toute structure sociale, aussi hiérarchisée soit-elle, ne correspond jamais qu'à un lieu, à une période et à une situation déterminés. Son point d'équilibre est sans cesse remis en question. Des catégories jusque-là minoritaires d'une population s'accroissent. D'autres, qui étaient majoritaires, s'affaiblissent. Se posent sans cesse, dans tout corps social, des problèmes de réajustement, d'adaptation, d'intégration. Et l'évolution de l'institution de la clientèle reflète bien celle de la société romaine.

―――――― REPÈRES ――――――

Géza Alföldy, *Histoire sociale de Rome,* Picard, Antiquité/Synthèses, 1991.
Ramsey Mac Mullen, *Les Rapports entre les classes sociales dans l'Empire romain, 50 avant J.-C. – 284 après J.-C.,* traduit de l'anglais, Le Seuil, 1986.

▶ **Affranchi, Oligarchie.**

Colonie

> *On entend par colonie une réunion de personnes s'expatriant pour aller peupler un autre pays. Le mot désigne également, plus fréquemment, l'établissement ainsi fondé par une nation en pays étranger et demeurant attaché à la métropole par des liens étroits.*
>
> *Des différentes cités grecques, puis de Rome, partirent des expéditions qui fondèrent ailleurs d'autres cités. Toutefois les liens de celles-ci avec l'Etat d'origine furent souvent plus lâches — et plus subtils — que ne l'ont été ceux des colonies d'Afrique, qui constituent la référence habituelle dans ce domaine, avec leurs métropoles aux XIXe et XXe siècles.*
>
> *On notera qu'au Bas-Empire romain, les colons pouvaient être aussi des cultivateurs qui formèrent, dans le cadre du colonat, une classe sociale déshéritée.*

Des liens religieux

Cicéron comparait le littoral de la Méditerranée à une frange de terre grecque appuyée sur les terres des barbares : les côtes d'Italie, de Turquie, d'Afrique et d'Asie virent en effet la fondation et le développement de nombreuses cités grecques, qui souvent essaimèrent à leur tour. Ainsi Milet, sur la côte d'Asie Mineure (l'emplacement en est aujourd'hui sur la côte turque, près de Samos), avait peuplé environ quatre-vingts villes, toutes florissantes. Et l'on appelait significativement Grande-Grèce le Sud de l'Italie et la Sicile, où s'installèrent de nombreuses colonies grecques, très prospères.

Pourquoi des Grecs allaient-ils ainsi fonder ailleurs une autre cité ? Il y avait, sans doute, les raisons habituelles à toute émigration : un intérêt commercial (les nouvelles cités, en bord de mer, deviendraient clients et fournisseurs), un avantage politique (trouver un débouché à une partie de la population et se débarrasser à l'occasion d'éléments jugés indésirables)... Mais il y eut aussi, surtout, des raisons religieuses.

Le droit de fonder une ville supposait en effet que les responsables de l'expédition possédassent le feu sacré de son foyer, pris au foyer de la métropole d'où ils étaient partis, et qu'un personnage habilité à pratiquer les rites de la fondation participât au voyage. Les émigrants emportaient donc le feu sacré et emmenaient avec eux un fondateur, appartenant aux familles saintes de leur cité d'origine. Il allumait le foyer de la nouvelle cité suivant les rites pratiqués jadis pour la métropole.

Les liens unissant les colonies à leur métropole, considérée comme cité-mère, furent ainsi d'abord religieux : le même culte était pratiqué dans l'une et dans l'autre et des envoyés de la cité-mère venaient parfois veiller à sa stricte observance. Ces liens religieux furent prépondérants jusqu'au Ve siècle avant J.-C., même si la colonie devenait par ailleurs un Etat indépendant de l'Etat colonisateur.

Des liens politiques

Platon constate que lorsque les colons grecs sont originaires de la même cité, il est difficile *« de leur imposer une forme de gouvernement autre que celle qui était en vigueur dans leur pays. Lors, au contraire, que la colonie est formée d'une multitude confuse, rassemblée de divers côtés, il est plus aisé au législateur de faire accepter une nouvelle constitution et de nouvelles lois »*. De fait, dans le premier cas, on vit reproduire les gouvernements monarchiques ou oligarchiques que les émigrants avaient connus chez eux (avec une tendance à évoluer assez vite vers la démocratie en raison des éléments contestataires qui avaient été souvent contraints de participer à l'expédition). Lorsque les colons étaient d'origine diverse, le pouvoir fut en général exercé par les plus riches.

Si les colonies étaient autonomes et s'administraient elles-mêmes selon leurs lois, il arrivait rarement que des actes écrits règlent leurs relations avec l'ancienne métropole. Les habitants de celle-ci avaient parfois le

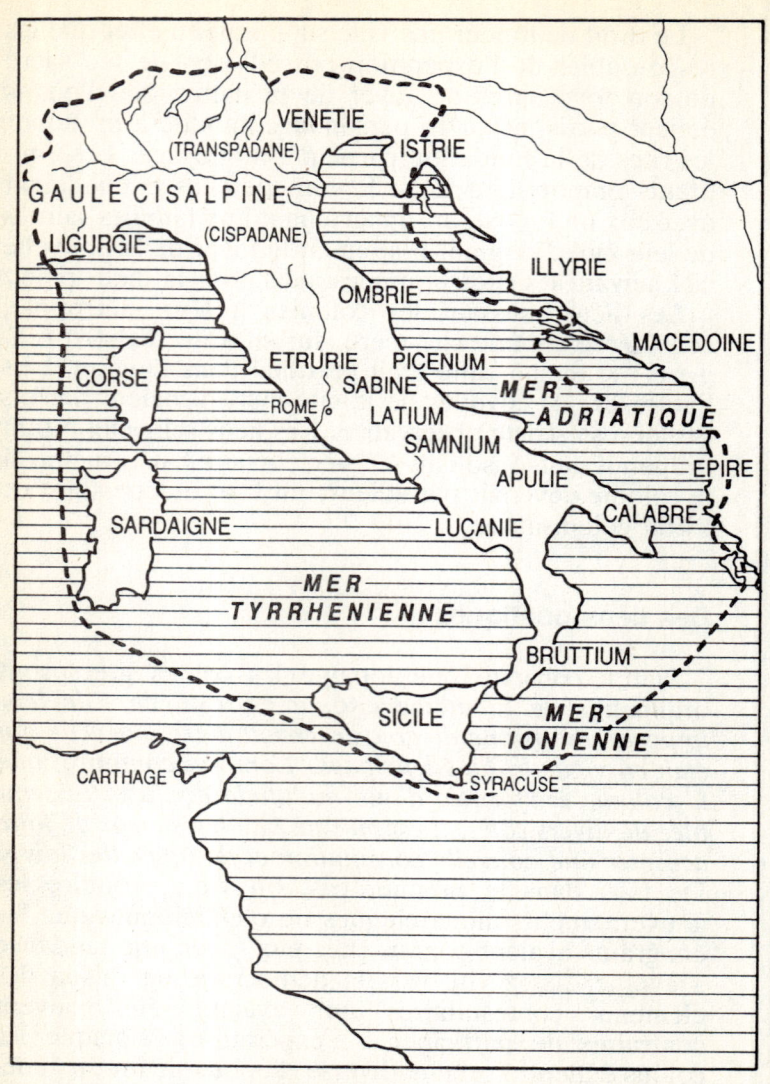

- - - Limite de la domination romaine au IIIe siècle.
La grande colonisation grecque ⟶

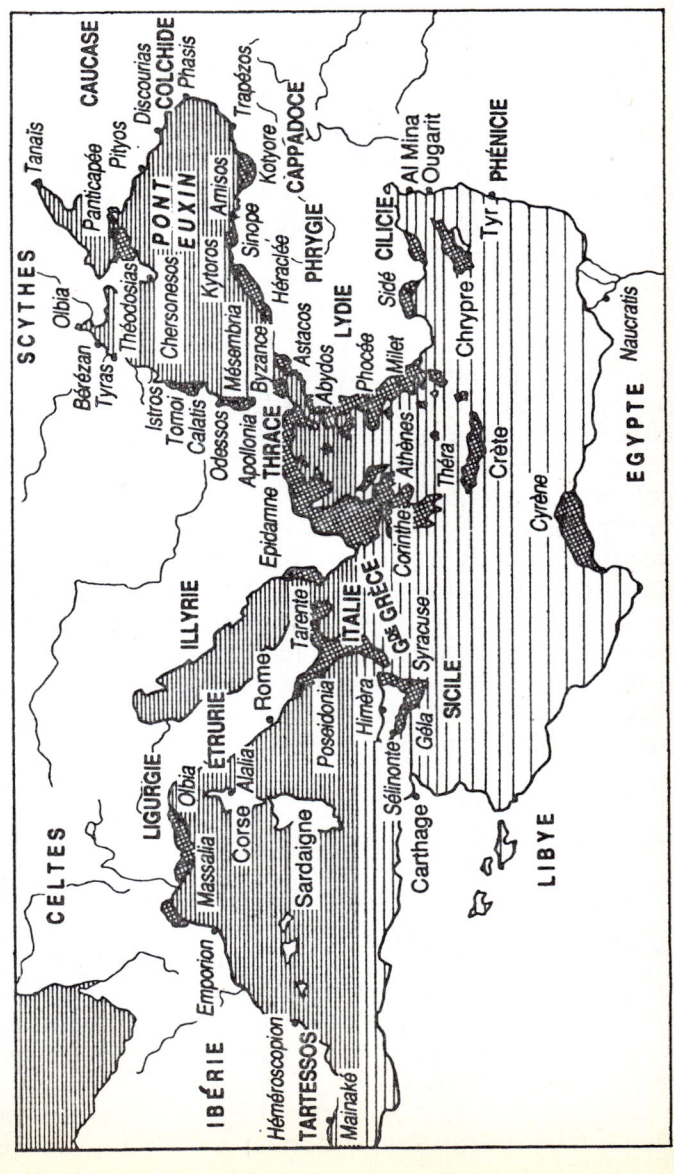

droit de cité (voir à *Cité*) dans la colonie et réciproquement, ou une assistance militaire mutuelle pouvait être décidée entre les deux Etats. Mais il n'y avait point de règle. Enfin, les citoyens d'une ville établis à l'étranger avaient pour protecteur le proxène, un citoyen de la ville d'accueil dont la fonction était comparable à celle qu'exercent aujourd'hui les consuls.

Mention spéciale doit être faite des clérouquies ou clérouchies, colonies athéniennes dont les citoyens demeuraient citoyens d'Athènes : ces colonies, soumises à la métropole, étaient souvent des postes avancés destinés à contenir l'ennemi en pays conquis. Leur conception annonçait celle des colonies romaines.

Les colonies romaines eurent en effet pour but d'assurer la domination de Rome sur les villes conquises, d'étendre la race romaine en Italie, de repeupler des cités ruinées par la guerre, d'écarter des citoyens turbulents, et encore de préserver les côtes italiennes par des colonies maritimes-tampons. Sous la monarchie et sous la république, de nombreuses colonies furent fondées par des citoyens romains qui gardaient leurs droits et s'efforçaient de transformer la ville où ils s'installaient en une réplique de Rome. Les premiers occupants, en revanche, se trouvaient réduits parfois à une condition malheureuse. Sous l'empire, des colonies destinées à récompenser les soldats furent instituées et conduites par des chefs militaires, en vertu de décrets impériaux.

Le colonat

Le mot « colon » pouvait désigner aussi, à la fin de l'empire, une personne de condition libre, attachée héréditairement au sol qu'elle cultivait. L'institution du colonat avait trouvé son modèle en Grèce, où l'invasion dorienne (au XIIe siècle avant J.-C.) transforma en serfs les habitants. Ces populations, devenues sujettes, furent désormais vendues avec leurs terres.

Il en fut de même à Rome au Bas-Empire. Les pauvres constituèrent dans les campagnes, une nouvelle classe sociale dominée par les grands propriétaires. Les colons conservaient leurs droits d'hommes libres, mais ils étaient attachés, eux et leurs descendants, au sol qu'ils cultivaient moyennant une redevance en argent ou en fruits. Il leur était interdit de quitter leur terre, même un seul jour, ou de se marier hors de la propriété. Ils payaient aussi l'impôt à titre personnel. Bien entendu, ils ne pouvaient être affranchis, puisqu'ils étaient déjà juridiquement libres.

La sévérité de leur condition s'expliquait probablement en partie par la diminution du nombre des esclaves, qui imposait d'autres solutions pour assurer la permanence d'une main-d'œuvre agricole. On notera que le terme « colon » (de « colere », cultiver) figure encore, au XXe siècle, dans certains baux agricoles pour désigner l'agriculteur exploitant une terre qui ne lui appartient pas, selon un contrat de métayage : moyennant le versement d'un loyer en nature.

———————— REPÈRES ————————

Raymond Chevallier, *Voyages et déplacements dans l'Empire romain*, Armand Colin, 1988.
Claude Mossé, *La Colonisation dans l'Antiquité*, Fernand Nathan, FAC, 1970.
Claude Nicolet (sous la direction de), *Rome et la conquête du monde méditerranéen*, tome 2, *Genèse d'un empire*, P.U.F., Nouvelle Clio, L'Histoire et ses problèmes, 1978.

▶ **Culte, Gallo-Romain, Légion, Odyssée.**

Rome et l'Italie

Il y avait trois groupes ethniques en Italie, avant la conquête romaine : les Iapyges, les Italiotes, comprenant les Latins, et les Etrusques. Ceux-ci étaient, au début, beaucoup plus civilisés que les Romains.

Pour les Grecs, l'Italie était le Bruttium (la Calabre).

Pour les Romains, sous la république, l'Italie se termine à la rivière Aesis et à la rivière Macra.

En 59 avant J.-C., le Rubicon devient la nouvelle frontière. (César franchit le Rubicon en 49 pour marcher sur Rome.)

En 42 avant J.-C., la Gaule Cisalpine (la partie septentrionale du pays) est réunie à l'Italie dont les frontières vont du Var à Pola (aujourd'hui en Croatie).

Les villes d'Italie ont été, au fur et à mesure de la conquête romaine :
— des villes sujettes, dont les habitants recevaient de Rome le droit de cité incomplet ;
— ou des villes alliées, dont les habitants recevaient progressivement le droit de cité complet ;
— ou des colonies, dont les colons étaient citoyens romains.

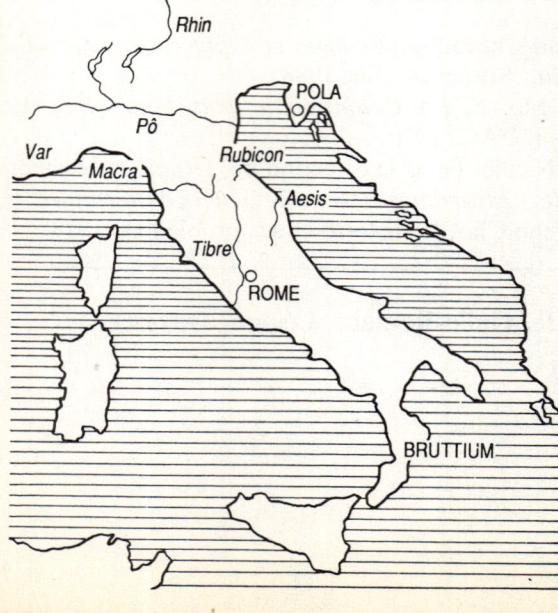

Culte

Un culte est l'hommage rendu à une créature jugée divine. Le mot désigne également l'ensemble des cérémonies par lesquelles on rend cet hommage.

Les Grecs pratiquaient l'anthropomorphisme : ils se représentaient les dieux sous forme humaine mais, tout en leur prêtant les passions et les faiblesses des hommes, ils les croyaient immortels. Les aventures de ces dieux constituent la mythologie. Une assimilation se produisit, ensuite, entre les dieux grecs et certaines divinités romaines.

Il y eut évolution, chez les anciens, du sentiment religieux : lié au foyer, à l'origine de la famille et de la cité, dans les débuts, il donna naissance, grâce à la riche imagination des Grecs, à la mythologie classique qui se voulait somme toute rassurante puisque les dieux étaient à l'image de l'homme. Mais les Grecs, puis les Romains, accueillirent également des croyances étrangères : la dernière en date, le christianisme, finit par s'imposer.

On doit donc s'intéresser aux cultes antiques dans une perspective historique. Quels que soient les lieux où ils s'exercent, ceux qui les pratiquent, et les cérémonies dont ils sont l'occasion, ils reflètent une inquiétude qui, d'abord instinctive et physique, s'affirma progressivement métaphysique.

Evolution historique

Les anciens considéraient la mort non pas comme une fin en soi mais comme un changement de vie : les morts continuaient à vivre sous la terre. On associait donc naturellement le culte des morts au culte du foyer, fondement, noyau initial de la famille comme de la cité. De la maison, la pratique religieuse est ensuite passée au temple : mais elle était née dans la famille et elle se propagea d'abord par la génération, chaque père la transmettant à son fils.

L'homme honora donc ses ancêtres et il imagina des protecteurs à son foyer (voir à *Pénates*). Mais, confronté à une nature parfois hostile et qu'il ne comprenait pas, il divinisa encore les agents physiques dont il dépendait.

Ainsi la religion des anciens se caractérisait à la fois par l'infinie variété des croyances (particulières à chaque individu, à chaque famille, à chaque cité, ce qui explique le grand nombre des dieux) et par l'absence de doctrine ou de morale spécifique. Elle consistait surtout en un ensemble de pratiques.

Puis certaines divinités s'imposèrent et elles eurent, dans toutes les cités grecques, un culte dont les rites furent partout les mêmes (ce qui n'excluait pas, bien entendu, des divinités spécifiques à chaque ville). La religion fut alors un lien entre les Grecs.

Elle fut également le fondement de la cité pour les Romains : les patriciens (l'aristocratie, composée des premières familles installées à Rome), d'abord seuls, pratiquèrent les cultes domestiques, honorant le Premier ancêtre, ou fondateur de la gens (voir à *Clientèle*) à laquelle ils appartenaient, et les Mânes, cependant que les plébéiens (le peuple) se contentaient de cultes populaires, généralement agraires. L'Etat ayant son foyer, comme une famille patricienne, des cultes publics s'instituèrent en l'honneur de ses dieux Lares (Romulus et Rémus) et de ses Pénates. Mais les premiers Romains adorèrent aussi des forces ou « numina », présentes dans la nature et dans l'homme, qu'ils croyaient indispensable de se concilier dans certaines circonstances : ainsi, l'agriculteur s'adressait à Vervactor pour un premier défrichement ou à Sator pour l'ensemencement. Pendant longtemps, ces « numina » n'eurent pas de représentation concrète. Puis, certaines divinités prenant une importance particulière, on les évoqua sous la forme d'un attribut symbolique. Par exemple, Mars, dieu de la guerre, était figuré par une lance. Sous la république, ces dieux furent assimilés aux divinités semblables de la mythologie grecque : leur personnalité devint ainsi plus riche et leur représentation anthropomorphe se précisa. On leur éleva des statues. Les cultes domestiques s'élargirent aux plébéiens. En outre, les Romains adoptèrent, avec leurs cultes, certains dieux des pays conquis.

Plus tard, sous l'influence notamment de la philosophie épicurienne, selon laquelle les dieux ne s'occupaient pas des hommes, les cultes traditionnels furent négligés. Auguste (le nom « Augustus » que prit Octave quand il devint empereur, en 27 avant J.-C., tiré du vocabulaire religieux, s'appliquait jusqu'alors aux temples consacrés) les rétablit. Il fut d'ailleurs lui-même rangé au nombre des dieux par décret sénatorial après sa mort. Le culte impérial qui fut alors inauguré allait désormais devenir un lien puissant entre l'empereur et ses sujets.

Les cultes orientaux n'en connurent pas moins une vogue grandissante, notamment celui de Mithra, dieu perse du ciel, de la terre et des morts. Ce culte s'opposa longtemps au christianisme qui fut d'abord, lui aussi, à Rome, une religion orientale (Jésus était né en Judée, sous Auguste). Le christianisme se répandit rapidement dans l'empire, séduisant, comme il était naturel, les esclaves et les pauvres, mais aussi des élites, sensibles à la vertu qu'il impliquait. Malgré les persécutions (la première eut lieu en 64 sous Néron, qui accusa les chrétiens d'avoir incendié Rome), le christianisme s'affirma progressivement dans toutes les classes de la société. Par l'édit de Milan, en 313 de notre ère, l'empereur Constantin (qui devait se faire baptiser, du reste, sur son lit de mort) reconnaissait à chacun la liberté du culte de son choix. Les cultes païens allaient disparaître progressivement, avant d'être interdits en 382. Le christianisme était alors devenu la religion officielle de l'Etat romain.

Lieux du culte

En Grèce, il y avait des autels — simples élévations du sol dans leur état premier — partout : dans les habitations particulières, dans les palais et dans les temples. Le temple était la maison du dieu, dont il abritait la statue. Il était entouré d'une enceinte, souvent d'un bois sacré. Il pouvait posséder des biens, donc avoir des revenus, censés appartenir au dieu. Des sanctuaires étaient communs à tous les Grecs (à Délos, à Delphes, à Eleusis, à Olympie, à Dodone et à Epidaure, pour les principaux).

Chez les Romains, le mot « templum » désigna d'abord le champ d'observation rectangulaire qu'un prêtre, l'augure, délimitait dans le ciel avec son bâton pour regarder et interpréter le passage des oiseaux. Puis le temple devint l'habitation du dieu : on y plaçait sa statue. C'était une construction généralement rectangulaire et de dimensions modestes : la foule n'y pénétrait pas, les cérémonies ayant lieu autour de l'autel, en plein air, devant le bâtiment.

Ministres du culte

Il n'y avait pas de clergé chez les Grecs. Les prêtres étaient chargés, localement, de faire les sacrifices, d'entretenir le temple et de l'administrer. Ils n'avaient aucun monopole du culte, tout homme pouvant faire un sacrifice.

A Rome également, dans un sens large, tous les citoyens étaient ministres du culte, chaque père de famille offrant des sacrifices dans son foyer. Toutefois, sous la monarchie, le roi était le chef de la religion nationale. Il était assisté par des prêtres, recrutés par cooptation parmi les patriciens et groupés en collèges.

Au service des dieux de la cité se trouvaient les pontifes et les flamines. Les pontifes (d'abord 4, puis 15) dont le chef, le grand pontife, était aussi chef des vestales, surveillaient les pratiques générales, publiques et privées, de la religion et fixaient les jours fériés. Chacun des quinze flamines était attaché à une divinité. Il y avait encore les douze saliens (voués au culte de Mars) et les vingt féciaux, chargés des déclarations de guerre et de la conclusion des traités, qui devaient veiller au respect du droit des gens.

Au service des dieux de la nature étaient les douze luperques (chargés, notamment, des rites destinés à protéger les bergeries des loups) et les douze arvales (qui célébraient la terre nourricière).

La prédiction de l'avenir était confiée aux augures et aux haruspices : les six augures observaient le vol des oiseaux et les signes célestes. Interprètes de la volonté des dieux, ils pouvaient faire ajourner l'assemblée du peuple, s'ils estimaient les signes défavorables. Les haruspices examinaient et interprétaient les entrailles des animaux sacrifiés.

Sous la république, l'importance des pontifes s'accrut et le grand pontife devint le chef de la religion nationale, nommé à vie par ses collègues.

Actes du culte

Les actes du culte consistaient en sacrifices, en offrandes, en prières et en processions.

S'il y eut des sacrifices humains à l'origine en Grèce (mais on relève assez tardivement des cas de criminels exécutés par le prêtre dans le cadre d'une cérémonie religieuse, à Rome), on tuait à peu près essentiellement des animaux en l'honneur des dieux. La victime était ornée de guirlandes de feuillage; quelquefois, on dorait les cornes des bœufs. On répandait de l'orge et du sel sur sa tête, on coupait quelques poils de son front, que l'on jetait dans le feu. Puis, on l'immolait. Les assistants mangeaient certains morceaux. Si l'examen des viscères était favorable, on les brûlait. Sinon, il fallait recommencer le sacrifice. A chaque divinité correspondait un animal particulier : le taureau rouge était réservé à Zeus ou le coq à Esculape. L'hécatombe était le sacrifice le plus considérable : on tuait cent bœufs (« hécaton » veut dire « cent »). Ces rites demeurèrent identiques du temps d'Homère à l'époque classique. On retrouve les mêmes à Rome, avec quelques variantes : par exemple, on versait du vin sur le front de l'animal et des assistants le tenaient par une corde, sans tirer, pour qu'il donne l'impression de consentir à son destin.

Aux sacrifices se rattachaient, en Grèce comme à Rome, les libations (offrande d'un liquide — vin, lait, eau avec du miel — répandu pour honorer la divinité), les offrandes de gâteaux ou de fruits.

Les Grecs faisaient aussi aux dieux des prières (ils devaient employer des formules rituelles), ils leur adressaient des actions de grâce ou des supplications. Ils organisaient aussi des processions à l'occasion des Jeux : la procession qui montait à l'Acropole d'Athènes, le sixième jour des grandes Panathénées, était renommée. Les jeux eurent également un caractère religieux à l'origine, chez les Romains. Tarquin l'Ancien décida la création de jeux annuels. Et sous la république, il y avait chaque année à Rome quarante-cinq jours de fêtes religieuses. Les Romains faisaient du reste eux aussi des prières publiques ou privées à leurs dieux. Le fidèle, la tête couverte, répétait à voix haute (afin d'éviter de se tromper) les formules lues par le prêtre, en touchant l'autel ou les genoux de la statue.

La religion était donc pour les anciens un ensemble de rites et de cérémonies. Ils ne pensaient pas trouver ainsi une réponse aux questions d'ordre métaphysique qu'ils pouvaient se poser. Simplement, ils devaient un culte matériel aux morts de leur famille et aux dieux. Ils s'en acquittaient, surtout dans le souci d'apaiser la divinité et, sinon d'attirer sa bienveillance, de s'assurer au moins son indifférence. Car ils redoutaient sa colère.

On conçoit la nouveauté que le message d'amour du christianisme constitua pour des peuples qui avaient vis-à-vis de leurs dieux une attitude de respect craintif et formel.

———————— REPÈRES ————————

Franz Altheim, *La Religion romaine antique,* traduit de l'allemand, Payot, 1955.

Georges Dumézil, *La Religion romaine archaïque,* avec un appendice sur la religion des Etrusques, Payot, 1974.

Joël Le Gall, *La Religion romaine de l'époque de Caton l'Ancien au règne de l'empereur Commode,* S.E.D.E.S., collection Regards sur l'Histoire, 1975.

Fernand Robert, *La Religion grecque,* P.U.F., Que sais-je?, 1981.

▶ **Dionysiaque, Mythologie, Pénates, Vestale.**

Démocratie

La démocratie est le système politique dans lequel le peuple exerce, directement ou indirectement, sa souveraineté : c'est le gouvernement du peuple par lui-même.

Le mot est d'origine grecque (il signifie « l'autorité du peuple »). C'est en effet dans un certain nombre de cités grecques que l'on a vu apparaître les premiers gouvernements démocratiques dans l'Antiquité. La constitution d'Athènes à l'époque classique — aux Ve et IVe siècles avant J.-C. — passe, surtout de ce point de vue, pour exemplaire.

Si la démocratie athénienne est un exemple de démocratie directe (le peuple exerçait directement le pouvoir), le contexte social et les mentalités, relativement à la liberté des citoyens, aux droits de l'homme, à l'inégalité entre les individus, étaient différents de ce que l'on attend aujourd'hui dans un semblable système. Remarquable résultat de la réflexion des législateurs, la démocratie n'en a pas moins été combattue dans l'Antiquité par de grands esprits et elle ne s'est pas maintenue pour des raisons à la fois sociales et morales.

Brève histoire de la démocratie antique

L'Attique était à l'origine composée de bourgs indépendants qui, progressivement, furent contrôlés par Athènes. La constitution de celle-ci fut d'abord monarchique : aux rois héréditaires succédèrent des rois élus puis des magistrats, les archontes, longtemps choisis parmi les « eupatrides » ou nobles revendiquant pour ascendant le fondateur de leur cité. On est passé ainsi de la monarchie à un gouvernement aristocratique. Puis l'aristocratie devint une aristocratie de l'argent et non plus de la naissance. Un pouvoir que justifiait l'argent et qui n'avait plus une origine sacrée (celui qui l'exerçait ne descendant plus du fondateur de la cité) était fragile. D'une part, l'instabilité économique (les fortunes étaient souvent liées à l'industrie et au commerce) fit naître des convoitises : les pauvres espérèrent s'enrichir eux aussi, donc gouverner. D'autre part, en raison des guerres fréquentes, le nombre des citoyens diminua : il fallut faire appel aux autres qui, ayant rempli des devoirs au combat, revendiquèrent des droits dans la paix. Ainsi naquit la démocratie : de l'émergence de nouvelles catégories sociales et de la transformation des mentalités.

Dracon (au VIIe siècle avant J.-C.), auteur d'un code judiciaire sévère (le mot « draconien » nous est resté), puis Solon (vers 640-vers 558 avant J.-C.), réformateur qui fit notamment prévaloir entre les citoyens la distinction par la fortune sur celle de la naissance, préparèrent l'œuvre de Clisthène (VIe siècle avant J.-C.) qui, procédant à un nouveau découpage territorial, donna sa forme définitive à la constitution démocratique d'Athènes. Périclès, en 460 avant J.-C., fit accorder de l'argent aux citoyens qui renonçaient à leur activité personnelle pour servir l'Etat.

Puis l'inégalité des fortunes que ne compensait pas l'égalité des droits entre les citoyens, et la conscience que prirent les pauvres de leur pouvoir politique, minèrent la démocratie. Ses règles furent moins strictement observées. On se fit payer pour assister à l'assemblée, on vendit ses suffrages, on pressura les riches et on les exila pour s'approprier leurs biens : la liberté et les droits de l'individu comptaient peu devant le pouvoir de l'Etat et l'Etat c'était, de plus en plus, une majorité défavorisée qui entendait prendre l'argent où il fallait, chez les riches, privés en l'occurrence de tout recours. La démocratie se pervertit et elle évolua souvent vers l'affrontement social, les uns s'efforçant de prendre aux autres ce que ceux-ci refusaient de partager.

Dès lors que le régime d'assemblée et l'équilibre des pouvoirs étaient moins strictement assurés, que les citoyens se sentaient moins concernés par le service désintéressé de l'Etat, la démocratie cessait d'être un système politique efficace pour exprimer les revendications d'une partie défavorisée de la population. On devait assister à Rome à un semblable glissement qui mena de la république à l'empire.

Fonctionnement de la démocratie

La constitution athénienne, à l'époque classique, fut démocratique parce que le peuple gouvernait dans un régime d'assemblée strictement contrôlé. Il y avait en effet une gradation des pouvoirs.

Les magistrats, d'abord choisis par le sort lorsque leur fonction était encore de nature religieuse, puis élus par le peuple lorsqu'elle devint d'ordre public uniquement, veillaient aux intérêts matériels de la cité. Ils devaient faire exécuter les lois. Leur charge était annuelle et il fallait présenter des garanties avant de l'assumer. Comme ils étaient très nombreux, chaque citoyen pouvait espérer un jour sa part des honneurs.

Au-dessus des magistrats, il y avait le sénat ou « boulé », composé de 500 citoyens tirés au sort chaque année. C'était une assemblée délibérante qui préparait les projets de lois. Au-dessus du sénat, il y avait « l'ecclésia », ou assemblée du peuple, qui votait les lois et qui exerçait souverainement le pouvoir. Tous les citoyens pouvaient y participer : l'ordre du jour était strict. Quand un projet de décret avait été présenté, les orateurs s'exprimaient pour ou contre. Chacun, qu'il fût riche ou pauvre, avait droit à la parole, à la condition de prouver qu'il était bien citoyen, de bonnes mœurs, propriétaire dans l'Attique et honorablement connu. Le public était très attentif : il demandait à avoir une connaissance complète de la question abordée. Les orateurs pouvaient donc acquérir une grande réputation (on les appela « démagogues », ce qui veut dire, au sens propre, « conducteurs de la cité », car ils déterminaient le vote populaire). Ils engageaient d'ailleurs leur responsabilité, et on pouvait plus tard leur demander des comptes sur les conseils qu'ils avaient donnés.

La parole était donc un rouage essentiel de la démocratie athénienne et la discussion sa méthode de travail. Comme l'écrit Maurice Duverger dans *Introduction à la Politique* : « *Reprocher à la démocratie d'exprimer, au grand jour, des controverses, des disputes, des conflits, c'est méconnaître un de ses buts fondamentaux. Elle tend à substituer la discussion à la bataille, le dialogue aux fusils...* »

La conception que se faisaient les Athéniens du pouvoir de l'Etat était extrêmement forte : en face, les droits de l'individu comptaient peu, il faut le répéter. D'où l'ostracisme. Aussi, chacun avait-il le plus grand avantage à exercer des droits politiques, à faire partie du système qui le gouvernait. Les intérêts individuels étaient ainsi étroitement liés à ceux de l'Etat et c'était, là encore, un ressort de la démocratie. Les citoyens lui consacraient donc beaucoup de leur temps, par leur présence aux assemblées, par leurs votes, par les magistratures qu'ils assumaient à tour de rôle... Aristote constatait que les devoirs civiques, correctement exercés, constituaient une occupation à temps plein excluant toute activité lucrative. Dans ce sens, la démocratie était un luxe.

La constitution de la république romaine reposa également sur l'équilibre entre le pouvoir des magistrats, celui du sénat et celui de l'assemblée du peuple, qui se contrôlaient mutuellement. Le rôle des comices fut important : il y eut d'abord les « comices curiates » qui réunissaient, sous la monarchie, les représentants des « curies » — ou groupes de familles ayant un culte commun — patriciennes. Leur pouvoir passa, sous la république, aux comices « centuriates », plus démocratiques parce que, étant une assemblée issue de l'armée romaine, ils incluaient riches et pauvres répartis en « centuries » ou groupes de cent citoyens, et aux comices « tributes », ayant pour base la division du peuple en tribus, qui étaient des circonscriptions territoriales. Les comices perdirent assez rapidement leurs pouvoirs sous l'empire.

La démocratie contestée

La démocratie athénienne ne correspond qu'imparfaitement à la conception que nous nous faisons, aujourd'hui, de ce système politique : il implique l'égalité de tous devant la loi, les mêmes droits pour tous. Or, ni les métèques, ni les isotèles, ni les femmes, ni, bien entendu, les esclaves ne participaient aux affaires de la cité. C'était une démocratie sélective.

Si l'historien Thucydide fait déclarer à Périclès que la constitution d'Athènes *« n'a rien à envier aux autres peuples ; elle leur sert de modèle et ne les imite point. Son nom est démocratie, parce qu'elle vise l'intérêt, non d'une minorité, mais du plus grand nombre »*, Socrate voyait, dans le gouvernement de l'assemblée, celui, fort dangereux, des foules ignorantes. Platon estimait que la liberté de la démocratie était en réalité le chaos, que l'égalité entre les hommes était un leurre et qu'il fallait faire régner l'ordre dans la cité (il préférait les lois de Sparte à celles d'Athènes) comme dans les esprits : seuls les philosophes lui paraissaient en mesure de gouverner avec efficacité. Aristote voyait dans la démocratie un moindre mal, mais certainement pas le gouvernement idéal. Et encore, des diverses formes de démocratie possibles — car la démocratie, comme tous les systèmes politiques, lui paraissait sujette à corruption — il retenait celle qui privilégie l'égalité, pauvres et riches ayant à un même degré droit de cité. Alors chacun travaille pour son compte, on se réunit lorsque c'est nécessaire et on laisse le gouvernement aux citoyens, peu nombreux, qui en ont le temps et les moyens.

Telle qu'elle fut, la démocratie athénienne — système imparfait et paradoxal parce que d'essence égalitaire dans une société qui ne l'était pas, système parfois contesté par les philosophes — demeure une référence politique. C'est à la démocratie, et non point à la tyrannie ou aux gouvernements aristocratiques ou oligarchiques, que l'on pense lorsque sont évoquées les valeurs humanistes de l'antiquité grecque. Alexis de

Tocqueville remarque dans *De la démocratie en Amérique,* qu'il est utile, mais qu'il peut être dangereux, de généraliser dans une démocratie moderne les études classiques. Celles-ci ne s'accordent pas nécessairement, en effet, avec une civilisation où chacun ne pense qu'à s'enrichir « *car l'état social et politique leur donnant* [aux jeunes gens] *tous les jours des besoins que l'éducation ne leur apprendrait jamais à satisfaire, ils troubleraient l'Etat au nom des Grecs et des Romains au lieu de le féconder par leur industrie* ». Il doit y avoir adéquation, sous peine de révolution, entre les valeurs que se donne un Etat et celles qui sont enseignées à sa jeunesse. Quel plus bel hommage rendre à la démocratie athénienne qui vit un temps correspondre l'élévation des aspirations civiles et l'espace que sut leur aménager le législateur ?

──────────── REPÈRES ────────────

Moses I. Finley, *Démocratie antique et démocratie moderne,* précédé de *Tradition de la démocratie grecque,* traduit de l'anglais, Petite Bibliothèque Payot, 1976.

W.G. Forrest, *La Naissance de la Démocratie grecque, de 800 à 400 avant J.-C.,* traduit de l'anglais, Hachette, L'Univers des connaissances, 1966.

Claude Mossé, *Histoire d'une démocratie : Athènes, des origines à la conquête macédonienne,* Editions du Seuil, 1971.

Jacqueline de Romilly, *Problèmes de la démocratie grecque,* Hermann, Agora, 1975.

▶ **Affranchi, Clientèle, Forum, Magistrat, Oligarchie, Sénat.**

Dionysiaque

Dionysiaque s'oppose à apollinien : selon Nietzsche, apollinien se dit d'un Grec ayant acquis le sens de la mesure ; dionysiaque, au contraire, signifie relatif à la passion, à l'excès, à une sorte de folie. Derrière ces deux adjectifs, deux dieux de la mythologie grecque, Apollon et Dionysos, sont confrontés. D'un côté, le dieu de la beauté et des arts, de l'autre celui de l'ivresse et de l'art dramatique. Car l'inventeur lumineux de la musique et de la poésie (Apollon) et le paillard débauché, entouré d'une cohorte de fêtards (Dionysos) ont un point commun : l'art est soumis à leur double influence. L'inspiration sera-t-elle contrôlée par la raison ? Obéira-t-elle à des règles esthétiques ? Ou bien au contraire, sera-t-elle libre, spontanée, jaillissante ? Dans le premier cas, le créateur se réclame d'Apollon, dans le second, il revendique Dionysos pour maître. La divergence des points de vue esthétiques épouse la divergence des tempéraments divins.

Dionysos et son cortège

Dionysos est une divinité composite de l'ancienne Grèce. Dieu de la nature végétale, de la vigne et du vin, il est le fils de Zeus et d'une mortelle, Sémélé. Sa mère, ayant demandé à son père de lui apparaître dans sa gloire, meurt aussitôt de l'attribut de son divin amant : la foudre. L'enfant naît pour cette raison deux fois : prématuré, il passe du ventre de Sémélé dans la cuisse de Zeus, d'où il sort le jour fixé. Il est né, au sens propre, de la cuisse de Jupiter (nom latin de Zeus). Elevé dans la nature, il imagine et cultive la vigne. On le représente suivi d'un joyeux cortège de filles échevelées (les Ménades ou Bacchantes) en Grèce, mais aussi parcourant l'Orient, répandant autour de lui l'ivresse, la musique, la joie.

Car il offre un double aspect : c'est un dieu national, champêtre et populaire, honoré en pays grec. C'est aussi un dieu des extases et des mystères, dieu étranger, originaire de Thrace et d'Asie Mineure, inquiétant.

Son culte était l'occasion de processions grotesques, de banquets, mais aussi de fêtes d'initiés. Parmi ces fêtes, il y avait à Athènes les oschophories (avant les vendanges) et les grandes dionysies urbaines qui, durant au moins six jours, comportaient une procession, des sacrifices, un banquet, des concours de poésie et, sur trois jours, la représentation de tragédies et de comédies.

Le culte de Dionysos a contribué à introduire en Grèce le sens du mystère dans la religion comme le sentiment de la nature dans la poésie lyrique. A Rome, il est devenu Bacchus : ce nom est une traduction de Bakkhos, ancien surnom de Dionysos chez les Grecs; on l'identifiait aussi avec une vieille divinité latine, Liber. Comme il y avait des dionysies en Grèce, il y eut des bacchanales à Rome. Mystères (voir à *Orient*) dont la doctrine était tenue secrète sous peine de mort, mais prônant la liberté de comportement de l'individu, les bacchanales furent de plus en plus fréquentes et elles dégénérèrent en débauches parfois criminelles jusqu'à leur interdiction : en 186 avant J.-C., elles donnèrent lieu à un procès gigantesque qui impliqua sept mille personnes et entraîna de nombreuses condamnations, à la mort ou à des peines de prison.

La naissance de la tragédie

Dionysos peut donc être bon garçon, buveur, joyeux et vagabond, mais aussi se montrer imprévisible, dangereux, implacable à l'occasion. C'est que, dès sa naissance dramatique, il a su que les dieux peuvent tuer aussi aisément qu'ils aiment : leurs faveurs sont limitées et elles ne sont pas sans risques. Lui-même frappera de terribles châtiments ceux qui refuseront de le célébrer. Les anciens lui donnaient la forme d'un taureau, représentant le bouillonnement vital, l'énergie, comme la folie aveugle.

Friedrich Nietzsche considère, dans *La Naissance de la Tragédie,* qu'au fond de l'âme des Grecs survivait une démesure asiatique, un goût du monstrueux, de l'atroce, qu'il fallait dominer. C'était la part de Dionysos, le besoin de créer s'alliant à la folie destructrice. Au contraire, l'influence d'Apollon porte à la contemplation esthétique et, par la vision de la beauté, l'homme apollinien échappe au pessimisme : la beauté des formes conduit à la conception d'un monde imaginaire et idéal.

Cette opposition d'Apollon et de Dionysos est à la base même du débat sur l'inspiration. Déjà, dans la mythologie, un flûtiste à l'apparence sauvage, aux oreilles pointues et au poil hirsute, Marsyas, avait prétendu rivaliser avec Apollon, qui chantait en s'accompagnant de sa lyre. L'assemblée ayant déclaré Apollon vainqueur, celui-ci attacha Marsyas à un chêne-liège et l'écorcha vif : d'où vient, dit-on, que cet arbre semble toujours teint du sang du malheureux quand on enlève son écorce. Marsyas comme Dionysos ont été les champions d'une inspiration selon la nature. A l'opposé, les disciples d'Apollon ont parfois fait régner, tyranniquement, des règles soumettant l'inspiration à la raison.

La purgation ou catharsis

Dionysos, parce qu'il en a fait l'expérience lui-même, sait que l'on peut à tout moment basculer du bonheur dans le malheur, que les hommes ont un besoin constant de liberté, mais aussi de faire reculer leurs propres limites, dans le bien comme dans le mal. S'il devient le dieu de l'art dramatique et du dépassement de soi, c'est parce que, comme le note Pierre-Aimé Touchard dans *Dionysos, Apologie pour le théâtre* (1949), *« montrer à l'homme jusqu'à quel point extrême peuvent aller son amour, sa haine, sa colère, sa joie, sa crainte, sa cruauté, lui faire prendre conscience de ses virtualités, de ce qu'il serait en un monde sans entra-*

ves... » où il pourrait enfin se révéler à soi-même, tel est le but du théâtre.

Dans la *Poétique*, Aristote affirme que la tragédie *« par l'entremise de la pitié et de la crainte, accomplit la purgation des émotions »*. Cette « purgation des émotions » ou « catharsis » a été parfois interprétée sur le plan moral : l'utilité du théâtre serait de montrer ce qu'il ne faut pas faire. Ou encore, il permettrait au spectateur de se libérer, à bon compte, de ses mauvais instincts en les voyant représentés.

En fait, transporté hors de lui-même par la musique comme par la tragédie (dans laquelle la musique jouait chez les anciens un grand rôle), le spectateur se sent intégré ou réintégré dans la communauté humaine. Il communie ainsi avec les autres hommes et, à l'issue du spectacle, il s'en trouve apaisé. L'émotion esthétique est née, certes, de l'imitation des passions (ou « mimesis ») comme le voulait Aristote, mais parce que cette imitation est, en fait, une transfiguration : le langage et les artifices du théâtre créent une distance entre ce qui est — la vie — et la représentation qui en est donnée. Ainsi la purgation, ou catharsis, du théâtre est-elle comparable, dans son processus de révélation, d'intégration au groupe humain et d'apaisement de l'individu, à l'action des religions, ou à celle, aujourd'hui, de la psychanalyse.

Le mythe de Dionysos a servi de point de départ à une réflexion très riche sur la tragédie, sur l'art en général, et sur la nature humaine. Il y a sans doute en chacun de nous, à la fois une tendance apollinienne et une tendance dionysiaque : elles font la richesse et la complexité mêmes de notre nature. Ce fut le mérite de Nietzsche de montrer dans *La Naissance de la Tragédie* (contrairement aux thèses de Winckelmann, à la même époque) que l'homme grec n'a pas connu, dès l'origine, une parfaite sérénité de l'esprit. La primauté de la raison sur la folie n'est jamais acquise.

———————— REPÈRES ————————

Maria Daraki, *Dionysos*, Arthaud, 1985.
Henri Jeanmaire, *Dionysos, histoire du culte de Bacchus*, Payot, 1951.
Friedrich Nietzsche, *La Naissance de la Tragédie ou Hellénisme et Pessimisme*, Gallimard, Folio, Essais, 1871.

▶ **Classicisme, Mythologie, Tragédie.**

Epicurisme

Le mot « épicurien » est devenu, dans le langage courant, synonyme de « voluptueux ». Il désigne par exemple celui qui goûte les plaisirs de la table et, d'une façon générale, tous les plaisirs. Il s'agit en fait d'une déviation du sens premier. L'épicurisme est la doctrine du philosophe Epicure (341-270 avant J.-C.) qui se donnait pour but, certes, de rendre les hommes heureux, mais par une explication rationnelle de l'univers et en leur proposant, en conformité avec cette explication, une stricte discipline de vie. Rien n'est plus contraire à la pensée d'Epicure que d'imaginer qu'elle autorisait à satisfaire, sans frein, tous ses désirs.

Ecole de sagesse, l'épicurisme associait au raisonnement philosophique la pensée scientifique : son système devait sa cohérence à une conception des propriétés de la matière relevant de la physique. Et ce fut un poète latin, Lucrèce, qui en exprima, avec le plus de force, la signification morale.

Au Ve siècle avant J.-C., Démocrite, qui était originaire de Thrace (c'est-à-dire d'une région recoupant l'actuelle Bulgarie et les provinces de Grèce et de Turquie attenantes), avait élaboré un système physique matérialiste : il considérait que la matière était composée d'atomes, particules invisibles, identiques, éternelles, et en nombre infini. Ces atomes s'unissant ou se séparant, les êtres pouvaient naître et mourir, mais la matière demeurait quantitativement la même. Comme ils possédaient l'étendue et la solidité, l'attraction ou la répulsion des atomes (par lesquelles ils constituaient ou ils défaisaient les figures) s'expliquait par une loi d'attirance du semblable pour le semblable. Enfin, des atomes particulièrement subtils circulaient à travers le corps humain, où ils pénétraient et d'où ils sortaient par la respiration : ils composaient l'âme.

Les écrits de Démocrite (*De la tranquillité d'âme, De la nature des choses*) ne nous sont pas parvenus, et la légende rapportait qu'il s'était crevé les yeux pour ne pas regarder autour de soi et ainsi éviter d'être distrait dans sa méditation. Il déduisait en tout cas de son système un optimisme raisonné : essayer de prendre, sans trop demander, ce qui est bon dans un monde où notre être est à ce point fragile et notre destinée éphémère.

Epicure s'est inspiré de Démocrite, avec quelques retouches d'ordre moral. Il pensait, lui aussi, que les atomes s'agrégeaient et se désagrégeaient dans le vide, mais sans aucune nécessité, au hasard. Il en déduisait que l'homme n'a pas à craindre la mort ni l'au-delà : en effet, le corps étant ou cessant d'être accidentellement, par une loi de matière, l'âme étant elle-même matérielle et vouée à disparaître, à quoi bon redouter des dieux qui, s'ils existent, sont comme les hommes ? La conséquence est que nous pouvons vivre libres et assurés. Nous mesurons, du même coup, la vanité et le danger des attachements humains : un seul bien, durable, vaut d'être recherché, le plaisir. Non certes les plaisirs mondains, car les désirs que nous ne pouvons satisfaire nous font souffrir, mais les plaisirs permettant d'éviter la douleur puisque, la mort étant négligeable, c'est la douleur qui seule pose problème à l'homme.

Epicure distinguait trois types de douleur et il proposait, pour éviter de souffrir, des solutions adaptées à chacun : les douleurs intolérables qui, généralement, ne durent pas longtemps (il suffit donc d'attendre qu'elles passent); celles que l'on peut supporter en se rappelant les plaisirs passés et en se disant que, même souffrant, on a encore la chance d'exister; quant aux douleurs intolérables qui ne passent pas, on peut s'en libérer par le suicide.

Ainsi, Epicure enseigna longtemps, à Athènes où on lui éleva des statues, que l'homme peut être libre, que ses efforts doivent tendre pour cela au plaisir, et que celui-ci n'est point plaisir des sens, mais un état stable, sans trouble, dû à la pratique de la vertu. Il exige en effet que l'on maîtrise ses désirs et donc que l'on satisfasse uniquement ceux qui sont à la fois naturels et nécessaires. *« Mon corps est saturé de plaisir quand j'ai du pain et de l'eau »*, disait le philosophe qui était d'une grande sobriété. Et il recommandait, pour atteindre le bonheur, la mesure en toutes choses : la tempérance, la prudence et la justice.

De l'œuvre importante d'Epicure ne subsistent que quelques lettres qui nous sont parvenues grâce à Diogène Laërce (IIIe siècle après J.-C.) et des maximes réunies par un disciple. Dans l'Antiquité même, l'épicurisme a prêté à confusion et beaucoup s'en réclamèrent pour justifier leur goût immodéré des jouissances matérielles. Cicéron les a critiqués. Mais c'est surtout le poète Lucrèce qui, dans *De la Nature,* a rendu hommage au philosophe dont il a magnifiquement illustré la pensée : « *Alors, une volupté divine m'envahit, avec un frisson, de voir que la nature, forcée par ton génie, s'est ouverte de toutes parts sans mystères et sans voiles.* »

La sensibilité, la passion, la rigueur, le réalisme de l'imagination et, bien entendu, le génie poétique, font de l'œuvre de Lucrèce un grand poème scientifique à la gloire de la nature universelle (voir à *Nature*), exposant la physique épicurienne avec le souci moral de rassurer les hommes et de les guider vers le bonheur mesuré, positif, conçu par le philosophe grec :

> « ...Car, comme s'affolent des enfants qui s'effraient de tout dans les noires ténèbres, ainsi en pleine lumière il nous arrive d'appréhender des périls qui ne sont pas plus à craindre que ceux dont s'épouvante l'imagination des enfants dans les ténèbres. Eh bien ! cette terreur, ces ténèbres de l'âme, il faut qu'elles soient dispersées, non par les rayons du soleil et les traits lumineux du jour, mais par la contemplation rationnelle de l'ordre de la nature. »

─────────────── REPÈRES ───────────────

Jean Brun. *L'Epicurisme*, P.U.F., Que sais-je?, 1959.
Jean Brun, Textes choisis par, *Epicure et les Epicuriens*, SUP, Les Grands textes, Bibliothèque classique de philosophie, P.U.F., 1961.
André Jean Festugières, O.P., *Epicure et ses dieux*, P.U.F., Mythes et religions, 1946.

▶ **Philosophie, Stoïcisme.**

Erotisme

Eros était, chez les Grecs, la divinité de l'amour. Les Latins l'appelaient Amor ou Cupido. Il apparaît comme un dieu créateur et comme un élément primordial du monde dans la Théogonie, le poème d'Hésiode (VIIIe siècle av. J.-C.) qui constitue un essai d'harmonisation des croyances humaines.

Aujourd'hui, le sens du mot érotisme s'est restreint et il est caractérisé par l'idée de licence. C'est une recherche, dans laquelle l'imagination joue souvent un grand rôle, de l'excitation sexuelle. Même connotation pour l'érotomanie, terme de médecine qui signifie originellement l'aliénation mentale caractérisée par l'amour.

Nous retiendrons ici l'action d'Eros, dieu de l'amour en général, sur les anciens.

Le mariage

Les mariages à Athènes étaient des mariages de raison, et les deux fiancés devaient avoir le droit de cité athénienne. Ils se baignaient la veille dans l'eau de la source Calliroé, et l'on faisait des sacrifices aux dieux. Le jour des noces avait lieu un repas chez les parents de la jeune fille qui était conduite en cortège, le soir, vers son époux. Le lendemain, on offrait des cadeaux.

La cérémonie était à peu près semblable à Rome. La veille, la fiancée consacrait aux dieux ses jouets d'enfant et sa robe de jeune fille. Le matin, on prenait les auspices (voir à *Antiquité*) et on offrait en sacrifice une brebis. Puis on passait contrat de mariage devant dix témoins. Après le repas de noces, à la tombée de la nuit, la nouvelle épouse était accompagnée, à la lueur des torches et à la musique des flûtes, chez son mari : on la faisait pénétrer en la soulevant au-dessus du sol, peut-être pour éviter un mauvais présage dans l'hypothèse où elle eût trébuché. Le lendemain, la jeune femme recevait ses parents en qualité de « matrone » et elle offrait un sacrifice aux dieux de la maison.

Le mariage était un acte solennel chez les Romains. D'abord réservé au seuls patriciens, le droit au mariage légal fut étendu aux plébéiens, puis il y eut possibilité de s'unir entre patriciens et plébéiens, et entre ceux qui étaient nés libres et les affranchis. Seuls les esclaves n'y purent accéder. Un âge minimum était prévu : 14 ans pour le garçon, 12 ans pour la fille. Interdiction était faite de se marier entre parents et il y avait nécessité du consentement paternel.

Enfin, les Romains avaient diverses formes de mariage à leur disposition : le mariage avec « manus » (la main) signifiait que la femme dépendait entièrement de son mari. Elle passait alors de l'autorité paternelle à celle de son époux : sous sa main. La cérémonie pouvait être religieuse — l'offrande d'un gâteau d'épeautre (une sorte de blé) devant le grand pontife et dix témoins — ou civile. Le mariage pouvait encore entériner une cohabitation d'un an. Le mariage sans « manus » devint fréquent à la fin de la république : la femme, échappant à la main, donc à l'autorité de son époux, demeurait plus indépendante et il y avait séparation des biens.

L'amour

On emploie aujourd'hui l'expression « amour platonique » pour désigner une forme d'amour dégagée de tout rapport sexuel. Elle constitue souvent une première étape dans les relations amoureuses, avant la possession de l'être aimé. En fait, chez Platon, c'était l'inverse : on passait de l'amour physique à des relations plus intellectuelles.

La théorie platonicienne de l'amour repose en effet sur l'attrait qu'exerce la beauté. Or, la véritable beauté est intelligible, et les beautés sensibles, celles que l'on voit, n'en sont que le reflet. La liaison charnelle ne constitue donc qu'une première approche : elle précède la véritable union, qui est le commerce des esprits. La réunion des corps conduit à l'union harmonieuse des intelligences. Cette théorie excluait totalement les femmes. Le véritable amour était une affaire d'hommes.

En fait, les Grecs avaient trois sortes de rapports amoureux : avec leur épouse, pour faire des enfants; avec des adolescents imberbes, pour le plaisir sexuel (c'était la pédérastie, mot qui étymologiquement signifie « amour des enfants »); avec l'ami, enfin, pour l'échange supérieur des idées.

A Rome, les amours masculines furent une mode venue de Grèce. On admettait cette forme de rapports si elle concernait les esclaves. La société romaine était, par ailleurs, assez tolérante sur les mœurs : elle ignorait en effet le sentiment du péché et, si le mariage constituait une affaire sérieuse parce qu'il permettait des alliances de familles et d'intérêts, les comportements étaient souvent, par la suite, assez libres.

La condition féminine

En Grèce, la jeune fille était entièrement soumise à son père, la femme à son époux. Des temps archaïques à Périclès, il n'y eut guère de changement. La mère de famille était surtout la première des esclaves. L'homme, qui avait toute autorité sur les enfants, pouvait disposer de la fortune de sa femme, et renvoyer celle-ci sans formalité. Au contraire, une décision judiciaire était nécessaire à la femme pour se séparer. Le mari enfin avait la faculté de choisir à sa compagne un second époux, avant de mourir. Monogames, les Grecs pratiquaient souvent le concubinage et il y avait bien entendu des prostituées. « *Nous avons,* disait Démosthène, *des courtisanes pour le plaisir, des concubines pour le service journalier, mais des épouses pour nous donner des enfants légitimes et veiller fidèlement à l'intérieur de la maison.* » Tout ceci indépendamment des amours masculines.

A Rome, la mère de famille, la matrone, était beaucoup plus respectée et elle était véritablement la maîtresse de sa maison. Elle travaillait, mais non point au rang des esclaves : elle filait, tissait, s'occupait de l'éducation des enfants jusqu'à l'âge de sept ans. Les travaux les plus durs étaient confiés aux domestiques.

Peu à peu, l'épouse échappa à la tutelle de son mari. A la fin de la république et sous l'empire, on divorçait facilement et fréquemment à Rome : Pompée, par exemple, se maria cinq fois, et le cas n'était pas rare. Le divorce se faisait par consentement mutuel ou par l'envoi de lettres de divorce émanant de l'un ou de l'autre époux. L'initiative de la séparation, en effet, au début réservée aux hommes, fut étendue aux femmes à la fin de la république.

Dans une société tolérante, l'indépendance des femmes ne cessa de se développer. Elles jouèrent parfois un rôle politique (Livie auprès d'Auguste, par exemple) et il y eut, à certaines périodes et dans certains milieux, une véritable dépravation des mœurs : que l'on pense au *Satiricon,* de Pétrone (Ier siècle avant J.-C.) ou aux débauches fustigées par Juvénal dans ses *Satires*. Il a été remarqué que l'anagramme de « Roma » est « amor ».

Deux grandes influences ont sans doute transformé l'amour antique : le christianisme (et singulièrement le culte de la Vierge Marie) et les mœurs des peuples du Nord, qui ont introduit une image de la femme-compagne de l'homme, dans les travaux de la paix comme dans les dangers de la guerre.

---- REPÈRES ----

Françoise d'Eaubonne, *Les Femmes avant le patriarcat*, Payot, 1976.
Robert Flacelière, *L'Amour en Grèce,* Hachette, 1960.
Pierre Grimal, *L'Amour à Rome,* Les Belles Lettres, 1978.
P.L. Jacob, bibliophile, *Les Courtisanes de l'ancienne Rome,* Pardès, collection «Rebis», 1884.
Louis-Auguste Martin, *Histoire de la femme. Sa condition politique, civile, morale et religieuse, Antiquité,* 1re et 2e parties, Pardès, collection «Rebis (Sexualité et Tradition)», 1862.

▶ **Vestale.**

Fortune

La richesse, les biens, l'opulence, c'est ce que l'on entend par la fortune. Le mot peut également signifier le hasard (la fortune est aveugle, dit-on), ou plus précisément, le sort réservé à quelque chose ou à quelqu'un (la fortune des études classiques en France, par exemple, c'est-à-dire la manière dont elles se sont développées dans ce pays). Car, avec une majuscule, le mot désigne la divinité qui, pour les anciens, distribuait aux hommes les biens et les maux, au hasard. La « Fortuna » des Latins (en grec, « Tukhé ») était la personnification de l'imprévu : ils la représentaient sous les traits d'une femme portant une corne d'abondance (la richesse), mais ayant près d'elle une roue qui symbolisait son inconstance. C'était, déjà, la « roue de la fortune » dont s'inspire aujourd'hui un jeu télévisé notoire.

La notion de hasard, de risque, de chance, a donc été liée très tôt à l'idée de la richesse. C'est que l'argent gagné ou perdu, souvent rapidement et en grande quantité, a joué un rôle primordial dans la civilisation gréco-latine qui, pourtant, au départ, eut une économie rurale ignorant l'usage de la monnaie.

Une civilisation agricole

A l'époque homérique, les céréales, la vigne, les troupeaux constituaient les principales ressources des Grecs. Les rois eux-mêmes cultivaient la terre. Plus tard, la petite propriété foncière que l'on exploitait soi-même demeura longtemps la règle. Toutefois, à l'époque classique, de grandes exploitations se constituèrent : on y employait des esclaves, que surveillait parfois un régisseur, ou on les affermait. La Grèce continua à produire du blé et de l'orge, du vin, mais aussi des arbres fruitiers, des oliviers et des figuiers notamment. L'élevage ne fut jamais négligé.

Dans l'économie romaine, ce même élevage eut au début une place essentielle. Comme la monnaie n'existait pas, on prenait pour échelle de valeur les têtes de bétail. Puis l'agriculture se développa. Ce fut une occupation de plébéiens. Bien des noms romains lui doivent leur origine: Fabius (la fève) ou Cicéro (le pois chiche). L'outillage fut longtemps primitif: la charrue sans roue, dite romaine (par opposition à la charrue gauloise, qui avait des roues), le fléau pour battre le blé, un pressoir rudimentaire pour les raisins. Les Romains pratiquaient la jachère (ils laissaient périodiquement la terre en repos) et l'assolement (ils alternaient des cultures différentes sur le même sol). Ils utilisaient des engrais. Ils eurent de tout temps une prédilection pour les vignes, pour l'olivier, et ils récoltèrent tôt le miel.

Vers la fin de la république, les petites propriétés diminuèrent au profit des grands domaines. Sous l'empire, les pâturages, parfois artificiels, se multiplièrent et l'élevage s'intensifia. La vigne remplaça de plus en plus les céréales. Les oliviers et les arbres fruitiers (on pratiquait la greffe) continuèrent à avoir la faveur des agriculteurs. L'empereur lui-même possédait d'immenses propriétés. Quant aux riches particuliers désireux de s'agrandir, ils n'hésitaient pas à exproprier sans pitié leurs voisins malchanceux, quitte à les exploiter ensuite comme colons (voir à *Colonies*).

L'agriculture romaine nous est connue par Varron, Virgile, Columelle, entre autres. D'une économie rurale d'échange, le monde antique est passé assez rapidement à une économie de profit et la terre est devenue un placement.

La fortune des anciens

Il y avait à Athènes, à l'époque classique, des pauvres, une classe moyenne nombreuse vivant modestement, et peu de gens très riches. La fortune consistait en biens-fonds (terres que l'on exploitait ou que l'on affermait, immeubles), en troupeaux, en esclaves dont on louait les services à des industriels. Le commerce maritime était florissant: on exportait la laine, l'huile, les objets d'art, on importait du blé, du bois de construction, du fer. L'industrie artisanale (chaudronniers, droguistes) était active, mais il y avait aussi des usines où travaillaient, en nombre, esclaves ou hommes libres : armureries, minoteries, fabriques d'instruments de musique, etc.

Le même système était en usage à Rome : des esclaves souvent, mais aussi des hommes libres, à leur compte ou pour celui d'un patron, étaient employés par les industriels au travail de l'argile, au travail de la pierre, à celui des métaux (les conduites d'eau étaient en plomb, les miroirs en métal, et non en verre), à celui du verre (qui n'était pas transparent), au travail du bois ou du cuir. Il y avait aussi une industrie du livre : les boutiques de libraires étaient très fréquentées (d'abord, les livres furent constitués de rouleaux de papyrus qu'on déroulait de droite à gauche pour la lecture, puis, sous l'empire, de feuilles de parchemin pliées et cousues). Les livres n'étaient bien sûr pas imprimés mais produits par des copistes parfois organisés en ateliers. Le commerce était du reste très développé à Rome : les chevaliers surtout (voir à *Clientèle*), le pratiquèrent avec les pays alliés ou conquis. Les bateaux marchands appartenaient à des armateurs qui rétribuaient leurs capitaines.

Il y avait donc ceux à qui leur activité rapportait de l'argent. Il y avait aussi ceux qui ne faisaient rien, soit parce qu'ils étaient riches et pouvaient vivre de terres qu'ils faisaient travailler, de maisons de rapport qu'ils louaient, de terrains dont la revente leur permettait de réaliser des plus-values, soit parce qu'ils étaient pauvres et vivaient en parasites aux dépens des riches, ou aux dépens de l'Etat qui, sous l'empire, leur distribuait gratuitement du blé.

Il y avait enfin la banque. Beaucoup de particuliers, à Athènes et dans toute la Grèce, prêtaient de l'argent. Mais les banquiers en faisaient commerce : ils recevaient des dépôts, plaçaient l'argent, se chargeaient, pour leurs clients, de certains paiements, avaient des correspondants à l'étranger : un voyageur pouvait ainsi retirer chez un banquier de Milet, en Asie Mineure, une somme qu'il avait déposée à cette fin, avant de partir, chez son banquier à Athènes.

A Rome également, le trafic d'argent fut une activité florissante. Les chevaliers s'en firent une spécialité : ils formaient des sociétés par actions pour affermer les impôts et les travaux publics. Les particuliers pouvaient donc placer leur argent de cette façon. Il y avait un cours de la Bourse, qui fluctuait déjà suivant les événements politiques et sociaux. On pouvait emprunter à ces sociétés ou aux usuriers. Le taux de l'argent était élevé, de l'ordre de 48 pour 100 l'an parfois. L'usage du chèque était fréquent à Rome, encore que l'on payât beaucoup en argent comptant. En somme, un système bancaire déjà perfectionné existait dans l'Antiquité. Des fortunes considérables se sont ainsi édifiées et parfois défaites très rapidement.

Les pouvoirs et les limites de la fortune

En Grèce, du moins dans la démocratie athénienne, la vie politique était l'affaire de tous les citoyens. Les magistratures étaient donc une contribution que chacun, à tour de rôle, apportait à la vie de la cité, mais comme leur exercice était prenant, il valait mieux ne point avoir, en sus, trop de soucis matériels (voir à *Démocratie*).

Les patriciens romains ayant de la fortune choisirent souvent la carrière des honneurs (le « cursus honorum » est une expression encore employée de nos jours) : ils pouvaient être questeurs à trente ans, édiles curules à trente-sept, préteurs à quarante, consuls à quarante-trois ans (voir à *Magistrats*). Bien entendu, la richesse n'ouvrait pas seulement les carrières réputées honorables : elle permettait aussi, comme cela a toujours et partout été le cas, de s'offrir toutes ses fantaisies en faisant parfois bon marché de la morale.

Le pouvoir de l'argent a donc été souvent dénoncé (par Properce et par Juvénal, notamment), mais dès la république, chaque citoyen appartenait, en fonction de ses signes extérieurs de richesse, à l'une des cinq classes servant de base au calcul de l'impôt direct et au service militaire (voir à *Clientèle*). L'argent — la fortune, dans un sens plus large — était donc, comme en Grèce d'ailleurs, l'ossature d'une société inégalitaire : sous l'empire, le plus riche occupa naturellement le sommet de la hiérarchie.

La morale du système tenait sans doute aux revers de fortune, toujours possibles pour chacun. C'est précisément ce que l'homme accepte mal, pas plus aujourd'hui que dans l'Antiquité. S'il trouve naturel de bénéficier de la chance pour s'enrichir, il juge très injuste ensuite d'être ruiné par la malchance. D'où les efforts tentés de tout temps pour limiter la part du hasard : par les systèmes de prévoyance, l'assistance de l'Etat ou diverses formes de solidarité, entre autres... Malheureusement, ces adoucissements demeurent limités dans leurs effets. La véritable solution du problème est dans la tête de chacun. Comme le notait Tacite : « *Plusieurs semblent accablés par l'adversité, et sont heureux; et un grand nombre, au sein de l'opulence, sont très malheureux, parce que les uns supportent courageusement la mauvaise fortune, ou que les autres usent follement de la prospérité.* »

––––––––––––– REPÈRES –––––––––––––

Marie-Claire Amouretti, *Le Pain et l'huile dans la Grèce Antique. De l'araire au moulin*, Les Belles Lettres, Annales Littéraires de l'Université de Besançon, 1986.

Jean Andreau, *La Vie financière dans le monde romain. Les Métiers de manieurs d'argent, IVe siècle avant J.-C., IIIe siècle après J.-C.*, collection de l'Ecole française de Rome, Ecole française, Rome, 1987.

Paul Cloché (et J. Léon-Heuzey), *Les Classes, les métiers, le trafic*, Les Belles Lettres, collection La vie publique et privée des anciens Grecs, 1931.

Jean-Philippe Lévy, *L'Economie antique*, P.U.F., Que sais-je?, 1964.

Claude Mossé, *Le Travail en Grèce et à Rome*, P.U.F., Que sais-je?, 1966.

▶ **Astronomie.**

Forum

Le forum était à Rome et dans les villes de l'empire, la place où le peuple s'assemblait. D'abord place du marché, le forum était devenu le centre de la vie publique et le lieu où se rendait la justice. Foyer de rayonnement commercial vers toutes les provinces, point de rencontre où se traitaient nombre d'affaires, le Forum romain jouait un rôle important dans la vie quotidienne des citoyens.

Il était comparable à l'agora qui, à Athènes et dans les cités grecques, était à la fois place du marché et lieu d'assemblée.

Lieu de rencontres

L'Agora des Athéniens comportait des édifices importants : le palais du sénat, les tribunaux, des temples. Le matin, autour de ces édifices, dans les allées plantées de platanes ou de peupliers, se groupaient les marchands. Ils vendaient les produits du sol, de la chasse, de la pêche et de l'industrie. Les Athéniens, qui se levaient avec le soleil, allaient y faire leur marché : c'étaient en effet les hommes qui choisissaient et achetaient les provisions de la maisonnée; ils les faisaient ensuite transporter chez eux par un commissionnaire. Le matin, fonctionnaient les tribunaux, avaient lieu les assemblées; on s'informait des nouvelles. L'après-midi était moins occupée; on allait aux bains, au gymnase, ou l'on flânait devant les boutiques de l'Agora : des barbiers, des armuriers, notamment y sollicitaient la curiosité des hommes mûrs qui y retrouvaient leurs amis. Ni les adolescents, ni les femmes n'y étaient bien vus.

Le mot « forum » désignait à l'origine une place découverte, soit dans les villes, soit dans la campagne, au carrefour de plusieurs routes, donc accessible de différentes localités. Elle tenait lieu de champ de foire. A Rome, le forum devint ensuite le marché, un endroit de promenade, le siège des tribunaux et des manifestations de la vie publique. Quand celle-ci l'eut envahi, des marchés spécialisés de substitution furent créés dans différents quartiers de la ville : le marché aux poissons, le marché aux légumes, etc. La matinée des Romains, qui commençait tôt, était consacrée aux affaires, dont une bonne part se passait sur le Forum : procès, visites de condoléances ou de félicitations, négociations et sollicitations diverses... L'après-midi était réservée aux délassements : après la sieste, les Romains allaient aux bains ou faisaient sport.

Il y eut bien entendu, au long des siècles, une transformation sociale et architecturale du Forum : aux bouchers et aux maîtres d'écoles des premiers temps se substituèrent des magasins de luxe et les comptoirs des changeurs. L'architecte Vitruve (Ier siècle avant J.-C.), comparant le Forum romain à l'agora des Grecs, considère le premier comme un ensemble architectural spécifique, parce que destiné aux assemblées du peuple, aux fêtes, aux repas publics, aux cérémonies religieuses, aux jeux — aux combats de gladiateurs, notamment — à l'exposition de tableaux et de statues : « *Il faut qu'il y ait proportion entre les dimensions du forum et la population; car sans cela, la place pourrait manquer ou le forum, trop peu rempli, paraître vide. La largeur aura les deux tiers de la longueur, la forme sera donc celle d'un rectangle, disposition plus commode pour les spectacles.* »

Le Forum romain était orienté d'ouest en est : vers la fin de la période impériale, il était limité, à l'ouest, par la prison Mamertine, au sud, par le temple de Vespasien, à l'est, par le temple rond de Vesta, au sud, par la basilique Julia. La voie sacrée le traversait, de l'arc d'Auguste à l'arc de Tibère.

Lieu de paroles

La procédure de réunion et de fonctionnement de l'assemblée du peuple était assez semblable à Athènes et à Rome. A Athènes, on convoquait le peuple sur l'Agora, par héraut ou par voie d'affiche. Les séances de l'ecclésia, ou assemblée du peuple, avaient lieu sur la place le matin, en plein air. Tout citoyen pouvait y assister : parfois il y avait des milliers d'hommes ; quelquefois presque personne. On votait les lois à main levée. L'ecclésia était le pouvoir souverain.

Les institutions romaines étaient un peu différentes : si, à Athènes, on votait tout de suite sur n'importe quel projet, à Rome, deux sortes d'assemblées pouvaient être convoquées sur le Forum. La *contio* était une assemblée du peuple, convoquée par le magistrat qui souhaitait faire une communication. Elle n'avait aucun pouvoir législatif. C'était un moyen d'informer l'opinion. Les comices étaient annoncés par voie d'affiche dix-sept jours à l'avance. Si l'on devait voter un projet de loi, celui-ci était affiché, discuté. Le jour du vote — c'était toujours le matin — les citoyens se prononçaient : leurs votes étaient comptabilisés, non individuellement, mais en fonction des circonscriptions territoriales auxquelles ils appartenaient : on comptait le nombre de circonscriptions ayant voté pour ou contre.

Comme l'Agora, le Forum était donc un lieu de paroles. Les magistrats s'y adressaient au peuple. Les chefs de l'armée y rendaient compte de leurs campagnes. La tribune était appelée les Rostres parce qu'elle avait été ornée des rostres (ou éperons) de navires pris à l'ennemi par C. Maenius en 338 avant J.-C. Dans les camps militaires romains, il y avait également un forum, place carrée où se tenait le marché aux vivres, et où leurs officiers s'adressaient aux soldats.

Lieu de justice

Lieux de paroles, l'agora et le forum étaient, naturellement, des lieux de justice. A Athènes, l'ecclésia prononçait parfois des jugements. Elle avait notamment le pouvoir d'exiler pour dix ans un citoyen qui, même innocent, était jugé trop influent. C'était l'ostracisme, du mot « ostracon », désignant le tesson sur lequel on écrivait le nom du banni.

Il y avait d'autres assemblées judiciaires: les plus importantes étaient le tribunal des héliastes, qui comprenait six mille citoyens âgés de trente ans, formant dix cours de justice, et l'aréopage, composé de dignitaires.

Il n'y avait pas de procureur. Même dans les affaires criminelles, c'était un simple citoyen qui accusait. Pas d'avocat non plus. Chacun plaidait pour son propre compte. La durée de la plaidoirie était réglée en fonction du nombre de clepsydres (vases remplis d'eau et percés d'un trou par où elle s'écoulait lentement) accordées à l'orateur par le tribunal. Le jugement était rendu au moyen de cailloux blancs et noirs, ou de jetons de bronze que l'on jetait dans une urne.

Chez les Romains, le pouvoir judiciaire n'était pas vraiment distinct du pouvoir exécutif et du pouvoir législatif. Des magistrats élus par le peuple (consul, préteur), exerçaient la justice. Dans les litiges entre particuliers, un préteur seul, ou un juge qu'il avait nommé, décidait. Dans les affaires criminelles, le préteur présidait un jury. Les procès avaient lieu au Forum.

L'accusé se présentait en tenue de deuil. Il amenait avec lui sa famille et il essayait d'émouvoir le jury en faisant valoir le malheur de ses enfants. Autour des bancs où les juges, les parties et les greffiers étaient installés, le peuple faisait cercle. Comme en Grèce, pas de procureur: un particulier accusait. Chacun avait ses avocats (plusieurs, jusqu'à douze parfois) qui plaidaient longtemps. Un procès pouvait ainsi durer des jours. Après les plaidoiries, il y avait comparution des témoins, puis discussion entre les avocats des parties adverses. Chaque juge écrivait sa sentence sur une tablette.

On condamnait peu à la prison. Les peines requises dans les affaires criminelles étaient l'amende, l'exil, ou la mort, à laquelle on pouvait souvent, du reste, échapper par l'exil.

Il est à noter que de cette habitude d'associer justice et forum, nous sont venues des expressions comme le for extérieur (l'autorité de la justice humaine), le for intérieur (le jugement de notre conscience) et le for ecclésiastique (la juridiction temporelle de l'Eglise).

Le Forum romain fut abandonné peu après les invasions barbares. Ses monuments de marbre servirent de carrière pour les palais construits au Moyen Age et à la Renaissance. Une couche de détritus, atteignant dix mètres de hauteur, le recouvrit. Au XIXe siècle furent entreprises les fouilles qui ont permis de le dégager.

─────────── REPÈRES ───────────

Jérôme Carcopino, *L'Ostracisme athénien,* Alcan, 1935.

Jérôme Carcopino, *La Vie quotidienne à Rome à l'apogée de l'Empire,* Hachette, coll. La Vie quotidienne, 1939.

Robert Flacelière, *La Vie quotidienne en Grèce à l'époque de Périclès,* Hachette, coll. La Vie quotidienne, 1959.

Paul Werner, *La Vie à Rome aux temps antiques,* illustré, Minerva, Genève, 1986

▶ **Cité, Démocratie.**

Gallo-romain

L'adjectif « gallo-romain » signifie « relatif à la civilisation de la Gaule entre le Ier siècle avant J.-C. et le IVe siècle de notre ère ». Pendant la période gallo-romaine, les Gaulois furent administrés par les Romains, puis ils continuèrent les traditions de leurs vainqueurs jusqu'à leur fusion avec les Francs, d'où devait naître la nation française.

Plus que des Gallo-Romains, il y eut un peuple composé de Gaulois qui cohabitèrent volontiers, après leur soumission, avec des Romains peu nombreux; ils s'intégrèrent à l'empire et ils assimilèrent la culture latine qui devait les marquer profondément et durablement.

C'est, du reste, par les Romains ou par les Grecs que nous connaissons la Gaule : par les Commentaires de la guerre des Gaules, de Jules César, par le géographe grec Strabon (vers 58 avant J.-C. — entre 21 et 25 de notre ère), par les monuments conservés de la période gallo-romaine et par l'épigraphie, ou science des inscriptions. Celles-ci, gravées en latin sur le bronze ou sur la pierre, ont été nombreuses et elles ont touché aux domaines les plus variés (enseignes de boutiques, textes législatifs, règlements municipaux, dédicaces de monuments, etc.). Les auteurs gaulois, formés par l'éducation romaine, écrivirent en latin.

Une occupation progressive

Si l'intervention de César en Gaule fut décisive, la république romaine commença à s'installer bien avant dans le pays qui est aujourd'hui la France. En fait, les Romains appelèrent d'abord Gaule cisalpine, jusqu'en 42 avant J.-C., tout le nord de l'Italie situé, pour eux, en deçà des Alpes. Elle se divisait en deux parties : au nord du Pô, la Gaule transpadane avait pour capitale Milan; au sud du fleuve, la Gaule cispadane avait Ravenne pour capitale. En 222 avant J.-C., les Romains conquirent la Gaule cisalpine et prirent Milan.

On appelait encore Gaule le pays compris entre le Rhin, les Alpes et les Pyrénées. Il était, principalement mais non exclusivement, peuplé de Gaulois ou Celtes — alors deux termes synonymes — ayant la même origine que ceux qui s'étaient installés en Italie du nord. Ce n'était évidemment pas un Etat, mais une mosaïque de peuples à dominante celte.

De 125 à 120 avant J.-C., les Romains occupèrent, au sud de la Gaule, une large bande de terrain qui leur ouvrait le chemin de leur province d'Espagne. Ils avaient commencé à intervenir, depuis 154, à la demande de Marseille, ancienne colonie grecque fondée en 600 avant J.-C., que menaçaient les peuples de l'intérieur. Ils restèrent dans la région, dont ils firent leur province de Gaule transalpine : elle comprenait tout le sud-est de la France actuelle, limité, au nord, par une ligne allant de Genève à Toulouse. Narbonne fut la première colonie de citoyens romains hors d'Italie. La Gaule transalpine, que les Romains appelèrent la province de Gaule ou, mieux encore, « notre province » (la Provence), fut administrée — et souvent avec des abus — par la république jusqu'en 58 avant J.-C.

L'occupation du reste du pays eut lieu entre 58 et 50 : les Eduens ayant demandé l'aide de Rome contre les Helvètes, ce fut l'occasion pour César, alors proconsul (les consuls, en sortant de charge, pouvaient être chargés du gouvernement d'une province, où ils exerçaient l'autorité militaire, avec le titre de proconsul), de pénétrer dans la partie encore indépendante de la Gaule. Elle avait une population nombreuse (au moins dix millions d'habitants), des ressources agricoles, des soldats courageux. Des commerçants romains itinérants (les « negociatores ») la parcouraient, il est vrai, depuis des années et ils informèrent utilement les troupes de César. Enfin, celui-ci, tout en ayant le souci des intérêts de Rome, jouait sa carrière : les richesses de la Gaule et la gloire de sa conquête lui permettraient d'égaler Pompée, qui s'était illustré en Orient et qu'il allait vaincre, finalement, au terme d'une guerre civile, à Pharsale, en 48.

La guerre des Gaules devait s'achever sur une conquête totale : après un échec devant la place forte de Gergovie, César fit le siège d'Alésia et il obtint la soumission de Vercingétorix, chef des Arvernes, qui périrait, après six ans de captivité, dans une prison romaine. Mais le vainqueur sut appliquer une politique intelligente : de générosité envers les troupes vaincues, d'incorporation des Gaulois dans les armées romaines, de respect des structures politiques et religieuses locales.

Au début, la Gaule nouvellement conquise fut divisée — outre la «province» du sud-est — en trois parties : la Belgique entre le Rhin et la Seine; la Celtique, entre Seine et Garonne; l'Aquitaine, au sud de la Garonne. Puis, à partir d'Auguste, «notre province» devint la Gaule narbonnaise, province sénatoriale dont la capitale était Narbonne; les trois autres provinces, impériales (voir à *Magistrats*), que l'on appela les Trois Gaules furent l'Aquitaine, au sud-ouest, ayant pour capitale Saintes, puis Bordeaux, la Belgique (le bassin de la Meuse et celui du Rhin), dont la capitale fut Reims, puis Trèves, la Gaule lyonnaise qui occupait, entre les deux autres, l'espace compris entre la Bretagne et la vallée du Rhône, et dont la capitale était Lyon. Des délégués des Trois Gaules se réunissaient chaque année dans cette ville de Lyon pour célébrer le culte impérial et proclamer leur attachement à Rome. Cela dura trois siècles.

S'ils eurent des obligations fiscales et militaires — celles-ci leur pesaient peu —, les Gaulois, jusqu'à 250 après J.-C., ne connurent pas de grands bouleversements et, de 70 à 180, ils jouirent d'une paix complète, la «pax romana» ou paix romaine. Le pays put ainsi se développer. Cela explique en bonne part l'attachement de ses habitants à Rome. Mais les empereurs s'intéressèrent souvent personnellement, et de près, à la Gaule : Claude, né à Lyon, la favorisa tout spécialement. La fin de la Gaule romaine intervint donc progressivement, car il y eut cohésion des Gaulois et des Romains pour en défendre les frontières : Rome la protégea de son mieux contre les invasions barbares, et il y eut même, entre 260 et 274 de notre ère, une intéressante tentative des Gaulois eux-mêmes pour proclamer leur autonomie, tout en demeurant liés à Rome, afin de se mieux défendre. Ce fut l'éphémère « empire gaulois » à la fin du IIIe siècle. Puis les brigands — des troupes que l'on appelait « les Bagaudes » — écumèrent le pays. La menace aux frontières de l'est se fit toujours plus pressante. L'Empire romain intervenait encore. Il y eut des répits. Julien, par exemple, vainquit les Alamans près de Strasbourg et il fut proclamé Auguste par ses soldats en 360, à Lutèce, aujourd'hui Paris. Il vint un jour où les invasions ne purent être contenues, bien qu'Attila et ses Huns aient été vaincus, au Ve siècle, par Aétius, sous Valentinien III, mais le Romain s'était allié avec les Burgondes, les Francs et les Wisigoths, déjà bien implantés dans le pays. C'en fut désormais fini de la présence de Rome dans une Gaule largement barbare, qui allait être dominée par les Francs, Clovis éliminant en 486, à Soissons, Afranius Syagrius qui gouvernait entre la Somme et la Loire, le dernier réduit romain.

Une intégration réussie

La fin de la présence administrative et politique de Rome n'entraîna pas celle de son influence culturelle qui dure encore dans l'Europe moderne. C'est que l'empire romain réussit parfaitement l'intégration des peuples soumis. Ce ne fut pas lié à une forte présence des vainqueurs en Gaule : les quelque deux cent mille personnes qui s'y installèrent (dont bon nombre ne venaient pas de Rome, mais d'autres provinces de l'empire, notamment d'Orient), ne jouèrent tout au plus qu'un rôle stimulant. La grande réussite des Romains fut de donner aux Gaulois le goût de devenir Romains, de les y encourager et de le leur permettre, tout en leur laissant pratiquement administrer leur pays sous le contrôle de fonctionnaires impériaux.

Ces Gaulois trouvèrent à la romanisation l'avantage d'une unité qui leur avait fait défaut avant la conquête : d'origines diverses, ils eurent, avec l'armée et avec l'urbanisation, des moyens d'intégration et de promotion dans une société nouvelle. Il fallait, en effet, parler latin dans l'armée romaine. Les Gaulois incorporés, une fois accompli leur temps de service, conservaient la langue et les usages acquis. Ils étaient alors de droit citoyens romains, donc des notables. Et l'accord du droit de cité (voir à *Cité*) aux villes gauloises, avec les possibilités de carrière à Rome même qu'il ouvrait à leurs élites, était aussi très apprécié.

Ces élites gauloises adoptèrent, ainsi, volontiers la langue, les mœurs, la manière de penser des Romains qui pouvaient seules autoriser leur intégration, parfois jusqu'aux plus hautes dignités, dans l'Etat impérial. « *Il n'est pas juste*, disait l'empereur Claude, *que les provinciaux eux-mêmes, lorsqu'ils peuvent être l'honneur du sénat, en soient écartés.* » Aussi les Gaulois se montrèrent-ils loyaux, politiquement, vis-à-vis de Rome. C'est l'affirmation de cette loyauté que l'Assemblée des Gaules renouvelait à Lyon chaque année.

Rome avantagea donc socialement les Gaulois plus qu'elle ne leur apporta sur le plan économique. Leur agriculture et leur industrie étaient en effet depuis longtemps prospères (mais les Romains introduisirent la vigne). Les échanges bénéficièrent toutefois du système de communication romain. Les villes se développèrent et leur architecture fut embellie : que l'on pense aux arènes de Nîmes, par exemple. Lyon, au IIe siècle après J.-C., comptait, pense-t-on, entre cinquante et quatre-vingt mille habitants. L'enseignement, en latin, se répandit : Autun, Trèves, Bordeaux devinrent des centres universitaires. Ausone (310-394 de notre ère), qui enseignait, précisément, à Bordeaux et qui est l'écrivain le plus connu de la Gaule romaine, reste l'exemple même de la haute réussite : riche, encore plus riche par son mariage, appelé à Trèves par l'empereur Valentinien Ier qui y résidait, pour être le précepteur de son fils, il fut préfet du prétoire et consul lorsque son élève devint, à son tour, empereur. Les « clarissimes », c'est-à-dire l'aristocratie gauloise fortunée à laquelle appartenait Ausone, étaient de grands propriétaires fonciers, raffinés et cultivés, vivant dans des «villas», au milieu de domaines comptant parfois plus de mille hectares, et ils pouvaient nourrir de grandes ambitions politiques. Bien des villages de France ont été construits autour de ces villas primitives devenues, par la suite, châteaux.

Un autre facteur d'unification de la Gaule fut évidemment le christianisme : introduit comme culte oriental (Pothin, le premier évêque des Gaules, était originaire d'Asie Mineure), ralliant d'abord les classes défavorisées de la société, persécuté (Blandine, martyrisée à Lyon en 177, était une esclave), il ne cessa de faire des adeptes grâce à quelques personnalités d'exception, le théologien Hilaire, et Martin, qui introduisit la vie monastique et qui fonda le monastère de Ligugé, près de Poitiers. L'organisation ecclésiastique de la Gaule épousa d'ailleurs le cadre de l'administration officielle, et elle contribua à structurer le pays lorsque celui-ci échappa à la tutelle romaine. Clovis, alors, reçut le baptême et protégea les chrétiens.

La Gaule fournit donc à Rome des avocats, des professeurs, des soldats, des écrivains de langue latine... La France doit à son passé romain sa langue et son vignoble, nombre de ses villages et de ses villes, des monuments prestigieux, une conception de l'unité politique et administrative, enfin, qui ne contrarie point l'attachement aux libertés municipales et le respect du droit.

──────────────── REPÈRES ────────────────

Françoise Beck et Hélène Chew, *Quand les Gaulois étaient romains*, Gallimard, collection Découvertes/Réunion des Musées Nationaux, 1989.

Gérard Coulon, *Les Gallo-Romains. Au carrefour de deux civilisations*, Armand Colin, collection Civilisations, 1985.

Paul-Marie Duval, *La Vie quotidienne en Gaule pendant la paix romaine (Ier-IIIe siècle après J.-C.)*, Hachette, 1952.

Emile Thévenot, *Les Gallo-Romains*, P.U.F., Que sais-je?, 1948.

▶ **Civilisation, Classicisme, Renaissance.**

Jeux

C'est le nom générique donné chez les anciens à des manifestations sportives et artistiques, et parfois à des spectacles cruels. A l'origine, les jeux sont destinés à honorer les dieux. Mais leur développement, à Rome, est lié à la pratique politique et il a contribué à une évolution négative des mœurs.

On note en effet une différence entre la Grèce et Rome : en Grèce, les jeux sont des fêtes religieuses où tentent de s'illustrer sportivement les citoyens les plus adroits et les plus forts; à Rome, les jeux deviendront pur spectacle, destiné à amuser le peuple et développant son instinct de violence.

Les jeux en Grèce

Les jeux, très populaires en Grèce, étaient toujours organisés à l'occasion d'une fête religieuse et en l'honneur d'un dieu. Chaque cité avait ses jeux. Les plus populaires étaient les jeux olympiques, qui avaient lieu à Olympie, en l'honneur de Zeus, tous les quatre ans; les jeux pythiques, à Delphes, en l'honneur d'Apollon, vainqueur du serpent Python; les jeux isthmiques à l'isthme de Corinthe, en l'honneur de Poséidon; les jeux néméens à Némée, près de Corinthe, en l'honneur d'Héraclès.

Primitivement, ils comportaient des concours athlétiques, des épreuves de lutte et de pugilat, des courses de chars. Seuls les hommes y participaient et y assistaient. Plus tard, surtout à Delphes, des concours musicaux et poétiques furent inclus dans les manifestations. Pindare, poète thébain du Ve siècle avant J.-C., a célébré dans ses *Pythiques* Hiéron, roi de Syracuse, vainqueur à la course de chars, ou Midias, lauréat du concours de flûte.

Le vainqueur recevait, sous les acclamations, devant le temple de la divinité, une couronne d'olivier sauvage à Olympie, une couronne d'ache vert à Némée, d'ache sec aux jeux isthmiques, et de laurier aux jeux pythiques. Les épreuves sportives étaient suivies de sacrifices, d'une procession, de festins.

Les jeux étaient donc des fêtes du corps qui avaient un caractère sacré. Ils contribuaient à rapprocher les Grecs, puisqu'ils étaient occasion de rencontres et d'émulation entre les habitants des diverses cités. Ils avaient encore une signification symbolique : on primait, dans le champion, autant la qualité morale que la force et l'adresse. Par son exploit, il s'était rapproché des héros de la mythologie et ainsi des dieux. Il avait accompli exemplairement son destin de mortel.

Les jeux à Rome

Les jeux eurent aussi à Rome un caractère religieux et ils le gardèrent d'une certaine manière, puisqu'ils étaient si liés aux temples que, à la fin de l'empire, les empereurs romains durent permettre de conserver ceux dont la disparition eût entraîné celle des jeux. Au début, ce furent des courses destinées à honorer Mars et Consus, dieux protecteurs des chevaux et des mulets. On promettait d'ailleurs des jeux aux dieux pour se les concilier.

Les jeux se multiplièrent progressivement : les principaux étaient les jeux Apollinaires (en l'honneur d'Apollon), les jeux Capitolins (en l'honneur de Jupiter), les jeux Floraux (en l'honneur de Flore), les grands jeux, ou jeux megalenses, les jeux plébéiens, les jeux séculaires qui avaient lieu, solennellement, tous les cent ans... Au IVe siècle de notre ère, chaque année, cent trente-cinq jours étaient consacrés aux jeux par les Romains !

D'abord organisés par les pontifes, responsables du culte et des sacerdoces, puis par les magistrats qui ajoutaient, en prenant sur leur fortune personnelle, aux subventions officielles, les jeux étaient célébrés au nom de l'Etat. Mais ils pouvaient être également offerts par de riches particuliers.

Les courses de chars avaient lieu au cirque, piste en forme de rectangle allongé terminé par une courbe à l'une de ses extrémités, entourée de gradins. Les chars, petits, tirés par deux ou par quatre chevaux attelés de front, couraient par groupes de quatre. Ils devaient faire sept fois le tour du cirque. Les cochers, qui guidaient debout, le fouet à la main, étaient de condition sociale inférieure. Mais ils gagnaient beaucoup d'argent. Sous l'empire, ils furent patronnés par de riches commanditaires ou par des groupements d'intérêts dont ils portèrent les couleurs, formant ainsi de véritables « écuries » sportives professionnelles.

D'autres manifestations avaient lieu au cirque : ce que les Romains appelaient les « jeux grecs », c'est-à-dire des concours d'athlétisme et de pugilat, et aussi des parades (défilés et exercices militaires), exécutées par des enfants de bonnes familles.

Toujours au titre des jeux, des spectacles artistiques étaient donnés au théâtre : d'abord dans des constructions provisoires, détruites après la représentation, puis dans des théâtres en pierre. On pouvait assister à des tragédies, souvent traduites du grec, à des comédies, à des farces et à des spectacles de mimes.

En 59 avant J.-C., Curion eut l'idée de construire deux théâtres de bois, mobiles, faits de gradins en hémicycle, adossés l'un à l'autre, puis, à l'issue des spectacles dramatiques, de les réunir : ils formaient alors un cercle et, sur la piste qui se trouvait en son centre, s'affrontèrent des gladiateurs. Ce fut l'origine des amphithéâtres — ou « doubles théâtres » — en bois, puis en pierre, que les Romains construisirent ensuite dans toutes les villes importantes de l'empire. Le Colisée, à Rome, pouvait accueillir plus de cinquante mille spectateurs. Les amphithéâtres dont alors on remplissait d'eau la piste, pouvaient même servir aux naumachies ou spectacles représentant un combat naval. Mais, dans leur arène, se donnèrent surtout les jeux de gladiateurs qui auparavant avaient eu lieu d'abord sur le forum, puis au cirque. Les gladiateurs — condamnés, prisonniers de guerre ou esclaves — combattaient deux à deux, ou par troupes. Certains, armés d'un trident et d'un filet dont ils tentaient de paralyser l'adversaire, étaient les rétiaires. Ils luttaient contre les mirmillons, combattants armés d'une courte épée, protégés par un bouclier et par un casque. Le sort du vaincu était décidé par la foule : si les spectateurs baissaient le pouce, le malheureux était tué; sinon, on l'épargnait.

Dans les amphithéâtres furent encore organisées les chasses : des bêtes fauves se déchiraient, ou des chasseurs les affrontaient. Enfin, on livra aux fauves des condamnés sans armes. On sait que ce fut un supplice réservé aux premiers chrétiens.

Les jeux de l'amphithéâtre furent donc, par tout un aspect, un encouragement à la cruauté populaire. Et Rome connut, selon l'expression de Roland Auguet, une *« civilisation du spectacle »*. Le lien avec le sacré de cette civilisation du spectacle, évidemment, se relâcha. Le contrôle de l'Etat se relâcha aussi. Et, sans doute, comme le remarque Paul Veyne, le pouvoir politique vit-il dans l'encouragement apporté aux jeux, à la fois une marque d'équité, sous la forme d'une redistribution dont bénéficiait le peuple (les sommes énormes engagées pour leur organisation), un argument démagogique (on montrait aux citoyens que leurs responsables s'occupaient d'eux), et une récréation. Les foules, quand elles s'amusent, ne contestent point trop.

Mais il est également vrai que, en prenant plaisir à des spectacles sanguinaires, le peuple perdit de sa vertu et de son sens moral. Par la multiplication des bons moments qui lui étaient offerts, il prit l'habitude de l'oisiveté. Ainsi les jeux accompagnèrent-ils — et contribuèrent-ils à — la décadence de Rome.

---— REPÈRES ———

Jean-Marie André, *Les Loisirs en Grèce et à Rome,* P.U.F., Que sais-je?, 1984.
Roland Auguet, *Cruauté et civilisation. Les jeux romains,* Flammarion, 1970.
André Piganiol, *Recherches sur les jeux romains,* ISTRA, Paris-Strasbourg, 1923.
Paul Veyne, *Le Pain et le cirque, Sociologie historique d'un pluralisme politique,* Le Seuil, collection Univers historique, 1976.

▶ **Olympiade.**

Jurisprudence

La jurisprudence est, au sens étymologique, la science du droit. Le mot désigne l'ensemble des décisions des tribunaux sur une matière, qui servent ensuite de référence (« faire jurisprudence » signifie « faire autorité »). Ainsi a-t-on un répertoire de solutions aux questions de droit controversées. La jurisprudence est la principale source du droit dans les pays où il dérive de la coutume, et elle a une importance considérable en France.

Le droit est l'ensemble des règles qui gouvernent les rapports des hommes en société, définissant les pouvoirs d'agir individuels. Le droit romain, à la base des systèmes juridiques européens continentaux, en opposition avec les droits religieux et les droits barbares, a été le premier droit structuré, faisant appel à des mécanismes juridiques pour régler logiquement une société complexe.

Le droit des individus et les lois de la cité sont évidemment unis par un rapport dialectique constant qui a historiquement évolué dans l'Antiquité selon que l'on passait de sociétés rudimentaires, dominées par le sentiment religieux, à des sociétés plus cultivées et plus rationnelles.

Les lois

Chez les Grecs, les règles du droit public (c'est-à-dire les règles relatives à l'organisation de l'Etat et à ses rapports avec les particuliers) étaient, à l'origine, religieuses. On les tenait pour divines, pour éternelles, et elles étaient perpétuées par la tradition orale. C'étaient des textes brefs, rythmés pour être mieux retenus par la mémoire. Elles ne pouvaient être abrogées : ainsi se trouvaient réglées aussi bien les questions relatives au mariage, à la succession ou aux délits que les rites des sacrifices.

Il y avait d'autre part les lois humaines, écrites — les « nomoi », pluriel de « nomos » — qui procédaient de la raison et que l'on pouvait attribuer à tel ou tel législateur. A quelqu'un lui demandant s'il croyait avoir donné à ses compatriotes les meilleures lois possibles, Solon aurait répondu : « *Non, mais celles qui leur conviennent le mieux.* » Etablies en vue d'un usage précis, donc relatives, perfectibles, les lois devinrent peu à peu le lien moral de la cité. Elles héritèrent ainsi du caractère sacré des lois religieuses qu'elles supplantèrent progressivement. Même injustes, il fallait s'y plier. Cette synthèse du génie humain et d'un principe divin, unanimement acceptée, a été bien exprimée par Démosthène : « *Tous lui* (à la loi) *doivent obéissance pour cette raison, entre autres, que toute loi est une invention et un don des dieux, en même temps qu'une prescription d'hommes sages, le contrat commun d'une cité auquel tous dans la cité doivent conformer leur vie.* »

Les « *prescriptions d'hommes sages* » n'étaient pas, au demeurant, adoptées à la légère. A Athènes, toute proposition de loi approuvée par le sénat devait être soumise à l'assemblée du peuple : des rapporteurs défendaient le projet, d'autres faisaient valoir les avantages de la loi ancienne à laquelle il devait se substituer. Une commission spécialisée était désignée pour étudier la question, écouter encore les orateurs défendant chaque point de vue. Si elle rejetait le projet, sa décision était sans appel. Si elle lui était favorable, l'assemblée se réunissait à nouveau et son vote faisait de la proposition une loi nouvelle.

A Rome, le processus fut à peu près identique. Sous la monarchie, les pontifes patriciens (voir à *Cultes*) déterminaient les devoirs du peuple envers les dieux (c'était le droit pontifical). La loi eut ainsi, et elle conserva longtemps, un caractère mystérieux pour le peuple. Sous la république, les plébéiens exigèrent d'être informés. Une commission de dix anciens consuls, les « decemvirs » rédigea la Loi des XII tables, dont le texte ne nous est pas parvenu, mais qui affirmait l'égalité civile entre plébéiens et patriciens. Les projets de lois préparés par un magistrat furent désormais soumis aux comices centuriates ou tributes (voir à *Démocratie*), d'abord pour discussion dans des réunions préparatoires, puis pour le vote. Le projet adopté était ratifié par le sénat, procédure remplacée, après

339 avant J.-C., par une approbation préalable de cette assemblée. Les textes des lois nouvelles étaient gravés sur des tables de marbre ou de bronze.

Le droit romain résidait dans les lois ainsi votées par les comices, dans la Loi des XII tables, dans les *senatus-consultes* (voir à *Sénat*), dans l'édit du préteur urbain indiquant, au début de chaque année, selon quel esprit il interpréterait les textes.

Les Grecs aimaient le jeu des idées; ils étaient spéculatifs. Pour eux, jurisprudence, philosophie et politique ressortaient de démarches intellectuelles voisines. Les Romains furent plus réalistes. Ils conservèrent en outre, de leurs origines paysannes, un penchant procédurier. Ainsi firent-ils du droit, pour lequel ils étaient doués, une science.

Les professions juridiques

A Athènes, le plaideur, dans un procès, devait parler lui-même (voir à *Forum* pour ce qui concerne les procès). Tout au plus pouvait-il faire rédiger son plaidoyer par un orateur, le logographe. A Rome au contraire, les professions juridiques se développèrent. Au début, les pontifes se réservèrent les formules et les règles nécessaires pour agir en justice. Puis le calendrier indiquant les jours où il était permis de plaider fut divulgué. Au IIIe siècle avant J.-C., Coruncanius donna, le premier, des consultations publiques de droit. Désormais, il y eut des jurisconsultes, c'est-à-dire des hommes versés dans la science du droit et des lois, libres de toute attache avec l'Etat. Certains, sous l'empire notamment, furent éminents et leurs avis firent parfois jurisprudence. Il y eut d'ailleurs unification des juridictions: dès la fin du Ier siècle avant J.-C., tout le territoire italien était soumis au droit romain.

Les avocats à Rome ne devaient pas, en théorie, percevoir d'honoraires. Dans les faits, ils recevaient des cadeaux et des dons par testaments. Surtout, en plaidant, ils se faisaient connaître et ensuite briguaient une magistrature.

Le droit romain se divisait en droit civil (le droit proprement dit, l'ensemble des lois concernant les affaires des particuliers entre eux) et en droit prétorien (l'ensemble des ordonnances des préteurs, qui complétaient ou modifiaient la loi). Le droit civil des Romains a inspiré celui de nombre de nations modernes.

Les testaments

Les avocats se faisaient souvent dédommager à Rome par testament. On pouvait affranchir un esclave par testament (voir à *Affranchis*). Le testament était de grand usage chez les anciens.

A Athènes, les citoyens — et les hommes seuls —, pouvaient tester (donner des biens par testament). Le testament était rédigé devant des témoins qui en ignoraient le contenu. Il y avait du reste des garanties pour les enfants mâles : on pouvait les avantager ou les désavantager, mais on devait leur laisser ses biens.

A Rome également, seuls les citoyens, les hommes adultes, avaient le droit de tester. On pouvait disposer de ses biens en faveur de qui l'on voulait, ce qui était bien entendu la source d'innombrables procès. En outre, certains empereurs exigeaient qu'une bonne part des fortunes importantes leur fussent léguées. Ne pas s'y plier entraînait l'annulation du testament et la confiscation de l'héritage.

Le droit civil autorisait trois manières de faire son testament : devant les comices, devant l'armée réunie avant de partir en campagne, et par une vente fictive au principal héritier en présence de cinq témoins. Le droit prétorien permettait, lui, soit de déclarer publiquement sa volonté (devant un magistrat, probablement), soit d'écrire son testament en le faisant cosigner par sept témoins. Des droits de succession de 5 %, sauf pour les héritages inférieurs à un certain seuil, étaient perçus par l'Etat, sous l'empire.

Faire son testament devint extrêmement à la mode à Rome : on testait en faveur de son avocat, de l'empereur, de ses amis. Evidemment, il y avait de nombreuses fraudes ou tentatives de fraudes (comme en Grèce, du reste). En outre, certains faisaient métier d'hériter et ils courtisaient les éventuels testataires qui, parfois, jouaient le jeu sans être dupes, pour se faire dorloter. Ces comportements immoraux ont excité la verve des écrivains. Ainsi, Horace fustige ironiquement un capteur de testament (celui qui, par ses manœuvres, détermine quelqu'un à lui faire une donation) :

> « Si, quelque jour, une affaire grande ou petite est débattue au forum, et qu'un des deux plaideurs vive riche et sans enfants, homme d'ailleurs malhonnête et capable d'appeler impudemment en justice celui qui a le bon droit, fais-toi son défenseur ; méprise le citoyen dont la réputation et la cause sont supérieures, s'il a chez lui un fils ou une épouse qui peut être mère. »

―――――――――――― REPÈRES ――――――――――――

J. Declareuil, *Rome et l'organisation du droit,* La Renaissance du Livre, collection L'évolution de l'Humanité, 1924.

Michèle Ducos, *Les Romains et la loi. Recherches sur les rapports de la philosophie grecque et de la tradition romaine à la fin de la République,* Les Belles Lettres, collection d'Etudes anciennes, 1984.

Gustave Glotz, *Etudes sociales et juridiques sur l'Antiquité grecque,* Hachette, 1906.

André Magdelain, *La Loi à Rome, histoire d'un concept,* Les Belles Lettres, collection d'Etudes latines, 1978.

Raymond Monier, *Manuel élémentaire de droit romain,* deux volumes, Domat-Montchrestien, 1947-1948.

▶ **Magistrat.**

Droits et devoirs des citoyens romains

- **Les droits civils :**
    — de mariage ;
    — de propriété, donc de tester ;
    — d'intenter un procès.

- **Les droits politiques :**
    — de voter ;
    — d'être élu ;
    — de participer aux sacerdoces ;
    — d'appel au peuple contre une sentence estimée inique.

- **Les devoirs :**
    — de se présenter au recensement ;
    — de servir dans l'armée ;
    — de payer le tribut (impôt ponctuel, jusqu'en 167 av. J.-C. ; sous l'empire, de nouvelles recettes fiscales seront organisées).

Est citoyen, sous la république, tout homme libre (patricien ou plébéien) né d'un père citoyen. Il a le droit de cité : le Romain est « citoyen complet », l'Italien, qui reçoit ce droit par étapes, est « citoyen incomplet ».

Légion

La légion était l'unité fondamentale de l'armée romaine et elle fut l'instrument de la politique de conquête de Rome. Le mot vient du verbe latin « legere » qui signifie « ramasser, cueillir » et « choisir » : une levée de troupes est un enrôlement de soldats que l'on a choisis.

Le mot « légion » s'est maintenu dans certains cas : des corps d'infanterie s'appelaient ainsi, à l'image des légions romaines, sous François Ier. La Légion étrangère française a été créée en 1831 et elle est composée de volontaires, souvent étrangers. Les Espagnols ont également créé, en 1920, une Légion étrangère, ou tercio, fonctionnant sur le même principe. Enfin, les légions de gendarmerie — les gendarmes sont un corps militaire — correspondent, en France, aux régiments dans les autres armées.

A Rome au début, comme en Grèce, l'armée n'était pas permanente, mais les citoyens la constituaient en cas de besoin. Puis apparut une armée de métier où les citoyens se firent progressivement plus rares. Parallèlement, l'art de la guerre, réduit à des affrontements assez simples chez les Grecs, a été considérablement développé par les Romains.

Recrutement des effectifs

Dans les cités grecques donc, tous les citoyens devaient effectuer le service militaire. Les Athéniens pouvaient être appelés de dix-huit à soixante ans. L'instruction militaire se faisait entre la dix-huitième et la vingtième année : les « éphèbes » faisaient une première année de préparation physique et militaire, puis ils tenaient garnison dans l'Attique durant la seconde année de leur service (voir à *Pédagogue*). A Sparte, c'est dès l'âge de sept ans que l'on commençait à former les enfants, en leur apprenant à vivre à la dure, à supporter la fatigue et la douleur. Dans les cités grecques, lorsqu'éclatait une guerre, on procédait selon l'importance du conflit, soit à la levée de quelques classes, les plus jeunes, soit à une mobilisation générale. On pouvait aussi enrôler les hommes libres, métèques ou périèques (voir à *Clientèle*), puis, après la guerre du Péloponnèse entre Athènes et Sparte (431-404 avant J.-C.), on engagea des mercenaires.

La politique du recrutement suivit une évolution analogue à Rome. De la fondation de la ville (753 avant J.-C.) à Marius, plébéien qui obtint en 107 avant J.-C. le consulat et le commandement d'une partie de l'armée, celle-ci fut composée de l'ensemble des citoyens. Au début, il y avait trois mille fantassins (mille par tribu) et trois cents cavaliers. L'ensemble formait une légion, commandée par le roi. Puis s'opérèrent deux transformations : la plèbe fut appelée à servir — probablement à la fin du VIe siècle avant J.-C. — dans une armée qui, au début, avait été uniquement patricienne, et Servius Tullius, roi de 578 à 534 avant J.-C., divisa le peuple en quatre tribus et en sept classes, d'après la fortune. Les citoyens de la classe la plus riche servirent dans la cavalerie (environ mille huit cents hommes), ceux des cinq classes suivantes dans l'infanterie. Seuls les non-possédants, appartenant à la dernière classe, n'étaient pas appelés. Il y eut alors quatre légions de quatre mille hommes chacune environ, divisées en centuries ou groupes de cent hommes.

Puis, sous la république, Marius supprima le critère de richesse pour le recrutement. On admit les non-possédants, par la suite les affranchis, les provinciaux qui n'étaient pas citoyens, parfois même les esclaves. La cavalerie fut formée d'alliés, puis d'auxiliaires étrangers, gaulois, espagnols ou germains. L'armée fut normalement constituée de quatre légions mais, en cas de besoin, on pouvait appeler un grand nombre d'hommes. Polybe estime à deux cent soixante-treize mille les citoyens mobilisables en 225 avant J.-C.

Sous l'empire, l'armée fut permanente et professionnelle. A partir d'Auguste, elle eut pour mission, de plus en plus, de veiller aux frontières, loin de Rome. Elle comptait cent cinquante mille hommes, engagés pour vingt ans : il suffisait de lever chaque année un contingent d'environ dix mille soldats pour assurer les effectifs. Il y eut sous Marc-Aurèle une trentaine de légions. Les troupes auxiliaires, où l'on servait pour vingt-cinq ans, étaient encore plus nombreuses. Si l'obligation militaire demeura, pour les citoyens, sous l'empire, elle devint en fait théorique : les engagés volontaires suffisaient. La solde, les primes, le pécule de sortie, plus tard des distributions de terres, l'octroi du droit de cité aux auxiliaires stimulaient les vocations. Au Bas-Empire on dut toutefois pallier la désaffection grandissante des citoyens pour le métier militaire; les troupes auxiliaires, formées de barbares, constituèrent désormais l'essentiel des forces armées romaines et certaines furent même promues légions. Les citoyens riches eurent alors à fournir un « remplaçant », c'est-à-dire un mercenaire servant à leur place. S'en remettant à des étrangers du soin de le défendre, le citoyen romain avait désormais bien hypothéqué son indépendance.

Organisation de l'armée

Dans l'Antiquité, les chefs militaires étaient des magistrats : à Athènes, les stratèges, élus par le peuple, nommaient des « lochages », commandant des compagnies d'environ cent hommes ou « loches », qui se regroupaient en unités ou « taxis », dix par tribu. Il y avait trois corps d'infanterie : le principal était celui des hoplites, ou infanterie lourde, solidement armés et bien équipés. Des troupes légères les appuyaient : lanceurs de javelots, archers, frondeurs projetant avec une fronde des pierres ou des balles de plomb. Un corps intermédiaire, les « peltastes », étaient ainsi nommés pour leur petit bouclier rond, le « pelté ». A l'époque homérique, des guerriers étaient aussi montés sur des chars, par équipages de deux hommes, l'un conduisant, l'autre combattant. Au Ve siècle avant J.-C., la cavalerie comprenait mille hommes à Athènes et six cents à Sparte, où les magistrats chargés du commandement militaire, les polémarques, avaient sous leurs ordres chacun un corps de troupe ou « more », lui-même divisé en loches.

A Rome également, sous la république, le général était d'ordinaire un magistrat, consul ou préteur, qui pouvait fort bien n'avoir aucune expérience militaire avant sa désignation. Il commandait toutes les légions composant l'armée. Six tribuns militaires exerçaient le commandement de chaque légion par roulement, un jour ou un mois chacun. Ils étaient souvent choisis parmi les jeunes gens appartenant aux grandes familles. Sous l'empire, ils eurent au-dessus d'eux un officier général, le légat, dont la fonction fut permanente, et l'empereur devint le chef de toutes les forces militaires. Les officiers subalternes expérimentés étaient les centurions : soixante par légion, commandant environ une centaine d'hommes chacun. Ils avaient pour insigne un cep de vigne, avec lequel ils frappaient éventuellement les soldats. Sous leurs ordres, des sous-officiers encadraient la troupe, composée de soldats de deuxième classe et de soldats de première classe, exempts, eux, de corvées. Ils pouvaient espérer gravir la hiérarchie jusqu'au grade de centurion.

L'armée romaine était bien équipée et bien organisée. Chaque unité avait son enseigne, représentant souvent un animal, dont les hommes étaient fiers. Puis Marius donna aux légions un emblème commun, l'aigle. Le soldat était casqué, pourvu d'un bouclier, d'une cuirasse, de jambières, armé d'une épée et d'armes de jet. L'entraînement était sévère et la discipline rigoureuse : punitions et récompenses étaient graduées. Des corps spéciaux existaient : génie, intendance, musiciens, service de santé, à partir d'Auguste... Sous l'empire, on créa en outre des milices : cohortes prétorienne (pour la garde personnelle de l'empereur), urbaine (pour la garde de la cité), cohortes de vigiles, chargées de lutter contre les incendies... Elles étaient commandées par des préfets (voir à *Magistrats*).

L'art militaire

A l'époque classique, en Grèce, les armées s'affrontaient par deux lignes d'hoplites, ou phalanges : serrés les uns contre les autres, les soldats s'efforçaient de rompre la ligne adverse. Puis, derrière la ligne de front, on multiplia les rangées de combattants en profondeur. La cavalerie eut d'abord peu d'importance : elle poursuivait l'ennemi quand il avait été défait. Car, sans selle ni étriers, les cavaliers ne se risquaient pas à charger. C'est à partir d'Alexandre qu'ils attaquèrent leurs adversaires de flanc, appuyant ainsi l'action des fantassins.

L'art des sièges se développa également à partir d'Alexandre : on construisit des tours mobiles en bois, on creusa des mines, on utilisa des béliers, grosses poutres terminées par des têtes de béliers en fer. Les assiégés ripostaient par des contre-mines, ou ils lâchaient des guêpes dans les galeries ennemies. Les campements épousaient la configuration du terrain : leurs défenses étaient légères ; on se contentait de placer des sentinelles et de donner un mot de passe.

Les Romains qui au début, sous la royauté, s'étaient battus dans le désordre, la cavalerie étant l'arme noble, devinrent rapidement experts en l'art militaire. Aux points stratégiques, ils établirent leurs campements, de forme rectangulaire, défendus par des fossés et par des palissades. Un système de signaux (feux, poutres levées ou abaissées suivant un code) permettait de communiquer à distance avec les autres unités.

Pour les sièges, ils employèrent non seulement des béliers et des tours mobiles, mais des machines de guerre perfectionnées : catapultes lançant à tir tendu de gros projectiles, ou balistes, sortes d'arbalètes à tir courbe. Ils donnaient l'assaut en formant la «tortue», protégés par leurs boucliers encastrés les uns dans les autres, qu'ils tenaient devant eux et au-dessus de leurs têtes. Leur science des sièges était remarquable et l'enseignement que l'on eût pu en retirer demeura longtemps négligé.

Quant à l'ordre du combat en rase campagne, ce fut d'abord, comme en Grèce, la phalange : une ligne continue de soldats, sans intervalle, comprenant cinq ou six rangs dont les premiers étaient les mieux armés. Puis on adopta une répartition sur trois lignes : d'abord, les « hastats », les plus jeunes, armés de la lance; en deuxième ligne, les « princes », les hommes mûrs; enfin, les « triaires », les plus âgés. L'unité tactique devint le manipule, carré de huit à douze hommes : une légion comprit trente manipules, dix de hastats, dix de princes, dix de triaires. Et l'on adopta une formation en quinconce, permettant une meilleure mobilité : les hastats, enfoncés, pouvaient se replier entre les princes. A partir de Marius, l'unité tactique devint la cohorte (une légion en comprenait dix) : les soldats combattirent en ligne, sur une profondeur de dix hommes. César reprit la disposition en quinconce : d'abord quatre cohortes, séparées par des intervalles de même largeur que la ligne de front d'une d'entre elles, puis trois cohortes en seconde ligne, dans les intervalles, et trois autres en dernière ligne. La cavalerie chargeait aux ailes.

Les Romains surent indéniablement exploiter et perfectionner les connaissances militaires qui leur venaient des Grecs, en matière de sièges, notamment. Mais leurs qualités d'organisation, leur discipline, leur esprit patriotique dans les débuts, leur courage et leur sentiment de l'honneur (voir à *Vertu*) expliquent sans doute une puissance militaire considérable qui, même déclinante, se maintint pendant des siècles et dont ils surent faire l'agent de leur rayonnement culturel.

─────────── REPÈRES ───────────

Yvon Garlan, *La Guerre dans l'Antiquité,* Fernand Nathan, collection Fac, 1972.

Victor Davis Hanson, *Le Modèle occidental de la guerre. La bataille d'infanterie dans la Grèce antique,* préface de John Kergan, traduit de l'anglais, Les Belles Lettres, 1990.

Jacques Harmand, *L'Armée et le soldat à Rome de 107 à 50 avant J.-C.,* Picard, 1967.

Yann Le Bohel, *L'Armée romaine sous le Haut-Empire,* Picard, 1989.

Magistrat

On tend aujourd'hui à réserver le mot « magistrat » aux personnes investies d'une autorité juridictionnelle (juges d'instruction ou membres des tribunaux). Sont aussi magistrats ceux qui disposent d'une autorité administrative (les maires sont des magistrats municipaux) ou politique (le président de la République exerce, en France, la magistrature suprême).

Dans l'Antiquité, en effet, le terme « magistrat » désignait bien toute personne investie de l'autorité publique. En Grèce comme à Rome, les magistrats ont exercé, pour l'essentiel, le pouvoir exécutif : les magistratures n'étaient pas héréditaires; elles étaient conférées par le peuple et le plus souvent temporaires. La fonction royale comme la fonction impériale, à Rome, étaient originellement des magistratures et elles en ont gardé certains traits.

Les magistratures en Grèce

La politique n'était pas en Grèce une carrière : tous les citoyens en faisaient. A Athènes, les magistratures, annuelles et, pour la plupart, non immédiatement renouvelables, leur étaient réservées. Les magistrats devaient subir un examen d'honorabilité, la « dokimasie », avant d'entrer en fonction. Au terme de celle-ci, ils rendaient des comptes à une commission de vérificateurs qui faisait un rapport et le soumettait au tribunal des héliastes (voir à *Forum*). Aucun magistrat ne pouvait quitter la cité, au sortir de sa charge, avant d'avoir rendu ses comptes. Il y avait neuf archontes, tirés au sort, parmi les candidats élus de chaque tribu qui, pour la plupart, codifiaient les lois. L'archonte éponyme donnait son nom à l'année et réglait le calendrier. Les dix stratèges étaient élus par l'assemblée du peuple et, seuls magistrats à être indéfiniment rééligibles, ils commandaient les armées, la flotte, et ils négociaient les traités. Il y avait aussi des magistrats chargés de la police, d'autres surveillaient les marchés, d'autres encore (les quinze « métronomes ») contrôlaient les poids et les mesures, d'autres avaient en charge les finances, etc. Dans la démocratie athénienne, aux Ve et IVe siècles avant J.-C., la diversité des charges et la rapidité de leur rotation portèrent beaucoup de citoyens aux affaires de l'Etat, à tour de rôle.

Les deux rois de Sparte étaient également des magistrats et, au début, ils furent à la fois prêtres, généraux et juges. Puis leurs pouvoirs passèrent aux éphores : ils présidèrent alors le sénat et n'eurent plus que des fonctions mineures, la surveillance des routes, par exemple. Les cinq « éphores » ou « surveillants », élus chaque année par l'assemblée du peuple, eurent désormais toute autorité sur la vie publique comme sur la vie privée des Spartiates : ils infligèrent ainsi une amende à un roi coupable d'avoir épousé une femme de trop petite taille qui, jugèrent-ils, donnerait le jour à des « roitelets ».

Les magistratures à Rome

Les rois furent également, à Rome, des magistrats élus par les comices. Leurs attributions, non héréditaires, étaient en fait proches de celles d'un président de la République.

Aux rois succédèrent sous la république romaine, deux magistrats, les consuls. Puis furent créés les tribuns de la plèbe, pour défendre les intérêts des plébéiens, leurs auxiliaires, les édiles, les censeurs, chargés de dénombrer et d'évaluer les biens des citoyens, les questeurs, auxiliaires des consuls, et les préteurs, la plus haute magistrature après le consulat. Les plébéiens briguèrent peu à peu toutes les fonctions (mais les patriciens ne purent jamais devenir tribuns de la plèbe). En fait, la recherche d'un équilibre entre patriciens et plébéiens explique souvent la création de magistratures nouvelles.

L'empire fut également une magistrature. En tout cas, les empereurs furent assez avisés pour en maintenir la fiction tout en concentrant de fait, entre leurs mains, tous les pouvoirs. On vit alors coexister les magistratures républicaines qui devinrent de plus en plus honorifiques, et perdirent de leur importance réelle, et des magistratures proprement impériales, de création récente, dans la totale dépendance du prince, qui furent bien entendu les véritables leviers du pouvoir. Le consulat, la préture, la questure subsistèrent. L'empereur s'arrogea les fonctions de censeur. Et il s'entoura de préfets qu'il nommait ou révoquait personnellement. Les pouvoirs du préfet du prétoire ne cessèrent de croître, au point que le chef de la garde impériale joua le rôle d'un premier ministre et que l'on dédoubla la fonction, pour l'affaiblir. Le préfet de la ville remplaçait l'empereur en son absence. Le préfet de l'annone était chargé de l'approvisionnement en blé de la capitale et il avait de nombreux collaborateurs. Dans les provinces sénatoriales, les gouverneurs étaient des magistrats nommés par le sénat pour un an alors que, dans les provinces impériales, les gouverneurs n'étaient pas des magistrats, mais étaient désignés par l'empereur qui seul décidait de la fin de leur mission (voir à *Sénat*).

On peut considérer que les magistrats étaient devenus si puissants sous la république que l'un d'eux, l'empereur, capta tous les pouvoirs, affaiblit les autres magistratures, et leur en adjoignit de nouvelles, à sa discrétion. Pourtant, les institutions républicaines paraissaient devoir offrir des garanties. Tous les magistrats, en effet, avaient le pouvoir administratif ou « potestas » : le droit de prendre les auspices — c'est-à-dire d'observer et d'interpréter le vol des oiseaux dans Rome —, celui de faire des édits, ceux d'imposer des amendes, de convoquer le peuple ou le sénat. Mais seuls les consuls, le préteur et le dictateur avaient l'« imperium » qui, aux pouvoirs de la potestas, joignait notamment le haut commandement militaire et le pouvoir judiciaire. Dans les périodes de trouble, le sénat pouvait décider de faire nommer par un des consuls un dictateur : c'était une magistrature extraordinaire (les autres fonctions étaient des magistratures ordinaires). Le dictateur, désigné pour six mois, détenait le pouvoir absolu et il avait la préséance sur les autres magistrats.

Des remparts contre le pouvoir personnel avaient certes été prévus : la collégialité (l'autorité était, chaque fois, partagée entre deux collègues, d'où les deux consuls) et l'« intercessio » par laquelle tout magistrat pouvait s'opposer à ses pairs et à ses inférieurs. Ces précautions furent habilement tournées, on le sait, par César, dictateur en 49 avant J.-C., puis consul en 48, dictateur et consul pour dix ans, ainsi que préfet des mœurs (censeur) en 46, dictateur perpétuel enfin, en 44 avant J.-C. Après lui, Auguste sut affirmer progressivement le pouvoir impérial : d'abord imperator (titre autrefois donné aux généraux victorieux) en 40 avant J.-C., tribun de la plèbe en 30, premier des sénateurs et des citoyens en 28 (le nom de principat attribué au régime vient de là), recevant l'imperium dans les provinces impériales en 27, puis l'étendant à tout l'empire en 23, préfet des mœurs (censeur) en 19, grand pontife en 12 avant J.-C. Ainsi, un système qui prévoyait la séparation des pouvoirs exécutif et législatif, et un certain équilibre dans l'usage de la puissance publique, a-t-il pu tendre, avec l'assentiment populaire et en observant quelques précautions (on conserva les anciennes structures républicaines et le principat ne fut jamais héréditaire) à la concentration des pouvoirs dans les mains d'un seul : à une autocratie durable.

REPÈRES

Victor Ehrenberg, *L'Etat grec, la cité, l'Etat fédéral, la Monarchie hellénistique* (partiellement), traduit de l'allemand, François Maspéro, 1976.

Michel Humbert, *Institutions politiques et sociales de l'Antiquité*, Dalloz, 1986.

Théodore Mommsen, *Le Droit public romain*, volumes I à IV, consacrés aux magistrats, du *Manuel des Antiquités romaines* (ouvrage collectif en 19 volumes, avec Y. Marquardt et P. Krüger), Thorin et Fontemoing, 1891-1896.

▶ **Césarisme, Démocratie, Jurisprudence, Oligarchie.**

Les finances de l'Etat dans l'Antiquité

Athènes

Recettes ordinaires :
— amendes ;
— impôt payé par les métèques ;
— droits d'octroi ;
— revenus des biens de l'Etat (mines) ;
— tributs payés par les cités alliées.

Recettes extraordinaires :
— contribution, proportionnée à la fortune, demandée en temps de guerre.

Dépenses :
— dédommagement aux citoyens assistant à l'ecclésia, aux héliastes (voir à *Forum*) ;
— dépenses d'intérêt général (militaires, fêtes publiques, etc.).

Liturgies :
— obligations imposées aux citoyens fortunés (triérarchie : armement d'un bateau, une trière ; chorégie : formation des chœurs pour une représentation dramatique ; hestiasis : repas publics).

Rome

Recettes ordinaires :
- sous la république, une contribution exceptionnelle est demandée, en temps de guerre, aux citoyens; dîme prélevée sur les non-citoyens; taxes sur les affranchissements, le célibat, etc.; revenus des biens immobiliers de l'Etat;
- sous l'empire, impôts directs (capitation, payés par l'individu, par tête, et impôt foncier, sur les biens immobiliers et les revenus), et indirects (sur la circulation et sur les successions).

Recettes extraordinaires :
— butin de guerre, confiscations, legs.

Dépenses :
— entretiens et frais du culte;
— militaires;
— administratives (indemnités et émoluments);
— alimentaires (distributions gratuites de céréales);
— d'assistance publique;
— de travaux publics, exécutées par un système d'adjudications publiques.

- Sous la république, le sénat, assisté des censeurs et des questeurs, gère les finances publiques. Des fermiers généraux avancent à l'Etat les sommes à percevoir et les récupèrent auprès des contribuables.
- Sous l'empire, des fonctionnaires lèvent les impôts. Les dépenses publiques augmentent. Le Trésor impérial est administré par les agents du prince.

Puis les impôts indirects disparaissent, mais les impôts directs, perçus par les magistrats municipaux, sont de plus en plus lourds. C'est le fisc impérial qui gère les finances publiques.

Quelques mots de la langue française qui désignaient, à l'origine, des magistratures romaines

Censeur
Il y a peu encore le fonctionnaire responsable de la discipline dans un lycée (on dit aujourd'hui « proviseur adjoint »), ou le membre d'une commission de censure.
A Rome, les censeurs, institués en 443 av. J.-C., recensaient et imposaient les citoyens et étaient chargés de la police des mœurs.

Consul
Agent diplomatique ayant pour mission de défendre les intérêts de ses compatriotes à l'étranger, faisant fonction d'officier d'état civil à leur endroit, et chargé d'informer son gouvernement sur la circonscription consulaire où il est affecté.
A Rome, deux consuls se partagèrent, à partir de 367 avant J.-C., le pouvoir suprême, militaire et exécutif. En sortant de charge, ils devenaient proconsuls : chargés du gouvernement d'une province.

Edile
Magistrat municipal.
A Rome, les édiles, institués en 494 avant J.-C., étaient chargés de l'administration de Rome, de la police et de l'organisation des jeux.

Préfet
Représentant du gouvernement à la tête de chaque département.
A Rome, les préfets, nommés et révoqués directement par l'empereur, étaient de hauts fonctionnaires chargés d'appliquer sa politique et d'administrer la ville de Rome (voir à *Césarisme* et à *Magistrats*).

Questeur
Membre du bureau chargé, dans une assemblée législative française, de diriger l'emploi des fonds et l'administration intérieure.
A Rome, les questeurs, juges d'instruction et gardiens du trésor sous la royauté, furent chargés de fonctions financières sous la république.

Tribun
Orateur populaire.
A Rome, les tribuns de la plèbe, institués en 494 avant J.-C., étaient les chefs et les représentants de la plèbe.

Maïeutique

La maïeutique (le mot vient du verbe grec qui signifie « accoucher ») désigne la méthode par laquelle Socrate, interrogeant habilement ses interlocuteurs, les amenait à reconnaître que les points de vue qu'ils soutenaient étaient faux, et les aidait à découvrir, au contraire, les vérités qu'ils portaient en eux-mêmes. C'est l'art d'accoucher les esprits.

Aussi peut-on dire que Socrate fut un parfait professeur puisqu'il portait les hommes à convenir, eux-mêmes, de l'évidence de ses idées. Il a exercé une influence considérable. Pourtant, sa démarche était purement orale, et il n'a laissé aucun écrit. Sa personnalité et sa philosophie nous sont connues par ses disciples, Platon (428-345 avant J.-C.) qui a fait de lui le principal interlocuteur de ses Dialogues, et Xénophon.

Socrate (vers 470 — vers 399 avant J.-C.) était le fils d'un sculpteur et d'une sage-femme. Il délaissa le métier de son père car il eut, dès sa jeunesse, un grand besoin de savoir. Aussi consacra-t-il sa vie à l'étude morale de l'homme, à l'interprétation réfléchie de sa conduite et des règles qu'elle adopte.

Il pensait en effet que dans la mesure où l'homme se composait, comme on en était alors convaincu, d'une âme, d'un corps et du tout formé par l'union des deux, c'était nécessairement la première qui jouait le rôle moteur essentiel. Il fallait donc, si l'on voulait se connaître, connaître son âme, et adopter la sentence inscrite sur le temple d'Apollon à Delphes : « *Connais-toi toi-même* ». Cette connaissance intérieure était indispensable à toute règle morale.

Socrate pensait que l'âme humaine aspire au bonheur, mais qu'elle ne peut l'atteindre qu'intérieurement, en se dégageant des fausses valeurs de la société. Il en découlait que ce qui est moralement beau est souhaitable et utile. Et que c'est par l'intelligence que l'on peut découvrir cette beauté morale. L'intelligence dispose d'un instrument qui permettra à l'âme de se connaître elle-même : c'est le dialogue, orienté, bien entendu, dans le sens de l'intériorité.

Mais le dialogue, pour être efficace, doit s'élaborer à partir de bases saines : il faut donc que l'âme de l'autre, celui avec qui l'on converse, soit amenée d'abord à la reconnaissance de son ignorance. Ainsi le dialogue comporte l'ironie, qui délivre l'esprit de ses erreurs, et la maïeutique, qui l'amène à reconnaître la vérité qu'il portait en lui. Car *« ce qu'il y a d'important dans notre art, c'est qu'il est capable d'éprouver complètement si la pensée du jeune homme enfante quelque chose d'apparent et de trompeur, ou bien quelque chose de bon aloi et de vrai »*.

L'induction, qui s'élève du particulier, des observations simples au général, et la définition qui doit être une, éclairante, simple, et nous donne la raison d'être des choses, complètent la méthode socratique. Celle-ci ne se proposait évidemment pas de démontrer qu'elle avait raison de briller ainsi aux yeux du monde, mais elle prétendait convertir les âmes à la seule réalité importante : le souci intérieur qui les obligerait à se détacher des choses et des qualités attribuées ou niées à ces choses. Car *« toutes les vertus sont science »*. Savoir ce que l'on fait est donc nécessaire pour être vertueux, et la méthode de Socrate débouche sur une morale pratique. Il faut se connaître pour savoir se comporter, c'est-à-dire pour être juste. La vertu est la science du bien : Socrate était convaincu que *« tous ceux qui accomplissent des actions honteuses et mauvaises les accomplissent malgré eux »*. Personne n'est méchant de son plein gré. La méchanceté étant le fait de l'ignorance, il faut donc instruire l'homme et l'amener à raisonner.

Cicéron remarquait que Socrate fit une place à la philosophie dans la ville. En effet, en éveillant la conscience des hommes, en leur montrant qu'ils se contredisaient parfois, dans les principes qu'ils prétendaient suivre, en les aidant à se juger et en leur faisant prendre conscience de la nécessité de pousser la réflexion avec lui pour être finalement en plein accord avec eux-mêmes, Socrate disait aux citoyens que la morale n'est pas affaire d'autorité et d'idées reçues, mais qu'il y a là-aussi des vérités et des erreurs. Lui-même fut un parfait citoyen. Il vécut à Athènes, combattit avec bravoure comme hoplite (voir à *Légions*) en trois occasions et sut faire respecter la légalité lorsqu'il se trouva désigné par le sort pour faire partie de la boulé (voir à *Sénat*). Et lorsque, accusé, en 399, de corrompre la jeunesse, il fut condamné à mort par le tribunal des héliastes, qu'il avait indisposés par son attitude ironique (voir à *Forum*), il refusa de quitter Athènes comme il eût pu le faire, mais accepta sa peine et but avec sérénité le poison qu'on lui présenta (la ciguë, extrait de la plante vénéneuse portant ce nom). C'est que Socrate ne séparait pas le légal du juste. Les hommes, pensait-il, pouvaient faire erreur dans leur usage des lois. Ces lois, elles-mêmes, n'en étaient pas moins justes et elles devaient être appliquées. Comme il s'était battu pour faire respecter la loi lorsqu'il siégeait à la boulé, il refusa de se dérober à celle qui le condamnait injustement à mort, parce que si la condamnation était injuste, la loi était bonne et devait être respectée. C'étaient là des subtilités que n'entendaient pas la plupart des contemporains du philosophe et que ne voulaient pas entendre ses ennemis. Il est vrai qu'il avait manifesté son scepticisme sur le système démocratique, notamment sur la désignation des magistrats par le sort : « *Quelle sottise qu'une fève décide du choix d'un magistrat quand on ne tire pas au sort celui à qui on confie le gouvernail d'un vaisseau.* »

Respectueux de la loi à en mourir, Socrate considérait que l'on ne transige pas avec la sincérité, qu'il était en droit de critiquer les institutions de la cité, non pour leur nuire, mais pour les réformer de l'intérieur. Socrate, l'homme qui mit le plus haut l'intelligence — selon Bergson — donna à sa recherche, toute intérieure, des applications morales. Le rattachement, que nous lui devons, de la conscience morale à la conscience intellectuelle du vrai et du faux, reste un principe caractéristique de la civilisation occidentale.

---- REPÈRES ----

Jean Brun, *Socrate,* P.U.F., Que sais-je?, 1960.
Anne et Jean-Claude Fraisse, Textes choisis et traduits par, *Socrate, portraits et enseignements,* P.U.F., Les grands textes, Bibliothèque classique de Philosophie, 1972.
Jean Humbert, *Socrate et les petits socratiques,* P.U.F., coll. Les grands penseurs, 1967.
Micheline Sauvage, *Socrate et la conscience de l'homme,* Editions du Seuil, coll. Maîtres spirituels, 1986.

▶ **Philosophie.**

Métrologie

La métrologie est la science des mesures : de longueur, de surface, de volume, de poids. On y adjoindra les monnaies, puisque les monnaies grecques avaient les mêmes unités que les poids.

Chaque peuple choisit au début ses mesures, en fonction de ses conditions d'existence : les Egyptiens, les Perses eurent leurs systèmes. En Grèce, les mesures employées, comme les monnaies, n'étaient pas les mêmes partout, quoique désignées souvent par des noms identiques. Les mesures romaines ont parfois varié selon les époques. Il est difficile d'établir un rapport précis entre la monnaie antique et la nôtre : des équivalences en francs-or, basées sur la valeur légale des métaux employés, ont pu être avancées, mais une marge d'incertitude demeure.

Les mesures

Les Grecs ont emprunté les mesures de longueur au corps humain : le doigt, le pied, la coudée... Les Romains ont adopté le même système. Le pied romain (qui faisait quatre paumes, chacune correspondant à quatre doigts) a été utilisé en France jusqu'à l'adoption du système métrique. Les Grecs se servaient aussi d'une mesure perse, le « parasangue », qui faisait environ cinq kilomètres. Les routes romaines étaient jalonnées par des bornes, de mille en mille (le mille correspondait à mille pas, soit 1 472 mètres).

Les Grecs évaluaient la superficie en pieds carrés (carrés ayant un pied de côté), soit près d'un dm^2, et en plèthre carré (carré ayant un plèthre, soit cent pieds, de côté), environ 900 m^2. La principale mesure de surface, chez les Romains, le « jugère » ou arpent, était un rectangle : il faisait 25 ares, soit 2 500 m^2.

Les mesures athéniennes de capacité, surveillées par les magistrats, furent adoptées par la plupart des cités grecques, sauf dans le Péloponnèse où des mesures supérieures étaient en usage. Le « cotyle » (27 centilitres) était employé pour les solides et pour les liquides. Le « setier » (8 litres 64) et le « médimne » (51 litres 84) ne servaient qu'à mesurer les solides, le « conge » (3 litres 24) et l'« amphore » (19 litres 44) étaient réservés aux liquides. L'unité romaine pour les liquides était l'amphore (26 litres 364); pour les corps secs, c'était le « modius » ou boisseau, qui équivalait à 8 litres 788.

Les poids varièrent, en Grèce, suivant les époques et les cités. Il y eut deux systèmes principaux : le système éginétique, employé à Egine et à Athènes jusqu'à Solon, et le système euboïque, adopté en Eubée et à Athènes depuis Solon. Les unités en étaient l'obole (0 g 72), la drachme (6 oboles : 4 g 32), la mine (100 drachmes : 432 grammes) et le talent (60 mines : 25 kg 092 g). Les Romains avaient recours au système duodécimal : l'unité était la livre, ou as, valant 327 grammes. L'as se divisait en 12 onces. Il n'y avait pas, semble-t-il, d'unité supérieure à la livre. Les édiles, puis, sous l'empire, le préfet de la ville (voir à *Magistrats*) surveillaient les poids et les mesures.

Les monnaies

Les monnaies portaient en Grèce les mêmes noms que les poids et le même rapport existait entre elles. Il y avait donc l'obole (l'expression « donner son obole », pour apporter une petite contribution financière, est restée), la drachme (6 oboles), la mine (100 drachmes) et le talent (60 mines). La mine et le talent étaient des monnaies de compte, les autres étaient en argent. Seules étaient en or les « philippes » de Philippe de Macédoine et les « dariques » perses (du nom du roi Darius). Alors que les monnaies variaient de cité à cité, celles d'Egine et d'Athènes étaient acceptées partout.

A Rome comme à Athènes, l'unité monétaire équivalait à l'unité de poids : ce fut l'as, ou livre de bronze. Puis l'as perdit de son poids d'origine (au début du IIe siècle avant J.-C. il ne pesait plus qu'une once). Il y eut le sesterce en argent, qui valait deux as et demi, puis en bronze (4 as), et le denier en argent, qui valait 10 as, puis 16 as. En 49 avant J.-C., César créa l'« aureus » en or, qui valut 25 deniers. Au Bas-Empire, les empereurs multiplieront les émissions d'as en bronze, qui deviendront toujours plus légers. Les deniers seront faits d'alliages pauvres en argent et l'« aureus » diminuera de poids. Constantin créera une nouvelle pièce : le sou en or.

La monnaie souffrait donc dans l'Antiquité des mêmes maux que dans les sociétés modernes. Elle avait pourtant été placée sous le patronage du Junon « Moneta » (la « conseillère ») puisque c'est dans les dépendances du temple de la déesse des femmes et du mariage que fut institué le premier atelier monétaire. Les pièces romaines, rondes, portèrent du reste au début, à l'avers, une tête de Janus, dieu représenté avec deux visages parce qu'il surveillait les entrées et les sorties aux portes, et au revers une proue de navire. Elles furent sous l'empire frappées à l'effigie des empereurs. Devant un nom de nombre, le sigle HS indiquait qu'il s'agissait de sesterces (H correspondait à II, un et un, S à semis, sous-multiple de la livre — unité de poids équivalant à 6 onces ou la moitié d'un as). Le chiffre X représentait le denier.

C'est ce denier, en argent, et le sou d'or de l'empereur Constantin qui seront à la base des systèmes monétaires du Moyen Age.

———————— REPÈRES ————————

Joseph Wex, *Métrologie grecque et romaine,* traduit de l'allemand, préface de H. Goelzer, Klincksieck, 1886.

▶ **Numismatique.**

Mythologie

La mythologie est l'ensemble des mythes et des légendes propres à un peuple ou à une civilisation. La mythologie gréco-romaine est donc l'histoire merveilleuse des dieux, des demi-dieux (dont un des parents était un dieu) et des héros (personnages exceptionnels divinisés) : fruit de l'imagination des Grecs, elle fut le plus souvent adoptée — et adaptée — par les Romains.

Cette histoire des dieux est étroitement mêlée à l'histoire (notamment la fondation des cités et les expéditions fabuleuses) et à la géographie (les pays et les mers) des anciens. Son origine n'est pas clairement connue. Elle nous est parvenue, surtout, à travers les œuvres littéraires.

On remarquera enfin que les récits concernant un même dieu pouvaient varier selon les endroits : l'importance d'une divinité, ses attributs, l'idée que s'en faisaient les hommes différaient parfois avec les cités comme avec les époques. La mythologie est essentielle à la religion des anciens, mais celle-ci n'était point une religion révélée, comme le christianisme ou l'islam.

Etymologiquement le mot vient de « mythos » qui veut dire « fable ». Il s'applique donc aux innombrables fables ayant les exploits des dieux pour sujet que les humains ont inventées et qu'ils se sont racontées. Le mot désigne encore la science des mythes, c'est-à-dire la recherche de leur origine et de leur signification, susceptibles de faire mieux comprendre une civilisation.

La science des mythes

Le mythe est un récit relatif à des temps ou à des faits que l'histoire ne nous permet pas de connaître autrement. Il s'agit d'époques évidemment très anciennes et l'authenticité du récit n'était pas mise en doute dans les sociétés primitives; elle avait, au contraire, valeur sacrée. Sa fonction était, en effet, selon *Aspects du mythe* de Mircéa Eliade, d'expliquer le monde et d'expliquer l'homme.

Divers systèmes ont été proposés, très tôt, pour préciser l'origine obscure des mythes. Les premiers philosophes ioniens puis, au IIIe siècle de notre ère, Plotin, pensèrent que les divinités personnifiaient certaines forces physiques — l'air, le soleil, ou le tonnerre — ou encore des idées morales, les sirènes qui appelaient Ulysse représentant le vice tentant de débaucher la vertu, par exemple (voir à *Odyssée* et à *Philosophie*). A cette interprétation allégorique, le Grec Evhémère préféra, au IVe siècle avant J.-C., l'idée que les dieux étaient des humains divinisés après leur mort, les mythes étant pour lui des récits imaginaires inspirés par des événements historiques.

Les interprétations proposées ensuite, et qui furent nombreuses, procédèrent plus ou moins directement de l'évhémérisme ou de l'allégorie. On a vu, plus récemment, l'origine des mythes dans le langage, dans les formules et les rites religieux, dans l'état psychologique des hommes primitifs... Les différents systèmes ainsi élaborés, notamment depuis le XIXe siècle, furent sans doute trop exclusifs : un mythe est évolutif ; il se déplace et il se modifie avec les migrations des populations qui le colportent. Il passe de l'oralité à l'écriture. Il est transmis et, à chaque transmission, il est sujet à modifications. On le goûte avec un plaisir voisin de celui que l'on prend à une fiction littéraire.

Un phénomène littéraire

Homère mentionne déjà les dieux que les Grecs honoreront à l'époque classique. C'est en effet par la littérature que la mythologie nous a été contée : après Homère (IXe siècle avant J.-C.), Hésiode (VIIIe siècle avant J.-C.) nous a donné la généalogie des dieux et des héros dans un poème didactique, la *Théogonie*. Les tragédies d'Eschyle, de Sophocle, d'Euripide, ont des sujets mythologiques. Parmi les auteurs latins, on citera Ovide (43 avant J.-C. — 17 ou 18 après J.-C.) qui rassemble dans ses *Métamorphoses,* mais avec scepticisme, nombre de récits. Son contemporain Virgile reprit la veine homérique en chantant dans *L'Enéide* l'installation en Italie d'Enée, rescapé de la ville de Troie incendiée par les Grecs.

Les démêlés des hommes avec les dieux, la vie et les amours de ceux-ci, ont été depuis exploités par les auteurs français : un Saint-Amant au XVIIe siècle, à notre époque un Jean Giraudoux, auteur de *La Guerre de Troie n'aura pas lieu.*

Quelle plus belle histoire, en effet, que celle de dieux faits à notre image, ayant nos faiblesses, mais sans notre fragilité, sans nos limites ? Au début, il y eut la Terre (Gaïa) et le Ciel (Ouranos) qui eurent de nombreux enfants mais ne furent point heureux puisque leur fils, Cronos, détrôna et mutila son père dont il prit la place. Le nouveau maître dévorait ses enfants : un seul, Zeus, fut sauvé par sa mère et survécut. Devenu grand, il chassa à son tour Cronos après lui avoir fait vomir, par un breuvage approprié, les malheureux qu'il avait avalés. Zeus régna désormais sur les hommes et sur les dieux. Installé sur la plus haute montagne de Grèce, l'Olympe, il était entouré de ses frères, de ses sœurs, et de ses enfants, qui composaient avec lui les douze divinités olympiennes. Le ciel et la terre étaient le royaume de Zeus ; les eaux et les enfers ceux de ses frères Poséidon et Pluton.

La mythologie est constituée par les légendes des douze olympiens, par celles des autres divinités, par celles, encore, des héros et des demi-dieux, ainsi que par les récits fabuleux d'expéditions où légende et histoire se mêlent ; la guerre de Troie est la plus célèbre (voir à *Odyssée*).

L'Homme au centre du monde

Ce qui touchait les anciens, ce qui nous séduit toujours, c'est que les dieux des Grecs et des Romains avaient forme humaine. Cet anthropomorphisme constitua une révolution : l'homme, qui avait été, dans les temps primitifs, le jouet de forces effrayantes le dépassant, se plaça, en Grèce, au centre du monde. Il fit les dieux à son image et certes, ces dieux étaient souvent imprévisibles, vindicatifs, terribles dans les châtiments qu'ils infligeaient; les raisons mêmes de leurs bienfaits étaient parfois impénétrables. Un tel comportement était précisément à l'échelle humaine.

Ainsi les anciens se firent-ils une religion en conformité avec la nature : les dieux pouvaient être tour à tour bienveillants et violents, comme la grêle succède au soleil, du moins savait-on qu'il en était ainsi et ne s'abusait-on point sur les limites des intercessions humaines. Rome assimila certaines divinités romaines aux principaux dieux grecs et en accueillit beaucoup d'autres, notamment orientaux : Varron dénombrait 30 000 dieux ! (voir à *Cultes*).

La mythologie s'adressait moins à l'âme — qui était l'affaire des philosophes — qu'à l'imagination : en tout cas, les histoires des dieux, souvent légères, cruelles parfois, terriblement humaines toujours, *« faisaient plaisir à nos pères et peuplaient pour eux les cieux vides d'images délicieuses et de symboles pleins de sens »*, comme le notait excellemment Emile Henriot dans sa *Mythologie légère*.

─────────── REPÈRES ───────────

Laura Fischetto, *La Mythologie. Les aventures des dieux*, Illustrations de Letizia Galli, Le Centurion, 1991 (pour les enfants).
Michael Grant, John Hazel, *Dictionnaire de la mythologie*, traduit de l'anglais, Marabout, coll. Marabout Service, 1975.
Pierre Grimal, *Dictionnaire de la mythologie grecque et romaine*, P.U.F., 1951.
Edith Hamilton, *La Mythologie, ses dieux, ses héros, ses légendes*, traduit de l'anglais, Marabout Histoire, 1962.

▶ **Dionysiaques, Fortune, Odyssée, Oracle, Pénates.**

Les douze olympiens

Zeus (en latin **Jupiter**), dieu souverain, maître de la foudre.
Héra (en latin **Junon**), épouse de Zeus, protectrice des femmes et du mariage.
Poséidon (en latin **Neptune**), frère de Zeus, dieu de la mer.
Hestia (en latin **Vesta**), sœur de Zeus, déesse du foyer.
Déméter (en latin **Cérès**), sœur de Zeus, déesse de la terre nourricière et des moissons.
Apollon (même nom en latin), fils de Zeus et de la Titanide Léto (en latin Latone), dieu de la beauté, des arts, de la lumière bienfaisante du soleil.
Artémis (en latin **Diane**), sœur jumelle d'Apollon, déesse de la chasse.
Arès (en latin **Mars**), fils de Zeus et d'Héra, dieu de la guerre.
Héphaïstos (en latin **Vulcain**), fils de Zeus et d'Héra, dieu du feu, des volcans et des forgerons.
Aphrodite (en latin **Vénus**), fille de Zeus et de la déesse Dioné, ou fille du dieu Ouranos (le Ciel), selon les légendes, déesse de la beauté et de l'amour.
Athéna ou **Pallas** (en latin **Minerve**), fille de Zeus, sortie tout armée de son cerveau, déesse de l'intelligence, des arts, de l'industrie et de la guerre.
Hermès (en latin **Mercure**), fils de Zeus et de la Pléiade Maïa, dieu des bergers, des commerçants et des voleurs, messager des dieux.

N.B. Les **olympiens** sont soit frères et sœurs — y compris Zeus et Héra, par ailleurs mari et femme —, soit fils ou filles de Zeus.

Les **Titans** et les **Titanides** étaient des dieux gigantesques issus d'Ouranos (le Ciel) et de Gaia (la Terre). Léto était fille de Cœos et de Phœbé.

Les **Pléiades** étaient les sept filles du Titan Atlas et de l'Océanide (nymphe de la mer) Pléioné. Zeus les métamorphosa en constellation, pour les sauver du beau géant Orion. Changé, lui aussi, en constellation, il semble continuer à poursuivre les Pléiades dans le ciel.

Les 12 travaux d'Hercule

Héraclès (en latin Hercule) était le fils de Zeus et d'une mortelle, Alcmène. Ayant été frappé de folie par Héra, il tua son épouse Mégara et ses enfants. Comme il ne pouvait trouver la paix, il consulta l'oracle de Delphes (voir à *Oracles*) qui lui dit d'accomplir les épreuves que lui imposerait le roi de Tirynthe, Eurysthée. Ces douze travaux furent son châtiment.

1. Il tua, en l'étouffant dans ses bras, le lion de Némée, en Argolide.
2. Il trancha, d'un seul coup, les neuf têtes de l'hydre de Lerne, en Argolide, et ainsi tua ce serpent.
3. Il captura vivant le sanglier d'Erymanthe, en Arcadie.
4. Il captura vivante la biche aux pieds d'airain et aux cornes d'or du mont Cérynée, en Achaïe.
5. Il extermina les oiseaux, aux becs et aux plumes d'acier, du lac Stymphale, en Arcadie.
6. Il nettoya les écuries d'Augias, roi d'Elide, encombrées d'un fumier accumulé depuis trente ans, en y détournant le cours du fleuve Alphée.
7. Il captura vivant le dangereux taureau de Crète.
8. Il captura les juments mangeuses d'hommes de Diomède, roi de Thrace, et il les ramena à Tirynthe après leur avoir donné leur maître à dévorer.
9. Il vainquit les Amazones, femmes guerrières d'Asie Mineure, et il rapporta la ceinture qu'Arès avait donnée à leur reine Hippolyté.
10. Il tua le géant Géryon, à la triple tête, et ramena ses troupeaux de bœufs à travers l'Espagne, la Provence et l'Italie.
11. Il enleva les pommes d'or du jardin des Hespérides, nymphes chargées de veiller sur l'arbre portant les fruits offerts par Gaia à Héra en cadeau de noces.
12. Il descendit aux Enfers, en ramena Thésée, roi d'Athènes, qui s'y trouvait détenu, et captura Cerbère, le chien de garde du royaume des morts.

Nature

> *La nature est l'ensemble des êtres et des choses composant l'univers. On peut aussi considérer que c'est l'ensemble des êtres et des choses appartenant à un même groupe : nature humaine, nature végétale... La notion est donc équivoque. Elle désigne le caractère inné de l'individu (ses penchants, ses instincts), ou la réalité physique existant indépendamment de l'homme (par opposition à la culture), ou la force active de l'univers (les lois de la nature), ou encore l'état primitif de l'être (l'état de nature)...*
>
> *La nature a inspiré les philosophes et les poètes aussi bien que les hommes de science. Ce thème constant, mais à la signification parfois variable, qui a tenu une grande place dans la littérature française, trouve son origine dans l'Antiquité.*

Le mot latin « natura » signifie d'abord l'acte de faire naître, la naissance. La nature, le caractère naturel, l'ordre naturel des choses, procèdent donc de l'idée d'origine : c'est ce qui est à l'origine du monde, avant même la présence de l'homme. Les Grecs avaient fait de Pan le dieu des bergers, des vergers, des bois et des troupeaux. On le représentait velu, humain par le torse et par la physionomie, mais affligé de cornes recourbées, de cuisses de bouc et, en guise de pieds, de sabots.

Cette synthèse de l'homme et de la bête devint le symbole des puissances naturelles et de tous les éléments de l'univers : « pan », en grec, veut dire « tout ». Il fut donc le dieu d'un monde qui s'était fait seul et que l'on accepta d'abord comme tel. Puis on cessa de croire aux dieux. Plutarque raconte qu'un jour, sous le règne de Tibère, le pilote d'un vaisseau que l'absence de vent immobilisait en mer Egée entendit une voix. Elle lui ordonna de crier : « *Le grand Pan est mort* », ce que fit Thamus, le pilote. Aussitôt, des gémissements s'élevèrent autour de lui, comme si l'univers se lamentait. La mort symbolique de Pan annonçait une nouvelle ère : celle de l'explication, par les hommes, des phénomènes naturels.

Les Grecs ont été nombreux à tenter d'expliquer l'univers par des traités sur la nature : aux VIe et Ve siècles avant J.-C., Anaxagore, Anaximandre, Empédocle, Héraclite, Parménide s'y sont essayés. Mais le texte qui eut, sans doute, le plus grand retentissement chez les écrivains français aux XVIIe et XVIIIe siècles notamment, fut le poème scientifique de Lucrèce : *De la Nature*. Cicéron, dit-on, fit connaître ce texte, en six chants, après la mort de son auteur. Lucrèce, qui se réclame d'Epicure (voir à *Epicurisme*) dit que les dieux ne sont pas à l'origine du monde, que les phénomènes comme la pluie ou le vent ont une explication naturelle, qu'il faut s'affranchir des superstitions et de la crainte du surnaturel. Rien ne se crée ni ne se perd : les atomes, éléments indivisibles et indestructibles, entrent dans la composition des choses comme dans celle des corps et dans celle des âmes. Notre âme est donc mortelle : point besoin de craindre la mort, puisque nous retournerons au néant.

Autour de la nature-origine, se constituent ainsi les divers sens du mot : l'environnement naturel, bien sûr, mais aussi ce qui compose les êtres et les choses, ce qui les ordonne, et ce qui les explique, leurs éléments, leur substance. A la pensée magique (nous subissons les forces de la nature) se substitue la pensée scientifique (nous expliquons les lois de la nature et nous pouvons agir sur elles).

Pour ne prendre que l'environnement — les paysages non urbains — le sentiment de la nature était vif chez les Romains. Virgile, Horace, Martial, notamment, l'ont exprimé en l'associant parfois à l'éloge de la vie rustique. Les Romains furent d'ailleurs de grands amateurs de jardins : ceux-ci étaient pour eux, selon l'expression de Pierre Grimal, *« à la fois une réserve de Nature et une réserve de Culture »*. L'art des jardins leur permit sans doute de trouver un compromis entre les formes urbaines et les origines rustiques de leur civilisation.

On remarque du reste que le jardin, qui intègre la nature dans une culture faisant large place à la vie urbaine, peut illustrer le principe de l'imitation. Or, l'imitation de la nature sera, pour les écrivains français du XVIIe siècle, une des leçons de la *Poétique* d'Aristote. Le jardin aura du reste encore sa place dans l'inspiration des auteurs. Ainsi le poème, composé en latin, du père Rapin, *Les Jardins* (1665) connaîtra un vif succès et, traduit en français, il sera durablement proposé en lecture aux collégiens.

Le sentiment de la nature, hérité d'une tradition culturelle provenant de l'antiquité classique, prendra diverses formes — le goût d'une aimable campagne chez Madame de Sévigné, celui de la montagne que traduit *La Nouvelle Héloïse* de Rousseau, l'enthousiasme de Chateaubriand pour la nature sauvage du Nouveau Monde — tout comme le mot « nature » aura diverses acceptions (souvent : les sentiments et les passions, au XVIIe siècle) et sera parfois employé, au XVIIIe siècle, par exemple, par le même auteur avec des sens différents. Il ne faut pas toutefois perdre de vue le sens premier de « natura » : évocation de paysages ou peinture de l'âme, c'est toujours à l'origine, à la source, et souvent pour y trouver le réconfort d'une explication, au moins d'un apaisement, que le mot « nature » nous renvoie.

──────── REPÈRES ────────

Pierre Grimal, *Les Jardins romains*, Fayard, 1944.
Lucrèce, *De la Nature*, Les Belles Lettres, 1947.
Jean-Noël Robert, *La Vie à la campagne dans l'antiquité romaine*, Les Belles Lettres, 1985.

▶ **Astronomie, Mythologie, Philosophie.**

Numismatique

La numismatique est la science des médailles et des monnaies. Le mot « nomisma » désignait la monnaie courante chez les Grecs. Les Romains l'adoptèrent, mais ils l'appliquèrent aux pièces anciennes ou étrangères offrant un intérêt pour les collectionneurs, ou comme placement.

Les anciens ne distinguaient pas, le plus souvent, les monnaies des médailles, les monnaies servant parfois à commémorer un événement. Toutefois, il y a dans « nomisma » le mot « nomos » qui, en grec, signifie « loi ». La numismatique fait donc appel à des références légales. Les collectionneurs se sont intéressés, dès l'Antiquité, aux monnaies pour leur valeur (métal plus ou moins précieux) et pour leur intérêt historique ou esthétique, mais aussi parce que l'objet collectionné, pouvant être répertorié et authentifié, offrait des garanties.

Pline rapporte qu'il y eut même des amateurs de pièces fausses, celles qui échappaient à la norme, et qui donc étaient rares. Ils les payaient plus cher que les vraies.

Les Romains utilisèrent d'abord, comme monnaie, de gros lingots de bronze informes, dont le poids variable faisait la valeur. Puis on fabriqua des lingots ayant un poids fixe et sur lesquels était figuré un animal : ceux à l'effigie du porc, du bœuf ou du mouton, étaient particulièrement lourds. Des pièces rondes furent ensuite frappées, au IVe siècle avant J.-C., à l'imitation des monnaies grecques. Les plus anciennes représentaient la tête de Janus, celle de Mars, et aussi la louve allaitant Rémus et Romulus. Puis des monnaies d'argent furent utilisées, les pièces d'or demeurant exceptionnelles jusqu'à l'empire. Elles étaient fabriquées sous la surveillance de magistrats, sous la république, puis l'or et l'argent furent frappés par la Monnaie impériale.

A partir de la république, les monnaies évoquèrent souvent des événements contemporains : la conquête de la Gaule par César, ou l'érection de la colonne Trajane par l'empereur Trajan, furent ainsi célébrées. Les empereurs firent battre monnaie à leur effigie (César, le premier, en obtint le droit du sénat). Sur les revers des pièces étaient figurées des divinités ou des personnifications morales (la liberté, la clémence, etc.).

Le travail des monnaies grecques était généralement considéré comme supérieur à celui des pièces romaines, plus grossier dans les débuts. Puis les artistes grecs travaillèrent pour Rome et la qualité des monnaies impériales s'améliora.

Les pièces grecques ou les anciennes monnaies romaines furent utilisées parfois comme bijoux ou recherchées par les collectionneurs. Suétone rapporte qu'Auguste distribuait à ses familiers des pièces frappées par les rois grecs ou provenant de pays étrangers. Et dès le début de l'empire, les monnaies rares furent prisées à Rome.

Bien qu'elles fussent relativement peu communes, il y eut, dans l'Antiquité, des médailles qui n'étaient pas des monnaies. Ainsi, des médailles à l'image d'Alexandre le Grand, enchâssées dans des colliers, passaient pour éloigner le mauvais œil. Plus tard, les médailles de dévotion des premiers chrétiens furent considérées comme des porte-bonheur : elles figuraient le buste du Christ, ou une scène de l'adoration des Mages. Enfin, à Rome, des médailles en bronze avaient vocation purement décorative : elles portaient à l'avers le buste de l'empereur et, au revers, une scène des jeux du cirque.

On peut le constater, l'intérêt du marché de l'antiquariat pour les médailles et les monnaies n'est pas nouveau : information historique, esthétique du travail, rareté éventuelle, ont constitué tôt des critères d'appréciation plus durables que la valeur d'échange, souvent érodée par l'inflation et par l'inégale qualité des alliages (voir à *Métrologie*).

REPÈRES

François Lenormant, *Essai sur l'organisation politique et économique de la Monnaie dans l'Antiquité*, J.C. Gieben, Amsterdam, 1863.

▶ **Métrologie.**

Odyssée

Une odyssée est un voyage aventureux. Plus généralement, le mot, en style familier, peut désigner les aventures ou la vie semée d'imprévus d'une personne. Bien entendu, le nom commun « odyssée » vient du titre L'Odyssée du poème épique attribué au Grec Homère. Le sujet en est le retour par mer, à Ithaque, une île ionienne, d'Ulysse, qui a participé à la guerre de Troie : retour que retardent mille épreuves, souvent envoyées par les dieux, mais surmontées par le héros qui retrouve finalement sa femme Pénélope et son fils Télémaque. Ulysse appartient à la mythologie comme à la littérature : il peut passer, à ce double titre, pour symbolique de l'homme grec, mais son histoire donne à tous les hommes une raison d'avoir confiance en leur détermination. Ulysse, triomphant des obstacles pour retrouver le bonheur familial, est exemplaire de la destinée humaine.

L'écrivain irlandais James Joyce (1882-1941) a intitulé Ulysse un roman contant une journée vécue à Dublin, en 1904, par un personnage médiocre, Léopold Bloom. L'histoire suit le plan du poème d'Homère : l'existence la moins intéressante, en apparence, peut donc s'apparenter à l'épopée, et L'Odyssée racontait, déjà, une vie dans laquelle nous pouvons tous, aujourd'hui encore, nous reconnaître.

On retiendra également que L'Odyssée est le récit d'une navigation dans l'Antiquité : bien dominée, dès les débuts, par les Grecs, moins bien par les Romains, la mer fut pour eux tous une source de profits, mais elle fut souvent à l'origine de périls qu'ils redoutaient.

Les aventures d'Ulysse

L'Odyssée est la suite de *L'Iliade*. Dans ce texte, qui est le poème d'Ilion (Troie, en Asie Mineure, actuellement sur la côte turque de la mer Egée, dont les vestiges furent découverts par l'archéologue allemand Henri Schliemann [1822-1890]), nous est conté un épisode de la guerre de Troie : celle-ci avait éclaté parce qu'Hélène, femme du roi de Sparte, Ménélas, avait été enlevée par Pâris, fils de Priam, roi de Troie. Une grande armée fut rassemblée pour venger cet affront car les princes grecs, qui avaient tous prétendu à la main d'Hélène avant son mariage, avaient juré qu'ils soutiendraient le mari de celle-ci, quel qu'il fût, dans le cas où un tort lui serait fait. L'armée grecque, commandée par Agamemnon, frère de Ménélas, assiégea Troie. C'est au début de la dixième année de ce siège que commence *L'Iliade*. Après un litige entre Agamemnon et Achille, qui passait pour « le plus beau et le plus brave des Grecs », mais avait décidé de se retirer de la bataille, le Troyen Hector prit l'avantage. Or, il tua Patrocle, l'ami d'Achille. Celui-ci revint au combat, vengeant son ami par la mort d'Hector.

On connaît la fin de l'histoire : les Grecs s'emparèrent de Troie par la ruse. Ils feignirent de lever l'ancre en laissant sur le rivage, devant la cité, un grand cheval de bois dans lequel s'étaient enfermés leurs guerriers. Les Troyens, curieux, introduisirent le cheval dans la ville. La flotte grecque revint la nuit et débarqua son armée : les Grecs qui étaient dans le cheval ayant ouvert les portes à leurs camarades, Troie fut prise et brûlée, les princes troyens presque tous massacrés et Andromaque, la veuve d'Hector, emmenée comme captive par Pyrrhus, fils d'Achille, ce qui inspira à Racine sa tragédie, *Andromaque*.

L'Odyssée est le récit du voyage que fit Ulysse (dont le nom, en grec, était « Odysseus »), après le sac de la ville, pour revenir dans son île d'Ithaque. Il échappa difficilement à la fureur de Poséidon, dieu de la mer, qui déchaîna les tempêtes pour punir les Grecs, à la prière d'Athéna, déesse de la Guerre et des Arts, parce que, lors de la prise de Troie, un chef grec avait violé une princesse troyenne, Cassandre, devant sa statue. Il survécut, entre autres périls, au cyclope Polyphème, géant n'ayant qu'un œil au front, fils de Poséidon, qui dévora plusieurs de ses compagnons, à la magicienne Circé, qui en transforma d'autres en cochons, aux sirènes, mi-femmes-mi-oiseaux qui séduisaient par leurs chants les marins, afin qu'ils s'arrêtassent dans leur île où elles les mangeaient. (Ce n'est qu'au Moyen Age qu'on les représente avec un buste de femme et une queue de poisson.)

Finalement, Ulysse aborda à Ithaque, déguisé en mendiant. Là, son épouse Pénélope attendait son retour. Mais plusieurs princes, croyant Ulysse mort, prétendaient l'épouser. Elle les faisait patienter depuis des années, remettant sa réponse au jour où elle aurait achevé de tisser un linceul pour son beau-père Laerte. En fait, elle défaisait secrètement, chaque nuit, l'ouvrage accompli pendant le jour. Ulysse, sans se faire reconnaître de sa femme et insulté par les prétendants, approuva la nouvelle idée de Pénélope : elle épouserait celui qui parviendrait à bander l'arc de son mari et à en user avec la même précision que lui. Tous échouèrent. Ulysse naturellement réussit. Alors, il massacra les impudents et, s'étant fait reconnaître de son épouse, il retrouva son royaume.

Ulysse avait été très mêlé à la guerre de Troie : c'est lui, avant tout, qui avait persuadé le père d'Hélène d'exiger, de ceux qui voulaient épouser sa fille, le serment de protéger celui qu'il aurait choisi. S'il se montra peu enthousiaste pour rejoindre l'armée grecque devant Troie, il eut l'idée du cheval et il commanda le groupe qui s'introduisit ainsi astucieusement dans la ville. Orateur convaincant, il sut toujours se montrer rusé. C'est ce qui lui permit de rejoindre Ithaque. Son nom, d'ailleurs, signifiait « victime de l'hostilité ». Il lui avait été donné par son grand-père maternel, Antolycos, qui était un tricheur notoire.

Il apparaît comme le symbole de l'endurance, de la curiosité et du besoin de stabilité à la fois. Tout comme son épouse Pénélope incarne la patience et la fidélité. Et Ulysse, certainement, est un bon exemple de l'esprit d'entreprise, du goût de l'aventure, de l'habileté et de l'éloquence des Grecs.

La légende voudrait qu'Homère, vieillard aveugle, ait erré, au IXe siècle avant J.-C., de ville en ville, en déclamant ses vers. On a soutenu que *L'Iliade* et

L'Odyssée n'étaient pas du même auteur. Il est probable qu'aux textes primitifs furent faites des additions, par des rhapsodes, déclamateurs ambulants qui parcouraient la Grèce en disant les poèmes d'Homère.

La connaissance de ces textes fut longtemps une part importante de l'éducation des jeunes Grecs, puis de celle des jeunes Romains, lorsque Livius Andronicus eut traduit Homère en latin (voir à *Pédagogue*). Ils ont inspiré le poète latin Virgile (71 ou 70 — 19 avant J.-C.), dont le poème *L'Enéide* a pour sujet la venue et l'installation en Italie, au prix de maints périls, d'un prince troyen rescapé du massacre, Enée. Il s'agissait d'exalter l'empire d'Auguste, en chantant un héros national, fondateur de la race. La famille de Jules César prétendait, du reste, descendre d'Enée.

La marine dans l'Antiquité

L'aventure d'Ulysse est largement, dans *L'Odyssée*, une aventure maritime, un périple (on notera que ce mot, qui vient d'un mot grec signifiant « navigation autour », ne devrait, en principe, s'appliquer qu'aux voyages par voie de mer).

Au temps d'Homère, il n'y avait que de grandes barques, avec un mât à une voile, et des rames. Elles pouvaient transporter une centaine d'hommes. A l'époque classique, il y eut des navires marchands et des navires de guerre. Ceux-ci étaient surtout des trières, ou trirèmes, à voiles et à rames, comportant trois rangs de rameurs superposés. Ils faisaient environ 36 mètres de long et ils avaient un éperon à l'avant pour percer la coque des bateaux adverses. Des masses de plomb, les « dauphins », pouvaient être lancées contre l'ennemi. Les trières portaient 174 rameurs, une vingtaine de matelots et une dizaine d'hoplites, pour l'abordage et le combat.

Athènes avait une flotte de 200 trières commandées, comme l'armée, par les stratèges (voir à *Légions*). Le commandant de chaque unité était nommé par les citoyens qui avaient armé son navire.

Les Romains, eux, n'eurent une flotte permanente que sous Auguste. Ils disposèrent de « vaisseaux longs », munis d'un éperon, qui pouvaient compter jusqu'à 6 rangs de rameurs, d'avisos, plus légers et de navires de transport contenant une centaine d'hommes. Le service était de 26 ans dans la marine. Il y eut 8 escadres dont une à Fréjus, en Gaule, une à Alexandrie, une en Syrie et une en Libye. Le commandement de chaque escadre était assuré par un préfet qui était parfois un affranchi. Il y eut aussi des flottilles sur le Rhin et le Danube. La marine demeura toutefois une arme peu considérée. Et les Romains essayaient, quand ils le pouvaient, de rapprocher le combat naval, où ils étaient mal à l'aise, du combat terrestre en accrochant par des grappins les navires les uns aux autres et en permettant ainsi à leurs soldats d'infanterie de marine, le plus souvent des étrangers ou des affranchis, de combattre sur une succession de planchers comme ils l'eussent fait sur le sol.

La navigation commerciale fut très active en Méditerranée. Les navires de commerce, ronds et larges, fonctionnaient surtout à la voile. Ils faisaient environ 5 nœuds (9 km à l'heure) par bon vent. Le port le plus important d'Italie fut Ostie, sous l'empire. Alexandrie était, pour les Romains, la porte de l'Orient.

Il y eut aussi des routes maritimes fréquentées dans la Manche et dans la mer Rouge, pour se rendre en Inde ou à Ceylan : au Ier siècle après J.-C., les bateaux romains employaient trois mois pour y aller et trois mois pour en revenir. Leurs intérêts commerciaux et la nécessité de lutter contre les pirates, très actifs, plus que leur goût, déterminèrent surtout les Romains dans leur politique maritime.

---- REPÈRES ----

Victor Bérard, *Introduction à l'Odyssée*, Les Belles Lettres, Coll. des Universités de France, 1924-1925, 3 volumes.

Victor Bérard, *L'Odyssée d'Homère, Etude et analyse*, Mellottée, coll. Les chefs-d'œuvre de la littérature expliqués, 1934.

Gabriel Germain, *Homère,* Le Seuil, coll. Ecrivains de toujours, 1958.

Vice-Amiral Jurien de la Gravière, *La Marine des Ptolémées et la Marine des Romains,* Plon, Nourrit et Cie, 1884, 2 volumes.

Erich Lessing, *L'Odyssée, l'épopée d'Homère racontée en images* par, avec des études de Charles Kerényi et d'autres collaborateurs, traduit de l'allemand, Hatier, 1966.

▶ **Mythologie.**

Oligarchie

L'oligarchie est une forme de gouvernement dans lequel l'autorité se trouve entre les mains d'un petit nombre de familles puissantes ou dans celles de quelques personnes.

Il y eut des gouvernements oligarchiques dans la plupart des cités grecques et souvent, dans une même ville, deux partis, l'un oligarchique, l'autre démocratique, luttaient pour exercer le pouvoir. Athènes connut des gouvernements oligarchiques. Toutefois, la constitution athénienne est, pour l'Antiquité, un modèle de constitution démocratique, alors que la constitution de Sparte, où quelques citoyens privilégiés exercèrent si longtemps un pouvoir sans partage, est assez caractéristique du gouvernement oligarchique.

L'oligarchie n'était ni la tyrannie (le pouvoir d'un seul), ni le gouvernement de l'aristocratie, qui lui était assez semblable dans le principe. Car l'aristocratie était composée des « meilleurs », généralement issus d'une noblesse ayant par ses ancêtres une légitimité religieuse. Dans une oligarchie au contraire, ceux qui, en petit nombre, exerçaient le pouvoir, devaient leur position privilégiée à une richesse d'origine très diverse (foncière ou provenant du commerce) selon les cités.

Dans les cités antiques, la royauté qui, calquée sur le modèle familial, fut généralement le premier système de gouvernement, devint le plus souvent une magistrature : non plus héréditaire, mais annuelle, limitée aux fonctions religieuses originelles du monarque et accessible, sinon à tous les citoyens, du moins à ceux qui étaient issus des familles les plus puissantes. Le roi ne fut plus qu'un des neuf archontes à Athènes, par exemple (voir à *Magistrats*). Le pouvoir fut désormais exercé par les « géné » (pluriel du mot grec « génos », désignant un groupe de familles ayant un ancêtre commun et pratiquant les mêmes cultes domestiques, analogue à la « gens » des Romains). Il s'agissait, clairement, d'une aristocratie liée par le sang et divinisant volontiers ses origines. Son prestige s'appuyait à la fois sur sa fortune et sur son ascendance qui, la faisant remonter aux fondateurs de la cité, lui valait le respect religieux du peuple. Puis, au VIIe siècle avant J.-C., le développement du commerce avec l'étranger, notamment — le rôle des colonies fut notable — transforma les rapports sociaux : l'argent devint valeur de référence et l'aristocratie dut ouvrir ses rangs — ou céder la place — à des hommes nouveaux, qui étaient riches.

La ploutocratie, forme de gouvernement où le pouvoir appartient aux classes sociales aisées, tendit à s'imposer. Ainsi, le régime oligarchique se mit en place en deux temps : d'abord une élite tira sa légitimité de sa naissance et d'un lien familial de nature religieuse avec les origines de la cité; elle fut ensuite intégrée — ou exclue — par un petit nombre d'hommes d'extraction plus obscure, mais riches et entreprenants.

Le régime oligarchique comportait diverses formes. Aristote en distingue quatre dans sa *Politique*. La première consiste à faire participer au pouvoir un grand nombre de citoyens, dont peu seront assez riches pour briguer les magistratures : ils accepteront donc de déléguer leur souveraineté à la loi. La seconde tend à privilégier un nombre moins élevé de citoyens plus riches : ils contrôleront le gouvernement mais, n'étant pas assez puissants pour gouverner sans lois, ils ne pourront le faire que légalement. Puis vient le système dans lequel, le pouvoir étant partagé entre quelques chefs de familles nobles, mais aucun de ceux-ci ne s'imposant aux autres, la loi seule peut garantir l'hérédité des privilèges et doit être, par force, respectée. Enfin, Aristote mentionne « l'oligarchie dynastique » : un homme, au sommet de l'Etat, exerce héréditairement le pouvoir; sa fortune et le nombre de ses partisans font qu'il se situe au-dessus de la loi.

On voit l'ambiguïté du régime oligarchique : à ses extrêmes, il touche aussi bien à la monarchie (c'est « l'oligarchie dynastique ») qu'à la démocratie. La différence avec cette dernière réside surtout dans le fait que l'oligarchie suppose deux classes de citoyens : ceux qui participent aux affaires et ceux qui n'y participent pas, alors que tous les citoyens leur sont associés, à tour de rôle, dans la démocratie. Les institutions étaient d'ailleurs les mêmes en régime oligarchique et en régime démocratique : l'assemblée et le conseil d'une part, les magistrats de l'autre. A Sparte, l'assemblée du peuple ou « apella » était formée des citoyens de plus de trente ans. Elle ne se réunissait qu'une fois par mois, mais seuls les magistrats et les sénateurs pouvaient s'y exprimer. Le peuple écoutait et votait par acclamations. Encore n'était-il pas tenu compte de son vote si celui-ci paraissait dangereux au sénat, dont le nom exact était « geroussia » ou conseil des anciens. Formé de vingt-huit citoyens de plus de soixante ans élus à vie par l'apella et présidé par les deux rois, il préparait les lois pour l'assemblée du peuple et conseillait les magistrats. A ceux-ci, et particulièrement aux éphores (voir à *Magistrats*), revenait en définitive l'autorité.

S'il y avait donc, dans un régime oligarchique, des institutions similaires à celles de la démocratie, le nombre des responsables et la limitation des pouvoirs des citoyens établissaient une différence : la geroussia offrait peu de possibilités de renouvellement et son accès était interdit aux hommes jeunes. Les membres de l'apella avaient le droit de voter, mais leur vote pouvait fort bien être négligé par le pouvoir. Et d'ailleurs, qui étaient-ils ? Les citoyens de Sparte — à l'exclusion des métèques et, bien entendu, des hilotes (voir à *Clientèle*) — étaient eux-mêmes hiérarchisés : seuls comptaient et avaient part au gouvernement ceux que l'on appelait les « égaux » : égaux entre eux, bien sûr, mais supérieurs aux autres citoyens, aux « inférieurs » — sans doute les cadets de familles —, aux « bâtards » et aux « mothaces » qui constituaient leur clientèle. Les égaux avaient seuls les droits du citoyen, c'est-à-dire qu'ils formaient, curieusement, le peuple de la cité. Leur nombre était d'ailleurs en constante diminution : ils n'étaient plus que deux mille au IVe siècle avant J.-C. Et pourtant, aussi contraignante pour les libertés qu'elle fût, l'oligarchie se maintint longtemps à Sparte. Ce n'est qu'avec le tyran Nabis (207-192 avant J.-C.)

que s'établit, paradoxalement, un régime de type démocratique.

Cette forme singulière de gouvernement, l'oligarchie, ne fut donc pas seulement une corruption du gouvernement aristocratique; proche, en apparence, de la démocratie par ses institutions, elle pouvait, dans la réalité de leur fonctionnement, s'en révéler fort éloignée. En fait, l'oligarchie était à bien des points de vue une forme efficace de l'hypocrisie politique, qui a été pratiquée de tous temps (Aristote cite, dans sa *Politique,* quelques artifices permettant de priver, dans la réalité, le peuple des droits qui lui étaient théoriquement reconnus), et elle était pour cela tout à fait propre à engendrer la tyrannie.

REPÈRES

Michel Humbert, *Institutions politiques et sociales de l'Antiquité,* Dalloz, 1986.

▶ **Affranchi, Démocratie, Magistrat, Sénat.**

Olympiade

Ce fut d'abord le nom de la fête de Zeus Olympios, fête qui était l'occasion des jeux olympiques. Puis le mot désigna l'intervalle entre deux de ces fêtes consécutives, soit une période de quatre ans, de juillet à juillet.

Il s'agit donc, à l'origine, de l'espace de temps entre une célébration des jeux olympiques et la suivante, et non des jeux eux-mêmes. Cette manière de compter le temps est évidemment liée à la manifestation religieuse et sportive qui passe aujourd'hui dans l'opinion pour la plus significative et la plus prestigieuse de l'antiquité grecque. C'est pour cette raison que Pierre de Coubertin (1863-1937) a consacré sa vie à rénover les jeux olympiques sous une forme moderne qui est censée en perpétuer l'esprit.

L'ère des olympiades commence en 776 avant J.-C., première année figurant sur le registre des vainqueurs aux jeux olympiques. Le point de départ est, en effet, la victoire de Coroebos. Car, à l'aide de témoignages d'auteurs, de fragments de lettres retrouvés, on a pu reconstituer en bonne part la liste des vainqueurs. A partir de là s'est établie une chronologie, utilisée par les anciens, dont la correspondance avec notre manière de dater les événements ayant eu lieu avant ou après Jésus-Christ est aisée à établir (voir encadré).

Que les olympiades aient servi de référence chronologique universelle aux Grecs nous éclaire sur l'importance qu'avaient à leurs yeux les jeux olympiques. C'était la plus belle et la plus fameuse de toutes les fêtes à la fois religieuses, poétiques et sportives que l'on célébrait en l'honneur des dieux. Elle durait cinq jours et attirait, de toutes les régions de Grèce, une multitude : athlètes bien sûr, mais aussi marchands, artistes, intellectuels, chacun étant assuré de trouver des clients ou un public dans la foule des curieux.

Le premier jour était consacré aux processions et aux cérémonies religieuses en l'honneur de Zeus, dont une statue colossale, due à Phidias, ornait le temple. Le deuxième jour voyait s'affronter au stade les coureurs à pied (de vitesse et de fond) et les lutteurs. Le troisième jour était voué aux courses de chevaux et aux courses de chars, sur l'hippodrome. Le quatrième jour, le stade (qui pouvait contenir 40 000 spectateurs) était réservé au pentathle — dont le vainqueur devait avoir triomphé dans les cinq exercices composant ce sport, soit la lutte, la course, le saut, le disque et le javelot — et à la course armée. Cette dernière épreuve, version antique du moderne parcours du combattant de nos militaires, était une course à pied où, primitivement, les concurrents portaient l'armure complète; plus tard, ils ne gardèrent que le bouclier. Enfin, le cinquième jour, une couronne d'olivier sauvage et un rameau de palmier étaient remis solennellement aux vainqueurs devant le temple de Zeus.

On notera que, dans les courses de chevaux et de chars, le prix était donné au propriétaire qui faisait courir, mais il arrivait que celui-ci montât lui-même ou qu'il conduisît lui-même l'attelage : sa victoire était alors plus glorieuse. Tous les vainqueurs avaient droit, du reste, à un retour triomphal dans leurs cités. Leurs parents, leurs concitoyens se sentaient honorés : on élevait des statues au champion, on composait et on chantait des hymnes à sa louange, et longtemps après sa mort, ses descendants rappelaient son exploit avec fierté.

Les jeux olympiques conféraient donc un très grand prestige à ceux qui y triomphaient comme à la cité qui les avait vus naître. C'est que ces jeux constituaient, indéniablement, un facteur de rassemblement et d'unité du monde grec. Tous les quatre ans, Zeus, le dieu d'Olympie, réunissait dans un coin du Péloponnèse, dans la plaine d'Elide, des hommes venus de toutes les régions, proches ou lointaines, de la Grèce. Pendant cinq jours, en l'honneur de Zeus, il n'y avait plus ni guerres ni querelles : la paix régnait entre les Grecs qui, si souvent divisés, ne formaient plus alors qu'un seul peuple.

Puis le temps passa, la Grèce devint province romaine, Rome, ensuite, fut dépouillée, Constantinople, enfin, capitale de l'empire romain d'Occident, tomba aux mains des Turcs (en 1453). Les statues furent mutilées ou pillées, les temples laissés à l'abandon, et les jeux olympiques ne furent plus qu'un souvenir. Or, à la fin du XIXe siècle, un Français, Pierre de Coubertin, eut l'idée de les faire revivre.

« *L'héritage grec est tellement vaste que tous ceux qui ont connu l'exercice physique sous un de ses multiples aspects ont pu légitimement se réclamer de la Grèce, qui les comprenait tous* », déclarait-il dans une allocution clôturant le congrès pour le rétablissement des jeux olympiques qu'il avait organisé à Paris, à la Sorbonne, le 23 juin 1894.

Ce congrès s'acheva sur la création du Comité international olympique (C.I.O.), organisme permanent indépendant des instances gouvernementales des pays le composant, qui existe toujours. Les buts du C.I.O. étaient fixés dès le départ : assurer la célébration régulière des jeux, les rendre dignes de leur glorieuse histoire, encourager et développer les compétitions sportives d'amateurs, consolider l'amitié entre sportifs de tous les pays.

Les premiers jeux olympiques modernes furent proclamés ouverts par le roi Georges Ier de Grèce, à Athènes, le 6 avril 1896, devant plus de 60 000 personnes. De ces jeux, la petite histoire a retenu des anecdotes amusantes — un coureur français prit le départ du 100 mètres ganté de peau blanche « parce qu'il courait devant le roi » — ou émouvantes : un berger grec inconnu, Spiridon Louys, remporta, aux limites de l'épuisement, le marathon, couru de Marathon (où le général athénien Miltiade battit les Perses en 490 avant J.-C.) à Athènes, devant une foule en délire. Il rééditait ainsi l'exploit du coureur envoyé par Miltiade à Athènes pour annoncer la victoire et qui, lui, mourut de son trop grand effort à l'arrivée, à l'issue des 40 km du trajet.

L'initiative de Coubertin a eu les développements rapides et considérables que l'on connaît : or, malgré la sophistication, souvent, des sports pratiqués, en dépit de la spécialisation excessive des athlètes et bien que des intérêts financiers toujours plus considérables leur soient liés, les jeux olympiques aujourd'hui ne nous transmettent pas moins, après une longue parenthèse de silence et d'oubli, le message de paix, d'émulation et de dépassement de soi-même des jeunes hommes qui s'affrontaient autrefois à Olympie.

L'ère des olympiades
(Conversion d'une date donnée en olympiades en années avant J.-C. ou en années de notre ère)

On compte, pour chaque olympiade, de la 1re à la 4e année : ainsi, la bataille de Salamine (la flotte grecque, commandée par Thémistocle, battit la flotte perse près de cette île) a eu lieu la 1re année de la 75e olympiade.

Pour convertir une date donnée en olympiades par les anciens, s'il s'agit d'un événement ayant eu lieu avant J.-C., on multiplie le nombre d'olympiades par 4, on ajoute le nombre d'années écoulées depuis la dernière olympiade et on retranche le résultat obtenu de 776 (de 775 s'il s'agit du printemps et de l'hiver). S'il s'agit d'un événement ayant eu lieu après J.-C., on retranche 776 du nombre des années révolues.

Exemples :

Salamine :
74 × 4 = 296 (il y a eu 74 olympiades)
296 + 0 = 296
776 − 296 = 480 avant J.-C.

Mort d'Auguste
(la 2e année de la 198e olympiade, en août, il y a eu 197 olympiades et 2 ans écoulés) :
197 × 4 = 788
788 + 2 = 790
790 − 776 = 14 après J.-C.

─────────── REPÈRES ───────────

Marcel Berger et Emile Moussat, *Anthologie des textes sportifs de l'Antiquité*, choix de textes et introduction, Grasset, 1927.

Michel I. Rostovtzeff, *Tableaux de la vie antique* (chapitre II), traduit de l'anglais, Payot, 1936.

Marie-Thérèse Eyquem, *Pierre de Coubertin, l'épopée olympique*, Calmann-Lévy, 1966.

▶ **Chronologie, Jeux, Théâtre.**

Oracle

« Parler comme un oracle » : *cette expression, passée dans le langage courant, veut dire « s'exprimer souvent sur l'avenir avec l'autorité d'une personne parfaitement informée ». Le mot latin « oraculum » désignait, au sens propre, la réponse d'un dieu ou d'un héros divinisé, consulté en un endroit déterminé. Par extension, « oracle » peut s'appliquer aux interprètes autorisés du dieu, aux prêtres administrant son temple, et même au sanctuaire lui-même.*

Il y a certes une tendance de l'esprit humain, que l'on vérifie encore aujourd'hui, à essayer de percer l'avenir, de connaître par anticipation les événements publics ou particuliers et de solliciter les prophéties.

En Orient, dans l'Antiquité, tous les peuples avaient leurs devins. La Grèce eut les siens, mentionnés dès le temps d'Homère. Les oracles se sont constitués plus tard, sans doute sous l'influence des cultes orientaux, et ils ont institutionnalisé la divination. Quant aux Romains, Georges Dumézil constate, dans La Religion romaine archaïque, *qu'ils ont poussé très loin la science des signes par lesquels, croyaient-ils, les puissances invisibles étaient susceptibles de les guider.*

Si le rapport à l'avenir et aux forces occultes est le même, il faut faire une différence entre les oracles et ce que l'on pourrait appeler les devins indépendants. Il y en eut de tous temps, qui avaient une clientèle populaire friande de leurs prédictions. Dans le même but, on examina très tôt, en Grèce, le vol des oiseaux ou les phénomènes météorologiques. En outre, une sorcellerie active, là encore d'inspiration orientale souvent, se développa parallèlement aux cultes religieux. Elle était surtout consultée par les femmes, par les adolescents et par les esclaves, c'est-à-dire par ceux que marginalisaient les institutions de la cité antique. Mais elle se rattachait à une ligne générale de la croyance des anciens dans la mesure où les sorciers n'imaginaient pas de proposer des solutions ou de donner des espérances aux vivants sans faire appel à la bienveillance des morts (voir à *Pénates*).

A la différence des devins et des sorciers, qui s'attribuaient la faculté divinatoire, c'était le dieu lui-même qui en avait le privilège dans les oracles. Ceux-ci étaient en outre localisés précisément, et il fallait, pour les consulter, se plier à des rites consacrés.

Il y en eut beaucoup en Grèce et en Asie mineure. Le plus ancien était celui de Zeus, à Dodone, en Epire. Apollon, dieu prophétique par excellence (dieu des arts, il avait la divination au nombre de ses attributions) répondait à Delphes et à Délos; son fils, Esculape, à Epidaure, où venaient le consulter les malades. Les divinités helléniques, mais aussi les héros avaient leurs oracles.

Le plus souvent, l'oracle était installé à partir d'une fontaine, ou d'une crevasse, ou d'une grotte, autour desquelles on avait construit le temple. La nature ménageait ainsi, croyait-on, un moyen de communication un peu mystérieux avec les dieux. La procédure de consultation était à peu près la même partout. D'abord avaient lieu des cérémonies, des sacrifices, visant à la purification du demandeur. De son côté, le « prophète », celui qui devait répondre, se purifiait afin d'être digne de l'esprit divin qu'il allait interpréter. L'ordre des consultations était établi par le sort. Les questions étaient le plus souvent posées par écrit, sur une tablette. Le prophète entrait en extase, donnait sa réponse : celle-ci était remise par écrit au demandeur qui prenait à ses frais les sacrifices et acquittait un droit de consultation.

Ainsi, à Delphes, l'oracle d'Apollon était rendu par sa prêtresse, la « Pythie », qui s'installait sur un trépied, au-dessus d'un gouffre d'où montaient des vapeurs. Elle entrait dans une sorte de transe, prononçait des paroles plus ou moins compréhensibles. Les prêtres les recueillaient et rédigeaient en vers la réponse du dieu : celle-ci était souvent ambiguë.

Un personnel nombreux était en effet attaché aux oracles importants : prophètes, prophétesses, prêtres, fonctionnaires administrant le temple... Un oracle était une entreprise florissante : à Delphes, Apollon répondait, au début, une fois par an. Puis on put le consulter en permanence.

Des recueils de réponses ont été conservés, de même que l'on a retrouvé les ex-votos qui remerciaient le dieu de son intervention quand elle avait été heureuse : dans les temples d'Esculape, par exemple, les images de membres guéris étaient nombreuses.

A Rome, la prédiction de l'avenir fut confiée, sous la monarchie, aux augures chargés de prendre les auspices en observant le vol des oiseaux ou l'appétit des poulets sacrés, et aux haruspices. Le roi Tarquin le Superbe avait, disait-on, acheté les livres de la Sibylle — la prêtresse — de Cumes (ancienne colonie grecque de Campanie). Ces Livres Sibyllins constituèrent un code religieux que deux prêtres consultaient et interprétaient en cas de danger.

On peut rapprocher des oracles les mystères : cérémonies secrètes, de caractère religieux, auxquelles prenaient part des initiés. Les plus célèbres étaient ceux d'Eleusis, près d'Athènes, en l'honneur de Déméter, déesse de la Terre nourricière (en latin Cérès). Ils comprenaient deux solennités : les petits mystères, en février, préparaient aux grands qui avaient lieu en septembre et octobre, durant onze jours. Ils comprenaient des sacrifices, des processions, des banquets, des spectacles... Les mystères eurent une bonne influence, à l'époque classique, et maintinrent la croyance en l'immortalité de l'âme. Puis ils dégénérèrent et à Rome devinrent prétexte à des débauches immorales, et parfois criminelles (voir à *Orient*).

Ainsi, les anciens s'efforçaient, comme l'ont toujours fait les hommes, de percer le mystère qui entoure notre présence au monde. A-t-on abusé de leur curiosité ? de leur crédulité, souvent ? Fontenelle le laisse entendre, non sans arrière-pensées, dans son *Histoire des Oracles* (1687). Il avait eu d'abord l'intention de traduire en français des textes d'un érudit hollandais, Van Dalen, sur les oracles, puis il décida de traiter le sujet à sa manière et il le fit brillamment. L'esprit humain, assure Fontenelle, est naturellement crédule lorsqu'il n'a pas de connaissances scientifiques. Ainsi les oracles, loin de transmettre les messages de puissances surnaturelles, étaient fabriqués par des prêtres sans scrupules, qui tiraient profit de la superstition des demandeurs. La fin des oracles a naturellement accompagné le progrès des connaissances. Fontenelle insinuait encore qu'un raisonnement analogue pouvait être appliqué aux miracles.

Il annonçait, certes, l'esprit critique du siècle des philosophes, avec un raisonnement un peu simple : tout ce que la raison ne saurait comprendre est faux; fausse, par conséquent, est la religion. Les Philosophes ont passé. Les religions se portent bien. Et aujourd'hui, non seulement on consulte les voyantes, mais on peut obtenir son horoscope de distributeurs automatiques. Sans l'intervention d'aucun dieu, accordons-le à Fontenelle.

———————— REPÈRES ————————

André Bernand, *Sorciers grecs,* Fayard, 1991.
Raymond Bloch, *La Divination dans l'antiquité,* P.U.F., Que sais-je?, 1984.
Robert Flacelière, *Devins et oracles grecs,* P.U.F., Que sais-je?, 1961.
Marie Delcourt, *L'Oracle de Delphes,* Payot, coll. Bibliothèque historique, 1955.

▶ **Mythologie.**

Orient

L'Orient est la partie du ciel où le soleil apparaît quand il se lève. Géographiquement, on appelle Orient l'Asie, une partie de l'Égypte, et une partie de l'Europe : l'ensemble des pays situés à l'orient par rapport à l'Europe occidentale.

Au IIIe siècle avant J.-C., Alexandre le Grand, roi de Macédoine, se tailla, en Orient, un empire auquel il donna pour capitale Babylone, dont les ruines se trouvent à cent soixante kilomètres au sud-est de Bagdad. Cet empire ne lui survécut pas, mais les contacts entre les orientaux et les Grecs, puis les Romains, se multiplièrent, et ils ont eu une influence certaine sur le monde gréco-romain.

Alexandre avait vingt ans, en 335 avant J.-C., quand, après la mort de son père Philippe II, roi de Macédoine, il fut nommé généralissime des armées grecques pour combattre les Perses. En un peu plus de dix ans, il devait conquérir un immense empire, correspondant aujourd'hui, à peu près, à l'Égypte, à la Turquie, à la Syrie, à l'Iraq, à l'Iran, au Pakistan et au nord-est de l'Inde. Il voulait même franchir le Gange et aller plus loin, mais ses soldats refusèrent de le suivre. Il entendait fondre en une seule nation les Macédoniens et les Perses et, donnant l'exemple, il épousa une fille du roi de Perse, Darius, qu'il avait vaincu. Après sa mort, survenue à l'âge de trente-deux ans, son empire fut partagé en quatre royaumes indépendants : la Macédoine et la Grèce, qui allèrent à Antipater, la Syrie à Séleucus, qui fonda la dynastie des Séleucides, la Thrace à Lysimaque, l'Égypte à Ptolémée, fils de Lagus, qui fonda la dynastie des Lagides. Ces quatre royaumes devaient tous devenir provinces romaines à plus ou moins long terme. Quant aux conquêtes les plus orientales d'Alexandre, elles avaient fait rapidement défection.

Assurément, son entreprise répandit en Orient la civilisation grecque, mais elle précipita aussi la décadence d'Athènes. En refusant de suivre Alexandre dans la voie de l'intégration qu'il préconisait, les Grecs ont préféré coloniser, plutôt qu'assimiler, les orientaux. Une conséquence de ce choix fut qu'une partie de leur population, jeune et active, alla s'installer en Orient : fonctionnaires, techniciens ou colons, ils y prirent femmes et ne revinrent pas en Grèce. Les échanges commerciaux se développèrent évidemment, mais la multiplication des ports ne fut pas bénéfique au Pirée. En fin de compte, les ports d'Asie négocièrent avec Rome et les Grecs n'exercèrent plus qu'un rayonnement culturel. Ils ne surent pas, en élevant le niveau de vie des orientaux, augmenter leurs besoins, donc leur demande de produits de consommation. En revanche, l'industrie et l'agriculture grecques ont supporté difficilement les concurrences nouvelles.

Quant aux politiques pratiquées dans les nouveaux royaumes issus de l'empire d'Alexandre, elles furent de deux sortes : les Séleucides favorisèrent l'hellénisation par une colonisation à la grecque de leur royaume; les Ptolémées maintinrent la séparation des deux communautés, faisant par exemple d'Alexandrie d'Egypte une ville grecque, d'administration autonome.

Décevants, somme toute, au plan économique, les contacts avec l'Orient furent en revanche déterminants pour les Grecs, puis pour les Romains, aux points de vue culturel, artistique et religieux. Il se produisit un mouvement intellectuel hellénistique très foisonnant qui sut préserver l'héritage dans la partie méditerranéenne des conquêtes d'Alexandre et qui devait aboutir à faire de Byzance la future capitale de l'empire romain d'Orient. (Le monde hellénistique est l'ensemble des Etats et des dynasties issus des conquêtes d'Alexandre et il correspond à la période de la civilisation grecque allant de ces conquêtes à la conquête romaine.)

Pratiquant une religion qui était surtout civique, les Grecs découvrirent la spiritualité et l'émotion religieuse. Leur art témoigna d'une plus grande émotivité. Les cultes orientaux devinrent à la mode.

Ptolémée avait eu l'idée de créer un nouveau dieu, Sérapis, pour unir dans un culte commun les Grecs et les Egyptiens. Les Grecs, surtout, se l'approprièrent : Sérapis eut ses sanctuaires en Asie Mineure, en Grèce. Il servit d'intermédiaire au culte d'Isis, déesse égyptienne de la fertilité, qui se propagea dans tout l'Empire romain jusqu'à ce qu'il y fût proscrit, en raison des excès qu'il engendrait, en 58 avant J.-C. Les mystères orientaux — d'Isis, notamment — ou rites secrets d'initiation, attiraient en effet les Romains : des clergés riches et puissants, une liturgie, des pratiques initiatiques, le goût de l'occultisme, les gages sur le malheur et sur la mort qu'offraient, pensait-on, les croyances nouvelles, tout cela concourut au succès, non seulement du culte d'Isis, mais de ceux de Mithra, divinité de l'Iran antique, ou du dieu phénicien (région du littoral syro-palestinien) Baal. Baal, notamment, que les soldats syriens de l'armée romaine avaient fait connaître, eut une telle vogue à Rome qu'au IIIe siècle après J.-C., l'empereur Marcus Aurelius Antoninus, qui se faisait appeler, du nom de son dieu, Héliogabale (El Gebal), prétendit, mais sans succès, faire reconnaître le Baal que l'on vénérait à Ephèse comme divinité suprême dans l'empire.

Il y a eu ainsi interpénétration des cultures. Sans doute l'apport humain des Gréco-Latins dans le Proche-Orient fut-il important, et contribua-t-il à modeler les élites locales. Mais l'Orient a donné à la culture grecque une dimension mystique qui lui faisait défaut. Surtout, le rêve de conquête de l'univers qui avait animé Alexandre et qui était un rêve oriental, la fascination des anciens pour les richesses matérielles et spirituelles de l'Orient, ont laissé des traces. Que l'on songe à l'intérêt suscité, à la fin du XVIIe et au XVIIIe siècle, par les récits des voyageurs français dans cette partie du monde : Jean-Baptiste Tavernier (1605-1689) en Turquie, en Perse et aux Indes, Jean Chardin (1643-1713) en Perse.

Que l'on songe encore à l'impression inoubliable qu'éprouva Gustave Flaubert enfant, quand il vit passer à Rouen le navire transportant l'obélisque destiné à la place de la Concorde, à Paris, et aux conséquences de ce jeune enthousiasme sur la vie et sur l'art de l'auteur de *Salammbô* (1862).

Cette attirance pour une pensée et pour des cultures différentes, qui flattent et stimulent notre imagination, n'est pas un des moindres legs des Gréco-Romains à l'Occident.

―――――――――――― REPÈRES ――――――――――――

André Aymard, Jeannine Auboyer, *L'Orient et la Grèce antique*, P.U.F., 1953.

Ctésias, *Histoires de l'Orient*, traduit du grec et commenté par Janick Auberger, préface de Charles Malamoud, *Les Belles Lettres*, collection La roue à livres, 1991.

Gilbert Lafforgue, *L'Orient et la Grèce jusqu'à la conquête romaine*, P.U.F., collection Le Fil des Temps, 1977.

Robert Turcan, *Les Cultes orientaux dans le monde romain*, Les Belles Lettres, 1989.

▶ **Civilisation, Mythologie.**

Pédagogue

Chez les Grecs, le pédagogue était un esclave qui conduisait à l'école les enfants de ses maîtres et qui leur enseignait les bonnes manières : laisser passer devant eux les personnes plus âgées ou bien se tenir à table. Les Romains adoptèrent également les services du pédagogue : un esclave, souvent grec, qui menait l'enfant (les mots grecs « agein » et « païs » signifient « conduire » et « enfant ») à l'école, l'en ramenait et lui apprenait les premières règles du savoir-vivre.

Le sens du mot s'est ensuite élargi : le pédagogue est devenu celui qui enseigne, puis l'éducateur en général. Et la pédagogie est la science de l'éducation : elle a pour but le développement de toutes les qualités humaines, elle s'étend au corps et à l'esprit comme au domaine moral.

Le système éducatif était assez bien structuré dans l'antiquité classique : il concernait surtout les garçons, mais la formation des filles n'était pas totalement négligée. Enfin, il n'est pas indifférent que les pédagogues des enfants de Rome aient souvent été d'origine grecque : dans ce domaine comme dans beaucoup d'autres, le modèle athénien a été une référence durable pour les Romains.

La première enfance

A Athènes, le père avait cinq jours pour accepter son enfant ou pour l'abandonner. Dans le premier cas, la nourrice, prenant le bébé, faisait en courant le tour de la maison et la porte de celle-ci s'ornait d'une couronne d'olivier si c'était un garçon, d'une touffe de laine pour une fille. Le père romain avait également le droit « d'exposer » son fils, c'est-à-dire de le refuser et de le déposer hors de sa maison. Dans ce cas, le bébé abandonné mourait, ou il était recueilli par quelqu'un. Il arrivait d'ailleurs que des personnages sans scrupules se chargent d'enfants ainsi exposés, les mutilent et les utilisent ensuite pour demander l'aumône à leur profit.

Dans l'Italie moderne encore, au XXe siècle, il n'est pas rare que le nom de famille Esposito s'explique par un aïeul qui fut un enfant trouvé.

Leur nom était donné aux enfants grecs le dixième jour après leur naissance. Ils n'en avaient qu'un, mais on y joignait le nom du père pour les distinguer de possibles homonymes. En outre, lorsque le garçon avait dix-sept ans, il joignait à ces deux noms celui du dème, c'est-à-dire de la commune dont il faisait partie.

A Rome, c'était le neuvième jour après la naissance pour les garçons et le huitième pour les filles que l'on donnait un nom aux bébés. Ce nom était joint à celui de sa «gens» — groupe de familles ayant un ancêtre commun — et à celui de sa famille : Marcus (nom ou «prenomen») Tullius (nom de la gens ou «nomen») Cicéron (nom de famille ou «cognomen») par exemple.

Alors on suspendait au cou de l'enfant une boule — en or pour les plus riches — qui était censée le protéger contre les maléfices et dont il ne se défaisait qu'en abandonnant la toge prétexte (voir à *Toge*). La première enfance, à Rome comme en Grèce, était jusqu'à sept ans livrée aux femmes : mère, bonne, nourrice. Les enfants n'apprenaient rien (sinon des fables ou des comptines) et s'amusaient. De nombreux jouets accompagnaient leur vie : hochets, poupées, petits animaux en argile peinte, voitures en bois, etc., en Grèce. Les enfants romains montaient également sur des échasses, jouaient au cerceau, à la toupie, se faisaient traîner dans de petits chars par des moutons... On fabriquait du reste, à Rome, des jouets luxueux : des hochets d'or et d'argent, par exemple.

L'éducation

L'éducation proprement dite commençait vers l'âge de sept ans, quand l'enfant quittait son entourage féminin pour étudier.

A Athènes, l'instruction, donnée dans des écoles privées où son pédagogue accompagnait l'élève et que payaient les parents, comprenait trois matières : la grammaire, enseignée par le « grammatiste », la musique, enseignée par le « cithariste » et la gymnastique, enseignée par le « pédotribe ». Par grammaire, on entendait alors une instruction générale : lire, écrire, compter... Puis l'élève apprenait par cœur des textes littéraires (Homère, Hésiode) et il les expliquait. La musique (l'étude de la cithare, de la flûte) était considérée comme propre à former le caractère et à inspirer le goût de la vertu. Le pédotribe enseignait dans la palestre, un terrain à ciel ouvert décoré de statues, les cinq exercices constituant le pentathle : la lutte, la course, le saut, le lancement du disque et celui du javelot (voir à *Olympiade*). Les jeunes gens s'initiaient également à la balle (sur le principe du squash d'aujourd'hui), au pugilat (sorte de boxe pratiquée en s'entourant les mains de courroies en peau de bœuf), au pancrace (association de la lutte et du pugilat), à l'équitation, à l'hoplomachie, que l'on peut rapprocher de l'escrime. Le but de cet enseignement était de développer harmonieusement le corps, tout en l'endurcissant.

S'il y avait à Athènes, dans l'éducation des jeunes gens, recherche d'un équilibre entre la formation intellectuelle et la préparation physique, ce n'était pas le cas à Sparte. Les adolescents spartiates s'instruisaient en écoutant les conversations des adultes et, si l'on considérait la musique comme un moyen de formation morale, l'essentiel de l'éducation était physique : on développait l'énergie, la volonté, l'endurance et l'adresse. On préparait des soldats.

A Rome, à l'époque classique, la formation des jeunes se faisait en trois phases. De sept à onze ou douze ans, ils suivaient l'enseignement du « litterator », qui correspondait plus ou moins à l'enseignement primaire : ils apprenaient à lire, à écrire et à compter. Ensuite, jusqu'à l'âge de seize ans, ils fréquentaient la boutique du « grammaticus », qui dispensait un enseignement de type secondaire : celui-ci se faisait essentiellement par la lecture et par le commentaire des textes de poètes grecs et latins. Les notions d'histoire, de géographie, de mythologie, etc. étaient inculquées à partir de ces textes. Les boutiques se trouvant en général sur le forum et étant séparées du public par une tenture, les parents pouvaient suivre ainsi les progrès de leurs enfants. Enfin, vers seize ans, ceux qui souhaitaient poursuivre leurs études allaient chez le « rhetor » : celui-ci les formait à l'éloquence en quatre ou cinq années correspondant à ce qui est aujourd'hui, pour nous, l'enseignement supérieur.

Les arts d'agrément — la musique, le dessin, la peinture ou la danse — avaient peu de place dans l'instruction des jeunes Romains.

Pédagogies

Le propre d'une pédagogie est évidemment de préparer à un certain type de société : elle est parfois l'expression d'une volonté politique ; souvent, en tout cas, elle reflète un comportement collectif.

On notera que l'éducation grecque se voulait non dirigiste : elle privilégiait la tête bien faite, plus que la tête bien pleine (telle sera, pour Montaigne, la vertu d'un bon précepteur), tendait à former l'esprit plus qu'à l'accabler de connaissances, et elle avait pour idéal un équilibre harmonieux entre le développement du corps et celui de l'intelligence. A l'âge de dix-huit ans, les jeunes gens devaient faire pendant deux ans une sorte de service militaire : on les appelait, durant cette période, les éphèbes. Au bout de la première année, ils juraient de combattre pour leur cité et d'obéir à ses lois. Ainsi leur vie de citoyen commençait par la claire affirmation de leurs devoirs, et non point par la revendication de leurs droits.

Quant aux jeunes filles, leur éducation n'était pas absolument négligée à Athènes : elles apprenaient chez elles à filer, à tisser et à coudre, à lire et à écrire quand elles étaient de très bonne condition. A Sparte même, l'État prévoyait de donner aux filles une éducation surtout physique, basée sur la gymnastique et incluant la musique.

Le système éducatif des Romains a évolué et il s'est développé sous l'influence grecque. Dans les premiers siècles de la république, il restait sommaire : l'enfant était pratiquement formé par son père qui lui apprenait à lire, à écrire et à compter. Ensuite, vers le IIIe siècle avant J.-C., on prit pour ses enfants des précepteurs grecs; des affranchis ouvrirent des écoles privées : le premier, Livius Andronicus traduisit *L'Odyssée* en latin et fonda tout son enseignement sur ce texte.

Plus tard, la Grèce demeura, en matière de formation universitaire, la grande référence des Romains : les jeunes gens qui sortaient de l'école du rhéteur et qui souhaitaient se perfectionner allaient en Grèce. Ils revenaient aux sources, un peu comme, bien plus tard, les peintres ou les sculpteurs européens iront longtemps achever leur formation en Italie. Et l'explication des textes poétiques, les exercices oratoires pratiqués à Rome étaient, à l'origine, des techniques grecques.

Le « pédagogue » grec menant à l'école l'enfant de son maître romain et l'assistant dans sa vie quotidienne, jusqu'à l'adolescence, nous apparaît donc comme une figure emblématique d'un système dont nous demeurons les lointains bénéficiaires.

―――――――――――― REPÈRES ――――――――――――

L. Becq de Fouquières, *Les Jeux des anciens,* Didier, 1869.

Henri-Irénée Marrou, *Histoire de l'Education dans l'Antiquité,* Le Seuil, collection l'Univers Historique, 1948.

Jean-Pierre Neraudau, *Etre enfant à Rome,* Les Belles Lettres, 1984.

Roland May (sous la direction de), Jean-Marie André, Jean Yoyotte (avec la collaboration de), *Jouer dans l'Antiquité,* catalogue de l'exposition du Musée d'archéologie méditerranéenne de Marseille (22 novembre 1991, 16 février 1992), Réunion des musées nationaux et des musées de Marseille, 1991.

▶ **Maïeutique.**

Pénates

Au XVIIe siècle, dans la fable « L'Homme qui court après la Fortune et l'homme qui l'attend dans son lit », La Fontaine évoque un ambitieux poursuivant en vain, au bout du monde, une chance qui se refuse à lui. Lassé, il décide de revenir dans son village : « Il renonce aux courses ingrates, / Revient dans son pays, voit de loin ses pénates. » L'expression est, aujourd'hui encore, familièrement usitée : « regagner ses pénates » signifie revenir chez soi, dans son pays, à son foyer.

Les pénates étaient en effet, dans la mythologie romaine, les divinités protectrices du foyer et les statues qui les figuraient.

Les familles romaines étaient également placées sous la protection des lares qui, à l'origine, passaient pour veiller sur les travaux des champs, et sous celle des mânes, ou âmes des morts, considérées comme des divinités. Dans une langue recherchée ou avec une intention parodique, le mot « mânes » est parfois employé de nos jours dans l'expression « les mânes des aïeux » pour signifier l'esprit des morts constituant la lignée dont quelqu'un descend et, de façon générale, pour évoquer le passé et les traditions d'une famille.

Les génies du garde-manger

Les pénates étaient une collectivité de dieux non individualisés, tirant leur nom de la partie la plus ancienne de la maison, le « penus », donc attachés à ce lieu. Les provisions de bouche s'y trouvant cachées, penus a signifié également « aliments, garde-manger » à l'époque classique. Les pénates furent donc, au départ, les génies du garde-manger et à partir de là, ils protégèrent la maison tout entière. Sur les monnaies romaines, ils étaient souvent représentés comme des vieillards à la tête entourée d'un voile.

On distinguait les pénates privés et les pénates publics, les seconds étant une extension des premiers : on passa en effet, naturellement, des dieux du foyer aux dieux du territoire. Les pénates publics protégeaient donc l'Etat et ils étaient honorés sur le Forum, dans le temple de Vesta, où ils avaient leur sanctuaire, le penum.

Dans le culte privé, les pénates étaient représentés deux par deux, par des statuettes de bois, d'argile, de cire ou d'ivoire. Ils étaient les patrons et les bienfaiteurs de la famille. Chacune avait les siens. Les statuettes étaient placées au fond de l'atrium, dans le tablinum. L'atrium était le cœur de la maison et son noyau primitif : dans la cabane de bois qui fut la première habitation des Romains, le jour pénétrait par la porte et par une ouverture, sorte de cheminée, percée dans le toit. Cette pièce unique fut peut-être appelée atrium parce que « noircie » par la fumée qui s'échappait par la cheminée (l'adjectif « ater » veut dire « noir, sombre »). Autour de la pièce, on construisit, ensuite, de petites chambres.

Ainsi l'atrium devint plus tard un grand vestibule orné d'un bassin recevant les eaux de pluie qui tombaient par l'ouverture, ou impluvium, pratiquée au milieu du toit. Tout autour étaient distribuées les chambres. De l'atrium on passait au péristyle, ou petit jardin entouré de colonnades et orné de plantes vertes, par le tablinum : c'était un salon servant de cabinet de travail au chef de famille qui y conservait ses archives. Les pénates se trouvaient là.

Pendant les repas, on plaçait certains mets devant les statuettes qui les figuraient. On leur offrait parfois des sacrifices. Le repas principal avait lieu vers quatre heures de l'après-midi. Frugal aux temps antiques (un plat unique, de légumes souvent), il s'était raffiné et compliqué à l'époque classique. Il comprenait alors des entrées, plusieurs services — poisson et viande — que l'on accompagnait de pain, des desserts. Les Romains prenaient aussi une collation en se levant, et ils déjeunaient légèrement vers midi. Le dîner était suivi, chez les gens très riches, d'une sorte de souper : on y buvait beaucoup en écoutant de la musique ou en assistant à des spectacles.

La salle à manger comportait trois lits — chacun de trois places — disposés sur trois côtés d'une table carrée. Déjà les Grecs, qui pourtant mangeaient assis au temps d'Homère, avaient pris par la suite l'habitude de lits richement ornés pour prendre leurs repas. Ceux-ci comprenaient plusieurs services : viandes, légumes, poissons. C'était la « première table » au cours de laquelle on ne buvait pas. Venait ensuite la « seconde table » : les desserts et le vin, mélangé d'eau le plus souvent. On riait, chantait et dansait.

Les âmes des ancêtres

Les lares étaient également des sortes de génies attachés à une famille, à une race. Il y en avait un par famille, à qui l'on offrait de menus présents. Il y avait aussi des lares publics, petits dieux des carrefours et des quartiers, que les habitants fêtaient périodiquement. Les lares étaient représentés accompagnés d'un chien, symbole de la fidélité.

On finit par les distinguer assez mal des mânes, âmes des ancêtres, veillant eux aussi sur la maisonnée. On chercha d'abord à se concilier ceux-ci par des sacrifices humains, puis par des libations et par des offrandes. Les tombeaux étaient placés sous leur protection.

Dans l'antiquité classique, en effet, il était extrêmement important de donner aux morts une sépulture convenable. Les Grecs pensaient que l'âme des défunts qui n'avaient pas été enterrés était condamnée à errer, malheureuse, sur la terre. On sait que Sophocle, plus près de nous Anouilh, ont porté au théâtre l'histoire d'Antigone, fille d'Œdipe, condamnée à mort dans la mythologie pour avoir enseveli son frère Polynice malgré la défense du roi Créon.

Les Grecs apportaient donc beaucoup de soins aux cérémonies entourant la mort et les funérailles. Le corps, lavé, parfumé, vêtu de blanc, était exposé un jour entier. Dans sa bouche, on mettait quelquefois une pièce pour payer Charon qui lui ferait traverser dans sa barque le fleuve Styx, le conduisant ainsi vers sa dernière demeure, chez Hadès, dieu des Enfers. La cérémonie des obsèques commençait le lendemain par un sacrifice, puis on accompagnait en cortège le corps au lieu de sa sépulture. Des pleureuses étaient payées pour se lamenter.

On enterrait le défunt dans une fosse ou dans un sarcophage. Il était entouré d'objets usuels. Sur le tombeau, on versait des libations. Puis on purifiait la maison mortuaire, on prenait un repas et on faisait l'éloge du disparu.

Les rites funèbres étaient à peu près semblables chez les Romains. Ceux-ci recueillaient le dernier soupir du mourant en lui baisant la bouche. Ils croyaient en effet que son âme s'échappait ainsi de son corps, au moment où il expirait. Comme en Grèce, la dépouille mortelle était exposée : lavée, parfumée, ayant en bouche la pièce de monnaie destinée à Charon (« l'obole à Charon » dont parlent les poètes), les pieds tournés vers la porte d'entrée. Un esclave éventait le corps. On faisait brûler des parfums et les amis apportaient des fleurs.

Il y avait deux classes de funérailles. Les funérailles ordinaires consistaient à emmener le mort en cortège dans un cercueil ouvert, avec joueurs de flûte et de trompette et pleureuses. Les funérailles solennelles, réservées aux hommes riches et aux empereurs, étaient annoncées par un crieur public. Un mannequin représentant le défunt était couché sur le char dans lequel avait été disposé le cercueil. Le convoi passait sur le forum et on prononçait l'éloge du mort.

Beaucoup de Romains se faisaient incinérer. Les tombeaux, parfois très grands et très riches, étaient élevés en dehors de la ville, souvent le long des voies romaines.

Au retour des funérailles, on se purifiait, on faisait un repas et l'on sacrifiait un bélier au dieu lare. Le deuil durait dix mois pour un époux ou pour une épouse, pour un ascendant ou pour un descendant, huit mois pour les autres proches parents. Ceux qui étaient en deuil revêtaient des habits de couleur sombre et ne paraissaient pas aux festins. Pendant neuf jours après un décès, on s'abstenait de vendre les biens du mort ou d'exercer des poursuites contre ses héritiers. La fin de cette neuvaine était marquée par un repas et par un sacrifice.

L'usage d'exposer le mort et de le veiller, le recours aux pleureuses dans certaines régions, le repas funèbre, la longueur du deuil se sont maintenus très longtemps, surtout en zones rurales, dans l'Europe moderne.

―――――――――――――― REPÈRES ――――――――――――――

Jacques André, *L'Alimentation et la cuisine à Rome*, Librairie C. Klincksieck, 1961.
Annie Dubourdieu, *Les Origines et le Développement du culte des Pénates à Rome*, Collection de l'Ecole française de Rome, Ecole française, Rome, 1989.

▶ **Culte.**

Philosophie

Le mot « philosophe » est composé à partir de deux mots grecs, l'un « philos » qui signifie « ami », l'autre « sophia » qui veut dire « sagesse ». Le philosophe est donc l'ami de la sagesse : il tente d'expliquer les faits, de montrer leur enchaînement et de régler son comportement sur sa raison, non sur ses passions.

La philosophie, science du philosophe, est l'étude des êtres, des principes et des causes : par la réflexion, en faisant intervenir la raison, elle améliore la connaissance que l'homme a de lui-même. Elle propose des solutions permettant de nous accommoder de nos faiblesses et de nos inquiétudes, ainsi que de vivre le moins mal possible dans la société qui est la nôtre.

La philosophie, tentant d'expliquer l'homme par l'intelligence humaine et se différenciant ainsi des mouvements religieux qu'ont connus les antiques civilisations orientales, est apparue en Grèce il y a vingt-six siècles. Elle n'a cessé de se développer à travers les écoles de pensée successives nées le plus souvent de la réflexion originale d'un philosophe. L'histoire de la pensée grecque doit donc être prise en compte si l'on veut comprendre la culture occidentale, dont la philosophie est un élément caractéristique et essentiel.

Au début, ceux qui essayèrent d'expliquer les phénomènes naturels souhaitèrent en même temps comprendre pourquoi les hommes existaient : la pensée scientifique et la pensée philosophique se trouvèrent donc associées. Aux mythes, qui proposaient des explications flattant l'imagination, les premiers philosophes grecs substituèrent la notion d'un principe primordial — une substance permanente et une loi du devenir enchaînant les événements dans leur succession — à l'origine de l'univers : pour les uns, ce fut l'eau ; pour d'autres, le feu ou l'air. Cette notion de la permanence de la substance et de lois naturelles nécessaires, née en Ionie, rompait avec l'attitude de résignation devant le bon plaisir ou la colère des dieux.

Au Ve siècle avant J.-C., Démocrite conçut déjà un mécanisme universel : tous les corps étaient constitués de particules indestructibles s'agrégeant ou se désagrégeant en fonction de leurs rencontres. Ce fut l'atomisme. En Sicile, les pythagoriciens furent à l'origine du développement des mathématiques, et de leur application à la connaissance de la nature, dans la mesure où *« toutes les choses sont nombres »*. Ils eurent ainsi l'intuition de la physique mathématique.

Contre ces théories, dans la deuxième moitié du Ve siècle, l'école des « sophistes » (« sophia » : la sagesse) enseigna que la science du langage, l'art de la rhétorique, assuraient des succès rapides dans la mesure où ils permettaient de convaincre l'autre. Les sophistes se trouvèrent amenés à contester les règles morales héritées de la tradition, affaiblies par les échanges entre les cités et par les contacts avec les étrangers. La distinction entre le bien et le mal devenait en effet relative et la rhétorique permettait, en régime démocratique, d'imposer ses idées au plus grand nombre, et ainsi de gouverner la société des hommes. La pensée de Socrate (vers 470 — vers 399 avant J.-C.) opposa à cette ambition, tournée vers le monde extérieur et la recherche du succès, son indépendance, son exigence morale, et la méthode permettant à chacun de découvrir la vérité qu'il portait en lui, la seule valable, toute intérieure (voir à *Maïeutique*).

Son disciple, Platon, et Aristote, élève de Platon, furent ensuite les plus grands philosophes grecs de l'âge attique.

Platon (428-347 avant J.-C.), qui créa, dans un domaine des faubourgs d'Athènes, l'Académie (son premier propriétaire avait été un héros légendaire, Académos), l'école philosophique portant ce nom, opposa à la fausse science la science véritable. Il montrait la différence entre le monde des apparences trompeuses et celui des Idées ayant seules une existence véritable. Il fallait donc passer du sensible à l'intelligible. Platon découvrait que l'objet du savoir est déterminé par les exigences mêmes de ce savoir, et non par une impression sensible. Il considérait par là même, comme Socrate, que l'on ne doit pas suivre aveuglément la tradition, mais la raison, que la règle de la morale est en nous-mêmes et que les lois, pour être justes, doivent s'accorder à la nature humaine.

Aristote (384-322 avant J.-C.) alla plus loin « *La loi, disait-il, c'est la raison* ». Il fallait donc chercher ce qui était bon et, partant de là, adapter les institutions à l'évolution historique. Aristote était un esprit encyclopédique qui donnait son enseignement dans un jardin d'Athènes, le Lycée, tout en se promenant (on appela ainsi ses disciples « péripatéticiens », du verbe signifiant « se promener »). La diversité de l'univers, pensait-il, exprimait une unité. Aristote a laissé plusieurs traités : une *Politique*, une *Morale*, une *Rhétorique*, une *Poétique*, une *Histoire des animaux*, etc. Il a apporté à la philosophie le vocabulaire et la précision de la science, découvrant notamment la logique formelle (on peut, par le seul principe de contradiction, conclure, d'une relation d'une première notion à une seconde, puis d'une seconde à une troisième, une relation de la première à la troisième). Il a perçu le problème de la synthèse des connaissances, dont il proposait déjà un classement par ordre de spécialité croissante et de généralité décroissante.

Au siècle suivant, des écoles de sagesse s'ouvrirent plus largement que ne l'avaient fait l'Académie ou le Lycée, fréquentés par une élite de penseurs; elles eurent pour but de proposer aux individus un bonheur indépendant des vicissitudes de la fortune et de celles de la santé. Les stoïques, les épicuriens, tentèrent d'affranchir intérieurement l'homme du monde dont il devait subir les contraintes. Les sceptiques eurent un but identique et ils parvinrent à des résultats semblables, en suspendant leur jugement et en déclarant toutes choses douteuses.

Ces écoles de pensée eurent une grande influence sur les Romains. Cicéron s'efforça, en vantant les bienfaits de la philosophie, de concilier les différentes écoles (épicurisme, stoïcisme) pour proposer une morale pratique, valable pour l'homme privé comme pour le citoyen. Horace (60-8 avant J.-C.) donna, dans son œuvre poétique, une leçon de sagesse épicurienne («*Carpe diem*» signifie, dans les *Odes*: «*Profite du jour que tu es en train de vivre*»). Sénèque (vers 4 avant J.-C. — 65 après J.-C.) enseigna à dominer ses passions (voir à *Stoïcisme*).

Les derniers siècles de l'empire romain virent apparaître un nouveau courant philosophique, le néoplatonisme : les superstitions orientales faisaient souhaiter aux hommes un affranchissement, non plus intérieur, mais physique, des forces troubles qui les accablaient.

Plotin (né en Egypte au IIIe siècle de notre ère), s'inspirant de Platon, enseigna à Rome que l'âme ne peut se libérer des forces hostiles la maintenant prisonnière dans le monde sensible que par la connaissance de son origine. Il pensait que les âmes des individus, unies à un corps, participent d'une âme universelle, dont l'origine est une intelligence universelle. Ensuite, l'intégration de la philosophie au christianisme se fit par les œuvres des écrivains de l'antiquité chrétienne, comportant une part de stoïcisme et de platonisme.

La pensée occidentale est largement redevable aux philosophes de quelques-uns de ses traits caractéristiques : l'intelligibilité du réel et le caractère rationnel des principes moraux, la nécessité de comprendre les rapports de l'homme avec l'univers, la croyance en l'unité de l'esprit humain, la confiance en la raison, la nécessité d'une coordination de nos connaissances.

L'homme grec n'a cessé de se détacher d'une explication irrationnelle du monde, d'un principe d'autorité d'essence religieuse, admis sans examen, pour introduire toujours plus de raison dans sa connaissance des êtres, dans sa conception des rapports sociaux, et dans la recherche du bonheur.

─────────────── REPÈRES ───────────────

François Châtelet, *La Philosophie*, Tome 1, *De Platon à Saint Thomas*, Marabout Histoire (MU 311) (les tomes 2 à 4 vont de Galilée au XXe siècle), 1972.

Léon Robin, *La Pensée grecque et les origines de la pensée scientifique*, Albin Michel, coll. L'évolution de l'humanité, 1923.

▶ **Epicurisme, Maïeutique, Stoïcisme.**

Poétique

Le mot grec « poiesis » avait un sens plus large que « poésie » pour nous. Il désignait la création artistique en général, envisagée comme une imitation de la réalité sensible. Le verbe « poiein », en effet, voulait dire « faire ». Le poète était donc celui qui « faisait » et son poème était la chose faite, avec une connotation d'excellence.

Les anciens se sont rendu compte très tôt que l'on ne pouvait pas obtenir un bon résultat en faisant n'importe quoi. Ils ont donc dégagé, de leur expérience poétique, des techniques et des règles. Ainsi, une poétique est-elle, dans un sens général un système poétique : d'un écrivain, d'une époque, d'un pays, d'une civilisation (la poétique gréco-latine, par exemple). Dans un sens plus restreint, une poétique est un traité de l'art de la poésie. Le plus ancien, au IVe siècle avant J.-C., est celui d'Aristote dont, au demeurant, la partie qui nous est parvenue concerne surtout la tragédie.

Si l'art imite la réalité, peut-il être porteur d'une valeur spirituelle ? Proposer aux hommes un idéal dépassant les cadres et les limites de leur univers ? Aristote (384-322 avant J.-C.) a résolu cette ambiguïté. L'objet et la forme de l'objet sont indissociables, pensait-il. En exprimant l'aspect formel de la réalité sensible, l'imitation artistique peut traduire aussi le cœur de cette réalité et par conséquent nous transmettre sa signification spirituelle.

La poésie a donc le pouvoir de représenter les choses les plus belles. Comment les choisir, alors ? C'est que l'imitation a son origine dans l'instinct. Par l'instinct commencent les arts, qui se perfectionnent par l'habitude et par l'étude des techniques. Et l'harmonie, le rythme, sont, comme la tendance à l'imitation, naturels à l'homme.

Aristote établit une distinction entre les genres, qui étaient pour lui des manières différentes d'imiter. Mais il considérait qu'il y avait une unité de l'art en tant que tel et il établissait le principe de la limitation des dimensions et celui de l'harmonie des parties d'une œuvre d'art.

Les fragments de sa *Poétique* dont nous disposons concernent, avons-nous dit, la tragédie (voir à *Tragédie*). L'importance de l'ouvrage, même partiel, n'en a pas moins été considérable et il influença d'abord le poète latin Horace (68-8 avant J.-C.). Celui-ci est l'auteur de *Satires*, d'*Odes* et d'*Epîtres,* dont le second livre contient *L'Art poétique* (ou *Epître aux Pisons*). Il a insisté, dans cette lettre en vers à deux jeunes hommes, sur le théâtre, mais il leur a donné discrètement aussi des conseils généraux sur la composition littéraire et sur les rapports entre l'artiste et son art.

Si la *Poétique* d'Aristote ne semble pas avoir beaucoup compté au Moyen Age, elle devait être traduite en latin et commentée en 1548 par un professeur de Pise, Francesco Robertelli. Après lui, Bernardo Segni, Vincenzo Maggi, Antonio Sebastiani da Minturno, attestent l'influence des idées esthétiques du philosophe grec en Italie, dans la seconde moitié du XVIe siècle. Puis Scaliger, Castelvetro, Patrizi ont contribué à leur diffusion, notamment en France. Ces idées sont un des fondements de la doctrine classique, théorisée par Boileau en 1674. On appelait d'ailleurs « les quatre Poétiques » le texte d'Aristote et les poèmes d'Horace, de Boileau et de Vida, qui avait exposé la poétique gréco-latine dans *De l'art poétique,* en 1527.

Du traité d'Aristote et de ceux qui en ont relayé et diffusé les conceptions, on retiendra que théâtre et poésie furent étroitement liés dans l'Antiquité et le demeurèrent longtemps. Corneille, Racine, au XVIIe siècle, contribuèrent dans leurs pièces à l'épanouissement de la langue française par l'expression poétique. On remarquera encore que l'histoire et la poésie furent au début considérées comme des genres très proches. Aristote voyait plus d'unité à la narration poétique — un choix d'événements unis entre eux par une nécessité — qu'à la narration historique, qu'il concevait alors comme le récit d'une suite d'événements contingents. La poésie « *raconte plutôt le général, l'histoire le particulier* ». Robertelli opposait la valeur psychologique de la poésie, de portée universelle, à celle de l'histoire, et pour Castelvetro la fonction du poète, plus subtil que l'historien, était de représenter les choses telles qu'elles auraient pu être et non pas telles qu'elles furent.

Cette opposition de la poésie à l'histoire ne doit pas être perçue évidemment en considérant les approches modernes de la science historique; il s'agissait d'établir simplement des limites entre ce qui était et ce qui aurait pu être, entre le vrai et le vraisemblable. Ainsi apparaissait un souci de réflexion critique, qui ne devait plus cesser, sur la création littéraire.

Cette réflexion n'a pas été, du reste, le plus souvent exempte d'intention pédagogique : à la réflexion s'unissait la prescription. D'où les principes, les règles et les arts poétiques. Avant Boileau, Eustache Deschamps (*L'art de dicter et de faire chansons, ballades, virelais et rondaux,* 1392), et Thomas Sebillet (*Art poétique français,* 1548) ont enseigné la pratique de la poésie sous différentes formes. Et, plus près de nous, Verlaine (son poème « Art poétique » a été publié dans *Jadis et Naguère,* en 1887), Claudel (en 1907), Max Jacob (en 1922), Roger Caillois (en 1988), nous ont livré leur réflexion sur leur art, et leurs conseils. Ils sont les lointains continuateurs d'Aristote. Car ils témoignent que la fonction de la poésie demeure de faire et de refaire le monde, qu'un poème est un bel objet et que celui-ci ne saurait être le fruit du hasard. Si les règles inspirées d'Aristote ne sont plus en usage, aucun écrivain ne peut se dispenser d'un travail prenant en compte le chemin parcouru par ses devanciers, comme son évolution personnelle.

─────────────── REPÈRES ───────────────

Aristote, *Poétique,* édition bilingue par R. Dupont-Roc et J. Lallot, Le Seuil, coll. « Poétique », 1980, ou édition présentée en Livre de poche par Michel Magnien.

Jacques Charpier, Pierre Seghers, *L'Art poétique* (choix de textes), Seghers, 1956.

▶ **Classicisme, Rhétorique, Théâtre.**

Renaissance

La « renaissance » est l'action de renaître. Le mot désigne un renouvellement, un retour (par exemple, on assiste aujourd'hui en France à une renaissance de la nouvelle, genre littéraire qui fut beaucoup pratiqué dans la première moitié du siècle et qui était tombé en désuétude après la Seconde Guerre mondiale). Plus spécifiquement, la Renaissance (le mot porte une majuscule dans ce sens) est le mouvement littéraire, artistique et scientifique qui se produisit aux XVe et XVIe siècles dans l'Europe occidentale, et qui était fondé en grande partie sur l'imitation de l'Antiquité.

On tiendra compte du fait que c'est d'Italie, donc par les héritiers directs des Romains, que la Renaissance est venue en France; on soulignera la portée considérable du travail des traducteurs qui ont les premiers donné des versions françaises des textes anciens; enfin, on ne perdra pas de vue que la Renaissance ne fut pas seulement un mouvement littéraire mais que des peintres, des sculpteurs, des architectes, l'ont illustrée : c'est la culture française dans son ensemble qui, au sortir du Moyen Age, allait être réorientée sous l'influence de l'antiquité classique.

Au milieu du XIVe siècle, Pétrarque (1304-1374), Boccace (1313-1375), entre autres, s'efforcèrent d'interpréter les textes latins, de découvrir la conception de la beauté et de l'art qu'avaient les anciens, ce qu'ils pensaient du monde et des hommes. Un Lorenzo della Valle (1407-1457) tenta de concilier sagesse antique et foi chrétienne. Après lui, un Pic de la Mirandole (Giovanni Pico della Mirandola, 1463-1494), resté célèbre pour l'ampleur de ses connaissances, essaya de montrer que tous les systèmes philosophiques aboutissaient au christianisme. Ils furent des « humanistes » (du mot « humanitas », « culture »), des hommes de culture, s'efforçant d'expliquer leur présent par le passé et de proposer à leurs contemporains un idéal de sagesse, d'intelligence et de courtoisie.

Non seulement des textes latins oubliés furent ainsi retrouvés, mais une poésie néo-latine se développa. Une école de puristes, les « cicéroniens », qui prétendaient n'employer que des mots dont s'était servi Cicéron, et l'académie platonicienne de Florence, qui visait à propager la philosophie de Platon, attestent cet engouement pour la culture antique. Il s'accompagna du développement de la vie de cour, donc de toutes les formes de la courtoisie; et d'une curiosité, plus générale, que stimulèrent les découvertes de l'époque (le Génois Christophe Colomb fit ses voyages pour le compte de l'Espagne, de 1492 à 1504). Que Pétrarque, humaniste et parfait connaisseur de l'Antiquité, soit surtout connu aujourd'hui parce qu'il fut un des premiers grands poètes italiens, n'a rien de contradictoire : de l'imitation des anciens, de la méditation sur leurs œuvres, devait nécessairement résulter la constatation que l'on pouvait — et que l'on devait — refaire ce qu'ils avaient fait, donc s'exprimer dans sa propre langue et contribuer à l'émergence d'une littérature nationale.

C'est ce qui se produisit en France. L'Italie fut d'abord un modèle de civilisation pour les seigneurs français qui la découvrirent à l'occasion de leurs campagnes militaires à partir de 1494. Le roi François Ier se fit, mieux encore, le protecteur des savants et des artistes, et il fonda, à l'instigation de l'helléniste Guillaume Budé, un collège où les langues anciennes — le grec, le latin et l'hébreu — furent plus particulièrement enseignées, le Collège des lecteurs royaux, devenu par la suite le Collège de France. La renaissance des langues, donc celle des lettres antiques, poussa les intellectuels à se demander, dans un deuxième temps, s'ils ne pourraient pas s'exprimer mieux, plus aisément, dans leur langue réputée « vulgaire ». « *Pourquoi*, s'exclamait l'imprimeur Etienne Dolet (1509-1546), *nos poètes s'attardent-ils à écrire en latin, au lieu d'orner et d'illustrer par leurs images notre langue vulgaire ?* » Il devait être entendu et à partir du renouveau des langues anciennes, d'une réflexion sur la culture gréco-latine, et de l'imitation de l'Antiquité, allait s'épanouir la littérature française du XVIe siècle en défense et illustration de notre langue (Joachim du Bellay publia le manifeste des poètes de la Pléiade, *Défense et illustration de la langue française,* en 1549).

Il y a donc un lien de cause à effet entre l'admiration pour les auteurs anciens et la conception de littératures nationales : il est parfaitement illustré par les traducteurs. Il est probable que, déjà, les Romains adaptèrent les textes grecs au génie de leur langue, plus qu'ils ne les traduisirent, au sens strict du terme. La traduction des anciens en français au XVIe siècle procéda vraisemblablement d'une démarche analogue. Etienne Dolet demandait au traducteur de bien connaître les deux langues, évidemment, mais aussi de ne pas être l'esclave du mot à mot (*La manière de bien traduire d'une langue dans l'autre,* 1540).

Alors que du Bellay attaquait, neuf ans plus tard, le principe même de la traduction, apte selon lui à exprimer les idées d'un texte, mais point à en rendre la beauté, un Thomas Sebillet, en 1548, un Barthélémy Aneau, en 1550, ont au contraire justifié les traducteurs : et ceux-ci contribuèrent très certainement à l'épanouissement de leur langue, plus qu'ils ne la réduisirent, au profit uniquement du sens du texte traduit. Les bons traducteurs n'ont pas reproduit les structures des langues latine et grecque : ils ont pris le meilleur de leurs modèles, ont fait effort d'expression claire et subtile, et, tout en faisant connaître en « langue vulgaire » les œuvres anciennes, ils ont contribué, autant que les poètes de la Pléiade sans doute, à structurer et à enrichir le français.

Enfin, on réduirait considérablement la portée de la Renaissance si l'on perdait de vue qu'elle fut aussi renaissance artistique : à l'idéal chrétien médiéval se substitua, toujours à partir de l'Italie, un retour à l'étude de l'Antiquité, de la nature, dont la tendance était universaliste. Le premier théoricien en fut l'architecte florentin Leon Battista Alberti (1404-1472) et la cathédrale de Florence (XIIIe - XIVe siècles) le premier monument moderne. La nouvelle esthétique recourut notamment aux arcades, aux dômes, aux architraves de style gréco-romain (voir l'encadré : *Les ordres de l'architecture antique*). Les sculpteurs Ghiberti, Jacopo della Quercia, Donatello, les peintres Giotto, Fra Angelico, Mantegna annoncèrent Michel-Ange, Léonard de Vinci, Raphaël, Botticelli... Le goût italien devait se retrouver en France dans l'architecture (Pierre Lescot ou Philibert Delorme) comme dans la sculpture (Jean Goujon ou Germain Pilon) et dans la peinture décorative. L'influence italienne permit là encore, comme dans les autres pays européens, d'assimiler les sources gréco-latines, et elle ouvrit la voie à l'expression originale des tempéraments nationaux.

La Renaissance signifie donc plus généralement un état nouveau des esprits qui, par le canal de l'Italie où il se manifesta tôt, et de façon éblouissante, favorisa, en même temps qu'un retour au modèle antique, l'épanouissement des génies nationaux européens. La référence à l'Antiquité allait marquer durablement la culture française, qui devait trouver son équilibre dans le classicisme.

———————— REPÈRES ————————

Wallace R. Ferguson, *La Renaissance dans la pensée historique,* traduit de l'anglais, préface de V.L. Saulnier, Payot, Coll. Bibliothèque Historique, 1950.
Augustin Renaudet, *Humanisme et Renaissance,* Droz, 1958.

▶ **Civilisation, Classicisme.**

Rhétorique

La rhétorique est l'art de bien parler, en persuadant son interlocuteur et en lui présentant des idées que l'on expose de manière convaincante. C'est donc un ensemble de procédés et de techniques permettant de s'exprimer correctement et efficacement.

Elle eut une grande importance dans l'antiquité gréco-romaine, puisque les discours et les plaidoiries animaient la vie publique — à l'assemblée du peuple comme au sénat — et la vie judiciaire. Elle fut donc une matière essentielle de l'enseignement, et les jeunes Romains effectuaient leurs études supérieures auprès d'un rhéteur.

Ainsi, l'éloquence politique et judiciaire, bien que motivée par les circonstances, constitua un genre littéraire prisé dont les représentants notoires furent Démosthène, en Grèce, à l'âge attique, et Cicéron, à Rome, sous la république.

Les grands orateurs

L'art oratoire est né à Athènes, aux Ve et IVe siècles avant J.-C., de l'enseignement des sophistes; on apprenait de ces philosophes à la fois à raisonner et à parler. Ils passaient pour très savants et ils avaient souvent une confiance exagérée dans leurs raisonnements : ainsi, l'un d'eux, Protagoras, déclarait-il, selon Platon, à un jeune homme : « *Si tu suis mes cours, voici ce qui te sera donné : après une journée passée auprès de moi, tu rentreras chez toi meilleur que tu ne l'étais, et de même le lendemain : et ainsi chaque jour sera marqué par un progrès vers le mieux.* »

Réputés et tentés, pour justifier leur réputation, d'avoir raison par des subtilités dialectiques, les sophistes recherchaient le succès et l'assuraient à leur élèves. Socrate, qui contribua à les démythifier, avait, au contraire, conscience de n'être « *savant ni peu, ni beaucoup* », et il proposait d'autres valeurs, tout intérieures, à ses disciples.

Isocrate (436-338 avant J.-C.) fut un élève des sophistes, enseigna la rhétorique, et passe pour avoir créé le style oratoire. Lysias (440-378 avant J.-C.), Hypéride (384-322 avant J.-C.) furent logographes (voir à *Jurisprudence*). Eschine (390-vers 320 avant J.-C.), Lycurgue (390-324 avant J.-C.) et surtout Démosthène (384-322 avant J.-C.) firent de la politique. Démosthène a laissé des discours, les *Philippiques* (contre le roi de Macédoine, Philippe) et les *Olynthiennes* (pour exhorter les Athéniens à secourir la ville d'Olynthe). Il savait l'art de mêler habilement les faits pour convaincre son auditoire par des phrases au rythme changeant.

Cicéron (106-43 avant J.-C.) le considérait comme le plus grand orateur grec. Lui fut sans doute le plus grand orateur de Rome, réalisant une synthèse entre une école néo-attique, représentée par Calvus (82-47 avant J.-C.), inspirée de Lysias, qui prônait une éloquence dépouillée, et une école dite « asiatique », qui vantait avec Hortensius (114-50 avant J.-C.) un art de la parole fleuri, tel qu'on le pratiquait en Asie Mineure.

Cicéron, dans ses plaidoiries d'avocat comme dans ses discours politiques, savait plaire, prouver et émouvoir. L'éloquence latine devint avec lui un art original et adapté au génie de la langue. Cet art devait toutefois s'affadir sous l'empire : le moindre rôle du sénat, les restrictions apportées à la liberté de pensée et de parole firent dévier le genre vers une éloquence déclamatoire et académique. Elle connut un sursaut, en Grèce, avec saint Jean Chrysostome, surnom qui signifiait « Bouche d'or » (vers 347-407 de notre ère), qui fut évêque de Constantinople et s'affirma comme un très grand orateur.

L'art oratoire donna donc des œuvres littéraires de grande qualité chez les Grecs et chez les Romains. Il était lié à la vie de la cité : aux débats politiques, aux procès. Dans une civilisation où comptait à ce point la parole, savoir parler, pouvoir convaincre, étaient évidemment des moyens de réussir socialement. D'où l'importance de la rhétorique dans l'enseignement chez les anciens.

L'enseignement de la parole

Les rhéteurs romains avaient établi une liste graduée des exercices menant à la maîtrise de l'éloquence politique et judiciaire. La « sentence », par exemple, comportait un plan invariable : d'abord, l'éloge de l'auteur de la sentence proposée aux élèves, puis la paraphrase des mots cités (on devait expliquer pourquoi la peine était juste); ensuite, la recherche des contraires : il fallait montrer ce qui arrivait à ceux qui ne respectaient pas cette maxime; l'exemple d'un personnage connu, les témoignages d'auteurs variés précédaient la conclusion, qui était une exhortation aux auditeurs. Il y avait d'autres exercices : les « lieux communs » étaient une plaidoirie simulée, et l'« ethopée », une argumentation prêtée à un personnage illustre : par exemple, Achille exprimait sa fureur contre Agamemnon (voir à *Odyssée*).

Une part de cet enseignement fut progressivement prise en charge par les « grammairiens » dès l'enseignement secondaire, et les rhéteurs se réservèrent la préparation au barreau et à la politique. Ils formaient d'ailleurs leurs élèves à écrire et, bien entendu, à déclamer devant leurs camarades. Le maître reprenait leur discours, mais aussi leur attitudes ou leurs intonations.

En Grèce comme à Rome, les hommes éminents — Platon, Aristote, Cicéron — exposèrent volontiers leurs théories en matière de rhétorique. Aristote, dans sa *Rhétorique* (vers 330 avant J.-C.) la définissait comme l'art de parler pour convaincre et il lui donnait pour base le raisonnement. Il distinguait le genre délibératif du genre oratoire et du genre judiciaire, et il leur rattachait toutes les sortes de discours, chacun ayant ses formes et ses règles.

Cicéron montra comment on devenait orateur dans *De l'orateur*. Plus tard, Quintilien (30 — vers 95 après J.-C.) recommanda de lire Cicéron et dénonça la déclamation devenue à la mode dans *De l'Institution oratoire*. Les rhéteurs d'ailleurs avaient à leur disposition, pour leur enseignement, des manuels de rhétorique — le plus célèbre fut celui d'Hermogène — s'inspirant de ces traités.

On distinguait, dans l'art oratoire, trois parties : l'invention, qui était la recherche des arguments ; la disposition, qui était la recherche de l'ordre dans lequel les arguments devaient être disposés ; et l'élocution, qui était la manière de les exposer. On y ajouta l'action — on désignait ainsi les attitudes, les intonations, les jeux de physionomie — et la mémoire.

Telle qu'elle fut codifiée par les anciens, la rhétorique joua un rôle important dans la formation des jeunes occidentaux. Un exercice comme l'ethopée, par exemple, continua à être pratiqué au Moyen Age, et inspira le « discours », en latin ou en français, qui demeura en usage dans les collèges jusqu'au XIXe siècle. Et longtemps la classe de première, dans les lycées, s'appela la classe de Rhétorique : on y apprenait à composer et à écrire (c'est-à-dire l'enseignement dispensé par le rhéteur aux jeunes Romains), ce qui fut durablement considéré comme indispensable, non seulement pour être admis à l'université, mais pour se faire une position dans la vie.

──────────── REPÈRES ────────────

Aristote, *Rhétorique,* texte établi et traduit par Médéric Dufour, Les Belles Lettres, collection des Universités de France, 2 volumes, 1932 et 1938.
Henri Morier, *Dictionnaire de Poétique et de Rhétorique,* P.U.F., 1961.
Olivier Reboul, *Introduction à la rhétorique, Théorie et pratique,* P.U.F., coll. Premier Cycle, 1991.

▶ **Forum, Pédagogue, Poétique.**

Quelques figures de rhétorique
(Tournures de style rendant plus vive l'expression de la pensée)

Anacoluthe (du grec « anakolouthon », sans liaison) : rupture brusque d'une construction grammaticale. Le poème de Baudelaire « L'albatros » s'achève ainsi : « *Exilé sur le sol au milieu des huées, /Ses ailes de géant l'empêchent de marcher.* » Le dernier vers commence par une rupture de construction qui est une anacoluthe.

Antithèse (du grec « antithesis », opposition) : opposition de deux expressions évoquant des réalités contraires, qui ressort de leur rapprochement. « *Ton bras est invaincu, mais non pas invincible.* » (Corneille, *Le Cid*).

Chiasme (du grec « khiasma », croisement) : croisement de mots ou expressions de même statut grammatical : « *l'océan bleu et le vert promontoire* ».

Ellipse (du grec « elleipsis », manque) : omission d'un ou de plusieurs éléments de la phrase qui lui donne, ainsi, plus de force expressive. ...« *Or ces eaux calmes sont de lait, et tout ce qui s'épanche aux solitudes molles du matin.* » (Saint-John Perse, *Eloges*).

Euphémisme (du grec « euphêmismos », emploi d'un mot favorable) : adoucissement d'une expression trop brutale. « Il n'est plus très jeune » peut signifier « il est vieux et ne donne plus satisfaction. »

Hyperbole (du grec « huperbolê », excès) : amplification mettant une idée en relief. Familièrement, on dira d'un homme petit que c'est un nain, par exemple.

Litote (du grec « litotês », simplicité) : atténuation de l'expression de la pensée qui consiste à dire moins pour faire entendre plus. « Je n'ai rien contre vous, au contraire » signifie que l'on est bien disposé à l'égard de son interlocuteur.

Métaphore (du grec « metaphora », transport) : transfert de la signification propre d'un mot à une autre signification lui convenant en raison d'une comparaison sous-entendue. Dans le langage courant, une ficelle, désignant une forme de pain, est une métaphore, comme dans le langage poétique « le nid des doux propos », dans un poème de *Nocturnes*, de Senghor.

Une métaphore est un *trope* (du grec « tropos », tour, manière) : toute figure stylistique par laquelle un terme ou une locution sont employés dans un sens différent de leur sens habituel.

Satire

Le mot « satire » est devenu d'usage courant pour désigner tout pamphlet, écrit ou discours visant à ridiculiser quelqu'un. En littérature, la satire est d'abord un ouvrage en vers dans lequel le poète se moque des vices et des passions déréglées des hommes, tourne en dérision leur sottise, attaque les mœurs publiques quand il les juge corrompues. Le poète satirique s'en prend parfois ouvertement à ses contemporains, avec les risques que cela comporte. Plus souvent, il use prudemment de subterfuges et ses attaques sont indirectes.

Les Grecs ont assez peu pratiqué le genre satirique qui convenait sans doute mieux au tempérament latin : les Romains y ont excellé. Mais les auteurs anciens qui pratiquèrent la satire furent aussi, et surtout, des poètes. On ne saurait les mentionner sans évoquer l'histoire de la poésie gréco-latine.

Le genre satirique

Les origines du mot latin « satura » sont peu claires. C'est d'abord la forme féminine d'un adjectif « satur », qui signifiait « plein, rassasié », et qui a abouti en français à « saturé ». Puis le nom « satura » a eu plusieurs sens : il désigna un plat, composé de divers légumes, que l'on offrait aux dieux dans l'ancienne Rome; on appelait aussi « satura » une farce dont on emplissait le ventre des volailles, avant de les faire cuire. L'idée de variété dans la composition, de nouveauté et de fécondité est donc attachée au mot. La satire, genre littéraire, était au début perçue comme une sorte de pot-pourri et elle peut aussi avoir été, en partie, inspirée par les poèmes des Grecs Archiloque et Ménippe (aux VIIe et IIIe siècles avant J.-C.) ou par les comédies d'Aristophane (445 – vers 385 avant J.-C.). D'ailleurs à Rome, la satire — genre littéraire — fut d'abord une pièce de théâtre qui associait spontanément la musique, la poésie et la danse. Elle devint avec Ennius (239 –

169 avant J.-C.) une poésie où se mêlaient divers sujets, et Naevius (235 – 204 avant J.-C.) se livra avec verve à des attaques personnelles. Lucilius (mort en 103 avant J.-C.), à qui il revient d'avoir fixé le genre, ne ménagea ni le peuple ni les grands, comme le remarquait Horace. Désormais, la satire fut un texte en vers sur des sujets de littérature et de morale, souvent, comportant des railleries contre des personnes nommément désignées. Horace (65 – 8 avant J.-C.) qui devait imiter l'audace de son maître Lucilius, puis Perse (34 – 62 après J.-C.), moraliste imprégné de stoïcisme, Martial (vers 40 – vers 104 après J.-C.), auteur d'*Epigrammes* qui sont une chronique familière spirituelle, Juvénal surtout (vers 65 – vers 128) dont les *Satires* sont une œuvre de dénonciation, souvent violente et belle, de la corruption de son époque, se sont trouvés à l'aise dans un genre permettant au réalisme romain d'ironiser sur les mœurs contemporaines et, en se référant aux valeurs morales traditionnelles, d'en tirer au besoin des effets rhétoriques. *« A défaut de génie, l'indignation fait le vers »*, s'exclamait Juvénal.

On constate toutefois qu'il y eut évolution de leurs procédés vers la prudence. La Loi des XII tables (voir à *Jurisprudence*) imposait, depuis le Ve siècle avant J.-C., des limites à la liberté de parole : les vers injurieux étaient passibles de flagellation. Naevius fit de la prison pour ses écrits. Si Lucilius et Horace ne modérèrent pas leurs attaques, c'est probablement qu'ils vécurent dans une société plus troublée, où la rigueur de la loi se trouvait tempérée.

La Loi des XII tables fut sans doute remise en vigueur au début de l'empire, car Martial usa de pseudonymes et Juvénal évita d'attaquer les personnalités de leur vivant.

La poésie grecque

Si le genre satirique est surtout conforme au génie latin, la poésie, en général, a été un moyen d'expression essentiel des auteurs de l'Antiquité. Dans la Grèce archaïque, les épopées d'Homère, les poèmes didactiques d'Hésiode (au VIIIe siècle avant J.-C.), les poésies lyriques de Pindare (521 – 441 avant J.-C.) illustrent la diversité des inspirations. Des vers de mètres différents, accompagnés de la musique d'un instrument approprié, permettaient de distinguer entre les genres lyriques eux-mêmes : ainsi Solon, le législateur athénien, pratiqua l'élégie, caractérisée par un vers de six syllabes ou hexamètre, suivi d'un pentamètre, qui en comporte cinq, et accompagnée par la flûte.

Si les Ve et IVe siècles avant J.-C. (l'âge attique) virent se développer la tragédie, la comédie, l'histoire, la philosophie et l'éloquence — Athènes étant devenue la capitale littéraire de la Grèce — il y eut, après la mort d'Alexandre (en 323 avant J.-C.), un renouveau de la poésie : désormais, Alexandrie, Rhodes, Pergame, puis Rome attirèrent les lettrés ; Théocrite de Syracuse (vers 315 – vers 250 avant J.-C.) fut le poète le plus remarquable de cette période : il composait des « idylles », petits poèmes à sujet pastoral ou populaire, d'un art savant.

La poésie latine

Sous la république, l'épopée fut d'abord très appréciée à Rome, car elle correspondait à la vertu romaine, au sens de la grandeur et au goût pour les expéditions militaires du peuple. L'épopée devait être inspirée par Homère (que Livius Andronicus traduisit au IIIe siècle avant J.-C.) et par le désir de donner à Rome — fût-ce un peu artificiellement — une légende digne de sa gloire. Ce n'est pourtant que plus tard, sous l'empire, que Virgile devait composer *L'Enéide*.

Les grands poètes de la Rome républicaine furent Lucrèce (99 – 55 avant J.-C.), un poète-philosophe (voir à *Nature*), et Catulle, qui initia le public à une poésie plus personnelle, traduisant les sentiments de l'auteur, proche, en somme, d'une conception moderne de l'expression poétique.

Les poètes épiques de la période impériale furent Tibulle (vers 48-19 avant J.-C.), Properce (vers 47 – vers 15 avant J.-C.) et Ovide (43 avant J.-C. – 17 ou 18 après J.-C.). Virgile (70 – 19 avant J.-C.) chanta l'Italie, et après lui, Lucain (39 – 65 après J.-C.) composa une épopée, *La Pharsale,* inspirée par la récente guerre civile entre Pompée — à qui allait sa sympathie — et César.

Un Gallo-Romain, Ausone (310 – 395 de notre ère), et un Grec d'Alexandrie, Claudien (370 – 404 de notre ère), émule d'Homère et de Virgile, furent les poètes les plus notoires du Bas-Empire, illustrant ainsi à la fois le rayonnement culturel et le déclin de la puissance romaine.

REPÈRES

Jean Bayet, *Littérature latine,* Histoire, pages choisies, traduites et commentées, Armand Colin, 1934.

Henry Bardon, *La Littérature latine inconnue,* Klincksieck, 2 volumes, 1952.

Jacqueline de Romilly, *Précis de littérature grecque,* P.U.F., 1980.

▶ **Rhétorique, Poétique.**

Sénat

Le Sénat est, en France, l'une des deux assemblées constituant le Parlement. L'autre est l'Assemblée nationale où siègent les députés. Les sénateurs, dont le président a rang de deuxième personnage de l'Etat, sont élus au suffrage indirect, c'est-à-dire par des délégués de la population, et ils représentent les collectivités territoriales. L'âge requis pour être autorisé à se présenter au Sénat est plus élevé (35 ans) que celui que l'on exige des candidats à la députation (23 ans).

En effet, le mot « sénat » vient du latin « senex » qui veut dire « vieux » et des expressions comme « un train de sénateur » (une allure peu rapide), « une équipe de sénateurs » (une équipe composée de footballeurs ayant dépassé la trentaine) montrent qu'une telle assemblée est réputée composée de personnes ayant atteint un âge respectable. Ce n'est point étonnant, puisque la tradition populaire veut que la sagesse accompagne la vieillesse. A Athènes comme à Sparte et à Rome, on attendait déjà de leur expérience que les sénateurs se montrent prudents et avisés.

Dans la démocratie athénienne, le sénat (ou conseil, en grec la « boulé ») se situait entre les magistrats et l'ecclésia, assemblée du peuple souveraine. C'était une assemblée délibérante, qui n'exerçait pas de souveraineté. Elle fut composée de 400, puis de 500 citoyens (cinquante pour chacune des dix tribus), âgés de plus de trente ans, et appartenant aux trois premières classes (voir à *Clientèle*). Ils étaient tirés au sort chaque année, mais les citoyens ainsi désignés étaient écartés s'ils n'étaient pas parfaitement honorables. Le sénat préparait les projets des lois que votait l'ecclésia, recevait les comptes des magistrats sortants et avait quelques pouvoirs judiciaires. Les sénateurs exerçaient leur fonction à tour de rôle, par groupes de 50, ou prytanies, se réunissant chacune la dixième partie de l'année. Les prytanes, nourris aux frais de l'Etat, siégeaient ainsi en permanence dans le « Tholos », sorte de rotonde près de l'Agora (voir à *Forum*). La boulé rendait ses comptes à l'ecclésia, à la fin de l'année.

A Sparte, la « gérousia » ou « conseil des anciens » comprenait 28 citoyens âgés de plus de 60 ans, élus à vie par l'apella et les deux rois de la cité qui le présidaient de droit (voir à *Oligarchie*). Les sénateurs spartiates étaient, selon Plutarque, ainsi désignés : l'assemblée du peuple poussait des acclamations pour chacun des candidats qui se présentaient devant elle, dans un certain ordre. Un jury, qui ne les voyait pas et ignorait leur ordre de passage, désignait l'élu en fonction de la vigueur des acclamations qui l'avaient salué. La gérousia préparait les lois pour l'assemblée du peuple, donnait des avis aux rois et aux magistrats, décidait de la guerre et de la paix, et elle avait un pouvoir judiciaire.

On voit un schéma identique à celui d'Athènes présider, à sa naissance, à l'organisation du sénat romain : c'est un conseil de vieillards composé des chefs des familles patriciennes, choisis par le roi. Tarquin l'Ancien porta leur nombre de cent à trois cents (cent par tribu). Ils conseillaient le roi pour les affaires importantes, ratifiant ou cassant les votes des comices. Surtout en cas de vacance du trône, c'est parmi les sénateurs qu'était désigné l'« interroi » qui ne restait pas en fonction plus de cinq jours, mais nommait le nouveau roi. (Rappelons que, dans l'actuelle constitution française, le président du Sénat assure l'intérim de la présidence de la République en cas de décès ou de démission du chef de l'Etat.)

Sous la république, le nombre des sénateurs augmenta (ils furent six cents, puis mille), leur âge s'abaissa (à 30 ans sous Sylla), leurs rangs s'ouvrirent aux plébéiens (au IVe siècle avant J.-C.). Le sénat, composé de magistrats, d'anciens magistrats et de citoyens désignés par les magistrats, était renouvelé tous les cinq ans. Chaque séance était convoquée par le magistrat qui devait la présider. Elle avait lieu sur le Forum. Tout sénateur pouvait librement s'exprimer sur la question à débattre, puis, après que tous eussent été interrogés par le président de séance, on procédait au vote : chacun se levait et rejoignait le groupe représentant la position qu'il avait prise. La décision ainsi votée s'appelait sénatus-consulte.

Le sénat avait des pouvoirs étendus : administratifs (il gérait les finances de l'Etat, dirigeait l'administration des provinces, prenait les décisions de police et répartissait les commandements militaires), religieux (il surveillait la religion nationale et programmait son calendrier), diplomatiques (il négociait avec les peuples étrangers). Il pouvait décréter des mesures exceptionnelles (levée en masse ou état de siège) mais n'avait pas le pouvoir législatif (qui appartenait aux comices). Le sénat incarna, sous la république, la permanence (les magistrats étaient renouvelés chaque année) et le prestige de l'Etat.

L'empire devait considérablement restreindre son rôle : ramenés à 600 par Auguste, choisis et présidés par l'empereur, les sénateurs romains perdirent leur compétence administrative, leur influence sur les cultes, sur la guerre et, partiellement, sur l'administration des provinces; celles-ci se divisèrent en provinces « sénatoriales » (relevant de l'autorité du sénat) et en provinces « impériales », dépendant directement de l'empereur. Par contre, ils acquirent la juridiction criminelle, le pouvoir législatif, autrefois dévolu aux comices, et ils nommèrent les magistrats sur proposition de l'empereur. Peu à peu, le Conseil du Prince, que mettront en place autour d'eux les empereurs, réduira le sénat au rôle de conseil municipal de Rome.

Il y a donc un accroissement considérable de ses pouvoirs sous la république, puis élimination progressive et subtile de son autorité devenue excessive, sous l'empire : manœuvre d'autant plus habile que les empereurs transférèrent théoriquement au sénat les pouvoirs souverains du peuple. C'était, en fait, pour mieux les paralyser.

On notera qu'ils y furent certainement encouragés par la servilité dont témoignèrent à leur égard les sénateurs. Ils surent exploiter leur vanité et leur goût de la fortune. Auguste créa l'ordre sénatorial, ouvert aux citoyens les plus riches, qui avait priorité sur l'ordre équestre : le soulier rouge et la tunique à bande de pourpre, qu'ils conservèrent de leurs prérogatives sous la république, l'accès aux anciennes magistratures de celle-ci, et les privilèges de la fortune, aidèrent les membres de l'ordre sénatorial à s'accommoder de la perte effective et progressive de leurs pouvoirs.

―――――――――――― REPÈRES ――――――――――――

G. Bloch, *Les Origines du sénat romain, Recherches sur la formation et la dissolution du sénat patricien,* Ernest Thorin, Bibliothèque des Ecoles Françaises d'Athènes et de Rome, 1883.

Michel Humbert, *Institutions politiques et sociales de l'Antiquité,* Dalloz, 1986.

Théodore Mommsen, *Le Droit public romain,* volume VII, consacré au sénat, du *Manuel des Antiquités romaines,* Thorin et Fontemoing, 1891-1896 (ouvrage collectif en 19 volumes, avec J. Marquardt et P. Krüger).

▶ **Démocratie, Forum.**

Sénat et sénat

Le mot « sénat » prend une majuscule quand il désigne une institution moderne comme le Sénat américain ou le Sénat français.

Le mot s'écrit avec une minuscule quand on parle du sénat de Sparte ou du sénat romain.

Trois expressions relatives au sénat romain

Pères conscrits
   Les sénateurs romains sous la monarchie. L'expression « patres conscripti » signifiait les chefs de famille patriciens (« patres ») inscrits sur la liste du sénat.

S.P.Q.R.
   « Senatus PopulusQue Romanus » signifie « Le Sénat et le Peuple Romains », titre officiel symbolisant la direction de l'Etat romain par le sénat et par l'assemblée du peuple, sous la république. L'expression, vidée de son sens, restera en usage sous l'empire. Le sigle « S.P.Q.R. » est toujours, aujourd'hui, emblématique de la ville de Rome.

Sénatus-consulte (au pluriel : sénatus-consultes)
   Décision du sénat romain prise, par un vote, à l'issue de ses délibérations.

Stoïcisme

Le mot signifie austérité, courage, fermeté dans la douleur, indifférence à la souffrance. C'est une extension du sens car, à l'origine, le stoïcisme est une doctrine philosophique qui a pris naissance à la fin du IVe siècle avant J.-C. : « stoïcisme » vient du grec « stoa », portique, parce que les philosophes stoïciens se réunissaient sous un portique (galerie ouverte soutenue par des colonnes) à Athènes.

Mais l'insensibilité à la douleur que l'on prête aux stoïciens, comme la volupté des épicuriens, sont des notions simplificatrices. En fait, il s'agit de deux éthiques, ou doctrines du bonheur des hommes et des moyens d'y parvenir. Comme l'épicurisme, le stoïcisme s'appuie sur une conception du monde : en découlent une logique et une morale. Il s'agit de vivre en harmonie avec un monde qui ne nous opprime point et pour cela de parvenir à l'ataraxie, ou absence de trouble.

A l'origine du stoïcisme se trouve Zénon de Kition — Chypre — (vers 335 — 264 avant J.-C.) qu'il ne faut pas confondre avec Zénon d'Elée (Ve siècle avant J.-C.).

La physique stoïcienne est matérialiste : la matière est indissociable de la force qui la pénètre et qui crée le mouvement et l'harmonie. C'est l'âme du monde, d'essence divine car, au plan métaphysique, le monde est identique à Dieu. Tout est donc lié dans l'univers qui est un être unique, divin, animé par une âme réglant ses mouvements, alternativement, dans des sens opposés : tantôt le monde se développe, tantôt il régresse, puis l'évolution succède à l'involution, et ceci éternellement. Telle est la réalité, et non point dans les événements auxquels nous assistons ou dans les objets que nous voyons sans les comprendre. Ce ne sont là qu'apparences. L'homme ignore le véritable monde, le monde divin, parce que le rythme universel lui échappe. Il faut donc qu'il en accepte la finalité et qu'il se rattache à ce mouvement général dont il fait partie.

A partir de cette conception globale de l'univers, se développe la logique stoïcienne : l'expérience est à l'origine de tout savoir. C'est, en effet, la perception de la réalité du monde qui entraîne notre adhésion à cette réalité. Mais elle doit être adhésion active : nous devons « suivre la nature », c'est-à-dire vouloir ce que veut le monde, nous adapter à son rythme. La volonté et l'effort sont pour cela nécessaires.

La morale stoïcienne place, ainsi, le bonheur dans la vertu : l'effort est indispensable pour atteindre le souverain bien qui est la vertu, c'est-à-dire le fait de vivre conformément à la nature. Vivre conformément à la nature, c'est vivre selon sa raison, et non point en suivant ses passions : celles-ci nous attachent à des objets particuliers et trompeurs. Elles sont un facteur de relâchement. Il faut, au contraire, demeurer insensibles parce que le plaisir ou la douleur, la richesse ou la pauvreté, ne comptent pas. La sagesse consiste à se libérer des attaches illusoires et à établir en soi l'harmonie, à l'établir aussi avec les autres et avec la nature entière.

Il s'agit donc de proposer aux hommes la recherche d'un bonheur qui les affranchisse à la fois de la sujétion des peines physiques et morales, et des contraintes de la cité. On notera du reste que Zénon était un métèque (voir à *Clientèle*) et que parmi les derniers stoïciens, Épictète, dont un disciple, Arrien, recueillit la pensée, était un esclave affranchi par Néron, et Marc-Aurèle (161 – 180 de notre ère) un empereur romain originaire d'Espagne. La sagesse stoïcienne, d'effort et de rigueur, était propre à attirer des hommes de toute origine. Proposant une image du monde qui n'opprime pas, et offrant à chacun de se libérer intérieurement selon ses mérites, elle est demeurée identique pendant près de cinq siècles.

Si Épictète, comme Marc-Aurèle, auteur de *Pensées*, écrivirent en grec, la morale stoïcienne a été surtout illustrée dans les lettres latines par Sénèque. Né à Cordoue, précepteur puis principal ministre de l'empereur Néron, Sénèque (vers 4 avant J.-C. — 65 ans après

J.-C.) accumula d'immenses richesses et connut une vie brillante, tout en écrivant une œuvre multiple : si ses poésies, ses discours, la plupart de ses traités scientifiques ne nous sont pas parvenus, nous connaissons ses tragédies et, partiellement, ses œuvres philosophiques : des dialogues et les *Lettres à Lucilius*. Pour Sénèque, le philosophe doit tendre à la vertu, qui est le souverain bien. Mais, pratiquement, il nous faut pour y parvenir nous plier aux nécessités de l'existence sans en devenir les esclaves, ménager en nous-mêmes la paix intérieure, ne pas nous laisser abuser par ce qui nous environne car *« mainte vision nocturne, jugée terrifiante, nous fait rire le jour venu »*, écrit-il à Lucilius.

Sénèque, qui pensait que nous devons nous accommoder de notre destinée et, quelles que soient les vicissitudes de celle-ci, en tirer le meilleur parti, fut compromis dans la conjuration de Pison. Comme celui-ci, il reçut de Néron l'ordre de mourir et il s'ouvrit les veines : *« L'important n'est pas ce qu'on supporte*, avait-il écrit dans *De la Providence, c'est la façon de le supporter. »*

─────────── REPÈRES ───────────

Jean Brun, *Le Stoïcisme*, P.U.F., Que sais-je ?, 1958.
Jean Brun, (textes choisis par), *Les Stoïciens*, P.U.F., coll. SUP, Les Grands textes, Bibliothèque classique de Philosophie, 1957.
Geneviève Rodis-Lewis, *La Morale stoïcienne*, P.U.F., 1970.

▶ **Epicurisme, Philosophie.**

Théâtre

Le mot « theatron », en grec, vient d'un verbe qui signifie « voir ». Le théâtre est donc un lieu où l'on peut voir, et où par conséquent il y a quelque chose à voir : un théâtre est un édifice où l'on donne des spectacles.

L'évolution de l'architecture théâtrale, chez les anciens, a été de pair avec la complexité croissante des spectacles présentés. Inspirées par les chœurs, graves ou joyeux, des fêtes de Dionysos, la tragédie et la comédie apparurent en Grèce au milieu du Ve siècle avant J.-C., et les représentations n'eurent lieu au début qu'à l'occasion de cérémonies religieuses. D'abord rudimentaires et provisoires, limitées à une aire en terre battue et à quelques constructions en planches, les installations théâtrales devinrent permanentes, prirent de l'importance et se multiplièrent.

On donnait depuis bien longtemps, en Europe, des représentations dans des salles closes quand un homme de théâtre, Maurice Pottecher (1867-1960) eut l'idée, pour retrouver un public populaire, de présenter en 1896 des pièces en plein air, à Bussang, dans les Vosges. On s'aperçut alors que les ruines des théâtres antiques pouvaient être réutilisées : depuis, ont été réhabilités, en Grèce comme en Italie et en France, de très beaux sites où sont présentés en été des spectacles.

Le lieu théâtral

Les représentations avaient lieu, en Grèce, dans de vastes théâtres en plein air, dont le plus connu était le théâtre de Dionysos, sur les pentes de l'Acropole d'Athènes. Un théâtre comprenait une série de gradins concentriques, souvent taillés dans les flancs d'une colline, à ciel ouvert (le « théâtre » proprement dit), un espace libre et circulaire, en contrebas, pour le chœur (l'orchestre) et, face aux spectateurs, un abri en bois ou en toile, la « skéné » où s'habillaient les acteurs. Plus tard, cet abri fut remplacé par des constructions à étages, avec portes et colonnades, et entre la « skéné » et l'orchestre, s'éleva une estrade sur laquelle jouèrent les acteurs.

Alors que les Grecs adossaient leurs théâtres à des collines, les Romains les construisirent où ils voulurent, grâce à leur connaissance de la voûte (voir à *Cité*). Chaque théâtre comprenait des gradins en hémicycle, la « cavea » (« creux »), et un orchestre où n'évoluait pas le chœur, mais où se trouvaient les meilleures places, celles que l'on réservait aux sénateurs. En face, la « scaena », la scène, était une plate-forme couverte d'un abat-son en bois, avec un mur de scène sur lequel était accroché le décor. Une immense toile était tendue au-dessus de la « cavea » et protégeait les spectateurs.

Le premier théâtre en pierre fut construit par Pompée à Rome pour accueillir 20 000 personnes. Sous l'empire, il y en eut trois. De nombreux théâtres furent édifiés en Gaule (celui d'Orange date du IIe siècle de notre ère), en Afrique et en Asie.

Les décors, en Grèce, étaient très simples : on supposait que l'acteur venant de la droite arrivait de la ville et celui qui entrait par la gauche était censé venir de la campagne. Les machines étaient également primitives : on hissait ou l'on descendait des personnages (des dieux descendant du ciel, par exemple) et on imitait le tonnerre en faisant rouler un baril de pierres sur une plaque de métal. Les Romains introduisirent des coulisses mobiles et un rideau de scène, que l'on baissait au début de la représentation et que l'on relevait à la fin de la pièce.

Les représentations

Les représentations étaient soigneusement programmées, à l'occasion des fêtes de Dionysos, trois fois par an. Toutes les places étaient au même prix — deux oboles (voir à *Métrologie*) — mais, au temps de Périclès, les Athéniens recevaient de l'Etat l'argent de leur jeton d'entrée. Les acteurs étaient tous des hommes — deux à l'origine, puis trois, puis quatre — et chacun jouait plusieurs rôles. Ils avaient des masques qui agrandissaient leurs visages et formaient porte-voix, des coiffures élevées, et ils portaient, dans la tragédie, des chaussures à hautes semelles, les cothurnes. Tout cela visait à leur donner un aspect imposant. Les vêtements, conventionnels, permettaient de reconnaître à qui l'on avait affaire : un roi ou un dieu. Les acteurs de comédie étaient plus communs, mais on leur donnait souvent une apparence grotesque (par exemple, en leur mettant un coussin sur le ventre pour déformer leur silhouette).

A Rome, les acteurs et les danseurs étaient, sous la république, des esclaves ou des affranchis : tous les rôles étaient tenus par des hommes (sauf dans le mime). Il y avait de nombreux figurants. Le public était souvent difficile : des acteurs qui ne donnaient pas satisfaction étaient parfois chassés de scène, voire molestés. Les Romains s'habillaient — ils revêtaient leur toge — pour aller au théâtre : les femmes, les enfants, les esclaves assistaient aux spectacles.

Les pièces représentées — tragédies et comédies — pouvaient être traduites ou imitées du grec, mais elles intéressaient modérément. En fait, trois sortes de divertissements obtinrent, de plus en plus, la faveur du public : les « atellanes », farces improvisées d'abord, puis pièces comiques un peu plus littéraires, avec des personnages de convention; les mimes, qui supplanteront sous l'empire toutes les autres représentations, étaient des pièces parodiques, bouffonnes, parfois obscènes, qui pouvaient contenir des allusions politiques; les pantomimes, dans lesquelles un acteur mimait pendant qu'un autre chantait au son de la flûte.

Le théâtre, dans l'Antiquité, a donc évolué du sacré au littéraire, puis du littéraire à un divertissement tenant finalement de la revue satirique. Il a suivi la pente de la facilité, qui était celle du mieux-être et du relâchement moral d'une société. Les grands auteurs ont illustré, en Grèce, l'âge attique (V^e et VIe siècles avant J.-C.), à Rome la période républicaine. De sacré et poétique à l'origine, le texte théâtral a ainsi perdu de son sens et de sa qualité jusqu'à s'anéantir, significativement, dans le silence de la pantomime.

―――――――――― REPÈRES ――――――――――

Octave Navarre, *Le Théâtre grec, l'édifice, l'organisation matérielle*, Payot, 1925.

▶ **Tragédie, Poétique.**

Thérapeutique

La thérapeutique (on dit aussi « thérapie », du mot grec signifiant « soigner ») est la partie de la médecine concernant le choix et l'administration des moyens propres à traiter chaque malade : aujourd'hui, elle s'appuie sur des connaissances scientifiques et sur les résultats de la recherche dans les laboratoires. Elle fut, au début, fondée sur l'expérience, c'est-à-dire empirique.

Comme dans toutes les civilisations, en effet, les anciens ont commencé par utiliser pour se soigner ce que la nature leur offrait : les plantes. Puis l'étude du corps humain intervint et la médecine devint une science qui se développa d'abord en Grèce, avant de se répandre à Rome : sous l'empire, la profession médicale y était florissante et considérée.

Certaines théories du grec Hippocrate, qui préconisait une médecine aidant la nature dans ses efforts vers la guérison, faisaient encore autorité au Moyen Age.

Histoire de la médecine

Au début, il y a une histoire de dieux. Apollon fut amoureux d'une jeune fille très belle qui se nommait Coronis, mais elle le trompa avec un simple mortel, comme elle. C'est un corbeau, dont le plumage était alors blanc, qui rapporta au dieu de la vérité son infortune, car on ne pouvait évidemment rien lui cacher. Apollon fut si mécontent qu'il teignit d'abord les plumes du corbeau en noir, puis tua Coronis. Mais il arracha du corps de la jeune femme le bébé dont il était le père et il le confia au centaure Chiron. Les centaures avaient le corps et les jambes d'un cheval, le torse, la tête et les bras d'un homme : ils passaient pour brutaux et malfaisants. Chiron, toutefois, faisait exception, qui était doux, bon, et qui connaissait les simples, c'est-à-dire les plantes médicinales. Ainsi, Asclépios, (Esculape pour les Latins), fils d'Apollon et de Coronis, fut-il élevé par Chiron qui lui enseigna la médecine. Il devint bientôt un médecin si réputé qu'on lui demanda un jour de ressusciter un mort. Il réussit, mais il s'attira, par là-même, la colère de Zeus qui, ne pouvant tolérer qu'un mortel s'arrogeât ce pouvoir divin, le foudroya. Asclépios eut un culte à Epidaure. On dit qu'il se réincarna sous la forme d'un serpent, et cet animal lui fut consacré : il figure d'ailleurs sur le caducée, qui est l'attribut des corps de santé.

Asclépios avait eu deux fils, Machaon et Podalire, et il leur avait transmis les connaissances médicales héritées de Chiron, car cette science passait, en Grèce, de père en fils. Leurs descendants furent les Asclépiades.

Née de la mythologie, la médecine fut de plus en plus pratiquée et des écoles médicales se développèrent : à Cnide et à Cos, notamment. Hippocrate, un Asclépiade (460 – vers 375 avant J.-C.), appartenait à celle de Cos. Il fut le plus célèbre médecin de l'Antiquité. Il passe pour avoir été l'auteur de soixante-douze traités. Dans un de ses ouvrages les plus connus, *Aphorismes,* il remarque l'influence du climat sur la santé des individus comme sur le comportement des peuples. Il préconisait l'observation clinique, l'hygiène, et des moyens curatifs propres à seconder les réactions naturelles, réputées positives, du corps humain à la maladie.

Après lui, l'histoire naturelle, la botanique et les connaissances pharmaceutiques qui en résultèrent, firent progresser la médecine. Galien (vers 131 – vers 201 de notre ère) fit, à partir d'expériences sur les animaux, des découvertes en anatomie. Et dès le Ve siècle avant J.-C., les traités de médecine grecs, plus ou moins sérieux, s'étaient multipliés : ceux d'Hippocrate, de Soranos (*Gynaikeia,* consacré à la gynécologie, au IIe siècle après J.-C.), de Galien firent durablement autorité.

Galien, médecin grec, est mort à Rome. C'est que la médecine, science d'Asclépios, a pénétré tardivement chez les Latins, et toujours par l'intermédiaire des Grecs. Longtemps, les Romains se sont contentés de « remèdes de bonnes femmes ». Caton l'Ancien (234 –

149 avant J.-C.), dans son traité *Sur l'Agriculture,* recommande le chou comme médication universelle : pour guérir la mélancolie aussi bien que les maladies de foie ou la surdité. C'est au début du Ier siècle avant J.-C. qu'Asclépiade de Pruse, d'ailleurs opposé aux doctrines d'Hippocrate, ouvrit à Rome la première école de médecine privée. En 14 de notre ère sera fondée une école officielle. A la même époque, Pline l'Ancien (28 – 79 après J.-C.) consacre cinq livres de son *Histoire naturelle* à la zoologie et huit à la botanique. Il y traite également de médecine. Il fait état des bains de soleil, et rapporte des recettes farfelues et peu pratiques : par exemple, la cendre de la peau prélevée sur le front, à gauche, d'un hippopotame, ferait repousser les cheveux... Un état sérieux des connaissances médicales au siècle d'Auguste est donné, en revanche, par Celse, un non-médecin, auteur d'une *Encyclopédie* dont seule la partie consacrée à la médecine nous est parvenue. La pratique médicale semble désormais bien établie.

La pratique médicale

Elle devint vraiment scientifique à partir d'Hippocrate. Celui-ci pensait, en effet, que l'observation devait être à la base de la médecine. La santé, croyait-il, résultait de l'équilibre des « humeurs » dans le corps humain. Il en distinguait quatre : le sang, le phlegme, la bile jaune et la bile noire. Cette théorie lui était, du reste, antérieure et elle demeura en vigueur jusqu'au Moyen Age. Une autre théorie d'Hippocrate était dite « de l'évacuation critique » : la nature triomphait des agents déstabilisateurs qui l'attaquaient ou elle s'inclinait, et le patient succombait. Il fallait donc aider la nature à vaincre par la diététique, par des purgatifs, et aussi par des moyens plus actifs, tels que la saignée ou les ventouses. Galien, ensuite, composa des remèdes à partir de substances diverses, avec l'idée que chacune devait conserver sa vertu propre : ces mélanges que l'on faisait dans du miel (qui entra souvent dans la composition des médicaments) s'appelaient à Rome «électuaires». Les médecins vendaient eux-mêmes leurs médicaments.

D'une manière générale, on peut considérer qu'il y avait trois grandes méthodes thérapeutiques dans l'Antiquité. La méthode diététique, inspirée par Hippocrate, consistait surtout dans l'adoption et dans le respect d'une hygiène. La méthode pharmaceutique faisait beaucoup appel aux plantes dans la composition des remèdes. Les anciens avaient répertorié plus de deux cents espèces (plantes, herbes, arbustes), qu'ils utilisaient au mieux de leurs vertus (et conformément, semble-t-il, aux propriétés que leur reconnaît scientifiquement la médecine moderne) : dans les régimes alimentaires, pour composer des onguents, pour faire des inhalations, en gynécologie, pour soigner les maladies pulmonaires ou les plaies, etc. La méthode chirurgicale s'exerçait surtout pour réduire les fractures des membres. Les opérations internes étaient plus rares. Mais les Grecs pratiquaient la trépanation à l'époque classique. Celse explique comment l'on pouvait extraire un projectile d'une plaie. Et si, contrairement à ce que l'on croit souvent, on ne procéda pas à une laparotomie pour faire naître César, la césarienne n'en était pas moins assez courante chez les anciens : un fils de dieu, Asclépios, et un dieu, Dionysos (voir à *Dionysiaque*), ont même été artificiellement extraits du ventre de leur mère. Il y avait, en outre, une autre méthode thérapeutique, que l'on a appelée sacerdotale : le malade passait la nuit dans un temple et le dieu que l'on y honorait lui apparaissait en songe. Les prêtres interprétaient ce songe et prescrivaient le traitement approprié. Au début, il s'agissait d'incantations. Puis des jeûnes furent recommandés et, peu à peu, la méthode sacerdotale se rapprocha des pratiques plus rationnelles.

La profession médicale

Les médecins, toutefois, furent toujours conscients de leur prestige aux yeux des malades. Hippocrate recommandait à ses confrères d'avoir bonne mine pour que la clientèle n'eût point de doutes sur leurs capacités. Car, issue de Chiron et d'Asclépios, considérés comme des bienfaiteurs désintéressés de l'humanité, la pratique médicale devint une profession lucrative.

Cette profession ne connut nulle réglementation chez les Grecs : des hommes libres la pratiquaient (à l'exception des esclaves qui assistaient un maître médecin ou de ceux qui soignaient leur maître malade). Point d'études, d'abord : la science des Asclépiades relevait de la tradition familiale. Puis vint la nécessité de former des étudiants étrangers dans quelques centres — l'école d'Alexandrie fut renommée — par l'étude de l'anatomie, et surtout par des exercices pratiques : ils accompagnaient, chez ses malades, le praticien qui était leur professeur.

Il y eut à Athènes et dans d'autres villes, une médecine publique et une médecine privée : les médecins publics étaient recrutés par l'assemblée du peuple, payés par l'Etat sur un impôt spécial, et ils donnaient gratuitement leurs soins à tous les citoyens. Les médecins privés se spécialisèrent souvent : dentistes, oculistes, etc. Ils faisaient des visites à domicile. Tous étaient tenus au secret professionnel. Il y avait en outre, bien entendu, de nombreux charlatans qui proposaient des breuvages magiques ou qui interprétaient les songes.

On remarquera que dès le début, la déontologie de la profession fut assurée. Les médecins grecs prêtaient le fameux serment d'Hippocrate : « *Je mettrai mon maître de médecine au même rang que les auteurs de mes jours... Je dirigerai le régime des malades à leur avantage, suivant mes forces et mon jugement, et je m'abstiendrai de tout mal et de toute injustice.* »

A Rome, comme cela a été dit, la médecine a d'abord été introduite et pratiquée par des Grecs : ils furent à ce point jugés seuls dignes de confiance par l'opinion publi-

que que les Romains qui voulurent, les premiers, exercer, durent se faire passer pour Grecs. Puis la profession acquit de la considération : art réservé aux affranchis et
aux esclaves, comme le constate Cicéron, elle devient, pour Sénèque, un art libéral proche de la philosophie. Et les empereurs attacheront à leur personne des médecins ayant rang de hauts fonctionnaires.

Les honoraires des praticiens, publics et privés, étaient juridiquement admis. D'ailleurs, la loi romaine sanctionnait l'incapacité ou les crimes des médecins : par exemple, celui qui avait préparé un poison était jugé au même titre que celui qui l'avait administré. Enfin, sous l'empire, des hôpitaux militaires furent adjoints aux camps (alors que chez les Grecs, puis au début, chez les Latins, chaque guerrier pansait ses plaies comme il pouvait). Les médecins militaires exercèrent au titre de la médecine publique. Il est vrai que — Galien nous en informe — ils n'avaient pas, sur le plan de la compétence, une excellente réputation.

———————— REPÈRES ————————

Jacques André, *Lexique des termes de botanique en latin,* Klincksieck, 1956.

Jacques André, *Etre médecin à Rome,* Les Belles Lettres, 1987.

Geoffrey E.R. Lloyd, *Les Débuts de la science grecque, De Thalès à Aristote* (chapitre V, «Les Hippocratiques»), traduit de l'anglais, François Maspéro, collection Textes à l'appui, 1974.

Toge

La toge était le vêtement que portait le citoyen romain quand il paraissait en public. A l'origine simple couverture de laine dont on s'entourait, la toge devint plus élégante : on tailla l'étoffe blanche en demi-cercle et on en enveloppait le corps de sorte que le bras gauche restât caché, le bras droit sortant par le haut. Les plis étaient disposés avec beaucoup de soin.

A Rome, comme en Grèce, on aimait s'habiller : d'une façon générale, l'apparence physique avait de l'importance. On suivait la mode et les caprices de celle-ci ne nous sont évidemment pas tous parvenus. Nous ne connaissons que les éléments essentiels du costume dans l'Antiquité grâce, notamment, aux sculptures d'époque.

Comme dans toutes les civilisations, le vêtement avait souvent une signification sociale. Il était sans doute pratique pour la région et pour le climat (que l'on pense au sarong des Asiatiques et au boubou des Africains). Mais le costume occidental est inspiré, dans sa conception (pantalons et veste), des Gaulois et non des Gréco-Latins. Seuls, les avocats et les magistrats, de plus en plus rarement les universitaires pour les occasions solennelles, portent une toge lointainement inspirée de celle des Romains.

Les anciens portaient une sorte de chemise que les Grecs appelaient le « chitôn »; il pouvait être en laine ou en lin, ne comportait pas de manches, était de longueur diverse (descendant au-dessus ou au-dessous du genou) et on le serrait à la taille par une ceinture. Les femmes le portaient plus long que les hommes, et à nombreux plis. Il n'y avait pas, nécessairement, d'autre vêtement dessus. Cette chemise s'appelait la tunique chez les Romains : les hommes et les femmes ne portaient qu'elle chez eux, quand ils étaient seuls. Lorsqu'ils sortaient, les hommes se drapaient dans leur toge et les femmes revêtaient la « stola », plus ample que la tunique. Celle-ci était donc, à Rome, un vêtement d'intérieur et un vêtement que l'on portait sous la toge ou sous la stola. Lorsqu'ils voyageaient, ou quand le temps était inclément, les Romains mettaient un manteau lourd et sans manches, la « paenula », et les militaires un manteau de guerre, agrafé sur l'épaule, le « sagum ». Les Grecs portaient aussi des manteaux : l'« himation », pièce d'étoffe jetée sur les épaules, descendant jusqu'aux genoux et assez proche de la toge, pour la ville; le « chlaïna », sorte de châle contre la pluie; le « chlamyde », manteau de guerre et de voyage, agrafé sur l'épaule droite, qu'il ne faut pas confondre avec la « chlamide », manteau léger pour l'été. Les Spartiates ne portaient pas l'himation, mais un manteau plus court, d'étoffe rude, le « tribôn » ou « tribônion ». Les femmes arboraient le « péplos », long voile descendant jusqu'aux pieds, qui laissait les bras libres et pouvait être maintenu par des agrafes à l'épaule, ou par une ceinture. On remarque une grande similitude, au moins dans le principe, entre les vêtements des hommes et ceux des femmes : ils étaient, le plus souvent, sans manches, et leur élégance se situait, surtout, dans le drapé des étoffes.

Les hommes grecs allaient souvent nu-pieds. Mais ils portaient aussi des sandales lacées. Celles des femmes étaient plus élégantes. Les Romains avaient une grande variété de chaussures, des brodequins de cuir dont les attaches étaient plus ou moins compliquées aux souliers de campagne montant jusqu'à la cheville. Ils s'entouraient parfois les jambes de bandelettes qui leur tenaient lieu de bas. Les anciens allaient le plus souvent sans chapeau et ils repliaient en cas de besoin, sur leur tête, un coin de leur manteau ou de leur toge. Mais le chapeau existait : le « pilos » des Grecs, sorte de bonnet de feutre, est devenu le « pileus » que les Romains donnaient aux esclaves lorsqu'ils les affranchissaient (voir à *Affranchi*). Le « petasos », ou pétase, grand chapeau de feutre, de paille ou de cuir, avec une jugulaire, était porté à Rome sous le nom de « petasus ».

Les Romains développèrent autour du vêtement une activité textile et des services d'entretien. La laine était filée avec une quenouille; tantôt on la teignait avant de la tisser, ce qui donnait des couleurs changeantes, tantôt après le tissage. On savait fabriquer des étoffes avec des dessins, et les vêtements d'apparat étaient parfois brodés. Mais on utilisait aussi le cuir, le lin (les mouchoirs de lin étaient en usage dès l'époque de Cicéron), le coton, importé de l'Inde, et la soie, que l'on faisait venir de Chine sous l'empire. Les vêtements salis étaient lavés et remis en état : le « foulon » les foulait de ses pieds nus dans un mélange d'eau, de carbonate de soude et d'urine, puis il les brossait et les pressait.

Mais l'élégance ne résidait pas uniquement dans la manière de s'habiller. Les femmes portaient des parures — bagues, bracelets, boucles d'oreilles — comparables à celles que l'on connaît aujourd'hui. Elles se protégeaient du soleil par des ombrelles. Les Romaines utilisaient aussi des éventails. Les boutiques des coiffeurs et des coiffeuses étaient très fréquentées : on y achetait des fards, des teintures pour les cheveux, des parfums, des postiches, des perruques entières, même. Les femmes se faisaient édifier des coiffures compliquées, s'étageant parfois très haut. Quand aux hommes, les Grecs portèrent d'abord les cheveux longs, flottant sur leurs épaules ou tressés en nattes, puis ils les coupèrent (après les guerres Médiques, contre les Perses). Les Spartiates étaient barbus, mais ils ne portaient pas la moustache. C'est à partir de l'époque d'Alexandre que les Athéniens se rasèrent. Les Romains, eux aussi, commencèrent par porter la barbe et les cheveux longs. Vers 300 avant J.-C., les premiers coiffeurs s'installèrent à Rome. Alors, on se coupa cheveux et barbe. La barbe fut toutefois remise à la mode par l'empereur Hadrien (117 – 138 de notre ère) qui cachait ainsi une cicatrice au menton. On vit là une mode grecque, que les Romains suivirent pendant plus d'un siècle. Il faut dire que se faire raser de près étant alors assez douloureux, le port de la barbe fut jugé plus confortable par beaucoup.

On notera enfin que le vêtement avait souvent une signification. Jusqu'à l'âge de dix-sept ans, et jusqu'à leur mariage pour les filles, les jeunes Romains portaient une toge blanche bordée d'un filet pourpre, la toge prétexte, qu'ils abandonnaient ensuite pour la toge virile, entièrement blanche. Seuls les sénateurs sous la monarchie, plus tard l'empereur, pouvaient continuer à porter la toge prétexte. Le changement de vêtement était donc à Rome symbolique d'un changement d'état : les jeunes gens quittaient l'adolescence pour devenir des hommes. Dans le deuil, on portait la toge brune ou grise, qui était aussi celle des petites gens. Les candidats aux fonctions publiques revêtaient une toge blanchie à la craie, ce qui la faisait paraître brillante. En somme, dans sa simplicité relative, le vêtement tendit à s'accorder toujours plus aux circonstances de la vie et à en souligner les événements importants : l'usage si durable, et qui prête à sourire, de « s'endimancher » n'a probablement pas d'autre origine.

Du reste, certaines allusions vestimentaires à l'Antiquité demeurent. François Mauriac intitula *La Robe prétexte* (1914) un de ses premiers romans, qui est le récit d'un adieu à l'adolescence et dont le héros fait clairement allusion à la coutume des Romains. Et le mot « péplum » (le « péplos » des Grecques évoqué plus haut) désigne un genre cinématographique un peu décrié : les films d'aventures sans grande qualité, s'inspirant trop librement de l'histoire ou de la mythologie des anciens.

──────────── REPÈRES ────────────

L. Heuzey, *Histoire du costume antique*, Paris, Champion, 1922.
Jean Noël Robert, *Les Modes à Rome*, préface d'E. Neuhoff, Les Belles Lettres, 1988.

▶ **Pédagogue.**

Tragédie

Une tragédie est une pièce de théâtre, traditionnellement en vers, dont le sujet est souvent emprunté à la légende ou à l'histoire. Elle met en scène des personnages illustres et son action se termine sur un événement funeste. Ainsi, les luttes et les passions humaines, les catastrophes qui en résultent souvent, provoquent des sentiments de terreur ou de pitié chez les spectateurs. La comédie, au contraire, incite au rire par une représentation des mœurs ou des caractères faisant référence à ce que le spectateur vit quotidiennement.

La tragédie est sortie du culte de Dionysos, auquel elle fut d'abord consacrée, puis elle emprunta ses sujets à toutes sortes de légendes. Elle eut, dès le début, un caractère à la fois poétique et sacré.

La tragédie, comme la comédie, n'ont été pratiquées avec continuité ni en Grèce, ni à Rome, mais les littératures anciennes leur doivent quelques-uns de leurs chefs-d'œuvre. Enfin, la réflexion menée par Aristote sur la tragédie, dans sa Poétique, *a eu de durables conséquences non seulement sur l'esthétique théâtrale, mais sur la doctrine classique en France, au XVIIe siècle.*

La tragédie est issue du culte de Dionysos : de l'exaltation de sentiments tantôt plaintifs, tantôt joyeux. Aux fêtes en l'honneur du dieu, des groupes figurant les satyres (divinités aux oreilles, aux pieds et à la queue de chèvre) donnaient la réplique à un chanteur improvisant des récits à la gloire de Dionysos. Ainsi naquit l'un des premiers genres du lyrisme choral, le dithyrambe, sorte de chant liturgique (le mot « dithyrambique » est toujours employé et il signifie « exagérément élogieux »). L'Athénien Thespis (au VIe siècle avant J.-C.) remplaça le chanteur par un acteur, qui jouait face au groupe appelé le chœur. Se développèrent alors les dialogues et l'action. Thespis fut vainqueur, vers 535 avant J.-C., d'un concours dramatique organisé par le tyran Pisistrate (voir à *Césarisme*). La tragédie avait trouvé sa structure : mêlant le chœur aux acteurs, le chant au dialogue. Elle comprenait une scène d'exposition ou prologue, l'entrée du chœur ou parode, des actes ou épisodes, séparés par un chant du chœur, et la sortie, à la fin, du chœur et des acteurs, ou exode. Et des tragédies allaient figurer au programme des dionysies, trois fois par an : aux petites dionysies, ou dionysies rustiques, en décembre; aux lénéennes, ou fêtes des pressoirs, en janvier et aux grandes dionysies, ou dionysies urbaines, au printemps.

Les auteurs de tragédies et de comédies proposaient leurs œuvres aux archontes. Ceux-ci admettaient à concourir trois poètes tragiques et trois poètes comiques : les premiers présentaient, chacun, trois tragédies formant une trilogie et un drame satyrique (ainsi nommé en raison des satyres composant le chœur), les seconds présentaient, chacun, une comédie. Au total, cela faisait quinze pièces.

Les frais de préparation du chœur, composé de citoyens, et des acteurs, constituaient un impôt, la chorégie : le chorège — celui qui l'acquittait — comme les choreutes (celui qui, parmi eux, dirigeait les mouvements du chœur était le coryphée) étaient considérés comme des personnages sacrés pendant l'exercice de leur charge.

Dix juges, tirés au sort sur une liste établie par le sénat et par les chorèges, se prononçaient à l'issue des représentations : un prix était attribué, à la fois au chorège et au poète, pour la tragédie, un autre pour la comédie. Au début, un bouc récompensa la meilleure tragédie, un panier de figues la meilleure comédie, puis on donna aux lauréats une couronne de lierre.

A Rome, les représentations furent, dans les premiers temps, intégrées au culte de Bacchus, version romaine de Dionysos, et elles eurent lieu à l'occasion des jeux publics. L'Etat subventionnait un magistrat, qui engageait un chef de troupe : celui-ci achetait la pièce à son auteur et la montait.

C'est ainsi que put se développer et s'épanouir le genre théâtral dans l'Antiquité. Les grands poètes tragiques ont été, en Grèce, Eschyle (vers 525 - 456 avant J.-C), Sophocle (495 - vers 405 avant J.-C) et Euripide (480 – 406 avant J.-C). Des 90 pièces environ d'Euripide, poète couronné 52 fois dans les concours dramatiques, 7 nous sont parvenues, dont la seule trilogie grecque conservée : *Agamemnon, Les Choéphores* et *Les Euménides.* Nous n'avons, de même, que 7 tragédies de Sophocle (sur 123) et 18 d'Euripide (sur 92). Ainsi, des centaines de pièces écrites au Ve siècle avant J.-C., nous ne pouvons lire, malheureusement, que bien peu. Et il est probable que les spectacles tragiques furent un facteur d'équilibre et de cohésion intellectuelle et sociale, pour les Athéniens. Le genre comique fut illustré par Aristophane (445 – 385 avant J.-C.) dont les pièces étaient truculentes et satiriques, et par Ménandre (340 – 292 avant J.-C.) qui s'attachait davantage à la peinture de caractères.

Les premières comédies romaines sont attribuées à Livius Andronicus (vers 250 — 200 avant J.-C.) et à Naevius (vers 240 — 204 avant J.-C.). Les grands auteurs, ayant illustré le genre, sont Plaute (251 – 184 avant J.-C.), qui eut un large succès populaire, et Térence (vers 190 — 159 avant J.-C) qui plut aux lettrés pour la vérité de ses caractères et l'ingéniosité de ses situations, mais fut boudé par le grand public. Par la suite, l'atellane, le mime, la pantomime, devaient supplanter la comédie. Les tragédies romaines, dont plusieurs furent, croit-on, des chefs-d'œuvre, notamment celles d'Accius (170 – 86 avant J.-C.), ne nous sont pas parvenues. Après Accius, sous l'empire, on prit l'habitude de lire les tragédies à un public d'amateurs, plutôt que de les représenter : on estimait, en effet, que les artifices de mise en scène empêchaient de goûter leur valeur littéraire.

On sait qu'en France, la réflexion menée par Aristote sur la tragédie, dans sa *Poétique,* fut principalement relayée par la *Poétique* (1561) de Jules César Scaliger (1484-1558).

Aristote distinguait 6 parties dans la tragédie : la fable, les caractères, l'élocution (c'est-à-dire le style littéraire), la pensée, le spectacle et le chant (correspondant à la mise en scène). L'imitation, principe de tout art, était évidemment à la base de l'œuvre poétique, l'imitation des sujets graves et élevés donnant la tragédie et celle des sujets comiques et triviaux la comédie.

La tragédie était, pour Aristote, l'imitation d'une action de caractère élevé et complète, d'une certaine durée, en un langage relevé, suscitant la pitié ou la crainte. Car, s'il y avait distinction entre les genres, il y avait aussi une certaine unité dans la conception de l'œuvre d'art.

Cette conception de l'œuvre constituant un tout harmonieux et cohérent où les événements se suivaient avec vraisemblance et nécessité, de l'intrigue devant avoir un commencement, un milieu et une fin, a été à l'origine de deux des trois unités, l'unité de temps et l'unité d'action, en honneur dans le théâtre classique français (voir à *Classicisme*).

———————————— REPÈRES ————————————

H.C. Baldry, *Le Théâtre tragique des Grecs,* traduit de l'anglais, François Maspéro, 1975.

Christian Meier, *De la Tragédie grecque comme art poétique,* traduit de l'allemand, Les Belles Lettres, 1991.

Guy Rachet, *La Tragédie grecque, origine, histoire, développement,* Payot, 1973.

▶ **Classicisme, Magistrat, Théâtre.**

Vertu

Au mot vertu est liée la notion de force, en général : ce peut être la force d'âme, et particulièrement le courage, le mérite guerrier. Telle était la vertu de don Diègue, que venge son fils Rodrigue, dans Le Cid de Corneille, par exemple. Plus généralement, la vertu est une constante disposition de l'âme à pratiquer le bien, donc un moyen d'accéder au bonheur. Le mot peut aussi distinguer une qualité particulière (une femme a des vertus domestiques lorsqu'elle sait parfaitement tenir sa maison). Enfin, vertu équivaut à chasteté.

On notera encore que les vertus s'opposent constamment aux vices et que les théologiens établissent entre elles un classement d'après leur objet, leur origine, leur fin et leur degré.

Le sens du mot a évolué avec les siècles, mais il est demeuré chargé, pour les Occidentaux, d'une notion morale très positive qui vient de l'antiquité gréco-romaine et qui a été confortée par la pensée chrétienne.

La vertu des anciens

Le mot « arété » signifiait, en grec, tendance habituelle de l'âme vers le bien. La première personnification de la valeur morale se trouve, sans doute, dans Arété, femme d'Alkinoos, roi des Phéniciens, évoquée notamment par Homère. Mais les Grecs ne lui ont pas construit de temple, ni voué de culte.

Il n'en a pas été de même chez les Romains. Cicéron a écrit : « *La Sagesse et l'Intelligence nous sont venues des dieux et c'est pour cette raison que nos ancêtres ont consacré et publiquement honoré Mens, Fides, Virtus, Concordia...* » Virtus, version romaine d'Arété, a été effectivement l'objet d'un culte : on lui a élevé des temples, des fêtes en son honneur avaient lieu le 29 mai et le 12 août, notamment. La plupart du temps, Virtus était célébrée en même temps qu'Honos (Honneur), l'un et l'autre considérés comme faisant partie du cortège de Mars, dieu de la Guerre. Leur culte — ils ont été vénérés, à Rome, jusqu'au déclin du paganisme — avait donc une signification militaire. L'image de Virtus, sous les traits d'une jeune femme à la chevelure abondante, coiffée d'un casque, et celle d'Honos ont été gravées souvent sur les pièces de monnaie.

L'exigeante vertu

C'est sans doute en raison du culte de Virtus que la vertu est demeurée longtemps nimbée d'un certain héroïsme : la notion confondait amour de la famille et amour de la patrie. Elle impliquait l'intransigeance morale et le don de soi. On mesure son rôle dans le comportement des personnages des tragédies de Corneille (1606-1684), par exemple.

Car le XVIIe siècle, dans sa première moitié, a constitué un climat favorable pour son épanouissement. La noblesse, sous Louis XIII, avait une grande idée de sa mission : sa naissance lui imposait les vertus les plus hautes. Elle se voulait le modèle de tous ceux qui aspiraient à l'absolu.

Au plan politique, Richelieu entretint cette morale du dépassement de soi qui ne pouvait que contribuer à la gloire du royaume. Le catholicisme exaltait officiellement, de son côté, le héros chrétien, celui qui partait à la conquête de son salut. Descartes développe également, dans son *Traité des Passions de l'âme,* une morale de la générosité : celle-ci, *« qui fait qu'un homme s'estime au plus haut point qu'il se peut légitimement estimer »,* repose largement sur la volonté; celui qui sait en être le maître et qui a donc conscience de sa responsabilité, la fera constamment servir à ce qu'il jugera être le bien. C'est là pour Descartes *« suivre parfaitement la vertu ».*

Cette générosité qui s'efforce à pratiquer parfaitement la vertu et qui y trouve sa récompense est celle-là même d'un Horace, d'un Polyeucte (empruntés à l'Antiquité), ou d'un Rodrigue. Par un sacrifice exceptionnel, ils obtiennent une récompense morale hors du commun. Ils illustrent au demeurant un état d'esprit assez répandu à l'époque. Corneille ne propose pas à l'homme un modèle trop parfait et inimitable : il s'inspire des meilleurs de son temps.

La vertu, ainsi considérée comme une exigeante passion, trouvera plus tard son emploi en politique. Montesquieu y verra le principe moteur de la république, dans une société libre. Robespierre l'associera, pour sa part, volontiers à l'exercice de la terreur : la vertu étant *« l'amour de la patrie et de ses lois »*, on y contraindra, s'il le faut, les récalcitrants. L'un et l'autre s'inspirent du modèle antique pour tenter de faire le bonheur de l'homme.

Les vertus et les vices

Pas plus que Robespierre, les héros cornéliens ne sont demeurés longtemps caractéristiques de la société de leur époque. Les mœurs de celle-ci se sont affadies. Et la vertu a été de moins en moins considérée comme une valeur absolue, justifiant une adhésion totale et tous les sacrifices. Mais les vertus, traits du caractère liés à notre personnalité et souvent forgés par l'accomplissement habituel et intentionnel d'un certain nombre de devoirs, sont restées de constante référence.

La Rochefoucauld (1613-1680), pourtant contemporain de Corneille, juge dans ses *Maximes* que, si le plus grand nombre a sa part de vices et de vertus, *« on ne méprise pas tous ceux qui ont des vices; mais on méprise tous ceux qui n'ont aucune vertu »*.

On peut considérer, en effet, que la vertu en général, et les vertus en particulier, ont constitué jusqu'au XXe siècle, l'ossature morale et peu souple d'une société occidentale profondément marquée par le christianisme et volontiers manichéenne. La vertu est le contraire du vice : au mal et au péché, on oppose le bien; à l'enfer, le ciel. Que le pouvoir politique ait constamment joué la vertu contre le vice, y compris dans les régimes communistes théoriquement déchristianisés, rien de plus normal. La vertu a toujours contribué à l'ordre social. Que beaucoup aient cru trouver, au plan individuel, des accommodements avec la vertu, donc avec leur conscience, se comprend aussi bien. Déjà, Aristote considérait que la vertu était le juste milieu entre deux vices contraires, le courage, par exemple, constituant le juste milieu entre la lâcheté et la témérité. Cette notion de juste milieu a perduré, justifiant parfois les faiblesses humaines.

Au nombre des vertus, arrêtons-nous enfin à celle des femmes, qui nous vient, elle aussi, des vestales. Cet interdit concernant la chasteté féminine, relayé par le christianisme, a pesé sur les comportements jusqu'à une époque très récente. On en trouve de multiples exemples dans la littérature : bornons-nous à celui du héros de *Lucien Leuwen,* de Stendhal. Il adore Madame de Chasteller, jeune veuve aux mœurs irréprochables, et leurs relations sont très pures. Pour les séparer, on fait croire au naïf garçon, par une mise en scène sordide, que la dame vient d'accoucher : il donne dans le piège et s'enfuit, ne pouvant supporter que l'objet de sa passion ait manqué à la vertu.

Plus généralement, la vertu, dans le double sens antique de potentialité humaine, d'énergie, et chrétien, d'alliance du bien et du beau, a contribué efficacement, encore que de façon souvent contraignante, à donner sa cohérence morale, et souvent sa cohérence sociale, à l'Occident.

▶ **Epicurisme, Philosophie, Stoïcisme.**

Vestale

On dit aujourd'hui encore d'une femme très chaste qu'elle est une véritable vestale. Les vestales étaient en effet les prêtresses de Vesta, déesse du foyer domestique chez les Romains, et elles devaient respecter le vœu de chasteté pendant la durée de leurs fonctions. Par le biais des vestales, l'antiquité romaine sut valoriser une certaine spécificité féminine dans un régime qui était surtout patriarcal.

Hestia, divinité du foyer, avait peu d'importance dans la mythologie grecque, bien qu'elle fût la sœur de Zeus. Le culte qui lui était rendu était sans commune mesure avec celui de Vesta, à Rome.

Hestia

Première fille de Cronos (le Temps) et de Rhéa (la Terre), Hestia était pour les Grecs la divinité et le symbole du foyer. Bien que courtisée par Apollon et par Poséidon, elle obtint de son frère Zeus de garder éternellement sa virginité. Il lui permit, en outre, de recevoir un culte dans toutes les maisons des hommes et dans les temples de tous les dieux. Elle personnifia ainsi les foyers domestique et public, où le feu brûle jour et nuit. On la représentait sous les traits d'une femme d'aspect sévère. Son culte fut établi à Rome par Numa sous le nom de Vesta, et il dura jusqu'à la fin du paganisme. Etymologiquement, selon les linguistes, Hestia et Vesta ont la même lointaine origine indo-européenne. Il y a donc moins transfert d'un culte grec à un culte latin que développement, ici et là, d'un culte similaire.

Le culte de Vesta

Numa institua les vestales pour entretenir le feu sacré de la déesse dans le temple du Forum auprès duquel elles habitaient. Elles étaient recrutées entre l'âge de six et celui de dix ans, parmi les premières familles de Rome. Elles devaient exercer leur ministère pendant trente ans : on les formait durant les dix premières années, elles assuraient leur fonction pendant les dix années suivantes, elles consacraient les dix dernières années à former, à leur tour, de nouvelles vestales. Les jeunes filles étaient strictement tenues à la chasteté pendant la durée de leur ministère, mais à l'expiration de la période de trente ans, elles pouvaient rentrer dans la vie privée et se marier.

Il y eut d'abord quatre, puis six vestales. Elles étaient vêtues d'une tunique de toile grise et blanche, recouverte d'un manteau de pourpre, et elles portaient sur la tête une sorte de turban. Elles n'étaient pas cloîtrées, mais pouvaient recevoir et assister aux jeux.

Les vestales qui laissaient s'éteindre le feu, ou celles qui manquaient à leur vœu de chasteté, étaient durement punies. Les châtiments évoluèrent avec le temps : d'abord, la vestale dont on avait surpris une liaison amoureuse fut condamnée à avoir la tête tranchée et son complice à périr sous le fouet; ensuite, les coupables furent lapidées; enfin, enterrées vivantes. Les épouses adultères étaient moins cruellement punies.

Des fêtes en l'honneur de Vesta, les vestalies, étaient célébrées chaque année, le 15 juin : on y demandait la protection des dieux pour la prospérité du monde romain.

Le collège des vestales dura 1 100 ans et fut supprimé par Théodose en 389. Nous conservons de ces femmes une image à la fois sacrée (celle de prêtresses célébrant leur culte, respectées et bénéficiant de privilèges) et un peu dégradante (la condition qui leur était imposée et l'horreur du châtiment les menaçant en cas de défaillance). On remarquera toutefois que leur vœu n'était pas définitif et que la carrière de la vestale en trois étapes — l'initiation, le service de la déesse, la formation de la relève — valorisait la condition féminine d'un certain point de vue, en la rendant plus active. On peut y voir une tentative, certes limitée, de conciliation entre l'aspiration des femmes à jouer un rôle social et l'image respectée, mais statique (l'épouse, la mère), qui était la leur dans les sociétés traditionnelles. On remarquera du reste que si Hestia n'apparaît guère dans les légendes des Grecs, c'est qu'elle demeure immobile sur l'Olympe. Elle ne se déplace pas comme les autres dieux. Elle est un principe, une idée un peu abstraite, du foyer. Sans doute l'image de la «femme au foyer», qui a durablement servi de référence bourgeoise dans la société occidentale, lui doit-elle beaucoup.

Au XIXe siècle, les vestales ont aussi bien inspiré des livrets d'opéra — *La Vestale* de Spontini en 1807, celle de Mercadante en 1841 — qu'été associées à l'élaboration d'une utopie sociale : Charles Fourier (1772-1837) a esquissé dans son *Traité de l'Association domestique et agricole* (1822) un système économique et social (le fouriérisme) visant à concilier la liberté individuelle avec la notion de bien commun. Dans ses phalanstères où des groupes (les phalanges) se livrent harmonieusement à tous les travaux, il y a place pour le vestalat, un corps de jeunes gens — garçons et filles — vierges. L'association de la jeunesse, de la chasteté, et d'un service commun, ou d'une mission sacrée, éventuellement de la notion de sacrifice, a toujours impressionné les esprits : peut-être l'homme a-t-il besoin, pour s'accommoder de ses limites, d'avoir connaissance de destins qui l'étonnent et qu'il n'envie point.

———————— REPÈRES ————————

Abbé Elisée Lazaire, *Etude sur les Vestales d'après les Classiques et les découvertes du Forum,* Pardès, Guy Tredaniel, collection «Rebis», 1890.

▶ **Culte, Vertu.**

Index des noms de personnes

Abraham, 256, 261, 391
Accius, 1129
Aetius, 1002
Afranius Syagrius, 1002
Agricola, 918
Alberti L.B., 1094
Alembert J.L.R. d', 144
Alexandre le Grand, 894, 901, 904, 905, 917, 918, 923, 1021, 1048, 1068, 1069, 1103, 1125
Alfoldy G., 953
Altheim F., 967
Althusser, 570, 590, 659, 684, 688, 689, 714, 719, 837
Amouretti M.C., 993
Amyot, 917
Anaxagore, 1045
Anaximandre, 1045
Anaximène, 926
Ancus Martius, 925
André J., 1082, 1122
André J.M., 1010, 1077
Andreau J., 993
Aneau B., 1094
Angelico Fra, 1095
Anouilh, 1080
Antipater, 1068
Antoine, 904
Antonin, 890
Apelle, 894
Apollinaire, 84, 450, 494, 558
Apollonios de Perga, 908
Appien, 917
Aragon, 317, 494, 702, 847-855, 858
Arcadius, 925
Archiloque, 1101
Archimède, 908
Arendt, 826, 830, 871, 874
Ariès, 774
Aristarque de Samos, 906
Aristophane, 1101, 1129

Aristote, 63, 301, 304, 415, 464, 526, 606, 777, 780-782, 881, 910, 920, 922, 931, 932, 942, 944, 947, 971, 972, 977, 1046, 1056, 1058, 1085, 1088, 1089, 1090, 1091, 1098, 1099, 1122, 1127, 1129, 1130, 1134
Aron, 610, 668, 673, 674, 686, 701, 705, 717, 777, 781-782, 871, 874
Arrien, 917, 1111
Artaud, 570, 585, 592, 593, 852
Artaxerxès, 887, 917
Asclépiade de Pruse, 1119
Atlan, 818
Attali, 575
Attila, 1002
Auberger J., 1071
Aubigné d', 629
Auboyer J., 1071
Auguet R., 1009, 1010
Auguste, 893, 894, 923, 924, 925, 928, 963, 986, 995, 1001, 1018, 1027, 1048, 1052, 1053, 1107, 1119
Augustin (saint), 258, 655, 919
Aujac G., 903
Aurelius Victor, 919
Ausone, 1003, 1104
Aymard A., 1071

Bach, 60, 71, 300, 349, 364, 396
Bachelard, 759-760
Bacon F., 35
Baechler, 685, 689, 698
Baldry H.C., 1130
Balzac, 24, 81, 220, 222, 224, 232, 323, 374, 426, 564, 751
Barbet A., 898
Barbusse, 255
Bardon H., 919, 1104
Baron, 848
Barrès, 701, 741, 824

Barret-Kriegel, 644
Barthes, 145, 222, 307, 320-321, 334, 483, 570, 688, 701, 724, 727, 730-732, 754, 759-767, 837, 840, 846
Baruel, 737
Bataille, 570
Baudelaire, 22, 28, 35, 37, 53, 67-70, 88, 90, 97, 104, 122, 147, 159, 171, 205, 215, 219, 224, 231, 268, 277, 285, 287, 301, 303, 315, 319, 352, 355, 376, 386, 402, 429, 447, 460, 475, 478, 498-500, 510, 520, 559, 565, 604, 688 , 1100
Baudrillard, 91, 337, 501, 573, 578, 662, 664, 696
Bayet J., 1104
Beaumarchais J.-P. de, 948
Beauvoir (de), 660-661, 664
Beck F., 1005
Beckett, 751
Becq de Fouquières L., 1077
Beethoven, 24, 110, 365
Béhar, 855
Bellay J. du, 1094
Benda, 158, 704, 705
Bénéton, 610, 782
Benoist, 686, 718
Benoit, 585
Bentham J., 528
Bérard V., 1054
Berg, 558
Berger M., 1063
Bergson, 81, 252, 302, 532, 859, 1033
Bernand A., 1067
Bernard (saint), 655
Bernardin de Saint Pierre, 398
Blandine (sainte), 1004
Bloch G., 1108
Bloch R., 1067
Bloch M., 768-769, 774
Boccace, 1092
Boiffard, 848
Boileau, 76-77, 151, 153, 209, 460, 540, 942, 943, 947, 1089, 1090
Borges, 728
Bossuet, 76, 348, 420, 942
Botticelli, 1095
Bourget, 585, 658
Bouthoul, 673, 674
Brandt, 868
Braque, 101
Brasillach, 630
Braudel, 676, 768-776
Bray R., 948

Brecht B., 127, 760
Brel J., 29, 77, 139, 375, 543
Breton, 494, 568, 631, 752, 803, 852-855
Breuer, 798
Brun J., 984, 1034, 1112
Brune F., 91
Brunel, 732, 767
Brunetière, 700
Brunschvicg L., 910
Buchez, 784
Budé G., 1093
Burdeau, 710
Burke, 616, 619
Butor, 334, 751-752 , 947

Caillois R., 732, 938, 1090
Calas, 630, 633
Caligula, 925
Callipe d'Athènes, 905
Calvin, 408
Calvus, 1097
Campanella, 83, 473, 529, 877
Camus, 15, 18, 43, 158, 184, 187, 212, 324, 330, 370-371, 428, 451, 459, 497-498, 509, 553-555, 591, 630, 670, 699, 717-718, 821-825, 829, 830, 849
Canova, 898
Caracalla, 895
Carassou, 855
Carcopino J., 998
Carrive, 848
Carter, 603, 604
Cartland, 792
Cassin, 618
Castelvetro L., 942, 1089
Caton l'Ancien, 918, 967, 1118, 1119
Catulle, 1103
Céline, 567, 630, 672, 701, 717
Celse, 1119
Cendrars, 558
Césaire, 328-329, 742-745
César, 904, 906, 917, 918, 920, 923, 925, 928, 929, 960, 999, 1000, 1001, 1022, 1027, 1037, 1047, 1052, 1104, 1120
Cézanne, 558, 723
Chaban-Delmas, 575
Chapelain, 942, 944, 947
Char, 630
Charcot, 797
Chardin, 883, 1070
Charles X, 609

Charpentier, 943
Charpier J., 1091
Chateaubriand, 45, 195-196, 287, 298, 452, 500, 508, 564, 687
Chaunu, 600, 603, 604
Chénier, 386
Chevallier R., 930, 959
Chevrier, 745
Chew H., 1005
Choderlos de Laclos, 153
Chopin, 48, 68, 348, 396
Churchill, 608
Cicéron, 903, 906, 907, 934, 954, 981, 1032, 1045, 1073, 1085, 1093, 1096, 1097, 1098, 1122, 1125, 1131
Cioran, 727, 878
Claude, 918, 925, 1001, 1003
Claudel, 341, 535, 634, 947, 1090
Claudien, 1104
Clausewitz, 666, 673
Clemenceau, 700, 828
Clisthène, 969
Cloche P., 993
Clovis Ier, 1002, 1004
Cohen-Solal, 659
Colbert, 299, 895, 946
Colomb C., 1093
Columelle, 989
Commode, 599, 967
Commynes, 297
Comte A., 313, 352, 390, 473
Condillac, 468
Condorcet, 625-628, 670
Confucius, 5, 458
Constant, 690-693 , 933
Constantin, 599, 963, 1037
Copernic, 795
Corneille, 24, 69, 79, 94, 159, 199, 229, 276, 359, 486, 517, 895, 1089, 1100, 1131, 1132, 1133
Cornelius Nepos, 918
Coroebos, 1059
Coruncanius, 1013
Coubertin P. de, 343, 1059, 1061, 1063
Coulon G., 1005
Couty D., 767, 948
Crevel, 848
Ctesias, 1071
Curion, 1008
Cyrus II le Grand, 917
Cyrus le Jeune, 917

Dabit E., 390
Dacier Mme, 943

Daco, 804
Damas L.-G., 743
Dante, 104, 566
Daraki M., 978
Daremberg Ch., 892, 904
Darius, 1036, 1068
Darwin, 104-105, 164, 282, 594-598, 794-795
Dauge Y.A., 913, 915
David, 895
Debray, 689
Declareuil J., 1015
Dédale, 892
Delcourt M., 1067
Della Quercia J., 1095
Della Valle L., 1092
Delorme Y.A., 904
Delorme Ph., 1095
Delteil, 848
Démocrite, 979, 980, 1084
Démosthène, 378, 985, 1012, 1096, 1647
Déon M., 947
Derrida, 570, 837
Descartes, 62, 79, 124, 158, 294, 296, 345, 364, 401, 461, 496, 831, 756, 757 , 1132
Deschamps E., 1090
Desnos R., 494, 848
Destutt de Tracy, 681
Devos R., 59, 174, 377, 543
Diderot, 34, 131, 144, 178, 281-282, 379, 398, 475
Diogène Laërce, 981
Dion Cassius, 917
Dispot, 793
Dolet E., 1094
Domitien, 925
Donatello, 1095
Dosse, 776
Dracon, 969
Dreyfus, 247, 436, 633, 698-701
Drieu La Rochelle, 630
Droit R.P., 904
Du Bellay, 385, 475
Dubourdieu A., 1082
Duby, 774
Duchamp, 560
Ducos M., 1015
Dufour M., 1099
Duhamel A., 790, 941
Dumézil G., 729, 967, 1064
Dumont J.C., 891
Dumont R., 513

Dumont, 624, 685, 690-692, 697, 736
Dupont-Roc R., 1091
Duras, 751, 757
Duval P., 876, 1005
Duverger M., 970

Eaubonne F. d', 987
Eco, 791-793
Ehrenberg V., 1028
Einstein, 699
Eliade M., 727, 729-730, 732, 818, 1038
Eliot, 696, 723, 728
Éluard, 386, 494, 630, 852-855
Empédocle, 1045
Engels, 290, 596, 682-683, 689, 711, 714, 719
Ennius, 1101
Ensor J., 169
Épictète, 480, 1111
Épicure, 96, 150-151, 979, 980, 981, 982, 1045
Érasme, 212, 284
Eratosthène de Cyrène, 900, 907
Eschine, 1097
Eschyle, 1039, 1128
Esope, 596
Euclide, 391, 399, 908
Eudoxe de Cnide, 905, 907
Eupalinos de Mégare, 936
Euripide, 913, 1039, 1128, 1129
Eutrope, 919
Evhémère, 1039
Eyquem M.-T., 1063

Fanon, 745
Fargue, 634
Faulkner, 752
Faure E., 563
Faure F., 700
Faye, 751, 873, 874
Febvre, 768-769, 774
Fénelon, 420, 529, 943
Ferguson W.K., 1095
Ferry, 844
Festugières A.J., 982
Feuerbach, 712
Feydeau, 224, 421, 532
Feyerabend, 817, 835, 836
Fichte, 733
Finkielkraut, 102, 543, 587-588, 593, 791, 812, 825
Finley M.J., 973
Fischetto L., 1041

Flacelière R., 987, 998, 1067
Flaubert, 33, 41, 54-55, 69, 179, 184, 220, 389, 426, 451, 559, 633, 699, 1070, 1071
Fontenelle, 943, 1066, 1067
Forest Ph., 933
Forrest W.G., 973
Foucault, 152, 235, 483, 659, 701, 837, 842, 846
Fourastié, 858, 861
Fourier, 877
Fourrier Ch., 1137
Fraisse A., 1034
Fraisse J.C., 1034
France, 700
François 1er, 1017, 1093
Freud, 39, 58, 84, 90, 176, 235, 249, 268, 273, 292, 311, 341-342, 360, 376, 411-412, 446, 485-486, 493, 516, 521, 569, 759, 794-804, 815, 818, 820, 851
Freund, 777-778, 782
Furet, 828, 830
Fustel de Coulanges, 733, 920, 933, 937

Gabriel J.A., 946
Galba, 925
Galbraith, 575
Galien, 1118
Galilée, 1087
Gall, 628
Galli L., 1041
Gandhi, 332, 746-749
Garaudy, 749
Garlan Y., 891, 1023
Gaulle (de), 657, 787-788
Gengis Khan, 938
Georges 1er de Grèce, 1061
Gérard, 848
Géricault, 898
Germain G., 1054
Ghiberti, 1095
Gibbon, 600, 769
Gide, 180, 200, 453, 529, 633-635, 638, 700, 717, 947
Gilson, 857
Giotto, 1095
Girard, 55, 305, 729, 818, 820
Girardet, 736, 737, 741
Girardon, 946
Giraudoux, 1040
Glicksohn, 767
Glotz G., 933, 937, 1015

Glucksmann, 673, 674
Goelzer H., 1037
Goethe, 666
Goncourt, 633
Goujon J., 1095
Grant M., 892, 881
Grimal P., 987, 1041, 1045, 1046
Grjebine, 584
Guilloux L., 390

Hadrien, 890, 1125
Haeckel, 620
Halimi, 664
Hamilton E., 1041
Hanson U.D., 1023
Harmand J., 1023
Hazel J., 1041
Hegel, 23, 34, 120, 328, 639, 712-713, 742, 770
Heidegger, 655
Héliogabale, 1070
Henriot E., 1041
Héraclite, 1045
Herder, 733
Hermogène, 1099
Hérodote, 645-646 , 907, 914, 916
Herriot E., 102
Hésiode, 983, 1039, 1074, 1103
Heuzey L., 1126
Hiéron, 1006
Hilaire (saint), 1004
Hipparque de Nicée, 905
Hippocrate de Chios, 907
Hippocrate, 216-217, 1117, 1118, 1119, 1120, 1121
Hitchcock, 495
Hitler, 872
Hobbes, 639, 779
Homère, 154, 210, 341, 566, 672, 728, 965, 1039, 1049, 1051, 1052, 1054, 1064, 1074, 1076, 1080, 1103, 1104, 1131
Honorius, 925
Horace, 62, 150, 229, 294, 341, 486, 893, 1015, 1045, 1086, 1089, 1102
Hortensius, 1097
Houdart de la Motte, 943
Hugo, 34, 36, 44, 48, 60, 65, 70, 131, 144, 154, 204, 254, 283, 285, 323, 335, 341, 418, 452-453, 483, 486, 525-526, 534, 539, 543, 564, 566, 630, 652, 659, 700, 740, 947
Humbert M., 1028, 1034, 1058, 1108
Hume, 143
Huxley, 472, 529, 877
Huysmans, 426, 603-604, 675-677
Hypéride, 1097

Illich, 94, 621, 624, 628
Ingres, 537
Ionesco, 177, 201, 496, 557, 567, 571
Isaac, 261

Jacob M., 1090
Jacob P.L., 987
Jacob, 175, 261
Jakobson R., 82, 839
James W., 394
Jansénius, 258
Jarry A., 177, 525
Jean (saint), 35, 500, 534
Jean Chrysostome (saint), 1097
Jean-Paul II, 816
Jeanmaire H., 978
Jenck, 746
Jérémie, 259
Jérôme (saint), 541
Jésus-Christ, 12, 37, 59, 64-65, 68, 71-73, 128, 152, 162, 164, 193, 212, 218, 231, 249, 279, 300, 318-319, 357, 364, 369, 409, 430, 444, 456-457, 480, 509, 520, 530, 534, 542, 963
Jouve E., 868
Jouve S., 603-604
Jouvenel, 575, 644
Joyce J., 152, 313, 567-568, 586, 699, 728, 752, 1049
Julien l'Apostat, 1002
Jung, 30, 235, 273, 542, 801, 818
Jurien de la Gravière, 1054
Juvénal, 903, 986, 991, 1102

Kafka, 264, 752
Kandinsky, 559
Kant, 62-63, 85, 148, 161, 279, 377
Kerenyi Ch., 1054
Kergan J., 1023
Keynes, 581-583
Kierkegaard, 655
King, 749
Klein, 801
Kodjo, 868
Koestler, 718
Kolm, 584
Kondratiev, 584
Koyré, 836
Kristeva, 570-571, 767, 807

Kruger P., 1028, 1108
Kundera, 679

La Boétie, 469
La Bruyère, 76, 314, 359
La Fontaine, 16, 36, 38, 54, 67, 76, 146, 173, 188, 208, 296, 322, 410, 522, 596, 942, 943, 1078
La Rochefoucauld, 294, 306, 310, 1133
Labiche, 532
Lacan, 323, 482, 570, 658, 701, 802, 804, 819, 837, 841, 845
Lafayette Mme de, 76
Laffer, 583
Lafforgue G., 1071
Lagus, 1068
Lallot J., 1091
Lamartine, 31, 139, 296, 337, 362, 452-453, 538, 630, 700
Lapouge, 878
Laurent A., 693, 697
Laurent J., 658, 947
Lavedan P., 898
Lavelle, 323
Lawrence, 762
Lazaire E., 1137
Le Boeuffle A., 910
Le Bohel Y., 1023
Le Clézio, 590, 593
Le Gall J., 967
Le Goff, 680, 726, 774, 776
Le Nôtre, 946
Le Pen, 785, 816
Le Roy Ladurie, 774
Le Titien, 942
Leconte de Lisle, 362
Lefebvre (Monseigneur), 816
Lefebvre, 719
Lefort, 618
Leibniz, 779
Leiris, 648, 807
Lénine, 712, 719, 872
Lenormant F., 1048
Léocharès, 893, 894
Léon-Heuzey J., 993
Léonard, 653
Lescot P., 1095
Lessing E., 1054
Lévi-Strauss, 482, 645-646, 648, 703, 729, 807, 812, 837, 840, 846 , 911, 914
Levy J. Ph., 993
Lévy, 589, 702-703, 705, 818, 824

Lévy-Leblond, 836
Lewi, 855
Lichtenberg, 801
Limbour, 848
Lipovetsky, 693-694, 697, 726
Liszt, 361, 449
Livie, 986
Livius Andronicus, 1052, 1076, 1103, 1129
Lloyd G.E.R., 910, 1122
Locke, 143, 468
Louis XIII, 1132
Louis XIV, 945
Louis XV, 946
Louis XVI, 678
Louis XVIII, 609
Louis-Philippe, 609
Louys Sp., 1061
Isocrate, 1097
Lucain, 1104
Lucilius, 1102
Lucrèce, 906, 979, 981, 1045, 1046, 1103
Luther, 213, 282, 408
Lycurgue, 921, 1097
Lykiskos, 893
Lyotard, 791, 793
Lysias, 1097
Lysimaque, 1068

Mac Mullen R., 953
Machiavel, 54, 284
Macrobe, 906
Madelénat, 767
Maenius C., 996
Magdelain A., 1015
Maggi V., 944, 1089
Magnien M., 1091
Mahomet, 255-256
Maimonide, 299
Maistre (de), 615, 619, 665, 670, 830
Malamoud Ch., 1071
Malevitch, 561
Malinowski, 728
Malkine, 848
Mallarmé, 559, 604, 766
Malraux, 116, 139-140, 168, 472
Malthus, 287
Mandeville, 710
Manent, 710
Manet, 559
Mani, 288
Mansard, 946
Mantegna, 1095

INDEX • 1145

Mao Zedong, 684, 719
Mao-Tsé-Toung, 448
Marc-Aurèle, 480, 1019, 1111
Marcel, 655
Marcuse, 96, 802
Marius, 904, 1018, 1022
Marivaux, 48, 289-290, 395, 413
Marot, 153, 322, 410
Marquardt J., 1028, 1108
Marrou H.I., 600, 680, 1077
Martial, 1045, 1102
Martin (saint), 919, 1004
Martin L.A., 987
Marx, 23, 43-44, 76, 90, 120, 180, 220, 290, 293-294, 300, 302, 394, 476, 569, 596, 643, 681-686, 689, 709, 711-719, 759, 770, 814, 872
Masclet, 653
Maupassant, 176, 179, 334
Mauriac F., 1126
Mauron, 759
Maurras, 741
May R., 1077
Meier Ch., 1130
Ménandre, 1129
Ménippe, 1101
Mercadante, 1137
Méton, 905
Michel-Ange, 1095
Michelet, 564, 740
Midias, 1006
Miltiade, 1061
Moïse, 256, 261
Molière, 22, 46, 58, 70, 76, 112, 119, 127-128, 177-178, 190, 193, 199, 213, 216, 227, 229-230, 263, 363, 370, 395, 411, 423, 429, 504, 942
Molina, 260
Momigliano A., 919
Mommsen Th., 920, 1028, 1108
Mondrian, 723
Monet, 229, 558, 898
Monier R., 1015
Montaigne, 158, 212, 314, 322, 417, 530, 592-593, 810 , 914, 1075
Montesquieu, 110, 116, 137, 153, 254, 279, 281-282, 311, 379, 393, 441, 524, 600, 604, 613-615, 648, 707, 742, 769, 777, 780-782 , 914, 1133
Montherlant, 892
More, 83, 212, 284, 473, 529, 876-878
Morier H., 1099
Morin, 578, 589, 651, 653
Morise, 848

Mossé Cl., 922, 925, 959, 973, 993
Mounier, 212, 238, 375, 406, 654-655, 659
Mouralis, 648
Moussat E., 1063
Mozart, 188, 277, 300
Muller, 749
Mumford L., 937
Munch E., 169
Musset, 37, 48, 62, 66, 131, 205, 244, 282, 317, 410, 452-453, 543
Mussolini, 177, 869
Myron d'Eleuthères, 893

Nabis, 1058
Naevius, 1102, 1129
Napoléon III, 609, 787
Navarre O., 1116
Naville, 848
Nekrassov, 591
Neraudau J.P., 1077
Néron, 894, 925, 963, 1111, 1112
Nerval, 24, 115, 167, 183, 214, 224, 296, 341, 344, 353, 452-453, 498
Neuhoff E., 1126
Newton, 832
Nicolet Cl., 959
Nietzsche, 36, 371 640, 815, 819, 820, 974, 976, 977, 978
Nimier, 947
Noll, 848
Nora, 776
Numa Pompilius, 925, 931, 1135
Numitor, 901

Octave, 904, 923, 963
Odoacre, 904, 912
Ollier, 751
Oppenheimer, 699
Orwell, 55, 121, 451, 515, 524, 529, 679, 877
Ory, 698-699, 705
Othon, 925
Ovide, 1039, 1104
Owen, 877

Palladio, 942
Parain, 587
Parménide, 1045
Pascal, 34, 36, 63, 68-69, 71, 76, 79, 86, 90, 92, 102, 113, 128, 138, 147, 259-260, 310, 314, 318, 325, 350, 371, 417, 423-424, 528, 655, 831, 943

Patrizi, 1089
Pavlov, 368
Perec, 577, 578
Péret, 631, 848, 852
Périclès, 904, 936, 969, 972, 985, 998, 1114
Perrault Ch., 943
Perrault Cl., 946
Perse, 1102
Pétain, 630
Pétrarque, 1092, 1093
Pétrone, 986
Peutinger K., 907
Phidias, 893, 1060
Philippe de Macédoine, 904, 1036, 1068, 1097
Pic de la Mirandole, 144, 1092
Picard, 759, 763-767
Picasso, 101, 561, 723
Picon, 848
Piganiol A., 1010
Pilon G., 1095
Pindare, 1006, 1103
Pinget, 334, 751
Pirenne J., 941
Piron, 153
Pisarev, 591
Pisistrate, 923, 1127
Pison C., 1112
Pisons (les), 1089
Pissarro, 898
Platon, 36, 39, 83, 96, 110, 120, 159, 219-220, 248, 313, 320, 379, 383-384, 473, 475, 529, 606, 836, 872, 875, 907, 917, 955, 972, 984, 1031, 1084, 1087, 1093, 1096
Plaute, 1129
Pleynet, 570
Pline l'Ancien, 906, 1119
Pline le Jeune, 1047
Plotin, 1039, 1086
Plutarque, 903, 917, 918, 1044, 1106
Polybe, 917, 1018
Polyclète d'Argos, 893
Pompée, 904, 918, 986, 1000, 1104, 1114
Ponge, 570
Ponson du Terrail, 451
Pothin, 1004
Pottecher M., 1113
Pouchkine, 591
Pound, 723
Praxitèle, 894
Prévert, 254

Properce, 991, 1104
Protagoras, 1096
Proudhon, 828
Proust, 250, 324, 365, 439, 483, 567, 586, 592, 634, 700, 765
Ptolémée Claude, 906
Ptolémée Ier, 1068, 1069
Pyrrhon, 417
Pythagore, 907, 908, 1084

Quesnay, 381
Quinte-Curce, 918
Quintilien, 1098

Rabelais, 28, 194, 201, 212, 356, 421, 523, 543, 591, 859
Rachet G., 1130
Racine, 21-22, 25, 27, 29-30, 32, 39, 41-42, 45, 47, 51-53, 56, 63, 66, 73-74, 76, 78, 98, 101, 104-105, 110, 119, 122, 124, 128, 130, 133, 138, 143-144, 148, 150, 154, 161-162, 170-171, 175, 189, 195, 197-202, 204-207, 209, 214-216, 224, 235-236, 239-240, 243, 246, 248, 251, 253, 257, 260, 264, 269, 271, 275, 283, 285, 296, 300-301, 303, 312, 316, 328-330, 343-344, 351, 355, 357, 359, 364, 366-367, 369, 371-373, 377-380, 387, 389, 409, 411-412, 418, 422, 428-429, 445, 458, 460, 464, 466, 476, 479, 483, 497, 505, 511, 514, 534, 539, 541, 543, 759-763 , 918, 942, 1050, 1089
Raphaël, 591 , 942, 1095
Rapin, père R., 1046
Rapine, 892
Reagan, 583, 643, 709, 870
Reboul O., 1099
Reich, 802
Rémond, 783, 790
Rémus, 901, 962, 1047
Renan, 676, 733-735, 736, 742, 806
Renaudet A., 1095
Renaut, 844
Rey A., 948
Reymond A., 910
Rhea Silvia, 901
Rials, 619
Ricardou, 751, 755, 758
Richard, 759, 766
Richelieu, 945, 1132
Rigaud, 593

Rimbaud, 22, 498, 558, 569, 720, 803
Robbe-Grillet, 334, 636-638, 728, 751-758, 760, 947
Robert F., 967
Robert J.N., 1046, 1126
Robertelli F., 1089
Robespierre, 258, 508, 803, 828, 872, 1133
Robin L., 1087
Roche, 570
Rodis-Lewis G., 1112
Romieu F.A., 920
Romilly J. (de), 606, 610, 973, 1104
Romulus Augustule, 900, 924
Romulus, 901, 921, 925, 931, 935, 962, 1047
Ronsard, 28, 232, 341, 385, 475, 629
Rosanvallon, 643, 644
Rosnay (de), 861
Rossi-Landi, 784, 790
Rostovtzeff M.I., 1063
Rousseau H., 322
Rousseau, 13, 41, 45, 78, 87, 91, 108, 113, 132, 153, 185, 267, 279, 281-282, 327, 371, 379, 398, 441, 449, 451, 454, 476, 613, 625-628, 639, 766, 872, 938, 939, 1046
Rousset D., 527
Roux-Lavergne, 784
Roy, 638

Sacher-Masoch, 292
Sade, 458, 814
Saglio E., 892, 904
Saint-Amant, 1040
Saint-Evremond, 943
Saint-John Perse, 1100
Saint-Just, 803, 828, 830
Saint-Saëns, 284
Saint-Simon, 857
Sakharov, 618
Salluste, 918
Sarraute, 334, 751, 752, 757, 758
Sartre, 33, 45, 108, 145, 148, 159, 166, 174, 212, 327, 344, 379, 414, 492, 542, 548-550, 629, 632-638, 654-659, 699, 701, 705, 716, 744-745, 759, 824
Saulnier V.L., 1095
Saussure F. de, 222, 275, 471, 482, 837-840, 846
Sauvage M., 1034
Sauvy, 861-862
Scaliger J.C., 942, 1089, 1129

Scardigli, 578
Scarpetta, 793
Scarron, 57, 362
Schliemann H., 1049
Schmidt J., 891
Schoelcher V., 890
Schoenberg, 558
Schumacher, 624
Schumpeter, 584
Scudéry Mlle de, 24, 947
Sebastiani da Minturno A., 1089
Sebillet T., 1090, 1094
Seghers P., 1091
Segni B., 1089
Séleucus, 1068
Sellier P., 892
Sénèque, 480, 903, 913, 1086, 1111, 1112, 1122
Senghor, 329, 743, 745, 1100
Serres, 774, 833, 836
Servius Tullius, 925, 1018
Sévigné Mme de, 153, 1046
Shakespeare, 566, 591, 947
Sieyès, 738, 862
Simon Cl., 334, 751, 758, 947
Simonnet, 624
Sirinelli, 698-699, 705
Sisley, 898
Smith, 707, 710
Socrate, 28, 36-37, 254, 286, 378, 383, 397, 475, 496, 590, 655, 658, 917, 972, 1031, 1032, 1033, 1034, 1084, 1096
Soljenitsyne, 126, 718
Sollers, 570-571, 586, 751
Solon, 969, 1012, 1036, 1103
Sophocle, 39, 341, 1039, 1080, 1128, 1129
Soranos, 1118
Sosigène, 906
Soupault, 494, 848-849, 852
Spartacus, 888
Spencer, 596
Spontini, 1137
Staline, 65, 300, 478, 515
Staline, 872
Starobinski, 759, 766
Stendhal, 40, 100, 138, 313, 323, 411, 452, 752, 1134
Strabon, 999
Strauss, 777, 782, 811, 812
Stuart Mill J., 528
Suétone, 918, 924, 1048
Sulpice-Sévère, 919

Swedenborg, 97, 224
Sylla, 904, 1106

Tacite, 918, 923, 992
Tadié, 767
Tarquin l'Ancien, 925, 966, 1106
Tarquin le Superbe, 921, 925, 1066
Tavernier J.B., 1070
Taylor F., 505
Térence, 73, 542, 1129
Thalès, 1122
Thalis, 910
Thamus, 1044
Thatcher, 709
Thémistocle, 1062
Théocrite, 1103
Théodose, 900, 924, 1136
Thespis, 1127
Thévenot E., 1005
Thomas (saint), 1087
Thucydide, 917, 918, 972
Thuillier, 834
Tibère, 925, 995, 1044
Tibulle, 1104
Tite-Live, 918, 931
Titus, 925
Tocqueville A. de, 110, 237, 610, 695-697, 707, 973
Todorov, 648, 766-767, 812
Toffler, 726
Tolstoï, 747
Torrès, 793
Tort, 597-598, 684, 689, 715, 719
Touchard P.A., 976
Trajan, 1047
Tsin (dynastie), 901
Tullus Hostilius, 925
Turcan R., 1071
Turner, 723
Tzara, 847

Vailland, 789-790
Valentinien I, 1003
Valentinien III, 1002
Valéry, 601-602, 604, 634, 650-651, 675, 724, 769, 832, 939
Van Dalen, 1066
Van Gogh, 169, 559

Varron, 906, 989, 1041
Vasto (del), 749
Vercingétorix, 1001
Verlaine, 28, 153, 252, 322, 365, 443, 475, 498, 508, 720, 1090
Vespasien, 925, 995
Veyne P., 675-677, 680, 1009, 1010
Viala A., 948
Vida, 942, 1089
Vigny, 62, 244, 408, 452-453, 481, 503
Vinci L. de, 1095
Virgile, 57, 154, 294, 362, 989, 1040, 1045, 1052, 1103, 1104
Vitellius, 925
Vitrac, 848
Vitruve, 906, 995
Voltaire, 59, 74, 108, 114, 138, 198, 241, 281-282, 302, 315, 336, 347, 356, 379, 411, 420, 438, 483, 613, 629, 633, 659, 700, 769, 832, 914

Wagner, 270, 277, 361, 509, 559
Wahl, 838, 846
Walesa, 816
Wallace, 795
Wallon H., 891
Walter G., 925
Weber, 409, 558, 759
Webern, 552
Werner P., 998
Wex J., 1037
Wilson, 596
Winckelmann J.J., 898, 977
Winnicott, 801
Winock, 740-741
Woolf, 664, 752

Xénophon, 917, 918, 1031

Yavetz Z., 923, 925
Yoyotte J., 1077

Zénon d'Elée, 1110
Zénon de Kition, 480, 1110, 1111
Zinoviev, 873, 874
Zola, 247, 323, 325, 451, 633, 659, 700, 751

IMPRIMÉ EN FRANCE PAR BRODARD ET TAUPIN
6642Q-5 - Usine de La Flèche (Sarthe), le 11-10-1996

pour le compte des
Nouvelles Éditions Marabout
D.L. octobre 1996/0099/346
ISBN : 2-501-02603-9